Bilanz und Perspektiven der DDR-Forschung

Bilanz und Perspektiven der DDR-Forschung

Herausgegeben von

RAINER EPPELMANN

BERND FAULENBACH

ULRICH MÄHLERT

im Auftrag der
Stiftung zur Aufarbeitung der SED-Diktatur

FERDINAND SCHÖNINGH
PADERBORN · MÜNCHEN · WIEN · ZÜRICH

Bibliografische Information Der Deutschen Bibliothek

Die Deutsche Bibliothek verzeichnet diese Publikation
in der Deutschen Nationalbibliografie; detaillierte
bibliografische Daten sind im Internet über
http://dnb.ddb.de abrufbar.

Einbandgestaltung: Evelyn Ziegler, München

Gedruckt auf umweltfreundlichem, chlorfrei gebleichtem
und alterungsbeständigem Papier ⊚ ISO 9706

© 2003 Ferdinand Schöningh, Paderborn
(Verlag Ferdinand Schöningh GmbH, Jühenplatz 1, D-33098 Paderborn)

Internet: www.schoeningh.de

Printed in Germany
Satz: Rhema – Tim Doherty, Münster
Herstellung: Ferdinand Schöningh, Paderborn
ISBN 3-506-70110-X

Inhalt

III.   Widerstand und Opposition

IV. Kirchen und Religionsgemeinschaften

V. Politikfelder und ihre Zielgruppen

Bibliographie der in den Beiträgen angeführten Literatur

Abkürzungsverzeichnis

ADN	Allgemeiner Deutscher Nachrichtendienst
AdW	Akademie der Wissenschaften
APuZ	Aus Politik und Zeitgeschichte, Beilage zur Wochenzeitung *Das Parlament*
APW	Akademie der Pädagogischen Wissenschaften
ARE	Aktionsgemeinschaft Recht und Eigentum e.V.
AvS	Arbeitsgemeinschaft ehemals verfolgter Sozialdemokraten
BdZ	Bund der in der DDR Zwangsausgesiedelten e.V.
BEK	Bund der Evangelischen Kirchen in der DDR
BISp	Bundesinstitut für Sportwissenschaften
BStU	Die Bundesbeauftragte für die Unterlagen des Staatssicherheitsdienstes der ehemaligen Deutschen Demokratischen Republik
BSV	Bund der Stalinistisch Verfolgten e.V.
BzG	Beiträge zur Geschichte der Arbeiterbewegung
CDU	Christlich-Demokratische Union Deutschlands
DA	Deutschland Archiv
DAAD	Deutscher Akademischer Austauschdienst
DBD	Demokratische Bauernpartei Deutschlands
DFD	Demokratischer Frauenbund Deutschlands
DGFK	Deutsche Gesellschaft für Friedens- und Konfliktforschung
DHM	Deutsches Historisches Museum Berlin
DRK	Deutsches Rotes Kreuz
DSF	Gesellschaft für Deutsch-sowjetische Freundschaft
DTSB	Deutscher Turn- und Sportbund
DVP	Deutsche Volkspolizei (offiziell für die Polizei in der SBZ/DDR; auch VP)
EKD	Evangelische Kirche in Deutschland
FDGB	Freier Deutscher Gewerkschaftsbund
FDJ	Freie Deutsche Jugend
FU	Freie Universität
FVZ	Föderative Vereinigung Zwangsausgesiedelter e.V.
GBl	Gesetzblatt
GG	Geschichte und Gesellschaft
GSSD	Gruppe der sowjetischen Streitkräfte in Deutschland
GST	Gesellschaft für Sport und Technik
GWU	Geschichte in Wissenschaft und Unterricht
HdG	Haus der Geschichte der Bundesrepublik Deutschland
HV	Hauptverwaltung
HVA	Hauptverwaltung Aufklärung des MfS

IfZ	Institut für Zeitgeschichte München
IM	Inoffizieller Mitarbeiter
IWK	Internationale wissenschaftliche Korrespondenz zur Geschichte der Arbeiterbewegung
JWK	Jüdischer Weltkongress
KGB	Komitee für Staatssicherheit der UdSSR
KgU	Kampfgruppe gegen Unmenschlichkeit
KJS	Kinder- und Jugendsportschule
Kominform	Informationsbüro kommunistischer Parteien
Komintern	Kommunistische Internationale
KPdSU	Kommunistische Partei der Sowjetunion
KSZE	Konferenz über Sicherheit und Zusammenarbeit in Europa
KVP	Kasernierte Volkspolizei
KZfSS	Kölner Zeitschrift für Soziologie und Sozialpsychologie
LDPD (LDP)	Liberal-Demokratische Partei Deutschlands
LPG	Landwirtschaftliche Produktionsgenossenschaft
MdI	Ministerium des Innern
MfAA	Ministerium für Auswärtige Angelegenheiten
MFGA	Militärgeschichtliches Forschungsamt in Potsdam
MfS	Ministerium für Staatssicherheit
MGB	Ministerium für Staatssicherheit der UdSSR; s. auch KGB
MWD	Ministerium für Innere Angelegenheiten der UdSSR
NATO	North Atlantic Treaty Organization
NDPD	National-Demokratische Partei Deutschlands
NKWD (NKVD)	Volkskommissariat für Innere Angelegenheiten der UdSSR
NVA	Nationale Volksarmee
OdS	Opfer des Stalinismus Thüringen e.V.
OFB	Opfer-, Förder- und Dokumentations-Verein Bautzen-II e.V.
ÖRK	Ökumenischer Rat der Kirchen
RGW	Rat für gegenseitige Wirtschaftshilfe
SAPMO	Stiftung Archiv der Parteien und Massenorganisationen der DDR (im Bundesarchiv)
SED	Sozialistische Einheitspartei Deutschlands
SMAD	Sowjetische Militäradministration in Deutschland
SMT	Sowjetisches Militärtribunal
SPD	Sozialdemokratische Partei Deutschlands
StUG	Stasi-Unterlagengesetz
UdSSR	Union der Sozialistischen Sowjetrepubliken
UFJ	Untersuchungsausschuss Freiheitlicher Juristen
UOKG	Union der Opferverbände kommunistischer Gewaltherrschaft e.V.
VdgB	Vereinigung der gegenseitigen Bauernhilfe
VEB	Volkseigener Betrieb
VfZ	Vierteljahrshefte für Zeitgeschichte

VKSK	Verband der Kleingärtner, Siedler und Kleintierzüchter
VOS	Gemeinschaft ehemaliger politischer Häftlinge – Vereinigung der Opfer des Stalinismus e.V.
VP	Volkspolizei (s. auch DVP)
VpV	Vereinigung politisch Verfolgter und Widerständler der SBZ/SED-Diktatur e.V.
VVN	Vereinigung der Verfolgten des Naziregimes
WKP(B)	All-Unions-Kommunistische Partei (Bolschewiki), ab 1952 KPdSU
ZAIG	Zentrale Auswertungs- und Informationsgruppe (des MfS)
ZfG	Zeitschrift für Geschichtswissenschaft
ZK	Zentralkomitee
ZZF	Zentrum für Zeithistorische Forschung Potsdam

HERMANN WEBER
zum 75. Geburtstag

Zum Geleit

Am 23. August 2003 begeht Hermann Weber seinen 75. Geburtstag. Als Ministerpräsident des Landes, in dem Hermann Weber geboren wurde, lange Jahrzehnte gewirkt hat und noch heute wirkt, freue ich mich, ein Geleitwort zu diesem eindrucksvollen Sammelband beitragen zu dürfen, den die Stiftung Aufarbeitung ihm aus diesem Anlass widmet.

Hermann Weber kann heute bereits auf ein überaus ereignisreiches Leben mit zahlreichen Projekten und einem überwältigenden Engagement zurückblicken: Wir ehren in ihm den Nestor der deutschen Kommunismusforschung und den Verfasser vieler Standardwerke zur Geschichte der DDR.

Die Neue Zürcher Zeitung schrieb über ihn: »Mancher Lebenslauf verläuft in gradlinigen Bahnen, andere machen Kehren und Wendungen auf ihrem Lebensweg. Der Mannheimer Historiker und Politologe Hermann Weber gehört zu jenen, die hart mit sich ringen mussten, bis sie im Reinen waren«. In einer für Deutschland schwierigen Zeit hatte sich Weber in früher Jugend zunächst einem Ideal verschrieben, dessen doppelte Moral sich bei der Umsetzung in die Wirklichkeit schnell zeigen sollte. Der Traum einer Bewegung für eine bessere Welt wurde für ihn schnell zum hautnah erlebten Alptraum. Er wurde ein unbestechlicher Beobachter dieses Wandels und der weiteren Entwicklung kommunistischer, totalitärer Regime.

Hermann Webers Feststellung, dass in der jüngeren Geschichte der Kommunismus die einzige Bewegung gewesen sei, »die mehr ihrer eigenen Führer, Funktionäre und Mitglieder selbst umgebracht hat, als das ihre Feinde taten«, war gleichzeitig Erkenntnis und Antrieb seiner Erfahrungen und seiner geschärften Analysen. Die persönliche Geschichte Webers, seine authentischen Erlebnisse der Stalinisierung der frühen DDR wurden die Quelle seines Forschungsantriebs; er machte seine persönlichen Erkenntnisse zum Beruf und zur Berufung.

Sein Ziel war die Begründung einer eigenständigen und systematischen DDR-Forschung in der Bundesrepublik. Seine Forschungsprojekte und Veröffentlichungen sorgten dafür, dass Mannheim schließlich zu *dem* Zentrum bundesdeutscher DDR-Forschung wurde. Seine Arbeiten waren stets wirkungsmächtiger Widerpart zur offiziellen Propaganda des SED-Regimes. Er war es, der für eine eloquente und kenntnisreiche Tilgung »weißer Flecken« in der DDR-Geschichte und des roten Totalitarismus sorgte.

Nach der friedlichen Revolution in der DDR 1989 und nach der Wiedervereinigung war die gesamtdeutsche Neuordnung der DDR-Forschungslandschaft seine neue Aufgabe in seiner Doppelrolle als Zeitzeuge und Historiker. Er hatte wesentlichen Anteil daran, dass die Arbeit der Enquete-Kommissionen des Deutschen Bundestages »Aufarbeitung von Geschichte und Folgen der SED-Diktatur in Deutschland« (1992–1994) sowie »Überwindung der Folgen

der SED-Diktatur im Prozess der Deutschen Einheit« (1995–1998) Aufmerksamkeit und Anerkennung in der Wissenschaft fand. In jüngster Zeit setzen er
und seine Frau Gerda dieses Anliegen mit der nach ihm benannten Hermann-
Weber-Stiftung in eindrucksvollem bürgerschaftlichen Engagement fort.

Über all seine Forschungsanliegen und Veröffentlichungen machte er stets
deutlich, dass es ihm nicht um simple Abrechnungen mit den totalitären Regimes Mittel- und Osteuropas ging. Seine Wissenschaft war und ist stets leiden-
schaftslos minutiöse Forschung, ethisch geprägt und ausgewogen. Hermann
Weber ist seit Jahrzehnten Streiter für den Konsens und das gemeinsame
Verständnis der Demokraten zur Haltung gegenüber Diktaturen. Er ist Streiter
für den politischen Meinungswettbewerb entgegen politischen Opportunitäten.

Die Unterschiede meiner politischen Herkunft und derjenigen Hermann
Webers zeigen deutlich, dass die Auseinandersetzung mit der Diktatur kein
Gegenstand parteipolitischer Kontroversen sein muss. Auch die unterschiedlichen Lebensläufe und Antriebsquellen des Engagements der etlichen Unter-
stützer der Arbeit der Stiftung Aufarbeitung sind hierfür als Signal anzusehen.

Die Geschichte der zweiten deutschen Diktatur stellt zudem keine alleinige
ostdeutsche Angelegenheit dar. Wir Deutschen mögen zwar über Jahrzehnte
eine getrennte Vergangenheit erlebt haben, sie bleibt gleichwohl unsere gemeinsame Geschichte, deren Folgen wir auch im Südwesten tief empfunden haben.
Die Arbeiten und das Engagement Hermann Webers sind darin auch ein Appell
an die jüngere Generation.

Mit dem hier vorliegenden Sammelband zur Bilanz und zu den Perspektiven der DDR-Forschung ist es der Stiftung zur Aufarbeitung der SED-Diktatur und den Herausgebern gelungen, eine außergewöhnliche, umfassende und
facettenreiche Festschrift zusammenzustellen. Das breite Spektrum dieser herausragenden Beiträge erlaubt schon jetzt die Vermutung und lässt mich hoffen,
dass hiermit ein neues Standardwerk geschaffen wurde.

Hermann Weber wünsche ich für die Zukunft weiterhin viel Schaffenskraft, Gesundheit, Glück und Gottes Segen. Dem Buch wünsche ich, dass
es möglichst viele interessierte Leser finden möge, um die Relevanz dieses
Forschungsgebietes einem breiten Publikum nahe zu bringen.

ERWIN TEUFEL
Ministerpräsident des Landes Baden-Württemberg

Vorwort

Zu diesem Buch und seiner Widmung

Dies ist keine gewöhnliche Festschrift: Das Buch versucht nicht weniger, als den Stand der Forschung über die DDR zu resümieren und Perspektiven weiterer Forschungsarbeit zu skizzieren. Dieses Kompendium der DDR-Forschung ist zugleich eine Festschrift, mit der Hermann Weber, der Nestor der DDR-Forschung geehrt werden soll, der in diesem Jahr seinen 75. Geburtstag feiert. Hermann Weber hat jahrzehntelang wie wohl kein anderer die wissenschaftliche Arbeit in diesem Feld angeregt, kritisch begleitet und durch zahllose eigene Veröffentlichungen wesentlich vorangebracht. Die Beiträge sind geschrieben worden von Kolleginnen und Kollegen sowie Freunden, von Schülern und von Weggenossen Hermann Webers; sie alle haben gerne zugesagt, vor allem, weil sie sich Hermann Weber verbunden fühlen.

I

Hermann Weber ist in der gegenwärtigen deutschen Geschichts- und Politikwissenschaft zweifellos eine ebenso herausragende wie untypische Gestalt. Aus einer kommunistischen Arbeiterfamilie in Mannheim stammend, trat er 1945 der KPD bei. Der kommunistische Jugendfunktionär studierte an der SED-Parteihochschule in Kleinmachnow, arbeitete für die bald illegale FDJ in Westdeutschland und löste sich Anfang der fünfziger Jahre desillusioniert in einem längeren Prozess von seinen kommunistischen Überzeugungen. Der Kommunismus, die Geschichte der KPD und der Komintern, aber vor allem auch die Entwicklung der DDR und ihrer Staatspartei SED wurden zu seinem Lebensthema, wovon zahllose wissenschaftliche Publikationen von Rang Zeugnis ablegen. Nähe und Distanz zugleich, eigene Erfahrungen und akribisches Quellenstudium zeichnen das umfangreiche wissenschaftliche Werk von Hermann Weber in besonderer Weise aus, an dem seine Frau Gerda als ständige Gesprächspartnerin und sachkundige und engagierte Kritikerin Anteil hat. Weber baute in Mannheim den Schwerpunkt Kommunismus- und DDR-Forschung auf, er wurde in diesem Feld zu einem bedeutenden Wissenschaftsorganisator. Zahlreiche Nachwuchswissenschaftlerinnen und -wissenschaftler gingen durch seine Schule; viele von ihnen sind hier mit Beiträgen versammelt, die den Dank an Hermann Weber bekunden.

Hermann Webers Geschichtsschreibung über die DDR hat seit den fünfziger Jahren vielfältig versucht, Tatbestände zu klären, Ereignisse und Ereignisreihen zu rekonstruieren, Strukturen zu beleuchten und die Ergebnisse der Forschung in großen Synthesen zusammenzufassen. Sie spiegelt Entwicklungslinien der DDR-Forschung wider, die sich zunächst mit einem Staat auseinander setzte, der aus der Sicht des Westens nicht sein durfte, auf dessen Geschichte man sich dann aber zunehmend einließ. Selbstverständlich ist auch Hermann Webers Arbeit nicht frei von den Einflüssen der Zeitklimata gewesen, erfuhr vielmehr von diesen auch einen Teil der Fragestellungen. Und doch zeichnet sich Hermann Webers Urteilsbildung durch Unabhängigkeit, Nüchternheit und Illusionslosigkeit gegenüber dem SED-System aus, dessen Schattenseiten er auch in den siebziger und achtziger Jahren nie übersah, so dass er seine Werke nach der Umwälzung 1989/90 nicht umschreiben musste, wohl aber auf der Grundlage der nunmehr zugänglichen Archive fortschreiben und um neue Belege ergänzen konnte.

Hermann Weber hat immer gewusst, dass Zeithistorie nicht nur wichtige Impulse aus den Spannungsfeldern von Politik und Gesellschaft empfängt, sondern dass ihre Ergebnisse Relevanz für Politik und Gesellschaft haben und nicht selten ein Politikum darstellen (etwa als Weber dem SED-System 1964 Text- und Bild-Manipulation nachwies und aus diesem Grunde das Ostberliner Museum für Deutsche Geschichte mehrere Tage geschlossen werden musste). Für ihn war nie zweifelhaft, dass der Historiker in bestimmten Situationen unmittelbar Partei zu ergreifen hat, und zwar für die historische Wahrheit.

Hermann Weber hat dementsprechend die Tätigkeit als Hochschullehrer immer als ein öffentliches Amt begriffen. Er meldete sich zu zahlreichen historischen und politischen Fragen öffentlich zu Wort (und tut dies nach wie vor). Hatte er vor 1989 die Politik der SED und die Entwicklung der DDR scharfsichtig kommentiert, beförderte er seit der friedlichen Revolution und der Wiedererlangung der deutschen Einheit den Prozess der wissenschaftlichen und gesellschaftlichen Aufarbeitung der zweiten deutschen Diktatur mit seiner Sachkunde. Er sah und sieht seine Aufgabe in der auf wissenschaftlicher Arbeit basierenden Aufklärung der Gesellschaft über Vergangenheit im Hinblick auf Gegenwart und Zukunft.

II

Vor diesem Hintergrund ist es nur zu verständlich, dass Hermann Weber ab 1992 als sachverständiges Mitglied in den beiden Enquete-Kommissionen des Deutschen Bundestages zur Aufarbeitung der DDR-Vergangenheit und ihrer Folgen mitgearbeitet hat. Seine Autorität in den Kommissionen war – ungeachtet mancher Kontroversen – unbestritten. In besonderer Weise trug er zur Untersuchung der Herrschaftsstrukturen im SED-System und zur Klärung von Fragen der Verantwortlichkeit bei. Besonders wichtig waren ihm auch die Öffnung und dauerhafte Sicherung der Archivbestände und die Förderung des weiteren Aufarbeitungsprozesses, in dem er der wissenschaftlichen Arbeit die zentrale Aufgabe zuwies. Von ihm gingen auch entscheidende Impulse zur

Gründung der Stiftung zur Aufarbeitung der SED-Diktatur aus, die die Arbeiten der Enquete-Kommissionen in veränderter Form fortsetzt.

Und so war es nur folgerichtig, dass Hermann Weber 1998, als der Bundestag die Stiftung begründete, in deren Stiftungsrat berufen wurde. Mit dem ihm eigenen Engagement hat er seitdem den Aufbau und die Arbeit der Stiftung Aufarbeitung begleitet und befruchtet. Dass Hermann und Gerda Weber sich inzwischen entschlossen haben, die von ihnen gegründete Hermann und Gerda-Weber Stiftung mit der Stiftung Aufarbeitung zu verbinden und dieser die Verwaltung über jene zu übertragen, erfüllt die Stiftung mit Dankbarkeit.

Die drei Herausgeber, die dieses Buch im Auftrag der Stiftung Aufarbeitung herausgeben, haben Hermann Weber aus ihrer jeweiligen Perspektive kennen und schätzen gelernt: Rainer Eppelmann und Bernd Faulenbach arbeiteten mit ihm in den Enquete-Kommissionen, der zuletzt Genannte auch in weiteren Gremien an der Schnittstelle von Wissenschaft und Politik kollegial und freundschaftlich zusammen; Ulrich Mählert ist akademischer Schüler Hermann Webers und ihm von daher besonders verbunden. Kennzeichnend für Hermann Weber ist aus ihrer Sicht seine sachliche Art, sein unprätentiöses Auftreten, sein Witz und Humor, sein Engagement und seine Zivilcourage. Die Stiftung Aufarbeitung macht mit diesem Kompendium deutlich, dass sie in ihrer Arbeit auch auf dem Werk Hermann Webers aufbaut und auf weitere Jahre der Zusammenarbeit mit Hermann Weber hofft.

III

Dieses Hermann Weber gewidmete Buch bilanziert in 53 Beiträgen die DDR-Forschung und entwickelt zu dieser weitere Perspektiven. Die 55 Autorinnen und Autoren legen für ihr jeweiliges Thema den Erkenntnis- bzw. Forschungsstand dar und ermöglichen damit Orientierungen zur weiteren Arbeit. Publikationen, die vor 1989/90 erschienen sind, finden nur dann Erwähnung, wenn sie als grundlegend zu betrachten sind. Im Mittelpunkt steht die politische Geschichte der DDR, der das besondere Augenmerk Hermann Webers gegolten hat und gilt. Doch wird fast das gesamte Feld der historischen DDR-Forschung angezielt. Den Herausgebern ist allerdings allzu bewusst, dass sich nicht nur andere Systematisierungen denken lassen, sondern manche Leser vermutlich auch weitere Schwerpunktsetzungen präferiert hätten. Dies gilt etwa für das große Themenfeld Kultur und Kulturpolitik, das hier durch einen einzigen, allerdings umfassenden Beitrag gewürdigt wird.

Das Buch beleuchtet zunächst die vorliegenden Gesamtdarstellungen und die Arbeiten zu Schlüsselereignissen. In einem zweiten Teil werden die Forschungen zum Themenfeld Herrschaft und Repression resümiert, das seit der Umwälzung 1989/90 erneut ein beträchtliches Maß an Forschungsressourcen gebunden hat. In einem dritten Teil wird die Forschungsarbeit zu Widerstand und Resistenz gesichtet; dieses Themenfeld ist erst seit 1989/90 richtig entfaltet

worden; sicherlich sind hier weitere Forschungen nötig. Es folgt das Themenfeld Kirchen und Religionsgemeinschaften, zu dem es intensive Debatten in den
neunziger Jahren gegeben hat. In einem fünften Teil werden die Forschungen zu
Politikfeldern und Zielgruppen bilanziert. Teil VI thematisiert den Forschungsstand zur DDR im Kontext Außen- und Deutschlandpolitik der Nachkriegs-
epoche. Teil VII schließlich fragt nach der Entwicklung der Forschung, ordnet
sie in die internationale Diskussion ein und setzt sie in Beziehung zur gesellschaftlichen Auseinandersetzung mit dem SED-System. Ein aus persönlicher
Sicht geschriebener Beitrag von Markus Meckel, dem Ratsvorsitzenden der
Stiftung Aufarbeitung, über Hermann Webers Rolle im Aufarbeitungsprozess
schließt die Publikation ab.

In vielen Beiträgen wird die breite und intensive Forschungsentwicklung
der letzten Jahre sichtbar. Vor allem aber wird deutlich, welchen Stand die
Forschung zur DDR, zu ihrer Vorgeschichte und ihren Folgen inzwischen
erreicht hat. Auf diesem Stand kann aufgebaut werden, zu vielen Bereichen sind
weitere, vertiefende Forschungen möglich und sinnvoll. Darüber hinaus sind
weitere Erkenntnisse möglich, indem neue Forschungsansätze, etwa zur Sozial-
und Kulturgeschichte auf die Geschichte der DDR übertragen werden und die
DDR-Geschichte stärker in eine komparative Sicht gerückt wird. Dass manche
Kontroversen mit wachsendem Abstand relativiert werden, gleichzeitig jedoch
durch neue Erfahrungen immer wieder veränderte Sichtweisen entstehen, lehrt
die Beschäftigung mit der Wissenschaftsgeschichte. So ist der Forschungs- und
Diskussionsprozess über die vergangene DDR zur Zukunft hin offen.

Das Buch enthält eine umfangreiche Bibliographie mit mehr als 2000 Ein-
trägen, die nach Sachgebieten geordnet ist. Literaturverweise im Text erfolgen
durch die Nennung des jeweiligen Autors, des Erscheinungsjahres sowie durch
eine in eckige Klammern gesetzte Nummer, die das Auffinden der genauen
bibliographischen Angaben im Literaturverzeichnis ermöglicht.

*

Wir möchten allen, die zum Gelingen dieses Projektes beigetragen haben, herzlich danken: den Autorinnen und Autoren, den Mitarbeiterinnen und Mitarbeitern der Stiftung Aufarbeitung, Herrn Michael Werner und Herrn Uwe Meier
vom Verlag F. Schöningh, Herrn Günter Hertel, der die Beiträge in Zusammenarbeit mit Ulrich Mählert mit Kompetenz und Engagement lektoriert hat,
Frau Gretel Kilian aus Weinheim, die Beiträge und Fahnen Korrektur gelesen
hat. Vor allem aber wünschen wir Hermann Weber zu seinem 75. Geburtstag
alles erdenklich Gute, Gesundheit und anhaltende Schaffenskraft.

Berlin/Bochum im Juni 2003

Rainer Eppelmann   Bernd Faulenbach   Ulrich Mählert

BERND FAULENBACH

Nur eine »Fußnote der Weltgeschichte«?

Die DDR im Kontext der Geschichte des 20. Jahrhunderts

Am Abend des 18. März 1990, an dem bei der ersten und letzten freien Volkskammerwahl in der DDR die Befürworter einer schnellen Vereinigung der beiden deutschen Staaten einen eindeutigen Sieg errangen, kommentierte Stefan Heym das Geschehen mit den Sätzen: »Es wird keine DDR mehr geben. Sie wird nichts sein als eine Fußnote der Weltgeschichte«. In der Tat ging es bald mit der DDR zu Ende; doch bildet ihre Geschichte deshalb nur eine Fußnote der Weltgeschichte?

Nach mehr als zehn Jahren intensiver Forschung über das SED-System, die DDR und ihre Gesellschaft ist die Frage erneut zu stellen, welche Bedeutung der DDR in der deutschen und der europäischen Geschichte beizumessen ist. Dazu gehören Fragen nach der Vor- und der Nachgeschichte, nach Kontinuitäten und Diskontinuitäten zur deutschen Geschichte, nach der Verschränkung mit der Geschichte der Bundesrepublik, der osteuropäischen und der übrigen europäischen Länder, nach ihrem Verhältnis zur Sowjetunion, nach dem Charakter ihres politischen Systems (nach der Brauchbarkeit des Totalitarismus- oder des Diktatur-Begriffs für die DDR), nach den Strukturen und Prozessen auf der einen Seite und dem Selbstverständnis und den Orientierungsmustern ihrer Elite und der Bevölkerung auf der anderen Seite, nach der Legitimation der DDR und des SED-Systems im In- und Ausland, nach der Bedeutung von Machtpolitik und Ideologie – um nur einige Aspekte zu nennen.

Das Wissen über die DDR ist inzwischen immens angewachsen. Dennoch gibt es über die DDR keineswegs konsensuale Urteile. Nicht zuletzt stehen die Erinnerungen der Menschen und die Analysen und Darstellungen der zeithistorischen Forschung teilweise in einem gewissen Spannungsverhältnis zueinander. Allerdings ist hinzuzufügen, dass die Positionen der Zeitzeugen wie der Geschichtsschreibung alles andere als einheitlich sind. In diesem Beitrag liegt der Schwerpunkt auf der zeithistorischen Diskussion.

Dabei gilt es zunächst, das Verhältnis der DDR zur vorhergehenden Geschichte zu bestimmen. In einer ersten Annäherung werden Kontinuitäten und Diskontinuitäten zur NS-Zeit in den Blick genommen. Danach wird zweitens die DDR in die geschichtliche Entwicklung und die Tradition der Arbeiterbewegung und hier insbesondere der kommunistischen Bewegung eingeordnet. Auf der Grundlage dieser beiden ersten Abschnitte wird drittens die Frage erörtert, inwieweit die DDR den »deutschen Weg« (Faulenbach 1980 [1065] u. 1998 [1966]) überwand oder fortsetzte.

Ist die DDR als »Homunculus Sovieticus« zu betrachten, wie es der frühere sowjetische Botschafter in Ost-Berlin, Abrassimov, formulierte? (Andere sprechen von einem sowjetischen Protektorat.) Oder lässt sich die DDR als ein eigenständiges, nicht per se illegitimes sozialistisches Experiment begreifen, das allerdings – aus welchen Gründen auch immer – gescheitert ist? Dem soll im vierten Abschnitt des Beitrages nachgegangen werden.

Als deutscher »Teilstaat« ist die DDR in einem fünften Schritt zu betrachten. Dazu gehörten ihr schwieriges Verhältnis zur deutschen Nation, ihr anfänglicher gesamtdeutscher Politik-Anspruch, die Versuche der Definition einer sozialistischen Nation, doch auch die Magnetwirkung der Bundesrepublik und ihrer Gesellschaft auf die Bevölkerung in der DDR. Mitzusehen ist auch das über die Sowjetunion hinausgehende Interesse in Europa an der DDR und an stabiler Zweistaatlichkeit.

In einem sechsten Schritt ist die DDR in die säkularen Auseinandersetzungen zwischen Kapitalismus und Sozialismus bzw. zwischen Totalitarismus (bzw. Diktatur) und westlicher Demokratie einzuordnen. Hier mag man Heyms Wort schon heranziehen und fragen, welchen Beitrag die DDR zu diesen säkularen Auseinandersetzungen geleistet hat. In diesem Kontext, in dem es um die politisch-gesellschaftliche Ordnung der DDR geht, ist auch zu erörtern, wie weit Begriffe wie »Organisationsgesellschaft« (Pollack 1994 [1281]), »Nischengesellschaft« (Gaus 1983 [1689]) oder auch »Fürsorgediktatur« (Jarausch 1998 [1976]) tragen.

Siebtens wird man zwar die DDR nicht ausschließlich von ihrem Scheitern her betrachten dürfen, andererseits aber auch von ihrem rasanten Ende 1989/90 nicht abstrahieren können: Die Tatsache, dass die DDR von der großen Mehrheit der Bevölkerung in einer spezifischen Konstellation ohne Widerstand aufgegeben wurde, bedarf der Erklärung.

Zuletzt ist unter achtens die Nachwirkung der DDR zu erörtern: Vieles spricht dafür, dass Folgen der DDR historisch noch eine ganze Weile andauern werden. Das Ganze gipfelt in der Frage, inwieweit sich die verschiedenen Aspekte zu einem Gesamtbild zusammenfügen, das die These von Stefan Heym bestätigt oder falsifiziert.

1. Überwindung des Nationalsozialismus durch die Diktatur des Proletariats? Die DDR als antifaschistischer Staat

Beide deutschen Staaten, die 1949 entstanden, resultierten aus der historischen Konstellation, die sich durch die Niederwerfung des nationalsozialistischen Deutschland und den Ost-West-Gegensatz herausgebildet hatte. Auch die DDR war – selbst wenn dies weder ihrem Selbstverständnis noch der vorherrschenden staatsrechtlichen Lehre in der Bundesrepublik entsprach – ein Nachfolgestaat des Dritten Reiches (Bender 1996 [6]). Im Verständnis ihrer Führungsgruppen manifestierte sich in der DDR der Sieg des Antifaschismus über den Faschismus. Sie betrachteten die DDR als einen Staat, der die antifaschistische Tradition fortsetzte und so dem faschistischen Dritten Reich diametral entgegengesetzt und damit dialektisch verbunden war. Zwar verdankte die DDR ihre Entstehung vorrangig der Sowjetunion, die wesentlichen Anteil an der Niederringung des nationalsozialistischen Deutschland hatte. Doch hatten die Kommunisten im Kampf gegen den NS große Opfer gebracht; dementsprechend basierte die Entstehungslegende auf der Vorstellung eines gemeinsamen Sieges von deutschem Antifaschismus und der Sowjetunion über Hitler-Deutschland (Münkler 1998 [351]). Durch den Kampf der Kommunisten gegen den Faschismus, durch den so genannten Antifaschismus (Grunenberg 1993 [327]), erhielten SED und DDR in den Augen von Zeitgenossen ein Stück moralischer Legitimation (Furet 1996 [147]).

Die SED nahm für sich in Anspruch, die notwendigen Konsequenzen aus den Erfahrungen mit dem Nationalsozialismus zu ziehen. Wenn die NS-Herrschaft die offene Diktatur der chauvinistischsten und reaktionärsten Kräfte des Finanzkapitals war – wie die Komintern behauptet hatte –, dann galt es, diese Kräfte zu entmachten. Tatsächlich wurden die Bodenreform und die Verstaatlichung der Großindustrie als Strukturreformen dargestellt, die die Machtbasis des Faschismus überwanden. Der Aufbau einer sozialistischen Ordnung, die freilich aus kommunistischer Sicht ohnehin in der Logik des historischen Prozesses lag, erhielt ihre besondere Begründung durch die Katastrophe des Dritten Reiches. Die DDR stellte aus dieser Sicht einen zielbewusst durchgesetzten Bruch mit den bisherigen politisch-gesellschaftlichen Kontinuitäten und Strukturen dar (Kielmansegg 1989 [340]).

Zur so genannten »antifaschistisch-demokratischen Umwälzung« zählte neben dem Strukturbruch auch die Umgestaltung des Erziehungswesens, insbesondere der weitgehende Austausch der Lehrerschaft. Nur unzureichend ausgebildete, sich zum Antifaschismus bekennende jüngere Arbeiter, Bauern und Angestellte ersetzten die bisherigen vielfach tatsächlich mehr oder weniger nazifizierten Lehrer. Aufs Ganze gesehen verstand sich die SED-Herrschaft sehr bald als eine Art Erziehungsdiktatur. Diese zielte allerdings weniger auf die Auseinandersetzung mit dem Nationalsozialismus als auf die Durchsetzung der kommunistischen Herrschaft. Zwar gelang es, Teile der Jugend für die neue Ordnung zu gewinnen, doch wurde deren Durchsetzung in erheblichem Maße durch Machtmittel und Repression widerstrebender Kräfte erzwungen.

Die DDR stellte sich als antifaschistischer Staat dar und wer sich zu ihm bekannte, wurde zunehmend auch als Antifaschist anerkannt; der Antifaschismus wurde damit auf die Bewohner der DDR übertragen. Dabei geriet der simple Tatbestand aus dem Blickfeld, »dass die DDR von ebenso durchschnittlichen Deutschen bewohnt war wie die Bundesrepublik, ebenso viel oder wenig verantwortlich« (Bender 2002 [1956]). Indem schon früh behauptet wurde, dass die SED dem Faschismus alle Grundlagen entzogen habe und dieser damit endgültig überwunden worden sei, wurde die Auseinandersetzung mit dem Erbe des NS beendet bzw. in einen Kampf mit der Bundesrepublik, die durch Kontinuität zum Dritten Reich und durch Nazis in Führungspositionen gekennzeichnet schien, transformiert (Faulenbach 1996 [324]).

Aus der Sicht der jüngeren Forschung spricht sogar vieles dafür, dass das SED-System nicht nur die überkommenen Mentalitäten nicht überwand, sondern auf diesen ihre Herrschaft geradezu aufbaute. Dies gilt für autoritäre Verhaltensmuster, obrigkeitsstaatliches Denken, antipluralistische Einstellungen und anderes (Kocka 1995 [1983]).

Und was die DDR-Geschichtswissenschaft mit ihrer besonderen Nähe zur SED anbetrifft, so war das Bild des Dritten Reiches ausgesprochen defizient. Die Judenverfolgung und der Juden-Genozid kamen lange Zeit nur am Rande vor; Historiker, die ihn thematisieren wollten, gerieten in Schwierigkeiten (Käppner 1999 [339]). Erst in den achtziger Jahren sollte sich dies etwas ändern, wobei für Erich Honecker und die DDR-Führung außenpolitische Motive die wohl entscheidende Rolle spielten.

Aufs Ganze gesehen wird man zwar nicht bestreiten können, dass die DDR sich als antifaschistischer Staat definierte und einen Bruch mit der politisch-gesellschaftlichen Struktur zu erreichen suchte, durch die die Politik des NS und des Dritten Reiches getragen wurde. Doch sind aus heutiger Sicht politisch-mentale Kontinuitäten ebenso offensichtlich wie eine unzureichende Auseinandersetzung mit dem NS und seinen Verbrechen.

2. Die DDR eine Schöpfung der Arbeiterbewegung?

Das SED-System hat sich vielfältig auf die Traditionen der deutschen Arbeiterbewegung, insbesondere auf die »revolutionären« – das hieß die kommunistischen – berufen. Die Erinnerung an Ereignisse und Persönlichkeiten der kommunistischen Arbeiterbewegung wurde vielfältig gepflegt. Alljährlich machte sich die SED-Führung mit Zehntausenden Funktionären wie Mitgliedern zum Friedhof der Sozialisten in Berlin-Friedrichsfelde auf, um Rosa Luxemburg und Karl Liebknecht, die im Januar 1919 ermordeten Führer der revolutionären Bewegung, die sich kurz vorher in der KPD formiert hatten, zu ehren. Die SED stellte sich als Erbin der »revolutionären« Traditionen dar. Seit den ausgehenden siebziger Jahren war die SED bemüht, den engen Traditionsbegriff zu öffnen und die DDR als Erbin der ganzen deutschen Geschichte darzustellen (Kuhrt/ Löwis 1988 [1922]). Erinnert sei nur an das neue Verhältnis zu Preußen und auch zu Martin Luther, der freilich dabei seine eigentliche religiös-kirchliche Bedeutung einbüßte.

Ungeachtet der zunehmenden Ausweitung des Traditionsbegriffs kann kein Zweifel daran bestehen, dass die kommunistischen Traditionen den Kern des Traditionsverständnisses bis zum Ende der DDR darstellten. Die Traditionen der Sozialdemokratie waren – jedenfalls in ihrem Hauptstrom – in der DDR nicht im Hegelschen Sinne »aufgehoben«. Innerhalb der SED, die durch die

Zwangsvereinigung von KPD und SPD entstanden war, wurden die Sozial-demokraten seit 1948 ausgeschaltet oder an den Rand gedrängt; die SED bekämpfte den »Sozialdemokratismus« in immer neuen Anläufen mit vielfälti-gen Mitteln (Faulenbach/Potthoff 1998 [141]).

Sicherlich ist zwischen dem Traditionsverständnis auf der einen Seite und der Weiterführung einer bestimmten Tradition durch politisch-gesellschaftliches Handeln auf der anderen zu unterscheiden. Doch tatsächlich haben Ulbricht, Honecker und andere Kommunisten in die DDR »eine eigenständige kom-munistische politische Kultur eingebracht, die sich hauptsächlich in der histo-rischen und sozialen Welt der Weimarer Republik, aber auch im Kaiserreich und im nationalsozialistischen Deutschland herausgebildet hatte« (Weitz 1997 [237] u. 1998 [930]). Man kann in der Politik des SED-Staates »die versteiner-ten Überreste der kommunistischen Parteikultur« noch erkennen, die sich in den heftigen politischen Auseinandersetzungen der zwanziger und frühen drei-ßiger Jahre herausgebildet und sich in der Zeit der Verfolgung und des Exils mehr verfestigt als aufgelockert hatten. Die alte Führungsgarde um Ulbricht und später um Honecker war stark durch die Erfahrungen der kommunisti-schen Bewegung geprägt. Kennzeichen dieser Kultur war eine dichotomische, ja manichäische Weltsicht, deren Kennzeichen eine Tendenz zur Intransigenz war, die sich etwa in der »Sprache anhaltender Feindseligkeit gegenüber den Institutionen der bürgerlichen Gesellschaft« manifestierte (Weitz 1998 [930]; Grunenberg 1993 [327]). Amalgamiert war diese Weltsicht mit einem Partei-verständnis, in dem »deutschen« Tugenden wie Disziplin und Ordnung ein hoher Wert beigemessen wurde.

Man kann im SED-System und der von ihm geprägten Gesellschaft in gewisser Hinsicht eine verstaatlichte Form bestimmter Traditionen der Arbei-terkultur sehen. Die Organisationen der kommunistischen Bewegung, »die Organisationen der Klassenbewegung unter dem Kapitalismus«, fungierten »als Keimzellen und Vorbilder künftiger sozialistischer Organisation der Gesell-schaft« und wurden als »Lerneinrichtungen für die Arbeiterschaft« begriffen. Die DDR bildete – wie Horst Groschopp (1991 [1030]) formuliert hat – »eine Kultur des sozialistischen Verbundes, d.h. einer auf gemeinsame Ziele orien-tierten, staatlich verfaßten sozialen Gemeinschaft im Sinne von Assoziation mit bezahlter Vollbeschäftigung und Abkehr von wesentlichen Marktbezie-hungen (besonders Arbeits- und Wohnungsmarkt)«. Allerdings wird man bei der Beantwortung der Frage nach der Kontinuität zur Arbeiterkulturbewe-gung doch auch die Brechung emanzipatorischer Potentiale, die Bestandteile der Arbeiterkulturtraditionen waren, und die extreme Durchherrschung der Organisationen in der DDR durch die Kader der SED mitzusehen haben, die vielleicht eine Kontinuität zu den kommunistischen Organisationen, nicht jedoch zur Arbeiterkulturbewegung insgesamt erkennen lassen.

Jedenfalls konnte der DDR-Sozialismus seine Herkunft aus der kommunis-tischen Bewegung mit ihren Zukunftsentwürfen und Organisationsinteressen nicht abstreiten, zu denen die »Bolschewisierung der KPD seit den zwanziger

Jahren ebenso zu rechnen ist wie das Leugnen oder Verharmlosen der stalinistischen Verbrechen« (Meuschel 1992 [348]). Dass die DDR die Realisierung
der Ideen der »Klassiker« Marx und Engels war, wird von einigen retrospektiven Kritikern aus der SED zwar behauptet; dem widerspricht jedoch der
Tatbestand, dass von Marx und Engels auch eine Entwicklungslinie zur demokratischen Arbeiterbewegung führte, die sich bis in die Zeit nach dem Zweiten
Weltkrieg auf Marx und Engels berufen hat (Materialien 1995, Bd. V, 1 [42])

3. Die DDR als Überwindung oder Fortsetzung des »deutschen Weges«?

Alexander Abusch, später Minister für Kultur der DDR, veröffentlichte 1946
[1954] unter dem Titel *Irrweg einer Nation* sein Buch über die »deutsche
Misere«, in dem er die jüngere deutsche Geschichte unter dem Eindruck der
Katastrophe der Gegenwart als eine einzige Fehlentwicklung auffasste, die er
u.a. mit Junkerherrschaft und Militarismus in Verbindung brachte. Die DDR
als erster »Arbeiter-und-Bauern-Staat« auf deutschem Boden nahm für sich in
Anspruch, etwas völlig Neues zu sein und die bisherige deutsche Geschichte zu
überwinden. Hier ist aus heutiger Sicht jedoch die Frage aufzuwerfen, inwieweit die DDR – wie zunächst von ihrer Führung behauptet wurde – den »deutschen Sonderweg« überwand oder ihn, umgekehrt, fortsetzte (Faulenbach 1998
[1966]).

Keine Frage, dass in der SBZ/DDR das politische, ökonomische und soziale
System völlig umgewälzt und auch die Kultur erheblich verändert wurde, so
dass man von einem revolutionären Wandel sprechen kann, auch wenn er unserem Bild einer Revolution nicht entspricht und zum guten Teil von der Besatzungsmacht erzwungen wurde. Zu diesem Wandel gehört, dass in fast allen
Bereichen die bis dahin herrschenden Eliten ausgeschaltet wurden, die Eigen-
tumsverhältnisse durch Aufbau eines staatssozialistischen Systems umgestaltet,
die Sozialstruktur entdifferenziert und nicht zuletzt eine – durch Blockparteien und Massenorganisationen lediglich ausgestaltete – Einparteiendiktatur
die gesamte Gesellschaft be- und »durchherrschte« (Kocka 1994 [1984]).

Endgültig überwunden wurde – was übrigens, wenn auch auf andere Weise,
für Westdeutschland gilt – die bereits während der NS-Zeit erodierte und durch
das Scheitern des 20. Juli weiter geschwächte Vorherrschaft der preußisch-
deutschen Eliten, deren besondere Rolle jahrzehntelang als ein Spezifikum des
deutschen Weges im 19. und 20. Jahrhundert betrachtet worden ist. Von dieser
These ausgehend, lässt sich die Frage bejahen, ob die DDR die besondere
deutsche Entwicklung beendet hat. Allerdings zerstörte die kommunistische
Herrschaft auch die – ohnehin durch die NS-Herrschaft überformte und partiell destruierte – bürgerliche Gesellschaft, und zwar in ihrer besitzbürgerli-
chen wie in ihrer staatsbürgerlichen Dimension; in der DDR verschwand der

»Bourgeois« ebenso, wie der »Citoyen« nicht wiederkehrte. Nur Reste des Bildungsbürgertums wurden auf die Dauer erhalten, während sich das traditionelle Arbeitermilieu wohl länger hielt als in Westdeutschland (Hübner 1994 [1037]; Kleßmann 2000 [1042]; Ritter 2002 [1999]).

Der in der NS-Zeit modernisierte Obrigkeitsstaat wurde damit in der DDR fortgesetzt: »Der alte deutsche Obrigkeitsstaat passte ins sowjetische Staatsschema ebenso, wie er ins nazistische gepasst hatte« (Bender 2002 [1956]). Man hat bezogen auf die DDR von einer »staatssozialistischen Variante des deutschen Obrigkeitsstaates« gesprochen (Henningsen 1995 [1974]). Jedenfalls nutzte das SED-System eine Mentalität, in der Ordnung ein Wert an sich ist, es ein klares Gefälle zwischen »Amtspersonen« und Privatpersonen gibt und wo man lernt sich unterzuordnen. Ungeachtet der Proklamation eines neuen sozialistischen Menschen lief die Erziehungspraxis auf Anpassung und Einordnung hinaus. Allerdings war sie – zumal in der späteren DDR – nicht immer erfolgreich. Die DDR blieb die ganze Zeit über der »vormundschaftliche Staat«, der für seine Bürger sorgte, doch das Leben weitgehend reglementierte und kontrollierte (Henrich 1989 [1034]).

Allerdings gab es in der DDR doch auch Brüche zur bisherigen Staatstradition. So wurde z. B. das Berufsbeamtentum abgeschafft. Es wurde der Vereinheitlichungs- und Nivellierungstendenz geopfert. Abgeschafft wurde auch die – in der deutschen Geschichte des 19. und 20. Jahrhunderts freilich keineswegs unumstrittene deutsche – föderalistische Tradition. 1952 wurden die Länder aufgelöst, an ihre Stelle traten 15 Bezirke. Die DDR war damit ein Einheitsstaat, womit sie einen Bruch mit der bisherigen Geschichte vollzog und sich – trotz anderer Organisationsformen – mit dem Dritten Reich berührte.

Ambivalent ist auch das Bild von Kontinuität und Diskontinuität im Hinblick auf die sozialstaatliche Tradition, die ebenfalls als Kennzeichen der besonderen deutschen Entwicklung betrachtet wird. Zweifellos spielte die sozialstaatliche Komponente in der DDR eine große Rolle, so dass man retrospektiv von einer »Fürsorgediktatur« gesprochen hat (Jarausch 1998 [1976]), womit der Doppelcharakter von sozialistischer Sozialpolitik und gleichzeitiger Repression gekennzeichnet wird. Das SED-System wäre demnach gleichsam eine radikalisierte Form des autoritären Obrigkeitsstaates und des Wohlfahrtsstaates. Die DDR hat gleichsam »in der voremanzipatorischen Tradition einer obrigkeitsstaatlich-emanzipatorischen Sozialpolitik« gestanden, in der staatliche Fürsorge »für den Preis des Gehorsams, der Loyalität und des Verzichts auf Konfliktfähigkeit« gewährt wurde (Ritter 2002 [1999]).

Was die Organisationsform der Sozialpolitik angeht, so sind die Änderungen der DDR gegenüber der bisherigen Struktur nicht unbeträchtlich: genannt seien die große Bedeutung der Betriebe im System der sozialen Sicherheit; die Einheitsversicherung von Arbeitern und Angestellten, die 1956 dem FDGB unterstellt wurde; die Schwächung des Versicherungsprinzips zu Gunsten des Fürsorge- und Versorgungsprinzips; das Fehlen von Arbeitsbeziehungen, die von unabhängigen Arbeitgebern und Arbeitnehmern gestaltet wurden, usw.

Aufs Ganze gesehen wurden eher die vormodernen Züge der deutschen sozialstaatlichen Tradition weitergeführt (Ritter 1998 [2000] u. 2002 [1999]).

Vielleicht noch bedeutsamer ist die – mit dem obrigkeitsstaatlichen System verbunden – Pflege antiwestlicher Traditionen, die für einen breiten Strom der deutschen politischen Kultur seit dem 19. Jahrhundert charakteristisch war (Faulenbach 1980 [1065] u. 1998 [1966]; Winkler 2002 [86]). Komponenten dieses Traditionsstranges waren antidemokratische, antiliberale, antiparlamentarische, antipluralistische, antibürgerliche und antikapitalistische Einstellungen, mit denen sich Sehnsüchte nach einer harmonischen, konfliktfreien, monistischen Staats- und Gesellschaftsordnung verbanden. Dieser Traditionsstrang, der eine antimoderne Stoßrichtung hat, war von der politischen und intellektuellen Rechten der Weimarer Republik gepflegt und in der NS-Zeit weitergeführt worden. Von der SED wurde er auf neue Ziele bezogen.

Resümierend lässt sich feststellen, dass die DDR in manchen Hinsichten für Kontinuitätsbrüche, in anderen für die Weiterführung von Kontinuitäten steht. Der »deutsche Sonderweg« hat sich jedoch in der DDR in höherem Maße als in der Bundesrepublik fortgesetzt (Kocka 1995 [1983]; Faulenbach 1998 [1066]).

4. Die DDR als »homunculus sovieticus«?

Von Hermann Weber (2000 [77 u. 79]) u.a. ist zu Recht stets hervorgehoben worden, dass die DDR in erheblichem Maße eine Schöpfung der Sowjetunion war. Keineswegs endgültig entschieden ist jedoch, seit wann die Sowjetunion auf diesen deutschen »Sonderstaat« hingearbeitet hat, welchen Handlungsspielraum dieser in den verschiedenen Phasen seiner Existenz gegenüber der Sowjetunion hatte und inwieweit er – wie der frühere sowjetische Botschafter Pjotr Abrassimov formuliert hat – als »homunculus sovieticus« betrachtet werden kann.

Die Deutschlandpolitik der Sowjetunion in der Nachkriegszeit erscheint in sich widersprüchlich. Teilweise ist sie wohl auch durch das Nebeneinander zweier strategischer Optionen charakterisiert. Auf der einen Seite versuchte die Sowjetunion, in der Stalin gewiss die wichtigsten Entscheidungen fällte, unterhalb derer aber verschiedene Instanzen und die Militäradministration selbstständig handelten (Bonwetsch/Bordjugov/Naimark 1998 [89]), in der frühen Nachkriegszeit Einfluss auf Deutschland als Ganzes zu bekommen, insbesondere auch umfangreiche Reparationen durchzusetzen. Und auch in der Folgezeit bis Mitte der fünfziger Jahre – potentiell sogar danach – wurde eine gesamtdeutsche Option – »die deutsche Karte zu spielen« – nie ganz aufgegeben. Auf der anderen Seite aber schuf die sowjetische Politik in der SBZ und durch die bzw. in der DDR dem entgegengesetzte Tatsachen. Wichtige Stationen in den ersten

Nachkriegsjahren waren die unter wesentlicher Beteiligung der SMAD insbesondere mit Druck, Täuschung, Einschüchterung und Zwang durchgesetzte Vereinigung von SPD und KPD zur SED (zu der es prinzipiell zwar eine Bereitschaft auch unter Sozialdemokraten gab, jedoch nicht – wie die Urabstimmung in Berlin zeigte – unter den von Besatzungsmacht und KPD weitgehend diktierten Bedingungen (Faulenbach/Potthoff 1998 [141]); die bald forcierte Durchsetzung einer bestimmten Polizeistruktur; die Transformation der SED zu einer Partei neuen Typs; auch revolutionäre Veränderungen der Eigentumsstrukturen usw. Zusammengenommen lässt sich das noch als Versuch auffassen, einen sozialistischen Kernstaat zu bilden, der auf ganz Deutschland ausstrahlen sollte. Doch realiter wurde die Entwicklung in der SBZ/DDR von der im übrigen Deutschland abgetrennt. Die Sowjetunion und das SED-System gerieten in eine ausgesprochene Isolierung, da die Mehrheit in der SBZ/DDR – ganz zu schweigen von der in Westdeutschland – die kommunistische Politik nicht nur ablehnte, sondern sie mit Feindseligkeit betrachtete.

Dass die DDR gleichsam gegen den Willen Stalins gegründet worden sei, wie Wilfried Loth (1997 [1532]) gestützt auf Aufzeichnungen Wilhelm Piecks (1994 [128]) gemeint hat, erscheint mehr als unwahrscheinlich, obgleich sich schwerlich verkennen lässt, dass insbesondere Ulbricht auf die Gründung der DDR drängte.

Die Sowjetunion verhielt sich in der SBZ und später gegenüber der DDR – auch wenn man die Folgen des Krieges mitzugehen hat – wie eine Kolonialmacht. Man denke an die Reparationen aus laufender Produktion oder auch an die Umwandlung vieler Unternehmen in Sowjetische Aktiengesellschaften. Und die gesamte Zeit, in der die DDR existierte, behielten die Sowjettruppen, die weitgehend isoliert von der Bevölkerung stationiert waren, den Charakter von Besatzungstruppen, jedenfalls aus der Sicht der Bevölkerungsmehrheit.

Auf diesem Hintergrund stellt sich die Frage nach den Spielräumen der DDR, die zumindest im ersten Jahrzehnt so etwas wie ein sowjetisches Protektorat war (Materialien 1999, Bd. VIII, 1, 2 u. 3 [43]). Sie besaß auch in der Folgezeit für die Sowjetunion besondere Bedeutung im Ost-West-Konflikt, nicht zuletzt hatte sie strategische Bedeutung für die Herrschaft über Osteuropa.

Keine Frage, dass die DDR bis in die Endphase hinein in starkem Maße von der Sowjetunion abhängig war, was als Freundschaft mit der Sowjetunion gar in der Verfassung festgeschrieben war. Die DDR gehörte in das sozialistische Lager, in dem die verschiedenen Staaten, bekräftigt durch die Breschnew-Doktrin, nur eine eingeschränkte Souveränität besaßen. Dennoch wird man sagen können, dass die Handlungsspielräume der DDR-Führung im Laufe der Zeit tendenziell wuchsen; letztlich blieb das SED-System freilich »eine von außen gestützte Diktatur« (Pollack 2000 [1067]). Es wurde vermutlich keine wichtige Entscheidung ohne oder gegen Moskau getroffen. Allerdings ist das Verhältnis, das sich insgesamt als asymmetrisch bezeichnen lässt, in dem jedoch auch die DDR nicht völlig machtlos war, für die verschiedenen Phasen der Politik jeweils noch genau zu rekonstruieren, was angesichts der unzureichenden Zugänglichkeit russischer Akten bislang nur teilweise möglich war.

Das Verhältnis änderte sich in der Ära Gorbatschow zwar, doch wurde dabei ein letztes Mal – diesmal auf ironische Art – die Abhängigkeit der DDR von der Sowjetunion deutlich: Die gewachsenen Spielräume nutzte jetzt die SED-Führung, um sich von der Politik der Perestroika abzukoppeln, was angesichts ihrer prinzipiellen Abhängigkeit von der Sowjetunion eine partielle Lähmung der SED zur Folge hatte und einer der Faktoren des Niedergangs des an seiner Spitze gerontokratischen SED-Systems war. Ob man das Verhältnis zwischen der SU und der DDR als das zwischen Zentrum und Peripherie (Lemke, M. 2000 [1617]) hinreichend beschreiben kann, erscheint deshalb fraglich. Es handelte sich um ein Verhältnis sui generis, das im Laufe der Entwicklung sich veränderte. Letztlich blieb jedoch die DDR ein von der Sowjetunion und ihren Einrichtungen penetriertes System.

Über die Frage der Abhängigkeit hinaus stellt sich die Frage nach der Prägung der DDR durch die Sowjetunion.»Von der Sowjetunion lernen, heißt siegen lernen«, war ein viel zitiertes Motto. Keine Frage, dass die Sowjetunion die»Modellgesellschaft« für die DDR war. Zahlreiche Errungenschaften der Sowjetunion wurden auf die DDR übertragen (Jarausch/Siegrist 1997 [1040]). Die gesamte Theorie des sozialistischen Aufbaus war»der einzigen relevanten sozialistischen Praxis in der UdSSR entlehnt, wobei sie im Leninismus in einer ersten Systematisierung und durch Stalin und seine Adepten volkspädagogisch aufbereitet vorlag« (Danyel 1997 [323]). Die Strukturen – von der kollektivierten Landwirtschaft über die Brigaden in der Industrie und die Ankopplung der Sozialeinrichtungen an die Betriebe bis hin zum Wissenschaftsbetrieb mit seinen zahlreichen Akademie-Instituten und dem ganzen System der Zentralverwaltungswirtschaft mit seinen Jahresplänen – waren dem sowjetischen Modell entlehnt. Dies gilt erst recht für wesentliche Züge der politischen Kultur. Genannt seien die Organisationsrituale auf Parteitagen, die Abrechnung mit realen oder vermeintlichen Abweichlern, die Kritik und Selbstkritik, die Übergabe und Übernahme von Parteiaufträgen, des Weiteren die Masseninszenierungen, Kundgebungen und Vorbeimärsche zu bestimmten Anlässen, die»Kultur der Zahlen, Mengen und Kennziffern im Erscheinungsbild öffentlicher politischer Rituale« (Danyel 1997 [323]), schließlich auch die Gedenk- und Erinnerungsrituale sowie die Gestaltung von Gedenkstätten und Denkmälern mit ihrer Tendenz zur Monumentalität.

Ungeachtet der Tatsache, dass Honecker gegenüber Ulbricht wieder stärker den Internationalismus und den Anschluss an die Sowjetunion betrieb, traten in den Gedenk- und Erinnerungsritualen nationale Geschichtstraditionen in den Vordergrund. Die Frage, inwieweit die sowjetischen Traditionen übernommen, adaptiert oder gar abgewehrt worden sind, ist im Einzelnen noch zu untersuchen.

Aufs Ganze gesehen wird man sagen können, dass im Vergleich zur Westernisierung bzw. Amerikanisierung der Bundesrepublik, die in erheblichem Maße ein zivilisatorischer und nur mittelbar ein politisch-kultureller Prozess war, der mit der Öffnung und Modernisierung ihrer Gesellschaft zusammenhing und teilweise durch diese abgestützt wurde, die Sowjetisierung Ostdeutschlands unmittelbar politisch geleitet war und aus dem Willen der Besatzungs- bzw. Vormacht und der SED-Führung resultierte (Faulenbach 1998 [1966]).

Wie tiefgreifend und wirksam die Sowjetisierung erfolgte, ist nach dem gegenwärtigen Forschungsstand schwer zu beurteilen. Doch war vieles offenbar doch eher äußerlich übernommen und wurde nicht dauerhafter Teil der Gesellschaftskultur. Eine Ausnahme bildet etwa die Durchsetzung der Jugendweihe, die als Element der »genetischen Sowjetisierung« (Danyel 1997 [323]), d.h. als deren Konsequenz bezeichnet worden ist und auch nach 1990 weithin in Ostdeutschland praktiziert wird.

Die Grundproblematik der Orientierung an der Sowjetunion war, dass der mitteldeutsche Raum ökonomisch-gesellschaftlich weiter entwickelt war als die Sowjetunion. Die Umgestaltung von Staat und Gesellschaft erfolgte mithin durch Übertragung von Modellen aus einem ökonomisch und politisch rückständigen Land:»Mit ihrem starren Festhalten an einer durch Sozialisierung und Nivellierung der Einkommen veränderten Industriegesellschaft alter Prägung wurden sie [i.e. die SED und die DDR] aber Opfer einer im Kern konservativen Haltung, die den Weg in die Moderne gerade nicht öffnete, sondern verbaute« (Ritter 2002 [1999]). Hinzu kam der Mangel an Freiheit und demokratischer Selbstbestimmung, der dem sowjetischen Modell ebenso inhärent war wie bestimmte repressive Techniken. Dies alles erschwerte die Legitimation des SED-Systems und der DDR, die sich gegenüber der deutlich größeren und stärkeren Bundesrepublik zu behaupten hatten.

Resümierend lässt sich feststellen, dass sich wesentliche Züge der DDR durch die Ausrichtung auf das sowjetische Vorbild erklären lassen. Allerdings wurde dieses Vorbild schon dadurch relativiert, dass als eigentliche Referenzgesellschaft die Bundesrepublik fungierte, die für große Teile der Bevölkerung der DDR eine beträchtliche Attraktivität besaß, während sie für die SED Konkurrenz- und Gegengesellschaft war. Manches spricht deshalb für die These, dass in der DDR vor 1990 der »verordneten Sowjetisierung« von oben eine »zensierte, subkutan erfolgreiche Amerikanisierung« von unten gegenüberstand (Leggewie 2000 [1048]).

5. Die DDR als deutscher Teilstaat

In der mehr als vier Jahrzehnte andauernden Zweistaatlichkeit mag man eine neue Etappe oder Variante der besonderen deutschen Entwicklung sehen – in der Tat hatte sie nur in der Teilung Koreas ihre Parallele, wies jedoch nicht nur in der Bindung der Teilstaaten an die jeweilige Führungsmacht, sondern auch im Verhältnis beider Staaten zueinander sehr spezifische Züge auf. Jedenfalls ist die DDR vorrangig als ein deutscher Teilstaat zu betrachten.

Die Entstehung der beiden Teilstaaten resultierte aus der Konstellation nach dem Ende des Zweiten Weltkrieges, in dem Deutschland von einer Koalition sehr ungleicher Mächte nach ungeheuren Opfern auf allen Seiten völlig niedergerungen worden war; aus den divergenten Interessen gegenüber Deutschland entstand die Ost-West-Gegensätzlichkeit, die dann ihrerseits die beiden deutschen Teilstaaten wesentlich prägte. Zwar war anfangs die deutsche Teilung nicht als Dauerzustand geplant, auch proklamierten beide Seiten die Notwendigkeit der Wiederherstellung der deutschen Einheit; doch ist gleichwohl festzustellen, dass nur in den Augen der Deutschen die »deutsche Frage« die Frage der Teilung war, während das übrige Europa darunter »die Übergröße ganz Deutschlands, das nicht mehr in den Kontinent zu passen schien«, verstand: »Für die Deutschen hieß die Lösung Wiedervereinigung, für die anderen hieß sie Teilung« (Bender 2002 [1956]).

Die DDR definierte sich als deutscher Teilstaat, sie blieb dies auch in weit höherem Maße als die Bundesrepublik, die seit den siebziger Jahren mit Erfolg eine postnationale Identität herausbildete. Am Anfang stellte sich die DDR gleichsam als »rotes Piemont« dar, umwarb auch nationale und nationalistische Kreise in Deutschland, um eine Westintegration der Bundesrepublik zu verhindern und eine Westernisierung bzw. Amerikanisierung der Bundesrepublik zu hemmen. Letztlich wurde ein vereinigtes Deutschland unter sozialistischen – und das hieß kommunistischen – Vorzeichen angestrebt, was freilich nur wenig Resonanz in der deutschen Bevölkerung in West und Ost fand und deshalb allenfalls bei Einsatz von Machtmitteln eine Perspektive war. Die Sowjetunion und die DDR wandten sich dementsprechend seit Mitte der fünfziger Jahre einer Politik zu, deren vorrangiges Ziel die Anerkennung der DDR und der durch den Zweiten Weltkrieg in Europa entstandenen Grenzen war.

Dem Wandel ihres Selbstverständnisses (bzw. dem der SED-Führung) entsprachen Veränderungen in der Verfassung der DDR. Die erste Verfassung enthielt noch eine Fülle von Bestimmungen der Weimarer Reichsverfassung und war potentiell eine gesamtdeutsche Verfassung. In der Verfassung von 1968 lautete der Artikel 1: »Die Deutsche Demokratische Republik ist ein sozialistischer Staat deutscher Nation«. 1974 hieß es dann: »Die Deutsche Demokratische Republik ist ein sozialistischer Staat der Arbeiter und Bauern«. Der frühere Artikel 8 entfiel ganz, in dem proklamiert worden war, dass man die vom Imperialismus erzwungene Spaltung überwinden wolle. Die DDR verabschiedete sich von der deutschen Nation, sie versuchte, sich als sozialistischer Nationalstaat darzustellen, in dem eine sozialistische Nation heranreife. Keine Frage, dass die DDR – anders als osteuropäische realsozialistische Länder – prinzipiell auf die Legitimation als Nationalstaat verzichten musste. Auch die Tradition-Erbe-Diskussion der achtziger Jahre, die die DDR mit der ganzen deutschen Geschichte in Beziehung bringen sollte (Kuhrt/Löwis 1988 [1922]), wirkte im Hinblick auf die Legitimation der DDR eher kontraproduktiv, indem sie implizit die deutsche Frage wieder aufwarf.

Für die DDR war das Verhältnis zur Bundesrepublik die ganze Zeit über ein Problem, da die Bundesrepublik, der größere und leistungsfähigere deutsche Staat mit seiner dynamischen Gesellschaft, gleichsam die wichtigste informelle Bezugsgröße war und die Referenz- und Konkurrenzgesellschaft bildete. Die DDR blieb geradezu auf die Bundesrepublik fixiert, wobei diese Fixierung ausgesprochen ambivalent war. Zeitweilig versuchte die SED-Führung, die Vorzüge der eigenen Entwicklung stark zu betonen und auch auf dem Hintergrund des Verhältnisses zur NS-Zeit, die DDR als den besseren deutschen Staat darzustellen. Und doch kam sie nicht an der Einsicht vorbei, dass der Abstand zur Bundesrepublik in vielen Bereichen nicht kleiner, sondern größer wurde und dass namentlich auf wesentliche Teile der nachwachsenden Alterskohorten in der DDR Gesellschaft und Kultur der Bundesrepublik eine beträchtliche Anziehungskraft ausübten. Dazu trug bei, dass der Versuch misslang, gleichsam nachholend bzw. im Wettlauf mit der Bundesrepublik eine sozialistische Konsumgesellschaft herauszubilden (Kaminsky 2001 [1122]).

Sieht man die Geschichte der Bundesrepublik und der DDR zusammen, was aus der Sicht Hermann Webers (1993 [2008]) zur Erklärung der DDR-Geschichte unbedingt nötig ist, so kann man von einer »asymmetrisch verflochtenen Parallel- und Abgrenzungsgeschichte sprechen« (Kleßmann 1993 [1982]). Zweifellos spielte zunehmend, insbesondere seit den siebziger Jahren, für die Bundesrepublik und ihr Selbstverständnis die DDR keine herausragende Rolle mehr. Spätestens in der Zeit der sozialliberalen Koalition und der neuen Ostpolitik vollzog die Bundesrepublik ihre Selbstanerkennung; selbst als Gegenbild war die DDR inzwischen von sehr untergeordneter Bedeutung – jedenfalls für die große Mehrheit der Westdeutschen. Für die DDR lagen die Verhältnisse umgekehrt, sie blieb stets auf die Bundesrepublik bezogen. Dazu passt, dass sich in der DDR der Wunsch nach Wiedervereinigung länger gehalten hat als in der Bundesrepublik.

Jedenfalls ging die Dynamik der Entwicklung 1989/90 von der DDR aus. Da die SED-Ordnung, die konstitutiv für die DDR war (die jenseits dieser Ordnung keine Legitimation hatte), war es nur logisch, dass die revolutionäre Bewegung nicht beim Sturz des SED-Systems stehen blieb. Die Forderung nach Freiheit verband sich mit der nach Einheit. Aus dem Ruf »Wir sind das Volk« wurde nach dem Fall der Mauer der Ruf »Wir sind ein Volk«. Die DDR wurde von der großen Mehrheit der Bevölkerung bei den Volkskammerwahlen am 18. März 1990 aufgegeben. Die ursprünglich von Kurt Schumacher in der frühen Nachkriegszeit entwickelte Magnettheorie, die dann von anderen übernommen worden war, erwies sich in der ersten wirklich offenen Situation als zutreffende Einschätzung. Und was die Bundesrepublik anging, so schloss der Verfassungspatriotismus keineswegs bei einem entsprechenden Votum der DDR-Bevölkerung die Ausdehnung des Geltungsbereiches der Verfassung nach Osten aus. Beide deutsche Staaten verbanden sich 1989/90, trotz unterschiedlicher Ausgangspunkte und Motive, zu einem gemeinsamen Staat, in dem freilich eine gemeinsame Nation erst wieder entstehen musste (Bohrer 1993 [1959]; Meier 1991 [1995]).

Resümierend lässt sich feststellen, dass die DDR niemals wirklich den Charakter als Teilstaat überwinden konnte. Zwar wurde diese Tatsache überdeckt durch die Ideologie des Marxismus-Leninismus, doch die durch die partielle Erosion dieser Ideologie stimulierte Suche nach nationaler Legitimation musste mehr oder weniger zwangsläufig scheitern.

Etwas anders ist die Rolle dieses Staates in Europa zu sehen. Zu beachten ist, dass die meisten anderen europäischen Länder seit den sechziger Jahren glaubten, mit der Zweistaatlichkeit gut leben zu können. Dies gilt nicht nur für die Staaten des Ostblocks, sondern auch für die westeuropäischen Länder, die seit den siebziger Jahren ihre Beziehungen zur DDR zu entwickeln begannen (Pfeil 2001 [1635]) und im Herbst 1989 mit einiger Skepsis sahen, wie die deutsche Frage wieder auf die Tagesordnung kam.

6. Der Ort der DDR in den säkularen Auseinandersetzungen des 20. Jahrhunderts

Will man die DDR in das 20. Jahrhundert einordnen, nach ihrer historischen Bedeutung fragen, so hat man sie und ihr SED-System in den Auseinandersetzungen von Totalitarismus und Demokratie sowie von liberalem Kapitalismus und sowjetischem Sozialismus zu verorten.

Wenn man den Totalitarismus als idealtypisches Konstrukt zur Beschreibung von modernen diktatorischen Systemen im »kurzen« 20. Jahrhundert fasst, das als negativer Gegenbegriff zu Demokratie, Rechtsstaat und Pluralismus fungiert, wird man das SED-System den totalitären Systemen zuzuordnen haben. Auch wenn man das Selbstverständnis seiner Führungsgruppen und deren Ideologie untersucht, wirkt der Begriff nicht unangemessen. Doch welchen Platz nimmt das SED-System unter den totalitären Systemen ein?

In Anbetracht des Tatbestandes, dass die DDR als Schöpfung der Sowjetunion begriffen werden kann und sich in keiner Phase wirklich von ihr gelöst hat, wird man die DDR und das SED-System als abgeleitet bezeichnen können. Dies würde bedeuten, dass man nicht primär das SED-System, sondern das stalinistische System in der Sowjetunion mit dem NS-System vergleichen müsste, wenn es um die wirklich maßgeblichen totalitären Systeme ginge (Faulenbach/ Stadelmaier 1993 [17]). Andererseits spricht für einen Vergleich von SED-System und NS-System, dass beide in Deutschland, wenn auch nicht auf gleicher territorialer Grundlage, errichtet wurden.

Wenn man die von den Regimen verübten Verbrechen vergleicht, so wird man feststellen, dass sie letztlich im Hinblick auf die kriminelle Energie unvergleichbar sind. Die DDR war zwar eine Diktatur mit einer nicht zu unterschätzenden, zeitweilig offen terroristischen repressiven Dimension, hat aber nicht wie das NS-System einen – universal-geschichtlich bedeutsamen – Genozid zu verantworten. Das SED-System war nicht dadurch definiert, dass es darüber entschied, wer ein Lebensrecht auf Erden haben soll und wer nicht (Diedrich/ Ehlert 1998 [1962]; Faulenbach 1999 [1964]).

Andererseits sind nach 1989/90 doch die diktatorischen und repressiven Züge des SED-Systems, die insbesondere bis in die frühen sechziger Jahren hinein vorherrschten, durch Bürgerbewegung, Medien und Wissenschaft bewusst gemacht worden. Während der fünfziger Jahre wurde – wenn auch gegenüber der Sowjetunion in abgeschwächter Form – in der DDR ein »terroristischer Gestaltungswille« (Koenen 2000 [170]) manifest. Und bis 1989 waren eine große Zahl politischer Gefangener, das Stasi-System mit schließlich ca. 90 000 hauptamtlichen und einer ungleich größeren Zahl von »inoffiziellen Mitarbeitern«, die die gesamte, von diesem Apparat durchdrungene Gesellschaft kontrollierten, für die DDR kennzeichnend.

Bei der Herrschaftstechnik lassen sich phänomenologisch gewisse Übereinstimmungen feststellen, die es nahe legen, NS- und SED-System dem totalitären Herrschaftstyp zuzuordnen: eine Partei, die unumschränkt herrscht; Monopolisierung der Macht über Polizei, Geheimpolizei, Streitkräfte bei der obersten Führung oder dem Diktator; völlige Kontrolle der Medien usw. (Friedrich, C./Brzezinski (1996 [1967]). Und doch wird man bei genauerem Hinsehen Unterschiede feststellen können. Das SED-System setzte, insbesondere in den ersten Jahrzehnten, stärker auf äußeren Zwang und Intimidation, auch auf bürokratische Kontrolle, das NS-System mehr auf Förderung und Nutzung der subjektiven Bereitschaft, sich für die NS-Politik, auch in ihrer imperialistisch-rassistischen Ausformung einzusetzen (Mommsen, H. 1994 [1998]). Streiten lässt sich darüber, welches System das totalitärere war. Vieles spricht dafür, dass der Anspruch, Gesellschaft zu formen und Menschen zu erziehen, auf der Basis der ungleich umfassenderen und konsistenteren Ideologie unter dem SED-System weiter ging als unter der NS-Herrschaft, die in ihrer Zeitdauer beschränkter war (Koenen 2000 [170]). Charakteristisch für den Nationalsozialismus waren gleichsam der permanente Ausnahmezustand und die ständige Mobilisierung für die Volksgemeinschaft, für das SED-System die Erfassung des Einzelnen in der »Organisationsgesellschaft« (Pollack 1994 [1281]) und deren Überhöhung durch die Ideologie des Marxismus-Leninismus und die säkularisierte Religion des Antifaschismus.

Allerdings brach sich der totalitäre Anspruch des SED-Systems vielfältig an der Wirklichkeit (Ballestrem 1996 [1955]): an den überkommenen Traditionen, der bis 1961 vorhandenen Möglichkeit, sich diesem Anspruch durch Flucht in den Westen zu entziehen; an funktionalen Anforderungen der hocharbeitsteiligen Industriegesellschaft; an der Unmöglichkeit, die DDR gegen die Bundesrepublik völlig abzuschotten; an der durch die Entspannungspolitik zwangsläufigen partiellen internationalen Öffnung; an der wachsenden Bedeutung der elektronischen Medien usw. Das SED-System erhob stets einen totalitären Anspruch, den es freilich in seinem letzten Jahrzehnt nicht mehr so militant vertrat wie in denen zuvor; doch die Realität war stets komplizierter, als der Anspruch erkennen lässt; realiter gab es stets »Grenzen der Diktatur« (Bessel/Jessen 1996 [1012]), die aus erfahrungsgeschichtlicher Perspektive nicht selten für die letzten Dekaden der DDR betont werden.

Offensichtlich durchlief das SED-System verschiedene Phasen, was nicht recht zu einem starren Totalitarismus-Begriff passt, wie er etwa von Friedrich, C./Brzezinski (1996 [1967]) formuliert worden ist. Manche Wissenschaftler differenzieren deshalb zwischen einer totalitären und einer spät- oder posttotalitären Phase der SED-Diktatur (Jesse 1994 [1978]); andere haben schon für die sechziger Jahre oder doch für die späte DDR den Übergang zu einer autoritär verfassten Gesellschaft oder gar zu einem konsultativen Autoritarismus angenommen (Ludz 1970 [178]; Glaeßner 1995 [19]). Dem steht die These des Wechsels von einem offenen brachialen Terror zu lautlosen hochintegrierten Verfolgungs- und Disziplinierungsmaßnahmen, die als Kennzeichen für einen »avancierten Totalitarismus« betrachtet werden (Henke 1998 [1973]), klar entgegen.

Zweifellos sind Theorien nur heuristische Hilfsmittel zur Beschreibung politischer Systeme. Um die DDR im Rahmen von Totalitarismus-Theorien verorten zu können, müssen diese hinreichend offen sein, um verschiedene Typen zuzulassen, und eine genetische Dimension umfassen (Wehler 1998 [2009]). Oder aber man arbeitet mit dem offeneren Begriff der Diktatur (Kocka 1995 [1840]). Für beide Wege lassen sich plausible Argumente beibringen.

Diskussionsbedürftig erscheint im Hinblick auf die DDR als Ganzes der Begriff »Organisationsgesellschaft«, der der Gesellschaft gegenüber dem Herrschaftssystem Vorrang einzuräumen scheint (Pollack 1994 [1281]), was ebenso anfechtbar ist wie die Annahme, dass die Gesellschaft der DDR in jeder Hinsicht eine Funktion des Herrschaftssystems war. Der Begriff »Fürsorgediktatur« (Jarausch 1998 [1976]) engt den Diktaturbegriff auf eine bedeutsame Funktion ein, blendet damit aber andere Funktionen aus und ist darüber hinaus sicherlich nicht auf die ganze DDR-Zeit anwendbar. Dies alles spricht dafür, verschiedene Theorieansätze zu nutzen und im Übrigen die DDR multiperspektivisch in den Blick zu nehmen.

Man wird die DDR nicht hinreichend erfassen können, wenn man sie ausschließlich als totalitären Staat oder als Diktatur begreift (Weber 1998 [1951]). Sie ist vielmehr auch zu verorten in der säkularen Auseinandersetzung zwischen liberalem Kapitalismus und sowjetischem Sozialismus.

Die Arbeiterbewegung war seit dem 19. Jahrhundert in fast allen europäischen Ländern ein – freilich in der Ausformung und in ihren Zielen recht unterschiedlicher – bedeutsamer politisch-gesellschaftlicher Faktor, der über die Interessenvertretung der Arbeiter hinausgehend die Notwendigkeit der Lösung der sozialen Frage zum Ausgangspunkt für eine mehr oder weniger

radikale Veränderung der Gesellschaft begriff. Für die europäische Arbeiterbewegung war es ein gravierender Vorgang, dass sich von ihr vor und während des
Ersten Weltkrieges eine Entwicklungsrichtung abspaltete, die die besonderen
russischen Bedingungen in einem spezifischen Parteitypus mit einer besonderen radikalen Zielsetzung und Strategie verarbeitete, diese Richtung in einer
spezifischen Konstellation in Russland 1917 erfolgreich war und sich in der
Folgezeit hier behaupten konnte. Das Modell der Sowjetunion, die seit den
20er Jahren als das »Vaterland aller Werktätigen« galt, war fortan das Zentrum der kommunistischen Bewegung. Und es war wieder eine spezifische
Konstellation, der Ausgang des von NS-Deutschland herbeigeführten Zweiten
Weltkrieges, durch den dieses sowjetische Modell, gewiss mit Varianten, auf
die osteuropäischen Länder, auch auf die schon hoch entwickelte Tschechoslowakei und Ostdeutschland, übertragen wurde.

Kennzeichnend für dieses Modell aber waren ein starres planwirtschaftliches
Wirtschaftssystem, eine Parteidiktatur, die terroristische Mittel nicht scheute,
sowie ein auf russische Interessen bezogener Imperialismus. Inhärent war diesem Modell ein ausgesprochener Mangel an demokratischer Partizipation und
Rechtsstaatlichkeit; in dieses Modell waren Spezifika der russischen Entwicklung eingegangen, die sich auch bei ihrer Übertragung auf entwickelte Gesellschaften nicht einfach herauslösen ließen; sie waren mit diesem amalgamiert
(Ruge 1991 [2002]).

Manches spricht dafür, dass dieses sowjetische System, das auf mensch-
liche Opfer keinerlei Rücksicht nahm, als radikale Entwicklungsdiktatur, die
die Industrialisierung und »Modernisierung« des Landes vorantrieb, durchaus
funktioniert hat (Beyme 1993 [1958]; Eichwede 1993 [1019]; Hobsbawm 1995
[26]). Dies gilt in abgeschwächter Form auch für die osteuropäischen Länder,
in denen indes seine Einführung auf erhebliche Widerstände stieß, die sich in
einer Reihe von Aufständen – so dem des 17. Juni 1953 in der DDR, der ohne
Eingreifen der Sowjettruppen zum Ende der SED-Herrschaft geführt hätte –
entlud. Hier wirkte die Einführung des sowjetischen Systems zumindest ambivalent, zumal es auf die Dauer erstarrte und eine weitere »Modernisierung«, die
zweifellos ohne eine Autonomie wirtschaftlicher und gesellschaftlicher Akteure
nicht voranzutreiben war, behinderte. Trotz beachtlicher sowjetischer Erfolge
etwa bei der Entwicklung von Atomwaffen oder in der Raketentechnik und
Weltraumfahrt vergrößerte sich der Abstand des sozialistischen Lagers zum
Westen seit den fünfziger Jahren kontinuierlich. Die Außerkraftsetzung ökonomischer, sozialer und kultureller Prozesse, die »Entdifferenzierung«, »soziale
Homogenisierung« und »institutionelle Fusionierung« (Meuschel 1992 [348])
wirkten sich zusammen mit der starren Planwirtschaft auf die Dauer für die
DDR leistungs- und entwicklungshemmend aus (Maier, Ch. 1994 [1992]; Bau-
erkämper/Ciesla/Roesler 1994 [943]). Offensichtlich war das System während
der achtziger Jahre nicht mehr in der Lage, den Sprung in eine neue Phase der
Technologie, der I- und K-Technologien und ihres breiten gesellschaftlichen
Einsatzes zu bewältigen. Dies zeigte sich in der DDR etwa bei ihrem Schei-

tern, eine erfolgreiche Mikro-Chip-Produktion in Gang zu bringen (Maier, Ch. 1994 [1992]). Marxistisch gesprochen gerieten die Produktivkräfte und Produktionsverhältnisse im kommunistischen Herrschaftsbereich in einen eklatanten Widerspruch.

Nimmt man die Instrumentalisierung von Menschen für fragwürdige Ziele auf der einen Seite und die mangelnde Entwicklungsfähigkeit des Systems auf der anderen Seite, so fällt es schwer, die vor allem im Umfeld der PDS vertretene Position (Ansichten, Bd. IV 1994 [1]) zu akzeptieren, die darauf hinausläuft, in der DDR – wie Sabrow (2001 [2003]) formuliert hat – »ein bei allen Einschränkungen legitimes oder doch plausibles Experiment« zu sehen, das während des Kalten Krieges »die historische Chance auf einen antifaschistischen Neuanfang gebildet habe, dann aber letztlich [...] an gegnerischer Stärke oder eigener Schwäche gescheitert ist«.

Allerdings gehört zu den Rahmenbedingungen des Scheiterns in Europa, dass sich auch die westeuropäischen Staaten und Gesellschaften verstärkt seit dem Zweiten Weltkrieg entwickelten, dass diese durch den Ausbau der sozialen Sicherungs- und der Bildungssysteme gleichsam sozialdemokratisiert wurden, so dass man von einem sozialdemokratischen Jahrhundert gesprochen hat (Dahrendorf 1987 [1960]). In der Konkurrenz der beiden Richtungen der Arbeiterbewegung hat sich die sozialdemokratische gegenüber der kommunistischen langfristig als überlegen erwiesen.

7. Die Ursachen des Scheiterns – das revolutionäre Ende der DDR

Die Frage nach den Ursachen des Scheiterns der DDR ist strittig. Der These, dass die DDR als selbstständiger Staat von Anfang an nicht wirklich lebensfähig war (Mitter/Wolle 1993 [45]), sondern nur kraft der machtpolitischen Realitäten, d.h. dank der Sowjetmacht existierte, stehen Versuche gegenüber, Zeitpunkte zu bestimmen – etwa Anfang der fünfziger Jahre, 1956 oder auch noch unter Gorbatschow –, zu denen die DDR noch hätte gerettet werden können (Leonhard, R. 1991 [889]). Dabei wird freilich die Frage ausgeblendet, ob die DDR überhaupt ohne die Sowjetunion denkbar war, d.h. in jedem Fall mit deren Ende auch an ihr Ende gekommen wäre. Für die Zeitgenossen war jedenfalls keineswegs in jeder Phase evident, dass die DDR bzw. die kommunistischen Systeme nicht reformierbar waren. Seit den sechziger Jahren schien sich die DDR zunehmend durch Stabilität auszuzeichnen.

Von heute aus gesehen sind die Schwächen des ökonomischen wie des politischen Systems der DDR offensichtlich. Letztlich schwächend auf das SED-System wirkte sich – abgesehen von der Produktivkraftentwicklung, der zentralistischen Planwirtschaft, der Regression in der arbeitsteiligen Vergesellschaftung usw. – der Abbau der Ost-West-Konfrontation, d.h. die Entspannungspolitik aus; die Integration durch einen äußeren Feind funktionierte immer weniger. Konsequenz der Entspannungspolitik war ein Mehr an Kommunikation und Kooperation mit dem Westen, was eine Erosion der kommunistischen Parteiherrschaften zur Konsequenz hatte. Der Versuch, sich von Gorbatschows Reformpolitik, die dann allerdings ihrerseits letztlich scheiterte, abzukoppeln, beschleunigte den Prozess der Destruktion der Legitimation der SED-Diktatur.

Auf dem Hintergrund der wachsenden Erosion der Parteiherrschaft, allerdings nicht ausschließlich von daher erklärbar, entwickelten sich in den achtziger Jahren, anders als bei den früheren, rasch zerschlagenen oppositionellen Gruppen, teilweise unter dem Dach der Evangelischen Kirche ein oppositionelles Netzwerk und eine Gegenöffentlichkeit, die 1989 zum Nukleus einer Bürgerbewegung wurden, die ihrerseits Massenresonanz erhielt (Neubert, E. 1997 [746]; Wolle 1998 [87]; Kuhrt/Buck/Holzweißig 1999 [746]). Parallel dazu entstand eine bald nicht mehr von Partei und Staat kontrollierbare Ausreisewelle. Unter dem Druck beider Bewegungen, verstärkt noch durch den Fall der Mauer, die eigentlich zur Kanalisierung der Ausreisewelle gedacht war, wurde das SED-System überwunden und anschließend die DDR von der großen Mehrheit der Bevölkerung, dokumentiert durch die Ergebnisse der Volkskammerwahlen am 18. März 1990, aufgegeben. Bemerkenswerteweise löste sich das SED-System unter dem Eindruck der Massenbewegung auf, wobei offensichtlich eine große Rolle spielte, dass Moskau unter Gorbatschow nicht mehr für die Möglichkeit einstand, das SED-System (und damit die DDR) mit Waffengewalt gegen die Bevölkerung zu verteidigen. »Implosion« oder »Revolution« sind nicht als Alternative zu fassen: das politisch-gesellschaftliche System, das stagnierte und in eine Legitimationskrise geraten war, wurde durch den Druck der Volksbewegung abgeschafft, was man durchaus als »Revolution« bezeichnen kann (Ihme-Tuchel 2002 [27]).

Diese »Revolution« passt freilich nicht in das von der marxistischen Geschichtsphilosophie vertretene Bild der Folge von Revolutionstypen. Jürgen Habermas hat von einer »nachholenden Revolution« gesprochen, die den Weg freigemacht habe, um eine versäumte Entwicklung nachzuholen; gemeint ist damit die Entwicklung zu Bürgergesellschaft und Demokratie, die vom Marxismus-Leninismus dem zu überwindenden Zeitalter, dem der Herrschaft des Bürgertums, zugeordnet worden war (Habermas 1990 [1972]). In der DDR (und in Osteuropa) wurde François Furets schon vor der »Wende« geäußerte These, dass »1789« die Zukunft von »1917« sei, bestätigt (Furet 1989 [865] u. 1996 [147]).

Das Verschwinden der DDR und der Untergang des Kommunismus – so der Titel eines Buches von Charles S. Maier (1999 [893]) – fielen zusammen. Die Revolution in der DDR, die die Entwicklung in den anderen ost- und südosteuropäischen Ländern zur Auflösung der kommunistischen Systeme beschleunigte (obgleich diese in Polen und Ungarn vorher schon wesentlich weiter vorangeschritten war), hatte durch den Beitritt der DDR zur Bundesrepublik und die Zustimmung der Siegermächte des Zweiten Weltkrieges dazu größte Auswirkung auf die Überwindung des Ost-West-Gegensatzes. Hatte die Gründung der beiden deutschen Staaten die Teilung Europas manifest gemacht, so wirkte die Überwindung der deutschen Zweistaatlichkeit gleichsam als Katalysator für die Überwindung der Spaltung Europas (Garton Ash 1993 [1517]). Die Revolution in der DDR und die deutsche Vereinigung bildeten eine wesentliche Komponente der europäischen Umwälzung 1989/91, mit der Europa in eine neue Phase seiner Entwicklung eingetreten ist.

Konsequenz des Umbruchs in der DDR war für die Deutschen die »unverhoffte Einheit« (Jarausch 1995 [1830]), die zu einer Zeit erreicht wurde, als mit ihr in Deutschland und in der internationalen Welt kaum (mehr) gerechnet wurde und die angesichts der langen deutschen Teilung zu erheblichen Integrationsproblemen führen musste.

8. Das Nachleben der DDR

1989/90 schien es nicht wenigen Zeitgenossen, dass die DDR innerhalb kürzester Zeit in der Bundesrepublik aufgehen würde. Helmut Kohl versprach, dass sich die DDR innerhalb ganz weniger Jahre in eine Region mit »blühenden Landschaften« verwandeln würde. Es kann auch kein Zweifel sein, dass die große Mehrheit der Menschen in der DDR damals eine möglichst rasche Vereinigung gewünscht hat; von der DDR erschien kaum etwas verteidigenswert. Doch erwies sich in der Folgezeit die Integration der DDR in die Bundesrepublik – es handelte sich nicht um die Vereinigung zweier gleichgewichtiger Partner – als außerordentlich schwierig: in ökonomischer, gesellschaftlicher und kultureller Hinsicht. Bald wurde von einer »Vereinigungskrise« gesprochen (Kocka 1995 [1840]]; Hardtwig/Winkler 1994 [1112]).

Die DDR-Betriebe erwiesen sich durchweg als nicht oder kaum konkurrenzfähig, so dass die von der Treuhand durchgeführte Privatisierung als Kernstück des ökonomischen Transformationsprozesses de facto auf eine weitgehende De-Industrialisierung der DDR hinauslief. Trotz gewaltiger Investitionen in die Infrastruktur und anderer laufend gezahlter Transfermittel gelang es während der neunziger Jahre nicht, eine selbsttragende Wirtschaftsentwicklung in Ostdeutschland in Gang zu bringen. Hohe, durch Arbeitsbeschaffungsmaßnahmen nur gemilderte Arbeitslosenzahlen waren die Konsequenz. Die DDR lebte mithin gleichsam als ein wirtschaftliches Problem des vereinigten Deutschland weiter.

Doch auch gesellschaftlich und kulturell ergaben sich vielfältige Probleme. Die Entwertung des bisherigen Gesellschaftslebens, von den Wertorientierungen bis zu den Alltagsroutinen, die Notwendigkeit, sich selbstständig neu zu orientieren, überforderte in der Praxis viele Menschen der früheren DDR. Sie begannen rasch, sich als »Bürger zweiter Klasse« zu fühlen und eine Nostalgie herauszubilden, die bestimmte Züge des Lebens in der DDR gegenüber der gesellschaftlichen Realität des vereinigten Deutschlands in ausgesprochen

positivem Licht sah und verklärte. Hinzu kam, dass die im Sozialisationspro-
zess vermittelten Wertorientierungen verstärkt bewusst wurden und tatsächlich
die Sozialforschung auch Unterschiede in den vorherrschenden Einstellungs-
mustern in Ost- und Westdeutschland – etwa in der Prioritätensetzung der
Werte Freiheit, Gleichheit und Sicherheit oder in der Beurteilung der pluralistischen Gesellschaft – feststellen konnte (Falter/Gabriel/Rattinger 2000 [1104];
Faulenbach/Leo/Weberskirch 2000 [1024]). Viele Ostdeutsche entdeckten jetzt
ihre ostdeutsche Identität (Engler 1999 [1021]). Zwar durchlief Ostdeutschland
einen Prozess der »Verwestlichung im Zeitraffer«, doch blieben bei Teilen der
Bevölkerung Vorbehalte gegenüber dem Westen und den dort vorherrschenden
Werten und Lebensweisen (Leggewie 2000 [1048]). Manche Prägungen durch
die DDR und die SED sind offensichtlich sehr nachhaltig. Dazu gehört auch
die weitgehende Entkirchlichung der Bevölkerung Ostdeutschlands.

Selbst auf der politischen Ebene wirkte die DDR nach. Die PDS sammelte
einen Teil der alten Kader der SED und fand Zustimmung vor allem bei denjenigen, die sich von den Westdeutschen dominiert fühlten und möglichst viel
von der alten DDR erhalten oder wiederherstellen wollten. Andererseits aber
ließ die PDS sich eben doch auf das politische System der Bundesrepublik ein,
wurde in Mecklenburg-Vorpommern und Berlin Regierungspartei und saß bis
2002 im Deutschen Bundestag. Insofern trug sie bei aller Ambivalenz ihres
Wirkens zur Integration früherer DDR-Bürger in das vereinigte Deutschland
bei. Das Parteiensystem in Ostdeutschland wich jedoch von dem in Westdeutschland während der 90er Jahre durch die relative Stärke der PDS (ca.
15 Prozent in den ostdeutschen Bundesländern bei ca. 1–2 Prozent in Westdeutschland), auch auf Grund der geringeren Bindung an Parteien ab (Falter/
Gabriel/Rattinger 2000 [1104]; Greiffenhagen 1997 [1970]). Auch parteipoli-
tisch wirkt also die DDR bis in die Gegenwart nach. Manches spricht freilich
nach der Niederlage der PDS bei der Bundestagswahl 2002 dafür, dass diese
lediglich als ostdeutsche Regionalpartei weiter existieren wird.

In den Medien gab es während der neunziger Jahre die Tendenz, die Ostdeutschen allzu sehr als eine einheitliche Gruppe wahrzunehmen und sie dabei
zu homogenisieren, den Ostdeutschen gleichsam einen Kollektivstatus zu ver-
passen. So wurde nahezu jeder Konflikt in der Ex-DDR zum Ost-West-Konflikt stilisiert, wobei die Positionen der PDS und ihres Umfeldes mit denen
der gesamten Bevölkerung gleichgesetzt wurden: »Der wahre Ostdeutsche, so
konnte es scheinen, war der Vertreter der alten Macht, und wo er aus dem
Amt gejagt werden sollte, geschah ihm Unrecht. Damit wurde die eine Hälfte
der Ostdeutschen auf die Opferfigur der deutschen Einheit reduziert und die
andere Hälfte der Ostdeutschen ihres Konflikts mit dem alten System und
seinen Repräsentanten enteignet« (Maron 1999 [1993]).

Gewiss wirkt die DDR am Anfang des 21. Jahrhunderts nicht nur als Pro-
blembündel, sondern auch in Orientierungen, Erfahrungen und Erinnerungen der Menschen in den neuen Bundesländern nach – auch wenn inzwischen Alterskohorten bereits den Erwachsenenstatus erreichen, die nur als

Kinder unter sechs Jahren die DDR erlebt haben. Bedeutsam ist jedoch, dass trotz noch fortbestehender Unterschiede zahlreiche politisch-gesellschaftliche Gegensätze quer zu der Ost-West-Zweiteilung verlaufen. So steht manches von den Besonderheiten der DDR bzw. ihren Unterschiedlichkeiten zur Bundesrepublik neben anderen Differenzierungen, Pluralitäten und Polaritäten. »Deutsche Einheit« kann nicht monolithische Einheit bedeuten, sondern Leben in einer Verantwortungsgemeinschaft mit gemeinsamen Institutionen und Grundüberzeugungen, trotz einer vielfältigen Geschichte mit mannigfachen Gegensätzen. Allerdings sollte die unterschiedliche Geschichte gemeinsam aufgearbeitet werden, so dass die DDR auf die Dauer als früherer Erfahrungszusammenhang im historisch-politischen Bewusstsein und Gedächtnis der deutschen Gesellschaft im Hegelschen Sinne »aufgehoben« wird (Faulenbach 2002 [1909]). Keine Frage, dass im Vergleich zu den anderen postsozialistischen Gesellschaften der deutsche Fall manche Spezifika aufweist (Spinelli 2002 [2006]).

9. Resümee

Sicherlich sind viele Tatbestände der DDR-Geschichte in der wissenschaftlichen Diskussion unstrittig. Doch im Gesamtbild und in der Wertung der DDR gibt es bislang keinen Konsens. Die verschiedenen hier erwogenen Deutungsmuster – die in der Regel eine bestimmte Dimension in den Vordergrund stellen – haben durchweg eine gewisse Plausibilität, müssen jedoch zusammen gesehen werden. Multiperspektivität in der Betrachtung der DDR scheint möglich und nötig, was allerdings bedeutet, dass sich die verschiedenen Positionen ihrer Partikularität bewusst sind. Nicht legitim – jedenfalls auf der Basis des Wertesystems des Grundgesetzes – ist jedoch eine Sicht, die die terroristische bzw. repressive Komponente der DDR bagatellisiert oder wegeskamotiert: sie missachtet die Opfer. In der Gegenwart geht es darum, die vielfältigen Erfahrungsgeschichten zu berücksichtigen und mit den durch Auswertung der riesigen Quellenbestände gewonnenen Erkenntnissen zu einem realistischen multiperspektivischen Bild der DDR-Geschichte im Kontext der deutschen und der europäischen Geschichte zu verknüpfen.

Der Zeithistoriker weiß um die Vorläufigkeit seiner Geschichtsschreibung; er beschäftigt sich mit »Geschichte, die noch qualmt«. Er kann die langfristigen Folgen und Nebenfolgen in der Regel noch nicht voll abschätzen und der Reflexion unterziehen: »Das verhindert die Chance, die Dinge in Weitwinkel- und Vogelperspektive zu sehen, wo sie in größeren Zusammenhängen und auf höherem Systemniveau sichtbar werden« (Hockerts 1993 [1975]).

Dennoch lässt sich heute ohne Risiko sagen, dass die Epoche der DDR-Geschichte, trotz ihrer politisch-gesellschaftlichen Nachwirkungen, abgeschlossen ist. Der Prozess kritischer Historisierung wird weiter voranschreiten. Allerdings ist diese Geschichte für diejenigen, die in der DDR und mit der DDR gelebt haben, keine Marginalie. Mag sein, dass die DDR aus universalgeschichtlicher Perspektive längerfristig nur noch Stoff für eine Fußnote abgibt. Für die heute lebenden Generationen in Deutschland ist sie – auch wenn viele dieses nicht einsehen wollen – ein wichtiges Kapitel ihrer Geschichte, das es gesamt-gesellschaftlich zu »bewältigen«, d.h. zu verarbeiten gilt.

I. Gesamtdarstellungen, Perioden und Ereignisse der DDR-Geschichte

Manfred Wilke

Die DDR – Wandlungen der historischen Deutung

Die SBZ/DDR existierte fast so lange wie das durch Otto von Bismarck geschaffene Kaiserreich. Aber besaß dieser Staat eine Legitimität? Der Streit darüber unterscheidet bis heute die Darstellungen, die in verschiedenen Phasen in Ost und West entstanden sind und immer noch die Bilder des SED-Staates prägen. Eine Gesamtdarstellung der DDR-Geschichte aus historischem Abstand gibt es noch nicht. Fest steht aber schon jetzt: Auch sie ließe Neutralität nicht zu.

1. Der neue Staat

1955 endete in beiden deutschen Staaten der Besatzungsstatus. Beiderseits Grund genug für einen Blick auf die jüngste Vergangenheit: Eine parteiamtliche Darstellung des Jahres Eins der antifaschistisch-demokratischen Ordnung in der SBZ, aus der die DDR entstand, stammt aus der Feder des SED-Chefs Walter Ulbricht (1955 [73]) selber. Nach seiner Ansicht waren es ab Mai 1945 die Kommunisten, die die antifaschistischen Kräfte organisierten, um neue demokratische Verwaltungsorgane aufzubauen und sie mit Hilfe der sowjetischen Besatzungsmacht zu etablieren – »die Krönung ihrer Befreiungsaufgabe«. Ulbricht endet mit der SED-Gründung 1946, die für ihn den Aufbau dieses Staates legitimierte. Ulbrichts Darstellung widersprach Wolfgang Leonhard (1955 [175]), der 1945 mit diesem von Moskau nach Berlin zurückgekehrt und 1948 nach Jugoslawien geflohen war. In *Die Revolution entläßt ihre Kinder* beschrieb er detailliert die ersten Schritte der Kommunisten zur Macht in der SBZ und überlieferte Ulbrichts Regieanweisungen für die antifaschistisch-demokratische Umgestaltung: »Es ist doch ganz klar: Es muß demokratisch aussehen, aber wir müssen alles in der Hand haben.« Mit *Stalinismus in Deutschland* legte Horst Duhnke (1955 [16]) im selben Jahr die erste politische Geschichte der DDR im Westen vor. Ihr Thema war die von Stalins deutschen Kadern organisierte »Stalinisierung« der SBZ, das er in die Konflikte zwischen den Siegermächten einbettete, die zu den beiden deutschen Staaten führten. Eingehend befasste er sich mit den Instrumenten der Sowjetisierung der Gesellschaft, die auf »Zwang und Überzeugung« beruhten.

1958 betätigte sich Ulbricht (1958 [72]) erneut als Historiker. Mit einer Redenauswahl legte er fest, dass die DDR »der rechtmäßige deutsche Staat ist, dessen Politik die Zukunft Deutschlands verkörpert«. Das Schlüsseldokument zur Untermauerung dieses Anspruchs waren Auszüge aus seinem Referat auf der 2. Parteikonferenz im Juli 1952, in dem er den »Aufbau des Sozialismus in der DDR« proklamierte. Der Brief, mit dem das Politbüro zuvor um Stalins Zustimmung nachsuchte, blieb Parteigeheimnis. Parallel veröffentlichte Ernst Richert (1958 [55]), wie die »Macht ohne Mandat« funktionierte. Der Zentrale Parteiapparat der SED war der Kern der innerstaatlichen Willensbildung in der DDR. Aber welche Rolle spielten die Regierung, die Planungsbehörden der zentralen Verwaltungswirtschaft und die Fachministerien in der Planexe-kutive? Wozu diente die repräsentative Volksvertretung und welche Bedeutung hatten Justiz, Volkspolizei und Staatssicherheit? Kritisch setzte er sich mit der Fetischisierung der »Terrorfunktion« des Staates in der Totalitarismustheorie auseinander. Der politische Soziologe diagnostizierte, dass »›Terror‹ nur als Ultima Ratio in das staatliche Instrumentarium eingebaut ist, die Wirkungs-weise der hier abzuhandelnden Institutionen aber im wesentlichen in ganz andere Richtung zielt: Es ging um Einstimmen, Mittun, Ordnung, bereitwillige Unterwerfung«. Da Richert als Begründer der westdeutschen DDR-Forschung heute weitgehend vergessen ist, sei auf seine Porträtierung in Carola Sterns (2001 [222]) Autobiographie verwiesen.

2. Das Sozialismusprojekt der Kommunisten

Die DDR war als ein deutscher Teilstaat zugleich auch ein ideologischer Gesellschaftsentwurf der sowjetischen und deutschen Kommunisten. Hierauf stützte die SED ihre Herrschaftslegitimation, deren Fragwürdigkeit einer brei-ten Öffentlichkeit offenbar wurde, als 1956 Nikita S. Chruschtschow mit Stalins Verbrechen abrechnete und dessen »unbegrenzte Macht« und die Massenre-pressalien in der KPdSU der dreißiger Jahre verurteilte (Crusius/Wilke 1977 [94]).

Wie es mit der Überwindung des Stalinismus in Deutschland, namentlich in der DDR stand, erörterten Hermann Weber, Joseph Schölmerich, Heinz Lippmann und Jürgen Rühle in *Schein und Wirklichkeit in der DDR* (Weber/Pertinax 1958 [123]). Zwei der Autoren waren aus der DDR in den Weststaat gekommen – also »Renegaten« (Rohrwasser 1991 [202]), wie sie von der SED stigmatisiert wurden. Mit der öffentlichen Darlegung der Gründe für ihren Bruch mit dem SED-Sozialismus halfen sie, dass – jenseits der Hoffnung auf Wiedervereinigung – die DDR als eigener Staat mit seinen spezifischen Kon-flikten im Westen wahrgenommen und als unerwünschte Realität anerkannt wurde. Bei ihrem Streit mit der SED stützten sich die Autoren auf ihre dama-lige Hoffnung, der Kommunismus könne sich selbst reformieren. Dies schien die wahrscheinlichste Option, um die Diktatur zu überwinden.

Gegen den Selbstanspruch der SED vom Aufbau einer sozialistischen Ge-sellschaft in der DDR, die historisch gesehen dem Kapitalismus in der Bun-desrepublik sogar eine Epoche voraus war, setzte H. Weber (1961 [236]) die Zerstörung der Utopie durch diese Partei: »Der Spartakusbund erstrebte eine Gesellschaftsordnung ohne Klassen und Privilegien, [...] das Ulbricht-Regime ist dagegen die diktatorische Herrschaft einer Minderheit über die große Mehrheit der arbeitenden Bevölkerung.«

Ulbricht war bestrebt, die »führende Rolle« der SED – die schließlich in der Verfassung von 1968 verankert wurde und die Siegfried Mampels (1982 [448]) großer Kommentar erschließt – durch die kommunistische Interpretation der Geschichte der deutschen Arbeiterbewegung zu festigen. Die Geschichtsklitterung in dem von Ulbricht verantworteten *Grundriß der Geschichte der deutschen Arbeiterbewegung* (1963 [151]) kommentierte H. Weber (1964 [1949]) mit seiner Schrift: *Ulbricht fälscht Geschichte.* Eines der nachdrücklichsten Beispiele war dabei das Schicksal von zehn der fünfzig führenden deutschen Kommunisten vor 1933, die danach Opfer der Stalinschen »Säuberungen« im sowjetischen Exil wurden.

Auch verwies Weber auf Ulbrichts im *Grundriß* formulierten Parteiauftrag an die DDR-Historiker, auf dessen Grundlage ein neues nationales »Geschichtsbild unseres Volkes« zu schaffen.

25 Jahre später forderte Weber mit Gleichgesinnten von der KPdSU die Aufklärung der Schicksale der unzähligen in der UdSSR ermordeten KPD-Mitglieder und ihre Rehabilitierung (Weber 1989 [232]).

15 Jahre nach Gründung der DDR setzte Stefan Doernberg (1964 [15]), ein Moskauer Kader, den Parteiauftrag um und charakterisierte in der ersten Gesamtdarstellung die DDR als aufstrebenden sozialistischen Kernstaat für Deutschland; es gelte nun, zwischen beiden Staaten die friedliche Koexistenz durchzusetzen. Aus dem *Grundriß* wurde die *Geschichte der deutschen Arbeiterbewegung* in acht Bänden (1966 [148]), von denen drei der DDR gewidmet sind. Im Prinzip blieb das Werk richtungweisend für die weiteren historischen Darstellungen in der DDR bis 1989, die immer wieder betonten: Die DDR war die Schöpfung der SED.

3. Im Zeichen der Entspannung

Als Folge des atomaren Patts standen nach 1961 in Europa die Zeichen auf Entspannung zwischen den USA und der UdSSR. Damit wurden die Anerkennung der Realität deutscher Zweistaatlichkeit und die Regelung des Status quo auch für die Bundesrepublik zu einer unabweisbaren Notwendigkeit.

In dieser Phase der Neuorientierung der öffentlichen Meinung und der Politik in der Bundesrepublik erschien *Das zweite Deutschland* (Richert 1964 [54]). Das Buch zieht eine Bilanz der erfolgreichen sozialistischen Revolution von oben in der DDR, deren wesentlichste Akte bereits 1945/46 durch die »Okkupanten und ihre deutschen Helfer« in der SBZ vorgenommen wurden. Für Richert war die DDR »soviel oder sowenig Staat wie die BRD. Beide sind Provisorien, beide stehen unter dem Vorbehalt eines definitiven Friedensvertrages, […] auch die Entwicklung zu einem Einheitsstaat definitiven Gepräges ist formal keineswegs verbaut.« Allerdings: »Wenn man die Dinge so weiter laufen läßt, ist in 40 Jahren, wenn die heute jüngste Generation die älteste ist, mit an Sicherheit grenzender Wahrscheinlichkeit nichts mehr zu vereinigen.« Das war ein Aufruf an die westdeutsche Politik, aktiv zu werden, »um an gesamtdeutschem Miteinander zu retten (oder muß man eher sagen: wieder herzustellen?), was noch zu retten oder wiederherzustellen ist.«

Während Richert die Machtelite der DDR und nicht zuletzt Ulbricht in den Blick rückte, analysierte Martin Jänicke (1964 [724]) Auftreten und Scheitern der antistalinistischen Opposition gegen Ulbricht in der SED und der Öffentlichkeit der DDR. Zugleich erschien Karl Wilhelm Frickes (1964 [697]) erste Geschichte von Opposition und Widerstand gegen die kommunistische Diktatur. Da die Bedingungen und Voraussetzungen von Opposition und Widerstand sich wandelten, hielt Fricke eine »verallgemeinernde Definition« für wenig sinnvoll. Unter Bezugnahme auf den Widerstand im NS rückte er die »geistigen Entscheidungen oder sittlichen Bindungen« des einzelnen Menschen in den Blick, der sich zur Tat entschließt. Seine Hoffnung, die deutsche Teilung zu überwinden, sei erst dann verloren, »wenn die Bevölkerung der sowjetischen Besatzungszone aufhören würde, dem kommunistischen Regime Widerstand entgegenzusetzen.« Zeitgleich publizierte Rowohlt die Vorlesungen von Robert Havemann (1964 [709]) an der Berliner Humboldt-Universität über *Dialektik ohne Dogma?*, die ihn die Professur kosteten, aber ein unübersehbares Zeichen für Opposition gegen den SED-Sozialismus setzten.

Damals bildete sich eine die nächsten Jahrzehnte prägende »Arbeitsteilung« in der Auseinandersetzung mit Geschichte und Realität der DDR in der Bundesrepublik heraus. Die politikwissenschaftliche DDR-Forschung konzentrierte sich nach Richert zunehmend auf die Gesellschaft und Politik der von der SED geführten DDR. Der unaufgelöste Widerspruch zwischen Demokratie und Diktatur im republikanischen Selbstverständnis der Bundesrepublik äußerte sich angesichts der Dauer der Spaltung in weiten Teilen der Öffentlichkeit in der beredten Schweigsamkeit über die Grenze durch Deutschland, die Ausreise- und Fluchtproblematik und im Umgang mit Opposition und Widerstand gegen die Herrschaft der SED. Gleichwohl ermöglichten die vertraglichen Beziehungen zwischen beiden Staaten eine neue Praxis der innerdeutschen Kommunikation: Autoren der DDR konnten ihre dort verbotenen Bücher in der Bundesrepublik publizieren.

Weber widmete sich 1968 [81] in seiner ersten Gesamtdarstellung *Von der SBZ zur DDR* ausführlich der kulturpolitischen Repression, mit der die »Stalinisten« 1965 Filme, Theaterstücke und Bücher verboten. Weber blieb dabei: Die DDR war ein Projekt der deutschen Kommunisten, das möglich wurde durch die Katastrophe, »in die Deutschland durch den Nationalsozialismus hineingestürzt worden war«. Mit diesem Buch etablierte er sich als Chronist der DDR, seine Geschichte wurde fortgeschrieben und erschien in mehreren Versionen. Auch im Jahr des Prager Frühlings hielt er daran fest, dass die Freiheit in der DDR auch durch einen erneuten »Wandlungsprozeß des Kommunismus selbst erreicht werden« könne. Im deutschen Kommunismus stünden »sich zwei Welten gegenüber, personifiziert etwa durch den demokratischen Kommunisten Havemann und den stalinistischen Kommunisten Fröhlich. Gelingt es den Kräften, die den demokratischen Kommunismus wollen, sich durchzusetzen, werden die Probleme für den Westen zwar nicht einfacher, aber das Leben der Menschen im Osten wird leichter.« Eine Geschichte der DDR im Westen zu schreiben, blieb, wie Weber demonstrierte, zugleich ein Beitrag zur deutschlandpolitischen Debatte.

Die Regelung des Status quo im geteilten Europa, in dem die Systemgrenze durch Deutschland verlief, wurde von vielen Zeitgenossen der Entspannungspolitik von Willy Brandt als Ende des Kalten Krieges verstanden. Diesem Thema widmete Ernst Nolte (1974 [1539]) sein *Deutschland und der Kalte Krieg*. Er sah die historische Legitimität von Bundesrepublik und DDR gerade darin, »daß sie das waren, was sie nicht sein wollten: ›bloße Teile‹ des ehemaligen Deutschen Reiches, das doch weder 1937 noch 1941 wirklich mit ›Deutschland‹ identisch war. Die Existenz zweier Staaten auf dem Boden des ehemaligen Reiches war ein Grundtatbestand der ganzen Ära des Kalten Krieges und alles dessen, was aus ihr und in ihr entstanden ist.« Nolte bewertete die DDR als einen sehr deutschen Staat, »der bestimmte Grundkennzeichen der deutschen Tradition weitaus besser bewahrte als die ›amerikanisierte‹ Bundesrepublik«. Trotzdem war für ihn die Bundesrepublik die »Stätte der Möglichkeit der Wahrheit und insofern auch des Daseins Deutschlands« im Blick auf die weitere Entwicklung Europas und der Welt.

Die Etablierung der DDR-Forschung im Wissenschaftsbetrieb der Bundesrepublik hatte für die aktuelle und historische Wahrnehmung der deutschen Frage Konsequenzen. In der Politikwissenschaft gab es nun DDR-Länderkunde, z. B. Kurt Sontheimer und Wilhelm Bleek (1972 [66]). Die Geschichte des Staates wurde reduziert auf die Umstände seiner Entstehung. Wichtiger war die politikwissenschaftliche Systematik: Das Selbstverständnis der DDR – nicht der SED – in Ideologie und gesellschaftlicher Wirklichkeit, das politische System, der Staatsaufbau, der entsprechend westlicher Staatsauffassung mit der Verfassung begann, um dann den Staat als Instrument der SED abzuhandeln. Es folgten das Rechtssystem, die Sozialstruktur, die Gesellschaftspolitik, die Bereiche Bildung und Wirtschaft und schließlich die Außen- und Sicherheitspolitik. Damit entstand eine komparatistische Systematik, mit der der innerdeutsche Systemvergleich zwischen beiden Staaten möglich wurde. Ohne eigene Lebenserfahrung mit dem »realen Sozialismus« der DDR gerieten jedoch die spezifischen Unterschiede zwischen beiden Staaten und Gesellschaften gerade im Vergleich aus dem Blick.

Die DDR war das Projekt der deutschen Kommunisten, die ihre Chance »als staatsaufbauende Partei« durch den Willen der sowjetischen Besatzungsmacht in diesem Teil Deutschlands bekamen. Das war für Dietrich Staritz (1976 [69]) bei seiner Darstellung von Programmatik und Politik der KPD/SED bis 1952 der Ausgangspunkt. Es war seine erklärte Absicht, das Bild von der Sowjetisierung der SBZ, wie es Duhnke (1955 [16]) 21 Jahre zuvor gezeichnet hatte, durch eine differenziertere Darstellung zu ersetzen. Er nahm dabei historisch unausgewiesene Verschiebungen in den politischen Kräfteverhältnissen vor, um das Eigengewicht der KPD-Führung im Moskauer Exil und in Berlin gegenüber der sowjetischen Führung zu erhöhen. Darüber hinaus erlaubte er sich semantische Manipulationen: So nannte er den unter gesamtdeutschen Vorzeichen 1947 von der SED organisierten »Volkskongress«, aus dem 1949 die provisorische Volkskammer der DDR werden sollte, ein »Vorparlament«, obwohl er selbst schrieb: »Anders als dem Parlamentarischen Rat fehlt dem 1. Volkskongress [...] jede demokratische Legitimation.« Die Legitimation der Machtergreifung der KPD/SED nach Hitler stand für Staritz außer Frage. Für ihn waren es die »aufbrechenden Gegensätze innerhalb der antifaschistischen Allianz«, die KPD und KPdSU vor die Entscheidung stellten, »entweder eine offensiv antikapitalistische Politik zu formulieren, die allerdings nur in der sowjetischen Besatzungszone zu verwirklichen war, oder ein gemäßigt antifaschistisches Konzept zu entwickeln«. Seine retrospektive Optionendebatte verband sich mit seiner politischen Position, die ausschließlich auf eine Reform des real existierenden Sozialismus durch die SED in der DDR setzte.

Zwei Jahre später veröffentlichte eine von Erich Honecker geleitete Kommission des ZK der SED eine neue fortgeschriebene und revidierte Fassung der *Geschichte der SED* (1978 [149]). Dabei wurde Ulbricht weitgehend aus der Parteigeschichte getilgt. Die »Ära Honecker« zeichnete sich dadurch aus, dass in der DDR nun »die Herausbildung der sozialistischen deutschen Nation eingeleitet« wurde. Während in der Bundesrepublik die alte »durch Klassengegensätze zerrissene bürgerliche Nation« fortbestand.

Verzichtete Staritz (1976 [69]) auf die Diskussion der »Instrumente«, mit denen die Entnazifizierung und die »antifaschistisch-demokratische Umwälzung« in der SBZ durchgeführt wurden, so holte dies 1979 der damalige publizistische Außenseiter der politikwissenschaftlichen DDR-Forschung, Karl Wilhelm Fricke, nach. Sein Thema war die Geschichte der politischen Verfolgung in dem Machtbereich, der sich damals »als ›sozialistischer Staat deutscher Nation‹ darstellte.« Ihm ging es um den Zusammenhang von Politik und Justiz in der DDR bei der Durchsetzung der gesellschaftlichen Transformation zum Sozialismus und die Rolle der Internierungslager und der Militärjustiz der sowjetischen Besatzungsmacht dabei (Fricke 1979 [437]).

Die doppelte deutsche Nachkriegsgeschichte wurde erst 1982 [32] von Christoph Kleßmann für die Zeit von 1945 bis 1955 in den Blick genommen. Gleichzeitig wird deutlich, dass im Vergleich Unschärfen lauern. So beschreibt er ein Kooperationsgeflecht, das diesseits wie jenseits der Elbe zwischen deutschen Politikern und den jeweiligen Besatzungsmächten entstanden sei. Allzu leicht wird dabei jedoch der prinzipielle Unterschied zwischen einem Konrad Adenauer und einem Walter Ulbricht verwischt. Adenauer verfolgte einen – individuell geprägten – deutschen Standpunkt. Ulbricht war der »Handlungsgehilfe« des Kremls (Schwarz, H.-P. 1966 [64]).

Das von Kleßmann nicht behandelte MfS charakterisierte Fricke (1982

[387]) im selben Jahr als herausragendes »Herrschaftsinstrument der SED«: »Seine besondere Gefährlichkeit liegt in der Bündelung seiner öffentlich unkontrollierten Befugnisse als politische Geheimpolizei, als Untersuchungsorgan innenpolitischer Strafsachen, speziell bei Staatsverbrechen, und als geheimer Nachrichtendienst.«

Die Zweistaatlichkeit war Alltag geworden, als Staritz 1985 [68] seine *Geschichte der DDR* publizierte. Für ihn war die DDR von 1949–1952 ein »Staat auf Widerruf«, dem Moskau erst 1952 den Aufbau der »Grundlagen des Sozialismus« erlaubte. Seine erste Staatskrise am 17. Juni 1953 war für Staritz kein Volksaufstand, sondern ein »Dementi des Vortrupp-Anspruchs der SED durch die Arbeiter«. Die Jahre zwischen 1953 und 1961 wurden geprägt von der Entstalinisierungskrise, die in der DDR vor allem zu Konflikten mit den Intellektuellen der SED führte. Auf die Kollektivierung der Landwirtschaft folgte, wie schon 1952/53, die Massenflucht aus dem »Arbeiter- und Bauernstaat«, die mit dem Bau der Berliner Mauer 1961 gestoppt wurde. Die halbherzige Reform der zentralen Verwaltungswirtschaft und die Durchsetzung der internationalen Anerkennung der DDR als zweiter deutscher Staat sind die herausragenden Ereignisse bis zum Ende der Ära Ulbricht 1971. Der »real existierende Sozialismus« der Ära Honecker stand Mitte der achtziger Jahre vor neuen Herausforderungen, die aus der »politischen und ideologischen Führungsschwäche der Sowjetunion« resultierten. Ob von der neuen KPdSU-Führung unter Michail Gorbatschow ein »Modernisierungsschub ausgehen kann«, gehörte für Staritz noch zu den offenen Fragen, wie die, welche Rolle die industriell stärker entwickelte DDR künftig im Block spielen würde.

Während Staritz in seinem systemimmanenten Ansatz die SED als einzigen Akteur der künftigen Entwicklung sah, betonte Fricke (1984 [694]) in seiner kurz davor erschienenen Darstellung von Opposition und Widerstand in der DDR, dass dieses nicht so sein musste: »Wenn es zutrifft, daß Opposition und Widerstand in der DDR aus den inneren Konflikten und gesellschaftlichen Widersprüchen des bestehenden Herrschaftssystems resultieren, so sind für Zeiten tiefer Krisen der Diktatur der SED auch neue Massenaktionen zu erwarten. Selbst ein neuer Aufstand ist mithin grundsätzlich möglich oder zumindest nicht auszuschließen.« Während Staritz (1985 [68]) sich um die künftige Rolle der DDR im sowjetischen Imperium sorgte, erinnerte Fricke an die Relevanz der nationalen Frage in der DDR: »Die Einheit der Nation kann als gemeinsamer Nenner noch immer in der übergroßen Mehrheit der Bevölkerung bis hin zu den gut zwei Millionen Mitgliedern der SED unterstellt werden [...]. Alle Versuche, eine Zwei-Nationen-Theorie für das geteilte Deutschland zu stiften, wonach sich gegen die ›Kapitalistische Nation‹ im Westen eine ›Sozialistische Nation‹ im Osten entwickle, haben nur die Hilflosigkeit der SED gegenüber dem Bewußtsein der einen Nation dokumentiert.«

1986 gab Weber eine umfangreiche Dokumentation zur Geschichte der DDR heraus, die zugleich eine Periodisierung vornahm, die sich von der, die Staritz wählte, an zwei Stellen gravierend unterschied. Die Zeit 1949–1953 waren die Jahre der »Stalinisierung«, und mit 1976–1980 setzte die »krisenhafte Entwicklung« der DDR ein, ausgelöst durch die Ausbürgerung von Biermann. Das Grundproblem der DDR bestand wie ehedem im »Gegensatz zwischen Bevölkerung und herrschender Elite – hervorgerufen durch wirtschaftliche Schwächen, durch das Fehlen von politischer Demokratie, von Rechtssicherheit und Meinungsfreiheit«. In der Reaktion auf diese Probleme schwankte die SED-Führung beständig zwischen weichem und hartem Kurs (Weber 1986 [75]). In einem Punkt stimmten Staritz, Fricke und Weber in ihren Prognosen über den weiteren Verlauf der Geschichte der DDR überein: Die Lage des »realen Sozialismus« war nicht stabil, weder innen- noch außenpolitisch.

Die Deutsche Frage in der Weltpolitik – unter dieser Perspektive legte Andreas Hillgruber (1983 [25]) seine deutsche Nachkriegsgeschichte vor. Hinsichtlich der Deutschlandpolitik der Bundesrepublik nach 1973 kam er zu dem Ergebnis, dass dieser Staat seine ihm vom Grundgesetz zugewiesene Rolle eines Kernstaates »in der politischen Praxis weitgehend aufgegeben hat«. Ob die deutsche Frage einer Lösung zugeführt werden könne, hing für Hillgruber zum einen von »Trends der weltpolitischen Machtverschiebungen« und zum anderen vom »Willen der Deutschen und der Westeuropäer« ab, aber er war sich sicher: Der Status quo wird sich ändern, offen blieb, in welche Richtung.

Ganz anders lautete das Resümee, das Kleßmann (1988 [33]) am Ende seiner Parallelgeschichte der Jahre 1955–1970 zog: »Die endgültige Spaltung der Nation in zwei Staaten gehört zur Bilanz der Regierungszeit Konrad Adenauers ebenso wie der Walter Ulbrichts.« Mit anderen Worten, der provisorische Charakter beider deutscher Staaten in der europäischen Nachkriegsordnung war vorüber. Der historische Ausblick richtete sich auf die mit der Bildung der sozialliberalen Koalition in Bonn umgesetzte »Anerkennung der Ergebnisse des Zweiten Weltkrieges«, die von Moskau und Ost-Berlin gefordert wurde. Bei dieser Politik »führte an Ulbricht ›kein Weg mehr vorbei‹.« Ausdrücklich verwies der Autor auf die Bedeutung der westlichen DDR-Forschung, die dazu beitrug, »die Wahrnehmung der DDR« in der Bundesrepublik allmählich zu verändern.

4. Autoren der DDR-Geschichte

Die Geschichte der DDR wurde vor allem bearbeitet durch biographisch unterschiedlich von ihr betroffene Autoren. Richert kam 1948 aus Leipzig nach West-Berlin, der Mannheimer Weber, Absolvent des ersten Lehrganges der Parteihochschule der SED, brach nach dem 17. Juni 1953 als KPD-Funktionär mit der SED. Er hatte Vorbilder: Vor 1933 brachen mit der KPD die Historiker der Weimarer Republik Arthur Rosenberg (1955 [56]) und der KPD Ossip K. Flechtheim (1969 [142]). Staritz war Berliner, er studierte vor 1961 an der Humboldt Universität und promovierte an der FU Berlin. Nach Akteneinsicht beim BStU stellte sich heraus, dass er mit dem MfS eine konspirative Zusammenarbeit gepflegt hat, aber auch zum Verfassungsschutz Kontakt hielt. Fricke, dessen Arbeiten zum MfS und zur Opposition in der DDR erst nach dem Fall der Mauer ihren eigentlichen historischen Stellenwert bekamen, stammt aus dem anhaltinischen Hoym und wurde 1955 vom MfS in West-Berlin gekidnappt. Das Oberste Gericht der DDR verurteilte ihn zu vier Jahren Haft, die er in Bautzen verbüßte. Eine Geschichte der DDR aus der Feder eines bundesrepublikanischen Historikers, die mit den Darstellungen von Weber und Staritz vergleichbar ist, gab es 1989 nicht.

5. Der untergegangene Staat

Weber vollendete 1991 seine Chronik der DDR mit der Darstellung der friedlichen Revolution 1989 und dem Weg zur Deutschen Einheit. Er nennt fünf historische Hypotheken, die wesentlich zum Untergang der DDR beitrugen: Formierung und Stalinisierung der SED; das durch die UdSSR aufgezwungene sowjetische Herrschaftssystem; der Bau der Berliner Mauer und das Ausschlagen der letzten Chance zur Demokratisierung, als die SED sich 1968 gegen den demokratischen Kommunismus (Prager Frühling) in der ČSSR wandte.

Diese immanenten »Defekte des Systems« trafen in den achtziger Jahren auf eine veränderte Situation im gesamten sowjetischen Imperium. Gorbatschow verabschiedete sich von der »Breschnew-Doktrin«, die der Sowjetunion gegenüber ihren Satellitenstaaten seit 1968 ein Interventionsrecht vorbehielt. Ausgelöst wurde die finale Krise durch die dritte große Fluchtbewegung aus der DDR in ihrer Geschichte. Im Land selbst setzte die Bürgerbewegung freie Wahlen durch, und der Beitritt der DDR zur Bundesrepublik wurde von der Volkskammer 1990 beschlossen (Weber 1991 [191]).

Die Interpretationen der DDR, wie sie die westliche DDR-Forschung vor 1989 vornahm, dominierten die historischen Auseinandersetzungen mit dem untergegangenen Teilstaat. Sie wurden in den neunziger Jahren fortgeschrieben, empirisch ergänzt oder adaptiert. 1996 [68] legte Staritz eine um das Kapitel »Ende der DDR« erweiterte Neuausgabe seiner Darstellung von 1985 vor. Im Vorwort räumt er ein, er habe 1985 das Problembewusstsein und die Problemlösungskompetenz der DDR-Führung falsch beurteilt. *Deutsche Irrtümer* hat Jens Hacker (1994 [1698]) am Beispiel der bundesrepublikanischen DDR- bzw. Deutschlandforschung aufgezeigt. Mit seinem *SED-Staat* kompilierte Klaus Schroeder (1998 [63]) den zeithistorischen Forschungsstand und erweiterte diesen um eine politikwissenschaftliche Perspektive. Er klassifizierte die DDR als »sowjetisierte[n] deutsche[n] Teilstaat« und als einen »(spät-)totalitäre[n] Versorgungs- und Überwachungsstaat«.

Weber blieb bei seiner Methode. In seiner *Geschichte der DDR*« (1999 [79]) hat er seine Darstellung um den vorliegenden Forschungsstand seit Öffnung der Archive erweitert.

Doch die Auseinandersetzung mit der Geschichte der deutschen Teilung und der SBZ/DDR konnte nicht allein Gegenstand westdeutscher Betrachtung bleiben. Zumal mit der Besetzung der MfS-Dienststellen 1989/90 die Bürgerrechtler ein erstes originäres Thema für die Aufarbeitung der DDR-Geschichte setzten. Armin Mitter und Stefan Wolle gaben 1990 [402] eine erste Dokumentation zum MfS im Jahr 1989 heraus. *Untergang auf Raten* nannten diese beiden Autoren (1993 [45]) den ersten Versuch, die gesamte Zeit der DDR aus ostdeutscher Sicht in den Blick zu nehmen. Ihre Geschichte der DDR spiegelt den Geist des Herbstes 1989 wider, als die »Kinder« der DDR zornig die SED-Führung anklagten, wie sie ihr Leben bestimmt und dass sie »ihrem« Volk ein Leben in Freiheit, Wohlstand und Würde vorenthalten hatte. Die Darstellung stützt sich auf die Überlieferung der SED und nicht primär auf die »viel zitierten Stasi-Akten«. Die Autoren schreiben nun die unbekannten Kapitel der in der DDR verbreiteten offiziösen Darstellungen ihrer Geschichte: die gescheiterte Revolution im Jahre 1953 und die danach erfolgte »zweite Staatsgründung«; die Auswirkungen der Entstalinisierung im Krisenjahr 1956, der Gettoisierung der DDR durch den Mauerbau und die Folgen von Prag 1968. Dabei bringen sie zum Teil kontroverse Deutungen ein. Den Epilog bildet das Jahr 1989. Die Grundstruktur der Darstellung ist dichotomisch und behandelt sowohl die Politik der SED-Führung als auch die Bedürfnisse und Interessen und das Leben »ihrer Menschen«.

Mit dem gleichen Ansatz untersuchte Wolle (1998 [87]) die »Ära Honeckers«. Nicht allein die Kombination von Alltags- und Herrschaftsgeschichte verleiht dieser Arbeit ihre Bedeutung. Es ist eine historische Gesamtdarstellung dieser Phase im Lebenszyklus der DDR, in der sie international anerkannt war und in der sie unterging. Wolle schreibt erneut aus der Binnenperspektive, er will »seine« DDR-Geschichte schreiben. Aber er verortet auch die DDR in der deutschen Geschichte: »Das Sowjetimperium und die ihm zugrundeliegende Ideologie starben im Herbst 1989.« Die Bevölkerung der DDR setzte 1989 ihren Wunsch nach Einheit »ohne nationales Getöse auf die Tagesordnung der Weltpolitik«. Trotzdem hielt er daran fest, dass die Geschichte der deutschen Kommunisten, ihrer »Renegaten« und deren Suche nach dem »Dritten Weg« »ein Stück deutscher Geistesgeschichte« bleiben.

6. Fazit

1999 [79] zieht Hermann Weber, der Chronist der DDR, seine Bilanz: Das Ende der SED-Diktatur durch die friedliche Revolution in der DDR 1989 »bot die Chance für ein vereinigtes und freies Deutschland.« Die heutige Republik ist somit ein Ergebnis dieser Revolution. Sowohl deren Ziele, Demokratie, Freiheit, Frieden, Menschen- und Bürgerrechte als auch ihre Methoden, das aktive, gewaltfreie Eingreifen der Massen in die Politik, bleiben daher Bestandteil der demokratischen Tradition des Landes. Rolf Steininger (2002 [70]) ergänzt in seiner vierbändigen *Deutschen Geschichte* von 1945 bis zur Gegenwart den westlichen Anteil. Hätten doch der gewaltfreie Mut der Menschen in der DDR und deren Willen zur Einheit nicht ausgereicht, die deutsche Einheit weltpolitisch durchzusetzen. An ihre Seite stellte Steininger das staatsmännische Verdienst von Helmut Kohl, »der als ›Kanzler der Einheit‹ und ›Mit-Vater des Euro‹ in die Geschichte eingehen und eines Tages möglicherweise gleichrangig neben Männern wie Churchill oder de Gaulle stehen wird.«

Die Geschichte ist offen – auch für die Deutschen. Die DDR ist Geschichte, auch wenn es noch keine abschließende Gesamtdarstellung gibt. Die Frage nach der Legitimation des Staates wurde im Herbst 1989 auf den Straßen und Plätzen in Leipzig, Dresden und vielen anderen Orten abschließend vom »Volk der DDR« mit Nein beantwortet.

WERNER MÜLLER

Handbücher und Lexika zur DDR-Geschichte

Die planmäßige und faktenorientierte Erfassung des Wissens über die DDR kann eine lange Tradition vorweisen. Das damalige Bundesministerium für gesamtdeutsche Fragen veröffentlichte erstmals 1953 ein Kompendium *SBZ von A bis Z* [59], das bis 1966 nicht weniger als zehn Auflagen erreichen sollte und in mehr als 900 000 Exemplaren systematisches Basis- und Faktenwissen über die DDR den Westdeutschen zu vermitteln suchte. Aus dem gleichen Hause ging eine in fünf Bänden fortgeschriebene Chronik der ostdeutschen Nachkriegsgeschichte [58] hervor, die die Jahre 1945 bis 1962 ausführlich widerspiegelt. 1995 veröffentlichte H. G. Lehmann eine Chronik der Zeit seit 1945 [35], die aber der Zeit seit 1990 einen besonders großen Raum widmete.

Mitte der fünfziger Jahre publizierte Carola Stern (1954 [221]) das erste handbuchartige Werk über die SED, das systematisch Organisation, Leitungsgremien und Funktionsweise der Staatspartei der DDR bis zum Jahre 1954 dokumentierte. Dabei kombinierte sie – für ein Handbuch eher untypisch – dokumentarische Aussagen mit analytischen Passagen und legte erstmals eine Reihe von Biographien führender Funktionäre vor.

Eine umfangreiche und systematische Bestandsaufnahme leisteten die vier *Berichte und Materialien zur Lage der Nation* (Bericht der Bundesregierung 1971–1974 [1663]). Sie stellten 1971 Fakten und Daten zu den Feldern Infrastruktur, Einkommen, Lebensstandard, Sozialstruktur, Fragen der sozialen Sicherung, von Bildung und Ausbildung sowie zur Lage der Jugend in beiden deutschen Staaten in knapper Form gegenüber. 1972 folgten parallele Angaben zu beiden unterschiedlichen Rechtssystemen. Im Mittelpunkt stand das Verfassungs- und Staatsrecht, aktuell auch wegen der erst wenige Jahre alten zweiten Verfassung der DDR. Ferner dokumentierten sie die Grundsätze des Zivil- und Familienrechts, des Wirtschafts- und Arbeitsrechts sowie des Strafrechts. Die dritte Ausgabe der Materialien (1974 [1663]) thematisierte die supranationale Verflechtung beider deutscher Staaten sowie Wirtschaft und Arbeitsbeziehungen. Die Materialien nutzen vorwiegend soziologische und sozialwissenschaftliche Fragestellungen und Instrumente. Die Datengewinnung folgte dem Prinzip der Immanenz, schloss aber eine Ideologie-Kritik nicht aus. Die letzte Fortschreibung der Materialien aus dem Jahr 1987 griff vor dem Hintergrund der unübersehbaren Krisensymptome in der DDR-Wirtschaft das System der Planwirtschaft als Grundproblem auf (Materialien zum Bericht 1987 [1729]).

Handelte es sich hier um eine bilanzierende Zusammenstellung von Fakten, so prüfte das 1978 erstattete *Gutachten zum Stand der DDR- und vergleichenden Deutschlandforschung* [1911] unter Federführung von Peter Christian Ludz

Leistungen und Defizite vorwiegend der westlichen Forschungen wiederum mit sozialwissenschaftlichem Schwerpunkt. Für die behandelten sechs Bereiche: Politik und Gesellschaft, Geschichte und Historiographie, Recht, Wirtschaft, Sprache und Kultur sowie Erziehung und Bildung wurden zugleich Empfehlungen für zukünftige Forschungen formuliert.

Ein weiterer Fixpunkt dieser Tradition ist das zwischen 1975 und 1985 in drei unterschiedlichen Ausgaben erschienene *DDR Handbuch* (1975 [12]), das zunächst unter der Verantwortung von Peter Christian Ludz stand und zuletzt von Hartmut Zimmermann geleitet wurde. Es spiegelt die mit Beginn der sechziger Jahre einsetzende Richtung der DDR-Forschung wider, die vorwiegend soziologische und sozialwissenschaftliche Fragestellungen und Instrumente nutzte, die Ebene der Ideologiekritik aufgriff, während die historischen Wurzeln der SED-Diktatur und die Probleme ihrer Entwicklung als Desiderate zeitgeschichtlicher Forschungen in den Hintergrund traten.

Das *Kulturpolitische Wörterbuch* (Langenbuchner/Rytlewski/Weyergraf 1983 [1209]) kann als sinnvolle Ergänzung des DDR-Handbuches angesehen werden, zumal Ludz an den ersten konzeptionellen Arbeiten noch mitgewirkt hatte. Es widmete sich vergleichend nicht nur den kulturpolitischen Institutionen und Organisationen im engeren Sinne, sondern griff auch mit solch unterschiedlichen Themen wie Angst oder Rockkultur Probleme auf, die in der DDR weitgehend tabuisiert, oder, wie der Alltag, zu einer »sozialistischen Lebensweise« hochstilisiert wurden.

Das letzte vor der friedlichen Revolution erschienene Nachschlagewerk *Ploetz. Die Deutsche Demokratische Republik* (1988 [53]) verbindet auf knappem Raum eine Chronologie mit komprimierten Analysen, die das Herrschafts- und Wirtschaftssystem ebenso abdecken wie die Felder von Kultur und Alltag.

Im 40. Gründungsjahr der beiden deutschen Staaten erschien das Deutschland-Handbuch (1989 [13], das eine repräsentative Rückschau und Bestandsaufnahme der deutschen Nachkriegsgeschichte als Parallelgeschichte der beiden deutschen Staaten unternahm. Diese von Werner Weidenfeld und Hartmut Zimmermann publizierte Bilanz war in der Tat eine doppelte. Sie stellte Institutionen und Politikfelder, die Rolle gesellschaftlicher Gruppen sowie die unterschiedlichen politischen Prozesse jeweils zweifach (und im Grunde gleichberechtigt nebeneinander) dar.

Ebenfalls in der Phase des Umbruchs erschien das noch in der »alten« Bundesrepublik erarbeitete, von Martin Broszat und Hermann Weber herausgegebene *SBZ-Handbuch* (1990 [60]). Es gab die Standards vor, an denen sich spätere Arbeiten orientierten. Obwohl dieses Handbuch nur auf Materialien aus westlichen Archiven zurückgreifen konnte, war noch 1993 eine unveränderte Neuauflage möglich. Methodisch führte es das von Carola Stern (1954 [221]) eingeführte Verfahren fort, die analytisch-historischen Kapitel und tabellarisch-dokumentarische Abschnitte zu trennen. Es war zugleich bemüht, die wesentlichsten Felder politisch-gesellschaftlicher Transformation abzudecken. So wurden erstmals breiter und systematisch etwa die Sowjetische Militäradministration in Deutschland (SMAD) oder die Wahlen des Herbstes 1946 untersucht und dokumentiert.

Die neuen Forschungsbedingungen nach der friedlichen Revolution 1989/ 90 repräsentieren drei allgemeine Lexika zur DDR. *So funktionierte die DDR* (1994 [65]) präsentiert detailliert und faktenreich die Institutionen und Organisationen der DDR, jeweils auch mit einem breiteren Rückgriff auf die historische Entwicklung. Darüber hinaus wird die Rolle der SED im politisch-gesellschaftlichen System präzisiert und ein breites Spektrum von Organisationsdaten (etwa Konferenzen oder Führungspersönlichkeiten) geboten. Die Vorzüge einer organisationszentrierten Vorgehensweise liegen auf der Hand; als Nachteil ergibt sich, dass manche Politikfelder oder politische Prozesse kaum oder gar nicht erschlossen wurden, so etwa die »Bündnispolitik« der SED oder die Problematik der Oder-Neiße-Grenze. Auch Felder wie die Umweltpolitik wurden nur äußerst knapp abgehandelt.

Das von Rainer Eppelmann, Horst Möller, Günter Nooke und Dorothee Willms herausgegebene *Lexikon des DDR-Sozialismus* (1996 [37]) kehrte dieses Verhältnis um. Selbstverständlich enthielt es auch eine Fülle von Institutionen-Analysen, griff aber zugleich vielfältige »intermediäre« Bereiche der DDR-Politik auf, wie Antifaschismus, Eigentum, Diktatur des Proletariats, Friedensbewegung, Mauerbau, Nomenklatur oder Stalinismus. Dass damit auch ein breites Spektrum der Schattenseiten der DDR thematisiert wurde, hat den Herausgebern und Verfassern ebenso manche politisch motivierte Kritik eingetragen wie die Einordnung der DDR als totalitär. Gleichwohl: Viele der hier behandelten Themen ergänzen in sinnvoller und notwendiger Weise den Rahmen der Organisations- und Institutionengeschichte.

Das von Michael Behnen edierte *Lexikon der deutschen Geschichte von 1945 bis 1990* (2002 [36]) kann schon vom Umfang her nicht mit den beiden vorgenannten Publikationen konkurrieren. Von beachtlichem Informationswert ist fraglos die Zusammenführung von Stichworten aus West und Ost. Den ca. 1600 Stichworten werden rund 35 Übersichtsartikel vorangestellt, die für die DDR unter anderem Themen umfassen wie die Mauer, die Planwirtschaft, die Opposition oder den Zusammenbruch der DDR.

Die lexikalische Erfassung der DDR-Vergangenheit im Sinne knapper Übersichts- und Sachaussagen scheint mehr als ein Jahrzehnt nach der deutschen Vereinigung insgesamt auf einem durchaus beachtlichen Niveau. Fakten, Grunddaten, Organisationen, »Leitthemen«, Ziele und Methoden der SED-Diktatur können als in ihren Grundzügen erschlossen gelten. Indes: Vom Nachschlagewerk zu einem Handbuch, das breiteres Wissen systematisiert, Probleme der Einordnung benennt und zu neueren Forschungen anregt, ist es häufig noch ein weiter Weg. Verdichtungen in Form von Handbüchern erfordern in der Regel einen größeren Forschungs-Vorlauf. Insofern zeugte es von dem Risiko- und Problembewusstsein zugleich, welches eine Gruppe von zumeist jüngeren Forschern bewog, ein *SED-Handbuch* (Die SED 1997 [139]) zu publizieren. Die Herausgeber und Autoren nahmen das Wagnis auf sich, in weiten Teilen auf einen unzureichenden Forschungsstand zurückgreifen zu müssen, zugleich fehlte für viele von ihnen eine institutionelle Verankerung, die ihnen die Chance geboten hätte, die genannten Desiderate und Unzulänglichkeiten auszugleichen.

Fraglos füllt das *SED-Handbuch* eine Lücke. Die Staatspartei der DDR stand über Jahre, wenn nicht Jahrzehnte, im Windschatten des wissenschaftlichen Interesses, auch wenn mit gutem Grund davon ausgegangen werden konnte, dass die Geschichte der DDR vornehmlich die Geschichte ihrer »führenden Partei« war. Freilich ist es ein Handbuch eigener Art: 26 Artikel erschließen die Geschichte, die Organisationsstruktur und zentrale Politikfelder. Das erstreckt sich von der Außenpolitik bis hin zur Landwirtschaftspolitik, umfasst das Verhältnis von Staat und Partei ebenso wie das Feld von Opposition und Widerstand. Dem folgt als Viertes ein lexikalischer Abschnitt, der Aktionsfelder der SED stichwortartig erläutert, so etwa Agitation, Parteiwahlen oder Umtausch der Mitgliedsbücher. Einen weiteren Block nimmt die Wiedergabe wichtiger programmatischer und organisationspolitischer Papiere ein. Die intensivste Detailarbeit erforderten sicherlich die beiden letzten Abschnitte, die tabellarische Zusammenstellung der Führungspositionen und Kurzbiographien von rund 1500 SED-Führungskadern sowie eine rund sechzigseitige Zeittafel.

Weist das *SED-Handbuch* noch Sachkapitel auf, die sehr unterschiedliche Forschungsstände widerspiegeln, so wird mit dem Nachfolgeband *Die Parteien und Organisationen der DDR* (2002 [250]) ein beachtlicher Schritt in wissenschaftliches Neuland vollzogen. Untersucht werden im Einzelnen die Rolle dieser Organisationen im politischen System der DDR, zeitlich eingeschlossen in die beiden Transformationsphasen nach 1945 und 1989/90. Dort werden auch die während der friedlichen Revolution neu entstandenen Vereinigungen untersucht. Dem folgt eine Einzeldarstellung aller Parteien, einschließlich der SPD in Ost-Berlin bis 1961 und der – freilich bedeutungslosen – »Sozialdemokratischen/Sozialistischen Aktion« (SDA) in Ost-Berlin. Dass die in der Volkskammer vertretenen Massenorganisationen behandelt werden, ist selbstverständlich. Die mitgliederstarken Großverbände der DDR, so unter anderem das Deutsche Rote Kreuz oder der Verband der Konsumgenossenschaften hatten in der Forschung zuvor kaum Resonanz gefunden, hier war in der Regel für Geschichte, Organisation und Politik Pionierarbeit zu leisten. Angesichts dessen ist einsichtig, dass die jahrzehntelange Entwicklung dieser Verbände nur in den Grundzügen skizziert werden konnte.

Mehr noch gilt das für die kleineren Organisationen, unter die zumeist Berufsverbände fielen, wie die der Journalisten, Bibliothekare, Komponisten und Musikwissenschaftler, aber auch wissenschaftliche Gesellschaften oder der für Freizeit und Versorgung nicht unbedeutende Verband der Kleingärtner, Siedler und Kleintierzüchter. Diese Organisationen wurden nur gerafft in lexikalischer Form vorgestellt. Gleiches gilt für die politischen Vereinigungen der Umbruchphase 1989/90. Trotz einer Fülle von Arbeiten zu diesem Thema ist augenfällig, dass eine flächendeckende systematische Übersicht dieser Bürgerbewegungen und neuen Parteien noch fehlt. Wie schon zuvor im *SED-Handbuch*, schließt sich den Sachkapiteln eine Übersicht der Führungsgremien der Organisationen sowie ein Verzeichnis von Biographien an. Die ergänzende Sammlung ausgewählter Dokumente aus den Jahren 1945 bis 1990 scheint entbehrlich, da sie nicht dem systematischen Charakter der Einzelkapitel entspricht und aufgrund des Umfangs allenfalls illustrierend wirken kann. Das *Handbuch der Parteien und Organisationen* verdeutlicht zwar ebenfalls, wie viel Forschungsarbeit für die meisten der DDR-Organisationen noch zu leisten ist, und dass gerade ihre historische Entwicklung zwischen den beiden Transformationsphasen der DDR-Gesellschaft noch weitgehend ein Desiderat darstellt, aber als einführende Übersicht ist der von den Herausgebern erhobene Anspruch in respektabler Weise eingelöst.

Das Feld von Opposition und Widerstand in der DDR erscheint für eine lexikalische Übersicht geradezu prädestiniert. Mit dem *Lexikon Opposition und Widerstand in der SED-Diktatur* legten Hans-Joachim Veen, Peter Eisenfeld, Hans Michael Kloth, Hubertus Knabe, Peter Maser, Ehrhart Neubert und Manfred Wilke (2000 [750]) im Auftrag der Konrad-Adenauer-Stiftung ein solches Nachschlagewerk vor. Angesichts der schwer zu überschauenden Fülle von Gruppen und Personen, deren Handlungsmaximen sich von Widerstand bis zur gesellschaftlichen Verweigerung erstreckten, musste das ein Unterfangen sein, das von vornherein Lücken und Einseitigkeiten in Kauf zu nehmen bereit war. Zugleich wurde aber auch der Anspruch erhoben, die DDR flächendeckend auf oppositionelles Potential hin zu untersuchen. Der Schwerpunkt der Einzelbeiträge – auch das ist der Forschungslage geschuldet – liegt in der Frühzeit der DDR bis hin zu den Folgen des Juni-Aufstandes 1953 und in der Phase des Aufkommens der Bürgerbewegungen seit dem Beginn der achtziger Jahre. Wie in anderen Nachschlagewerken auch, zeigt sich für die sechziger und siebziger Jahre noch der größte Forschungsbedarf.

Die biographische Erschließung der DDR-Eliten ist seit der friedlichen Revolution naturgemäß große Schritte vorangekommen. Das Nachschlagewerk von A. Herbst, W. Ranke und J. Winkler *So funktionierte die DDR* (1994 [65]) sowie das zunächst von Jochen Cerny erarbeitete *Wer war wer – DDR* (1992 [84]) hatten noch weniger als 2000 Funktionäre verzeichnet, zu denen die Angaben zum Teil fehler- und lückenhaft waren. Die weiteren Auflagen des biographischen Lexikons, das nun unter dem Titel *Wer war wer in der DDR?* (2000 [83]) von Helmut Müller-Enbergs, Jan Wielgohs und Dieter Hoffmann herausgegeben wurde, erfassen mehr als 2700 Funktionäre, in der Regel der Führungsebene der DDR, daneben Wissenschaftler, Künstler, Schriftsteller. Auf den ersten Blick mag der Zuwachs gegenüber dem von Günther Buch in der »alten« Bundesrepublik erarbeiteten Stand gar nicht so bedeutsam erscheinen. Dieser hatte seit 1973 insgesamt vier Auflagen seines verdienstvollen Nachschlagewerkes *Namen und Daten* (1987 [48]) vorgelegt. Allerdings ermöglichte der fortschreitende Forschungsstand seit 1990 nicht nur einen enormen Kenntniszuwachs, sondern auch einen Gewinn an Zuverlässigkeit. Gegenüber Buch setzten die Herausgeber des Jahres 2000 auch andere Akzente: Kam es ihm damals auf Aktualität und Gegenwartsbezug an, wurden heute die Personen einbezogen, die in den frühen Jahren der DDR Einfluss- und Machtpositionen besetzten.

Handbücher ganz anderer Art stellen die Berichte parlamentarischer Gremien dar. Der Deutsche Bundestag hat mit seinen beiden Enquete-Kommissionen in der 12. und 13. Wahlperiode (Materialien 1995 [42] und 1999 [43]) nicht nur an fruchtbare Traditionen des Reichstages in der Weimarer Republik angeknüpft, sondern auch in Fülle und Breite der Unterlagen Maßstäbe gesetzt. Parlamentarische Gremien sind bekanntlich keine Forschungsinstitutionen, aber der Bundestag hat mit Anhörungen, Vorträgen, Expertisen und Gutachten eine außerordentliche Fülle von Materialien zusammengetragen und Anregungen für weitere Forschungsarbeiten gegeben, deren Auswirkungen noch nicht abschätzbar sind. Demgegenüber fallen die (unvermeidlichen) parteipolitischen Auseinandersetzungen (vor allem zur Bewertung der Deutschlandpolitik vor 1989 und zum Abschlussbericht) kaum ins Gewicht. Das Gesamtergebnis der Arbeit beider Bundestags-Kommissionen umfasst nicht weniger als 27 000 Druckseiten, die sich durch eine im Jahr 2000 produzierte CD-ROM mittlerweile wesentlich besser erschließen lassen.

Erwähnt werden soll auch, dass als einziges Parlament der neuen Bundesländer der Landtag von Mecklenburg-Vorpommern Mitte der neunziger Jahre ebenfalls eine Enquete-Kommission zur Aufarbeitung der SED-Diktatur berief. Ihre Ergebnisse zum Thema »Leben in der DDR, Leben nach 1989 – Aufarbeitung und Versöhnung« wurden auf 3000 Druckseiten dokumentiert (*Leben in der DDR* 1996 ff. [34]). Analog zum Bundestag führte die Landtagskommission öffentliche Anhörungen durch und gab Gutachten und Forschungsstudien in Auftrag. Die Kommission repräsentierte die Fraktionen des Landtages und verzichtete auf die Hinzuziehung von Wissenschaftlern. Naturgemäß waren die Arbeitsthemen stark auf das Land und seine Traditionen bezogen.

Die kaum übersehbare Flut an Publikationen zur Geschichte der SBZ/DDR und der deutschen Teilung, die vor und nach 1989 erschienen ist, wird – was die Erscheinungsjahre vor 1989 betrifft – von Walter Völkel (Systematische Bibliographie 1986 f. [71]) aufgeführt, wenn auch nicht zur Gänze zuverlässig abgebildet. Hermann Weber (2000 [77]) hat in seiner DDR-Geschichte zuletzt 2115 Titel systematisch bibliographiert. Und schließlich beschreitet der vorliegende Sammelband Neuland.

Nicht nur in Bezug auf die Aufarbeitung, sondern auch auf dem Feld der Historiographie zeigen sich im ersten Jahrzehnt nach der deutschen Vereinigung verschiedene, allerdings auch unterschiedlich große Traditionslinien. Der pluralistischen Wissenschaftstradition auf der einen steht eine spät- oder neomarxistische Richtung in den *Ansichten zur Geschichte der DDR* (1993–1998 [1]) auf der anderen Seite gegenüber, die der DDR eine eigene Legitimation verleiht und deren Sozialismus als sinnvolles, wenn auch gescheitertes »Experiment« ansieht. Eine – wünschenswerte – systematisierende und historisierende »Verdichtung« des gegenwärtigen Forschungs- und Kenntnisstandes zur DDR (etwa in Form eines neuen DDR-Handbuches) müsste auf diese deutsche Besonderheit hinweisen.

GÜNTER BRAUN

Auf dem Weg in die zweite deutsche Diktatur – die SBZ 1945–1949

Seit die Geschichte der DDR wissenschaftlich erforscht wird, konzentrierte sich das Hauptinteresse der Historiker auf die Ursprünge der ostdeutschen Republik. Obwohl bereits vor 1990 am besten bearbeitet und vergleichsweise dicht beschrieben, nahm die Geschichte der SBZ auch nach Öffnung der Archive in der institutionell wie konzeptionell neu geordneten und erheblich ausdifferenzierten DDR-Forschung breiten Raum ein. In seinem 2000 aktualisierten Standardwerk *Die DDR 1945–1990* [77] verdeutlicht Hermann Weber diesen Trend mit folgenden Verhältniszahlen: Ein Viertel aller Forschungs- und Publikationsvorhaben im Jahrzehnt nach dem Mauerfall widmete sich der Frühphase der SBZ/DDR, ein weiteres Viertel zielte auf den gesamten Zeitraum der DDR-Geschichte, ein Fünftel der Projekte galt den achtziger Jahren mit dem Ende der Diktatur, und nur drei Prozent hatten die Jahrzehnte zwischen 1960 und 1980 zum Gegenstand.

Entscheidend für die Konzentration der Forschung auf die Periode zwischen Kriegsende und Staatsgründung ist ihre grundlegende Bedeutung für die Ausformung der späteren Verfassungswirklichkeit der DDR. Vergleichbar der Geschichtsschreibung über den Nationalsozialismus, die sich lange Zeit intensiv mit der Phase der »Machtergreifung« und der Festigung der NS-Diktatur befasste, war das Hauptaugenmerk der DDR-Historiographie auf die systembildenden Entscheidungen und Prozesse gerichtet, die zur Entstehung des ostdeutschen Teilstaates führten.

In den westlichen Zonen und in der SBZ bildeten sich unter der Souveränität der alliierten Siegermächte bereits 1945/46 ansatzweise unterschiedliche politische und gesellschaftliche Ordnungen heraus. Die ostzonale Entwicklung war anfangs von dem Bemühen der SMAD geprägt, eine breite Grundlage und Legitimation für die angestrebte Vorrangstellung der deutschen Kommunisten zu gewinnen. Nach deren ursprünglichen Absichten sollten die gezielt veränderten sozialen und politischen Strukturen im sowjetischen Besatzungsgebiet zugleich Vorbild für das ganze Deutschland sein. Mit dem Bruch der Anti-Hitler-Koalition im heraufziehenden Kalten Krieg setzte jedoch 1948 ein durchgreifender Systemwandel ein, mit dem sich das politische und rechtliche Gefüge der SBZ zunehmend von der gemeinsamen deutschen demokratischen Staatstradition der Weimarer Republik entfernte. Ziel war es nunmehr, das Vormachtstreben der SED-Führung politisch abzusichern sowie Wirtschaft, Gesellschaft und Verwaltung schrittweise nach dem Modell UdSSR umzuformen.

Einige markante Punkte auf diesem Weg von der sowjetischen Besatzungsherrschaft zum sozialistischen Staat trafen seit jeher auf ein besonderes Interesse
der historisch-politikwissenschaftlichen Forschung: beispielsweise die Gründung und Transformation der SED sowie der Blockparteien und Massenorganisationen, nachkriegsspezifische Aspekte wie Demontagen, Reparationen und
Flüchtlingsprobleme, die formelle Enteignung der Großindustrie oder die Bodenreform, um nur einige zu nennen. Die meisten dieser Themen werden in
anderen Beiträgen dieses Bandes abgehandelt. Dieser bietet eine knappe Skizze
des Entwicklungsgangs der auf die SBZ bezogenen Forschung und bilanziert im
Wesentlichen die Ergebnisse der in den 1990er Jahren erschienenen Literatur
zur Geschichte der sowjetischen Herrschaft in Deutschland.

Die ersten Fundamente zur Rekonstruktion der sowjetzonalen Nachkriegs-
historie wurden bereits in den fünfziger Jahren gelegt. Im Osten beschrieb
Stefan Doernberg (1959 [14]) die *Geburt eines neuen Deutschland*, im Westen
war die Formierungsphase der DDR von Horst Duhnke (1955 [16]) auf tota-
litarismustheoretischer Grundlage nachgezeichnet worden, und Carola Stern
(1957 [223]) hatte in einer historisch-soziologischen Analyse die SED als »bol-
schewistische Partei« porträtiert. Maßgeblich geprägt wurde das westliche Bild
von der kommunistischen Nachkriegspolitik jedoch durch Wolfgang Leonhards
autobiographische Sicht der Dinge. Sein 1955 in erster Auflage veröffentlichter
Bestseller *Die Revolution entläßt ihre Kinder* [175] nahm lange Zeit den Rang
einer Geschichte der sowjetischen Besatzung ein.

Ansonsten aber hielten sich Publikumsinteresse wie Forscherdrang westlich
der Elbe in engen Grenzen. Vor allem aus forschungspragmatischen Gründen
(fehlende Primärquellen) aber auch aus wissenschaftspolitischen Erwägungen
begaben sich nur wenige Zeithistoriker in der Bundesrepublik bzw. im westlichen Ausland auf dieses brachliegende und steinige Feld. So hat Arnold Sywottek (1971 [226]) mit seinem Buch *Deutsche Volksdemokratie* Studien zur politischen Konzeption der KPD vorgelegt. Henry Krisch (1974 [108]) analysierte
in seinem Band *German Politics under Soviet Occupation* ebenso den Aufbau des
Herrschaftssystems in der SBZ wie Gregory W. Sandford (1983 [57]) in seiner
in den USA publizierten Studie *From Hitler to Ulbricht. The communist reconstruction of East Germany 1945–1946*. Als »kritische Zwischenbilanz« der KPD/
SED-Politik in der Phase der antifaschistisch-demokratischen Umwälzung verstand Dietrich Staritz seine 1976 [69] veröffentlichte Habilitationsschrift, die
Grundlage für eine 1984 [67] publizierte und 1995 aktualisierte Überblicks-
darstellung war. Mehr unter dem Aspekt der innerdeutschen Bezüge stellten
Christoph Kleßmann (1982 [32]) und Rolf Steininger (1983 [70]) die deutsche
Nachkriegsgeschichte dar.

Seit Ende der siebziger Jahre war die DDR, und zwar insbesondere
ihre Frühgeschichte, häufiger Gegenstand der westlichen Forschung geworden. Zum einen ließ die inzwischen angewachsene Materialbasis solche Vorhaben jetzt aussichtsreicher erscheinen; wichtige Impulse gab zum zweiten
die Forschungsförderung, denn 1978 richtete die Volkswagen-Stiftung ihren

Schwerpunkt »Deutschland nach 1945« ein; zum dritten schließlich war dies dem Engagement weniger Protagonisten wie Hermann Weber zu verdanken. Der seiner Initiative entsprungene Arbeitsbereich »Geschichte und Politik der DDR« an der Universität Mannheim hat das bundesdeutsche Profil der Zeitgeschichtsschreibung über die Nachkriegsperiode im Osten Deutschlands bis Anfang der 1990er Jahre maßgeblich mitgeprägt.

Die im Westen publizierten Darstellungen konzentrierten ihre Analysen meist auf die Sphäre der Politik. Das spezielle ›Mannheimer‹ Interesse galt der Formierung der Parteien und Verbände und ihrem Wandel zu Transmissionsriemen der SED-Herrschaft unter den spezifischen Bedingungen der sowjetischen Besatzung. Der forschungsleitende Blick richtete sich vor allem auf die Mittel, Mechanismen und Methoden, mit denen sowohl die politisch-administrativen Veränderungen als auch die gesellschaftlichen Umbrüche zwischen 1945 und 1949 bewirkt wurden. Den Ertrag dieser langjährigen Forschungsarbeit spiegelt beispielsweise das gemeinsam mit dem Münchener Institut für Zeitgeschichte herausgegebene voluminöse *SBZ-Handbuch* (1990 [60]) wider – ein »Meilenstein« der historischen DDR-Forschung, wie Norman M. Naimark befand.

Etwa zur gleichen Zeit erschien in der Reihe *Deutsche Geschichte* eine von Rolf Badstübner (1989 [2]) verantwortete Gesamtdarstellung der DDR-Gründerzeit. Dieser umfassende und reich illustrierte Band kann gleichsam als Schlussbilanz der DDR-Geschichtswissenschaft zum »Werden und Wachsen« des ostdeutschen Staates angesehen werden. Die innerhalb der DDR publizierten Studien hatten zwar einen besseren Zugang zu den Primärquellen der Nachkriegsperiode, aufgrund ihrer ideologisch-politischen Legitimationszwänge (es galt, den Herrschaftsanspruch der deutschen Kommunisten historiographisch zu rechtfertigen) waren sie jedoch weitgehend außerstande, die historische Entwicklung mit der gebührenden Objektivität darzustellen. Zunächst galt die Lesart, die Geschichte der DDR habe sich in »zwei revolutionären Etappen« vollzogen, einer »bürgerlich-demokratischen« bis etwa 1949 und einer »sozialistischen« seitdem. Wurde damit der besonderen Problemlage im Nachkriegsdeutschland noch Rechnung getragen und die deutschlandpolitische Agitation der SED betont, verblassten diese Komponenten im Geschichtsbild der Honecker-Ära. »Einheitlich-revolutionärer Prozess« lautete nunmehr das parteioffizielle Deutungsmuster, mit dem die Vor- und Frühgeschichte des zweiten deutschen Staates in das Revolutionsschema der osteuropäischen »Volksdemokratien« eingepasst werden sollte.

Seit den achtziger Jahren waren in der Zeitgeschichtsschreibung der DDR eine Ausdifferenzierung von Fragestellungen und verstärkte regionalgeschichtliche Bezüge zu registrieren. Aus dieser erweiterten Forschungsperspektive resultierten mehr quellenorientierte, faktennahe und nuanciertere Betrachtungen, für die exemplarisch die Arbeit von Günter Benser (1985 [132]) zur *KPD im Jahr der Befreiung* oder die Edition der *Berichte der Landes- und Provinzialverwaltungen zur antifaschistisch-demokratischen Umwälzung* (1989 [88]) anzuführen sind.

Von diesen materialreicheren Darstellungen und Dokumentationen profitierte wiederum die historische Forschung außerhalb der DDR, ohne sie freilich in die Lage zu versetzen, Entscheidungsprozesse in den Führungsgremien genauer nachzeichnen oder mögliche Handlungsalternativen der Partei- oder Staatsspitze verdeutlichen zu können.

Deren schriftliche Nachlässe standen denn auch beim Run auf die seit 1990 allgemein zugänglichen DDR-Archivbestände im Mittelpunkt des sprunghaft gestiegenen Forschungsinteresses. Doch die quelleneuphorische Stimmung des historiographischen »Neubeginns« wurde vor allem mit Blick auf die hochgesteckten Erwartungen an die SED-Akten getrübt. Nicht alles Handeln fand dort seinen Niederschlag, manche Überlieferung, speziell der Nachkriegszeit, erwies sich als bruchstückhaft, und in den mageren Beschlussprotokollen von Sitzungen der zentralen Parteigremien bleiben Entscheidungsgrundlagen, Motive oder Handlungsspielräume der Parteielite meist verborgen.

Als diesbezüglich aufschlussreichster Quellenfund in ostdeutschen Archiven können die handschriftlichen Aufzeichnungen Wilhelm Piecks angesehen werden. Die deutschlandpolitischen Betreffe dieser Notate sind von Rolf Badstübner und Wilfried Loth (1994 [128]) ediert worden, zuvor griff auch Gerhard Keiderlings (1993 [163]) Dokumentation zur *Gruppe Ulbricht in Berlin* auf diese Überlieferung zurück. Badstübner/Loth sehen in Piecks Notizen »eine Quelle zur sowjetischen Deutschlandpolitik sowie zum Selbstverständnis und zur politischen Praxis der KPD/SED-Führung in den ersten Nachkriegsjahren, die an Authentizität und Dichte schwerlich zu überbieten« sei. Ob ihnen dieser historiographische Rang tatsächlich zukommt, blieb umstritten, ebenso die von Loth (1994 [1532]) daraus abgeleiteten deutschlandpolitischen Intentionen Stalins (vgl. den Beitrag von Gerhard Wettig in diesem Band). Wirklich klare Antworten bieten Piecks Aufzeichnungen kaum – zumal die zahlreich darin enthaltenen Kürzel Interpretationsspielräume lassen. Ohne einschlägige sowjetische Quellen werden die grundlegenden deutschlandpolitischen Ziele, Entscheidungen und Aktionen der Siegermacht UdSSR nicht zweifelsfrei zu rekonstruieren sein.

Und daran herrscht bis heute Mangel, denn bisher wurde der »Schleier systembedingter Geheimniskrämerei« (W. Loth) nur teilweise gelüftet. So haben wir jetzt zwar »eine einigermaßen zutreffende Vorstellung davon, was in der Zone geschah, aber wir wissen nur wenig darüber, wie alles zustande kam«, brachte Norman Naimark die Forschungs- und Archivsituation auf den Punkt. Sind wir also hinsichtlich der übergreifenden Ziele sowjetischer Politik in Deutschland weiterhin auf Hypothesen angewiesen, können die Konturen der Besatzungsherrschaft inzwischen erheblich klarer nachgezeichnet werden. Das gilt sowohl für den Aufbau der SMAD und für das Verhalten der sowjetischen Militärs in der SBZ als auch mit Blick auf die konkrete Besatzungspolitik und deren Wirkung. Dank eines Kooperationsvorhabens zwischen dem Bundesarchiv und dem Staatlichen Archivdienst Russlands zur »Erschließung, Verfilmung, Digitalisierung und wissenschaftlichen Auswertung« der SMAD-Akten von 1945 bis 1949 wird sich die Quellenlage auf diesem Forschungsfeld wohl weiter verbessern. Inzwischen beendet ist das Pilotprojekt zur »Kulturpolitik der SMAD« (Dumschat/von Jena/Kreikamp 2002 [1177]), ihm folgt die Aufbereitung von Beständen zur »administrativen Tätigkeit der SMAD«.

Die Geschichte der Sowjetischen Militäradministration gehörte lange Zeit zu den weißen Flecken der DDR-Historiographie. Für die westliche DDR-Forschung waren Einblicke in das »Innere« des sowjetischen Besatzungsapparates vor 1990 kaum möglich. Wer sich dennoch des Gegenstandes annahm, »lebte« weitgehend von Überlieferungen aus zweiter Hand: weniger von der sowjetischen Historiographie, die dem Thema nur wenige Dissertationen widmete, mehr von der Erinnerungsliteratur einiger damals beteiligter Offiziere und am meisten von Produkten der DDR-Geschichtsschreibung. Auf dieser Basis gelang Jan Foitzik noch in der ›archivlosen‹ Zeit eine solide Dokumentation und differenzierte Analyse zur Organisation der SMAD, die im SBZ-Handbuch (1990 [60]) enthalten ist. Zuvor hatte Hermann Weber (1982 [310]) am Beispiel der Entstehung und Veränderung des Parteiensystems in der SBZ Einfluss und Wirkungsweise der sowjetischen Militärverwaltung systematisch dargestellt. 1989 erschien schließlich eine Arbeit von Peter Strunk [366] zur Informationskontrolle der SMAD. Sofern Darstellungen nicht mitgerechnet werden, in denen die politische Entwicklung der sowjetischen Besatzungszone sozusagen automatisch mit der Umsetzung sowjetischer Politik identifiziert wurde, repräsentierten die genannten Arbeiten den Forschungsstand über die Organisation und Praxis der Sowjetischen Militäradministration vor der (Teil-)Öffnung der einschlägigen Archive.

Allgemein kann festgehalten werden, dass die in der westlichen DDR-Forschung bereits vor Öffnung der Archive konstant vertretene Auffassung, die SMAD und die hinter ihr stehende Moskauer Führung seien als der entscheidende politische Macht- und Ordnungsfaktor in der SBZ anzusehen, von den neueren Untersuchungen bekräftigt wurde. Nur das tatsächliche Ausmaß des Besatzungsdirigismus und die Intensität der Einwirkung durch die SMAD-Offiziere waren tendenziell unterschätzt worden. Schon die von Foitzik (1995 [96]) im Moskauer Staatsarchiv recherchierte und publizierte Sammlung der offenen (d.h. der als nicht »geheim« oder »streng geheim« klassifizierten) Befehle des Obersten Chefs der Militärverwaltung macht dies offenkundig.

Insbesondere am Beispiel der SBZ-Wahlgänge im Sommer und Herbst 1946 vermochte Stefan Creuzberger (1996 [93]) zu demonstrieren, wie umfassend und bestimmend die sowjetische Militärverwaltung ihre Machtfülle und Weisungskompetenzen geltend gemacht hat. Ein Großteil derjenigen Maßnahmen und Eingriffe, die die Wahlchancen der SED zu Lasten der »bürgerlichen« Parteien maximieren sollten, waren zwar schon früher bekannt, doch weder konnte immer auf einen SMAD-Hintergrund geschlossen werden noch war es möglich, die Reichweite der Beeinflussung einzuschätzen. Selbst bei der Vorbereitung und Gestaltung des Wahlkampfeinsatzes der sowjetischerseits protegierten Einheitspartei wurde offenkundig nichts dem Selbstlauf überlassen.

Breiten Raum nimmt in der neueren Forschungsliteratur die Frage nach Handlungs- bzw. Gestaltungsspielräumen ein – einerseits der Militäradministration innerhalb der sowjetischen Machtstrukturen, andererseits der deutschen Akteure im Rahmen der Besatzungsherrschaft. Dabei herrscht die Meinung vor, dass grundlegende Entscheidungen ausschließlich im Machtzentrum von Stalin selbst getroffen wurden. Der Auffassung Wilfried Loths (1994 [1532]), Walter Ulbricht habe »im Verbund mit einem Obersten Tjulpanow hinter dem Rücken und gegen den Willen Stalins in der SBZ einen ›klassenkämpferischen Amoklauf‹ veranstalten und eine eigene, auf Sozialismus- und Separatstaatsvisionen beruhende Politik durchsetzen« wollen und können, wird von anderen Autoren eine Absage erteilt. Diese Ansicht gehe an den sowjetischen Realitäten Stalinscher Prägung vorbei«, argumentieren Bonwetsch/Bordjugov/Naimark (1998 [89]), die gemeinsam einen Quellenband zur Tätigkeit der Propagandaverwaltung der SMAD unter Sergej Tjulpanow herausgaben.

Anhand der bislang ausführlichsten Analyse sowohl der SMAD-Organisations- und Führungsstruktur als auch der externen wie internen Kommunikationsprozesse gelangt Jan Foitzik (1999 [97]) zu folgendem Schluss: »Die SMAD war kein Organ der sowjetischen Besatzungspolitik in Deutschland, sondern ihr Instrument. Die Definition und Artikulation der Interessen, Ziele und Methoden blieben Moskau vorbehalten. Bekannt waren dem Kommando nur allgemeine Züge der sowjetischen Politik, die Handlungsabläufe einzelner Initiativen wurden vorgeschrieben. Aber nicht nur die Konzentration der externen Leistungen, sondern auch die interne Systemstabilisierung wurden unmittelbar durch Moskau gewährleistet. Als politisches Koordinierungsorgan genoss der Apparat des ZK der WKP(B) Vorrang vor anderen Gremien.«

Auch Norman M. Naimark, der mit seinem voluminösen Band *Die Russen in Deutschland* (1997 [47]) eine viel beachtete und hoch gelobte Arbeit zur Geschichte der sowjetischen Besatzung vorgelegt hat, die auf einer umfassenden Auswertung Moskauer Archive beruht, beschäftigt diese Frage. Für allseits feststellbare »institutionelle Probleme« der sowjetischen Militärverwaltung in Deutschland machte er eine systemspezifische Ursache aus, die Tatsache nämlich, dass »der Stalinismus keineswegs ein perfekt funktionierendes diktatorisches Hierarchiesystem bildete«. Charakteristisch dafür seien die in »einer bewusst nebelhaften Sprache« erteilten »undurchsichtigen politischen Direktiven« Stalins gewesen, »die sich auf verschiedenste Weise interpretieren ließen. Einerseits konnte er direkt und machtvoll intervenieren, wenn ihm danach zumute war, und ohne seine Zustimmung konnte keine wichtige Entscheidung getroffen werden. Andererseits war jedoch schwer vorherzusagen, wann und zu welchen Themen er intervenieren würde«. Daraus schließt Naimark, dass »Stalins Administratoren weitgehende Gestaltungsfreiheit« hatten, »zumal wenn sie weit von Moskau entfernt waren; allerdings befanden sie sich in der wenig beneidenswerten Lage, nach Möglichkeit den Wünschen des Kreml zuvorkommen zu müssen. Es gab kaum Anreiz, irgendwelche Initiativen zu ergreifen, und die Kompetenzverteilung war unklar.«

Zu ähnlichen Schlüssen kommt die breit angelegte Darstellung und Dokumentation zu den sowjetischen Speziallagern in Deutschland (Mironenko/Niethammer/von Plato 1998 [528]): So habe die sowjetische Führung, indem sie es an klaren Willensbekundungen fehlen ließ, ein politisches Vakuum erzeugt, das »nicht regelgebundene, ›operative‹ Entscheidungen begünstigte«, und »Routinen und Praktiken aus dem Bereich der sowjetischen Innenpolitik« Raum schuf – mit verheerenden Folgen für die Lagerinsassen sowie unter Inkaufnahme einer äußerst negativen politischen Außenwirkung.

Das Offenhalten von Entscheidungen und daraus resultierende Orientierungslosigkeit, unklare ressortmäßige Verantwortlichkeiten, Kompetenzgerangel im Apparat, unterschiedliche Interessen und rivalisierende Aktivitäten Moskauer Behörden, Koordinationsmängel, vielfältige Anforderungen an die SMAD-Abteilungen, mehrfache Reorganisationen der zuständigen Moskauer Ministerien sowie Eigeninitiativen der Kommandeure auf regionaler und lokaler Ebene: All dies sind Stichworte, mit denen die »institutionellen Probleme« der sowjetischen Militärregierung in der Literatur angedeutet werden. Insbesondere in der Frühzeit der Besatzung erschwerten die weithin unabhängig vom SMAD-Kommando operierenden Sicherheitsorgane, Reparationsoffiziere und Demontagetrupps sowie Geheimdienst und Spionageabwehr die Arbeit der »normalen« Besatzungsoffiziere erheblich. Die verschiedenen Interessen und Ansprüche des sowjetischen Partei- und Staatsgefüges waren in der Besatzungsverwaltung kaum auf einen Nenner zu bringen. Ihr Bemühen um ein positiveres Verhältnis zur Bevölkerung wurde durch das Vorgehen der Reparations- und Sicherheitsorgane immer wieder konterkariert. Auf der anderen Seite musste die Propaganda-, später Informationsverwaltung der SMAD, die ohnehin keine Gratifikationen anzubieten hatte, um ihr Konzept gefällig zu machen, scharfe Kritik aus Moskau einstecken, weil sie es nicht verstanden habe, in Deutschland ein positives Sowjetunionbild zu vermitteln.

Naimarks zuerst in den USA erschienenes Buch ist keine Geschichte der SBZ, sondern es erzählt die sowjetische Besatzungszeit in den unterschiedlichsten Facetten. Neben wichtigen politischen Aspekten, etwa der Rolle der sowjetischen Deutschlandpolitik bei der Entstehung des Kalten Krieges, den Reparationszielen der UdSSR, dem Aufbau der neuen deutschen Verwaltung sowie des ostdeutschen Polizeistaates, geht es dem Professor der Stanford University in Kalifornien vor allem darum, zu zeigen, wie die Russen das Leben der Ostdeutschen veränderten. Ein langes Kapitel widmet sich erstmals ausführlich dem Problem der Vergewaltigungen, doch auch die Kultur- und Bildungspolitik kommen nicht zu kurz. Zum Wiederaufbau des Hochschulwesens in der SBZ hat Manfred Heinemann (2000 [1403]) eine Arbeit vorgelegt, Alexandr Haritonow (1995 [1400]) behandelte die sowjetische Hochschulpolitik in Sachsen.

Naimarks Gesamteinschätzung geht dahin, die Politik der sowjetischen Besatzungsmacht als »weit komplexer und vielfältiger« zu beurteilen, als dies die bisherige Geschichtsschreibung getan hat. Beispielsweise habe es für die politische Entwicklung der Besatzungszone keinen Gesamtplan gegeben, der mit regierungsamtlichen Direktiven vergleichbar gewesen wäre, mit denen die USA ihre Besatzungstruppen nach Deutschland schickten. Die Sowjets operierten stattdessen auf der Basis einer Reihe grundlegender Prinzipien, etwa dem Erfordernis, in Deutschland die »antifaschistisch-demokratische Umwandlung« vorzunehmen. »Sowjetische Offiziere bolschewisierten die Besatzungszone nicht, weil es einen Plan dazu gab, sondern weil es die einzige ihnen bekannte Möglichkeit war, eine Gesellschaft zu organisieren.« Insgesamt jedoch sei die DDR – »als Staat, als ›Nation‹ und als Gesellschaft« – vor allem ein Produkt »der Interaktion von Russen und Deutschen in der sowjetischen Besatzungszone« gewesen.

MICHAEL LEMKE

Die fünfziger Jahre –
Aufbau und Krisen in der DDR

Die fünfziger Jahre sind in der historischen DDR-Forschung im Unterschied zu der über die Bundesrepublik nicht explizit untersucht worden, sind aber – zum Teil herausgehoben – in vielen Darstellungen enthalten. Im Verständnis vieler Zeithistoriker scheint es sich in beiden deutschen Staaten nach »Geist« und Inhalten um »lange Fünfziger« gehandelt zu haben, die sich in die ersten Jahre des folgenden Dezenniums hineinzogen und einerseits die Kernzeit der »Ära Adenauer« bildeten sowie andererseits – in der DDR – erst mit dem Mauerbau 1961 ihren Abschluss fanden. Auch von der zweiten Hälfte der vierziger Jahre, in denen die ordnungs- und wirtschaftspolitischen Weichen für beide Staaten gestellt worden waren, lassen sie sich nur formal abgrenzen. Im Kontext des Ost-West-Konflikts können die fünfziger Jahre jedoch für beide deutsche Teilstaaten als unverwechselbare Aufbaujahre charakterisiert werden, die in der DDR allerdings durch die Krisen 1953 und am Ende der Dekade geprägt wurden. Durch die Integration beider Teile in einander entgegengesetzte politische und gesellschaftliche Systeme vertiefte sich die deutsche Spaltung und führte zur vollen Entfaltung des »deutschen Sonderkonflikts« (Richard Löwenthal) als inhärentem Bestandteil des Kalten Krieges.

In der DDR verschärfte sich bis etwa 1953 der Sowjetisierungsprozess, der differenziert alle zentralen politischen und anderen wichtigen Bereiche der Gesellschaft erfasste, während die Entwicklung in Westdeutschland nicht einem amerikanischen Modell, sondern vorrangig deutschen Traditionen und verschiedenen westlichen Vorbildern folgte. Bei allen auch damit verbundenen Zuspitzungen war das innerdeutsche Verhältnis im Jahrzehnt nach 1949 jedoch nicht nur rigide Systemkonfrontation, sondern eine vielschichtige, umfassende Gesellschaftskonkurrenz. Beide deutsche Staaten sahen sich als die bessere nationale Alternative, die den jeweils anderen Teil der Deutschen magnetisch anziehen müsste.

Am Anfang der außerordentlich dynamischen »Fünfziger« war nicht voraussehbar, dass an deren Ende die Bundesrepublik einen Vorsprung erzielt haben würde, der ein Aufholen durch die DDR und gar einen späteren Sieg in der Systemkonkurrenz als zumindest unwahrscheinlich erscheinen ließ. Doch waren 1949 konkrete gesellschaftliche Prozesse noch wenig prädestiniert. So sahen sich beide deutsche Führungen vor ähnliche Aufgaben gestellt, die angesichts ungleicher Kontextbedingungen zwar unterschiedliche und miteinander konkurrierende, aber nicht zwangsläufig überall antagonistische Lösungen und Effekte erwarten ließen. Es zeigte sich erst im Verlaufe des Jahrzehnts, wie

und mit welchen Ergebnissen wirtschaftliche und soziale Kriegsfolgen überwunden worden waren, Modernisierungen, vor allem im produktiven Bereich,
sich in zunehmender Abgrenzung voneinander zukünftig gestalten würden und
auf welche Weise soziale Innovationen und Bindungskräfte verstärkt werden
müssten. In höherem Maße vorherbestimmt und gegensätzlich entwickelten
sich hingegen Machtausübung und Herrschaftsinstrumentarien. Während sich
das parlamentarisch-rechtsstaatliche System in der Bundesrepublik zügig kon-
solidierte und destabilisierende Momente nicht zuletzt dank wirtschaftspolitischer Erfolge kontinuierlich zurücktraten, gestaltete sich die Wechselbeziehung
von Systemkonsolidierung und -destabilisierung in der DDR so, dass es in den
gesamten fünfziger Jahren zu keiner kontinuierlichen Entwicklung und Sicherung des ordnungs- und wirtschaftspolitischen Systems kam, es hingegen durch
akute Krisen (1953; 1960/61) existentiell in Frage gestellt wurde. Gleichzeitig
offenbarte jene von der Systemkonfrontation gezeichnete Zeit, sieht man sie
vor allem unter alltagsgeschichtlichen und kulturellen Aspekten, wie stark die
DDR und die Bundesrepublik aufeinander bezogen handelten, und dass die
Deutschen – nicht zuletzt durch das »offene« Berlin – noch ein politisch wirk-
sames Zusammengehörigkeitsgefühl verband, das sich aber ebenfalls in den
fünfziger Jahren abzuschwächen begann.

Die seit 1990 entstandene historische Forschungsliteratur über die fünfziger Jahre in der DDR gestattet insgesamt zwei generelle, aber nicht unbedingt
überraschende Aussagen: Zum einen setzte nach Öffnung der ostdeutschen
Archive eine Flut von Publikationen ein, die zunächst eine Gemengelage aus
»Schnellschüssen« und soliden Analysen bildete, aber sehr bald an wissenschaftlicher Tiefe und Differenzierung gewann. Zum anderen ließ gerade dieser Trend erkennen, dass viele der bis 1989 im Westen über die DDR publizierten Arbeiten an Gültigkeit wenig eingebüßt hatten, obwohl ihre Verfasser
kaum über östliches Quellenmaterial verfügten. Eine auch daraus resultierende
Kontinuität wird in der Fortschreibung der Gesamtdarstellung Webers (2000
[79]) augenfällig, die, ebenso wie eine kleinere, prägnante und leserfreundli-
che historische Gesamtschau (Mählert 1998 [41]), den fünfziger Jahren als
der Zeit ideologischer Normen und programmatischer Zielsetzungen in der
DDR besondere Aufmerksamkeit widmeten, während sie in einer weiteren
umfangreichen Überblicksdarstellung (Schroeder 1998 [63]) vergleichsweise
wenig Platz einnimmt. Diese seltenen Gesamtdarstellungen bieten einen problematisierten Abriss der ostdeutschen Geschichte, setzen im Einzelnen unterschiedliche Prioritäten, stellen aber alle das Verhältnis von Konsolidierung und
Krise als das zentrale Problem der DDR in den »Fünfzigern« heraus.

Dieses Problem zieht sich auch durch die Analysen des Herrschaftssystems
und wird insbesondere in der theoretisch fundierten Arbeit von Meuschel (1992
[348]) erkennbar, die das Dezennium im Spannungsfeld von kommunistischem
Machterwerb und gesellschaftlicher Entdifferenzierung behandelt und die Legitimation von Parteiherrschaft herausarbeitet. Ihr Buch hat den Diskurs über
das ostdeutsche Herrschaftssystem wesentlich beeinflusst. Gerade das Problem

des Antifaschismus als Legitimation ist auch unter gesamtdeutschem Aspekt (Danyel 1995 [1961]) immer wieder kontrovers diskutiert worden.

Den aktuellen Forschungsstand über die Entwicklung der SED zu einer stalinistischen Kaderpartei bestimmen zwei Arbeiten mit, die wesentlich die fünfziger Jahre erfassen. Zum einen legte Malycha (2000 [180]) eine umfassende Analyse der Etablierung und Ausformung stalinistischer Herrschaftsstrukturen vor, die vor allem innerparteiliche Wandlungen und politische Gleichschaltung, aber auch die darüber ausbrechenden Konflikte plastisch nahe bringt. Zum anderen setzte Klein, Th. (2002 [168]) seine Forschungen über Repressionen in der SED mit einer gründlichen Studie über die innerparteilichen Kontrollorgane in der Ära Ulbricht fort. Er arbeitet die Grenzen terroristischer Gesellschaftsformierung sowie das Wesen einer »poststalinistischen Rekonstruktion« heraus und erhärtet, dass die Konstruktion von Parteifeinden sowohl für die Kontrolle der Gesamtpartei notwendig war als auch für die Begründung von innenpolitischen Rückschlägen.

Seit Mitte der neunziger Jahre mehren sich auch Arbeiten über die DDR-Blockparteien und Massenorganisationen. Einen Überblick über die Entwicklung der Blockparteien verschafft eine kleine allgemein verständliche Darstellung (Suckut 2000 [307]). Die Geschichte der FDJ (Mählert/Stephan 1996 [283]) fällt durch klare Disposition sowie gute Lesbarkeit auf. Die Vorzüge der Arbeit von Skyba (2000 [300]) über die Entwicklung der SED-Jugendpolitik von 1949 bis 1961 liegen vor allem in der tiefen Auslotung der Spannung zwischen junger Generation und Partei. Der Autor weist an zahlreichen Beispielen nicht nur die ineffektive Jugendpolitik der SED und die Untauglichkeit von Indoktrination und Druck nach, sondern auch das Versagen der FDJ als Instrument dieser Politik. Das erkenntnisreiche Buch spiegelt mit der Jugendpolitik – pars pro toto – allgemeine Krisenprozesse und die Reformunfähigkeit der SED bereits in den fünfziger Jahren wider.

Im Mittelpunkt der Forschung über den Herrschafts- und Machtapparat der SED/DDR steht ungebrochen das Ministerium für Staatssicherheit. Es entspricht dieser auch geheimdienstlichen Aufbauperiode, die sich im Vergleich mit den späteren Jahren des MfS nach Personalbestand und sonstigem Aufwand eher »bescheiden« ausnahm, dass sie insgesamt hinter die Darstellung der folgenden Jahrzehnte zurücktritt. Die Analysen des MfS der fünfziger Jahren zeigen qualitativ noch große Unterschiede. Doch sind »Effekthascherei« und einseitige Sichtweisen seltener geworden. Eine ausgezeichnete, alle wichtigen Aspekte berücksichtigende MfS-Studie legte Gieseke (2001 [392]) nach eingehenden Vorarbeiten als Gesamtdarstellung vor (siehe auch den Beitrag von Jens' Gieseke in diesem Band). Die Analyse der fünfziger Jahre, die auch nach dem sowjetischen Einfluss fragt, wirft das Problem des Wachstums des MfS auf. Der Autor weist nach, dass das MfS trotz immenser Vergrößerung nicht zum selbstständigen Handeln fähig war und tritt der These von einer besonderen Anfälligkeit der Bevölkerung der DDR für Denunziationen plausibel entgegen.

Ebenfalls den Sicherheitsapparat vor allem in den »Fünfzigern« thematisiert das umfangreiche wie gehaltvolle Buch über die Kasernierte Volkspolizei (KVP) (Diedrich/Wenzke 2001 [606]). Lange vor der Wiederbewaffnungsdiskussion in der Bundesrepublik begann die in der SBZ/DDR verdeckt betriebene Aufrüstung. Die Autoren setzen sich kritisch mit dem sowjetischen Kalkül und den ideologischen Vorgaben der SED beim Aufbau der KVP als Grundstock von »nationalen Streitkräften« auseinander und arbeiten heraus, dass – frühzeitiger und intensiver als bislang angenommen – die Militarisierung der ostdeutschen Gesellschaft begann und eskalierte. Neue Erkenntnisse vermitteln u. a. auch zwei Studien, die Wesen und Funktion der Justiz in der SBZ/DDR analysieren und damit die fünfziger Jahre in einem Fall ganz (Werkentin 1998 [477]) und im anderen zum Teil (Wentker 2001 [476]) erfassen. Werkentin geht der Frage nach, wie die SED auf das Rechtswesen zugriff, die Strafjustiz vor allem nach 1949 als Hebel für die gesellschaftliche Umwälzung einsetzte und ihr Bestrafungsprivileg realisierte. Seine Betrachtung des Antifaschismus als Rechtfertigung der neuen Justiz fügt sich in die Legitimationsdiskussion ein. Wentker arbeitet hingegen die Funktion der »Deutschen Justizverwaltung« und tatsächliche gesellschaftliche Wirkungen unter dem Aspekt der von Meuschel betonten Gleichzeitigkeit von Stabilität und Instabilität heraus. Er plädiert dafür, in der Debatte um die Anwendbarkeit des Totalitarismusmodells für die DDR den Begriff eines »tendenziellen Totalitarismus« zu verwenden; ein Vorschlag, der die Diskussion lohnt.

In den letzten fünf Jahren ist die lange Reihe der Forschungen über den 17. Juni 1953 fortgesetzt worden. Es entstanden vertiefende Regional- und Lokalstudien – hier insbesondere für Sachsen-Anhalt und Sachsen –, aber keine neuen Gesamtdarstellungen. Als typisch für die Spezies regionaler Untersuchungen und besonders gelungen sei die genaue Studie von Roth (1999 [843]) über den 17. Juni in Sachsen angeführt und auch deshalb empfohlen, weil Fricke sie mit einer bedenkenswerten Deutung des Aufstands einleitet. Als Diedrich (1991 [814]) den 17. Juni als gescheiterte Arbeitererhebung bezeichnete, entstand ein neuer »Historikerstreit«. In einem Sammelband (Kowalczuk/Mitter/Wolle 1996 [872]), in dem der 17. Juni als »innere Staatsgründung« der DDR gesehen wird, vertrat Mitter die Gegenthese vom Volksaufstand, der Teil einer gescheiterten Revolution gewesen sei. Wenngleich diese Definition Skepsis und Widerspruch auslöste, hat sich inzwischen die Bezeichnung Volksaufstand durchgesetzt. Auch in Hinsicht auf die Frage der revolutionären Qualität des Ereignisses wären weitere Regional- und Lokalstudien wünschenswert, die beispielsweise für das Land Brandenburg noch weitgehend fehlen (siehe auch den Beitrag von Ilko-Sascha Kowalczuk in diesem Band).

Einen qualitativen Fortschritt kann die Forschung zur Geschichte von Opposition und Widerstand verzeichnen. Wenngleich zunächst ein konzeptioneller und methodischer Mangel unübersehbar war und das Defizit an Professionalität sich dadurch erklären ließ, dass viele derer, die sich dem neuen Thema zuwandten, Betroffene und nicht »zünftige« Historiker waren, liegt inzwischen eine große Zahl quellengestützter, vor allem regionaler und lokaler Analysen vor, die dem wissenschaftlichen Standard entsprechen. Zu dieser positiven Entwicklung trug die erste Gesamtdarstellung der Problematik (Neubert 1997 [764]) wesentlich bei. Hier wie in anderen Arbeiten nehmen die fünfziger Jahre gegenüber den folgenden Jahrzehnten jedoch wenig Raum ein, was nicht zuletzt aus dem weitgehenden Fehlen einer organisierten Opposition in dieser Zeit und dem biologisch begründeten Zeitzeugen-Problem resultiert.

Weit stärker berücksichtigt Besier (1993 [1244]) diese Periode, die er nicht nur als die von ostdeutschem Kirchenkampf und Abbau kirchlicher Geschlossenheit charakterisiert, sondern auch explizit als die noch gesamtdeutsche der evangelischen Kirche. Auch in dem anschaulichen Rückblick auf die Kirchen und Religionsgemeinschaften in der DDR in Daten, Fakten und Meinungen (Maser 1992 [1276]) haben die fünfziger Jahre den ihnen gebührenden Anteil.

In den sozialgeschichtlichen Forschungen erhalten sie als Aufbaujahre gleichfalls einen größeren Stellenwert. Fortschritte gibt es vor allem bei der Untersuchung von neuen Macht- und Funktionseliten in der DDR (Hübner 1999 [1035]), die Aufschlüsse über Karrierebedingungen, Kontinuität und Brüche im Karriereverhalten sowie über Mentalitäten von Aufsteigern gestattet, sowie (Hübner 1995 [1038]) bei der Analyse der Wechselwirkung von Arbeiterinteressen und SED-Sozialpolitik. Es wird gefragt, wie sich Industriearbeiter unter der Bedingung der »Diktatur des Proletariats« politisch und sozial verhielten, sich Interessen konstituierten und versucht wurde, sie durchzusetzen. Politische und soziale Konflikte vor allem in den fünfziger Jahren spielen auch in der Arbeit von Bauerkämper (2002 [1008]) über die ländliche Gesellschaft in der DDR-Diktatur eine Rolle. Diese theoretisch fundierte materialreiche Gesellschaftsanalyse mit dem regionalen Schwerpunkt Brandenburg zeigt, inwiefern auf dem Lande tatsächlich eine »sozialistische« Gesellschaft entstand, wie sich Bodenreform, Kollektivierung u. a. m. auf die ländliche Gesellschaft auswirkten, sich diese gegen politische Eingriffe wehrte oder sie tolerierte und sich Veränderungen anpasste. Nicht zuletzt in der ländlichen Gesellschaft bildete sich ein »Eigensinn« heraus, der bereits in der DDR-Gesellschaft der fünfziger Jahre Herrschaft mitbestimmte (Lindenberger 1999 [1049]).

Aber auch in Studien zu Gesellschaft und Alltag wurden diese Jahre als besonders reizvoll gesehen. Kaminsky (2001 [1122]) untersucht in ihrer originellen ostdeutschen Konsumgeschichte, welchen Anteil Konsum und Versorgung an der Stabilisierung der DDR und ihren Krisen hatten, wie sich Mangelkonzepte, aber auch die Werbung entwickelten und was das Versorgungsgefälle zwischen Stadt und Land bewirkte. Sie widmet sich damit einem Gegenstand, der noch weitgehend unbearbeitet ist. Noch gravierender ist das Fehlen von Untersuchungen über die Wirtschaft der DDR speziell in den fünfziger Jahren (siehe auch den Beitrag von André Steiner in diesem Band). Umso verdienstvoller ist die Arbeit von Wilma Merkel und Stefanie Wahl (1991 [981]) über die wirtschaftliche Entwicklung in Ostdeutschland, die den Ursachen für deren Zurückbleiben gegenüber der Bundesrepublik nachgeht. Beachtlich sind auch zwei Studienbände, die zum einen (Bähr/Petzina [938] 1996) Innovationsverhalten und Entscheidungsstrukturen und zum anderen (Baar/Petzina 1999 [937]) Strukturveränderungen und regionalen Wandel in beiden deutschen Staaten unter Einbeziehung der fünfziger Jahre vergleichend untersuchen. Eine Bereicherung des Spektrums sind die Arbeiten von Karlsch (1993 [973]) über die Reparationen der DDR und von Karlsch und Schröter (1996 [972]) zur Geschichte des Uranbergbaus, die einen zeitlichen Schwerpunkt in den fünfziger Jahren haben. Sie berühren das komplexe Thema ostdeutscher Abhängigkeit von der UdSSR und das Phänomen der Sowjetisierung, das vor allem unter der Fragestellung nach den eigenen Motiven der SED für eine Übernahme sowjetischer Modelle sowie nach den Bedingungen, Methoden und Instrumenten für entsprechende Prozesse untersucht worden ist (Lemke 1999 [109]).

Zugenommen haben Darstellungen zur Kultur- und Geistesgeschichte der DDR. Eine Gesamt- bzw. Überblicksdarstellung von Kultur und Politik in der DDR (Jäger, M. 1994 [1200]) geht den Grundlinien der Entwicklung, aber vor allem den Kursschwankungen und kulturpolitischen Kontroversen in der DDR nach. Die fünfziger Jahre stehen auch im Vordergrund der ausgewogenen Untersuchungen über remigrierte Historiker in der frühen DDR (Keßler 2001 [1918]), über das Spannungsfeld von historischer Forschung und sozialistischer Diktatur (Sabrow/Walther 1995 [1931]) sowie über die Geschichtswissenschaft als Legitimation (Kowalczuk 1997 [1921]).

Fortschritte sind auch, wenngleich sehr ungleichmäßig, auf deutschland- und außenpolitischen Untersuchungsfeldern zu beobachten. Die umfassende Analyse der SED-Deutschlandpolitik von 1949 bis 1961 (Lemke 2001 [1725]) fragt nach dem Wandel der Interessen und Handlungsspielräume der SED und geht dem Problem nach, ob die Einheitsrhetorik der SED von Anfang an nur eine Camouflage für die Ostintegration abgab oder eine Wiedervereinigung als Übertragung des Modells DDR auf die Bundesrepublik zunächst nicht doch das tatsächliche Ziel kommunistischer Deutschlandpolitik war. Eine quellenreiche Studie über die Westarbeit der SED (Amos 1999 [1656]) fördert neue Fakten über die »gesamtdeutsche« Arbeit u.a. der Nationalen Front und des MfS in der Zeit von 1948/49 bis 1961 zutage und gibt Auskunft über die Mechanismen der Beeinflussung westdeutscher politischer Kräfte. Neue Erkenntnisse über die Westarbeit der FDJ (Herms 2001 [1707]) betreffen vor allem den Stalinisierungsprozess innerhalb dieser Organisation nach 1949, Schulung und Kaderanleitung sowie die Umstellung auf die illegale Arbeit.

Weniger eine Erfolgsbilanz sind die Forschungen zur Außenpolitik der DDR in den fünfziger Jahren. Zwar behandelt das Buch von Muth (2000 [1627]) sehr informativ die Inhalte, Strukturen und Mechanismen der DDR-Außenpolitik gerade in den Jahren des Aufbaus des Außenministeriums und bietet eine ausgezeichnete Innensicht auf außenpolitische Gremien, doch werden die konkreten internationalen Beziehungen vernachlässigt und Erklärungen und Wertungen vorgenommen, die häufig zu kurz greifen. Eine lesenswerte Studie über die zwischendeutsche Auseinandersetzung um die Hallstein-Doktrin

(Kilian 2001 [1606]), die den »Sonderkonflikt« nach 1955 von der Diplomatie her erklärt, und ein Sammelband (Pfeil 2001 [1635]) widmen sich speziellen Problemen der DDR-Außenbeziehungen. Ebenfalls unzureichend erforscht ist die Berlin-Politik der DDR in den fünfziger Jahren, für die zumindest das Verhalten der SED in der zweiten Berlin-Krise untersucht worden ist (Lemke 1995 [1530]).Dabei standen deren Interessen und Handlungsspielräume in der Auseinandersetzung mit der Sowjetunion im Vordergrund.

Erfreulich ist hingegen die stark angewachsene biographische (z.B. Frank 2001 [144]) und die qualitativ freilich höchst unterschiedliche Erinnerungsliteratur (z.B. Schirdewan 1994 [208]), die sich mit den fünfziger Jahren befasst.

Ein subjektives und selektives Resümee der historischen Forschung zur DDR-Geschichte in den fünfziger Jahren kann zunächst feststellen, dass die »langen Fünfziger« in den zeitgeschichtlichen Darstellungen insgesamt gut vertreten sind; die ersten Jahre dieses Dezenniums allerdings stärker als dessen zweite Hälfte. Beurteilt man vorsichtig die Forschungstendenz – gemessen an den Publikationen der letzten Jahre –, so scheint sich die für die »Fünfziger« erreichte Forschungsdichte zugunsten der folgenden Jahrzehnte zu verringern. Das wäre keineswegs vertretbar in Bereichen, die durch unterschiedlich große Lücken und Defizite gekennzeichnet sind. Schlecht erforscht sind Wirtschaft und Außenpolitik, hier vor allem konkrete bi- und multilaterale Beziehungen, und die vielschichtige SED-Berlin-Politik. Nachholbedarf herrscht auch bei innerdeutschen Beziehungen und zwischendeutschen Vergleichen. Ausgebaut werden sollten ebenfalls Forschungen zum DDR-Alltag – vor allem auf regionalen und lokalen Ebenen. Das scheint auch deshalb nötig zu sein, weil es der Forschung bislang wenig gelungen ist, den ostdeutschen »Geist der fünfziger Jahre« einzufangen, was schwierig genug ist und für die Bundesrepublik besser gelungen zu sein scheint. Problematisiert man diese »weißen Flecken«, so rückt die allgemeine Frage in den Vordergrund des Interesses, was in dieser Zeit tatsächlich Spezifika der DDR waren und was für diese »Fünfziger« typisch war, in die Folgezeit einging oder eliminiert wurde. Während der revolutionäre Prozess in diesem Zeitabschnitt und seine Veränderungen in späteren Jahren relativ gut untersucht sind, bleibt für einige Gebiete die Frage offen, welches »Erbgut« der Vorzeit – vor allem aus »Weimar« und der Naziära – beispielsweise von der Innen- und Wirtschaftspolitik der SED übernommen, modifiziert oder »modernisiert« worden ist. Überdies werden die weiteren Forschungen zu den fünfziger Jahren, den repressivsten und am meisten fremdbestimmten in der Geschichte der DDR, zur weiteren Klärung des Problems beitragen, inwiefern dieser Staat (oder lediglich sein Anspruch) totalitär war oder ob er »nur« eine Diktatur sowjetischen oder anderen Typs darstellte, die für spätere Zeiten unter dem Aspekt innerer Veränderungen anders definiert werden müsste. Bei der auch in dieser Hinsicht notwendigen Periodisierung der Geschichte der DDR und ihrer Einordnung in die deutsche und internationale Nachkriegsentwicklung behält die Analyse der fünfziger Jahre offenbar ihre zentrale Funktion.

ROLF STEININGER

Die Berlin-Krise und der 13. August 1961

In der Nacht zum 13. August 1961, einem Sonntag, begann jene Aktion, die zu den einschneidendsten Ereignissen der deutschen und europäischen Nachkriegsgeschichte gehört: SED-»Kampfgruppen der Arbeiterklasse«, Volkspolizei und Einheiten der Nationalen Volksarmee riegelten die 110 km lange Außengrenze zwischen West-Berlin und der DDR sowie die 45 km lange Sektorengrenze zwischen Ost- und West-Berlin mit Stacheldraht ab. In den folgenden Wochen und Monaten wurde aus dem Stacheldrahtverhau eine Mauer – Symbol für den Kalten Krieg und den Ost-West-Konflikt. Der Mauerbau war der Höhepunkt einer Krise, die der sowjetische Führer Nikita Chruschtschow im Herbst 1958 ausgelöst hatte und die erst 1963 endete. Sie gehört zu den gefährlichsten Zuspitzungen des Kalten Krieges und war nach Einschätzung des damaligen stellvertretenden US-Verteidigungsministers Paul Nitze gefährlicher als die Kubakrise 1962: wegen der Gefahr von Fehleinschätzungen, insbesondere auf sowjetischer, aber auch auf westlicher Seite.

Zwei Jahrzehnte später begannen Historiker, sich des Themas anzunehmen. Honoré M. Catudal (1981 [566]) konzentrierte sich dabei auf die Aktivitäten der Kennedy-Administration im Sommer 1961. Marc Trachtenberg veröffentlichte 1991 einen interessanten Essay auf der Basis neuer amerikanischer Akten. Er betonte – ähnlich wie McGeorge Bundy (1988 [1507]), Kennedys nationaler Sicherheitsberater – den Zusammenhang zwischen Nuklearwaffen und Diplomatie, insbesondere die sowjetische Furcht vor einer Atombewaffnung der Bundeswehr.

Hope Harrison (1993 [576], 2000 [574], 2002 [575]) benutzte erstmals auch sowjetische Dokumente. Ihrer Meinung nach hat Walter Ulbricht (»Super-Alliierter«) eine größere Rolle gespielt als bisher angenommen und einen entscheidenden Anteil an der sowjetischen Deutschlandpolitik gehabt, eine These, die von Hartmut Mehls (1990 [587]), Michael Lemke (1995 [1530]) und Wilfriede Otto (1997 [589], 2001 [1784]), denen für ihre Arbeiten SED- und DDR-Quellen zur Verfügung standen, nicht unbedingt bestätigt wurde.

Vladislav M. Zubok und Constantine Pleshakov (1996 [1564]) sehen das ähnlich. Ihnen standen ebenfalls sowjetische Akten zur Verfügung. Wie Trachtenberg betonen auch sie den defensiven Charakter der sowjetischen Berlin- und Deutschlandpolitik: keine Annexion West-Berlins, wohl aber definitive Festschreibung der Teilung Deutschlands und Verhinderung einer Atombewaffnung der Bundeswehr.

Auf Quellen der jeweils beteiligten Mächte stützen sich Christian Bremen (1998 [1506]), Christof Münger (1999 [1537]) und John P. S. Gearson (1998 [572]). Inzwischen liegen auch drei Sammelbände vor, in denen die innen- und außenpolitischen Aspekte der Krise untersucht werden (Gearson/Schake 2002 [571]; Hertle/Jarausch/Kleßmann 2002 [577]; Timmermann 2002 [595]). Neue Dokumente zeigen, dass vieles anders war, als wir bisher angenommen haben (Steininger 2001 [594]).

1. Vor dem 13. August

Der Westen. Die Briten unter Premierminister Harold Macmillan waren in vielfacher Hinsicht die besten Verbündeten Chruschtschows: von Anfang an kompromissbereit. Nur vier Tage nach der Rede von Chruschtschow am 10. November 1958 im Moskauer Sportpalast und noch vor dem sowjetischen Ultimatum vom 27. November entstand in London ein Top-Secret-Memorandum, das zu den schlimmsten der Berlin-Krise gehört. Dort wurden drei Alternativen genannt, nämlich a) Rückzug aus Berlin, b) Anwendung von Gewalt, d. h. Krieg, c) Verbleib in Berlin, »wobei wir mit der DDR verhandeln, und falls dies notwendig sein sollte, sie auch anerkennen«. Die Alternativen a) und b) wurden sogleich abgelehnt, blieb also nur c): Anerkennung der DDR, was als »vernünftige Sache« bezeichnet wurde. Dies blieb die britische Haltung bis zum Ende der Krise.

Beim amerikanischen Präsidenten Dwight D. Eisenhower und dessen Außenminister John Foster Dulles stießen die Briten mit ihrer Haltung auf Ablehnung. Die Amerikaner waren damals nicht bereit, in irgendeiner Weise der sowjetischen Erpressung nachzugeben. Am Status quo änderte sich daher zunächst nichts. Als Ergebnis intensiver Gespräche folgte dann im Sommer 1959 die Genfer Außenministerkonferenz, wo eine Delegation der Bundesrepublik und auch erstmals eine DDR-Abordnung mit Beobachter-Status an den so genannten »Katzentischen« saßen. Das war auf den ersten Blick ein Erfolg der sowjetischen Politik und auch der DDR, darf aber nicht dazu führen, die DDR zum »Super-Verbündeten« der Sowjetunion zu machen, mit dem weitergehenden Schluss, dass in der Berlin-Krise möglicherweise der Schwanz mit dem Hund gewackelt hat, d. h. Ulbricht Chruschtschow geradewegs zur Mauer getrieben habe, wie Hope Harrison (2000 [574]) vermutet. Das wird deutlich, wenn man die Ambitionen der DDR-Führung mit dem vergleicht, was tatsächlich in Genf erreicht wurde. Es war wohl eher so, dass Chruschtschow Mitglied im westlichen Club werden wollte, genauso wie es US-Außenminister Herter vorausgesagt hatte. Die Einladung zu einem Besuch der USA 1959 wurde denn auch von Chruschtschow dankend angenommen.

Ein Jahr später, im Mai 1960, ließ der sowjetische Staats- und Parteichef wegen des U-2-Überflugs die Gipfelkonferenz in Paris platzen. Über die wahren Gründe kann man auch heute nur spekulieren. Die U-2-Affäre war sicherlich nicht entscheidend, sondern wohl eher etwas anderes: Schon im Vorfeld der Konferenz war nämlich erkennbar geworden, dass sich an der harten Haltung des Westens, und hier insbesondere der USA, nichts ändern würde. Insofern erwartete Chruschtschow für sich offensichtlich keinen Erfolg in Paris. Auch beim Atomteststopp, den Eisenhower ansprechen wollte, war für die Sowjets nichts zu holen. Möglicherweise hatten sowjetische Wissenschaftler Chruschtschow genau das Gleiche gesagt wie amerikanische Experten Eisenhower, dass nämlich ein solcher Teststopp den USA Vorteile bringen würde.

Mit dem neuen US-Präsidenten John F. Kennedy wurde – fast – alles anders. Kennedy ging es nicht mehr um Deutschland oder Berlin als Ganzes, sondern nur mehr um den Westteil der Stadt. Nur da sollte der Status quo erhalten bleiben. Warum das so war, wird vielleicht aus einem Telegramm ersichtlich, das der US-Botschafter in Moskau, Lewellyn Thompson, am 16. März 1961 nach Washington schickte. Er sprach von der Rückkehr zu einer Phase des Kältesten Krieges und der ernsten Gefahr eines Weltkrieges – würde man Chruschtschow nicht entgegenkommen. Falls man davon ausgehe, dass die Sowjets die Krise nicht weiter verschärfen würden, müsse man zumindest damit rechnen, »daß die Ostdeutschen die Sektorengrenze abriegeln, um den für sie unerträglichen Flüchtlingsstrom durch Berlin zu stoppen«.

Kennedy war jedenfalls schon bald ganz auf der Linie der kompromissbereiten Briten, suchte ebenfalls Ausgleich mit den Sowjets und war bereit, bisherige Grundsatzpositionen aufzugeben. Das konnte nur auf Kosten der Westdeutschen gehen. »Selbstbestimmung« wurde in Washington jetzt Ersatzwort für Wiedervereinigung. Beides hielt man dort für unrealistisch. Auch in Washington wurden die »neuen Realitäten« immer öfter erwähnt. Und die lauteten: De-facto-Anerkennung der DDR, Anerkennung der Oder-Neiße-Grenze, keine Atomwaffen für die Deutschen, Nichtangriffspakt zwischen NATO und Warschauer Pakt, West-Berlin kein konstitutiver Teil der Bundesrepublik.

Der anschwellende Flüchtlingsstrom aus der DDR im Sommer 1961 war die »aktuellste« Realität, die auf östlicher Seite zu extremem Handlungsbedarf führte. Die Mauer war der kleinste – oder größte – gemeinsame Nenner der beiden Supermächte, um die Krise zu entschärfen. Botschafter Thompson hatte im Mai 1961 Washington mit Nachdruck vor möglichen Fehlperzeptionen und deren Folgen gewarnt, falls man eine vollkommen negative Haltung mit Blick auf Berlin und die Deutschlandfrage einnehmen werde. Dies, so Thompson, würde wahrscheinlich zu einer Entwicklung führen, in der die »chances of war or ignominious western retreat are close to 50–50«. Am 13. August geschah genau das, was Thompson im März prophezeit, die CIA bereits im November 1957 für möglich gehalten hatte, im Juli 1961 in einem Dokument des State Department noch einmal in ähnlicher Form erwähnt wurde und der britische Botschafter Christopher Steel seinen westlichen Kollegen Anfang August 1961 in Paris vorhergesagt hatte. Mit Ausnahme der Westdeutschen war darüber im Westen niemand besonders aufgeregt, offensichtlich nicht einmal überrascht. Wir werden wohl nie erfahren, ob und wenn ja, wer hier mit wem zusammengespielt hat.

Der Osten. Mit Blick auf die Sowjetunion und die DDR gibt es nach wie vor mehr Fragen als Antworten. Weshalb löste Chruschtschow die Krise aus? Warum das Ultimatum? Welche Rolle spielte die SED-Führung? Wann wurde die Entscheidung für den Bau der Mauer getroffen, und wer traf sie? Bei der Beantwortung dieser Fragen sind wir größtenteils immer noch auf Spekulationen angewiesen. DDR- bzw. sowjetische Akten stehen nach wie vor nur in geringer Zahl zur Verfügung, und die Memoirenliteratur ist teilweise sehr widersprüchlich (Talbott 1992 [1553]; Kwizinskij 1993 [1528]; Bailey/Kondraschow/ Murphy 1997 [1503]).

Man kann wohl davon ausgehen, dass es Chruschtschow nicht einfach darum ging, die Westmächte aus West-Berlin zu vertreiben, die Stadt zu erobern und sie der DDR einzuverleiben. Er wollte die Schwachstelle West-Berlin als Hebel benutzen für seine damit verbundenen Ziele, nämlich Anerkennung der durch den Zweiten Weltkrieg geschaffenen Situation in Europa, d.h. des Status quo und damit in irgendeiner Form auch Anerkennung der DDR und Anerkennung der bestehenden Grenzen, auch der Oder-Neiße-Grenze. Ansatzpunkt sollte die »Freie Stadt« West-Berlin sein, mit der gleichzeitig das Schlupfloch für DDR-Flüchtlinge gestopft werden würde. Konnte man dabei die Stadt vielleicht später kassieren – umso besser.

Aber es ging Chruschtschow wohl sicherlich auch darum, die atomare Bewaffnung der Bundeswehr zu verhindern und das westdeutsche Militärpotential zu reduzieren. Blickt man auf die folgenden Jahre, so kann man auch davon ausgehen, dass er eine Entspannung der Beziehungen zu den USA wollte und man daher trotz allem eher vom defensiven Charakter der sowjetischen Deutschlandpolitik sprechen kann (Trachtenberg 1991 [1554]; Zubok 1994 [1565]; Zubok/Pleshakov 1996 [1564]; Lemke, M. 2000 [1617]; Steininger 2001 [594]).

Vordergründig sollte der Flüchtlingsstrom aus der DDR unterbunden werden. Die DDR hatte zwar im Sommer 1952 nach Unterzeichnung des Deutschlandvertrages durch die Westmächte und Adenauer die innerdeutsche Grenze abgeriegelt, aber West-Berlin war das Schlupfloch für DDR-Bürger geblieben: Von 1953 bis 1960 flüchteten zwei Millionen DDR-Bewohner. Langfristig musste diese Fluchtbewegung zum Zusammenbruch des »ersten Arbeiter- und Bauernstaates auf deutschem Boden« führen. Seit Anfang 1953 forderte die SED-Führung daher immer wieder von den Sowjets, entsprechende Kontrollen an der Sektorengrenze in Berlin einzuführen. Immer wieder wurde dies von den Sowjets abgelehnt. So ließ Außenminister Molotow Otto Grotewohl und Walter Ulbricht im März 1953 mitteilen, dass die von der SED vorgeschlagenen Maßnahmen zu einem totalen Chaos in der Millionenstadt Berlin führen würden: »Die Wirtschaft der Stadt kommt durcheinander und – noch mehr – die Interessen der Bevölkerung nicht nur in West- sondern auch in Ostberlin würden betroffen und zu Bitterkeit und Unzufriedenheit bei den Berlinern führen mit Blick auf die Regierung der DDR und die sowjetischen Truppen in Deutschland; das wiederum wird möglicherweise von den drei Westmächten gegen die DDR und die Sowjetunion ausgespielt.«

Im Übrigen würde eine solche Maßnahme die Wiedervereinigungspolitik der sowjetischen Regierung und auch der DDR ernsthaft in Frage stellen und die Beziehungen der Sowjetunion zu den USA, Großbritannien und Frankreich erschweren (Harrison 2002 [575]). Ein weiterer Vorstoß der SED-Führung im Oktober 1960 – zwei Jahre nach dem sowjetischen Ultimatum – wurde ebenfalls von den Sowjets zurückgewiesen. Zu diesem Zeitpunkt drängte die SED-Führung noch massiver, »das Tor zum Westen« zu schließen, um den Exodus der Bevölkerung zu stoppen.

Im Frühjahr 1961 wurden die SED-Forderungen noch drängender. Der sowjetische Botschafter in Ost-Berlin, Michail Perwuchin, schrieb am 19. Mai 1961 an Außenminister Andrej Gromyko, die ostdeutschen Freunde »möchten jetzt über die Sektorengrenze zwischen dem demokratischen Berlin und West-Berlin eine Kontrolle, die es ihnen ermöglicht, ›das Tor zum Westen zu schließen‹, wie sie es nennen, den Bevölkerungsaderlass der Republik zu reduzieren und die Aktionen wirtschaftlicher Diversion gegen die DDR zu schwächen« (Bailey/Kondraschow/Murphy 1997 [1503]).

Am 3. und 4. Juni 1961 gab sich Chruschtschow in Wien gegenüber Kennedy entschlossen, geradezu brutal. Er übergab ihm ein weiteres, auf sechs Monate befristetes Ultimatum mit den Worten: »Androhungen von Ihrer Seite werden uns nicht aufhalten. Wir wollen keinen Krieg; wenn Sie ihn uns aber aufzwingen sollten, wird es einen geben […]. Beachten Sie also, Herr Präsident, daß dies unser unumstößlicher Entschluß ist und wir den Friedensvertrag [mit der DDR] im Dezember dieses Jahres unterzeichnen werden.« (Beschloss 1991 [1785]).

Die ins Deutsche übersetzte Version dieses Gesprächs wurde nach Ost-Berlin weitergeleitet, wo die Lage inzwischen immer kritischer wurde. Ende Juni meinte Ulbricht zu Perwuchin, »wenn die gegenwärtige Situation der offenen Grenze weiter bestehen bleibe, sei der Zusammenbruch unvermeidbar« (Kwizinskij 1993 [1528]). Vom Vorsitzenden des Präsidiums des Obersten Sowjet der UdSSR, Anastas Mikojan, war dem Politbüro der SED inzwischen klargemacht worden, dass sich die DDR als »der westliche Vorposten des sozialistischen Lagers« bewähren müsse. »Deshalb«, so Mikojan, »schauen viele, sehr viele auf die DDR. In der DDR wird sich unsere Weltanschauung … beweisen müssen … Die DDR, Deutschland ist das Land, in dem sich entscheiden muß, daß der Marxismus-Leninismus richtig ist …, und weil das so ist, deshalb ist die Bewährung des Sozialismus in Deutschland nicht nur eure Sache allein.« (Otto 2001 [1748]).

Vier Wochen später, am 7. Juli, mahnte Perwuchin in einem Schreiben an Außenminister Gromyko, dass ein Friedensvertrag und die Kontrolle der Verkehrswege nicht nur die Souveränität der DDR unterstreichen, sondern »auch die Voraussetzungen für die Lösung des viel akuteren Problems der DDR: dem Exodus der Bevölkerung nach Westdeutschland« schaffen würden. Im Juli flüchteten etwa 30 000, vom 1. bis 13. August 48 000 Personen. Es entstand massiver Handlungsbedarf für die Führung in Moskau, die jetzt offensichtlich grünes Licht für die Mauer gab. Die Interessen der Westmächte sollten dabei nicht betroffen, keine der von Kennedy geforderten Essentials verletzt und eine Verschärfung der Lage vermieden werden. Dafür sprach die Tatsache, dass der Oberkommandierende der sowjetischen Truppen in der DDR vorübergehend durch Marschall Iwan Konew ersetzt wurde. Eine Entscheidung, »mit der wir den Westmächten zeigen wollten, daß wir die Lage als ebenso ernst ansahen, wie sie es taten«, wie Chruschtschow dies später begründete (Talbott 1992 [1553]). Konew, seit dem 7. August in der DDR, versicherte am 10. August bei einem üblichen Empfang im sowjetischen Hauptquartier in Wünsdorf den Vertretern der westlichen Alliierten, »daß es sich bei den registrierten Truppenbewegungen um Schritte handle, die keinesfalls die Interessen der drei Mächte berühren würden« (Diedrich 1995 [568]). Genau so war es am 13. August.

2. Nach dem 13. August

Der Westen. Ein Blick in die Akten zeigt, wie wenig realistisch westdeutsche Hoffnungen auf eine scharfe amerikanische Reaktion waren. Da wollte niemand die Stacheldrahtverhaue niederreißen. Washington wollte jetzt mit den Sowjets verhandeln! Der Kontakt sollte von Botschafter George F. Kennan in Belgrad geknüpft werden. Bereits am 14. August erteilte Außenminister Dean Rusk Kennan (»Personal and eyes only for the Ambassador«) in einem top secret-Telegramm die entsprechenden Instruktionen. Dabei sollte Kennan vor allen Dingen darauf achten, dass die Alliierten, »insbesondere die Deutschen«, von diesen Gesprächen nichts erfahren würden. Als der sowjetische Botschafter Kennan fragte, ob die USA zwei deutsche Staaten anerkennen würden, antwortete der, das erscheine ihm »vernünftig«. Chruschtschow wusste jetzt, dass Kennedy in der deutschen Frage Zugeständnisse machen würde. Für Rusk war durch den Mauerbau eine Lösung der Berlinkrise »eher leichter« geworden; Kennedys Sicherheitsberater sprach gar von einer »Episode« (Steininger 2001 [594]).

Auch die Briten wurden vom Mauerbau nicht überrascht. Man wunderte sich eigentlich nur darüber, dass die DDR nicht schon viel früher die Sektorengrenze abgeriegelt hatte.

So überrascht es nicht, dass es in West-Berlin und in der Bundesrepublik zu einer Vertrauenskrise kam. Die *Bild-Zeitung* brachte es am 16. August mit einer stacheldrahtumrankten Titelseite in dicken Lettern auf den Punkt: »... Der Westen tut NICHTS!«

Die westdeutsche Empörung führte zu einer graduellen Änderung der US-Politik – wenn auch nur im Atmosphärischen. Dazu gehörte die Entscheidung Kennedys, die US-Garnison in Berlin um eine Kampftruppe von 1500–1800 Mann zu verstärken – dies im Übrigen gegen den Widerstand von Verteidigungsminister Robert M. McNamara –, sowie Vizepräsident Lyndon B. Johnson auf Kurzbesuch und den »Helden« der Luftbrücke von 1948/49, General Lucius D. Clay, als seinen persönlichen Vertreter nach Berlin zu schicken.

Amerikaner und Briten wollten sich »positiv« verhalten. Auf Kosten Bonns! Die Westdeutschen, so Dean Rusk noch vor dem Mauerbau zu seinem britischen Kollegen, »werden viele Dinge schlucken müssen, die sie bis jetzt für unmöglich gehalten haben«. Die Amerikaner würden die Deutschen härter anfassen, als die Briten bislang geglaubt hätten. Adenauer verhinderte durch seine Hartnäckigkeit Schlimmeres.

Nur einer wollte damals die Mauer niederreißen: Lucius D. Clay. Aus Washington kam allerdings ein klares Nein, und Macmillan machte deutlich, was er von Clay hielt. Auf einem Telegramm seines Botschafters in Bonn, Christopher Steel, notierte er, Clay sei immer schon ein »Scheißkerl« gewesen, jetzt sei er »ein verbitterter Scheißkerl« und »eine Gefahr für die Allgemeinheit«. Immerhin standen sich im Oktober 1961 am Checkpoint Charlie erstmals sowjetische und amerikanische Panzer mit laufenden Motoren und scharfer Munition mehrere Stunden gegenüber. Ein Schuss hätte die Katastrophe auslösen können.

Kennedy äußerte sich intern in nicht zu überbietender Arroganz über westdeutsche Politiker; sie sollten ihre »Schnauzen ruhig in den Schweinetrog Berlin stecken«, wenn sie wollten (und möglicherweise selbst mit den Sowjets verhandeln). Die Briten waren noch schlimmer. In einem Schreiben vom Februar 1962 kann man schwarz auf weiß nachlesen, dass Macmillan und sein Außenminister Home keine Wiedervereinigung wollten. Das war kein Thema mehr, genauso wenig wie die atomare Bewaffnung der Bundeswehr (Steininger 2001 [594]).

Der Osten. Wochen und Monate nach dem 13. August überschlug sich die SED in ihrer Propagandakampagne zur Rechtfertigung des Mauerbaus. Immer wieder wurde auf die »friedensstiftende« Wirkung des »antifaschistischen Schutzwalls« hingewiesen. Das ZK der SED meinte Anfang Oktober 1961, am 13. August »haben wir den Frieden für das ganze deutsche Volk gerettet«. Einige Leute im Westen hätten ihre Illusionen verloren, etwa jene, die DDR in einem »kleinen Krieg« überrollen zu können. Man könne die DDR weder erpressen noch überrollen: »Jede kriegerische Provokation gegen die Grenzen der DDR bedeutet die Auslösung des großen Krieges. Wer die Waffe gegen den deutschen Friedensstaat erhebt, gleich wer es ist, wird vernichtet.« Es habe sich gezeigt, dass »die DDR niemals zu besiegen ist«. Die »westdeutschen Militaristen« hätten eine Offensive gegen die DDR, gegen den Sozialismus starten wollen; in der Offensive aber »sind das sozialistische Lager und alle Friedenskräfte«. Und mit Blick auf die »Frontstadt Westberlin«: Dieser »gefährliche Brandherd« sei unter Kontrolle gebracht worden; die Perspektive sei klar: »Westberlin muß eine entmilitarisierte Freie Stadt werden.«

Entsprechende Wünsche mit Blick auf den Friedensvertrag äußerte Ulbricht in einem Schreiben vom 16. September 1961 an Chruschtschow. Dessen Antwort vom 28. September war eindeutig: »Da die Westmächte zu Verhandlungen neigen und in New York bereits Kontakte zwischen der UdSSR und den USA aufgenommen wurden, sollten Schritte vermieden werden, die die Situation verschärfen könnten, besonders in Berlin. In diesem Zusammenhang erscheint es insbesondere angebracht, sich neuer Maßnahmen zu enthalten, die die von der Regierung der DDR errichtete Kontrollordnung an der Grenze mit Westberlin ändern würden.«

Als er auf dem XXII. Parteitag der KPdSU im Oktober erklärte, die Sowjetunion bestünde nicht mehr darauf, bis zum 31. Dezember einen Friedensvertrag mit der DDR abzuschließen, setzte ein frustrierter Ulbricht nach und verfasste noch während des Parteitages einen langen Brief an Chruschtschow, in dem er u.a. forderte, die Rechte der Westmächte einzuschränken. Am 26. Februar 1962 kam die endgültige Antwort Chruschtschows. Er teilte Ulbricht mit: »Die Mauer war das Maximum dessen, was möglich war.« (Harrison 2002 [575]).

3. Fazit

Der Mauerbau machte die Rolle der Bundesrepublik und der DDR als Verbündete der USA bzw. Sowjetunion deutlich. Beide waren Alliierte, aber keinesfalls »Super«-Alliierte (Harrison 2000 [574]): Washington und Moskau hatten übergeordnete Interessen und arrangierten sich letztlich auf Kosten der Deutschen: Für die Bundesrepublik bedeutete dies das Ende der Wiedervereinigungspolitik und keine Atombewaffnung der Bundeswehr, für die DDR hieß das: kein Friedensvertrag – genauso wie es Christopher Steel Anfang 1962 einmal formuliert hatte: Chruschtschow würde das Risiko nicht eingehen, dass der »ideologische Spinner« Ulbricht auf der Autobahn den Dritten Weltkrieg beginnen würde (Steininger 2001 [594]).

Beide – Chruschtschow und Kennedy – waren für »ihre« Deutschen so weit wie möglich gegangen. Wären sie weiter gegangen, hätte das möglicherweise die Zerstörung der eigenen Städte bedeutet – und das wegen jener Stadt, die beide Völker 16 Jahre zuvor gemeinsam im Kampf gegen die Deutschen zerstört hatten. Das war absurd. Kennedy äußerte sich dazu wenige Stunden nach seinem Treffen mit Chruschtschow in Wien im Juni 1961 folgendermaßen: »Es wirkt doch einfach idiotisch, daß wir wegen eines Vertrages, der Berlin als zukünftige Hauptstadt eines wiedervereinten Deutschland vorsieht, mit der Gefahr eines Atomkrieges konfrontiert sind – wo wir doch alle wissen, daß Deutschland wahrscheinlich nie mehr wiedervereinigt wird!« (Beschloss 1991 [1785]).

Die Erkenntnis aus dieser neuen Situation führte in Bonn schließlich zur Ostpolitik der Regierung Brandt/Scheel. Die DDR erkaufte sich mit dem Mauerbau nur eine Atempause. Ihr Untergang war systemimmanent. Wenn es, wie oft behauptet, eine »zweite Geburt der DDR« am 13. August gegeben hatte, so wurde diese Chance kläglich vertan. Wer, wie Erich Honecker als Vorsitzender des Nationalen Verteidigungsrates noch am 3. Mai 1974 forderte, »bei Grenzdurchbrüchen nach wie vor rücksichtslos von der Schußwaffe Gebrauch zu machen« (Otto 2001 [1748]), der hatte nichts anderes verdient.

MONIKA KAISER

Machtwechsel von Ulbricht zu Honecker

Als Walter Ulbricht am 3. Mai 1971 aus »Altersgründen« als Erster Sekretär des ZK der SED zurücktrat, deuteten DDR-Forscher in der Bundesrepublik dies umgehend als »eine Zäsur, der langfristig erhebliche Bedeutung zukommen wird« (u.a. Cramer 1971 [138]). Das Wissen um die Funktionsmechanismen des östlichen Bündnissystems und die zeitliche Nähe zum XXIV. Parteitag der KPdSU bestärkten die zeitgenössischen politischen Beobachter in der Überzeugung, dass die Entscheidung über den Führungswechsel Anfang April 1971 in Moskau gefallen sein musste. Zu einer Zeit, in der die SED-Spitze noch den Eindruck zu vermitteln versuchte, es handele sich ausnahmsweise um eine einvernehmliche Übergabe der Macht in jüngere Hände, bewertete Ilse Spittmann (1971 [217]) den Rücktritt bereits als »Sturz«. Geschlussfolgert hatte sie dies unter anderem aus dem abrupten Verschwinden Ulbrichts von der politischen Bildfläche, aus kritischen Bemerkungen auf SED-Bezirksdelegiertenkonferenzen zu bisherigen wirtschaftspolitischen Lieblingsideen Ulbrichts wie Prognose und Kybernetik, aus Insider-Informationen über die Auflösung der diesbezüglichen strategischen Arbeitsgruppen für die siebziger und achtziger Jahre und nicht zuletzt aus dem ostentativen Verhalten des Ost-Berliner Sowjetbotschafters Abrassimow, der nach dem 16. ZK-Plenum Honecker überaus herzlich zu seiner »Wahl« zum Ersten Sekretär des ZK der SED gratulierte, Ulbricht als neugewählten Ehrenvorsitzenden der SED hingegen mit keiner Zeile bedachte.

Einig waren sich die meisten damaligen in- und ausländischen Beobachter in der Annahme, dass Ulbricht sein Amt hauptsächlich deshalb niederlegen musste, weil er als hartnäckiger Verfechter der ostdeutschen Eigeninteressen mit den Großmachtinteressen der Breshnew-Führung kollidiert sei. Konflikte vermutete man insbesondere auf dem Feld der Deutschland- und Entspannungspolitik, auf dem die Sowjetunion 1971 versuchte, »ein weltweites Arrangement der Supermächte über den Kopf des Juniorpartners hinweg herbeizuführen« und die zu eigenwillig gewordene und sich Souveränitätseinbußen widersetzende zweitstärkste Macht »zum manipulierbaren Gliedstaat des Sowjetimperiums« zurückzustufen (Spittmann 1971 [217]; ähnlich u.a. Wettig 1976 [1558]; Kuppe 1977 [1721]; Ludz 1977 [38]). Indizien, die aus damaliger Sicht eine solche Bewertung nahe legten, sah man in den seit 1970 ergebnislos verlaufenden Berlin-Verhandlungen der Vier-Mächte, bei denen es nach dem Führungswechsel in der SED überraschend schnell zu einer Einigung zuungunsten der DDR kam.

In den inzwischen zugänglichen ost- und westdeutschen Quellen lässt sich indes kein Beleg für den allgemein vermuteten bremsenden Einfluss Ulbrichts auf den Verlauf der Berlin-Gespräche finden. Im Unterschied zur Bundesregierung, die damals indirekt mit am Verhandlungstisch saß, weil sie z.B. über diverse Absprachen mit den Botschaftern und Regierungsvertretern der drei Westmächte, über die Ausarbeitungen und Abstimmungen in der Bonner Vierergruppe sowie über die Geheimkanäle des Staatssekretärs Bahr zur sowjetischen Führung einerseits und zum Sicherheitsberater des amerikanischen Präsidenten, Kissinger, andererseits sehr nachhaltig auf die Vorbereitung und den Verlauf der Verhandlungen Einfluss nehmen und ihre Interessen auch weitgehend durchsetzen konnte, musste sich die SED-Führung damit zufrieden geben, von der sowjetischen Vormacht lediglich über deren Verhandlungskonzeption in Kenntnis gesetzt und dann nachträglich über den Verlauf der offiziellen Botschaftergespräche informiert zu werden. Ungeachtet dieses konkreten Sachverhaltes bleibt jedoch unbestritten, dass der Führungswechsel von Ulbricht zu Honecker ohne Mitwirkung oder zumindest Duldung der sowjetischen Führung undenkbar war, und dass ein politisch schwacher, auf sowjetische Hilfe angewiesener und daher fügsamerer Honecker der sowjetischen Interessenlage eher entgegenkam als der machterfahrene, selbstbewusste und zu nationalen Eigenständigkeiten neigende Ulbricht.

Von der bundesdeutschen DDR-Forschung wurde in den Folgejahren ebenfalls beobachtet und analysiert, wie die Honecker-Führung die von oder unter Ulbricht entwickelten Theorien und Begriffe verwarf, die DDR wieder stärker der Sowjetunion unterordnete sowie versuchte, die Ulbricht-Ära aus dem Gedächtnis zu verdrängen und die seit dem VIII. Parteitag im Juni 1971 betriebene Politik »überpointiert und demonstrativ als etwas Neues herauszustellen« (Weber, H. 1988 [80]). Das fand sowohl in unzähligen Kommentaren und Beiträgen speziell im *Deutschland Archiv* seinen Niederschlag als auch in einer Reihe von Überblicksdarstellungen zur SED- und DDR-Geschichte, von denen die meisten aus der Feder Hermann Webers stammten (u.a. Weber, H. 1974 [78], 1980 [80], 1985 [79]; Mc Cauley 1979 [183]; Schneider, E. 1975 [62]; Spittmann 1987 [216]). Aufgrund der unzureichenden Quellenlage konnte in ihnen allerdings nicht weitergehend untersucht werden, von wem, aus welchen Gründen, seit wann dieser Führungswechsel in der SED-Spitze angestrebt und wie er letztendlich inszeniert wurde.

Mit dem Zusammenbruch der DDR eröffnete sich erstmals die Chance, einen Blick hinter die Kulissen des bisher unterbelichteten Herrschaftsgefüges der SED zu werfen. Die Verfasserin erhielt Ende 1989 Zugang zum noch geschlossenen Internen Archiv des Politbüros, um als historische Sachverständige die Ermittlungsverfahren gegen Honecker und Mielke durch Recherchen zu den »weißen Flecken« ihrer Biographien sowie zu ihrer historischen und politischen Verantwortung zu unterstützen. Dabei stieß sie auf eine Anzahl hochbrisanter Dokumente, die führungsinterne Konflikte u.a. im Zusammenhang mit dem Machtwechsel von Ulbricht zu Honecker widerspiegelten. Die als Anlage zu ihren Gutachten und Ausarbeitungen an die DDR-Generalstaatsanwaltschaft übergebenen Dokumente veröffentlichte der ehemalige Pressesprecher der Behörde wenig später unter seinem Namen (Przybylski 1991 [201]).

Obgleich dies oft nur auszugsweise, ohne Quellenangabe und zum Teil mit falschen Angaben zu den Autoren und Entstehungsumständen der Papiere geschah, wurde diese Publikation zu einer auch von Historikern bis heute häufig genutzten Quelle.

Angesichts der aus den Dokumenten hervorgehenden Differenzen innerhalb des nach außen monolithische Geschlossenheit demonstrierenden Politbüros stellte sich die Frage, welche der gegen Ulbricht erhobenen Vorwürfe der Wahrheit entsprachen und was lediglich konstruiert oder inszeniert wurde, um nach altbekannter stalinistischer Praxis personelle Veränderungen herbeizuführen. Aus der Untersuchung konkreter politischer Entscheidungsprozesse auf jenen Politikfeldern, die seit Beginn der sechziger Jahre strittig waren – also der Wirtschaftsreform, Parteistrukturreform, Jugend- und Kulturpolitik, der Zusammenarbeit innerhalb des RGW und des Warschauer Vertrages und der Deutschlandpolitik – entstand eine umfangreiche Monographie, die den Machtwechsel nicht als Entscheidung einiger weniger Tage darstellt, sondern als einen längerfristigen Prozess diverser Meinungsverschiedenheiten, Cliquenkämpfe und tendenzieller interner Machtverschiebungen (Kaiser 1997 [162]). Die z. T. widersprüchlichen Entwicklungstendenzen der ostdeutschen Politik im letzten Dezennium der Ulbricht-Herrschaft werden aus der Existenz und dem Wirken von zwei Flügeln innerhalb der SED-Führung erklärt, die immer wieder untereinander und in Wechselwirkung mit den Interessen der sowjetischen Vormacht einen Konsens erzielen mussten. Die innenpolitischen sowie einige der außenpolitischen Differenzen rankten sich dabei vorrangig um die Frage, ob unter den Bedingungen der wissenschaftlich-technischen Revolution eine Reform des von der Sowjetunion übernommenen ineffizienten Systems notwendig und ohne Systemgefährdung möglich sei. Während Ulbricht dies bejahte und – gestützt auf wissenschaftliche Berater und Fachleute – Wirtschaftsreformen initiierte, die von zaghaften Liberalisierungstendenzen in der Jugend- und Kulturpolitik sowie Strukturveränderungen im Parteiapparat begleitet wurden, sammelten sich unter Honecker die reformunwilligen bzw. reformfeindlichen SED-Funktionäre. Aus ihrer Sicht gefährdeten die in Gang gesetzten Veränderungen das Machtmonopol der SED und nicht zuletzt die eigene Machtposition. Nach dem Sturz Chruschtschows gelang es ihnen, 1965/66 erste Kurskorrekturen durchzusetzen und schließlich auch die Wirtschaftsreformen z. B. durch »Überdrehen« oder »Unterlaufen« der gefassten Beschlüsse gänzlich scheitern zu lassen. Nach anfänglichem Widerstand trug Ulbricht diese Kurskorrekturen letztendlich mit, weil sie mit der sowjetischen Position korrespondierten und weil auch für ihn die Stabilität der SED-Herrschaft das entscheidende Kriterium war.

Zu den Auseinandersetzungen über die Notwendigkeit und Möglichkeit systemimmanenter Reformen kamen außen- und deutschlandpolitische Differenzen hinzu, u.a. wegen des von Ulbricht erhobenen Anspruchs auf gewisse Eigenständigkeit bei der Wahrnehmung von DDR-Interessen, unterschiedlicher Positionen in der nationalen Frage, der Haltung zur SPD und der möglichen Kompromissbereitschaft gegenüber der Brandt-Regierung sowie außerdem persönliche Verärgerungen über Ulbrichts Führungsstil und seine permanenten Modernisierungsideen, die einige intellektuell überforderten und die auch zunehmend den Blick für Realitäten vermissen ließen.

Als Ulbricht schließlich im Sommer 1970 zu einem Befreiungsschlag ausholte, intern personelle Veränderungen zum VIII. SED-Parteitag ankündigte und Honecker auf einer Politbürositzung überraschend von seiner Funktion als – nach ihm zweitwichtigstem – ZK-Sekretär entband, intervenierte dieser bei Breshnew und fand dessen Unterstützung für die Rückkehr in sein Amt. Das nutzte Honecker im Folgenden, um die Mehrheit der Politbüromitglieder endgültig auf seine Seite zu ziehen und Ulbricht schließlich mit politischen Intrigen und Denunziationen zur Aufgabe der Macht zu bewegen. Dies alles geschah – der deutschen Quellenlage zufolge – *nicht* auf Drängen der sowjetischen Seite, sondern vordergründig aus eigenen machtpolitischen Interessen und persönlichen Beweggründen. Es geschah allerdings mit Wissen, Duldung und partieller Unterstützung der Breshnew-Führung. Das belegen nicht nur die Dokumente, sondern auch Zeitzeugen. So z.B. Hans Modrow, der erstmals 1993 vor der Enquete-Kommission des Deutschen Bundestages auf die Kurierfunktion von Werner Lamberz und die Königsmacherrolle Abrassimows verwies und dies in seinen Memoiren wiederholte (Modrow 1998 [187]). Der von ihm erwähnte geheime Flug von Lamberz nach Moskau wurde von einem sowjetischen Offizier bestätigt (Bassistow 1994 [129]). Die ehemaligen Politbüromitglieder Hermann Axen (1996 [127]) und Alfred Neumann (Prokop 1996 [200]) benannten ebenfalls eine Reihe der SED- und blockinternen Differenzen, vermochten sich jedoch oft nicht richtig an den Zeitpunkt und den Kontext der Kontroversen zu erinnern. Während allerdings sowohl Axen als auch der nicht am Komplott gegen Ulbricht beteiligte Neumann die Dramatik der Ablösung herunterspielten, erregte der ehemalige Geheimdienstchef Markus Wolf (1997 [420]) drei Jahre nach Honeckers Tod mit der ihm angeblich zu Ohren gekommenen Information eines ungenannten Personenschützers Aufmerksamkeit, der zufolge Honecker letztendlich zu staatsstreichartigen Mitteln griff und Ulbricht auf dem von schwer bewaffneten MfS-Leuten abgeriegelten Landsitz in Dölln zur Unterschrift unter die Rücktrittserklärung zwang. Inwiefern diese Darstellung den Tatsachen entspricht, ist schwer einschätzbar.

Trotz der auf Akten und Zeitzeugen gestützten sehr detaillierten Rekonstruktion des Machtwechsels bleiben noch einige Fragen offen. So konnte beispielsweise auf das Ausmaß und die Intensität sowjetischer Einflussnahmen nur indirekt aus den deutschen Quellen geschlossen werden, da russische Quellen aus dem engsten Führungszirkel bislang nicht zugänglich sind. Inwiefern diese bei der Aufklärung tatsächlich hilfreich sein können und ob außer Breshnew weitere Mitglieder der sowjetischen Führung von dem Komplott wussten, bleibt allerdings ungewiss.

Angezweifelt, aber bisher nicht faktengestützt widerlegt, wurde mitunter die Neubewertung des alten Ulbricht und der Spätphase seiner Herrschaft, die früheren Deutungen widersprach, aber durch diverse Erinnerungsberichte und Ausarbeitungen zu speziellen Themen gestützt wird (z. B. Wolf, H. 1991 [2011]; Pirker/Lepsius/Weinert/Hertle 1995 [983]; Schürer 1996 [212]; Stelken 1997 [218]; Müller, H. 1999 [191]; Andert 2001 [126]). Als Manko ist jedoch anzumerken, dass sie zumeist nur die wirtschaftspolitischen Entscheidungen der sechziger und siebziger Jahre unter dem Aspekt des Machtwechsels vergleichend betrachten. Kontrovers werden nach wie vor definitorische Fragen diskutiert, wie diejenige, ob man angesichts des systemimmanenten Charakters der angestrebten und nur inkonsequent durchgesetzten Veränderungen überhaupt von »Reformen« bzw. »Reformversuchen« und zeitweiligen »Liberalisierungstendenzen« sprechen sollte. Strittig ist außerdem die Frage, ob der Begriff »Machtwechsel« zutreffend sei oder ob es sich lediglich um einen normalen Personalwechsel, eine »Pseudowende« (Prokop 1992 [590]) oder »Thronfolge« (Engler 1999 [1021]) gehandelt habe.

Weitgehend einig ist man sich in der Forschung dagegen in der Beurteilung des Führungswechsels als »tiefen Einschnitt« oder »Zäsur«. Das ergibt sich zum einen aus der herausgehobenen Rolle des jeweiligen General- oder Ersten Sekretärs, die mehr oder minder alle staatssozialistischen Diktaturen in Richtung Ein-Mann-Herrschaft tendieren ließ. Und das ist zum anderen dem Umstand geschuldet, dass der Führungswechsel in der Tat mit einem Politikwechsel verbunden war: Die Honecker-Führung verabschiedete sich nicht nur von unrealistischen Wunschvorstellungen und ideologischen Sonderthesen der letzten Jahre der Ulbricht-Ära, sondern brach auch alle Reformprojekte und Modernisierungsansätze rigoros ab. Die unter Ulbricht forcierten Investitionen in Zukunftsprojekte und »strukturbestimmende Wirtschaftszweige« (wie z. B. die Entwicklung von Datenverarbeitungsanlagen und Computertechnik, Rationalisierungs- und Automatisierungsvorhaben), die mit zu Versorgungsengpässen bei Waren des täglichen Bedarfs geführt hatten, ersetzte sie durch einen »Konsumsozialismus« (Wolle 1998 [87]). Dieser sollte ebenso wie die erheblich aufgestockten nichtbilanzierten Sozialleistungen Zustimmung und Engagement für den neuen Führer und seine Politik bewirken. Diese Politik der »Einheit von Wirtschafts- und Sozialpolitik« wurde jedoch mit einem drastischen Rückgang der produktiven Investitionen und einer ruinösen Verschuldung der DDR erkauft.

Unter Honecker »wurden von der SED sowohl die Führungsrolle der UdSSR als auch das sowjetische Modell wieder als absolut verbindlich anerkannt« (Weber, H. 2000 [77]) und die DDR der sowjetischen Strategie und Taktik untergeordnet. Dank der inzwischen erreichten wirtschaftlichen Position erfolgte aber keine Rückkehr zu der völligen Abhängigkeit der vierziger und fünfziger Jahre. Unter deutschlandpolitischen Aspekten stand die Honecker-Ära ganz im Zeichen der Abgrenzungspolitik. Der Entspannungsprozess verhalf der DDR zwar zu internationaler Anerkennung und größeren Handlungsspielräumen; er wurde jedoch im Innern von einem flächendeckenden Ausbau des Kontroll- und Überwachungsapparates begleitet. Der Konzeptions- und Politikwechsel war allerdings nicht mit tiefgreifenden substanziellen Veränderungen der SED-Diktatur verbunden. Angesichts der weitgehenden personellen Kontinuität im Politbüro und der Tatsache, dass die Reformansätze bereits scheiterten und abgebrochen wurden, als Ulbricht de facto noch im Amt war, konnte dies auch kaum anders sein. Insofern sind die Gemeinsamkeiten zwischen beiden Phasen der SED-Herrschaft stärker zu gewichten als die Unterschiede.

DETLEF NAKATH/GERD-RÜDIGER STEPHAN

Die achtziger Jahre – Erosion der SED-Herrschaft

Für die Geschichte der DDR gelten die achtziger Jahre – ebenso wie der Zeitraum bis 1961 – als relativ gut erforscht. Insbesondere die Periode seit dem Amtsantritt von Michail Gorbatschow als KPdSU-Generalsekretär im März 1985, in dem sich das Verhältnis der östlichen Führungsmacht Sowjetunion zur DDR nachhaltig veränderte, war in den letzten zwölf Jahren häufig Gegenstand der historischen DDR-Forschung. Während in den ersten Jahren nach der deutschen Vereinigung nicht selten schnell hergestellte Publikationen mit wenig wissenschaftlichem Tiefgang, sensationell aufgemachte Enthüllungsliteratur oder politisch motivierte Texte erschienen, haben diese mit fortschreitender, solider archivischer Forschung sowie dem Erscheinen fundierter Quellenpublikationen deutlich abgenommen.

Die Forschung hat vor allem seit Mitte der neunziger Jahre – nicht zuletzt dank der umfangreichen Quellenarbeit in den auch für die achtziger Jahre bis zur Wende nahezu uneingeschränkt zugänglichen DDR-Archivalien – ein relativ zuverlässiges Faktengerüst sowie weitgehend akzeptierte Thesen zur DDR-Geschichte im letzten Jahrzehnt ihrer Existenz erarbeitet.

In den Forschungen über die achtziger Jahren werden – kaum überraschend – die Krisen- und Zerfallsprozesse mit ihren Ursachen und strukturellen Defiziten in den Mittelpunkt gestellt (Grosser/Bierling/Neuss 1996 [1694]; Hertle 1996 [579]; Joas/Kohli 1993 [877]; Kuhrt 1996 [886]; Maier 1999 [893]; Thaa/Häuser/Schenkel/Meyer 1992 [1070]) bzw. dokumentiert (Behrend/Meier 1991 [130]; Steininger 2002 [70]; Stephan 1994 [219]; Weber, H. 2000 [79]).

Die Deutschland- und Außenpolitik ist besonders gut untersucht. Aus verschiedener Perspektive liegen inzwischen zum Teil sehr umfangreiche Darstellungen bzw. Reflexionen sowie Tagungsbände vor (Bender 1995 [1662] u. 1996 [6]; Biermann, R. 1997 [1787]; Czichon/Marohn 1999 [1795]; Hofmann/Nakath 1998 [1709]; Kuhn, E. 1993 [1847]; Nakath, D. 1995 [1734]; Oldenburg 1992 [1541]; Potthoff 1999 [1753]). Dennoch gibt es bei der Untersuchung der auswärtigen Beziehungen der DDR sowie bei Forschungen zur Geschichte der Beziehungen zwischen beiden deutschen Staaten noch immer erhebliche Probleme. Diese sind dem weiterhin einseitigen Quellenzugang und der damit verbundenen Gefahr von Einseitigkeiten in den Forschungsergebnissen geschuldet.

Hermann Weber hat verschiedentlich unter Verweis auf die Erforschung der deutsch-deutschen Beziehungen von einer »archivalischen Asymmetrie« gesprochen und gefordert, »dass der Forschung die Einsicht insbesondere in Überlieferungen des Bundeskanzleramtes, des Auswärtigen Amtes und des

Bundesministeriums für Innerdeutsche Beziehungen oder des Bundesnachrichtendienstes für die Zeit bis 1989/90 gestattet wird« (Weber, H. 1994 [1944], 1997 [1942], 1998 [1951]; vgl. auch Nakath/Stephan 2000 [1292]).

Am Beginn der achtziger Jahre spitzte sich die politische Situation in Europa und der Welt insgesamt zu. Vor allem der NATO-Nachrüstungsbeschluss und der sowjetische Einmarsch in Afghanistan im Dezember 1979 sowie die Instabilität in Polen 1980/81 führten zu einer neuen Konfrontation zwischen den Supermächten. Von diesen Rahmenbedingungen geprägt, gingen Studien aus, die sich mit der Geschichte der Außen- und Deutschlandpolitik befassen (Pfeil 2001 [1635]; Potthoff 1999 [1753]; Siebs 1999 [1645]).

Beide deutsche Staaten waren trotz des verschlechterten Klimas darum bemüht, ihre mit dem Grundlagenvertrag eingeleitete Vertragspolitik fortzuführen. Das deutsch-deutsche Verhältnis hatte sich in den siebziger Jahren durchaus zum Positiven gewandelt. In verschiedenen Analysen und Dokumentenpublikationen sind dafür zahlreiche Belege angeführt worden (Korte 1998 [1715]; Potthoff 1995 [1752]; Nakath/Stephan 1995 [1734], 1999 [1735]). Egon Bahrs Konzept »Wandel durch Annäherung« begann langsam Früchte zu tragen (Küchenmeister/Nakath, D. 2002 [1718]; Bahr 1996 [1658]).

Für die weitere Entwicklung der Beziehungen zur Bundesrepublik schrieb Honecker im Oktober 1980 die Grundpositionen der DDR in seinen »Geraer Forderungen« fest: die Anerkennung der DDR-Staatsbürgerschaft, die Umwandlung der Ständigen Vertretungen in reguläre Botschaften, die Festlegung der Elbgrenze in der Strommitte und die Auflösung der »Zentralen Erfassungsstelle« in Salzgitter (Nakath, D. 2002 [1740]). Kurz zuvor war der Zwangsumtausch für Westbesucher in der DDR bereits drastisch erhöht worden. Trotz dieser zumindest potentiellen Barrieren für den Ausbau der Kontakte ließen sich beide Seiten von praktischen, vor allem wirtschaftlichen Schritten nicht abhalten. Dafür gibt es in der Memoirenliteratur deutliche Hinweise (Schalck-Golodkowski 2000 [1760]; Schürer 1996 [212]; Seidel, K. 2002 [1762]).

Die Friedens- und Abrüstungsproblematik erlangte in dieser Zeit – nicht zuletzt stimuliert durch die westliche Friedensbewegung – eine immer wichtigere Rolle im Alltagsbewusstsein insbesondere der jüngeren Bevölkerung. Dem trug die SED-Führung Rechnung, indem sie daraus resultierende Aktivitäten unter Führung der FDJ zu kanalisieren suchte; denn natürlich wollte man die Kampagnen unter politischer und ideologischer Kontrolle halten und für die eigene Politik instrumentalisieren. Eine DDR-Friedensbewegung, die sich der Kontrolle der SED entzog, wurde nicht nur nicht geduldet, sondern auch bekämpft. Dies wurde vor allem in Forschungen zur Geschichte der FDJ herausgearbeitet (Mählert/Stephan 1996 [283]; Herms/Popp 1997 [267]).

Dennoch entstand in der DDR eine unabhängige Friedensbewegung, die zugleich demokratische Veränderungen im Lande anmahnte. Der Staatsapparat reagierte auf die sich damals bildenden Gruppen nicht selten mit harten Repressionen. Bereits 1982 registrierte das MfS die von Bärbel Bohley mitbegründete Gruppe »Frauen für den Frieden«. Etwas später entstanden Grundstrukturen der »Initiative für Frieden und Menschenrechte« und von »Demokratie Jetzt«. Die Geschichte oppositioneller Gruppen in der DDR stieß unmittelbar nach Öffnung der Akten auf großes Forschungsinteresse. Seit 1997 existiert zu diesem Thema eine erste Gesamtdarstellung (Neubert, E. 1997 [764]). Überdies sind in den neunziger Jahren zahlreiche weitere Publikationen zur Thematik vorgelegt worden, die in den entsprechenden Beiträgen dieses Bandes ausführlich gewürdigt werden (u. a. Kuhrt 1999 [746]; Poppe/Eckert/Kowalczuk 1995 [772]; Rüddenklau 1992 [778]).

Die euphemistisch als »sozialistische Staatengemeinschaft« bezeichneten Ostblockstaaten gerieten in den achtziger Jahren deutlich ins Wanken: seit Ende 1981 galt das Kriegsrecht in Polen; immer aktiver agierten oppositionelle Gruppen in der Tschechoslowakei; gleichermaßen schritten Erosions- wie Reformprozesse in Ungarn voran. Die Sowjetunion schließlich befand sich spätestens seit dem Tod Breshnews in einer eklatanten politischen Führungskrise.

In der DDR nahmen die Versorgungsprobleme selbst bei Grundnahrungsmitteln zu. In Untersuchungen bzw. Dokumentationen zur Alltagsgeschichte treten insbesondere diese 1981/82 vermehrt sichtbaren Schwierigkeiten hervor (Helwig 1990 [1115]; Judt 1998 [30]; Schroeder 2000 [1873]; Wierling 2002 [1075]; Wolle 1998 [87]). Die Zahlungsbilanz der DDR mit westlichen Industrieländern ergab eine Verschuldung in Milliardenhöhe mit steigender Tendenz in der zweiten Hälfte der achtziger Jahre. Dennoch bestätigte der X. SED-Parteitag im April 1981 die verfestigte »poststalinistische« innenpolitische Linie Honeckers und seine defizitäre Wirtschaftspolitik. Die »Einheit von Wirtschafts- und Sozialpolitik« war zu diesem Zeitpunkt aufgrund der hohen Kosten bereits gescheitert. Da es aus der Sicht der SED-Führung zu einer besseren Versorgung der Bevölkerung und zum Wohnungsbauprogramm keine Alternative gab, ohne dass die ohnehin verbreitete Unzufriedenheit noch mehr wuchs, sollte die Fiktion aufrechterhalten werden (Kurth 1996 [976]; Pirker/Lepsius/Weinert/Hertle 1995 [983]; Schürer 1996 [212]).

Die Schwierigkeiten der DDR auf dem internationalen Kreditmarkt veranlassten die SED-Führung, Kontakte zu Spitzenpolitikern aus der Bundesrepublik aufzubauen, um sich auf diesem Wege Entlastung zu verschaffen. Das Ergebnis waren die Milliardenkredite von 1983 und 1984 (Korte 1998 [1715]; Nakath/Stephan 1995 [1738]; Nitz 2001 [1745]; Potthoff 1997 [1750]).

Auch der XI. Parteitag der SED 1986 ließ die Realitäten der veränderten internationalen und nationalen Situation außer Acht. Honecker bekräftigte für die DDR eine dogmatisch-orthodoxe Strategie und wies die Impulse des XXVII. KPdSU-Parteitages zurück. Eine »nachholende Revolution« konnte auch später nicht initiiert werden. Stattdessen setzte die SED-Führung auf destruktive Politikelemente. Konzeptionell favorisierte Honecker ab 1988 die nationalistisch gefärbte und von Selbstüberschätzung zeugende Losung vom »Sozialismus in den Farben der DDR«. Die SED habe schon immer zum richtigen Zeitpunkt die notwendigen Beschlüsse gefasst und verwirklicht. Eine Perestroika, eine gesellschaftliche Umgestaltung, sei überflüssig, die anderen

Ostblockstaaten sollten erst einmal den Entwicklungsstand der DDR erreichen.

Die zunehmende Abneigung Honeckers gegenüber den in der Sowjetunion
eingeleiteten Reformen spätestens nach der Aufkündigung der Breshnew-Dok-
trin durch Gorbatschow im Herbst 1986 wurde verschiedentlich dokumentiert
(Küchenmeister 1993 [173]; Nakath, M. 1993 [195]; Nakath/Stephan 1996
[1737], 1999 [1736]; Oldenburg 1991 [902], 1994 [1747]; Stephan 1994 [219]).
Honecker schwenkte auf einen Kurs ein, der das Beispiel der Sowjetunion
intern entwertete und nur noch den SED-Kurs propagierte. Jegliche Analyse
des Gorbatschow-Konzeptes und seiner neuen Politik unterblieb.

Zwischen Honecker und Gorbatschow entwickelten sich zudem unter-
schiedliche Sichten auf die Perspektive der deutsch-deutschen Beziehungen.
Gorbatschow hatte noch 1986 am Rande des XI. SED-Parteitages einen Bonn-
Besuch Honeckers abgelehnt.

Dennoch weiteten sich die deutsch-deutschen Beziehungen auf politischem
und wirtschaftlichem Gebiet auch ohne sowjetische Zustimmung in dieser
Phase letztmalig deutlich aus. Honeckers offizieller Besuch der Bundesrepublik kam im September 1987 doch noch zu Stande. Das Vertragsgeflecht,
welches DDR und Bundesrepublik miteinander verband, wurde mit den drei
in Bonn unterzeichneten Staatsverträgen nochmals dichter. Honeckers Staatsbesuch in der Bundesrepublik war zweifellos der Höhepunkt seiner Karriere
als Deutschlandpolitiker. In seiner Amtszeit wurden 47 staatliche Verträge und
Vereinbarungen zwischen beiden deutschen Staaten abgeschlossen. Allein in
den achtziger Jahren hatte der SED-Generalsekretär mehr als 80 Gespräche
mit Spitzenpolitikern aller Bundestagsparteien geführt.

Nach dieser Reise sah sich Honecker auf dem Gipfel seines politischen
Einflusses. Dabei übersah er geflissentlich, dass seine »erfolgreiche« Außen-
und Deutschlandpolitik im krassen Widerspruch zu den wirtschaftlichen und
gesellschaftlichen Problemen in der DDR stand.

Die Parteibeziehungen der SED zur SPD hatten nahezu parallel zum Staatsbesuch Honeckers in der Bundesrepublik mit dem Dokument »Der Streit der
Ideologien und die gemeinsame Sicherheit«, Produkt mehrjähriger Gespräche
von Vertretern der Akademie für Gesellschaftswissenschaften beim SED-Zen-
tralkomitee und der SPD-Grundwertekommission, eine neue Ebene erreicht
(Neubert, H. 1994 [1743]). Die besondere Brisanz des Papiers ergab sich
aus jenen Passagen, in denen sich die ostdeutschen Kommunisten und die
westdeutschen Sozialdemokraten gegenseitig zugestanden, sowohl reform- wie
friedensfähig zu sein. Die angeregte »Kultur des politischen Streits« in der
künftigen ideologischen Auseinandersetzung verwirrte die alten SED-Kader
völlig, und das Politbüro – obwohl es der Vereinbarung zugestimmt hatte –
distanzierte sich schließlich davon. Jüngere Parteimitglieder dagegen, zumeist
Anhänger Gorbatschows, noch auf eine Reform des Sozialismus hoffend, fanden es bemerkenswert, richtungsweisend und mutig (Hahn, E. 2002 [1703];
Reißig 2002 [1755]).

In der DDR-Gesellschaft und dort auch in Teilen der SED-Basis entwickelte sich, unterstützt durch den fortgesetzten Perestroika-Kurs Gorbatschows in Moskau, inzwischen eine kritische innenpolitische Diskussion. Die scheinbar monolithische SED-Herrschaft geriet mehr und mehr in Erklärungszwänge. Sowohl kritische Mitglieder der SED als auch Oppositionelle und Bürgerrechtler in der DDR beriefen sich weiterhin auf die Positionen des »Ideologiepapiers«, um eigene, von der offiziellen Propaganda abweichende Meinungen zu unterlegen. Offensichtlich hatte die SED-Führung die innenpolitischen Folgen der unterschriebenen Positionen falsch eingeschätzt. Die Partei- und Staatsmacht zeigte sich unversöhnlich. Sie verpasste damit wohl die letzte Chance, um auf Kritiker innerhalb des Systems zuzugehen (Klein/Otto/Grieder 1996 [167]; Krüger 1992 [745]; Land/Possekel 1992 [748], 1994 [749], 1998 [747]).

Die Voraussetzungen, unter denen die SED-Führung im Herbst 1989 agierte, waren äußerst ungünstig. Eine aktive, gestalterische Rolle wäre für einen Versuch zur Rettung von System und Partei notwendig gewesen. Die funktionalen und personellen Voraussetzungen waren minimal. Dringend benötigte Programme und Konzepte existierten nicht. Die Nichtreflexion der sich akut verschärfenden Krisensymptome und -prozesse im Führungs- und Herrschaftsorgan Zentralkomitee verdeutlichte die verkrusteten Machtstrukturen und gleichzeitig die strukturelle Reformunfähigkeit des realsozialistischen Systems in der DDR, wodurch dessen abrupter Zusammenbruch, die »Implosion des Regimes«, erklärlicher wird.

Das politische System des SED-Staates entsprach bis zuletzt dem sowjetischen Vorbild. Charakteristisch blieben SED-Machtmonopol und Primat der Parteipolitik in allen gesellschaftlichen Bereichen, das staatliche Eigentum an den Produktionsmitteln, die zentrale Planung und Leitung der Wirtschaft und schließlich die Zentralisierung aller Entscheidungskompetenzen auf der höchsten politischen Ebene. Die führende Rolle der Partei war verfassungsmäßig verankert. Dem diente die Kaderauswahl auf der Grundlage des Nomenklaturkadersystems, die ideologische Erziehung und Schulung der Basis, ihre ständige Mobilisierung sowie die Niederhaltung von Kritik und Opposition durch repressive Apparate bzw. Organe, vor allem durch das MfS. Über dessen Rolle als wichtigstes Repressivorgan der DDR sind in den neunziger Jahren verschiedene fundierte Arbeiten entstanden (Gieseke 2001 [392] – vgl. derselbe im vorliegenden Band; Süß, W. 1999 [918]). Daneben haben ehemalige führende MfS-Mitarbeiter vor allem in jüngerer Zeit Erinnerungsbände verfasst, die in der Regel gleichermaßen einem Rechtfertigungsbedürfnis wie auch einer Desinformationsabsicht dienen (Bols 2001 [377]; Großmann 2001 [1695]; Grimmer/Irmler/Opitz/Schwanitz 2001 [394]; Wolf, M. 1997 [420]).

In der SED unter Ulbricht und noch stärker unter Honecker waren die höchsten Ämter von Partei und Staat in der Person des Generalsekretärs zusammengefasst. Unter dieser Spitze bildeten die Mitglieder und Kandidaten des Politbüros, von denen in einer Kerngruppe noch den ZK-Sekretären eine spezielle, ressortbezogene Verantwortung zukam, den obersten Führungszirkel, dessen Macht sich auf die Durchsetzung über den ZK-Apparat mit seinen ca. 2000 Mitarbeitern stützte. Dazu äußerten sich ehemalige Spitzenfunktionäre der Partei in Erinnerungen (Herrmann, F.-J. 1996 [153]; Krenz 1999 [883]; Mittag 1991 [185]; Modrow 1994 [186] u. 1998 [187]; Schürer 1996 [212]), ohne jedoch substanziell Neues einzubringen. Dokumentiert sind vor allem die persönlichen Karriereverläufe und Auseinandersetzungen um einzelne politische Fragen und Entscheidungen.

Honeckers Biographie ist in den neunziger Jahren lediglich durch einen spektakulären Interviewband (Andert/Herzberg 1990 [125]) und mehrere Zeitzeugen-Memoiren, darunter die seines unmittelbaren und letzten Nachfolgers Egon Krenz (1990 [884]), behandelt worden. Inzwischen liegt eine ganze Anzahl von entsprechenden, leidlich seriösen Versuchen vor, von denen bisher dennoch keiner vollständig überzeugen kann (noch am besten: Kunze, Th. 2001 [174]; Lorenzen 2001 [177]; Pötzl 2002 [199]).

Zur Rolle des zentralen und regionalen Parteiapparates, seiner Zusammensetzung und Rekrutierung sowie der sozialen Herkunft und des Verhältnisses der hauptamtlichen Parteifunktionäre zu auch im Apparat inoffiziell diskutierten Reformvorstellungen liegen bisher kaum Forschungsergebnisse vor (Meyer, G. 1991 [1059]). Lediglich zu Geschichte und Rolle des Kadernomenklatursystem in der DDR und seiner politischen Bedeutung wurde gearbeitet (Wagner, M. 1998 [1074]).

Für viele überraschend brach die SED-Herrschaft im Herbst 1989 zusammen. Die Ursachen waren vielfältig. Als letztlich entscheidend erwies sich jedoch, dass nicht nur die SED, sondern das gesamte einst so monolithisch erscheinende kommunistische Weltsystem zerfiel. Vor allem die Führungsmacht Sowjetunion war zum Führen nicht mehr imstande. Die wirtschaftlichen, politischen und demokratischen Defizite verursachten den Kollaps, der schließlich von der eigenen Bevölkerung herbeigeführt wurde. Über die letzte Phase der SED, die Demission Honeckers sowie den 50 Tage später folgenden kollektiven Rücktritt des gesamten Zentralkomitees und des Politbüros, berichten mehrere Dokumentationen und wissenschaftliche Untersuchungen, die eine gute Rekonstruktion der Vorgänge ermöglichen (Bortfeldt 1992 [133]; Hertle 1996 [579]; Hertle/Stephan 1997 [155]; Hornbogen/Nakath/Stephan 1999 [157]; Kurth 1996 [886]; Nakath/Neugebauer/Stephan 1998 [194]; Prokop 1994 [908]).

Welche Probleme ergeben sich für künftige Forschungen, welche Mängel sind zu diagnostizieren, welche Desiderate sollten beachtet werden?

Zunächst ist zu bedauern, dass eine ganze Reihe von substanziellen wie anregenden Ergebnissen der DDR- und Deutschlandforschung der alten Bundesrepublik (bis 1989) kaum noch Beachtung finden. Beispiele dafür sind die bis 1991 jährlich von der renommierten Zeitschrift *Deutschland Archiv* ausgerichteten Tagungen zum Stand der DDR-Forschung in der Bundesrepublik Deutschland. Für die hier dargestellten Themenkomplexe sind die Tagungsbände von 1988

(Veränderungen 1988 [1937]) und 1989 (Die DDR 1989 [95]) hervorzuheben. Manche Standardwerke sind noch präsent (z.B. Deutschland-Handbuch 1989 [13]), andere Forschungsergebnisse, vor allem Monographien, Tagungsbände, auch interne Publikationsreihen bleiben jedoch ausgeblendet (z.B. Glaeßner 1988 [19]).

Analytische, interdisziplinär angelegte sozialwissenschaftliche Untersuchungen der gesellschaftlichen Entwicklung der achtziger Jahre unterblieben bis auf wenige Ausnahmen. Nur wenige Ergebnisse derartiger Forschungs- bzw. Publikationsprojekte liegen inzwischen vor (Materialien der Enquete-Kommissionen 1995 [42] u. 1999 [43]; Die SED 1997 [139]; Die Parteien 2002 [250]; Thaa/Häuser/Schenkel/Meyer 1992 [1070]). Eine baldige Besserung ist angesichts der schlechten finanziellen Ausstattung der Forschungseinrichtungen kaum zu erwarten.

Desiderate der Forschung bilden eine Vielzahl von Einzelthemen, z.B. die Geschichte des politischen Systems sowie der Parteien und Massenorganisationen, wirtschaftsgeschichtliche Fragestellungen, sicherheitspolitische Entwicklungen sowie die ganze Breite alltags- und mentalitätsgeschichtlicher Fragestellungen. Das mag zum einen an sehr spezifischen Quellenproblemen liegen, zum anderen sind Attraktivität und Nachfrage mit entscheidend. Zu den Beziehungen zwischen CDU/CSU und SED bzw. Ost-CDU oder zwischen FDP und SED bzw. LDPD wurde bisher kaum gearbeitet.

In den neunziger Jahre gelang es noch nicht, die Geschichte der SBZ/DDR in den Kontext der gemeinsamen deutschen Zeitgeschichte nach 1945 zu stellen. Trotz mancher theoretischer Ansätze und vor allem trotz der Appelle prominenter Wissenschaftler wie Politiker wurden bestenfalls synchronoptische Versuche (Zeittafeln, Dokumentationen) unternommen, vergleichende Untersuchungen blieben aus. Erst seit 2000 wird offenbar ernsthaft an ersten Überblicksdarstellungen gearbeitet.

Angesichts der zahlreich vorliegenden Publikationen zur Geschichte der DDR in ihrer Entstehungsphase bis zum Mauerbau 1961 und auch in ihrer Untergangsphase in den achtziger Jahren ist verschiedentlich die These anzutreffen, die DDR sei »überforscht«. Dieser Auffassung kann nicht zugestimmt werden. Trennt man nämlich bei den zahlreichen Publikationen die Spreu vom Weizen und reduziert sie ausschließlich auf quellenfundierte und theoriegestützte Arbeiten, so wird schnell deutlich, dass es noch immer zahlreiche Desiderate gibt. Maßstab für die Bewertung der Forschungsergebnisse über die Geschichte der DDR kann keineswegs die Anzahl der Publikationen und die Vielzahl der Themen sein, wenngleich diese Fülle durchaus bestechend ist. Die Tatsache, dass in der jüngsten Vergangenheit über die Geschichte der Bundesrepublik bis zur deutschen Vereinigung wesentlich weniger als über die DDR-Geschichte geforscht worden ist, sollte uns nicht zu dem Schluss verleiten, die DDR-Forschungen nunmehr ruhen zu lassen.

II. Herrschaft und Repression

Andreas Malycha

»Die Partei hat immer Recht!« – Die Geschichte der SED

Die ostdeutsche Nachkriegsgeschichte begann mit einem Prozess der Transformation des gesellschaftlichen und geistig-kulturellen Lebens, der maßgeblich durch die Etablierung von KPD bzw. SED als uneingeschränkt herrschender Staatspartei geprägt wurde. Trotz der politisch und wissenschaftlich geführten Debatten um den Beginn und die spezifischen Merkmale totalitärer Herrschaft in Ostdeutschland blieb die strukturelle Verfasstheit bzw. die innere Struktur der SED in den Untersuchungen und Fragestellungen der neunziger Jahre merkwürdigerweise unterbelichtet. Der Blick in das Innenleben der SED liefert jedoch wesentliche Begründungszusammenhänge für die Etablierung ihrer Alleinherrschaft sowie die Art und Weise der Umsetzung ihres Hegemonialanspruches als Vorherrschafts- und Führungsorgan.

Als bedeutsamste Standardwerke aus den frühen Jahren können noch immer die Arbeiten von Carola Stern (1954 [221] u. 1957 [223]) und Joachim Schultz (1956 [211]) gelten. Ebenso wie Carola Stern ist auch Hermann Weber (1971 [233]; Weber/Oldenburg 1971 [230]) bei der Beschäftigung mit den Strukturen der SED stets Fragestellungen nachgegangen, die sich aus den Funktionsbedingungen der DDR als einer Diktatur kommunistischer Prägung und der Rolle der Staatspartei in ihr ergaben. Die bis in die Gegenwart hinein zu beobachtende Fokussierung der Forschung auf die frühen Jahre der Staatspartei fand ihren Ausgangspunkt im uneingeschränkten Machtmonopol, das die SED im Rahmen des mit Hilfe der sowjetischen Besatzungsmacht etablierten Herrschaftssystems durchsetzte.

Die Mechanismen der Meinungs- und Entscheidungsfindung im engeren Führungszirkel der SED blieben der Forschung aus bekannten Gründen verschlossen. Erstmals skizzierte der im Herbst 1948 in den Westen geflüchtete Erich Gniffke (1966 [150]) aus der Sicht eines ehemaligen Mitgliedes des engeren Führungskreises jene Vorgänge in der internen Führung, die ab 1947/48 zur formalen Umwandlung der SED in eine Partei nach sowjetischem Vorbild geführt hatten. Führungswechsel in der SED verbanden sich stets mit Mutmaßungen über parteiinterne Konflikte und Differenzen sowie mit Prognosen über mögliche Kursänderungen (Stößel 1985 [225]). Thesen vom Wandel der SED-Eliten und ihrer politischen Herrschaft waren schon immer umstritten (Ludz 1970 [178]). Die aus empirisch-systematischen Untersuchungen abgeleiteten Erwartungen auf einen gesellschaftlichen Wandel der SED-Herrschaft überschätzten das Reformpotential innerhalb der SED.

Trotz des Quellenproblems ist der Parteiapparat der SED als die eigentliche Stütze im Herrschaftsinstrumentarium der DDR als Ganzes oder in Teilen ebenso Gegenstand von Untersuchungen gewesen wie der staatliche Apparat (Richert 1958 [55]; Förtsch 1969 [143]; Glaeßner 1977 [1028]; Neugebauer 1978 [196]; Alt 1987 [124]; Meyer, G. 1991 [1059]). Zu Recht wurde »Kaderarbeit«, also die personalpolitische Steuerung und Kontrolle der Mitglieder und Funktionäre, für die politischen und sozialen Prägungen der SED explizit herausgestellt. Inzwischen hat sich der Blick auch auf die Mechanismen der Indoktrination durch die innerparteiliche Schulung gerichtet (Kluttig 1997 [169]). Dazu gehören gewiss auch die Erinnerungen jener, die das an der zentralen SED-Parteischule herrschende Klima der Verrats- und Verschwörungstheorien sowie die kommunistischen Phrasen und Parolen nicht mehr ertrugen und in den Westen gingen (Stern 2001 [222]; Leonhard 1955 [175] u. 1992 [176]). Hermann Weber (2002 [228]) schildert – quellengestützt wie auch aus der Sicht des Zeitzeugen – die Entwicklung des ersten Zweijahreslehrgangs an der im Oktober 1947 gegründeten SED-Parteihochschule. Dabei eröffnet sich – wie durch ein Brennglas – der Blick auf den sich in diesen entscheidenden Jahren vollziehenden Aufbau der SED-Herrschaft, die Stalinisierung der anfangs heterogenen Partei, die in die Etablierung der stalinistischen Diktatur im Zuge des Kalten Krieges mündete.

Seit geraumer Zeit sind die Entwicklung von Führungsgruppen in der SBZ/DDR, das Verhältnis von traditionellen und neuen Eliten sowie die inneren Differenzierungsprozesse im Herrschaftsapparat Gegenstand der historischen Forschung geworden (Hübner 1999 [1035]). Die Beleuchtung des Verhältnisses von Repression und Integration, Loyalität und Resistenz sowie der biographisch-mentalen und milieuspezifischen Voraussetzungen der Elitenentwicklung schafft sichere Grundlagen für eine breiter angelegte sozialhistorische Untersuchung des politischen Herrschaftssystems in der SBZ/DDR.

Die von Wolfgang Leonhard (1955 [175]) bereits in den fünfziger Jahren beschriebene Tätigkeit der »Gruppe Ulbricht« ist inzwischen detaillierter rekonstruiert (Keiderling 1993 [163] u. 1997 [164]). Auf die Bedeutung der konzeptionellen Vorstellungen der Moskauer KPD-Emigration als Schlüssel zum Verständnis der Geschichte von SED und SBZ nach 1945 hatte schon in den siebziger Jahren Arnold Sywottek (1971 [226]) mit seiner Analyse des Konzeptes der Volksdemokratie hingewiesen. Nunmehr wurden auch die wichtigsten im Zentralen Parteiarchiv verfügbaren Materialien aus der Moskauer KPD-Emigration präsentiert (Erler/Laude/Wilke 1994 [140]).

Hinsichtlich der kommunistischen Exilplanungen kann die in vielen Arbeiten durchschlagende Auffassung, dass durch die Festschreibung der KPD-Programmatik in Moskau und die Auswahl der dafür erforderlichen »Kader« bereits der künftige Entwicklungsweg der SBZ faktisch linear vorgeprägt gewesen sei, jedoch nicht voll überzeugen. Die Möglichkeit einer ungebrochenen Durchsetzung interner Pläne, Vorhaben und Konzeptionen deutscher und sowjetischer Kommunisten muss bezweifelt werden. Es scheint vielmehr sinnvoll, auch das Vorhandensein verschiedener Entwicklungsmöglichkeiten in

Betracht zu ziehen, die allerdings unter den herrschenden Besatzungsbedingungen von Anfang an begrenzt waren. In den neunziger Jahren konnte das Bild über die konzeptionellen Arbeiten im KPD-Führungszirkel und die kommunistische Taktik im Nachkriegsdeutschland wesentlich erweitert werden. 1992 konstituierte sich an der Freien Universität Berlin der »Forschungsverbund SED-Staat«, der sich das Ziel gesetzt hat, durch eine Analyse der Strukturen und Funktionsweisen des bürokratischen Apparates der SED Licht in das Dunkel der spezifischen Form der Machtausübung der Einheitspartei zu bringen. Ein von Manfred Wilke (1998 [238]) herausgegebener Sammelband konzentrierte sich vorwiegend auf den Aufbau des zentralen Parteiapparates der KPD. Sicherlich ist ohne eine Analyse des 1945 mit sowjetischer Hilfe errichteten KPD-Apparates mit all seinen totalitären Ansprüchen die Geschichte der kommunistischen Parteiherrschaft nicht zu erklären. Allerdings wurden diese Ansätze für die Analyse der SED-Entwicklung leider nicht weitergeführt. Zu Struktur, Entwicklung und Funktionsweise der Parteizentrale der SED bestehen für alle Perioden weiterhin erhebliche Forschungslücken.

Die bisher umfangreichste Quellen-Edition aus Beständen der DDR-Archive zur Geschichte der KPD/SED sind die von Günter Benser und Hans-Joachim Krusch (1993–1997 [131]) herausgegebenen Protokolle der KPD-Führung von 1945/46. Das ist insofern ungewöhnlich, als sie einen geschlossenen Bestand vollständiger Überlieferung vorlegen.

Die Gründung der Partei im April 1946 ist seit Jahrzehnten ein wissenschaftliches und politisches Streitthema. Die Auseinandersetzungen um die mittlerweile gut dokumentierten Fakten zur Gründung der SED und mehr noch um ihre Interpretation als »freiwilliger Zusammenschluss« versus »Zwangsvereinigung« sind so alt wie die Partei selbst. Mit der Arbeit von Albrecht Kaden (1964 [161]) über die Wiedergründung der SPD 1945/46, die auch die organisationspolitischen Bestrebungen der ostzonalen Sozialdemokratie berücksichtigte, begannen die empirischen Forschungen in den Vordergrund zu rücken. Anhand von authentischem Quellenmaterial aus einigen in der Bundesrepublik lagernden Nachlässen analysierte erstmals Frank Moraw (1973 [189]) im größeren Kontext die Vorgeschichte der SED-Gründung sowie ihre weitere Entwicklung zur »Partei neuen Typus«. Ähnlich wie Moraw thematisierte Dietrich Staritz (1976 [69]) gesellschaftspolitische Zielstellungen der SED, wobei er die Programmatik der KPD einschloss.

Durch Befragung von Zeitzeugen konnten dem Bild über Motivationen und Handlungszwänge von Akteuren in der SED schärfere Konturen verliehen werden (Bouvier/Schulze 1991 [134]). Harold Hurwitz' (1990 [158]) mehrbändige Analyse über die Formung politischer Einstellungen und Mentalitäten im Rahmen der Arbeiten über *Demokratie und Antikommunismus in Berlin nach 1945* erschloss neue Quellenhorizonte. Über wesentliche Motivationen und möglichen Einstellungswandel, Illusionen und Hoffnungen von Sozialdemokraten, in der SED trotz persönlicher Besorgnisse irgendwie weiter arbeiten zu können, geben die beiden Teilbände von Band 4 Auskunft, die eine fast chronologische

Darstellung der Geschichte der Berliner Sozialdemokratie vom Kriegsende bis zur SED-Gründung enthalten. Eine von Andreas Malycha (1995 [179]) herausgegebene Quellenpublikation belegt, dass von demokratischen Entscheidungsfindungsprozessen und einem mehrheitlichen Streben nach organisatorischer Einheit, wie dies in DDR-Publikationen immer wieder kolportiert wurde, nicht geredet werden kann. Auch wenn der Begriff der Zwangsvereinigung nicht benutzt wird, so ist auf der Basis der seit 1990 betriebenen empirischen Untersuchungen eindeutig nachgewiesen worden, wie Zwang und Nötigung als die wesentlichsten Faktoren bei der SED-Gründung durch deutsche und sowjetische Kommunisten eingesetzt wurden. Das hatte sowohl für das politisch-programmatische Profil als auch für das Innenleben der SED Langzeitfolgen, die 1989 wesentlich zum Scheitern des stalinistischen Parteimodells beitrugen. Die Abwesenheit von innerparteilicher Demokratie gehörte zu den konstitutiven Elementen der Gründungsphase, die in späteren Jahren unter der Losung »Einheit und Reinheit der Partei« sogar noch verstärkt wurden.

Für die Aufdeckung entscheidender Weichenstellungen bei der Installierung des kommunistischen Herrschaftsapparates rückte seit Mitte der neunziger Jahre die strukturelle Umwandlung der SED in den Jahren von 1946 bis 1952 in den Blickpunkt der Untersuchungen (Malycha 1996 [181]). Die Edition von Wortprotokollen der Sitzungen des zentralen Parteivorstandes aus dem Jahre 1948 suggerierte eine grundsätzliche Weichenstellung im Prozess der Transformation der SED in eine Partei nach sowjetischem Vorbild, verdrängte jedoch in dieser Festlegung auf ein »Schlüsseljahr« die vorangegangenen Schritte in den unteren und mittleren Parteigliederungen seit April 1946 (Friedrich/Hübner/Mayer/Wolf 1995 [145]). Monate vor der erklärten Wandlung zur »Partei neuen Typus« war der Weg dahin organisatorisch und ideologisch längst beschritten.

Die dem Willen ihrer Führung entsprechende Entwicklung in dieser Frühphase der SED-Geschichte wurde überwiegend mit dem Begriff der Stalinisierung beschrieben. Sowjetisierung und Stalinisierung galten schon in den fünfziger Jahren als Begriffspaare, um die Übertragung des Sowjetmodells auf Partei und Gesellschaft herauszustellen. Insbesondere den Untersuchungen Hermann Webers lag eine Interpretation des Stalinismus als gesellschaftspolitisches System zugrunde. Die Verwendung des Begriffs Stalinismus zielte darauf ab, Herrschaftsstrukturen und Machtinstrumente der SED-Diktatur herauszuarbeiten. Indem Weber nachweisen konnte, auf welche Weise sich die KPD vor 1945 dem sowjetischen Parteimodell anpasste, schuf er analytische Bausteine für die Untersuchung des Prozesses der Stalinisierung der SED nach 1946 (Weber 1969 [234] u. 1983 [235]). Zweifellos bildete die Transformation der SED ein konstitutives Element im Prozess der Sowjetisierung der SBZ.

Harold Hurwitz (1997 [158]) machte erstmals darauf aufmerksam, dass die Stalinisierung der SED nicht, wie zuvor oft angenommen, im Jahre 1948 als Reaktion auf den Kalten Krieg, sondern schon unmittelbar nach der Parteigründung im Sommer 1946 begann. Er beschreibt, wie in einem komplexen

Vier-Phasen-Prozess Freiräume in den paritätisch besetzten Führungsgremien zuerst eingeschränkt, dann schrittweise eliminiert wurden. Anhand der Wort-protokolle der zentralen Parteivorstandstagungen und der Sitzungen des Ber-liner Landesvorstandes der SED wird erkennbar, auf welche Weise die SED-Führung zunehmend auf zentral gesteuerte Disziplinierungs- und Gleichschal-tungsmaßnahmen zurückgriff, nachdem ab Herbst 1946 deutlich geworden war, dass die SED als »Russenpartei« freie Wahlen in Ostdeutschland nicht gewinnen würde und sie sich – mit andauernden Fraktionskämpfen, Resigna-tion und Passivität an der Basis – in einer Krise befand. Ähnlich wie Hurwitz analysierte Andreas Malycha (2000 [180]) die innere Biographie der SED von ihrer Gründung bis zum Jahre 1953. Auf der Basis eines umfangreichen, von ihm erstmals zusammenhängend ausgewerteten Quellenmaterials schildert er, wie sich stalinistische Herrschaftsstrukturen in den Landesverbänden der SED in verschiedenen Schritten etablierten und schließlich Anfang der fünfziger Jahre durchsetzten.

Auf einer anderen Ebene fragte Beatrix Bouvier (1996 [135]) nach Ein-stellungen, Verhalten, Handeln und Verfolgung von Sozialdemokraten in der SED. Schwerpunkt bildeten dabei nicht die so genannten Spitzenfunktionäre, sondern die »mittlere Ebene«. Bouvier definiert in ihrer Arbeit »Sozialdemo-kratismus« als einen zentralen Begriff, der von der SED-Führung als Kampf- und Disziplinierungsinstrument nach innen sowie gegenüber der SPD im Wes-ten nach außen funktionalisiert wurde. Die Arbeit von Bouvier fügte sich in eine Reihe von Studien ein, die sich mit den Repressions- und Säuberungsmechanis-men innerhalb der kommunistischen Bewegung beschäftigten (Weber/Staritz 1993 [231]). Anhand biographischer Untersuchungen gelang es nunmehr, das Grundmuster innerparteilicher Repression zu veranschaulichen (Kießling 1994 [166] u. 1998 [165]).

Während die SED als die bis 1989 uneingeschränkt herrschende Staats-partei lange Zeit als ernst zu nehmendes Forschungsthema kaum Beachtung fand, beschäftigt sich die Zeitgeschichtsforschung seit einigen Jahren intensiv mit Repression und Opposition innerhalb der Partei (Klein/Otto/Grieder 1996 [167]). Allerdings stehen auch hier die frühen Jahren der Konstituierungs- und Formierungsphase von 1945 bis 1953 bzw. die Ulbricht-Ära im Zentrum. So auch in dem Band von Thomas Klein (2002 [168]), der die Genesis der inner-parteilichen Kontrollorgane der SED bis 1971 und ihre Vorgeschichte in den Mittelpunkt stellte. Dieser Ansatz scheint auch sinnvoll zu sein, da die Kon-trollorgane im Prozess der Umwandlung der SED in eine stalinistische »Partei neuen Typus« sowie auch während der poststalinistischen Transformation eine herausragende Rolle spielten. Darüber hinaus besaßen sie gesamtgesellschaft-lich im System der Machtsicherung der SED als Bestandteil staatlicher Sicher-heitsorgane einen erheblichen Stellenwert. Insofern ist Klein zuzustimmen, wenn er die Geschichte der Parteikontrolle stets im Spiegel der Gesellschafts-geschichte betrachtet. Ähnlich näherte sich Michael Kubina (2001 [172]) der Funktionsweise der SED-Repressionsorgane, indem er die Oppositionsarbeit des Berliner Rätekommunisten Alfed Weiland untersuchte. Im Mittelpunkt stehen die Jahre 1945 bis 1950, als Weiland versuchte, eine Sammlungsbewegung freiheitlicher Sozialisten zu schaffen und mit den »Gruppen Internationaler Sozialisten« eine der ersten antibolschewistischen Widerstandsorganisationen in Berlin und der SBZ aufbaute.

In einer bemerkenswerten Kooperation haben Forscher aus Russland, Tschechien, der Schweiz und Deutschland in einem Sammelband den Terror innerhalb der kommunistischen Bewegung thematisiert (Weber/Mählert 1998 [229]). Hermann Weber charakterisierte darin die Säuberungen als einen immanenten Teil des Wandels des Kommunismus von einer radikal-sozialen Bewegung zu einer totalitären, diktatorischen Organisation, während Ulrich Mählert Entstehung, Selbstverständnis sowie Wirkungs- und Arbeitsweise der Parteikontrollorgane herausarbeitete. Mählert betrachtete die Parteisäuberungen in der SED als ein konstitutives Element der Kaderpolitik der herrschenden Führungselite. Dass neuere regionalgeschichtliche Untersuchungen ein sehr plastisches Bild über innerparteiliche Repression und Verfolgung liefern können, zeigen entsprechende Darstellungen nachhaltig (Rudloff/Schmeitzner 1997 [203]; Schwabe 1997 [213]).

Analysen der dem politischen Entscheidungsprozess zugrunde liegenden Positionen im Herrschaftssystem der SED liegen nur in Ansätzen für einzelne Teilbereiche und Zeitabschnitte (Oldenburg 1972 [197]) vor. Die zentralen Vorgänge in der Führungsspitze der SED sowie die Interessenlagen verschiedener SED-Funktionäre sind nach 1990 etwas transparenter geworden. Für die fünfziger Jahre sind innerparteiliche Differenzen in Krisen- und Konfliktsituationen belegt (Müller-Enbergs 1991 [193]; Schirdewan 1994 [208]). Der Mangel an aussagekräftigen Quellen auf zentraler Ebene konnte in ersten Ansätzen durch regionalgeschichtliche Forschungen allein nicht kompensiert werden, doch bieten sie wesentliche Hinweise auf die Mechanismen der Konfliktregelung, die auch auf zentrale innerparteiliche Vorgänge anwendbar sind. Für die Krisenjahre 1952/53 existiert nun eine Edition von Wortprotokollen der Sitzungen einer SED-Bezirksleitung (Moczarski 2002 [837]). Dies ist insofern hervorzuheben, als von der zentralen Ebene zumeist nur Beschlussprotokolle überliefert sind. Mithin erlauben die Editionen Einblicke in Meinungsbildungs- und Diskussionsprozesse regionaler Führungsgremien, die sich in Bezug auf die Gesamtpartei durchaus verallgemeinern lassen. In diesem Kontext gewinnt auch die Darstellung von Heinz Mestrup (2000 [184]) über die Entwicklung der SED im Bezirk Erfurt an überregionaler Bedeutung. Wie die Machteroberung durch die KPD/SED in ihren Konzepten, Methoden und Ergebnissen auf der regionalen Ebene vollzogen wurde, veranschaulicht Friederike Sattler (2002 [204]) am Beispiel Brandenburgs.

Hinsichtlich der Gesamtpartei ist hingegen weiterhin nicht geklärt, wie die Führung mit partiellen Differenzen umging, auf welche Weise bestimmte Kursrichtungen und Einzelentscheidungen zustande kamen bzw. unterlaufen oder wieder revidiert wurden. Die biographischen Arbeiten über Walter Ulbricht und Erich Honecker geben in dieser Hinsicht keine weiteren Aufschlüsse (Podewin 1995 [198]; Frank 2001 [144]; Pötzl 2002 [199]).

Die nicht enden wollende Erinnerungsliteratur ehemaliger Funktionsträger ermöglichte zwar Einblicke in die Denkstrukturen der Machtausübenden, brachte aber in der Aufhellung der eigentlichen Entscheidungshintergründe wenig Fortschritte (Schabowski 1991 [206]; Hager 1996 [152]). Monika Kaiser (1997 [162]) lenkte den Blick auf Willensbildungs- und Entscheidungsprozesse auf der Herrschaftsebene in den sechziger Jahren und fragte nach Handlungsspielräumen der SED-Führung. Die von ihr verorteten Konflikte und Widersprüche in der SED-Politik der sechziger Jahre erklärte sie vorrangig aus der Existenz und dem Wirken von zwei Flügeln innerhalb der Führung, die immer wieder untereinander und in Wechselwirkung mit den politischen Interessen der sowjetischen Vormacht einen Konsens erzielen mussten. Kaiser erkannte für die erste Hälfte der sechziger Jahre vergleichsweise große innenpolitische Handlungsspielräume, die Ulbricht genutzt habe, um sich an die Spitze einer »Reform des sozialistischen Systems sowjetischer Prägung von oben« zu setzen. Derartige Thesen blieben erwartungsgemäß nicht unwidersprochen.

Das Ende von SED und DDR ist im Vergleich zu anderen Entwicklungsabschnitten recht gut aufgearbeitet. Ausgehend von der Herrschaftskrise 1989 dokumentierten Gerd-Rüdiger Stephan und Hans-Hermann Hertle den aussichtslosen Versuch der SED-Führung, unter dem Druck anhaltender Massenproteste, einer massiven Ausreisewelle und der unübersehbaren Zerfallserscheinungen der Partei Wege zur Stabilisierung der Macht zu finden (Stephan 1994 [219]; Hertle/Stephan 1997 [155]). Schließlich zeigt das Protokoll des von der Parteibasis erzwungenen außerordentlichen Parteitages der SED/PDS vom 16./17. Dezember 1989, auf welche Weise die SED im Verlaufe ihrer jahrzehntelangen stalinistischen Prägung reformunfähig und in Krisensituationen handlungsunfähig geworden war (Hornbogen/Nakath/Stephan 1999 [157]). In diesem Zustand konnte die SED keine gesellschaftspolitische Alternative und keinen Ausweg aus der Existenzkrise der DDR bieten.

Erstmals erschien 1997 ein Nachschlagewerk zur Geschichte der SED, das neben den geschichtlichen Entwicklungsabschnitten von 1945/46 bis 1989/90 Teilstudien zu wesentlichen Politikfeldern und Kurzbiographien von fast 1500 ehemaligen SED-Funktionären präsentiert (Die SED 1997 [139]). Allerdings fehlt noch immer eine zusammenhängende Darstellung organisationspolitischer und programmgeschichtlicher Aspekte der Geschichte der SED, wie generell eine Gesamtdarstellung nicht in Sicht ist. Sicherlich fehlen dafür notwendige empirische Untersuchungen. Zudem bieten die bislang erschlossenen Archivquellen keine soliden Grundlagen für die Analyse interner Führungsentscheidungen. Gleichwohl lassen es sowohl der derzeitige Stand der empirischen Forschung als auch die Quellenlage sinnvoll und notwendig erscheinen, mit einer eigentlichen Organisationsgeschichte, die einerseits die innerparteilichen Strukturveränderungen und andererseits den ständigen Prozess personeller Veränderung in der Führungsstruktur sowie die Mitgliederentwicklung der

Partei im gesamten Zeitraum beschreibt, zu beginnen. Darüber hinaus müsste eine künftige Geschichte der SED zugleich auch als Geschichte des von ihr mit sowjetischer Unterstützung errichteten Herrschafts- und Gesellschaftssystems geschrieben werden, die sich der Frage nach der tatsächlichen Reichweite totalitärer Machtansprüche stellen sollte. Ein solches Vorhaben stößt zugegebenermaßen an die Grenzen derzeitiger Möglichkeiten.

Siegfried Suckut

Geschichte und Funktion der Blockparteien in der SBZ/DDR

Im politischen System der DDR existierten neben der SED vier weitere, von ihr kontrollierte Parteien, die faktisch die Funktion von Bündnisorganisationen wahrnahmen und der SED Einfluss auf soziale Gruppen verschaffen sollten, die ihr eher fern standen. Diese Parteien waren durch eine Art Zwangskoalition, den »Demokratischen Block«, mit der SED verbunden, besetzten hohe Staatsämter, hatten eigene Fraktionen in der Volkskammer und waren so formal stets Mitregierende. Zu den Blockparteien gehörten die Christlich-Demokratische Union (CDU), die Liberal-Demokratische Partei Deutschlands (LDPD), die Demokratische Bauernpartei Deutschlands (DBD) und die National-Demokratische Partei Deutschlands (NDPD). Die Existenz dieses »sozialistischen Mehrparteiensystems« ging auf eine Initiative der sowjetischen Besatzungsmacht zurück, die am 10. Juni 1945 mit Befehl Nr. 2 überraschend die Gründung und Tätigkeit von »antifaschistischen« Parteien gestattete. Neben der KPD und der SPD traten damals auch die CDU und die LDP (ab 1951 bis Februar 1990: LDPD) an die Öffentlichkeit. In Anbetracht des Massenelends erklärten sie sich auch zur Zusammenarbeit im Block (»Einheitsfront der antifaschistisch-demokratischen Parteien Deutschlands«) bereit, auf der die Sowjetische Militäradministration in Deutschland (SMAD) bestand. Beide Parteien blieben jedoch auf die Wahrung ihrer Eigenständigkeit bedacht und zeigten sich widerspruchsbereit gegenüber KPD wie SMAD.

Die Weigerung von CDU und LDP, den Führungsanspruch der SED anzuerkennen und die Transformation der Besatzungszone zu einer politischen Ordnung sowjetischen Typs hinzunehmen, veranlasste die SMAD im Frühjahr 1948, die Gründung zweier weiterer Parteien zu initiieren, die von Anfang an unter der Kontrolle der SED standen und sich vorbehaltlos zu deren Politik bekannten: DBD und NDPD. Deren Beispiel folgten die durch Eingriffe der Machtträger mehrfach »gesäuberten« Führungen von CDU und LDP schrittweise, als sie 1950 zustimmten, die Wahl der Volkskammer nach Einheitslisten vorzunehmen, und zwei Jahre später den Führungsanspruch der SED explizit anerkannten.

Die Mitgliederzahlen von CDU und LDPD schrumpften rapide, in den sechziger Jahren schien das Ende der Blockparteien bevorzustehen. Erst unter Honecker wurden sie von der SED wieder stärker beachtet und ihre Existenz Ende der achtziger Jahre, unter dem Druck sowjetischer Reformpolitik, als zentraler Bestandteil einer »Bündnispolitik in den Farben der DDR« gefeiert. Im Zuge der friedlichen Revolution 1989/90 war die SED gezwungen, ihren diktatorischen Führungsanspruch aufzugeben. DBD und NDPD schlossen sich der CDU bzw. der LDP an. Das Parteiensystem der DDR war zu seiner ursprünglichen Struktur zurückgekehrt, der Block wurde aufgelöst.

Die Entwicklung der Blockparteien, insbesondere ihr erzwungener Funktionswandel zu Transmissionsorganisationen der SED, war schon früh Gegenstand politikwissenschaftlich-zeitgeschichtlicher Analysen. Bereits in den fünfziger Jahren veröffentlichten Ernst Richert, Carola Stern und Karl Wilhelm Fricke dazu Beiträge im *SBZ-Archiv*. In den sechziger Jahren erschienen mit der Dissertation von Ekkehart Krippendorff (1961 [275]) zur Entstehung, Struktur und Politik der LDPD, der Untersuchung von Peter Hermes (1963 [266]) zur Haltung der Ost-CDU in der Auseinandersetzung um die Bodenreform und der von Werner Conze (1969 [249]) vorgelegten Biographie des Unionsvorsitzenden Jakob Kaiser Arbeiten, die lange Zeit den Forschungsstand prägten. Bestand hatte u.a. Krippendorffs These von der »Hineingründung« der Parteien in den Block.

Einen wesentlichen Impuls erhielt die Forschung zu den Blockparteien mit der Anfang der achtziger Jahre von Hermann Weber initiierten Gründung des Arbeitsbereiches Geschichte und Politik der DDR an der Universität Mannheim. Analysiert wurde hier auch die Entwicklung der Parteien wie der Blockpolitik in der SBZ/DDR. Die Ergebnisse wurden u.a. in den *Mannheimer Untersuchungen zu Geschichte und Politik der DDR* veröffentlicht.

Dazu zählten ein umfangreicher Band, in dem die Geschichte und Funktion der Parteien und einzelner Massenorganisationen in den Jahren 1945–1950 untersucht und wichtige, bis dahin unbekannte Dokumente publiziert wurden (Weber, H. 1982 [310]), eine Entwicklungsgeschichte der DBD bis 1952 (Wernet-Tietz 1984 [314]) und die Edition der Sitzungsprotokolle des zentralen Einheitsfront-Ausschusses 1945–1949 (Suckut 1986 [304]). Im Mittelpunkt des Forschungsinteresses stand dabei stets die Frage, mit welchen Mitteln und Methoden die Machtträger, die KPD/SED und die SMAD, die Transformation ursprünglich eigenständiger Parteien zu abhängigen Organisationen durchsetzten und wie dieser erzwungene Wandlungsprozess verlief.

Die Forschungsergebnisse bildeten den Informationsgrundstock für das zusammen mit dem Münchener Institut für Zeitgeschichte herausgegebene *SBZ-Handbuch* (1990 [60]), das, obwohl noch vor der Öffnung der DDR-Archive erarbeitet, nach wie vor zu den Standardwerken auch der Blockparteienforschung zählt.

Das trifft ebenfalls für eine zeitgleich erschienene umfangreiche Arbeit zur Geschichte der Ost-CDU zu, die, gestützt vor allem auf Unterlagen der Konrad-Adenauer-Stiftung, die Jahre 1948–1952, also gerade jene Periode in den Blick nahm, in der die Unterwerfung der Union unter den Führungsanspruch der SED durchgesetzt wurde (Richter 1990 [295]).

Nach der Vereinigung erlebte die Forschung zu den Blockparteien auf der völlig neuen Quellengrundlage einen großen Aufschwung. Eine erste Bilanz neu gewonnener Erkenntnisse zog ein 1994 erschienener Beitrag (Suckut 1994 [306]). Angeregt worden war das Forschungsinteresse insbesondere auch durch die Umstände der Vereinigung. CDU und LDP waren von den Bonner Regierungsparteien als Schwesterorganisationen anerkannt worden, die DDR-CDU hatte bei den ersten freien Volkskammerwahlen einen überwältigenden Sieg errungen, und beide waren nach der Fusion mit den westdeutschen Partnerinnen und den ersten gesamtdeutschen Bundestagswahlen wiederum zu (Mit-)Regierungsparteien geworden. Die inner- und zwischenparteilichen Auseinandersetzungen um die Integration der ehemaligen »Blockflöten« kulminierte mitunter in überzogenen Thesen wie: Die führende Rolle der SED anzuerkennen, sei den meisten Ost-CDU-Mitgliedern »ein inneres Bedürfnis« gewesen (von Ditfurth 1991 [251]); sie hatten aber einen positiven Nebeneffekt: Sie verstärkten das öffentliche Interesse an der Geschichte dieser im Westen weithin in Vergessenheit geratenen Parteien.

Einen wichtigen Impuls zur Auseinandersetzung gab 1992 der Bundestag durch die Einsetzung der Enquete-Kommission »Aufarbeitung von Geschichte und Folgen der SED-Diktatur in Deutschland«. Die Kommission ließ sich durch Vorträge und Expertisen über die Entstehung und Transformation des Parteiensystems in der SBZ/DDR, über die im Moskauer Exil entwickelten Planungen der KPD, über den Einfluss der SMAD, über die Rolle, Bedeutung und Wirkungsmöglichkeiten jeder der Blockparteien sowie über Widerspruch und widerständiges Verhalten in CDU und LDP(D) informieren (Materialien 1995 [42]).

Wenn auch gerade in den Diskussionen um die Blockparteien zuweilen deutlich zu spüren war, dass es sich bei der Kommission um ein politisches Gremium handelte, so kann doch kein Zweifel daran bestehen, dass die veröffentlichten Ergebnisse für die weitere Forschung sehr nützlich waren. Dokumentiert findet man in vielen Fällen die Resultate mehrjähriger Auswertung bisher unzugänglicher Archivalien.

Auf einen ebenfalls politischen Auftrag, den der letzten, frei gewählten Volkskammer der DDR, ging ein über 400 Seiten umfassender Bericht zurück, durch den sich die »Unabhängige Kommission zur Überprüfung des Vermögens der Parteien und Massenorganisationen der DDR« über die Geschichte und Strukturen der Blockparteien informieren ließ (Henkel 1994 [265]). Verarbeitet wurden vor allem die bis zur Vereinigung veröffentlichten Forschungsergebnisse, etwa die von Peter Joachim Lapp (1988 [280]) publizierte Darstellung des Aufbaus und der Aufgaben der Blockparteien.

Primär auf die Publikation erster Ergebnisse danach begonnener Projekte zielten zwei kurz darauf erschienene Sammelbände. Jürgen Frölich (1995 [256]) dokumentierte auf diese Weise die Ergebnisse einer Tagung zu den »bürgerlichen Parteien« in der DDR. Der thematische Akzent lag auf der LDPD. Der andere behandelte Aspekte der Geschichte der Ost-CDU mit deutlichem Schwerpunkt auf kirchenpolitischen Themen (Richter/Rißmann 1995 [294]).

Den zeitlichen Untersuchungsschwerpunkt auch der neueren Forschungen bilden nach wie vor die Jahre 1945–1952. Diese Periode kann, was die Entwicklung in Berlin betrifft, mittlerweile als gut erforscht gelten. So sind zur Geschichte der Ost-CDU in diesen Jahren neben der Arbeit von Michael Richter zwei weitere ebenso detaillierte Dissertationen entstanden, die sich auf diese Jahre beziehen und thematisch stark überschneiden. Manfred Wilde (1998 [315]) widmete sich in einer bisher zu wenig beachteten Arbeit ausführlich der Parteientwicklung in den Jahren 1945–1947, und Ralf Thomas Baus (2001 [243]) untersuchte auf fast 600 Seiten die Jahre 1945–1948. Für eine breite Leserschaft hat die Bundeszentrale für Politische Bildung zudem eine reich illustrierte Broschüre herausgegeben, die zusammenfassend über die Entwicklung der Parteien in der SBZ/DDR in den Jahren 1945–1952 informiert (Suckut 2000 [307]).

Die Arbeit von Baus fand auch publizistische Beachtung, weil der Autor im Gegensatz zur bisherigen Forschung die These vertritt, die »Gleichschaltung« der Ost-CDU habe nicht erst nach der Absetzung von Jakob Kaiser, sondern mit dem Zwang zur Zusammenarbeit im Blockausschuss, also unmittelbar nach der Parteigründung, begonnen. Die Kontrolle durch die SMAD sei »total« gewesen.

Seine inhaltliche Darstellung entspricht in der grundsätzlichen Bewertung dagegen den bisher vorherrschenden Sichtweisen: Die Union habe sich in diesen Jahren »in einem Dreieck zwischen Eigenständigkeit, Gleichschaltung und Widerstand« bewegt und sich von einer »Oppositionspartei« später zu einer »Kooperationspartei« gewandelt. Auf das schwierige Verhältnis zur West-CDU geht Baus nicht ein. Die Geschichte der CDU in der SBZ erscheint so als die einer reinen Ost-Partei. Er verzichtet zudem auf die Auswertung russischer Archivquellen. Das ist bedauerlich, denn die seit 1996/97 vorliegenden Untersuchungen von Creuzberger (1996 [93]) und Naimark (1997 [47]) zur sowjetischen Besatzungspolitik belegen, dass diese Unterlagen auch Aufschlussreiches zur Geschichte der Blockparteien enthalten.

Nach Öffnung der Archive sind auch quellengesättigte Gesamtdarstellungen möglich geworden. Es ist das Verdienst eines Stipendiaten der Friedrich-Naumann-Stiftung, ein so ehrgeiziges Vorhaben sogleich in Bezug auf die LDPD in Angriff genommen zu haben. Die von Ulf Sommer (1996 [301]) veröffentlichte Monographie bricht zwar beim Jahr des Mauerbaus ab und behandelt die Zeit danach nur in einem knappen Ausblick, dennoch ist sie als verdienstvolle Weiterentwicklung des Forschungsstandes zu würdigen.

Andere Autoren entschieden sich aufgrund der günstigen Quellenlage für die thematische Beschränkung auf einzelne Länder und erarbeiteten aufschlussreiche regionale Fallstudien. So Jürgen Louis (1996 [281]), der auf breiter Grundlage detailliert die Geschichte des LDP-Landesverbandes Thüringen untersuchte. Fritz Reinert (1994 [291]) nutzte die günstige Aktenlage zur Dokumentation der Sitzungsprotokolle des Landesblockausschusses in Brandenburg und zu einer zusammenfassenden Darstellung der Zusammenarbeit der Parteien in diesem Land 1945–1950 (Reinert 1995 [292]).

Auffällige thematische Schwerpunkte gibt es unter den Spezialstudien zu einzelnen Politikfeldern und Entwicklungsphasen. Gleich mehrere Arbeiten befassen sich mit den innerdeutschen Kontakten der Liberalen, darunter die seinerzeit heftig diskutierten Treffen führender Vertreter von FDP und LDPD im Jahre 1956. Anders als die CDU hatte die FDP auch nach der »Gleichschaltung« der Blockparteien die Kontakte zur LDPD-Führung nicht aufgegeben. Bernard Bode (1997 [244]) untersucht in einer umfangreichen Studie die deutschlandpolitischen Aktivitäten der LDPD bis zu Beginn der Sechzigerjahre und ein Tagungsband informiert über eine Diskussion zur Deutschlandpolitik und LDP(D)-Geschichte, an der auch einzelne der damaligen politischen Akteure teilgenommen haben (Hübsch/Frölich 1997 [1711]).

Noch zahlreicher sind die Untersuchungen, die den Vereinigungsprozess der früheren Blockparteien mit den westdeutschen Schwesterorganisationen analysieren. Ein Thema, das für die DDR- wie die Parteienforschung von besonderem Reiz ist. Der frühere Deutschlandfunk-Redakteur Peter Joachim Lapp kommt, vor allem auf Interviews mit den damals politisch Handelnden und auf Archivalien gestützt, zu dem Ergebnis, es habe ein »Ausverkauf« der Blockparteien stattgefunden, und plädiert dafür, deren Mitglieder nicht als »Mitläufer« oder »Mittäter« abzustempeln. Sein kämpferisches, pauschales Fazit: »Die einfachen Mitglieder von SED und Blockparteien haben sich keinerlei Verfehlungen schuldig gemacht, sie haben sich allenfalls politisch geirrt.« (Lapp 1998 [279]).

Politikwissenschaftlich-analytisch setzt sich Ute Schmidt (1997 [297]) mit dem Vereinigungsprozess der Unionsparteien auseinander, schildert die zum Sturz der Parteileitung führende Zunahme oppositioneller Tendenzen in der Ost-CDU Ende der achtziger Jahre und den Beginn der Zusammenarbeit mit der West-CDU. Verlauf und Resultate des folgenden Wandlungsprozesses der früheren Blockpartei untersucht sie exemplarisch für Sachsen, Brandenburg und das Eichsfeld.

Kritisch-differenziert rekonstruiert Reiner Marcowitz (2002 [286]) den konfliktreichen Vereinigungsprozess bei den Liberalen, in den auf östlicher Seite neben der LDP(D) auch die »Deutsche Forumpartei« und die FDP der DDR einbezogen waren, die sich im Zuge der friedlichen Revolution konstituiert hatten.

Gerade die politische Debatte um den Charakter der früheren Blockparteien hat deutlich gemacht, wie wichtig es wäre, Genaueres über die Zielsetzung und Verbreitung oppositionellen Denkens und Verhaltens in den Blockparteien sagen zu können. Erste Antworten darauf versuchten für die Enquete-Kommission des Bundestages erarbeitete Expertisen zu geben (Materialien 1995, Bd. VII [42]).

In diesem Zusammenhang nützlich ist eine biographische Dokumentation, die zum Ziel hat, die politische Ausschaltung und Verfolgung Christlicher Demokraten in der SBZ/DDR 1945–1961 zu verdeutlichen (Buchstab 1997 [248]). Aufgeführt werden ca. 2200 Kurzbiographien. Viele Angaben sind aufgrund fehlender Informationen lückenhaft, oft bleibt unklar, ob die Verfolgung in direktem Zusammenhang mit der Zugehörigkeit zur Union steht. Dennoch war es richtig, das vorhandene Wissen so weit wie möglich öffentlich zu machen. Die Dokumentation sollte fortgeschrieben werden. Es wäre wünschenswert, vergleichbare Angaben auch für die Liberaldemokraten zu publizieren.

Handbücher werden in der Regel erst herausgegeben, wenn zu einem Themenfeld ein entwickelter, gesicherter Forschungsstand erreicht ist. Es ist, so gesehen, eher früh, wenn Mitte 2002 das fast 1500 Seiten umfassende Handbuch *Die Parteien und Organisationen der DDR* (2002 [250]) veröffentlicht wurde. Fast vierzig Wissenschaftlerinnen und Wissenschaftler ost- und westdeutscher Herkunft und mit sehr unterschiedlichem biographischen Hintergrund haben die Beiträge erarbeitet. Es behandelt einleitend übergreifende Themen zur Entwicklung und Funktion der Parteien und Massenorganisationen und geht dann auf die Geschichte, Organisation und Politik der SED und der einzelnen Blockparteien ein. Diese Beiträge stammen zumeist von Autorinnen und Autoren, die von der Enquete-Kommission mit entsprechenden Expertisen beauftragt worden waren. Behandelt werden darin Archivsituation und Forschungsstand, Geschichte, Organisation, Mitgliederentwicklung und Funktion im politischen System mit einem Unterabschnitt zu den innerdeutschen und internationalen Beziehungen.

Übersichten über die personelle Besetzung der Leitungsgremien der Parteien bis 1990 und umfangreiche biographische Angaben zu den Führungskadern folgen, 50 ausgewählte Dokumente zur Geschichte der Parteien und Organisationen schließen den Band ab. Wenn auch vereinzelt vom Geist des früheren »Wissenschaftlichen Kommunismus« geprägte Darstellungen eingeflossen sind, so wird das Handbuch dennoch ein für die weitere Forschung sehr nützliches Hilfsmittel sein.

Trotz der seit der Vereinigung zu verzeichnenden Fortschritte weist die Forschung zu den Blockparteien nach wie vor große Lücken auf. Auffällig ist, dass die Jahre von 1952 bis zum Zusammenbruch der SED-Herrschaft kaum untersucht worden sind. Gesamtdarstellungen der Geschichte einzelner Parteien fehlen fast völlig. Lediglich zur DBD liegt eine vom früheren stellvertretenden Vorsitzenden der Partei verfasste Monographie vor, die stark apologetische Züge trägt und den Charakter der DBD als Transmissionsinstrument der SED zu relativieren versucht (Reichelt 1997 [290]).

Deutlich wird, dass sich das wissenschaftliche Interesse vor allem auf CDU und LDPD konzentriert. Zur Geschichte der NDPD und DBD wird kaum geforscht. Eine wichtige Ausnahme stellt eine umfangreiche und quellengesättigte Studie zu DBD in den Jahren 1948–1963 dar (Bauer 2003 [242]). Es

existieren erst wenige Regionalstudien. Lokale Untersuchungen sucht man vergeblich, dabei könnten gerade sie Auskunft darüber geben, in welchem Maße
die Mitglieder der Blockparteien sich im Interesse der Machtsicherung der SED
als IM oder »Partner des operativen Zusammenwirkens« der Staatssicherheit
zur Verfügung stellten und in welchem Umfang es andererseits in ihren Reihen oppositionelles Denken und Handeln gab. Beiträge dazu könnten auch
Biographien und Autobiographien liefern, deren Zahl noch sehr gering ist.

ULRICH MÄHLERT

Die Massenorganisationen

In der Sowjetischen Besatzungszone konstituierten sich 1945 neben dem Freien Deutschen Gewerkschaftsbund (FDGB) fünf weitere Verbände: die Konsumgenossenschaften, die Vereinigung der gegenseitigen Bauernhilfe (VdgB), die Domowina als die Vertretung der Wenden und Sorben Mitteldeutschlands, der Kulturbund zur demokratischen Erneuerung sowie die Volkssolidarität. 1946 folgte die Gründung der Freien Deutschen Jugend (FDJ), die zwei Jahre später mit den Jungen Pionieren ihre Kinderorganisation erhielt. 1947 wurden der Demokratische Frauenbund Deutschlands (DFD), die Gesellschaft für Deutsch-Sowjetische Freundschaft (DSF) und die Vereinigung der Verfolgten des Naziregimes (VVN) ins Leben gerufen. Mit der Etablierung der Gesellschaft für Sport und Technik (GST) und des Deutschen Roten Kreuzes (DRK) 1952, des Deutschen Turn- und Sportbunds (DTSB) 1957 (s. den Beitrag von Hans Joachim Teichler in diesem Band) und des Verbandes der Kleingärtner, Siedler und Kleintierzüchter (VKSK) 1959 hatte sich in der DDR ein System von Massenorganisationen herausgebildet, das bis 1989/90 weitgehend Bestand hatte. Darüber hinaus gab es noch eine ganze Reihe von weiteren Verbänden mit geringeren Mitgliederzahlen, die zumeist an Berufsinteressen ausgerichtet waren. Einen Überblick über die in der DDR existenten Organisationen bietet das Handbuch *Die Parteien und Organisationen der DDR* (2002 [250]), dessen Beiträge den disparaten Forschungsstand nicht nur referieren, sondern zum Teil auch in ihrer Vorläufigkeit widerspiegeln. Dennoch verdient es – nicht zuletzt aufgrund der dort befindlichen »Übersicht über die Leitungsgremien und Biographien der Führungskader der Parteien und Organisationen« – Anerkennung, entstand es doch ohne institutionelle Absicherung und nennenswerte finanzielle Förderung. Nach wie vor konsultiert werden sollte das *DDR-Handbuch* (1985 [12]), dessen politikwissenschaftlicher Zugriff auf die einzelnen Massenorganisationen noch heute Bestand hat. Ausschließlich unter bibliographischen Gesichtspunkten sei auf einen »Schnellschuss« zum Thema hingewiesen, der für den Untersuchungsgegenstand wenig Aufschluss bietet (Henkel 1994 [265]).

Im Hinblick auf den eminent hohen Organisationsgrad ihrer Bevölkerung ist die DDR auch als »Organisationsgesellschaft« bezeichnet worden (Pollack 1990 [905]). M. Rainer Lepsius (1994 [1987]) verwies dabei auf die »Entdifferenzierung« der dortigen Institutionenordnung, die der allgemeinen Entwicklung der Moderne gegenläufig gewesen sei. 1988 zählten die wichtigsten Massenorganisationen zusammen mit den Blockparteien rund 39 Millionen Mitglieder. Statistisch gesehen, war damit jeder DDR-Bürger, gleich ob Schüler oder Rentner, Mitglied in fast drei Organisationen. Die Parteien und Massenorganisationen hatten somit die gesamte DDR-Gesellschaft – zumindest nominell – bis in die letzte Verästelung »durchorganisiert«. Bei dem Versuch, die Geschichte dieser »durchherrschten Gesellschaft« (Kocka 1994 [1984]) zu beschreiben, hat sich – wie im Weiteren aufgezeigt werden soll – »eine Lücke zwischen der Institutionenbeschreibung und dem Nachweis der den Institutionen zuzurechnenden Folgen für die Struktur und Entwicklung einer Gesellschaft« (Lepsius 1994 [1987]) aufgetan.

1. Funktionen

Die Funktionen der Massenorganisationen im politischen System der DDR wurden bereits vor 1989 in Westdeutschland hinreichend herausgearbeitet. Im *DDR-Handbuch* (1985 [12]) werden zehn Zielstellungen benannt, die die SED mit dem System der Massenorganisationen verband. Diese werden in einer jüngeren Funktionsbeschreibung zu drei Aufgabenbereichen zusammengefasst: die Transmissions-, Integrations- und Kontrollfunktion (Mählert 2002 [285]). Im Zentrum der Transmissionsfunktion standen vielfältige ökonomische oder ökonomisch verwertbare Zielstellungen bis hin zur Kaderentwicklung und -steuerung. Die Integrationsfunktion bezieht sich auf die Einbindung weiter Teile der Bevölkerung in das politische System, ohne dabei reale Möglichkeiten der Mitbestimmung zu bieten, die über den unmittelbaren lokalen Bereich hinausgingen. Die Staats- und Parteiführung der DDR legitimierte nicht unwesentlich ihr Herrschaftssystem, indem sie auf dessen äußerlich breite gesellschaftliche Verankerung verwies. An dritter Stelle stand die Kontrollfunktion, die die Massenorganisationen für die SED-Führung mit einer doppelten Zielstellung ausübten. Ein ausuferndes Berichtswesen über die Verbandsarbeit, die Stimmung der Mitgliedschaft sowie über »besondere Vorkommnisse« stellte für die SED eine ihrer Säulen der Informationsbeschaffung dar. Darüber hinaus verfügten die Massenorganisationen über ein Sanktionspotential, das der sozialen Kontrolle und Steuerung diente. Schließlich hatten die vielen kleinen Funktionäre – etwa des FDGB oder der FDJ – nicht nur über die Vergabe knapper Güter mit zu entscheiden. Sie wurden auch konsultiert, wenn es um Westreisen, berufliche Qualifizierungsmaßnahmen oder Aufstiegschancen ging. Dies war die eigentliche »Gestaltungs-Macht« der zahllosen unteren Funktionäre. In welchem Maße die Massenorganisationen als Sozialisationsinstanzen wirkten, fragt Thomas Koch (2002 [273]).

2. Mitgliederinteressen versus politischer Auftrag

Kennzeichen für das moderne Verbandswesen ist der institutionelle, überregionale und dauerhafte Zusammenschluss von Menschen, die gemeinsame Interessen wirksamer vertreten wollen. Aufgrund der Fremdbestimmung durch die herrschende Partei wurde in der DDR dagegen – wie in allen kommunistischen Diktaturen des 20. Jahrhunderts – dieser ureigenste Auftrag gesellschaftlicher Verbände umgekehrt. Andererseits konnten die SED-Massenorganisationen die Mitgliederinteressen nicht vollständig negieren. Mit der Mitgliedschaft musste ein Nutzen verbunden sein. Der reichte von der formalen Erfüllung jenes geforderten Mindestmaßes an gesellschaftlichem Engagement durch den Beitritt zur DSF bis zu den Urlaubsangeboten von FDGB und FDJ. Letztlich spielte die Aufgabe der Massenorganisationen, die spezifischen Interessen ihrer Mitglieder – organisiert und kontrolliert – gegenüber der Partei und dem Staat zu artikulieren, nur eine untergeordnete Rolle. Es war die SED-Führung, die je nach politischer Lageeinschätzung den Handlungsspielraum dieser Organisationen ausweitete oder einschränkte. Daraus entwickelte sich im Alltag ein Spannungsverhältnis zwischen parteistaatlichem Auftrag und der Erwartungshaltung der Mitgliedschaft, das bislang vielfach nur benannt bzw. skizziert wurde (Hübner 1995 [1038]; Eckert 1995 [253]). Einzig für den Bereich des betrieblichen Alltages liegen einige Studien vor, die die von Lepsius (1994 [1987]) gekennzeichnete Lücke zwischen Institutionengeschichte und Wirklichkeit ein Stück weit schließen (u.a. Hürtgen/Reichel 2001 [1138]; Hübner 1995 [1038]; Hübner/Tenfelde 1999 [1036], Weil 2000 [1106]).

3. Forschung bis 1989

Insgesamt dominiert der politik- bzw. institutionengeschichtliche Zugriff auf die Massenorganisationen. Besonderes Augenmerk genießt auch hier die Zeit von 1945 bis Anfang/Mitte der fünfziger Jahre. Die Grundlinien der damaligen Organisationsentwicklung, die Transformation der Verbände von zunächst – vom Anspruch her – überparteilichen Institutionen zu Transmissionsriemen der SED wurden bereits vor 1989 in der alten Bundesrepublik dargestellt. Hermann Weber, der Mannheimer Nestor der DDR- und Kommunismusforschung, hat der Herausbildung des politischen Systems in der SBZ/DDR stets besondere Aufmerksamkeit geschenkt. In einem Sammelband wurden die Organisationsgeschichte der wichtigsten Massenorganisationen knapp skizziert und – lange vor Öffnung der ostdeutschen Archive – wichtige Grundsatzdokumente veröffentlicht (Weber 1982 [310]). Eine Studie zur Betriebsrätebewegung (Suckut 1982 [305]) vermittelte Einblicke in den Konflikt zwischen betrieblicher Interessenvertretung der Arbeiterschaft und sich wandelnder FDGB-Politik. Das Wechselverhältnis von Bauernpartei und VdgB bis 1952 verdeutlichte den Transformationsprozess im Bereich der Landwirtschaftspolitik (Wernet-Tietz 1983 [314]). Nach wie vor gültig sind schließlich die Beiträge der Mannheimer Wissenschaftlerinnen und Wissenschaftler zum *SBZ-Handbuch* (1990 [60]), die die wichtigsten gesellschaftlichen Organisationen (sowie die Parteien) zwischen 1945 und 1949 porträtieren und analysieren (Weber 1990 [311]). Diese Beiträge bieten zudem einen Überblick über den einschlägigen ost- und westdeutschen Forschungsstand bis 1989.

4. Forschungsschwerpunkte und -desiderate seit 1990

Der Forschungsboom, den die deutsche Einheit und die damit einhergehende Öffnung der Archive zeitweilig ausgelöst haben, erfasste das System der Massenorganisationen nur zum Teil. Dabei folgten Forschungen zu diesem Thema der allgemeinen Tendenz, die Zeit der SBZ sowie allenfalls der fünfziger Jahre in den Blick zu nehmen. Dies hatte im Grundsatz seine Berechtigung, bildete sich doch in diesem Zeitraum das spezifische politische System der Massenorganisationen heraus. Indes prägen den mittlerweile erreichten Forschungsstand bemerkenswerte Disproportionen.

Die wichtigste Massenorganisation, der FDGB mit seinen Einzelgewerkschaften, ist nach wie vor nur unzureichend erforscht. Wohl gibt es quellengesättigte Studien zum Transformationsprozess der Gewerkschaften zwischen 1945 und Anfang der fünfziger Jahre (Brunner 2000 [246]; Stadtland 2001 [303]). Diese wurden jüngst durch eine Publikation ergänzt, die die Entwicklung bis 1963 in den Blick nimmt (Simsch 2002 [299]). Auch wurde mittlerweile das Protokoll der Bitterfelder Konferenz aus dem Jahre 1948 ediert, auf der die Zerschlagung der Betriebsräte ihren Ausgang nahm und der FDGB den Interessen der SED untergeordnet wurde (Brunner 1996 [246]). Dennoch fehlt es an einer fundierten Organisationsgeschichte des FDGB, die den gesamten Zeitraum seiner Existenz beschreibt. Lediglich zur Endzeit des FDGB liegt eine politikwissenschaftliche Arbeit vor (Weinert/Gilles 1999 [312]). Die Gestalt des FDGB in den sechziger bis achtziger Jahren lässt sich aus der Literatur nur unzureichend erschließen. Dieses Defizit muss letztlich auch dem DGB und dessen Bildungswerk, der Hans-Böckler-Stiftung, angelastet werden, die in den neunziger Jahren nur punktuell Interesse für die Geschichte der Gewerkschaftsbewegung in Ostdeutschland aufbrachten, die selbstredend eine Geschichte der Deformation und Verleugnung des gewerkschaftlichen Gedankens war. Für Forschungen zur Geschichte des FDGB und dessen Verankerung im Arbeitsalltag stehen reichhaltige Quellen sowohl auf zentraler wie auch auf Landesebene zur Verfügung.

Dass sich demgegenüber der Forschungsstand zur Geschichte der FDJ besser darstellt, kann u.a. der kurzen Geschichte des Berliner Instituts für zeitgeschichtliche Jugendforschung zugeschrieben werden. Diesem von Helga Gottschlich mit großem Elan begründeten, wenn auch mit wenig Fingerspitzengefühl geleiteten Privatinstitut ist es zu verdanken, dass sich in den neunziger Jahren zeitweilig gleichsam eine Community der FDJ-Forscher herausgebildet hatte, deren Ertrag im vorliegenden Band von Peter Skyba kritisch gewürdigt wird. Die Gründung der FDJ und deren Transformation zur SED-Massenorganisation in den Jahren 1945 bis 1949 wurden umfassend dargestellt (Mählert 1995 [284]). Die Geschichte der SED-Jugendpolitik und der FDJ in ihrem Spannungsverhältnis zu ihrer Klientel wurden für die fünfziger Jahre auf exzellente Weise analysiert (Skyba 2000 [300]). Eine Studie zur Westarbeit der FDJ trägt beispielhaft dem Umstand Rechnung, dass alle Massenorganisationen in den vierziger und fünfziger Jahren die jeweils gültige SED-Deutschlandpolitik befördern sollten (Herms 2001 [1707]). Eine wissenschaftlich überzeugende Gesamtgeschichte der FDJ liegt bis dato ebenfalls nicht vor. Einen ersten Anlauf zu diesem Ziel unternimmt ein »Lesebuch« zur Verbandsgeschichte, dessen analytischer Teil durch eine Vielzahl der unterschiedlichsten Materialien anschaulich ergänzt wird (Mählert/Stephan 1996 [283]). Eine politikwissen-schaftliche Betrachtung zu den Funktionen der FDJ im SED-System krankt an der nur unzureichenden analytischen Untersetzung zentraler Beschlüsse durch die Verbandsrealität (Walter 1997 [309]). Auch die Geschichte der Pionierorga-nisation Ernst Thälmann ist noch nicht geschrieben. Deren Herausbildung als FDJ-Vorfeldorganisation an den Schulen wurde mittlerweile jedoch dargestellt (Ansorg 1997 [241]).

Die Geschichte des Kulturbundes, der in seinen Gliederungen von den Briefmarkensammlern bis zu den Schriftstellern alle »Kulturschaffenden« ver-einen sollte, wurde für die Anfangsjahre relativ ausführlich beschrieben bzw. dokumentiert (Heider, M. 1993 [263]; Heider, M./Thöns 1990 [262]). Das relativ geringe Interesse an dieser Organisation resultiert wohl letztlich aus dem Eigengewicht der Kulturschaffenden, die – unabhängig davon, ob sie dem Kulturbund angehörten – von der Forschung insgesamt sehr große Aufmerk-samkeit erfuhren. Bislang unberücksichtigt blieb jedoch die Breitenarbeit des Kulturbundes, die in der Gesellschaft verortet war.

Stiefmütterlich wurde der DFD von der Forschung behandelt. Wohl liegt eine Publikation vor, die den Anspruch erhebt, eine »historisch-systemati-sche Analyse« dieser Massenorganisation zu leisten (Mocker 1992 [287]). Sie berücksichtigt die insgesamt gute Quellenlage jedoch nur unzureichend. Dar-über hinaus wurde dem »Mythos Gleichberechtigung in der DDR« am Bei-spiel der Partizipation von Frauen im DFD nachgegangen (Bühler 1997 [1016]) sowie die Transformation des DFD von der SED-Massenorganisation zu einem Frauenverband im vereinten Deutschland dargestellt (Koelges 2001 [274]).

Dem kurzen Leben der VVN ist eine umfängliche Monographie gewid-met, die aufzeigt, wie der 1947 gegründete gesamtdeutsche Verfolgtenverband rasch den Interessen der SED-Führung untergeordnet wurde. Anfänglicher Widerspruch gegen die Ausgrenzung einzelner Opfergruppen verstummte. Als die Organisation 1953 nicht mehr ins politische Konzept der SED-Führung passte, wurde sie von dieser kurzerhand aufgelöst (Reuter/Hansel 1997 [293]).

Vergleichsweise große Aufmerksamkeit genoss die DSF. Indes stand die Bedeutung des Verbandes nicht in Relation zu seiner Größe: 1988/89 demons-trierten mehr als 6,3 Millionen DDR-Bürger ihr gesellschaftliches Engagement als – in der Regel – Karteileichen des Freundschaftsverbandes. Der Aufbau der DSF und deren Entwicklung wurden mehrfach beschrieben (Dralle 1993 [252]; Hartmann/Eggeling 1993 [261]). Die Reibungspunkte, die sich aus dem gestörten Verhältnis zwischen Ost-Berlin und Moskau nach dem Amtsantritt Michail Gorbatschows für die DSF ergaben, sind u.a. Gegenstand einer jüngst abgeschlossenen Dissertation (Kuhn 2002 [276]).

Auf die GST, die vormilitärische Ausbildung mit Freizeitangeboten – insbesondere für Technik begeisterte Jugendliche – verknüpfte, wird hier im Beitrag von Hans Ehlert und Armin Wagner näher eingegangen. Eine Gesamtgeschichte dieser Organisation erschien vor kurzem aus der Feder eines in der DDR führenden Militärhistorikers (Heider, P. 2002 [264]).

Jens Schöne kann in diesem Band aufzeigen, dass die SED-Landwirtschaftspolitik und deren Auswirkungen auf die ländliche Gesellschaft mittlerweile in der Forschung breiten Raum einnehmen. Das gilt für die Vereinigung der gegenseitigen Bauernhilfe nicht, für deren Frühphase lediglich eine – indes unveröffentlichte – Dissertation aus jüngerer Zeit vorliegt (Kurek 1996 [277]).

Der Volkssolidarität, jenem Zweimillionenverband, der wohl kaum einem Rentner in der DDR unbekannt gewesen sein dürfte, widmete die Forschung vor wie nach 1989 nur wenig Aufmerksamkeit. Erste Einblicke in die Organisationsgeschichte wie auch in den Alltag der Volkssolidarität bietet Philipp Springer (1999 [302]), der sein Quellenstudium durch Interviews ergänzte. Auch er legt einen Schwerpunkt auf die vierziger und fünfziger Jahre. Der Übergang der Volkssolidarität ins vereinte Deutschland, wo sie sich als eine karitative Einrichtung dauerhaft zu etablieren wusste, wurde jüngst zum ersten Mal dargestellt (Angerhausen 2003 [240]).

Der 1952 gegründete DDR-Ableger des Deutschen Roten Kreuzes wurde erstmals in einer – in ihrer Anlage beispielhaften – Gesamtgeschichte dieser Organisation, die einen Bogen von 1864 bis 1990 spannt, ausführlicher dargestellt (Riesenberger 2002 [296]).

Die Domowina, 1912 als Bund Lausitzer Sorben und damit Dachverband sorbischer Vereine gegründet, hatte das Privileg, als Vertretung einer nationalen Minderheit in der DDR fortzubestehen, mit der es sich – mit Erfolg – zu arrangieren galt. Mittlerweile liegen eine Reihe neuerer Publikationen vor, zu denen anzumerken ist, dass sie zumeist im Umfeld der Domowina entstanden sind (Pech 1999 [1064]; Kasper 2000 [881]). Eine Dokumentation des Brandenburgischen Landeshauptarchivs präsentiert zentrale Dokumente zur Minderheitenpolitik nach 1945 (Kotsch 2000 [1043]).

Zum Verband der Konsumgenossenschaften liegen erste Annäherungen vor (Fairbairn 1998 [254]; Kurzer 1999 [278]; Kaminsky 2002 [272]; Kaltenborn 2002 [271]), die es weiter auszubauen gilt. Schließlich bietet die Geschichte dieses Verbandes zahlreiche Anknüpfungspunkte, um die wechselvolle Versorgungslage in der DDR näher zu beleuchten.

5. Fazit

Die Institutionenordnung der DDR ist bislang unzureichend erforscht. Dieser Befund gilt für die Massenorganisationen gleichermaßen wie für die Blockparteien – und ebenso die SED. Dies geht aus den Beiträgen von Siegfried Suckut und Andreas Malycha in diesem Band hervor. Während die Verbandsgeschichte einzelner Massenorganisationen insbesondere für die Anfangsjahre vergleichsweise umfassend dargestellt wurde, klafft die von Lepsius beschriebene Lücke zwischen Institutionen- und Wirkungsgeschichte unvermindert. Dieses Defizit erklärt sich nicht aus der Quellenlage. Es war ein Kennzeichen der Massenorganisationen, dass deren Funktionäre kontinuierlich über die Verbandsarbeit nach oben Bericht erstatteten. Die bisher dominierende Herangehensweise, gleichsam von der Spitze über die »Herrschenden« zu den »Beherrschten« vorzustoßen, blieb nicht selten im Dickicht der zentralen Diskussionen und Beschlüsse stecken. Der Forschungsstand zur DDR-Geschichte insgesamt wie auch die Quellenlage würden einen Perspektivwechsel erlauben. Es erscheint auf Dauer ertragreicher, von der Realität der »Beherrschten« auszugehen, um auf dieser Grundlage das Handeln der »Herrschenden« zu erklären. Auf diese Weise könnten auch die viel beschworenen Grenzen der Diktatur deutlicher werden. Grenzen, die sich aus individuellen und kollektiven Beharrungskräften der Menschen gegenüber irrationalen politisch-ökonomischen Vorgaben von oben ergaben, die freilich am diktatorischen Charakter des Systems insgesamt nichts änderten.

BEATE IHME-TUCHEL

Marxistische Ideologie –
Herrschaftsinstrument und politische Heilslehre

»Meines Erachtens aber kann man die Ideologie auf einen Satz reduzieren und das ist dann der Kern: die Partei hat immer recht.« So pointiert fasste Hermann Weber seine jahrzehntelangen Forschungen zur Rolle der Ideologie in der DDR vor der Enquete-Kommission »Aufarbeitung von Geschichte und Folgen der SED-Diktatur in Deutschland« 1995 zusammen.

Die SED-Führung legitimierte ihre Herrschaft in der DDR mit der Ideologie des Marxismus-Leninismus, der aufgrund ihrer angeblichen Kenntnis der »historischen Gesetzmäßigkeiten« der Rang einer wissenschaftlichen Weltanschauung mit absolutem Wahrheitsanspruch eingeräumt wurde. Diese Ideologie definierte sich als eine Gesellschaftstheorie, die auf naturwissenschaftlichen Erkenntnissen und gesellschaftstheoretischen »Gesetzen« beruhend, in der Lage sei, die gesellschaftliche Entwicklung exakt vorher zu bestimmen.

Grundsätzlich handelte es sich dabei um den Versuch, mit Hilfe einer theoretischen Konzeption gesellschaftliche Wirklichkeit zuerst zu erklären und später zu gestalten. Diesen umfassenden Anspruch vertrat die SED insbesondere unter Bezug auf die »Klassiker« Karl Marx und Friedrich Engels. Während für diese jedoch Ideologie das Objekt ihrer kritischen Analyse war, mit deren Hilfe sie gesellschaftliche Realität erfassen wollten, wandelte sich die Ideologie bei W. I. Lenin (*Was tun?* 1902) zu einer Anleitung zum unmittelbaren revolutionären Handeln.

Ideologie wurde seither als historisch begründete und notwendige Weltanschauung angesehen, die den politisch handelnden Menschen zum Bewusstsein seiner Lage bringen und so zum revolutionären Handeln veranlassen sollte. Hieraus entwickelte sich später jener doktrinäre Marxismus-Leninismus, der auf kanonisierten Prämissen beruhte, mithin selbstreferentiell war und 1968 schließlich Eingang in die zweite DDR-Verfassung fand. Lenins Ausspruch von 1913 »Die Lehre von Marx ist allmächtig, weil sie wahr ist« wurde daher zu einem häufig zitierten »Lehrsatz« in dieser hermetischen Selbstbegründung.

Die wichtigsten Forschungsdebatten zur marxistisch-leninistischen Ideologie der SED wurden bereits lange vor 1989 geführt. Zu verweisen ist hier auf die Standardwerke von Gustav A. Wetter (1962 [369]), Wolfgang Leonhard (1962 [346]), Leszek Kolakowski (1979 [342]) und Alexander Schwan (1983 [363]). Peter Christian und Ursula Ludz (1985 [347]) haben auf den Doppelcharakter des Marxismus-Leninismus als »Herrschaftsinstrument und politische Heilslehre« hingewiesen.

Dabei ist immer wieder gefragt worden, ob sich die Kommunisten in den Systemen sowjetischen Typs tatsächlich auf theoretische Überlegungen von Marx und Engels stützten, diese mithin also Versuche zur Umsetzung des Marxismus waren, oder ob ihnen diese nur zur (oft nachträglichen) Rechtfertigung und Verschleierung ihrer Herrschaft dienten. Hermann Weber formulierte die grundsätzliche Position hierzu: »Der Marxismus-Leninismus diente nach der Machteroberung der kommunistischen Partei bzw. bestimmter Gruppierungen in ihr als ideologisches Legitimierungsinstrument zur Verschleierung und Rechtfertigung der Diktatur, nicht aber als theoretische Anleitung zu planvollem Handeln.« (Weber/Lange in: Materialien 1995, Bd. II/3[42]). Diese Ideologie diente der Legitimation undemokratischer Herrschaft, wobei Machterringung und dauerhafte Machterhaltung deren Hauptziele gewesen seien (Weber in: Materialien 1995, Bd. III/3[42]). Auch Wolfgang Leonhard (Materialien 1995. III/3 [42]) geht davon aus, dass die Politik der SED-Führung jeweils a posteriori ideologisch gerechtfertigt wurde. Konrad Löw (Materialien 1995, Bd. III/3 [42]) sieht dagegen in der DDR den konsequenten Versuch zur Realisierung der Theorien von Marx und Engels.

Sicher ist, dass die nach Deutschland zurückkehrenden KPD-Kader über eine von der stalinistischen Herrschaft in der UdSSR geprägte Ideologie verfügten, mit deren Hilfe sie die deutsche Nachkriegsgesellschaft umgestalten wollten (Erler/Laude/Wilke 1994 [140]). Daneben sollten einige spezifisch deutsche Elemente, etwa die Berufung auf eine »antifaschistisch-demokratische Umwälzung« von Bedeutung sein.

Die »Etablierung des Marxismus-Leninismus in der SBZ/DDR« in den Jahren 1945 bis 1955 hat Wolfgang Leonhard im Anschluss an frühere Arbeiten erneut untersucht (1994 [345]). Er bekräftigt hier mit neuem Material seine Grundthese, wonach die Ideologie zuvörderst den Unterdrückungscharakter des Regimes verschleiern sollte. Zugleich habe ihre »Wissenschaftlichkeit« von den ökonomischen Problemen in der DDR ablenken und die Entscheidungen der SED-Führung begründen, rechtfertigen und legitimieren sollen.

Wolfgang Leonhard (1992 [176]) und Gerhard Keiderling (1993 [163]) zeichneten die Entstehung des Ideologie- und Schulungsapparats der KPD/ SED nach. Die Innensicht von Beteiligten, die die Kanonisierung des Marxismus-Leninismus im Ideologieapparat miterlebten, zeigen sowohl Leonhard (1992 [176]) als auch eindringlich Hermann und Gerda Weber (2002 [228]), die in den späten Vierzigerjahren die Parteihochschule »Karl Marx« in Liebenwalde und Kleinmachnow kennen lernten. Mittlerweile liegt eine erste Funktionsanalyse und genauere Untersuchung der Parteihochschule vor, über die umfangreiches Material im Bundesarchiv überliefert ist (Kluttig 1997 [169]). Demgegenüber stellen die beiden anderen großen Ideologieproduzenten, das Institut für Marxismus-Leninismus beim ZK der SED und das Institut für Gesellschaftswissenschaften beim ZK der SED, ein Desiderat der Forschung dar.

Bilder, Rituale und Symbole der frühen DDR zeigte eine Ausstellung des

Deutschen Historischen Museums (Vorsteher 1996 [368]). Den instrumentalisierten Einsatz der Nationalhymne »Auferstanden aus Ruinen« untersucht die Spezialstudie von Heike Amos (1997 [317]).

Die grundsätzliche Bedeutung der Ideologie für das Herrschaftssystem wird auch in ihrer institutionellen Verankerung im Politbüro deutlich. Eine institutionelle Analyse der Ideologischen Kommission beim Politbüro des ZK der SED steht aber noch aus. Die Lebenserinnerungen des ersten »Chefideologen« Anton Ackermann blieben unveröffentlicht, eine genaue Analyse der Folgen seines Aufsatzes von 1946 über den »besonderen deutschen Weg zum Sozialismus«, den er 1948 widerrufen musste, liegt ebenfalls noch nicht vor. Ackermanns Widerruf ging zeitlich einher mit dem Beschluss der SED-Führung, Stalins 1938 veröffentlichte Arbeit *Kurzer Lehrgang der Geschichte der KPdSU* als Grundlage der weltanschaulichen Schulung einzusetzen und damit zu kanonisieren. Der Marxismus-Leninismus diente der SED als »Partei neuen Typs« spätestens seit 1948/49 als Legitimationsideologie.

Über Ackermanns Nachfolger Fred Oelßner gibt es noch keine wissenschaftliche Biografie. Auch über Kurt Hager (1996 [152]), den SED-Chefideologen zwischen 1958 und 1989, liegen nur apologetische Selbstzeugnisse vor, jedoch keine Analyse seiner umfangreichen Tätigkeit. Dieser kann für sich zumindest in Anspruch nehmen, im April 1987 vor dem Hintergrund der Herausforderungen von Glasnost und Perestroika in der UdSSR den deutschen Zitatenschatz bereichert zu haben, als er auf die Frage, ob Glasnost und Perestroika auch in der DDR Einzug halten würden, antwortete, wenn der Nachbar renoviere, müsse man ja nicht »seine Wohnung ebenfalls neu tapezieren«. Erich Hahn (1993 [328]) hat die Sicht des einstigen Ideologieproduzenten auf die Entwicklung der SED-Ideologie knapp skizziert. Diese Position teilen jedoch nur wenige, wenngleich sie auch selbstkritische Elemente enthält.

Der Debatte, inwieweit das System der DDR auch wegen seiner Ideologie als »totalitär« bezeichnet werden kann und welche Diktaturbegriffe heute diskutiert werden, widmen sich Bernhard Marquardt (Materialien 1995, Bd. III/3 [42]), Detlef Schmiechen-Ackermann (2002 [2004]) und Beate Ihme-Tuchel (2002 [1601]) in gesonderten Forschungsüberblicken. Auch Überblicksdarstellungen zur DDR-Geschichte verweisen immer wieder auf die zentrale Bedeutung der Ideologie für die Herrschaftssicherung der SED (Mählert 1998 [41], Schroeder 1998 [63], Weber 2000 [77]).

Wenn auch grundlegende Studien über die Ideologie als Integrationsfaktor in der DDR noch ausstehen, wurde über einige Teilbereiche der SED-Ideologie nach 1989 intensiv diskutiert. Den politischen Ort dieser Diskussion bildete vor allem die Enquete-Kommission »Aufarbeitung von Geschichte und Folgen der SED-Diktatur in Deutschland« in der 12. Wahlperiode des Deutschen Bundestages. Die drei Teilbände des Bandes III »Ideologie, Integration und Disziplinierung« bieten mit einer Fülle von Beiträgen einen immer noch gültigen Überblick über den Forschungsstand zur Bedeutung des Marxismus-Leninismus in der DDR (Materialien 1995; Bd. III/3 [42]). Dabei sind insbesondere

die Vorträge von Manfred Wilke, Hermann Weber und Wolfgang Leonhard
sowie die Expertisen von Johannes L. Kuppe, Bernhard Marquardt, Roswi-
tha Wisniewski sowie von Hermann Weber und Lydia Lange hervorzuheben.
Aus den Materialien der Enquete-Kommission »Überwindung der Folgen der
SED-Diktatur im Prozess der deutschen Einheit« ist besonders auf die beiden Teilbände des Bandes IV *Bildung, Wissenschaft, Kultur* mit den Vorträgen
und Expertisen von Oskar Anweiler, Bernd Florath und Bernd-Reiner Fischer
hinzuweisen (Materialien 1999 [43]).

Obwohl die Debatte über Rolle und Funktion des Marxismus-Leninismus in
der DDR im Gegensatz zu manchen anderen nach der Öffnung der Archive im
Zuge des Umbruchs von 1989/90 keine Renaissance erlebte, wurde dennoch
über einige Elemente der SED-Ideologie nach 1989 in der Forschung intensiv
diskutiert.

Bei der Diskussion über die ostdeutsche Geschichtswissenschaft stellte sich
immer wieder auch die Frage nach deren »Ideologieproduktion«. Auf diese
Diskussion, die eng mit der Frage nach den Möglichkeiten und Grenzen von
Wissenschaft in den Systemen sowjetischen Typs verknüpft war, soll hier
wenigstens hingewiesen werden. Verschiedene Sammelbände befassten sich
ausführlich mit Zielen und Institutionen, aber auch mit den Ergebnissen der
DDR-Geschichtswissenschaft (Jarausch 1991 [1913]; Kowalczuk 1994 [1902];
Sabrow/Walther 1995 [1931]; Sabrow 1997 [358]; Iggers/Jarausch/Middell/
Sabrow 1998 [1912]). Von den neueren Arbeiten sind die Studien von Ilko-
Sascha Kowalczuk (1997 [1921]) über die Geschichtswissenschaft in der DDR
zwischen 1945 und 1961, von Stefan Ebenfeld (2001 [1904]) über die Instrumentalisierung der Geschichtswissenschaft am Beispiel des Museums für Deut-
sche Geschichte und von Martin Sabrow (2001 [1932]) über das Institut für
Deutsche Geschichte an der Akademie der Wissenschaften der DDR hervorzuheben.

Eine Diskussion über die marxistisch-leninistische Philosophie in der DDR
hat die materialreiche und kritische Darstellung von Norbert Kapferer (1990
[377]) angestoßen. Guntolf Herzberg (1996 [1405] u. 2000 [1406]) arbeitete
ebenso anregend wie grundlegend die ostdeutsche Philosophie als »Abhängigkeit und Verstrickung« und später als »Aufbruch und Abwicklung« auf. Ergänzt
werden diese Standardwerke durch den Sammelband von Volker Gerhardt und
Hans Christoph Rauh (2001 [1396]) über die Anfänge der DDR-Philosophie.
Während die Philosophen aus der DDR sich an der Diskussion über ihren
Anteil an der Verbreitung der marxistisch-leninistischen Ideologie eher selten
beteiligten (Mende/Mocek 1996 [1415]), werden die Möglichkeiten des ver-
schlüsselten Diskurses, der auch in der DDR-Philosophie möglich war, in der
Studie von Wolfgang Bialas (1996 [1786]) erkennbar. Die Debatten um die
ostdeutsche Geschichtswissenschaft und Philosophie haben aber grundsätzlich
deutlich gemacht, wie sehr diese Disziplinen an der Erarbeitung und Verbreitung der Ideologie beteiligt waren.

Besonders deutlich ist dies bei der Diskussion über die Instrumentalisierung historischer Ereignisse durch die SED geworden. Außerordentlich wichtig war dabei die Frage nach der Bedeutung des »Antifaschismus« für die Ideologie und deren Legitimationsfunktion. Die Berufung auf den Antifaschismus gehörte zu den ganz frühen Legitimationsstrategien der KPD/SED und wurde bis zum Ende der DDR als tragendes Element der Ideologie beibehalten. Sigrid Meuschel (1992 [348]) weist darauf hin, dass der Antifaschismus als Alternative zu einer revolutionären Technik des Machterwerbs stilisiert wurde. Inzwischen haben eine Reihe von Sammelbänden (Danyel 1995 [1961]; Eckert/Faulenbach 1996 [1905]; Leo/Reif-Spirek 1999 [343] u. 2001 [344]) sowie Detailstudien (Haury 2002 [329]) und Essays (Grunenberg 1993 [327]; Simon 1996 [1150]) nachgezeichnet, wie umfassend der Antifaschismus zur Legitimation der SED eingesetzt wurde, aber auch, wie stark einige Widerstandskämpfer gegen die NS-Diktatur, die nicht bereit waren, sich dem Parteidiktat zu unterwerfen, ausgegrenzt wurden. Hierzu gehört auch das problematische Verhältnis zu den in der DDR lebenden jüdischen Bürgern und zum Staat Israel (Groehler/ Keßler 1995 [1298]; Keßler 1995 [1303]; Offenberg 1998 [1308]).

Exemplarisch zeigte sich der Umgang mit dem Antifaschismus in der DDR in der Nachwendezeit besonders eindrucksvoll in der Kommentierung eines ehemaligen »Traditionskabinetts« (Kulturamt Prenzlauer Berg 1992 [2041]). Wie sehr kommunistisch verfolgte Sozialdemokraten aus ideologischen Gründen ausgegrenzt und zu »Opfern zweiter Klasse« gemacht worden sind, zeichnet einfühlsam und nachdrücklich Friedhelm Boll (2001 [487]) nach.

Besonders heftig war die Debatte um die Verschränkung von Ideologie und Historiografie bei der Frage nach der »Selbstbefreiung« des Konzentrationslagers Buchenwald und dem Verhalten der kommunistischen Funktionshäftlinge in diesem Lager. Nach der Veröffentlichung von Dokumenten durch Lutz Niethammer (1994 [352]), die Vorwürfe gegen Funktionshäftlinge enthielten, entspann sich eine heftige Diskussion, die als »Buchenwald-Konflikt« (Zimmer 1999 [2066]) bekannt werden sollte. Im Kern ging es dabei nicht nur um das Verhalten kommunistischer Häftlinge im Konzentrationslager, sondern um die nachträgliche Heroisierung dieses Verhaltens und dessen Verzeichnung im Rahmen des DDR-Antifaschismus (Overesch 1995 [354]). Buchenwald wurde so zum Symbol eines »verordneten Antifaschismus«; die Nutzung des Ortes im Rahmen der SED-Ideologie und -Pädagogik hatte mithin nur noch wenig mit seiner realen Geschichte und den dort agierenden Menschen zu tun.

Grundsätzlich mit den politischen Mythen in der DDR (dem Antifaschismus als dem Gründungsmythos, dem Bauernkrieg, der Reformation und Preußen) hat sich Raina Zimmering (2000 [317]) befasst. Von zentraler Bedeutung für die Ideologie der SED war zudem der planmäßig organisierte Mythos um den KPD-Führer Ernst Thälmann. Neben der einige überzeichnende Elemente aufweisenden Studie von Thilo Gabelmann (1996 [325]) ist hier vor allem der von Peter Monteath (2000 [349]) herausgegebene Sammelband zu nennen, der das ideologische Konstrukt »Thälmann« mit der historischen Persönlichkeit konfrontiert. Ergänzend sei hier auf die hervorragende Edition der Briefe

Ernst Thälmanns (1996 [227]) aus der Haft an Stalin und auf die Arbeiten von Ronald Sassning (1997 [361], 1999 [359], 2000 [360]) hingewiesen. Diese Studien knüpfen auch an frühere Debatten um »Weiße Flecken« in der KPD-Geschichte (Weber 1990 [232]) an, an denen aus ideologischen Gründen bis zum Ende der DDR nicht gerührt wurde.

Viele andere Bereiche der Ideologie sind dagegen noch nicht aufgearbeitet. Dazu gehört die Frage, ob und wenn ja, wie stark die jahrzehntelange marxistisch-leninistische Indoktrination von verschiedenen sozialen Gruppen und Generationen in der DDR internalisiert worden ist (Kuppe, in: Materialien 1995, Bd. III/3 [42]; Fischer, in: Materialien 1999, Bd. IV/1 [43]). Einige Spezialstudien untersuchen den Einfluss der Ideologie auf den ostdeutschen Film (Becker 1999 [1172]), die Erziehung (John 1998 [1355]; Werner 1999 [1387]; Bernt 2000 [1328]), die industrielle Arbeitswelt (Zimmermann 2000 [1082]) und das Verhältnis zwischen Ideologie und Atheismus (Hoffmann 2000 [331]). Hier stellt sich jedoch immer die Frage, wie die Wirkung der Ideologie als Integrationsinstrument gemessen und wie dies für die weitere Erforschung des Herrschaftssystems der SED adäquat operationalisiert werden kann (Weber 2002 [1950]).

GUNTER HOLZWEISSIG

DDR-Medien und Medienpolitik

Für die SED galten die Medien als »schärfste Waffe der Partei«. Sie sollten als operativ eingesetztes Herrschaftsinstrument für alle Lebensbereiche kommunistische Ideologie verbreiten und so entscheidend an der Indoktrination der Bevölkerung mitwirken sowie die Einflüsse des »Klassenfeindes« – insbesondere in Gestalt der bundesdeutschen elektronischen Medien (Holzweißig 1997 [336]) – zurückdrängen. Da diesem Unterfangen angesichts der verordneten politischen, inhaltlichen und formalen Monotonie der DDR-Medien nur vordergründig Erfolg beschieden war, setzte die SED-Führung flankierend wirksamere Disziplinierungs-Instrumente ein – die politische Strafjustiz und als »Schild und Schwert der Partei« das Ministerium für Staatssicherheit. Zwar war in Artikel 27 der DDR-Verfassung die Freiheit der Berichterstattung der Presse, des Rundfunks und des Fernsehens formal zugesichert, sie stand jedoch ebenso wie alle anderen auf dem Papier gewährten Grundrechte unter dem Vorbehalt des Artikels 1 der Verfassung. Dort hieß es, die DDR sei die politische Organisation der Werktätigen »unter der Führung der Arbeiterklasse und ihrer marxistisch-leninistischen Partei« (Mampel 1997 [448]).

Im Gegensatz zur lückenlosen Vorzensur und Kontrolle der Buch- und Filmproduktion (Barck/Langermann/Lokatis 1997 [1170]; Schittly 2002 [1227]) benötigte das SED-Regime für die Anleitung der Presse und der elektronischen Medien keine institutionalisierte Zensurbehörde, wie es sie beispielsweise im kommunistischen Polen oder in der Sowjetunion gab. Die »Schere im Kopf« beziehungsweise der vorauseilende Gehorsam der um ihre berufliche Existenz bangenden Journalisten – aber auch deren vor der Zulassung zur Ausbildung gründlich überprüfte ideologische Zuverlässigkeit – machten eine Vorzensur vollends überflüssig. Zumal eine nichtinstitutionelle »Nachzensur« durch die entsprechenden oberen Parteiorgane bis hin zu den Parteispitzen tatsächliches oder vermeintliches Abweichen von der Parteilinie mit zumeist beruflichen Konsequenzen für die Betroffenen streng ahndete. Zudem sorgte bereits die Androhung der Anwendung strafrechtlicher Normen bei unbotmäßigem Verhalten für die Disziplinierung der Journalisten. Vermeintliche publizistische Freiräume, von denen im Nachhinein gelegentlich die Rede ist, waren entweder politisch gewollt oder entstanden durch Kommunikationsstörungen in den Lenkungsmechanismen der SED-Medienbürokratie. DDR-Journalisten agierten folglich in erster Linie als »Weiterleiter« der ihnen vom SED-Parteiapparat erteilten Weisungen (Pannen 1992 [335]). Für die Journalisten – im parteiamtlichen Verständnis »Funktionäre der Arbeiterklasse« bzw. ihrer Partei – wäre es unter den gegebenen Umständen allerdings eher eine Arbeitserleichterung gewesen, wenn ihnen ein Zensor die Verantwortung für ihre Berichterstattung

abgenommen hätte. Zur Einführung der Zensur im Kriegs- und Spannungsfall hatte die ZK-Abteilung Agitation vorsorglich detaillierte Schubladenpläne
ausgearbeitet (Holzweißig 2002 [333]).

Das Meinungsmonopol der SED-Führung beruhte hauptsächlich – ebenso
wie in Friedenszeiten das der Nationalsozialisten – auf einem ausgeklügel-
ten Geflecht von so genannten Empfehlungen. Dabei handelte es sich jedoch
tatsächlich um strikt zu befolgende Weisungen und formale Vorgaben, die selbst
häufig für die mit deren Weiterleitung verantwortlichen Chefredakteure kaum
nachvollziehbar waren. Belege für die hauptsächlich von der ZK-Abteilung
Agitation herausgegebenen »Empfehlungen« finden sich verstreut in den Akten
des ehemaligen SED-Parteiarchivs, des Presseamts oder auch in selten erhalten gebliebenen »Tabu-Büchern« der Redaktionen. Diese Quellen decken sich
inhaltlich mit einer knappen, jedoch aussagekräftigen Dokumentation stenogra-
phischer Mitschriften aus den so genannten Donnerstags-Argus. Dort erhielten
leitende Ostberliner Parteijournalisten wöchentlich Hintergrundinformationen
verbunden mit Ge- und Verboten für die redaktionelle Arbeit (Bürger 1990
[322]).

Nach Veränderungen in der sowjetischen Zensurpraxis im Jahre 1947 – von
einer völligen Einstellung kann bis zur Gründung der DDR trotz gegenteiliger Annahmen keine Rede sein (Strunk 1996 [366]) – erstreckte sich die
inhaltliche und personelle Weisungsbefugnis der Medienverantwortlichen in
der SED-Führung praktisch bis zum Herbst 1989 auf sämtliche Printmedien,
die Nachrichtenagentur ADN, den Hörfunk und das Fernsehen. Das Presseamt
beim Vorsitzenden des Ministerrates diente dabei in erster Linie als Transmissionsriemen der SED-ZK-Abteilung Agitation zur Anleitung und Überwachung
der Blockparteipresse und – als Ausnahme von der Regel – zur Wahrnehmung
der Vorzensur bei den Kirchenzeitungen (Holzweißig 1991 [332]).

Die Abteilung Agitation unterstand dem ZK-Sekretär für Agitation und Propaganda, der auch die 1953 eingesetzte Agitationskommission beim Politbüro
leitete. Ihr gehörten sowohl ZK-Funktionäre als auch Vertreter der Praxis an
wie die Chefredakteure von *Neues Deutschland*, des SED-Blattes für Ost-Berlin *Berliner Zeitung*, des FDJ-Organs *Junge Welt*, der Gewerkschaftszeitung
Tribüne, der Leiter des Presseamtes und die Intendanten des Hörfunks und
des Fernsehens. Anfangs entwarf die Agitationskommission unter erheblichem
Arbeitsaufwand realitätsferne »parteiliche« Argumentationsrichtlinien für die
Medienberichterstattung, um für mittelfristig erwartete politische Entwicklungen propagandistisch gewappnet zu sein. Im letzten Jahrzehnt des SED-Regimes degenerierten die meist dienstags stattfindenden Sitzungen der Agitationskommission zur unverhüllten Befehlsausgabe für die publizistische Umsetzung
der Politbüro-Beschlüsse. Nach der 1990 erfolgten Öffnung der Partei- und
Staatsarchive der DDR sowie durch seither zahlreich vorliegende Zeitzeugenberichte sind die Anleitungs- und Lenkungsmechanismen der SED-Agi-
tationsbürokratie im Wesentlichen transparent geworden und nur noch um
Facetten zu bereichern (Holzweißig 1997 [336] u. 2002 [333]).

Zwei faktenreiche Untersuchungen über die Rolle des MfS bei der »politisch-operativen Sicherung« am Beispiel von SED-Bezirkszeitungen belegen, dass die Stasi als »Ideologiepolizei« hauptsächlich für die personenbezogene Überwachung der Redaktionen, nicht aber für deren inhaltliche Anleitung zuständig war (Kluge/Birkfeld/Müller 1997 [341]; Reichert, S.2000 [357]). Beide Studien verweisen jedoch auf das große Interesse des MfS an einer IM-Verpflichtung von solchen Journalisten, deren Aufgabengebiet rege außerredaktionelle Aktivitäten erforderte. Dabei handelte es sich etwa um Kontakte zu ausländischen Diplomaten und Korrespondenten, zur lokalen Kunst- und Kulturszene oder zu Leistungssportlern.

Veröffentlichte Leserbriefe wurden, wie schon vor der »Wende« auch ohne Aktenkenntnis unschwer zu erkennen war, häufig auf Bestellung der Partei geschrieben (Holzweißig 1989 [335]). Systemkritische Leserbriefe und die »Bearbeitung« ihrer Verfasser fielen selbstredend in die Zuständigkeit des MfS. Soweit an dieser Praxis Zweifel geäußert wurden (Bos 1992 [321]), sind sie inzwischen überzeugend aktengestützt ausgeräumt worden (Reichert, S.2000 [357]). Widerlegt wurden dabei auch verharmlosende und falsche Aussagen eines »IM Richard« über die Auswertung der Leserbriefe in der *Leipziger Volkszeitung* (Reichert 2000 [357]). Er war dort bis 1989 amtierender Leiter der Abteilung Massenverbindungen und hatte den Auftrag, sowohl anonyme als auch namentlich gezeichnete kritische Leserbriefe konspirativ dem MfS zur Verfügung zu stellen.

Zur Geschichte einzelner Medien liegen bisher keine Monographien vor. Lediglich im Zusammenhang mit ihrer Transformation in die gesamtdeutsche Medienlandschaft werden die unterschiedliche Funktion einiger Zeitungen und Sender hinsichtlich ihrer Zielgruppen beleuchtet. Dies gilt beispielsweise für die *Berliner Zeitung*, die *Junge Welt* und die Wochenzeitung des Kulturbundes *Sonntag* (Kapitza 1997 [338]) sowie den Jugendsender *DT64* (Ulrich/Wagner 1993 [367]). Bisher überwiegen im Schrifttum zur DDR-Medienhistoriographie fragmentarische, anekdotenbeladene und meist verklärende Erinnerungsbände aus der Feder früherer prominenter Journalisten. Das trifft beispielsweise auf Veröffentlichungen über die seinerzeit vom Publikum außerordentlich geschätzte *Wochenpost* (Polkehn 1997 [356]) und die *Berliner Zeitung* (Arnold, K-H. 2000 [318]) zu. Anspruchsvoller und informativer präsentiert sich hingegen ein umfangreicher Sammelband mit Einblicken in den Redaktionsalltag bei Fach- und Publikumszeitschriften. Daran haben sich sowohl Medienwissenschaftler als auch einstige Akteure beteiligt (Barck/Langermann/Lokatis 1999 [319]).

Wissenschaftlich fundierte, jedoch zwangsläufig komprimierte Abrisse der Geschichte des Hörfunks und des Fernsehens in der SBZ/DDR finden sich bisher nur in Beiträgen ostdeutscher Medienwissenschaftler zu Sammelwerken (Mühl-Benninghaus 1999 [350]; Hickethier/Hoff 1998 [330]). Dagegen berichtet der altgediente Parteijournalist Erich Selbmann (1998 [364]) ausführlich über seine langjährige Tätigkeit als Chefredakteur der *Aktuellen Kamera* sowie als Leiter des Bereichs »Dramatische Kunst« beim Fernsehen der DDR. Sein Anliegen ist es, die Leistungsfähigkeit seines Mediums zu dokumentieren, ungeachtet der auch von ihm beschriebenen Eingriffe der SED-Führung. Wie fast alle seiner früheren Kollegen, einschließlich Karl Eduard von Schnitzlers, kritisiert Selbmann das Versagen der Informationspolitik in der Honecker-Ära, obwohl sie prinzipiell auch unter Ulbricht nicht anders praktiziert worden war. Die Erkenntnis, dass es einen besseren »sozialistischen« Journalismus nicht geben kann, sondern nur einen guten oder schlechten ohne »parteiliche« Gängelung hat sich bei vielen ehemaligen DDR-Journalisten bis heute nicht durchgesetzt.

Die Medienforschung befindet sich noch in ihren Anfängen und weist erhebliche *Forschungsdesiderate* auf. So fehlen, wie schon erwähnt, Monographien über einzelne Printmedien und Sender, aber auch über den Verband der Journalisten der DDR sowie über die Leipziger Ausbildungsstätten der Journalisten oder das Presseamt, die den beschwerlichen Weg zu einer notwendigen Gesamtdarstellung der Mediengeschichte der SBZ/DDR ebnen könnten. In beiden Teilen Deutschlands war vor dem Zusammenbruch der SED-Herrschaft an ein derartiges Projekt nicht zu denken, weil die SED den Leipziger Medienhistorikern die Feder führte beziehungsweise ihnen das Schreiben über tagespolitisch relevante Themen untersagte. Im Westen standen dagegen lediglich die DDR-Medienprodukte (Zeitungen und Zeitschriften sowie Sendungen des Hörfunks und des Fernsehens) nahezu komplett für die Auswertung zur Verfügung. Medienwissenschaftler mit nur geringen DDR-Kenntnissen behalfen sich in der Bundesrepublik deshalb mit quantitativen Inhaltsanalysen (Blaum 1992 [320]). Diese sind für Untersuchungen über Medienprodukte totalitärer Staaten allerdings ein problematisches Instrument, weil damit die Einflussnahme der politischen Führung auf die Medienberichterstattung kaum zu extrapolieren ist. Qualitative Inhaltsanalysen, die jedoch die Fähigkeit des DDR-Forschers zum Zwischen-den-Zeilen-Lesen und zum Bewerten auf der Grundlage einer realistischen Sichtweise voraussetzten, erbrachten in der Regel solidere Ergebnisse, die nach der Öffnung der Archive vielfach verifiziert werden konnten und – ergänzt durch neue Quellen – weiterhin nutzbar sind.

Die Kapriolen der Medienpolitik des SED-Regimes sind zum großen Teil auf den Einfluss der bundesdeutschen elektronischen Medien auf die DDR-Bevölkerung zurückzuführen. An einem letzten Endes vergeblichen Kampf gegen das »Gift aus dem Äther« war auch die MfS-Hauptabteilung Aufklärung mit ihren Desinformations-Spezialisten beteiligt (Knabe 2001 [1712]). Ihnen sind die Medien und die Öffentlichkeit in der alten Bundesrepublik verschiedentlich auf den Leim gegangen. Hier wären weitere Forschungen zum längst noch nicht abschließend bearbeiteten Thema »Stasi und Westmedien« wünschenswert, wenn sich dafür doch noch weitere Belege in der Birthler-Behörde anfinden würden.

JENS GIESEKE

Die Geschichte der Staatssicherheit

Das Schrifttum zum Ministerium für Staatssicherheit (MfS) der DDR ist kaum noch zu überschauen. Allerdings kann nur ein geringer Teil davon als wissenschaftliche Analysen gelten, die methodisch hinreichend sorgfältig vorgehen und sich auf dem derzeit möglichen Reflektionsniveau bewegen. Daraus werden hier die Befunde einiger Studien diskutiert sowie edierte Quellen vorgestellt, die Marksteine für die zügige Entwicklung des Kenntnisstandes und die eingeschlagenen Forschungswege darstellen. Weitgehend ausgeklammert werden dabei Themen, die in diesem Band durch andere Beiträge abgedeckt sind (z. B. 17. Juni 1953, Mauerbau 1961, Biermann-Ausbürgerung, Lager/Haftanstalten sowie der breite Komplex Widerstand und Opposition). Einen Überblick über die gesamte Literatur zum Thema bietet die *Bibliografie zum Staatssicherheitsdienst* [376].

1. Allgemeines

Bis 1989 war die Erforschung des MfS geprägt von Karl Wilhelm Fricke: u.a. *Die DDR-Staatssicherheit* (1982, aktualisiert 1984 und 1989 [387]). In der Rekonstruktion des bis 1989 kaum Belegbaren waren und sind Frickes Bücher »Pionierleistung[en]« (Hermann Weber), die es noch heute ratsam erscheinen lassen, vor der Veröffentlichung vermeintlicher Neuentdeckungen dort nachzuschlagen.

Selbstredend erschienen in der DDR keine zeitgeschichtlichen Arbeiten zum geheimnisumwitterten MfS. Als nachholende Offizialgeschichte liest sich die voluminöse Rechtfertigungsschrift einer Reihe von Generälen und Obristen (Grimmer/Irmler/Opitz/Schwanitz 2002 [394]), die freilich das böse Historiker-Bonmot »Lügt wie ein Zeitzeuge« auf eklatante Weise bestätigt.

Das Bedürfnis nach umfassenden Fakten über den riesigen Überwachungs- und Spionageapparat stillten ab 1990 zunächst (neben manchen Sensationsschriften) einige profunde Dokumentationen und Berichte aus dem Auflösungsprozess, darunter am umfassendsten Gill/Schröter (1991 [398]), die viele Informationen zum Apparat der endachtziger Jahre und zur Auflösung selbst lieferten und eine Reihe von zentralen MfS-Richtlinien der Öffentlichkeit zugänglich machten. Auch Fricke (1991 [388]) präsentierte einen weiteren Band aus dem nun offen liegenden Material.

Trotz vieler Desiderate liegen erste synthetisierende Darstellungen der MfS-Geschichte vor. David Childs und Richard Popplewell (1996 [380]) gaben dem englischsprachigen Publikum einen Überblick über die erste Bücher- und

Aufsatzwelle, griffen allerdings zuweilen auf (heute widerlegte) Kalter-Krieg-Legenden zurück. Eine zweite Zwischenbilanz der Forschung stammt vom Verfasser dieses Berichts (Gieseke 2001 [392]). Sie fasst Problemfelder wie die stalinistischen Ursprünge, die Apparatentwicklung, das Netz der inoffiziellen Mitarbeiter, die gesellschaftliche Überwachung, den Umgang mit der Opposition, die Auslandsarbeit sowie die Auflösung vor dem Hintergrund vergleichender historischer Forschung zusammen. Für Zwecke der politischen Bildung ist zudem eine Kompilation von Grundlageninformationen und vielen Originaldokumenten erschienen (Gieseke/Hubert 2000 [390]).

Zwei Monografien über das Ende des MfS kommen zu entgegengesetzten Ergebnissen: Michael Richter (1996 [410]) ging aus von geschickten Anpassungs- und Überlebensstrategien des MfS und seiner Mitarbeiter über das Ende der DDR hinaus. Demgegenüber rekonstruierte Walter Süß (1999 [918]) später auf breiter Quellenbasis die ungewollte Auflösung des MfS als Produkt einer politisch induzierten Auszehrung der SED-Diktatur, der Führung und Mitarbeiter kaum ernstlichen Widerstand entgegensetzten.

2. Apparat, Personal und Methoden

Alle Untersuchungen haben bestätigt, dass der Geheimapparat sich niemals aus der unmittelbaren Führung durch die SED-Parteispitze herausgelöst hat. Der jeweilige Parteichef gab die generelle Linie vor und entschied in prominenten Einzelfällen. In der politischen Abstimmung einzelner Operationen arbeiteten die Fachabteilungen des Zentralkomitees und des MfS zusammen. Insofern hatte die Mystifikation als »Schild und Schwert der Partei« ihren realen Kern (Süß, W. 1997 [418]; Suckut/Süß 1997 [416]). In den frühen Jahren war diese Subordination deutlich überlagert von der unmittelbaren Anleitung durch Instrukteure der sowjetischen Staatssicherheit (MGB, ab 1954 KGB) (Engelmann 1997 [382], Marquardt in: Fricke/Marquardt 1995 [385]). Eine umfassende Analyse dieses politischen Anleitungsgefüges, etwa in der alltäglichen Zusammenarbeit von SED-Bezirks- und Kreissekretären und den jeweiligen MfS-Diensteinheiten, steht jedoch aus. Zugleich betrieb der Minister Erich Mielke Interessenpolitik, um seiner Weltsicht Geltung und seinem Apparat Ressourcen zu verschaffen. Das lag in der Tradition des sowjetischen NKWD/KGB.

Eine Biografie des ersten Ministers Wilhelm Zaisser liegt bislang nur als Aufsatz vor (Müller-Enbergs 2003 [406]), die seines Nachfolgers Ernst Wollweber ist in einem Buch nachgezeichnet (Flocken/Scholz 1994 [383]). Die genaueste Studie über den legendenumrankten Lebensweg Erich Mielkes stammt von Wilfriede Otto (2000 [407]). Seine Prägungen vor 1945 als Kommunist und Stalinist im Berliner Wedding, in der Sowjetunion sowie in Spanien und Frankreich sind dort ebenso rekonstruiert wie seine Rolle als »säubernder« Parteipolizist in der frühen DDR und als autokratischer Herrscher über seine hypertrophe Sicherheitsbürokratie.

Tiefe Blicke in die Innenwelt des MfS-Apparates geben Studien zu einer Reihe von Diensteinheiten im Handbuch *Anatomie der Staatssicherheit* (1995 ff. [373]). Ebenso konnten Struktur und geistige Welt des hauptamtlichen Personals der Staatssicherheit rekonstruiert werden, das im Laufe der Jahre auf 91 000 Beschäftigte anwuchs – gemessen an der Bevölkerung der DDR eine weltweit einmalige Zahl (Gieseke 2000 [391]). Das Interesse am Apparat wurde zunächst von der öffentlichen Diskussion über die inoffiziellen Mitarbeiter (IM) überlagert. Grundsteine zu einer systematischen Untersuchung dieser Informanten legen die Arbeiten von Helmut Müller-Enbergs, allen voran seine Einleitung zur Dokumentation der einschlägigen Arbeitsrichtlinien (Müller-Enbergs 1996 [404]). Mit einem Bestand von rund 173 000 IM in der DDR war auch hier eine exorbitante Größenordnung erreicht. Sowohl die IM-Tätigkeiten selbst als auch die heutige IM-Debatte untersucht die sozialpsychologische Studie von Barbara Miller (1999 [401]), die allerdings die historische Genese der Informantenarbeit des MfS kaum berührt.

Andere Methoden der geheimpolizeilichen Informationsgewinnung sind nicht umfassend erforscht, doch mit einem informativen Ausstellungsbegleitbuch hat das Museum für Post- und Telekommunikation die Post- und Paketkontrolle sowie die Überwachung von Telefonen sowohl aus der Perspektive von Überwachern wie von Überwachten beleuchtet (Kallinich/de Pasquale 2002 [397]). Bedeutsam, aber bislang kaum analysiert ist das »politisch-operative Zusammenwirken« (POZW) des MfS mit anderen offiziellen Stellen. Erste Erkundungen zeigen, dass etwa die Indienstnahme der Volkspolizei für MfS-Zwecke ebenso breit wie konfliktgeladen war (Lindenberger 2003 [638]; Herbstritt 1998 [396]).

3. Verfolgungspraxis

Neben der Verfolgung von Menschen aus allen Bevölkerungsgruppen inhaftierte das MfS bis 1953 auch hochrangige SED-Funktionäre, die den damals üblichen Parteireinigungen zum Opfer gefallen waren. Hermann Weber und Ulrich Mählert (1998 [229]) haben diese Vorgänge in der SED in den Kontext der stalinistischen Parteisäuberungen in der UdSSR und anderen Ostblockstaaten gestellt. Wolfgang Kießling untersuchte die Verfolgung von Westemigranten im Zuge der »Field-Affäre« an den Fällen des Politbüromitglieds Paul Merker und des Reichsbahndirektors Willi Kreikemeyer. Dabei geht er der besonderen Rolle Erich Mielkes bei der Verhaftung und dem Tod Kreikemeyers in der Stasi-Haft nach (Kießling 1994 [166] und 1998 [165]).

Bis zum Mauerbau 1961 stand die Verfolgungspraxis des MfS im Zeichen des kalten Bürgerkriegs »von oben«. Neben Festnahmen, Verhören und Verurteilungen von DDR-Bürgern gehörten auch Entführungen und Anschläge in West-Berlin und Westdeutschland zum Repertoire. Das Zusammenspiel dieser verschiedenen Elemente zeigen die Studie von Fricke und Engelmann (1998 [384]) zu den Verhaftungs- und Entführungswellen 1953 bis 1955 gegen vermeintliche oder tatsächliche westliche Agenten sowie Buschforts Analyse der Attacken gegen die Ostbüros der westdeutschen Parteien und ihrer Ansprechpartner (Buschfort 2000 [378]).

Zur Verarbeitung des ersten Entstalinisierungsschubs 1956 liegt bislang nur eine kleine Studie vor, die die Hintergründe des Ministerwechsels von Wollweber zu Mielke fokussiert (Engelmann/Schumann, S. 1995 [381]).

Je weniger die Staatssicherheit seit den sechziger Jahren mit den ebenso primitiven wie brutalen Methoden des Stalinismus vorging, desto mehr Aufwand betrieb sie, um kritische Potentiale in der DDR-Gesellschaft zu durchdringen und verdeckt zu kontrollieren. Zwei Bereiche standen bislang im Zentrum des Forschungsinteresses, die viele DDR-Bürger als Ersatzöffentlichkeiten in der monopolistisch gesteuerten Gesellschaft der DDR betrachteten: die Schriftsteller und die protestantische Kirche. Aus diesen Milieus speiste sich das Potential an Dissidenten und Oppositionellen, und entsprechend intensiv bemühte sich das MfS, dort mit inoffiziellen Mitarbeitern präsent zu sein. Die Stasi-Debatte war deshalb in den neunziger Jahren zunächst eine Diskussion über die politische und moralische Integrität von Schriftstellern und Kirchenleuten, deren zeitweilige oder dauerhafte, eindeutig beweisbare oder bis heute umstrittene heimliche Indienstnahme durch die Staatsmacht entdeckt wurde. Die Wissenschaft versuchte dabei, die IM-Präsenz in diesen Sphären jenseits der spektakulären Enthüllungen systematisch zu analysieren. In diesem Zusammenhang entstanden die gewichtige Untersuchung des »Sicherungsbereichs Literatur« in der Ära Honecker durch Joachim Walther (1996 [1236]), sowie eine Reihe von Studien zu den Kirchen, die sich durch den Sammelband von Clemens Vollnhals (1996 [1294]) erschließen lassen. Ob also die DDR-Literatur oder die »Kirche im Sozialismus« letztlich stasigesteuert waren oder wo die Grenzen dieser subkutanen Eingriffe lagen, ist bis heute umstritten. Immer wieder ist der Forscher darauf verwiesen, sich den MfS-Akten nicht gleichsam auszuliefern, sondern sie auch »gegen den Strich« zu lesen und andere Quellen heranzuziehen. So zeigt etwa die exemplarische Studie Matthias Brauns zu Heiner Müllers *Umsiedlerin* einerseits das Zusammenspiel von Partei, Geheimpolizei und anderen Institutionen, lässt aber die Schwächen des Apparates gleichermaßen hervortreten (Braun, M. 1994 [378]).

Ein Meisterstück von subtiler Analyse und entschiedenem Aufklärungswillen hat die Medizinhistorikerin Sonja Süß (1998 [417]) zum Zusammenhang von Psychiatrie und Staatssicherheit vorgelegt. Sie weist nach, dass es die systematische Psychiatrisierung gesunder Oppositioneller, wie sie in der Sowjetunion üblich war, in der DDR nicht gegeben hat. Zugleich dokumentiert sie Rechtsbrüche und Missbräuche ärztlicher Kunst, zum Beispiel durch IM-Psychiater. En passant liefert sie eine präzise Analyse des »Sicherungsbereichs«

Gesundheitswesen und gibt damit wichtige Fingerzeige für die Möglichkeiten und Schranken der MfS-Präsenz im DDR-Alltag.

Unter dem Einfluss der Entspannungspolitik und dem Bemühen um internationale Reputation der SED-Diktatur hat das MfS seine Methoden in den siebziger und achtziger Jahren variiert. Noch immer gab es Verhaftungen und Verurteilungen, die in den achtziger Jahren im Zuge der Verfolgung von Ausreisewilligen sogar wieder zunahmen. Aber auf dem Feld der inneren Opposition musste das MfS immer häufiger von langjährigen Haftstrafen oder gar Hinrichtungen absehen, wie sie in den fünfziger Jahren noch üblich waren. Es ging verstärkt dazu über, oppositionelle Aktivisten mit verdecktem Psychoterror zu bekämpfen – den so genannten Zersetzungsmaßnahmen. Sandra Pingel-Schliemann (2002 [408]) hat das Spektrum solcher Operationen systematisch herausgearbeitet und die Konsequenzen dieses »leisen Terrors« (Jürgen Fuchs) für die Verfolgten aufgezeigt, bis hin zur völligen psychischen Auszehrung. Ein Aspekt freilich ist in der Untersuchung dieses Methodenwandels häufig unterbelichtet: Es handelte sich dabei keineswegs ausschließlich um eine Perfektionierungsstrategie, sondern zugleich um eine defensive Reaktion auf immer schmaler werdende Spielräume der Repression.

Als Kontrapunkt zu der Beschränkung seiner Spielräume pflegte das MfS bis zuletzt Pläne, um im Spannungsfall »feindlich-negative« DDR-Bürger in Lagern zu isolieren. Thomas Auerbach (1995 [374]) hat in seiner viel beachteten Studie nachgewiesen, dass diese Pläne nichts mit Internierungslagern für Ausländer gemäß Genfer Konvention zu tun hatten.

An einer umfassenden Untersuchung des MfS-Kampfes gegen die Ausreisebewegung seit der KSZE-Konferenz von Helsinki 1975 mangelt es bisher. Sie übertraf quantitativ die innere Opposition bei weitem und beschäftigte das MfS bis in die letzte Kreisdienststelle. Hierzu liegen (neben einigen Aufsätzen) nur eine grundlegende kleinere Studie von Bernd Eisenfeld (1995 [570]) sowie eine breite Dokumentation der einschlägigen Dienstrichtlinien des MfS und des Ministeriums des Innern vor (Lochen/Meyer-Seitz 1992 [586]).

4. Überwachung der Gesellschaft

Nach 1961 begann die Staatssicherheit ihren Ausbau zu einer breit gefächerten Überwachungsinstanz in allen gesellschaftlichen Sphären. Erste Befunde für die Wirtschaft der DDR zeigen, dass das MfS dort seit den sechziger Jahren ein breites Netz von Sicherheitsbeauftragten aufbaute und umfassend über die Defizite orientiert war. Die Behebung dieser Mängel lag aber außerhalb deren Kompetenz. Getrieben von einer engstirnigen Sicherheitsdoktrin blockierten sie zudem selbst technische Entwicklungen (Hertle/Gilles 1994 [963]; Haendcke-Hoppe-Arndt 1997 [395]; Buthmann 1997 [379]).

Besonders aktiv war das MfS bei der Überwachung von Nomenklatur-kadern, Geheimnisträgern und anderen Funktionsträgern in allen Bereichen

der Gesellschaft. Untersucht wurden der Journalismus (Kluge, U./Birkefeld/
Müller, S.1997 [341]) und Zweige der Ministerialbürokratie (Süß, S.1998
[417]). Für den Sektor der bewaffneten Organe und der Rüstungswirtschaft mit
einer extremen Überwachungsdichte gibt es noch keine detaillierten Untersuchungen, etwa über die Militärabwehr (Hauptabteilung I/Verwaltung 2000) in
der Nationalen Volksarmee und bei den Grenztruppen.

Eine empfindliche Lücke stellen auch die fehlenden empirischen Studien zu
Schulwesen und Jugend dar. Zwar wird hier häufig ein besonders empörendes
Feld der MfS-Tätigkeit gesehen, doch die meisten Analysen gehen über die Differenz zwischen totalitärem Anspruch und Realität umstandslos hinweg. Noch
immer kursieren überhöhte Zahlen über minderjährige IM, während zugleich
die eklatanten Schwierigkeiten der Staatssicherheit im Kampf gegen die durch
westliche (Sub-)Kultur beeinflussten Jugendlichen als Forschungsproblem nur
selten ernst genommen werden (Mothes 1996 [403]; Behnke/Wolf, J. 1998
[375]).

Die bislang vorliegenden Analysen zur Überwachung der DDR-Gesellschaft durch das MfS behandeln häufig Einzelfälle oder bewegen sich über die
Ebene der totalitären Ansprüche der Staatssicherheit kaum hinaus. Exemplarische Wirkungsanalysen, die das MfS neben anderen Herrschaftsinstitutionen in
der Auseinandersetzung mit dem Bürger untersuchen, fehlen weitgehend. Das
Thema wird noch von den aus der DDR tradierten Vorstellungen bestimmt,
als man – angsterfüllt schweigend oder ironisch aufreizend – gleichsam selbstverständlich die Allgegenwart der »Firma« voraussetzte.

5. Auslandsspionage/Auslandsarbeit

Die Erkundung der Auslandsspionage ist behindert durch die erheblich
schlechtere Quellensituation, da die Hauptverwaltung A (HVA) wesentliche
Teile ihres Aktenbestandes 1990 vernichten konnte. Die zeitweilig mögliche
Auswertung von Teilabschriften der HVA-Personenkartei von 1988 (Quelle
»Rosenholz«) sowie die Entschlüsselung der Informationsdatenbank SIRA
(System der Informationsrecherche der Aufklärung) haben der Forschung
jedoch neue Felder eröffnet.

Während die ersten, durchaus informativen Arbeiten (Siebenmorgen 1993
[1763]) weitgehend auf Auskünften von Zeitzeugen basierten, konnte damit
nun die Faktengrundlage erweitert werden. So liefert Helmut Müller-Enbergs'
umfangreiche Einleitung zu seiner Dokumentation der HVA-Agentenrichtlinien
(Müller-Enbergs 1998 [405]) nicht nur ein retrospektives Lehrbuch der Spionage mit tiefreichenden Einblicken in die Logik der internationalen »Schlapp-
hut«-Gemeinde, sondern auch eine detaillierte Analyse des HVA-Agentennet-
zes zum Rosenholz-Stichdatum Ende 1988. Die ersten Schätzungen über die
Zahl der West-IM waren ähnlich überhöht wie die frühen Spekulationen über
die DDR-IM. Nun wissen wir es genauer: Rund 3000 bis 3500 Personen

arbeiteten Ende der achtziger Jahre im Ausland für das MfS, darunter für die HVA etwa 1550 Agenten, Residenten, Kuriere usw. mit bundesdeutscher Staatsbürgerschaft. Eine fundierte Wirkungsanalyse dieses Netzes steht noch weitgehend aus.

Der enge Zusammenhang von Auslandsspionage und innerer »Feindbekämpfung« lässt sich anhand von Anja Mihrs Studie (2002 [527]) über die Gefangenenhilfsorganisation Amnesty International nachvollziehen. Auch wenn Amnesty nur selten Antworten von DDR-Stellen bekam oder Prozessbeobachter entsenden konnte, erzeugte sie einen erheblichen atmosphärischen Druck gegen die Menschenrechtsverletzungen in der DDR. Entgegen allen Spekulationen ist es der DDR-Auslandsspionage offenbar auch nicht gelungen, in diese »Feindorganisation« einzudringen. Über die Vielfalt der Westaktivitäten gibt eine Teamarbeit aus der Gauck-Behörde breit Auskunft (Knabe 1999 [1714]). Eine Bestandsaufnahme der Forschung mit vielen Facetten liefert schließlich ein von Georg Herbstritt und Helmut Müller-Enbergs herausgegebener Sammelband (2003 [1705]). Auf der Grundlage dieser Studien erscheint die These von der »unterwanderten« Bundesrepublik Deutschland (Knabe 1999 [1713] u. 2001 [1712]) als überspannt und stasifixiert.

Einblicke in die Welt von Guerillakampf und Terrorismus in den »friedlichen« siebziger und achtziger Jahren gibt Thomas Auerbach (1999 [1657]). Er dokumentiert die Pläne und Übungen der militärischen »Stay-Behind«-Spezialeinheit AGM/S für Sprengungen und Attentate und eröffnet ein breites Panorama »tschekistischer Entwicklungshilfe«, mit der das MfS Guerilla und interne Sicherheitsdienste antikolonialistischer Befreiungsbewegungen unterstützte, bis hin zur Ausbildung von mehreren hundert Palästinensern für ihre Mordattacken gegen Israelis – ein deutsches Kontinuum im Gewande des Antizionismus.

6. Quellenpublikationen

Viele der bereits genannten Titel dokumentieren wichtige Akten aus den Stasi-Archiven. Als Epoche machendes Werk ist Armin Mitters und Stefan Wolles (1990 [402]) Dokumentation von Befehlen und Lageberichten aus dem Jahr 1989 zu nennen. Die beiden im Dienste des Bürgerkomitees Normannenstraße stehenden Historiker eröffneten damit die aktengestützte historische Aufarbeitung. Es folgten zahlreiche Dokumentationen der regionalen Bürgerkomitees, von denen die Forschung noch heute profitiert (stellvertretend seien genannt: Stasi intern 1991 [414], Ammer/Memmler 1991 [372]). Später kamen erste wissenschaftliche Editionen hinzu. Als komprimierte Zusammenstellung der tschekistischen Weltsicht liest sich das an der hauseigenen MfS-Hochschule verfasste »Wörterbuch der politisch-operativen Arbeit« (Suckut 1996 [415]).

Als eine der ersten, bis heute einflussreichen Aktendokumentationen zu einzelnen Verfolgungsfällen ist die Zusammenstellung des Schriftstellers Reiner

Kunze »Deckname Lyrik« (Kunze, R. 1990 [400]) zu nennen. Stellvertretend
für die Vielzahl der Berichte über Verfolgung und Haft während unterschiedlicher Phasen seien genannt: die Haftschilderungen Kurt Müllers (1990 [192]),
des 1950 in Ost-Berlin verhafteten stellvertretenden Vorsitzenden der KPD
in Westdeutschland; Karl Wilhelm Frickes Rückblick (1995 [502]) auf seine
Entführung, Haft und spätere Überwachung als westdeutscher Journalist; die
künstlerisch gestalteten Dokumentationen von Jürgen Fuchs über Drangsalie-
rung und Haft Mitte der siebziger Jahre (1977 [700] u. 1978 [701]) sowie der
Sammelband *Aktenkundig* aus der Opposition der achtziger Jahre (Schädlich
1992 [412]) und der Rückblick des Umweltaktivisten Michael Beleites (1992
[664]) auf seine eigene Verfolgung. Einen individuellen Schlüssel zum Verstehen
des MfS und der heutigen Aufarbeitungsbemühungen liefert der britische Historiker Timothy Garton Ash mit einem Band über seine Beobachtung durch das
MfS, in dem er seine Stasi-Akte mit eigenen Erinnerungen konfrontiert und
auch Gespräche mit den auf ihn angesetzten MfS-Offizieren und Zuträgern
wiedergibt (Garton Ash 1997 [389]).

Auch einstige Mitarbeiter und Zuträger der Staatssicherheit haben sich mit
Erinnerungen zu Wort gemeldet. Als Ranghöchster ist der stellvertretende
Minister Generaloberst Markus Wolf zu nennen, der sich als Nachrichten-
dienstprofi und insgeheimer Humanist präsentiert (Wolf, M. 1997 [420]). Im
Unterschied zu ehemaligen Mitarbeitern der HVA geben nur wenige Offiziere
der inneren Überwachung Einblick in ihr Denken und Tun, stellvertretend
seien die Erinnerungen des Leiters der Bezirksverwaltung Erfurt (Schwarz, J.
1994 [413]) und eines Kirchenspezialisten der Hauptabteilung XX (Roßberg/
Richter, P. 1996 [1284]) genannt.

Ausführliche Selbstzeugnisse von inoffiziellen Mitarbeitern über ihre Rolle
als Zuträger sind rar, doch ermöglicht bis heute der von zwei Frauen der
Opposition dokumentierte Fall der IM »Karin Lenz« tiefe Einblicke (Kukutz/
Havemann 1990 [399]).

7. Perspektiven

Die Wissenschaft hat begonnen, sich die MfS-Hinterlassenschaft in breiter und
intensiver Forschung anzueignen. Sie löst sich über kurz oder lang aus der aktuellen persönlichen und politischen Aufarbeitung der Zeitgenossen und bringt
eigene Impulse in die öffentliche Debatte. Noch immer sind viele Aspekte
nicht aufgearbeitet, zum Beispiel die Rolle des MfS für die Privilegienkul-
tur der SED-Spitzenfunktionäre oder die Kooperation im Ostblock. Auch die
Forschung über die Staatssicherheit als Nachrichtendienst im deutsch-deutschen Kontext hat einiges nachzuholen. Darüber hinaus zeichnen sich zwei
Problemfelder ab: Erstens wird eine Einbettung der MfS-Geschichte in die
Gesellschaftsgeschichte der DDR erfolgen müssen. Dazu gehört neben den
bereits erwähnten sektoralen und regionalen Studien zum Herrschaftsalltag

auch eine Dokumentation und Analyse der Stimmungs- und Lageberichte der Zentralen Auswertungs- und Informationsgruppe (ZAIG) an das SED-Politbüro und andere Entscheidungsstellen. Zweitens wird die vergleichende Diktaturforschung an Stellenwert gewinnen. Die Orientierung an der internationalen historischen Kommunismusforschung liegt ohnehin auf der Hand; doch auch der methodisch sorgsame, kontrastierende Vergleich zum Nationalsozialismus oder anderen Diktaturen des 20. Jahrhunderts verspricht Erkenntnisgewinn. Zu denken ist an Felder wie die Täter- und Denunziationsforschung, aber auch an die Widerstandsforschung (vgl. Schmiechen-Ackermann 2002 [2004]). Dieser Prozess der Historisierung bedeutet, recht verstanden, keinen Verlust an Authentizität und entschiedener Aufklärung, jedoch einen Gewinn an Reflexion und Verständnis des Gewesenen.

Hermann Wentker

Justiz und Politik in der DDR

In Rechtsstaaten dienen Recht und Justiz vor allem der Begrenzung des staatlichen Machtanspruchs. In kommunistischen Diktaturen wie der DDR hingegen wurden sie der Politik untergeordnet. Sie avancierten damit zu den wichtigsten staatlichen Instrumenten, um Herrschaft nicht nur auszuüben, sondern ihr auch »einen ideell-normativen Ausdruck« zu verleihen (Böckenförde 1967 [427]). Die Politik formte die Justiz nicht nur nach ihren Bedürfnissen, sondern setzte sich bei Bedarf sogar über die von ihr erlassene Rechtsordnung hinweg.

Die Entwicklungen des ostdeutschen Justizwesens wurde schon in den fünfziger Jahren vom Westen beobachtet, zunächst vom Untersuchungsausschuss freiheitlicher Juristen (UfJ) in West-Berlin. Ein wichtiges Ergebnis dieser Aktivitäten, mit deren Hilfe die »Täter« nach einer Wiedervereinigung strafrechtlich belangt werden sollten, war das vierbändige Werk *Unrecht als System* (1952–1961 [469]), das veröffentlichte und unveröffentlichte »Dokumente über planmäßige Rechtsverletzungen« enthielt und als Quellensammlung auch heute noch seinen Wert besitzt. Neben der primär gegenwartsbezogenen Erforschung des DDR-Rechts erschienen Studien von Karl Wilhelm Fricke (1979 [437]) und Wolfgang Schuller (1980 [467]), die bis in die Besatzungszeit zurückreichen und die Entwicklung der politischen Strafjustiz bzw. des politischen Strafrechts in Hinblick auf Strafnormen und -praxis in der DDR bis 1968 verfolgen.

Nach 1990 hat der so gut wie uneingeschränkte Zugang zu den Akten ostdeutscher Provenienz die Forschungen auch auf diesem Gebiet intensiviert. Dass die Justiz dabei schon bald mit im Zentrum der historischen DDR-Forschung stand, hing auch mit dem elementaren Bedürfnis zusammen, die Opfer des SED-Regimes zu rehabilitieren und zu entschädigen sowie das SED-Unrecht justitiell zu bewältigen. Zusätzlich befördert wurde die Forschung durch eine vom Bundesjustizministerium getragene Ausstellung zur Entwicklung und Funktionsweise der DDR-Justiz. Neben den Katalog und einen Dokumentenband trat ein wissenschaftlicher Begleitband, der in knappen Artikeln auf die Quellen zur DDR-Justizgeschichte, auf Aufbau und Entwicklung von Recht und Justiz in der SBZ/DDR, den Rechtsstab, die gesellschaftlichen Gerichte, die politische Justiz, die Rolle des Ministeriums für Staatssicherheit (MfS), den Strafvollzug und den Weg zur rechtsstaatlichen Justiz seit 1989 eingeht (Im Namen des Volkes? 1994ff. [445]). Dabei wird die historische Dimension des Gegenstands zwar immer wieder angesprochen; die Justiz wird jedoch vorwiegend unter systematischen Gesichtspunkten betrachtet, ohne zu berücksichtigen, dass sie zwischen 1945 und 1990 erheblichen Wandlungen unterworfen war. Ebenfalls im Umfeld der Ausstellung entstand ein gewichtiger Band zur Steuerung der DDR-Justiz (Rottleuthner 1994 [462]).

In dessen Mittelpunkt steht die Frage, wie die Konformität des Rechtsstabes, also der mit der Justiz befassten Personen, hergestellt wurde. In fast durchweg auf archivalischer Grundlage basierenden Artikeln geht es um die zentralen Institutionen der DDR-Justiz und um wesentliche Mechanismen, ein dem System treu ergebenes Justizpersonal heranzuziehen und dieses auf »Parteilinie« zu halten. Vernachlässigt werden jedoch die justizfremden Institutionen, die gleichwohl auf der »Hinterbühne« der Justiz oft die entscheidende Rolle in politischen Verfahren spielten – vor allem die Zentrale Kontrollkommission bis 1953 und das MfS. Ein die Rechtsentwicklungen in der SBZ/DDR, Ungarn, Polen und der Tschechoslowakei vergleichendes Projekt des Max-Planck-Instituts für Europäische Rechtsgeschichte stellt die gesetzlichen und außergesetzlichen Normen sowie deren Anwendung und Durchsetzung in den Mittelpunkt. Die vorliegenden Bände enthalten zwar Artikel zu Einzelphänomenen aus der Justizentwicklung der Ostblockstaaten, lösen den umfassenden, auf einen Vergleich angelegten Anspruch des Projekts freilich nicht ein (Normdurchsetzung 1997 [454]; Bender, G./Falk 1999 [425]). Gegen das Verdikt des »Unrechtsstaats« zu Felde ziehen wollen der ehemalige DDR-Jurist Uwe-Jens Heuer (1995 [441]) und einige seiner Kollegen in einem Sammelwerk über die »Rechtsordnung der DDR«, das von apologetischen Tendenzen nicht frei ist. So befassen sie sich mit den unterschiedlichsten Zweigen des DDR-Rechts und gehen historisch vor. Die Anknüpfung an die vor 1933 existierende Rechtsordnung wird dadurch ebenso deutlich wie deren Wandlung aufgrund des von oben forcierten Transformationsprozesses. Durch die Beschränkung auf die normative Ebene werden die Hintergründe der vorgenommenen Änderungen jedoch kaum deutlich.

Spezialstudien beziehen sich überwiegend auf die besonders Aufsehen erregenden späten vierziger und fünfziger Jahre mit ihrem Transformationsprozess, in dessen Verlauf die 1945 teilweise wieder hergestellte Rechtsstaatlichkeit Zug um Zug abgebaut und eine Diktaturjustiz etabliert wurde. Eine Untersuchungsperspektive auf diesen Vorgang ist die der 1945 wieder gebildeten Länder. Des Weiteren gehen die Arbeiten auf die damals etablierten zentralen Institutionen und deren Aktivitäten ein, widmen sich der Ausbildung und dem Einsatz neuer juristischer »Kader«, der DDR-Rechtswissenschaft und der in den fünfziger Jahren grassierenden und zu drakonischen Strafen neigenden politischen Strafjustiz.

Länderstudien zu Brandenburg (Pohl 2001 [456]) und Thüringen (Weber, P. 2000 [472]) verfolgen das Ziel, allgemeine Vorgänge am speziellen Beispiel zu verdeutlichen und dabei Landestypisches herauszustellen. Das ging mit der zunehmenden »Gleichschaltung« der Länder nach 1948/49 jedoch mehr und mehr verloren. In den späten vierziger Jahren gilt Thüringen für Thomas Heil (1996 [440]) nicht nur als »Oase der Verwaltungsgerichtsbarkeit«, sondern sogar als »Exklave des bürgerlichen Rechtsstaates westdeutscher Provenienz« – ein Urteil, das sich angesichts der von Anfang an stark eingeschränkten Möglichkeiten der Justiz nach Auffassung von Petra Weber (2000 [472]) nicht halten lässt. Vergleichbare Studien zu den anderen Ländern liegen nicht vor. Den strafrechtlichen Justizalltag eines Gerichts im sowjetischen Sektor Berlins in der unmittelbaren Nachkriegszeit nimmt Ernst Reuß (2001 [459]) in den Blick, dessen Studie aufgrund der politischen Lage in der Stadt freilich nicht repräsentativ für die SBZ/DDR ist.

Wenngleich die Besatzungsmacht den Schwerpunkt der Administration 1945 zunächst auf die Länder und Provinzen legte, so etablierte sie doch gleichzeitig zentrale Verwaltungen als Hilfsorgane der SMAD. Dazu zählte auch die Deutsche Zentralverwaltung für Justiz (DJV). Diese steht im Mittelpunkt einiger neuer Studien. Dabei neigt Heike Amos (1996 [421]) in ihrer Untersuchung der Personalpolitik innerhalb und außerhalb der DJV dazu, die verstärkten SED-internen Aktivitäten zu Aufbau und Konsolidierung des Justizapparats im Jahre 1947 in ihrer Wirkung zu überschätzen. Tobias Schmid (2001 [464]) fragt nach der Rolle der DJV bei der Reorganisation des Gerichtswesens, der Leitung der Gerichte und Staatsanwälte und bei der Rechtssetzung im Hinblick auf die Strafjustiz. Da er es versäumt, die Tätigkeit der DJV in den damaligen Rahmen zu stellen, in dem neben SMAD, SED und Justizverwaltungen auch andere, justizfremde Instanzen in die Justiz eingriffen, wird die Rolle der DJV für die untersuchten Prozesse tendenziell überbewertet. Bei einer konsequenten Kontextualisierung der Justizpolitik, die systematisch nach dem Einfluss der Besatzungsmacht und der SED, nach zentralen Weichenstellungen und sich daraus ergebenden Zäsuren, nach dem Verhältnis von Justiz und außerjustitiellen Instanzen in der Rechtsprechung (Polizei, MfS, Zentrale Kontrollkommission) fragt, ergibt sich eher das Bild einer Behörde, die zwar um Einfluss kämpfte, aber sich letztlich stets anderen fügen musste (Wentker 2001 [476]). Die Geschichte der DJV und des DDR-Justizministeriums in den fünfziger Jahren zeigt vielmehr deutlich, wie die Justiz in der SBZ und frühen DDR nach einer diffusen Ausgangslage, die auch zu Hoffnungen Anlass bot, gleichzeitig gleichgeschaltet *und* marginalisiert wurde. Von den zentralen Justizorganen hat lediglich das Oberste Gericht noch einige Aufmerksamkeit erfahren, wobei sich die beiden Darstellungen auf dessen spektakuläre erstinstanzliche Rechtsprechung konzentrieren, gegen die es keine Berufungsmöglichkeit gab und die bis 1952 unter der Ägide Hilde Benjamins stand. Während Fricke (1994 [438]) einen knappen Überblick bietet und schlaglichtartig einzelne Prozesse beleuchtet, reiht der ehemalige Richter am Obersten Gericht Rudi Beckert (1995 [424]) Fall an Fall. Beide verdeutlichen, dass das Oberste Gericht letztlich nur ausführendes Organ der SED-Führung war. Dass das MfS in fast allen dargestellten Fällen zuvor ermittelt hatte, erwähnt nur Fricke. Die Kassations- und zweitinstanzliche Rechtsprechung des Obersten Gerichts ist – wie seine innere Entwicklung – lediglich bis 1953 behandelt worden (Wentker 2001 [476]). Das Gleiche gilt für die bis 1956 Ernst Melsheimer unterstehende Oberste Staatsanwaltschaft.

Wie aus der freien Advokatur in den Jahren 1945 bis 1961 durch Entnazifizierung, Repression und Kollektivierung in Anwaltskollegien die im Sinne des Regimes funktionierende sozialistische Rechtsanwaltschaft wurde, zeigt Thomas Lorenz (1998 [447]). Während sich die Einbindung der Masse der Anwälte in vom Justizministerium kontrollierte Kollegien als wirksam erwies, war die Mitgliedschaft fast aller DDR-Juristen in der SED-gelenkten »Vereinigung demokratischer Juristen« so bedeutungslos, dass dieser mehrfach die Auflösung drohte (Schramm 2000 [465]).

Wesentlich für die Transformation der Justiz waren die in mehrmonatigen Kurzkursen ausgebildeten Volksrichter, die die von der radikalen Entnazifizierung gerissenen Lücken unter den Richtern und Staatsanwälten ausfüllen mussten. Meist eher als Notbehelf gesehen, waren sie für Hilde Benjamin bereits 1946 das Mittel, um eine im Sinne der SED zuverlässige Justiz zu erhalten: Denn an die Stelle des sachkompetenten, unabhängigen Richters sollte der parteiergebene Justizfunktionär treten. Wegen ihrer großen Bedeutung für die Umgestaltung der Justiz und des damit verbundenen Bruchs mit der traditionellen deutschen juristischen Ausbildung wurde diese Thematik immer wieder aufgegriffen. So in einer Dokumentation, deren ausführliche Einleitung darlegt, dass die Entwicklung hin zu einer politisierten Volksrichterausbildung mit der entscheidenden Zäsur 1948 schubweise erfolgte (Wentker 1997 [475]). Die Umsetzung der zentralen Vorgaben zeigt eine Dissertation zur Volksrichterausbildung in Sachsen (Pfannkuch 1993 [454]). Inwieweit die Volksrichter sich im Sinne des Systems bewährten, untersucht Jan Erik Backhaus (1999 [422]) auf der Grundlage von 754 Personalakten. Das bis 1959 konstatierte Ausscheiden zahlreicher Lehrgangsabsolventen war der Preis, der für den schnell durchgeführten, tiefgreifenden und im Sinne der SED erfolgreichen Personalaustausch gezahlt wurde. Daraus ein Scheitern des Volksrichterexperiments abzuleiten, geht freilich zu weit, da die Funktionsfähigkeit der DDR-Justiz dadurch nicht ernsthaft beeinträchtigt wurde. Malgorzata Liwinska (1997 [446]) legt zwar dar, dass neben der Volksrichterausbildung die universitäre juristische Ausbildung beibehalten wurde. Dabei entgeht ihr allerdings, dass das Universitätsstudium nach den Erfahrungen der Volksrichterausbildung umgestaltet wurde. Durch den weitgehenden Verzicht auf Archivquellen übernimmt sie leider oftmals unreflektiert DDR-Positionen.

Zwischen Schulung und Forschung angesiedelt war die Akademie für Staats- und Rechtswissenschaften, die bis 1971 den Beinamen »Walter Ulbricht« trug. 1953 hervorgegangen aus der Fusion der 1948 gegründeten »Deutschen Verwaltungsakademie« und der »Hochschule für Justiz«, war sie zunächst zuständig für die Ausbildung von Staats- und Justizfunktionären. Seit Beginn der fünfziger Jahre versuchte die SED-Führung die Akademie zum führenden Zentrum der staats- und rechtswissenschaftlichen Forschung zu erheben, was freilich erst 1959 mit der Eingliederung des Deutschen Instituts für Rechtswissenschaft ansatzweise gelang. Mit der Entwicklung der Akademie in den fünfziger und sechziger Jahren, ihrer mehrfachen Reorganisation und sich wandelnden Bedeutung für die DDR-Rechtswissenschaft hat sich Ulrich Bernhardt (1997 [426]) befasst. Diese Einrichtung steht ebenfalls im Mittelpunkt einer Dokumentation zur politischen Steuerung der Rechtswissenschaft zwischen 1949 und 1971, die ausschließlich Archivalien aus dem zentralen Parteiarchiv der SED enthält (Dreier/Eckert/Mollnau/Rottleuthner 1996 [430]). Wie in fast allen Studien über die DDR-Rechtswissenschaft jener Zeit wird hier die Babelsberger Konferenz, auf der Ulbricht 1958 drei führende DDR-Rechtswissenschaftler maßregelte und einen rein instrumentellen Rechtsbegriff dogmatisierte, als das zentrale Ereignis betrachtet. Vorgeschichte, Geschichte und Auswirkungen dieser Konferenz erhellt außerdem ein informativer Sammelband (Eckert 1993 [431]).

Auch das Zivilrecht unterlag dem politischen Zugriff. Dies wird nicht nur an der Entstehungsgeschichte des Zivilgesetzbuches (Eckert/Hattenhauer 1995 [432]; Flinder 1999 [436]), sondern noch viel mehr an der Entwicklung des Bodenrechts deutlich (Mollnau 2001 [450]). Dabei erschöpfte sich das Zivilrecht nicht in seiner politischen Dimension; denn es musste insgesamt der gesellschaftlichen Wirklichkeit der DDR angepasst werden, so dass das Diktatorische daran relativiert werden konnte (Schröder, R. 1999–2001 [466]).

Das gilt für die politische Strafjustiz der DDR in keiner Weise. Hier ging es, wie Falco Werkentin (1997 [478]) für die Ära Ulbricht dargelegt hat, um die Durchsetzung politischer Ziele mit juristischen Mitteln. Dabei waren die DDR-Verfassung und die Justizgesetze nichts anderes als eine Fassade, hinter der die Parteiführung Strafprozesse bis ins Kleinste steuern konnte. Die politische Justiz fungierte als Hebel der gesellschaftlichen Umwälzung, trat in den Dienst des staatlich verordneten Antifaschismus und diente der Unterdrückung vermeintlicher oder tatsächlicher politischer Gegner des Regimes. Prominenten Fällen politischer Strafjustiz aus dieser Zeit geht auch Eberhard Wendel (1996 [474]) nach, wobei er sich über weite Strecken jedoch in Aktenzitaten erschöpft.

Ausgangspunkt der politischen Strafjustiz in der DDR waren die mit SMAD-Befehl Nr. 201 vom August 1947 in größerem Umfang von der sowjetischen Besatzungsmacht an die ostdeutschen Polizei- und Justizorgane übergebenen Strafverfahren wegen NS-Verbrechen. Die Gerichtsverfahren liefen dabei bis 1949 zwar weitgehend unter Beachtung rechtsstaatlicher Regeln ab; die Ermittlungen standen jedoch, nach sowjetischem Vorbild, ausschließlich unter der Kontrolle der politischen Polizei (Meyer-Seitz 1998 [449]). NS-Verfahren waren folglich seit 1947/48 von der Intention her politische Verfahren. Das Interesse der SED-Führung an der NS-Strafverfolgung war, wie Annette Weinke (2002 [473]) dargelegt hat, seit jeher funktional begründet. NS-Prozesse wurden sehr häufig mit Blick auf den größtmöglichen operativen Nutzen in der deutsch-deutschen Systemkonkurrenz geführt. Dass es seit 1960 in der DDR überhaupt wieder zu solchen Verfahren kam, ist auf die intensivierte Verfolgung von NS-Verbrechen in der Bundesrepublik zurückzuführen (Weinke 2002 [473]).

Zu den berüchtigten Waldheimer Prozessen sind u. a. eine Monographie und ein Sammelband erschienen (Eisert 1993 [433]; Haase/Pampel 2001 [439]).

In letzterem legt Werkentin überzeugend dar, dass es sich dabei nicht um einen vereinzelten Exzess in den wilden Jahren der SED-Justiz, sondern mit Blick auf die Prozesssteuerung und Eingriffe in solche Strafverfahren um »das Grundmodell für die folgenden Jahrzehnte politischer Justiz« handelte. Sehr viel weniger beachtet wurden die Massenverurteilungen von Hotel-, Pensions- und Betriebseigentümern von der mecklenburgischen Küste im Frühjahr 1953 im Kreisgericht Bützow (»Aktion Rose«). Ziele dieses Verfahrens waren die Enteignung und Überführung der Objekte in Volkseigentum (Müller, K. 1995 [451]). Ebenfalls dem Zusammenspiel von SED, MfS und Justiz in massiven Repressionswellen gegen aktive Regimegegner zwischen 1953 und 1956 sind zwei Monographien gewidmet (Fricke/Engelmann 1998 [384]; Fricke 1995 [502]). Besonders unnachsichtig verfuhr das Regime mit »Verrätern« aus den eigenen Reihen, wie Gerhard Sälter (2002 [411]) anhand der Strafverfolgung übergelaufener MfS-Offiziere zeigen kann.

Innerhalb der politischen Justiz der DDR erhielten justizfremde Instanzen erhebliche Kompetenzen. In Wirtschaftsstrafprozessen bis 1953 wurde die 1948 gegründete Zentrale Kontrollkommission gegenüber der Justiz weisungsberechtigt und fungierte als Untersuchungsorgan. Das ermöglichte ihr, die Verfahren gegebenenfalls bis ins Kleinste zu lenken. Vorrangiges Ziel dabei war die Enteignung der Besitzer, um anschließend Betriebe und Vermögen in Volkseigentum überführen zu können (Braun, J. 2003 [428]; Horstmann 2002 [443]). In der Nachfolge der politischen Polizei bei den NS-Prozessen erhielt das MfS wesentliche Befugnisse bei den politischen Strafverfahren. Es fungierte als Untersuchungsorgan unbeeinträchtigt von justitieller Aufsicht. Da es außerdem über die Besetzung der politischen Strafkammern mit entschied, konnte es über den Abschlussbericht auch Anklage und Urteil weitgehend präjudizieren. Dabei wuchs der Einfluss des MfS auf die Justiz beständig (Engelmann/ Vollnhals 2000 [434]).

Für die sechziger Jahre ist die politische Strafjustiz weitgehend unerforscht. Erst danach bessert sich die Forschungssituation wieder dank einer Studie von Johannes Raschka (2000 [457]). Darin tritt er dem Eindruck entgegen, dass die Amtszeit Honeckers von einem kontinuierlichen Abbau der Repression durch die Justiz gekennzeichnet war. Vielmehr prägten Strafverschärfungen die siebziger Jahre; erst Anfang der achtziger Jahre, angesichts der zunehmenden wirtschaftlichen Abhängigkeit der DDR von der Bundesrepublik, wurde die Repression durch die Justiz gelockert, ohne dass allerdings die Proklamation des »sozialistischen Rechtsstaats« eine grundlegende Abkehr von den nichtrechtsstaatlichen Strukturen erbracht hätte. Ergänzt wird dieser Band durch eine weitere Arbeit Raschkas (2001 [458]), die anhand individueller Schicksale einen Überblick über Mittel und Methoden der politischen Verfolgung in dieser Zeit gibt. Dank der strafrechtlichen Verfolgung von DDR-Unrecht nach 1989/90 verfügen wir ebenfalls über zwei Werke zu den Prozessen gegen den Regimekritiker Robert Havemann. Auf den Gutachten in den Prozessen gegen die damals verantwortlichen Staatsanwälte und Richter basierend, verdeutlichen sie eindrucksvoll, wie intensiv das MfS das Geschehen auf Anweisung Honeckers steuerte (Vollnhals 1998 [470]; Rottleuthner 1999 [462]).

Schließlich liegen inzwischen vier Biographien über prominente Vertreter der DDR-Justiz vor. Von den beiden Autorinnen, die sich mit der »furchtbaren DDR-Juristin« Hilde Benjamin beschäftigen, verfolgt Andrea Feth (1997 [435]) neben dem rein biographischen Interesse auch das Ziel, deren Einfluss auf das DDR-Justizwesen zu bestimmen; Marianne Brentzels Arbeit (1997 [429]) hingegen ist sehr populärwissenschaftlich gehalten und überschreitet oftmals die Schwelle zum Roman. Beide Biographien der ersten Vizepräsidentin des Obersten Gerichts und langjährigen Justizministerin sind nicht nur fehlerhaft; sie kranken auch daran, dass deren Nachlass nur teilweise herangezogen und daher deren innere Entwicklung nur zum Teil nachgezeichnet werden konnte. Auch für die Studie zu Karl Polak, der lange Zeit Ulbrichts rechte Hand in Justizangelegenheiten und maßgeblich an der Vorbereitung der Babelsberger Konferenz beteiligt war, konnte dessen Nachlass nicht genutzt werden. Die Lebensbeschreibung durch Marcus Howe (2002 [444]) ist zwar weitgehend zuverlässig und kann neues Licht auf Einzelheiten von Polaks verfassungsrechtlichem Wirken nach 1956 werfen. Das für seine Person konstitutive Verhältnis zwischen Parteilichkeit und Wissenschaftlichkeit wird jedoch nicht deutlich herausgearbeitet. Für die Arbeit von Annette Rosskopf (2002 [1758]) über den prominenten DDR-Juristen und »Staranwalt« Friedrich Karl Kaul hingegen lagen umfangreiche Archivalien vor. Sie konzentriert sich auf dessen Rolle vor allem in westdeutschen Gerichtssälen, wo er in den fünfziger Jahren im SED-Auftrag im KPD-Prozess und anschließend zur Verteidigung von KPD-Mitgliedern auftrat. In den Sechzigerjahren erschloss er sich als neues Tätigkeitsfeld die westdeutschen NS-Prozesse, in denen er als Nebenkläger auftrat. Zwar beleuchtet Rosskopf die Rolle Kauls in der DDR-Justiz nur am Rande; dennoch wird hinreichend klar, dass er nur über ein »halbiertes Rechtsstaatsbewusstsein« verfügte, da er in der Bundesrepublik Rechtsstaatlichkeit einforderte, in der DDR hingegen indirekt an rechtsstaatswidrigen Praktiken mitwirkte.

Trotz der intensivierten Forschungen zu Justiz und Politik in der DDR bleiben Lücken, die in Zukunft gefüllt werden müssten. Dazu zählen die Landesjustiz in der SBZ, der strafrechtliche Rechtsalltag an den DDR-Gerichten, die Entwicklung der zentralen Institutionen des DDR-Justizwesens seit Mitte der fünfziger Jahre und die politische Strafjustiz in dem Jahrzehnt nach dem Mauerbau. Nur wenn zu letzteren Themen fundierte Forschungen vorliegen, kann auch die Frage nach Kontinuität und Diskontinuität in der Justizsteuerung und in der Anwendung politischer Strafverfahren in der DDR angemessen beantwortet werden.

HUBERTUS KNABE

Die Zentren der Repression –
Lager und Haftanstalten in Ostdeutschland

Die Qualität eines Staates, so hat es der Schriftsteller Jürgen Fuchs einmal aus-gedrückt, misst sich an der Qualität seiner Gefängnisse. Nicht ohne Grund ist das hervorstechendste Kennzeichen von Diktaturen die menschenunwürdige Behandlung ihrer Gegner in Lagern und Gefängnissen. Insbesondere die tota-litären Systeme des 20. Jahrhunderts, Sowjetkommunismus und Nationalsozia-lismus, sind untrennbar mit dem organisierten Terror gegen die eigene Bevölke-rung verbunden. Erst durch sie avancierte die Welt der Lager zu einem heraus-ragenden Gegenstand zeithistorischer Forschung.

Bei der Analyse der DDR hat die massenhafte Repression durch die regie-rende kommunistische Partei lange Zeit ein Schattendasein geführt. Sieht man von den Publikationen der fünfziger Jahre ab, als die westdeutsche Öffentlich-keit die Verfolgungen in Ostdeutschland noch mit großer Anteilnahme ver-folgte, erschienen später nur noch vereinzelt Veröffentlichungen zum Thema. Neben Betroffenen wie Karl Wilhelm Fricke und Gerhard Finn kommt Her-mann Weber das Verdienst zu, dass er schon vor 1990 die Repressalien, ins-besondere die innerkommunistischen, zum Gegenstand seiner Forschungen gemacht hat (Weber, H. 1989 [232]). Eine breitere Lager- und Haftforschung hat sich jedoch erst nach dem Untergang der DDR herausgebildet, wobei die an verschiedenen ehemaligen Haftorten tätigen Gedenkstätten oftmals eine wichtige Rolle spielten.

1. Lager und Gefängnisse der sowjetischen Besatzungsmacht

Während der Vormarsch der alliierten Truppen den Insassen der nationalsozia-listischen Konzentrationslager die Befreiung brachte, bedeutete er für zahllose Deutsche ihrerseits die Inhaftierung in Lagern und Gefängnissen der Besat-zungsmächte. Die UdSSR unterhielt zu diesem Zweck nicht nur in dem von ihr besetzten Teil Deutschlands, sondern auch in anderen Ländern und ins-besondere in der Sowjetunion zahlreiche Haftorte. In Gefangenschaft gerieten nicht nur etwa drei Millionen deutsche Soldaten, von denen rund ein Drittel in sowjetischer Kriegsgefangenschaft starb, sondern auch zahllose Zivilisten, die vielfach zur Zwangsarbeit in die Sowjetunion deportiert wurden (Klier 1998 [517]; Fleck 1994 [496]; Peter 1998 [535]). Nach Schätzungen wurden allein aus dem östlichen Teil Europas in den letzten Kriegsmonaten mindes-tens 270 000 Deutsche in die Sowjetunion verschleppt, von denen viele in russischen Lagern starben. Auf dem Gebiet der späteren DDR wurden von der sowjetischen Besatzungsmacht mindestens 175 000 deutsche Zivilisten in Haft genommen. Allein in den so genannten Speziallagern der SBZ saßen nach offiziellen russischen Angaben 122 671 Deutsche ein, von denen 42 889 – also über ein Drittel – während der Haft ums Leben kamen. Von den mindestens 40 000 Deutschen, die von einem Sowjetischen Militärtribunal (SMT) abgeurteilt wurden, verschwanden etwa 20 000 bis 25 000 in russischen Strafarbeitslagern; über 1000 wurden zum Tode verurteilt (Kersebom/Niethammer 1998 [513]).

Im Gefolge der militärischen Besetzung Ostdeutschlands richtete das sowjetische Volkskommissariat für Innere Angelegenheiten (NKWD) in der SBZ zahlreiche Lager und Gefängnisse ein. Das Spektrum reichte von lokalen, oft improvisierten Kellergefängnissen in kleinen Ortschaften und Stadtbezirken – im Volksmund: »GPU-Keller« – über kleinere Gefängnisse auf Kreisebene bis hin zu großen Haftanstalten auf Länderebene und in Berlin; hinzu kamen – nach sowjetischer Zählung – zehn so genannte Speziallager. Viele dieser Lager und Gefängnisse waren zuvor schon von den Nationalsozialisten einschlägig belegt worden.

Die Geschichte dieser sowjetischen Haftorte in Deutschland ist unterschiedlich gut erforscht. Die Speziallager traten erstmals in das Bewusstsein einer breiteren Öffentlichkeit, als nach dem Zusammenbruch der SED-Diktatur an verschiedenen Orten der DDR Massengräber mit den sterblichen Überresten ehemals Inhaftierter freigelegt wurden. Die letzte, demokratisch gewählte Regierung der DDR richtete noch 1990 eine offizielle Anfrage an die Regierung der Sowjetunion, die erstmals Auskunft über die Zahl der Lagerinsassen sowie der darin ums Leben gekommenen Deutschen gab. Nach ersten DDR-Veröffentlichungen (Kühle/Titz 1990 [520]) erschien 1991 eine umfangreiche Dokumentation zweier ostdeutscher Journalisten, die neben einer ausführlichen Einleitung auch Zeitzeugenberichte enthielt (Flocken/Klonovsky 1991 [497]). Die Gedenkstätten in Buchenwald und Sachsenhausen wandten sich nunmehr auch der bis dahin verschwiegenen Nachkriegsgeschichte der Lager zu und beteiligten sich seit 1992 an einem groß angelegten deutsch-russischen Forschungsprojekt, bei dem erstmals die im Russischen Staatsarchiv lagernden Verwaltungsakten über die Speziallager ausgewertet wurden.

Die Ergebnisse dieser Forschungen fanden Niederschlag in einem zweibändigen Werk mit Dokumenten und Berichten (Mironenko/Niethammer/von Plato 1998 [528]) sowie in einer Reihe weiterer Veröffentlichungen (Reif-Spirek/Ritscher 1999 [543]; Ritscher/Hofmann/Hammermann 1996 [546]; Ritscher/Lüttgenau/Hammermann 1999 u.a. [547]). Zugleich setzten an den einstigen Lagerorten ortsbezogene Forschungen ein, die in der Regel auch die Erinnerungen Betroffener einbezogen (Agde 1994 [479]; Erler/Friedrich 1995 [491 u. 492]; Kilian, A. 1992 [515] u. 2001 [516]; Räbiger 1998 [541]; Ritscher 1993 [548]; Liebold/Pampel 1997 [523]; Morré 1997 [529]; Lipinsky 1998 [524]; Oleschinski/Pampel 1997 [534]; Weigelt 2001 [560]). Außer wissenschaftlichen Zeitzeugenbefragungen, wie sie in Sachsenhausen, Buchenwald, Berlin-Hohenschönhausen und durch die Fernuniversität Hagen durchgeführt wurden, publizierte auch eine Reihe ehemaliger Gefangener, zum Teil im Selbstverlag, ausführliche Berichte über ihre qualvollen Hafterfahrungen (u.a. Berner 1990 [485]; Fresenius 1996 [500]; Im Räderwerk 1999 [510]; Jank 1998 [511]; Klotz 1992 [518]; Müller, H. 1991 [530]; Prieß 1995 [539]; Pritzkow 1994 [540]; Scharf 1996 [551]). Auch Spezialaspekte wie die Situation von Müttern mit Kindern in den Lagern wurden untersucht (Latotzky 2002 [522]), so dass ein zunehmend differenziertes Bild des Lagerlebens entstand. Durch die russischen Namenlisten, die vom Suchdienst des DRK ausgewertet wurden, wuchsen zudem die Möglichkeiten für repräsentative personenbezogene Forschungen. Während früher vor allem prominente Opfer – z.B. der 1946 in Sachsenhausen ums Leben gekommene Schauspieler Heinrich George – im Mittelpunkt standen, konnte jetzt auch anderen Schicksalen biographiegeschichtlich nachgegangen werden. Eine Monographie eines diesbezüglichen Forschungsprojekts der Stiftung Sächsische Gedenkstätten und der Universität Leipzig ist in Planung. Immer noch Ausnahmen in Deutschland sind indes Forschungen, die die sowjetischen Lager mit denen der Nationalsozialisten oder des GULag-Systems vergleichen (Dahlmann/Hirschfeld 1999 [488]; Armanski 1993 [480]).

Über die historisch-politische Einordnung der Lager ist es zu teilweise heftigen Kontroversen gekommen. Insbesondere bei den Publikationen der Gedenkstätten mit einer »doppelten« Vergangenheit scheint das Bemühen durch, das Grauen der ersten Lagerphase nicht durch das der zweiten zu überdecken. So wird häufig betont, dass in den sowjetischen Lagern keine Tötungsabsicht bestand, die hohe Zahl der Toten vielmehr durch Desorganisation und allgemeine Versorgungsprobleme ausgelöst worden sei. Zudem wird darauf hingewiesen, dass, zumindest in Buchenwald, ein hoher Prozentsatz der Internierten NS-belastet gewesen sei und es ohne Hitlers Eroberungskrieg keine Internierungslager in Deutschland gegeben hätte, Verursacher also letztlich ebenfalls der Nationalsozialismus gewesen sei.

Die noch lebenden Haftopfer, die meist in jungem Alter inhaftiert worden waren, haben nach dem Ende der DDR eine solche Relativierung ihres Lagerschicksals wiederholt zurückgewiesen. Sie sehen sich eindeutig als Opfer der kommunistischen Diktatur, die nicht weniger grausam gewesen sei als die der Nationalsozialisten. Die von den Kommunisten zu Feinden gestempelten Menschen, so schreibt beispielsweise Benno Prieß, der von seinem 18. bis 26. Lebensjahr in Haft saß, sollten in den Lagern allmählich verhungern und erfrieren (Prieß 1995 [539]). Wie der Friedensforscher Egbert Jahn (in: Dahlmann/Hirschfeld 1999 [488]) feststellt, hatte dies gegenüber den nationalsozialistischen Vernichtungslagern den Vorteil, dass die Verantwortung für den Tod anonymisiert wurde und Hunger, Durst und Kälte den Tätern die Arbeit abnahmen. Abgesehen davon, dass es für die Betroffenen keinen Unterschied macht, ob sie mit oder ohne Absicht getötet wurden, steht außer Zweifel, dass in den sowjetischen Lagern der Tod eines großen Teils der Inhaftierten billigend in Kauf genommen wurde; die Todesquote in Buchenwald lag in der sowjetischen Phase sogar höher als in der nationalsozialistischen.

Die Legitimierung der Lager als – wenngleich überzogene – Maßnahme zur »Entnazifizierung« ist aus verschiedenen Gründen nicht haltbar. Anders als in der Literatur zuweilen behauptet, fußte ihre Einrichtung nicht auf den alliierten Beschlüssen der Potsdamer Konferenz im August 1945, sondern auf speziellen sowjetischen Säuberungsbefehlen, die erheblich früher ergingen. Die Lager dienten auch nicht in erster Linie der Ausschaltung oder Bestrafung führender Verantwortlicher des NS-Regimes, wie Forschungen inzwischen belegen. Aus den sowjetischen Akten über das Lager Buchenwald geht beispielsweise hervor, dass rund die Hälfte der Lagerinsassen nicht einmal Mitglied der NSDAP war. Für Mitglieder bewaffneter nationalsozialistischer Formationen wie Wehrmacht, SS oder SA waren die Lager ausdrücklich *nicht* vorgesehen, da diese als Kriegsgefangene galten. Zu den Inhaftierten zählten zudem etwa 35 000 Ausländer (vor allem sowjetische Staatsbürger) sowie mehrere Tausend Jugendliche, Frauen und Kinder. Selbst nach sowjetischem Verständnis galten Ende 1946 von den gut 40 000 als »NS-Aktivisten« eingestuften Internierten 35 000 als minderbelastet, so dass man sie eigentlich entlassen wollte. Fast alle, die in den neunziger Jahren einen Antrag auf Rehabilitierung stellten, wurden inzwischen von den russischen Behörden für unschuldig erklärt (Wagenlehner 1999 [471]). Was die Hypothese anbetrifft, dass es ohne Hitler keine sowjetischen Lager in Ostdeutschland gegeben hätte, so ist festzuhalten, dass die Sowjetunion auch in den von Hitler *angegriffenen* Staaten Haftlager für Zivilisten einrichtete. Hermann Weber hat deshalb schon 1992 (in: Kilian, A. 1992 [515]) darauf hingewiesen, dass die sowjetischen Lager in Ostdeutschland im Kontext des stalinistischen Terrors zu sehen seien. Massenverfolgungen waren ihm zufolge ein systemimmanenter Bestandteil der stalinistischen Despotie. Der Terror hatte dabei, ebenso wie in der Sowjetunion, nicht nur die Funktion, Gegner niederzuhalten, sondern Angst und Unsicherheit in der Bevölkerung auszulösen, um jede oppositionelle Regung zu unterdrücken.

Ungleich schlechter erforscht als die Lager sind die anderen sowjetischen Haftorte in Ostdeutschland, was vor allem mit der schwierigen Quellenlage zusammenhängt. Die amtlichen Unterlagen über die großen und kleinen Gefängnisse des NKWD lagern beim russischen Inlandsgeheimdienst FSB und sind bisher, wenn überhaupt, nur im Rahmen individueller Rehabilitierungsverfahren zugänglich gemacht worden. Die bisherigen Erkenntnisse beruhen deshalb auf Betroffenenberichten, allgemeiner Literatur und sporadischen Aktenfunden. Über das sowjetische Untersuchungsgefängnis im so genannten Militärstädtchen Nr. 7 in Potsdam erschien ein Sammelband (Fein/Leonhard, N. 1999 [494]), in dem der Historiker Peter Erler den Forschungsstand zur sowjetischen Besatzungsjustiz in der SBZ und DDR zusammenfasst. Ein ähnlicher Band befasst sich mit dem Gefängnis beim Landgericht Dresden, das bis Mitte der fünfziger Jahre ein zentraler Ort politischer Verfolgung war (Haase, N./

Sack 2001 [507]). Aufsätze liegen zudem über die Gefängnisse Nr. 5 in Strelitz und Nr. 6 in Berlin-Lichtenberg vor (Mironenko/Niethammer/von Plato 1998, Bd. 1 [528]). Über den Repressionsapparat der sowjetischen Besatzungsmacht erschienen darüber hinaus einige allgemeine Aufsätze und Studien, insbesondere von Karl Wilhelm Fricke (in: Haase/Oleschinsky 1998 [506]), Jan Foitzik (1998 [498]) und Klaus-Dieter Müller (Müller, K.-D./Stephan, A. 1998 [532]; Müller, K.-D. 1999 [452 u.453], 2001 [533]). Über die Situation in den sowjetischen Gefängnissen selbst informieren sonst vor allem Erfahrungsberichte Betroffener, die entweder in Form von selbst geschriebenen Erinnerungen (Fraedrich 1997 [499]; Prieß 1995 [539]; Rieke 1999 [545]; Scholz, L. 2000 [553]; Schüler 1993 [554]; Steinert 2000 [555]; Wiener 1991 [561]) oder als Zeitzeugendokumentationen (Bautzen-Komitee 1997 [481]; Drescher 2001 [490]; Finn o. J. [495]; Matz-Donath 2000 [526]; Prieß 2002 [538]; VOS 1994 [559]; Wiese, F.-F./Bernitt 1994 [798]) vorliegen.

2. Gefängnisse und Lager unter DDR-Verwaltung

Die sowjetische Besatzungsmacht übertrug nach 1945 die Verantwortung für die Verfolgung politischer »Straftaten« in Ostdeutschland schrittweise an die deutschen Behörden. Schon vor der Gründung der DDR gab es einzelne Hafteinrichtungen wie das Lager für Gutsbesitzer in Rüdersdorf unter deutscher Verwaltung; Polizei und Justiz unterstanden den wieder gegründeten Ländern. Nach Bildung der DDR kam den Ministerien für Staatssicherheit (MfS), des Innern (MdI) sowie der deutschen Justiz eine immer größere Bedeutung zu. Der Strafvollzug, der in Deutschland traditionell der Justiz unterstellt war, wurde 1950 dem MdI zugeordnet. Der sowjetische Repressionsapparat arbeitete aber auch jetzt noch weiter, nahm Verhaftungen vor und fällte – bis 1955 – eigene Urteile. Einzelne Häftlinge – z.B. Leo Bauer, Kurt Müller oder Walter Linse – waren zunächst beim MfS in Untersuchungshaft und wurden dann an die sowjetische Besatzungsmacht übergeben. Umgekehrt kamen die meisten Speziallager-Häftlinge 1950 in die Obhut der Volkspolizei. Die fließenden Übergänge zeigten sich auch bei der Niederschlagung des Aufstands vom 17. Juni, als sowjetische und ostdeutsche Sicherheitskräfte jeweils Tausende Verhaftungen vornahmen und SMT eigenständig Todesurteile und Haftstrafen verhängten.

Obgleich die Quellenlage über die unter DDR-Verwaltung stehenden Lager und Haftanstalten durch die Sicherung und Öffnung der amtlichen Akten sehr viel besser ist als bei den sowjetisch verwalteten, liegen zu ihnen bisher vergleichsweise wenige fundierte Forschungsergebnisse vor. Mangelnde Forschungsressourcen, Probleme des Datenschutzes und der oft langwierige Aktenzugang über die BStU bilden dafür die Hauptursachen. Vorherrschend sind allgemeine Studien zur (politischen) Justiz der DDR (Im Namen des Volkes? 1994 [445]; Werkentin 1995 [478]; Raschka 2000 [458]; Timmermann

2000 [468]; Weber, P. 2000 [472]; Wentker 2001 [476]). Hermann Weber hat in einem umfangreichen Sammelband u. a. die Vorbereitungen eines geplanten Schauprozesses gegen führende deutsche Kommunisten analysiert (Weber, H./ Mählert 1998 [229]). Zwei Arbeiten untersuchen die Gefangenenzahlen und Haftbedingungen in den siebziger und achtziger Jahren aus übergreifender Perspektive (Raschka 1997 [542] u. 2001 [458]). Eine andere Publikation beschäftigt sich – allerdings nur anhand von Arbeiten der MfS-Hochschule – mit den Methoden der »operativen Psychologie« der Vernehmer (Richter, H. 2000 [409]). Zwei Tagungsbände widmen sich dem Einfluss der Staatssicherheit auf das Justizsystem der DDR (Engelmann/Vollnhals 2000) [434] und den Opfern von SED-Unrecht (Baumann/Kury 1998 [423]), während eine frühe Monographie das Problem der Gefangenenseelsorge behandelt (Beckmann/ Kusch 1994 [482]).

Lediglich über einzelne der über 80 DDR-Gefängnisse gibt es bisher fundierte Publikationen: so über das Sondergefängnis Bautzen II, das formal dem MdI unterstellt war, de facto aber vom MfS kontrolliert wurde (Hannah-Arendt-Institut 1994 [508]; Fricke/Klewin 2001 [501]), über das MfS-Untersuchungsgefängnis in Schwerin (Beleites, J. 2001 [484]), über das Gefängnis am Münchner Platz in Dresden, das der DDR Anfang der fünfziger Jahre auch als Hinrichtungsstätte diente (Haase/Sack 2001 [507]), und über den Haftort Torgau, wo es nicht nur ein berüchtigtes Gefängnis gab, sondern auch den einzigen geschlossenen Jugendwerkhof der DDR (Haase/Oleschinski 1998 [506]; Ministerium für Bildung, Bd. 4 1997 [1371]). Eine umfangreiche Monographie über das Zuchthaus Brandenburg-Görden ist in Vorbereitung, einiges Material daraus wurde schon veröffentlicht (Wunschik 2001 [562]). Darüber hinaus gibt es eine Reihe von Grauschriften, so eine im Eigendruck verlegte Arbeit über das Arbeitslager des MfS in Berlin-Hohenschönhausen (Erler 1997 [493]) und eine kleine Broschüre der Landesbeauftragten für die Stasi-Unterlagen über die Untersuchungshaftanstalten des MfS (Beleites, J. 2000 [483]). Ein weiteres Heft dokumentiert das Schicksal des Westberliner Rechtsanwaltes Walter Linse, der 1952 entführt und nach qualvollen Verhören 1953 in Moskau hingerichtet wurde (Mampel 1999 [525]). Analysen, die detaillierten Aufschluss über die quantitativen und qualitativen Dimensionen politischer Verfolgung in der DDR im Spiegel ihrer Gefängnisse geben, fehlen dagegen.

Von großer Bedeutung sind deshalb auch hier die Erfahrungsberichte von Betroffenen. In der Regel steht hier das eigene Schicksal im Mittelpunkt (Dellmuth 1999 [489]; Kessler 2001 [514]; Koch, D. 2000 [519]; Kuo 1990 [521]; Petz 2000 [536]; Pieper 1997 [537]; Storck 1996 [556]; Richter, A. 1992 [544]; Thiemann 1990 [557]; Zilli 1993 [563]). Besonders beeindruckend sind die teilweise schon vor 1989 erstmals erschienenen autobiographischen Arbeiten einiger prominenter Häftlinge (Brandt, H. 1967 [136]; Fricke 1995 [502]; Fuchs, J. 1978 [701]; Janka 1991 [160]; Kempowski 1992 [512]; Kordon 2002 [1124]; Loest 1990 [1126]). Eine Biographie der Lyrikerin Edeltraut Eckert, die 1955 im Haftkrankenhaus Leipzig-Meusdorf starb, enthält auch viele ihrer ergrei-

fenden Gefängnisgedichte (Blunck 2000 [486]). Zu einzelnen Haftorten gibt
es außerdem Sammelbände, in denen verschiedene Häftlingsschicksale dokumentiert werden – so über das »Gelbe Elend« in Bautzen (Bautzen-Komitee
1997 [481]), über die Sonderhaftanstalt Bautzen II, wo u.a. Heinz Brandt,
Erich Loest, Walter Janka, Karl Wilhelm Fricke und Rudolf Bahro inhaftiert
waren (Haase/Müller 1998 [505]), über das zentrale Untersuchungsgefängnis
des MfS in Berlin-Hohenschönhausen (Gedenkstätte 1999 [504]) und über das
Frauengefängnis Hoheneck (Schacht 1984 [550]; Finn o.J. [495]; Veith 1996
[558]). Eine interessante Momentaufnahme mit Betroffenenberichten und ersten Zahlen stellt auch die im Oktober 1990 verfasste Dokumentation über den
Strafvollzug in der DDR dar, die von Mitgliedern der »Unabhängigen Untersu-
chungskommission gegen Amtsmissbrauch und Korruption« erarbeitet wurde
(Heyme/Schumann 1991 [509]). Ähnliches gilt für eine andere Sammlung von
Zeitzeugenberichten, die im September 1990 von der Initiative Frieden und
Menschenrechte zusammengestellt wurde (Furian 1991 [503]).

3. Offene Forschungsfelder

Obgleich in den letzten Jahren zahlreiche Veröffentlichungen zum Thema
erschienen sind, steht die Forschung zu diesem Gebiet immer noch am Anfang.
Der übergroße Teil der Unterlagen des Staatssicherheitsdienstes der Sowjetunion und der DDR, aber auch des MdI wurde bis heute nicht ausgewertet.
Wenn man bedenkt, dass allein der Aktenbestand der für die Untersuchungshaftanstalten des MfS zuständigen »Linien« XIV und IX – ohne personenbezogene Unterlagen – mehrere hundert Meter beträgt, wird deutlich, wie
umfangreich der aufzuarbeitende Quellenfundus ist. Die Bestände der Erfassungsstelle Salzgitter, in der seit 1961 Informationen über Verbrechen und
Menschenrechtsverletzungen an der innerdeutschen Grenze gesammelt wurden, sind – trotz einer einschlägigen Veröffentlichung (Sauer/Plumeyer 1991
[463]) – bislang ebenso wenig systematisch ausgewertet worden wie die Archive
der Parteien und Opferverbände.

Was die sowjetisch verwalteten Haftorte anbetrifft, ist zu wünschen, dass die
Erforschung der Lager weiter vorangetrieben wird und vergleichende Fragestellungen nicht länger tabuisiert werden. Große Forschungsdefizite bestehen
vor allem bei den zahlreichen lokalen und regionalen Gefängnissen, die gleichsam das Fundament des stalinistischen Terrors nach 1945 bildeten. Für die
40-jährige SED-Herrschaft gilt, dass die Geschichte der meisten Haftanstalten
noch geschrieben werden muss. Über die Analyse der Haftorte hinaus harren
aber auch noch weitergehende Fragestellungen der Aufarbeitung: die repressiven Strategien und Methoden des MfS und ihre Veränderungen; die Wirkungen
politischer Verfolgung in der DDR und deren gesellschaftliche Wahrnehmung,
etwa in der Literatur oder den Kirchen; die gesundheitlichen, beruflichen und
mentalen Spätfolgen der Haft und der Umgang mit diesen nach dem Ende der

SED-Herrschaft; biographiegeschichtliche Forschungen zu einzelnen Häftlingen oder ganzen Häftlingsgruppen – um nur einige der relevanten Themen zu nennen. Es bleibt zu hoffen, dass der Kernbereich der kommunistischen Diktatur – die physische Repression durch Inhaftnahme – eines Tages ebenso viel Aufmerksamkeit erfährt, wie dies heute schon im Zusammenhang mit dem Nationalsozialismus der Fall ist.

HANS EHLERT/ARMIN WAGNER

Äußere Sicherheit und innere Ordnung

Armee, Polizei und paramilitärische Organisationen im SED-Staat

Die SED stützte ihre Macht ganz wesentlich auf die Loyalität ihrer verschiedenen Waffenträger. »Annähernd zehn Prozent der erwerbsfähigen Bevölkerung, d.h. etwa eine dreiviertel Million Menschen, waren 1989 nach Schätzungen in irgendeiner Form – haupt- oder nebenberuflich, freiwillig oder dienstverpflichtet – in den militärischen, paramilitärischen sowie den Schutz- und Sicherheitskräften oder anderen Organen der Landesverteidigung beschäftigt« (Im Dienste der Partei 1998 [625]). Doch vor 1989 hat sich die bundesdeutsche DDR-Forschung nur am Rande mit dieser die DDR prägenden Realität auseinander gesetzt (Nawrocki 1979 [644]; Holzweißig 1985 [624]; speziell zur NVA Forster 1983 [612]). Prägend deshalb, weil die bewaffneten Organe nicht nur die Sicherung der Parteiherrschaft nach innen wie nach außen garantierten, sondern weil sie durch die Institution der Wehrpflicht in der NVA, den Grenztruppen und der Bereitschaftspolizei seit 1962 dazu beitrugen, etwa 25 Geburtsjahrgänge der männlichen DDR-Jugend zu sozialisieren. Daraus ergibt sich als Forschungsperspektive für die historische Aufarbeitung des DDR-Sicherheitsapparates: Sie kann nur mit dem Blick »von oben« und »von unten«, ergänzt um die Ansicht »von innen« die Funktionsweise und Wahrnehmung von Armee, Volkspolizei, Kampfgruppen etc. richtig erfassen, muss also Herrschaftstechniken und -intentionen ebenso beleuchten wie Binnenstrukturen und Lebenswelten, um Erfolge und Grenzen der parteilichen Machtdurchdringung *mit Hilfe* sowie *innerhalb* der Waffenträger zu klären. Im Folgenden sollen zunächst die Forschungen zu den bewaffneten Organen seit 1990 einzeln betrachtet werden – mit Ausnahme des durch einen separaten Beitrag vertretenen Ministeriums für Staatssicherheit (MfS) –, um anschließend einige zusammenführende, eine Gesamtperspektive einnehmende Publikationen anzusprechen.

Nationale Volksarmee und Vorläufer. Die Nationale Volksarmee (NVA), die zwar besonders in der Außenansicht als kampfstark und -fähig galt, die jedoch keine Kriege geführt hat, die zudem, wie wir heute wissen, in erster Linie Befehlsempfänger sowjetischer Vorgaben und damit wenig »national« war, rückte nach 1990 nur allmählich ins Blickfeld der boomenden DDR-Forschung. Wo die NVA oder ihre Vorläuferin, die Kasernierte Volkspolizei (KVP), aber in Krisenmomenten der ostdeutschen Geschichte doch eine nach außen sichtbare Rolle spielten, wurde ihr Einsatz recht früh in monographischer Form behandelt – so im Zusammenhang mit dem 17. Juni 1953 (Diedrich 1991 [814]

u. 2003 [815]) oder mit der Intervention der Warschauer Vertrags-Staaten in der Tschechoslowakei 1968 (Wenzke 1995 [659]). Im letzteren Falle wurde allerdings offenbar, dass es ein größeres Engagement der ostdeutschen Streitkräfte im Kampf gegen den »Prager Frühling« trotz ursprünglicher Planungen nicht gab.

Die NVA-Forschung hat in den neunziger Jahren vor allem das Militärgeschichtliche Forschungsamt (MGFA) in Potsdam vorangetrieben. Zuerst wurde 1994 ein Band zur Phase der »verdeckten Aufrüstung« in der SBZ/DDR von 1947 bis 1952 vorgelegt, der damit auch die ersten Ansätze zur Bildung einer künftigen Armee behandelte (Thoß 1994 [652]). Die Forschung stimmt heute insoweit überein, als dass trotz der Schaffung einer zentral geführten Grenzpolizei seit Ende 1946 und ersten Planungen zum Aufbau einer zentralisierten Polizeitruppe im Herbst 1947 eine militärische Bewaffnung der »Ostzone« erst 1948 begann (Glaser 1995 [617]). Zwischen 1948 und 1952 gab es einen ersten Aufrüstungsabschnitt, der sich nach der 2. Parteikonferenz der SED im Juli 1952 mit dem Beschluss zum »Aufbau des Sozialismus« – den es konsequenterweise auch militärisch zu schützen galt – in einer zweiten Phase fortsetzte. In jenem Jahr ging aus der Hauptverwaltung Ausbildung im Ministerium des Innern (MdI) die KVP hervor, die, angeleitet und kontrolliert durch die Sowjets, deren Streitkräftemodell übernahm. Mit der KVP wurde der strukturelle, personelle und materielle Grundstock für die Bildung regulärer Streitkräfte innerhalb weniger Jahre gebildet. Diese »getarnte Armee« kann mit einer 2001 erschienenen, schon jetzt bereits nur als Standardwerk hinreichend zu charakterisierenden Studie als sehr gut erforscht gelten, und zwar in nahezu allen Bereichen: der politischen Planung, der militärischen Umsetzungsebene bis in die drei Teilstreitkräfte hinein und dem inneren Gefüge mit zum Teil katastrophalen Lebens- und Dienstbedingungen sowie enormen Disziplinarproblemen (Diedrich/Wenzke 2001 [606]).

Besonderes Interesse hat bei einer Armee, die sich in ihrem Selbstverständnis auf einen radikalen Neuanfang gerade auf personellem Gebiet berief, der unermüdlich als Bruch mit der »militaristischen Tradition deutscher Militärgeschichte« deklariert wurde (vgl. die offizielle Selbstdarstellung in: *Armee für Frieden und Sozialismus* 1987 [597]), das Offizierskorps gefunden. Gemäß dem »proletarischen« Charakter der jungen Armee sollten die Offiziere aus der Arbeiterschaft stammen. Wie das »Klassenbewusstsein« bei der Kaderrekrutierung das Sozialkriterium »Klassenherkunft« über die Jahrzehnte ersetzte, untersucht eine bei Hermann Weber entstandene Dissertation (Fingerle 2001 [611]). Der postulierte Bruch mit der Vergangenheit war in der NVA in personeller Hinsicht keineswegs so eindeutig wie bei der VP oder gar beim MfS. Die KVP/NVA griff auf Wehrmachtsoffiziere zurück, sogar auf einige Generale. Es gab zu wenig »Rotspanien-Kämpfer« und Weltkriegs-Partisanen, und deren Kenntnisse genügten kaum zum Aufbau einer regulären Armee. So entstand ein heterogenes Offizierskorps, in dem die Vertreter der HJ- und FDJ-Generation erst einmal in Spitzenpositionen hineinwachsen mussten. Das Misstrauen gegenüber den alten Wehrmachtsoffizieren und deren permanente Überwachung durch das MfS ist mittlerweile – wenn auch noch nicht nach wissenschaftlichem Maßstab erschöpfend – dokumentiert (Lapp 2000 [637]). Für das NVA-Offizierskorps liegt außerdem ein vorzügliches lexikalisches Nachschlagewerk vor (Froh/Wenzke 2000 [613]). Biographische Studien allerdings fehlen derzeit noch (eine Ausnahme: Lapp 2003 [636]); Erinnerungen ehemaliger DDR-Generale (Backerra 1992 [599]; Baarß 1995 [598]; Hoffmann, Th. 1995 [623]; Keßler, H. 1997 [627]; Rothe 1997 [646]; Löffler, H.-G. 2002 [639]) können diesem Mangel nicht abhelfen.

Der nahe liegende Dualismus zwischen politischer Durchdringung und militärischer Autonomie, der in der Parteiarmee NVA zu Reibungsflächen zwischen Parteieinfluss und Sachexpertise führen musste, wie überhaupt die Politarbeit der SED in der NVA während ihrer frühen Jahre, wird in zwei Dissertationen behandelt (Giese 2002 [615]; Hagemann 2002 [620]). Beide Arbeiten zeigen, dass nach 1956 die sozialistische Formierung der NVA zunächst Vorrang vor der militärischen Professionalisierung hatte, zum Unmut vieler Truppenoffiziere und zum Nachteil der Einsatzbereitschaft der NVA. Ob dabei die »chinesischen Experimente« 1959 (dazu auch Storkmann 2001 [650]) wirklich zu einer »Maoisierung« der NVA als Ausdruck einer (militär-)politisch vollzogenen Teilanpassung an das chinesische Vorbild führten (Giese), oder ob sie im Gegenteil nur ein »sektiererischer« Antwortversuch auf die schwierige innere Lage in der Armee ohne ernsthafte Kehrtwende von Moskau nach Peking waren (Hagemann), wird noch ausführlicher zu diskutieren sein. Jedenfalls traten erst in einer zweiten Phase der NVA-Geschichte – begann sie nun bereits 1960, wie Hagemann meint, oder mit der Datierung Gieses erst nach dem Mauerbau – militärische Effektivitätskriterien in den Vordergrund, ohne dass dabei die politisch-ideologische Arbeit ins Abseits geriet. Ältere Konvergenz- und Divergenzkonzepte amerikanischer Schulen (vgl. zusammenfassend Schössler 1980 [648]) können mit dem Erscheinen dieser beiden Arbeiten ad acta gelegt werden, bricht sich ihre jeweilige theoretische Stringenz doch an der Wirklichkeit eines vielschichtigen politisch-militärischen Beziehungsgeflechts.

Weniger ist über die eigentliche militärische Entwicklung der NVA bekannt. Von den Teilstreitkräften ist bisher nur die Volksmarine umfassender behandelt worden (Elchlepp/Jablonsky/Minow/Röseberg 1999 [609]), Bücher über die Luft- und Landstreitkräfte (Kopenhagen 1994 [631], 1995 [633] u. 1999 [632]) besitzen dagegen eher wehrkundlichen Charakter, informieren über Fahrzeuge, Bewaffnung und Ausrüstung. In einer ganzen Reihe von Sammelbänden (u.a. Bald 1992 [600]; Bald/Brühl/Prüfert 1995 [601]; Glaser/Knoll 1995 [618]; Wünsche 1998 [660]; Wünsche/Jablonsky 2001 [661]; Was war die NVA? 2001 [657]) werden Informationen zu verschiedensten Themen der NVA-Geschichte auf ganz unterschiedlichem Niveau angeboten, die häufig aus der Feder ehemaliger NVA-Offiziere stammen und ihren apologetischen Anspruch oftmals nicht verleugnen können. Mit einem systematischen Blick, allerdings zu einem frühen Zeitpunkt der neuen DDR-Forschung entstanden und deshalb teilweise (zu) eng an die damals frisch entdeckten Dokumente angelehnt, geht ein von Experten der Bundeswehr verfasster Sammelband (Naumann 1993 [643]) das Thema an.

Die Entwicklung der NVA von 1956 bis 1989, besonders aber die der siebziger Jahre, ist derzeit ebenso wenig umfassend erforscht wie die Einbindung der NVA in den Warschauer Pakt, für die bislang nur einzelne Ergebnisse vorliegen (Nielsen 1998 [645]). Über das Verhältnis von sowjetischer Herrschaft und »Eigen-Sinn« ihrer Bündnispartner in der östlichen Militärallianz sowie die Stellung der DDR ist immer noch sehr wenig bekannt (für die sechziger Jahre Wagner, A. 2002 [656]), wenngleich sich abzeichnet, dass der von Moskau scheinbar souverän beherrschte Pakt immer wieder nationale Interessen und Egoismen mühsam integrieren musste. Insofern sollte die antipodisch gegen die NATO gerichtete militärische Funktion des Bündnisses zwar nicht abgewertet, ihre innere Domestizierungs- und Konsensfunktion aber mit gleichem Augenmerk untersucht werden (vgl. schon Tiedtke 1978 [654]; Jones 1981 [102]).

Nur die Endzeit der NVA kann inzwischen als einigermaßen gut bearbeitet gelten, wenn auch große Monographien noch fehlen. Neben publizistischen Schnellschüssen (Koop 1993 [583] u. 1995 [629]) sind bald nach der deutschen Einheit autobiographische Erinnerungsberichte erschienen, deren Autoren 1989/90 am Geschehen in den Armeen in Ost und West in vorderer Reihe beteiligt waren (u.a. Ablaß 1992 [596]; Eppelmann 1992 [861]; Farwick 1992 [610]; Hofmann, Th. 1994 [622]; Schönbohm 1992 [647]; Kirchbach/Meyers/ Vogt 1992 [628]). Das »unliebsame Erbe der NVA« in Form ihrer materiellen Hinterlassenschaften, deren Vernichtung bzw. Konversion einer Herkulesarbeit gleichkam, ist ebenso in den Blickpunkt gerückt wie die (militär-)politische Entwicklung vom Herbst 1989 bis zum 3. Oktober 1990 mit ihrer für die NVA-Angehörigen persönlich überaus schwerwiegenden personellen »Abwicklung« (Gießmann 1992 [616]; Herspring 2000 [621]). Wie stark das gerade die ehemaligen Berufsoffiziere noch immer beschäftigt, zeigt die Dokumentation eines im Jahre 2000 – also zehn Jahre nach den historischen Prozessen – durchgeführten Zeitzeugenforums (Ehlert 2002 [607]).

Großes öffentliches Interesse fand die juristische Auseinandersetzung um die Todesschüsse an der Berliner Mauer und der innerdeutschen Grenze. Die juristische Aufarbeitung der Prozesse ist gut dokumentiert (z.B. Rosenau 1998 [549]; Rummler 2000 [592]). Doch über diesen Einzelaspekt hinaus wissen wir von der Geschichte der an der Grenze eingesetzten Verbände noch immer zu wenig. Die Fakten der chronologischen Entwicklung sind inzwischen zwar gleichermaßen beschrieben worden wie die Perfidie des eigentlichen Grenzsystems. Doch die vorliegenden Monographien (Koop 1996 [582]; Lapp 1999 [585]; Schultke 2000 [593]; Grafe 2002 [573]) sind eher Sachbücher denn wissenschaftliche Darstellungen. Gerade für die Grenztruppen muss die Frage gelten, wie und ob dort die »Abrichtung« des normalen jungen Wehrpflichtigen zum Todesschützen funktioniert hat, welche möglicherweise besondere Rolle die Politarbeit und die Militärüberwachung durch die MfS-Hauptabteilung I gespielt haben, wie schließlich mit Gewissenskonflikten umgegangen wurde. Mehr als für Land-, Luft- und Seestreitkräfte mag für die Grenztruppen (bis 1961 Grenzpolizei) der Blick auf deren Innenleben Priorität besitzen, um das Besondere des Grenzregimes jenseits seiner technischen Akribie zu begreifen (ein Ansatz bei Karau 1992 [581]; außerdem das Selbstzeugnis von Rathenow 2002 [774]).

Deutsche Volkspolizei, Bereitschaftspolizei. Polizeigeschichte hat als Thema generell erst seit einigen Jahren die Aufmerksamkeit der Zeithistoriker gefunden. Das gilt auch für die Polizeigeschichte der DDR. Eine institutionengeschichtliche Arbeit lag frühzeitig über die Bereitschaftspolizei vor (Steike 1992 [649]). Ähnlich den Kampfgruppen war diese gleichfalls nach dem 17. Juni 1953 als »Innere Truppen« aufgestellt worden. Hatte die Bereitschaftspolizei zunächst einen inneren Sicherungsauftrag, verschob sich dieser in den sechziger und siebziger Jahren zugunsten der äußeren Landesverteidigung, bevor Mitte der achtziger Jahre wieder ein polizeiliches Einsatzprofil Vorrang erhielt.

Die Deutsche Volkspolizei (DVP) ist zunächst insbesondere unter sozialgeschichtlichen Fragestellungen in ihren Anfangsjahren beschrieben worden (Bessel 1995 [603] u. 1996 [602]). Dabei bewegte sich die Polizei im Osten (auf andere Weise übrigens auch im Westen) Deutschlands in einem Spannungsfeld von Kontinuität und Neubeginn. Bei der DVP fand 1945 ein fast kompletter Personalaustausch statt; dagegen wurde sie organisatorisch in die traditionellen Sparten Kriminal-, Schutz- und Verwaltungspolizei gegliedert. Das Preußische Polizeiverwaltungsgesetz von 1931 galt bis 1968 weiter, modifiziert allerdings durch Spezialgesetze und Verwaltungsvorschriften, die der DVP Eingriffsmöglichkeiten weit über den üblichen rechtsstaatlichen Rahmen hinaus gewährten. Schon seit 1946 begann zudem in der SBZ ein Zentralisierungsprozess, der die bis 1933 traditionelle Polizeihoheit der deutschen Länder, die 1945 zunächst wieder eingeführt worden war, aufhob. Ein struktureller Unterschied zur NS-Herrschaft existierte aber in der Trennung von Polizei und Geheimpolizei in zwei verschiedenen Ministerien. Stand in der Frühzeit der Volkspolizei die Eindämmung typischer Kriminalitätsformen der Nachkriegsgesellschaft kurzfristig im Mittelpunkt, rückte schon bald die Bekämpfung innenpolitischer Gegner des SED-Regimes in den Vordergrund der Polizeiarbeit (vgl. Fürmetz/ Reinke/Weinhauer 2001 [614]).

Obwohl die Volkspolizei in der Hierarchie der Sicherheitsministerien an letzter Stelle stand, nahm sie im Herrschaftsapparat eine wichtige Vermittlungsfunktion zwischen Regime und Gesellschaft ein. Alltägliche Polizeiarbeit als Herrschaftsverfahren war somit soziales Handeln »vor Ort«. Doch Gefahrenabwehr, Vorbeugungsstrategien und Kriminalitätsbekämpfung dienten in der Sichtweise der SED-Führung und im Selbstverständnis der Volkspolizei nicht nur dem Schutz des Bürgers, sondern vorrangig der Sicherheit des (Partei-)Staates (Lindenberger 2003 [638]). Aus dem Vollzug gesetzlicher Bestimmungen einerseits, der Durchsetzung politischer Anordnungen auch unter Brechung oder Beugung des staatlichen Rechts andererseits auf einen »Doppelstaat« DDR nach der Typologie Ernst Fraenkels zu schließen (Brey 1999 [604]), führt jedoch zu weit. Spätestens mit dem DDR-Polizeigesetz von 1968, in der Praxis lange davor, waren die Rechtsnormen nicht mehr ideologiefrei. »Systemneutrale« Polizeiarbeit auf der Grundlage einer der staatlichen Sicherheit vorgelagerten Rechts- und Verfassungsordnung gab es insofern nicht.

Gesellschaft für Sport und Technik, Kampfgruppen der Arbeiterklasse und Luftschutz/Zivilverteidigung. Die SED wollte ihre Herrschaft über die ostdeutsche Bevölkerung nicht nur mittels Streitkräften, Polizei und MfS durchsetzen. Vielmehr sollten zu Identifikations- oder wenigstens Konsenszwecken, aber auch, um gesellschaftliche Autonomisierungschancen weitgehend zu unterbinden, die Bürger in die Wehrpolitik der Partei umfassend einbezogen werden. Für diese Mobilisierung der Gesellschaft existierten weitere Institutionen. Die Gesellschaft für Sport und Technik (GST), eine der großen Massenorganisationen der DDR, diente der vormilitärischen Ausbildung der Jugend. Obwohl selbst nicht als militärischer Kampfverband konzipiert und damit nicht im engeren Sinn Bestandteil der bewaffneten Organe, muss sie doch zu deren Umfeld gezählt werden (Sachse 2000 [1379]; Heider, P. 2002 [264]). Durch die Betonung sportlicher und technischer Inhalte (Motorsport, Wassersport, Segelflug, Kleinkaliberschießen etc.) sollte die natürliche Begeisterung junger Leute genutzt werden. Diese Anbindung großer Teile der jüngeren Bevölkerung an militärisch organisierte Strukturen zielte zugleich auf deren politische Kontrolle und Disziplinierung. Als die GST Ende der siebziger Jahre endlich die personelle und materielle Basis besaß, die ihr von der SED zugedachten Aufgaben zu erfüllen, begann die ohnehin nie sehr ausgeprägte Akzeptanz der Organisation bei ihrem Adressatenkreis immer stärker zu schwinden.

Auch bei den Kampfgruppen der Arbeiterklasse kann die Teilnahme der so genannten Kämpfer an den Übungen als Barometer des Mobilisierungserfolges gelten. Bei aller Überzeugung und echten Einsatzbereitschaft etlicher Angehöriger gilt für einen (möglicherweise überwiegenden) Teil von ihnen, dass sich ihre Mitgliedschaft auf einen parteilichen oder betrieblichen Zwang zurückführen ließ. Außerdem waren die Kampfgruppen oft eine relativ angenehme Alternative zum Reservistenwehrdienst in der NVA. Organisiertheit drückte deshalb nicht unbedingt politisches Bewusstsein aus. Untersucht man die Zustimmung oder Verweigerung der »Kämpfer« anhand ihrer Partizipation an der Ausbildung, so werden die beiden über lange Jahre typischen Probleme der Parteimiliz, nämlich die verbreitete Teilnahmeabstinenz und die Personalfluktuation greifbar. Die Geschichte dieser »Freizeitheimwehr« ist zwar bisher nur wenig erforscht (kompakter Überblick bei Wagner, A. 1998 [655]; keinen Ersatz für eine wissenschaftlichen Ansprüchen genügende Gesamtdarstellung liefert Koop 1997 [630]), doch ist über sie deutlich mehr bekannt als über die Rolle des ab 1955 aufgebauten DDR-Luftschutzes. Aus diesem ging 1967 die Zivilverteidigung hervor, eine Namensänderung, hinter der sich zumindest vom Leitgedanken her die Abkehr vom Konzept lokaler Schutzmaßnahmen gegen Luftkriegseinwirkungen hin zu einem gesamtstaatlichen, umfassenden, zentralistisch dirigierten System – als Ergebnis eines unter sowjetischer Beeinflussung geänderten Kriegsbildes – verbarg. Die Übernahme der zuvor beim MdI angesiedelten Zivilverteidigung durch das Ministerium für Nationale Verteidigung 1976 dokumentierte die Absicht, diese stärker in militärisch ausgerichtete Organisationszusammenhänge zu überführen. Den derzeitigen Forschungsstand markiert Wolfgang Jahn (1998 [626]) im *Handbuch der bewaffneten Organe*; eine eigenständige Publikation über Entwicklungen und Hintergründe der Zivilverteidigung wird am MGFA vorbereitet.

Transportpolizei, Zollverwaltung und Dienst für Deutschland. Zu den kleinen bewaffneten Organen der DDR zählten die Transportpolizei (dazu bisher nur Mittmann 1998 [640]), die Zollverwaltung der DDR und der kaum bekannte, kurzlebige »Dienst für Deutschland.«

Die DDR-Zollverwaltung, deren Struktur sich ab 1962 im Wesentlichen nicht mehr änderte, besaß mit ihren zwischen 4900 (1965) und 8200 (1989) Mitarbeitern weniger einen wirklich zöllnerischen als vielmehr einen Auftrag zur Sicherung der DDR-Grenze gerade dort, wo sie auf legale Weise durchlässig war, also zur Kontrolle des grenzüberschreitenden Reise- und Postverkehrs. Deshalb arbeitete sie eng mit dem MfS zusammen und geriet de facto unter dessen vollständige Überwachung. Den Forschungsstand vermitteln neben dem Überblick im *Handbuch der bewaffneten Organe* (Suwalski 1998 [651]) die kurzen Beiträge zu deutsch-deutschen Paketsendungen »im Blickfeld von Post, Zoll und Staatssicherheit« in einem Buch über *Das Westpaket*, jenes populäre postalische Bindeglied in Zeiten der staatlichen Teilung (Härtel/Kabus 2000 [1113]).

Der 1952 gegründete und ein Jahr später wieder aufgelöste »Dienst für Deutschland« kam einer »paramilitärischen Verfügungstruppe für Arbeitsdienst und Wehrausbildung« (Torsten Diedrich) gleich, historisch durchaus am Reichsarbeitsdienst des NS-Staates orientiert. Er ist monographisch gut und wohl erschöpfend untersucht (Buddrus 1994 [605]).

Gesamtdarstellungen/Synthesen. Über die Literatur, die von 1945 bis 1995 in Ost und West zur Sicherheits- und Militärpolitik der SBZ/DDR und zu ihren bewaffneten Organen entstanden ist, gibt eine Spezialbibliographie Auskunft (Ehlert/Beth 1996 [608]). Die Entwicklung der verschiedenen Waffenträger des SED-Staates wird in Einzelbeiträgen in dem hier schon mehrfach angesprochenen, vom MGFA publizierten Handbuch dargestellt (Im Dienste der Partei 1998 [625]). In dessen Einleitung findet sich einer der wenigen Versuche, die bewaffneten Organe in den Kontext eines institutionell-administrativ verflochtenen »Systems der Landesverteidigung« einzuordnen, das zum wichtigsten Kennzeichen der DDR-Sicherheitsarchitektur seit Ende der fünfziger

Jahre wurde. Die Sicherheitspolitik des SED-Regimes war in mehrfacher Hinsicht integrativ, nicht nur im einheitlichen Verständnis von »innerem Schutz des Sozialismus« und äußerer Landesverteidigung, sondern auch auf der Ebene der blockinternen Bündnisbeziehungen, wo es der DDR als Frontstaat im Kalten Krieg um eine starke Unterstützung durch die Warschauer Vertrags-Staaten und gleichzeitig um die Schaffung eigener Handlungsspielräume im Rahmen der sowjetischen Dominanz ging. Darauf weist eindrücklich eine Arbeit zum Nationalen Verteidigungsrat der DDR und seiner Vorgeschichte in der Ära Ulbricht hin, die sich darum bemüht, Gesamtzusammenhänge der SED-Sicherheitspolitik hintergründig auszuleuchten (Wagner, A. 2002 [656]). Diese Studie wirft auch ein Licht auf die Mobilmachungsbemühungen der DDR im staatlichen, wirtschaftlichen und gesellschaftlichen Bereich für den Kriegsfall und artikuliert mit der ökonomischen Militarisierung der DDR eine Dimension der DDR-Sicherheitspolitik, die über die Erforschung der bewaffneten Organe alleine nicht zu greifen ist. Schon ein früheres Buch wendet sich dem Nationalen Verteidigungsrat zu (Wenzel 1995 [658]). Es behandelt vor allem die Honecker-Zeit und entwirft ein eindrucksvolles, streckenweise beängstigendes, mitunter jedoch auch absurd-groteskes Bild von den Vorbereitungen des SED-Staates auf einen kommenden Krieg. Von den Fakten fasziniert, rekonstruiert es allerdings zu wenig die politischen Hintergründe und Gesamtzusammenhänge der ostdeutschen Sicherheitspolitik.

Das schließliche Scheitern des militarisierten Sozialismus in der DDR lag aber nicht nur an der völligen Überdehnung der ökonomischen Potenzen des ostdeutschen Teilstaates, sondern mindestens in gleichem Maße, ja wohl noch mehr am Legitimitätsverfall der SED-Wehrideologie und -pädagogik angesichts einer zeitgleichen Ost-West-Entspannungspolitik, auf welche Ost-Berlin in den achtziger Jahren einschwenkte (Seubert 1995 [365]). Gerade bei der Jugend, doch selbst innerhalb des Berufsoffizierskorps kam es zu einer gravierenden Erosion der Wehrmotivation.

Forschungsperspektiven.   Die Geschichtsschreibung zu den bewaffneten Organen der DDR hat im vergangenen Jahrzehnt gerade für die NVA und mit einigem Abstand auch für die DVP wichtige Grundlagen geschaffen. Gleichwohl steht sie noch am Anfang. Hinsichtlich der Militärgeschichte fehlen nicht nur die erwähnten Arbeiten über die eigentliche NVA-Entwicklung von 1956 bis unmittelbar vor dem Herbst 1989, zu den Teilstreitkräften sowie zur Rolle der DDR und ihrer Armee im Warschauer Vertrag. Denn wenn die Bindung der DDR an die Sowjetunion die eine strukturelle Konstante ihrer Geschichte ist, dann ist der Bezug auf die Bundesrepublik als Abgrenzung, Konkurrenz und Orientierungspunkt die andere. Daraus gewinnt eine vergleichende Militärgeschichte der beiden deutschen Teilstaaten ihren Erkenntniswert (Thoß 1995 [653]; Kutz 1997 [635]). Grundlage eines solchen komparatistischen Ansatzes wären aber vielfältige (heute noch fehlende) Detailstudien zur NVA-Geschichte: Dazu zählen die Planungen für den inneren Einsatz der

Truppe, das Verhältnis zwischen NVA und GSSD, die Tätig- und Wirksamkeit der MfS-Hauptabteilung I in der Truppe, das Engagement der NVA in der Dritten Welt, das Privilegiensystem höherer Offiziere, das Wehrpflichtigenmilieu, die Lebensverhältnisse von Soldatenfamilien in einem durch Versetzungen und Einödstandorte stark isolierten sozialen Umfeld. Gerade die Alltags- und Kulturgeschichte der NVA weist trotz beachtlicher Einzelergebnisse (Möller, K.-P. 2000 [641]; Müller, Ch. 2003 [642]) mehr Lücken als geschlossene Forschungsfelder auf. Im Zuge aktueller Oppositions- und Widerstandsgeschichte in den beiden deutschen Diktaturen des 20. Jahrhunderts geht es schließlich auch um die – vermutlich vergebliche – Suche nach einem »Stauffenberg in Strausberg«: die Frage also, ob es im DDR-Militär je einen ernsthaften politisch motivierten Widerstand gegen die SED-Herrschaft gegeben und mit welchen Mitteln der Sicherheitsapparat auf nonkonformes Verhalten in den eigenen Reihen reagiert hat.

Letztlich dreht sich die Militärgeschichte der DDR um drei große Fragenkomplexe: herrschaftsgeschichtlich um Funktion und Stellenwert der NVA in der Sicherheitsarchitektur des SED-Staates und im östlichen Bündnis, gesellschaftsgeschichtlich um die empirische und theoretische Verortung der Streitkräfte in »ihrem« namenstiftenden Volk, alltagsgeschichtlich um die Erfahrung des omnipräsenten Sicherheitsapparates durch freiwillig Beteiligte, zwangsweise Betroffene (Wehrpflichtige) und Außenstehende.

Für die Polizeiforschung gilt, dass die VP-Geschichte während der Honecker-Ära bis kurz vor dem Herbst 1989 noch kaum bearbeitet wurde. Die fünfziger und sechziger Jahre sind zwar erstmals in breiterer Perspektive untersucht (Lindenberger 2003 [638]); doch die Dienstzweige der Verkehrs- und Transportpolizei, die in sozialgeschichtlicher Perspektive hinsichtlich der Kontrolle und Regulierung regionaler Mobilität in der Industriegesellschaft DDR eine wichtige Funktion im Sicherheitskonzept der SED eingenommen haben dürften, sind bislang praktisch nicht behandelt. Besonders die Zusammenarbeit der Volkspolizei mit der Staatssicherheit ist nach ersten Ergebnissen (Herbstritt 1998 [396]) noch genauer zu erkunden.

Die Kampfgruppen sind im Blickwinkel einer Geschichte des Kalten Krieges nach ihrem Effizienzwert in der Ost-West-Auseinandersetzung und nach ihrer internen Rolle im SED-Staat zu befragen. Soziologisch interessant wäre es zu erfahren, wer sich aus welchem Grund – vom normativen Druck abgesehen – durch GST, Kampfgruppen und Zivilverteidigung ansprechen ließ. Solche offenen Fragen, für die sich Ergebnisse bislang nur schemenhaft abzeichnen, verbinden die Militär- und Polizeigeschichte der DDR mit ihrer Politik- wie mit ihrer Sozial- und Alltagsgeschichte. Die Geschichtswissenschaft wird einerseits eine faktisch gesättigte Erforschung der einzelnen bewaffneten Organe energisch weiterführen müssen, fehlen doch häufig genug sogar noch deren bloße Organisationsgeschichten. Andererseits darf sich die Forschung aber nicht nur auf die Spitzenebenen der Ministerien, Organe und Apparate konzentrieren, sondern muss gerade auch die Sicht der Weisungsempfänger berücksichtigen, um die Herrschaftswirklichkeit der SED-Diktatur in einem ihrer sensibelsten Bereiche zu erfassen. Die Entwicklung der DDR zu einer der nach bisherigen Erkenntnissen am meisten militarisierten Gesellschaften der Welt wird nur dann hinreichend aufzuklären sein, wenn die DDR-Forschung den Fokus auf die Gesamtkonzeption des »Systems der Landesverteidigung« lenkt; vor allem durch diesen Zugang wird sie die gezielte Militarisierung von Staat, Wirtschaft und Gesellschaft als eines der wichtigsten Ziele des SED-Regimes sowie als Handlungsfeld und Erfahrungsdimension von Politik und Alltag im SED-Staat näher freilegen und begreifen können.

III. Widerstand und Opposition

KARL WILHELM FRICKE

Widerstand und Opposition in den vierziger und fünfziger Jahren

Der frühe Widerstand gegen die zweite Diktatur in Deutschland ist von der Zeitgeschichtsforschung erst spät thematisiert worden. Für Historiker unter dem Regime der SED war widerständiges und oppositionelles Verhalten in den vierziger und fünfziger Jahren prinzipiell mit einem Tabu belegt, es hatte als systemwidrig zu gelten. Aber auch für die Geschichtswissenschaft in der alten Bundesrepublik waren Widerstand und Opposition in der sowjetischen Besatzungszone und in der Deutschen Demokratischen Republik der frühen Jahre kaum Gegenstand forschenden Interesses. Die einschlägigen Veröffentlichungen, die der Autor (Fricke 1979 [437] u. 1984 [694]) vorlegte, wurden weithin ignoriert. Nicht immer reichte der vor Öffnung der DDR-Archive freilich begründete Hinweis auf die schmale Materialbasis als Erklärung dafür aus. Es gab in der bundesdeutschen Zeitgeschichtsforschung auch eine selbst gewählte Abstinenz gegenüber der DDR-Widerstands- und Oppositionsgeschichte, die politisch motiviert war. Wer sich damit befasste, kam leicht in den Ruch des »Kalten Kriegers«, zumal in den siebziger und achtziger Jahren. Hermann Weber ist dieser Zeitgeisttendenz nie erlegen, er hat Widerstand und Opposition in der SBZ/DDR wiederholt zur Sprache gebracht und ihre kausale Bedingtheit problematisiert. »Entsprechend der ideologischen Sicht galt jede politische Opposition als ›Agentur‹ der ›Klassengegner‹ und wurde daher verfolgt«, wobei »selbst in der Geschichtsdarstellung Opposition noch häufig kriminalisiert« wurde (Weber, H. 1988 [77]).

Nach dem revolutionären Umbruch in der DDR änderte sich die Forschungssituation grundlegend. Mit dem Zugang zu den Archiven konnten aktengestützte wissenschaftliche Untersuchungen auch zu Widerstand und Opposition in der SBZ/DDR in den vierziger und fünfziger Jahren erarbeitet werden. Die vom Deutschen Bundestag 1992 gebildete Enquete-Kommission »Aufarbeitung von Geschichte und Folgen der SED-Diktatur in Deutschland« trug erheblich dazu bei, dass auch widerständiges Verhalten und oppositionelles Handeln unter der Herrschaft der SED stärker ins Blickfeld der Zeitgeschichtsforschung rückten (Materialien 1995 [42]). Neben Einzelstudien in Sammelbänden (Poppe/Eckert/Kowalczuk 1995 [772]; Henke/Steinbach/Tuchel 1999 [711]; Neubert/Eisenfeld 2001 [762]) entstanden ausführliche Monographien (Neubert 2000 [764]), die Widerstand und Opposition der frühen Jahre in die Erinnerung zurückriefen, wenn auch nicht immer mit gebührender Ausführlichkeit. Ein hochkarätig informatives Lexikon (Lexikon Opposition 2000 [750]) liegt inzwischen ebenfalls vor.

Im Wesentlichen haben die einschlägigen Untersuchungen zu der Erkenntnis geführt, dass die vielfältigen Erscheinungsformen von politischer Gegnerschaft in den ersten Nachkriegsjahren bis zum Aufstand vom 17. Juni 1953 primär gegen die SED und den von ihr frühzeitig erhobenen monopolistischen Machtspruch gerichtet waren, jedoch nicht unmittelbar gegen die sowjetische Besatzungsmacht, unter deren Protektorat allein die SED ihre Diktatur durchzusetzen und zu sichern imstande war. Gerade die Jahre bis zur Gründung der DDR am 7. Oktober 1949 sollten das demonstrieren. Es war die östliche Okkupationsmacht, die sich in dieser Zeit mit ihrer Geheimpolizei und ihren Militärtribunalen ungehemmt dazu hergab, jedwede Anfänge von Opposition und Widerstand gegen die SED zu unterbinden und zu ahnden. Umgekehrt riefen schon in den ersten Nachkriegsjahren die radikalen Eingriffe in die Herrschafts- und Sozialstrukturen Opposition und Widerstand hervor, nachdem allzu bald zu erkennen war, dass diese Eingriffe weit über die Erfordernisse einer an sich auch in der sowjetischen Besatzungszone notwendigen Entnazifizierung und Entmilitarisierung hinausgingen. Frühzeitig zeichnete sich das strategische Ziel der SED ab, im Schulterschluss mit der Besatzungsmacht eine neue Diktatur nach Art des Sowjetsystems zu errichten.

Erster Widerstand trat auf, als Sozialdemokraten in Ost-Berlin und der sowjetischen Zone nach der unter massivem Zwang vollzogenen Vereinigung von KPD und SPD versuchten, innerhalb der Sozialistischen Einheitspartei Deutschlands ihr historisches Erbe zu bewahren und Zusammenhalt untereinander zu pflegen, ebenso Verbindungen zur SPD im Westen Deutschlands. Mithin setzte die Verfolgung widerständiger Sozialdemokraten bereits 1946 ein (Bouvier/Schulze 1991 [134]; Bouvier 1996 [135]; Der Freiheit verpflichtet 2000 [859]; Boll 2001 [487]). Die Zahl der Sozialdemokraten, die in den Jahren 1945 bis 1953 in sowjetischen Lagern oder in sächsischen Zuchthäusern verschwanden, muss auf eine Größenordnung von 5000 bis 6000 beziffert werden. Mehrere Hundert kehrten nie in die Freiheit zurück.

Die frühe Repression ließ künftige Schwierigkeiten ahnen, wenn politisches Andersdenken offen und legal bekundet wurde. Als sich Mandatsträger der CDU und LDPD, die in die im Herbst 1946 gewählten kommunalen Vertretungen und Landtage eingerückt waren, behutsam sich in parlamentarischer Opposition zu üben begannen, wurden sie bereits in den Anfängen unter Druck gesetzt und alsbald auch verfolgt. Die Landtage in der SBZ/DDR tagten damals im Regelfall in Anwesenheit hoher sowjetischer Offiziere, die schon durch ihre Präsenz einschüchternd wirkten. Eine systematische Untersuchung der parlamentarischen Opposition in den Landtagen der SBZ/DDR steht bis heute aus. Einzelstudien (Kaff 1995 [728]; Materialien 1995 [42]; Louis 1996 [281]) und Erlebnisberichte (Ernst, E. 1998 [691]) lassen ermessen, wie CDU und LDPD gleichgeschaltet wurden und was ihren Landtagsabgeordneten in Ausübung parlamentarischer Rechte widerfahren konnte. Speziell zu Entrechtung und Verfolgung christlicher Demokraten in der SBZ/DDR vermittelt eine empirisch fundierte biographische Dokumentation einen Begriff von Umfang und Intensität: 1493 Verhaftete aus den Reihen der Christlich-Demokratischen Union sind mit Namen und Daten belegt (Buchstab 1997 [248]). Dass vor der Gleichschaltung der Blockparteien durch die SED Opposition und politische Repression der frühen Jahre kamen, lässt sich nicht zuletzt über »politische Lebensbilder« erschließen (Fricke/Steinbach/Tuchel 2002 [693]).

Einen weiteren Schwerpunkt der frühen Widerstands- und Oppositionsgeschichte bildeten 1948–1950 das politische Engagement und die Aktivitäten von Studenten und Hochschullehrern an den Universitäten der SBZ/DDR. In Berlin führten die Auseinandersetzungen 1948 zur Gründung einer Gegen-Universität – der Freien Universität Berlin, die aus dem Protest gegen die ideologische Uniformierung von Lehre und Forschung entstand (Jordan, C. 2001 [727]). Empirisch belegt ist die Zahl von mindestens 1200 Studenten und Professoren, die unter der Diktatur der SED verhaftet und verurteilt wurden – zum einen durch sowjetische Militärtribunale, zum anderen durch Strafgerichte der DDR (Krönig/Müller, K.-D. 1994 [743]). Aufgearbeitet wurde im Besonderen das Schicksal Leipziger Studenten, die in den späten vierziger, frühen fünfziger Jahren wegen ihrer Opposition in die Zwangsarbeitslager von Workuta oder in die Zuchthäuser von Bautzen, Waldheim oder Torgau gingen. Den Namen von Wolfgang Natonek, des legendären Studentenratsvorsitzenden der Universität Leipzig, kennen heute noch viele zeithistorisch Interessierte, aber nicht immer ist bewusst, dass sein Fall keineswegs singulär war. Allein an der Universität Leipzig sind bis zum Jahre 1955 nach bisherigen Forschungen 92 Studentinnen und Studenten von der sowjetischen Geheimpolizei verhaftet und von sowjetischen Militärtribunalen verurteilt worden (Wiemers/Blecher 1998 [796]). Die Studenten Herbert Belter, Heinz Baumbach, Heinz Eisfeld, Helmut Paichert, Gerhard Rybka und Axel Schroeder, alle sechs an der Universität Leipzig immatrikuliert, wurden wegen ihrer Gegnerschaft zur SED 1951 bzw. 1952 zum Tode verurteilt und in Moskau erschossen. Weitere Einzelstudien handeln vom Schicksal des 1951 in Moskau erschossenen Rostocker Studentenführers Arno Esch und seiner Kommilitonen (Köpke/Wiese 1997 [739]). Gegenstand einer weiteren Einzelstudie ist eine frühe studentische Widerstandsgruppe an der Universität Halle – Horst Hennig, Willi Eckert und andere –, die 1950 zerschlagen wurde (Müller, K.-D./Osterloh 1995 [759]). Trotz der weit gediehenen Forschung zur Verfolgungsgeschichte werden sich viele Schicksale endgültig erst klären lassen, wenn die Akten in den russischen Archiven uneingeschränkt einzusehen sind.

Hoffnungen, auch in der DDR könnte die parlamentarische Demokratie eine Chance haben, waren vor diesem historischen Hintergrund schon im ersten Jahr ihres Bestehens verweht. Bereits in ihrer Geburtsstunde verlor die DDR ihre demokratische Unschuld. Als sich der Deutsche Volksrat zur Provisorischen Volkskammer konstituierte, die Verfassung in Kraft setzte und eine Provisorische Regierung bildete, war das alles ohne freie Wahlen geschehen. Erbitterung und Empörung machten sich breit, als mit einem Jahr Verspätung die zum 15. Oktober 1950 anberaumten ersten Wahlen zur Volkskammer, die mit Landtags- und Kommunalwahlen kombiniert waren, wiederum auf der Basis von Einheitslisten unter Hegemonie der SED exerziert werden mussten.

Vereinzelte Versuche in den Fraktionen von CDU und LDPD in der Provisorischen Volkskammer, ein der Verfassung gemäßes Wahlrecht durchzusetzen, wurden durch justitiellen Terror unterbunden. Günter Stempel, seinerzeit LDPD-Generalsekretär und Volkskammer-Mitglied, wurde am 8. August 1950 von der Staatssicherheit verhaftet – genau einen Tag vor der Verabschiedung des Wahlgesetzes, gegen das er in seiner Fraktion wegen des darin verankerten Einheitslistenprinzips protestiert hatte. Nach seiner Verhaftung wagte in der Volkskammer niemand mehr mit Nein zu stimmen. Günter Stempel wurde dem (sowjetischen) Ministerium für Staatssicherheit (MGB) ausgeliefert und am 7. Januar 1952 von einem sowjetischen Militärtribunal zu 25 Jahren Zwangsarbeitslager verurteilt. Erst am 28. April 1956 sah er die Freiheit wieder (Fricke/Steinbach/Tuchel, 2002 [693]). Ähnliche Versuche zur Modifizierung des Wahlgesetzes sowie ein Protest gegen das Unrecht der Waldheimer Prozesse gingen von dem seinerzeitigen Staatssekretär im DDR-Justizministerium, Dr. Dr. Helmut Brandt (CDU) aus. Er wurde am 6. September 1950 vom Staatssicherheitsdienst verhaftet. Verurteilt in zwei manipulierten Prozessen, brachte er rund 14 Jahre in DDR-Strafhaft zu (Wentker 2001 [313]).

Die DDR war kaum ein halbes Jahr alt, als ein spektakuläres Strafverfahren vor dem Obersten Gericht verdeutlichte, wie sich die Machtverhältnisse zu diesem Zeitpunkt bereits entwickelt hatten. In den Tagen vom 24. bis 29. April 1950 wurde vor dem 1. Strafsenat des Obersten Gerichts unter Vorsitz von Hilde Benjamin im Landestheater Dessau erstmals ein politischer Schauprozess im buchstäblichen Sinne des Wortes »inszeniert«. Die insgesamt zehn Angeklagten hatten sich wegen vermeintlicher Sabotage bei der Enteignung der Deutschen Continental-Gas-Gesellschaft zu verantworten. Indes war die politische Zielsetzung eindeutig: In den beiden Hauptangeklagten, Prof. Willi Brundert, seinerzeit Ministerialdirektor im Ministerium für Wirtschaft und Verkehr von Sachsen-Anhalt, einem Mann aus dem sozialdemokratischen Widerstand gegen das Nazi-Regime, und Dr. Leo Herwegen, damals Minister für Arbeit und Sozialfürsorge und CDU-Landesvorsitzender in Sachsen-Anhalt, unter der Hakenkreuz-Diktatur ebenfalls schon verfolgt, sollten in Wirklichkeit der sozialdemokratische Widerstand und die bürgerlich-christliche Opposition in der DDR gebrandmarkt werden. Das Verfahren, eine Art Pilot-Prozess, endete mit der Verurteilung aller Angeklagten zu langjährigen Zuchthausstrafen – je 15 Jahre für die beiden Hauptangeklagten (Beckert 1995 [424]; Werkentin 1997 [478]). Erstmals hatte die Politbürokratie der SED keinerlei Hemmungen mehr gezeigt, auch und gerade mittels der Strafjustiz in der DDR politische und gesellschaftliche Veränderungen durchzusetzen.

Es fügt sich in dieses Bild, wenn rund vier Monate nach Gründung der DDR als Reaktion auf den Widerstand der frühen Jahre das Ministerium für Staatssicherheit (MfS) mit Gesetz vom 8. Februar gebildet wurde. Von Anfang an als

»Schild und Schwert der Partei« gedacht, war es das konstitutive Herrschaftsinstrument der SED-Politbürokratie. Bezeichnenderweise wirkte das MfS mit
den sowjetischen Staatssicherheits-Dienststellen (MGB) in der DDR operativ
eng zusammen.

Zu welchen Auswüchsen das führte, veranschaulicht die Verfolgung einer
in den späten vierziger, frühen fünfziger Jahren um den Berliner Publizisten
Alfred Weiland gruppierten »trotzkistischen Organisation«. Weiland hatte ein
loses Netzwerk linker Sozialisten und rätekommunistischer Akteure mit Kontakten in beiden Teilen Deutschlands geknüpft, das als »sozialistischer Arbeitskreis« innerhalb der SED illegal, in der SPD legal in Erscheinung trat und
sogar ein eigenes Informationsblatt mit dem Titel *Neues Beginnen* herausgab,
der Tendenz nach antikapitalistisch und antistalinistisch. Am frühen Morgen des
11. November 1950 wurde Weiland auf offener Straße in Berlin-Schöneberg,
damals amerikanischer Sektor von Berlin, von Agenten in sowjetischem Auftrag überfallen, betäubt und in einem Pkw gewaltsam nach Ost-Berlin entführt.
Nach vorläufiger Untersuchungshaft beim MGB in Berlin-Karlshorst wurde er
dem MfS überstellt und am 27. August 1952 vom Landgericht Greifswald zu
15 Jahren Zuchthaus verurteilt. Mit ihm schaltete man neun weitere linkssozia-
listische Genossen aus (Kubina 2001 [172]). Weiland wurde am 8. November
1958 nach West-Berlin entlassen.

Politisch stabilisierend für die DDR wirkte solche Repression nicht, im
Gegenteil, sie verunsicherte selbst die Mitgliedschaft der SED, in der sozialdemokratische Ideen weiter bestanden und sich andere oppositionelle Tendenzen entwickelten, so dass sie in den Jahren 1949–1951 von Säuberungsak-
tionen und Verfolgungen überzogen wurde (Klein/Otto/Grieder 1997 [167]).
Geradezu unausweichlich provozierte die sich verschärfende politische Verfolgung punktuell und individuell Widerstand im Lande (Fricke/Engelmann
1998 [384]; Fricke/Steinbach/Tuchel 2002 [693]). Verurteilt wurden Regimegegner, junge Menschen zumal, weil sie Westzeitungen in den Osten geholt,
illegal Flugblätter verteilt oder antikommunistische Losungen auf Mauern und
Hauswände gemalt hatten (Graul 1996 [706]). Kontakte zu den Ostbüros von
SPD, CDU und FDP in West-Berlin (Buschfort 2000 [1680]) wurden ebenso
gnadenlos geahndet wie Verbindungen zum Untersuchungsausschuss Freiheitlicher Juristen (Hagemann 1994 [1702]; Mampel 1999 [525]) oder zur Kampfgruppe gegen Unmenschlichkeit (Merz 1987 [1731]; Finn 2000 [1685]). Wiederholt begehrten namentlich Oberschüler, Lehrlinge und Studenten gegen die
Verweigerung freier Wahlen auf – wie eine Gruppe von acht Angeklagten,
darunter sechs Oberschüler aus Güstrow, die am 27. September 1950 vom
Landgericht Schwerin zu Zuchthausstrafen bis zu 15 Jahren verurteilt wurden
(Moeller 2000 [756]).

Hervorhebung verdient ein aus zwei Gruppen gebildeter Widerstandskreis
in Altenburg, in dem sich Lehrer und Oberschüler zusammengefunden hatten. Sie sahen in der antifaschistischen Widerstandsgruppe »Weiße Rose«,
in Hans und Sophie Scholl, ihre politischen Vorbilder. Sie beschafften sich

Flugblätter bei der KgU in West-Berlin, druckten auch selbst antikommunisti-sche Handzettel, bastelten sich einen illegalen Rundfunksender, der immerhin eine Reichweite von 40 Kilometern hatte. Mangelnde konspirative Erfahrung führte binnen kurzem zu umfangreichen Festnahmen. Insgesamt 19 Mitglieder der Gruppe und Mitwisser wurden von der Staatssicherheit der sowjetischen Geheimpolizei ausgeliefert. Ein Militärtribunal fällte im September 1950 das Urteil: Ein Lehrer und zwei Schüler, Joachim Näther, Siegfried Flack und Wolfgang Ostermann, wurden zum Tode verurteilt und in Moskau erschossen. Weitere 16 Angeklagte erhielten Freiheitsstrafen bis zu 25 Jahren. Sie kamen zumeist nach Bautzen (Enke 1997 [688]).

Während das Schicksal der Altenburger Widerständler erst dreieinhalb Jahr-zehnte später überhaupt bekannt wurde, erregte der Fall Hermann Joseph Flade schon zu seiner Zeit Aufsehen weit über die DDR hinaus. Der Oberschüler hatte 1950 im erzgebirgischen Olbernhau selbst gefertigte Flugblätter gegen die Einheitswahlen verbreitet. Er wurde wegen »Boykotthetze« und, weil er sich bei einer versuchten Festnahme auf frischer Tat mit einem Messer gewehrt hatte, wegen »versuchten Mordes« in erster Instanz vom Landgericht Dresden zum Tode verurteilt. In zweiter Instanz wurde das Urteil vom Oberlandesgericht Dresden auf 15 Jahre Zuchthaus festgesetzt. Hermann Flade verbüßte davon zehn Jahre (Fricke/Steinbach/Tuchel 2002 [693]). Verschiedentlich beschwor der Fall Flade seinerzeit neue Proteste, neuen Widerstand herauf. Das Schick-sal der »Werdauer Oberschüler« war typisch dafür (Beyer 2002 [666]). Das Unrecht, das in den Gerichtssälen der DDR damals alltäglich war, ließ singulär Widerstand selbst in der Strafjustiz aufkeimen. Einzelne Staatsanwälte, Rich-ter und Rechtsanwälte sind dafür in die Zuchthäuser des Regimes gegangen (Engelmann/Vollnhals 1999 [434]).

Opposition und Widerstand traten in eine neue, durchaus dramatische Phase, nachdem die 2. Parteikonferenz der SED im Juli 1952 mit ihren Be-schlüssen über den »Aufbau des Sozialismus« eine »Verschärfung des Klassen-kampfes« eingeleitet hatte. Die neue Generallinie der SED musste zwangsläufig verstärkte politische Repression, aber auch neue Gegnerschaft auslösen. Letzt-lich trieb sie die DDR in eine Richtung, die schon ab Herbst 1952 erste Symp-tome einer vorrevolutionären Krise bis hin zu Proteststreiks erkennen ließ, ehe sich die Spannungen mit dramatischer Vehemenz im Aufstand vom 17. Juni 1953 entluden.

Die Dialektik von Repression und Widerstand in der DDR wird die Histo-riker noch lange beschäftigen, denn defizitär sind die Forschungen zur Opposi-tions- und Widerstandsgeschichte der DDR noch in mancher Hinsicht. Noch nicht einmal alle Verfolgten-Schicksale sind bis heute geklärt. Selbst exakte Zahlen zur politischen Verfolgung konnten bis heute nicht erarbeitet werden. Einer gründlichen Untersuchung bedarf zum Beispiel auch die Geschichte der Spionage in der SBZ/DDR, die sich namentlich in den späten vierziger, frühen fünfziger Jahren als antikommunistischer Widerstand begriff. Hunderte von Menschen haben Spionage gegen die Herrschenden der zweiten Diktatur

durchaus im Wissen um das damit verbundene Risiko geleistet (Fricke/Engel-
mann 1998 [384]). Die Zahl derer, die als Opfer sowjetischer Militärtribunale
oder der DDR-Strafgerichte dafür in den Tod gingen, dürfte dreistellig sein.

Indem sich die Forschung dem Widerstand auch der frühen Jahre zuwendet, verhindert sie, dass seine Geschichte aus dem öffentlichen Bewusstsein
ausgeblendet und von der Erinnerung an die Oppositions- und Bürgerrechtsbewegung der siebziger und achtziger Jahre überlagert wird. Alles in allem
leistet die Aufarbeitung der Widerstands- und Oppositionsgeschichte der DDR
auch einen durchaus aktuellen Beitrag zur politischen Kultur der Gegenwart. Er
hat die Tradition der Widerständigkeit als historisches Erbe zu bewahren, weil
sie demokratisches Selbstbewusstsein herauszubilden hilft und damit für alle
Deutschen, nicht nur für die Menschen in der DDR, identitätsstiftend wirken
kann.

Ilko-Sascha Kowalczuk

Der 17. Juni 1953

Der Aufstand vom 17. Juni 1953 zählt zu den wichtigsten demokratischen Volksbewegungen in der deutschen Geschichte. Ein Kommentar der *Times* rückte die Ereignisse bereits am 18. Juni 1953 in die historische Nähe zu den Revolutionen von 1848 und 1918. Zeitzeugen waren sich 1953 einig, dass sie eine missglückte Revolution, an der das gesamte Volk beteiligt war, erlebt hatten (Brandt 1967 [136], Hildebrandt 1954 [823]). In diesem Sinne wurde der 17. Juni am 4. August 1953 als »Tag der deutschen Einheit« zum gesetzlichen Feiertag in der Bundesrepublik erhoben und bis 1990 begangen.

In der DDR-Propaganda dagegen wurden die Ereignisse sofort als »faschistischer Putschversuch« oder als »konterrevolutionärer Putsch« denunziert. An dieser Interpretation hielt die SED-Führung offiziell bis 1989 fest (Kowalczuk 1996 [828]).

Die Forschung in der Bundesrepublik betrachtete den 17. Juni 1953 von Anfang an übereinstimmend als eines der bedeutendsten Ereignisse in der DDR-Geschichte (Weber 2000 [77]). In den fünfzig Jahren seit dem Aufstand ist eine Vielzahl an Studien, Monographien, Sammelbänden, Dokumentationen und Erinnerungen zum Thema erschienen, so dass diese Volksbewegung als gut erforscht angesehen werden kann.

Bei den Forschungsergebnissen besteht in den folgenden Punkten weitgehender Konsens.

Im Frühjahr 1953 offenbarten sich die Grenzen beim Aufbau des Sozialismus in der DDR, wie er von der 2. SED-Parteikonferenz im Juli 1952 propagiert worden war (Weber 1999 [79]). Der beschleunigte Aufbau des Sozialismus in der DDR widersprach zunehmend der offiziellen sowjetischen Außen- und Deutschlandpolitik (Wettig 1999 [1557]). Die wirtschaftlichen Möglichkeiten und die Geduld der Bevölkerung waren erschöpft (Mitter/Wolle 1993 [45]). Die Rückwirkungen der Massenrepressalien waren von der SED-Führung billigend in Kauf genommen worden, sofern sie überhaupt bedacht worden sind (Werkentin 1995 [478]). Die Vertreibung der Mittelschicht erwies sich als gesellschaftspolitisches Fiasko. Traditionelle Handels- und Versorgungsstrukturen waren der ideologisch begründeten Verstaatlichung geopfert worden. Die massenhafte Flucht der Bauern vergrößerte die Versorgungslücken, die von den LPGs nicht ausgeglichen werden konnten. Vor allem die steigenden Flüchtlingszahlen veranlassten Moskau schließlich zum Eingreifen. Die innerdeutsche Systemauseinandersetzung schien durch diese »Abstimmung mit den Füßen« geklärt.

Die tiefe ökonomische Krise und die zunehmenden politischen und wirtschaftlichen Repressionen standen in einem starken Kontrast zu den Verhältnissen in der Bundesrepublik, wo die Wirtschaft einen kräftigen Aufschwung erlebte.

Vom 2. bis 4. Juni 1953 weilte eine dreiköpfige SED-Delegation (Ulbricht, Grotewohl, Oelßner) in Moskau, um Instruktionen für den »Neuen Kurs« in Empfang zu nehmen. Diese »Hinweise« zur Überwindung der Krise in der DDR modifizierten die bisherige SED-Politik in folgenden Punkten: keine Forcierung der Zwangskollektivierung und Förderung von individuellen bäuerlichen Wirtschaften; Duldung von Privatkapital und -unternehmern; Revision des Fünfjahrplanes in Hinblick auf eine höhere Konsumgüterproduktion und die alleinige Dominanz der Schwerindustrie; Maßnahmen zur Stabilisierung der DDR-Währung; Verminderung des Drucks auf die Bevölkerung durch »Durchsetzung der Gesetzlichkeit« und »Beseitigung des bloßen Administrierens«, um eine stärkere gesellschaftliche Akzeptanz der SED und der von ihr dominierten Massenorganisationen zu erreichen, sowie die Gewinnung der »bürgerlichen Intelligenz« durch die Gewährung von Privilegien; Propagierung der Wiederherstellung der deutschen Einheit und eines Friedensvertrages sowie Einstellung des Kirchenkampfes. Zur Unterstützung des »Neuen Kurses« stellte die Moskauer Führung wirtschaftliche Hilfe, Lebensmittellieferungen und eine Lockerung des Besatzungsregimes in Aussicht (Hegedüs/Wilke 2000 [821]).

Vom sowjetischen Kurswechsel völlig unerwartet getroffen, verabschiedete das SED-Politbüro am 9. Juni 1953 weisungsgemäß ein Dokument, das als *das* Kommuniqué des Politbüros in die Geschichte einging. Als dieses und der daraus resultierende Ministerratsbeschluss vom 11. Juni veröffentlicht wurden, war die Bevölkerung einschließlich der Mehrheit der SED-Mitglieder sehr überrascht (Kowalczuk/Mitter/Wolle 1996 [827]). Die Stimmungsberichte aus diesen Tagen verdeutlichen, als was der »Neue Kurs« der SED angesehen worden ist: als Bankrotterklärung der SED-Diktatur. Die Bedeutung des Politbüro-Kommuniqués lag darin, dass die SED einräumte, Fehler begangen zu haben. Der von der Moskauer Führung verordnete und von der ostdeutschen Bevölkerung erzwungene »Neue Kurs« erwies sich als Bumerang. Kaum hatte das Regime die Zügel etwas lockerer gelassen, versuchte die Bevölkerung, politische Veränderung einzufordern. Sie hoffte auf Rechtssicherheit, demokratische Verhältnisse, auf die Überprüfung von Gesinnungs- und Terrorurteilen, auf Freizügigkeit, auf bessere Arbeits- und Lebensverhältnisse, insbesondere auf eine gesicherte Versorgung, und nicht zuletzt auf die Wiedervereinigung Deutschlands.

Die Volkserhebung begann im Juni 1953, weil sich das Land in einer tiefen gesellschaftlichen Krise befand und die Machthaber und der Machtapparat wie paralysiert erschienen. Nach dem 9. Juni wagten immer mehr Menschen offene Aufruhr. Schon vor dem 16. Juni kam es in Dutzenden Städten und Gemeinden zu Streiks und Demonstrationen, LPGs lösten sich auf, und Parteiaustritte standen auf der Tagesordnung. Vor allem in der Arbeiterschaft rumorte es

kräftig (Beier 1993 [806]), war doch bis zum Abend des 15. Juni die Normen-
frage, die sie so sehr bedrängte, immer noch nicht gelöst. Erst am 16. Juni 1953
beschloss das Politbüro, die Normenerhöhung zurückzunehmen. Die Arbeiter
waren aber schon am 15. Juni kaum noch zu beruhigen. Längst hatten sich
politisch bewusste Arbeiter zusammengefunden und ultimative Forderungen
aufgestellt. Sie wollten nicht länger »Sklaven« sein, wie sie auf den Straßen
skandierten, sondern, so wie es ihnen pausenlos verkündet wurde, mitbestim-
men, mitregieren im Arbeiter-und-Bauern-Staat. Ihre schlechte Lebenslage, die
fehlenden Freiheiten, der harte Arbeitsalltag, der sich durch die Erhöhung der
Normen noch zu verschärfen drohte, die permanente Angst vor Terror und
Verfolgung einerseits und das Eingeständnis der SED-Führung und der DDR-
Regierung, verantwortlich für harsche Fehlentwicklungen zu sein, verbunden
mit deren Handlungsunfähigkeit nach dem 9. Juni mussten zusammenkom-
men, um einen Volksaufstand ausbrechen zu lassen (Brant 1954 [811]; Mitter/
Wolle 1993 [45]).

Vom 16. bis 21. Juni 1953 kam es in über 700 Städten und Gemeinden
der DDR zu Demonstrationen, Streiks und öffentlichen Unruhen. In 200 der
224 größten Städte beteiligten sich Einwohner am Aufstand. Die sowjetische
Militäradministration verhängte am 17. bzw. 18. Juni über 167 der 217 Land-
und Stadtkreise den Ausnahmezustand, der am längsten in Berlin, Halle, Magdeburg und Leipzig – bis zum 11. Juli 1953 – aufrechterhalten worden ist.
Am Volksaufstand waren etwa eine Million Menschen beteiligt. Zu Streiks
kam es in über 1000 Betrieben und Genossenschaften. Die Aufständischen
erstürmten mindestens 250 öffentliche Gebäude und verwüsteten sie zum Teil.
Darunter befanden sich fünf MfS-Kreisdienststellen (Niesky, Görlitz, Bitterfeld, Jena, Merseburg), zwei SED-Bezirksleitungen (Halle, Magdeburg), sieben SED-Kreisleitungen, sechs FDGB-Gebäude, eine VP-Bezirksdirektion,
acht VP-Reviere sowie dutzende Kreisräte und Gemeindeverwaltungen. Vor
22 Gefängnissen versammelten sich Demonstranten mit dem Ziel, die politischen Häftlinge zu befreien. Aus zwölf Haftanstalten kamen ca. 1400 Häftlinge
frei, von denen bis Ende des Monats über 1200 wieder eingesperrt waren.
Die sowjetische Besatzungsmacht zeichnete für 18 standrechtliche Erschießun-
gen verantwortlich. Darüber hinaus kamen beim Einsatz von KVP, MfS und
sowjetischen Truppen viele Frauen und Männer ums Leben, deren genaue
Zahl bisher nicht ermittelt werden konnte (Kowalczuk 2003 [829]). Den spontanen Aufstand trugen im ganzen Land von vornherein politische Forderungen
(Hagen 1992 [820]): »Nieder mit der SED«, »Freie Wahlen«, »Freilassung aller
politischen Häftlinge«, »Rücktritt der Regierung«, »Abzug der Besatzungstruppen aus Deutschland« und »Wiedervereinigung«. Nicht nur vereinzelt forderten
insbesondere Vertriebene (»Umsiedler«) aus den ehemaligen deutschen Ost-
gebieten eine Revidierung der Oder-Neiße-Grenze. Daneben gab es überall
sozialpolitische Forderungen, die den Arbeits- und Lebensalltag betrafen. Dass
diese Forderungen den politischen zumeist nur aus taktischen Gründen vorangestellt worden waren, zeigt aber zum Beispiel die Tatsache, dass viele Streiks

und Demonstrationen gerade von solchen Arbeitern ausgingen, die überdurchschnittlich verdienten (Bust-Bartels 1980 [813]).

In frühen Darstellungen ist die Breite des Aufstands anschaulich beschrieben worden (Brant 1954 [811], Leithäuser 1954 [832], Scholz 1953 [846], Scholz/Nieke 1954 [847], Spittmann/Fricke 1988 [849]). Im Gegensatz zu diesen Arbeiten, zur Wahrnehmung der Beteiligten und politischer Kommentatoren ist die Erhebung später nicht mehr als Volksaufstand, sondern als Arbeiteraufstand charakterisiert worden (Baring 1983 [805]). Dass die Aufständischen auch für die deutsche Einheit demonstrierten, darin waren sich Autoren früherer Publikationen einig. Vor dem Hintergrund einer veränderten Deutschlandpolitik ab der siebziger Jahre ist dieser Aspekt immer mehr in den Hintergrund gerückt oder sogar bezweifelt worden.

In den letzten Jahren setzte sich zunehmend die Meinung durch, dass sich aus dem anfänglichen Arbeiteraufstand rasch ein Volksaufstand entwickelte. Mehrere Studien weisen detailliert nach, dass daran tatsächlich breite, weit über die Arbeiterschaft hinausgehende Bevölkerungskreise teilnahmen (Hagen 1992 [820]; Kowalczuk/Mitter/Wolle 1996 [827]; Roth 1999 [843]). Umstritten ist dagegen, inwiefern der Volksaufstand den Charakter einer »gescheiterten Revolution« annahm. Mitte der neunziger Jahre ist zudem herausgearbeitet worden, dass es in der Folge der Erhebung zur »inneren Staatsgründung« in der DDR kam (Kowalczuk/Mitter/Wolle 1996 [827]). Diese zunächst umstrittene Interpretation scheint sich in der Forschung zunehmend zu verbreiten (Hegedüs/Wilke 2000 [821]; Kleßmann 1999 [105]).

Bereits vor 1989 existierte eine Fülle von Spezialuntersuchungen zur Geschichte des 17. Juni, die sich vor allem auf die Arbeiter, nationale und internationale Rahmenbedingungen sowie auf die Verfolgung der Aufständischen durch das SED-Regime konzentrierten (Bibliographie 1983 [809]; Fricke 1979 [437] u. 2000 [386]; Hildebrandt 1983 [822]; Pernkopf 1982 [840]). Mit der Öffnung der Archive erlebte die Geschichte des 17. Juni nach 1989/90 erneut eine intensive, bis jetzt andauernde Beschäftigung (Ihme-Tuchel 2002 [27]). In ersten Gesamtdarstellungen nach 1990 konnte der Aufstand durch die neuen Quellen in seiner Breite und Intensität anschaulicher geschildert werden (Diedrich 1991 [814]; Hagen 1992 [820]; Mitter/Wolle 1993 [45]). Hinzu kamen Arbeiten, in denen die Vorgänge im SED-Politbüro analysiert und die Beweggründe, die die sowjetische Führung zur Einführung des »Neuen Kurses« veranlassten, dargestellt wurden. Insbesondere Akten aus SED-Archiven sowie nun zugängliche Erinnerungen von SED-Funktionären zeigten, welche Auseinandersetzungen in den obersten Parteigremien geführt wurden und wie sehr die SED-Führung von den Ereignissen überrascht worden ist (Herrnstadt 1990 [154]). Eine Vielzahl von biographischen Selbstzeugnissen bestätigten zudem Erinnerungen, die vor 1989 in der Bundesrepublik erschienen sind (Schenk 1962 [207]; Brandt 1967 [136]; Havemann 1970 [710]; Schirdewan 1994 [208]; Selbmann 1999 [215]). Daneben sind in den letzten Jahren auch wieder Erinnerungen publiziert worden, die das absurde Gespenst vom angeblichen »faschistischen« bzw. »konterrevolutionären Putschversuch« zu revitalisieren versuchen (Spurensicherung 1999 [850]).

Die Forschung konzentrierte sich nicht allein auf die Abläufe im Umfeld des 17. Juni 1953, sondern sie bezog die Vorgeschichte, beginnend mit der 2. SED-Parteikonferenz im Juli 1952, ebenso mit ein, wie sie die Folgen bis hinein in das Jahr 1954 untersuchte (Kowalczuk/Mitter/Wolle 1996 [827]; Mitter/Wolle 1993 [45]). Neben umfangreichen Quelleneditionen (Beier 1993 [806]; Ostermann 2001 [839]) sind Arbeiten publiziert worden, in denen der Aufstand in einen breiten zeitlichen und gesellschaftlichen Kontext eingebettet wurde (Hagen 1992 [820]). Besondere Aufmerksamkeit in der Vorgeschichte des Aufstands erlangten die Folgen der Aufrüstung für die Gesellschaft (Thoß 1994 [652], Diedrich/Wenzke 2001 [606]), wirtschaftliche Ursachen für die Krise (Buchheim 1990 [812] u. 1995 [946]), die Kollektivierungspolitik in der Landwirtschaft (Bauerkämper 2002 [1008]; Kluge/Halder/Schlenker 2001 [974]), vielfältige Formen von Opposition und Widerstand (Fricke 1984 [694]; Henke/Steinbach/Tuchel 1999 [711]; Materialien 1995, Bd. VII/1-2 [42]; Neubert 1997 [764]), die Verfolgung der »Jungen Gemeinde« (Wentker 1994 [1295]) sowie die Rolle der Justiz beim Aufbau des Sozialismus (Engelmann/Vollnhals 1999 [434]; Fricke 1979 [437]; Pohl 2001 [456]; Weber, P. 2000 [472]; Wentker 2001 [476]; Werkentin 1995 [478]).

Die Abläufe des Aufstands am 17. Juni 1953 sind mittlerweile für verschiedene Regionen und Städte recherchiert und nachgezeichnet worden (zuletzt u. a. Flemming 2003 [818]; Kowalczuk 2003 [829]; Mählert 2003 [835]). Am besten stellt sich der Forschungsstand für Sachsen dar (Roth 1998 [842] und 1999 [843]). Aber auch für andere Städte und Regionen liegen Forschungsergebnisse vor, die ein dichtes Bild des Aufstands zeichnen (Beier 1993 [806]; Berlin 1993 [808]; Kamrodt 1997 [824]; Klein 1993 [825]; Kotsch 2001 [106]; Löhn 2003 [833]; Magdeburg 1993 [834]; Moczarski 1996 [838]; Schwabe 1993 [848]; Wagner 2003 [851]). Ebenso ist das Eingreifen der KVP und des MfS in der jüngsten Zeit analysiert worden (Diedrich 1991 [814]; Diedrich/Wenzke 2001 [606]; Engelmann/Fricke 2003 [817]). Schließlich sind in den letzten Jahren eine Fülle von Studien erschienen, die den internationalen Kontext des Aufstands beleuchten (Foitzik 2001 [819]; Kleßmann/Stöver 1999 [826]; Ostermann 2001 [839]).

Die neueren Arbeiten haben insgesamt eine Menge neuer Details zutage befördert, ohne dass dadurch die Ergebnisse älterer Arbeiten aus der Bundesrepublik prinzipiell in Frage gestellt wurden.

Während die Rolle des Westens und speziell des RIAS, dem von der SED stets eine maßgebliche Rolle nachgesagt worden ist, auch in neueren Arbeiten als vorsichtig, zögerlich und auf die Weitergabe von Informationen bedacht herausgearbeitet worden ist und ihm keine katalytische oder gar organisatorische Funktion zugeschrieben wird (Rexin 1983 [841]; Spittmann/Fricke 1988 [849]), blieb die Frage umstritten, inwiefern es nach Stalins Tod ernsthafte Tendenzen in Teilen der sowjetischen Führung gab, eine neue Deutschlandpolitik zu betreiben (Kramer 1999 [107]; Kleßmann/Stöver 1999 [826]; Wettig 1999 [1557]).

Trotz der intensiven Forschung existiert eine Reihe offener Fragen. Wie erwähnt, konnte bislang nicht sicher geklärt werden, wie viele Todesopfer es während der Erhebung zu beklagen gab. Schätzungen bewegen sich zwischen 50 und 125. In einigen Ortschaften kam es zu Racheakten an SED-Funktionären und MfS- bzw. VP-Angehörigen mit einer bisher nicht exakt ermittelten Anzahl von Toten. Vermutet werden nicht mehr als 15.

Forschungsbedarf besteht weiter zum Komplex der juristischen Verfolgung von Beteiligten am Volksaufstand. Zwar gibt es eine Reihe quellengesättigter Untersuchungen, so dass über die Anzahl der von deutschen Gerichten Verurteilten und die Höhe der Haftstrafen ein präziser Überblick existiert. Die genaue Anzahl der Verhafteten dagegen ist nicht bekannt. Sie wird auf der Basis unterschiedlicher Quellen auf etwa dreizehn- bis fünfzehntausend Verhaftungen durch ostdeutsche, in geringerem Maße auch durch sowjetische Stellen geschätzt. Davon sind etwa 1800 Personen durch ostdeutsche und bis zu 750 durch sowjetische Gerichte verurteilt worden. Die Mehrzahl erhielt Haftstrafen zwischen einem und fünf Jahren, etwa 100 Personen von mehr als fünf Jahren. Darunter waren vier Urteile »lebenslänglich« (Werkentin 1995 [478]). DDR-Gerichte verhängten vier Todesstrafen, von denen zwei vollstreckt worden sind (Erna Dorn – Halle, Ernst Jennrich – Magdeburg). Das letzte Verfahren fand Mitte 1955 statt. 1968 erfolgte die letzte Entlassung eines wegen seiner Beteiligung am 17. Juni 1953 verurteilten Gefangenen.

Zu diesem Komplex gehört auch der Anteil von KVP, MfS und sowjetischer Besatzungsmacht an den Verhaftungen; ihr Zusammenspiel sowie die Zahl der Verurteilungen durch SMT-Gerichte ist aufgrund der Quellenlage ein Forschungsdesiderat (Berger 2000 [807]).

Weit über den Volksaufstand hinausgehende Erkenntnisse dürften zudem von Analysen zu erwarten sein, die die Tätigkeit der Gerichte und die Einflussnahme auf diese durch die SED sowie die Rolle der Strafverteidiger in den Blick nehmen. Die Rolle der KVP bei der Niederschlagung des Aufstands ist sehr gut erforscht (Diedrich 1991 [814]; Diedrich/Wenzke 2001 [606]), das MfS hingegen als handelnde Institution rückte erst in neueren Studien ins Blickfeld (Engelmann/Fricke 2003 [817]; Eisenfeld/Kowalczuk/Neubert 2003 [816]). Hier wie etwa bei Fragen, die der Beteiligung unterschiedlicher sozialer Gruppen, dem Verhalten der SED-Mitglieder, der Blockparteien oder der Reaktion von Gewerkschaftsfunktionären nachgehen, kommt es vor allem darauf an, regionalgeschichtliche Analysen zu erarbeiten. Obwohl in den letzten Jahren vielfach das Aufstandsgeschehen in Zentren der Volkserhebung nachgezeichnet worden ist, so dass die Abläufe für mehrere Städte als präzise rekonstruiert gelten können, mangelt es an Studien für kleinere Städte, für viele Regionen sowie insbesondere für das Geschehen auf dem Lande. Solche regionalen Untersuchungen sind nicht nur notwendig, um ein konkreteres Bild zu zeichnen, sondern auch um das Aufstandsgeschehen innerhalb der DDR vergleichen zu können. Bis auf wenige Einzelstudien (Russig 1997 [844]; Schmidt/ Wagner 2001 [845]; Mählert 2003 [835]) fehlen weitgehend Arbeiten über herausragende Akteure des 17. Juni. Solche biographischen Skizzen können nicht nur das Gesamtbild bereichern, sondern sie helfen zugleich, die Motive und Handlungen aus der Perspektive konkreter Menschen nachzuzeichnen und zu verstehen.

Obwohl der 17. Juni als Bestandteil der Erinnerungspolitik und von Literatur und Kunst in mehreren Abhandlungen analysiert worden ist (Biburger 1997 [810]; Krämer, M. 1996 [831]; Krämer, H. 1999 [830]; Pernkopf 1982 [840]; Wolfrum 1999 [1952]; Eisenfeld/Kowalczuk/Neubert 2003 [816]) fehlen jedoch weithin Untersuchungen über seine Rolle in der ostdeutschen kollektiven Erinnerung. Ebenso gibt es bislang keine Arbeiten über den Verbleib und die weiteren Lebensverläufe der Akteure sowie über die im Westen gebildeten Vereinigungen (Komitee 17. Juni, Vereinigung 17. Juni).

Im internationalen Kontext wäre zu untersuchen, ob und wie der Aufstand in der Bevölkerung anderer kommunistischer Staaten reflektiert worden ist, dazu liegen bisher nur Erkenntnisse über Polen vor. Ohnehin wäre es lohnend, die verschiedenen Aufstände gegen die kommunistischen Diktaturen zwischen 1953 und 1989 vergleichend zu betrachten.

Auch die Aufstände in Workuta 1953 sind bislang wissenschaftlich nicht unter der Fragestellung beleuchtet worden, inwiefern von SMT-Gerichten wegen ihrer Beteiligung am ostdeutschen Volksaufstand Verurteilte, die im Juli 1953 nach Workuta kamen, zum Ausbruch des Lageraufstands beitrugen. Dazu liegen vorerst nur Zeitzeugenberichte vor (Schollmer 1954 [552]). Wie dieses können viele der noch offenen Themen nur auf der Grundlage russischer Archive bearbeitet werden.

Das gilt gerade auch für die keineswegs nebensächliche Frage, ob es tatsächlich am 17. Juni zur standrechtlichen Exekution von Rotarmisten kam, die sich geweigert hatten, auf Aufständische zu schießen, wie 1953 von einem Überläufer behauptet, inzwischen aber wiederholt bezweifelt wurde (Kowalczuk/Wolle 2001 [634]; Kowalczuk 2003 [829]).

Angesichts der einhelligen Auffassung über den Stellenwert des Volksaufstandes für die deutsche Nachkriegsgeschichte sollten in Zukunft viel mehr als bis jetzt geschehen, dessen Folgen für Staat und Gesellschaft in der DDR erforscht werden. Dazu gehört insbesondere auch die Frage, wie es gelingen konnte, den Volksaufstand in der DDR so sehr zu tabuisieren, dass er nicht einmal Eingang in den Kanon der oralen Erzähltradition fand.

Rainer Eckert

Dissidenz und Opposition im Schatten der Mauer
– die sechziger und siebziger Jahre

Prägend für das widerständige Verhalten in der DDR zwischen dem Mauerbau 1961 und der Ausbürgerung Wolf Biermanns 1976 ist die Umorientierung vom grundsätzlichen Widerstand in den ersten Jahren der zweiten deutschen Diktatur zur stärker reformorientierten Opposition der späten DDR. Als Zäsur ist der Bau der Berliner Mauer genauso denkbar wie die Jahre ab 1962 mit den auf die Einführung der Wehrpflicht folgenden Wehrdienstverweigerungen (Koch, U. 1997 [737]), auf die die SED mit der Einführung der Bausoldaten reagierte. Für die Endzäsur bieten sich allgemeingeschichtlich die Unterzeichnung des deutsch-deutschen Grundlagenvertrages 1972 oder die Unterschrift unter die KSZE-Schlussakte von Helsinki 1975 bzw. oppositionsgeschichtlich das Jahr 1976 mit der Vertreibung Biermanns und den darauf folgenden Protesten sowie mit der Selbstverbrennung des Pfarrers Oskar Brüsewitz an.

Forschungen über Widerstand und Opposition in der DDR zählen vor 1989/90 nicht zu den bevorzugten Themen westdeutscher Zeitgeschichtsforschung (vgl. Fricke in diesem Band sowie die Bibliographien bei Weber 1988 [77] u. 1999 [79]). Seit Beginn der siebziger Jahre wurde die Beschäftigung mit Opposition und Widerstand zu einem Feld von Außenseitern. An erster Stelle sei hier Karl Wilhelm Fricke genannt, dessen Arbeiten von vor 1989 bis heute Bestand haben (z.B. 1984 [694], 1988 [695]). Desgleichen setzte sich auch Hermann Weber vor dem Mauerfall kritisch mit der Geschichte der DDR und des internationalen Kommunismus auseinander (Weber, H. 1988 [77] u. 1991 [76]). Besonderes Augenmerk richtete er dabei auf Robert Havemann mit seinem Versuch, Freiheit und Kommunismus zu vereinen (später auch Müller, S./Florath 1996 [760]), auf das Schicksal Wolfgang Harichs und Rudolf Bahros sowie auf die gesamte innerkommunistische Opposition, die Weber als das eigentliche Problem des Systems betrachtet. 1979 konstatiert er, dass breite Kreise der ostdeutschen Bevölkerung im Gegensatz zur Regierung stehen, dass die Rolle einer organisierten Opposition jedoch schwer abzuschätzen sei (Weber, H. 1991 [76]). Allen oppositionellen Strömungen sei die Ablehnung der diktatorischen SED-Herrschaft gemeinsam, jedoch würde nur die kirchliche Opposition eine wirkliche Gefahr für das weitgehend gefestigte Regime darstellen.

Demgegenüber geht Christoph Kleßmann (1988 [33]) vor 1989 in seiner Geschichte der beiden deutschen Staaten zwischen 1955 und 1970 nur am Rande auf oppositionelles Geschehen in der DDR ein. Dazu gehören Hinweise auf die »revisionistische Opposition« in der SED, auf die oppositionelle

Rolle der evangelischen Kirchen, auf Robert Havemann und Wolf Biermann
sowie auf den Protest Leipziger Studenten gegen die Sprengung ihrer Universitätskirche 1968. Weiterhin wird im Zusammenhang mit der Militarisierung in
der DDR der waffenlose Wehrdienst zumindest erwähnt.

Unter den grundsätzlichen Interpretationsansätzen der zweiten Diktatur auf
deutschem Boden nach 1989 ist die Untergangsgeschichte der DDR über die
Etappen 1953, 1961, 1968, 1980/81 und 1989 von Armin Mitter und Stefan
Wolle (1993 [45]) anregend. Ihre Monographie beeindruckt durch die Ausbreitung bisher unbekannten archivalischen Materials, das in erster Linie aus den
Archiven des MfS stammt. Das betrifft widerständiges Verhalten nach dem
Mauerbau 1961, »mündliche Hetze«, das Anbringen von »Hetzlosungen« und
Beispiele des »Widerstandes gegen die Staatsgewalt«. Neu sind Erkenntnisse
über Protestaktionen in Schulen gegen die Einführung der Wehrpflicht 1962
und die Schilderung der vielfältigen oppositionellen Aktionen nach der Niederschlagung des Prager Reformkommunismus. Sie erweitern die bisherige Sicht
allein auf die Protesthaltung von Prominentenkindern und Intellektuellen auf
die von Arbeitern und bisher Unbekannten. So wird deutlich, dass der Schwerpunkt widerständiger Handlungen damals nicht im intellektuellen Spektrum
und nicht in Berlin, sondern im mitteldeutschen Industriegebiet lag. Wesentlich
werden die Kenntnisse über Aktionen der jugendlichen Alternativkultur und
über Proteste an ostdeutschen Hochschulen vertieft.

  In seiner Untersuchung von Alltag und Herrschaft in der DDR ab 1971
richtet Wolle (1998 [87]) sein Hauptaugenmerk in Hinblick auf oppositionelle
Bestrebungen auf die systemimmanenten Kritiker innerhalb der SED und die
ebenfalls reformorientierten Gruppen der Bürgerbewegung. Richtig urteilt er,
dass nicht die Ausbürgerung Biermanns als solche das System erschütterte,
sondern die Schaffung einer politischen Gegenöffentlichkeit der Künstler, die
allerdings wiederum schnell in sich zusammenfiel. So lehnt Wolle die These ab,
dass mit dem 17. November 1976 das lange Ende der DDR begonnen habe.
Seine Auffassung, dass es stattdessen 40 »letzte Jahre« der DDR gab, vermag
jedoch nicht zu überzeugen.

  Unter den Arbeiten über widerständiges Verhalten sind die im Rahmen der
Enquete-Kommission *Aufarbeitung von Geschichte und Folgen der SED-Diktatur
in Deutschland* (Materialien 1995 [42]) erarbeiteten Expertisen über Staatssicherheit, Recht, Justiz, Polizei und Opposition unverzichtbar. Das gilt besonders für die methodisch reflektierten Versuche zur Definition des Phänomens
des politischen Protestes. Zu nennen sind hier ein Definitionsversuch von
»Opposition« durch Eckert, Knabes Übersicht über Widerstand und Opposition in den sechziger und siebziger Jahren, Grunenbergs Analyse der Schrift-
steller-Opposition vom Beginn der Ära Honecker bis zur polnischen Revolution und Jesses Darstellung der Artikulationsformen und Zielsetzungen von
widerständigem Verhalten, in der die Begriffe Opposition und Widerstand
jedoch eher verwischt werden. Dazu kommen die in den Materialien abge-

druckten Studien von Klein und Otto über abweichendes Verhalten in der SED, Kleßmanns Analyse der Opposition der siebziger Jahre und Kowalczuks Darstellung der Formen widerständigen Verhaltens in verschiedenen Bereichen der Gesellschaft. Dabei legt Kowalczuk die bis heute differenzierteste Aufgliederung widerständigen Verhaltens vor, allerdings gebraucht er entgegen einer sich verstärkt durchsetzenden Auffassung Widerstand und Opposition synymym. Die verschiedenen Interpretationsansätze versucht der Abschlussbericht der Kommission so zusammenzufassen, dass Opposition und Widerstand als politische Verhaltensweisen die gesamte Geschichte von SBZ und DDR mitprägten (Materialien 1995 [42]) und dass die Begriffe Opposition und Widerstand das gesamte Spektrum von regimekritischen, widerständigen und regimefeindlichen Verhaltensweisen nicht hinreichend erfassen können. Deshalb seien gesellschaftliche Verweigerung, Dissidenz, Opposition, Resistenz, Auflehnung sowie passiver und aktiver Widerstand als abweichende Verhaltensweisen konkret zu bestimmen.

Dazu kommen weitere Versuche, Widerstand in der DDR zu systematisieren wie etwa im *Lexikon des DDR-Sozialismus* (1996 [37]). Diese Diskussion ist bis heute noch nicht abgeschlossen und immer wieder ist festzustellen, dass die Begriffe Opposition, Widerstand, Dissidenz und widerständiges Verhalten synonym gebraucht, in ein und derselben Arbeit höchst unterschiedlich angewandt werden und der Vergleich mit anderen Diktaturen vernachlässigt wird (Eckert in: Neubert/Eisenfeld 2001 [762]). In dieser unbefriedigenden Situation schlug Eckert vor, die relevanten Autoren in die Gruppen der Unreflektierenden, die der Unsystematischen bzw. Diffusen und die der Kategorienbildner einzuteilen (Neubert/Eisenfeld 2001 [762]).

Einen Beitrag zur Debatte des Jahres 1995 leistete ein Sammelband, der einen Überblick über Forschungsstand, Grundlinien und Probleme der Auseinandersetzung um politischen Protest in der SBZ/DDR vermittelt (Poppe/Eckert/Kowalczuk 1995 [772]). Darin wird auch auf die Widerstandsforschung über die NS-Zeit als methodisches Beispiel für die Erforschung der SED-Diktatur verwiesen – ein Ansatz, der bis heute nur zögerlich aufgenommen worden ist. Schlüssig ist, dass Neubert (1997 [764] die Konflikte in der SED und die zaghaften Reformbestrebungen ihrer Genossen nicht zum Widerstand rechnet. Er beschreibt widerständiges Verhalten nicht zuerst aus den Akten des Repressionsapparates, sondern auf der Grundlage oppositioneller Selbstzeugnisse. Oppositionsgeschichtlich ist für ihn die Zeit von 1961 bis 1972 die des Kampfes um Freiheit im Sozialismus, während die Suche nach Alternativen die Jahre bis 1978 prägt. Besondere Aufmerksamkeit schenkt er dabei den »demokratischen Kommunisten« und den Kirchen als reale Alternative. Materialreich aufgearbeitet sind die Jugendbewegung der sechziger Jahre, die Proteste gegen die Sprengung der Leipziger Universitätskirche, die Zerschlagung des Prager Reformkommunismus und die Biermann-Ausbürgerung. Bausoldaten und Wehrdienstverweigerer hält Neubert zu Recht für die Quelle der späteren Friedensbewegung, die gemeinsam mit der offenen Jugendarbeit evangelischer Pfarrer die Wurzeln der Opposition der achtziger Jahre bilden.

Die Konrad-Adenauer-Stiftung hat sich immer wieder mit Opposition und Widerstand in der DDR auseinander gesetzt. Ihr *Lexikon Opposition und Widerstand in der SED-Diktatur* (2000 [750]) besticht durch eine solide Mischung aus theoretischen Einführungen und 350 lexikalischen Artikeln zu Personen, Orten und Sachverhalten des Aufbegehrens gegen die kommunistische Herrschaft. Weniger ins Gewicht fällt dagegen, dass einige wichtige Oppositionelle fehlen und die Diadochenkämpfe in der SED als Widerstand bewertet werden.

Einen Versuch, das enge Wechselverhältnis von Repression und widerständigem Verhalten als konstituierend für die Diktatur in der DDR in den sechziger und siebziger Jahren zu beschreiben, unternimmt Eckert (1999 [680]), der davon ausgeht, dass die Herrschaft der SED ohne Anwendung oder zumindest Androhung direkter und struktureller Gewalt nicht möglich gewesen wäre.

Auch der Sammelband, der die Ergebnisse eines wissenschaftlichen Kolloquiums anlässlich der Ehrenpromotion Karl Wilhelm Frickes präsentiert, bietet für die sechziger und siebziger Jahre einschlägige Themen (Henke/Steinbach/Tuchel 1999 [711]). Darin gibt Fricke zunächst selbst einen Überblick über Definitionsdiskussion, Zäsuren, Formen und Ziele von Opposition und Widerstand in SBZ und DDR. Für die Jahre nach dem Mauerbau beschreibt Bernd Eisenfeld die Wehrdienstverweigerung als eine Form der Opposition. Ilko-Sascha Kowalczuk fasst den Forschungsstand über den politischen Protest gegen die Niederschlagung des Prager Reformversuches zusammen. Nicht zugestimmt werden kann allerdings seiner Auffassung, dass oppositionsgeschichtlich 1968 ein ganz normales Jahr gewesen sei; richtig ist dagegen, dass 1968 Prozesse in Gang gesetzt wurden, die letztlich zum Herbst 1989 führten. Ähnliche Bedeutung misst Martin Jander dem Protest gegen die Biermann-Ausbürgerung bei, der aus seiner Sicht auch den Kampf für die Einhaltung der Menschenrechte Impulse verlieh. Das gilt auch für die von Ehrhart Neubert beschriebenen Auswirkungen des KSZE-Prozesses auf die Bürgerrechtsbewegung, dessen Schlussakte ab 1975 deren legale Handlungsräume erweitern konnte. Stefan Wolle beantwortet die selbst gestellte Frage, ob Flucht zum Widerstand zu zählen sei, nur unpräzise und hat auch nur eingeschränkt damit Recht, dass die Massenflucht schließlich 1989 der Hauptgrund für den Untergang der SED-Herrschaft gewesen sei.

In einer Monographie datiert Patrick von zur Mühlen (2000 [757]) den Anfang der unabhängigen Friedensbewegung in der DDR auf 1978/79 und skizziert in seiner Darstellung der Bürgerbewegung in der Endphase der DDR deren organisatorischen Vorläufer bis 1962. Aus soziologischer und politikwissenschaftlicher Sicht untersucht ein weiteres Sammelwerk (Pollack/Ring 1997 [769]) gesellschaftskritische Impulse durch den ostdeutschen Protestantismus und die alternative Gegenkultur während der siebziger und achtziger Jahre. Neues bringt darin die bislang vernachlässigte Bearbeitung von Dresden und Mecklenburg-Vorpommern sowie die Vorstellung von Ausreisenden, SED-

Reformern, Künstlern und Theologen als Gesellschaftskritiker. Einen eigenen Beitrag zur Definition widerständigen Verhaltens leistet der Band nicht.

Bei der Thematisierung von Einzelphänomenen und -ereignissen des Protestes wird immer wieder herausgearbeitet, dass widerständiges Verhalten in der DDR stets auch subkulturelle Gegenwelten von Künstlern und Jugendlichen prägte (Wicke/Müller 1996 [1239]). So war die größte öffentliche Auseinandersetzung mit der Staatsgewalt nach dem Aufstand von 1953 der Leipziger »Beat-Aufstand« 1965, wo Fans der Beat-Musik gegen das Verbot beliebter Gruppen durch die Instanzen der Diktatur protestierten (Rauhut 1993 [1221]; zum kulturpolitischen Umfeld: Agde 1991 [1164]). Dem folgten 1968 wiederum in Leipzig die Proteste gegen die Sprengung der Universitätskirche und in Potsdam gegen die der Garnisonkirche. Während die Potsdamer Ereignisse noch kaum wissenschaftlich erschlossen sind, wurden die Leipziger Proteste umfänglich dokumentiert (Koch, D. 2000 [519]; Löffler, K. 1993 [1275]; Rosner 1992 [1283]; Winter 1998 [1296]). Dargestellt wird die Situation in Leipzig auch in der Beschreibung der Konflikte in der Erziehungsdiktatur durch Dorothee Wierling (1994 [797]).

Die Ausbürgerung Wolf Biermann 1976 wird wohl nicht zu Unrecht als der Beginn des schleichenden Todeskampfes der DDR bezeichnet. Entscheidend dafür sind weniger das Aufsehen, das die Vertreibung national und international erregte und der Bekanntheit des Sängers in der DDR einen Schub verlieh oder die vielfältigen illegalen Sympathiekundgebungen in der DDR, sondern es ist der öffentliche Abfall vieler bisher systemtreuer Intellektueller. Dieser ungewöhnliche Vorgang ist in den letzten Jahren in unterschiedlicher Form thematisiert worden. Zu den profundesten Veröffentlichungen zählt eine gut eingeleitete Edition mit der Dokumentation der innerparteilichen Auseinandersetzung mit den Erstunterzeichnern der Protestresolution gegen die Ausbürgerung, mit deren Kontakten zu führenden SED-Funktionären, mit internen Unterlagen von SED und Schriftstellerverband zu diesem Thema sowie mit Papieren anderer Künstler mit einem Bezug zu Biermann (Berbig 1994 [665]). Ebenso wichtig sind Erinnerungen von Zeitzeugen aus Ost und West (Pleitgen 2001 [767]).

Das Jahr 1976 wurde aber auch durch die Selbstverbrennung des evangelischen Pfarrers Oskar Brüsewitz auf dem Marktplatz in Zeitz aus Protest gegen die kommunistische Jugenderziehung zu einer entscheidenden Zäsur in der Geschichte widerständigen Verhaltens. Die Beerdigung von Brüsewitz war eine stille Demonstration der DDR-Opposition und sein Tod verunsicherte diejenigen in den Kirchenleitungen, die auf eine Zusammenarbeit mit dem atheistischen Staat setzten. Die damit verbundene Auseinandersetzung setzte sich in den letzten Jahren fort. So verknüpfen einige Autoren ihre Darstellung des Lebens des Theologen, seiner Selbstverbrennung sowie der Reaktionen in Ost und West mit Vorwürfen gegen die sachsen-anhaltinische Kirche (Müller-Enbergs/Stock/Wiesner 1999 [761], dazu auch Linke 1993 [1273]), während andere diese verteidigen (Schultze 1993 [784]). Auch diese Auseinandersetzung steht unter dem Verdacht, dass gegenwärtige politische Positionen und Ambitionen mit historischen Argumenten stellvertretend verteidigt oder angegriffen werden sollen. Weitere Themen im Umfeld der Entwicklung der Opposition in der DDR im Betrachtungszeitraum sind die Universitäten (Eckert/Günther/ Wolle 1993 [679]; Jordan 2001 [727]; Schottländer 1993 [782]), die Dissidenz in der SED (Klein/Otto 1996 [167]) und das Schicksal der ostdeutschen KPD/ML (Wunschik 1997 [803] u. 1998 [804]). Widerständiges Verhalten einzelner sozialer Gruppen, bestimmter Regionen oder städtischer Ballungsgebiete ist für die sechziger und siebziger Jahre noch kaum erforscht. Beachtenswerte Ausnahmen sind die Analyse von Arbeitskonflikten in volkseigenen Betrieben durch Peter Hübner (1995 [1038]) sowie des politischen Protests in Jena (Scheer 1999 [779]) bzw. – trotz offensichtlicher Zufälligkeit bei der Themenwahl des Sammelbandes – in Potsdam (Grabner/Röder/Wernicke 1999 [704]). Regionale Aspekte enthalten auch Erinnerungen wie die von Rainer Eppelmann (1993 [690]) über die offene Arbeit der evangelischen Kirche und über jugendliche Subkultur oder von Siegfried Reiprich (1996 [775]) über den oppositionellen Klub junger Schriftsteller in Jena-Neulobeda.

Desiderate der Forschung sind konkrete Untersuchungen des Übergangs des grundsätzlichen Widerstandes bis 1961 zu den Oppositionsgruppen der Bürgerbewegung, die in den siebziger und achtziger Jahren entstanden und handelten. Die Darstellung der direkten und strukturellen Repression und ihrer Bedeutung für die Herrschaftsstabilisierung in diesen Jahren erfolgt bisher nur kursorisch. Auch die zur Zeit bearbeiteten Projekte können die hier klaffende Forschungslücke nicht schließen. Darüber hinaus fällt bei den gegenwärtigen Themen auf, dass sie sich – dem bisherigen Forschungstrend folgend – fast ausschließlich entweder Terror und Widerstand in den vierziger und fünfziger Jahren oder der Bürgerbewegung der achtziger Jahre bzw. der Revolution von 1989 widmen. Untersuchungen des widerständigen Verhaltens einzelner sozialer Gruppierungen liegen bisher kaum vor. Und auch die Untersuchung der Lebensgeschichte einzelner Oppositioneller und des politischen Protestes in einzelnen Regionen bzw. Städten ist zu beginnen bzw. zu forcieren. Die Kontakte der politischen Opposition zur Jugend- bzw. Subkultur sind auch weiterhin genauso zu untersuchen, wie um schlüssige Definitionen von widerständigem Verhalten zu ringen ist.

Robert Grünbaum

Die Biermann-Ausbürgerung und ihre Folgen

Die Notwendigkeit, das sozialistische System stabil zu halten, zwang die SED in den vierzig Jahren ihrer Herrschaft zu einer Reihe politischer Kurswechsel, die sich als Perioden größerer Freizügigkeit oder Verhärtung oft auch folgenreich auf die DDR-Kultur und das politische Klima der Gesellschaft niederschlugen. Jeder »Tauwetterperiode« folgte schnell eine neue Eiszeit, in der man die Künstler disziplinierte und die Parteilinie konsequent durchsetzte.

Eine herausragende Zäsur in der (kultur-)politischen Entwicklung des SED-Staates markiert die Ausbürgerung des parteikritischen Dichters und Liedermachers Wolf Biermann. Hermann Weber spricht völlig zu Recht von einer »Wende der Kulturpolitik« (Weber 2000 [77]). Nach dem »Kahlschlag«-Plenum von 1965 hatte Biermann absolutes Publikations- und Auftrittsverbot in der DDR. Dennoch wurde er zusammen mit seinem Freund Robert Havemann zu einer Symbolfigur der kritischen Intelligenz. Im September 1976 setzte er sich mit einem denkwürdigen Konzert in der Prenzlauer Marienkirche über das Auftrittsverbot hinweg. Am 13. November 1976 singt Biermann dann auf Einladung der IG Metall vor 7000 Menschen in der Kölner Sporthalle. Es war der Auftakt zu einer von der Staatspartei genehmigten Konzertreise durch die Bundesrepublik. Noch heute lässt sich die einzigartige Atmosphäre des Konzertes auf CD und Video nachvollziehen (Biermann 1976/1996 [667]; Biermann 2001 [669]). Das Konzert, das via Westfernsehen seinen Weg auch in viele DDR-Wohnzimmer nahm, diente der SED als Anlass, Biermann am 16. November 1976 das Aufenthaltsrecht für die DDR und damit die Staatsbürgerschaft zu entziehen. Dass es sich dabei um einen rechtsstaatswidrigen Willkürakt handelte, macht Wittkowski (1996 [801]) in seiner Analyse des Geschehens deutlich, wenn er u.a. darauf hinweist, dass es sich um eine alleinige Entscheidung der SED-Führung handelte, während der zumindest formal zuständige Ministerrat nicht einmal informiert wurde. Wie wir heute wissen, verwirklichte die Parteiführung mit der Maßnahme gegen Biermann einen Plan, den Erich Honecker und Erich Mielke schon Jahre zuvor entwickelt hatten (Schwan, H. 2001 [786]; Staadt 2001 [788]).

Die Biermann-Ausbürgung hat in der Forschung breite Beachtung gefunden – was bei der Tragweite des Ereignisses für die (kultur-)politische Entwicklung in der DDR nicht überraschen kann. Dies zeigt eine ganze Reihe an Dokumentationen, Studien und Erinnerungsberichten, die vor und nach der deutschen Vereinigung erschienen sind. Auch literarische Verarbeitungen mit mehr oder weniger persönlichem Abstand zum Geschehen und durchaus unterschiedlicher sachlicher Korrektheit hat das Ereignis von 1976 gefunden (Schneider, R. 1979 [781]; Jakobs 1985 [720]; Schubert 1996 [783]).

Keine der wichtigen, längst zu Standardwerken avancierten Kultur- bzw. Literaturgeschichten der DDR kommt an einer Beschreibung der Biermann-Ausbürgerung vorbei, wobei durchaus unterschiedliche Akzente gesetzt werden. Während Jäger (1995 [719]) und Rüther (1992 [1224]) vor allem den Akt der Ausbürgerung und seine politischen Auswirkungen in den Mittelpunkt stellen, werden bei Emmerich (2000 [1179]) eher die künstlerisch-literarischen Folgewirkungen thematisiert. Zwar zeichnet auch Werner Mittenzwei (2001 [1214]), der frühere Leiter des Zentralinstituts für Literaturgeschichte der Akademie der Wissenschaften der DDR (1969-1973) und anerkannter Brecht-Biograph, in seinem Werk über die Intellektuellen in der DDR die Auseinandersetzungen und vor allem die Folgewirkungen in all ihrer Dramatik auf der Grundlage der neuesten Forschungsergebnisse nach. Doch neben der persönlichen Herabsetzung Biermanns zeichnet sich seine Darstellung vor allem durch großes Verständnis für die handelnden Akteure von Staat und Partei sowie für die Biermann-Kritiker aus. Eine Darstellungsweise, die typisch ist für seine gesamte Studie, die allzu deutlich von der Larmoyanz der alten DDR-Elite nach dem Mauerfall geprägt ist.

Schon in direkter zeitlicher Nähe zur Ausbürgerung erschienen in der Bundesrepublik Publikationen, die das Ereignis sowie die unmittelbaren Reaktionen aus dieser Zeit widerspiegeln (Roos, P. 1977 [777]; Über Wolf Biermann 1977 [791]). Während es sich hier um aufschlussreiche Sammlungen von westlichen Protestreaktionen bzw. von aus dem Westen zugänglichen östlichen Quellen handelt, bot der Zugang zu den Archiven von Staat und Partei nach der deutschen Einheit völlig neue Einblicke. Dabei beleuchtet die Publikation von Dietmar Keller und Matthias Kirchner vor allem die politische Entwicklung Biermanns in der DDR sowie die Vorgeschichte der Ausbürgerung (Keller/Kirchner 1991 [730]), während die Dokumentation von Berbig/Born/Judersleben/Karlson/Krusche/Martinkat/Wruck (1994 [665]) auf der Basis einer gründlichen Auswertung von Akten des SED-Parteiapparates und des Schriftstellerverbandes den Blickpunkt auf die parteiinterne Auseinandersetzung mit den Kritikern des Ausbürgerungsbeschlusses legt.

Der Versuch der Parteiführung, sich eines unbequemen Kritikers still und leise zu entledigen, schlug fehl. Die SED sah sich mit Reaktionen konfrontiert, mit denen sie nicht gerechnet hatte. Die Empörung in Ost und West war groß. Zahlreiche bundesdeutsche Politiker und Künstler protestierten gegen die Zwangsausbürgerung. Besondere Bedeutung kommt dabei dem im Beisein Biermanns im Dezember 1976 gegründeten »Schutzkomitee Freiheit und Sozialismus« zu, das fortwährend über die Vorgänge informierte. Ihm gehörten eine ganze Reihe Prominenter an: u.a. Heinrich Böll, Romy Schneider, Heinrich Albertz, Friedrich Dürrenmatt, Max Frisch, Robert Jungk, Otto Schily, Hans Magnus Enzensberger und Hannes Schwenger. Das Komitee nutzte seine Reputation, um den in der Folge der Ausbürgerung in der DDR verhafteten oder gefährdeten Autoren und Intellektuellen nach Kräften den Schutz der Öffentlichkeit zu geben (Das Schutzkomitee 1995 [677]; Wilke, 2001 [799]).

In der DDR führte die Maßnahme gegen Biermann zu einer bis dahin beispiellosen Solidaritätsaktion unter den Intellektuellen. Zwölf der prominentes-
ten DDR-Schriftsteller und ein Bildhauer verfassten gemeinsam einen offenen
Brief an die Parteispitze, in dem sie gegen die Entscheidung protestierten und
darum baten, diese zu überdenken. Dem aus guten Gründen durchaus maß-
voll formulierten kollektiven Protest schlossen sich innerhalb weniger Tage
über 100 weitere Künstler an. Dies traf die SED-Führung völlig unvorbereitet.
Zunächst sandte sie ihre Emissäre aus, um die opponierenden Intellektuellen
zu besänftigen und wieder auf Parteilinie zu bringen.

Dem Schauspieler Manfred Krug (1997 [744]) verdanken wir das spektakuläre Protokoll eines solchen Gesprächsversuchs. Wenige Tage nach dem
Ausbürgerungsbeschluss trafen in Krugs Haus elf namhafte Künstler mit drei
hohen Parteifunktionären zu einem brisanten Streitgespräch zusammen. Die
Partei hatte den ZK-Sekretär für Agitation und Propaganda Werner Lamberz zusammen mit einem engen Mitarbeiter sowie Heinz Adameck, Inten-
dant des Fernsehens der DDR, geschickt. Ihnen saßen u. a. Stefan Heym,
Christa Wolf, Jurek Becker, Heiner Müller, Frank Beyer und Angelica Domröse
gegenüber. Krug ließ heimlich ein Tonband mitlaufen, das er neunzehn Jahre
später – ergänzt durch sein Tagebuch – veröffentlichte. Ein ebenso einzigartiges wie beredtes Dokument: Lamberz und die Künstler liefern sich heftige
Wortgefechte. Die aufgebrachten Intellektuellen fordern die Rückkehr Biermanns ein und beklagen sich bitter über die repressive Haltung in dieser Frage
ebenso wie in der Kulturpolitik insgesamt. Doch trotz der ungewöhnlich offenen Aussprache: Die Künstler sehen sich einer Mauer von Demagogie der
DDR-Oberen gegenüber, die ihre Politik nicht in Frage stellen lassen wollen
und auf Linientreue beharren.

So misslingt der Versuch, das Gros der protestierenden Künstler-Elite durch
unverhohlene Drohungen der Staatsgewalt und gleichzeitige Abwiegelungsver-
suche zur Rücknahme ihres Protestes zu bewegen. Vor diesem Hintergrund
verschärft die Partei ihren Kurs und geht in die Offensive. Die Künstlerpetition
zog für die Unterzeichner öffentliche Diffamierungen, Partei- und Verbandsstra-
fen bzw. -ausschlüsse, Publikations- und Auftrittsverbote sowie Verhaftungen
und Abschiebungen in die Bundesrepublik nach sich. Ausreisegenehmigungen
wurden in vielen Fällen sofort erteilt. Der Staat demonstrierte seine Macht und
nutzte die ihm zur Verfügung stehenden Mittel. Die Dokumentensammlung
In Sachen Biermann belegt in diesem Zusammenhang nicht nur detailliert die
herausragende Rolle Erich Honeckers bei der Herbeiführung des Beschlus-
ses zur Ausbürgerung Biermanns, sondern ebenso die leitende Funktion der
Abteilung Kultur im Zentralkomitee der SED bei den Maßnahmen gegen die
Unterzeichner der Protestresolution (Berbig u. a. 1994 [665]).

Viele namhafte Künstler – neben zahlreichen Autoren auch bedeutende
Schauspieler, Sänger, Maler und Regisseure – verließen in der Folge das Land
oder wurden aus dem Land gedrängt. Ein geistiger Aderlass, von dem sich
die DDR und ihre kulturelle Szene nie mehr erholen sollten, wie Andrea

Jäger (1995 [719]) in ihrer verdienstvollen Arbeit deutlich macht. Dass die Parteiführung in den Folgejahren auch vor weiteren spektakulären Aktionen gegen kritische Schriftsteller nicht zurückschreckte, zeigt der öffentlich inszenierte Ausschluss von neun Autoren aus dem Schriftstellerverband der DDR im Jahre 1979 (Walther/Biermann/de Bruyn/Fuchs/Hein/Kunert/Loest/ Schädlich/Wolf, Ch. 1991 [793]).

Damit erweist sich die Biermann-Ausbürgerung als historische Zäsur in der kulturpolitischen Entwicklung der DDR. Aus dem Fall Biermann war ein Grundkonflikt entstanden, der einen tiefen Graben zwischen Kultur und Politik aufwarf. Die bis dahin weitgehend loyale Beziehung zwischen führenden Künstlern und der Parteileitung war nachdrücklich in Frage gestellt, für viele sogar ganz beendet worden.

Einige der Beteiligten haben mittlerweile aufschlussreiche Erinnerungen veröffentlicht. Dabei steht, etwa bei der damaligen Lebenspartnerin Biermanns Eva-Maria Hagen (1998 [708]) oder dem wegen seines Protestes inhaftierten Jürgen Fuchs (1977 [700]), bei den Autoren naturgemäß jeweils die persönliche Perspektive im Mittelpunkt. Stefan Heym (1996 [714]), einer der Initiatoren und Erstunterzeichner der Protestresolution, erinnert sich auf der Basis eines von der Stasi kopierten Skripts seiner persönlichen Aufzeichnungen und anderer Stasi-Dokumente an die turbulente Zeit nach der Ausbürgerung Biermanns. Eindrucksvoll schildert er die Mechanismen von Überwachung und Verdächtigung, von Anpassung und Protest. Bei ihm wird einmal mehr das Tragische dieser Intellektuellen deutlich. Die meisten derjenigen, die sich damals zum Handeln entschlossen, stellten die Idee des Sozialismus zu keinem Zeitpunkt in Frage und scheiterten letztlich dennoch.

Herausragende Bedeutung kommt in diesem Kontext einem 25 Jahre nach der Ausbürgerung erschienenen Sammelband zu (Pleitgen 2001 [767]). Zeitzeugen aus Ost und West – Freunde und Weggefährten – erinnern sich an den November 1976. Fesselnd und bewegend erzählen Manfred Krug, Günter Kunert, Hans Joachim Schädlich, Bärbel Bohley oder Fritz Pleitgen, Hans Christoph Buch, Günter Wallraff, Arno Lustiger und Ralph Giordano sowie viele mehr von ihren Begegnungen mit Wolf Biermann und von den Folgen der Ausbürgerung, die ihre Lebensläufe oft einschneidend veränderten. Vor allem aber schreibt hier Wolf Biermann selbst zum ersten Mal über die Ereignisse jener Jahre und über das, was die Ausbürgerung für ihn persönlich bedeutete. Ergänzt wird der Band durch Essays und Studien, die die Ausbürgerung und ihre Folgen auf der Grundlage neuer Forschungen und bislang unbekannter Akten des Staatssicherheitsdienstes der DDR gründlich analysieren.

Auf den Tag 25 Jahre nach dem Ausbürgerungsbeschluss des SED-Politbüros fand in Berlin eine von der Stiftung Aufarbeitung initiierte Veranstaltung statt, die sich mit der künstlerischen und politischen Dimension des Ereignisses auseinander setzte. In der dem »Jubiläumskonzert« (Biermann 2001 [668]) vorangehenden spannenden Podiumsdiskussion werteten die Diskutanten Günter Kunert, Bärbel Bohley, Peter Jochen Winters, Günter Schabowski und Wolf Biermann selbst im Rückblick auf das Jahr 1976 die Ausbürgerung übereinstimmend als bedeutende Zäsur in der Geschichte der DDR (Stiftung Aufarbeitung 2002 [789]).

Einen Rückblick ganz eigener Art bietet das Protokoll der ersten Arbeitstagung der seit 1991 tätigen Geschichtskommission des Verbandes deutscher Schriftsteller (Chotjewitz-Häfner/Gansel/Kalckhoff/Münzberg/Sailer 1994 [676]). Hier liegen die Erinnerungen von DDR-Verantwortlichen und regimenahen Autoren sowie von Betroffenen der Ereignisse des Jahres 1976 und der späteren Ausschlüsse aus dem Schriftstellerverband der DDR 1979 vor. Deutlich wird vor allem die mangelnde Bereitschaft früherer Verantwortungsträger wie Hermann Kant oder Klaus Höpcke, sich kritisch mit der Vergangenheit auseinander zu setzen. Auffallend häufig leiden sie an »Gedächtnisverlust«. Ganz in diesem Rahmen bewegen sich auch die apologetischen Erinnerungen des mächtigen, für die Kultur zuständigen Politbüromitglieds Kurt Hager (1996 [152]).

Womit die Parteiführung wohl kaum gerechnet hatte, waren die Proteste in der Bevölkerung. Sie setzten unmittelbar nach Bekanntwerden der Zwangsausbürgerung ein und erreichten unter den repressiven Bedingungen der DDR schnell Dimensionen, wie sie dort zuvor nur aus Anlass der Niederschlagung des Prager Frühlings 1968 registriert worden waren. Die Mitschnitte des Kölner Konzertes fanden in der ganzen DDR rege Verbreitung. Zahllose Menschen protestierten in Leserbriefen oder Eingaben gegen die Ausbürgerung. Es wurden Flugblätter verteilt, Losungen auf Häuserwände geschrieben und Solidaritätsveranstaltungen im kleinen Kreis abgehalten. SED und Staatssicherheit reagierten mit Druck und Repression, mit Verhören und Verhaftungen. Während die Proteste der prominenten Künstler in der Forschung breite Beachtung gefunden haben, wurde das Aufbegehren der vielen unbekannten Menschen bislang kaum untersucht. Erste Hinweise liefert die westdeutsche Dokumentation zur Ausbürgung aus dem Folgejahr, welche auch Zeitungstexte enthält, die über Protestaktionen in der DDR berichten (Roos 1977 [777]). Daneben liegen bislang nur Anmerkungen für die Stadt Jena (Scheer 1999 [779]) sowie eine schmale Broschüre über einzelne Proteste im Bezirk Halle und die Gegenmaßnahmen der Staatssicherheit vor (Grashoff 2001 [705]). Hier finden sich beispielhafte Belege für die risikoreichen Aktivitäten von Menschen, die sich mit Biermann solidarisierten bzw. nicht bereit waren, die skandalöse Entscheidung der SED-Führung schweigend hinzunehmen.

Die heute diesbezüglich bekannten Zahlen sind vor allem den Recherchen von Jochen Staadt (2001 [788]) zu verdanken. Nach einem von ihm ausgewerteten, sehr aufschlussreichen, aber statistisch sicherlich nicht vollständigen Bericht des MfS wurden vom Schild und Schwert der Partei bis zum 8. Dezember 1976 1096 »Hetzflugblätter« festgestellt und 180 »Hetzlosungen« entfernt. Registriert wurden ferner DDR-weit 457 »Vorkommnisse«, wie das MfS die Protestaktionen bezeichnete. Insgesamt seien über 400 Protestschreiben bei staatlichen Organen eingegangen, darunter 24, die von mehreren Personen unterzeichnet waren. »Ein wunderbarer und unerhört ermutigender Vorgang im Land der Dichter und Denker«, wie Staadt resümiert. Hier bietet sich auch auf der Grundlage des nunmehr zugänglichen Aktenmaterials noch reichlich Stoff für weitere Studien.

Völlig zu Recht charakterisiert Neubert (1997 [764]) in seiner wegweisenden Studie zur Opposition in der DDR die Biermann-Ausbürgerung als eine schwere Niederlage der SED. Mehr als ein Jahrzehnt vor dem Ende des SED-Staates war mit dem Widerspruch der prominenten Künstler die Kulturpolitik der Staatspartei fast vollständig gescheitert. Inwieweit die vielfachen Proteste gegen die Zwangsausbürgerung zur Herausbildung einer politischen Opposition gegen das SED-Regime beigetragen haben, ist bis heute ungeklärt. Hier dürfte Vorsicht bei einer möglichen Überbewertung des Ereignisses und seiner Auswirkungen angebracht sein. Zwar gab es neben dem vorsichtigen Protest der Künstler auch vielfache einzelne Protestaktionen in der Bevölkerung, deren Ausmaß wir erst heute nachvollziehen können. Für die Herausbildung einer Opposition in der DDR waren neben der Biermann-Ausbürgerung jedoch eine Vielzahl anderer Faktoren ausschlaggebend, wie z.B. der KSZE-Prozess oder die Friedens- und Umweltproblematik, die in den achtziger Jahren zu wichtigen Themen der Bürgerrechtsbewegung wurden.

Dennoch veranlasste das Ereignis, das zudem noch in zeitlichem Zusammenhang mit der Selbstverbrennung des Zeitzer Pfarrers Oskar Brüsewitz am 18. August 1976 stand, manch einen zur regimekritischen Auseinandersetzung mit der Staatsmacht. Beispiel hierfür ist eine 1976/77 in oppositionellen Kirchenkreisen illegal entstandene Dokumentation zur Selbstverbrennung von Oskar Brüsewitz, zu den Protesten gegen die Ausbürgerung Wolf Biermanns und zum anschließenden Versuch von mehreren Pfarrern, unter dem Dach der Kirche eine Menschenrechtsgruppe zu bilden. Hier wurden, offenbar auch ausgelöst durch die Biermann-Ausbürgerung, über die Forderung nach künstlerischer Freiheit hinaus allgemeine Menschenrechte eingeklagt (Tautz/Radeke 1999 [790]).

Vor allem Klaus Michael (1993 [754]) weist auf die Bedeutung des Handelns damals wenig prominenter Autoren wie Jürgen Fuchs, Lutz Rathenow oder Freya Klier für die Vorgeschichte der späteren oppositionellen Gruppen hin. Rainer Eppelmann sieht eine herausragende Bedeutung u.a. darin, dass sich das kritische kulturelle Leben zunehmend in die Kirchen verlagerte und damit einen wichtigen Beitrag zur letztlich erfolgreichen Befreiungsgeschichte der Ostdeutschen leistete (Eppelmann 1995 [689]). Vor diesem Hintergrund charakterisiert Martin Jander (1999 [723]) die Ausbürgerung Wolf Biermanns als ein »Stimulans der Opposition in der DDR«.

Wiederholt wird von verschiedenen Autoren die These vertreten, die Biermann-Ausbürgerung und ihre Folgen signalisierten den Anfang vom Ende der SED-Herrschaft (so z.B. Berbig u.a. 1994 [665]; Jander 1999 [723]; Pleitgen 2001 [767]; Grünbaum 2002 [869]), weil sich durch das Aufbegehren der Künstler ebenso wie durch die Proteste in der Bevölkerung kurzfristig eine

politische Gegenöffentlichkeit bildete, die langfristig einen geistigen Erosions-
prozess einleitete, der eine von vielen Voraussetzungen für den revolutionären
Herbst 1989 war. Dazu habe auch der offene Bruch bislang systemtreuer Intellektueller mit der Partei beigetragen, da auf diese Weise der Parteiführung ein
gewisser Teil ihrer ohnehin nur behaupteten Legitimität entzogen wurde. Dieser Überlegung widerspricht Wolle (1998 [87]) nachdrücklich. Da die Proteste
schnell in sich zusammengefallen seien und die Künstler ohnehin nicht für systemsprengende Aktionen zur Verfügung gestanden hätten, sind aus seiner Sicht
langfristig Auswirkungen bis in das Jahr 1989 nicht zu registrieren.

Auch wenn die Biermann-Ausbürgerung bislang recht breit erforscht wurde,
sind Forschungslücken zu registrieren. Detaillierter untersucht werden müssen
zweifellos noch Art und Umfang der Proteste der DDR-Bürger gegen die
Zwangsausbürgerung sowie die Folgen dieses Engagements für den Einzelnen.
Gefragt werden muss ferner nach den möglichen Konsequenzen des Protest-
verhaltens für die Herausbildung einer Opposition sowie nach seinen Fernwir-
kungen bis ins Revolutionsjahr 1989. Darüber hinaus ist anzumerken, dass die
Biermann-Ausbürgerung – wie viele andere Aspekte der deutschen Geschichte
der letzten vierzig Jahre – noch immer nicht als Teil einer gesamtdeutschen
Geschichte begriffen wird. Dabei steht der »Fall Biermann« mit seinen Folgen in Ost und in West geradezu exemplarisch für eine gemeinsame deutsche
Geschichte von 1945–1990, ist die Biermann-Ausbürgerung in ganz besonderer Weise ein »deutsch-deutscher Fall«. Was die Ausbürgerung Biermanns
und der nachfolgende Künstlerexodus aus der DDR in die Bundesrepublik für
Auswirkungen nicht nur auf die innerdeutschen Beziehungen hatte, sondern
auch, was sie für die innergesellschaftliche Entwicklung vor allem der bundesdeutschen Linken sowie im Schriftstellerverband bedeutete, wurde allerdings
bis heute kaum bzw. nur am Rande beleuchtet. Hier ist noch einiges an Forschungsarbeit zu leisten.

EHRHART NEUBERT

Die Opposition in den achtziger Jahren

1. Forschungsstand bis 1989

Die DDR-Opposition der achtziger Jahre wurde von der westdeutschen Forschung bis 1989 kaum wahrgenommen. Eine Ausnahme stellte Karl Wilhelm Fricke (1984 [694]) dar, der zwar wissenschaftlichen Ansprüchen vollauf
gerecht wurde, jedoch von Hause aus politischer Journalist war. Als er 1984 sein
Werk über die Geschichte der politischen Gegnerschaft in der DDR veröffentlichte, berücksichtigte er die Anfänge der sich damals formierenden Opposition.
Seit Anfang der achtziger Jahre hatten Journalisten und Publizisten (Büscher
1982 [673]) oder einige Wissenschaftler (Ehring/Dallwitz 1982 [682]) über
oppositionelle Bestrebungen in der DDR berichtet oder deren Texte dokumentiert. Diese damals noch sehr jungen Autoren, die selbst Kontakte zu ostdeutschen Dissidenten unterhielten, fanden in der Wissenschaft kaum Beachtung.
Ähnliches widerfuhr den Selbstzeugnissen von ausgebürgerten oder zur Ausreise genötigten Akteuren der Opposition (z. B. Klier 1988 [733]) sowie einer
Dokumentation von Samisdat-Texten (Hirsch/Kopelew 1989 [716]) und den
kritischen Texten von Theologen (Falcke 1986 [1251]). Der Gegenstand war
für die damalige DDR-Forschung im Westen nicht in die gebräuchlichen Deutungsmuster real-sozialistischer Gesellschaften einzuordnen. In den östlichen
Gesellschaften wurden zwar gewisse Defizite, aber die internen Spannungen
nicht in ihrer systemsprengenden Dynamik wahrgenommen.

Mit den für Politik und Wissenschaft unverhofften Revolutionen 1989 in
der DDR und anderen Ostblockstaaten stieg der Erklärungsbedarf sprunghaft
an. Das politische Vorspiel der Revolution in den achtziger Jahren konnte nicht
mehr ignoriert werden.

2. Die nachholende Entdeckung der Opposition der achtziger Jahre

Seit 1990 erschien eine große Anzahl von Forschungsarbeiten und Dokumentationen, die zunächst von Akteuren dieser Opposition verfasst wurden.
Die Bandbreite dieser Arbeiten reicht von der typischen Betroffenheitsliteratur
bis hin zu wissenschaftlichen Texten. Zu den Vorteilen der Zeitzeugenschaft
gehören zweifellos Binnenkenntnisse, die das Aktenwissen korrigieren und/
oder ergänzen können. Die bekannten Nachteile werden von vielen Autoren
inzwischen durch die Unterscheidung von eigener Rolle und der kritischen
Bestandsaufnahme in Grenzen gehalten.

Die etablierten Wissenschaften haben das Thema zögerlich aufgenommen. Zu den Themen, die bislang weithin aufgegriffen wurden, gehören die Freilegung der historischen Wurzeln der Opposition, Kontinuität und Kontinuitätsbrüche oder das fast restlose Verschwinden der marxistischen Dissidenz mit dem Tod von Robert Havemann. Vor allem wurde die sich in den achtziger Jahren ausweitende Friedensbewegung beachtet. Ebenso spielt die Umweltbewegung, die zum Teil kirchlich organisiert und institutionalisiert war, eine wichtige Rolle. Das gilt auch für die Menschenrechtsbewegung, die in den siebziger Jahren mit einer intensiven kirchlichen Debatte beginnt und im folgenden Jahrzehnt von Basisgruppen bis hin zu den hoch politisierten und kirchlich unabhängigen Bürgerrechtsgruppen, wie der »Initiative Frieden und Menschenrechte (IFM)« aufgenommen wurde. In diesem Bewegungsumfeld bildeten sich bis 1989 mehrere hundert Gruppen mit einem sehr breiten inhaltlichen Spektrum und zumeist kirchlichem Hintergrund. Darüber hinaus gab es seit Anfang der achtziger Jahre auch Emanzipationsbestrebungen von den Kirchen, die sich erst mit der Gründung der Bürgerbewegungen und neuen Parteien des Herbstes 1989 vollendeten.

Ereignisgeschichtlich bietet die Eskalation der öffentlichen Auseinandersetzungen mit dem SED-Staat ein reiches Themenfeld. Sie umfassen die Protestaktionen der Friedensbewegung bis hin zu den gut organisierten Kampagnen zur Aufdeckung von Wahlfälschungen im Frühjahr 1989 sowie zu den Herbstereignissen des Jahres 1989.

Themen sind auch die Verbindungen zu den Milieus kritischer Künstler, jugendlicher Subkulturen oder den homoerotischen Milieus. Ebenso sind die Einflüsse und auch Kontakte zu dissidentischen Gruppen in den Ostblockstaaten oder die Verbindungen zu Unterstützergruppen im Westen von Bedeutung. Schließlich stellen die ununterbrochenen Repressionen durch die Staatsorgane, die sich in der offenen strafrechtlichen Verfolgung, den zahlreichen Ausweisungen und den konspirativen Zersetzungsmaßnahmen durch das MfS niederschlugen, ein Thema dar.

Die ersten Veröffentlichungen 1989 und 1990 spiegelten den Nachholbedarf und boten zunächst summarische Übersichten oder dokumentierten bislang unbekannte Texte (Knabe 1989 [734]; Pollack 1990 [768]; Rein 1989 [910]). Andere befassten sich mit den jüngsten Ereignissen, wie etwa mit dem Runden Tisch in Berlin (Thaysen 1990 [921]). Schon 1992 lieferte Wolfgang Rüddenklau [778], der selbst einer der wichtigsten Akteure der Umweltbibliothek war, eine auf Berlin zentrierte Gesamtdarstellung. Leider macht Rüddenklau die durchaus anarchistisch eingefärbte Umweltbibliothek zum Maßstab aller oppositionellen Aktivitäten.

Seit Mitte der neunziger Jahre erschienen dann zahlreiche Bücher zu den hier grob skizzierten Themenfeldern. Die erste und bislang umfassendste Gesamtdarstellung zur Geschichte der Opposition legte der Autor (Neubert 1997 [764]) vor. Sie beginnt mit der Frühzeit der DDR und erfasst kompendiarisch nahezu die gesamte Breite der Phänomene und Ereignisse insbesondere der achtziger Jahre. Zuvor widmeten sich bereits einige Sammelbände dem Phänomen Opposition und Widerstand in der DDR und suchten dabei auch nach einem theoretischen Zugriff. Den ersten Band dieser Art gaben Ulrike Poppe, Rainer Eckert und Ilko-Sascha Kowalczuk (1995 [772]) heraus. Im selben Jahr erschienen im Rahmen der 18-bändigen Dokumentation der Enquete-Kommission des Deutschen Bundestages »Aufarbeitung von Geschichte und Folgen der SED-Diktatur in Deutschland« zwei Bände zur Oppositionsgeschichte, die neben zahlreichen Experten auch Anhörungen von Zeitzeugen seit den vierziger Jahren dokumentieren (Materialien 1995 [42]).

1999 gaben Klaus-Dietmar Henke, Peter Steinbach und Johannes Tuchel [711] einen Band heraus, der aus einem Symposium zu Ehren des Nestors der Forschung zur politischen Gegnerschaft, Karl Wilhelm Fricke, hervorging. Dabei wurde als Rahmen von Widerstand und Opposition die politische Konfrontation zwischen Diktatur und Demokratie im 20. Jahrhundert definiert. Ein Sammelband von Günter Heydemann, Gunter Mai und Werner Müller (1999 [870]) bot eine Reihe von Regionalstudien und bezog auch die Transformationsprozesse nach 1989 ein. Der im selben Jahr von Eberhard Kuhrt, Hannsjörg F. Buck und Gunter Holzweißig (1999 [746]) herausgegebene Band bot wiederum vielen ehemaligen Akteuren der Opposition Raum zur quellengestützten Reflexion. Ein weiteres Buch ging aus einem Symposium hervor, das 1999 im Zeitgeschichtlichen Forum in Leipzig stattfand und die oppositionellen Aktivitäten bis in die Wiedervereinigungsprozesse verfolgte (Haus der Geschichte 2000 [1822]). Der von Hermann-Josef Rupieper (2000 [914]) ein Jahr später herausgegebene Band bezieht sich vorwiegend auf die Opposition in Sachsen-Anhalt, enthält aber auch übergreifende Aspekte. Als verdienstvoll muss das Lexikon zum Thema (2000 [750]) betrachtet werden, da es sowohl für Wissenschaftler wie für den interessierten Laien komprimierte Informationen bietet. Als vorerst jüngster Sammelband erschien in der Verantwortung der BStU 2001 ein vom Autor und Bernd Eisenfeld herausgegebenes Buch (Neubert/Eisenfeld 2001 [762]), das zu einigen bisher weniger beachteten Themen neues empirisches Material bietet und die bisherige theoretische Debatte zusammenfasst.

Die Forschung hat aber auch eine Reihe von Monografien und kommentierte Dokumentationen vorangebracht, die einzelne Phänomene untersuchen und in breitere Zusammenhänge stellen. Dazu gehören die beiden Studien von Anke Silomon zur Synode des Bundes der Evangelischen Kirchen in der DDR in Görlitz 1987 (1997 [1290]), die zur Vorgeschichte der Bürgerbewegung »Demokratie jetzt« gehört, sowie zur Bewegung »Schwerter zu Pflugscharen« (1999 [787]). Von besonderem Wert ist die Herausgabe der Wortprotokolle und Dokumente des Zentralen Runden Tisches durch Uwe Thaysen (2000 [920]), der in seinem einleitenden Essay den Beitrag der Opposition zur Demokratieentwicklung kritisch erörtert. Hans Michael Kloth (2000 [882]) hat in der Monografie zur Wahlproblematik ausführlich die Rolle der Opposition reflektiert.

Eine Vielzahl von Veröffentlichungen widmen sich einzelnen Gruppen und Netzwerken. Die Verfasser sind größtenteils Beteiligte. 1994 beschrieben die Begründer der Sozialdemokratischen Partei (SDP) der DDR, Markus Meckel und Martin Gutzeit [752], die Anfänge ihres Engagements in der kirchlichen Friedensarbeit. Inzwischen liegen solche Arbeiten auch für die Samisdat-Zeitschrift *Arche Nova* (Jordan, C./Kloth 1995 [726]), für die »Offene Arbeit« bzw. die spätere »Kirche von Unten« als Sammelpunkt des kritischen Jugendmilieus (Kirche von Unten 1997 [731]) und für das landesweite Netzwerk »Solidarische Kirche« (Goertz 1999 [1257]) vor.

Dieser Gattung stehen die Autobiografien von Bürgerrechtlern nahe (u. a. von Beleites 1991 [664]; Lengsfeld unter dem Namen Wollenberger 1992 [802]; Eppelmann 1993 [690]; vgl. auch Jesse 2000 [876]). Die BStU legte den ersten Band der Reihe *Biografische Quellen* vor, die Oppositionellen Gelegenheit gibt, ihre MfS-Akten unter systematischen Gesichtspunkten zu kommentieren (Eisenfeld, P. 2002 [687]).

Neben den Lebensbeschreibungen ist die politische Literatur von Akteuren der achtziger Jahre aufschlussreich. Sie liefert Beiträge zum früheren Selbstverständnis, das freilich in der nachträglichen Sichtweise vielfältig gebrochen ist. Der Vergleich von positiven Einschätzungen der Ergebnisse der Revolution (Bohley/Neubert 1998 [670]) und der Kritik an der Wiedervereinigung (Gehrke/Rüddenklau 1999 [703]) zeigt das breite Spektrum der politischen Motive und Zielsetzungen von Oppositionellen. Diese Literaturgattung verlangt nach wissenschaftlicher Ergänzung, die Pollack schon 1994 [863] unternahm.

Für die Forschung von großer Bedeutung ist das originäre Schriftgut der Opposition, das zuerst im Samisdat erschien. Einen neuerlichen Beitrag zu diesem Arbeitsgebiet steuert Kowalczuk bei, der 2002 [740] eine Auswahl des politischen Samisdat von 1985 bis 1989 dokumentiert und systematisch einordnet. Gegenwärtig wird in der Umweltbibliothek im sächsischen Großhennersdorf das wohl am weitesten gehende Forschungsprojekt zu dieser Thematik vorangetrieben. Etwa 20 000 Blatt des Samisdat sollen verfilmt und elektronisch für die Nutzung aufbereitet werden.

Wesentliches ist bereits zu oppositionellen Künstlerkreisen und deren Samisdat geleistet worden (Böthig/Michael 1993 [671]; Winnes/Wohlrab 1994 [800]; Grundmann/Michael/Seufert 1996 [707]). Zu erwähnen ist auch die Forschungsstelle Osteuropa in Bremen, die den künstlerischen Samisdat im Kontext dieses Schriftgutes aus Osteuropa sammelt und bereits mehrfach der Öffentlichkeit präsentiert hat (Eichwede 2000 [683]).

Erfreulicherweise hat auch die regionalgeschichtliche Forschung Fortschritte gemacht, obwohl hier noch ein großes Betätigungsfeld brachliegt. Umfassende Darstellungen und Dokumentationen existieren insbesondere zu Leipzig (Grabner, W./Heinze/Pollack 1990 [867]; Dietrich/Schwabe 1994 [678]; Hollitzer/ Bohse 2000 [872]). Erwähnenswert sind auch die Regionalstudien zu Thüringen (Victor 1992 [928]; Dornheim/Schnitzler 1995 [860]; Remy 1999 [776]). Eine Fundgrube für Mecklenburg stellen die Bände der Enquete-Kommission

»Aufarbeitung und Versöhnung« dar (Leben in der DDR 1996 ff. [34]). Regionales findet sich in unzähligen Grauschriften und in einigen Zeitschriften, wie in der in Berlin erscheinenden historisch-literarischen Zeitschrift *Horch und Guck* und auch in der Jenaer Zeitschrift *Gerbergasse 18*.

Die Oppositionsgeschichte steht in einem engen Zusammenhang mit der Repressionsgeschichte der DDR. Da jede politische Gegnerschaft durch das MfS registriert und kriminalisiert wurde, sind dessen Akten eine wichtige Quelle. Die oft unterschätzten Wirkungen der mit geheimdienstlicher Finesse durchgeführten Zersetzungsmaßnahmen sind jüngst von Sandra Pingel-Schliemann (2002 [408]) aufgearbeitet worden. Die justizielle Verfolgung Oppositioneller ist mehrfach – und hier insbesondere für Robert Havemann – dokumentiert worden (Vollnhals 1998 [470]). Das von der Bürgerbewegung erzwungene Ende des MfS beschreibt u. a. Walter Süß (1999 [918]) ausführlich.

3. Theoriedebatten und Revolutionstheorien

Der relativ junge zeitgeschichtliche Forschungszweig musste im Zuge seiner Etablierung Erklärungsansätze, methodische Instrumentarien und theoretische Zugänge entwickeln. Von der Forschung zum Widerstand im Nationalsozialismus kann, wie Rainer Eckert (1995 [1963]) gezeigt hat, trotz mancher Einschränkungen, methodisch gelernt werden. Bis heute leiden viele Veröffentlichungen zum Thema an einer unsystematischen Begrifflichkeit sowie durch politische Urteile und andere normative Sichtweisen. Zusätzlich fordert die Einführung von uneindeutigen globalen Begriffen, etwa »Revolution« (Neubert 1990 [764]; Jander/Schroeder 1997 [722]), zu weitreichenden Interpretationen heraus.

Bislang lassen sich mehrere Strömungen in der Bewertung und definitorischen Systematisierung sowie in speziellen Erklärungsmodellen der politischen Gegnerschaft ausmachen.

Ein erster Formenkreis hält sich in den Bewertungsmaßstäben an die Grundlagen westlicher Demokratien. Nach diesen Kriterien erscheinen große Teile der Opposition demokratisch nicht gereift oder gar undemokratisch. Diese Sichtweise findet sich bei amerikanischen Autoren, wie bei Christian Joppke (1995 [878]) oder deutschen Forschern, wie Eckhart Jesse (1995 [725]) und noch deutlicher bei Martin Jander (1995 [721]). Dieser Blickwinkel lässt die Vielfalt der Opposition außer Acht, in der es nahezu alle Spielarten von Reformern und Revolutionären gab. Unterschätzt werden zudem die strikte Orientierung an der Menschenrechtsfrage und der Freiheitswille der Akteure, der sie zu den einzigen formierten Gegnern der SED machte.

Ein weiterer Formenkreis der Oppositionsforschung ist soziologischen Fragestellungen verpflichtet, mit denen vornehmlich bewegungstheoretische Problemstellungen aufgenommen und Milieu- oder Motivforschung betrieben werden. Hubertus Knabe hat schon 1988 [735] das Theoriemodell der »Neuen

Sozialen Bewegungen (NSB)« auf die DDR-Opposition übertragen. Diese im Westen konzipierte Theorie nahm für sich in Anspruch, die zivilisationskritische Protestbewegung seit den siebziger Jahren als eine den Risiken der Industriegesellschaft angemessene politische Reaktion zu erklären. So konnten zweifellos eindrucksvolle Erklärungsmodelle entwickelt werden (Probst 1993 [907]; Wielgohs/Schulz 1995 [795]; Fehr 1996 [692]). Die Übertragung dieser Theorie wird aber auch kritisch diskutiert, da bei allen Ähnlichkeiten die sozialen und politischen Handlungskontexte und Problemlagen in Ost und West elementar verschieden waren, wie etwa der 1997 von Detlef Pollack und Dieter Rink [769] herausgegebene Band aufzeigt, der die theoretische Debatte insgesamt vertiefte.

Weiterführend hat sich Pollack (2000 [770]) mit einem differenzierten soziologischen Instrumentarium um die Erklärung des Entstehens von Protest bemüht. Angesichts der umfassenden Gesellschaftskontrolle geht er von der »Unwahrscheinlichkeit widerständigen Verhaltens« aus. Oppositionellen kann er darum lediglich eine Randexistenz in der Gesellschaft zuweisen.

Dieser Einschätzung widersprechen implizit jene Autoren, die die eigentliche Leistung der Opposition in der initiierten gesellschaftlichen Emanzipation bzw. in der Entwicklung der Zivilgesellschaft sehen. Dazu haben die Arbeiten von Hartmut Zwahr (1993 [933]) über die Leipziger Vorgänge seit Anfang der neunziger Jahre den entscheidenden Anstoß gegeben. Auch Patrik von zur Mühlen (2000 [757]) hat den zivilgesellschaftlichen Ansatz empirisch mit Daten aus der Oppositionsgeschichte unterlegt. Am weitesten geht mit diesem Ansatz Karsten Timmer (2000 [924]), der aus dem Zusammenspiel von Opposition und Demonstranten einen »kollektiven Akteur Bürgerbewegung« ableitet. Eine solche Perspektive droht jedoch die konstitutionelle Bedeutung der Revolution von 1989 – angesichts der unterschiedlichsten in ihr zutage getretenen Ziele – für den sich entwickelnden demokratischen deutschen Gesamtstaat zu vernachlässigen.

Schließlich sei auch auf jene Forscher verwiesen, die die gängigen sozialwissenschaftlichen Zugänge hinter sich lassen und vor allem nach biografiewirksamen Entscheidungskonstellationen fragen (Buthmann 2001 [674]; Miethe 1999 [755]).

Auf der Suche nach systematischen Handlungstypen der Opposition hat Ilko-Sascha Kowalczuk (1999 [441]) Kategorien auf der Verhaltensebene herausgearbeitet, die er jeweils entsprechend der politischen und sozialen Motive der Akteure differenziert. Widerstand und Opposition werden synonym als Oberbegriff politischer Gegnerschaft gebraucht, die in »gesellschaftlicher Verweigerung«, »sozialem Protest«, »politischem Dissens« und »Massenprotest« in Erscheinung tritt. Hubertus Knabe (1996 [736]) bietet eine zehnstufige Typologie an, die die politisch-strategische Energie abbildet. Die Verhaltensweisen reichen von der milderen »Resistenz« bis zum »aktiven Widerstand« und »Aufstand«.

Für eine Systematik der politischen Gegnerschaft besonders geeignet erscheint ein Ansatz, der sich an Kriterien politischer Handlungsmöglichkeiten orientiert. Für die Kategorisierung von Opposition und Widerstand legen der Autor (Neubert 1997 [763]) und ähnlich auch Rainer Eckert (1996 [681]) die Zweck-Mittel-Relation zugrunde, die die von den SED-Gegnern eingesetzten politischen Mittel und der diesen innewohnenden Ziele erfasst. So vermag eine Opposition auf der Grundlage verbindlicher Normen und verbindlichen Rechts versuchen, die Machtträger zur Einhaltung dieser Normen zu veranlassen, um deren Macht zu begrenzen. Oder sie arbeitet bei Rechtsdefiziten an der Schaffung rechtlicher Grundlagen und benutzt anderen Rechtsersatz. Oppositionelle in der DDR haben daher legalistische Strategien gewählt, um die geringsten legalen Spielräume zu nutzen und zu versuchen, sie zu erweitern. Dies erlaubt die Unterscheidung von Opposition und Widerstand. Letzterer zielte auf eine Schwächung oder Beseitigung der SED-Macht ab. Unterhalb der Schwelle von Widerstand und Opposition war vielfältiger Widerspruch verbreitet, der nicht an ideologischen oder politischen Alternativen arbeitete, keine eigenen Strukturen ausbildete, auf Teilöffentlichkeiten zielte und die Risiken minimierte.

Letztlich muss als ein weiterer Ansatz für die Oppositionsforschung der Versuch benannt werden, die Revolution 1989 neben anderen Faktoren als Ergebnis einer langen Geschichte von Opposition und Widerstand zu begreifen. So müssen die Revolutionstheorien die partikulare Beschränkung auf die DDR überwinden und den Bezug zur west- und osteuropäischen Geschichte der Demokratie in einem kultur- und zivilisationsgeschichtlichem Horizont herstellen. Timothy Garton Ash (1990 [1517]) zog Parallelen zwischen dem osteuropäischen Umbruch, dem »Bürgerfrühling« und mit den europäischen Revolutionen von 1848. Auch Konrad H. Jarausch (Jarausch/Sabrow 2000 [875]) stellte den Bezug zu den bürgerlichen Revolutionen des 19. Jahrhunderts her und schlug vor, den »Umbruch 1989/1990 in die breite Perspektive der Auseinandersetzung zwischen Demokratie und Diktatur im 20. Jahrhundert« zu stellen. Für die Forschung bleibt die Aufgabe, die geistig-kulturelle Substanz der Opposition der achtziger Jahre als die Vorgeschichte einer demokratischen Revolution (Neubert/Eisenfeld 2001 [762]) zu entdecken.

4. Forschungsperspektiven

Die unterschiedlichen Herangehensweisen und Methoden zur Erfassung und Erklärung der Opposition der achtziger Jahre signalisieren, dass die Debatte noch in den Anfängen steckt und sicher in den nächsten Jahren um weitere Aspekte, etwa alltagsgeschichtliche oder kultursoziologische, ergänzt werden wird. Zudem werden Verhältnisbestimmungen und komparative Forschungen zu anderen politischen Phänomenen der achtziger Jahre der Theoriebildung von Nutzen sein. So gibt es zwar schon einige Arbeiten zum rechtsradikalen Widerstand (Eisenfeld, B. 2001 [686]), zu den Ausreiseantragstellern, zum Verhältnis zu den SED-Reformern, zu den Einflüssen und Kontakten nach

Osteuropa sowie zu Fragen der Bedeutung der Ost-West-Politik für die Opposition. Hieran muss aber ebenso weiter gearbeitet werden wie an der weiteren Erschließung wesentlicher Handlungsfelder. So fehlt bislang eine umfassende Arbeit zu dem bedeutendsten Netzwerk oppositioneller Gruppen »Frieden konkret«, das von 1983 bis 1989 etwa 200 Gruppen im kirchlichen Raum koordinierte. Und schließlich enthalten die MfS-Unterlagen auch sehr viel bisher wenig beachtetes Material zu noch unbekannten Aktivitäten oppositioneller Gruppen und Personen. Zusammen mit den bislang überwiegend von privaten Vereinen geführten Archiven der Opposition und der Bürgerbewegung bieten die Archive der Repressionsorgane eine ausgezeichnete Materialgrundlage für die weiteren Forschungen.

DETLEF POLLACK

Bedingungsfaktoren der friedlichen Revolution 1989/90

Eine sozialwissenschaftliche und historische Analyse der Bedingungsfaktoren der friedlichen Revolution in der DDR hat sich mehreren Aufgaben zu stellen. Sie hat *erstens* die historische Kontingenz der Umbruchsereignisse zu beachten und den »Fehlschluss eines retrospektiven Determinismus« (Reinhard Bendix) zu vermeiden. So wenig die Geschichts- und Sozialwissenschaften vor 1989 in der Lage waren, den radikalen Umbruch von 1989/90 vorherzusagen, so sehr bestand im Nachhinein die Tendenz, den Untergang des Staatssozialismus als unvermeidlich aufzuweisen – so z. B. in dem ansonsten instruktiven Werk von Armin Mitter und Stefan Wolle (1993 [45]) oder bei Günther Heydemann und Thomas Schaarschmidt (1995 [871]). Für eine Analyse der Ursachen des friedlichen Umbruchs von 1989/90 ist es aber erforderlich, die Unvorhersehbarkeit der Ereignisse im Auge zu behalten, ohne daraus die Schlussfolgerung zu ziehen, dass der Historiker und Sozialwissenschaftler bei der Untersuchung zentraler Veränderungen auf kausale Erklärungen zu verzichten und sich etwa mit bloßer Narration zu begnügen habe. Ebenso ist, sofern die Sozialwissenschaften ihren kausalwissenschaftlichen Anspruch nicht aufgeben wollen, die Erfassung der strukturellen Bedingungen der Umbruchprozesse unumgänglich, was wiederum nicht bedeuten kann, die Ereignisse aus den strukturellen Rahmenbedingungen einfach abzuleiten. Die Untersuchung des Zusammenbruchs des Realsozialismus hat vielmehr beides zu beachten: die Offenheit und Kontingenz (und daher beschränkte Vorhersehbarkeit) historischer Prozesse wie das Wirken verallgemeinerbarer Mechanismen und Bedingungszusammenhänge (Mayntz 1995 [1994]). Das heißt zugleich, dass die historische und sozialwissenschaftliche Analyse sowohl den begrenzten Horizont der damaligen Akteure als auch die im Hintergrund wirkenden und erst heute erkennbaren Bedingungsfaktoren des Umbruchs bedenken muss.

Mit dieser Forderung ist eine *zweite* eng verbunden. Als erfolgreich wird man nur eine solche Erklärung des Umbruchs ansehen können, die nicht nur das Scheitern des Staatssozialismus, sondern auch seine über 40 Jahre während Existenz plausibel zu machen vermag. Wo der Untergang des Staatssozialismus als zwangsläufig dargestellt wird, fällt es schwer, die Bedingungen des jahrzehntelangen Bestehens der DDR zu benennen. Wo umgekehrt die gesellschaftliche Ordnung der DDR als stabil integriert behandelt wird, besteht die Schwierigkeit darin, das Zustandekommen des revolutionären Umbruchs zu erklären. Vor diesem Problem steht beispielsweise Sigrid Meuschel (1991 [898] u. 1992 [348]), die die DDR durch Entdifferenzierungsprozesse sowie durch die Wirksamkeit einer unpolitischen obrigkeitsorientierten Kultur und Massenloyalität gekennzeichnet sieht und daher nicht darzulegen vermag, wie aus dem Innern dieser verstaatlichten Gesellschaft eine breite Demokratiebewegung entstehen konnte.

Die *dritte* Forderung, die an eine Analyse der Bedingungsfaktoren der friedlichen Revolution in der DDR zu richten ist, lautet, dass sie multifaktoriell angelegt sein muss. Sie hat sowohl externe als auch interne Faktoren, sowohl langfristig als auch kurzfristig wirkende Veränderungen, sowohl strukturelle, makrosoziologische als auch akteurszentrierte, mikrosoziologische Prozesse zu beachten und darüber hinaus auch die Wirksamkeit von kulturellen Orientierungen in die Analyse einzubeziehen. Die alten Gräben zwischen Handlungs- und Systemtheorie, zwischen Struktur-, Ereignis- und Ideengeschichte, zwischen Mikro- und Makroansatz sollten überwunden und die unterschiedlichen Wirkungsfaktoren nicht isoliert, sondern in ihrer Interaktion und in ihrem sich teilweise wechselseitig verstärkenden intrikaten Verflechtungszusammenhang analysiert werden. Nur dann besteht Aussicht darauf, die Dynamik des mehrdimensionalen und komplexen Umbruchsgeschehens zu erfassen.

Ausgeschlossen sind damit alle Versuche, die den Zusammenbruch des SED-Regimes ausschließlich auf systeminterne Ursachen, etwa auf die ökonomische Misere in der DDR oder den daraus resultierenden Wunsch der DDR-Bevölkerung nach westlichem Wohlstand, zurückführen. Die DDR befand sich 1989 zwar in einer sich verschärfenden wirtschaftlichen Krise, aber sie war ökonomisch nicht bankrott, und obwohl die wirtschaftliche Unzufriedenheit in der Bevölkerung hoch war, stellte doch nicht sie, sondern die Unzufriedenheit mit den politischen Zuständen im Lande den entscheidenden Grund für die öffentlichen Proteste der Bevölkerung dar (Opp/Voß 1993 [903]). Es ist daher falsch, den Systemwechsel wie Jürgen Kädtler und Gisela Kottwitz (1994 [880]) als »Konsumentenrevolution« zu bezeichnen.

Ausgeschlossen sind bei einer multifaktoriellen Betrachtungsweise aber auch Versuche, den Umbruch in der DDR als einen gänzlich exogen induzierten Prozess, etwa lediglich als Folge der sowjetischen Preisgabe der Breschnew-Doktrin oder der durch die Öffnung des Eisernen Vorhangs ausgelösten Massenflucht zu verstehen. Die Behauptung Claus Offes (1994 [1861]), dass »nicht siegreicher kollektiver Kampf um eine neue politische Ordnung«, sondern »die massenhaft und plötzlich nicht mehr aufhaltbare individuelle Abwanderung« zum Ende des Staates der DDR geführt und die Demokratie-Bewegung sich überhaupt erst im Zuge des außenpolitisch bedingten Zusammenbruchs der Repressionsfähigkeit des Regimes entfaltet habe, übersieht den Mut und die Spontaneität der Demonstranten an vielen Orten in der DDR sowie die bis zum 9. Oktober bestehende Repressionsbereitschaft und bis zum 9. November 1989 anhaltende Repressionsfähigkeit des Regimes. Auch wenn den externen Faktoren eine wichtige und möglicherweise sogar herausragende Bedeutung für das Zustandekommen des Umbruchs in der DDR zukommt, handelt es sich bei diesem nicht um eine bloße »exit-Revolution«, sondern auch um eine »voice-

Revolution«, die an der Entschlossenheit des Systems oder an der Schwäche und Unklugheit der Protestierenden auch hätte scheitern können.

Schließlich ist mit einem multifaktoriellen Ansatz aber auch ausgeschlossen, den Umbruch in der DDR auf das Handeln eines einzigen kollektiven Akteurs zurückzuführen, seien es die Bürgerrechtsgruppen, die Demonstranten oder das Volk insgesamt. Dazu besteht in Arbeiten von Ehrhart Neubert (1997 [764]), Helmut Fehr (1996 [692]), Karl-Werner Brand (1990 [855]), Hartmut Zwahr (1993 [933]) und anderen eine unübersehbare Tendenz. So erklärt etwa E. Neubert (1997 [764]), »das historische Verdienst der DDR-Opposition« habe darin bestanden, »im Kampf gegen ein totalitäres Regime die gesellschaftliche Selbstbefreiung politisch ermöglicht zu haben«; die oppositionellen Gruppen seien die »politischen Subjekte« gewesen, die die Friedensgebete und Demonstrationen organisiert und die Hauptlast der Entmachtung der SED getragen hätten. H. Fehr (1996 [692]) wiederum rekonstruiert die Massendemonstrationen im Herbst 1989 als Folgeerscheinungen der Protestaktionen, die die alternativen Friedens-, Umwelt- und Menschenrechtsgruppen in der Zeit unmittelbar davor veranstaltet hatten, und führt das Entstehen der Massenproteste auf die Ausweitung der Handlungsziele und des Handlungsrepertoires der alternativen Initiativen, auf ihre zunehmende organisatorische und kommunikative Vernetzung sowie auf die Erfahrungen, die sie bei ihren früheren Protestaktionen machten, zurück. Und H. Zwahr (1993 [933]) deutet den Umbruch gar als »Selbstbefreiung des Volkes«.

In all diesen Interpretationen treten die außenpolitischen Faktoren, die den inneren Wandel stark beeinflussten, zurück und wird das Zustandekommen des Wandels einem einzigen Akteur zugerechnet und dieser Akteur mit einer bemerkenswerten Zielstrebigkeit, Organisationsfähigkeit und Handlungsmacht ausgestattet. Für den Charakter des Handelns der Bürgerrechtsgruppen, der Demonstranten und der Bevölkerung waren jedoch eher tastendes Suchen, Unsicherheit und Reaktivität charakteristisch. Erst im Laufe ihrer Aktionen und mit ihrer wachsenden Wirksamkeit wurde ihnen klar, was sie wollten und wie stark sie waren. Die Bürgerrechtsgruppen, die Demonstranten und die Bevölkerung handelten nicht souverän, sondern reagierten auf die verbale Unterstützung der Niederschlagung der Studentenproteste in Peking durch die Führung der DDR, auf die medial transportierte Fluchtwelle über Ungarn und die ČSSR, auf die deprimierenden Jubelfeierlichkeiten zum 40. Jahrestag der DDR, auf die massiven Polizeieinsätze Anfang Oktober, auf die plötzliche Zurückhaltung des Repressionsapparates nach dem 9. Oktober, auf den Rücktritt Honeckers am 18. Oktober, die Maueröffnung usw., also auf externe Drohungen, Schocks, Anreize und damit auf sich einengende und ausweitende Handlungsmöglichkeiten. Will man ihr Handeln erklären, muss man es also in seinem Zusammenspiel mit den Entscheidungen des politischen Regimes bzw. seiner Entscheidungsschwäche und mit außenpolitischen Veränderungen analysieren.

Ob sich mit dem Terminus Revolution der Umbruch in der DDR angemessen bezeichnen lässt, ist in der Forschung umstritten. Gegen seine Verwendung wird häufig eingewendet, dass es sich bei den Ereignissen von 1989 mehr um den außenpolitisch bedingten Zusammenbruch eines morsch gewordenen politischen Systems als um einen politischen und sozialen Aufbruch gehandelt habe und dass das Umbruchsgeschehen nicht durch den Einsatz von Gewalt gekennzeichnet war (Joas/Kohli 1993 [877]). Für seine Benutzung sprechen hingegen die Tiefe der Umwälzung, ihre alle gesellschaftlichen Dimensionen erfassende Breitenwirkung sowie die Dynamik und Schnelligkeit des Wandels (Süß, W. 1999 [918]). Sieht man nicht die Gewaltanwendung und die revolutionäre Entschiedenheit der kollektiven Akteure, sondern die Radikalität des sozialen, politischen und ökonomischen Umbruchs, das Tempo der Umwälzungen und die Massenmobilisierung als die entscheidenden Kriterien zur Bestimmung des Revolutionsbegriffs an, so scheint seine Anwendung auf die Ereignisse von 1989 in der DDR eher angemessen als unangemessen zu sein.

Bei der Analyse der Ursachen für die friedliche Revolution muss genau bestimmt werden, was im Einzelnen erklärt werden soll: die Umbruchsdynamik im Ganzen, das Aufkommen der Bürgerrechtsvereinigungen, die Entstehung der Demonstrationsbewegung, die Ausbreitung der Flüchtlingsbewegung, die Unfähigkeit des Sicherheits- und Machtapparates, die Flüchtlingsbewegung zu stoppen und die Demonstrationen zu unterbinden, die Maueröffnung, die Zurückhaltung Moskaus oder schließlich die Auflösung des SED-Herrschafts- und Sicherheitsapparates selbst. Für viele Einzelfragen liegen inzwischen empirisch fundierte und differenziert argumentierende Einzelstudien vor. Das Aufkommen der Bürgerrechtsbewegungen wird in den Studien von Jan Wielgohs und Marianne Schulz (1995 [795]) sowie J. Wielgohs und Carsten Johnson (1997 [794]) eingehend und auf hohem theoretischen Niveau behandelt (vgl. auch Bruckmeier/Haufe 1993 [672]; Joppke 1995 [878]; von zur Mühlen 2000 [757]). Die ausgezeichnete Dissertation von Karsten Timmer (2000 [924]) widmet sich der Entstehung der Bürgerbewegung, also der Bürgerrechtsgruppierungen und der Demonstrationswelle insgesamt. Für die Flüchtlingsbewegung liegen von Albert O. Hirschmann (1992 [717]) und K. Timmer (2000 [924]) theoretisch anschlussfähige Analysen vor (vgl. auch Eisenfeld 1995 [685]; Hilse 1995 [715]). Mit der Frage, warum es den Mächtigen nicht gelang, die Revolution zu verhindern, setzt sich die gründlich recherchierte und nüchtern analysierende Studie von Walter Süß (1999 [918]) auseinander. Michael R. Beschloss und Strobe Talbot (1993 [1785]), Karl-Rudolf Korte (1998 [1715]), Detlef Nakath und Gerd-Rüdiger Stephan (1996 [1737]) sowie Gerhard Wettig (1996 [932]) untersuchen die internationalen Rahmenbedingungen des Umbruchs in der DDR, Hans-Hermann Hertle (1996 [579]) die Maueröffnung sowie G.-R. Stephan (1993 [220]), H.-H. Hertle und G.-R. Stephan (1997 [155]) den Machtverlust der SED. Dabei dürfte die Erklärungskraft der jeweiligen Analyse vor allem von der Beantwortung zweier Fragen abhängen: einmal von der Frage, warum die jahre- und jahrzehntelang schweigende Masse im Herbst 1989 ihr Verhalten änderte und auf die Straße ging, und zum anderen, warum der über alle ökonomischen, politischen, militärischen und polizeilichen Ressourcen verfügende Machtapparat die Massenproteste nicht niederzuhalten vermochte.

Insgesamt lassen sich bei der Analyse der Bedingungsfaktoren der friedlichen Revolution 1989/90 fünf Ansätze unterscheiden. Der makrosoziologisch argumentierende *kulturalistische* Ansatz (Sabrow 1999 [915]; partiell: Merkel, W. 1991 [897]; Meuschel 1992 [348]; Thaa 1992 [1070]; McFalls 1994 [895]) unterstellt, dass das Herrschaftssystem der DDR durch sozialen Konsens unterstützt und legitimiert worden sei und dass der Untergang der DDR einsetzte, als dieser Konsens zerbrach. An diesem Ansatz zeigt sich, wie stark die Erklärung des Umbruchs von der Analyse der DDR-Gesellschaft abhängig ist, denn nicht Einverständnis der Beherrschten mit den Herrschern oder gar Enthusiasmus, sondern – trotz aller äußerlichen Anpassung – Skepsis, innerer Rückzug und Verweigerung prägten das Verhältnis der Mehrheit zum politischen System. Diesem Sachverhalt entspricht die von Christiane Lemke (1991 [888]) vertretene These der politischen Doppelkultur, die ebenfalls in die kulturalistischen Ansätze einzuordnen ist. Neben der durch Partei, Schule, Universität oder Jugendverband repräsentierten offiziellen Zielkultur bestand in der DDR, so Ch. Lemke, eine von den offiziell geforderten Verhaltensweisen und Einstellungen abweichende und teilweise gerade durch die Überpolitisierung des öffentlichen Lebens beförderte Gegenkultur, die den Alltag strukturierte und insofern die dominante Kultur war. Folgerichtig sieht Lemke im Misslingen der durch die offiziellen Instanzen organisierten politischen Sozialisation und der sich dadurch vollziehenden Erosion des Herrschaftsarrangements die entscheidende Ursache für den Umbruch in der DDR. Unterbelichtet bleibt in dieser makrosoziologischen Analyse allerdings der Einfluss außenpolitischer Faktoren und wirtschaftlicher Krisenphänomene.

Makrosoziologisch setzt auch die *Modernisierungstheorie* an, die für den Untergang der DDR vor allem systemimmanente Strukturprobleme verantwortlich macht. Ob diese Probleme in der Überzentralisierung des Herrschaftssystems (Glaeßner 1993 [866]), in der blockierten funktionalen Ausdifferenzierung der Gesellschaft (Pollack 1990 [905]), in ihrer Entsubjektivierung (Thomas 1991 [2007]), in ihrer zunehmenden sozialen Schließung (Mayer/Solga 1994 [894]) oder im Mangel an konfliktverarbeitenden Institutionen und der daraus resultierenden Tendenz zur Ausweitung von ausgegrenzten Interessen zu regimekonträren Protestneigungen (Welzel 1995 [931]; vgl. auch Brie 1996 [856]) gesehen werden – in jedem Fall bedarf der modernisierungstheoretische Ansatz der Ergänzung durch akteurszentrierte Analysen. Aus strukturellen Defiziten allein lässt sich der Umbruch in der DDR nicht erklären, denn diese Defizite bestanden während der gesamten Zeit der Existenz der DDR.

Eine solche akteurszentrierte Analyse stellt die *politikwissenschaftliche Transitionsforschung* dar, deren Repräsentanten (Guillermo O'Donnell, Philippe C. Schmitter, Adam Przeworski) ihren Ansatz anhand der Demokratisierungsprozesse in Lateinamerika entwickelten. Die Liberalisierung des autoritären

Regimes wird in diesem Ansatz auf eine Spaltung der herrschenden Eliten zurückgeführt, die dadurch zustande kommt, dass meist angesichts einer außenpolitischen oder wirtschaftlichen Krise »softliners« der Meinung sind, die Macht durch eine partielle Öffnung besser bewahren zu können als durch die Verweigerung von Reformen. Diese begrenzte Öffnung löst dann allerdings einen nicht intendierten Prozess der sozialen Mobilisierung aus, der von den herrschenden Eliten nicht mehr kontrolliert werden kann und oppositionelle Gruppen mehr und mehr begünstigt. Kritisiert wird dieses Erklärungsmodell wegen seiner starken Konzentration auf die Eliten als Akteure sowie wegen seiner mangelhaften Sensibilität gegenüber externen Faktoren (Bos 1994 [854]; Pollack 2002 [906]). W. Süß (1999 [918]) wendet es auf den Umbruchsprozess in der DDR an – freilich nicht ohne es durch den Aspekt der Massenmobilisierung zu ergänzen. In seinen Augen verzichteten die auf sich allein gestellten Machthaber der DDR auf die Anwendung von Gewalt, da sie ohne Unterstützung Moskaus leicht verletzbar waren und bis auf Ausnahmen wussten, dass sie im Falle einer Gewaltanwendung durch ihre finanzielle Abhängigkeit vom Westen noch verwundbarer geworden wären. Überwunden wurde das Regime aber erst, als das mit der Opposition mehr oder weniger ausgefochtene Ringen um die Mehrheit der Bevölkerung verloren ging und bislang loyale Bürger auf die Seite der Opposition überwechselten. Es ist die Wechselbeziehung aus Elitenspaltung und Massenmobilisierung, aus der W. Süß die Revolution erklärt. Wolfgang Merkel (1991 [891]) bestreitet die Anwendbarkeit der akteurszentrierten Transitionsforschung auf den Fall der DDR weitgehend. Er kann eine Elitenspaltung in der DDR nicht erkennen und führt den Untergang des SED-Regimes vor allem auf seine Legitimationsverluste zurück.

Ebenfalls konsequent akteurstheoretisch argumentiert der utilitaristische *rational choice-Ansatz*. Das Problem bei der Erklärung des Umbruchs besteht diesem Ansatz zufolge darin, dass die Individuen stets nutzenmaximierend handeln und daher revolutionäre Aktivitäten zur Herstellung kollektiver Güter wie Freiheit oder Demokratie nicht zu erwarten sind, solange es weniger riskante oder ertragreichere Alternativen für den Einzelnen gibt. Ist erst einmal ein bestimmter Schwellenwert in der Anzahl der Protestierenden überschritten, ist es sehr wahrscheinlich, dass aufgrund des geringer werdenden Risikos und der steigenden Erfolgschancen die Zahl der Demonstranten weiter steigt. Wie aber kommt es zur Erreichung dieses Schwellenwerts? Manfred Tietzel, Marion Weber und Otto F. Bode (1991 [923]) sowie Karl-Dieter Opp und Peter Voß (1993 [903]) erklären den Wegfall der Breschnew-Doktrin, der die Erfolgswahrscheinlichkeit des Protests erhöhte, sowie den Rückgang der Glaubwürdigkeit der Sanktionsdrohung, der das Risiko des Protests zu vermindern schien, als die entscheidenden Faktoren für die Zunahme des Protests. Während Tietzel/Weber/Bode darüber hinaus politischen Unternehmern, die aufgrund ihrer starken moralischen Verpflichtung durch die Teilnahme am Protest ein besonderes psychisches Einkommen erzielen, eine hohe Bedeutung für die Erreichung des Schwellenwertes beimessen, legen Opp/Voß, die im Gegensatz zu Tietzel/

Weber/Bode nicht nur plausible Vermutungen anstellen, sondern ihre Überlegungen auf eine breite empirische Basis stellen, demgegenüber Wert auf den Nachweis, dass Oppositionsgruppen für die Entstehung der Massendemonstrationen kaum eine Rolle spielten, und vertreten zur Erklärung des Anschwellens der Demonstrationswelle das Modell der spontanen Kooperation einer wachsenden Zahl von Bürgern. Bernhard Prosch und Martin Abraham (1991 [909]) führen das Anwachsen der Zahl der Protestteilnehmer darauf zurück, dass sich zuerst Individuen mit einer hohen Risikobereitschaft beteiligten, die Akteure mit der nächst geringeren Risikobereitschaft zur Teilnahme veranlassten, wodurch die Zahl der Teilnehmer wuchs und Akteure mit einer noch geringeren Risikobereitschaft erreicht wurden, so dass schließlich immer mehr an den Protestaktionen teilnahmen. Problematisch an den hier vorgestellten Ansätzen des *rational choice*-Modells ist, dass sie nur an der Erklärung kollektiver Aktionen zur Herstellung kollektiver Güter interessiert sind, aber nicht die Frage behandeln, warum der politische Machtapparat versagte.

Zwischen mikro- und makrosoziologischen Herangehensweisen stehen die *Ansätze der Bewegungsforschung*, die ebenfalls häufig zur Erklärung der Umbruchsdynamik herangezogen werden. Für Karl-Werner Brand (1990 [855]), Anthony Oberschall (1994 [901] u. 1996 [900]), J. Wielgohs und M. Schulz (1995 [795]), J. Wielgohs und C. Johnson (1997 [794]), Detlef Pollack (2000 [770]) und K. Timmer (2000 [924]) sind diese Ansätze zentral. In ihnen wird vor allem darauf abgehoben, dass die allgemeine Unzufriedenheit Ende der achtziger Jahre in der DDR durch den Vergleich mit den politisch liberaleren Ländern Osteuropas und der wirtschaftlich besser gestellten Bundesrepublik zunahm (relative Deprivation), dass es infolge der Preisgabe der Bestandsgarantie der DDR durch die Sowjetunion, der Öffnung der ungarisch-österreichischen Grenze und des Mauerfalls zu einer Erweiterung der politischen Opportunitätsstrukturen kam *(political opportunity structure)* und dass die organisierten Oppositionsgruppierungen zur Mobilisierung der Bevölkerung *(ressource mobilization)* und zur allgemein akzeptierten Deutung der Krise der DDR *(framing)* beitrugen. Gleichzeitig räumen Vertreter der Bewegungsforschung die geringe Ressourcenausstattung der oppositionellen Gruppierungen ein, die durch die Wirkung westlicher Medien allerdings partiell kompensiert werden konnte, und verweisen daher immer wieder darauf, dass der Ressourcen-Mobilisierungs-Ansatz im Gegensatz zu anderen Ansätzen der Bewegungsforschung nur beschränkt anwendbar ist (Tarrow 1991 [919]; Wielgohs/Johnson 1997 [794]; Pollack 2000 [770]).

Am überzeugendsten dürfte die Kombination unterschiedlicher Erklärungsansätze sein, da sich nur so die einzigartige Konstellation der Faktoren und Ereignisse erfassen lässt, die einzeln keineswegs zum Untergang der DDR geführt hätten, aber zusammen genau dieses Resultat hervorbrachten (Ettrich 1999 [862]). Dabei wird man sowohl die Interaktion zwischen Fluchtwelle und Massendemonstrationen, mit der sich vor allem A. O. Hirschmann (1992 [717]) unter Revision seiner früheren Annahme, dass die Senkung der Abwanderungsbarriere den Anreiz zum systeminternen Protest verringere, auseinander setzte (vgl. auch Torpey 1992 [926]), als auch die Interaktion zwischen organisierter Opposition und Massenbewegung (Pollack 2000 [770]), zwischen Elitenspaltung und Massenmobilisierung (Süß 1999 [918]) sowie zwischen Demonstrationen und Dialog (Timmer 2000 [924]) im Auge behalten müssen. Eingebettet werden muss eine solche Interaktionsanalyse aber in die Untersuchung längerfristig wirkender struktureller Faktoren. Dabei wird es in Zukunft weniger darauf ankommen, den bereits vorliegenden historischen Untersuchungen weitere Fall-, Regional- und Detailstudien hinzuzufügen. Auch wenn hie und da noch weiße Flecken in der Erforschung der Umbruchsereignisse anzutreffen sind (so fehlt zum Beispiel noch immer eine systematische Analyse der Geschehnisse in Berlin), dürfte sich das gewonnene Bild durch empirische und zeithistorische Arbeit kaum noch entscheidend ändern. Wichtiger wäre es daher, die unterschiedlichen herausgearbeiteten Bedingungsfaktoren des Umbruchs gegeneinander abzuwägen und zu gewichten, um die wirklich entscheidenden Faktoren zu erfassen. Dies wird allerdings nur möglich sein, wenn vergleichende Analysen und zwar sowohl ländervergleichende Untersuchungen als auch Vergleiche zwischen unterschiedlichen Krisen des kommunistischen Regimes im Zeitverlauf (für einen ersten Vergleich zwischen 1953 und 1989 vgl. Pollack 1997 [904] und Wentker 2001 [852]) angestellt werden.

ECKHARD JESSE

Die friedliche Revolution 1989/90

Der jähe Sturz der SED-Diktatur folgte einerseits dem Fall einiger osteuropäischer Diktaturen und ging ihm andererseits voraus, wie dies u. a. die anschaulich geschriebenen Studien von Timothy Garton Ash (1990 [1517] u. 1993 [1518]) zeigen. Die Kommunismusforschung im Allgemeinen wie die DDR-Forschung im Besonderen ist von den tektonischen Umwälzungen überrascht worden. Selbst Zbigniew Brzezinski (1989 [11]), der Ende der achtziger Jahre den »Untergang des kommunistischen Systems« prophezeit hat, betrachtete die DDR neben Bulgarien als den stabilsten kommunistischen Staat. Die scharfe, bei aller Berechtigung zum Teil überscharfe Kritik, die in der Folge an der DDR-Forschung einsetzte (u. a. Hacker 1992 [1698]), bezog sich weniger auf die Tatsache, dass sie das Ende der zweiten deutschen Diktatur nicht vorausgesehen, sondern dass sie deren Illegitimität nicht ausreichend zur Sprache gebracht hatte.

Die Zahl der Bände zu den Ursachen, zum Verlauf und zu den Folgen der friedlichen Revolution 1989 in der DDR ist immens und kaum mehr überschaubar. Das kann nicht verwundern, denn eine Revolution in einem Staat, der für viele als relativ stabil galt, zieht mannigfaltige, einander widerstreitende Erklärungsversuche nach sich. Eine Historisierung der Ereignisse, die auf Dämonisierung verzichtete, kam schnell zustande. Die beiden 1992 und 1995 vom Deutschen Bundestag eingesetzten Enquete-Kommissionen »Aufarbeitung von Geschichte und Folgen der SED-Diktatur in Deutschland« (1995 [42]) und »Überwindung der Folgen der SED-Diktatur im Prozess der deutschen Einheit« (1999 [43]) haben ebenso wichtige Ergebnisse zutage gefördert wie die DDR-Forschertagungen, die seit 1993 (mit Ausnahme des Jahres 1994) unter der Ägide von Heiner Timmermann in der Europäischen Akademie Otzenhausen stattfinden (Timmermann 1995 [113], 1996 [118], 1999 [117 u. 119], 2000 [468], 2001 [114], 2001 [115], 2001 [116]). Forschungsüberblicke zur friedlichen Revolution bieten u. a. Hermann Weber (2000 [77]), Beate Ihme-Tuchel (2002 [27]) und Corey Ross (2002 [2001]). Sie machen zugleich die Vielfalt der Kontroversen und den Konsens der Forschung in zahlreichen Fragen deutlich.

Der Streit fängt bereits mit der Terminologie an. In der Forschung (u. a. Richter, M. 1995 [912]; Grünbaum 1999 [868]; Kühnhardt 1997 [885]; Steffani 1998 [916]; Thompson 1999 [922]) hat sich nicht der Terminus durchgesetzt, der im Alltag verwandt wird: »die Wende«. Dieser von Egon Krenz geprägte Begriff spielt die Bedeutung der revolutionären Umwälzung herunter. Der Umbruch mündete vielmehr in eine Revolution, die demokratisch und friedlich verlief. Wer die Faktoren für das Ende der DDR stärker in der Schwäche der

Machthaber sieht (z. B. aufgrund des nachlassenden Legitimitätsglaubens oder wegen der wirtschaftlichen Schwierigkeiten), neigt dazu, von einem »Zusammenbruch« (z. B. Joas/Kohli 1993 [866]) oder einer »Implosion« (z. B. Jarausch 1995 [1830]) zu reden; wer hingegen eher das Gewicht auf die Macht der Kräfte setzt, die das »alte System« bezwungen haben, spricht von einer (friedlichen) Revolution (u. a. Warbeck 1991 [929]). Allerdings muss zwischen beiden Positionen kein zwingender Gegensatz bestehen. Auffallend ist der Befund, dass manch ein Autor, der sich einem bestimmten Komplex widmet, dazu neigt, diesen besonders hervorzuheben. Insofern vermitteln Gesamtdarstellungen (Weber 1999 [79]; Schroeder 1998 [63]; Fulbrook 1995 [18]) oder Studien, die sich des Untergangs der DDR annehmen (Childs 2001 [857]; Joas/Kohli 1993 [866]; Kuhrt 1996 [886]) häufig ein ausgewogeneres, facettenreicheres Bild.

Die Ursachen für die friedliche Revolution sind für die Forschung vielfältig. Ein monokausaler Ansatz würde in die Irre führen. Die Antwort auf die Frage von Corey Ross (2002 [2001]): »The end of the GDR: Revolution from below, implosion from within, collapse from outside?« kann daher nicht im alternativen, sondern vielmehr im komplementären Sinn erfolgen. So weit besteht in der Forschung prinzipieller Konsens. Die Autoren indes unterscheiden sich in der Frage der Gewichtung der einzelnen – inneren, äußeren, kulturellen und ökonomischen – Ursachen deutlich voneinander. So hat sich der revolutionäre Wandel für Detlef Pollack (2000 [770]) durch das Zusammenwirken weitgehend voneinander unabhängiger Faktoren ergeben: der Bürgerrechtsbewegung, der Fluchtbewegung, der Massendemonstrationsbewegung, des Engagements der kommunistischen Reformer sowie – umgekehrt – des Reformunwillens der SED-Führungsriege, um nur bei innenpolitischen Faktoren zu bleiben. Waren diese Faktoren tatsächlich weitgehend voneinander unabhängig? Oder gab es einen kausalen Nexus zwischen der Fluchtbewegung und der Demonstrationsbewegung?

Eben das unterstellt das theoretische Modell von Albert O. Hirschmann (1992 [717]), das in seinem Für und Wider oft erörtert worden ist (u. a. Joppke 1993 [879]; Major 2001 [751]). Der aus Deutschland emigrierte amerikanische Wirtschaftstheoretiker sah in dem Zusammenspiel von »exit« (Abwanderung) und »voice« (Widerspruch) die Ursache für das Ende der DDR-Diktatur. Massenexodus bewirkte Massenprotest. Vor 1989 jedoch schwächte die Möglichkeit zur Auswanderung oppositionelle Bestrebungen. Charles S. Maier (1999 [893]) betrachtet die Entkräftung der Ideologie ebenso als eine Voraussetzung für den Massenprotest. Damit lässt sich vielleicht auch erklären, wieso die größtenteils von der Partei abhängige Staatssicherheit mehr oder weniger freiwillig abgedankt hat (Süß, W. 1999 [918]), ohne eine »chinesische Lösung« zu provozieren. Frank Wilhelmy (1995 [370]) sieht als Hauptursache für den Zerfall der SED-Herrschaft den ideologischen Wandel in der SED – herbeigeführt einerseits durch die Entspannungspolitik mit dem Westen, andererseits durch das »neue politische Denken« in der Sowjetunion. Auch Sigrid Meuschel (1992 [348]) stellt den allmählichen Legitimitätsverlust der SED als gravierende Schwäche heraus. Wie Christiane Lemke (1991 [888]) zeigen kann, klaffte die »Schere zwischen offizieller und dominanter politischer Kultur« in den achtziger Jahren immer weiter auseinander. Der Sammelband von Konrad H. Jarausch und Martin Sabrow (1999 [875]) enthält eine Reihe von Beiträgen, die den inneren Zerfall u.a. mit dem Mentalitätswandel der Bevölkerung erklären.

Nach Detlef Pollack (2000 [770]) spielten die oppositionellen Bewegungen für den Umbruch in der DDR nur eine untergeordnete Rolle: »Erst konnte man nichts machen, dann brauchte man nichts mehr zu machen«. Andere hingegen sehen in der Bürgerrechtsbewegung die entscheidende Kraft für den Sturz der Diktatur (Wolle 1998 [87]; Neubert, E. 1997 [764]; Kuhrt 1999 [746]). Allerdings erreichte diese Bewegung nicht das, was sie wollte: eine reformsozialistische Republik; und was sie erreichte, wollte sie so nicht: eine völlige Umgestaltung des Staates, die binnen kurzem in die deutsche Einheit mündete. Ziele und Wirkungen gingen auseinander (von zur Mühlen 2000 [757]).

Außenpolitische Faktoren haben eine große Rolle bei der Revolution in der DDR gespielt – und nicht nur bei ihr (Deppe/Dubiel/Rödel 1991 [858]). Die von Michail S. Gorbatschow unter den Schlagworten von »Glasnost« und »Perestroika« eingeleiteten Reformen führten in der Sowjetunion zu einem innenpolitischen Wandel, dem auch ein außenpolitischer folgte: die allmähliche Aufgabe der Breschnew-Doktrin, wobei in der Forschung kein Konsens besteht, wann dies genau gewesen ist. Damit war die Existenz der DDR auf das Höchste gefährdet, denn sie hatte im Laufe ihrer vier Jahrzehnte langen Geschichte sich fest an der Sowjetunion orientiert. Dies sollte sich unter Gorbatschow ändern, dessen Kurs die DDR-Führung verunsicherte und den sie als gefährlich für das eigene Herrschaftsmonopol ansah. Die eine Richtung hält dies für konsequent (Jesse 1992 [1832]), die andere für prekär (z.B. Glaeßner 1991 [1814]). »Von der Sowjetunion lernen heißt siegen lernen« – dieses in der DDR lange Zeit gültige Diktum wurde ab 1987 nicht mehr propagiert. Nach Hermann Weber (1999 [79]) löste Honecker durch die faktische Ablehnung der Politik Gorbatschows einen zum Scheitern verurteilten »Zweifrontenkrieg« aus. Gerhard Wettig (1996 [932]) hingegen betont eher die Fehleinschätzung Gorbatschows, der der Illusion erlag, ein sozialistisches System werde mit weniger Zwang und mehr Offenheit überlebensfähig sein. Nicht nur für Peter Bender (1992 [1957]), Klaus Schroeder (1998 [63]) und Wolfgang Jäger (1998 [1828]) war die DDR ohne die Sowjetunion ein »Staat ohne Chance«.

In einem engen Zusammenhang zur außenpolitischen Konstellation stehen die deutsch-deutschen Beziehungen (Bender 1995 [1662] u. 2002 [7]), die Wechselwirkungen hervorriefen. Durch die Entspannungspolitik der Bundesrepublik Deutschland (begonnen von der sozial-liberalen, fortgeführt von der christlich-liberalen Regierung) war »ein dichtes Netz deutsch-deutscher Kontakte« (Nakath 2002 [1740]) entstanden. Dadurch wurde die DDR-Diktatur

zugleich stabilisiert und unterminiert. Diese integrative Position ist in der Forschung verbreitet (Uschner 1991 [1767]; von Plato 2002 [1863]). Was sich für
die große Politik zeigen lässt, gilt auch für die kleine. Weite Teile der DDR-Forschung bezeichnen das gemeinsame Dokument von SPD und SED »Der Streit
der Ideologien und die gemeinsame Sicherheit« aus dem Jahr 1987 als ambivalent für die DDR-Diktatur (Cammann 2001 [1681]), ebenso wie dies zwei
Beteiligte aus den Reihen der DDR – ein »Reformer« (Reißig 2002 [1755])
und ein »Orthodoxer« (Hahn, E. 2002 [1703]) – kürzlich herausgearbeitet
haben. Hing die DDR an einem »goldenen Angelhaken« (so Juri Kwizinski,
der sowjetische Botschafter in der Bundesrepublik), von dem sie nicht loskam?
Führte die auf Stabilisierung der DDR ausgerichtete Politik des Westens zu
ihrer Destabilisierung? Offenkundig ergibt sich eine bemerkenswerte Diskrepanz von Intention und Folgen.

Wirtschaftliche Faktoren galten manchen Analytikern als eine wesentliche
Ursache für den Zerfall der DDR. Dazu gehört Lothar Fritze (1993 [957]): »Der
Zusammenbruch des Realsozialismus war primär ökonomisch determiniert.«
Und die Fluchtbewegung wurde für Fritze in seiner *Innenansicht eines Ruins*
(1993 [864]) durch den deutlich niedrigeren Lebensstandard hervorgerufen.
Vielfach ist vermerkt worden, die DDR habe durch das Konzept der »Einheit
von Wirtschafts- und Sozialpolitik« über ihre Verhältnisse gelebt und damit die
Axt an das eigene Staatsgebäude gelegt (Kuhrt 1996 [976], 1999 [975]). Die
ökonomische Krise (Devisenverschuldung, mangelnde Effizienz, hohe Staats-
quote, veraltete Produktionsanlagen, niedriger Lebensstandard, Versorgungsprobleme) machte die DDR abhängig und zunehmend handlungsunfähig. Sie
basierte auf »Systemversagen« (Grosser 1998 [1819]). Auch Gerhard Schürer
(1996 [212]), von 1965 bis 1989 Vorsitzender der Staatlichen Planungskommis-
sion, steht dieser Position nicht grundsätzlich ablehnend gegenüber, wenngleich
er personelle Fehlentscheidungen von Honecker, Mittag und Mielke höher
gewichtet. Obwohl der ökonomische Niedergang unübersehbar war, wenden
Autoren wie Claus Offe (1994 [1861]) ein, dass die wirtschaftlichen Schwierigkeiten der DDR von Beginn ihrer Existenz an bestanden und die Menschen
nicht in erster Linie deshalb »auf die Straße« gegangen sind.

Der Verlauf der Revolution 1989 ist breit aufgearbeitet worden. Im Vordergrund
stehen die Hintergründe der Maueröffnung ebenso wie die Frage, warum die
DDR-Führung keine »chinesische Lösung« gewählt hat. Über den Fall der
Mauer ist von keinem so intensiv gearbeitet worden wie von Hans-Hermann
Hertle (1996 [578, 579], 1999 [580]; Hertle/Jarausch/Kleßmann 2002 [577]).
Sein Ergebnis: Die in dieser Form nicht beabsichtigte Öffnung der Mauer war
weniger eine unmittelbare Reaktion auf die missverständlichen Äußerungen
von Günter Schabowski als vielmehr auf die Medienberichterstattung in der
Bundesrepublik. Eine Verkettung verschiedener Umstände erklärt das Durcheinander, aus dem sich der Fall ergab. Die Fixierung auf die Maueröffnung
verkennt, dass diese nicht die Voraussetzung der friedlichen Revolution bil-

dete; sie vollzog sich vielmehr zu einem Zeitpunkt, als der Umbruch in vollem Gange war. Wie die Dokumentation über den Verlauf der 9. (18. Oktober 1989), der 10. (8.–10. November 1989), der 11. (13. November 1989) und der 12. ZK-Tagung (3. Dezember 1989) verdeutlicht (Hertle/Stephan 1997 [155]), erwies sich die SED zunehmend als handlungsunfähig, kam es zu Auflösungserscheinungen.

Vielfach ist das Interesse der Forschung auf den Verlauf der revolutionären Ereignisse in Berlin konzentriert. Gewiss war hier das Zentrum der Macht, doch ohne den Zerfall der Strukturen der Staatspartei anderswo wäre die SED-Spitze in Berlin nicht so geschwächt worden, wie umfassende regionalgeschichtliche Untersuchungen belegen (Heydemann/Mai/Müller 1999 [870]). Die Revolution ging maßgeblich von Leipzig aus (Zwahr 1991 [933]; Ahbe/Hoffmann/ Stiehler 1999 [853]). Die soziologische Studie von Karl-Dieter Opp und Peter Voß (1993 [903]) will aufgrund von empirischen Befunden zeigen, dass sich der Massenprotest in der »Heldenstadt« relativ spontan herausbildete – nicht zuletzt wegen der besonders großen Unzufriedenheit (z.B. angesichts der gravierenden Umweltbelastung). Überhaupt hat der Süden der DDR, namentlich Dresden, eine vorwärtstreibende Rolle gespielt. Das erhellen u.a. die Studien von Michael Richter und Erich Sobeslavsky (1999 [911]) sowie Karin Urich (2001 [927]) zur »Gruppe der 20« in Dresden, die dort der SED selbstbewusst gegenübertrat und immer mehr an Einfluss gewann. Aber auch im Norden gab es eine ebenso weit reichende wie zügige Umwälzung, die u.a. Kai Langer (1999 [887]) einfängt. Die Fallstudie von Uta Stolle (2001 [917]) zu Rostock misst der Rolle der Oppositionellen des dritten Weges keine Bedeutung bei, wohl aber den Massen, die das starre System hinweggefegt hätten.

Was die Folgen der Revolution angeht, besteht weit gehende Übereinstimmung darin, dass der revolutionäre Umbruch in der DDR wegen des Wunsches der meisten Aufbegehrenden nahezu zwangsläufig in die deutsche Einheit mündete. Die Idee des (vagen) dritten Weges erfreute sich sowohl unter Bürgerrechtlern als auch Intellektuellen in der DDR beträchtlicher Beliebtheit, doch nicht bei der großen Masse der Bevölkerung (Rochtus 1999 [913]; Land/ Possekel 1998 [747]; Trömmer 2002 [1885]). Im Abstand von mehr als einem Jahrzehnt sehen viele Bürgerrechtler den dritten Weg nicht (mehr) als einen Königsweg an (Jesse 2000 [876]), wenige halten daran allerdings fest (Gehrke/ Rüddenklau 1999 [703]).

Der Fall der Mauer leitete die zweite Phase der Revolution ein – eine »Wende in der Wende« (Reißig/Glaeßner 1991 [1866]): Die DDR sollte nicht reformiert, sondern abgeschafft werden. Diese Entwicklung vollzog sich in einem atemberaubend schnellen Tempo (Menge 1990 [896]; Lindner 1998 [892]). Uwe Thaysen (1990 [921] u. 2000 [920]) hat die Arbeit des Zentralen Runden Tisches, der am 7. Dezember seine Arbeit aufnahm und bis zur ersten demokratischen Volkskammerwahl wirkte, detailliert dokumentiert und gewürdigt, ohne dabei Schwächen dieser Institution, die schon bei ihrer Zusammenkunft nicht (mehr) repräsentativ für die Stimmung in der Bevölkerung war, unter den Tisch fallen zu lassen. Das »basisdemokratische« Demokratieverständnis vieler Repräsentanten kollidierte mit Prinzipien der Repräsentativdemokratie, so dass die »Regierung der nationalen Verantwortung« Hans Modrows, der bei Thaysen als »Meister des geordneten Rückzugs« firmiert, den »neuen Kräften« am Runden Tisch Paroli bot. Immerhin konnte der Runde Tisch erreichen, dass sich die Staatssicherheit auflösen musste und dass ein Termin für demokratische Wahlen angesetzt wurde.

Wie Hans Michael Kloth (2000 [882]) zeigen kann, findet die Herbstrevolution mit der Volkskammerwahl vom 18. März ihr faktisches Ende. Dass die Wahlfrage zugleich die Machtfrage war, zeigte sich bereits bei der Kommunalwahl im Mai 1989. Die Aktionen der Bürgerrechtler, den Wahlbetrug sichtbar zu machen, bildeten gleichsam die Ouvertüre zur friedlichen Revolution. Die zweite »Revolution an der Wahlurne« am 18. März 1990 brachte nicht nur der SED-Nachfolgepartei PDS eine klare Niederlage; erst jetzt wurde die demokratische Revolution »abgesegnet«. Die Volkskammerwahl schloss somit die »Revolution auf der Straße« ab.

Auch die einstigen Machthaber haben ihre Haltung zum Ende der DDR in Büchern niedergelegt. Aus der Schar der Apologeten hebt sich positiv Günter Schabowski heraus, einst Erster Sekretär der Berliner SED und Mitglied des Politbüros – zunächst in einem Interviewband (1990 [205]) und später in einer Monographie (1991 [206]). Das Ende der DDR sei durch die Agonie des kommunistischen Weltsystems beschleunigt worden. Eine sich selbst überlebende DDR firmiert als eine »Siechenheim-Idylle«. Von der Einsicht Schabowskis sind die biographischen Zeugnisse der drei »starken Männer« von 1989/90 weit entfernt. Erich Honecker weist prinzipielle Fehler von sich, der Sozialismus in der DDR sei nicht diskreditiert gewesen (Andert/Herzberg 1990 [125]; Honecker 1992 [874]). Er sieht vor allem in der Politik Gorbatschows und Schewardnadses den entscheidenden Grund für die Destabilisierung und letztlich den Untergang der DDR. Zu Recht wendet er sich gegen die These, eine Orientierung am Reformkommunismus der Sowjetunion hätte die Existenz der DDR gesichert. Das aber deutet der Nachfolger Egon Krenz in seinen Schilderungen des Umbruchs (1990 [884] u. 1999 [883]) an. Er spricht sich das Verdienst des gewaltlosen Verlaufs der »Wende« und der Öffnung der Mauer zu. Hans Modrow, Ministerpräsident in der Übergangsperiode 1989/90, rechtfertigt die eigene Haltung (1991 [188], 1998 [899], 1999 [187]). Die Politik der Perestroika firmiert für den Systemerhalt der DDR als ambivalent. Spätestens Mitte der siebziger Jahre sei die Zeit für tiefgreifende Reformen reif gewesen.

13 Jahre nach der friedlichen Revolution ist das Bild, das die Forschung zeichnet, überaus vielgestaltig. Wie gezeigt, besteht neben Konsens ebenso Dissens. Trotz der beeindruckenden Leistungen gibt es eine Reihe von Desideraten. Dazu gehört etwa die Frage nach der Verzahnung von Innen- und Außenpolitik der DDR am Ende der achtziger Jahre. In welchem Umfang musste die DDR-Führung Rücksicht nehmen – auf die Sowjetunion, auf die Bundesrepu-

blik Deutschland, auf die eigene Bevölkerung? Trug die (Nebenaußen-)Politik der SPD nicht zu einer Stärkung der ostdeutschen Diktatur bei (Potthoff 1999 [1751])? Oder war es die Politik der Union, die die SED schwächte (Hacker 1999 [1700])? Wer die (asymmetrische) Beziehungsgeschichte zwischen beiden deutschen Staaten erörtert, kommt nicht umhin, zwischen der beabsichtigten und der bewirkten Politik zu differenzieren (Jesse 2003 [1977]).

Inwiefern hat die Politik Gorbatschows das DDR-System unterminiert? War es wirklich die Starre des Honecker-Systems, die den Umbruch beschleunigte? Es bedarf ebenso der Klärung der Frage, ob in den achtziger Jahren tatsächlich der Vertrauensverlust zwischen Regierenden und Regierten angestiegen ist (so Niemann 1993 [1061], 1995 [1060]). Oder war es nicht eher so, dass aufgrund des gesunkenen Grads an Repression die Bevölkerung eher zum Aufbegehren neigte? Schließlich sollte möglichst plausibel einer Antwort nachgespürt werden, ob das Ende der DDR in dem Moment zwangsläufig war, in dem die Sowjetunion sich zum Rückzug gezwungen sah. Ließe sich dieses Argument absichern, müsste die Forschung der außenpolitischen Konstellation verstärkt Bedeutung beimessen.

Nicht zuletzt erscheint es sinnvoll, eine möglichst angemessene Gewichtung der kurz- und langfristigen Faktoren für die friedliche Revolution in der DDR vorzunehmen. Schließlich sind Antworten auf die umgekehrte Fragestellung nicht ohne Reiz: Welche Stabilitätsmechanismen erklären die vierzigjährige Existenz der kommunistischen Diktatur? Wer hier überzeugende Erklärungen zu liefern vermag, erfasst zugleich – spiegelverkehrt – Gründe für die friedliche Revolution.

IV. Kirchen und Religionsgemeinschaften

HORST DÄHN

Die Kirchen in der SBZ/DDR (1945–1989)

1. Gesamtdarstellungen

Nach dem Ende der DDR erfuhren die Kirchen – zunächst die evangelische und später auch die katholische – eine Aufmerksamkeit, wie sie vor 1990 nicht bestand. Einer von mehreren Gründen für das starke Interesse in der Forschung, vor allem in der kirchlichen Zeitgeschichte, an der Rolle der Kirchen, primär der evangelischen, resultiert vor dem Hintergrund von Verstrickungen kirchlicher Amtsträger in das Spitzelsystem des MfS aus der Frage: In welchem Ausmaß hatten sich die Funktionseliten des ostdeutschen Protestantismus so stark an die gegebenen Machtverhältnisse angepasst, dass sich die Identität der Kirche in Frage stellte? Daran entzündete sich eine lebhafte Forschungskontroverse, die insbesondere durch die Publikationen des Kirchenhistorikers Gerhard Besier ausgelöst wurde. Zu nennen sind hier die Quellenedition über die kirchenpolitischen Entscheidungen des MfS (Besier/Wolf 1992 [1241]) und sein dreibändiges, voluminöses Werk über die Beziehungen von Staat und Kirche (Besier 1993 [1244] u. 1995 [1242, 1243]).

Als exemplarisch für den Ansatz von Besier sollen die Bände 1 und 2 der Trilologie kurz vorgestellt werden. Der erste Band umfasst den Zeitabschnitt 1945/49 bis zur Kirchenbundsgründung 1969. Besier beschreibt den Weg der evangelischen Kirchen als einen – so der Untertitel – »Weg in die Anpassung« an die von der SED vorgegebenen Ziele, als einen Prozess, der 1958 (sog. Kommuniqué vom 21. Juli) seinen Anfang nahm und spätestens mit dem Beginn der siebziger Jahre das Profil einer inakzeptablen Staatsnähe erkennen ließ. Besier greift alle wichtigen Problemfelder auf: den Konflikt FDJ – Junge Gemeinde 1950–1953, den »Kirchenkampf« 1952/53, das Kommuniqué vom 10. Juni 1953, die Einführung der Jugendweihe zum Jahr 1955, das so genannte Kommuniqué vom 21. Juli 1958, die Einführung der Wehrpflicht 1962 und des Bausoldatendienstes 1964, die innerkirchlichen Auseinandersetzungen um den Erhalt der Einheit der EKD, die sozialistische Verfassung von 1968, die Gründung des Bundes der Evangelischen Kirchen in der DDR (BEK) 1969.

Auch im zweiten Band *Der SED-Staat und die Kirche 1969–1990. Die Vision vom »Dritten Weg«* [1242] liefert der Verfasser auf der Basis breiten Quellenmaterials ebenfalls einen sehr ausführlichen chronologischen Abriss der Staat-Kirche-Beziehungen – anders als es der Titel verheißt – in den Jahren 1967–1982. Wieder werden die relevanten Ereignisse thematisiert: von der Auseinandersetzung wegen der Veranstaltungsverordnung 1970 über die Haltung und Praxis der evangelischen Kirche zum Antirassismus-Programm des Ökumenischen Rates der Kirchen 1971, die Selbstverbrennungen der Pfarrer Oskar

Brüsewitz 1976 und Rolf Günther 1978, das »Spitzengespräch« vom 6. März 1978, die Friedensarbeit der evangelischen Kirche ab 1980 (Friedensdekaden, Sozialer Friedensdienst und Aktion »Schwerter zu Pflugscharen«).

Die in den beiden Bänden geschilderten Krisen, Konflikte wie auch Konfliktregelungsversuche werden durch eine bemerkenswerte Fülle von Quellenzitaten unterschiedlichster Provenienz belegt.

Dennoch machen weitere Untersuchungen deutlich, dass die oben benannte Grundthese Besiers nicht zu halten ist, wonach sich die leitenden Akteure der evangelischen Kirche spätestens seit 1958 in zunehmendem Maße an den Zielsetzungen der SED orientierten und damit die Identität von Kirche in Frage stellten. Unter den Gesamtdarstellungen sei auf die lesenswerte Arbeit von Rudolf Mau (1994 [1277]; s.a. Dähn 1993 [1247]) sowie die umfängliche Monographie von Detlef Pollack (1994 [1281]) verwiesen. Letzterer charakterisiert die DDR als eine Organisationsgesellschaft. Die politischen Machteliten in Partei, Staat und Gesellschaft versuchten, die verschiedenen Funktionsbereiche (Wirtschaft, Politik, Wissenschaft, Recht etc.) sowie darüber hinaus die gesellschaftlichen Organisationen – und dazu gehören auch die Kirchen – bis hin zu den Individuen ihrem Führungsanspruch zu unterwerfen, sie zu steuern, zu kontrollieren und zu überwachen. Pollack bestimmt das Vorgehen von Partei und Staat gegen die Kirche und ihre Glieder in den fünfziger Jahren als eine Politik, die zunächst schrittweise (1949–1952), schließlich offensiv (1952/53) und dann systematisch die Handlungs- und Autonomiespielräume der Kirche einzuengen bemüht war. Die SED hielt auch in den sechziger Jahren an diesem Ziel der gesellschaftlichen Ausgrenzung fest, das heißt an dem Versuch, der Kirche nur noch den Status einer Kultuseinrichtung, einer Institution zur »Bedienung« ausschließlich religiöser Bedürfnisse zuzubilligen. Dieser Zielsetzung entsprach die Fortführung der Differenzierungsstrategie, übrigens bis zum Herbst 1989: Förderung der »progressiven« und Bekämpfung der »feindlich-negativen« Kräfte in den Kirchen.

Nicht das so genannte »Gemeinsame Kommuniqué« vom 21. Juli 1958, sondern der Mauerbau 1961 stellt eine Zäsur in der Geschichte der Staat-Kirche-Beziehungen dar – in dieser Auffassung wird Pollack durch die Betonung der Kontinuität in der Verfolgung kirchenpolitischer Ziele bestärkt.

Der Verfasser benennt als weitere besondere Einschnitte im Staat-Kirche-Verhältnis die Gründung des BEK 1969 und dessen staatliche Anerkennung 1971, sodann die Phase der »Annäherung von Staat und Kirche« in den Jahren 1971 bis 1975. Gerade diese Phase charakterisiert Pollack expressis verbis als eine »Gratwanderung der Kirche zwischen Anpassung und Verweigerung«. So richtig diese Bewertung ist, so bleibt doch zu fragen, ob dieses Bild von der »Gratwanderung« nicht für den gesamten Zeitraum von 40 Jahren Gültigkeit besitzt – und das heißt in diesem Fall auch für die Zeitspanne von 1975 bis 1989. Die zweite Hälfte sieht er mit Recht als zunehmend konflikthaft an, da nunmehr die Kirche erstmals seit 1971 wieder gesellschaftliche Grundprobleme (Demokratiedefizite, Herrschaftsmonopol der SED u.a.) mehr oder

weniger öffentlich zu thematisieren beginnt und damit auch den Staat heraus-
fordert.

Eine schrittweise zunehmende Beachtung hat in den neunziger Jahren auch
die katholische Kirche in der SBZ/DDR gefunden, wenngleich die Anzahl der
Untersuchungen im Verhältnis zu denen über die evangelischen Kirchen noch
sehr gering ist.

Zum Verhältnis Partei – Staat – katholische Kirche 1945–1989 sind zwei
Monographien zu beachten. Ute Haese (1998 [1258]) betont die »weltanschau-
lich-kirchenzentrierte, an der strukturellen Selbstbehauptung und der Wahrung
ihrer Identität orientierte Kirche«. Dieses Deutungsmuster fand in der DDR-
Wirklichkeit seinen konkreten Ausdruck in einer gegenüber dem SED-Staat
weitgehend praktizierten »konsequenten Verweigerungshaltung«. In der welt-
anschaulich-kirchenzentrierten Perspektive sieht die Verfasserin letztlich auch
die Ursache dafür, dass die Kirche erst in den achtziger Jahren ihr Ghetto
aufgegeben habe, um sich auf die konkrete Situation von Klerus und Gläubigen in der Gesellschaft einzulassen, wofür ihre Teilnahme an der Ökumenischen Versammlung Ende des Jahrzehnts ein Zeichen darstellt (Seifert, K.
2000 [1289]).

Bernd Schäfer (1998 [1285]) betont in seiner quellengesättigten Untersuchung, dass die Rahmendaten für kirchliches Handeln von Partei und Staat
gesetzt wurden. Betrieb die SED in den fünfziger Jahren, einer Phase fast
ununterbrochener ökonomischer und politischer Instabilität, eine weithin offensive und repressive Kirchenpolitik, so ging sie nach dem Mauerbau 1961 zu
einer moderateren Praxis über. Das war möglich aufgrund eines anhaltenden
innenpolitischen Konsolidierungsprozesses sowie außenpolitischer Erfolge seit
Beginn der siebziger Jahre. Einen neuen Erkenntnisgewinn zur Praxis der Kirche in der DDR bringt die Darstellung in den Teilen, in denen der Verfasser die
zentralen Themen »politische Abstinenz« und »Loyalität« erörtert. Mit dem
Spitzengespräch zwischen dem zwei Wochen vor dem Mauerbau vom Berliner Domkapitel gewählten neuen Bischof Alfred Bengsch und Willi Stoph
– Anlass war der Antrittsbesuch des Bischofs beim stellvertretenden Ministerpräsidenten – wurde der bereits im März 1960 begonnene »kirchenpolitische
Paradigmenwechsel« vollzogen. Bengsch betonte den Wunsch der kirchlichen
Seite nach »friedlicher und gedeihlicher Zusammenarbeit«. Ein modus vivendi
war bereits zuvor ausgehandelt worden: »›Loyalität‹ der katholischen Kirche
zum Staat der DDR in Form öffentlicher ›politischer Abstinenz‹ als Preis für
die ›Einheit des Bistums Berlin‹ durch den Zugang des im Ostteil residieren-
den Bischofs zum Westteil der Stadt.« »Politische Abstinenz« wurde bis in die
achtziger Jahre weitgehend durchgehalten; sie schloss jedoch nicht aus, dass
die Kirche sich aus theologischen Gründen zu relevanten gesellschaftspolitischen Themen äußerte (Januar 1972: Abtreibungsgesetzgebung; November
1974: sozialistisches Bildungssystem; März 1981: Jugendweihe etc.). Politische
Abstinenz bedeutete auch nicht, dass die Kirche keine Gespräche mit dem Staat
führte. Es existierten institutionalisierte Kommunikationskanäle in Gestalt eini-

ger bischöflicher Beauftragter für Verhandlungen mit staatlichen Stellen auf Bezirks- wie zentraler Ebene (Räte der Bezirke bzw. Dienststelle des Staatssekretärs für Kirchenfragen, MfS). Schäfer resümiert in seiner Untersuchung, dass trotz mancher Erfolge des MfS, Informationen aus kirchlichen Kreisen zu gewinnen, von einer »Steuerungsfähigkeit der gesamten katholischen Kirche« vonseiten der Staatssicherheit wie auch der SED »zu keinem Zeitpunkt der Geschichte in der DDR« die Rede sein kann.

2. Spezialuntersuchungen zum Zeitraum 1945–1949

Parallel zu diesen auf der »Königsebene« angesiedelten Gesamtdarstellungen zum Staat-Kirche-Thema erfolgt seit Mitte der neunziger Jahre eine zunehmende Ausdifferenzierung in Bezug auf Untersuchungszeitraum, -themen und -ebene. Diese allgemeine Feststellung gilt auch für die Periode 1945 bis 1969, die ich in weitgehender Übereinstimmung mit Pollack in folgende Phasen untergliedere: 1945–1949, 1949–1961 mit zwei Zwischenphasen (1949–1953: Verschärfung der kirchenpolitischen Lage, 1954–1961:»systematische Zurückdrängung der Kirche«) und 1961–1969. Dieses Periodisierungsschema stellt eine Erweiterung des Pollackschen Ansatzes dar, insofern auch die vorstaatliche Phase mit einbezogen wird.

In den ersten Nachkriegsjahren wurde die Autonomie der Kirchen im Zuge des staatlich-politischen Neuaufbaus sowie der sozioökonomischen Umwälzungen kaum beeinträchtigt. Abgesichert durch sowjetische und deutsche Rechtsnormen konnten die Kirchen ohne nennenswerte Behinderungen durch die sowjetischen und deutschen Instanzen ihre spezifischen Aufgaben (wie Seelsorge, Diakonie/Caritas, Jugendarbeit, Erteilung von Religionsunterricht in der Schule bis hin zum Recht der »Selbstreinigung«/Entnazifizierung – in der Geistlichkeit und Mitarbeiterschaft) wahrnehmen, bis hin zur verfassungsrechtlich abgesicherten gesellschaftlichen Mitverantwortung, »zu den Lebensfragen des Volkes von ihrem Standpunkt aus Stellung zu nehmen«. (Art. 41 Abs. 2 DDR-Verfassung 1949; Roggemann 1989 [460]) Von diesem Recht machten die Verantwortlichen in der evangelischen und katholischen Kirche Gebrauch (z.B. auf den Feldern der Agrar- und Industriepolitik, der Schulpolitik, der politischen Wahlen).

Am Beispiel der Evangelisch-Lutherischen Landeskirche Sachsens zeigt Volker Stanke (1993 [1291]) auf, dass der Kirche auch schon in der SBZ-Phase trotz einer insgesamt positiven Bilanz Konflikte mit der staatlichen Seite erwuchsen. Sie betrafen beispielsweise Fragen des kirchlichen Grundbesitzes. Ein zweiter Konflikt betraf die diakonische Arbeit der Kirche. Versuche deutscher Behörden bereits wenige Wochen nach Kriegsende, den Zentralverein für Innere Mission mit den angeschlossenen Vereinen aufzulösen, konnten erst 1946 aufgrund eines Eingriffs der SMAD zugunsten der Kirche abgewendet werden.

Weitgehend konfliktfrei gestaltete sich dagegen die gesellschaftspolitisch hoch relevante Frage der Entnazifizierung. Den Kirchen wurde dabei das Recht der »Selbstreinigung« zugestanden. Der Schweizer Kirchenhistoriker und Theologe J. Jürgen Seidel (1996 [1288]) hat zu diesem Thema eine umfängliche Publikation vorgelegt. Zunächst beschreibt er den Wieder- bzw. Neuaufbau kirchlicher Organisationsstrukturen und behandelt sodann die auf der Grundlage von Rechtsnormen erfolgte Entnazifizierung in den einzelnen Landeskirchen. Beiden Themenkomplexen ist jeweils ein aussagekräftiger Dokumententeil angefügt.

Wolfgang Tischner (2001 [1293]) analysierte in Anwendung einer Variante des sozialmilieutheoretischen Ansatzes von M. Rainer Lepsius den Katholizismus in der SBZ und frühen DDR als eine »Teil- oder Sondergesellschaft« im Sinne von Urs Altermatt (1980 [1240]). Entsprechend diesem Modell fokussiert die Arbeit auf die zentrale Forschungsfrage, ob es der katholischen Kirche in der SBZ/DDR (1945–1951) gelang, ihre Autonomiespielräume zu sichern. Das Ergebnis seiner vorzüglichen Arbeit fasst Tischner in dem Satz zusammen: »Überraschenderweise läßt sich zeigen, daß es der katholischen Kirche gelang, in beinahe jedem Bereich dem sozialistischen Totalitätsanspruch eine Nische abzutrotzen.«

3. Spezialuntersuchungen zum Zeitraum 1949–1961

Die Konstituierung der DDR als Gesellschaft nach sowjetischem Vorbild schloss die Umgestaltung des gesamten Bildungs- und Erziehungssystems auf der Grundlage der marxistisch-leninistischen Pädagogik ein.

Die Umsetzung dieses umfassenden gesellschaftlichen Konzepts seit dem Beginn der fünfziger Jahre (2. SED-Parteikonferenz 1952) und hier vor allem im Bildungs- und Erziehungsbereich, der Jugend ein »wissenschaftliches«, genauer materialistisches, atheistisches Weltbild zu vermitteln, musste von den Kirchen als eine zentrale Herausforderung begriffen werden.

Seit 1952 verstärkten sich mehr und mehr die Behinderungen bis hin zu Verboten von Veranstaltungen der Jungen Gemeinde im Rahmen der kirchlichen Jugendarbeit (Koch, Ch. 2000 [1266]). Das mündete schließlich Anfang 1953 in Beschlüsse, die Tätigkeit der als »illegale Organisation« diffamierten Gemeinschaft junger Christen gänzlich zu untersagen. Sie sind ein zentrales Beispiel für die staatlicherseits versuchte Aufhebung kirchlicher Handlungsspielräume. Weitere Beispiele für die repressive staatliche Kirchenpolitik betrafen Behinderungen der diakonischen Arbeit und der Seelsorge, die Aussetzung der staatlichen Unterstützungsleistungen bis hin zu Verhaftungen von Pfarrern und kirchlichen Mitarbeitern.

Als die SED-Führung zunächst 1953 und schließlich 1954 die Taktik ihrer Kirchenpolitik änderte (Beschluss des Politbüros des ZK der SED vom 14. März 1954) (Hartweg 1995 [1260]), änderte sich an der Zielsetzung der Partei nichts: Die gesellschaftliche Marginalisierung der Kirchen sollte weiter vorangetrieben werden. Die christliche Bevölkerung sollte mittels »politischer und populärwissenschaftlicher Aufklärungsarbeit« für die Politik der SED nach innen und außen gewonnen werden. In diesem Kontext kam der im Jahr 1955 eingeführten Jugendweihe (Fischer, Ch. 1998 [1253]) als Pendant zur Konfirmation bzw. Kommunion und Firmung eine bedeutsame Rolle zu. Die massenhafte Durchsetzung der Jugendweihe zum Ende der fünfziger Jahre schränkte die Handlungsfähigkeit der evangelischen Kirche als religiöse Sozialisationsinstanz massiv ein. An dieser erneuten restriktiven Kirchenpolitik, die auch andere Gebiete betraf, änderte auch das so genannte Staat-Kirche-Kommuniqué vom 21. Juli 1958 nichts, in dem es u. a. heißt: »Jeder Bürger genießt volle Glaubens- und Gewissensfreiheit. Die ungestörte Religionsausübung steht unter dem Schutz der Republik.« (Köhler, G. 1974 [1267])

Die hier skizzierten Entwicklungslinien der SED-Kirchenpolitik in den fünfziger Jahren sind das Konzentrat einer quellengesättigten Monographie von Martin Georg Goerner (1997 [1256]), der es keineswegs nur um eine präzise Rekonstruktion der Ziele und der Praxis der Kirchenpolitik von Partei und Staat geht. Mit gleicher wissenschaftlicher Sorgfalt beschreibt Goerner den Auf-, Um- und Ausbau der mit kirchenpolitischen Aufgaben befassten Kommissionen, Arbeitsgruppen, Abteilungen im Parteiapparat sowie in dem politisch nachgeordneten Staatsapparat und schließlich in den gesellschaftlichen Organisationen von den Anfängen 1946 bis in die zweite Hälfte der fünfziger Jahre (s. a. Schalück 1999 [1286]). Hierbei kommt es dem Autor auf den folgenden inhaltlichen Punkt an: Die von der SED-Führung 1954 für eine längere Frist formulierte neue kirchenpolitische Linie erforderte eine Differenzierungs- und Unterwanderungspolitik, die auf eine Isolierung der »reaktionären« und auf Förderung der »fortschrittlichen« Kräfte innerhalb der evangelischen Landeskirchen abzielte. Dies ging mit der Institutionalisierung entsprechender kirchenpolitischer Strukturen einher (1954: ZK-Abteilung für Kirchenfragen; gesonderte Abteilung bei der Staatssicherheit; 1957: Dienststelle des Staatssekretärs für Kirchenfragen).

Auch für die katholische Kirche in den fünfziger Jahren liegt eine wichtige Darstellung vor. Thomas Raabe (1995 [1282]) arbeitet den Wandel der kirchenpolitischen Konzepte im Zeitraum 1949–1961 heraus und stellt die beteiligten Akteure beider Seiten vor. Dann präsentiert er sechs Fallstudien zu den Themen: die katholische Hochschule in Erfurt, der »Kampf der SED gegen die christliche Jugendarbeit«, die Auseinandersetzungen in Schule und sozial-karitativem Bereich, der Konflikt um die Jugendweihe sowie die Katholikentage. Im Mittelpunkt der sechsten Studie stehen die Reaktionen der Kirche auf ausgewählte historische Ereignisse (1952: Demarkationslinie; 17. Juni 1953; 1960: Zwangskollektivierung). Als Resümee kann festgehalten werden: Klerus wie auch engagierte Laien haben für die Glaubens-, Gewissens- und Religionsfreiheit gestritten und damit auch Handlungsspielräume zum Beispiel im sozial-karitativen Bereich sichern können. In politischen Fragen wie etwa den

Juni-Ereignissen 1953 und dem Mauerbau hielt sich die Kirche zurück, in der Frage der Zwangskollektivierung 1960 bezog sie Position.

4. Spezialuntersuchungen zum Zeitraum 1961–1971

Der Mauerbau 1961 änderte an der Lage der Kirchen und Christen in der DDR grundsätzlich nichts. Der Dauerkonflikt im Bildungs- und Erziehungsbereich ist dafür ein Beispiel. Die SED hielt fest an ihrem Ziel, die Kirchen an den gesellschaftlichen Rand zu drängen. Und dennoch: Die evangelische Kirche war nicht geneigt, ihren gesellschaftlichen Mitverantwortungsanspruch aufzugeben. Er wird zum einen theologisch reflektiert in zwei Dokumenten »Zehn Artikel über Dienst und Freiheit der Kirche« (verabschiedet von der Konferenz der Evangelischen Kirchenleitung in der DDR) und »Von der Freiheit der Kirche zum Dienen« (»Die Sieben Sätze des Weißenseer Arbeitskreises«) aus dem Jahr 1963. Er wird zum andern deutlich in den langen und schließlich erfolgreichen Verhandlungen der Kirche über einen waffenlosen Dienst in den Baueinheiten der NVA.

Allerdings mussten die östlichen Mitgliedskirchen der EKD und darüber hinaus die gesamtdeutsch besetzten Leitungsgremien der EKD (Synode, Rat) eine Einengung ihrer Arbeitsmöglichkeiten aufgrund der Abriegelung der Grenze der DDR zur Bundesrepublik und des Baus der Berliner Mauer im Gefolge des 13. August 1961 hinnehmen. Hieraus die Konsequenzen zu ziehen und sich dem im Laufe der sechziger Jahre zunehmenden politischen Druck der SED zu beugen, die Gemeinschaft mit der EKD aufzugeben, war für die östlichen Mitgliedskirchen ein schmerzhafter Akt, aber gleichwohl notwendig und richtig. Hinzu kam ein weiterer Grund: 1968 trat eine neue, sozialistische Verfassung in Kraft; in ihr war in Art. 39, Abs. 2 festgelegt: »Die Kirchen und anderen Religionsgemeinschaften ordnen ihre Angelegenheiten und üben ihre Tätigkeit aus in Übereinstimmung mit der Verfassung und den gesetzlichen Bestimmungen der Deutschen Demokratischen Republik.« (Roggemann 1989 [460]) Ein Festhalten an der kirchlichen Einheit hätte die ostdeutschen Kirchen in die Illegalität abgedrängt und in der Folge zum Abschluss von Staatsverträgen mit den einzelnen Landeskirchen geführt. Mit der Gründung des BEK 1969 aber, bestehend aus den acht ostdeutschen Mitgliedskirchen der EKD, hatten die Kirchen in der DDR zwar dem staatlichen Drängen nach organisatorischer und rechtlicher Abkoppelung – nicht aber geistiger Trennung – von der EKD entsprochen; aber gleichwohl war diese auf einen »äußeren Anlass« zurückzuführende Entscheidung auch aus einem »inneren Grund« notwendig geworden, ging es doch darum, ihren Auftrag, »das Evangelium in der spezifischen Situation einer von einem Sozialismus marxistisch-leninistischer Prägung bestimmten Gesellschaft auszurichten«. (Krusche, W. 1991 [1269])

Spezialmonographien zu den Aspekten: SED-Kirchenpolitik, »Kampf« der evangelischen Landeskirchen um die Wahrung der organisatorischen und recht-

lichen Einheit der EKD, Gründung des BEK fehlen. Diese Themen werden angesprochen in Gesamtdarstellungen zum Staat-Kirche-Verhältnis in der
DDR (Besier 1993 [1244] u. 1995 [1242, 1243]; Pollack 1994 [1281]) sowie
in Arbeiten mit spezifischen Schwerpunkten wie EKD und Ost- und Deutschlandpolitik (Heck 1996 [1261]; Hanke 1999 [1259]). Zum Thema Mitarbeit und
Mitverantwortung von Kirche in Staat und Gesellschaft der DDR hat Thomas
Friebel (1992 [1254]) eine inhaltlich substantielle Untersuchung präsentiert.

5. Spezialuntersuchungen zum Zeitraum 1971–1985

Eine detaillierte Analyse der Staat-Kirche-Beziehungen im Zeitabschnitt siebziger Jahre bis Mitte der achtziger Jahre würde zeigen, dass die evangelische
Kirche die bis dato ihr verbliebenen Handlungsspielräume nicht nur sichern
konnte, sondern in Teilbereichen sogar noch zu erweitern in der Lage war.
Dieses Ergebnis resultiert einerseits aus Veränderungen der Kirchenpolitik von
Partei und Staat: Die Identität der Kirche und ihres christlichen Verkündi-
gungsauftrages wird nicht mehr in Frage gestellt, Kooperationsbereitschaft wird
bekundet, der BEK wird 1971 von staatlicher Seite als legitimer Gesprächs-
und Verhandlungspartner akzeptiert (Goeckel 1995 [1255]). Auf der anderen
Seite lassen die DDR-Kirchen ein verändertes Einstellungsverhalten und eine
dementsprechende Handlungsbereitschaft erkennen. Anders formuliert: Mit
der Gründung des BEK sah sich die Kirche vor die Aufgabe gestellt, ihren
Auftrag und den Ort ihres Wirkens zu beschreiben. Und dieser Ort ist die
Gesellschaft der DDR (»Kirche im Sozialismus«). Die Ortsbestimmung der
Kirche signalisierte der staatlichen Seite die Bereitschaft, sich auf die Gesellschaft der DDR einzulassen – nicht im Sinne einer totalen Anpassung oder
totalen Verweigerung, sondern im Sinne eines »Sowohl – Als auch«. Diese
Bereitschaft zu »Lernprozessen« auf beiden Seiten eröffnete einen »liberalisier-
ten kirchenpolitischen Kurs« (Pollack 1994 [1281]), der mit der Begegnung der
führenden Repräsentanten von Staat (Honecker) und Kirche (Schönherr) am
6. März 1978 seinen Höhepunkt erreichte. Dennoch blieben Konflikte, etwa bei
der Einführung des obligatorischen Unterrichtsfaches »Wehrerziehung« 1978,
nicht aus.

In diesem Kontext gehört auch die vom Dresdener Pfarrer Christoph Wonneberger 1982 mitbegründete Initiative eines »Sozialen Friedensdienstes«, eines
zivilen Ersatzdienstes als Alternative zum Militärdienst (Engelbrecht 2000
[1250]).

Es ist denn auch das Menschheitsthema Frieden, das in christlich-kirch-
licher Perspektive in der zeitgeschichtlichen DDR-Forschung der neunziger
Jahre eine starke Beachtung gefunden hat. Zu anderen Themen, wie dem Selbstverständnis der evangelischen Kirche als »Kirche im Sozialismus« wurde bisher
lediglich eine, wenn auch inhaltlich gewichtige Spezialuntersuchung (Thumser
1996 [1292]) vorgelegt, während zur Vorgeschichte, zur Relevanz des »Spitzen-

treffens« vom 6. März 1978 und dessen Folgen für das Staat-Kirche-Verhältnis bisher noch keine eigenständige Monographie präsentiert worden ist; zwei Aufsätze sind hier zu nennen (Boyens 1994 [1245]; Onnasch 1998 [1278]).

Mit ihrer Studie über die drei ersten Friedensdekaden (1980–1982) und die Rolle, die das Symbol »Schwerter zu Pflugscharen« – zunächst verwendet als Lesezeichen und Plakat, später als Aufnäher – spielte, hat Anke Silomon (1999 [787]) einen wesentlichen Beitrag zur politik- und kirchengeschichtlichen Friedensforschung vorgelegt (ferner auch Hohmann 1998 [718]). Dieser Aspekt der DDR-Geschichte stellt noch weitgehend ein Forschungsdesiderat dar. Auf der Grundlage einer Vielzahl völlig neuer Quellen aus Archiven staatlicher, parteilicher und kirchlicher Provenienz sowie durch Zeitzeugen-Befragungen rekonstruiert die Verfasserin minutiös die Vorgeschichte, die Abläufe und die Folgewirkungen der Friedensdekaden 1980, 1981 und 1982. Das erlaubt es der Autorin, drei Momente genauer herauszuarbeiten: *erstens*, die innerkirchlichen Diskussions- und Entscheidungsprozesse in den Phasen der Vorbereitung der Friedensdekaden; *zweitens*, die Kommunikationsstrukturen zwischen Kirche und Staat im Vorfeld; *drittens*, die vielfältigen Reaktionsweisen des Partei- und Staatsapparates auf die Verläufe der Friedensdekaden und insbesondere auf den Umgang mit der »Aufnäherfrage«. Sie verdeutlicht auch die instrumentelle Funktion des Staatsapparates in Bezug auf die Umsetzung der Parteibeschlüsse. Die Staatsfunktionäre auf den Ebenen des Kreises, der Bezirke bis hin zum Staatssekretär für Kirchenfragen erläuterten die Beschlüsse der SED; andere staatliche Institutionen (Schule, Volkspolizei, MfS) gingen mehr oder weniger repressiv gegen die Jugendlichen vor, die nicht bereit waren, den Aufnäher in der Öffentlichkeit nicht mehr zu tragen.

Zusammenfassend macht Anke Silomon noch einmal deutlich, dass die SED und der Staat bereit waren, die Abhaltung der Friedensdekaden zu dulden und damit die Eigenständigkeit kirchlichen Friedenshandelns zu akzeptieren. Aus der Untersuchung geht aber auch deutlich hervor, dass die politische Machtelite die Toleranzgrenze überschritten sah, wenn Jugendliche spontan und öffentlich – mit dem Tragen des Aufnähers »Schwerter zu Pflugscharen« – ihre persönlichen Überzeugungen bekundeten. Dahinter stand die Befürchtung, aus der Aktion »Schwerter zu Pflugscharen« könnte eine staatlich nicht mehr kontrollierbare, autonome, basisorientierte Friedensbewegung werden. So versuchten die staatlichen Instanzen, auf die Kirchen Einfluss zu nehmen, im Sinne der staatlichen Erwartungen auf die Jugendlichen einzuwirken, sie zu disziplinieren – Erwartungen, die die evangelische Kirche in den meisten Fällen nicht erfüllte. Die Studie macht deutlich: Das Staat-Kirche-Verhältnis blieb weiterhin nicht konfliktfrei.

Zum Thema des »äußeren« Friedensstiftens der evangelischen Kirche, das ebenso wie das »innergesellschaftliche« Friedensstiften die Dimension der Grund- und Menschenrechte impliziert, liegen erste Monographien vor: eine zur Verantwortung der Kirchen Europas, darunter auch der DDR-Kirchen, für die Sicherung und Stabilisierung des Friedens in Europa im Rahmen des

KSZE-Prozesses (Kunter 2000 [1270]); die andere thematisiert die Teilnahme des Kirchenbundes am Anti-Rassismus-Programm des ÖRK seit dem Beginn der siebziger Jahre (Krusche, G. 1998 [1268]) – ein Engagement, das der Durchsetzung der Menschenrechte in der Dritten Welt (Kampf gegen die Apartheid) verpflichtet ist und darüber hinaus einen wichtigen Beitrag zur Schaffung einer internationalen Friedensordnung leistet.

6. Spezialuntersuchungen zum Zeitraum 1985–1989

Vor dem Hintergrund eines Prozesses zunehmender ökonomischer Destabilisierung wie auch einer erkennbaren Verweigerungsstrategie der SED-Führung in Sachen notwendiger politischer und gesellschaftlicher Reformen zeigt sich in der letzten Phase der Staat-Kirche-Beziehungen (1985–1989) ein Doppelkonflikt, den die Kirche im Sinne einer Bestätigung und sogar Erweiterung ihres gesellschaftlichen Handlungsspielraumes gewinnen konnte.

Der erste ist bezeichnet durch das gesellschaftskritische Engagement kirchlicher wie auch kirchenferner Gruppen seit den ausgehenden siebziger Jahren, denen vor allem die evangelische Kirche Räumlichkeiten für offene, kontroverse Diskussionen bot. Diese sozialethischen Gruppen nahmen sich aufgrund der seit Mitte der siebziger Jahre zunehmenden politischen und militärischen Spannungen zwischen Ost und West zunächst des Themas Frieden an. Ab 1983 traten auch andere existentielle Themen wie Umweltzerstörung, Defizite in der Gewährung von Menschenrechten in der DDR-Gesellschaft, Armut in der Dritten Welt hinzu. Dieser Vorgang stellte für den Staat mehr und mehr eine Herausforderung dar, die er am Ausgang der achtziger Jahre immer weniger zu kontrollieren vermochte (Neubert 1997 [764]). Der mehr oder weniger deutlich ausgesprochenen Forderung der staatlichen Seite an die kirchliche Adresse, sich von den oppositionellen Gruppen unter ihrem Dach bzw. am Rande von Kirche zu trennen, kam die Kirche nicht nach, was sich u.a. darin zeigte, dass sie den Gruppen das Recht gewährte, im Rahmen der unter dem Leitwort »Frieden, Gerechtigkeit und Bewahrung der Schöpfung« stehenden Ökumenischen Versammlungen in Dresden (Februar 1988), in Magdeburg (Oktober 1988) und wieder in Dresden (April 1989) mitzuwirken (Seifert, K. 2000 [1289]).

Der zweite Konflikt ist dadurch charakterisiert, dass die Kirche zwar dialogbereit blieb, aber im Spätsommer 1989, in der Phase des nicht mehr aufzuhaltenden Niedergangs der DDR, zum unmittelbaren politischen Akteur wurde und die Rolle und Funktion der in der DDR fehlenden politischen Opposition übernahm.

Der sich in Synodenbeschlüssen seit 1987 (teilweise auch schon vorher) auf der Ebene des Bundes wie auch der Landeskirchen immer deutlicher abzeichnende neue Trend in der Politik der evangelischen Kirche: Forderungen nach Veränderungen in der DDR, »offene und öffentliche Diskussionen«, sachgerechte Information, mehr Reisefreiheit (BEK-Synode in Görlitz 1987), Abhaltung von Wahlen, die diese Bezeichnung verdienen (Herbsttagung der Synode der Kirchenprovinz Sachsen 1987), ist noch nicht im Rahmen einer Gesamtdarstellung thematisiert worden. Wichtige Hinweise zu diesem Komplex finden sich bei Pollack (1994 [1281]) und bei Anke Silomon (1997 [1290]).

Ein völlig anderes Bild ergibt sich im Blick auf die Bearbeitung des Themas »evangelische Kirche – politisch alternative Gruppen«. Beispielhaft sind zu nennen empirische Untersuchungen über Motive, Einstellungen von Gruppenakteuren (Pollack 1990 [771]; Findeis/Pollack/Schilling 1994 [863]), Arbeiten aus bewegungssoziologischer Perspektive (Probst 1993 [773]; Schmidtbauer 1995 [780]) und religionssoziologischer Sicht (Neubert 1990 [766]; Pollack 1990 [771]) und Studien auf verschiedenen Untersuchungsebenen (Schmid 1998 [1287]).

Zwei Gesamtdarstellungen zum Thema »politisch alternative Gruppen« sind hier abschließend zu erwähnen. In seiner theoriegeleiteten Untersuchung, fokussiert auf die Frage, ob die auf Protestbewegungen in westlichen Industriegesellschaften bezogenen Theorien der Bewegungsforschung (political opportunity structure approach, Ressourcenmobilisierungsansatz, framing-Konzepete) auch auf das Phänomen der Protestgruppen in der geschlossenen Organisationsgesellschaft der DDR angewandt werden können, analysiert Pollack (2000 [770]) systematisch und überzeugend die politisch alternativen Gruppen im SED-Staat unter Binnengesichtspunkten (Alters- und Sozialstruktur, Motivationen, Handlungsziele und -instrumente, »Welt- und Selbstdeutungsmuster«) wie Außenkontakten (Verhältnis zu den Ausreisewilligen, der Kirche, dem Staat sowie der SED und der Bevölkerung). Ein Methodenpluralismus anderer Art liegt der Arbeit von Sung-Wan Choi (1999 [675]) zugrunde. Empirisch-deskriptiven Teilen – wie etwa die ausführliche Beschreibung der Genesis und Ausdifferenzierung der politisch alternativen Gruppen 1978–1985 und ihres anschließenden Wandels zur politischen Opposition – folgen systematisch geprägte, inhaltlich dichte Erörterungen zum Verhältnis Kirche und Gruppen sowie zu den Reaktionen, genauer repressiven Maßnahmen des Staats- und Sicherheitsapparates auf die Praxis der Gruppen und abschließend empirisch-statistische Ausführungen zum Profil der Gruppen.

7. Forschungsperspektiven

Trotz einer bereits sehr beachtlichen Forschungsliteratur seit den neunziger Jahren zur Rolle der evangelischen Kirchen in der DDR sind dennoch Forschungsdesiderate anzumelden. So liegen bislang keine Spezialuntersuchungen zum Weg der Kirche und insbesondere zu ihrem Verhältnis zum SED-Staat in den sechziger, siebziger und achtziger Jahren vor; zudem fehlen fast völlig Studien zur Geschichte der Landeskirchen (Engelbrecht, Schmid). Trotz des Vorliegens einiger, zum Teil recht anspruchsvoller Arbeiten steht die Forschung zum Verhältnis Staat – katholische Kirche noch in den Anfängen. Als hoffnungsvoll, wenn auch noch keineswegs befriedigend ist die Lage auf dem Feld der vorliegenden Quellenpublikationen über die evangelischen Kirchen (Falkenau 1995 [1252]; Demke/Falkenau/Zeddies 1994 [1249]) und die katholische Kirche (Lange/Pruß/Schrader/Seifert 1993 [1272]; Pilvousek 1994 [1279] u. 1998 [1280]; Lange/Pruß 1995 [1271]; Höllen 1994–2000 [1265]) sowie die SED-Kirchenpolitik (Hartweg) zu bezeichnen. Es fehlt bis heute der vor Jahren angekündigte, als Ergänzung zu den beiden umfänglichen Bänden über die Kirchenpolitik der SED (Hartweg 1995 [1260]) geplante, nur aus kirchlichen Archiven erarbeitete dritte Band mit Analysen und Stellungnahmen der evangelischen Kirchen zur Kirchenpolitik der Partei.

PETER MASER

Juden in der DDR

Genauere Untersuchungen über das Schicksal von Juden und jüdischen Gemeinden in der SBZ/DDR konnten erst nach dem Sturz der SED-Diktatur eingeleitet werden. Ein erstes Bild der *Juden und Jüdischen Gemeinden in der DDR bis in das Jahr 1988* zeichnete der Berichterstatter (Maser 1991 [1305], vgl. auch Maser 1995 [1304]), das sich allerdings noch nicht auf die neuen Quellen stützen konnte. Das hat sich inzwischen gründlich geändert, wobei der wesentliche Fortschritt vor allem in den wechselnden Perspektiven, aber auch den neu aufgenommenen Untersuchungsfeldern ausgemacht werden darf.

Die PDS-Sicht. Mario Keßler (1995 [1303], vgl. auch Keßler 1993 [1302] u. 1994 [1301]; Groehler/Keßler 1995 [1998]), versuchte, das Verhältnis der SED zu den Juden mit der Formel »zwischen Repression und Toleranz« auf den Punkt zu bringen. Beide Begriffe sind in diesem Zusammenhang allerdings irreführend: »Repression« klingt irgendwie besser als Unterdrückung, und wirkliche »Toleranz« wurde Juden und Jüdischen Gemeinden in der DDR niemals gewährt, sofern sie sich nicht bedingungslos auf den Kurs der SED einschwören ließen. Keßlers Geschichts- bzw. Wunschbild liest sich wie folgt: »Der stalinistische Antisemitismus, der nicht dem nationalsozialistischen Massenmord an den Juden vergleichbar ist, wurde in abgeschwächter Form auf die DDR übertragen. Nach dem Tode Stalins verschwand er und die ursprünglichen Vorstellungen der SED-Politik kamen wieder zum Tragen: Toleranz gegenüber jüdischer Existenz bei Instrumentalisierung für die eigenen Bestrebungen.«

Unerbittliche Aufklärung. Wolffsohn (1995 [1317]) ging es »besonders um das vorgeblich antifaschistische Erbe der DDR – um die angebliche Bekämpfung des Antisemitismus durch die DDR, um das Gehabe von Gysi, Heym & Co-PDS; um den Mißbrauch von Juden für kommunistische Politik; auch um Juden, die zu dumm, gutgläubig oder schamlos genug waren, dabei mitzumachen«. Wer so pointiert formuliert, durfte sich – trotz ausgedehnter Archivstudien in aller Welt – nicht wundern, wenn ihm heftiger Widerspruch entgegenschlug. Der Autor, der den gesamten Zeitraum bis 1989 untersuchte, hat dabei nur wenige Gerechte gefunden, dafür aber um so mehr Ungerechte. Das betrifft auch die jüdische Seite! Voller Ingrimm schildert Wolffsohn z. B. in aller Ausführlichkeit, wie sich auch führende Vertreter des Judentums außerhalb der DDR, vor allem Heinz Galinski und Edgar Bronfman, von der SED-Führung 1988 für »Honeckers Schoa-Schau« vereinnahmen ließen, im Falle des Jüdischen Weltkongresses noch im Spätherbst 1989 für den Fortbestand der DDR. Wolffsohns *Deutschland-Akte* [1317] trägt Entscheidendes zur politischen und moralischen Delegitimierung der SED-Diktatur bei. Dieses Buch konnte so nur ein Jude schreiben, jeder nichtjüdische Autor wäre sofort als Antisemit verklagt worden. In *Meine Juden – Eure Juden* (1997 [1316]) hat Wolffsohn diesen Weg der Aufarbeitung fortgesetzt, sich mit den Kritikern der »Deutschland-Akte« auseinandergesetzt und wieder so manche Persönlichkeit im Zusammenhang mit allerlei Stasi-Dienstbarkeiten geoutet, darunter Helmut Eschwege (1991 [1297]), den andererseits doch so verdienstvollen und unbequemen jüdischen Historiker aus Dresden (vgl. zu Eschwege auch Käppner 1999 [339]; Hartewig 2000 [1299]; Meining 2002 [1306], die den »Fall« jedoch schon wesentlich differenzierter beurteilen).

Jüdische Selbstzeugnisse über die Situation in der DDR und nach der Wiedervereinigung.   Robin Ostow (1988 [1311]) hatte zwölf Interviews mit jüdischen DDR-Bürgern veröffentlicht. Diese Gespräche ließen trotz DDR-Zensur »eine neue Definition und Integration der jüdischen Gemeinschaft in der DDR« erkennen. Besonders interessant sind jetzt in Ostow (1996 [1310]) jene Interviewpartner, die sich schon Ende der achtziger Jahre mit staatlicher Genehmigung dem Gespräch stellen durften: Peter Kirchner, der frühere Gemeindevorsitzende in Ost-Berlin und ab 1977 als IM »Burg« tätig, Irene Runge, in New York geboren, nach eigenem Eingeständnis als IM »Stefan« eng mit dem MfS liiert und 1990 Gründerin des Jüdischen Kulturvereins, sowie Jalda Rebling, die auf beeindruckende Weise das große Erbe ihrer Mutter, Lin Jaldati, fortführt. Die neuen Gesprächsprotokolle lassen bei aller Unterschiedlichkeit der biographischen Prägungen, gegenwärtigen Lebensumstände und Einstellungen gegenüber Judentum und jüdischer Religion auch Probleme hervortreten, die sich verallgemeinern lassen: Es gab auch innerhalb der Jüdischen Gemeinden zahlreiche manchmal mehr, manchmal weniger willige Stasi-Helfer. Die Juden in der DDR waren »trotz mancher gegenteiligen Behauptungen assimilierte deutsche Juden und keine Zionisten oder Israelis im Exil«. Nur wenige waren um 1995 davon überzeugt, durch die deutsche Wiedervereinigung ein »neues Zuhause« gefunden zu haben. Zu diesem Urteil dürfte auch der insgesamt unbefriedigende Umgang mit jüdischem Eigentum beigetragen haben, das in der DDR – nach seiner nationalsozialistischen »Arisierung« – als sozialistisches »Volkseigentum« seinen Eigentümern vorenthalten worden war (Spannuth 2000/2001 [1313]).

Ganz ähnlich wie Ostow arbeitet Wroblewsky (2001 [1318]), der seine Gesprächsprotokolle von 1993 [1319] neu ediert und sensibel kommentiert hat. Ihm ging es vor allem um solche Juden, die »in erster Linie Kommunisten und fern von den Gemeinden« waren, also »keine gläubigen Juden«. Das Identitätsproblem nicht nur dieser Juden formuliert Jochanan Trilse Finkelstein: »Man kann zwar aus einer Gemeinde austreten, aus irgendeiner Organisation, aus einem Verein, aber man kann nicht aus dem Judentum austreten. Man wird als Jude geboren, als Jude erzogen, der eine schwächer, der andere stärker. Aber

man bleibt es, und es erreicht einen immer wieder. Man lebt als Jude. So oder
so.« Wenn das richtig sein sollte, wäre die jüdische Herkunft also eine Seinsbe-
findlichkeit, die nicht abzuschütteln ist. Aber gab es da nicht in der DDR (und
nicht nur dort) immer wieder auch Juden, die das ganz anders sehen wollten?
Darf als Jude nicht nur der angesprochen werden, der sich selbst als solcher
versteht oder sich zumindest partiell mit seiner jüdischen Herkunft auseinan-
dersetzt oder von außen her dazu veranlasst, wenn nicht gar gezwungen wird?
Diese Frage hat bis heute noch keine wirklich überzeugende Antwort gefunden
(vgl. z.B. Mertens 1997 [1307]; Hartewig 2000 [1299]).

Blickpunkt Jüdische Gemeinden.   Mertens (1997 [1307]) behandelte unter Berücksichtigung einer breiten Quellenbasis zunächst die Geschichte der Juden
in der DDR, wobei die »Rahmenbedingungen für eine religiöse Präsenz der
überlebenden jüdischen NS-Opfer unter dem atheistisch-autoritäten Regime
der SED« im Mittelpunkt stehen, also vor allem die Jüdischen Gemeinden
und deren Verband. Bereits Mertens weitete seine Studie aber auch auf weitere
Untersuchungsfelder aus: »die Rabbiner«, das »Judentum als ›Museumsstü-
cke‹« (hier geht es um das Gedenkjahr 1988, das Centrum Judaicum, den
Jüdischen Kulturverein und das »Nachrichtenblatt der Jüdischen Gemeinden
in der DDR«), auf Wiedergutmachung, jüdische Friedhöfe, Kontakte zwischen
der DDR und den USA, Rechtsextremismus in der DDR, »propagierten Antizionismus – das verzerrte Israelbild der DDR«, »die vergessene Gemeinde:
Adass Jisroel« und sogar schon auf »die Emigration der sowjetischen Juden
in die DDR«. Die Konzentration auf den historischen Ablauf und ausgewählte
Einzelprobleme verhinderte allerdings ein einheitliches Bild von der SED-Politik gegenüber den Juden, förderte andererseits aber eine Unzahl von unterschiedlichsten Details zutage, ohne die die weiteren Forschungen nicht zu denken wären.

Die bilateralen Beziehungen DDR-Israel und ihr politisches Umfeld.   Timm (1997
[1651]) sollte zusammen mit ihrem ebenfalls 1997 erschienenen Buch *Jewish
Claims against East Germany. Moral Obligations and Pragmatic Policy* (Timm
1997 [1314]) studiert werden. Hier analysierte eine Insiderin aus dem Außenministerium der DDR vor allem die DDR-Außenpolitik unter Benutzung deutscher und israelischer (!) Quellen.
   Sie widmet sich dabei nicht nur den Beziehungen auf staatlicher Ebene,
sondern auch den Kontakten zwischen Parteien und gesellschaftlichen Organisationen. Dabei vermittelt die Autorin fast auf jeder Seite neue Einsichten,
u.a. auch zu den Positionen innerhalb der Jüdischen Gemeinden. Hier sei auch
ausdrücklich auf das als »Exkurs« bezeichnete Schlusskapitel zu den »Grauzonen des Außenhandels« zwischen der DDR und Israel hingewiesen, über die
bisher so gut wie nichts bekannt war.
   Insgesamt ist Angelika Timm zuzustimmen, wenn sie zusammenfassend
votiert: »Die Staatspolitik der DDR und die öffentliche Meinung waren – mit

Ausnahme antijüdischer Repressionen im Gefolge des Slánský-Prozesses – nicht antisemitisch im engeren Sinne; Juden wurden in der DDR weder verfolgt noch diskriminiert nur aufgrund der Tatsache, daß sie Juden waren. Dennoch war das Verhältnis des Staates zu den jüdischen Gemeinden des Landes durch Unwissenheit, Ignoranz und zum Teil auch bewußte politische Instrumentalisierung gekennzeichnet. Juden litten – wie andere DDR-Bürger – unter mangelnder Demokratie, Ungerechtigkeiten, Einschränkungen und Härten des realen Sozialismus. Diese Situation war nicht Ergebnis einer antisemitischen Politik, sondern entsprang dem politischen System bzw. war Ausdruck einer allgemeineren gesellschaftlichen Realität.«

Die deutschlandpolitische Instrumentalisierung von Juden und Judentum in der DDR wurde erstmals von Illichmann (1997 [1300]) auf breiter Quellengrundlage bearbeitet. Schwerpunkte bilden die Darstellung der »Merker-Affäre«, des »instrumentellen Antifaschismus als Mittel der Westpolitik der DDR«, der Rolle von »Judentum und deutsch-jüdischer Geschichte in der Diskussion um Erbe und Tradition«, der »Aufarbeitung der Geschichte unter dem Dach der Kirche«, des Entstehens der »Stiftung ›Neue Synagoge Berlin – Centrum Judaicum‹«, der »Wiedereinsetzung der Israelitischen Synagogengemeinde Adass Jisroel in ihre Rechte« und der Versuche der Regierung de Maizière, sich von »der Last der nationalsozialistischen Vergangenheit selbst und der Last der in der DDR nicht bewältigten nationalsozialistischen Vergangenheit« zu befreien. Insgesamt überzeugend weist die Autorin nach, dass die DDR zwar den Faschismus ausrottete, nicht aber den Nationalsozialismus bewältigte. Der marxistische Faschismus-Begriff argumentierte klassenbewusst-ökonomisch und verstellte damit ein sachgemäßes Verständnis des Antisemitismus »als Bestandteil der nationalsozialistischen Ideologie«. Der ideologisch gestützte Antikapitalismus der DDR, der die »antisemitische Identifikation von ›Jude‹ und ›Kapital‹« billigend in Kauf nahm, wirkte ebenso verheerend wie später die Gleichsetzung von Imperialismus und Zionismus.

Mit besonderer Ausführlichkeit behandelte Jutta Illichmann die verschiedenen Versuche der SED, durch die »Phrase von der ›Refaschisierung Westdeutschlands‹ die für die Selbstlegitimation der Bundesrepublik bedeutsame Vergangenheitsbewältigung« in Frage zu stellen und sich selber »als das politisch und moralisch bessere Deutschland zu präsentieren«, wobei sie auch eine erhebliche kriminelle Energie zeigte. Die Autorin möchte die DDR zwar von dem Vorwurf entlasten, unmittelbar an den Hakenkreuzschmierereien an den Synagogen in Düsseldorf und Köln 1959 beteiligt gewesen zu sein. Ihre Argumentation, dass dazu keine eindeutigen Aktenbelege zu finden seien, ist aber schwach. Immerhin konnte Lothar Mertens aus den Akten nachweisen, dass das MfS 1961 unter dem perfiden Decknamen »Vergißmeinnicht« antisemitische Aktionen in der Bundesrepublik inszenierte.

Nachdem die Versuche der DDR-Führung, die Bundesrepublik auch durch den Einsatz krimineller Methoden als »Hort des Faschismus« zu diskreditieren, weitgehend misslungen waren, wurde zu Beginn der achtziger Jahre die deutsch-deutsche Auseinandersetzung um »Erbe und Tradition« eröffnet, in der sich die DDR »zur Alleinerbin alles Humanistischen in der deutschen Geschichte« stilisierte: »Auch die politische Instrumentalisierung der jüdischen Gemeinschaft in der DDR erscheint erst vor diesem Hintergrund plausibel.«

Binnenschau aus der Sicht von Adass Jisroel. Offenberg (1998 [1308]), die mit dem Wiedergründer der orthodoxen jüdischen Gemeinde Adass Jisroel, Mario Offenberg, persönlich und beruflich eng verbunden ist, fragt: »Wieso identifizierten sich Vertreter jüdischer Gemeinden derart distanzlos mit der DDR?« Zur Beantwortung dieser bedrückenden Frage hat auch diese Autorin einen umfangreichen Quellenbestand ausgewertet, darunter in beträchtlichem Umfang Stasi-Akten. Die Unterlagen der Jüdischen Gemeinden blieben für sie – mit Ausnahme von Magdeburger Akten – jedoch generell verschlossen! Die Überlieferung des Verbandes der Jüdischen Gemeinden in der DDR hat man, ausgestattet mit einer dreißigjährigen Sperrfrist, rechtzeitig im Berliner Centrum Judaicum aus dem Verkehr gezogen – ein Indiz, »daß die kritische Beschäftigung mit der eigenen Geschichte in der DDR noch aussteht.«

Interessante Aspekte entfaltet Ulrike Offenberg in dem Kapitel über die Instrumentalisierung der Jüdischen Gemeinden durch das Staatssekretariat für Kirchenfragen und dessen Zusammenarbeit mit dem MfS. Hier werden wichtige Parallelen zur SED-Kirchenpolitik insgesamt erkennbar. Es ging um die Zerschlagung der gesamtdeutschen Strukturen der jüdischen Gemeindeorganisation, die konspirative Durchdringung der Gruppe der jüdischen Gemeindefunktionäre und die Instrumentalisierung der Juden für die Außenpolitik der DDR gegenüber Israel und den USA. Unterschiede zu den Kirchen wurden sichtbar, als das Staatssekretariat 1982 in einem Positionspapier über »vorzubereitende Entscheidungen zur Lösung der anstehenden Probleme mit der Jüdischen Gemeinde« das Judentum als eine aussterbende, nur noch museale Größe behandelte und entsprechend restriktive Maßnahmen empfahl; 1986 folgte die Kehrtwende. Nun ging es unter außenpolitischen Gesichtspunkten wieder darum, »die jüdische Geschichte und Gegenwart demonstrativ auszustellen«. Da das »Weiterbestehen von jüdischem Leben« vorzuführen war, wurde jetzt »eine weiterreichende Unterstützung als bisher durch die Gesellschaft« gefordert.

Die jüdische Binnenschau, die Ulrike Offenberg [1308] dokumentiert, ist trübe genug: »Nach der Fluchtwelle 1953 blieben führungslose, überalterte Gemeinden zurück. Unter massiver Einflußnahme der SED bildete sich eine Funktionärsschicht heraus, die kaum noch ein religiöses und kulturelles Gemeindeleben pflegte. […] Man muß konstatieren, daß die jüdischen Gemeinden wie kaum eine andere Religionsgemeinschaft das DDR-System bis zum Herbst 1989 stützten.«

Jüdische Kommunisten? Die Problematik des Begriffs der »jüdischen Kommunisten« wird bei Hartewig (2000 [1299]), einer materialgesättigten Untersuchung, gleichsam nur am Rande erörtert. Mit Isaac Deutscher spricht die Autorin von den »non-jewish jews« und ihrer »›roten‹ Assimilation«, denn: »Sie verstanden sich atheistisch, links und kommunistisch, antibürgerlich, antiliberal und antizionistisch.« Diese vergleichsweise kleine Gruppe fand in der KPD ihre »Ersatzfamilie«. Die Emigration band sie in »Erlebnisgemeinschaften« ein, die noch bis weit in die DDR hinein wirksam blieben, zumindest im stets gegenwärtigen Gegensatz von »West-« und »Politemigranten«. Das hauptsächliche Betätigungsfeld dieser »Gegenelite« waren die Kultur und die Wissenschaft, während die eigentlichen Machtzentren ihnen in der Regel verschlossen blieben. Die Auseinandersetzungen um die »Wiedergutmachung« und die Verfolgungen im Zusammenhang mit der Noel-Field-Affäre bedeuteten ihre erneute Stigmatisierung als »Juden«, »Zionisten«, »Kosmopoliten«. Damit wurden jüdische Kommunisten zu »Opfern, Denunzianten und Vertriebenen« zugleich. Der Anteil der Stasi-Spitzel war erschreckend hoch. Wie das im Einzelnen biographisch möglich wurde, exemplifiziert Hartewig mit großer Eindrücklichkeit an zwölf Beispielen – von Leon Nebenzahl bis Helmut Eschwege. Der »Fall Merker [...] als Lehrstück einer politischen Unterwerfung« bildet die Ergänzung dazu: »Als die Maschinerie der Säuberungen ermüdet war, scharten sich die politisch Überlebenden, die ausgeharrt hatten, um so enger um die Partei.« Auf sie wartete die »Falle der Assimilation« und der »Schutzraum des kommunistischen Apparats«. Erst nach dem Sturz der SED-Diktatur konnten sie sich vereinzelt für »eine verschollene Dimension« wieder öffnen – »die jüdische Herkunft«.

Kommunistische Judenpolitik. Auf der Grundlage der bereits zahlreich vorliegenden Studien konnte Meining (2002 [1306]) dann eine wirklich umfassende Untersuchung der kommunistischen Juden- und Israelpolitik vorlegen, die noch einmal eine erhebliche Ausweitung des verwerteten Quellenmaterials signalisiert und deshalb des vollmundigen Vorwortes von Michael Wolffsohn (»Das beste, nicht das erste Buch über Juden- und Israelpolitik der einstigen DDR ...«) eigentlich gar nicht bedurft hätte. Energisch werden von Meining die inzwischen gelegentlich fast schon hagiographischen Würdigungen von Paul Merker und Noel Field korrigiert. Sehr viel neues Material wird zur »Arabien-Politik Honeckers« und vor allem zu den »ostdeutsch-amerikanisch-jüdischen Beziehungen« vorgelegt, für die er erstmals die Akten des American Jewish Committee (Bill-Trosten-Akten) auswertete. Keinerlei Unklarheiten lässt er auch über »die Judenpolitik der Regierung Hans Modrow«: »Der Versuch, die DDR mittels Israel und dem JWK zu stabilisieren, brachte für die DDR nicht das gewünschte Ergebnis.«

   Um den »spätstalinistischen Antizionismus in der DDR« verständlich zu machen, untersucht Haury (2002 [329]) die bisher so deutlich noch nicht beschriebenen Zusammenhänge von »kommunistischer Ideologie, Nationalismus und Antizionismus«. Marx (den Haury eindeutig zu wohlwollend behandelt), die »SPD des Kaiserreichs«, Lenin, die »KPD der Weimarer Republik« und schließlich die SED bestehen dabei den Lackmustest der Nähe zu »Strukturen antisemitischen Denkens« in abgestufter Weise nicht. Die manichäische Gegenüberstellung von gutem »werktätigen Volk« und einem international agierenden, kosmopolitischen Kapitalismus ließ die Grenzen zwischen Klassen- und Rassenkampf verschwimmen: »Der Antizionismus argumentiert nicht rassistisch, spricht nicht einmal explizit von Juden. Er erlaubt eine Distanzierung vom reaktionären ›Antisemetismus‹ und muß nicht einmal die vom Faschismus ermordeten ›jüdischen Werktätigen‹ verleugnen, obwohl gleichzeitig gegen die ›Zionisten‹ vorgegangen wird. Der spätstalinistische Antizionismus war insofern ein ›Antisemitismus ohne Juden‹ und zugleich – auch vom Selbstverständnis seiner Propagandisten her – ein ›Antisemitismus ohne Antisemiten‹.« Wie eng dieser Antizionismus dem Antisemitismus verwandt war, belegt im Übrigen eine einfache Beobachtung: »Nur Juden konnten ›Zionisten‹ sein, und alle Juden galten des ›Zionismus‹ verdächtig.«

Geschichtswissenschaft und -propaganda.   Dass der nationalsozialistische Judenmord in der DDR-Geschichtswissenschaft erst in den achtziger Jahren eine breitere Beachtung fand, ist oft konstatiert worden. Wenn Käppner (1999 [339]) nun doch den Versuch unternimmt, diese Beobachtung zu differenzieren, so begibt er sich damit auf eine schwierige Gratwanderung. Zu unterscheiden ist hier ja sehr genau zwischen dem, was der DDR-Geschichtswissenschaft im eigentlichen Sinn zuzurechnen ist, was in der DDR auch möglich war, z.B. aus bündnis- oder religionspolitischen Gründen, oder was aus aktuellem Anlass aus der westdeutschen und internationalen Forschung übernommen bzw. abgeschrieben wurde. Wo es an dieser Trennschärfe fehlt, kommt leicht ein geschöntes Bild zustande. In der Erfassung des verwertbaren Materials dürfte Käppner das denkbare Maximum erreicht haben. Seinem Gesamtergebnis muss nichts hinzugefügt werden: »Im 39. Jahr der DDR stand die Geschichtswissenschaft an einem Kreuzweg der Rezeption des Holocaust. Es blieb ihr nicht mehr viel Zeit, um auch nur die ersten Schritte zu gehen.«

Kirche und Judentum   In den evangelischen Kirchen der DDR gab es stets »ein ›inneres‹ Bedürfnis, sich mit dem Judentum auseinanderzusetzen«, wie Ostmeyer (2002 [1309]) – sprachlich nicht ganz geglückt – formuliert. Ihre Untersuchung bietet nicht nur eine vollständige Aufarbeitung des vorhandenen Materials, sondern auch eine durchaus kritische Analyse und eine knappe Sammlung wichtiger Quellentexte. Dass die evangelischen Kirchen in der DDR im Wesentlichen die Diskussions- und Erkenntniswege der westdeutschen Schwesterkirchen teilten, kann nicht verwundern. Wichtiger sind alle jene Aktivitäten von unten her, mit denen sich Christen in der DDR um ein neues Verhältnis zum Judentum bemühten. Zu nennen sind hier besonders der Einsatz auf jüdischen Friedhöfen, die Bemühungen um ein angemessenes »Gedenken an die Pogromnacht vom 9. November 1938« sowie die wenigen »Mahnmale« und vereinzelten »Ausstellungen«, die an das jüdische Schicksal erinnerten. Für die innerkirchliche Bewusstseinsbildung waren aber hauptsächlich wichtig die »Aktion Sühnezeichen«, die Kirchentage – besonders in den achtziger Jahren und vor allem die »christlich-jüdischen Arbeitsgemeinschaften in der DDR«. Ostmeyer kann keine Erfolgsgeschichte aufblättern. Die theologische Neubesinnung »setzte sich weder sofort noch unumkehrbar in der kirchlichen Verkündigung und im kirchlichen Unterricht durch«. Die »theologische Ausbildung« war zumeist nicht geeignet, »das Desinteresse der Pfarrerschaft und der Katechetinnen und Katecheten am Judentum und am christlich-jüdischen Gespräch« zu vermindern. Gleiches gilt für die theologische Weiterbildung (Pastoralkollegs, Seminare, Pfarrerstudientagungen, Konvente etc.). Die Rolle der kirchenleitenden Organe blieb eher diffus. Wesentliche Fortschritte waren dem »Engagement von Einzelpersonen« zu verdanken: »Man ließ sie wirken, man hinderte sie nicht, aber man förderte ihr Tun auch lange Zeit kaum«. Ein christlich-jüdischer Dialog kam nur in wenigen Einzelfällen zustande, wenn man Ostmeyers Definition zustimmt, dass dazu eine »*reale* Begegnung« von Christen und Juden notwendig war. Die allermeisten DDR-Bürger waren niemals einem Juden persönlich begegnet. Trotzdem ist Ostmeyer zuzustimmen, wenn sie das Wenige, was es da gab, sehr hoch einschätzt: »Insgesamt lässt sich die Wirkung auf die Gesellschaft durch die christlich-jüdischen Begegnungen in der DDR nur mit der der kirchlichen Basisgruppen in den 80er Jahren vergleichen.« Diese möglicherweise steil anmutende These hätte die Autorin durch einen Hinweis auf die Erklärung der ersten freigewählten Volkskammer der DDR vom 12. April 1990 (vgl. Maser 1995 [1304]) stützen können. Das Schuldeingeständnis und die Bitte »um Verzeihung für Heuchelei und Feindseligkeit der offiziellen DDR-Politik gegenüber dem Staat Israel und für die Verfolgung und Entwürdigung jüdischer Mitbürger auch nach 1945 in unserem Land«, wäre ohne die Bewusstseinsbildung im innerkirchlichen Raum so rasch nach dem Sturz der SED-Diktatur nicht möglich gewesen.

Die Erforschung der Geschichte der Juden in der DDR kann inzwischen, was die Fakten anlangt, als weithin abgeschlossen gelten, was natürlich nicht bedeutet, dass damit auch in allen Bewertungen schon Einigkeit erzielt wurde. Die Frage nach den Juden in der DDR bleibt unlösbar verbunden mit der nach der Legitimität der SED-Diktatur: Die Einstellung der SED-Führung »war […] bis auf die allerersten Anfangsjahre in der SBZ von einem rein politischen Machtkalkül bestimmt. In dem Maße, in dem die jüdischen Bürger und ihre Gemeinden in der DDR als Mittel der Innen- und noch mehr der Außenpolitik instrumentalisiert wurden, wurde die Politik der DDR-Führung auch auf diesem Gebiet unmoralisch. Eine in der Nazizeit geschundene Minderheitengruppe wurde in der DDR entsprechend den Anforderungen der Tagespolitik manipuliert und damit in ihren Rechten gemindert. Der aggressive Antizionismus der Außenpolitik der DDR scheute auch vor antisemitischen Mißverständnissen nicht zurück. Nach innen gewendet gehört die gebetsmühlenhaft wiederholte Behauptung von der Unmöglichkeit des Antisemitismus in der DDR zu den zahlreichen Lebenslügen, an denen das Regime schließlich zerbrach.« (Maser 1995 [1304]; vgl. dazu jedoch Andreas Herzog in: Schuppener 1999 [1312])

Genauer zu klären wäre jetzt noch die Rolle der Jüdischen Gemeinden als Kultusgemeinden im Rahmen der SED-Kirchenpolitik. Mindestens ebenso wichtig ist aber auch eine eingehende Untersuchung der ideologischen und praktischen Querverbindungen zwischen dem Antizionismus der westdeutschen Linken und dem der SED-Führung.

V. Politikfelder und ihre Zielgruppen

ANDRÉ STEINER

Wirtschaftsgeschichte der DDR

In den mehr als zehn Jahren, die seit dem Ende der DDR vergangen sind, wurde auch ihre Wirtschaftsgeschichte auf unterschiedlichste Weise neu beleuchtet. Zunächst konzentrierte man sich auf zwei Schwerpunkte: zum einen auf die von der SBZ/DDR zu tragenden Folgelasten des Zweiten Weltkrieges. Zum anderen entstanden Innovations- und Branchenstudien, bevorzugt im Vergleich mit der Bundesrepublik. Diese waren vor allem dem von der DFG geförderten Schwerpunktprogramm »Wirtschaftliche Strukturveränderungen, Innovationen und regionaler Wandel in Deutschland nach 1945« zu verdanken. Inzwischen ist diese Welle, die bis etwa 1996/97 anhielt, abgeebbt und die DDR nimmt in der wirtschaftshistorischen Forschung wieder einen »normalen« Platz ein. Vielfach haben sich nach Kenntnis der nun zugänglichen internen Unterlagen die Ergebnisse westlicher Forschungen bestätigt. Aber vieles war früher nur in Umrissen bekannt und theoretisch abgeleitete Einsichten konnten lediglich begrenzt verifiziert werden. Trotz aller ideologisch begründeten Beschränkungen und Tabuisierungen wurden gleichwohl auch in der DDR einige quellengesättigte Untersuchungen zu ihrer Wirtschaftsgeschichte vorgelegt, die wiederum westlichen Forschern als »Steinbruch« dienten. Im Folgenden sollen für wichtige Untersuchungsfelder Erträge und Defizite der Forschung aufgezeigt werden.

Zu den wesentlichen wirtschaftlichen Startbedingungen der SBZ/DDR zählte die allein von diesem Gebiet zu leistende Wiedergutmachung Deutschlands an die Sowjetunion. Insbesondere durch die Arbeiten von Rainer Karlsch sind wir darüber inzwischen deutlich besser informiert. Den Kapazitätsverlusten durch Kriegszerstörungen und Demontagen standen beträchtliche Investitionen in Zeiten der NS-Kriegswirtschaft im selben Gebiet gegenüber. Daher war das Bruttoanlagevermögen der Industrie im Gebiet der späteren DDR 1945 trotz Kriegszerstörungen wesentlich größer als 1936. Durch Demontagen sank es dann – bei Berücksichtigung der Abschreibungen und Investitionen – auf 74 Prozent des Niveaus von 1936. Die Demontagen durch die Sowjetunion wirkten also einschneidender als die Kriegszerstörungen. Sie sollten aber auch nicht überschätzt werden, wie es in der älteren Literatur meist geschah, denn tatsächlich war das Potential für den Wiederaufbau grundsätzlich ausreichend. Zudem kamen dem Wachstum und der Beschäftigung die ursprünglich zur Demontage vorgesehenen und dann in Sowjetische Aktiengesellschaften umgewandelten Betriebe zugute, auch wenn deren Produktion der SBZ/DDR nicht zur Verfügung stand. Darüber hinaus wurde die SBZ/DDR durch die Trophäenaktionen, Stationierungskosten sowie vor allem durch Reparationen aus laufender Produktion und verschiedene andere Formen der Lieferung belastet, die sich nach Karlsch auf mindestens 54 Mrd. RM/Mark zu aktuellen Preisen, d.h. etwa 14 Mrd. Dollar (in Preisen von 1938) beliefen. Ein besonderer Schwerpunkt auch der Forschung waren die Uranlieferungen aus der SBZ/DDR an die Sowjetunion. Außerdem wären noch 1 bis 2 Mrd. RM für die Mitnahme geistigen Eigentums hinzuzurechnen (Karlsch 1993 [973]; Karlsch/Bähr 1994 [970]; Ciesla/Judt 1996 [949]; Karlsch/Schröter, H. 1996 [972]; Engeln 2001 [955]). Die Gesamtsumme liegt zwar auch deutlich unter den in der älteren Literatur angegebenen Werten, ändert aber nichts daran, dass auf diese Weise erhebliche Teile des in der SBZ/DDR produzierten Bruttosozialprodukts für die Wiedergutmachung bereitgestellt werden mussten. Allerdings wurde auch auf die zumindest kurzfristig positiven Effekte der Reparationen aus laufender Produktion für das Wachstum und die Beschäftigung verwiesen, wobei aber langfristig die negativen Momente der Startbedingungen für die SBZ/DDR – Demontagen, »Spaltungsdisproportionen«, durch Reparationen entzogene Investitionsgüter und der damit verbundene Strukturwandel – überwogen. Letztere waren aber auch eine Folge der gleichzeitig etablierten Planwirtschaft, ohne die – also unter den Bedingungen einer offenen Marktwirtschaft – diese Faktoren durch entsprechende Marktreaktionen hätten ausgeglichen werden können. Da die Errichtung der Planwirtschaft im östlichen Teil Deutschlands von der sowjetischen Besatzungs- und späteren Hegemonialmacht massiv beeinflusst und gefördert wurde, kann auch das als eine Kriegsfolge gelten. Die Intentionen und Planungen der Sowjets für die Wiedergutmachung ebenso bei entscheidenden wirtschaftspolitischen Schritten hat Jochen Laufer erhellt (u.a. Laufer 1998 [978] u. 1999 [979]). Erste Studien liegen jetzt aber auch dazu vor, welchen Nutzen die demontierten Güter für die Sowjetunion hatten. In diesem Zusammenhang wurden ebenfalls das Ausmaß und die Konsequenzen der Demontagen in einzelnen Branchen und Regionen noch einmal genauer bestimmt (Karlsch/Laufer 2002 [971]). Die verschiedenen Aspekte der Folgen des Krieges und der Startbedingungen werden zusammenfassend durch die Beiträge in einem von Christoph Buchheim (1995 [946]) herausgegebenen Band beleuchtet.

Die Transformation der Wirtschaftsordnung hatte für die weitere Wirtschaftsentwicklung der DDR einen entscheidenden Stellenwert, und schon deshalb widmete ihr die jüngere Forschung verstärkt Aufmerksamkeit. Auf dem Fundament früherer Untersuchungen konnte nun detailliert nachgewiesen werden, wie und von wem die zonenweite Zentralisierung der Wirtschaftslenkung gegen die Kompetenzen der Länder durchgesetzt wurde, welche Institutionen mit welchen Befugnissen entstanden und welche Interessen von deutscher und sowjetischer Seite wann vertreten wurden. Dabei konnten »vorpreschende« deutsche Kommunisten »bremsenden« sowjetischen Stellen gegenüberstehen. Nachgewiesen aber wurde ebenso die – zunächst nur geringe, erst nach und nach wachsende – tatsächliche Wirkungsmächtigkeit der Planung (Holzwarth 1995 [969]; Steiner 2000 [996]). Für das Land Sachsen, das in mehrfacher Hinsicht bei der Transformation der Wirtschaft Vorreiter und Vorbild für die anderen Länder und Provinzen der SBZ war, wurde dieser Prozess inzwischen ausführlich und sehr detailliert dargestellt (Halder 2001 [959]). Auch über die Transformation des Finanzsystems entsprechend seiner Funktion in einer zentralen Planwirtschaft liegen inzwischen Untersuchungen vor und zudem hat man sich der Vorgeschichte, den Umständen und Resultaten der ostdeutschen Währungsreform von 1948 zugewendet (Ermer 2000 [956]; Broosch 1998 [945]; Zschaler 1996 [1005] u. 1997 [1006]), wobei allerdings Ermer zum großen Teil nur die Ergebnisse Zschalers referiert.

Detaillierte und dabei zugleich synthetisierende neuere Darstellungen liegen für die einzelnen Jahrzehnte der DDR-Wirtschaftsgeschichte bisher nicht vor. In Ansätzen ist dergleichen für die vierziger und fünfziger Jahre in der Analyse der Arbeitskräftelenkung sowie für die sechziger Jahre in der Untersuchung der Wirtschaftsreform zu finden (Hoffmann, D. 2002 [966]; Steiner 1999 [995]). Für die Zeit des Niedergangs der DDR, die siebziger und achtziger Jahre, präsentieren einige historische Gesamtdarstellungen ebenfalls neue Erkenntnisse zum Hintergrund wirtschaftspolitischer Entscheidungen (Hertle 1996 [579]; Maier, Ch. 1999 [893]; Wolle 1998 [87]). Außerdem liefert eine Serie von allerdings wenig historisch angelegten Untersuchungen reichhaltiges Material für die Wirtschaftsgeschichte dieser Zeit. Besonders in zwei Bänden einer vom Bundesinnenministerium herausgegebenen Reihe wurden Analysen zu unterschiedlichen wirtschafts- und sozialpolitischen Problemkomplexen zusammengetragen (Kuhrt/Buck/Holzweißig 1996 [976] u. 1999 [975]). Allerdings folgen die meisten Beiträge einem eher wirtschaftstheoretischen Ansatz. Auch wenn mit ausgewählten archivalischen Quellen argumentiert wird, treten in ihnen die historisch prozessualen Umstände, Motive und Entscheidungszwänge doch in den Hintergrund. Diese aus wirtschaftswissenschaftlicher Sicht zwar grundsätzlich berechtigte, aber wenig historische Analyse führt dazu, dass die Beiträge den wirtschaftspolitischen Intentionen der DDR-Verantwortlichen nur zum Teil gerecht werden. Hervorzuheben sind die Beiträge von Armin Volze (1999 [1003]), der die lange überschätzte Devisenverschuldung der DDR auf Basis jetzt publizierter Neuberechnungen der Bundesbank analysiert und nachweist, dass die oft politisch bedingten westdeutschen Transferzahlungen in D-Mark bei der Bewältigung der zu leistenden Annuitäten und dem Schuldenmanagement entscheidend waren (Deutsche Bundesbank 1999 [952]).

Weitere Problemkreise, denen sich die wirtschaftshistorische Forschung zuwendete, waren nach der Etablierung einer neuen Wirtschaftsordnung die Entwicklung ihrer Institutionen, ihre Funktionsweise sowie die realwirtschaftlichen Konsequenzen und schließlich die Versuche von SED-Spitze und wirtschaftsleitenden Instanzen, auf die auftretenden Probleme zu reagieren. Über den Stellenwert und das Wechselspiel der wirtschaftslenkenden Institutionen des SED-Apparates und der staatlichen Wirtschaftsbürokratie ist inzwischen relativ viel bekannt. Für die vierziger und fünfziger Jahre hat dies Dierk Hoffmann

(2002 [966]) detailliert an Hand der Arbeitskräftelenkung gezeigt, wobei er darauf verweist, dass sich die Planwirtschaft erst in den fünfziger Jahren zu einem komplexen und ausdifferenzierten Steuerungssystem entwickelte. Auch der Einfluss sowjetischer Instanzen auf den ostdeutschen Wirtschaftsprozess in den fünfziger Jahren ist zumindest in Umrissen erforscht (Steiner 1993 [997]). Über die Relevanz des MfS für die Wirtschaftslenkung und die Funktionsweise des Wirtschaftssystems liegen bisher nur begrenzte Erkenntnisse vor. Die dafür geschaffenen Institutionen sind bekannt und es liegen einige Berichte über das Bild vor, das sich das MfS von der Wirtschaft machte (Haendcke-Hoppe-Arndt 1997 [395]). In welcher Weise und mit welcher Wirkung das MfS jedoch als Kontrollinstanz im Sinne einer Rückkopplung für die Wirtschaftslenkung tätig wurde, kann bisher nicht abschließend beurteilt werden. Eine neuere Dissertation gibt zwar in dieser Hinsicht einige Anhaltspunkte. Aber ein quellenseitig vollständig abgestütztes Urteil kann auch sie in dieser Frage noch nicht fällen, da dafür eine breitere Quellenbasis als bisher vorhanden ausgewertet werden muss. Bislang besteht so die Gefahr, die naturgemäß hohe Eigenbewertung der zuständigen MfS-Hauptabteilung unkritisch zu übernehmen (Haupt 2000 [961]). Tatsächlich scheint aber das MfS vor allem in den achtziger Jahren zunehmend in eine Situation geraten zu sein, wo es die systemimmanenten Funktionsmängel auszugleichen versuchte (Hertle/Gilles 2001 [964]). Insgesamt blieben die verschiedenen wirtschaftslenkenden Institutionen untereinander und in sich fragmentiert und es entstand kein homogener Lenkungsmechanismus. Das für das staatssozialistische Wirtschaftssystem typische Verhalten der Betriebe und die in ihm wurzelnden gesamt- und einzelwirtschaftlichen Ineffizienzen zeigten sich aber bereits sehr früh. Sie wurden jedoch zunächst als abstellbare Anfangsmängel oder als Folgen westlicher Störversuche betrachtet, die es zwar gab, mit denen die volkswirtschaftlichen Ineffizienzen und Aporien aber nicht zu erklären sind.

Die Ineffizienzen führten jedoch auch immer wieder zu Anstrengungen, das System zu verbessern und effizienter zu machen. Bei dem am weitesten gehenden Versuch – dem »Neuen Ökonomischen System der Planung und Leitung der Volkswirtschaft« (1963–1967) bzw. dem »Ökonomischen System des Sozialismus« (1968–1970) – näherte man sich Lösungsvarianten, die dem marktwirtschaftlichen System entlehnt oder nachempfunden waren, ohne dass dessen ordnungspolitische Grundlagen eingeführt werden sollten. Der Umsetzung dieser in sich widersprüchlichen und inkonsequenten Reform standen die machtpolitischen Kalküle der SED-Spitze entgegen, die sehr wohl sah, welche politischen Konsequenzen die energische Realisation eines konsistent durchgreifenden Reformwerkes haben könnte. Darüber hinaus rief die Implementation neuer Instrumente neue Widersprüche und daraus resultierende neue Ineffizienz hervor. Die grundsätzlichen Systemdefizite blieben undiskutiert, halbherzige Korrekturen halfen nicht voran und deshalb änderte sich das Verhalten der Wirtschaftssubjekte über den gesamten Zeitraum kaum (Steiner 1999 [995]). Neuere Forschungen zeigen allerdings deutlicher als früher, dass die vierzigjährige relative Stabilität des Wirtschaftssystems wesentlich darauf beruhte, dass die Freiräume der Wirtschaftssubjekte in der Planwirtschaft größer waren, als lange Zeit angenommen. So trug der zwischenbetriebliche, außerhalb der Planung bestehende »graue« Markt wesentlich zum Funktionieren der Wirtschaft bei. Real gab es also eine eigenartige Verschränkung von Plan- und Marktmechanismen, wobei die planerischen freilich ihre Dominanz behielten. Dass dieser »graue« Markt quellenseitig schwer zu dokumentieren ist, liegt in seiner Natur. Aus den weiter unten erwähnten Studien zur Meso- und Mikroebene, die sich mit Innovationsprozessen und einzelnen Branchen befassen, ist jedoch das entsprechende Material zu gewinnen. Auch Interviews mit Akteuren des Wirtschaftsprozesses geben – insbesondere für die siebziger und achtziger Jahre – Einblicke in das Verhalten der Betriebe und Branchen ebenso wie in die grundsätzlichen Schwierigkeiten, die aus dem System resultierten (Pirker/Lepsius/Wienert/Hertle 1995 [983]). Diese wurden in verschiedenen Studien auf der Basis neuerer Forschungsergebnisse noch einmal zusammengefasst (Buchheim 1995 [947]). Allerdings galten die Untersuchungen zur Funktionsweise und Ausgestaltung des Wirtschaftssystems fast ausschließlich der Industrie. Seine Wirkungsweise in anderen Wirtschaftssektoren ist bisher fast unerschlossen. Noch in den Anfängen steckt auch die Erforschung des Finanzsystems in all seinen Facetten.

Die Ineffizienzen der Wirtschaftsordnung, insbesondere ihre Hemmnisse, zeigen die Studien, die sich einzelnen Branchen und/oder Innovationen zuwenden und von denen ein großer Teil im Rahmen des bereits erwähnten DFG-Programms entstand (Bähr/Petzina 1996 [938]; Baar/Petzina 1999 [937]). Die Analysen einzelner Zweige zeigen, dass im Mittelpunkt wirtschaftlicher Probleme oft unzureichende Innovationsergebnisse standen. Sie demonstrieren bei allen Unterschieden im Detail, welche Anreize und Hemmnisse bei der Generierung von Innovationen bestanden und zu welcher Problemkumulation es dabei kam. Somit wird die bekannte politische Präformation solcher technisch-wirtschaftlichen Prozesse eindrucksvoll bestätigt. Darüber hinaus wird aber auch deutlich, dass dort, wo Innovationen gelangen, dies in der Regel dem Einsatz einzelner Wissenschaftler, Techniker oder auch Wirtschaftler zu verdanken war und gegen die institutionellen Hemmnisse erfolgte. Selbst dort, wo der Staat Mittel konzentriert einsetzte, um Neuentwicklungen zu fördern, blieben die Resultate oft beschränkt, weil die Prioritätensetzung in einem Bereich häufig zu Lücken in vor- oder nachgelagerten Bereichen führte. Darüber hinaus war es angesichts des Mangels an relevanten wirtschaftlichen Informationen immer problematisch, die den ökonomischen Bedingungen der DDR entsprechenden Förderschwerpunkte auszuwählen. Vorgelegt werden in den angegebenen Sammelbänden und weiteren Monographien Analysen zu unterschiedlichen Industriebranchen, wie der chemischen Industrie von Rainer Karlsch und Harm G. Schröter (Bähr/Petzina 1996 [938]; Baar/Petzina 1999 [937]) sowie der Metallurgie, die angesichts der übernommenen Industriestruktur besonders gefördert wurde (Unger 2000 [1002]). Daneben haben Johannes Bähr und Andreas Vogel verschiedene Branchen aus dem Bereich der Elektro- und Elektronikindustrie analysiert (Bähr/Petzina 1996 [938]; Baar/Petzina 1999 [937]). Der Maschinenbau – einer der traditionell wichtigsten Industriebereiche – wird in Untersuchungen des auch international relativ erfolgreichen Druckmaschinenbaus von Susanne Franke und Rainer Klump und denen der numerischen Werkzeugmaschinentechnik durch Jörg Roesler berücksichtigt (Bähr/Petzina 1996 [938]; Baar/Petzina 1999 [937]). Von besonderer Symbolik für den Erfolg des DDR-Wirtschaftssystems vor dem Hintergrund der internationalen wie vor allem der westdeutschen Entwicklung war der PKW-Bau, dessen Innovationsprobleme in den siebziger und achtziger Jahren eine neue Qualität erreichten (Bauer 1999 [941]). Außerdem fanden die Projekte ostdeutscher Struktur- und Technologiepolitik breites Interesse, mit denen die SED-Spitze nicht nur Effizienz, sondern auch Prestige gewinnen wollte. Dazu zählten die 1961 abgebrochene Flugzeugproduktion (Ciesla 1994 [950], Barkleit/Hartlepp 1995 [939]), die Kerntechnik und die Kernenergieproduktion (Reichert 1999 [984]) sowie die Mikroelektronik (Maier, Ch. 1999 [893]; Barkleit 2000 [940]). Eine Untersuchung der Textil- und Bekleidungsindustrie, die in der DDR nie zu den besonders geförderten Industriezweigen gehörte (Heimann 1997 [962]), betrachtet den historischen Kontext des Gegenstands ungenügend. Die Branche wird als Beispiel für die allgemeine Ausgestaltung des Wirtschaftssystems herangezogen. Wenig hingegen erfährt man über Entscheidungsprozesse auf der Ebene dieses Zweiges und über die dort bestehenden Spielräume oder Handlungszwänge, da die Textilindustrie nahezu ausschließlich aus der zentralen Perspektive betrachtet wird. Eine zusammenfassende Darstellung zur Technik- und Innovationsentwicklung in der DDR hat Raymond Stokes (2000 [999]) vorgelegt.

Ein weiteres wesentliches Untersuchungsfeld waren im letzten Jahrzehnt die (industriellen) Arbeitsbeziehungen, wobei auf diesem Gebiet die Schnittmenge mit der hier nicht betrachteten Sozialgeschichte besonders groß ist. Besonders die langjährigen Forschungen von Peter Hübner (1995 [1038]) sind hervorzuheben, der sich vor allem mit den Konflikten um Löhne und Normen, Arbeitszeit und Versorgung sowie deren Regulierung befasst hat. Dabei zeigten sich vielfältige Handlungsstrategien und alltägliche Arrangements in den Betrieben. Aus der Perspektive der Gewerkschaften wurden diese Ergebnisse für die SBZ-Zeit und DDR-Frühphase von Helke Stadtland (2001 [303]) weiter präzisiert. Einen repräsentativen Überblick über Forscher und neueste Forschungen zur Arbeitergeschichte bietet ein Sammelband (Hübner/Tenfelde 1999 [1036]) mit den Schwerpunkten Arbeitsmarktprobleme in der Nachkriegszeit, Segmentierungen des Arbeitsmarkts, Branchen und Betriebe, Arbeitsbeziehungen und betriebliche Konfliktlagen, Familienbildung und Konsumverhalten, Aufstieg und Elitenbildung, Generationenwechsel, Kontinuitäten und betriebsübergreifende Konflikte sowie Arbeiterbilder. Gemeinhin wird davon ausgegangen, dass im staatssozialistischen Wirtschaftssystem Märkte beseitigt wurden. Aber wie bereits für die Gütermärkte angeführt, benötigte das System zum Funktionieren doch ein gewisses Maß an marktbezogenen Transaktionen. Ähnliches lässt sich für den Arbeitsmarkt nachweisen. Dierk Hoffmann (2002 [966]) begründet die Existenz marktlicher Koordinationsformen mit den verschiedenen staatlich gesetzten Anreizformen, mit denen die Arbeitskräfte in zentral gewünschte Bereiche gelenkt werden sollten, sowie mit der starken Verhandlungsmacht der Beschäftigten bis 1961, die sich auf die Möglichkeit der Flucht in den Westen gründete. Deshalb beschränkt er die Erscheinung eines Arbeitsmarktes denn auch auf die Zeit bis 1961. Formen eines Arbeitsmarktes zeigen sich aber ebenfalls später, und zwar am deutlichsten in der Lohndrift, d.h. in der Abweichung der effektiven von den staatlich festgesetzten Löhnen nach oben, was belegt, dass die Beschäftigten den auf dem Arbeitsmarkt bestehenden Nachfrageüberhang tatsächlich in entsprechende Preis-, d.h. Lohnbewegungen umsetzen konnten (Steiner 1999 [995]; Wilczek 2002 [1076]). Gleichwohl waren diese Marktmechanismen nicht derart, dass sie die Arbeitskräftelenkung mittels des Plans und anderer bürokratischer Mechanismen außer Kraft setzten. Auch hier gab es also eine Gemengelage von markt- und planwirtschaftlichen Allokationsmechanismen.

Zu wenig behandelt wurden bisher die nicht-industriellen Bereiche. Am meisten wissen wir noch von der Landwirtschaft, vor allem in den vierziger und fünfziger Jahren. Das ist in erster Linie den sozialhistorischen Untersuchungen von Arnd Bauerkämper (2002 [1008]) zu verdanken, die auch immer kompetente Informationen zu den wirtschaftlichen Hintergründen vermitteln. Ebenso sind Studien von Ulrich Kluge, Jens Schöne (Kluge/Halder/Schlenker 2001 [974]) und vor allem Dieter Schulz (1994 [991]) zu nennen. Andere Sektoren wie die Bau- und Wohnungswirtschaft sowie das Post- und Fernmeldewesen sind in den erwähnten eher wirtschaftswissenschaftlich angelegten Sammelbänden (Kuhrt/Buck/Holzweißig 1996 [976] u. 1999 [975]) für die achtziger Jahre punktuell beleuchtet worden. Das Verkehrswesen hat im Rahmen des erwähnten DFG-Schwerpunktprogramms vor allem durch Barbara Schmucki und Burghard Ciesla Beachtung gefunden (Bähr/Petzina 1996 [938]; Baar/Petzina 2001 [937]). Der Binnenhandel wurde bisher – bis auf den Versandhandel (Kaminsky 1998 [1121]) – in der Forschung überhaupt nicht gewürdigt. Etwas besser ist der Forschungsstand für den Außen- und innerdeutschen Handel. Eine informative Arbeit liegt zum innerdeutschen Handel mit Eisen und Stahl vor (Heyl 1997 [965]). Mit deutschlandpolitischen Aspekten des innerdeutschen Handels hat sich Jörg Roesler (1993 [986] u. 1995 [987]) auseinandergesetzt. Aufbauend auf früheren Forschungen wurden auch neue Gesichtspunkte im Zusammenhang mit der Integration der DDR in den Ostblock aufgedeckt. Zu ihnen zählen vor allem die Zurückhaltung der Sowjetunion bei der Umgestaltung der Außenhandelsorganisation in der SBZ/DDR nach ihrem eigenen Vorbild (Buchheim 1995 [948]). Außerdem wurde herausgearbeitet, dass die Sowjetunion die DDR über den Außenhandel wohl seit Ende der fünfziger Jahre faktisch subventioniert hat (u.a. Stone 1996 [1001]).

Auch das dürfte zur lang andauernden relativen Stabilität der DDR beigetragen haben. Die außenwirtschaftlichen Strategien der DDR vor allem im RGW, aber nicht nur dort, wurden von Ralf Ahrens (2000 [935]) für einen längeren Zeitraum verfolgt.

Die Entwicklung des Konsums und des Lebensstandards – als dem eigentlichen Endzweck des Wirtschaftens – wurde zunächst vor allem unter kulturwissenschaftlichen Aspekten behandelt. Die ökonomischen Faktoren sind dabei oft nur ungenügend beachtet worden. In neueren Studien hat man jetzt aber dahingehend die Nachkriegsentwicklung des Lebensstandards näher beleuchtet (Boldorf 1998 [1013]). Außerdem wurde das nicht spannungsfreie Verhältnis in der SED-Politik zwischen dem Zwang zur Produktivitätssteigerung und der Notwendigkeit, die Konsumbedürfnisse der Bevölkerung zu befriedigen, für diese Periode gründlicher ausgeleuchtet (Landsman 2000 [977]). Darüber hinaus liegen inzwischen Untersuchungen zu einzelnen Verbrauchskomplexen wie der Bekleidung vor, die an den Gegenstand komplexer herangehen (Stitziel 2001 [1152]). Die Betrachtung eines bestimmten Produktes, wie dem Goldbroiler, legt allerdings den Schwerpunkt wiederum auf den Aufbau der entsprechenden Produktionskapazitäten (Poutrus 2002 [1068]). Breiten Raum nehmen die verschiedenen Konsequenzen für den Konsum auch in einer Analyse zur Währung in der DDR in den siebziger und achtziger Jahren ein, da davon solche Probleme wie die wachsende Bedeutung der D-Mark in der DDR berührt waren (Zatlin 2000 [1004]). Die wirtschaftlichen Grundlagen für den Konsum bleiben auch in dem Versuch einer ersten übergreifenden Konsumgeschichte der DDR blass (Kaminsky 2001 [1122]). Dort steht vor allem die lebensweltliche Konsumerfahrung der DDR-Bürger bei der Beschaffung von Gütern im Einzelhandel und darüber hinaus im Vordergrund. Der Widerspruch zwischen dem Anspruch und dem Versprechen der SED auf wachsenden Lebensstandard einerseits und der Wirklichkeit immer wiederkehrender Versorgungskrisen andererseits wird deutlich herausgearbeitet, wobei die prekäre Konsumlage eine große Rolle für den inneren Legitimitätsverfall und den schließlichen Zusammenbruch der DDR spielte.

Die Basis für den Konsum bildete letztlich die wirtschaftliche Leistungsfähigkeit der DDR, die – auch im Vergleich zur Bundesrepublik – verschiedene Autoren bestimmten. Für die Frühzeit der DDR ist noch immer die fundierte Schätzung von Wolfgang Stolper (1960 [1000]) von Belang. Sie hat für diesen Zeitraum die größte Plausibilität. Nach seinen Schätzungen lag die volkswirtschaftliche Produktivität der DDR 1950 bei 69 Prozent des Niveaus von 1936 im gleichen Territorium und bei zwei Dritteln der zur gleichen Zeit in Westdeutschland erreichten Produktivität. Dieser Rückstand im Jahr 1950 war auf Kapazitätsverluste durch Demontagen und bedingt auch auf den »Abfluss« von notwendigen Investitionsgütern im Rahmen der Reparationen aus laufender Produktion zurückzuführen. Jedoch bildete er ebenso eine Folge der Kosten der Systemtransformation. Albrecht Ritschl (1995 [985]) hat die verschiedenen

Schätzungen über die Wachstumsergebnisse kritisch diskutiert. Umstrittener ist das Produktivitätsniveau, das die DDR am Ende der Achtziger im Vergleich zur Bundesrepublik erreichte. Bart van Ark (1995 [936]) veranschlagt in einem punktuellen Vergleich die Produktivität des produzierenden Gewerbes 1987 auf Basis des Bruttoprodukts je Beschäftigten auf knapp die Hälfte und auf Basis der Wertschöpfung je Beschäftigten auf knapp ein Drittel des westdeutschen Niveaus. Trotz der angewandten grundsätzlich sinnvollen Methode für einen solchen Benchmark-Vergleich fußt die Evaluation aber nur auf einer eingeschränkten Datenbasis, was ihr Ergebnis fragwürdig macht. Die derzeit meist genutzte Schätzung der Entwicklung des Bruttoinlandsprodukts (BIP) pro Kopf wurde von Wilma Merkel und Stefanie Wahl vorgelegt (Merkel, W./Wahl 1991 [981]). Sie kommen für 1989 auf ein Produktivitätsniveau der DDR, das einem Drittel des bundesdeutschen entspricht. Allerdings legen sie nur einen Teil ihrer Quellen offen und gehen zudem von unbelegten Vorannahmen für die intertemporale Produktivitätsschätzung aus. Wenig überzeugend ist überdies, wenn sie beispielsweise das BIP der DDR mit dem entsprechenden Preisindex der Bundesrepublik von der Inflation bereinigen. Auch der von ihnen bestimmte Umrechnungskurs zwischen Ost- und Westwährung ist wenig plausibel. Einen methodisch ungenügenden und wenig differenzierten Versuch, die wirtschaftliche Leistungsfähigkeit der DDR vor dem Hintergrund ihrer institutionellen Umgestaltung zu einer Planwirtschaft zu bestimmen, hat Oskar Schwarzer (1999 [993]) vorgelegt. Vielfach in die Irre führend löst auch Schwarzer die grundsätzlichen Probleme nicht, die den gesamtwirtschaftlichen Produktivitätsvergleichen mit der Bundesrepublik eigen sind. Alle vorliegenden Vorschläge eines Umrechnungskoeffizienten für einen plausiblen Produktivitätsvergleich zwischen der DDR und der Bundesrepublik sind unbefriedigend und mit Unsicherheiten belastet. Die bisherigen Schätzungen des Produktivitätsniveaus der DDR in den späten Achtzigern liegen zwischen einem Drittel und der Hälfte des westdeutschen. Doch gegen alle lassen sich Einwände vorbringen. Hier liegt also ein interessantes, noch zu lösendes Forschungsproblem. Deutlich ist aber in jedem Fall, dass sich der Produktivitätsrückstand der DDR zwischen 1950 und 1989 vergrößerte. Da das nicht mehr auf Demontagen, Reparationen und »Spaltungsdisproportionen« zurückgeführt werden kann, liegen damit die Nachteile des staatssozialistischen Wirtschaftssystems auf der Hand.

Beim Blick auf die Erträge wirtschaftsgeschichtlicher Forschungen bleibt insgesamt festzuhalten: Es fehlt noch immer eine die ganze DDR-Geschichte umfassende volkswirtschaftliche Gesamtrechnung, die wissenschaftlichen Maßstäben Genüge tut. Ihr Fehlen behindert insbesondere den internationalen Vergleich der Wirtschaftsleistung der DDR und damit auch die Würdigung dessen, was unter den gegebenen Rahmenbedingungen möglich war und erreicht wurde. Alle bisherigen Versuche zur Rekonstruktion einer solchen Bilanz blieben unbefriedigend. Des weiteren ist nicht zu übersehen, dass Wirtschaftssektoren wie

Handel, Verkehr usw. nur in Ansätzen bearbeitet worden sind. Wenig ist bisher ebenso über das realwirtschaftliche Verhalten der privaten und halbstaatlichen Unternehmen im planwirtschaftlichen Korsett bekannt. Die Darstellungen zu diesem Wirtschaftsbereich konzentrieren sich stark auf die Darstellung der SED-Politik gegenüber diesen Betrieben und würdigen ihr realwirtschaftliches Handeln nur am Rande (Hoffmann, H. 1999 [968] u. 2001 [967]; Owzar 2001 [982]; Ebbinghaus 2001 [954]). Auch hinsichtlich des Wirtschaftssystems fallen Lücken auf: es fehlen Untersuchungen des Finanzsystems oder der Rolle des MfS in der Wirtschaft. Darüber hinaus gibt es Disparitäten bei der Untersuchung der verschiedenen Phasen der ostdeutschen Wirtschaftsgeschichte. Bisher galt das Interesse vor allem den vierziger und fünfziger Jahren. Die Sechziger gerieten in jüngster Zeit stärker ins Blickfeld und für die siebziger und achtziger Jahre liegen vor allem wirtschaftswissenschaftliche Studien oder politikwissenschaftliche Dokumentationen zu wichtigen wirtschaftspolitischen Entscheidungen vor. Es fehlen jedoch explizit historisch angelegte Untersuchungen, die den Versuch unternehmen, prozessuale Entwicklungen in ihrer Widersprüchlichkeit zu analysieren und so Einblicke zu geben in die Probleme und Erträge der realwirtschaftlichen Abläufe der letzten zwei Jahrzehnte der DDR-Geschichte. Kürzlich wurde aber eine erste Gesamtdarstellung zur Wirtschaftsgeschichte der DDR vorgelegt, die den hier skizzierten Forschungsstand – mit all seinen Lücken – zusammenfasst und die langen Linien dieser Entwicklung aufzeigt (Steiner 2003 [998]).

THOMAS LINDENBERGER

In den Grenzen der Diktatur

Die DDR als Gegenstand von »Gesellschaftsgeschichte«

In der DDR war die Gesellschaft, so die Soziologin Sigrid Meuschel vor zehn Jahren, »gleichsam stillgelegt, eine eigensinnige Rationalität und Handlungsdynamik konnte aus sozialen Subsystemen kaum hervorgehen« (Meuschel 1993 [1996]). An anderer Stelle hatte sie geschrieben: »Es fand ein machtpolitisch durchgesetzter sozialer Entdifferenzierungsprozeß statt, der die ökonomischen, wissenschaftlichen, rechtlichen oder kulturellen Subsysteme ihrer Eigenständigkeit beraubte, ihre spezifischen Rationalitätskriterien außer Kraft setzte oder politisch-ideologisch überlagerte. Nicht der Staat starb ab im Verlauf der jahrzehntelangen Herrschaft der Partei, es handelte sich vielmehr um einen Prozeß des Absterbens der Gesellschaft.« (Meuschel 1992 [348]).

Meuschels Thesen von 1993, als »Überlegungen zu einer Herrschafts- und Gesellschaftsgeschichte der DDR« in *Geschichte und Gesellschaft*, dem »Zentralorgan« der bundesdeutschen Sozialgeschichte veröffentlicht, zeigten zunächst eher ein Problem denn seine Lösung auf. Zugespitzt ließ sich aus ihren Thesen schlussfolgern: Eine eigene Geschichte der DDR-Gesellschaft stellt im Grunde genommen eine Unmöglichkeit dar. Alles Gesellschaftliche leitete sich aus der Politik ab, mithin aus der Diktatur durch die SED. In deren Geschichte schien auch die »Gesellschaft« der DDR restlos aufgehoben. Herrschaftssoziologie und Politikgeschichte konnten Gesellschaftsgeschichte gleichsam mit erledigen.

Dagegen regte sich – verständlicherweise – der Protest der Sozialhistoriker. Als Erster stellte sich Ralph Jessen der Herausforderung und schlug zwei Vorgehensweisen vor, um Gesellschaft im Spannungsfeld von »diktatorischer Konstruktion« und »Autonomie« zu erforschen: Man sollte sich stärker auf die informellen Beziehungen und Handlungsweisen konzentrieren, die einer am formalisierten Politikverständnis der SED orientierten Betrachtungsweise entgingen, und dabei außerdem die Betrachtungsebene erweitern: Gesellschaft ereignete sich möglicherweise eher auf den unteren Ebenen von Institutionen und sozialen Strukturen, nicht an der Spitze (Jessen 1995 [1979]).

Ein Gutteil der sozialhistorischen Forschungen zur DDR-Geschichte ist Jessens Vorschlägen seitdem gefolgt. Bereits der erste größere Sammelband zum Thema enthielt neben ausgesprochen makrosoziologisch angelegten Überblicksartikeln, die auf eine Bestätigung von Meuschels These einer entdifferenzierten Gesellschaft hinausliefen, erste mikrohistorisch angelegte Studien, die unterhalb des Firnisses von Parteiquellen und manipulierten Statistiken Spuren eines eigen-sinnigen Lebens in der DDR freilegten: Alf Lüdtke hatte Arbeiter nach ihren Arbeitserfahrungen mit »Qualitätsarbeit« in Staatsbetrieben befragt und Dorothee Wierling (1994 [797]) Konflikte zwischen Jugendlichen und der Staatsmacht in den sechziger Jahren rekonstruiert. Beide Themen sollten sich in den kommenden Jahren als besonders ergiebige Felder erweisen, um sich an dem vertrackten Problem des Verhältnisses von Parteipolitik und Gesellschaft in der DDR abzuarbeiten (zur Jugend s. Poiger 2000 [1137]; Wierling 2002 [1075]). Als eine Art vorgreifende Anthologie der zahlreichen, Mitte der neunziger Jahre durchgeführten Projekte zur Sozial- und Kulturgeschichte der Arbeiter in der DDR kann der Band von Peter Hübner und Klaus Tenfelde (1999 [1036]) gelten: Die meisten dort in Aufsatzform vorgestellten Studien haben mittlerweile in Monographien ihren Abschluss gefunden. Außerdem profilierten sich mit der Geschichte der ländlichen Gesellschaft (zuletzt Bauerkämper 2002 [1008]) und der Konsum- und Freizeitkultur (Kaminsky 1998 [1121]; Merkel, I. 1999 [1132]; Poutrus 2002 [1068]) zwei weitere für die Frage nach der DDR-Gesellschaft besonders produktive Themenbereiche.

Angesichts der unspektakulär-produktiven Abfolge von These und Antithese könnte man die Kontroverse zwischen Meuschel und Jessen, die in leicht variierter Form einige Jahre später an derselben Stelle noch einmal als Meuschel-Pollack-Kontroverse auflebte (Pollack 1998 [1066] u. 2000 [1067]; Meuschel 2000 [1058]), unter den Fußnoten einer Fachgeschichte verbuchen. Es war aber mehr daran. Während Meuschel die aus der Ideologiepolitik der SED hergeleitete Infragestellung der Existenz von Gesellschaft explizierte und ironisch zuspitzte – so ihre eigene nachträgliche Charakterisierung – übersetzten andere den totalitären Gestaltungsanspruch der SED-Politik in eine Darstellungsweise, die Anspruch und Verwirklichung unter der Hand in eins setzte. Geschichte der DDR war demnach die Geschichte der SED und des SED-Staates (stellvertretend und mittlerweile kanonisiert: Schroeder 1998 [63]). Diese Einengung entsprach den geschichtspolitischen Prioritäten der ersten Jahre des vereinigten Deutschland, in denen mit der Diktatur der SED abgerechnet und das demokratische Vermächtnis derer, die ihr widerstanden hatten, bewahrt und »aufgehoben« werden sollte. Ihre offiziöse Beglaubigung als »herrschende Meinung« erhielt diese Sichtweise nicht zuletzt durch das Wechselspiel von Mehrheits- und Minderheitsvoten in der Enquete-Kommission des Deutschen Bundestages, die sich überhaupt erst in ihrer zweiten Auflage ab 1994 mit sozial- und alltagsgeschichtlichen Themen zu beschäftigen begann (Materialien 1995 [42] u. 1999 [43]).

Rasch zeigte sich jedoch, dass ein lediglich aus den Menschen- und Bürgerrechtsverletzungen in der DDR hergeleiteter antitotalitärer Minimalkonsens zu kurz griff, um die DDR-Vergangenheit zu »bewältigen«. Der politikgeschichtlich begrenzte Ansatz verfehlte diejenigen Erfahrungen des In-der-DDR-Gelebthabens, die nicht in der Unterordnung unter das Diktat der Partei aufgingen und in Millionen von Fällen ein Mehr beinhalteten: ein mehr oder weniger sinnvoll verbrachtes Leben trotz oder auch mit der Partei, ermöglicht durch Kompromisse, Anpassungsbereitschaft oder auch Verweigerung und Rückzug ins Private. All dies als bloße Politik- bzw. Diktatur-Effekte zu verbuchen, stieß unter Ostdeutschen auf zunehmendes Unbehagen, dem auf treffende Weise Wolfgang Engler (1999 [1021]) mit seiner »Kunde über ein verlorenes Land« zum Ausdruck verhalf. Zugleich strafte die schwunghafte Vermarktung von DDR-Kulturerzeugnissen die Mehrheitsfähigkeit einer ausschließlich auf die Politik der SED fixierten Erinnerungspolitik Lügen. Die Spannung zwischen den Extremen Verdammnis oder Verklärung dominierte Mitte der neunziger Jahre das öffentliche Bild von der DDR-Vergangenheit. Dass sich in Wirklichkeit die meisten Menschen mit ihren Erfahrungen und Ansichten über die DDR irgendwo dazwischen verorteten, also wohl den Unrechtscharakter des politischen Systems einzuschätzen wussten, aber zugleich mehr, darunter auch Positives, mit der Vergangenheit der DDR verbanden, ging dabei unter.

Die DDR zum Gegenstand von »Gesellschaftsgeschichte« zu machen, stellte und stellt noch immer einen in der wissenschaftlichen Forschung beschrittenen Weg dar, um dieser Spannung ein Stück weit gerecht zu werden und sie produktiv zu wenden. Ursprünglich im Kontext der Sozialgeschichte Bielefelder Prägung im Laufe der siebziger Jahre formuliert (Wehler 1978 [2010]), bezeichnet »Gesellschaftsgeschichte« den Anspruch, in einer Synthese den Gesamtzusammenhang von sozialen, politischen, wirtschaftlichen und kulturellen Dimensionen eines konkreten Gemeinwesens, das in der Regel durch nationalstaatliche Grenzen definiert war, darzustellen. Auf dem Wege zur Realisierung dieses Anspruchs ist Hans-Ulrich Wehler (1987 ff. [82]) zweifellos am weitesten gekommen. Die drei vorliegenden Bände seiner *Deutschen Gesellschaftsgeschichte* reichen von 1700 bis 1914; ein vierter, 1990 endender darf mit Spannung erwartet werden. Im Sinne eines synthetisierenden Paradigmas will Gesellschaftsgeschichte mehr leisten als eine auf Klassen, Generationen, Berufsgruppen etc. spezialisierte Subdisziplin »Sozialgeschichte« (Kocka 1997 [1985]). Zwar stellten Frauen- und Geschlechtergeschichte, Alltags- und Kulturgeschichte und mit ihnen das postmoderne Wissenschaftsverständnis den umfassenden und objektivistischen Erklärungsanspruch dieses Ansatzes nachhaltig in Frage (Lindenberger/Wildt 1989 [1923]; Lorenz, Ch. 1998 [1990]). Diese Herausforderungen endeten aber eher in methodischen und theoretischen Erweiterungen des Verständnisses von Gesellschaftsgeschichte als in deren Preisgabe als Projekt. Und der »Fall« der DDR zeigt sowohl die intellektuelle und geschichtspolitische Notwendigkeit wie die produktiven Chancen, Gesellschaftsgeschichte als »regulative Idee« (Paul Nolte) einer pluralistisch angelegten, von Methodenvielfalt und theoretischer Experimentierfreudigkeit getragenen sozialhistorischen Praxis weiterzuverfolgen (Lindenberger 1996 [1988]).

Daneben hat sich in der wissenschaftlichen Beschäftigung mit der vergangenen DDR ein zweiter »Trend« als Alternative zur politik-reduktionistischen Sichtweise etabliert, der sich in seinen methodischen und theoretischen Annahmen vielfach mit der Gesellschaftsgeschichte berührt und überschnei-

det: die Kulturgeschichte. Kultur steht in diesem Zusammenhang im umfassenden Sinne für die Ebene der Deutungen und Sinngebungen, mit denen
Menschen sich Realität aneignen und in der sie ihr Verhältnis zur Welt darstellen, kommunizieren und damit ihrerseits reproduzieren. Das reicht von den
unter Arbeitskollegen ausgetauschten Worten und Gesten über den Erwerb
von »schönen« und nicht nur nützlichen Konsumgütern bis hin zur Befrie-
digung von Bedürfnissen der Selbstverwirklichung im Sport, in der Kunst,
der Musik etc., sei es als bloßer Konsument oder auch als aktiver Hervor-
bringer. Dass das Gemeinwesen DDR in diesem Sinne eine eigene »Kultur«
und mit ihr einen eigenen Typ des DDR-Menschen hervorgebracht habe, ist
eine der erkenntnisleitenden Hypothesen etlicher dezidiert kulturwissenschaft-
lich orientierter DDR-Forschungen, die teilweise auch auf Vorarbeiten aus der
DDR zurückgreifen kann (Kulturinitiative '89 e.V. 1993 [1046]; Merkel, I. 1999
[1132]).

Obwohl in zahlreichen Fällen die Grenzen zwischen beiden Paradigmen
verschwimmen, lassen sich à la longue unterschiedliche Akzentsetzungen fest-
machen, auf die Jürgen Kocka in einem Plädoyer für Gesellschaftsgeschichte
jüngst hingewiesen hat. Ihm scheint »Gesellschaft« eher als »Kultur« geeignet,
den historischen Gesamtzusammenhang zu fassen, »denn damit lenkt man den
Blick auf Kohärenz *und* Konflikt, während dem Kulturbegriff, in Verknüpfung
mit ›Identität‹, leicht integrationistische Assoziationen eigen sind. Der Gesell-
schaftsbegriff gibt auch eher auf die Frage nach solchen Ressourcen, Ungleichheiten und Machtverhältnissen frei, die seinerzeit kommunikativ nicht manifest,
symbolisch nicht verstärkt und den zeitgenössischen Akteuren möglicherweise
nicht präsent waren, während der Kulturbegriff den Blick, verkürzend und oftmals schmeichelnd, auf jene Bereiche der Wirklichkeit lenkt, die den Akteuren
als Gegenstand der Kommunikation und als Ort symbolischer Repräsentation
gegenwärtig waren.« (Kocka 2000 [1986]) Auch auf die Gefahr hin, dass sich
dadurch etliche Kollegen »Kulturhistoriker« (einige zu Recht) missverstanden
fühlen, halte ich dieses Argument im Sinne eines an Aufklärung über Herrschaft als sozialer Praxis (Lüdtke 1991 [1053]) orientierten Erkenntnisinteresses
für stichhaltig – gerade im Fall der DDR.

»Gesellschaftsgeschichte der DDR« bedeutete in einem ersten Schritt, nach
den »Grenzen der Diktatur« (Bessel/Jessen 1996 [1012]) zu fragen. Gesellschaftliche Autonomie war demnach dort zu vermuten, wo der herrschaftliche
Zugriff der SED sich nur in Teilen oder gar nicht durchsetzen konnte: etwa
in den Familien, im Freundes- und Verwandtenkreis, auf den untersten Ebenen der Arbeitswelt, aber auch in denjenigen informellen Verhaltensweisen,
die auf allen Ebenen des Staatsaufbaus im Alltag den parteikonformen Verhaltensweisen als Subtext unterlegt waren. Und natürlich fand die anfängliche
Skepsis reichlich Bestätigung: Der totalitäre Regelungsanspruch der SED rieb
sich überall an widerspenstigen, alles andere als willfährigen sozialen Tatsachen.
Doch wie hingen diese miteinander zusammen? Bildeten sie einen Zusammenhang, der sich in der synthetisierenden Erzählweise der Gesellschaftsgeschichte

als »Gesellschaft« jenseits der Parteiherrschaft beschreiben lässt? Im Folgenden versuche ich, einige vorläufige Antworten zu skizzieren.

Der Nachteil der Rede von den »Grenzen der Diktatur« besteht in der Evozierung der Vorstellung von herrschaftsfreien Räumen jenseits dieser Grenzen, im tiefsten Innern der DDR gewissermaßen, wo sie das bildeten, was Günter Gaus bereits in den achtziger Jahren als politikferne »Nischengesellschaft« bezeichnet hatte. Zugleich ist aber der von Alf Lüdtke (1994 [1128]) schon früh in die Debatte eingeführten Beobachtung der »Durchherrschung« aller gesellschaftlichen Beziehungen Rechnung zu tragen. Damit meinte er nicht deren tatsächliche totalitäre Durchdringung, sondern die zahlreichen, bis in die letzten Verästelungen sozialer Wirklichkeit reichenden expliziten Bezugnahmen auf die Herrschaft der Partei (Lüdtke 1998 [1991]). Deren Ansprüche und Zumutungen umstellten das Alltagshandeln der DDR-Bürger. Das festzustellen heißt nicht die Vielfalt ihrer Umgangsweisen mit diesen Anforderungen zu leugnen, im Gegenteil. Gerade der (keineswegs mit der politischen Opposition und den Widerstandshandlungen einer Minderheit zu verwechselnde) Eigen-Sinn der in der DDR lebenden Menschen war es, der aus der Interaktion der SED und »ihrer Menschen« so etwas wie eine Gesellschaft eigener Prägung und Bauart entstehen ließ.

Diese Interaktion von »oben« und »unten« war allgegenwärtig. »Interaktion« steht hier für die Beobachtung, dass im unmittelbaren Nahbereich sozialer Beziehungen das individuelle und im kleinsten Rahmen auch kollektive Engagement als Gegengewicht und als relativ eigenständiger Faktor gegenüber dem von der Partei beanspruchten absoluten Vorrang ihrer Politik bestehen konnte – ja im Interesse der Aufrechterhaltung der Parteiherrschaft bestehen musste. Ohne die Zustimmung der Brigaden zum Produktionsplan keine Planübererfüllung, ohne das Improvisationstalent der um ihre Prämien fürchtenden Werktätigen keine Überbrückung der chronischen Schwierigkeiten mit der Zulieferung. Die Aneignung der von der SED unter dem Motto »Arbeite mit – plane mit – regiere mit!« den DDR-Bürgern aufgedrängten Möglichkeiten »gesellschaftlicher Aktivität« beinhaltete zugleich die Chance zu deren eigen-sinniger Ver-Wendung.

Dennoch blieb dieses »gesellschaftliche Engagement« auf genau festgelegte Sozialräume begrenzt. Ihre Kommunikation untereinander war reglementiert und unterlag jener strikten Zensur, mit der die SED jedwede Form von Öffentlichkeit überwachte. Schon der zaghaft betriebene Zusammenschluss von Brigaden auf lokaler Ebene, wie ihn einige FDGB-Funktionäre Anfang der sechziger Jahre da und dort im Überschwang der Brigadebewegung propagierten, zog unweigerlich den Syndikalismus-Verdacht auf sich. Gesellschaftliches Engagement der Bürger ja, aber jeder an seinem Platz unter Einhaltung der festgelegten Grenzen. Alles darüber hinaus Strebende fiel unter das Verdikt der konterrevolutionären »Plattformbildung«. Ein Großteil der Herrschaftsarbeit der SED bestand darin, Zehntausende von »Grenzwächtern« vor Ort zu installieren und anzuleiten, die darauf zu achten hatten, dass alle Bürger sich an die eng bemessenen Spielräume ihres »ehrenamtlichen« Engagements hielten, ob als gewerkschaftlicher Vertrauensmann, freiwilliger Helfer der Volkspolizei, Mitglied im Wohngebietsausschuss etc. Die zahlreichen hauptamtlichen Basisfunktionäre des SED-Staats mussten als Parteisekretäre, Werkstattleiter, Abschnittsbevollmächtigte der Volkspolizei, LPG-Vorsitzende etc. dafür sorgen, dass das soziale Leben in den ihnen anvertrauten Gesellschafts-»Abschnitten« funktionierte, ohne deren enge Grenzen in Frage zu stellen.

Die Einhaltung dieser Grenzen war eiserne Voraussetzung für das Überleben der DDR als geschlossener Herrschaftsverband. Sie sicherte den Zusammenhalt eines Gemeinwesens, dessen Souveränität als Staat sich nur mittels einer Außengrenze aufrecht erhalten ließ, die zuallererst die zentrifugalen Bestrebungen aus dem Innern der DDR mit äußerster Gewalt abwehren sollte. Im Lande der vielfach beschränkten Bewegungsfreiheiten stiftete diese Verknüpfung von inneren Grenzziehungen und Staatsgrenze den Gesamtzusammenhang einer immer prekären, nicht nur im geographischen Sinn »begrenzten« Gesellschaft. Es macht daher durchaus Sinn, nicht lediglich suchend nach den »Grenzen der Diktatur« Ausschau zu halten. Die fragmentierte, verinselte Form der DDR-Gesellschaft ist vielmehr als das Produkt einer *Diktatur der Grenzen* (und natürlich *der* Grenze) zu fassen (Lindenberger 1999 [1989], 2002 [1050]).

Mittlerweile liegt eine Reihe beachtlicher Studien zu einzelnen Betrieben, politischen Institutionen und gesellschaftlichen Bereichen vor, die unser Wissen über diese Verschränkung von Staatsgewalt, Herrschaftspraxis und fragmentierter Gesellschaft beträchtlich erweitert haben (siehe die Beiträge zu den entsprechenden Themen in diesem Band). Zu verweisen ist darüber hinaus auf umfangreiche englisch- und französischsprachige Forschungen, unter denen sozialhistorische Ansätze seit jeher dominieren. Stellvertretend sei für die USA auf die Arbeiten von jüngeren kulturhistorisch orientierten Historikern/innen verwiesen (Pence/Betts 2003 [1065]). In Großbritannien trat Mary Fulbrook (1995 [18]) früh mit einer gesellschaftsgeschichtlichen Interpretation hervor, der eine Reihe von hervorragenden Einzelstudien jüngerer Kollegen (Major/ Osmond 2002 [1054]) und ein konziser, überaus souverän geschriebener Forschungsüberblick (Ross 2002 [2001]) folgten. Für Frankreich, dessen historische Deutschlandforschung dem Ende der DDR zahlreiche neue Impulse verdankt, sei hier auf die Untersuchung des DDR-Betriebsalltags von Sandrine Kott (2001 [1045]) hingewiesen, deren gelungene Verbindung von Herrschaftsanalyse und Sozialanthropologie in der deutschen Forschungslandschaft wohl bis auf weiteres ohne Entsprechung bleiben wird. Weitere Ergebnisse französischer DDR-Spezialisten sind in dem von Kott (2002 [1044]) herausgegebenen Themenschwerpunkt *Pour une histoire sociale du pouvoir en Europe socialiste* in der *Revue d'historie moderne et contemporaine* veröffentlicht worden.

Trotz dieser beachtlichen Resonanz, die der gesellschaftsgeschichtliche Ansatz in der Erforschung der DDR-Geschichte mittlerweile gefunden hat, sind wir von einer syntheseartigen Darstellung noch weit entfernt. Dazu wird es nicht nur eines gewissen zeitlichen Abstands zur ersten Welle empirischer Detail-

Forschungen bedürfen. Es gibt außerdem einige Bereiche und Problematiken, in die dieser Ansatz bislang noch nicht in hinreichendem Maße vorgestoßen ist. Zwei will ich abschließend hervorheben:

- Die Partei- und Sicherheitsapparate als Teil und Gegenstand der Gesellschaftsgeschichte: Deren Aktivitäten wurden bisher mehr oder weniger ausschließlich unter dem Aspekt der repressiven Herrschaftssicherung gegen Opposition und Widerstand betrachtet, zu wenig hingegen als eigene soziale Welten, die von der Gesellschaft, die sie zu überwachen und zu steuern beanspruchten, geprägt wurden und daher zugleich als deren Teil zu untersuchen sind (s. aber zuletzt Gieseke 2000 [391], demnächst Lindenberger 2003 [638]).
- Die Tatsache, dass die DDR trotz Mauer und Stacheldraht *Teilgesellschaft* einer gespaltenen Nation blieb. Die Geschichte des ungleichen Verhältnisses zur Bundesrepublik brachte eine asymmetrische Verflechtung (Kleßmann 1993 [1982]) mit sich, in deren Folge die virtuelle Anwesenheit des Westens im Osten zum integralen Teil sozialer Praxis in der DDR wurde, und deren Erforschung noch am Anfang steht. Nicht nur die allabendliche millionenfache Republikflucht vor den Fernsehern, auch die Orientierung an den Wohlstandserwartungen der Bundesrepublik, die wirtschaftlichen Verflechtungen und Aspirationen auf »Weltniveau«, aber auch die persönlichen Verbindungen, die dank der nie endgültig abreißenden Ost-West-Wanderung immer wieder aufgefrischt wurden, verweisen auf die Tatsache eines »Ensembles gesellschaftlicher Verhältnisse«, das nie sich selbst genügen konnte, sondern in existenzieller und widersprüchlicher Weise in seine Außenwelten, die westlichen wie östlichen, eingebunden war.

Anhand der DDR ließe sich das Projekt »Gesellschaftsgeschichte« somit vor allem in zwei Richtungen vorantreiben: Zum einen in Richtung auf die Sozialgeschichte des Politischen, die sich verstärkt der Alltagspraxis von Herrschaft zuwendet und nicht lediglich deren Strukturen beschreibt, zum anderen in Richtung auf eine den konventionellen Bezugsrahmen des (national-)staatlich vorgegebenen Herrschaftsbereichs überschreitende Betrachtungsweise, die transnationale und zwischenstaatliche Handlungsräume einbezieht und damit die ethnozentrische Nabelschau, in der die deutsche Zeitgeschichte noch immer vielfach befangen ist, in Frage stellt.

ANNETTE KAMINSKY

Alltagskultur und Konsumpolitik

Vom »inflationär aufgeblähten biederen Hirsebrei der Alltagsgeschichte« erwartete sich Hans-Ulrich Wehler noch 1985 wenig Nährwert für die Zeitgeschichtsforschung. Dieses vom Doyen der bundesdeutschen Geschichtswissenschaft ausgesprochene Verdikt dürfte für jene, die sich in den achtziger Jahren neben der Herrschafts- und Politikgeschichte auch der Alltagsgeschichte zuzuwenden begannen, wenig ermutigend gewesen sein. Untersuchungen zur »Alltagskultur« – wie dem Wohnen, sich Kleiden oder Ernähren, aber auch zur Ausgestaltung von Arbeit, freier Zeit und Urlaub bis hin zu Fragen des Konsums von Waren und Dienstleistungen – galten als nicht ernst zu nehmende Forschungsthemen und waren anderen Wissenschaftsdisziplinen wie der Kulturanthropologie, Ethnologie, Kulturwissenschaft oder Soziologie zugeordnet. Die »Geschichte von unten« überließ die etablierte Historikerzunft lange Zeit den von ihr belächelten »Geschichtswerkstätten«.

Es überrascht somit kaum, dass bis 1989 nur wenige wissenschaftliche Arbeiten den Alltag in der DDR in den Blick nahmen. Wer sich vor 1989 in Westdeutschland darüber informieren wollte, musste vor allem auf journalistische Arbeiten zurückgreifen. Deren Autoren entgingen jedoch nicht immer der Gefahr, dem schön inszenierten Schein des sozialistischen Alltags während ihrer Kurzaufenthalte in der DDR auf den Leim zu gehen (Dönhoff 1964 [1095]). Die Reiseberichte der sechziger Jahre waren oft in der gut gemeinten Absicht verfasst, Denkblockaden aufzulösen und einer neuen Ostpolitik den Weg zu bereiten. Mit dem Abschluss des Grundlagenvertrages 1972 änderte sich die Situation. Von jetzt an konnten sich in der DDR akkreditierte Journalisten ein Bild vom Alltag in der Ära Honecker machen. Sie beschränkten sich nicht nur auf Beobachtungen zum Alltagsleben, das von Versorgungsproblemen beherrscht war. Sie nahmen auch die Wirtschaftssituation, die Außenpolitik oder die Machtstrukturen in den Blick (Böhme 1983 [1091]; Bussiek 1984 [1092]), vielfach mit der Intention, gegen die Entfremdung der Deutschen in den so unterschiedlichen Staaten anzuschreiben.

Wissenschaftliche Darstellungen von Alltagsfragen – meist auf der Grundlage von offiziellen Veröffentlichungen aus der DDR – finden sich unter den Beiträgen im Deutschland Archiv oder in Sammelbänden bspw. zur Lebenssituation von Frauen in der DDR oder zum Thema Freizeit (Deja-Lölhöffel 1986 [1094]). Dabei handelte es sich in der Regel um Bereiche, in denen sich die SED erfolgreich wähnte und die nicht mit einer Informationssperre versehen worden waren. Eine Ausnahme stellt ein 1987 von westdeutschen Forschern in der DDR durchgeführtes Interviewprojekt dar, dessen Egebnisse indes erst 1991 erschienen. Im Rahmen dieses Projekts wurden in ausgewählten

Industriezentren der DDR 160 Männer und Frauen der Aufbaugeneration zu ihren Lebens- und auch Alltagserfahrungen befragt (Niethammer/Plato/Wierling 1991 [1136]).

Die in der Bundesrepublik herrschende Distanz zu alltagsweltlichen Fragestellungen fand in der DDR ihr Pendant. Obwohl die SED-Führung der Konsumentwicklung spätestens seit der »Konsumwende« in der Sowjetunion nach Stalins Tod und den Ereignissen des 17. Juni 1953 große politische Bedeutung und hohes Konfliktpotential zuerkannte, spielten Alltag und Versorgung in der öffentlichen Darstellung kaum eine Rolle. Zumeist wurden sie unter den Begriffen »sozialistische Lebensweise« bzw. »sozialistisches Lebensniveau« in allgemeiner und abstrakter Form mit behandelt. Die Gründe für diese öffentliche Dethematisierung lagen nicht zuletzt in der angespannten Versorgungslage, die nicht zusätzlich publik gemacht werden sollte. Untersuchungen hierzu finden sich jedoch in den meist unveröffentlichten Studien des Instituts für Markt- bzw. Bedarfsforschung der DDR.

Nach 1989/90 bot sich die Chance, dem »Leben in der Diktatur« in seiner Komplexität zwischen politischer Propaganda und Alltagsrealität auf den Grund zu gehen und das zu betrachten, »was außerhalb der Absichtserklärungen und Beschlüsse, der permanenten volkspädagogischen Bemühungen der führenden Partei und ihrer zahlreichen Hilfstruppen das tägliche Leben des ›Nomalverbrauchers‹ bestimmte« (Kleßmann 1988 [33]). Dennoch richtete sich das Untersuchungsinteresse zunächst fast ausschließlich auf die Herrschaftsakten, aus denen man hinreichende Erklärungen für die vierzigjährige Entwicklung der DDR – reduziert auf Parteiherrschaft und Überwachungsstaat – wie auch für deren unerwarteten Zusammenbruch zu finden hoffte. Der von Kocka (1994 [1984]) geprägte Begriff der »durchherrschten« Gesellschaft trug zu dieser Betrachtung von Staat und Gesellschaft DDR ebenso bei wie die Annahme, programmatische Erklärungen und Beschlüsse der Partei- und Staatsführung seien mit der Realität identisch. Der Drang, die DDR mit normativen Kurzbegriffen zu charakterisieren, wobei der akademische Streit oft nur begriffliche Nuancen betraf, schreckte die Ostdeutschen in der Mehrzahl ab. Auch wenn inzwischen teilweise eingeräumt wird, dass die nach 1989 dominierenden Deutungsmuster ostdeutscher Vergangenheit vor allem »apologetischen wie akkusatorischen Deutungsmustern« verhaftet waren (Sabrow 1998 [1933]), bestimmt diese Polarität noch immer den Diskurs über die DDR.

Forderungen aus dem Osten der Republik in den neunziger Jahren, den Herrschaftsakten eine Rekonstruktion der Lebenswirklichkeit entgegenzustellen, fanden im besten Fall wenig Gehör. Sie wurden nicht selten als Rechtfertigungsversuche der einstigen »Täter« verstanden – zu denen je nach Debattenlage neben den ehemaligen Kadern der Partei, Massenorganisationen und Regierungsstellen nach Bedarf auch im Bildungswesen, an den Hochschulen oder auch in der Forschung Tätige hinzugerechnet wurden. In der Beschäftigung mit Alltagsfragen sahen eine Reihe von Forschern die Gefahr einer Verklärung und Verharmlosung der diktatorischen Vergangenheit in der DDR.

Eine erstaunliche Diskrepanz besteht zwischen teilweise bereits vor 1989 publizierten Gesamtdarstellungen zur DDR-Geschichte, die neben den Herrschaftsfragen die gesellschaftliche Entwicklung und Fragen des Alltags zumindest mit einbezogen (Weber, H. 1986 [79]; Staritz 1990 [68]; Kleßmann 1988 [33]) und vielen Publikationen nach 1989, die den Weitblick vermissen ließen, neben dem diktatorischen Staat auch eine Gesellschaft zu vermuten. Wurden bei vergleichenden Arbeiten – z.B. zur Sowjetisierung/Amerikanisierung – Bereiche von Alltag und Konsum in der DDR mit behandelt, entsteht der Eindruck, dass der durch den Begriff vorgegebene Untersuchungsansatz bereits die Erkenntnisse vorweggenommen hatte (Merl 1997 [1133]). Verfasser von »deutschen« Konsumgeschichten verzichten in der Regel darauf, die DDR zu behandeln (z.B. Andersen 1999 [1086]).

Während noch Mitte der neunziger Jahre befürchtet wurde, dass »die Schlüsselworte Stasi, Totalitarismus und Kommandowirtschaft ein Bermuda-Dreieck [formen könnten], in dem die Vergangenheit der ehemaligen DDR-Bürger/innen zu verschwinden droht«, scheint diese Gefahr inzwischen gebannt (Merkel, I. 1994 [1057]). Die Fixierung auf das Herrschaftssystem der SED ist einem geweiteten Fokus gewichen, der auch Fragen der Sozial- und Gesellschaftsgeschichte einbezieht. Jedoch haben sich nur wenige dieser Arbeiten mit Untersuchungen zu Alltags- und Konsumkultur in der DDR befasst. Und das obwohl anerkannt wird, dass die ungelösten Konsumfragen systemsprengende Kraft erreichten und für das Regime selbst zu einem Politikum ersten Ranges geworden waren. Auch in dem Standardwerk *Sozialgeschichte der DDR* (Kaelble/Kocka/Zwahr 1994 [1041]) sucht man vergeblich nach einem Kapitel über Alltag und Konsum.

Diese Themen griffen vorrangig Wissenschaftszweige wie die Soziologie, Ethnologie und die Kulturgeschichte auf. Deren Forschungsergebnisse finden sich zumeist als Detailstudien in diversen Sammelbänden. Bemerkenswert an einer ganzen Reihe dieser Veröffentlichungen ist, dass sie nicht aus dem regulären Wissenschaftsbetrieb hervorgingen, sondern oft im Zusammenhang mit Ausstellungen zur Alltagskultur der DDR erarbeitet wurden (Alltagskultur 1996 [1084]; Wunderwirtschaft 1996 [1162]; Ungleiche Schwestern 1997 [1073]; Becker/Merkel/Tippach-Schneider 2000 [1089]). Der zeitliche Schwerpunkt der Untersuchungen liegt zumeist in den sechziger und eingeschränkt auch siebziger Jahren, die als Versuch des Aufbruchs in eine moderne Gesellschaft gedeutet werden. Mit den – gemessen an den fünfziger Jahren unbestreitbaren – Fortschritten in diesem Zeitraum soll der Stereotypisierung der DDR als einförmiger Mangelgesellschaft entgegengetreten werden. Dabei sollen nicht nur Versorgungskrisen und Engpässe, sondern auch die Vielfalt sowohl der Produkte als auch der Lebensstile gleichsam als DDR-spezifischer Aufbruch in die Konsumgesellschaft aufgezeigt werden. Schwerpunkte der Untersuchungen liegen im Bereich Mode, Westeinflüsse via Intershop, Genex und Geschenkpakete (Härtel/Kabus 2001 [1113]), Freizeitverhalten und Reisetätigkeit, Werbung (Tippach-Schneider 1999 [1155]) und Eingaben (Merkel, I. 1998 [1131]). An Beispielen wie den Fischstäbchen oder dem Versandhandel werden wirtschaftspolitische Entwicklungen und Konsumverhalten in einen Zusammenhang gestellt (Ciesla 1999 [949]; Kaminsky 1998 [1121]). Dabei ließen es einige dieser Studien mit dem Hinweis, man wolle ohne die vereinfachende These kollektiver Repressionserfahrungen auskommen, an der gesellschaftspolitischen Verortung ihrer Untersuchungsfelder in der SED-Diktatur fehlen.

Die Erkenntnis, dass mit dem Untergang der DDR nicht zugleich auch die nach 1945 in Ostdeutschland entstandene Gesellschaft aufgehört hatte zu existieren, setzte sich erst allmählich durch. Inspirierend wirkten hier vor allem junge ostdeutsche Wissenschaftler, die die Evaluationen der ersten Nachwendejahre überstanden hatten, und jetzt mit neuem Selbstbewusstsein auftraten: »Als gelernter DDR-Bürger und angehender Historiker fühlte ich mich geradezu dazu berufen, einen wesentlichen fehlenden Puzzlestein zum »richtigen Verständnis« der DDR-Vergangenheit zu liefern. [...] Das Buch sollte sich nicht vorrangig mit Parteiherrschaft und Überwachungsstaat befassen.« (Poutrus 2002 [1068]). In der Mehrzahl handelt es sich um Arbeiten mit einem wirtschaftspolitischen Untersuchungsansatz. Auswirkungen auf Alltag und Konsumentwicklung werden als Teil der wirtschaftlichen Entwicklung mit behandelt, stellen jedoch nicht den Untersuchungsschwerpunkt dar. Durch ihre Einbindung in die Erforschung von Maßnahmen zur Herrschaftssicherung wird die Beschäftigung mit Fragen von Alltag und Konsum gleichsam rehabilitiert (Lüdtke/Becker 1997 [1127]; Lindenberger 1999 [1049]; Vollnhals/Weber, J. 2002 [1157]). Damit wird eine inzwischen zu verzeichnende Tendenz, die DDR-Wirklichkeit weitgehend politikfern zu behandeln, korrigiert, die insbesondere im Umfeld des 10. Jahrestages der friedlichen Revolution 1989/90 bei einigen Publikationen (Bilhardt/Hensel 1999 [1090]; Drommer 1999 [1096]; Bollinger/ Vilmar 2002 [1014]) als Manko deutlich wurde.

Den gesamten Zeitraum der DDR-Existenz nehmen in alltags- und konsumgeschichtlicher Perspektive bisher nur zwei Publikationen in den Blick. Bei der einen handelt es sich um eine wahre Fundgrube statistischer Daten, anschaulicher Texte und Photos (Hölder 1992 [1118]). Die andere stellt einen für eine breite Leserschaft geschriebenen illustrierten Abriss des Themas dar (Kaminsky 2001 [1122]).

Für die frühe Nachkriegszeit, die Ausgestaltung der »Rationengesellschaft« sowie die von Ost nach West gerichtete und in ihren Langzeitfolgen frappierende Vergleichsmentalität liegt bisher nur eine, wenngleich außergewöhnliche Arbeit vor (Gries 1991 [1110]). Sie untersucht mit einem – bisher in der Forschung kaum vertretenen – komparatistischen Ansatz die Versorgungsthematik am Beispiel der Städte Köln, München und Leipzig.

In der Folgezeit richtete sich das Interesse der Forscher vor allem auf Untersuchungen zu den sechziger Jahren. Insbesondere weckte der Zeitraum zwischen der Aufhebung der letzten Rationierungen in der DDR im Jahre 1958 und dem Machtwechsel zwischen Ulbricht und Honecker 1972 das Interesse. Ausgangspunkt war die von Ina Merkel (1999 [1132]) wiederholt vertretene These, in diesem Zeitraum habe es in der DDR eine Art »Gegenmoderne« gegeben, die mit ihrem Modell einer sozialistischen Konsumgesellschaft auf der Grundlage der sozialistisch-kommunistischen Gesellschaftsutopien eine tatsächliche Alternative zur Bundesrepublik geboten habe. So interessant diese These ist, so kann dieser einem ethnologischen und kulturgeschichtlichen Ansatz verbundenen Arbeit der Vorwurf nicht erspart bleiben, die politischen und systembedingten Hintergründe der Konsumentwicklung und -politik in der DDR im Interesse eben dieser Thesen zu vernachlässigen. Ganz anders in der wirtschaftshistorischen Untersuchung von Patrice G. Poutrous (2002 [1068]), in der er am Beispiel der Geflügelzucht die Umgestaltung der DDR-Landwirtschaft zwischen 1958 und 1972 sowie den Zusammenhang von politischer Herrschaft, gesellschaftlichem Wandel und Ernährungsfragen bzw. Lebensmittelkonsum betrachtet. Poutrous kommt zu dem Schluss, dass die Orientierung auf moderne Produktionsmethoden weniger dem utopischen Gesellschaftsmodell der SED-Führung entsprach als einem pragmatischen Versuch, die Versorgung der Bevölkerung zu stabilisieren und die SED-Herrschaft zu erhalten. Dass hiermit auch eine Modernisierung der Gesellschaft einherging, scheint eher mit der These der »ungewollten Moderne« konform zu gehen (Engler 1995 [1022]) als mit der einer absichtsvollen »Gegenmoderne«.

Im Unterschied zu den sechziger Jahren wurde der Alltags- und Konsumentwicklung in der Ära Honecker weniger Aufmerksamkeit zuteil. Die von der SED-Führung durch zahlreiche versorgungspolitische Maßnahmen erzeugte »heile Welt der Diktatur« beschreibt Stefan Wolle (1998 [87]). Diese erste Monographie, die sich explizit mit dem Zusammenhang von Alltag und Herrschaft in der DDR befasste, löste heftige Debatten aus. Das gut lesbare und mit zahlreichen Quellen und Zitaten untersetzte Buch hatte sich bald den Ruf erworben, ein »Zwitter« zu sein. Jenseits der damit verbundenen Kritik am Ansatz, bezeichnet die Formulierung vor allem die bis heute bestehende Schwierigkeit, beide Seiten der Medaille »DDR-Geschichte« in ihrer Verschränkung von Politik, Herrschaft und Alltag in ihren Verzweigungen und Absurditäten adäquat darzustellen. Das Thema Alltag an sich kommt nur in einem Kapitel explizit vor. Jedoch bietet die Zusammenstellung der einzelnen Kapitel mit ihrer Rückkopplung auf das tägliche Leben die Zusammenführung von herrschaftsgeschichtlichen und lebensweltlichen Perspektiven in bisher unübertroffener Weise.

Da die DDR ein historisches Untersuchungsobjekt ist, das das Leben von Millionen nunmehr im vereinten Deutschland beheimateten Zeitzeugen geprägt hat, wurden die Deutungen dieses Lebens durch die westdeutsch dominierte DDR-Forschung auf ihre Alltagstauglichkeit geprüft. Oft stießen die Veröffentlichungen auf Widerspruch, weil sich in ihnen das Alltagsleben der Menschen in der DDR zu wenig oder zu undifferenziert widerspiegelte. So sah sich 1997 Rainer Eppelmann vor der zweiten Enquete-Kommission des Deutschen Bundestages zur »Überwindung der Folgen der SED-Diktatur im Prozeß der deutschen Einheit« zu folgender Mahnung veranlasst: »Wir sprechen hier nämlich heute und morgen nicht über den Alltag im alten Rom oder im Zeitalter der Reformation. Es geht vielmehr um die Beschreibung eines Alltags, der für sehr viele unter uns schlechthin ihr Leben oder ihr bisheriges Leben war. [...] Wir lebten in der DDR nicht ständig im Ausnahmezustand. Wenn jetzt, nachdem es mit der SED-Diktatur vorbei ist, unser damaliges Leben betrachtet wird, dann wollen wir uns in dem wieder erkennen, was da von uns oder über uns gesagt wird.« (Materialien 1999, Bd. V [43])

Eine Reaktion auf die verbreitete Blindheit den Erfahrungen der Menschen gegenüber war die Entstehung von zahlreichen Biographie- und Interviewprojekten in Ost wie West. So entstanden umfängliche Sammlungen von lebensgeschichtlichen Interviews, die Zugang zu vielfältigen Themen des Lebens in der DDR bieten und gleichzeitig selbst zur Quelle für weitere Forschungen avancierten (Merkel, I. 1990 [1056]; Fortschritt 1999 [1107]; Weil 2000 [1160]; Becker/Merkel/Tippach-Schneider 2000 [1089]; Ahbe/Hofmann 2001 [1083]; Thießen 2001[1153]). Die aus den Interviews gezogenen Schlussfolgerungen und Interpretationen reichen von »eigentlich unsere beste Zeit« über neutrale Rückblicke bis hin zur Feststellung, dass die Alltagserfahrungen keinen fröhlichen Blick zurück erlauben, sondern eher eine schonungslose Abrechnung mit dem System der DDR ergeben. Jenseits dieser Unterschiede bei der Interpretation verbindet alle Interviewprojekte, dass sie differenziert und vielschichtig Erfahrungen und Erinnerungen zu den unterschiedlichsten Lebensbereichen in der DDR öffentlich machen. Die Interviews widerlegen die durch politikwissenschaftliche Studien der neunziger Jahre nahe gelegte Entindividualisierung und Homogeneität individueller Lebensgestaltung der Menschen in der DDR. Angesichts zunehmender Missverständnisse zwischen Ost- und Westdeutschen hatten jedoch nicht nur zahlreiche lebensgeschichtliche Interviewprojekte im Osten Deutschlands Konjunktur. Es gab auch Versuche, im Rahmen von Ost-West-Begegnungsprojekten Erfahrungen zusammenzuführen. Nur wenige dieser Projekte haben ihren Weg zur Veröffentlichung gefunden (Bildungswerk 2000 [2014]).

Einen neuen Ort für Äußerungen zum Alltagsleben in der DDR bietet das Internet (Mühlberg, F./Schmidt 2001 [1135]). Neben seriösen Diskussionsforen finden sich zahlreiche Domains, auf denen die DDR fröhliche Urständ feiert. Einen Überblick bietet die Seite www. die-ddr-im-netz.de. Nicht immer entgehen diese Foren der Gefahr, einer undifferenzierten Ost-West-Beschimpfung (www.baut-die mauer-wieder-auf; www.kost-the-ost.de; www.zonentalk.de).

Die zu Beginn der neunziger Jahre beklagte einseitige Aufarbeitung und Darstellung des Lebens in der DDR hat einer erstaunlichen Pluralität, fast schon Beliebigkeit der Ansätze Platz gemacht: Alles ist möglich, alles war so – oder auch anders, lautet in Abwandlung einer einschlägigen Publikation das Fazit (Billhardt/Hensel 1999 [1090]). Die beiderseitig gehegten und noch immer gepflegten Vorurteile liefern ihrerseits die Motive für entsprechende Auf- und

Erklärungsschriften. Der Buchmarkt gibt einer neuen Sorte von Alltagspublika-
tionen Raum. In diesen Büchern rächt sich zumeist der missverstandene »Zoni«
oder »Ossi« am besserwisserischen »Wessi«. Ergänzt wird dies durch eine zum
Kult gewordene Hinwendung zu allem, was man einst an der DDR gering
schätzte: »Ostalgiepartys« erfahren einen selbst für ehemalige Funktionsträger verblüffenden Zulauf. Eine Vielzahl von Produktrevivals, Wandkalendern
(Tweder 1998 [1156]), Quartettspielen und Postkartensets, die ihre Sujets aus
der Waren- und Alltagswelt der DDR schöpfen, behaupten sich erfolgreich
am Markt. Da fährt »Sandmännchen im Trabiland« (1997 [1141]), feiern Vita
Cola und Saure Drops auf Etikettenquartetten ihre Wiederauferstehung. Für
diese Rückwendung zur DDR, die teilweise verklärende Züge annimmt, wird
auch die »von westdeutschen Historikern in beachtlicher Dimension betriebene
›Aufarbeitung‹ der DDR-Geschichte« verantwortlich gemacht (Mühlberg, D.
1998 [1134]). Die teilweise beträchtliche Unkenntnis über die andere deutsche Republik schuf einer weiteren Sorte von Veröffentlichungen einen Markt.
Zahlreiche Lexika und Nachschlagewerke erlauben es dem DDR-unkundigen
Westdeutschen, sich mit Alltagsgepflogenheiten der DDR vertraut zu machen.
Da kann man erfahren, was eine Altstoffsammlung oder ein Zirkel schreibender Arbeiter war, was unter einem Werktätigen in der DDR zu verstehen
und dass dieser nur bedingt mit einem westdeutschen Arbeitnehmer vergleichbar ist (Sommer, St. 2000 [1151]; Badstübner, E. 2000 [1087]). Man kann
sich aber ebenso darüber informieren, welche Unterschiede es in Werbung
und Werbedeutsch in beiden deutschen Staaten gab, welche Werbefiguren die
DDR bevölkerten, wer Messemännchen und Minol-Pirol waren und dass Werbung in der DDR nicht immer von Agitation und Propaganda zu trennen war
(Schmider 1990 [1146]; Tippach-Schneider 2002 [1154]). Publikationen zur
Produktwelt und Designpalette heben entweder darauf ab, das Skurrile und
Unmoderne an DDR-Produkten hervorzuheben (Hedler/Dietz 1990 [1114])
oder versuchen wie Günther Höhne (2001 [1117]) zu zeigen, dass der All-
tag in der DDR nicht nur von skurril anmutenden Produkten beherrscht war.
Höhnes Ansatzpunkt ist die immer wieder in Äußerungen und Publikationen
offenbarte »bewusste Ignoranz in puncto ostdeutscher industrieller Kulturtradi-
tion und -substanz«, die sich unter anderem in Fragen wie »Im Osten Design?
Klassiker?« äußern. Er bietet neben vielen Bildbeispielen und Illustrationen
interessante Abhandlungen über Produktdesign und Gestaltungshintergründe,
Ausbildungswege und Biographien. Seine Nachsicht mit dieser Ignoranz spricht
für eine neue Gelassenheit im deutsch-deutschen Umgang mit der jeweiligen
Konsumgeschichte.

Ungeachtet dieser beachtlichen Anzahl von Aufsätzen und Studien fehlt
jedoch noch immer eine ausführliche, wissenschaftlichen Ansprüchen genügende Gesamtdarstellung der Alltags- und Konsumkultur in der SBZ/DDR.
Generell gilt es, die Erkenntnisse der herrschafts- und systemgeschichtlichen
Perspektive mit der alltagsweltlichen Ausgestaltung des Lebens in der Diktatur zusammenzuführen. Die bisherige Konzentration auf Untersuchungen zu

den sechziger Jahren ist durch solche zu anderen Jahrzehnten der DDR-Existenz zu ergänzen. Zudem müsste der enge Blick auf die DDR ausgeweitet und durch die Berücksichtigung deutscher Konsumtraditionen der Zwischenkriegszeit und des Dritten Reiches sowie innerdeutscher und internationaler Vergleiche ergänzt werden.

Filme wie »Sonnenallee« oder »Good bye Lenin« zeigen, dass alltagsweltliche Zugänge, in denen Diktatur vor allem aus ihrer alltäglichen Banalität dargestellt wird, auf große Resonanz stoßen. Nimmt man die von der Zeitgeschichtsforschung wiederholt vorgebrachte Erkenntnis ernst, dass die Mehrheit der DDR-Bürger mit den repressiven Seiten des Regimes zumindest in den letzten Jahrzehnten der DDR nur am Rande in Berührung kam, stellt sich als neue Herausforderung für Zeitgeschichtsforschung und politische Bildung die Aufgabe, den diktatorischen Charakter des SED-Regimes über scheinbar alltägliche Erscheinungen deutlich zu machen. Somit könnte die Annäherung an die Diktatur in der DDR über den Umweg des Alltäglichen und der Lebenswirklichkeit nachhaltiger und einprägsamer vermitteln, was Diktatur und Verweigerung von Menschenrechten und zivilisatorischen Werten jenseits von Massenmord und Weltkrieg ausmacht.

Jens Schöne

Landwirtschaft und ländliche Gesellschaft in der DDR

Vier Leitbegriffe strukturieren die agrarhistorische Entwicklung der DDR: Bodenreform, Kollektivierung, Industrialisierung und Spezialisierung. Zunächst waren im Rahmen der Bodenreform in der SBZ bis zum Ende des Jahres 1948 11 390 Betriebe entschädigungslos enteignet und 210 000 Neubauernstellen geschaffen worden. Mit dem von der SED-Führung im Frühsommer des Jahres 1952 abrupt initiierten Beginn der Kollektivierung setzte ein gegenläufiger Prozess ein: In weniger als acht Jahren wurden nun mehr als 800 000 privatbäuerliche Betriebe zu 19 345 Landwirtschaftlichen Produktionsgenossenschaften (LPG) vereinigt und so die wesentliche Voraussetzung für die Etablierung einer »sozialistischen Landwirtschaft« geschaffen. Der Preis dafür war jedoch hoch. Da die überwiegende Anzahl der neuen Wirtschaftseinheiten überstürzt bzw. unter Zwang zustande gekommen war, blieb ihre organisatorische Festigung aus, die landwirtschaftliche Produktion in der DDR brach 1960/61 dramatisch ein, und es kam zu einer akuten Versorgungskrise, insbesondere bei Fleisch und Milchprodukten. Gerade im deutsch-deutschen Systemgegensatz musste dies unübersehbare Folgen zeitigen, so dass ein unmittelbarer Zusammenhang mit dem Mauerbau am 13. August 1961 nicht von der Hand zu weisen ist. Tatsächlich gelang es in dessen Folge, das LPG-System zu stabilisieren. In den sechziger Jahren blieb auch die Landwirtschaft nicht von den ökonomischen Reformversuchen unberührt. Ziel war dabei eine »industriemäßige« Produktion spezialisierter, großflächig strukturierter Agrarbetriebe, in denen alle Erkenntnisse des »wissenschaftlich-technischen Fortschritts« ungebrochene Umsetzung finden sollten. Die zunehmende horizontale wie vertikale Verflechtung der Betriebe einerseits, die Trennung des natürlichen Produktionskreislaufes andererseits führten jedoch zu einer Reihe unerwarteter Folgeerscheinungen, aus denen in den achtziger Jahren erste zaghafte Kurskorrekturen resultierten; die hohen Produktionskosten sollten damit ebenso gesenkt wie die verheerenden Umweltschäden gemindert werden. Dies gelang aber nur in Ansätzen, und so bewirtschafteten 1989 1162 LPG Pflanzenproduktion (von insgesamt 3844 LPG) durchschnittlich 4528 Hektar landwirtschaftliche Nutzfläche.

Trotz ihrer zentralen Stellung im Wirtschaftsgefüge der DDR hat die Agrarwirtschaft im Vergleich zur industriellen Produktion nach 1990 nur wenig Aufmerksamkeit unter den Historikern gefunden. Erst Mitte der neunziger Jahre begann die historische Forschung, sich systematisch der DDR-Landwirtschaft zu widmen. Dennoch sind Erkenntnisfortschritte unübersehbar – ebenso wie der Umstand, dass es auffällige Disparitäten in Bezug auf die Berücksichtigung der einzelnen Entwicklungsabschnitte gibt. Während insbesondere für die siebziger und achtziger Jahre fundierte Studien noch ausstehen, liegen Untersuchungen für den Zeitraum der Bodenreform und der Kollektivierung vereinzelt bereits vor.

Von besonderem Interesse war dabei zunächst die Bodenreform als Initialzündung der Agrarpolitik der KPD bzw. SED. Dabei standen die konkrete Durchführung, die soziale Basis sowie die Folgen der durch die sowjetische Besatzungsmacht initiierten Umwälzung auf dem Lande systematisch zur Diskussion. Niederschlag fand dieses Bemühen in einem Sammelband (Bauerkämper 1996 [942]), der die Ergebnisse detailliert zusammenfasste. Hier wurde deutlich, dass die Bodenreform zwar am Beispiel der Sowjetunion orientiert war, dennoch keineswegs eine durchgängige »Sowjetisierung« darstellte. Ideologische Vorgaben hatten bei ihrer Initiierung ebenso eine Rolle gespielt wie wirtschaftliche Notwendigkeiten. Die zentralen Ziele, vor allem die nachhaltige Steigerung der landwirtschaftlichen Produktion sowie die Integration der »Umsiedler«, verfehlte die Reform jedoch. Mehr noch: Ihr vorschneller, plebiszitär nicht legitimierter Beginn, ihre radikale Durchsetzung und die Unfähigkeit der politisch Handelnden, die weitreichenden Folgeprobleme zu lösen, wirkten als Negativfolie und dienten als Argumente, um von einer ebenfalls geplanten Reform in den westlichen Besatzungszonen abzugehen. Damit aber stellte die Bodenreform einen ersten entscheidenden Schritt auf dem Weg zur deutschen Teilung dar.

Spätere Untersuchungen erweiterten die gewonnenen Erkenntnisse in vielerlei Hinsicht, indem sie etwa auf regionale Spezifika verwiesen und somit das Bild der Bodenreform als zentral geleiteten und stringent durchgesetzten Prozess weiter in Frage stellten (Spix 1997 [994]; Melis 1999 [110]) oder aber aus sehr spezifischem Blickwinkel Probleme und nicht intendierte Folgewirkungen beschrieben (Dix 2002 [953]). Die Studien verdeutlichten, dass die von der SED-Führung angestrebte Nivellierung der ländlichen Gesellschaft ebenso scheiterte wie die erhoffte Klientelbildung, die der traditionell städtisch verankerten Monopolpartei den machtpolitischen Zugriff auf die Dörfer sichern sollte. Besondere Bedeutung für dieses Scheitern wird dabei vor allem zwei Faktoren zugesprochen: Erstens wurden die überlieferten Besitzverhältnisse jenseits der enteigneten Betriebe keineswegs fundamental verändert, sondern verfestigten sich aufgrund von Selbstbereicherung, Korruption und der herausragenden Stellung alteingesessener Bewohner in den örtlichen Bodenreformkommissionen oftmals. Dies verhinderte sowohl die nachhaltige Einebnung sozialer Distinktionen als auch die erfolgreiche Integration der »Umsiedler«. Da, zweitens, flankierende Maßnahmen, wie etwa das im September 1947 aufgelegte Neubauernbauprogramm, u. a. an der allgemeinen Mangelwirtschaft scheiterten, misslang letztlich auch die angestrebte Klientelbildung (Wille 1997 [1077]; Bauerkämper 2002 [1008]). Die daraus resultierende Diskrepanz zwischen Intention und Wirklichkeit trat spätestens 1947/48 deutlich zu Tage –

und sollte sich in der Zukunft als nahezu permanentes Merkmal der SED-Agrarpolitik erweisen.

Der Aufbau der Planwirtschaft und die Umgestaltung von Politik und Gesellschaft nach sowjetischem Vorbild, die 1948 unübersehbar wurden, brachten auch weitreichende Konsequenzen für die Agrarwirtschaft mit sich (Bell, W. 1992 [944]). Die historische Forschung hat sich in diesem Zusammenhang vor allem auf drei Untersuchungsfelder konzentriert: die Transformation des ländlichen Organisationsgefüges, den Einsatz der Strafjustiz und die sozialen Folgen, die sich aus den genannten Prozessen ergaben. Theresia Bauer hat dabei detailliert nachgewiesen, dass die Demokratische Bauernpartei Deutschlands (DBD), die 1948 als »spätes Kind der Bodenreform« auf Geheiß der Besatzungsmacht gegründet wurde, zunächst auf Zurückhaltung der SED-Führung stieß, von dieser gleichwohl konsequent instrumentalisiert wurde, um den eigenen Machtanspruch nicht zuletzt gegenüber der CDU und der LDP durchzusetzen. Der DBD kamen dabei durchaus ambivalente Aufgaben zu. Einerseits sollte sie allzu destruktive Folgen der SED-Agrarpolitik abmildern, andererseits jedoch eben jener in den Dörfern zum Durchbruch verhelfen. Ein wirklich eigenständiges Profil entwickelte sie dabei zu keinem Zeitpunkt, woraus sich u.a. das rasche Ende ihrer Existenz im Jahre 1990 erklärt (Bauer, Th. 2003 [242]).

Neben der Etablierung neuer Elemente stand in den Jahren vor der Kollektivierung vor allem die Zerschlagung überlieferter Strukturen im Mittelpunkt der agrarpolitischen Bemühungen der SED. Davon waren vor allem die Raiffeisengenossenschaften betroffen, die aufgrund ihrer zentralen Bedeutung für die Sicherung der Ernährung zunächst intensiv gefördert wurden, ab 1948 jedoch der zielgerichteten Dekonstruktion anheim fielen. Im Gegensatz zu früheren Forschungsergebnissen konnte inzwischen nachgewiesen werden, dass dabei keineswegs die sowjetische Hegemonialmacht, sondern die SED-Führung verantwortlich zeichnete (Schöne 2000 [990]). Innerhalb dieser fundamentalen Transformation agrarwirtschaftlicher Strukturen kam nun auch in zunehmendem Maße die politische Justiz zum Einsatz, über deren Formierung und Steuerung inzwischen umfassende Erkenntnisse vorliegen (Werkentin 1995 [478]; Wentker 2001 [476]).

Auf die ländliche Gesellschaft wirkten sich die genannten Prozesse in vielfacher Hinsicht aus, wie insbesondere Arnd Bauerkämper in einer Vielzahl sozialhistorischer Studien herausgearbeitet hat, von denen im Rahmen dieses Beitrages nur zwei hervorgehoben werden sollen (Bauerkämper 1996 [942] u. 2002 [1008]). So ermöglichte die Verdrängung traditionaler Führungsschichten in den Dörfern den Aufstieg neuer Eliten, vermochte aber nicht, die überlieferten Beziehungsgeflechte sofort und vollständig zu zerstören, so dass sich ein breites Spektrum nonkonformen Verhaltens herausbildete. Dieses richtete sich vor allem gegen lokale bzw. regionale Herrschaftsträger und hatte, wie jüngere Studien verdeutlichen, durchaus Einfluss auf konkrete agrarpolitische Entscheidungen. Die grundlegenden Zielstellungen der SED-Politik konnten damit allerdings nicht maßgeblich beeinflusst werden; hierbei sind vor allem die ökonomische wie soziale Marginalisierung der so genannten »Großbauern«, die ständige Verschärfung des »Klassenkampfes«, die Reorganisation des ländlichen Distributionswesens sowie eine allgemeine Entdifferenzierung der dörflichen Wirtschafts- und Sozialstrukturen zu nennen. Die ländliche Gesellschaft war keineswegs stillgelegt, doch wurden ihre Handlungsspielräume konsequent eingeengt und damit wesentliche Voraussetzungen für die folgende Kollektivierung geschaffen (Melis 1999 [110]; Kluge/Halder/Schlenker 2001 [974]; Bauerkämper 2002 [1880]).

Mit der Gründung der ersten Landwirtschaftlichen Produktionsgenossenschaften im Frühsommer des Jahres 1952 begann ein neuer Entwicklungsabschnitt der SED-Landwirtschaftspolitik, die nun zielstrebig auf die Etablierung einer sozialistischen Großraumwirtschaft hinarbeitete. Dieser Umstand stieß von Anbeginn auch in der Bundesrepublik auf breites wissenschaftliches Interesse, doch ist es erst seit der Archivöffnung möglich geworden, Hintergründe, Durchführung und Auswirkungen des Prozesses fundiert zu konturieren. Ein wichtiges Untersuchungsfeld ist dabei die sowjetische Einflussnahme auf die Kollektivierungsentscheidung. Ohne Zweifel war für diesen Entschluss ein Plazet Stalins, das im April 1952 erteilt wurde, von grundlegender Bedeutung, doch ist hierin, wie vor allem Elke Scherstjanoi (1994 [988]) dargelegt hat, mitnichten ein eindeutiger Befehl zu sehen. Vielmehr war es abermals die SED-Führung, die die Transformation im Interesse der eigenen Machtsicherung energisch und zunehmend mit Zwangsmaßnahmen vorantrieb, sich damit jedoch in deutlichen Widerspruch zu einer Mehrheit der ländlichen Bevölkerung setzte. Wie neuere Forschungen zeigen, gingen etwa die ersten LPG-Gründungen keineswegs auf spontane Aktivitäten einzelner Landwirte zurück, sondern wurden zielgerichtet von der SED-Führung initiiert (Schöne 2002 [989]). Dass es darüber hinaus in den Dörfern keine Mehrheit für den ständig verschärften Kollektivierungskurs gab, konnte ebenso herausgearbeitet werden wie die Vielfalt der Abwehrstrategien, die aus ihm resultierten. Diese fanden ihren Höhepunkt in Folge des »Neuen Kurses« und des 17. Juni 1953, der durchaus auch auf dem Lande breite Resonanz fand, wie Armin Mitter (1995 [836]) aus herrschaftsgeschichtlicher und Arnd Bauerkämper (2002 [1008]) aus sozialhistorischer Perspektive erhellt haben.

Bis 1957/58 verlief die Kollektivierung nun weitgehend zwangsfrei, nicht jedoch ohne Konflikte (Humm 1999 [1119]; Bauer, Th. 2003 [242]). Sie manifestierten sich exemplarisch in der Auseinandersetzung um das von dem SED-Landwirtschaftsexperten Kurt Vieweg 1956 vorgelegte Agrarprogramm, das ein längerfristiges Bestehen privatbäuerlicher Betriebe vorsah und somit das ideologisch determinierte Ziel einer vollgenossenschaftlichen Landwirtschaft zumindest partiell in Frage stellte. Dazu hat insbesondere Michael F. Scholz (1997 [209]) neues Material vorgelegt. Die von ihm detailliert analysierte Auseinandersetzung, die vordergründig auf die SED-Führung beschränkt war, deren Kernfragen aber auch breiten Widerhall in den Dörfern fanden, führte nicht nur zu Viewegs erzwungenem Rücktritt von allen Ämtern sowie zu seiner

Inhaftierung, sondern auch zu einer nachhaltigen Radikalisierung der Agrarpolitik (Kluge/Halder/Schlenker 2001 [974]), die letztlich im »sozialistischen
Frühling« des Jahres 1960 ihren Höhepunkt fand.

Während dessen Verlauf und Auswirkungen inzwischen detailliert dargestellt worden sind (Bauerkämper 2002 [1008]; Bauer, Th. 2003 [242]), liegen
vor allem über seine Initiierung nur sehr begrenzte Erkenntnisse vor. Warum
entschied sich die SED-Führung im Winter 1959/60 zu diesem Schritt? Ideologisch vorgegebene Zielstellungen sind in diesem Zusammenhang ebenso als
maßgeblich bezeichnet worden (Mitter/Wolle 1993 [45]) wie nicht intendierte
Folgewirkungen der Agrarpolitik (Bauerkämper 2002 [1008]) oder der allgemeine Produktivitätsrückstand gegenüber der Bundesrepublik (Schulz, D.
1994 [991]). Es ist davon auszugehen, dass alle genannten Faktoren Einfluss
ausübten; letztlich ist die Motivlage, aus der die Entscheidung zur Vollkollektivierung resultierte, jedoch noch immer ungeklärt und stellt ein zentrales Desiderat der Forschung dar. Über die Folgen des »sozialistischen Frühlings« hingegen liegen umfangreiche Ergebnisse vor. Die dabei berücksichtigten Untersuchungsfelder umfassen u.a. den Wandel des ländlichen Wirtschafts- und
Sozialgefüges sowie Widerstände dagegen (Bauerkämper 2002 [1008]), strukturelle Defizite der LPG (Schulz, D. 1994 [991]) und regionale Spezifika des
Transformationsprozesses (Humm 1999 [1119]; Schier 2001 [1144]). Weitgehende Einigkeit herrscht darüber, dass die erzwungene Vollgenossenschaftlich-
keit die agrarwirtschaftlich schwierige Lage der DDR keineswegs entspannte,
sondern zunächst signifikant verschärfte. Erst in Folge des Mauerbaus und der
damit unterbundenen Möglichkeit, sich der »sozialistischen Landwirtschaft«
grundsätzlich zu entziehen, konnte hier eine Trendwende herbeigeführt, die
LPG organisatorisch gefestigt und die Produktion allmählich erhöht werden.

Die Darstellung dieses Konsolidierungsprozesses ist bisher nur in Umrissen erfolgt. Auch die angestrebte Industrialisierung der Landwirtschaft, die im
Verlauf der sechziger Jahre zentrale Bedeutung erlangte und vor allem auf dem
Wege der zwischenbetrieblichen Kooperation erfolgte, hat in der historischen
Forschung bisher kaum Berücksichtigung gefunden. Vorliegende Gesamtdarstellungen, die diese und nachfolgende Entwicklungen thematisieren, vermögen
inhaltlich und methodisch nicht zu überzeugen (Gabler 1995 [958]). Eine erste
instruktive Fallstudie hat Patrice G. Poutrus (2002 [1068]) vorgelegt, der am
Beispiel des so genannten »Goldbroilers« Mechanismen der Produktion und
Vermarktung landwirtschaftlicher Erzeugnisse in industriellen Maßstäben nachzeichnet. Dabei hat er u.a. auf das Spannungsverhältnis zwischen der Planwirtschaft und der versuchten Adaption westlicher Entwicklungsmuster verwiesen
und so exemplarisch Möglichkeiten und Grenzen derartiger Bemühungen herausgearbeitet.

Die Entwicklung der DDR-Landwirtschaft während der siebziger und achtziger Jahre, die zunächst durch weitere Industrialisierung und Spezialisierung
der Produktion, später durch erste zaghafte Kurskorrekturen geprägt war, hat
bisher nur Barbara Schier (2001 [1144]) anhand einer ausgewählten LPG im

thüringischen Ort Merxleben systematisch erfasst und überzeugend dargestellt. Die herausragende Bedeutung der individuellen Hauswirtschaft sowohl für die Landwirte als auch für die Volkswirtschaft hat sie dabei ebenso problematisiert wie die zunehmende Bedeutung des LPG-Vorsitzenden für die Entwicklung des Dorfes. In diesem Zusammenhang wird vor allem die gescheiterte soziale Homogenisierung der ländlichen Milieus – ein Grundziel der SED-Gesellschaftspolitik – deutlich, die die Herausbildung einer »sozialistischen Menschengemeinschaft« nachhaltig verhinderte. Weitere Studien müssen jedoch folgen, um die Ergebnisse regionalhistorischer Untersuchungen für die DDR als Ganzes verallgemeinern zu können.

Insgesamt verdeutlicht die quantitative Gewichtung der bisherigen Ausführungen die fundamentale Asymmetrie innerhalb der historischen Forschung zur Landwirtschaft und zur ländlichen Gesellschaft der DDR: Während für den Zeitraum bis zur Vollkollektivierung bereits einige Studien vorliegen, haben die Folgejahre bisher kaum Berücksichtigung gefunden. Dies verhindert auch akzeptable Gesamtdarstellungen, da der Stand der Grundlagenforschung vor allem für die siebziger und achtziger Jahre keinesfalls befriedigen kann.

Neben diesen zeitbezogenen Disparitäten sind Lücken im Zusammenhang mit wichtigen Sachkomplexen unübersehbar. So fehlen etwa umfassende Untersuchungen zur Bedeutung der Sicherheitsorgane für die Entwicklung der ländlichen Gesellschaft. Während die Rolle der Volkspolizei in Ansätzen bereits analysiert wurde (Lindenberger 1999 [1049]), stehen Studien zum Wirken des Ministeriums für Staatssicherheit nach wie vor aus. Gleiches gilt für die Kirchen und Glaubensgemeinschaften, deren Einfluss gerade im ländlichen Raum nicht unterschätzt werden darf, bisher jedoch noch nicht systematisch untersucht worden ist. Ebenso mangelt es an Forschungen zur deutsch-deutschen Beziehungsgeschichte, die auch in Bezug auf die Agrarwirtschaft eine unübersehbare Wirkungsmächtigkeit entfaltete. Nicht zuletzt fehlen fundierte Berechnungen zur Produktivität der DDR-Landwirtschaft, die deren Evaluierung im internationalen Zusammenhang ermöglichen und so auch erweiterte Rückschlüsse auf die Motivlagen für agrarpolitische Grundsatzentscheidungen der SED-Führung erlauben würden.

Rüdiger Thomas

Kultur und Kulturpolitik in der DDR

Die Kulturgeschichte der DDR darf nicht mit der Geschichte der Kulturpolitik der SED verwechselt werden. Sie ist zuerst und vor allem eine Geschichte von Kulturproduktion und Kunstwerken. Doch lässt sie sich nicht umfassend verstehen, wenn dabei ihre politischen Konditionierungen und gesellschaftlichen Wirkungen ausgeblendet werden. Die Kulturpolitik der SED war auf die Entwicklung einer »sozialistischen Lebensweise« gerichtet und proklamierte das Projekt einer »sozialistischen deutschen Nationalkultur«, die in spezifischer Weise an das »kulturelle Erbe« anknüpfte, indem sie die grundlegenden Unterschiede zur »kosmopolitischen« bürgerlichen Kultur im Westen Deutschlands betonte.

Die Erforschung der Kultur in der DDR lässt sich daher auf zwei Leitfragen fokussieren: (1) Inwieweit ist es der SED gelungen, die Kulturproduzenten und das Kulturbewusstsein im Sinne ihrer ideologischen Zielsetzungen zu bestimmen? Anders gewendet: In welchem Verhältnis steht das von der SED propagierte Weltbild zu den Bildwelten der Künstler aus der DDR? (2) Wie lässt sich die Kultur, die in der DDR entstanden ist, in die Geschichte der deutschen Kultur seit 1945 einordnen?

Was bleibt? Christa Wolf hat im Titel ihrer bereits 1979 entstandenen, aber erst im Frühjahr 1990 publizierten Erzählung eine Frage gestellt, auf die wir noch immer keine begründeten Antworten gefunden haben. Die Suche nach dem bleibenden Wert der Kultur, die in der DDR entstanden ist, bewegt sich seitdem zwischen gelegentlichen, heftigen publizistischen Kontroversen und einem im Westen verbreiteten ausgeprägten Desinteresse. Der »Literaturstreit« um Christa Wolf (Anz 1991 [1165]) hat auf irritierende Weise ideologische, moralische und ästhetische Werturteile miteinander vermischt. Neben dem Vorwurf der »Gesinnungsästhetik« wurde der grundsätzliche Zweifel geäußert, ob in der Diktatur eine selbstverantwortliche, autonome Kunst überhaupt möglich sei. Und der »Bilderstreit«, den die Weimarer Ausstellung »Offiziell und Inoffiziell – die Kunst aus der DDR« im Frühsommer 1999 auslöste, hat eher ungefragt vereinnahmte Künstler entrüstet und die Gemüter verständnisloser Besucher bewegt, als den unbefangenen, neugierigen Blick geschärft (Kunstsammlungen 2000 [1207]). Ein aus dem Westen stammender Ausstellungsmacher, der Architekturhistoriker Achim Preiß, hatte in der baufälligen Mehrzweckhalle des ehemaligen NS-Gauforums ein Politikum inszeniert: So musste die Imaginationskraft wirkungsmächtiger Bilder im Irrgarten der Beliebigkeit verloren gehen.

Wenn Kunst und Kultur aus der DDR vor allem als Staatsangelegenheit, als Geschichte politischer Reglementierung und intellektueller oder künstlerischer

Selbstpreisgabe wahrgenommen werden, gerät die Frage nach der kulturellen Substanz, nach der deutschen Kultur in der DDR, weitgehend aus dem Blickfeld.

1. Literatur

Bis Ende der siebziger Jahre richtete sich das kulturelle Interesse vor allem auf die Literatur, die seit Mitte der sechziger Jahre auch in der Bundesrepublik ein wachsendes Lesepublikum erreichte. Sie wurde vorwiegend als Botschaft aus einem fremd gewordenen Land verstanden. So schien es plausibel, wenn Fritz J. Raddatz (1972 [1220]) ein viel beachtetes Buch zur Literatur der DDR mit der Behauptung eröffnete: »Es gibt zwei deutsche Literaturen.« Am Ende des Jahrzehnts war diese These obsolet geworden. Literatur wurde als Medium kultureller Verständigung, als ein »Dach der Nation«, als »letzter Rest für etwas Gesamtdeutsches« betrachtet (Günter Grass). Fast gleichzeitig hatte sich auch Stephan Hermlin auf dem VII. Schriftstellerkongress der DDR (1978) als »deutscher Schriftsteller« ausdrücklich zur »deutschen Kultur« als Mittelpunkt seiner geistigen Orientierung bekannt. Die wichtigsten Beiträge zur Entwicklung der Kultur in der DDR vor 1990 waren daher überwiegend Darstellungen ihrer Literaturgeschichte. Wolfgang Emmerichs *Kleine Literaturgeschichte der DDR* erschien bereits 1981 [1179] sie wurde 1996 in einer erweiterten Neuausgabe vorgelegt. Ohne den sozio-politischen Kontext zu vernachlässigen, steht die Werkinterpretation im Vordergrund dieses konzisen Gesamtüberblicks, der bis heute ein unentbehrliches Standardwerk geblieben ist. Auch die *Sozialgeschichte der deutschen Literatur* (Bd. 11, Schmitt 1983 [1228]) reflektiert »Die Literatur der DDR« als separiertes Forschungsobjekt, erst der Abschlussband der Reihe hat die gesamte deutschsprachige *Gegenwartsliteratur seit 1968* (Briegleb/Weigel 1992 [1173]) thematisiert. Beide Veröffentlichungen erschließen wichtige Komponenten einer »Bewusstseinsgeschichte« der DDR. Literatur gewinnt ihre Überzeugungskraft, indem sie die Wechselwirkung zwischen Publikum und Autor als Verständigungsprozess in einer »Ersatzöffentlichkeit« manifestiert. Arnold/Meyer-Gosau (1991 [1168]) haben einen Sammelband mit facettenreichen Rückblicken auf die Literatur in der DDR herausgegeben, der einen weiten Horizont wichtiger Forschungsthemen markiert. Stichworte sind u.a. Utopie, Zivilisationskritik, Romantik, Feminismus, die Zeitschrift »Sinn und Form« (unter Peter Huchels Regie), aber auch Analysen zu einzelnen Autoren wie Franz Fühmann und Heiner Müller. Zu Müller hat Hauschild (2001 [1195]) eine materialreiche Biographie vorgelegt, die den »integrierten Außenseiter« (Genia Schulz) im Spannungsfeld einer widerspruchsvollen Realität zeigt, die sich im »deutsch-deutschen Doppelgesicht aus lächelnder Entmündigung und der satten Selbstzufriedenheit eines zu Wohlstand Gekommenen« ausdrückt. Magenau (2002 [1213]) hat Christa Wolfs Leben als Prozess einer politischen Desillusionierung geschildert,

wobei die Werkanalysen hinter den Konflikten der Autorin mit dem Monopol-
sozialismus der SED in den Hintergrund treten.

Eine gesamtdeutsche Perspektive eröffnete bereits 1979 die Anthologie
Vaterland, Muttersprache. Eine Neuausgabe wurde bis 1990 ergänzt (Wagen-
bach/Stephan/Krüger/Schüssler 1994 [1235]) und stellt eine Fundgrube zur
Mentalitätsgeschichte im geteilten Deutschland dar. In einem *Lesebuch zur deutschen Teilung* hat Hedwig Walwei-Wiegelmann (1981 [1771]) literarische Texte
von 70 Autoren aus Ost und West versammelt, das sich in seinen vielfältigen Ausdrucksformen im Rückblick als ein frühes Zeugnis für ein gesamtdeutsches Verantwortungsbewusstsein erweist. Heinz-Ludwig Arnold hat einen
Band über die DDR-Literatur der achtziger Jahre (1990 [1167]) publiziert und
mit seiner Edition *Die deutsche Literatur seit 1945*, die seit 1995 erscheint und
inzwischen elf Bände (1995 ff. [1166]) umfasst, ein Kompendium der gesamtdeutschen Literatur vorgelegt. Die Reihe bildet eine wertvolle Ergänzung zur
Geschichte der deutschen Literatur von 1945 bis zur Gegenwart (Barner 1994
[1171]), die, 1989 konzipiert, vom »kontrastierenden Vergleich« ausgehend auf
den »synthetisierenden Blick« abzielt und damit eine paradigmatische Bedeutung für das Projekt einer gesamtdeutschen Kulturgeschichte besitzt. Stärker
sozialgeschichtlich akzentuiert ist der Sammelband *Deutsche Literatur zwischen
1945 und 1995* (Glaser, H. A. 1997 [1188]), der gleichfalls die gesamte deutschsprachige Literatur (also auch Österreich und die Schweiz) beleuchtet. Die
Beiträge spannen einen weiten Bogen, der von Autorenporträts über gattungs-
geschichtliche Analysen bis zu den kulturpolitischen Rahmenbedingungen literarischer Produktion und ihrer medialen Vermittlung reicht.

Zahlreiche Autoren haben in den neunziger Jahren Essay-Bände vorgelegt,
in denen die Konflikte zwischen Politik und Kultur in der Endphase des SED-
Staates und Prozesse des Mentalitätswandels in der ostdeutschen Gesellschaft
reflektiert werden. Hier sollen drei Veröffentlichungen exemplarisch erwähnt
werden. Pointiert hat Günter de Bruyn (1994 [1793]) *Deutsche Befindlichkeiten*
im Wendejahr analysiert. Dass sich die Erinnerungen an einen untergegangenen
Staat und seine vorherrschenden Kulturmuster generationenspezifisch unterscheiden, exemplifizieren Thomas Rosenlöchers *Ostgezeter* (1997 [1140]) und
Jana Hensels *Zonenkinder* (2002 [1116]). Auch wenn es problematisch sein
mag, subjektive Wahrnehmungen als Generationenerfahrung zu verallgemeinern, vermitteln solche Versuche intellektueller Selbstverständigung symptomatische Einblicke in Prozesse kultureller Reorientierung an einer Bruchstelle
politischer Erfahrungsgeschichte.

2. Bildende Kunst

Nach der documenta 6 (1977), auf der erstmals mit offizieller Genehmigung
Werke von sechs bildenden Künstlern aus der DDR präsentiert worden sind,
legte Karin Thomas (1980 [1231]) einen Überblick zur Malerei in der DDR vor,

der sich nicht auf die staatlich anerkannte Kunst beschränkte. Ihre umfangreiche Studie *Zweimal deutsche Kunst nach 1945* (Thomas, K. 1985 [1233]) ist die erste Darstellung, die sich mit der Geschichte der bildenden Kunst in Deutschland in einer vergleichenden Perspektive beschäftigt. Sie hat diesen Ansatz in *Kunst in Deutschland seit 1945* (2002 [1232]) wieder aufgenommen und damit für ein wichtiges Segment der Kulturgeschichte einen neuen Weg beschritten: Kunst aus den beiden Deutschländern in Beziehung zu setzen, kontrastierende und komplementäre Entwicklungslinien zu markieren, das Spannungsfeld zwischen künstlerischer Autonomie und politischer Konditionierung aufzudecken, die Bedeutsamkeit von Kunstwerken nach ästhetischen Kriterien zu erschließen – diese multiperspektivische Methode ermöglicht eine Sichtweise, die für eine gesamtdeutsche Kulturhistoriographie wichtige Impulse vermitteln könnte.

In den neunziger Jahren sind zahlreiche Bücher vorgelegt worden, die aus unterschiedlicher Perspektive Aspekte der bildenden Kunst in der DDR untersucht haben. *Kunst in der DDR* (Gillen/Haarmann 1990 [1186]) liefert mit zahlreichen essayistischen Beiträgen zu Künstlern, Szenen, Kunstzentren, Galerien, Institutionen und Kunstgattungen facettenreiche Einblicke in ein Kulturmilieu, das vielen im Westen fremd geblieben war. Martin Damus (1991 [1175]) hat sich aus einer ideologiegeschichtlichen Perspektive mit der politischen Funktionalisierung der bildenden Kunst in der DDR beschäftigt. An diese Frage knüpft auch ein Sammelband an, der die institutionelle Kontrolle und Reglementierung der bildenden Kunst untersucht (Offner/Schroeder 2000 [1216]). Günter Feist (1990 [1180]) hat eine Chronik zur Kunst und Kunstpolitik der DDR vorgelegt, die für weiterführende Studien einen zuverlässigen, unentbehrlichen Wegweiser bereitstellt. Die *Kunstdokumentation SBZ/DDR 1945–1990* (Feist/Gillen/Vierneisl 1996 [1181]) bietet fundierte Analysen von 38 Autoren, die die Komplexität von Kunstprozessen in der DDR »in der Gemengelage zwischen den von den Parteigremien formulierten kunstpolitischen Richtlinien, deren jeweilige Umsetzung und Interpretation durch die staatlichen Kunstinstitutionen und dem Eigensinn der einzelnen Künstlerpersönlichkeiten« sichtbar machen. Bernd Lindner (1998 [1212]) hat eine grundlegende kultursoziologische Studie zur Rezeptionsgeschichte bildender Kunst im Osten Deutschlands vorgelegt und geht dabei auch auf die Unterschiede und Gemeinsamkeiten ost-/westdeutscher Kunstrezeption ein. Ulrike Goeschen (2001 [1189]) zeigt in einer sorgfältig recherchierten Studie, »wie die Kunst mit Hilfe der Kunstwissenschaft sich die klassische Moderne der Kunst der 10er und insbesondere der 20er Jahre«, vor allem Expressionismus und Konstruktivismus (Bauhaus), »zurückerobert hat«. Sie kann auf diese Weise mit Topoi wie »Sensibilisierung« und »Grenzüberschreitung« plausibel machen, wo wichtige künstlerische und kunsttheoretische Impulse für die Kunstentwicklung seit Ausgang der Sechziger liegen. Kaiser, P./Rehberg (1999 [1203]) entwerfen in einem umfangreichen Sammelband eine »Topographie der institutionellen Strukturen, Regularien und Handlungsräume der Kunstförderung« in der DDR und konstatieren diesbezüglich einen »gravierenden Funktions- und Strukturwandel«, dessen Zäsur ebenfalls um 1970 markiert wird. Dezentrale staatliche Institutionen treten jetzt an die Stelle von Parteien, Massenorganisationen und Großbetrieben, damit verlieren inhaltliche, stilistische und weltanschauliche »Vorgaben« an Bedeutung, auch die »Auftragskunst« erlangt damit größere Gestaltungsfreiheit und erfordert somit eine differenzierte kunstimmanente Betrachtung.

Lothar Lang, der bereits 1978 eine auch in einem Schweizer Verlag publizierte Darstellung *Malerei und Graphik in der DDR* vorgelegt hat, die sich damals noch weitgehend im Spektrum der offiziell anerkannten Künstler bewegte, hat unter dem Titel *Malerei und Graphik in Ostdeutschland* eine wesentlich überarbeitete Neuausgabe seines Buches veröffentlicht (Lang 2002 [1208]). Indem er eine Binnensicht der ostdeutschen Kunstentwicklung vermittelt, ergänzt der Band die Publikation von Karin Thomas (2002 [1232]) kontrastierend.

Kunstausstellungen inszenieren nicht nur Bildwelten und kommentieren damit sinnfällig künstlerische Entwicklungsprozesse, sondern werden mitunter auch von profunden Katalogbüchern begleitet, die wichtige Erträge der Forschung bilanzieren. Das Deutsche Historische Museum hat einen umfassenden Überblick zur Auftragskunst der DDR präsentiert (Flacke 1995 [1183]) und Einblicke in die alternativen Kulturmilieus der DDR vermittelt (Kaiser, P./ Petzold 1997 [1202]). Im Katalog zur Ausstellung »Deutschlandbilder« (Gillen 1997 [1185]) sind erstmalig in einem zeithistorischen Kontext von 1933 bis 1997 Kunstwerke aus dem Osten und Westen Deutschlands zusammengeführt worden. Die Doppelausstellung »Klopfzeichen« (Klopfzeichen 2002 [1205]) hat diesen Ansatz aufgenommen: Bildende Kunst der jüngeren Generation aus dem noch geteilten Deutschland der achtziger Jahre wurde mit einer zeitgeschichtlichen Ausstellung (»Mauersprünge«) verknüpft, die den kulturellen Austausch facettenreich präsentierte. Die Berücksichtigung von Literatur, bildender Kunst, Film, Theater und Rockmusik sowie die Darstellung kulturpolitischer Vorgänge geben diesem Projekt ein besonderes Gewicht als Experimentierfeld für eine gesamtdeutsche Kulturgeschichte.

3. Film

Lenin hatte den Film als die wichtigste aller Künste bezeichnet. Und die Filmgeschichte der DDR kennt zahlreiche Beispiele, etwa die beiden »Thälmann«-Filme (1954/56), die diese politisch-propagandistische Funktion illustrieren. Wer die DEFA-Spielfilmproduktionen (Schenk, R. 1994 [1226]) näher betrachtet, wird feststellen, dass dieses künstlerische Massenmedium immer wieder versucht hat, die gesellschaftliche Realität unbeschönigt darzustellen und dabei auch behutsam in Tabuzonen vorzudringen. Massive Eingriffe der Partei, wie das Verbot von zwölf Spielfilmen nach dem »Kahlschlag«-Plenum im Dezember 1965, haben die Regisseure dauerhaft nicht entmutigen können, ihre Experimente fortzusetzen und sich gleichzeitig für gesamtdeutsche Filmprojekte zu engagieren. Die Hochschule für Film und Fernsehen »Konrad

Wolf« (1990 [1199] u. 1992 [1198]) hat zwei Sammelbände veröffentlicht, die wichtige Beiträge zum DEFA-Film der achtziger Jahre enthalten. Heinz Kerstens (1996 [1204]) gesammelte *DEFA-Filmkritiken aus drei Jahrzehnten* sind noch immer eine wertvolle Quelle zur Filmgeschichte der DDR. Sie wird durch die Studien von Thomas Heimann (1994 [1196]) und neuerdings von Dagmar Schittly (2002 [1227]) ergänzt. Wer die Alltagskultur der DDR erfassen möchte, wird die Dokumentarfilme der DEFA (Jordan, G./Schenk 2000 [1201]) nicht außer Betracht lassen dürfen. Von Jürgen Böttchers Dokumentarfilmen aus den sechziger Jahren bis zu Winfried Junges »Golzow«-Langzeitdokumentationen spannt sich ein weiter Bogen authentischer Beobachtungen gesellschaftlicher Veränderungen, die reichhaltiges Anschauungsmaterial für eine Sozialgeschichte der DDR bieten. Dass es in der DDR – trotz gravierender filmtechnischer Hindernisse – unabhängige Experimentalfilmer gegeben hat, die mit Konzepten subversiver Kunst »Gegenbilder« kreiert haben, zeigen Fritzsche/Löser (1996 [699]). Ein wichtiger Teil dieser Aktivitäten wird in einem von Claus Löser initiierten Experimentalfilm-Archiv Ost aufbewahrt und ist für weitere Forschungsarbeiten zugänglich.

4. Theater

Theater hatte in der DDR eine große Tradition, die vom Berliner Ensemble Bertolt Brechts über die experimentierfreudige Dresdener Bühne bis zum klassisch-modernen Deutschen Theater reicht. In der ostdeutschen Provinz und auf Studiobühnen haben kreative Regisseure neue Wege beschritten und damit auch das westdeutsche Theater, vor allem seit Mitte der siebziger Jahre, angeregt. Ähnlich wie beim Film hat die SED immer wieder in Theater-Produktionen eingegriffen und damit – ungewollt – auch auf die gesellschaftspolitische Brisanz und Publikumswirkung engagierter Theaterarbeit aufmerksam gemacht.

Die Überblicke von Lennartz (1992 [1211]) und Hasche/Scholling/Fiebach (1994 [1194]) sowie die Studien zur Dramatik (Profitlich 1987 [1219]) und zur konfliktreichen Frühgeschichte der DDR-Bühnenkunst (Stuber 1998 [1230]) vermitteln erste Einblicke in eine vielfältige Theaterlandschaft, die Heinz Klunker (1972 [1206]) für die sechziger Jahre in exemplarischen Analysen dargestellt hat. Diese Veröffentlichung liefert einen wichtigen Hintergrund zu zwei Fallstudien, die spektakuläre Beispiele politischer Interventionen aufgreifen. Hans Bunge (1991 [1174]) dokumentiert die Debatte um Hanns Eislers *Johann Faustus*, die 1952/53 ein Schlaglicht auf die Instrumentalisierung der deutschen Klassik für das Bild des »positiven Helden« im Sozialismus wirft. Und Matthias Braun (1996 [378]) untersucht das Verbot der Tragelehn-Inszenierung von Heiner Müllers *Die Umsiedlerin* (1961). Der Vorgang zeigt symptomatisch, in welcher Weise die SED die Kunst nach den Maßgaben ihrer geschichtspolitischen Interessen zu reglementieren suchte.

5. Architektur und Städtebau

Wohnungsbau und Stadtplanung, der Umgang mit Architekturdenkmälern und der ehrgeizige Anspruch, sozialistische Städte zu errichten, markieren konflikthaltige Probleme zwischen SED-Gesellschaftspolitik und Baukultur, die in der rigorosen Abrisspolitik der fünfziger und sechziger Jahre (Berliner Schloss, Leipziger Universitätskirche) schmerzliche Wunden hinterlassen hat. Zu Architektur und Städtebau in der DDR sind in den letzten Jahren drei Gesamtdarstellungen erschienen (Düwel 1995 [1098]; Flierl 1998 [1106]; Durth/Düwel/Gutschow 1999 [1097]). Auch das Dilemma der Stadtplaner, die sich im Spannungsfeld von politischen Anforderungen, gesellschaftlichen Bedürfnissen und modernen Architekturkonzepten bewegen mussten, ist von Zeitzeugen anschaulich beschrieben worden (Flierl 1998 [1105]; Barth 1999 [1088]). Eine interessante Fallstudie ist der Berliner Karl-Marx-Allee gewidmet (Engel, H./Ribbe 1996 [1102]), ähnlich instruktiv sind Untersuchungen zur Geschichte von Eisenhüttenstadt (Richter, J./Förster/Lakemann 1997 [1139]; Eisenhüttenstadt 1999 [1100]). Einen Überblick über die Architekturdebatten in der DDR *Zwischen Bauhaus und Stalinallee* bietet Schätzke (1991 [1142]), eine aufschlussreiche kultursoziologische Studie zum *Wohnerlebnis in Ostdeutschland* hat Silbermann (1992 [1149]) vorgelegt.

6. Musik

Mit *Rockszene DDR* hat Olaf Leitner (1983 [1210]) ein massenkulturelles Terrain sondiert, auf dem sich eine neue Generation von Musikern tummelte, »die ihr Land mutig und zäh in die Internationale des Rock eingefügt haben«. Die Geschichte der Rockmusik in der DDR macht die zunehmende Ausdifferenzierung spezifischer Jugendmilieus sichtbar, die sich im Erfahrungshorizont eigener Ent-Täuschungen unter dem Einfluss der westlichen Popkultur von politischen Illusionen zunehmend befreiten. Die Studien von Michael Rauhut (1993 [1221], 2002 [1222]) haben die Außenansicht Leitners durch den Vorzug des Insiders und durch umfangreiche Recherchen nachhaltig ergänzt und bis zum Ende der DDR fortgeschrieben, wobei auch die Kontakte zur westdeutschen Rockmusik thematisiert worden sind (Rauhut 1996 [1223]). Das Spannungsverhältnis von *Rockmusik und Politik* steht im Vordergrund der Dokumentaranalyse von Wicke/Müller (1996 [1161]), während Galenza/Havemeister (1999 [702]) eine umfangreiche Publikation zu unabhängigen Musikszenen – Punk, New Wave, HipHop, Independence – in den achtziger Jahren vorgelegt haben, in denen vor allem Beteiligte zu Wort kommen, die häufig im crossmedialen Spektrum der unabhängigen Kultur agiert haben. Das *Rocklexikon der DDR* (Hintze 1999 [1197]) und die anschauliche Rekonstruktion der Lebensgeschichte von »Silly«-Sängerin Tamara Danz (Osang 1997 [1217]) ergänzen das Spektrum. Es wäre eine interessante Forschungsaufgabe, eine Geschichte der Rockmusik in Deutschland zu erarbeiten. Sie könnte wichtige Aufschlüsse zu einer vergleichenden Geschichte der Jugendkulturen vermitteln, wie sie seit Herbst 2003 im Pop-Rock-Museum Gronau inszeniert wird.

7. Gegenkultur

Seit Mitte der siebziger Jahre hat sich in der DDR nicht nur eine politische Oppositionsbewegung entwickelt, sondern auch eine »Gegenkultur«, überwiegend von Akteuren geprägt, die in die DDR »hineingeboren« (Uwe Kolbe) waren. Einblicke in die »andere Literatur« der achtziger Jahre vermittelt der Sammelband von Arnold, H./Wolf, G. (1990 [1167]). Er umfasst neben sprachanalytischen Beiträgen auch zahlreiche Texte von Autoren, die als Erfahrungsprotokolle einer Szene, die im Modus der »Zersammlung« kommunizierte und im »Niemandsland« angesiedelt war, aufschlussreiche Quellen für weitere Forschungsprojekte darstellen. Der Sammelband *Jenseits der Staatskultur* (Muschter/Thomas, R. 1992 [1215]), der als frühes Kooperationsprojekt von Autoren aus Ost und West entstanden ist, verdeutlicht, dass die unabhängigen Kulturszenen der achtziger Jahre nicht voraussetzungslos in Erscheinung getreten sind, sondern an »Traditionen autonomer Kunst« anknüpfen konnten. Sie wurden von einer jungen Generation getragen, die sich von der »Vormundschaft eines übergeordneten Sinns« (Elke Erb) befreit hatte. In dieser innovationsfreudigen unabhängigen Kultur wurden multimediale Kunstprojekte realisiert, hektographierte Zeitschriften in geringer Auflage sowie Lyrik-Grafik-Mappen ediert. Im *Durchgangszimmer Prenzlauer Berg* (Felsmann/Gröschner 1999 [1182]), ebenso in Leipzig (Grundmann/Michael/Seufert 2002 [1191]), Dresden und Karl-Marx-Stadt entwickelten sich Biotope, die sich durch anarchische Kreativität und avantgardistische Kunstattitüden auszeichneten, obwohl sie diesen Anspruch nicht immer einzulösen vermochten. Sie wurden vom Überwachungsstaat zwar unterwandert, doch manipulieren konnte er sie nicht (Böthig/Michael 1993 [671]). In diesen Szenen vermischten sich auf eigentümliche Weise künstlerische Ambitionen und lebensweltliche Bedürfnisse. Kunst wurde nicht nur als ästhetische Herausforderung verstanden, sondern auch als Mittel zur Selbstverwirklichung betrachtet. Nach 1989/90 sind diese Szenen rasch zerfallen und nur ein Teil der Akteure hat sich erfolgreich in den gesamtdeutschen Kulturbetrieb integrieren können. Eine Geschichte der Alternativkultur ist noch nicht geschrieben worden, sie könnte in erster Linie als kultursoziologisch orientierte Künstler-Sozialgeschichte aufschlussreich sein.

8. Kulturpolitik

Kunst in der Diktatur ist den Machtworten der Politik und der Praxis einer reglementierenden Kulturbürokratie ausgesetzt. Die komplexe Interaktion zwischen Zensur und Eigen-Sinn markiert den Reflexionshorizont einer politischen Kulturgeschichte der DDR. Für den Zusammenhang von Kultur und Politik bleibt Manfred Jägers reichhaltig dokumentierter Abriss (1982, Neuausgabe 1994 [1200]) die beste Informationsquelle. Im Ergebnis der Arbeit der beiden Enquete-Kommissionen zur Aufarbeitung der Geschichte der SED-Diktatur sind verschiedene Expertisen entstanden, die vor allem das Spannungsfeld von Kultur und Politik ausloten (Materialien 1995 [42]), bildende Kunst und Unterhaltungsmusik (Materialien 1999 [43]) näher beleuchten und dabei die Wirkungen der SED-Kulturpolitik auf die Entwicklung der Künste in den Vordergrund stellen. Die Arbeit der Enquete-Kommissionen hat vor allem durch die zahlreichen Beiträge von Zeitzeugen Quellenwert.

Eine sorgfältige, quellengesättigte Analyse über Politik und Kultur in der SBZ hat Gerd Dietrich (1993 [1176]) vorgelegt. Antonia Grunenberg (1990 [1192]) stellt für die Honecker-Periode die wachsende Distanzierung der jungen Generation von den politisch propagierten Leitbildern und Kulturmustern dar und interpretiert literarische Werke aus dieser Zeit als »Medium von Bewusstseinslagen und Konflikten«. Die konfliktreiche Geschichte des Kulturbundes von 1945 bis Mitte der fünfziger Jahre kann man in einer Studie (Heider, M. 1993 [263]) und einer kommentierten Dokumentation (Heider, M./Thöns 1990 [262]) nachvollziehen. Während im Präsidialrat des Kulturbundes 1953 noch heftige Kritik an der Unterdrückungspraxis des SED-Staates geübt werden konnte, wurde diese nach dem Ungarn-Aufstand seit 1957 vollständig unterdrückt. Das Dilemma eines »gespaltenen Dichters«, des ersten Kulturbund-Präsidenten und späteren Ministers für Kultur, Johannes R. Becher, wird in einer neuen Biographie (Dwars 1998 [1178]) deutlich. Das Werk überzeugt durch sorgfältige Materialrecherche, allerdings überwiegt eine Sichtweise, die Bechers innere Widersprüche in den Vordergrund stellt und demgegenüber die strukturellen Determinanten der Kulturpolitik eher vernachlässigt. Ein Sammelband (Agde 2000 [1164]) behandelt Verlauf und Folgen des (11.) »Kahlschlag«-Plenums 1965, das einen ähnlichen Kulturschock ausgelöst hat wie elf Jahre später die Zwangsausbürgerung von Wolf Biermann (Berbig u.a. 1994 [665]). Groth (1994 [1190]) deckt in politischen Fallstudien und literarischen Werkanalysen Konflikte auf, die sich im Verhältnis zwischen Schriftstellern und Staatspartei von 1949 bis 1989 ereignet haben. Ein unverzichtbares Standardwerk ist die umfassende Untersuchung von Joachim Walther (1996 [1236]) zum Verhältnis von Literatur und Staatssicherheit. Die Funktionsweise des Zensur-Systems haben Barck/Langermann/Lokatis (1996 [1170]) in einer methodisch überzeugenden Studie für die Zeit bis Ende der sechziger Jahre analysiert, die als exemplarischer Beitrag zum Verständnis der Geschichte der Kulturpolitik grundlegende Bedeutung besitzt. Wichner/Wiesner (1991 [1238] u. 1993

[1237]) haben symptomatische Beispiele literarischer Zensurpraxis vorgestellt und dabei vor allem auch die fragwürdige Praxis der von der Zensurbehörde (HV Buchhandel und Verlage im Ministerium für Kultur) in Auftrag gegebenen Gutachten beleuchtet. Dass es trotz aller Restriktionen auch *Das Loch in der Mauer* gab, belegen Lehmstedt/Lokatis (1997 [1277]) mit ihrem Sammelband zum innerdeutschen Literaturaustausch. Eine diskursanalytisch orientierte Studie zum Verhältnis von Literatur und Politik von 1945 bis 1961 hat Gansel (1996 [1184]) vorgelegt. Sie ist vor allem im Hinblick auf ihren methodischen Ansatz bemerkenswert. Wie konfliktreich die Debatten zwischen Parteifunktionären und Künstlern verliefen, lässt eine Geschichte der Akademie der Künste in Dokumenten erkennen (Stiftung Archiv der Akademie der Künste 1997 [1229]). Sie ist eine interessante neue Quelle und eine hilfreiche ergänzende Lektüre zu einer neuen Veröffentlichung von Mittenzwei (2001 [1214]). Seine Studie zum Verhältnis von Schriftstellern und Politik in der DDR knüpft an Bourdieus Konzept des »engagierten Intellektuellen« an und analysiert die Beziehung zwischen »Geist und Macht« als Konfliktgeschichte zwischen Partei- und Staatsführung und Literaten. Die Ausblendung sozialismuskritischer Autoren hat berechtigte Einwände hervorgerufen, ebenso vermag der Schlussteil, der die neunziger Jahre behandelt, wenig zu überzeugen. Er erschöpft sich in einem politischen Kommentar und verlässt dabei weitgehend seine kultursoziologische Perspektive. Trotz dieser Einwände lässt Mittenzweis Untersuchung erkennen, wie fruchtbar eine Mentalitätsgeschichte der ostdeutschen Intelligenz sein könnte, wenn sie in einem umfassenden gesellschaftsgeschichtlichen Kontext thematisiert würde.

In einer geschlossenen Gesellschaft wird die öffentliche Kommunikation weitgehend eingeschränkt. Welche Spielräume und Handlungsfelder verblieben, zeigt ein Sammelband, der nahezu vollständig die Zeitschriften in der DDR porträtiert (Barck/Langermann/Lokatis 1999 [319]). Das Spektrum reicht von der SED-Parteipresse über populäre Wochenzeitschriften bis zu der subkulturellen inoffiziellen Zeitschriftenproduktion. Es verdeutlicht vielfältige Formen medialer Kommunikation unterschiedlicher Reichweite, in der die Vorherrschaft einer verordneten Sinngebung erfolgreich und listig unterlaufen wurde.

9. Mentalitäts- und Kulturgeschichte

Nach der deutschen Vereinigung sind zahlreiche Publikationen vorgelegt worden, die den Versuch unternommen haben, Psychogramme der ostdeutschen Gesellschaft zu entwerfen, die als Bausteine zu einer Mentalitätsgeschichte der DDR verstanden werden können. Diese Absicht hat bereits 1987 ein überraschenderweise durch Honecker genehmigtes westdeutsches Oral-History-Projekt in der DDR verfolgt, das unter dem signifikanten Titel *Die volkseigene Erfahrung* (Niethammer/Plato/Wierling 1991 [1136]) publiziert worden ist. Hans Mayer (1991 [1055]) nimmt mit *Der Turm von Babel. Erinnerung an eine Deutsche Demokratische Republik* ein Becher-Gedicht zum Ausgangspunkt für eine Geschichte der Desillusionierung im real existierenden Sozialismus der DDR, die sich im Generationenwandel literarisch besonders markant abzeichnet. Die Studien von Hans-Joachim Maaz, vor allem sein erstes Buch *Der Gefühlsstau* (1990 [1130]), haben kurze Zeit lebhafte Debatten ausgelöst. Seine durch eigene Berufspraxis gestützte Analyse der psychosozialen Folgen staatlicher Repressionen verdankt ihre Wirkung nicht zuletzt einer einseitigen Zuspitzung. Sie ließ außer Betracht, dass die DDR zwar intentional eine »durchherrschte Gesellschaft« darstellte, gleichzeitig aber lebenspraktische Verhaltensmuster gegen den politischen Verfügungsanspruch ausgebildet worden sind. Diese lassen sich nicht nur als Rückzug in die Privatsphäre interpretieren (wie es Günter Gaus mit seinem Begriff »Nischengesellschaft« nahe legt), sondern haben auch selbst-bestimmte innergesellschaftliche Kooperationsformen hervorgebracht, deren bewusstseinsprägende Bedeutung nicht ausgeblendet werden kann, wenn von den Wirkungen ideologischer Indoktrination die Rede ist.

Wolfgang Engler hat bisher mit seinen Studien die wichtigsten Beiträge zu einer Mentalitätsgeschichte der Ostdeutschen geleistet. Ausgehend von Theoriekonzepten, in denen die Differenz östlicher und westlicher Lebensformen reflektiert wird (Engler 1995 [1022]), verbindet er ethnologisches Erkenntnisinteresse und soziologische Analyse, wodurch eine neue Sicht auf die Kultur- und Gesellschaftsgeschichte der DDR eröffnet wird. Engler (1999 [1021]) zeigt anschaulich, »wie die ostdeutsche Gesellschaft das, was von oben in sie eingepflanzt wurde, aufnahm, verarbeitete, umdeutete und verwandelte«. Die »arbeiterliche Gesellschaft«, die sich ökonomisch und sozialstrukturell von der bürgerlichen Gesellschaft lösen musste, hatte im Wechsel der Generationen gegen den »politischen Fremdzwang« der Parteiherrschaft vielfältige Ausprägungen von »sozialem Eigensinn« entwickelt, die auch nach dem Scheitern des Staatssozialismus als Kulturmuster fortwirken. In seinem neuen Buch (2002 [1020]) interpretiert er *Die Ostdeutschen als Avantgarde*, als Protagonisten eines unvermeidlichen Übergangs von der Arbeitsgesellschaft in eine »Postarbeitsgesellschaft«, in der die Arbeit zunehmend zur Mangelware wird, andere Formen individueller Selbstverwirklichung kreiert werden müssen. In der ostdeutschen »Transfergesellschaft« stellt sich zuerst die Frage: »Kann man den erzwungenen Ausstieg aus der Arbeitsgesellschaft so gestalten, dass er nicht nur lebbar ist, sondern anziehend wird, zur inneren Alternative der Arbeitsgesellschaft avanciert?« An Englers Studien besticht vor allem der Versuch, ostdeutsche Mentalitätsentwicklungen aus einer gesellschaftlichen Perspektive »von unten«, als handelndes Subjekt, das nicht nur als bloßes Herrschaftsobjekt fungiert, zu erschließen. Damit eröffnet sich die Möglichkeit, die beiden deutschen (Teil-)Gesellschaften realitätsnäher in Beziehung zu setzen, als nur im Horizont ihres politischen Entstehungszusammenhangs, als Gegensatz von Demokratie und Diktatur.

Als erster Autor hat Hermann Glaser (1997 [1187]) eine *Geschichte der deutschen Kultur seit 1945* vorgelegt. Sie knüpft an seine – mentalitätsgeschichtlich akzentuierte – *Kulturgeschichte der Bundesrepublik Deutschland* (in drei Bänden) an, so dass die westdeutsche Kultur folgerichtig im Vordergrund steht und die Entwicklung in der DDR eher schlaglichtartig beleuchtet wird. Das Buch besticht vor allem durch seinen Schlussteil, der die komplexen Prozesse der »kulturellen Vereinigung« reflektiert. Hier liegt auch der Schwerpunkt einer aktuellen Analyse zum Verhältnis von Kultur und Gesellschaft (Thomas, R. 2001 [1234]) im vereinigten Deutschland, die durch einen ausführlichen Überblick zur Kulturgeschichte fundiert wird. Der Beitrag dokumentiert eine aktuelle Umfrage, aus der hervorgeht, dass die Kultur für die Identitätsbildung im Osten Deutschlands eine signifikant höhere Bedeutung besitzt als im Westen. Englers Studien machen diesen Befund besonders plausibel.

Christa Wolfs *Kindheitsmuster* beginnt mit einer Sentenz William Faulkners: »Das Vergangene ist nicht tot; es ist nicht einmal vergangen.« Wenn wir uns fremd stellen, so folgert die Autorin, trennen wir das Vergangene von uns ab, das bedeutet: Wir verlieren dann unsere Identität – als Personen, aber auch als Gesellschaft. Vergangenheit bleibt nicht als »objektive« Geschichte gegenwärtig, sie wird in »Erinnerungsräumen« (Aleida Assmann) aufgehoben, in denen wir uns wiedererkennen können oder neu einrichten müssen. Nur auf diese Weise kann die geteilte deutsche Vergangenheit zur gemeinsamen Geschichte werden. Und das »kulturelle Gedächtnis« bildet die Brücke, auf der wir uns begegnen können. In dieser Erkenntnis liegen Sinn und Zweck einer gesamtdeutschen Kulturgeschichte.

GISELA HELWIG

Frauen in der DDR zwischen Familie und Beruf

Die rechtliche und politische Ausgestaltung der Frauen- und Familienpolitik verlief in den beiden deutschen Staaten systembedingt zwar sehr unterschiedlich, wies jedoch eine durchgängige Parallele auf: die fortdauernde Fixierung auf eine funktionale Aufgabenteilung zwischen Mann und Frau.

Dabei hatte es zunächst den Anschein gehabt, als wolle die DDR gerade in dieser Beziehung mit der gemeinsamen Vergangenheit brechen. Die fünfziger und sechziger Jahre standen im Zeichen der möglichst umfassenden Integration von Frauen in die Arbeitswelt. Ideologische und ökonomische Zielsetzungen trafen zusammen: Die von den Klassikern des Marxismus-Leninismus geforderte Befreiung des weiblichen Geschlechts durch seine Eingliederung in den Produktionsprozess entsprach angesichts des Mangels an Arbeitskräften den Intentionen von Partei und Staat. Der Ausbau kommunaler und betrieblicher Einrichtungen zur Kinderbetreuung sowie eines Dienstleistungsnetzes sollte von häuslichen Pflichten entlasten.

Das Ausmaß des Konfliktes zwischen beruflichen und privaten Pflichten geriet erst dann ins Blickfeld der Partei- und Staatsführung, als unerwünschte Entwicklungen – vor allem rückläufige Geburtenraten und ein starker Trend zur Teilzeitarbeit – Gegenmaßnahmen herausforderten. Die sozialpolitischen Interventionen der siebziger und achtziger Jahre bedeuteten insofern einen Fortschritt, als sie zu einer gewissen Umverteilung des verfügbaren Zeitbudgets zugunsten der Familie führten. Allerdings wurden nur voll beschäftigte Mütter (nicht aber Väter) mehrerer Kinder – u.a. durch verkürzte Arbeitszeit, mehr Urlaub, ein bezahltes »Babyjahr«, Freistellung zur Pflege erkrankter Kinder – entlastet und damit auf den häuslichen Pflichtenkreis verwiesen.

Der von Konrad H. Jarausch geprägte Begriff »Fürsorgediktatur« trifft hinsichtlich des Politikstils insbesondere auf die beiden letzten Jahrzehnte der DDR zu. Die Programme zur Frauen- und Familienförderung waren jeweils Reaktionen auf spezifische – insbesondere demographische – Problemlagen. Der Einstieg erfolgte 1972 in zeitlicher Nähe zur Legalisierung des Schwangerschaftsabbruchs, die Geburtenausfälle erwarten ließ. Weitere kostenträchtige Regelungen folgten, wenn die erwarteten Resultate der vorherigen unbefriedigend blieben bzw. »aufgebraucht« waren. In keinem Fall fanden im Voraus öffentliche Diskussionen statt. Die jeweiligen Maßnahmen wurden vielmehr im Rahmen der »Einheit von Wirtschafts- und Sozialpolitik« von der SED beschlossen und verkündet: »Eigenständigkeit in der Vertretung von Interessen wurde weder von den anderen Parteien noch von den Gewerkschaften und noch weniger vom Demokratischen Frauenbund Deutschlands wahrgenommen.« (Winkler, G. 1990 [1078])

Die Frauen- und Familienpolitik der SED bewirkte, dass sich geschlechts-spezifische Orientierungen sukzessive verstärkten. Hatte man in den sechziger Jahren Schulabsolventinnen mit nicht bedarfskonformen Berufswünschen in gewerblich-technische Ausbildungsgänge »umgelenkt«, so gewann ab Mitte der siebziger Jahre die Unterscheidung zwischen Frauen- und Männerbe-rufen zunehmend an Bedeutung, was seitens der staatlichen Berufslenkung nachdrücklich unterstützt wurde. Betriebsleitungen begründeten die Bevorzu-gung männlicher Lehrlinge und Arbeitskräfte für technische Bereiche einerseits mit mangelndem Interesse weiblicher Jugendlicher und darüber hinaus gene-rell mit den hohen Ausfallquoten und Fluktuationsraten bei Frauen. Die staat-lichen Maßnahmen zur Vereinbarkeit von Beruf und Mutterschaft lösten eine Entwicklung aus, die den Arbeitsmarkt mehr und mehr geschlechtsspezifisch segmentierte.

Die hier in Grundzügen zusammengefasste Problematik wurde in der Bun-desrepublik lange vor der friedlichen Revolution in zahlreichen Publikationen behandelt. Wenngleich viele Daten und Fakten nicht zugänglich waren, entstan-den auf der Basis des verfügbaren Materials durchaus respektable Analysen, die zu Recht auch heute noch ausgewertet und zitiert werden. Beispielhaft sei eine Mitte der achtziger Jahre entstandene Studie zur Familienpolitik in der DDR genannt (Obertreis 1986 [1062]).

Bereits im Sommersemester 1990 fand unter dem Titel »Grenzenlose Frau-enforschung« eine allein von Frauen bestrittene Gesamtberliner Ringvorlesung statt – alternierend an der Humboldt-Universität im Ost- und der Technischen Universität im Westteil der Stadt. Expertinnen aus damals noch zwei deut-schen Staaten referierten auf der Grundlage langjähriger wissenschaftlicher Arbeit über ihre jeweiligen frauenpolitischen Erkenntnisse und Erfahrungen, die teilweise sehr unterschiedlich waren, daneben aber auch eine Reihe von Gemeinsamkeiten – etwa in der tradierten Funktionszuordnung – aufwiesen (Joester/Schöningh 1992 [1120]). In einem insbesondere für die politische Bil-dung konzipierten Band wurden wesentliche Lebensbereiche – Familie, Beruf, gesellschaftliche Partizipation usw. – aus jeweils östlicher und westlicher Per-spektive dargestellt und interpretiert (Helwig/Nickel 1993 [1031]).

Jede der beiden genannten Publikationen enthält jeweils mehrere Beiträge von Autorinnen, die im letzten Jahrzehnt der DDR die massiv eingeschränkten Forschungs- und Publikationsmöglichkeiten so weit wie eben möglich auslo-teten. Die Kulturwissenschaftlerin Irene Dölling und die Soziologin Hildegard Maria Nickel gründeten 1980 zusammen mit Gleichgesinnten an der Ostberli-ner Humboldt-Universität einen Arbeitskreis für Frauenforschung, der »immer den Geruch des Subversiven« hatte (Nickel). Für die »parteiliche« Darstellung der Situation von Frauen in Familie, Beruf und öffentlichem Leben waren vor allem zwei Institutionen zuständig: die 1966 an der Pädagogischen Hochschule »Clara Zetkin« in Leipzig gegründete Forschungsgemeinschaft »Geschichte des Kampfes der Arbeiterklasse um die Befreiung der Frau« und der Wissen-schaftliche Beirat (ab 1981: Rat) »Die Frau in der sozialistischen Gesellschaft«

bei der Akademie der Wissenschaften. Während sich die Leipziger Forscher/
innen mehr oder weniger auf apologetische Darstellungen beschränkten, ist
der Beirat/Rat differenzierter zu sehen. Er gab zweimonatlich *Informationen*
heraus, die nur einem ausgewählten Kreis von Partei-, Staats- und Gewerkschaftsfunktionären sowie Wissenschaftler/innen zugänglich gemacht wurden.
Die Beiträge bewegten sich zwar auf systemkonformem Terrain, doch wurden
heikle Befunde und Entwicklungen – z.B. gravierende Mängel in der institutionellen Kinderbetreuung oder die negativen Auswirkungen von Schichtarbeit der Eltern auf die Entwicklung ihrer Kinder – bedeutend realitätsnäher
dargestellt als in allgemein zugänglichen Publikationen. Zudem enthielten die
hektographierten Hefte ab 1985 auch ansatzweise systemkritische Arbeiten zur
einseitigen Verortung der »Vereinbarkeitsproblematik«.

Die skizzierte DDR-interne Forschungssituation sollte wissenschaftlich aufbereitet werden, wobei die Analyse durch Gespräche mit den Protagonistinnen
der jeweiligen Richtung zu ergänzen wäre. In diesem Zusammenhang ließen
sich auch Publikationen auswerten, in denen im letzten Jahrzehnt der DDR
pointierter als zuvor auf traditionelle Stereotype aufmerksam gemacht wurde –
z.B. *Weimarer Beiträge, Informationen zur soziologischen Forschung in der DDR,
Wissenschaftliche Zeitschrift der Martin-Luther-Universität Halle-Wittenberg.*

Den unbefriedigenden Stand der empirischen Frauenforschung legte 1990
Gunnar Winkler, Leiter des Ostberliner Instituts für Soziologie und Sozialpolitik, offen: »Sowohl die in der Vergangenheit erfolgte Begrenzung von Forschungen auf die berufstätigen Frauen als auch das Fehlen umfassender Analysen
zur spezifischen Lage von Frauen – z.B. der älteren Frauen – erschwerten die
Arbeit.« (Winkler, G. 1990 [1078]) Gleichwohl haben rund 20 Autorinnen und
Autoren eine Fülle von Material zusammengetragen. Ausführliche Darstellungen und abgewogene, teils recht kritische Wertungen zeichnen zusammen mit
zahlreichen Statistiken ein weithin realistisches Bild. Resümierend heißt es u.a.,
mehrere soziologische Untersuchungen hätten in den siebziger und achtziger
Jahren die fehlerhafte Frauenpolitik der Vereinbarkeit von Berufsarbeit und
Mutterschaft (anstatt Elternschaft) signalisiert, seien aber nicht zur Kenntnis
genommen worden. Eine »de facto-Gleichberechtigung« habe es nicht gegeben,
vielmehr seien »soziale Ungleichheiten zwischen Mann und Frau gravierender« gewesen »als andere vorhandene Ungleichheiten zwischen sozialen Gruppen«. Zudem habe Frauenpolitik stets nur den arbeitenden Teil der weiblichen
Bevölkerung, vor allem berufstätige Mütter, erreicht. Nicht Berufstätige, z.B.
Rentnerinnen, blieben außen vor. Die größten Versäumnisse gab es gegenüber
den Ältesten: »Die zu rund 75 Prozent aus Frauen bestehende Generation
wurde – obwohl sie die Generation der ›Trümmerfrauen‹ war – auf Lebensbe-
dingungen gesetzt, die mit humanistischen Vorstellungen nicht vereinbar waren.
Ungleichheiten, die traditionell historisch entstanden waren, wurden auf ›Nied-
rigniveau‹ egalisiert und legalisiert.«

Wie unterschiedlich die Lebensgestaltung der weiblichen Bevölkerung in
der DDR zwischen 1949 und 1989 verlief, verdeutlicht eine Studie, der Inter-

views mit Frauen verschiedener Generationen zugrunde liegen (Trappe 1995 [1071]). Im Mittelpunkt stehen die Verbindung von familialen Aufgaben und Erwerbsarbeit sowie die daraus resultierenden Konsequenzen für die berufliche Entwicklung. Frauen, die Ende der vierziger, Anfang der fünfziger Jahre häufig ohne jede Qualifikation eine schlecht bezahlte Erwerbstätigkeit aufnahmen, unterbrachen diese in der Regel für längere Zeit, gebaren häufig mehrere Kinder, die sie selbst betreuten, und entschieden sich anschließend vielfach für eine Teilzeitarbeit (die Konsequenz war eine geringe Altersrente). Nur eine Minderheit dieser Generation blieb ununterbrochen erwerbstätig, was durch private Kinderbetreuung ermöglicht wurde. Bei den Geburtenjahrgängen 1939 bis 1941 schwächten sich die »Polarisierungstendenzen« in Bezug auf die Kombination familialer und beruflicher Anforderungen allmählich ab, obwohl die Kapazitäten der Kinderbetreuungseinrichtungen noch längere Zeit unzulänglich blieben.

Die meisten in der DDR geborenen und sozialisierten Frauen unterbrachen ihre Berufstätigkeit nach der Geburt eines Kindes nur für kurze Zeit. Umfassend nutzten sie die vom paternalistischen Staat gewährten Freistellungsregelungen; die Kinder wurden überwiegend institutionell betreut. Die Autorin betont in diesem Zusammenhang, dass sich – entgegen ihrer Erwartung – bei den jüngeren Frauen »keine Anzeichen für Gegenstrategien gegen aufoktroyierte Lebensmuster nachweisen« ließen. Es sei nicht übertrieben, für diese Generation von einer hochgradigen sozialpolitischen Steuerung ihrer Lebensgestaltung zu sprechen. Die fast ausschließlich an Mütter adressierten Regelungen zur Erleichterung der Doppelbelastung schrieben traditionelle Rollenzuweisungen fest, die auch das Berufsleben erfassten: »Frauen trafen im Erwerbssystem auf blockierte Entwicklungspfade und blieben auf eingeschränkte Berufsfelder verwiesen.« Anstelle einer Annäherung der Lebensverläufe von Frauen und Männern habe die Sozialpolitik der DDR »einseitige Anpassungsleistungen von Frauen« gefördert.

Frauenerwerbsarbeit in Ost- und Westdeutschland war das Thema einer Tagung, die im Januar 1996 in der »Arbeitsstelle für Vergleichende Gesellschaftsgeschichte« an der FU Berlin stattfand. Im Zusammenhang damit entstand eine Aufsatzsammlung (Budde 1997 [1015]), für deren DDR-bezogene Beiträge SAPMO-Akten ausgewertet und durch Befragungen von Zeitzeuginnen ergänzt wurden. Insgesamt bestätigt sich auch hier, dass Frauen zwar in den Arbeitsprozess integriert waren und dies auch als wesentlichen Bestandteil ihrer Lebensplanung ansahen, häufig aber mit massiven Benachteiligungen rechnen mussten. Formal gleiche Bildungsabschlüsse eröffneten keineswegs gleiche Karrierechancen. Männlich definierte Berufsbilder, vor allem in Technik und Wissenschaft, blieben auf den höheren Ebenen »von einem weiblichen ›Vordringen‹ weitgehend verschont«. Doch auch in ostdeutschen Industriebetrieben stieß man in aller Regel auf die traditionellen Hierarchien. Das galt ebenso für die Land- und Forstwirtschaft, einen Sektor, der in diesem Band in Bezug auf das Tätigkeitsspektrum von Frauen wie auf die dörfliche Infrastruktur wohl zu positiv dargestellt ist. Die Autorin betont, dass Ende 1989 gut 90 Prozent aller Mitarbeiterinnen über eine abgeschlossene Berufsausbildung verfügten und 37 Prozent ein Studium, zumeist an einer Fachschule, absolviert hatten. Es gab allerdings, wie sie auch erwähnt, nur 2,8 Prozent weibliche LPG-Vorsitzende. Offensichtlich krisenhafte Entwicklungen, z.B. die zunehmende Landflucht von Frauen, werden dagegen nicht thematisiert. Untersuchungen, über die zwischen 1987 und 1989 in wissenschaftlichen DDR-Zeitschriften berichtet wurde, machten z.B. darauf aufmerksam, dass Frauen vor allem schwere Handarbeit auf den Feldern und in alten Ställen zu verrichten hatten und dass es an Nachwuchskräften fehlte. Die Berufsmotivation sei wenig ausgeprägt, und die Entlohnung werde als unbefriedigend empfunden. Veränderungen ließen sich nur langfristig durchsetzen, u.a. durch den Auf- und Ausbau von Dienstleistungs-, Handels- und Kinderbetreuungseinrichtungen sowie die Verbesserung der technischen und sozialen Infrastruktur. – Bleibt zu konstatieren, dass dieser wichtige Bereich der DDR-Volkswirtschaft – über spezifische »Frauenfragen« hinaus – intensiver erforscht werden sollte.

Ende der achtziger Jahre waren in der DDR knapp 80 Prozent der weiblichen Bevölkerung im arbeitsfähigen Alter erwerbstätig, und die Identifikation mit der Arbeitsstelle erreichte in vielen Betrieben einen hohen Grad. Vor allem in Frauenbrigaden spielte die gemeinsame Arbeit als »Kommunikations- und Solidarzusammenhang« eine große Rolle (Hübner 1995 [1038]).

Eine beispielhaft recherchierte Monographie über Industriearbeiterinnen im VEB Leipziger Baumwollspinnerei hat die Sozialwissenschaftlerin Annegret Schüle (2001 [1147]) vorgelegt: Im Mittelpunkt stehen Interviews mit ehemaligen Beschäftigten des VEB, wo in einer der Produktionsstätten Hunderte Frauen Rohbaumwolle zu Garn verarbeiteten. Die Arbeit war schwer und schmutzig, das Prestige der teilweise unter katastrophalen Bedingungen tätigen Spinnerinnen denkbar gering.

Die ungeordnet in Kartons verwahrten Akten des Betriebes, 30 laufende Meter, hat die Autorin selbst erschlossen. Für die Sorgfalt, mit der sie an die Arbeit heranging, spricht auch das gut 70 Seiten umfassende Einführungskapitel, in dem u.a. der Forschungsstand zur Frauenarbeit insgesamt sowie Fragestellungen, Quellen und Methoden erläutert werden.

Die interviewten Frauen gehören zwei aufeinander folgenden Generationen an – die älteren, die alle Jahrzehnte lang in der »Spinne« arbeiteten, sind überwiegend in den dreißiger, die jüngeren in den sechziger Jahren geboren. Die Betriebsbindung ließ mit der Zeit ebenso nach wie das Interesse am beruflichen Aufstieg. Hinzu kam, dass sich die Arbeitsbedingungen kontinuierlich verschlechterten. Generell weist die Autorin darauf hin, dass die »erste Generation (...) offensichtlich viel stärker mit der DDR-Gesellschaft verwachsen« gewesen sei, während die Jüngeren »mehr Kritik« anmeldeten und häufig z.B. nicht bereit waren, in die SED einzutreten, um sich von Facharbeiterinnen zu Meisterinnen qualifizieren zu können.

Immerhin galt in der »Spinne« nicht das ansonsten weit verbreitete Prinzip: Männer leiten Frauen an, sondern es gab eine weibliche Betriebshierarchie: Brigadierinnen, Meisterinnen, Abteilungsleiterinnen, Produktionsstättenleiterin. Das Gefühl der Zusammengehörigkeit war bei den Spinnerinnen sehr stark. Man kümmerte sich umeinander und unternahm viel zusammen, wie die Brigadetagebücher ausweisen und die Interviewten bekräftigten: »Die Spinnerei war ein Teil von unserem Leben (...) Wie ne Familie war das ja. Jeder kannte dem anderen sein Problem.«

In ihrer Schlussbetrachtung beantwortet die Autorin die eingangs gestellte Frage, ob die Arbeiterinnen in ihrem Betrieb eine aktive Rolle spielen konnten, mit Einschränkungen positiv: »Die patriarchal-paternalistische Verfaßtheit der DDR-Gesellschaft wurde in der von Frauen getragenen familiarisierten Betriebskultur allerdings nicht aufgebrochen, sondern in ihrer eigentümlichen und ambivalenten Verbindung von Geborgenheit und Unterordnung reproduziert.«

Der in DDR-Dokumenten häufig auftauchende, ausschließlich auf Frauen bezogene Begriff »Mitgestalter« war verräterisch, deutete er doch nicht auf gleichberechtigte Teilhabe, sondern auf großzügig gewährte Mitwirkung. Das galt auch für die Politik. Die relativ hohen Anteile weiblicher Parteimitglieder und Abgeordneter taugten kaum zum Nachweis nennenswerten Einflusses. Wesentliche Entscheidungen fielen in den obersten SED-Gremien, wo Frauen extrem unterrepräsentiert waren. Offene Diskussionen über androzentrische Machtstrukturen fanden nicht statt. Eine umfangreiche Studie zum Patriarchalismus in der DDR als Herrschaftsform zeigt auf, wie sich die tradierten Normen in wesentlichen Bereichen von Politik und Gesellschaft auswirkten. Problemzentrierte Interviews erfassen die subjektive Wahrnehmung: Während Frauen Kinder, Familie und Beruf als Einheit betrachten, beschreiben Männer ihre Berufsarbeit losgelöst vom familialen Kontext (Diemer 1994 [1017]).

Die Kritik an der »patriarchalen Gleichberechtigung« sollte allerdings nicht den Blick dafür verstellen, dass es einen »Gleichberechtigungsvorsprung der DDR gegenüber der BRD« (Rainer Geißler) gab. Das gilt sowohl in Bezug auf Qualifikation und finanzielle Selbständigkeit als auch hinsichtlich der – wenngleich einseitig auf Mütter bezogenen – Hilfen zur Vereinbarkeit von Familie und Beruf.

Welche Prägungen das in der sozialwissenschaftlichen Forschung als patriarchal oder paternalistisch gekennzeichnete Regime der SED verursacht und hinterlassen hat, ist noch nicht hinreichend erforscht. Die Defizite der von der Parteiführung gewährten »Gleichberechtigung« spiegelten sich in allen gesellschaftlichen Bereichen wider. Trotz gegenteiliger Behauptungen von offizieller Seite waren sowohl das Bildungswesen als auch die Arbeitswelt, die Erziehung in der Familie und nicht zuletzt die so genannten Massenorganisationen mit geschlechtsspezifischen Orientierungen durchsetzt. Für eine Gesamtanalyse dieses Befundes und seiner Auswirkungen steht heute eine Fülle von Material zur Verfügung.

PETER SKYBA

DDR-Jugend und Jugendpolitik der SED

Die Jugendpolitik war Teil des Versuchs der SED-Diktatur, die Gesellschaft der DDR zu durchdringen, sie neu zu formieren und so ihrer Herrschaft zu unterwerfen. Ihr wichtigstes Instrument war der einzige in der DDR zugelassene Jugendverband, die Freie Deutsche Jugend.

Die Auseinandersetzung mit der Geschichte der ostdeutschen Jugendpolitik und insbesondere mit der FDJ folgte bis 1989 weitgehend den Grundtendenzen der bundesrepublikanischen DDR-Forschung einerseits und der parteilichen Zeitgeschichtsschreibung der DDR andererseits. Aus westdeutscher Perspektive wurde die ostdeutsche Jugendpolitik seit Beginn der fünfziger Jahre aufmerksam verfolgt. Im Kontext der Systemauseinandersetzung stand dahinter zunächst die politische Befürchtung, das SED-Regime fände bei der Jugend – nicht nur derjenigen Ostdeutschlands – begeisterte Unterstützung. Bald wich diese Sichtweise aber einer nüchterneren Betrachtungsweise. Größere Darstellungen folgten allerdings einem simplifizierten Totalitarismusmodell, das ab den sechziger Jahren sukzessive abgelöst wurde durch eine »systemimmanente« Interpretation, die zum Teil in den siebziger und achtziger Jahren die Distanz zu ihrem Gegenstand verlor. In der DDR galt eine den jeweiligen politischen Vorgaben entsprechende Darstellung der »Geschichte der Jugendbewegung« primär als Mittel zur politisch-ideologischen Erziehung der Jugendlichen. Das nach dieser Prämisse gezeichnete Geschichtsbild war derart politisch deformiert, dass es selbst nach Ansicht seiner Protagonisten nach 1989 keine Anknüpfungspunkte mehr bot. Einen systematischen Überblick über den 1989 erreichten Forschungsstand einschließlich bibliographischer Hinweise bieten Skyba/Mählert (1995 [1936]).

Im Zentrum der ersten Forschungen ab 1990 standen zunächst vor allem die Entstehungsphase der FDJ und ihre Etablierung als SED-Massenorganisation bis 1949, die erstmals auf breiter archivalischer Quellenbasis analysiert wurden. Ulrich Mählert (1995 [284]) zeichnet die Durchsetzung des KPD-Konzepts eines Monopoljugendverbands für Heranwachsende unterschiedlicher Weltanschauungen gegen die Auffassung aller anderen gesellschaftlichen Kräfte in der SBZ, die eine pluralistische Jugendverbandslandschaft favorisiert hatten, ebenso detailliert nach wie den schrittweisen Aufbau der Organisationsstrukturen, die von Beginn an eindeutig von KPD/SED-Funktionären dominiert wurden. Inhalt des Transformationsprozesses zur Massenorganisation ab 1947/48 war daher weniger die allmähliche Unterordnung der FDJ unter die Vorgaben der SED-Führung als vielmehr die von der Parteiführung veranlasste sukzessive Aufgabe der überparteilichen Fassade und die zunehmend ungetarnte Instrumentalisierung des Verbands für die Ziele des Regimes, der die vollständige Verdrängung der ohnehin machtlosen Nichtkommunisten aus der Führung der Organisation entsprach. Zwei insgesamt heterogene Sammelbände mit einem breiten Themenspektrum ergänzen das Bild der Entstehungsphase und Frühgeschichte der FDJ in der SBZ durch Zeitzeugenerinnerungen und aktengestützte Aufsätze. Sie vereinen allerdings kritische Analysen mit fehlerhaften Darstellungen und einzelnen apologetischen Beiträgen (Gotschlich/Herms/Lange/Noack 1996 [258]; Gotschlich/Lange/Schulze 1997 [259]). Die Arbeit von Füssl (1994 [1341]) bietet zwar keine konsistente Darstellung der Entstehung der FDJ, beleuchtet aber, ebenso wie eine Publikation des Landesjugendringes Berlin (Gröschel/Schmidt 1990 [1111]), wichtige Facetten der von der SBZ abweichenden Entwicklung in dem von den vier Siegermächten verwalteten Berlin. Trotz der Vielzahl von Arbeiten zur Entstehungsgeschichte der FDJ hat sich eine Forschungsdiskussion bisher nicht entwickelt, kontroverse Positionen finden sich nur in Einzelfällen. Die These, die Form der Jugendarbeit in einer Einheits- und Monopolorganisation und die politischen Aussagen der FDJ hätten insgesamt erhebliche Attraktivität besessen, beruht auf selektiven und methodisch defizitär durchgeführten Zeitzeugenbefragungen (Gotschlich 1999 [260]); aktengestützte Untersuchungen haben diese mehr oder weniger apologetische »Legende vom guten Anfang« längst falsifiziert. Dies wird gerade durch eine neuere Untersuchung zur »Westarbeit« der FDJ sowie eine umfangreiche Dokumentation untermauert (Herms 2001 [1707]; Herms/Popp 1997 [1706]). Wie der vergleichende Blick auf die Westzonen, wo nach Kriegsende zunächst ähnliche gesellschaftliche Ausgangsbedingungen bestanden, zeigt, hatte die in der SBZ realisierte Form der Jugendarbeit keine Massenbasis; sie konnte allein unter den Bedingungen der sich etablierenden Diktatur und mit Unterstützung der sowjetischen Besatzungsbehörde durchgesetzt werden.

Als gut erforscht gelten kann auch die Geschichte der SED-Jugendpolitik und der FDJ im Zeitabschnitt 1949 bis 1961. Hierzu liegt eine Studie vor, die systematisch Politikformulierung und Entscheidungsprozesse in den Apparaten und Spitzengremien von Staat und SED und ihre Umsetzung durch die FDJ als Versuch, diktatorische Herrschaft über eine gesellschaftliche Teilgruppe auszuüben, analysiert und dabei auch die staatliche Jugendpolitik mit einbezieht. Sie zeigt, dass das SED-Regime nicht allein daran scheiterte, größere Teile der Jugend positiv in das neue System zu integrieren und für seine Ziele zu gewinnen, sondern auch, dass die FDJ nicht zuletzt durch die Ideologisierung und Militarisierung der Jugendpolitik bereits Anfang der fünfziger Jahre in eine Krise geriet, die sich 1956 zur Existenzkrise der Organisation auswuchs. Dies und auch Formen abweichenden Verhaltens Jugendlicher – nicht zuletzt die massenhafte »Republikflucht« – überforderten die Reformfähigkeit des Regimes (Skyba 2000 [300]).

Systematische Untersuchungen der Jugendpolitik und der Entwicklung der FDJ ab den sechziger Jahren sind bisher ein Desiderat geblieben. Besonderes Interesse fanden allerdings die jugendpolitischen Reformansätze der Jahre 1963

bis 1965. Sie waren eine Reaktion auf die weitgehende Erfolglosigkeit der FDJ
in den Jahren zuvor. Vor allem aber standen sie in Zusammenhang mit den
gleichzeitig anlaufenden Versuchen zur Modernisierung und Effektivierung der
DDR-Ökonomie und den taktisch motivierten Anstrengungen, mittels kalku-
lierter, vorsichtiger Erweiterung der Spielräume der Heranwachsenden gerade
im Freizeitbereich, jugendliches Leistungspotenzial für die Wirtschaft freizu-
setzen. Monika Kaiser (1997 [162]) analysiert die Genese des neuen jugendpolitischen Kurses und sein jähes Ende 1965; sie stützt sich dabei primär auf
Aussagen und private Aufzeichnungen damaliger Protagonisten, aber kaum auf
die Überlieferung der Archive, was zu einer holzschnittartigen Sichtweise von
»Reformern« um Walter Ulbricht und »Reformgegnern« um Erich Honecker
beiträgt. Dieses Problem wird leider kaum in einer Dissertation thematisiert,
die sich der Jugendpolitik und der Jugendkultur vom Mauerbau bis nach dem
Machtwechsel von Ulbricht zu Honecker widmet (Ohse 2003 [1063]).

Die Beiträge mehrerer Sammelbände konnten die »weißen Flecken« der
FDJ-Geschichte bisher nicht ausreichend kolorieren. Eine erste Zusammenfas-
sung der Ergebnisse neuerer Forschungen zur FDJ erschien 1994; die Beiträge
beleuchten einzelne Aspekte der Geschichte der FDJ von ihrer Gründung
bis zu ihrer finalen Krise in den achtziger Jahren, sind aber vielfach inzwischen
überholt (Gotschlich 1994 [257]). Vom *Jahrbuch für zeitgeschichtliche Jugendforschung* ist nur der Band 1994/95 [270] erschienen; seine Beiträge gruppieren
sich nicht um einen inhaltlichen Schwerpunkt, sondern weisen methodisch,
zeitlich und thematisch eine große Bandbreite auf. Daneben finden sich hier
auch Hinweise auf für die Geschichte der FDJ einschlägige Archivbestände
(Jahrbuch 1995 [270]). Dem ambitionierten Anspruch, Jugend und Jugendpolitik in den Umbruchssituationen nach 1945 und ab 1989 vergleichend zu
untersuchen, wird ein knapper Sammelband nicht gerecht. Er enthält zwar
einzelne instruktive Beiträge, die Mehrzahl kann aber das gewählte Thema
allenfalls anreißen; zudem ist die Zusammenstellung mehr als heterogen (Got-
schlich/Schulze 1996 [1029]).

Zur FDJ sind bisher zwei Gesamtdarstellungen erschienen. Ein knapper,
vor allem für die politische Bildungsarbeit gedachter Abriss zeichnet die Entwicklung von der Gründung des Verbands 1946 bis zum Ende der DDR
nach (Mählert 2001 [282]). Ebenfalls auf einen breiteren Leserkreis zielt eine
durch Quellenmaterial ergänzte Darstellung, die zudem die Geschichte der FDJ
stärker in die politische Entwicklung der DDR einbettet (Mählert/Stephan 1996
[283]). Beide Arbeiten spiegeln insofern die Schwerpunkte der Forschung, als
sie zur Phase bis zum Mauerbau erheblich informativer und detailreicher sind
als zu den Jahren nach 1961.

Einzelaspekte der Geschichte der FDJ wurden in zahlreichen Arbeiten
untersucht. Unter dezidiert politologischer Fragestellung und im Rahmen tota-
litarismustheoretischer Überlegungen fragt Michael Walter (1997 [309]) nach
den Funktionen der FDJ im politischen System der DDR, wobei zeitabhängige
Spezifika zugunsten der Modellierung in den Hintergrund treten; die Studie

betont stellenweise stark den »Sollzustand« gegenüber der Praxis der FDJ. Auf der Basis eines kulturwissenschaftlichen Ansatzes im weiteren Sinn untersucht eine amerikanische Dissertation den Part, den die FDJ mit ihrer Agitation und Propaganda bei der jugendspezifischen Konstruktion von Traditionen als Legitimationsfiguren des SED-Regimes übernahm. Hier steht die Übernahme der parteioffiziellen Mythen vom Antifaschismus bis zur Vorbildrolle der Sowjetunion durch den Jugendverband im Vordergrund und weniger die empirische Rekonstruktion seiner konkreten Agitation und Propaganda und deren Erfolge bzw. Misserfolge bei der Zielgruppe (Nothnagle 1999 [353]). Martin Michalzik (1994 [1369]) versucht die offiziellen politischen Leitbilder, die über verschiedene Sozialisationsinstanzen transportiert werden sollten, herauszuarbeiten, berücksichtigt aber nur wenig deren zeitabhängigen Wandel. Zum offiziellen Kinderverband der DDR, der Pionierorganisation »Ernst Thälmann«, liegt eine Publikation vor, die allerdings ihrem Anspruch, die gesamte Geschichte des Verbands von 1948 bis zum Ende der fünfziger Jahre nachzuzeichnen, nur eingeschränkt gerecht wird (Ansorg 1997 [241]). Während zu anderen Teilgruppen der Jugend noch keine Studien vorliegen, untersucht Ulrike Schuster (1997 [362]) die Studentenschaft im Spannungsfeld von politischer Disziplinierung und Selbstbestimmungsbestrebungen. Eine knapp kommentierte Quellenedition beleuchtet Hochschulpolitik und studentische Positionen im Spiegel der Zeitschrift *Forum* zwischen gelenkter Publizistik, offizieller politischer Agitation und den Versuchen der Herstellung von Ansätzen von »Öffentlichkeit«, in der sich die politischen Probleme an den Universitäten mal deutlicher, mal schwächer spiegeln. Nach den Konflikten der frühen sechziger Jahre, als im Anschluss an den rigiden Kurs nach dem Mauerbau SED und FDJ Reformbereitschaft erkennen ließen und Studierende dies zur Erweiterung eigener Handlungsspielräume zu nutzen versuchten, fragt eine Monographie (Schuster 1999 [298]).

Quantitative Angaben über Umfang und Untergliederung der Jugendbevölkerung und über den Mitgliederstamm der FDJ sind wichtige Hilfsmittel. Die bisher publizierten Statistiken können den Informationsbedarf aber allenfalls ansatzweise decken. Die Arbeit von Dorle Zilch (1994 [316]) ist unbrauchbar, weil sie oftmals den Fehlerquellen der zeitgenössischen FDJ-Statistik – u.a. widersprüchliche Kategorien, dilettantischer Umgang mit den Zahlen und stellenweise gezielte Manipulationen – aufsitzt. Ein umfangreicherer Band bietet eine größere Datenbasis zur Jugend der DDR und zur FDJ und einen reflektierteren Umgang mit den Fallstricken der Statistik (Schulze 1995 [1148]); allerdings wird auch hier das Zustandekommen der Angaben oft nicht transparent, so dass jeder Forscher nach wie vor gut beraten ist, die Validität des verwendeten Zahlenmaterials möglichst genau zu überprüfen.

Von den zahlreichen Veröffentlichungen, die sich den Erziehungsinstitutionen widmen, können hier nur die herausgegriffen werden, die in besonderer Weise auch die Rolle der Pionierorganisation und der FDJ berücksichtigen. Sonja Häder (1998 [1350]) verortet Kindheit in Ost-Berlin im Geflecht verschiedener Sozialisationsinstanzen wie Pionierorganisation und vor allem Schule und kombiniert deren institutionengeschichtliche Darstellung produktiv mit der aus Interviews mit ehemaligen Lehrern und Schülern gewonnenen Zeitzeugenperspektive. Das ganze Spektrum der möglichen Annäherung an das Themenfeld zeigen die Aufsätze eines Sammelbands zur DDR-Bildungsgeschichte, dessen Schwerpunkt auf den Jahren bis 1970 liegt (Häder/Tenorth 1997 [1349]). Ohne zu einer geschlossenen Darstellung vorzudringen, bieten die aus einem Projekt des Brandenburger Ministeriums für Bildung, Jugend und Sport [1371] zur DDR-Volksbildung hervorgegangene Bände *Geschichte, Struktur und Funktionsweise der DDR-Volksbildung* zum Teil detaillierte und fundierte Einsichten in einzelne Problemfelder sowie eine umfangreiche Quellendokumentation.

Besonderes Interesse der Forschung fand die westlich beeinflusste Freizeitkultur ostdeutscher Jugendlicher. Aus Sicht der SED-Führung war die offenkundige Orientierung von erheblichen Teilen der Jugend an westlichen Freizeitkulturen – insbesondere die Rezeption des Rock 'n' Roll und des Pop als Musik- und Lebensstile – eine der negativen Folgen der undogmatischeren Jugendpolitik bis 1965. Uta G. Poiger (2000 [1137]) untersucht diese Phänomene von »Amerikanisierung« für beide deutsche Staaten bis zum Mauerbau im Kontext des Kalten Krieges und mit einem besonderen Focus auf die Geschlechterrollen. Die Studie macht sich dabei aber nur eingeschränkt die umfangreiche archivalische Überlieferung der DDR zunutze und kann Umfang und Dimension der Phänomene für die DDR nicht ganz umreißen. Der Versuch der FDJ, der Verbreitung westlicher Musikstile mit ihren aus politischen Gründen abgelehnten Texten mittels einer DDR-spezifischen Populärmusik mit politisch »korrekten« Texten entgegenzutreten, steht im Zentrum der Untersuchung von Olaf Schäfer (1998 [1225]). Letztendlich erlebte die aus Sicht der Masse der Jugendlichen blutleere »Singebewegung« der FDJ, die im so genannten »Oktoberclub« gipfelte, nach einer kurzen Blüte in den sechziger Jahren einen stetigen Niedergang, als das SED-Regime in den siebziger Jahren sukzessive faktisch vor dem Westeinfluss aus Radios und von Schallplatten kapitulierte. Die Studie erfüllt allerdings nicht ihre umfassenden theoretischen Ansprüche, ist in manchen Kernaussagen nicht widerspruchsfrei und kommt zuweilen zu kaum haltbaren Wertungen.

Einige Arbeiten zur Karriere von westlichem Beat und Rock in der DDR und zur Entstehung und Entwicklung eigener Musikszenen, denen zuweilen die Sympathie zum Gegenstand anzumerken ist, verorten das heikle Feld jugendlicher Teilkulturen auch im politischen Spannungsfeld von offiziellen Verboten und Privilegierungen bis zum Vorgehen von Polizei und Staatssicherheit gegen Bands und Fans. Zumindest am Rande kommen damit auch partiell subkulturelle Jugendszenen wie »Hippies« oder »Punks« in den Blick. Wenngleich die Bands und ihre Produktions- und Auftrittsbedingungen im Vordergrund stehen, thematisieren sie so auch ein Lebensgefühl von Teilen der Jugend, das scharf mit dem offiziellen Leitbild kontrastierte (Rauhut 1993 [1221], 1996 [1223] u. 2002[1222]). Ein weiterer Band bietet neben knappen einführenden Texten eine Reihe von Interviews mit ehemaligen Akteuren der Kulturbürokratie sowie einige zentrale Dokumente (Wicke/Müller 1996 [1239]).

Der Fokus dieser Arbeiten richtet sich auf eine freizeitorientierte jugendliche Teilkultur, die keinesfalls für die gesamte Jugend der DDR steht. Ein breiteres Spektrum jugendlicher Orientierungen und gerade auch die Überschneidungen von Westeinfluss im Freizeitbereich und mehr oder weniger systemkonformen Berufsbiographien sowie traditionellen und unkonventionellen Vorstellungen von Familie und Beziehung präsentiert eine Studie, die – auch mit oral-history-Verfahren – den Erfahrungen von Angehörigen des Jahrgangs 1949 nachspürt. Sie bietet gerade für die Umbruchsphase der Jahre 1965 bis 1975 subtile Perspektiven auf die Lebenswelten Jugendlicher (Wierling 2002 [1075]).

Monographien zu abweichendem Verhalten Jugendlicher in seiner ganzen Bandbreite von Resistenz über oppositionelles Verhalten bis zum Widerstand blieben bisher selten; die einschlägigen Publikationen, in deren Zentrum meist einzelne in den fünfziger Jahren gebildete Gruppen stehen, finden sich meist als Aufsätze in Sammelbänden, deren Würdigung den hier zur Verfügung stehenden Rahmen sprengen würde. Am besten erforscht ist der »Eisenberger Kreis«, eine studentische Widerstandsgruppe, die insofern einzigartig dasteht, als ihr vergleichsweise viele Mitglieder angehörten und sie über mehrere Jahre Bestand hatte (zur Mühlen 1995 [758]). Verschiedene Oppositionsgruppen vor allem von Schülern und Studenten einschließlich ihrer Verfolgung mittels politischer Justiz sind Gegenstand von Beiträgen eines Sammelbandes, der jugendliches Protestverhalten in der DDR mit dem in der Bundesrepublik kontrastiert und damit einen Überblick über das Spektrum abweichenden Verhaltens bietet (Herrmann, U. 2002 [713]). Einen eher kursorischen Überblick bietet die Dokumentation der Referate des XII. Bautzen-Forums zum Thema »Jugend und Diktatur« (Friedrich-Ebert-Stiftung 2001 [698]).

Großes Interesse der Forschung fand die Geschichte der Jungen Gemeinde der fünfziger Jahre, die das SED-Regime 1953 völlig zu unterdrücken versuchte. Galt dies lange als Höhepunkt des Kirchenkampfs in der DDR, so haben neuere Arbeiten einen Bezug zur SED-Jugendpolitik hergestellt und betont, dass es sich bei der Jungen Gemeinde zwar nicht um eine Form aktiver Opposition, aber um Zusammenschlüsse handelte, die die offiziellen Zumutungen abzuwehren suchten und sich so als resistente Rückzugsräume erwiesen (Wentker in: Herrmann, U. 2002 [713]; Skyba 2000 [300]). Der 1953 vom Staat eskalierte Konflikt mit der Jungen Gemeinde wird in einem Sammelband, der das Spannungsfeld zwischen Regime und kirchlicher Jugendarbeit mit unterschiedlichen Zugängen im Zeitraum von 1945 bis 1989 auszuloten versucht, allerdings weitgehend ausgeblendet (Dähn/Gotschlich 1998 [1246]). Zu diesem Thema befindet sich eine Dissertation im Druck, die den Konflikt zwischen Staat und Kirche um die Jugend systematisch analysiert, wobei der zeitliche Schwerpunkt auf der Periode bis zum Mauerbau liegt (Helmberger 2003 [1262]).

Schließlich ist noch auf neuere biographische und autobiographische Publikationen hinzuweisen. Jüngste biographische Versuche zu Erich Honecker, FDJ-Chef von 1946 bis 1955, bringen keine neuen Erkenntnisse zur Jugendpolitik dieses Zeitraums (Lorenzen 2001 [177]). Die Arbeit von Pötzl (2002 [199]) fällt, nicht nur wegen ihres journalistischen Charakters, hinter den erreichten Forschungsstand zurück. Eine Biographie Heinz Lippmanns, bis 1953 zweiter Mann in der FDJ-Spitze, vermittelt einzelne Einblicke in die Verhältnisse auf der Führungsetage des Verbands, widmet sich allerdings schwerpunktmäßig der »Westarbeit« von SED und Jugendorganisation (Herms 1996 [268]). Ein biographischer Abriss zu Robert Bialek, KPD-Jugendfunktionär in Sachsen, wirft Schlaglichter auf die Anfänge der Jugendarbeit auf Länderebene und macht anhand der Darstellung interner Auseinandersetzungen besonders deutlich, dass es sich beim Konzept der Einheitsjugendorganisation eben nicht um ein ernst zu nehmendes Angebot gleichberechtigter Zusammenarbeit, sondern um ein rein taktisches Konzept handelte (Herms/Noack 1998 [267]).

Der Informationsgehalt des autobiographischen Schrifttums ehemaliger Protagonisten der FDJ ist insgesamt gering, Insiderwissen wird hier kaum präsentiert. Ein sehr heterogener Sammelband mit Beiträgen zur gesamten Geschichte der FDJ erlaubt weniger Einblicke in die Entwicklung des Verbands als vielmehr in die heutige Befindlichkeit ehemaliger Akteure. Vereinzelten nachdenklichen und kritischen Auseinandersetzungen stehen zahlreiche Beiträge gegenüber, die die Grenze zur platten Apologie weit überschreiten (Modrow 1996 [288]). Einblicke in die Lebenswelt junger deutscher Emigranten in Großbritannien bietet eine Sammlung von Erinnerungen ehemaliger Mitglieder der FDJ im England der Jahre 1939 bis 1946 (Fleischhacker 1996 [255]). Als Vorläuferorganisation des späteren Monopolverbands der DDR kann diese Organisation wegen völlig anders gearteter Rahmenbedingungen allerdings nicht angesehen werden.

Ohne Neuigkeitswert ist die politische Autobiographie von Hans Modrow (1998 [187]) – in den fünfziger Jahren Führungsmitglied der FDJ. Dies gilt im Wesentlichen auch für die Erinnerungen von Wilfried Poßner (1995 [289]) – in den achtziger Jahren FDJ-Zentralratssekretär und ab 1985 Chef der Pionierorganisation –, die wohl eher unfreiwillig ein Schlaglicht auf die Reformunfähigkeit auch der sich als kritisch verstehenden Kräfte in der FDJ-Spitze im Herbst 1989 werfen. Eine Ausnahme bilden die Rückblicke des FDJ-Führungsmitglieds Helmut Müller (1999 [191]). Zwar sind diese keineswegs frei von affirmativen Tendenzen, sie bieten jedoch einzelne Details zur Jugendpolitik bis zur Mitte der sechziger Jahre aus der Perspektive des Insiders und Akteurs, die bei kritischer Lesart die aus der schriftlichen Überlieferung gewonnenen Erkenntnisse im Einzelfall ergänzen können.

Ein wesentliches Desiderat der Forschung bleibt die systematische aktengestützte Analyse der SED-Jugendpolitik und der Geschichte der FDJ nach dem Mauerbau. Für große Zeiträume unbeantwortet ist zudem die Frage nach

der Rolle, die die FDJ in den verschiedenen Lebenswelten von Jugendlichen
– beispielsweise in Schule, Betrieb und Freizeit – konkret spielte; dabei sollte
auch »eigensinnigem« und aus offizieller Sicht abweichendem Verhalten besonderes Augenmerk geschenkt werden. Die im Entstehen begriffene Dissertation
von Caroline Fricke, die für den Zeitraum 1971 bis 1989 nach der Eindringtiefe
von FDJ und Schule in jugendliche Lebenswelten fragt, könnte dazu einen Beitrag leisten. Vermutlich ist die Jugend die Bevölkerungsgruppe der DDR, zu
der die umfangreichsten empirischen soziologischen Befunde vorliegen, auch
wenn die Studien des 1966 gegründeten Leipziger Zentralinstituts für Jugendforschung nicht den Standards westlicher Sozialforschung entsprechen. Jüngere
Veröffentlichungen präsentieren nur einen Ausschnitt der verfügbaren Daten
und teilweise selektive Interpretationen (Friedrich, W./Griese 1991 [1027];
Hennig/Friedrich, W. 1991 [1033]; Friedrich/Förster, P./Starke 1999 [1067]
sowie mit den Ergebnissen einer die Wende übergreifenden Längsschnittstudie
Förster, P. 2002 [1025]). Mit Hilfe des zeitgenössisch gesammelten Datenma-
terials sollten sich präzisere Aussagen über verschiedene Aspekte jugendlicher
Lebens- und Denkwelten machen lassen. Gerade mit der Parallelisierung des
von der FDJ erzeugten Konformitätsdrucks und dem Wandel von Mentalitäten
und Wertvorstellungen sollten sich auch die besonders bei Jugendlichen wachsenden Desintegrationstendenzen in den letzten Jahren der DDR zumindest
partiell ausleuchten lassen. Nicht zuletzt könnte dies einen weiteren Baustein
zur Erklärung der Art des Untergangs des SED-Regimes beisteuern.

HANS JOACHIM TEICHLER

Die Kehrseite der Medaillen:
Sport und Sportpolitik in der SBZ/DDR

Der Sport, vor allem der Leistungssport, gilt noch immer als der »am intensivsten entwickelte Bereich der Kultur des untergegangenen Staates« (Krebs 1995
[1477]). Der Leistungssport war eines der wenigen Gebiete, auf denen es der
DDR gelang, seit 1968 die Bundesrepublik und bei den Olympischen Spielen
1976 und 1988 sogar die USA im »Wettkampf der Systeme« zu überflügeln.
Die zahlreichen Sportkontakte in den fünfziger Jahren und die gemeinsamen
deutschen Olympiamannschaften von 1956 bis 1964 waren einerseits gesamtdeutsche Klammer aber auch Instrument im »Kampf um nationale Repräsentation« (Geyer 1996 [1467]).

Internationale Anerkennung errang die DDR zuerst und vor allem im Sport.
572 olympische Medaillen, darunter 203 goldene, brachten ihre Sportler in
den deutschen Sport ein. Die Erfolge der ostdeutschen Sportler lösten bei
der Mehrheit der eigenen Bevölkerung zumindest in den siebziger Jahren eine
kompensatorische, lokalpatriotische Begeisterung aus, die allerdings nicht in
Systemidentifikation umschlug. Mit der Krise des Systems in den letzten Jahren vor 1989 wuchs die Kritik am enormen Ressourceneinsatz für den Leistungssport, seine gesellschaftliche Akzeptanz nahm ab (Fetzer 2003 [1458]),
zumal die Situation für den Breitensport immer schlechter wurde (Teichler 1999
[1494]; Buggel 2001 [1448]). Auf 24,8 Milliarden DM bezifferte der Deutsche
Sportbund den Neubau- und Sanierungsbedarf für die Sportstätten in der ehemaligen DDR, um auch nur annähernd die Grundversorgung zu erreichen.
Noch immer sind im Osten nur 13 Prozent der Bevölkerung in Sportvereinen
organisiert, während es im Westen über 33 Prozent sind. Das ist die Kehrseite
der Medaillen des »Sportwunderlandes« DDR.

Um die Erforschung des Sports in der SBZ/DDR bemüht sich zur Zeit
vor allem die Sportgeschichte, während er als politisches Legitimationsinstru-
ment und als Element der Massenkultur in der politikhistorischen DDR-Forschung nur eine minimale Rolle spielt. So enthalten die meisten Gesamt- und
Überblicksdarstellungen keinerlei Abschnitte zum Sport (z.B. Weber, H. 1999
[79]; Mählert 1998 [41]; Schröder 1998 [63]). Das Kapitel Sportpolitik im
SED-Handbuch (Winkler 1997[1498]) stützt sich fast ausschließlich auf DDR-
Literatur und repräsentiert damit den Erkenntnisstand vor 1990. Dagegen
berücksichtigt Andreas Herbst (2002 [1470]) in seinem Überblicksartikel über
den DTSB den bisher erreichten Forschungsstand der Sporthistoriker. Gestützt
auf Vorarbeiten von Martin H. Geyer (1996 [1467]) hat Tobias Blasius (2001
[1447]) die bundesdeutsche Reaktion auf die verschiedenen Vorstöße der ost-

deutschen Sportpolitik von 1949 bis 1972 untersucht. Dabei hat er kompetent die zahlreichen, meist nicht sehr erfolgreichen und ungeschickten Interventionsversuche der westdeutschen Nachkriegsregierungen, die erkennbare Schwierigkeiten mit der Autonomie des Sports hatten, nachgezeichnet. Dagegen konnten wegen der einseitigen westdeutschen Quellenbasis die besondere Qualität der gegenseitigen »Verflechtung und Abgrenzung« der beiden deutschen Staaten, der unterschiedliche Charakter ihrer Sportorganisationen und der »Eigensinn« der Sportler an der Basis auf beiden Seiten nicht ausreichend herausgearbeitet werden. Die postulierte Öffnung der Sportgeschichte zur Zeitgeschichte misslang daher.

Was kann also eine zur Zeitgeschichte geöffnete Sportgeschichte zur kritischen Analyse der DDR-Gesellschaft leisten, d.h. eines »Lebens in der Diktatur«, das neben den Elementen der Herrschaft, der Unterdrückung und Bespitzelung auch Züge der Normalität und Identifikation beinhaltete? Das Thema Sport drängt sich für Fragen der Sozial-, Mentalitäts- und Alltagsgeschichte der DDR förmlich auf, denn der freiwillig betriebene Sport mit seinen eigenweltlichen Ausgrenzungstendenzen und seiner Vielfältigkeit sowie seiner internationalen Regelgebundenheit erwies sich als schwer kontrollierbar und zeigte sich nur bei partieller oder völliger Interessenidentität als politisch instrumentalisierbar. Dies gilt in den siebziger und achtziger Jahren insbesondere im Bereich des Alltagssports (Hinsching 1998 [1471]) und der Trendsportarten – Yoga, Karate, Aerobic, Joggen, Surfen, Triathlon. Die Findigkeit bei der Durchsetzung der eigenen Interessen, das Improvisationsvermögen bei der Beschaffung oder Herstellung der dazu notwendigen Sportgeräte, der Kampf um eigene Organisationsstrukturen und Wettkampfgelegenheiten (Austermühle 1998 [1440]) gegen einen auf olympische Medaillen fixierten Deutschen Turn- und Sportbund (DTSB) ist sowohl ein Musterbeispiel für die Entfaltung sportlichen Eigensinns als auch für die Unflexibilität des DTSB-Apparats.

Die zugespitzte theoretische Deutung des Sports »als autonomer, eigensinniger kultureller Erscheinung« (Buss/Güldenpfennig 2001 [1451]) vernachlässigt allerdings die Untrennbarkeit von staatlich-politischer Herrschaft und gesellschaftlichen Entwicklungen. So ist z.B. die gegen den Willen der Sportler durchgesetzte Zerschlagung bzw. Nichtwiederzulassung des freien Vereins- und Verbändesports nur vor dem Hintergrund des KPD-Konzepts von Einheitspartei, Blockbildung und Massenorganisation zu verstehen. Der selbstorganisierte, an den Interessen der Mitglieder orientierte Vereinssport wurde in der SBZ/ DDR offiziell nie zugelassen. Da sich aber auch in der SBZ unter dem Deckmantel des vorgeschriebenen Kommunalsports bis 1948 oftmals vereinsähnliche Strukturen gebildet hatten, beschloss die SED 1948 die Gründung des Deutschen Sportausschusses, der in Trägerschaft der FDJ und des FDGB den Sport politisch kontrollieren sollte. Wenngleich es sogar noch in der Phase des staatlich angeleiteten Sports von 1952 bis 1956 relativ freie Sportgemeinschaften ohne feste Anbindung gab, festigte sich die Kontrolle des Sports durch die Partei mit der Gründung des DTSB im April 1957. Sukzessive wurde die sportliche Lebenswelt durch parteinahe Funktionäre den Gegebenheiten des »demokratischen Zentralismus« angepasst.

Weitere Beispiele für die prägende Wirkung der Politik lassen sich zahlreich aufführen, wobei in Detailstudien der Beteiligung und dem Eigeninteresse bestimmter Interessengruppen des Sports nachzugehen sein wird: Dies gilt zum Beispiel für die 1973 eingeführte »Einheitliche Sichtung und Auswahl« der sportlichen Talente, die in 1700 Trainingszentren und 28 Kinder- und Jugendsportschulen (mit Internat) sportlich und ideologisch entwickelt werden sollten (Helfritsch/Becker 1993 [1469]; Wiese, R. 1999 [1497]; Teichler 2002 [1496]). Das gilt auch für die aufwändige Kontrolle und Abschirmung des Leistungssports durch das MfS (MfS und Leistungssport 1994 [1478]; Geiger 1997 [1464]; Spitzer 1997 [1489]; Pleil 2001 [1483]) und natürlich für das staatlich gelenkte und kontrollierte Doping, dessen unheilvolle Nebenwirkungen den Entscheidungsträgern frühzeitig bekannt waren (Seppelt/Schück 1999 [1485]; Spitzer 2000 [1490]).

Stationen der Aufarbeitung

In Anbetracht der früheren Abschottung des Sports und der Unzugänglichkeit der DDR-Archive bestand nach 1989 zunächst einmal ein großer Bedarf an *Quellensammlungen*: Die erste entsprang dem (DDR-)»Forschungsvorhaben DDR-Sportgeschichte« (Frost u.a. 1991 [1461]) für den Zeitraum 1945–1970 und spiegelte unkommentiert veröffentlichte Erlasse und Aufrufe wider.

Auch die zweite Dokumentation *Körperkultur und Sport in der DDR. Dokumentation eines geschlossenen Systems* (Bernett 1994 [1446]) konzentriert sich mit wenigen Ausnahmen auf bereits veröffentlichte Texte. Sie überzeugt jedoch durch ihre zurückhaltend sachliche Kommentierung und historische Hintergrundinformation zu insgesamt 16 Themenblöcken. In dieser Dokumentation sind zahlreiche verstreute Texte zusammengetragen, die einen verlässlichen ersten Zugang ermöglichen.

Auf der Basis bislang unveröffentlichter Archivquellen haben G. Spitzer, H. J. Teichler und K. Reinartz (1998 [1488]) *Schlüsseldokumente zum DDR-Sport* vorgelegt, die sich vor allem auf die zentralen Instanzen und den Aspekt der »Durchherrschung« konzentrieren. Obwohl sich über Auswahl und die ein oder andere pointierte Kommentierung trefflich streiten lässt, bietet dieses Material eine solide Grundlage für Lehre und Studium.

Die erste Dokumentation eines einzelnen Archivbestandes legte H. J. Teichler (2002 [1494]) mit den *Sportbeschlüssen des Politbüros* vor. Von den 1379 verzeichneten Beschlüssen wurden 83 dokumentiert. Damit liegt für die zukünftige Forschung auf dem Gebiet des DDR-Sports ein zuverlässiges Datengerüst der zentralen und in der Regel geheimen SED-Beschlüsse vor. Vorangestellt ist eine Studie zum Verhältnis von SED und Sport, die sich auf den Zeitraum 1945–1957 bezieht.

In unserem Zusammenhang müssen auch die *journalistischen Gesamtdarstellungen und Autobiographien* erwähnt werden, liefern sie doch teilweise interessante Einblicke, welche die Zeitgeschichtsschreibung ergänzen. Den Anfang machte der kurz vor der friedlichen Revolution des Jahres 1989 aus dem Sportjournalismus ausgeschiedene Manfred Seifert, der mit dem selbstkritischen Impetus der Wendezeit schon 1990 ein lesenswertes Bändchen über *Ruhm und Elend des DDR-Sports* vorlegte (Seifert, M. 1990 [1484]).

Empfehlenswert für Schüler und Studenten – nicht nur wegen der gelungenen Interviews mit erfolgreichen DDR-Spitzensportlern – ist das Buch von Grit Hartmann (1997 [1468]) *Goldkinder. Die DDR im Spiegel ihres Spitzensports*. Die dem Umfeld des »Neuen Forums« zugehörige Autorin hat sich der Mitarbeit kompetenter Westexperten (z.B. Werner W. Franke zum Thema Doping) vergewissert und eine kritische Überblicksdarstellung zur Geschichte des DDR-Leistungssports vorgelegt, die eine zuverlässige Orientierungshilfe bietet.

Auf Anregung des Autors dieses Überblicksartikels hat der frühere Sportchef der *Jungen Welt* – das FDJ-Blatt war die auflagenstärkste Tageszeitung der DDR – sein durch Archivrecherchen ergänztes Insiderwissen über den Leistungssport in die Debatte eingebracht (Kluge, V. 1997 [1473]). Später legte er über 1000 Kurzbiographien über populäre und erfolgreiche DDR-Sportler vor (Kluge, V. 2000 [1474]).

Die schon 1990 einsetzende Publikation autobiographischer Literatur (z.B. Fuchs/Ulrich 1990 [1462]) – hinter dem Pseudonym »Ulrich« verbirgt sich Klaus Huhn, Sportchef des »Neuen Deutschland« – hält bis heute an (z.B. Erbach 1994 [1455]; Oertel 1997 [1480]; Seyferth 1998 [1486]; Drechsler 2001 [1454]). Diese Innensichten ergänzen sicherlich das Aktenstudium, müssen aber mit der gebotenen quellenkritischen Vorsicht gewertet werden. Dies zeigt sich insbesondere in der Reaktion auf das Buchinterview mit Manfred Ewald (1994 [1457]), dem langjährigen Chef des DDR-Sports, das heftige Repliken früherer Mitstreiter provozierte (z.B. Erbach 1997 [1456]). Ob diese Autobiographien wirklich ein methodisch notwendiges Korrektiv sind (Becker, Ch. 2001 [1443]), darf bezweifelt werden.

Eine weitere Ebene der Aufarbeitung der Geschichte des DDR-Sports bildet die Rubrik *Neue Forschungsergebnisse*. Die von der Enquete-Kommission »Aufarbeitung von Geschichte und Folgen der SED-Diktatur« in Auftrag gegebenen Experten beschäftigten sich mit der »politischen Instrumentalisierung des Sports« (Krebs 1995 [1477]), der Überwachung des Sports durch das MfS (Geiger 1995 [1465]) und der pharmakologischen Manipulation durch Doping (Franke 1995 [1460]). Werner W. Franke konnte durch private Spurensicherungsaktionen – beschrieben bei Berendonk (1991 [1444] u. 1992 [1445]) – und als Mitglied einer Kommission des Wissenschaftsrats zur Bewertung von AdW-Instituten der medizinischen und biologischen Forschung der DDR zahlreiche Arbeiten und Dokumente sichern, die in sportnahen Institutionen vernichtet worden waren. Er konnte nachweisen, dass in der DDR »gegen die Regeln des internationalen Sports sowie der ärztlichen und wissenschaftlichen Ethik, aber auch gegen Gesetze der DDR« verstoßen wurde. Aufgrund der teilweisen und zeitweiligen Weiterbeschäftigung dopingbelasteter Trainer und Mediziner unterstellte der engagierte Dopingaufklärer und -ankläger Franke ein Desinteresse des bundesdeutschen Sports und des Staates an der Aufklärung der Geschichte des DDR-Sports (1995 [1460]).

Sicherlich auch durch diese Kritik angeregt, setzte das Bundesinstitut für Sportwissenschaft (BISp) mit »DDR-Sport« das bisher größte sportgeschichtliche Forschungsprojekt in Gang, das bislang folgende Ergebnisse hervorbrachte:

Giselher Spitzer (2000 [1490]) beschäftigte sich mit dem Doping in der DDR und wertete vor allem die zahlreichen Berichte des MfS aus, das das flächendeckende Doping geheimdienstlich abzuschirmen hatte.

Hans Joachim Teichler und Klaus Reinartz (1999 [1493]) publizierten einen Sammelband über den hochsubventionierten Leistungssport in den medaillenintensiven Sportarten, die systembedingten Erfolgsfaktoren sowie die Sportpolitik in der Endphase der DDR. Der Band stützt sich auf die Mithilfe einiger Insider (z.B. Anke Delow mit der »Fallstudie TSC Berlin«). Extrem divergierende Rezensionen (Krebs 2000 [1476]; Fiebelkorn 2000 [1459]) beleuchten schlaglichtartig die Emotionalität des Themas, bei dem die früheren Protagonisten des Systems den Kampf um die Deutungsmacht noch längst nicht aufgegeben haben.

Das Buch *Der Sport in der SBZ und frühen DDR* (Buss/Becker 2001 [1450]) ist ein Beitrag einer durch zahlreiche DDR-Sportwissenschaftler ergänzten Göttinger Forschungsgruppe unter der Leitung von W. Buss zum BISp-Projekt. Diese Mitarbeiterwahl schaffe »rationalen Erkenntnisgewinn und Aufklärung, deren Ergebnis von den betroffenen Menschen auch akzeptiert wird«. Ob allerdings »allein (!)« von einer »integrierten deutsch-deutschen Sportgeschichtsschreibung« mit Ost- und Westhistorikern »gehaltvolle Aufschlüsse« zu erwarten sind, ist zu bezweifeln. Sicherlich ist es sinnvoll, gegenseitige Blockaden aufzulösen und im Sinne der von Jarausch vorgeschlagenen »kritischen Historisierung« mehr Toleranz und Kommunikation anzustreben. Voraussetzung bleibt aber »eine selbstkritische Sicht, (die) weder Gegensätze noch moralische Urteile abschwächen (sollte)« (Kleßmann 1997 [1980]). Diese Voraussetzung einer an wissenschaftlichen Methoden orientierten Erforschung der DDR-Geschichte wurde von den früher staatsnahen Wissenschaftlern, darunter der stellvertretende Leiter des Staatssekretariats für Körperkultur und Sport, Edelfrid Buggel, oder der ehemalige Rektor der Deutschen Hochschule für Körperkultur und Sport, Günther Wonneberger, nicht immer eingelöst. Paradigmatisch ist die Darstellung der DTSB-Gründung durch Wonneberger, G. (2001 [1499]), die dieser als Ergebnis eines breiten, durch einen Artikel im *Sportecho* ausgelösten Diskussionsprozesses mit Beschlüssen und Wahlen auf der Gründungskonferenz am 27. und 28. April 1957 in Leipzig beschreibt. Er erwähnt zwar, dass die DTSB-Gründung im Dezember 1956 vom Politbüro prinzipiell genehmigt wurde, nicht jedoch, dass man das Statut unter der Leitung von Ulbricht und Honecker erarbeitet hatte. Die »Wahlergebnisse« vom 27./28. April wurden – ein Musterbeispiel für die SED-Parteidiktatur – bereits vorher am 2. April im Politbüro und am 10. April im Sekretariat »bestätigt«. Immerhin konzediert Wonneberger ein »Demokratiedefizit« durch das »politisch gesteuerte System der Kandidaten- und Delegiertenauswahl«. Trotzdem bietet der Beitrag, der ausdrücklich auf seine »systemimmanente« Sicht hinweist, mit seiner Beschreibung der Leitungsstrukturen von 1945–1961 einen hilfreichen Orientierungsrahmen für weitere Forschungen. Der Göttinger Versuch einer integrierten Sportgeschichtsschreibung bleibt auf halbem Wege stehen, wenn frühere ost- und westdeutsche Historiker zusammen in einem Band (mit einer Ausnahme) getrennte Artikel publizieren, wobei die beiden »Ost-Beiträge« zum Breitensport (Buggel 2001 [1448]; Wonneberger, I. 2001 [1500]) vor allem durch eine lückenlose Wiedergabe der Beschlusslage und der umfangreichen DDR-Literatur zu diesem Thema zu glänzen versuchten, während z. B. die Beiträge von Buss (u. a. zur internationalen Sportpolitik und zum sportpolitisch-historischen Handlungsrahmen) und Becker (zu den »deutsch-deutschen Sportbeziehungen« und zur »nationalen Sportarbeit«) gestützt auf umfangreiche Archivarbeiten forscherisches Neuland betreten.

Ergänzt wird diese Göttinger Publikation durch einen Sammelband, der in 14 Beiträgen *Aktionsfelder des DDR-Sports in der Frühzeit 1945–1965* (Buss/Becker 2001 [1449]) aufzeigt.

Mit *Frauen und Sport in der DDR* hat sich Gertrud Pfister (2002 [1482]), gestützt auf qualitative Interviews, neuere Archivrecherchen und langjährige Medienbeobachtung an ein schwieriges und vielschichtiges Thema herangewagt. G. Pfister zeigt dabei die Wechselwirkung zwischen ihren Befunden zum Frauensport und den spezifischen Geschlechterarrangements mit der politischen Herrschaft in der DDR auf.

In Bälde erscheint unter der Projektleitung von Lorenz Peiffer (Hannover) ein weiterer Band zum Thema *Der Sport als Mittel der gesellschaftspolitischen Auseinandersetzung im Ost-West-Konflikt (BRD–DDR) in den sechziger und siebziger Jahren,* der den Forschungsauftrag des BISp abschließt.

Die beteiligten Projektgruppen werden die recherchierten Archivbestände mit Hilfe der Stiftung Aufarbeitung in einem gesonderten Band *Archive und Quellen zur Geschichte des Sports in der SBZ/DDR* (Teichler/Buss/Peiffer 2003 [1492]) veröffentlichen, um weitere Forschungen anzuregen.

Unabhängig vom BISp-Forschungsprojekt sind Arbeiten zum Hochschulsport (Austermühle 2000 [1441]), zum Schulsport (Hinsching/Hummel 1997 [1472]; Peiffer 2001 [1481]), zum Alltagssport (Hinsching 1998 [1471]), zur regionalbezogenen Frühgeschichte des Sports in der SBZ/DDR (Gallinat 1997 [1463]), zum Vergleich der Dachverbände des Sports in Ost und West (Niese 1997 [1479]), zur Vorgeschichte des deutsch-deutschen Sportprotokolls von 1974 (Krebs 2001 [1475]) und zu typischen DDR-Leistungssportbiographien (Delow 2000 [1453]) erschienen. Darüber hinaus sind Versuche zur analytischen Verortung des DDR-Sports zu registrieren (Austermühle 1997 [1439]; Baur 1997 [1442]; Teichler 2001 [1495]).

Sport ist ein faszinierendes und Emotionen freisetzendes Thema. So verwundert es nicht, dass Sportjournalisten und Sporthistoriker aus der DDR bei der Betrachtung des DDR-Sports oft aus einer *»anderen Perspektive«* aktiv in die Auseinandersetzung um die Deutungshoheit über dessen Geschichte eingreifen. Mit bislang 13 Bänden der *Beiträge zur Sportgeschichte*, einem Tagungsband des Vereins Sport und Gesellschaft zum 50. Jahrestag der Gründung des Deutschen Sportausschusses (Sport und Gesellschaft 1999 [1491]), einer *Chronik des DDR-Sports* (2000 [1452]) und einer *Geschichte des DDR-Sports* (2002 [1466]) haben die »Ruheständler« um den früheren Sportchef des *Neuen Deutschland* eine beachtenswerte Aktivität entfaltet. Leider erreichen die Texte nur in Ausnahmefällen ein Niveau, das wissenschaftlichen Ansprüchen entspricht und durch die Kontroverse weiterführt. So wird die engagiert vorgetragene *andere Perspektive* vermutlich später einmal als »Nachhutgefecht des Kalten Krieges« reflektiert werden, zumal selbstkritische Positionen völlig ausgeblendet werden. Dies ist insofern bedauerlich, als sich durch die polemische Zuspitzung dieser Gruppe die notwendige Zusammenarbeit mit Insidern immer schwieriger gestaltet. Bei den zahlreichen offenen Themenfeldern (z.B. Staatssport 1952–1956, Sport und Wehrertüchtigung, Industriesportvereinigungen und vor allem bei dem breiten Feld des Alltagssports in den Betriebssportgemeinschaften, den trägerlosen Sportgemeinschaften und im informellen Freizeitsport, Trendsportarten, Sportstättensituation, Fans und Gewalt) böten sich zahlreiche Gelegenheiten zu einem versachlichten Diskurs.

Thomas Ammer

Die »sozialistische Schule« –
Erziehung und Bildung in der DDR

Die Ende der fünfziger Jahre im Kontext der vergleichenden Erziehungswissenschaft entstandene Bildungsforschung über die DDR ist Teil der DDR-Forschung. Mit dem Untergang der DDR wurde sie zur historischen Bildungsforschung. Bereits lange Zeit vor dem Ende der DDR-Geschichte hatte sich die Untersuchung von Bildung und Erziehung zu einem Schwerpunkt der DDR-Forschung entwickelt. Im Unterschied zu anderen Gebieten konnten viele Themen aus diesem Bereich relativ präzise und gründlich bearbeitet werden, weil die Quellenlage, sieht man von den bis zum Untergang der DDR unzugänglichen Behördenakten ab, so schlecht nicht war. Zur Verfügung standen die Lehrpläne, Schulbücher, Unterrichtshilfen für Lehrer, Programme der Lehrerbildung, über die Reproduktion von Ideologie hinausgehende Fachpublikationen und nicht zuletzt auch Informationen aus dem Kreis der an Bildung und Erziehung Beteiligten, von Lehrern, Schülern und Eltern.

Hauptsächlich aus diesem Grund sind Erträge der Bildungsforschung über die DDR aus der Zeit vor 1990, insbesondere aus den achtziger Jahren, auch heute von Nutzen. Das *DDR Handbuch* (1985 [12]) behandelt in Hauptartikeln und ausführlichen Stichworttexten alle wichtigen Themen aus Bildung und Erziehung knapp, aber genau, insbesondere: »einheitliches sozialistisches Bildungssystem«, »Erziehung, politisch-ideologische bzw. staatsbürgerliche«, »pädagogische Wissenschaft und Forschung«, »polytechnische Bildung und polytechnischer Unterricht«, »Unterrichtsmittel und programmierter Unterricht« sowie »Wehrerziehung«. Einen vergleichenden Überblick zum Thema bieten die letzten, 1990 unter Leitung von Oskar Anweiler und Wolfgang Mitter erarbeiteten *Materialien zum Bericht zur Lage der Nation* nach dem Stand der zweiten Hälfte der achtziger Jahre (Bundesministerium für innerdeutsche Beziehungen 1990 [1330]) und das *Handbuch zum Bildungswesen der DDR* von Dietmar Waterkamp (1987 [1385]). Aus der Fülle der Schriften von Oskar Anweiler (1988 [1323] ist hier hinzuweisen auf seine Monographie *Schulpolitik und Schulsystem in der DDR*. Wichtige Quellen für die Zeit von 1946 bis 1990 enthalten die von Siegfried Baske und Martha Engelbert (1966 [1326]), von Siegfried Baske (1979 [1325]) sowie von Hans-Jürgen Fuchs und Eberhard Petermann (1991 [1339]) herausgegebenen Dokumentenbände.

Zur Information über die offizielle Sicht in der DDR kann man das *Pädagogische Wörterbuch* (Laabs u.a. 1987 [1362]) und eine kurz vor dem Ende der DDR veröffentlichte Gesamtdarstellung über das Bildungswesen der DDR (Günther u.a. 1989 [1348]) nutzen. Aus der DDR liegen umfangreiche Quel-

len- und Dokumentensammlungen aus der Zeit bis 1989 vor: zum Bildungsrecht (Ministerium für Volksbildung 1973 [1374] u. 1988 [1375]), zur Lehrerbildung (Ministerium für Volksbildung 1982 [1373] u. 1983 [1372]) sowie vier
Bände *Dokumente zur Geschichte des Schulwesens der Deutschen Demokratischen
Republik* (Kommission für deutsche Erziehungs- und Schulgeschichte 1969 ff.
[1357]).

Die Berichte der beiden Enquete-Kommissionen des Deutschen Bundestages enthalten Bewertungen und knappe Darstellungen sowohl des Erziehungs-
und Bildungswesens der DDR insgesamt als auch einzelner Bereiche. Zentrale
Bedeutung wird der ideologischen Beeinflussung beigemessen, gleichzeitig aber
ein hoher Stellenwert der fachlichen Ausbildung festgestellt. In ihrem Bericht
hat die erste Enquete-Kommission die Unterstellung bestritten, die Erziehung
in der DDR habe den Menschen dort generell »das Rückgrat gebrochen« und
sie charakterlich deformiert; sie hat auf verbreitete Versuche von Lehrern und
Schülern, sich der politischen Indoktrinierung zu entziehen oder sie zu unterlaufen, hingewiesen (Materialien 1995, Bd. I [42]). Das Urteil im Bericht der
zweiten Enquete-Kommission war schärfer (»Erziehungsdiktatur der SED«)
und im Hinblick auf die Lehrer, die gegenüber den Schülern zusammen mit
den Schulleitungen »die gesamte Macht der staatlichen Autorität« verkörperten,
erheblich skeptischer (Materialien, Bd. I 1999 [43]). Die Gruppe der PDS hat in
einem Sondervotum – und auch in Begleitmaterialien zur Arbeit der Enquete-
Kommission (Meyer, H. 1997 [1368]) – das Bildungswesen der DDR teilweise
verteidigt. Ähnlich versuchten dies in verschiedenen Anhörungen der Enquete-
Kommissionen auch Vertreter der pädagogischen Wissenschaften der DDR
(Kossakowski 1995 [1358]; Kiel 1999 [1356]). Eine Gesamtdarstellung des Bildungswesens der DDR, die dessen politische Instrumentalisierung besonders
herausstreicht, lieferte die für die erste Enquete-Kommission erarbeitete Expertise von Udo Margedant (1995 [1365]), dessen Bewertung in Anhörungen u.a.
von Marianne Birthler (1995 [1329]) und Christine Lieberknecht (1995 [1364])
bestätigt wurde. Weitere Vorträge vor und Expertisen für die Enquete-Kommissionen befassten sich mit der Differenz zwischen dem bildungspolitischen
Entwurf der Partei- und Staatsführung und seiner Umsetzung (Fischer, B.-R.
1995 [1337] u. 1999 [1338]), der Lehrerbildung (Geissler, E. 1999 [1342]), der
Transformation des Schulwesens in den neuen Bundesländern ohne nennenswerten Lehreraustausch und der Reaktion von Schülern und Eltern (Merkens
1999 [1367]), der Militarisierung und Wehrerziehung, auch über den Bereich
des Bildungswesens hinaus (Eisenfeld, B./Eisenfeld, P. 1999 [1335]), der Reichweite des totalitären Anspruchs (»Der totalitäre Anspruch war grenzenlos, seine
Realisierung war begrenzt«) und dessen Auswirkungen nach der deutschen Vereinigung (Anweiler 1999 [1322]) sowie damit zusammenhängenden Folgen auf
der Basis von im Sommer 1989 vorgenommenen Untersuchungen (Waterkamp
1999 [1386]).

Eine Fülle von Monographien, Sammelbänden von Einzelbeiträgen sowie
Tagungsmaterialien zum Bildungswesen der DDR insgesamt, seiner Geschich-

te zu theoretischen Fragen und Teilbereichen sind nach dem Untergang der DDR unter Nutzung nunmehr zugänglicher Quellen und von Zeitzeugenberichten erschienen, woran zahlreiche früher in der DDR tätige Pädagogen bis hinauf in die Spitze der wissenschaftlichen Hierarchie beteiligt waren. In Verbindung mit historischen Gesamtdarstellungen werden auch Vorzüge des DDR-Bildungswesens wie durchgängige horizontale Gliederung des Schulwesens und günstiges Zahlenverhältnis Lehrer-Schüler erwähnt (Fischer, A. 1992 [1336]). Eine Sammlung mit 79 Stichworten liefert Basisinformationen, verzichtet bei Begriffen wie etwa »allseitig entwickelte sozialistische Persönlichkeit« als Bildungsziel jedoch auf erläuternde, für den wenig vorinformierten Leser notwendige Bewertungen (Döbert 1996 [1333]). Sehr detaillierte Informationen, teilweise weit über den Bereich von Bildung und Erziehung hinaus, vermittelt das *Handbuch der deutschen Bildungsgeschichte. Band VI: 1945 bis zur Gegenwart. Zweiter Teilband: Deutsche Demokratische Republik und neue Bundesländer* (Führ/Furck 1998 [1340]) mit Beiträgen von langjährigen DDR-Forschern wie Siegfried Baske, Dietmar Waterkamp und Horst Siebert, überwiegend nach dem Stand vom Ende der achtziger Jahre, ergänzt durch einige Aufsätze über die Entwicklung in den neuen Bundesländern.

Ergebnisse des 1992 vom Ministerium für Bildung, Jugend und Sport des Landes Brandenburg ins Werk gesetzten Forschungsprojekts »Geschichte, Struktur und Funktionsweise der DDR-Volksbildung« sind in vier Bänden (Ministerium für Bildung, Jugend und Sport 1996/97 [1371]) veröffentlicht worden, die inzwischen in vielen Einrichtungen der politischen Bildung und in wissenschaftlichen Institutionen zu finden sind. Band 1 enthält eine historische Darstellung der Schulentwicklung in der DDR, dokumentiert anhand von 345 Quellentexten mit erläuternden Anmerkungen, zahlreichen Abbildungen und Faksimiles sowie biographischen Informationen. Drei Abhandlungen über die Politisierung des Schulalltags (Kudella/Paetz/Tenorth 1996 [1361]), die vormilitärische Ausbildung (Sachse 1996 [1378]) und die Neulehrer (Gruner/Messmer 1996 [1347]) enthält Band 2, welche die in der historischen Bildungsforschung über die DDR zu findende zentrale These über eine weit hinter den Erwartungen der politischen Führung zurückbleibende Wirkung der politischen Erziehung in der Gesellschaft feststellen. Themen von Band 3 sind, mit einigen Dokumenten versehen, der Staatsbürgerkundeunterricht (Grammes 1996 [1346]), internationalistische Erziehung (Krüger-Potratz/Kaminsky/Winter 1996 [1360]), die Jugendarbeit der FDJ und der Kirchen (Bollow 1996 [245]) sowie die Kindergärten (Höltershinken/Hoffmann/Prüfer 1996 [1354]). Über den geschlossenen Jugendwerkhof Torgau, in der Realität ein Jugendgefängnis, wird mit zahlreichen Dokumenten und Interviews und mehreren Darstellungen in Band 4 [1371] berichtet. Das Gesamtwerk ist zweifellos eine der für politische Bildung und Lehrerbildung wichtigsten Sammlungen von Analysen und Dokumenten über Bildung und Erziehung in der DDR, insbesondere ihrer politisch-ideologischen Aspekte.

Es gibt zahlreiche Sammelbände von Dokumenten und oft aus Tagungsbeiträgen hervorgegangenen Aufsätzen, die unter dem Begriff »Vergleich« der beiden Bildungs- und Erziehungssysteme in Deutschland bis zur Vereinigung subsumiert werden können: Ein historisch vergleichender Quellenband über die Bildungspolitik in Deutschland 1945 bis 1990 (Anweiler/Fuchs/Donner/ Petermann 1992 [1321]), über den Vergleich der Entwicklungen in der Bildungspolitik insgesamt und in Einzelbereichen von 1945 bis zum Beginn der Transformation nach 1989/90 (Hoffmann/Neumann 1994ff. [1353]), sowie über Bildungsreformen in Deutschland bis in die fünfziger Jahre (Häder/ Tenorth 1997 [1349]; Heinemann 1999 [1351]). Aus der DDR stammende Autoren, darunter aus der Führung der Akademie der Pädagogischen Wissenschaften (APW), bemühen sich in diesen Sammelbänden um den Nachweis einer, freilich von den politischen Rahmenbedingungen eingeengten und unterdrückten Eigenständigkeit der pädagogischen Wissenschaften in der DDR, und sie finden Zustimmung bei Erziehungswissenschaftlern aus Westdeutschland, die vor pauschal abwertenden Urteilen über die Pädagogik in der DDR warnen, freilich auch Widerspruch gegen die Rekonstruktion von Gemeinsamkeiten um der Vereinigung der beiden Pädagogiken willen und gegen Versuche, um jeden Preis wissenschaftliche Pluralität in der DDR, die es nach westlichem Verständnis realiter nicht gab, zu finden (Hoffmann in: Hoffmann/Neumann 1995 [1353]). Der ehemalige Präsident der APW, Gerhart Neuner, folgt in seiner Darstellung des Verhältnisses von APW und Ministerium für Volksbildung dem Beispiel vieler früherer DDR-Funktionäre und weist die Hauptverantwortung für alle Übel der obersten Führung, hier Margot Honecker, zu (Neuner 1996 [1377]). Ein Fürsprecher zugunsten einer begrenzten Eigenständigkeit der DDR-Pädagogik ist Ernst Cloer (1998 [1332]) in einer »Bilanzierung von außen«. Belege in diesem Sinne sind durchaus zu finden, die von oft aus der DDR stammenden Autoren vorgelegt werden: über theoretische Kontroversen 1946 bis 1961 (Benner/Sladek 1998 [1327]), über Ansätze einer »reflektierenden Pädagogik« an Universitäten und an der APW (Cloer/ Wernstedt 1994 [1331]), über die Suche nach einer »eigenen Identität« der DDR-Pädagogik bis in die achtziger Jahre (Eichler 2000 [1334]) und nach für künftige Reformen nutzbaren Ergebnissen der DDR-Pädagogik (Steinhöfel 1993 [1383]). Höchst interessant ist eine Auswahl aus dem »Bilanzmaterial Erziehung«, das im Auftrag von Volksbildungsministerin Margot Honecker unter Federführung der APW 1988/89 für den IX. Pädagogischen Kongress der DDR im Juni 1989 erarbeitet, dann aber wegen seiner Brisanz dem Kongress nicht vorgelegt, sondern zur Geheimsache erklärt wurde (Hoffmann/ Döbert/Geißler 1999 [1352]).

Für das Verständnis der von den Erziehungswissenschaftlern aus West und Ost diskutierten theoretischen Fragen und Detailprobleme sind für die Frühzeit der DDR sehr nützlich die Monographie von Gert Geißler über die Geschichte des Schulwesens in der SBZ/DDR 1945 bis 1962, u.a. mit einer Beschreibung von Chaos und mangelnder Durchsetzungsfähigkeit der SED im Schulwesen bis Ende der fünfziger Jahre (Geißler, G. 2000 [1344]) sowie einige Regionalstudien wie über eine Schule in Mecklenburg (Ort und Name der Schule sowie Personen anonymisiert) von 1945 bis 1961 auf der Basis von Interviews insbesondere mit Lehrern (Mietzner 1998 [1370]) und über die Kindheit von Schülern in Ost-Berlin 1945 bis 1958, die anhand von Befragungen die Differenz zwischen den aus den Akten und von Funktionären einerseits und aus den konkreten Erfahrungen der ehemaligen Schüler andererseits stammenden Informationen demonstriert (Häder 1998 [1350]).

Der politische Herrschaftsanspruch der SED, seine Umsetzung und einzelne Bereiche der Politisierung und Indoktrination stehen im Mittelpunkt zahlreicher weiterer Untersuchungen. Angesichts von Tendenzen, die totalitären Züge des DDR-Schulwesens zu verharmlosen, wird versucht, »Geschichtsschreibung einer vergangenen, aber noch gegenwärtigen Erziehungs-Realität« zu schreiben, die Politisierung des Schulalltags, die Instrumentalisierung außerschulischer Institutionen (»Junge Pioniere«, Arbeitsgemeinschaften »Junge Historiker«) und die daraus resultierenden Konflikte zwischen Eltern, Schülern und Lehrern, zwischen den Pädagogen und den Staatsorganen darzustellen (Tenorth/Kudella/Paetz 1996 [1384], ähnlich zum Teil auch Krüger/Marotzki 1994 [1359]). Der »Fall DDR« in den Jahren 1945 bis 1965 dient als negatives Beispiel beim Ausleuchten der Möglichkeiten und Grenzen von Erziehung in der Schule (Leschinski/Gruner/Kluchert 1999 [1363]). Das Fach Staatsbürgerkunde als wesentliches Element der Indoktrination in der DDR-Schule, in etlichen Arbeiten eines von mehreren Themen, wird mit einem von Tilman Grammes (1997 [1345]) herausgegebenen Dokumenten- und Quellenband vorgestellt. Ausführlich illustriert wird die Problematik in einer kommentierten Dokumentation über die weltanschauliche Erziehung in der DDR von Ilona Katharina Schneider (1995 [1381]), einschließlich der Gegenpositionen zu den staatlichen Konzeptionen besonders aus der evangelischen Kirche als Zeugnisse einer »anderen Pädagogik« der DDR. Auch eine erste partielle Auswertung von Quellen aus dem ZK der SED, dem Ministerium für Volksbildung, der APW und dem Zentralinstitut für Jugendforschung, vorwiegend aus den sechziger und zum Teil aus den achtziger Jahren, stellt Ambitionen und Ergebnisse der Indoktrination über den Bereich der Schule im engeren Sinne hinaus einander gegenüber und konstatiert Nachwirkungen – etwa politische Apathie – auch nach dem Ende der DDR (Michalzik 1994 [1369]). Ähnliche Folgen sieht Dagmar Schulz (1998 [1382]) in ihren Studien über das Leistungsprinzip in DDR-Schulen, dessen erfolgreiche Umsetzung, z.B. in der Begabtenförderung, vor allem durch das Übergewicht geforderter politischer Bekenntnisse behindert wurde. Übrigens wendet sich die Verfasserin gegen übermäßige Beteiligung führender Pädagogikfunktionäre aus der DDR an der Aufarbeitung der DDR-Pädagogik, während Nachwuchswissenschaftler und Lehrer aus der ehemaligen DDR in den Hintergrund gedrängt werden. Die konsequentesten Auseinandersetzungen mit der DDR-Pädagogik kommen verständlicherweise oft aus diesem Autorenkreis und nicht von den früheren pädagogischen Spitzenkadern. Gert Geißler und Ulrich Wiegmann (beide ehemalige Mitarbeiter der

APW) stellen die Einwirkung des MfS auf die Schule dar, u. a. über die – nach ihren Ermittlungen relativ wenigen – Inoffiziellen Mitarbeiter des MfS unter den Lehrern und die vormilitärische Erziehung als Instrumente der politischen Kontrolle und Disziplinierung. Quellen waren vor allem Examensarbeiten und Dissertationen ehemaliger MfS-Offiziere. Die Anfänge der Wehrerziehung werden bis zum Beginn der fünfziger Jahre, wo sie bereits in den Lehrbüchern für die ersten Schuljahre zu finden sind, zurückverfolgt (Geißler/Wiegmann 1996 [1343]). Das Wirken des MfS unter Schülern mit seinen katastrophalen Folgen für Kinder und Jugendliche ist vom Landesbeauftragten für die Stasi-Unterlagen von Mecklenburg-Vorpommern ausführlich dokumentiert worden (Mothes 1996 [403]). Mit dem eigentlichen Ziel der Wehrerziehung in den Jahren 1960 bis 1973, dem Heranziehen von in militärischen Kategorien funktionierenden Staatsbürgern der DDR, befasst sich Christian Sachse (2000 [1379]).

Ein Schwerpunkt bei der politischen Indoktrination in der DDR-Schule war der Geschichtsunterricht, und dieses Fach steht daher im Zentrum des Interesses der neuesten historischen Bildungsforschung über die DDR. Seit den siebziger Jahren flossen kaum Ergebnisse der DDR-Geschichtswissenschaft in die Lehrpläne und Lehrbücher ein, da für das Ministerium für Volksbildung ideologische Aspekte, auch bei der Lehrplanreform 1985/88, die Hauptrolle spielten (Mätzing 1999 [1366]). Über die letzten Jahre der DDR und die ersten Jahre nach der deutschen Vereinigung verfolgt Friedemann Neuhaus (1998 [1376]) die Veränderungen von Geschichtspolitik, -unterricht und -bewusstsein. Die Lehrplanreform der DDR für den Geschichtsunterricht, begonnen mit einem ZK-Beschluss 1985 und ausgeführt 1988, enthalte bereits eine Entideologisierung der Unterrichtsinhalte, was aber mit dem Verschwinden besonders primitiver Indoktrinationsformen und marxistisch-leninistischer Schlagworte allein nicht ausreichend belegt werden kann. Von der Umgestaltung des Geschichtsunterrichts, beginnend mit eigenen Ansätzen in der DDR bzw. den neuen Bundesländern 1989/90 bis zu den Lehrplänen in Thüringen 1991 und 1993, über die der Verfasser anhand von Lehrplanvergleichen ausführlich berichtet, kann schwerlich eine Verbindung zur letzten Lehrplanreform der DDR hergestellt werden.

Das Forschungsgebiet ist so umfangreich, dass es mittelfristig nicht annähernd vollständig bearbeitet werden kann. Anhand der immer besser erschlossenen Partei- und Staatsakten der DDR wären die Eingriffe der Parteiführung bzw. des ZK-Apparats sowie nachgeordneter SED-Leitungen in Erziehung und Bildung sowie deren Zusammenwirken mit den entsprechenden staatlichen Einrichtungen genauer zu untersuchen. Erforderlich ist die Aufarbeitung der Indoktrination der Lehrer in Aus- und Weiterbildung, insbesondere der Geschichts-, Staatsbürgerkunde- und Deutschlehrer, sowie der Nachwirkungen dieser Indoktrination in diesem Personenkreis bis in die Gegenwart. Ein interessantes Forschungsfeld ist, trotz erheblicher und mit zeitlichem Abstand zunehmender Schwierigkeiten, zu klären, welche der heute in der Bevölkerung der neuen Bundesländer anzutreffenden Haltungen und Wertungen auf die schulische Indoktrination, bis hinein in die Inhalte derselben, zurückgeführt werden können. Dem Wirken des MfS in Erziehung und Bildung, möglicherweise mit Hilfe eines Netzes von als MfS-Informanten verpflichteten Lehrern, Erziehern und Schulfunktionären, sollte vor allem für die achtziger Jahre nachgegangen werden, u.a. der Frage, ob es so etwas wie eine Konzeption des MfS für eine »flächendeckende« Überwachung des gesamten Erziehungs- und Bildungsbereichs der DDR gab. Es gibt kaum Vergleiche mit der Sowjetunion und anderen ehemaligen Ostblockstaaten, insbesondere Polen und der ČSSR, wodurch z.B. die Frage beantwortet werden könnte, ob und in welchem Ausmaß die DDR ihre Lehrer und Schüler in der Indoktrination, beim Zugang zu höheren Bildungseinrichtungen usw. stärker belastet hat als es verbündete Regierungen mit ihren Bürgern getan haben.

CLEMENS BURRICHTER/ANDREAS MALYCHA

Wissenschaft in der DDR

In der zweiten Hälfte des 20. Jahrhunderts haben Wissenschaft, Forschung und Technologie einen paradigmatisch neuen gesellschaftlichen Stellenwert erfahren. Für die »real-sozialistischen« Gesellschaften haben u.a. Gerhard Kosel (1957 [1412]) und Radovan Richta (1968 [1425]) diese neuartigen Entwicklungen analysiert, ohne dabei in der herrschenden politischen Elite auf größere Resonanz zu stoßen. Für die westlichen Gesellschaften eröffneten Derek J. de Solla Price (1963 [1423]) und Helmut Schelsky (1965 [1429]) die »Technokratiedebatte«, in deren Folge sich Ende der sechziger Jahre die Wissenschaftsforschung etablierte. Damit wurde auch deutlich, dass die sich wandelnde soziale Funktion der Wissenschaft eine gesellschaftstheoretische Herausforderung in den beiden gegensätzlichen Systemen geworden war. Eine zeitgeschichtliche Analyse der Wissenschaftsentwicklung in der DDR hat vor diesem Hintergrund immer auch die gesellschaftliche Dimension dieses Problems mit zu berücksichtigen. Denn auch der intentional zentralistisch-bürokratische Charakter der SED-Politik konnte nicht ungestraft die gesellschaftliche Realität ignorieren.

In der DDR beanspruchten Wissenschaft, Forschung und Technologie sowohl in den Selbstdarstellungen der SED als auch in der praktischen Politik einen ökonomisch und gesamtgesellschaftlich hohen Stellenwert; von der Parteielite freilich technokratisch-machtpolitisch und ökonomiefixiert verkürzt. Die besondere Bedeutung von Wissenschaft und Forschung ist in der seit 1990 expandierenden politisch und sozialwissenschaftlich orientierten DDR-Forschung hingegen nur unzureichend berücksichtigt worden. Eine Übersicht über den Forschungsstand hat ergeben, dass auch nach jahrelanger DDR-Forschung keine übergreifende Analyse zur DDR-Wissenschaftsgeschichte vorliegt (Pasternack 1999 [1421]).

Für die DDR haben wir es mit einer spezifischen Form der Politisierung der Wissenschaft zu tun, die als direkte Folge des Totalitätsanspruchs der SED-Machtelite anzusehen ist. Von der Politisierung, die in den bisherigen Untersuchungen zu Recht im Vordergrund stand, waren besonders die Gesellschaftswissenschaften stark betroffen. Hermann Weber (1990 [232]) hat präzise nachgewiesen, auf welche Weise die DDR-Geschichtswissenschaft politisch instrumentalisiert und für die Herrschaftslegitimation der SED-Führung missbraucht worden ist. Die Möglichkeit wissenschaftlicher Theoriebildung ist im Kontext der in den neunziger Jahren wiederbelebten Forschungsorientierung auf totalitarismustheoretische bzw. diktaturtheoretische Aspekte sowie von der vergleichenden Diktaturforschung mit überwiegend politikwissenschaftlichen Forschungsansätzen bestritten worden. Das betrifft in erster Linie die Theorieentwicklung der DDR-Gesellschaftswissenschaften. In den Anfang der neunziger Jahre dominierenden Untersuchungen wurde der Wissenschaftsstatus der mit Philosophie, Geschichte, Kultur und Gesellschaft befassten Disziplinen unter dem Gesichtspunkt der von ihnen praktizierten Art der theoretischen Konzeptualisierung stark problematisiert (Eckert/Kowalczuk/Stark 1994 [1907]). Insbesondere in den am Marxismus-Leninismus orientierten Disziplinen Philosophie und Historiographie wurden unter dem Aspekt diktatorischer Rahmenbedingungen die Wissenschaftsfähigkeit im Allgemeinen und damit Chancen zu wissenschaftsgemäßer Theoriebildung infrage gestellt (Fischer, A./Heydemann 1988 [1910]; Eckert/Kowalczuk/Poppe 1995 [1906]; Kowalczuk 1997 [1921]).

Auf der anderen Seite gab es Autoren, die zwar die politische Instrumentalisierung und Steuerung der DDR-Gesellschaftswissenschaften in Rechnung stellten und analytisch verarbeiteten, jedoch davon ausgingen, dass es durchaus Möglichkeiten und auch Ansätze zur wissenschaftlichen Theoriebildung gegeben hatte, die dem Vergleich mit allgemein gültigen und anwendbaren Wissenschaftsnormen standhalten. Dazu gehört die Annahme, dass es systemübergreifende wissenschaftliche Standards gibt, die auch für die Beurteilung von ostdeutschen geisteswissenschaftlichen Forschungsleistungen zur Anwendung gebracht werden können (Jarausch 1991 [1913]; Jarausch/Middell 1994 [1914). Die noch immer anhaltenden Kontroversen über die Stellung des Historikers in der DDR zwischen Parteilichkeit und Professionalität führten insgesamt zu dem bemerkenswerten Ergebnis, dass die Diskussionen und Analysen eine Breite und Tiefe erlangt haben, zu denen es in den anderen Wissenschaftsdisziplinen keine vergleichbaren Pendants gibt (Iggers/Jarausch/Middell/Sabrow 1998 [1912]; Sabrow 2001 [1932]).

Seit den siebziger Jahren hat sich das Institut für Gesellschaft und Wissenschaft Erlangen (IGW) mit der forschungspolitischen Lenkung und Planung und der Organisation der Forschung in der DDR beschäftigt (Das Wissenschaftssystem 1979 [1394]). Auf der Grundlage einer völlig neuen Quellenbasis untersucht eine von Clemens Burrichter geleitete Forschergruppe die DDR-Wissenschaftsentwicklung nach einem methodologischen Ansatz, bei dem Wissenschaft als spezifisch gesellschaftliches Handlungssystem auf der institutionellen, personellen und kognitiven Ebene analysiert wird. Dabei geht es vor allem um das Verhältnis zwischen Wissenschaft, Politik und Gesellschaft, indem aufgezeigt wird, auf welche Weise und in welche Richtung Wissenschaft in der DDR vor dem Hintergrund der gesellschaftlichen Entwicklung gesteuert, politisiert und ideologisiert wurde (Burrichter/Diesener 2002 [1391]). Zu fragen ist, ob es trotz Steuerungsdominanz der Politik und einem hohen Maß an Politisierung von Wissenschaft Bereiche und Elemente der wissenschaftlichen Selbstorganisation und der relativen Autonomie gab. Wo lagen die Grenzen der politischen Beeinflussung, Steuerung und Durchdringung der Wissenschaft? Mithin geht es also auch darum, die Grenzen des Anspruchs einer totalitären Durchdringung und Beherrschung der Gesellschaft aufzuzeigen.

Auf der Grundlage von Quellenstudien konnte eine Periodisierung bzw. Phaseneinteilung der DDR-Wissenschaftsgeschichte vorgenommen werden. Der Zeitabschnitt von 1945 bis 1961 kann danach als Rekonstruktions- und Konstituierungsphase an den Universitäten, Hochschulen und akademischen Einrichtungen bezeichnet werden. Die Hochschulverwaltung agierte vor allem auf der personellen Ebene. Die SED versuchte mit allen verfügbaren Möglichkeiten und mit vorerst mangelhaftem Erfolg, der SED nahe stehende Wissenschaftler an den Universitäten strategisch zu platzieren. Auch fanden erste institutionelle Korrekturen in der Lehre statt; hinsichtlich der Forschung schien die Politik der SED noch von einem eher »bürgerlichen« Wissenschaftsverständnis geleitet worden zu sein. In den sechziger Jahren ist eine Konsolidierungsphase zu erkennen, in der für die Wissenschaften institutionelle und kognitive Zäsuren verordnet worden sind. Es waren dies gravierende Einschnitte auf der institutionellen Ebene im Wissenschaftsgefüge, die flankiert wurden von machtpolitisch dekretierten Forderungen nach einer allgemein verbindlichen »marxistisch-leninistischen« Wissenschaft. Mit der dritten Hochschulreform 1967, der Akademiereform 1968 und der Reform der Industrieforschung 1969 wurde ein neues, systemgemäßes Wissenschaftssystem etabliert. Die totalitär intendierte Politik versuchte nunmehr auch auf der kognitiven Ebene die Wissenschaft zu steuern, zu politisieren und zu ideologisieren – jedoch in unterschiedlicher Ausprägung in den Gesellschafts- und Naturwissenschaften.

Dieser Periode folgte seit Anfang der siebziger Jahre die gesellschaftspolitische Krisenphase, die im Verlauf der achtziger Jahre in eine gesamtgesellschaftliche Orientierungskrise einmündete. Mit dem zunehmenden Wirksamwerden der Verwissenschaftlichung und Technologisierung auch der DDR-Gesellschaft entstanden normative Herausforderungen für die Theorie des Marxismus-Leninismus, die von der Parteiführung allerdings weitgehend dogmatisch ignoriert wurden. Diese sich wandelnde und verschärfende Krisenentwicklung wurde in den DDR-Wissenschaften teilweise durchaus erkannt und auch gesellschaftstheoretisch – wenn auch oft nur partiell – reflektiert. Diese Phase war von einer eigentümlichen Spannung zwischen gesellschaftstheoretischem Krisenbewusstsein in den Wissenschaften und dem fest gefügten dogmatischen Politik- und Wissenschaftsverständnis der SED-Führung gekennzeichnet.

Eine solche Periodisierung orientiert sich an der Wissenschaftsentwicklung in der DDR. Um tiefer gehende Erkenntnisse zu gewinnen, sind ausdifferenzierte Fragestellungen für die einzelnen Zeiträume nötig. Für spezifische Aspekte der Geisteswissenschaften liegen dazu verschiedene Teilanalysen vor (Lades/Burrichter 1970 [1414]; Steinwachs 1993 [1432]). Hier überwiegen inhaltsreiche Einblicke in die Verquickung von Politik und Wissenschaft und die politischen Bindungen von Gelehrten, die der SED angehörten, ihr nahe standen bzw. mir ihr in Konflikt gerieten (Köhler 1990 [1267]; Franzke 1992 [1395]; Müller, S./Florath 1996 [760]; Voigt/Mertens 1995 [1434]). Für die Philosophie präsentiert ein von Clemens Burrichter (1984 [1390]) herausgegebener Sammelband wichtige Erkenntnisse über die Versuche, die Philosophie in das herrschaftslegitimatorische Konzept der SED-Führung einzubauen. In neueren Studien stellte Guntholf Herzberg (1996 [1405] u. 2000 [1406]) u. a. die Gratwanderung des renommierten Wissenschaftlers Ernst Bloch zwischen Unterwerfung und Repression sowie die politische Verfolgung unangepasster Philosophen in den Vordergrund. Für die Soziologie wurden erste Bilanzen gezogen (Pehle/Sillem 1992 [1422]; Schäfers 1995 [1421]). Die Entwicklung und Institutionalisierung der Gesellschaftswissenschaften erschien angesichts ihres gesellschaftspolitischen Stellenwertes vor allem im Lichte ihrer politischen und ideologischen Fixierung. Das ist ebenso bei der Erziehungswissenschaft der Fall, die für den Zeitraum von 1945 bis 1989 im deutsch-deutschen Vergleich untersucht worden ist (Hoffmann, D./Neumann 1994ff. [1353]). Aus der historisch-komparatistischen Sicht werden im Rahmen derartiger Betrachtungen die entgegengesetzten Wertauffassungen, Weltanschauungen und Legitimationen ost- und westdeutscher Untersuchungsansätze sichtbar.

Auf dem Gebiet der Naturwissenschaften sind erste Schneisen in die Forschungslandschaft geschlagen worden. Eine interdisziplinäre Arbeitsgruppe der Berlin-Brandenburgischen Akademie der Wissenschaften hat eine Bilanz für verschiedene innerhalb der Akademie der Wissenschaften der DDR institutionalisierte Disziplinen vorgelegt (Kocka/Mayntz 1998 [1411]). Die Einzelstudien belegen erwartungsgemäß die letztinstanzliche Steuerungsdominanz der Politik, zeigen aber ebenso die Grenzen der politischen Durchdringung der Wissenschaften auf. In den Natur- und Technikwissenschaften, auch in der Mathematik, gab es demzufolge viel Raum zur relativ autonomen Selbststeuerung der Wissenschaftler.

Kocka definiert den Zusammenhang von Wissenschaft und Politik in der DDR als ein »symbiotisches Verhältnis gegenseitiger Beeinflussung und Durchdringung«. Die These von der totalitären Instrumentalisierung scheine aus seiner Sicht die Realität zu verfehlen. Zu Recht wird konstatiert, dass sich die Grenzen der totalitären Durchdringung der Gesellschaft gerade im Fall der Wissenschaften sehr deutlich zeigen. Die diesbezüglichen Unterschiede zwischen den Disziplinen gilt es, weiter zu erhellen und auf der Basis gründlicher Quellenstudien analytisch zu hinterfragen.

Ein facettenreiches und quellengestütztes Bild über die Genesis der Genetik und Humangenetik in der DDR im Spannungsfeld der Politik bietet ein Sammelband (Weisemann/Kröner/Toellner 1997 [1436]), der auch einige wichtige Quellen zur Geschichte dieser Wissenschaftsdisziplin in der DDR sowie Interviews mit Zeitzeugen präsentiert.

Von allgemeiner Bedeutung für die Wissenschaftsgeschichte sind die in diesem Band enthaltenen Überlegungen von Mitchell G. Ash über Möglichkeiten und Grenzen moderner Wissenschaft in einer Diktatur am Beispiel der DDR. Grundlage seiner Erörterung ist die berechtigte Annahme, dass die Verwobenheit von Wissenschaft und Politik viele Formen außer jener der ideologischen Vereinnahmung annehmen könne. Die relative Autonomie des Teilsystems Wissenschaft stellt für ihn noch kein ausreichendes Bewertungskriterium dar, was gleichermaßen für die Wissenschaft in der westlichen »Moderne« zu gelten habe. Die historisch wichtige Frage ist also für ihn nicht nur, ob Wissenschaft und Wissenschaftler in einer Diktatur ihre Autonomie er- oder behalten konnten oder durften, sondern in welchem Rechtfertigungszusammenhang und vor allem zu welchem Preis dies ermöglicht bzw. ausgehandelt worden war, was für ein Wissenschaftssystem sich daraus ergab und welche Ergebnisse darin erzielt worden sind. Ash projiziert ein durchaus schlüssiges Bild des Ineinandergreifens von Wissenschaft, Wirtschaft und Politik in den verschiedenen Etappen der DDR-Geschichte, das freilich durch Archivquellen noch nicht hinreichend gesichert zu sein scheint. Die von ihm formulierten Hypothesen können als Anregung aufgegriffen werden, über das Spannungsverhältnis von Selbstbestimmung (Autonomie) und Abhängigkeit (Heteronomie) im wissenschaftlichen Handeln – bezogen auf die DDR – neu nachzudenken.

Für die Naturwissenschaften bietet ein weiterer Sammelband einen wichtigen Überblick über verschiedene disziplinäre Entwicklungen (Hoffmann, D./ Macrakis 1997 [1407]). Er geht über die Darstellung der Entwicklungsgeschichte natur- und technikwissenschaftlicher Disziplinen hinaus und thematisiert die vorherrschenden Muster der Wissenschaftsorganisation und -planung, die allgemeinen wissenschafts- und forschungspolitischen Rahmenbedingungen, die Rolle des Technologietransfers für die DDR-Gesellschaft und den Beitrag der Staatssicherheit bei der Beschaffung von Spitzentechnologien. Schließlich wird auch der Frage nachgegangen, wie der Schatten des Nationalsozialismus auch auf der DDR-Wissenschaft und ihren Akteuren gelastet hat.

Institutionsgeschichtliche und wissenschaftstheoretische Analysen zur gesamten Breite der DDR-Wissenschaft liegen lediglich in ersten Ansätzen vor (Meyer, H. 1990 [1416]; Bently 1992 [1389]; Ritter/Szöllosi-Janze/Trischler 1999 [1426]). Bei den Untersuchungen zur Hochschulpolitik der SED dominieren Darstellungen, die den seit 1947 bewusst inszenierten Verdrängungsprozess detailliert beschreiben, in dessen Folge zahlreiche Professoren geisteswissenschaftlicher Fakultäten mit Berufsverbot belegt, zwangsemeritiert wurden oder die SBZ/DDR verließen (Müller, M./Müller, E. 1953 [1417]; Krönig/Müller, K.-D. 1994 [743]; Ammer 1994 [1388]), was große Auswirkungen auf Form und Inhalt des Lehrbetriebes, insbesondere eine Beschneidung der Lehrfreiheit zur Folge hatte.

Der Universitäts- und Hochschulbereich wurde bislang am intensivsten bearbeitet (Kowalczuk 2003 [1413]). Dabei stand auch der Einfluss der SMAD auf hochschulpolitische Weichenstellungen in den Jahren von 1945 bis 1949 im Zentrum der Aufmerksamkeit, die insbesondere in den Anfangsjahren auf die Personalpolitik an den Universitäten und Hochschulen maßgeblichen Einfluss nahm (Haritonow 1995 [1400]; Heinemann, M. 1992 [1402]; Heinemann, M./ Haritonow 2000 [1403]). Über die politische Außensteuerung des kulturellen Lebens in Ostdeutschland durch die Kulturoffiziere der SMAD informiert eine Studie (Hartmann/Eggeling 1998 [1193]). Sie wird durch Erinnerungen eines sowjetischen Offiziers ergänzt, der unmittelbaren Anteil an der Konzipierung und Realisierung dieser Politik im Bereich Wissenschaft und Hochschule hatte (Nikitin 1997 [1418]).

Eine analytisch überzeugende Untersuchung zur Geschichte der ostdeutschen Hochschullehrerschaft in der Ulbricht-Ära von Ralph Jessen (1999 [1409]) analysiert die Transformation einer Schlüsselgruppe des akademischen Berufssystems von einer bürgerlichen Bildungselite zu einem Teil der »sozialistischen Intelligenz«. Jessens Perspektive reicht dabei weit in die Zeit vor 1945 zurück. Sein Fazit: Der Prozess des Wandels einer bürgerlichen Bildungselite zur »sozialistischen Intelligenz« wurde zwar von Partei und Staat zielstrebig vorangetrieben und kontrolliert, war aber langwieriger und widersprüchlicher, als es das Bild eines rücksichtslosen »Sturms auf die Festung Wissenschaft« suggeriert. Die Befunde von Jessen kontrastieren teilweise zu Erkenntnissen, die zuvor über Eliten an den Hochschulen und Universitäten formuliert worden waren. So hatte John Connelly (1994 [1393] u. 2000 [1392]) beispielsweise herausgefunden, dass es der SED-Führung im Unterschied zu den Entwicklungen in Polen und der Tschechoslowakei gelungen sei, schon seit Anfang der fünfziger Jahre die Ideologisierung der Hochschullehre, den Austausch der alten Professoren und die Veränderungen in der sozialen Zusammensetzung der Studentenschaft konsequenter und effizienter durchzusetzen.

Was Jessen für die Hochschullehrerschaft konzediert, kann auch für andere Wissenschaftsbereiche gelten: In der Praxis ist die totalitäre Gesellschaftspolitik der SED-Führung immer wieder mit historischen Kontinuitäten, notgedrungenem Pragmatismus und den unerwarteten Nebenfolgen diktatorischer Allmachtsansprüche konfrontiert worden. Die Frage nach dem Verhältnis von Tradition und Neukonstruktion in der DDR-Wissenschaft scheint generell noch nicht hinreichend beantwortet zu sein.

Einen weiteren Schwerpunkt bisheriger Forschungsvorhaben bildeten einzelne naturwissenschaftliche Institute (Hein-Weingarten 2000 [1404]; Stange 2001 [1431]) bzw. wissenschaftspolitische Steuerungsinstrumente (Wagner, M. 1992 [1435]). Generell hält der Trend unvermindert an, als Zeitzeuge rückblickend nicht nur auf das frühere Umfeld eigenen Wirkens, sondern auf die Genesis wissenschaftlicher Forschungseinrichtungen zu blicken (Rapoport 1997 [1424]; Friedrich, W./Förster/Starke 1999 [1026]; Scheler 2000 [1428]). Das institutionsbezogene Forschungsinteresse richtete sich besonders auf die Akademie der Wissenschaften der DDR (Hartkopf/Wangermann 1991 [1401]; Gläser/Meske 1996 [1397]; Nötzold 1998 [1419]). Von der Berlin-Brandenburgischen Akademie der Wissenschaften wird ein längerfristiges Projekt zur Geschichte der Preußischen Akademie der Wissenschaften zu Berlin realisiert, das auch die Akademiegeschichte nach 1945 mit einschließt. Für die Deutsche Akademie der Naturforscher Leopoldina zu Halle (Saale) und die Sächsische Akademie der Wissenschaften, die sich aufgrund ihrer langen Tradition und internationalen Reputation einen gewissen Sonderstatus sichern konnten, gibt es strukturgeschichtliche Überblicke (Parthier 1993 [1420]; Haase/Eichler 1996 [1398]), während originäre DDR-Neugründungen, wie die Akademie der Landwirtschaftswissenschaft und die Akademie der Pädagogischen Wissenschaften bislang kaum thematisiert wurden.

Bei der Betrachtung der Wissenschaftsgeschichte in der DDR dürfen selbstverständlich nicht die außerordentlich großen Anstrengungen zur Herausbildung einer »neuen Intelligenz« übersehen werden, in denen sich der von der SED für verbindlich erklärte Führungs- und Leitungsanspruch besonders deutlich widerspiegelte (Schneider, M. 1997 [1430]). Hinter der systemspezifischen Chiffre Intelligenzpolitik stand die gesamtgesellschaftliche Einbindung von Wissensproduzenten wie Kunst, Kultur und Wissenschaft. Auf der personellen Ebene war die »Kaderpolitik« der SED als taktisches Kalkül zur Umsetzung wissenschaftspolitischer Ziele von Bedeutung, was beispielhaft bei der Besetzung von Schlüsselstellungen im Wissenschaftsbetrieb dokumentiert wurde (Wienke 1989[1437]; Tandler 1997 [1433]). Dem Zwiespalt im Anforderungsprofil der Führungskader von fachlicher Kompetenz und Spezialistentum auf der einen Seite und politischer Loyalität, verbunden mit dem absoluten Primat des Politischen auf der anderen Seite, widmen sich einige Sammelbände (Bauerkämper/Danyel/Hübner/Roß 1997 [943]). Dabei spielen auch die Veränderung und interne Differenzierung der Rekrutierungsmuster der »Intelligenz« eine Rolle (Hornbostel 1999 [1408]). In diesem Zusammenhang lassen sich u. a. Darstellungen über Wissenschaftler und Intellektuelle im Spannungsfeld zwischen Forschungsinteresse und Allmachtsanspruch der SED einordnen (Reich 1992 [1069]; Schulz, E. 1995 [785]; Schuppener 1999 [1312]; Mittenzwei 2001 [1214]; Kessler 2001 [1918]).

Fazit: Es erscheint überfällig, ein gravierendes Defizit in der Zeitgeschichtsforschung auszugleichen und mit einer übergreifenden Darstellung zum Verhältnis von Wissenschaft, Politik und Gesellschaft zu beginnen. Es gilt, das Politische und das Wissenschaftliche als komplex ineinander verwoben zu begreifen und vor dem Hintergrund der gesellschaftlichen Entwicklung historisch zu analysieren. Dabei könnte die Verbindung von personeller, institutioneller und kognitiver Ebene eine zentrale Rolle spielen, weil es um die Geschichte von Menschen geht, die von sozialen und kommunikativen Formationen bestimmt sind, in ihnen handeln und sie auch formen. Dieses Vorgehen kann zwar keine Analyse wissenschaftlicher Forschungsergebnisse und -methoden einzelner natur- und geisteswissenschaftlicher Disziplinen ersetzen, jedoch weitere allgemeine wie spezielle Untersuchungen zur Wissenschaftsgeschichte und Wissenschaftspolitik in der DDR anregen.

Im Ergebnis der Forschungen zur Wissenschaftsgeschichte und Wissenschaftspolitik wird auf der Grundlage von intensiven Archivstudien zu klären sein, ob es sich bei der DDR tatsächlich um eine Gesellschaft handelte, in der sich Wissenschaft und Politik lediglich als ein Verhältnis von Herrschaft und Unterwerfung beschreiben lässt. Dieses umfangreiche Themenfeld berührt generell die Frage nach der Reichweite der totalitären Ansprüche im SED-

Herrschaftssystem. Eine vom totalitären Anspruch der Politik geprägte Gesellschaft tendiert sui generis dahin, diese schon relative Autonomie von Wissenschaft immer weiter zu relativieren und sie zu instrumentalisieren. Die damit aufkommenden potentiellen Konflikte wurden zumeist durch Anpassung bei den Wissenschaftlern neutralisiert. An ihre Grenzen stößt eine solche Politik da, wo die nach den Kriterien der Wissenschaftlichkeit verfahrende Produktion neuen Wissens nicht mehr möglich wird. Dass es von den SED-Eliten solche Versuche gegeben hat, kann schwerlich, insbesondere für die Gesellschaftswissenschaften, bestritten werden. Wie erfolgreich oder weniger erfolgreich diese Versuche waren, lässt sich einerseits durch die kritische Prüfung der vorgelegten wissenschaftlichen Ergebnisse (kognitive Evaluierung) und andererseits durch die analytische Rekonstruktion des Entstehungsprozesses dieser Ergebnisse feststellen und bewerten. Ein solches Vorhaben sollte in dieser oder jener Weise auf den Weg gebracht werden.

VI. Internationale, Außen- und Deutschlandpolitik

GERHARD WETTIG

Sowjetische Deutschlandpolitik 1945–1990

Deutschland stand im Zentrum des Ost-West-Konflikts. Hier kam der Kalte
Krieg zum offenen Ausbruch; hier fand er mit der Vereinigung des geteilten
Landes sein Ende. Die sowjetische Deutschlandpolitik hat jedoch in der Literatur keine entsprechende Aufmerksamkeit gefunden. Das liegt u. a. daran, dass
die Akten auch nach Öffnung der russischen Archive oft nicht zugänglich sind,
vor allem für die Zeit ab 1963/64. Die Überlieferung der DDR, die fast aus-
nahmslos zur Verfügung steht, kann die Lücken nur teilweise schließen. Jedoch
beleuchten Studien über die eng an die UdSSR angelehnte Deutschlandpolitik
der SED auch das sowjetische Vorgehen. Das gilt ebenso für Arbeiten, die
auf westlichen Zeugnissen beruhen und die Gegenpolitik westlicher Akteure
behandeln. Freilich lassen sich damit die Defizite nur unzureichend beheben.

Trotz der Archivzugangsprobleme liegen Dokumentationen vor. Am wichtigsten sind die vom Historisch-dokumentarischen Departement des russischen Außenministeriums und dem Potsdamer Zentrum für Zeithistorische
Forschung herausgegebenen Bände (Kynin/Laufer 1996 ff [1529]). Sie decken
laut Titel die Zeit von 1941 bis 1949 ab, reichen aber faktisch nur bis Frühjahr
1948. Im Sowjetsystem hatten die Ministerien nur die Aufgabe, die im Parteiapparat getroffenen Entscheidungen auszuführen. Als die UdSSR noch nicht in
Deutschland präsent war, oblagen dem Außenministerium nur weniger wichtige Verhandlungen und Eventualplanungen, die oft unausgeführt blieben. Erst
für die Besatzungszeit finden sich zahlreiche Akten, in denen wichtige Vorgänge,
vor allem die Tätigkeit der Verwaltung in der Sowjetzone (SBZ), zuweilen auch
das Verhalten gegenüber den Okkupationspartnern, dokumentiert sind. Der
noch ausstehende dritte Band ist wegen zweier Protokolle über Gespräche
Stalins mit den SED-Führern von zusätzlichem Interesse. Das Werk liegt bisher nur auf Russisch vor; eine deutsche Ausgabe ist vorgesehen. Die Politik
einer besonders wichtigen Besatzungsbehörde, des für die Parteien zuständigen Amtes von Oberst Tjulpanov, spiegelt sich in den Unterlagen aus dem
sowjetischen Parteiarchiv RGASPI bei Bernd Bonwetsch, Gennadij Bordjugov
und Norman Naimark (1998 [89]). Der Band von Christian Ostermann (2001
[839]) über den 17. Juni 1953 und damit zusammenhängende Vorgänge (wie
die Gespräche Stalins mit der SED-Führung von Anfang April 1952) enthält
neben russischen Akten auch solche aus der DDR, den Volksdemokratien und
westlichen Staaten, vor allem den USA.

Den Beständen des früheren Zentralen Parteiarchivs der SED, die heute
in die Stiftung Archiv der Parteien und Massenorganisationen der früheren DDR (SAPMO) eingegangen sind, wurden die Dokumente bei Jörg
Morré über das Nationalkomitee Freies Deutschland entnommen (2001 [190]).

Dieses sollte die Wehrmacht nach deren Desaster in Stalingrad zur Aufgabe des Kampfes bewegen. Nach außen hin repräsentierte das Komitee Gefangene, die von der Aussichtslosigkeit des Krieges überzeugt worden waren und den ihnen gegenüber benutzten deutschnationalen Parolen glaubten, doch befanden sich die Schlüsselpositionen in der Hand ausgewählter KPD-Emigranten, die später 1945 als Leitungskader zur Durchführung einer »antifaschistisch-demokratischen« Umwälzung in die SBZ geschickt wurden. Den SAPMO-Beständen wurden auch die Dokumente entnommen, die Peter Erler, Horst Laude und Manfred Wilke zu der von Stalin und dem Chef der KPdSU-Auslandsabteilung, Dimitrov, gelenkten Planung der KPD für Nachkriegsdeutschland edierten (1994 [140]). Das darin enthaltene Aktionsprogramm lässt die späteren Maßnahmen in der SBZ/DDR klar erkennen. Die Unterlagen, die Daniel Küchenmeister über die Gorbatschow-Honecker-Gespräche (1993 [173]) sowie Detlef Nakath, Gero Neugebauer und Gerd-Rüdiger Stephan über Kontakte der SED/PDS zur sowjetischen Führung 1989–1991 (1998 [194]) veröffentlichten, entstammen ebenfalls der SAPMO. Der Band von Michal Reiman und Petr Luňák über den Kalten Krieg der Jahre 1954–1964 (2000 [1544]) enthält in tschechischer Sprache Dokumente aus dem Prager Parteiarchiv, die Chruschtschow seinerzeit Novotný zu dessen Kenntnis übersandt hatte, darunter sehr wichtige und aufschlussreiche Materialien zur Deutschlandpolitik.

Eine Übersicht über die gesamte sowjetische Deutschlandpolitik bieten bisher nur ein Sammelbandbeitrag von Gerhard Wettig (1999 [1560]) sowie Bücher von Aleksej Filitov (1993 [1514]) und Hannes Adomeit (1998 [1502]). Filitovs russische Archivquellen sind meist sehr knapp und zufällig. Vor allem für die Frühzeit greift Adomeit fast allein auf meist seit langem bekannte westliche Unterlagen zurück. Neues russisches Material wurde erst für sehr viel spätere, vor allem für die späten achtziger Jahre erschlossen. Im Blick auf die sowjetische Deutschlandpolitik der frühen Nachkriegszeit stellt Wilfried Loth (1997 [1532]) die exponierte These auf, Stalin habe nie das kommunistische Separatregime im Osten, sondern stets nur einen einheitlichen Staat mit demokratischer Ordnung gewollt. Die Entstehung der DDR gehe auf Unverständnis bzw. Willensdivergenz von Besatzungsfunktionären und SED-Führern zurück. Loth stützt sich dabei auf selektiv verwendete Notizen des KPD/SED-Vorsitzenden Pieck, die vor, während oder nach Gesprächen vor allem mit sowjetischen Persönlichkeiten entstanden sind (ohne dass immer klar ist, wessen Aussagen jeweils wiedergegeben werden) und von ihm und Rolf Badstübner ediert worden waren (1994 [128]). Begriffe, die UdSSR und DDR allein für sich reklamierten (wie Demokratie oder Friedensliebe), werden zum westlichen Nennwert genommen. Auf der Basis von Dokumenten des sowjetischen Außenministeriums widerspricht ihm Jurij Rodovič (1997 [1545]). Stalin habe auf eine starke Stellung der Sowjetischen Militär-Administration in Deutschland (SMAD) gegenüber den Vier-Mächte-Behörden Wert gelegt, das Bekenntnis zur deutschen Einheit unter den Vorbehalt der Durchsetzung seiner Ziele gestellt und auf die Einführung des kommunistischen Systems im besetzten

Deutschland hingearbeitet. Auch Adomeit (1998 [1502]) ist der Ansicht, dass Stalin die treibende Kraft hinter der Sowjetisierungspolitik in der SBZ/DDR war. Ohne konkrete Belege glaubt er weiterhin, der Kremlchef sei keinem vorgefassten Plan gefolgt. Vielmehr hätten sich seine Schritte erst im Lauf des Geschehens ergeben.

Auf breiter Quellengrundlage vor allem aus Archiven der früheren UdSSR und DDR fußend, vertritt Gerhard Wettig in einer Arbeit über die sowjetische Politik von 1945 bis 1955 (1999 [1557]) die Ansicht, dass Stalin zielbewusst auf ein kommunistisches Deutschland hinarbeitete. Als unerwartete Hindernisse eintraten, vor allem als die USA Mitte 1947 mit dem Marshallplan die Absicht eines baldigen Rückzugs aus Europa aufgaben, habe er die Durchsetzung der Systemziele stets der Einheit vorgezogen. Nach seinem Tode sei der Kreml von der bis dahin gepflegten Einheitsrhetorik zu Gunsten einer konsequenten Zwei-Staaten-Politik abgerückt, um das labile SED-Regime zu stabilisieren. In den Sammelbänden von Aleksandr Čubar'jan (1997 [1510]) und des von ihm geleiteten Instituts für allgemeine Geschichte an der Russischen Akademie der Wissenschaften (Institut 1999 [1523]) sowie in dem Buch von Vladimir Volkov (2000 [120]) wird die These entwickelt, dass Stalin für Deutschland eine analoge Entwicklung im Auge hatte wie für die Volksdemokratien. Er wollte die starke Stellung in Berlin zur Ausdehnung des Einflusses auf die Westzonen nutzen und hoffte, nach dem Abzug der amerikanischen Truppen, der, wie ihm Roosevelt in Jalta erklärt hatte, bald zu erwarten war, freie Bahn zu haben. Beiträge von Michail Narinskij zu der von ihm herausgegebenen Aufsatzsammlung (1995 [1538]) und zum Sammelband von Francesca Gori und Silvio Pons (1996 [1519]) belegen mit weithin sonst nicht zugänglichen Dokumenten, dass Stalin den Marshallplan als entscheidende negative Wende im Verhältnis zum Westen ansah. Vor allem war von da an ein Rückzug der USA aus Europa und Deutschland illusorisch. Stalin ging daher offen zum Kalten Krieg über. Zunächst suchte er die Deutschen gegen den Westen einzunehmen und begann dann mit der Berliner Blockade, um die westlichen Besatzungsmächte vor die Wahl zwischen Verzicht auf den Weststaat und Preisgabe Berlins zu stellen.

Weil den Historikern ganz überwiegend nur Dokumente nachgeordneter Stellen, vor allem von Okkupationsbehörden, zur Verfügung stehen, gelten die bisherigen Untersuchungen weithin dem sowjetischen Vorgehen in der SBZ/DDR. Jan Foitziks Analyse von Struktur, Personal und Orientierung der SMAD (1999 [97]) bestätigt die These von Norman Naimark (1997 [47]), dass die Besatzungsoffiziere vor allem zu Anfang weithin an der langen Leine gelassen wurden und nicht als monolithische Einheit agierten, sondern durch Rivalitäten untereinander bzw. unter den vorgesetzten Moskauer Behörden gespalten waren. Ob man daraus freilich mit Naimark schließen kann, dass es kaum eine von Moskau vorgegebene Ausrichtung gab und dass die Besatzungspolitik ein Resultat ungeplanter Situationserfordernisse war, bedarf noch eingehender Untersuchung. Es gibt durchaus programmatische Dokumente, auf deren Linie sich die SMAD bewegte. Auf systematisches Vorgehen deuten neben Akten in der erwähnten Edition zur Tätigkeit Tjul'panovs auch Peter Erlers Analyse des Phänomens »Moskau-Kader« im Sammelband von Manfred Wilke (1998 [238]) und die Ergebnisse der genauen und detaillierten Studie von Stefan Creuzberger über die Einflussnahmen auf die Wahlen im Herbst 1946 und die Gestaltung der folgenden Parlaments- und Regierungsarbeit (1996 [93]).

In der deutschen Diskussion über die sowjetische Deutschlandpolitik der frühen Nachkriegszeit wird der Note der UdSSR an die Westmächte vom 10. März 1952 weithin entscheidender Stellenwert beigemessen. Die Kernfrage, ob Stalin demokratische Verhältnisse in einem vereinigten Staat zu akzeptieren bereit gewesen wäre, wenn die westliche Seite dem Verlangen nach Neutralisierung entsprochen hätte, wird in den Beiträgen des von Jürgen Zarusky herausgegebenen Sammelbandes (2002 [1562]) unterschiedlich beantwortet. Wilfried Loth, der seine bis dahin vorgetragenen Argumente durch sowjetische Dokumente im Anhang zu stützen sucht, schreibt Stalin diese Bereitschaft zu. Nach Hermann Graml ist aber diese Beweisführung nicht stichhaltig. Gerhard Wettig, der die Entstehungsgeschichte der Note in den Kontext der Deutschlandpolitik des Kreml seit dem Zweiten Weltkrieg einordnet, kommt zu dem Schluss, dass Stalin über die deutsche Einheit nicht einmal verhandeln, sondern von vornherein nur die anschließend in der DDR forcierte Sozialismus- und Militarisierungspolitik rechtfertigen wollte. Zudem habe die Note einen Friedensvertrag mit einem einheitlichen deutschen Staat gefordert, ohne auch nur anzudeuten, wie dieser zustande kommen könnte. Die begleitende amtliche Erklärung, DDR und Bundesrepublik hätten sich darüber ohne fremde Einmischung zu einigen, habe gezeigt, dass den Vier Mächten jede Aussicht auf eine Regelung Demokratie gegen Neutralität von vornherein genommen werden sollte.

Die Beiträge im Sammelband von Christoph Kleßmann und Bernd Stöver (1999 [826]) befassen sich mit der Krise, die, wie auch der Sammelband von András Hegedüs und Manfred Wilke (2000 [821]) deutlich macht, nach Stalins Tod nicht nur in der DDR, sondern auch in anderen sowjetisch beherrschten Ländern zu Tage trat. Die Nachfolger sahen sich genötigt, die SED-Führung zur Abkehr von der forcierten Sozialismus- und Militarisierungspolitik zu zwingen. Sie ließen keine Zeit zur vorherigen Erläuterung des Kurswechsels. Parteikader wie Bevölkerung mutmaßten, vielleicht sei an den Abschied vom Sowjetsystem insgesamt gedacht. Das wurde zu einer wichtigen Voraussetzung für den 17. Juni. Mit der Anklage, Berija habe die Preisgabe des Sozialismus in der DDR beabsichtigt, rechtfertigten seine Feinde in der sowjetischen Führung seinen Sturz. Da der Forschung bisher fast ausschließlich diese zweifelhaften Äußerungen zur Verfügung stehen, lässt sich die Sache vorerst nicht abschließend klären, doch spricht alles dafür, dass Berija nicht daran dachte, die DDR »an die Kapitalisten zu verraten«.

Die russischsprachige Arbeit von F. Novik über die Zeit von 1953 bis 1955 auf der Basis von Akten des Moskauer Außenministeriums (2001 [1540]) ist

unentbehrlich, wenn man sich über die Modifikation des von Stalin überkommenen Kurses im Frühjahr und Sommer 1953, die sowjetamtliche Einschätzung des Juni-Aufstandes in der DDR, den Wechsel von der Ausbeutung zur
Unterstützung des SED-Staates, das Vorgehen auf der Berliner Vier-Mächte-
Konferenz, den Übergang zur offenen Zwei-Staaten-Politik und zur Lockerung
der Kontrolle über das SED-Regime, die Gründung des Warschauer Pakts,
das Verhalten auf den zwei Genfer Vier-Mächte-Konferenzen 1955 und die
Aufnahme diplomatischer Beziehungen zur Bundesrepublik genau informieren will. Stets wird die Position des Kreml detailliert und genau dargestellt,
wobei die Autorin weithin den in ihren Quellen zum Ausdruck kommenden
Bewertungen folgt. Sie leitet etwa aus hohen Ja-Stimmen-Anteilen bei DDR-
Referenden hohe Zustimmung der Bevölkerung ab und ignoriert, dass in der
marxistisch-leninistischen Terminologie andere Bedeutungen galten als im heutigen Verständnis. Eine kritische Lektüre ist daher angebracht.

Hanns Jürgen Küsters nimmt mit seinem Werk über die Deutschland-
Verhandlungen zwischen der UdSSR und den Westmächten (2000 [1527])
u.a. die Entwicklung der sowjetischen Positionen bis zu Beginn der sechziger
Jahre ins Visier. Er kommt aufgrund der im Westen verfügbaren Primär- und
Sekundärquellen zu dem Schluss, dass die grundlegenden Gegensätze zwischen der sowjetischen Politik und den westlichen Vorstellungen von Anfang
an unüberwindlich waren. Selbst die Frontstellung gegen die Deutschen, die
anfänglich ein starkes Motiv für Gemeinsamkeit war, führte nie zu wirklichem
Einvernehmen. Die Untersuchung der Deutschlandpolitik der ostdeutschen
Kommunisten von 1945 bis 1961 von Michael Lemke (2001 [1725]) schließt
sachnotwendig auch das Vorgehen der UdSSR mit ein. Der Autor hat die Akten
des früheren Zentralen Parteiarchivs benutzt und kann auf dieser Grundlage die
Weichenstellungen und Aktionen zuverlässig darstellen, die in der SBZ/DDR
ihren Ort hatten und/oder mit Hilfe der SED durchgeführt wurden. Es ließ sich
zuweilen nicht vermeiden, Urteile über sowjetische Motive und Absichten zu
fällen, ohne dass diese in den ostdeutschen Quellen hinreichenden Niederschlag
gefunden hätten. An diesen Stellen kommt es mehrfach zu Ausführungen, die
mit der Gegenüberlieferung in Moskauer Archiven kollidieren.

Michael Lemke hat auch über das sowjetische Vorgehen in der Berlin-
krise von 1958 bis 1963 eine Darstellung vorgelegt, die, ebenfalls gestützt auf
SAPMO-Akten, den Akzent auf das Verhältnis zwischen Chruschtschow und
Ulbricht legt (1995 [1530]). Der SED-Chef drängte zwar stets ungeduldig auf
ein offensives Vorgehen gegen West-Berlin und setzte zudem möglicherweise
ausschlaggebende Denkprozesse des sowjetischen Führers in Gang, vermochte
aber nie Druck auf ihn auszuüben oder ihm gar die Entscheidung aus der Hand
zu nehmen, wie dies Hope Harrison in ihren Beiträgen zu Sammelbänden von
Michail Narinskij (1995 [1538]) und Gerhard Wettig (1997 [1556]) meint. Aus
Moskauer Sicht war die DDR ein Staat, der von der UdSSR laufend unterstützt
werden musste und sich ihrer Politik einzufügen hatte. Die Sowjetunion hatte im
Falle einer Konfrontation mit dem Westen die Hauptlast zu tragen; ihr gebührte

daher auch die Konfliktkontrolle. Ulbricht suchte zwar mehrfach seinen Spielraum zu erweitern, aber Chruschtschow entschied, ob er das Risiko für tragbar hielt und daher das Vorgehen aus Bündnissolidarität hinnahm. Lemkes Buch (1995 [1530] enthält viel Neues vor allem über die sonst kaum behandelte Zeit nach dem 13. August 1961. Die Entscheidungen, die zum Bau der Mauer führten, bleiben ungeklärt, weil die SED-Dokumente wenig darüber enthalten. Im Sammelband von Hans-Hermann Hertle, Konrad Jarausch und Christoph Kleßmann (2002 [577]) finden sich dazu erste Forschungsergebnisse. Weiteren Aufschluss lassen kommende Studien von Faina Novik, Matthias Uhl und Gerhard Wettig erwarten.

Wegen fehlenden Archivzugangs gibt es für die Zeit ab 1963/64 als einzige auf Moskauer Interndokumente gestützte Arbeit einen Aufsatz von Werner Link (2001 [1620] über die Verhandlungen mit der Bundesrepublik, deren Ergebnis der Moskauer Vertrag vom August 1970 war. Einen gewissen Ersatz bieten die auf veröffentlichten Materialien beruhenden Fallstudien von Gerhard Wettig über die wesentlichen Etappen der sowjetischen Deutschlandpolitik von 1965 bis 1976 (1976 [1558]) und die auf Archivdokumente der SED gestützte Arbeit von Karl-Heinz Schmidt über wichtige Einzelvorgänge in den Beziehungen zur DDR zwischen 1961 und 1979 (1998 [1550]). Das Dreiecksverhältnis von Bundesrepublik, DDR und UdSSR in den siebziger und achtziger Jahren wurde bislang nur auf der Grundlage ostdeutscher und/oder westlicher Archivalien untersucht. Dabei liegt der Akzent nicht auf dem Vorgehen der UdSSR. Zu dieser Kategorie gehören das Werk von Andreas Wilkens (1990 [1561] über die Aushandlung des Modus vivendi in Berlin durch die Vier Mächte, die mit lebhaften Plädoyers für die Ostpolitik Brandts versehenen Darlegungen und Dokumentationen in den Büchern von Heinrich Potthoff (1995 [1752], 1997 [1750] u. 1999 [1753]), die Analysen der Parteiverhandlungen zwischen der SPD und östlichen Kommunisten von Mary Elise Sarotte (2001 [1759]) und Frank Fischer (2001 [1686]) sowie das von Jost Delbrück, Norbert Ropers und Gerda Zellentin herausgegebene *Grünbuch* (1977 [1512]) und der Sammelband der Deutschen Gesellschaft für Friedens- und Konfliktforschung (DGFK-Jahrbuch 1980 [1513]) zu Problemen der Entspannung im Zeichen der Konferenz für Sicherheit und Zusammenarbeit in Europa. Die Studien über östliche Einflussnahmen auf den Raketenstreit in der Bundesrepublik zu Beginn der achtziger Jahre von Rüdiger Schlaga (1991 [1549]) und im Konferenzband von Jürgen Maruhn und Manfred Wilke (2001 [1728]) mussten ebenfalls ohne Quellen aus sowjetischen Archiven auskommen.

Im Nachrüstungsstreit von 1980 bis 1983 trat, wie Jonathan Haslam (1989 [1521]), Gerhard Wettig (1989 [1559]) und Jeffrey Herf (1991 [1522]) herausarbeiten, eine zweite Dimension sowjetischer Außenpolitik neben der Diplomatie zu Tage. Clive Rose (1988 [1546]) stellt das Propaganda-Netzwerk der UdSSR als wichtiges Instrument dieser weiteren Aktionsebene heraus. Michael Ploetz zeigt, dass der Versuch des Kreml, mit Hilfe von Friedenskräften im Westen einen politischen Durchbruch zu erzielen, stattdessen den Zusammenbruch des

Imperiums einleitete (2000 [1542]). Die Ursachen für die Implosion der DDR, die u. a. in wachsenden Spannungen zur Sowjetunion und in der schwindenden Bereitschaft des Kreml zu weiterem Schutz des SED-Regimes vor wirtschaftlicher und innenpolitischer Bedrängnis zu suchen sind, werden im Sammelband von Eberhard Kuhrt erörtert (1996 [886]). Werner Weidenfeld stellt aufgrund exklusiv gewährten Zugangs zu den Akten des Bundeskanzleramtes die Verhandlungen über die deutsche Vereinigung dar (1998 [1891]). Nachdem sich Gorbatschow Ende Januar 1990 zunächst prinzipiell mit der deutschen Einheit abgefunden hatte, gab er den Deutschen im Februar deren Gestaltung frei, akzeptierte nach den Märzwahlen in der DDR ein rasches Tempo und stimmte schließlich im Juli sogar der bis dahin abgelehnten NATO-Mitgliedschaft des zu vereinigenden Landes zu. Eine Ergänzung aus amerikanischer Sicht bietet die Untersuchung von Robert Hutchings (1999 [1826]). Sowjetische Akten standen Alexander von Plato bei Abfassung seines Werkes über die internationalen Aspekte des deutschen Einigungsprozesses zur Verfügung, das die auf westliche Archivalien gestützten Untersuchungen bestätigt und ergänzt (2002 [1863]). Handwerkliche Mängel und die realitätsfremde Prämisse, Gorbatschow hätte auf einem NATO-Verzicht Deutschlands und dem Abzug der Amerikaner aus Europa bestehen müssen, fordern Kritik heraus. Auf der Basis persönlicher Erinnerungen und Unterlagen untersucht Wjatscheslaw Daschitschew, ein wichtiger Wegbereiter von Perestrojka und Wiedervereinigung in Moskau, die innersowjetischen Auseinandersetzungen um die deutsche Einheit in der zweiten Hälfte der achtziger Jahre (2002 [1511]). Dabei ergeben sich verschiedentlich Korrekturen an der Darstellung von Platos.

Johannes L. Kuppe

Die Außenpolitik der DDR

Die SED verfolgte von Anfang bis Ende der DDR eine Außenpolitik, die immer gleichzeitig auch Deutschlandpolitik war (vgl. die entsprechenden Beiträge in diesem Band). Selbst ihre Beziehungen zur fernen Mongolischen Volksrepublik wurden mit dem Ziel gestaltet, auch in Ulan Bator als souveräner und handlungsfähiger zweiter deutscher Staat auf der internationalen Bühne zu erscheinen und ein Gegengewicht zur alten Bundesrepublik zu bilden.

Dieser »deutschlandpolitischen Außenpolitik« der DDR entsprach eine durchaus auch von deutschlandpolitischen Rücksichten und Erfordernissen geprägte Außenpolitik der Bonner Republik, wenn auch in viel geringerem Ausmaß als auf der anderen Seite des Eisernen Vorhangs. Dieses – freilich nicht symmetrische – Spiegelbild war Ausdruck jenes Aufeinanderbezogenseins der beiden deutschen Staaten in den 40 Jahren der Teilung Deutschlands. Ihre zwei Geschichten und Entwicklungen lassen sich nur in einer Synopse hinreichend erklären.

Das gilt insbesondere für die Außenpolitik. Und hier ist ein großes forschungspolitisches Problem zu vermelden. Für die Akten des Auswärtigen Amtes gilt nach wie vor eine 30-jährige Sperrfrist, so dass ab 1973, von Einzelfällen der Begünstigung prominenter Namen abgesehen, keine Forschung zur Außen- und Deutschlandpolitik der alten Bundesrepublik auf amtliche deutsche dokumentarische Quellen zurückgreifen kann. Gleiches gilt übrigens auch, und hier wird das Problem zur Groteske, für die Akten des Ministeriums für Auswärtige Angelegenheiten (MfAA) der DDR, die heute das Auswärtige Amt unter Totalverschluss hält. Nicht einmal der ehemalige Außenminister der freien DDR, Markus Meckel, kann problemlos und unverzüglich die von ihm teilweise selbst produzierten Akten einsehen. Allerdings haben es einige flinke Forscher geschafft, von März bis September 1990 Akteneinsicht im damals noch bestehenden MfAA zu erhalten.

Solange sich an dieser Situation nichts ändert, behält außenpolitische Forschung gerade über außen- und deutschlandpolitische Themen aus den letzten zwei Jahrzehnten der deutschen Teilung den Makel der Vorläufigkeit, und zwar unabhängig von der Qualität des jeweiligen Forschers und der Nutzung anderer Archive (SAPMO, BStU). Hinzu kommt, was im Fall der DDR-Außenpolitik besonders relevant ist, dass auch die wichtigen russischen Archive in der Regel für Ausländer verschlossen bleiben oder ihre Nutzung mit exorbitanten Kosten verbunden ist. Diese Forschungsbarrieren muss man beim Folgenden im Kopf behalten.

Um zu verdeutlichen, aus welchen Blickwinkeln der Autor die Forschungs-

landschaft beobachtet, sollen schon am Anfang einige generelle Bewertungs-
kriterien und Forschungsmängel aufgelistet werden:

1. In nur wenigen Fällen ist bisher erkennbar, welchem Forschungsansatz der
   einzelne Autor eigentlich folgen will. Ob es sich um den decision-making-
   approach, einen machtpolitischen, einen Modernisierungs- oder einen Ent-
   wicklungsansatz oder um eine Mischung aller oder mehrerer ausgewählter
   Ansätze handelt, muss der Leser meist selbst herausfinden. Soweit sich die
   Forscher als Historiker verstehen, wüsste man gelegentlich auch gern, ob
   sie beispielsweise einem struktur- oder ereignisgeschichtlichen Ansatz folgen. Wer eine Offenlegung des theoretischen und methodischen Zugangs für
   überflüssig hält, muss sich immerhin entgegenhalten lassen, dass eine theoriegestützte Forschung besser gegen ein Abgleiten in schiere Deskription
   mit spekulativ-interpretativen Einschüben geschützt ist.
2. Generell wird das Verhältnis von marxistisch-leninistischer Ideologie und
   Machtpolitik (im Falle der DDR spricht man besser von Interessenpolitik
   bzw. Machterhaltungspolitik) in vielen Publikationen zu wenig thematisiert.
   Hatte die Ideologie stets nur eine reine Rechtfertigungsfunktion mit Propa-
   gandacharakter oder spielte auch ihre Motivationsfunktion, ihre dem eigenen Anspruch entsprechende richtungbestimmende, handlungsauslösende
   Funktion eine Rolle? In welchen Fällen ja oder nein? Diese Fragen haben
   durchaus einen praktischen Bezug. Man wüsste eben gerne, warum zum Beispiel die Beziehungen zu Persien unter dem Schah und dem Geheimdienst
   Savagh so verträglich waren (wobei die Solidarität mit der Kommunistischen
   Partei Persiens den guten Staatsbeziehungen weithin geopfert wurde) und
   warum zum Apartheid-Südafrika (verdeckte) Handelsbeziehungen unterhalten wurden, obwohl zu dieser Zeit Nelson Mandela noch auf der Tigerinsel
   eingekerkert war? Haben da die staatlichen Interessen alle ideologischen
   Bedenken in den Hintergrund gedrängt? Wie wurde das intern den Nomenklatur-Kadern erklärt? Wurde es überhaupt problematisiert?
3. Nicht hinreichend erforscht erscheinen die Mechanismen der Durchsetzung
   des Führungsanspruchs der SED in der Außenpolitik. War das MfAA nur
   ein reines Implementierungsorgan der Parteiführung und wie weit reichte
   die Parteikontrolle bei der Gestaltung des außenpolitischen Tagesgeschäftes?
   Jede DDR-Botschaft hatte ihren eigenen Parteisekretär (und Stasi-Residen-
   ten). Wie weit reichte seine Machtbefugnis? Welche Kompetenz hatte die
   1957 gegründete Außenpolitische Kommission beim SED-Politbüro, wie
   weit reichte sie hinunter bis zur Implementierungsebene? Arbeiteten dort
   auch Fachleute oder überwiegend Ideologiefunktionäre?
4. Weithin fehlt eine Reflexion der Beziehungen von Außen- und Innenpolitik
   der DDR. Ihre hohe Korrelation, ob es sich nun um die Beziehungen zu den
   »Bruderstaaten«, den Entwicklungsländern oder dem »nichtsozialistischen
   Ausland« handelt, ist evident. Nur wer den Stand der innenpolitischen, vor
   allem binnenwirtschaftlichen und sozialen Entwicklung der DDR kennt,

wird die konkrete außenpolitische Aktion des Regimes richtig einordnen können.

5. Ein (kleineres) Forschungsdesiderat betrifft die Zweigleisigkeit von Partei- und staatlicher Außenpolitik und die Ersatzfunktion der Parteiaußenpolitik, in die auch die Massenorganisationen der Nationalen Front stark mit einbezogen wurden. Sie spielte insbesondere gegenüber den westlichen Demokratien (z.B. Frankreich) gerade vor der Anerkennungswelle Anfang der siebziger Jahre eine große Rolle. Hierher gehört der ganze Komplex des so genannten Eurokommunismus, der u.a. die Entscheidungsträger der DDR bei ihren Außenkontakten sogar zur Unterscheidung zwischen moskautreuen, relativ moskauunabhängigen kommunistischen Parteien (und Befreiungsbewegungen!) und den so erwünschten staatlichen Kontakten zwang, die keineswegs von der Parteischiene gestört werden sollten (aber manchmal wurden). Diese Problematik wird zwar in der neueren Forschungsliteratur gelegentlich angesprochen, aber insgesamt noch unzureichend thematisiert.

Gesamtdarstellungen.   Publikationen dieses Typs sind noch immer eine Rarität. Als mehr oder weniger repräsentativ für den gegenwärtig erreichten Forschungsstand seien hier die Arbeiten von Benno-Eide Siebs (1999 [1645]), Ingrid Muth (2000 [1627]) und – obwohl nicht ganz einschlägig – Helga Haftendorn (2001 [1588]) genannt.

Siebs' höchst systematische, empirisch gut gestützte Analyse ist wohl das Beste, was gegenwärtig zum Thema verfügbar ist. Mit seinem behavioristisch gefärbten Ansatz (in Anlehnung an James Rosenau) kann er fast alle Grundkonstituanten der DDR-Außenpolitik klar herausarbeiten. Einziger, sehr leiser Einwand gegen dieses Standardwerk ist, dass es leider nur die letzten 15 Jahre der DDR-Außenpolitik beschreibt und – noch leiser – dass die Parteiaußenpolitik, die ja auch nach der staatlichen Anerkennung, wenn auch in geringerem Umfang, stattgefunden hat, etwas unterbelichtet bleibt.

Muth, langjährige Mitarbeiterin im MfAA, gibt zahlreiche, bisher nicht allgemein bekannte Einblicke in die Arbeitsweise des MfAA, seine Funktionsabläufe und sein Personal. Ihre Arbeit leidet aber an einer immer wieder durchscheinenden Überschätzung des politischen Gewichts des Ministeriums im Herrschaftssystem der SED und an einer ständigen Unterschätzung der Abhängigkeit der DDR von der Sowjetunion, die eigentlich nur am Rande thematisiert und dann meistens etwas heruntergespielt wird.

Haftendorns vorzügliche Arbeit gehört eigentlich insofern hier nicht her, als sich ihr Interesse auf die Außenpolitik der alten Bundesrepublik konzentriert. Doch verliert sie die DDR mit ihren spezifischen Blockbindungen nicht aus den Augen, weist auf Ähnlichkeiten hin und – das ist das größte Verdienst dieser Studie – geht immer wieder den Wechselwirkungen zwischen nationaler Außenpolitik und den Einwirkungen aus dem internationalen System nach. Sie hat eine Mischung aus strukturgeschichtlichem und ereignisgeschichtlichem Zugang gewählt – und insofern ist sie tatsächlich beispielhaft für eine grundsätzliche und umfassende außenpolitische Analyse.

Die Außenpolitik der DDR gegenüber den »Bruderstaaten« und anderen kommunistischen Ländern. Für diesen außenpolitischen Bereich existieren keine Darstellungen, die insgesamt die Bündnispolitik der SED gegenüber europäischen und außereuropäischen kommunistischen Staaten behandeln. So fällt auch auf, dass erstaunlicherweise bis heute eine grundlegende Arbeit zu den Beziehungen zwischen DDR und Sowjetunion über einen längeren Zeitraum und auch über die gesellschaftlichen Kontaktfelder (Tourismus, Studenten- und Kulturaustausch usw.) fehlt. Die sehr gründliche, theoretisch anspruchsvolle und empirisch gesättigte Arbeit von Hannes Adomeit (1998 [1502]) könnte hier als Gegenbeispiel angeführt werden. Sie legt jedoch das Schwergewicht auf die imperiale Moskauer Sicht der Probleme. Zu kurz kommt bei Adomeit, gerade was die DDR betrifft, beispielsweise das Spannungsverhältnis von Innen- und Außenpolitik sowie die Parteiaußenpolitik der SED.

Allerdings gibt es eine beträchtliche Anzahl von Büchern sowie Aufsätzen in Fachzeitschriften, ferner Konferenzbeiträge und Beiträge zu Sammelwerken, die sich jedoch meist auf die Beziehungen zu einzelnen kommunistischen Staaten und bestimmte Ereignis- oder kurze Beziehungsphasen beschränken. Wir wollen hier einige neuere Beispiele nennen, die uns wegen ihrer Qualität und der darin aufscheinenden area-Kenntnisse aufgefallen sind.

Relativ systematische Überblicke zum Verhältnis DDR–UdSSR wenigstens für einen längeren Zeitraum finden sich in den Aufsätzen von Joachim Krüger (1993 [171]) und Fred Oldenburg (1995 [1630]). Für die Anfangs- und die Endphase der Beziehungen zwischen SED/DDR und KPdSU/UdSSR liegen zwei längere Aufsätze vor, die sich auf unterschiedliche, aber aufschlussreiche Weise mit der vorläufig nicht vollständig beantwortbaren Frage nach dem Aktionsspielraum der DDR gegenüber der Imperialmacht Sowjetunion befassen. Diese Autoren haben teilweise auch bisher nicht bekannte sowjetische Quellen ausgewertet bzw. bekannte auf abweichende Weise gedeutet (Bonwetsch/Filitow 1999 [90]; Loth 1999 [1849]).

Ein altes Thema nimmt sich Beate Ihme-Tuchel (1994 [1601]) im Lichte ergänzender Archivstudien noch einmal vor, nämlich die Dreieckbeziehungen zwischen DDR, Polen und der Tschechoslowakei. Leider hört diese solide Arbeit dort auf, wo es nach unserer Ansicht erst richtig spannend wird. Ihme-Tuchel ist noch mit einem halben Dutzend von interessanten Aufsätzen zum gleichen Thema hervorgetreten, die jedoch alle die Darstellung Mitte der sechziger Jahre abbrechen, so dass für die jüngere Zeit noch eine große Forschungslücke besteht.

Bemerkenswerterweise haben wir keine irgendwie auffallenden neueren Arbeiten über die Beziehungen der DDR zu den Volksrepubliken Bulgarien, Rumänien, Ungarn und Albanien, geschweige denn zu den nichteuropäischen kommunistischen Staaten Nordkorea und Kuba sowie den kryptokommunistischen Regimen in Kambodscha und Laos gefunden. In Bezug auf Nordkorea gibt es lediglich eine kritische Darstellung des letzten DDR-Botschafters in Pjöngjang (Maretzki 1991 [1623]). Ein historisch sehr begrenztes Beziehungssegment schildert Frank Rüdiger (1996 [1640]) mit *Die DDR und Nordkorea. Der Wiederaufbau der Stadt Hamhung von 1954–1962.*

Auch die widersprüchlichen Beziehungen der DDR zum kommunistischen, aber moskauunabhängigen Jugoslawien stellen noch weitgehend eine Forschungsbrache dar. Mit ihrem Aufsatz *Das Bemühen der SED um die diplomatische Anerkennung durch Jugoslawien 1956/57* hat Ihme-Tuchel (1994 [1602]) ein informatives Detail aufschlussreich bearbeitet.

Nicht viel besser sieht es für die Beziehungen der DDR zu Nord-Vietnam und der Volksrepublik China aus. Die Arbeiten von Joachim Krüger (1991 [1609], 1994 [1610] u. 2002 [1608]), von 1980 bis 1983 Botschaftsrat der DDR in Peking, bilden dabei allerdings eine interessante Ausnahme. Jedoch wünschte man sich gerade zu diesem Thema eine noch stärkere Berücksichtigung der Haltung der SED zur »Kulturrevolution«, zum sowjetisch-chinesischen Dauerkonflikt und zur Pekinger Deutschlandpolitik. Deutlich mehr zu diesen Themen findet man in der vorbildlichen Quellensammlung von Werner Meißner (1995 [1625]), die schon fast ein Standardwerk zu nennen ist.

An dieser Stelle soll darauf hingewiesen werden, dass sich inzwischen auch ehemalige außenpolitische Spitzenfunktionäre vornehmlich aus dem MfAA zu Wort gemeldet haben. Hervorzuheben sind hier die Erinnerungen des ehemaligen DDR-Botschafters Egon Winkelmann (1997 [1654]) in Moskau (1981–1987). Was wir zwar schon wussten, nun aber aus denkbar bester Quelle schwarz auf weiß nachlesen können: Die DDR wurde vom großen »Bruder« wie ein »Kommis«, selbst ihre Spitzenfunktionäre bis hinauf zu Erich Honecker wie »Schulbuben« behandelt. Memoiren dieser Art ersetzen zwar keine wissenschaftliche Analyse, schärfen aber die Konturen hinter den propagandistisch-diplomatischen Nebenwänden und liefern das wärmende Unterfutter für eine erzählende Geschichtsschreibung.

Zahlreiche sachliche Beiträge ehemaliger DDR-Diplomaten (mit leicht nostalgischem Unterton über die Wertschätzung der DDR in angeblich vielen Ländern) finden sich in einem Sammelband über ein Kolloquium des Brandenburger Vereins für Politische Bildung »Rosa Luxemburg« (Küchenmeister/Nakath/Stephan 1999 [1611]). Vor allem ein Interview von Daniel Küchenmeister mit Herbert Häber, Honecker-Vertrauter, langjähriger ZK-Abteilungsleiter und für zwei Jahre Mitglied des SED-Politbüros, und die zusammenfassenden Aufsätze zu den Grundzügen und Entwicklungsetappen der DDR-Außen- und Deutschlandpolitik von Detlef Nakath und Gerd-Rüdiger Stephan machen das schmale Bändchen zu einer lesenswerten Lektüre. Beiden Autoren gelingt eine Periodisierung der DDR-Außenbeziehungen, ein in der Historiographie stets schwieriges Unterfangen.

Die Außenpolitik der DDR gegenüber westlichen Staaten. Hier ist zunächst auf
den in diesem Band vorliegenden Beitrag von Hans-Georg Golz zu verweisen,
der die Grundkonturen der Forschungslandschaft im Bereich der Westbezie-
hungen der DDR beschrieben hat. Und so beschränkt sich der nachfolgende
Abschnitt auf einige ergänzende Bemerkungen.

Gerade für die Außenpolitik der DDR gegenüber der westlichen Welt waren,
bis zur Anerkennungswelle Anfang der siebziger Jahre, ein breites Aktionsspek-
trum unterhalb der diplomatischen Schwelle und danach die Doppelgleisigkeit
(Parteiaußenpolitik und staatlich-diplomatische Aktionen) geradezu typisch. In
fast allen vorliegenden Publikationen wird diesem differentium specificum zu
wenig Aufmerksamkeit gewidmet. Dies ist insofern erkenntniserschwerend, als
erst dieser Blickwinkel verständlich machen kann, warum die DDR trotz Hallstein-Doktrin und damit Nichtanerkennung in zahlreichen westlichen Staaten
in bestimmten Bevölkerungsschichten erfolgreich ihr Image als ansehnlicher
zweiter, souveräner deutscher Staat aufbauen konnte. Dieses schon eingangs
erwähnte Desiderat ist noch um den bisher von der Forschung vernachlässigten
Aspekt der auswärtigen Kulturpolitik der SED gegenüber den westlichen Staaten zu ergänzen. Wir haben jedoch einige verdienstvolle Ausnahmen gefunden.
So haben Jacco Pekelder (2002 [1633]) und Jürgen Große (1999 [1586]) in
ihren umfangreichen und detaillierten Studien auch die nichtstaatlichen Aktionsfelder der DDR-Außenpolitik gegenüber den Niederlanden und den USA
in die Analyse einbezogen. Gleiches gilt für den knappen, jedoch informativen Beitrag Olivia Grieses (1999 [1585]) über die Beziehungen der DDR zu
Finnland (Hentilä 1998 [1590]), deren besonderer Stellenwert für die deutsche
Frage bis zur Aufnahme beider deutschen Staaten in die UNO von Dörte
Putensen (2000 [1639]) in akribischer und systematischer Weise untersucht
wird. Gerade in diesen Arbeiten wird deutlich, dass es eine sehr intensive
Außenpolitik der DDR auch lange vor ihrer völkerrechtlichen Anerkennung
gab, allerdings unterhalb der ihr verwehrten diplomatischen Schwelle. Was die
SED hier, durchaus nicht ganz erfolglos, unternommen hat, kann als ein historisches Novum im Aufbau und der Pflege internationaler Beziehungen gewertet
werden.

Schließlich ist zu beklagen, dass insgesamt zum Beispiel die Rolle der
Freundschaftsgesellschaften, sowohl die in der DDR zu den jeweiligen westlichen Ländern als auch ihre Pendants dort, nicht hinreichend gewürdigt wurden,
obwohl doch ihre Aktivitäten über Jahrzehnte eine wichtige außenpolitische
Ersatzfunktion erfüllten. Das gilt auch für den von Ulrich Pfeil (2001 [1635])
herausgegebenen Sammelband, der bisher das meiste Wissen über die Westpolitik der DDR, über ihr Verhältnis zu einzelnen westlichen Ländern zwischen
zwei Buchdeckeln versammelt und insofern den aktuellen Forschungsstand
repräsentiert. Nach einer umfangreichen Einleitung finden wir im zweiten Teil
dieses Bandes sieben Aufsätze über die Beziehungen der DDR zu den USA,
zu Großbritannien, Frankreich, Italien (vgl. auch Pöthig 2000 [1638]; Lill 2001
[1618]), zu Dänemark, den Niederlanden, Belgien, zur Schweiz und zum Vati-

kan. Wie bei vielen Aufsatzsammlungen handelt es sich auch bei dieser um sehr
disparate Beiträge. Wir vermissen wenigstens eine oder mehrere übergreifende
Fragestellungen und eine arbeitgestaltende Grundlinie. Wir haben es mit unterschiedlichen Schwerpunkten und Beobachtungszeiträumen zu tun. Gleichwohl
lässt sich auf Pfeils Arbeit gut aufbauen.

Vor Öffnung der DDR-Archive wurden 1989 in einem Forschungsbericht
der Konrad-Adenauer-Stiftung schon recht detaillierte Berichte über die Beziehungen auch zu Österreich, Norwegen, Schweden, Island, Finnland, Griechenland und Japan publiziert (Veen/Weilemann 1989 [1652]).

Abschließend soll hier noch auf eine besonders interessante Arbeit hingewiesen werden, deren Verdienst darin besteht, die Türkei-Politik beider deutscher Staaten vergleichend in den Blick zu nehmen. Die akribische Arbeit von
Can Özren (1998 [1632]) demonstriert, wie sinnvoll komparatistisch angelegte
außenpolitische Studien gerade im Fall der beiden deutschen Staaten in der Tei-
lungszeit sein können. Bedauerlicherweise endet auch diese Darstellung bereits
1963, wofür man jedoch, da es sich um eine Dissertation handelt, Verständnis
aufbringt.

Nicht zu vergessen ist eine thematische Forschungslücke: Die Haltung der
DDR zur europäischen Integration, die ja bis 1990 eine nur westeuropäische war. Sie ist, wegen des begrenzten Untersuchungszeitraumes, durch Jana
Wüstenhagens (2001 [1655]) Arbeit zu diesem Thema nur ansatzweise verklei-
nert worden.

*Die DDR und die nichtsozialistischen Staaten Asiens, Afrikas und Lateinameri-
kas.* Umfassende Gesamtdarstellungen der Dritte-Welt-Politik der DDR, wie
sie von Lamm/Kupper (1976 [1613]) und Spanger/Brock (1987 [1646]) bereits
lange vor der friedlichen Revolution erarbeitet wurden, sind im letzten Dezennium nicht vorgelegt worden, obwohl die Forschung nach Öffnung der DDR-
Archive hätte darauf aufbauen können.

Bedauerlicherweise liegen auch, von einigen wenigen Ausnahmen abgesehen, keine nennenswerten Arbeiten über die Beziehungen der DDR zu einzelnen asiatischen und lateinamerikanischen Staaten vor, obwohl doch einiges
Material zu bearbeiten wäre. Beispielsweise ist das Verhältnis zu Chile vor
und nach dem Militärputsch gegen Salvador Allende trotz der insgesamt guten
Quellenlage bisher nicht gründlich aufgearbeitet worden.

Tatsächlich haben Lateinamerika und der asiatische Kontinent in der außenpolitischen Prioritätenskala der DDR stets hinter Afrika rangiert. Was Asien
betrifft, ist lediglich Indien durch die Publikationen des langjährigen DDR-
Vertreters in Neu Delhi, Herbert Fischer, (1998 [1580] u. 2002 [1581]) in
der außenpolitischen Literatur vertreten. Von systematischer und objektiver
Analyse der Beziehungen wird man aber bei ihm nur mit Einschränkungen
sprechen können, dafür war Fischer ein zu prominenter Vertreter einer Seite.

Der Beziehungen der DDR zu einem Teil der Staaten des afrikanischen Kon-
tinents hat sich demgegenüber die Forschung inzwischen mit einigem Erfolg

angenommen. Dabei ist auf einige Arbeiten hinzuweisen, bei denen keiner der eingangs genannten Mängel zu beklagen ist. An erster Stelle sind hier die Studien von Ulf Engel, Ilona und Hans-Georg Schleicher sowie Ulrich van der Heyden zu nennen (Engel/Schleicher, H.-G. 1998 [1579]; Schleicher, I./ Schleicher, H.-G. 1997 [1643]; van der Heyden/Schleicher, I./Schleicher, H.-G. 1993/94 [1591]). Dankenswerterweise vergleichen sie teilweise die Afrikapolitik beider deutscher Staaten, thematisieren die außenpolitische Doppelschiene MfAA/Partei-Außenpolitik, berücksichtigen auch die Vor-Wendeliteratur, lassen intensives Aktenstudium erkennen und beziehen zudem die Befreiungsbewegungen vor allem im südlichen Afrika hinreichend in die Analyse ein. Recht informativ ist auch die Arbeit von Hans-Joachim Döring (1999 [1578]), weil sie einen bisher wenig analysierten geographischen Schwerpunkt der Afrikapolitik der DDR behandelt.

Als hilfreich für die künftige Forschung wird sich die Quellendokumentation zur DDR-Afrikapolitik von Bettina Husemann und Annette Neumann (1994 [1600]) erweisen.

In einigen Fachaufsätzen wurden inzwischen spezielle Themen aufgegriffen, die gemeinhin in monographischen Arbeiten zu kurz kommen, jedoch die vielschichtige Außenpolitik der DDR konturenreicher erscheinen lassen. Beispielhaft wird hier auf die informativen Beiträge von Rainer Blasius (1998 [1574]) und Gerhard Besier (1999 [1573]) verwiesen.

Die Haltung der DDR zu Israel und dem Nah-Ost-Konflikt.   Hier ist auf einige erfreuliche Forschungsleistungen zu verweisen, deren reichhaltige Bibliographien nahezu die gesamte, bis heute publizierte Literatur zu diesem Thema enthalten. Obwohl für Stefan Meinings (2002 [1306]) große Studie gerade das unter 1. benannte Defizit gilt, kann diese Arbeit bereits als Standardwerk bezeichnet werden. Es handelt sich um eine erschöpfende, objektive und systematische Deskription mit stark analytischen Zügen und kaum überschaubarer Materialfülle. Dankenswerterweise nimmt der Autor auch die Vorkriegsgeschichte mit ihren nachwirkenden geistigen Grundlagen für Semitismus und Antisemitismus in den Blick. Meining folgt dem Thema bis zum Untergang der DDR. Zusammen mit drei theoretisch und methodisch etwas schwächeren Arbeiten von Angelika Timm (1993 [1649], 1997 [1651] u. 2002 [1650]) ist damit für die künftige Forschung ein sicheres Fundament gelegt worden. Alles, was man sonst noch zu diesem Thema lesen kann, ist schon ausführlich oder etwas mehr am Rande von diesen beiden Autoren behandelt worden. Mit einer etwas größeren Einschränkung gilt das beispielsweise auch für das Buch von Mario Keßler (1995 [1303]), dem es vor allem gelingt, Paul Merkers durchaus fragwürdige Rolle, seine eindeutig stalinistische Grundhaltung herauszuarbeiten und damit die lange Zeit die Diskussion um dieses Ulbricht-Opfer bestimmende idealisierende Darstellung durch Merkers Biograph Wolfgang Kießling (1994 [166]) zu korrigieren.

Abschließend ist zu erwähnen, dass vornehmlich aus der Sicht ehemaliger

DDR-Diplomaten und Verbandsfunktionäre Arbeiten zur UNO-Politik der
DDR vorliegen, die interessante Einblicke in die Instrumentalisierung nicht-
staatlicher internationaler Organisationen und die Haltung der SED zum New
Yorker Weltforum bieten (Funk 1997 [1582]; Grunert 1995 [1587]; Neugebauer, B. 2000 [1629]). Das Aktionsfeld UNO der DDR-Außenpolitik ist damit
noch keineswegs erschöpfend analysiert.

Fazit.   Die Forschung zur Außenpolitik der DDR hat nach der Wende einen
mittleren Schritt nach vorn getan. Es sind einige vorzügliche Studien vorgelegt worden, die schon Maßstäbe setzen, auch wenn sie nicht alle der eingangs
erwähnten Desiderate füllen können. Die meisten deutschen Außenpolitik-For-
scher verstehen sich als Historiker, stehen also der angelsächsischen Disziplin
»International Law« relativ fern. Das hat zur Folge, dass zum Beispiel die Einbindung der DDR-Außenpolitik in die internationalen Rahmenbedingungen
gelegentlich eher zufällig behandelt wird und manchmal ganz fehlt. Überhaupt:
Es fehlt ein theoriegestützter Ansatz zum Verhältnis zwischen kommunistischer Groß- und Weltmacht und einem ihrer wichtigsten Satelliten. Daher gibt
es auch noch keine abschließenden Antworten auf die Frage nach dem Handlungsspielraum (»maneuver space«) der DDR-Außenpolitik. Wie groß er im
Einzelfall war, wird man aber wohl erst nach Öffnung aller, auch der sowjetischen Archive präzise herausarbeiten können.

Schließlich fehlt noch immer eine im strengeren Sinn sozialwissenschaftliche außenpolitische Forschung. Erst sie könnte eine konzise Korrelation zwischen außen- und innen- sowie gesellschaftspolitischen Entwicklungsphasen
der DDR herauspräparieren. Dies erst könnte das Bild vom Aufstieg und
Zerfall des letzten deutschen Teilstaates sozialistisch-kommunistischer Prägung
hinreichend konturieren.

HANS-GEORG GOLZ

Jenseits der Bundesrepublik – die DDR und der Westen

Die Außenpolitik der DDR, einer »regionalen Mittelmacht mit begrenztem Aktionsradius« (Bruns 1985 [1575]), stand bis Anfang der siebziger Jahre im Zeichen des Strebens nach internationaler diplomatischer Anerkennung entsprechend den Regeln des Völkerrechts. Es galt, die Blockade zu durchbrechen, die die Bundesrepublik und die Westmächte, ab Mitte der fünfziger Jahre mit dem außenpolitischen Instrument der Hallstein-Doktrin, gegen die DDR verhängt hatten. Die NATO-Partner orientierten sich an der Bonner Politik und sahen bis zur Unterzeichnung des Grundlagenvertrages von einer Anerkennung der DDR bzw. von einer Verbesserung ihrer (Nicht-)Beziehungen zum SED-Staat ab. Vor der weltweiten Anerkennung 1972/73 hatten neben der Sowjetunion, zehn weiteren Staaten des Ostblocks (1949/50) und Kuba (1963) lediglich einige nicht paktgebundene und neutrale Staaten diplomatische Beziehungen mit der DDR aufgenommen, darunter Jugoslawien (1957). Am 18. September 1973 traten beide deutsche Staaten den Vereinten Nationen bei.

Das Bündnis mit der Sowjetunion und die Zugehörigkeit zur sozialistischen Staatengemeinschaft wurden in der veränderten DDR-Verfassung 1974 untermauert, eine Verpflichtung auf Wiedervereinigung verschwand. Zweifellos war die Außenpolitik der DDR »jederzeit von der sowjetischen Führungsmacht abhängig. Der Grad dieser Abhängigkeit unterschied sich in den einzelnen Entwicklungsetappen lediglich in Nuancen. Als durch die Wahl Gorbatschows zum KPdSU-Generalsekretär die Chance für eine eigenständigere Außenpolitik entstand, begann bereits der Niedergang der DDR.« (Nakath 1999 [1628])

In der Westpolitik, der Politik gegenüber den westlichen Staaten, gab es allerdings »immer einen gewissen Spielraum, der zwar keine wirklich eigenständige Außenpolitik zuließ, jedoch Gestaltungsnuancen eröffnete« (Kuppe 1995 [1612]; vgl. auch Lemke 2001 [1616]). In den siebziger und achtziger Jahren nutzte die DDR diese »Nuancen«, indem sie sich im Rahmen des marxistisch-leninistischen Konzeptes der »friedlichen Koexistenz« als Friedensstaat, als Stimme einer »Koalition der Vernunft und des Realismus« in Europa zu profilieren versuchte. Dabei war die Bundesrepublik als »unsichtbarer Dritter« bei bilateralen Beziehungen der DDR mit dem Westen stets präsent. Die Furcht der SED vor einer »Aggression auf Filzlatschen« (Otto Winzer, DDR-Außenminister 1965–1975) insbesondere nach Unterzeichnung der KSZE-Schlussakte 1975 war außerordentlich groß. Die außenpolitische Staatsräson der DDR ist mit den Begriffen »Ostabhängigkeit und Westabgrenzung« treffend umschrieben (Wentker 2001 [1653]). Zum Zeitpunkt seines Untergangs unterhielt das zeitweilige Mitglied im Weltsicherheitsrat (1980/81) mit 137 Staaten diplomatische Beziehungen. Im *Deutschland-Handbuch*, entstanden 1989 anlässlich des 40. Jahrestags der beiden deutschen Staaten, resümierte Bernard von Plate: »Blickt man (…) aus der Sicht der ausgehenden achtziger Jahre auf die Außenpolitik der DDR, so hat man es offenbar mit einer Erfolgsgeschichte zu tun.« (von Plate 1989 [1637])

Dabei hatte die Westpolitik der DDR bis in die siebziger Jahre hinein den ersten Teil dieser »Erfolgsgeschichte« schreiben müssen, ohne dass ihr die klassischen Instrumente der Diplomatie zur Verfügung gestanden hätten. Gesellschaftliche Organisationen, die auswärtige Kulturpolitik und der Außenhandel erfüllten außenpolitische Aufgaben, sie praktizierten »Kryptodiplomatie« (Bulla 1988 [1576]). Die SED ließ nichts unversucht, die Isolation durch den Westen zu durchbrechen. So wurde Handelsabkommen mit privatwirtschaftlichen Geschäftspartnern in Westeuropa sowie Empfängen quasi-diplomatischer Charakter verliehen. Auch die unbedeutendsten Visiten westlicher Parlamentarier, die auf Einladung der Interparlamentarischen Gruppe der Volkskammer oder der Liga für Völkerfreundschaft die DDR bereisten, erhielten den Anstrich von Staatsbesuchen und wurden in den Massenmedien groß herausgestellt.

1968 gründete sich in Helsinki ein Ständiges Internationales Komitee für die Anerkennung der DDR, und in den westlichen Staaten kam es zur Gründung nationaler Anerkennungskomitees. Diese wurden im Umfeld oder aus den Reihen der jeweiligen Freundschaftsgesellschaften bzw. -komitees mit der DDR gebildet, Organisationen, die zum Teil bereits seit den fünfziger Jahren bestanden, mehr oder weniger eng mit ihren Pendants in der DDR bzw. der Dachorganisation, der 1961 gegründeten Liga für Völkerfreundschaft, sowie der jeweiligen kommunistischen Partei zusammenarbeiteten und von Ost-Berlin finanziert wurden. Sie leisteten Pionierarbeit der Einflussnahme in einem wenig DDR-freundlichen Umfeld. Nach der diplomatischen Anerkennung wurde offizielle Vertragsdiplomatie möglich. Die Freundschaftsgesellschaften in den »Zielländern« hatten sich zu mehr oder weniger effektiven PR-Apparaten zu wandeln. Manche dieser Organisationen erfuhren eine bisher kaum analysierte Regionalisierung und entwickelten sich autonom. Bis Ende der achtziger Jahre war der unmittelbare Einfluss der SED auf diese Gesellschaften von DDR-Freunden im Ausland stark gesunken.

Zwar ist die Erforschung der DDR-Geschichte nach der Neuformierung der DDR-Forschung »gut vorangekommen«. Doch zu den Desideraten zählen noch immer – wie bereits vor 1989 – »die Außenpolitik der DDR« sowie die »Rolle und Ambivalenz der (…) Massenorganisationen« (Weber/Mählert 2000 [1941]). Andere Themen standen in den ersten zwölf Jahren der wissenschaftlichen Aufarbeitung der SED-Diktatur eher im Vordergrund des (auch tagespolitisch motivierten) Erkenntnisinteresses. Die beiden Enquete-Kommissionen des Deutschen Bundestages haben sich mit der Außenpolitik der DDR nur am Rande, mit der Westpolitik gar nicht befasst (vgl. nur von Bredow 1999 [1673]; Materialien 1995 [42] u. 1999 [43]). Aus der Zeit vor 1989 wäre als »Resonanzboden« der detailfreudige Sammelband über »Drei Jahrzehnte Außenpolitik der DDR« zu nennen, der eine Fundgrube auch für künftige Forschungen darstellt (Jacobsen/Letin/Scheuer/Schulz 1979 [1604]).

Nach der Öffnung der DDR-Archive stellt sich der Forschung – neben der Analyse der offiziellen Beziehungen – vor allem die Frage nach den Trägern und der Qualität der bilateralen Kontakte, die trotz aller Hindernisse zwischen der DDR und westlichen Ländern entstanden. Welche Qualität hatten diese Beziehungen angesichts der Tatsache, dass die effektivste Methode, das andere Land kennen zu lernen (abgesehen von Städtepartnerschaften in den Achtziger-jahren), weitgehend ausfiel, nämlich gegenseitige Besuche von Privatpersonen? Welche Möglichkeiten standen der DDR zur Verfügung, um im Westen Aner-kennung und Renommee zu finden?

Hauptverantwortlich für den insgesamt als stark unterentwickelt zu charak-terisierenden Forschungsstand ist die unzureichende Verfügbarkeit von Archiv-material zur auswärtigen Politik, das in westlichen Archiven der international üblichen 30-Jahre-Sperrfrist unterliegt, während die Partei- und Staatsakten der DDR weitgehend zugänglich sind (die Hinterlassenschaft des MfAA nur eingeschränkt). Hermann Weber hat diese »Asymmetrie« wiederholt beklagt (zuletzt: Weber 2002, [1947]). Daher hat sich die Forschung nach 1990 zunächst der Außenpolitik der DDR vor 1973 angenommen. Ingrid Muth, ehemalige Mitarbeiterin des DDR-Außenministeriums, untersucht Prinzipien und Funk-tionsmechanismen in der Nichtanerkennungsphase und liefert eine Skizze der Unterstellung des außenpolitischen Apparats unter die SED sowie über eine darunter anzusiedelnde »dritte Ebene« gesellschaftlicher Organisationen (Muth 2000 [1627]). Zu dieser gehörten die 1952 gegründete Gesellschaft für kultu-relle Verbindungen mit dem Ausland, die Liga für Völkerfreundschaft sowie die 1987 fast 50 nationalen Freundschaftsgesellschaften.

Ihre Arbeitsweise, ihr »Innenleben« sowie ihre veränderten Aufgaben nach der diplomatischen Anerkennung sind noch nahezu unerforscht. Marianne Howarth hat sich dem Britain-Democratic Germany Information Exchange (BRIDGE) bzw. ab 1973 der Britain-GDR Society sowie der Deutsch-Bri-tischen Gesellschaft (DEBRIG) bzw. ab 1973 der Freundschaftsgesellschaft DDR-Großbritannien im Rahmen der westpolitischen Strategie der SED ge-widmet (Howarth 1981 [1598], 1999 [1595], 1999 [1596], 2001 [1597], 2002 [599]; zu Großbritannien auch Munro 1992 [1626]; Larres 2000 [1615]). Ihre gründliche, doch unveröffentlichte Studie über die britische Nichtaner-kennungspolitik musste weitgehend auf Archivquellen verzichten; die Autorin machte das durch Zeitzeugeninterviews wett (Bell [Howarth] 1977 [1572]). Außerdem liegt eine noch unveröffentlichte Untersuchung über die Vereniging Nederland-DDR vor, bei der das Verhältnis der niederländischen Organisation von DDR-Freunden zur Liga skizziert wird (Krijnen 1998 [1607]).

Auch die offiziellen Beziehungen zwischen der DDR und den Staaten des

Westens sind ein noch kaum bearbeitetes Feld. Renate Stegmüller befasst sich in ihrer Mitte der siebziger Jahre entstandenen Dissertation zwar mit der DDR-Westpolitik bis 1961, doch sie untersucht vor allem den ideologischen Bezugsrahmen, dessen Bestimmungsfaktoren sie aus den Schriften von Marx, Engels und Lenin heraus zu deuten versucht (Stegmüller 1976 [1648]). Seit 1991 liegt eine wenig systematische Monographie über die Beziehungen zwischen der DDR und Großbritannien bis 1973 vor (Becker, B. 1991 [1571]), die sich vor allem auf Akten des Foreign Office und die Arbeiten von Howarth (Bell) stützt. Bert Becker konstatiert das Scheitern der Bemühungen der DDR, die britische Regierungspolitik in ihrem Sinne zu verändern. Einsichten in die Denkweise und die Situation von Botschaftern der DDR Ende der achtziger Jahre bietet der von Birgit Malchow (1999 [1622]) herausgegebene Band.

In jüngster Zeit haben eine Reihe von länderspezifischen Arbeiten Bausteine für eine Gesamtdarstellung der DDR-Westpolitik zumindest für die Nichtanerkennungsphase geliefert. Es sind Studien über die Beziehungen der DDR bis 1973 zu Frankreich (Pfeil 2001 [1634]), Belgien (Horstmeier 2001 [1594]), den Niederlanden (Horstmeier 1995 [1593] u. Pekelder 2002 [1633]), Italien (Pöthig 2000 [1638]; Lill 2001 [1618]), Dänemark (Lammers 2001 [1614]), Schweden (Linderoth 2002 [1619]), der Schweiz (Gerber 2002 [1584]) und den USA (Ostermann 2001 [1631]) entstanden. Auch die beachtliche Studie von Burton C. Gaida (1989 [1583]) ist zu nennen, der noch ohne archivalische DDR-Quellen, gestützt auf 80 Interviews, belegt, wie unterentwickelt die Beziehungen zu den USA bis 1986 geblieben sind. Eine Kölner Dissertation von Henning Hoff (2003 [1592]) *Großbritannien und die DDR 1955–1973* analysiert die politischen (Nicht-)Beziehungen beider Staaten bis zur Anerkennung und beruht insbesondere auf Quellen aus dem ZK der SED und dem MfAA.

Die kleine, doch relativ einflussreiche Gruppe ehemaliger Westexilanten – allein für Großbritannien rund 300 Personen (Hoff 2003 [1592]) – spielte eine wichtige Rolle beim Aufbau der DDR-Kontakte zu den Ländern des Westens. Auch wenn die Bedeutung der Westemigranten im Vergleich zu den aus der Sowjetunion »heimkehrenden« Kommunisten als gering zu veranschlagen ist, wurden deren landesspezifische Kenntnisse genutzt. Die Remigration von KPD-Mitgliedern aus westlichen Ländern in die SBZ ist noch nicht zusammenhängend untersucht worden; hier liegt eine interessante Studie über die skandinavischen Länder vor (Scholz, M. 2000 [210]).

Der Forschungsstand für die Zeit nach 1973 ist aufgrund der Quellenlage schlecht. Die umfangreiche Untersuchung von Benno-Eide Siebs (1999 [1645]) über die DDR-Außenpolitik von 1976 bis 1989 befasst sich mit dem Verhältnis zur Sowjetunion, den deutsch-deutschen Beziehungen und den Außenbeziehungen der DDR zur »Dritten Welt«. Siebs unterscheidet (nach James Rosenau) drei Phasen: Für die Zeit bis 1981 verortet er eine »ergebene« Außenpolitik gegenüber der Sowjetunion, bis 1986 eine »bewahrende« Außenpolitik und für die Endphase der DDR eine »unnachgiebige« Strategie der SED. Die Beziehungen zum Westen bleiben unberücksichtigt.

Im November 1999 widmete sich zum ersten Mal ein internationales Kolloquium der DDR-Westpolitik; eingeladen hatte das Institut d'Allemand d'Asniéres der Universität Paris III. Ulrich Pfeil hat die Beiträge zweifach ediert. Der deutsche Band (Pfeil 2001 [1635]) enthält grundlegende Texte zur Außenpolitik »zwischen östlichen Abhängigkeiten und westlichen Herausforderungen« und recht disparate Skizzen zu den Beziehungen der DDR mit einzelnen westlichen Staaten. Die Beiträge beziehen sich bis auf zwei (Ostermann 2001 [1631]; Schäfer, B. 2001 [1642]) auf die Zeit bis 1973. Eine französischsprachige Ausgabe (Pfeil 2000 [1636]) enthält zusätzliche Texte zu den Beziehungen Frankreichs zur DDR. »Britain and the GDR. Relations and Perceptions in a Divided World« hieß eine Tagung, die im November 2000 im Zentrum für Zeithistorische Forschung in Potsdam in Kooperation mit dem Deutschen Historischen Institut London und dem Arbeitskreis Deutsche England-Forschung stattfand. Die Konferenz nahm eine Bestandsaufnahme der Forschungen zum Verhältnis Großbritanniens zur DDR vor (Bauerkämper 2002 [1670]). Im April 2003 fand an der Universität Glamorgan in Wales eine Konferenz über die Beziehungen zwischen der DDR und Großbritannien aus britischer Sicht statt (im Rahmen eines Projektes über »The British Left«, geleitet von Stefan Berger und Norman LaPorte).

Nach wie vor fehlen sowohl eine quellengestützte Gesamtdarstellung der DDR-Außenpolitik von 1945 bzw. 1949 bis 1990 (Hermann Wentker hat eine Monographie angekündigt, vgl. DA 6/2002) als auch ein Überblick über die Westpolitik, insbesondere nach 1973. Mit der Erforschung der Auslandspropagandainstrumente der SED (Liga für Völkerfreundschaft, Freundschaftsgesellschaften) wird in jüngster Zeit Neuland betreten. Die Ergebnisse können dazu beitragen, die theoretisch-methodische Analyse einer – neben dem Partei- und dem Staatsapparat – dritten Ebene des Herrschaftssystems anzuregen. Möglicherweise können verfeinerte Aussagen über den Grad der »Durchherrschung« der DDR-Gesellschaft getroffen werden. Mit einer stärkeren Analyse der Rolle der gesellschaftlichen Organisationen im politischen System sollte keineswegs die zentrale Position der SED relativiert oder in Frage gestellt werden. Im Gegenteil, das Verhältnis der Staatspartei zu den angeleiteten Organisationen kann über den inneren Zustand der Parteidiktatur Auskunft geben. So spitzten sich Konflikte zwischen der Zentrale in Ost-Berlin und »Sympathisanten« in privaten Organisationen anderer Länder in den achtziger Jahren zu: Die Erosion der SED-Herrschaft war auch hier spürbar.

Am Grad der Attraktivität der DDR für westeuropäische Intellektuelle und »Fellow Travellers« kann abgelesen werden, wie insbesondere in den Achtzigerjahren die Anfälligkeit für die DDR und ihre »Friedenspolitik« als Fluchtpunkt politischer Diskussionen, ja als »Droge« (Domdey 1993 [1577]) den Blick auf den Diktaturcharakter und die Verfallserscheinungen des Regimes vernebelt hat. Dabei wäre zu unterscheiden zwischen ideologischen bzw. antifaschistischen und (in der Diktion der SED) »realistischen« Motiven. Die Überzeugung, die Existenz der DDR sei ein Garant für Frieden und Sicherheit in Europa, hatte Anhänger in fast allen politischen Lagern der westlichen Staaten (einschließlich der Bundesrepublik).

Die Schieflage der Forschung, die sich am Scheitelpunkt 1973 manifestiert, wird auf absehbare Zeit aufgrund des fehlenden, unzureichenden Aktenzuganges nicht zu beheben sein. Um diese Problematik zu entschärfen, sollten verstärkt Zeitzeugen (Wissenschaftler, Politiker, Akteure aus SED, MfAA, den Freundschaftsgesellschaften bzw. der Liga für Völkerfreundschaft) befragt werden, solange das möglich ist, um deren Aussagen wissenschaftlich auszuwerten. Zu wenig Beachtung findet paradoxerweise auch das allgemein zugängliche Material aus Tageszeitungen und Zeitschriften (aus der DDR und aus dem Westen). Auf eine kritische Sichtung der Erträge der westeuropäischen DDR-Forschung bis 1990 sowie der DDR-Westeuropa- bzw. »Imperialismusforschung« sollte ebenfalls nicht verzichtet werden.

Forschungen über die Westpolitik der DDR sollten sich als Grundlagenforschung über eine bisher vernachlässigte Ebene der SED-Herrschaft nach innen und der Beziehungen der DDR nach außen verstehen. Zurückhaltung dürfte daher bei der Diskussion methodologischer Fragen und der Anwendung theoretischer Konzepte geübt werden.

MICHAEL HERMS

Die deutsch-deutschen (Nicht-)Beziehungen bis zum Mauerbau

Die deutsche Situation nach Ende des Zweiten Weltkriegs war paradox: Entgegen den Potsdamer Beschlüssen und einer lautstarken Propaganda für die Einheit Deutschlands wurden 1949 auf Initiative der Siegermächte zwei Staaten mit unterschiedlicher gesellschaftspolitischer und wirtschaftlicher Ausrichtung gegründet, die offiziell weder miteinander kommunizieren noch staatliche Beziehungen wollten und wohl auch nicht so ohne weiteres durften. Diese Zeiten schlimmster Feindschaft ließen erkennen, »dass hier eine Nation mit sich selbst kämpfte: So böse streitet man nur mit dem Bruder. Keiner konnte vom anderen absehen, selbst wenn er es wollte. Jeder baute seinen Staat und machte seine Politik nach eigenen Grundsätzen und Erfordernissen, aber meist auch mit Blick auf den Konkurrenzstaat. Keiner durfte sich eine Blöße geben, jeder wollte möglichst überall der Bessere sein ...« (Bender 1996 [6]). Ungeachtet der offiziell nicht existenten Beziehungen agierten auf beiden Seiten gesellschaftliche Kräfte in deutschlandpolitischer Hinsicht: Parteien, Organisationen, Geheimdienste, die Justiz. Vor allem aber bestand die Nation nach der »doppelten Staatsgründung« fort: Millionen privater Kontakte und Individualschicksale sowie die anhaltende Fluchtwelle aus der DDR beeinflussten die deutsch-deutschen Beziehungen in erheblichem Ausmaß.

Einen besonderen Stellenwert nahmen Untersuchungen über Krisenzeiten der deutsch-deutschen Beziehungen bzw. der SED, zur Tätigkeit des MfS sowie zur sowjetischen Deutschlandpolitik ein, während etwa alltags- und sozialgeschichtliche Vergleiche sowie Individualschicksale weniger Beachtung fanden oder bislang in Gegenüberstellungen stecken blieben.

Hauptsächlich verbindet die Forschung die Organisation, Lenkung und Kontrolle der deutsch-deutschen Interaktion von Seiten der DDR zu Recht mit der »Westarbeit der SED«. Mit diesem Terminus »ist die allgemeine Agitation und Propaganda der SED in der Bundesrepublik Deutschland und West-Berlin sowie die gezielte Anknüpfung von Kontakten zu Politikern, Gewerkschaftsfunktionären, Journalisten, Wissenschaftlern und anderen Persönlichkeiten des öffentlichen politischen Lebens umschrieben. In die Westpolitik der SED waren die Blockparteien und Massenorganisationen arbeitsteilig ebenso einbezogen wie der Staatsapparat und Wirtschaftsunternehmen.« (Materialien 1995, Bd. 1 [42]) Die erste Enquete-Kommission, die sich der DDR-Geschichte angenommen hatte, hielt die wissenschaftliche Erforschung des Gegenstands für »dringend geboten« und benannte als Forschungsdesiderate: die verdeckten Einflussversuche im Rahmen der innerdeutschen Beziehungen; die Anleitung der kommunistischen Parteien in der Bundesrepublik Deutschland durch die SED; die Funktion der SED-Westarbeit im Rahmen der sowjetischen Deutschlandpolitik und die Ergebnisse der Einflussnahme in den außerparlamentarischen Bewegungen, in Gewerkschaften und Verbänden.

Diese Aufforderung blieb nicht unbeachtet: Ein umfassender Erkenntniszuwachs widerspiegelt sich in den Untersuchungen der Kommission selbst (das betraf jedoch überwiegend die Zeit nach dem Mauerbau) sowie in neuen Publikationen zur Westarbeit der SED. Erhellt wurde das einst streng geheime Tätigkeitsfeld der SED durch stark quellengestützte Studien über die Ziele, Methoden und Instrumente der Westarbeit (Staadt 1993 [1765], Lemke, M. 1996 [1724]; Kubina 1998 [1717] u. Amos 1999 [317]). Die zum Teil dezentral angelegte Westarbeit der SED dokumentiert eine Regionalstudie über die versuchte Einflussnahme aus dem Bezirk Halle (Saale) nach Nordrhein-Westfalen (Mönnighoff 1998 [1732]). Ein Kernelement der Westarbeit war die politische, finanzielle und personelle Steuerung der KPD, einschließlich ihrer personellen Selbstenthauptung im Zuge stalinistischer Repressionen. Diesbezüglich konnten frühere Erkenntnisse umfangreich ergänzt werden (Weber/Mählert 1998 [229]; Mayer, H. 1995 [182]; Zunder 1993 [239]; Fülberth 1990 [146]). Zum spezifischen Feld der Beeinflussung der Westberliner SEW liegt neben Studien für die Enquete-Kommission bisher eine ausführlichere Untersuchung vor (Niederstadt 1999 [1744]). Eine Dissertation zum Einfluss der SED ist gegenwärtig in der Entstehungsphase (Olaf Teichert).

Gut erforscht für den Zeitraum ist die Westarbeit der FDJ und deren Anleitung durch die SED. Das Thema stellte ein spezifisches Forschungssegment am Institut für zeitgeschichtliche Jugendforschung Berlin dar: Einem Workshop (1994) folgten die Biographie über den FDJ-Westsekretär Heinz Lippmann (Herms 1996 [268]), eine Dokumentation mit 125 Primärquellen zur Westarbeit (Herms/Popp 1997 [1706]) sowie eine Monografie (Herms 2001 [1707]). Die Arbeiten leisten einen spezifischen Forschungsbeitrag zur Aufarbeitung deutsch-deutscher Interaktion: Als Beispiele seien die inoffiziellen Treffen deutscher Jugendführer 1947 zur Schaffung eines deutschen Jugendrings oder 1955 in Reaktion auf den EVG-Vertrag in Godesberg genannt oder andererseits die Deutschlandtreffen bzw. die Weltjugendfestspiele unter Beteiligung mehrerer Tausend Westdeutscher. Anders als vor 1989 konnten nunmehr auch konkrete Formen und Methoden der sowjetischen Einflussnahme auf die Westarbeit, die Lenkungsmechanismen und Wirkungsweisen sowie die Finanzierung durch die SED analysiert und dargestellt werden. Über diese auf SED-, FDJ- und MfS-Quellen basierenden Untersuchungen hinaus erschienen Publikationen zum Verhältnis westdeutscher Jugendverbände und der FDJ in den fünfziger und sechziger Jahren, wie z.B. die Bände zur Nachkriegsjugendarbeit in Berlin (Gröschel/Schmidt 1990 [1111]), zum Bundesjugendring und seinen innerdeutschen Aktivitäten (Gröschel 1999 [1693]) sowie zum Thema Jugendverbände und die Frage der Wiedervereinigung (Krabbe 1998 [1716]). Demgegenüber ist die Westarbeit der anderen DDR-Parteien und des FDGB bislang noch weitgehend unerforscht. Eine Ausnahme bildet die veröffentlichte Dissertation von Tessmer (2002 [308]) über die deutschlandpolitischen Anstrengungen von CDUD, LDPD, DBD und NDPD.

Auch westdeutsche Parteien versuchten, Einfluss auf die Entwicklung in der DDR zu nehmen. Ein besonderes Interesse daran hatte die durch die Zwangsvereinigung zur SED in der SBZ eliminierte SPD. Viele ihrer Funktionäre, Mitglieder und Anhänger zählten zu den Opfern von Repressionen. Darüber gab es bereits vor 1990 eine Reihe von Publikationen, an deren Erkenntnisse Wissenschaftler jetzt mit konkreter Akteneinsicht anknüpfen konnten. Die Verfolgung von Sozialdemokraten in der DDR und das grenzübergreifende Wirken von Sozialdemokraten liegen inzwischen umfangreich dokumentiert vor (Weber/ Mählert 1998 [229] oder Bouvier 1996 [135]). Ergänzung findet dieser Kenntnisstand durch diverse Biographien und Memoiren (Bahr 1996 [1658] oder Westphal 1994 [1774]). Eine Besonderheit in den deutsch-deutschen Nichtbeziehungen stellten die »Ostbüros« westdeutscher Parteien dar, über deren Wirken Publikationen (Buschfort 1991 [1679] u. 2000 [1680]; Bärwald 1991 [1659]; Herms/Noack 1998 [267]) sowie Arbeiten zur SPD-Geschichte (z.B. Bouvier 1996 [135]) vorliegen.

Die Aktivitäten der Geheimdienste gehören zu den spannendsten Feldern der deutsch-deutschen Nicht-Beziehungen. Auch hier liegt das Schwergewicht der neuen Publikationen bei der Aufarbeitung der DDR bzw. des MfS. Die Sicherung der Stasiunterlagen, die Gesetze zum Umgang damit sowie die Schaffung der zuständigen Behörde ließen die »Westarbeit des MfS« zu einem Forschungsschwerpunkt werden. Zu nennen sind hier vor allem Untersuchungen im Auftrag der BStU und deren Landesbeauftragten wie zur Westarbeit des MfS (Knabe 1999 [1714]), über Westmedien im Fadenkreuz des MfS (Holzweißig 1995 [334]), über Sabotageaktionen des MfS gegen die Bundesrepublik (Auerbach 2001 [1657]) oder über politische Verfolgung einzelner Personen (Fricke 1996 [502]). Der Vielzahl aktengestützter Studien zum Einfluss des MfS auf die deutsch-deutschen Beziehungen bzw. auf die Entwicklung in der Bundesrepublik setzten ehemalige Generale und Offiziere des MfS ihre Memoiren (Wolf, M. 1991 [419] u. 1997 [420]; Großmann 2001 [1695]) und andere Publikationen von zweifelhaftem Wert entgegen (Bohnsack 1992 [1667] u. 1997 [1668]; Grimmer/Irmler/Opitz/Schwanitz 2002 [394]). Neuere Memoiren ehemaliger westdeutscher Geheimdienstler (Horchem 1994 [1710]) hingegen bieten kaum Erkenntnisse, die über frühere Autobiographien (Nollau 1978 [1746]) hinausgehen. Ohne geheimdienstliche Rücksichtnahme porträtiert wurden jüngst *Deutsche Geheimdienstchefs im Kalten Krieg* (Krüger/Wagner, A. 2003 [398]). Des weiteren wurden einige Konkreta über die Einflussnahme westlicher Geheimdienste auf die deutsch-deutschen Beziehungen gelüftet, so etwa über den BND (Wagner, H. 2001 [1769]; Müller, P./Müller, M. 2002 [1733]) oder über den Krieg der Geheimdienste im geteilten Berlin (Bailey/Kondraschow/Murphy 1997 [1503]). Zudem beleuchten das Thema einige biographische Arbeiten über von der Stasi verfolgte DDR-Flüchtlinge, die im Westen für Geheimdienste tätig wurden bzw. in deren Auftrag in der SED arbeiteten. Beispiele hierfür sind Borgmann/Staadt (1998 [1670]) oder Biographien (Herms 1996 [268]; Herms/Noack 1998 [267]).

Zum Grenzregime der DDR und dessen Auswirkungen auf die Menschen entstanden zahlreiche neue Studien: zum Grenzregime selbst (Schultke 1999 [593]; Lapp/Ritter 1997 [584]), über Flucht und Zuwanderung aus der SBZ/ DDR (Heidemeyer 1994 [100]), über spektakuläre Fluchtwege (Müller, B. 2000 [588]) und Schicksale von Flüchtlingen, über Zwangsaussiedlungen an der innerdeutschen Grenze (Bennewitz/Potratz 2002 [564]), über die Berliner Grenzgänger (Hoerning 1992 [1708]) oder über Grenzerlebnisse »Transit West-berlin. Erlebnisse im Zwischenraum« (Delius/Lapp 1999 [567]). Nur angeris-sen wird hier eine umfangreiche neue Literatur zum Thema Mauerbau und dessen Auswirkungen (Timmermann 2002 [595]; Eisenfeld/Engelmann 2001 [569] oder Hertle/Jarausch/Kleßmann 2002 [577]).

Eine wichtige Rolle in den deutsch-deutschen Nicht-Beziehungen spielte die Justiz. Wenngleich mit deutlich unterschiedlichen Methoden und Strafzu-messungen übte die dritte Gewalt in beiden Staaten eine politische Strafjustiz aus. Gegenstand von Prozessen war oft die »Einmischung« in die Politik der jeweils anderen Seite. In der DDR oblagen derlei Prozesse zumeist der »Obhut« des MfS. Das veranschaulichen die vom BStU herausgegebenen Bände (Fricke 1996 [502]; Werkentin 1995 [478]; Fricke/Engelmann 1999 [384]; Engelmann/ Vollnhals 1999 [434]) sowie die Biographie über die erste DDR-Justizministe-rin Hilde Benjamin (Brentzel 1997 [429]). Einen persönlichen Einblick eines involvierten DDR-Anwalts bieten die Erinnerungen von Friedrich Wolff (1999 [1776]). Eine kritische Begleitung fand die politische Strafjustiz der DDR im Untersuchungsausschuss Freiheitlicher Juristen (UFJ). Zu dessen Tätigkeit, seiner Bekämpfung durch das MfS und dem Entführungsfall des ehemaligen Mitarbeiters Dr. Walter Linse liegen einige Publikationen vor (Mampel 1999 [525]).

Einen zeitgenössisch-umfangreichen Einblick in die juristische Aufarbei-tung politischer Straftaten im Zusammenhang mit den Verbotsprozessen der KPD und anderer kommunistischer Organisationen sowie gegen Funktionäre der Westarbeit von SED, FDJ u.a. stellt eine zeitgenössische Sammlung von Urteilen des Bundesgerichtshofs dar (Wagner, W. 1957 [1770]). Reflexionen zur politischen Strafjustiz der Bundesrepublik finden sich darüber hinaus in den Memoiren bekannter Rechtsanwälte (Posser 1991 [1749]; Hannover 1998 [1704]). »Grenzüberschreitende« Fälle schildern die Publikationen *Die verges-senen Justizopfer des Kalten Kriegs* (Gössner 1994 [1691]) oder die Biographie über Friedrich-Karl Kaul (Rosskopf 2002 [1758]).

Einen Brennpunkt in den deutsch-deutschen Nichtbeziehungen stellte Ber-lin dar. In der Viermächtestadt rieben sich die Interessen der Siegermächte am heftigsten, hier war die politische Spannung am spürbarsten, die Gefahr des Ausbruchs eines militärischen Konflikts am stärksten. Die »Berlin-Krisen« gehören zu den spannendsten Momenten der politischen Auseinandersetzungen im Ost-West-Konflikt, sie liegen dementsprechend gut aufgearbeitet vor. Zu nennen sind insbesondere Publikationen von Forschungsergebnissen des Potsdamer ZZF, wie Lemkes (1995 [1530]) umfangreiche Darstellung der Berlinkrise 1958 bis 1963, der Tagungsband *Sterben für Berlin? Die Berliner Krisen 1948–1958* (Ciesla/Lemke/Lindenberger 2000 [1509]) sowie die eindrucksvollen Schilderungen von Währungsreform, Blockade, Luftbrücke und Teilung der Stadt durch Keiderling (1998 [1525]) und Koop (1998 [1526]) wie vom Forschungsverbund SED-Staat zu den Kontakten und Verhandlungen zwischen dem Land Berlin und der DDR (Kunze, G. 1999 [1720]) oder zum Krieg der Geheimdienste (Bailey/Kondraschow/Murphy 1997 [1503]).

Einer gesonderten, aber hier nicht leistbaren Betrachtung im Zusammenhang mit den deutsch-deutschen Nichtbeziehungen bedarf die Memoirenliteratur und die Biographie-Forschung. Dutzende Publikationen von bzw. über Politiker, Wissenschaftler, Militärs, Schriftsteller, Journalisten und andere Personen zeichnen deren Erinnerungen und Wirken im deutsch-deutschen Spannungsfeld auf anschauliche Weise nach. Das betrifft »Grenzgänger« ebenso wie »Systemtreue«. Noch zu wenig reflektiert sind die Alltagserfahrungen der Deutschen mit der Teilung. Neben den Fluchtgeschichten und -schicksalen bildet hier z.B. der Band »Das Westpaket« (Härtel/Kabus 2000 [1113]) eine Ausnahme.

Der doppelten deutschen Staatsgründung und Problemen der Teilung bei Fortbestand der Nation wandten sich u.a. zu: Kleßmann (1991 [32] u. 1997 [33]); Bender (1996 [6]); Bauerkämper/Sabrow/Stöver (1998 [1661]); Winkler (2000 [86]) und Kielmannsegg (2000 [31]). Neue Nachschlagewerke zur gesamtdeutschen Entwicklung liegen vor. Erwähnt seien das *Handbuch zur deutschen Einheit* (1999 [22]), die zweibändige Chronik *Das besetzte Deutschland. 1945–1947* und *1948–1949* (Overesch 1992 [50]); die Chroniken *Die Deutschen nach dem Krieg. Befreit, geteilt, vereint: Deutschland 1945 bis 1995* (Bögeholz 1995 [9]) und die *Deutschland-Chronik 1945–1995* (Lehmann 1995 [35]) oder eine deutsch-deutsche Bilanz in Fakten und Analysen (Schäfer, H. 1999 [61]) sowie verschiedene biographische Lexika. Zu den Basispublikationen über die Politik der westdeutschen Seite zählen u.a. die vom Bundesarchiv edierten *Kabinettsprotokolle der Bundesregierung* (Booms 1994ff. [1669]).

Während nach Wiederherstellung der staatlichen Einheit Deutschlands Forschungen über den »zweiten deutschen Staat« und dessen Herrschaftsform eine herausragende Stellung einnahmen, blieben demgegenüber Arbeiten mit neuen Fragestellungen an die Geschichte der Bundesrepublik in der Minderheit.

HELMUT MÜLLER-ENBERGS

Deutschlandpolitik 1961–1982

Die Wogen haben sich noch nicht geglättet. Zwar werden die seinerzeitigen und im Zusammenhang mit der deutschen Einheit wieder aufflammenden – mitunter leidenschaftlich geführten – innenpolitischen Debatten über die Beziehungen und den Umgang beider Deutschland miteinander zunehmend mehr in das Kühlbad wissenschaftlicher Rationalität getaucht. Gleichwohl lastet auf den verschiedenen »Deutschlandpolitiken« in den Jahren nach dem Bau der Mauer bis zur Ära Kohl noch eine enorme politisch-emotionale Ausstrahlung, deren Halbwertzeit längst nicht verstrichen ist. Die lautstarken Wortgefechte der sozial-liberalen Ära sind einem filigranen, subtil geführten wissenschaftlichen Diskurs gewichen, in dem die verschiedenen politischen Akteure und Milieus auf ihren Interpretationen beharren. Die Historisierung der Deutschlandpolitik jener Zeit schreitet offenbar nur in jenem Tempo voran wie das »Zusammenwachsen« (Brandt) des zeitweilig künstlich getrennten deutschen Erfahrungsraumes und Geschichtsortes. Die millionenfach verflochtenen familiären Bindungen zwischen Ost und West, der gemeinsame kulturelle und historische Bund sind ein generationenlanger »Rattenschwanz«, den zu kappen auch der SED-Führung mit ihren polizeistaatlichen Methoden nicht gelang. Dennoch hat der zwei Generationen während Systemkampf des realen Sozialismus versus Kapitalismus bzw. SED-Diktatur versus Demokratie in Deutschland Wunden geschlagen, die naturgemäß erst noch ausheilen müssen.

Einen vorläufigen Höhepunkt bei der Bestandsaufnahme der Folgen der Teilung stellen die Auseinandersetzungen in der Enquete-Kommission des Deutschen Bundestages dar, die einen ersten wissenschaftlichen Bilanzierungsversuch der SED-Diktatur nach Herbstrevolution und deutscher Einheit unternahm. Kaum ein Themenfeld war dabei so wenig konsensfähig wie das der innerdeutschen Beziehungen. Die Dokumentation dieses Themas umfasst mehr als 3000 Druckseiten; die deutschlandpolitische Wissenschaftsprominenz war beinahe vollzählig vertreten. Stellvertretend für viele sind Wolfgang Benz, Jens Hacker, Christoph Kleßmann, Karl-Rudolf Korte, Wilfried Loth, Heinrich Potthoff, Werner Weidenfeld oder Heinrich August Winkler zu nennen. Der die Debatte zusammenfassende Bericht weist allein sieben Sondervoten auf – und dokumentiert somit noch am ehesten den Übergang von parteipolitischem Interpretationsstreit zu wissenschaftlicher Analyse. In dieser Momentaufnahme wird jenen, die eine möglichst ungebrochene Kontinuität von Adenauer bis Kohl ziehen, vorgehalten, die gesellschaftspolitischen Dimensionen zu konstruieren, auszublenden oder einseitig zu übersehen (Materialien 1995 [42]). Der umgekehrte Vorhalt ist kaum weniger zimperlich. Insoweit erfolgt eine

Zwischenbilanz des gegenwärtigen Forschungsstandes auf politisch vermintem Gelände.

Quellenlage

Die deutsch-deutschen Beziehungen in der Ära Erhard, Brandt und Schmidt versus Ulbricht und Honecker haben als Forschungsgegenstand in den neunziger Jahren einen Boom ausgelöst, mit der beruhigenden Folge, dass insbesondere die Ära Honecker als nahezu ausgeforscht gelten kann. Der revolutionierte Zugang zu den Quellen, zu dem Hermann Weber maßgebend beigetragen hat, war hierfür entscheidend. Dutzende von Quelleneditionen erschienen, die – eine deutsche Merkwürdigkeit – selten an den Forschungsstand vor 1989 anknüpfen und von denen hier nur einige stellvertretend anzuführen sind. Als nahezu bahnbrechend ist Heinrich Potthoffs (1997 [1750], auch 1999 [1753]) Dokumentenedition *Bonn und Ost-Berlin 1969–1982* anzusehen, der vor allem zentrale östliche wie westliche Quellen zusammengetragen hat, die die deutsch-deutschen Kontakte und Kanäle offen legen – darunter vertrauliche Aufzeichnungen über Gespräche von Willy Brandt mit Willi Stoph in Erfurt und Kassel, über Verhandlungen Egon Bahrs mit hochrangigen DDR-Politikern oder die von Herbert Wehner geknüpften Drähte zu Erich Honecker. Der deutsch-deutsche Dialog während der Ära Schmidt, bis dato mehr oder weniger zeitgeschichtlich unterbelichtet, wird durch die publizierten Gespräche Schmidts mit Honecker in Helsinki 1975, in Belgrad 1980 und am Werbellinsee 1981 erhellt. Mehr noch werfen die »mündlichen Botschaften«, »Nonpapers« und Wortmitschriften von Telefonaten ein Schlaglicht auf das entwickelte deutsch-deutsche diplomatische Parkett. Nahezu ebenso aufschlussreich sind die Protokolle des Leiters der SED-Westabteilung, Herbert Häber, die von Detlef Nakath und Gerd-Rüdiger Stephan (1999 [1735]) herausgegeben worden sind. Sie zeigen die Zerrissenheit, Etappen und Wendungen der SED-Westpolitik vor allem der siebziger Jahre, mitunter peinliche Äußerungen und Anliegen von Bundespolitikern, die an Kollaboration heranreichen. Zugleich verdeutlichen sie, dass nicht nur in der Bundesrepublik unterschiedliche deutschlandpolitische Konzepte verfolgt worden sind, sondern auch im politischen Establishment der DDR divergierende Vorstellungen existierten, deren Pole auf der einen Seite der kooperationsinteressierte Häber, auf der anderen der die Konterrevolution witternde Staatssicherheitsminister Erich Mielke standen. Mithin erreichen die Forschungsganglien subalterne Gebiete wie die Westarbeit der FDJ, die von Michael Herms und Karla Popp (1997 [1706]) dokumentiert worden sind, oder der Versuch von Mathias Judt (1997 [30]), Deutschlandpolitik als DDR-Geschichte in Dokumenten, wie zuvor schon vielfach von Weber praktiziert, spannungsreich zu inszenieren.

Grundlegend sind weiterhin die umfassenden Dokumentenbände *Zehn Jahre Deutschlandpolitik* des Bundesministeriums für innerdeutsche Beziehungen

(1980 [1678]), die zentrale Berichte und Dokumente der Beziehungen zwischen Bundesrepublik und DDR der Jahre 1969 bis 1979 enthalten, sowie das Fundamentalwerk *Dokumente zur Deutschlandpolitik* von Ernst Deuerlein, Karl-Dietrich Bracher und Hans-Adolf Jacobsen (1961 ff. [1682]), das in mehreren Reihen, Bänden und Beiheften erschienen und nach wie vor unverzichtbar ist. Schließlich, wenn auch nicht auf dem neuesten Stand, ist die *Bibliographie zur Deutschlandpolitik* zu nennen, deren erster Band die Zeit von 1941 bis 1974 (1975 [1664]) und mit dem zweiten Band die Literatur von 1975 bis 1982 (1983 [1665]) abdeckt. Beide sind nach wie vor wichtige Hilfsmittel.

Zu den publizierten Dokumentenbänden gesellt sich eine schier unübersehbare Anzahl von Erinnerungs- und Memoirenbänden seinerzeit handelnder Politiker, Unterhändler und hoher staatlicher Beamter, die vor allem die Vielschichtigkeit des Themas unterstreicht. Von Seiten der SED sind exemplarisch vor allem die Erinnerungen des Architekten der DDR-Außenpolitik, Hermann Axen (1996 [127]), des Sekretärs des Generalsekretärs, Frank-Joachim Herrmann (1996 [153]) und des SED-Chefs Erich Honecker selbst (1993 [156]) zu nennen. Erwähnenswert sind ferner die eher bemühten Erinnerungen des langjährigen Leiters der Arbeitsgruppe Bundesrepublik, Günter Mittag (1991 [185]), des als Devisenbeschaffer geltenden Staatssekretärs Alexander Schalck-Golodkowski (1991 [1760]) oder des DDR-Plankommissionschefs Gerhard Schürer (1996 [212], 1999 [992]). Eine dankenswerte, unterdessen jedoch zu erweiternde Übersicht über die Erinnerungsleistungen von Deutschlandpolitikern der DDR gibt Detlef Nakath (1995 [1734]). Sowjetische, letztlich für die SED verpflichtende Sichtweisen finden sich etwa in der aufschlussreichen Darstellung des »geheimen Kanals« zu Egon Bahr, den Wjatscheslaw Keworkow beschrieben hat (1995 [1605]), oder in den Erinnerungen von Valentin Falin (1993 [1803], 1997 [1804]).

Hinsichtlich der Memoiren bundesdeutscher Politiker ist ebenfalls eine solche Breite zu konstatieren, die schon die exemplarische Auswahl erschwert und hier eine Beschränkung für die neunziger Jahre zwingend erfordert. Unumgänglich sind Memoirenbände des Entspannungspolitikers sui generis Egon Bahr (1996 [1658]), des Außenministers Hans-Dietrich Genscher (1995 [1811]) oder Harry Ristocks (1991 [1756]). Tiefgehende Einblicke erlauben ebenfalls die Beteiligten Gerhard Kunze, der die Verhandlungen zwischen West-Berlin und der DDR nachzeichnete (1999 [1720]), oder Karl Seidel, der über seine zwanzigjährigen Erfahrungen im Außenministerium der DDR fachkundig berichtet und diese recht zutreffend als »Berlin-Bonner Balance« definiert (2002 [1762]).

Zu diesen Dokumenteneditionen und Memoiren liegen elaborierte zeitgeschichtliche Untersuchungen vor, die weiter unten im Kontext der historischen Genese der Deutschlandpolitik erörtert werden. Zusammengenommen entstanden in den neunziger Jahren, wie Nakath zutreffend herausstellte, »ein relativ zuverlässiges Faktengerüst sowie weitgehend akzeptierte Thesen zu Fragen der ›doppelten Staatsgründung‹, der Gestaltungsspielräume der DDR im sowjetisch dominierten Block sowie bei den direkten Kontakten von Politikern beider deutscher Staaten vor allem in den siebziger und achtziger Jahren« (Nakath 2002 [1740]).

Gleichwohl muss mit Hermann Weber eine »archivarische Asymmetrie« konstatiert werden. Während die Akten des Staatsarchivs der DDR sowie der SED und deren Massenorganisationen weithin zugänglich sind (mit Ausnahme der des Ministeriums für Auswärtige Angelegenheiten), unterliegen die Bestände der Bundesrepublik weiterhin der 30-Jahre-Sperrfrist. Mithin sind bestenfalls die Unterlagen vor 1973 zugänglich, diejenigen der Ära Schmidt folglich noch unter Verschluss. Diese Asymmetrie wird punktuell durch den Erkenntnisgewinn aus DDR-Archivalien sowie durch die SPD behoben, die mit ihrem »Archiv der sozialen Demokratie« die Sperrfrist für ihre Unterlagen auf 20 Jahre verkürzt hat, was aber keinesfalls ausreichend ist. Dennoch werden anhand der Unterlagen des »Archivs der sozialen Demokratie« für die Erforschung der deutsch-deutschen Beziehungen während der Ära Brandt und der zweiten Etappe der Deutschlandpolitik unter Schmidt die Aktivitäten des Staatssekretärs Bahr bei den Verhandlungen über die deutsch-deutschen Verträge von 1971/72 nachvollziehbar. Mithin können anhand der ost- wie westdeutschen Aktenüberlieferungen diesbezüglich vergleichende Analysen erfolgen. Betrüblicherweise ist es der Hauptverwaltung A, der Spionagediensteinheit des MfS, gelungen, den überwiegenden Anteil ihrer Unterlagen dem Zugriff der BStU zu entziehen. Dennoch könnten hilfsweise deren Informationen an die SED-Führung zu den deutsch-deutschen Beziehungen, die beinahe vollständig überliefert sind, von unschätzbarem Wert sein. Sie sind bedauerlicherweise wissenschaftlich noch unberührt.

Als die Spezialisten für die deutsch-deutschen Beziehungen profilierten sich in den neunziger Jahren Detlef Nakath (1993 [1741], 1995 [1734], 1999 [1628]), Daniel Küchenmeister (2001 [1719]) und Gerd-Rüdiger Stephan (2001 [1719], 1999 [1736]), deren Œuvre beachtlich ist. Als deren engagiertester Gegenspieler aus konservativer Sicht ist Jens Hacker (1992 [1698], 1995 [1699], 1999 [1700]) anzusehen, der – wenn auch stark pointiert – nicht gänzlich zu Unrecht Fragen nach Schönfärberei und Helfershelfern der SED-Diktatur nachgeht. Einige sehr beachtenswerte Studien über die Einordnung der deutsch-deutschen Problematik in die deutsche Geschichte liegen von Karl Dietrich Bracher, Wolfgang Jäger und Werner Link (1986 [10]) für die Ära Brandt sowie von Wolfgang Jäger und Werner Link [1987 [28]] für die Ära Schmidt vor. Sie berücksichtigen freilich noch nicht den Fundus an Archivalien, der Peter Kielmannsegg (2000 [31]), Mary E. Sarotte (2001 [1759]) und vor allem – unverzichtbar – Werner Weidenfeld und Karl-Rudolf Korte mit ihrem Standardwerk *Handbuch zur deutschen Einheit* (1999 [22]) zur Verfügung stand. Für den Kontext der zweiten Hälfte des letzten Jahrhunderts ist insbesondere auf Heinrich August Winkler (2002 [86]) zu verweisen.

Historie der Deutschlandpolitik

Mit Mauerbau, Kuba- und Berlin-Krise war der internationale Rahmen für die Deutschlandpolitik der sechziger Jahre bestimmt, in dem sich die beiden geopolitischen Hauptakteure USA und UdSSR arrangieren mussten. Der Export des sozialistischen Gesellschaftsmodells in Europa war ebenso an seine Grenzen gestoßen wie die Befreiungspolitik der USA. Der Status quo wurde zum bestimmenden Merkmal, das Thema Wiedervereinigung war somit als internationale Politik vom Tisch, zementiert durch die Mauer.

Bei der Ausgestaltung dieses Modus Vivendi boten sich nach Wilfried Loth (1995 [1531]) drei Modelle an: erstens ein Kondonium der Supermächte versus Emanzipation der europäischen Staaten von ihren Hegemonialmächten, zweitens die Stabilisierung des Status quo versus einen »Wandel durch Annäherung« oder drittens die Befestigung der deutschen Zweistaatlichkeit versus Reaktivierung der deutschen Frage. Die französische Absicht, den europäischen Raum zu stärken, schlug zunächst fehl. Bundeskanzler Adenauer hielt am Alleinvertretungsanspruch der Bundesrepublik und der damit verbundenen Hallstein-Doktrin fest. Mitte der sechziger Jahre zeichnete sich nach Loth die Tendenz zur Kondoniumslösung ab, die in die Unterzeichnung des Atomwaffensperrvertrages am 1. Juli 1968 mündete; bilaterale Gespräche über strategische Rüstung schlossen sich dem an.

Diese Konstellation brachte in die Deutschlandpolitik der sechziger Jahre Bewegung. Außenminister Schröder avisierte eine vorsichtige Öffnung nach Osten, in fünf osteuropäischen Ländern wurden Handelsvertretungen eingerichtet. Weitere behutsame erste Schritte der Umorientierung hin zur Entspannungspolitik folgten, ermuntert durch den amerikanischen Präsidenten (Handbuch zur deutschen Einheit [22]). Insbesondere West-Berliner Sozialdemokraten um Egon Bahr und Willi Brandt brachten es auf die Formel vom »Wandel durch Annäherung«. Die geopolitische Lage West-Berlins erzwang pragmatische Schritte, die zunächst über Besuchsregelungen in Ost-Berlin austariert und im Passierscheinabkommen paraphiert wurden. Diese Entwicklung ist weithin ausgeforscht und dokumentiert (Bahr 1996 [1658]; Bender 1995 [1662]; Keworkow 1995 [1605]; Küchenmeister/Nakath 2002 [1718]; Vogtmeier 1996 [1768]). Insbesondere Wolfgang Schmidt (2001 [1761]) weist nach, dass die ersten Impulse der Politik »kleiner Schritte« bereits 1954 eingesetzt haben. Innenpolitische Reflexe in der Bundesrepublik auf den aufweichenden Kalten Krieg waren unweigerlich die Folge, rechtsextremistische Milieus gewannen in der Bundesrepublik zeitweilig an Bedeutung, indem sie das nationale Empfinden aufgriffen und in Landtagsmandate ummünzen konnten (Glaab 1999 [1690]). Die kontroversen Debatten innerhalb der CDU/CSU mit ihren beiden Lagern »Atlantikern« und »Gaullisten« zeichnet Daniela Tauschler (2001 [1766]) nach. Dass nicht nur die SPD vertrauliche Kontakte in die DDR unterhielt, sondern auch die CDU, belegen die Erinnerungen von Leisler-Kiep (1999 [1723]).

In der DDR wurde der Impuls der deutsch-deutschen Entspannungspolitik ebenfalls aufgenommen und mit der Forderung nach Anerkennung der DDR verknüpft, mithin die Festschreibung der Existenz zweier deutscher Staaten, was in der Bundesrepublik auf erhebliche Vorbehalte stieß. Zugleich wurde dies mit der Strategie verbunden, die »realistischen Kräfte« innerhalb der SPD und der Bundesrepublik zu unterstützen, gegenläufige Tendenzen zu bekämpfen, wie etwa die zu jener Zeit als Gegenspieler von Brandt und Bahr auftretenden Herbert Wehner und Fritz Erler. Die damit einhergehende »Westarbeit« der SED (Staadt 1993 [1765]), der LDPD (Engelmann/Enke 1993 [1684]) oder aber auch von Organisationen wie z.B. der FDJ (Herms/Popp 1997 [1706]) belegt dies vielfältig. Scheinbar geeignete Kampagnen gegen prominente Bundespolitiker mit NS-Vergangenheit gehörten ebenso dazu wie nachrichtendienstliche Infiltrationsversuche, die deutlich überpointiert von Hubertus Knabe (1999 [1713]) untersucht worden sind, aber noch differenzierender Analyse bedürfen. Innenpolitisch hingegen wurde in der DDR die nach dem Mauerbau zaghaft geduldete Liberalisierungswelle 1965 abgebrochen, zugleich der Repressionsapparat sukzessive ausgebaut, die gesellschaftliche Abschottung nach dem Westen forciert.

Außen- wie innenpolitisch wurde die erste Phase der Entspannungspolitik durch verschiedene Faktoren abgebremst. Dazu gehörten der Vietnamkrieg und die sowjetische Intervention in der Tschechoslowakei, die andererseits die Notwendigkeit des Nichtverbreitungsvertrages für Kernwaffen 1968 und die Debatte über die Begrenzung strategischer Offensivraketen und somit die Kondoniumspolitik beförderte. Mit der Bildung der sozialliberalen Koalition unter Bundeskanzler Brandt folgte die zweite Etappe der Entspannungspolitik. Die neue Ostpolitik bestimmte Regierungshandeln. Innerhalb kürzester Zeit erfolgten zwischen 1970 und 1973 die Ostverträge der Bundesrepublik mit der UdSSR, Polen und der Tschechoslowakei, das Vier-Mächte-Abkommen über Berlin, der Grundlagenvertrag mit der DDR, in dem die bestehenden Grenzen fixiert wurden. Dieses Vertragswerk, so Timothy Garton Ash (1993 [1518]), »sollte zum Thema der zweiten, heftigsten und dauerhaftesten politischen Kontroverse in der Geschichte der Bundesrepublik werden, vergleichbar nur mit derjenigen, die Adenauers westliches ›Vertragswerk‹ in den fünfziger Jahren begleitet hatte.« Für den europäischen Rahmen schufen diese Verträge nicht nur eine rapide Aufnahme diplomatischer Beziehungen zur DDR, sondern auch die Voraussetzungen für die Konferenz über Sicherheit und Zusammenarbeit in Europa (KSZE) und die Gespräche über Truppenbegrenzung in Mitteleuropa (MBFR). Der Status quo wurde vertraglich festgezurrt, im Alltag trat die deutsche Wiedervereinigung in den Hintergrund.

Zu den grundlegenden Darstellungen der Deutschlandpolitik der Ära Brandt, beinahe durchgehend Klassiker, zählen die Darstellung von Bracher/ Jäger/Link (1986 [10]) sowie die Analysen von Boris Meissner (1970 [1624]), Richard Löwenthal (1974 [1533]), Arnulf Baring (1982 [4]) sowie Peter Bender (1995 [1662], 1996 [6]). Ebenso detailreich findet sich die Vertragsdebatte bei

Claus Arndt (1982 [1569]). Die Erinnerungen Willy Brandts (1976 [1671], 1994 [1672]) wie auch die Brandt-Biographie von Peter Merseburger (2002 [1730]) sind ebenso grundlegend. Als elaborierte Gegenposition sind die Ausführungen des damaligen deutschen Botschafters in Moskau, Helmut Allardt, von Gewicht, der der neuen Ostpolitik eher ablehnend gegenübergestanden hat (1973 [1566], 1979 [1567]). Der Gegenspieler Brandts, der damalige Partei- und Fraktionsvorsitzende der CDU, Rainer Barzel, der die Adenauersche Politik »Wiedervereinigung durch Westintegration« favorisierte, gibt mit seinen Erinnerungen eine Innenansicht damaliger Befindlichkeiten (1998 [1660]).

Wie eng der Spielraum der DDR zu Beginn und während der Ära Brandt war, hat Monika Kaiser (1998 [162]) ausgeleuchtet. Sie zeigt auf, dass Ulbricht, der zunächst hinter der Entspannungspolitik Konterrevolutionäres auf »Filzlatschen« vermutete, späterhin bemüht war, die außenpolitischen Spielräume insbesondere gegenüber der Bundesrepublik (Konföderation) auszuweiten. Die UdSSR zog die Zügel an, demissionierte Ulbricht und setzte mit Erich Honecker einen anfangs eher der »Betonfraktion« angehörenden Politiker ein, der berechenbarer die sowjetischen Maximen befolgte. Trotz Proklamation der »sozialistischen Nation« war Honecker um Verständigung mit der Bundesrepublik bemüht. Karl Seidel (2002 [1762]) beschreibt anschaulich die Schwierigkeiten bei der Errichtung der Ständigen Vertretungen im Sommer 1973, die Interventionen der UdSSR und insbesondere die reduzierte Informationspolitik der SED gegenüber der sowjetischen Seite in den Jahren 1975 bis 1978. Auch Honecker operierte mit »Kanälen«, wie mit dem über seinen zum Staatssekretär avancierten Alexander Schalck-Golodkowski (2000 [1760]), über Unterhändler Michael Kohl, Anwalt Wolfgang Vogel (Whitney 1993 [1775]; Pötzl 1997 [1754], 2002 [199]), aber auch mit dem über Herbert Wehner. Mit jedem Schritt gegenseitiger Verständigung wurde die innenpolitische Situation in der DDR komplizierter – gewissermaßen die Kehrseite von menschlichen Erleichterungen im Ost-West-Verhältnis, Familienzusammenführungen, Häftlingsfreikauf und wirtschaftlicher Kooperationen. Mit der KSZE-Schlussakte war ein Dokument unterzeichnet worden, auf das Ausreisebegehrende immer mehr Bezug nehmen konnten. Für den Repressionsapparat waren die deutsch-deutschen Kontakte, die »ideologische Diversion«, Herausforderungen, denen massiv begegnet wurde. Zunehmend mehr musste die Staatssicherheit die seit den siebziger Jahren akkreditierten Journalisten und deren Berichterstattung in Rechnung stellen, ihre Methoden in der Folge subtiler gestalten. Kritische Stimmen, wie etwa des oppositionellen Kommunisten Robert Havemann, des Liedermachers Wolf Biermann oder das Fanal des Pfarrers Oskar Brüsewitz sowie die Maueropfer, beschäftigten beachtlich die öffentliche Meinung. Die SED war um mäßigende Berichterstattung in der Bundesrepublik bemüht. Erfolgreich warb sie für die Schließung der Erfassungsstelle in Salzgitter, die Unrecht dokumentierte und der DDR stets ein Dorn im Auge war.

Die Spionageaffäre Guillaume (1990 [1696]) hat das Verhältnis der Bundesrepublik zur DDR spürbar belastet, zumal der Rücktritt Brandts in diesem

Kontext erfolgte. Helmut Schmidt und Hans-Dietrich Genscher (1995 [1811], hierzu Lucas 2002 [1621]) richteten ihre Entspannungspolitik vor allem über Verhandlungen und Kontakte mit der UdSSR aus. Gleichwohl gab es zahlreiche, zäh verhandelte Folgeverträge nach dem Grundlagenvertrag, Errichtung von Grenzübergangsstellen, Erneuerung der Autobahnen etc. Während der Ära Schmidt übersiedelten rund 30 000 DDR-Bürger in die Bundesrepublik, die Besucherströme aus dem Westen fielen Ende der siebziger Jahre auf rund 40 000 ab, zugleich nahmen Ende der siebziger Jahre die Einreiseverweigerungen zu. Für die Ära Schmidt ist festzuhalten, dass das innerdeutsche Verhältnis konsolidiert werden konnte, wenn auch unter massiver finanzieller Anstrengung der Bundesrepublik – allerdings bestimmte die DDR Umfang und Geschwindigkeit. Welche Möglichkeiten der SED von der KPdSU eingeräumt wurden, lotete akribisch Karl-Heinz Schmidt (1998 [1550]) aus, der deutlich macht, dass die UdSSR die DDR zur Abgrenzung anhielt und vor der ökonomischen Falle warnte.

Der Einmarsch der UdSSR in Afghanistan, die Stationierung sowjetischer SS 20-Raketen sowie auch die seitens Honeckers 1980 formulierten Geraer Forderungen, die auf eine völkerrechtliche Anerkennung der DDR zielten, ließen das innerdeutsche Verhältnis abkühlen. Am Ende der Ära Schmidt, belastet durch Wirtschaftskrise und NATO-Doppelbeschluss, fand eine Begegnung mit Honecker am Werbellinsee statt, während in Polen das Kriegsrecht ausgerufen wurde. Das Treffen erbrachte keine Fortschritte. Bereits zu dieser Zeit hatten CDU und CSU am Vorabend des Wahlkampfes 1982 erkennen lassen, dass sie an der Entspannungspolitik festhalten würden (Korte 1998 [1715]).

Die von amerikanischer Seite inspirierte Entspannungspolitik, unter Kohl als »Koalition der Vernunft« fortgeführt, legte den Grundstock, der den Beitritt der DDR zur Bundesrepublik ermöglicht hat. Der Kalte Krieg in Deutschland wurde zugunsten der Bundesrepublik gewissermaßen auf diplomatischem und ökonomischem Parkett über Westintegration, amerikanische Kondoniumspolitik, mithin durch den »Wandel durch Annäherung«, vorentschieden.

Manuela Glaab

Deutschlandpolitik in den achtziger Jahren – die Ära Kohl

Die Vollendung der deutschen Einheit am 3. Oktober 1990 markiert den Höhepunkt der Kanzlerschaft Helmut Kohls. Dabei war der Weg zur Einheit keineswegs vorgezeichnet oder konkret geplant. Zwar hatte Kohl beim Amtsantritt der christlich-liberalen Koalition im Jahr 1982 durchaus eine Neuakzentuierung der Bonner Deutschlandpolitik vorgenommen. Auch ließ sich im Verlauf der achtziger Jahre eine Intensivierung der innerdeutschen Beziehungen feststellen. Doch erst die Massenproteste in der DDR und der Mauerfall vom 9. November 1989 rückten die Vereinigung auf die aktuelle politische Tagesordnung. In der Folge richtete sich die Deutschlandpolitik erstmals operativ auf das Ziel der Wiedervereinigung. Auch das Forschungsinteresse, das von jeher mit den Entwicklungslinien der Deutschlandpolitik korrespondierte, hat seither den Fokus auf den Einigungsprozess der Jahre 1989/90 gerichtet.

Bereits in seiner Regierungserklärung vom 13. Oktober 1982 hatte Bundeskanzler Kohl die zentralen Prämissen formuliert, die seinen deutschlandpolitischen Kurs in der Folgezeit bestimmten (Fröhlich, M. 1997 [1687]). Dazu zählten einerseits das Festhalten an den bestehenden Verträgen wie auch die Bereitschaft zur Fortsetzung der laufenden Verhandlungen und der Zusammenarbeit mit der DDR. Andererseits betonte Kohl nachdrücklich den normativen Dissens zur DDR, indem er die bestehenden deutschlandpolitischen Rechtspositionen bekräftigte und den Systemgegensatz hervorhob. Dem klaren Bekenntnis zum Grundgesetzauftrag, die Einheit und Freiheit Deutschlands wiederherzustellen, entsprach eine stärkere Betonung der Offenheit der deutschen Frage wie auch des Primats der Freiheit. Die Überwindung der Teilung wurde zudem konzeptionell eingebettet in den westeuropäischen Integrationsprozess. Beide Zielperspektiven stellten Kohl zufolge – und ganz in Adenauerscher Tradition – »zwei Seiten einer Medaille« dar.

Bis in die ausgehenden achtziger Jahre lässt sich die Deutschlandpolitik der Regierung Kohl/Genscher kennzeichnen – nach Jahren der Stagnation in der Endphase der sozial-liberalen Koalition – als Phase einer Intensivierung der innerdeutschen Beziehungen. In den Anfangsjahren stand das Verhältnis zwischen Bundesrepublik und DDR noch im Schatten der weltpolitischen Spannungslage, doch bemühten sich beide Seiten um »Schadensbegrenzung« (E. Honecker). Eine wichtige Weichenstellung war in diesem Zusammenhang die durch den bayerischen Ministerpräsidenten Strauß vermittelte Bürgschaft für den Milliardenkredit an die DDR im Jahr 1983. Zwar war die DDR kein förmliches Junktim zwischen Kreditvergabe und humanitären Verbesserungen eingegangen, doch kam sie bundesdeutschen Forderungen entgegen. So wurden im Herbst 1983 Kinder und Jugendliche bis zum vollendeten 14. Lebensjahr vom Mindestumtausch ausgenommen und die Familienzusammenführung neu geregelt; auch hat man Selbstschussanlagen an der innerdeutschen Grenze abgebaut. Dieses Prinzip von Leistung und Gegenleistung begründete den Bonner Kurs einer »pragmatischen Kooperationsfähigkeit« (Korte 1998 [1715]), der auf eine Linderung der Teilungsfolgen und den Erhalt des Zusammengehörigkeitsgefühls abzielte. Im Gefolge der weltpolitischen Klimaverbesserung gelang es, dann seit Mitte der achtziger Jahre spürbare Fortschritte zu erzielen, vor allem auf dem Gebiet des Reiseverkehrs. Umstrittener Höhepunkt der Annäherung war der Honecker-Besuch von 1987 in der Bundesrepublik Deutschland – ansonsten blieb das öffentliche Interesse an der Deutschlandpolitik trotz des immer wieder bekräftigten Bekenntnisses zur Einheit der Nation verhalten (Glaab 1999 [1690]).

Nur wenige aus den achtziger Jahren stammende Titel haben sich umfassender mit der Deutschlandpolitik jener Zeit beschäftigt. Meist handelt es sich dabei um bilanzierende Bestandsaufnahmen, welche die Entwicklung der innerdeutschen Beziehungen aufzeigen (Martin 1986 [1727]; Nawrocki 1988 [1742]; Bruns 1988 [1675]). Die vom Bundesministerium für innerdeutsche Beziehungen publizierten Materialien (Bundesministerium 1986 [1679] u. 1991 [1677]), Jahresberichte und Dokumentensammlungen stellen in dieser Hinsicht eine wichtige zeitgenössische Quelle dar. Das Jahrbuch 1989 der Gesellschaft für Deutschlandforschung bietet dazu einen Gesamtüberblick (Haendcke-Hoppe/Lieser-Triebnigg 1990 [1710]). Vermehrt fanden in den achtziger Jahren zudem politisch-kulturelle Standortfragen wissenschaftliches Interesse (z. B. Weidenfeld 1989 [1772] mit weiteren Nachweisen). Brocke (1985 [1674]) hat die deutschlandpolitische Positionierung der Bundestagsparteien in einer vergleichenden Synopse herausgearbeitet. Die Differenzen in statusrechtlichen Fragen sollten im weiteren Verlauf der achtziger Jahre noch stärker hervortreten; auch das Grundgesetzgebot geriet zum Gegenstand innenpolitischer Kontroversen (Blumenwitz/Zieger 1989 [1666]; Roos, S. 1996 [1757]). Eine Fallstudie, die erstmals das Zusammenwirken der CDU-Parteiführungsgremien, der Unionsfraktion im Bundestag und der Bundesregierung bei der deutschlandpolitischen Positionsbestimmung seit 1982 analysiert, findet sich später bei Gros (1998 [1692]). Relevante Einzelstudien zur Deutschlandpolitik sind darüber hinaus dem Deutschland Archiv zu entnehmen, die über ein Gesamtregister der Jahre 1968 bis 1997 (Deutschland Archiv 1998 [1902]) leicht zu erschließen sind.

Als Kernbestandteil der Staatsräson der Bundesrepublik Deutschland hat die deutsche Frage außerdem naturgemäß Berücksichtigung in Gesamtdarstellungen zur deutschen Außenpolitik oder zur Geschichte der Bundesrepublik Deutschland gefunden. Im Mittelpunkt quellengestützter Analysen stand jedoch zumeist das deutschland- und ostpolitische Vertragswerk der sozial-liberalen Koalition (u. a. Garton Ash 1993 [1518]; Bender 1995 [1662]). Darüber hinaus richtete sich das Forschungsinteresse vornehmlich auf die Einbettung der Deutschlandpolitik in das weltpolitische Beziehungsgeflecht, bedingte dieses doch maßgeblich den Handlungsspielraum der Bundesregierung und mehr noch der DDR (u.a. Haftendorn 1986 [1589]; Oldenburg 1994 [1747]). Dem Spannungsverhältnis zwischen nationalem Interesse und internationalen Rahmenbedingungen hat sich Zimmer, M. (1992 [1777]) in einer Studie zur Deutschlandpolitik der Jahre 1982 bis 1989 ereignisorientiert gewidmet. Auch in neueren, hier nur exemplarisch angeführten Büchern zur deutschen Außenpolitik findet die Deutschlandpolitik der Regierung Kohl/Genscher ausführlichere Berücksichtigung (Hacke, Ch. 1997 [1697]; Staack 2000 [1647]; Fröhlich, St. 2001 [1688]; Haftendorn 2001 [1588]; Schöllgen 2001 [1644]). Neben den Entwicklungslinien des Ost-West-Verhältnisses – von der »neuen Eiszeit« zu Beginn der achtziger Jahre bis zur historischen Zäsur 1989/90 – gilt vor allem der Wiedererlangung der vollen Souveränität Deutschlands im Zuge der Zwei-plus-vier-Verhandlungen das Hauptinteresse.

Damit ist bereits auf die Phase des Einigungsprozesses in den Jahren 1989/90 verwiesen, der aus vielfältigen Blickwinkeln im Rahmen des vorliegenden Bandes behandelt wird. Im Folgenden hingegen gilt es lediglich, den Forschungsstand zum deutschlandpolitischen Kurs Helmut Kohls in Grundzügen zu erläutern. Die Fluchtwelle im Sommer 1989 und der Umbruch im Herbst leiteten eine Zäsur in der Bonner Deutschlandpolitik ein, ablesbar – so der zentrale Befund – an Kohls Strategiewechsel von einer reaktiv-defensiven zu einer aktiv-gestaltenden Gangart. Zunächst allerdings suchte die Bundesregierung eine Destabilisierung der DDR zu vermeiden. Der rasante Zerfall des SED-Regimes traf sie unvorbereitet. Erst nach dem Mauerfall ergriff der Bundeskanzler mit seinem »Zehn-Punkte-Programm« am 28. November 1989 die Initiative: Ohne zeitliche Fixierung sah es die Schaffung konföderativer Strukturen in Deutschland vor, mit dem Ziel, eine Föderation zu bilden; eingebettet in den gesamteuropäischen Einigungsprozess sollte im letzten Schritt die Wiederherstellung der staatlichen Einheit verwirklicht werden. Nach seinem Besuch in Dresden im Dezember 1989 setzte Kohl dann jedoch klar auf eine schnelle Vereinigung. Die wichtigsten Stationen des sich rasant vollziehenden Einigungsprozesses lassen sich durch die Verträge zur deutschen Einheit zwischen der Bundesrepublik Deutschland und der DDR sowie den Vier Mächten markieren (Stern, K./Schmidt-Bleibtreu 1991 [1880]). Die staatliche Einheit Deutschlands wurde schließlich mit dem Beitritt der DDR zur Bundesrepublik Deutschland nach Artikel 23 Grundgesetz am 3. Oktober 1990 vollzogen.

Mit diesem historischen Phasenwechsel setzt auch eine neue Forschungskonjunktur ein, welche die Publikationen zum Einigungsprozess 1989/90 inzwischen auf eine beachtliche Anzahl hat anwachsen lassen. Zu nennen sind zunächst Überblicksdarstellungen einführenden oder dokumentarischen Charakters, die den Weg zur deutschen Einheit nachzeichnen (Pond 1993 [1865]; Korte 1994 [1845]; Jarausch 1995 [1830]; Potthoff 1995 [1752]; Nakath/Stephan 1995 [1738] u. 1996 [1737]). Als wertvolle Nachschlagewerke zu deutschlandpolitischen Materien sind zudem das *Handwörterbuch zur deutschen Einheit*

(1992) wie auch die späteren Ausgaben unter dem Titel *Handbuch zur deutschen Einheit* (1993, 1996, 1999 [22]) zu erwähnen.

Einen ebenso umfassenden wie facettenreichen Einblick in die Geschichte der deutschen Teilung wie auch die Ursachen und Folgen des Umbruchs in der DDR liefern die Materialien der Enquete-Kommission des Deutschen Bundestags »Aufarbeitung von Geschichte und Folgen der SED-Diktatur in Deutschland« (Materialien 1995 [42]). Die Bonner Deutschlandpolitik während der achtziger Jahre findet hier zwar nur in einzelnen Beiträgen (Jäger; Potthoff) bzw. in Teilaspekten wie beispielsweise der Berlin-Frage, des innerdeutschen Handels oder des Reiseverkehrs Berücksichtigung. Dennoch waren es gerade die deutschlandpolitischen Streitfragen wie die nach der Stabilisierung der DDR durch die Politik der innerdeutschen Beziehungen, die maßgeblich die öffentliche Resonanz auf die Anhörungen und die Ergebnisse der Enquete-Kommission bestimmten.

Dass die Deutschlandpolitik der Ära Kohl schon heute als außerordentlich gut untersuchter Forschungsgegenstand gilt, ist wesentlich auf die vorzeitige Freigabe umfangreicher Aktenbestände zur Deutschlandpolitik für die Wissenschaft zurückzuführen. Wichtige Bestände, die vom Staatsbesuch des US-Präsidenten George Bush in der Bundesrepublik am 30./31. Mai 1989 bis zum Tag der deutschen Einheit, dem 3. Oktober 1990, reichen, werden durch eine umfangreiche Sonderedition aus den Akten des Bundeskanzleramtes (Deutsche Einheit 1998 [1797]) allgemein zugänglich gemacht. In chronologischer Folge geben die Dokumente detailreichen Einblick in formelle wie informelle Entscheidungsprozesse. Nicht nur die wissenschaftlich interessierte Leserschaft dieser 1998 von Küsters und Hofmann herausgegebenen Edition wird überdies von der ausführlichen Einführung profitieren, die den zeitgeschichtlichen Zugang zu den – teils als Faksimile abgedruckten – Schriftstücken präzise erschließt.

Hervorzuheben ist zudem die im gleichen Jahr publizierte vierbändige Reihe *Geschichte der deutschen Einheit*, die auf lange Sicht zu den Standardwerken zur Deutschlandpolitik in der Ära Kohl zu rechnen sein dürfte. Sämtliche Autoren erhielten Zugang zu unveröffentlichten Regierungsakten (Kanzleramt und beteiligte Ministerien) aus dem Zeitraum 1982 bis 1990. Darüber hinaus zeichnen sich die Bände durch die Einbeziehung einer großen Anzahl an Akteursinterviews von der Beamten- bis zur Spitzenebene der am Einigungsprozess beteiligten Staaten aus.

Mit Band 1 der Reihe hat Karl-Rudolf Korte (1998 [1715]) die bislang umfassendste Gesamtdarstellung der Deutschlandpolitik Helmut Kohls von seinem Amtsantritt bis zum Fall der Mauer vorgelegt. Auf Grundlage umfangreichen Aktenmaterials aus dem Regierungsapparat, allgemein zugänglichen und privaten Archivbeständen sowie zahlreichen Interviews mit beteiligten Akteuren analysiert er detailliert den deutschlandpolitischen Entscheidungsprozess, die Verhandlungsführung und den Regierungsstil Kohls. Mit ihren tiefen Einblicken in das regierungsinterne »System Kohl« weist diese Studie denn auch weit über eine zeitgeschichtliche Darstellung hinaus. Deutschlandpolitik erweist sich hier als »Chefsache«; das Kanzleramt – zumal unter Führung des »innerdeutschen Topmanagers« Schäuble – als die Entscheidungszentrale in allen operativen wie normativen Belangen. Das Bundesministerium für innerdeutsche Beziehungen fungierte Korte zufolge zunehmend als »Serviceeinrichtung«. Auch habe sich der Einfluss des Auswärtigen Amtes wegen des besonderen völkerrechtlichen Status der DDR vorwiegend auf die Bonner Viererrunde, mithin den regulären Abstimmungsmechanismus zwischen der Bundesregierung und den Westalliierten, beschränkt. Regierungsinterne wie auch intergouvernementale Verhandlungen wurden demnach maßgeblich durch den Bundeskanzler und den engen Kreis seiner Vertrauten bestimmt – nicht zuletzt durch die Etablierung informeller Gesprächskanäle und die Mittel der »stillen Diplomatie«.

Der deutsch-deutsche Einigungsprozess wird durch die beiden Folgebände beleuchtet. In Band 2 der Reihe analysiert Dieter Grosser (1998 [1819]) den Weg zum ersten Staatsvertrag zwischen der Bundesrepublik Deutschland und der DDR über die Schaffung einer Wirtschafts-, Währungs- und Sozialunion vom 18. Mai 1990 und damit zusammenhängende Regelungen. Grosser kann nachweisen, dass dem Verhandlungsangebot an die DDR eine bewusst politische Entscheidung der Parteivorsitzenden Helmut Kohl, Theo Waigel und Otto Graf Lambsdorff vorausging, die – wenngleich unterschätzte – ökonomische Risiken dem Ziel einer schnellen Vereinigung nach Artikel 23 Grundgesetz unterordnete. Die Weichenstellung erfolgte während des Modrow-Besuchs in Bonn am 13./14. Februar 1990: Bundeskanzler Kohl lehnte es ab, der DDR Finanzhilfen in Milliardenhöhe zu gewähren, übermittelte aber zugleich das Angebot der Bundesregierung, unverzüglich Gespräche über eine Währungsunion und Wirtschaftsgemeinschaft aufzunehmen. Noch vor der Volkskammerwahl vom 18. März 1990 kam hierzu eine Gemeinsame Expertenkommission zusammen. Der Wahlsieg der von Lothar de Maizière angeführten »Allianz für Deutschland« wurde dann als Signal für eine rasche Einführung der D-Mark und als Votum für die Einheit Deutschlands gewertet. Trotz einer Vielzahl zu bewältigender Probleme konnten die Vertragsverhandlungen zügig zum Abschluss gebracht werden. Die Folgen der Währungsumstellung zum 1. Juli 1990 in Ostdeutschland und des gleichzeitig in Gang gesetzten Transformationsprozesses nach dem Vorbild der Wirtschafts- und Sozialordnung der Bundesrepublik prägten den weiteren Verlauf der Verhandlungen zur deutschen Einheit, die Wolfgang Jäger (1998 [1828]) in Band 3 der Reihe untersucht. Ausgehend von den Auseinandersetzungen um das »Zehn-Punkte-Programm« zeichnet er den sich beschleunigenden Gang der Verhandlungen bis zum so genannten Einigungsvertrag vom 31. August 1990 nach. Federführend auf westdeutscher Seite war Innenminister Wolfgang Schäuble (1993 [1869]); der Bundeskanzler selbst schaltete sich erst in der Schlussphase in die Vertragsverhandlungen ein. Ausführlich bezieht Jäger in seiner Untersuchung die innenpolitischen Kräfteverhältnisse in der Bundesrepublik und der DDR mit ein. Parteipolitische Kontroversen entspannten sich im Westen u. a. hinsichtlich Wahlmodus und Terminierung der ersten gesamtdeutschen Bundestagswahl. Der einsetzende Wahlkampf zeitigte Auswirkungen auf die Verhandlungen über den »Einigungsvertrag«. Trotz gewichtiger Streitfragen konnte letztlich sowohl in der Volkskammer als auch im Deutschen Bundestag eine breite, parteiübergreifende Zustimmung zum Vertragswerk erzielt werden.

In der Gesamtschau der Deutschlandpolitik der Ära Kohl kommt schließlich den so genannten Zwei-plus-vier-Verhandlungen, die völkerrechtlich den Weg zur Einheit ebneten, ein besonderer Stellenwert zu (Kaiser, K. 1991 [1835]). Die Regierung Kohl/Genscher suchte das Selbstbestimmungsrecht der Deutschen schon im Verhandlungsformat zum Ausdruck zu bringen – auch gegen Widerstände in den Reihen der eigenen Verbündeten und unterstützt durch den wachsenden innenpolitischen Druck, der von Ostdeutschland ausging. Durch den Zwei-plus-vier-Mechanismus konnte der langwierige und mit ungewissem Ausgang versehene Weg formeller Friedensverhandlungen umgangen werden. Von Anfang an bildete dabei die Befürwortung der Einheit durch die USA einen zentralen Erfolgsfaktor. Schwierigster Verhandlungspunkt war die Frage der sicherheitspolitischen Einbindung eines vereinten Deutschland. Den Durchbruch erreichte Bundeskanzler Kohl anlässlich seines Besuchs in Moskau und im Kaukasus (14.–16. Juli 1990): Gorbatschow erklärte sein Einverständnis mit dem Verbleib Deutschlands in der NATO (Biermann, R. 1997 [1787]). Bereits am 12. September 1990 konnte der »Vertrag über die abschließende Regelung in bezug auf Deutschland« unterzeichnet werden.

Die umfangreiche Erinnerungs- und Memoirenliteratur zeichnete schon früh das Bild von den Zwei-plus-vier-Verhandlungen als »Sternstunde der Diplomatie« Zelikow/Rice 1995 [1563]). Demnach ist der persönlichen diplomatischen Leistung der Staats- und Regierungschefs wie auch der Außenminister entscheidende Bedeutung für den erfolgreichen Verhandlungsverlauf beizumessen. Beteiligte aus den Reihen der Verhandlungsdelegationen bestätigen diese Sichtweise in je spezifischer Interpretation und Gewichtung (u. a. Teltschik 1991 [1882]; Albrecht 1992 [1778]; Kiessler/Elbe 1993 [1837]). Gleiches gilt für die von einer Vielzahl von Spitzenakteuren veröffentlichten Innenansichten (v. a. Thatcher 1993 [1883]; Gorbatschow 1993 [1816]; Genscher 1995 [1811]; Mitterrand 1996 [1536]; Baker 1996 [1783]; Helmut Kohl 1996 [1824]; de Maizière 1996 [1853]; Bush/Scowcroft 1998 [1508]; zu Akten und Erinnerungen vgl. auch von Plato 2002 [1863]).

Ein umfassenderes Bild zeichnet hingegen der von Werner Weidenfeld (mit Peter M. Wagner und Elke Bruck) verfasste vierte Band der Reihe *Geschichte der deutschen Einheit* (1998 [1890]). Hier werden neben Akteursperzeptionen auch die strukturellen Rahmenbedingungen berücksichtigt. Den Fokus richtet die Untersuchung auf die regierungsinternen Abstimmungsprozesse in Bonn und Ost-Berlin. Bundeskanzleramt und Auswärtiges Amt verfolgten demnach im Laufe der Verhandlungen durchaus unterschiedliche Strategien; das innenpolitisch getriebene Tandem Kohl-Genscher wusste dies aber im Sinne einer

»Komplementärdiplomatie« (Bruck/Wagner 1996 [1791]) gemeinsam zu nutzen. Weidenfeld et al. zufolge trat Kohl auf der internationalen Ebene des Einigungsprozesses am stärksten in Erscheinung, da er hier jenseits der Ressortverantwortlichkeiten seinen Führungsanspruch als Regierungschef erfolgreich demonstrieren konnte. Dabei kam es seinem Politikstil entgegen, dass die Arbeitsebene während der Zwei-plus-vier-Verhandlungen auf einen kleinen Kreis persönlicher Berater und politischer Spitzenbeamter beschränkt war (zu den bürokratischen Verhandlungssträngen vgl. weiterführend Colschen/Hoyer/Weigl 2002 [1794]). Zielrichtung und Geschwindigkeit des Verhandlungsprozesses wurden zudem ungewöhnlich stark vom Zusammenspiel der beteiligten Spitzenakteure beeinflusst, wobei Kohl aufgrund seines persönlichen Vertrauensverhältnisses zu den maßgeblichen Staats- und Regierungschefs eine Schlüsselstellung im Kontaktnetzwerk einnehmen konnte. In seiner Studie zum außenpolitischen Regierungshandeln kennzeichnet Stefan Fröhlich (2001 [1688]) die Verhandlungen über die äußeren Aspekte der Einheit denn auch als »Höhepunkt der Kanzlermacht« Helmut Kohls.

MICHAEL RICHTER

Der Weg zur deutschen Einheit

In der Tradition der bisherigen vergleichenden DDR- und Deutschlandforschung stehend, zeichnet sich ein erheblicher Teil der Forschung über den
Weg zur deutschen Einheit bei aller Rückbindung in die Disziplinen durch
ein fachübergreifendes Vorgehen aus. Dabei ist die Forschungslandschaft auch
dann umfangreich und unübersichtlich, wenn – wie im vorliegenden Fall –
auf die Entwicklung von der »nationalen Wende« in der friedlichen Revolution
(Zwahr 1993 [933]; Jarausch 1995 [1830]; Richter, M. 1995 [912]) bis zum
Tag der Wiedervereinigung fokussiert wird. Angesichts der extremen Ereignis-
dichte ist dabei eine Ausdifferenzierung der Forschung auf einzelne historische
Ereignisse kaum möglich und nur in Ausnahmen sinnvoll. Das Augenmerk
richtet sich daher vor allem auf wichtige Untersuchungen innen- wie außenpolitischer Aspekte, zur politik- und sozialwissenschaftlichen Transformations-
forschung, auf fachübergreifende Sammelbände sowie Dokumenteneditionen
und Memoiren.

Schon der gerade beginnende Vereinigungsprozess wurde unter verschiedenen Aspekten in den Zusammenhang deutscher Geschichte der Nachkriegszeit gestellt (Diwald 1990 [1800]), und bereits 1991 erschien eine kategorial
geleitete Analyse des Handelns der Bundesregierung (Hartwich/Wewer 1991
[99]. Die disparate Haltung der Bürgerbewegung zur Einheit wurde frühzeitig
ebenso kritisch analysiert (Gransow/Jarausch 1991 [1818]) wie die Haltung der
Linken (Seebacher-Brandt 1991 [1875]). Mit der zentralen Frage auf dem Weg
zur Einheit, ob die DDR dem Geltungsbereich des Grundgesetzes beitreten
sollte oder ob es geboten war, dass beide deutsche Staaten eine neue Verfassung erarbeiten, setzten sich führende Verfassungsrechtsexperten wie Peter
Badura, Ernst Bender, Wilhelm Hennis, Josef Isensee, Martin Kriele, Ernst
Gottfried Mahrenholz und Klaus Stern auseinander (Guggenberger/Stein 1991
[1820]). Zur rechtlichen Dimension des Beitritts gaben Josef Isensee und Paul
Kirchhof (1995 [1827]) Band VIII ihres *Handbuchs des Staatsrechts* heraus.
Um Probleme wie Eigentum, neue Verfassung und Finanzverfassung ging es
auch in einem anderen Band (Stern 1991 [1879,1]). Robert Kaufmann (1992
[1836]) setzte sich mit den Voraussetzungen einer Föderalisierung der DDR
und ihren Auswirkungen auf das bundesdeutsche föderale System auseinander.
In einem anderen Band ging es um die Entstehung von Landesverfassungen
in den neuen Bundesländern (Stern 1992 [1879,2]). Es folgten Analysen zur
Politik der Bundesregierung, der Strukturen und Instrumentarien im Wieder-
vereinigungsprozess (Korte 1994 [1845]; Korte/Zimmer 1994 [1844]; Fischer
1996 [1807]) sowie der Rolle des Bundesrates und der Länder (Klein, E. 1998

[1838]). Auf der Basis bislang nicht zugänglicher Akten des Bundeskanzler-
amtes, des Bundesfinanzministeriums und der Bundesbank untersuchte Dieter
Grosser (1998 [1819]) detailliert den Konflikt der Bundesregierung, bei der
Währungs-, Wirtschafts- und Sozialunion politische Erwägungen mit ökono-
mischer Vernunft in Übereinstimmung zu bringen. Gestützt auf Quellen aus
Ost und West fasste Wolfgang Jäger (1998 [1828]) mit Hilfe verschiedener
Koautoren die bisherige Forschung über den innerdeutschen Vereinigungspro-
zess 1989/90 erstmals ausführlich adäquat zusammen und legte so wichtige
Grundlagen für weitere Untersuchungen.

Die deutsche Einheit vollzog sich vor dem Hintergrund globaler Machtverände-
rungen infolge des Zusammenbruchs des Kommunismus im sowjetischen
Machtbereich und wirkte zugleich auf diesen Prozess zurück. Noch während
des Weges zur deutschen Einheit begannen Analysen der internationalen Aspekte (Bruns 1990 [1792]; Pond 1990 [1864]; Kaiser 1991 [1835]) bzw. der
europäischen Dimension und Problematik (Weidenfeld 1990 [1889]; Zippel
1991 [1896]).

Aus der Vielzahl der Publikationen zu den verschiedenen internationalen
Faktoren mit Bezug zur deutschen Einheit kann hier nur eine Auswahl getroffen
werden:

– *Die Haltungen der Nachbarländer zur deutschen Einheit bzw. die Einordnung
  des Einigungsprozesses in den gesamteuropäischen Kontext:* Renata Fritsch-
  Bournazel (1990 [1808]), Dieter Holtmann (1991 [873]), Wolfgang Heisenberg (1992 [1823]), Wilfried von Bredow (1992 [1673]), Harold James und
  Marla Stone (1992 [1829]), Peter Merkel (1993 [1855]) sowie Manfred Wegner (1993 [1888]).
– *Die Zwei-plus-Vier-Verhandlungen:* erstmals Stephen F. Szabo (1992 [1881])
  aus der US-Perspektive, Christoph-Matthias Brand (1993 [1790]) zur Entstehungsgeschichte und Bedeutung des Zwei-plus-Vier-Vertrages, Richard
  Kiessler und Frank Elbe (1993 [1837]) mit ihrer für die historische Aufarbeitung bedeutsamen Einbettung der Zwei-plus-Vier-Verhandlungen in die
  weltpolitische bzw. gesamteuropäische Entwicklung.
– *Die Haltung und die Politik einzelner Staaten:* Michael R. Beschloss und Strobe
  Talbot (1993 [1785]) über die Geheimdiplomatie der Supermächte am Ende
  des Kalten Krieges, Wolfgang-Uwe Friedrich (1991 [1515]) mit einem Sammelband *Die USA und die deutsche Frage,* Heinrich Bortfeldt (1993 [1788]) auf
  der Basis von Interviews mit amerikanischen Experten, Philip Zelikow und
  Condoleezza Rice (1995 [1563]) mit einem Standardwerk auf der Grundlage von Akten des Weißen Hauses und des US-Außenministeriums; Ingo
  Kolboom (1991 [1841]) über die französische Perspektive; auf die britische
  und italienische geht u.a. ein Sammelband von Josef Becker (1992 [1784])
  ein; ausführlich zu Italien Antonio Missiroli (1991 [1535]). Die polnischen
  Haltungen und Befürchtungen vor dem Hintergrund der deutsch-polnischen

Beziehungen seit dem Zweiten Weltkrieg analysieren Experten beider Länder in dem Sammelband von Hans-Adolf Jacobsen und Mieczyslaw Tomala (1992 [1603]); siehe dazu auch den Band von Günter Trautmann (1991 [1884]).

– Analysen zur sowjetischen Politik: am Beginn des Prozesses schon Gerd Wettig (1990 [1892]), Ekkehard Kuhn (1993 [1847]) über die deutsch-sowjetischen Verhandlungen, Rafael Biermann (1997 [1787]) zu den internen Auseinandersetzungen und den Verhandlungen mit der Bundesregierung, ebenso über den Willensbildungsprozess innerhalb der sowjetischen Führung mit großer Detailkenntnis Hannes Adomeit (1998 [1502]). Angela E. Stent (1999 [1878]) besonders zu den Dreiecksbeziehungen zwischen der Bundesrepublik, der DDR und der Sowjetunion, wobei sie wie andere Autoren davon ausging, dass Gorbatschow das Verschwinden der DDR und die Vereinigung Deutschlands in der NATO weder anstrebte noch voraussah. Das Dreiecksverhältnis Washington – Bonn – Moskau beschreibt Alexander von Plato (2002 [1863]) auf Grundlage sowjetischer Regierungsunterlagen. Ausgewählte Beiträge zu den deutsch-sowjetischen Beziehungen während des Weges zur deutschen Einheit legte der Nestor der deutschen Ostforschung Boris Meissner (2001 [1854]) vor. Unter dem Titel *Komplott* behandeln Ralf Georg Reuth und Andreas Bönte (1993 [1867]) eher einseitig verschwörungstheoretisch die Rolle des KGB im Vereinigungsprozess.

Eine ausführliche, die bisherige Forschung resümierende Analyse der außenpolitischen Aspekte des Einigungsprozesses während der Entscheidungsjahre 1989/90 gibt Werner Weidenfeld (1998 [1890]).

Neben der Beschreibung der innen- wie außenpolitischen Entwicklung zur deutschen Einheit wurde frühzeitig versucht, beide Aspekte im Zusammenhang zu untersuchen: Arthur James McAdams (1993 [44]) die Entwicklung in Deutschland vom Mauerbau bis zur Wiedervereinigung aus amerikanischer Sicht; Karl-Rudolf Korte (1994 [1845]) – noch nicht auf der Grundlage von Primärquellen – den unmittelbaren Zusammenhang zwischen der friedlichen Revolution in der DDR und der Entwicklung zur staatlichen Einheit Deutschlands; diesen Zusammenhang zeigte auch Konrad H. Jarausch (1995 [1830]). Eine ausgezeichnete historische Zusammenschau von friedlicher Revolution und deutscher Einheit lieferte ebenfalls der Harvard-Historiker Charles S. Maier (1995 [1852] u. 1999 [893]). Von zentraler Bedeutung für die Forschung war u.a. eine Sonderedition aus den Akten des Bundeskanzleramtes 1989/90, in der auch auf der Grundlage von Memoiren beteiligter Politiker die Vereinigungsverhandlungen geschildert werden (Deutsche Einheit 1998 [1797]).

Das vereinte Deutschland ist Teil einer neuen Weltordnung. An die Stelle des Kalten Krieges sind neue Konfliktkonstellationen getreten, deren Dimensionen sich erst abzuzeichnen beginnen. Noch in der Endphase der Sowjetunion wurden erste Versuche einer Deutung des internationalen Systems nach dem

Ende des Ost-West-Konflikts vorgenommen (Garton Ash 1990 [389]; Rühl 1990 [1547]; Bracher 1992 [1789]). Sie rissen seitdem nicht mehr ab. Hatte Heleno Saña (1990 [1868]) noch die Gefahr eines Vierten Reiches heraufkommen sehen und von einem späten Sieg Nazi-Deutschlands gesprochen, fragte Francis Fukuyama (1992 [1968]), ob man angesichts des Sieges der freiheitlichen Gesellschaften des Westens vom Ende der Geschichte reden sollte. Diskussionsangebote, die Rolle Deutschlands angesichts der veränderten weltpolitischen Lage neu zu definieren, finden sich in *Deutschland im weltpolitischen Umbruch* (1993 [1798]). Mit der neuen Rolle Deutschlands in der Weltpolitik befasst sich auch ein weiterer Sammelband (Huelshoff/Markovits/Reich 1993 [1825]), und mit dem globalen Umbruch und den amerikanisch-sowjetischen Beziehungen nach der Überwindung der deutschen wie europäischen Spaltung setzte sich Raymond L. Garthoff (1994 [1809]) auseinander. Hans-Peter Schwarz (1994 [64]) sprach von der Rückkehr der europäischen Zentralmacht Deutschland auf die Weltbühne.

Die sozial- und politikwissenschaftliche Forschung richtete seit Beginn des Umbruchs ihr Augenmerk auf den mit der Vereinigung verbundenen tiefgreifenden Systemwechsel. So deutete Jürgen Habermas (1990 [1972]) die Ereignisse als nachholende Revolution im Sinne eines Aufschließens an bürgerlich-demokratische Verhältnisse. Die Transformation des politischen Systems der DDR in das der Bundesrepublik wurde aus verschiedenen Blickwinkeln beschrieben: modernisierungs- und transformationstheoretisch von Gert-Joachim Glaeßner und Rolf Reißig (Reißig/Glaeßner 1991 [1866]; Glaeßner 1992 [1814] u. 1993 [1813]); die politischen Strukturen und Institutionen auf verschiedenen, auch kommunalen Ebenen in einem Band einer eigens gebildeten Kommission für die Erforschung des sozialen und politischen Wandels in den neuen Bundesländern (Nassmacher/Niedermayer/Wollmann 1994 [1860]). Der Band ging aus einem umfassenden Forschungsprojekt zur Transformation der DDR in bundesdeutsche Strukturen hervor (vgl. dazu Deutschland Archiv 31, 1998, S. 480–487). Um Transformation und Transition, Institutionenbildung, die Entstehung des intermediären Systems sowie um politische Orientierung und Verhaltensweisen im Umbruchprozess ging es z.B. in einem für die politikwissenschaftliche Forschung wichtigen Band in der Reihe dieser Kommission (Kaase/Eisen 1996 [1834]). Ausführlich und mehrfach wurde, wegen des praktischen Bedarfs, der Transformationsprozess in verwaltungstechnischer Hinsicht untersucht (König 1991 [1843]; König/Messmann 1995 [1842]). Analysen zum föderativen System der Bundesrepublik vor den Herausforderungen der deutschen Einigung, zum Institutionentransfer von West nach Ost und zur politischen Logik der Verwaltungsintegration in Deutschland sowie zu den föderativen Finanzbeziehungen waren Bestandteil einer anderen Publikation (Seibel/Benz/Mäding 1993 [1876]). Sektorale Transformationsprozesse im Bereich von Wirtschaft und Verbänden beschrieb Helmut Wiesenthal (1995 [1894]). Um die institutionelle Transformation als Institutionen- und

Personaltransfer in Politik, Wirtschaft und Verwaltung sowie um Aspekte des sozio-kulturellen Wandels ging es in zwei maßgeblichen Studien der o.g. Kommission (Eisen/Wollmann 1996 [1802]; Wollmann/Derlien 1997 [1895]). Die politisch-institutionelle sowie die ökonomische Transformation behandelte eine andere Studie (Wiesenthal 1999 [1893]).

Ergebnis des interdisziplinären Forschungsansatzes hinsichtlich der deutschen Frage sind unterschiedlichste Sammelbände, in denen bereits seit dem noch laufenden Einigungsprozess diverse Aspekte reflektiert wurden (Spittmann/Helwig 1990 [1877]; Mommsen 1990 [1856]). Um Probleme, Strategien und Kontroversen in der Politik zur deutschen Einheit und ihr Verhältnis zur europäischen Integration ging es in einem von Ulrike Liebert und Wolfgang Merkel (1991 [1848]) herausgegebenen Sammelband, um Verfassungsprobleme im Zusammenhang des Einigungsvertrages bei Alexander Fischer und Marie Haendcke-Hoppe-Arndt (1992 [1806]) und um innen- und außenpolitische Aspekte der deutschen Einheit bei Eckhard Jesse und Armin Mitter (1992 [1831]). Ebenfalls mit verschiedenen innen-, außen- und wirtschaftspolitischen Aspekten der Vereinigung Deutschlands befasst sich ein Sammelband der Studiengruppe für Politik und Völkerrecht in Verbindung mit der Kulturstiftung der deutschen Vertriebenen (Murswiek/Schwarz/Seiffert/Uschakow 1992 [1859]). In Stichworten behandelten zahlreiche Autoren in einem Handbuch die DDR und Aspekte der deutschen Einheit (Handbuch zur deutschen Einheit 1993 [22]). Dem Prozess und den Ergebnissen der deutschen Einheit war ein Sammelband von M. Donald Hancock und Helga A. Welsh (1994 [1821]) gewidmet. Innen- wie außenpolitische, wirtschaftliche und mentale Probleme thematisierte auch ein Sammelband von Altenhof und Jesse (1995 [1779]). Die Genese der Wiedervereinigung, ihre innen- wie außenpolitischen Aspekte und Probleme des Transformationsprozesses waren Themen einer Festschrift der Gesellschaft für Deutschlandforschung (Eckart/Hacker/Mampel 1998 [1801]). Verschiedene Aspekte von Revolution und Transformation in Richtung deutsche Einheit problematisierten Ende der neunziger Jahre führende Zeithistoriker aus den neuen Bundesländern (Heydemann/Mai/Müller 1999 [870]). Im Gefolge des zehnten Jahrestages der deutschen Einheit legten Konrad Löw (2001 [1850]) für die Gesellschaft für Deutschlandforschung sowie Wolfgang Schluchter und Peter E. Quint (2001 [1871]) resümierende Sammelbände zum Vereinigungs- und Transformationsprozess vor.

Quelleneditionen. Die Debatten der beiden Parlamente (Auf dem Weg zur deutschen Einheit I–III 1990[1780; 1781; 1782]) und die wichtigsten Vertragstexte zur deutschen Einheit sind zum Teil mehrfach publiziert. Das ganze Bündel der Verträge einschließlich der internationalen Vereinbarungen findet sich in der dreibändigen Quellenedition von Klaus Stern und Bruno Schmidt-Bleibtreu (1990f. [1880]) sowie in einer Sammlung von Ingo Münch (Die Verträge zur Einheit Deutschlands 1990 [1799]). Dokumente zur europäischen Dimension des Prozesses (Fritsch-Bournazel 1990 [1808]) und über den Pro-

zess der Föderalisierung und der Wiederherstellung der kommunalen Selbst-
verwaltung im östlichen Teil Deutschlands (Geiser 1990 [1810]) ergänzen dieses
breite Spektrum. Die deutsche Außenpolitik der Jahre 1990/91 dokumentierte
das Auswärtige Amt (Deutsche Außenpolitik 1991[1796]). Eine aufschlussreiche Quellensammlung aus den Jahren 1987–1990 legten Detlef Nakath und
Gerd-Rüdiger Stephan (1996 [1737]) vor.

Die Kritik von Zeithistorikern am fehlenden Zugriff auf westliche Archivquellen – abgesehen von der oben erwähnten Sonderedition – und die sich
daraus ergebende Möglichkeit einer Schieflage durch eine einseitige Benutzung
von DDR-Akten – wobei es auch da starke Einschränkungen bei der Heranzie-
hung von Akten des Außen- und Innenministeriums gibt – hat dankenswerterweise mehrfach Hermann Weber formuliert.

Aufgrund dieser Umstände gewinnen die zahlreich erschienenen Memoiren
hochrangiger Politiker und Diplomaten des In- und Auslandes als Quellen eine
über das normale Maß hinausgehende Rolle für die Forschung.

Von zentraler Bedeutung sind hier sicher die Erinnerungen Helmut Kohls
(1996 [1824]), des Kanzlers der deutschen Einheit, und seines Außenministers
Dietrich Genscher (1991 [1812] u. 1995 [1811]), die stellenweise im Kontrast
zu Darstellungen des Bundeskanzlers stehen und das Konkurrenzverhältnis
beider auf dem Weg zur deutschen Einheit widerspiegeln. Von Interesse für
die Forschung sind gewiss auch die Darlegungen des bundesdeutschen Ver-
handlungsführers beim Vereinigungsvertrag, Innenminister Wolfgang Schäuble
(1991 [1869]), von Kanzlerberater Horst Teltschik in Bezug auf die internationalen Verhandlungen, eine Beschreibung der Rolle von Rudolf Seiters bei
den Verhandlungen mit der DDR (John 1991 [1833]) sowie die tagebucharti-
gen Aufzeichnungen von Regierungssprecher Hans Klein (1991 [1839]) über
den Durchbruch auf dem Weg zur Einheit beim Treffen Kohl-Gorbatschow im
Kaukasus. Genscher-Berater Ulrich Albrecht (1992 [1778]) legte einen »Insider-Bericht« über die Zwei-plus-Vier-Verhandlungen vor. Einsichten in die Verhandlungen zur Wirtschafts- und Währungsunion gibt der damalige Bundes-
finanzminister Theo Waigel (Waigel/Schell 1994 [1886]). Auch der damalige
Bundespräsident ging in einer Autobiographie auf seine Rolle im Einigungsprozess ein und setzte eigene Akzente (von Weizsäcker 1997 [1773]).

Aus der Endzeit der SED-Herrschaft liegen Memoiren von damaligen
Akteuren vor: Ministerpräsident Hans Modrow (1991 [188] u. 1998 [187]) und
Wirtschaftsministerin Christa Luft (1991 [1851]). Zu seiner Haltung im Einigungsprozess bezog auch der erste freigewählte DDR-Ministerpräsident Lothar
de Maizière (1996 [1853]) Stellung. Die Haltung seiner Regierung während
der Verhandlungen zur deutschen Einheit beschrieb Außenminister Markus
Meckel (2001 [753]).

Den untrennbaren Zusammenhang zwischen der Politik der Siegermächte
des Zweiten Weltkrieges und der Lösung der deutschen Frage dokumentieren
damals wichtige Persönlichkeiten dieser Staaten.

Die vorausschauende (Brzezinski 1989 [11]) und aufgrund der eigenen

Interessenlage von Beginn an zustimmende Sicht der US-Regierung zur deutschen Einheit wird bei dem damaligen Botschafter in Bonn, Vernon A. Walters (1994 [1887]), und dem seinerzeitigen Außenminister James Baker (1996 [1783]) deutlich. Weitaus zurückhaltender war zunächst die Position der anderen Verbündeten der Bundesrepublik, wie beispielsweise die Memoiren der britischen Premierministerin Margaret Thatcher (1993 [1883]) und des französischen Präsidenten François Mitterrand (1996 [1536]) vor Augen führen.

Die Politik der Sowjetunion wird deutlich in den Erinnerungen des sowjetischen Präsidenten Michael Gorbatschow (1990 [1815], 1993 [1816] u. 1999 [1817]) und seines Außenministers Eduard Schewardnadse (1991 [1870]). Das dabei vorhandene Meinungsspektrum und die Auseinandersetzungen innerhalb der sowjetischen Führung widerspiegeln andere Politiker und Diplomaten (Kwizinskij 1993 [1528]; Tschernajew 1993 [1555]; Kotschemassow 1994 [1846]; Falin 1993 [1804] u. 1997 [1803]), wobei Kotschemassow mehr konventionellem sowjetischen Denken verhaftet ist und Falin hart mit der Politik Gorbatschows ins Gericht geht.

Trotz der reichlich vorhandenen Literatur zum Thema gibt es noch erhebliche Forschungsdesiderate. So fehlen z. B. bislang genauere Analysen der DDR-Außenpolitik im Jahr 1990 und der Umwandlung der Volkspolizei in die Landespolizeibehörden der neuen Bundesländer unter der Regierung de Maizière. Generell steht eine ausführlichere Bewertung der in vielen Bereichen strittigen Transformationspolitik der vor allem von früheren Funktionären aus den Blockparteien getragenen Regierung de Maizière im Einigungsprozess noch aus. Unzureichend untersucht wurde bisher auch der Fortgang der revolutionären Ereignisse Anfang des Jahres 1990 und das Verhältnis des revolutionären Prozesses zur Herstellung der staatlichen Einheit. Letzteres ist freilich ebenso wenig auf einen fehlenden Aktenzugang zurückzuführen wie die trotz Anfängen noch immer unzureichenden Untersuchungen zum Elitenumbruch auf den verschiedenen institutionellen Ebenen des Transformationsprozesses sowie fehlende Studien über die Realisierungen oder Auswirkungen des revolutionären Transformationsprozesses auf dem kommunalen und regionalen Sektor. Abgesehen von verschiedenen Studien im Bereich der Verwaltungswissenschaften wurde bislang auch der Prozess der Bildung der neuen Bundesländer kaum thematisiert, immerhin stellen diese die einzigen real existierenden Überbleibsel der DDR dar.

VII. Die Auseinandersetzung mit der SED-Diktatur seit 1990 – Strukturen und Bilanz

MARY FULBROOK

DDR-Forschung bis 1989/90

Die DDR-Forschung bis 1989/90 war – wie vielleicht alle Zeitgeschichte –
unvermeidlich mit der Politik verbunden, und dies in beiden Teilen Deutschlands. Auf beiden Seiten der innerdeutschen Grenze – wenngleich in verschiedenen politischen Farben und von sehr verschiedener Bedeutung – gab es
sowohl solide Forschungsergebnisse als auch überpolitisierte und einseitige
Darstellungen der DDR. Obwohl es vor 1989/90 auch anderswo in Europa
und in der anglo-amerikanischen Forschung wichtige Publikationen über die
DDR gab, bezieht sich dieser Aufsatz hauptsächlich auf die Forschungen zur
DDR-Geschichte, Entwicklung und Gesellschaft in der Bundesrepublik und
der DDR. Gleichzeitig wird der Beitrag den Umstand in Erinnerung rufen,
dass die DDR-Forschung anders als nach 1989 bis dahin keineswegs in erster Linie eine zeitgeschichtliche Forschung war. Vielmehr sind ihr vor 1989
alle Versuche zuzuordnen, zeitgenössische Politik, Wirtschaft, Gesellschaft und
Kultur zu erklären.

1. DDR-Forschung in der DDR

Die Erforschung der DDR-Gesellschaft wie auch der Zeitgeschichte hatte für
die SED einen großen Stellenwert. Ihre Herrschaft beruhte nicht zuletzt auf
detailliertem Wissen über Stimmungen und Meinungen in der Bevölkerung.
Um ihre Macht zu erhalten und auszubauen, war die SED stets bestrebt,
die Gesellschaft und die Menschen in ihrem Sinn umzuformen. Gleichzeitig
sollte die DDR-Geschichtswissenschaft die jeweils gültige Parteilinie historisch
herleiten und rechtfertigen.

Die ostdeutsche DDR-Forschung befand sich in einem ständigen und un-
lösbaren Konflikt. Auf der einen Seite wollte die SED Forschungsergebnisse
von sehr hoher Qualität. Es gab also eine ganze Reihe von Institutionen
sowie staatlicher und parteieigener Instanzen, deren Auftrag es war, die Meinungen, Lebensweisen und Aktivitäten der DDR-Bevölkerung einzuschätzen.
Das wissenschaftlich vielleicht wichtigste davon war das Zentralinstitut für
Jugendforschung Leipzig, das von 1966 bis zum Ende der DDR für dortige
Verhältnisse vergleichsweise unabhängige Untersuchungen nach hohen wissenschaftlichen Maßstäben durchgeführt hat (siehe Friedrich/Förster/Starke 1999
[1026]). Darüber hinaus gab es eine Vielzahl weiterer Forschungsinstanzen, von
denen hier nur die wichtigsten genannt werden sollen: das Institut für Marxismus-Leninismus, die zeithistorische Leitinstanz des ZK der SED; das Institut
für Meinungsforschung beim ZK der SED, das ab 1964 – bis es wegen schlech-

ter Nachrichten 1979 geschlossen wurde – kontinuierlich und wissenschaftlich fundiert Umfragen zu Stimmungen und Auffassungen der Bevölkerung durchgeführt hat; das Institut für Marxistisch-Leninistische Soziologie der Akademie für Gesellschaftswissenschaften beim ZK der SED; das Institut für Soziologie und Sozialpolitik der Akademie der Wissenschaften der DDR; die verschiedenen Experten an Universitäten und Hochschulen, die sich auf bestimmte Themen spezialisiert hatten (z.B. die Frauenforschungsgruppe an der Humboldt Universität zu Berlin) und/oder ab und zu über wichtige Themen vor den Fachabteilungen des SED-Zentralkomitees (Jugend, Volksbildung, Gesundheit usw.) referierten (z.B. über die von der SED erhoffte und geförderte »Säkularisierung der Gesellschaft«); die Juristische Hochschule Potsdam (eine alles andere als »juristische« Ausbildungsstätte für Stasi-Offiziere), wo als »geheim« deklarierte, mitunter durchaus aufschlussreiche Dissertationen verfasst wurden. Dem Informationsbedürfnis der SED-Führung dienten auch die – indes kaum wissenschaftlich zu nennenden – Situations- und Meinungsberichte der Parteien und Massenorganisationen sowie die »Informationen« und »Hinweise« der Zentralen Auswertungs- und Informationsgruppe (ZAIG) des MfS, die verschiedene Quellen zentral auswertete. Diese Aufzählung soll verdeutlichen, wie wichtig es der SED war, möglichst genaue Daten über die DDR-Gesellschaft zu sammeln. Wissen ist Macht – oder wenigstens ein wichtiger Teil davon. Die Ergebnisse dieser DDR-Forschung bleiben – natürlich nicht ohne methodische Vorbehalte – sehr wichtige Quellen für die DDR-Forschung nach der friedlichen Revolution.

Auf der anderen Seite beharrte die SED-Führung darauf – und die ostdeutsche Forschung zeigte sich hier in der Regel fügsam –, die DDR nach innen und außen als »die beste DDR der Welt« (wie es der Volksmund recht treffend ausdrückte) darzustellen, was in der Regel kaum mit den gesammelten Daten in Übereinstimmung zu bringen war. Für die SED Grund genug, ihr eigenes Institut für Meinungsforschung 1979 wegen anhaltend unerfreulicher Nachrichten aufzulösen (Niemann 1995 [1060]). Wesentliche Ergebnisse der ostdeutschen DDR-Forschung (z.B. die des ZIJ) wurden aus demselben Grund als »vertrauliche Verschlusssache« abgestempelt und streng geheim gehalten – oder, besonders in den späten achtziger Jahren, von der SED-Führung schlicht ignoriert; was für die Öffentlichkeit bestimmt war, wurde stark zensiert und meistens geschönt. Jede »Beschreibung« der Geschichte und Gegenwart war also auch ganz bewusst als »Beitrag zur Gestaltung der Zukunft« gedacht (z.B. Krambach 1985 [1125]). Betrachtet man Bücher wie Heinz Heitzers *DDR. Geschichtlicher Überblick* (1979 [23]), die großen Sammlungen zur Geschichte der deutschen Arbeiterbewegung oder zur deutschen Geschichte (z.B. *Grundriß der deutschen Geschichte* 1979 [326]), und die verschiedenen Enzyklopädien und Wörterbücher – *Kleine Enzyklopädie – Die Frau* (Uhlmann 1987 [1072]; *Wörterbuch zur marxistisch-leninistischen Soziologie* 1977 [1438]; *Wörterbuch der Geschichte* 1984 [1953]; *Wörterbuch zur sozialistischen Jugendpolitik* 1975 [1081]; *Kleines Politisches Wörterbuch* 1978 [1410] usw. –, wird deutlich, dass es dabei offensichtlich weniger um Wissensvermittlung als um Bewusstseinsprägung geht. Die DDR-Bürger sollten eben in den »richtigen« Kategorien denken und nach den »richtigen« Maßstäben beurteilen lernen.

Trotzdem sind die ostdeutschen Forschungsresultate nicht ganz so einfach zu beurteilen, wie es auf den ersten (westlichen) Blick erscheinen mag. Obwohl die gesamte ostdeutsche Gesellschaftsforschung von der SED kontrolliert wurde, ideologisch geprägt war und die Veröffentlichungen einer strengen Zensur unterlagen und viele Themen (z.B. Stasi, Opposition) für eine öffentliche Erwähnung geschweige denn Diskussion tabu waren, konnten in den achtziger Jahren durchaus interessante und detailreiche Ergebnisse der soziologischen Forschung publiziert werden. So zum Beispiel Untersuchungen zur Sozialpolitik, zur Frauenforschung und Sexualität, zur Situation verschiedener sozialer Gruppen, zu Themen wie Freizeitverhalten und Sport (u.a. Winkler 1987 [1080, 1989 [1079] u. 1990 [1078]; Bertram/Friedrich/Kabat vel Job, 1988 [1011] u.1989 [1010]; Schlegel/Kabat vel Job 1981 [1145]; Lötsch 1988 [1052]; Hahn/Welskopf 1988 [1399]; Krambach 1985 [1125]; Voß 1981 [1158]) und eine Reihe anderer Publikationen, die vom Wissenschaftlichen Rat für Soziologische Forschung in der DDR herausgegeben wurden (Lebensweise 1981 [1047]). Besonders bei Themen wie Frauenemanzipation oder Sozialpolitik, wo einige Übereinstimmung zwischen östlichen und westlichen Perspektiven geherrscht haben dürfte, aber auch für andere soziale Fragen wie Trends der Migration vom Dorf in die Großstadt entstanden Bücher von wissenschaftlicher Qualität. Wenn man auch oft genug die politische Zielstellung und ideologische Verbrämung ausblenden muss, bleiben sie auch heute immer noch lesenswert. Für den westlichen Blick nicht selten erstaunlich ist eigentlich die Breite einiger sozialwissenschaftlicher Diskurse und deren offenkundige »Normalität« im Hinblick auf Themen wie Frauenemanzipation, die durchaus an westliche Diskussionen anknüpfen.

Nicht zu vergessen sind auch die ostdeutschen Bücher über DDR-Gesellschaft und Politik, die nicht aus staatlichen oder parteilichen Institutionen hervorgingen. Hier soll lediglich auf die große Bedeutung der »Protokollliteratur« (z.B. Eckart, G. [1099] 1984; Wander 1980 [1159]) und die DDR-Analysen von Dissidenten (Bahro 1977 [662]; Loeser 1984 [1051], Henrich 1989 [1034]) hingewiesen werden, die jedoch in den zuletzt genannten Fällen nur in der Bundesrepublik mit juristischen Konsequenzen in der DDR erscheinen konnten. Gerade die »Protokollliteratur« bietet sehr zutreffende, wenn auch manchmal etwas verschleierte Interpretationen der DDR (siehe auch Scherzer 1988 [1143]).

Als Fazit der DDR-Forschung in der DDR bleibt ihr tiefer innerer Widerspruch. Auf der einen (Haupt-)Seite die unglaubwürdigen und unglaublichen Beschreibungen einer politischen Realität, die es so nie gab: die vermeintliche Dankbarkeit des Volkes, die vermeintliche Herrschaft der Arbeiterklasse, die Darstellung der SED-Herrschaft als »zum Wohle des Volkes« – Phrasen, deren Realitätsferne nicht nur die meisten DDR-Bürger, sondern mindestens auch die ernsthaften Forscher sahen. Insbesondere die ostdeutschen Zeithistoriker, die die Geschichte der DDR nachträglich an die Wunschvorstellungen der SED anzupassen hatten, können heute nur wenige Veröffentlichungen von vor 1989 vorzeigen, die Bestand haben. Auf der anderen Seite gab es in der sozialwissenschaftlichen und bei der auf die jeweilige Gegenwart bezogenen DDR-Forschung viel mehr Diskussionsräume und viel lebendigere Diskussionen über Fragen der Gesellschaft, der Sozialpolitik und der möglichen gesellschaftlichen Veränderungen, als man unter den Bedingungen einer Diktatur gemeinhin erwartet (siehe z.B. die so genannte »graue Literatur«). Die daraus resultierenden Ergebnisse der DDR-Forschung in der DDR sollten nicht übersehen werden. Sie bleiben eine wichtige und ergiebige Quelle besonders für die Erforschung der DDR-Gesellschaftsgeschichte.

2. DDR-Forschung in der Bundesrepublik Deutschland

Die Forschungsverhältnisse in der Bundesrepublik waren ganz anderer Art. An den Universitäten und Forschungsinstituten sowie in den Medien konnte man im Prinzip über alles forschen, obwohl auch hier der akademische Nachwuchs oder der Journalist zwischen karrierefördernden und karrierehemmenden Themen und Auffassungen zu unterscheiden vermochte. Dennoch herrschten Meinungsfreiheit und wissenschaftliche Pluralität. Allerdings waren und sind theoretische Paradigmen in Westdeutschland sehr eng mit politischen Positionen verbunden. Man sprach und spricht von »links-liberalen« Interpretationen, von »konservativen« Deutungen usw. Nimmt man die extremsten Positionen, so konnte die Argumentation wie folgt lauten: Wer nicht – oder nicht hauptsächlich – über Strukturen der Macht und Repression geschrieben hat, wer ohne stetige Hinweise auf die fehlende demokratische Legitimation der SED-Herrschaft auskam, also eine »immanente« Sichtweise annahm, war halbwegs Mitläufer oder sogar »Helfershelfer der SED-Diktatur« (Hacker 1992 [1698]). Oder umgekehrt: Wer nicht dazu bereit war, die Geschichte der »realen existierenden DDR« soweit wie möglich »wertneutral« zu beschreiben, wer also immer wieder die SED-Herrschaft nicht nur analysierte, sondern auch anklagte, konnte als »Kalter Krieger« stigmatisiert werden. Das waren vielleicht die extremsten Pole eines Gegensatzes, in dessen Mitte viel mehr Übereinstimmung geherrscht haben dürfte, als zugegeben wird. Schließlich sollte man nicht vergessen, dass nicht nur in der DDR, sondern auch unter den demokratischen Verhältnissen der Bundesrepublik jeder Aufsatz oder jedes Buch über die DDR nicht nur eine Analyse, sondern auch ein integraler Bestandteil der doppelten deutschen Geschichte und damit zugleich ein Ausdruck zeitgenössischen politischen Handelns war. Selbst die Benennung des Objektes der Forschung – ob man beispielsweise von der »Zone« oder von der »DDR« sprach – beinhaltete eine politische Vorentscheidung, bevor man überhaupt zu Themen oder analytischen Begriffen wie Totalitarismus kam.

Die Lebenswege vieler westlicher Autoren (darunter Hermann Weber, Karl Wilhelm Fricke, Wolfgang Leonhard, Carola Stern), die über die DDR geschrieben haben, waren häufig auf sehr unterschiedliche Weise mit diesem Staat verwoben gewesen. Es gab sehr wertvolle frühe Augenzeugenberichte (Leonhard, W. 1955 [175]) und mehrere wissenschaftliche Analysen der politischen Ereignisse und Strukturen der Macht (z. B. Stern 1954 [221] u. 1957 [223]; Duhnke 1955 [16]; Richert 1963 [55] u. 1964 [54]; Weber, H. 1968 [81]). Nach dem Mauerbau schien der Status quo kaum mehr überwindbar. Die deutsch-deutschen Verträge der siebziger Jahre versuchten, die Beziehungen zwischen den zwei deutschen Staaten zu normalisieren. Nun erweiterte sich der Blick auf den anderen deutschen Staat: Wie leben die Deutschen zwischen Elbe und Oder? Wie bewältigt die DDR die Herausforderung der Modernisierung? Damals herrschte im Westen noch keineswegs Gewissheit, wie der Systemwettstreit auf lange Sicht ausgehen würde. Es entstand ein Markt für journalistische Darstellungen und Dokumentationen, bei denen die Empörung über den Mauerbau nicht selten durch eine neue Unbefangenheit abgelöst werden sollte (z. B. Richter, H. 1961 [591]; Dönhoff/Leonhardt/Sommer 1964 [195]; später Bussiek 1979 [1093] u. 1984 [1092]). Vor allem in der Wissenschaft und Publizistik bildeten sich seit den sechziger Jahren jene konträren Betrachtungsweisen heraus, die bereits thematisiert wurden. Wer wie Karl Wilhelm Fricke (u. a. 1984 [694]) unbeirrt die Schattenseiten des anderen Deutschland im Blick behielt und sich kenntnisreich und akribisch mit dem MfS und der politischen Macht auseinander setzte, wurde als »Kalter Krieger« von vielen ignoriert. Dessen ungeachtet gab es auf Seiten der »konservativen« DDR-Forschung auch dogmatische Positionen, die geneigt waren, jede emotionslos vorgetragene Analyse der DDR-Wirklichkeit bereits als unbotmäßig zu betrachten. Noch post mortem zeigt sich dies an Peter Christian Ludz, dem seine Antipoden zumindest heute zubilligen müssten, dass er wesentlich zu einer Verwissenschaftlichung der DDR-Forschung beigetragen hat.

Insgesamt versuchte die westdeutsche DDR-Forschung wissenschaftliche »Objektivität« oder »Wertneutralität« zu wahren und hielt sich in ihren Analysen zumeist streng an die unverzichtbaren Normen der Geschichts- und Politikwissenschaften: keine bewussten »weiße Flecken« (die insbesondere Hermann Weber dagegen immer wieder in den ostdeutschen Darstellungen aufdeckte), keine bewussten Verfälschungen und so weit wie möglich alles zu berücksichtigen, was zum Thema von Relevanz sein könnte. Als Beispiel eines solchen Herangehens könnte Carola Sterns »politische Biographie« von Walter Ulbricht (1963 [224]) dienen, wo alle damals zugänglichen Quellen ausgewertet wurden, um ein möglichst gerechtes Porträt dieses »langweiligen« Mannes zu zeichnen; oder Arnulf Barings sorgfältige, immer noch lesenswerte Untersuchung zur Geschichte des 17. Juni 1953 (Baring 1983 [805]).

Quellen sind aber nicht alles bei der Geschichtsschreibung. Die Auswahl der Themen und die analytischen Begriffe waren nicht selten höchst politisiert. Und so spiegelt die westdeutsche DDR-Forschung auch die Wandlungen in der Deutschlandpolitik wider. In den fünfziger und frühen sechziger Jahren konzentrierten sich die Autorinnen und Autoren auf die Strukturen der Macht und die damals noch unerbittliche Repression in der »Zone«. Als eine neue Ostpolitik schon in der Luft lag, erweiterte die westliche Forschung nicht nur ihre Perspektive, sondern veränderte auch ihre Terminologie. Statt von der »Zone« zu reden, wurde nun der Begriff »DDR« benutzt. Reichlich spät ging aus dem *SBZ-Archiv* 1968 das *Deutschland Archiv* hervor. 1969 wurde aus dem einstigen *Hinter dem eisernen Vorhang* (1951–1961) bzw. dem *Pressespiegel der Sowjetzone* (1962–1968) nun schlicht der *Pressespiegel*. Anstelle vom »totalitären« wurde nun von einem »konsultativen autoritären« Staat gesprochen (Ludz 1968 [178]). Man fing an, besonders von den Arbeiten von Peter Christian Ludz inspiriert, nicht nur Strukturen der Macht zu beschreiben, sondern auch soziologische Forschungen mit Themen wie Klassenstruktur und Eliten durchzuführen (Baylis 1974 [1009]). Diese Tendenzen wurden in den siebziger und achtziger Jahren noch stärker; man bemühte sich um »objektive« Überblicke über Staat und Gesellschaft, die für den Unterricht benutzbar wären (Sontheimer/Bleek 1972 [66]). Die DDR schien nunmehr von Dauer und so wurde es als wichtig erachtet, sowohl die Unterschiede als auch die Gemeinsamkeiten der beiden deutschen Gesellschaften zu untersuchen. Interessante und ergebnisreiche Forschungen über Themen wie Nationalbewusstsein, DDR-Literatur, Frau und Familie, Kirchen und Religiosität, Arbeiterschaft und Intelligenz wurden veröffentlicht (Schweigler 1973 [2005]; Jaide/Hille 1977 [1039]; Neugebauer, G. 1978 [196]; Emmerich 1981 [1179]; Henkys 1982 [1264]; Dähn 1982 [1248], Erbe 1982 [1023]; Helwig 1987 [1032]; Helwig/Urban 1987 [1263]; Glaeßner 1989 [20]). Besonders in Mannheim, unter der Leitung von Hermann Weber, und am Zentralinstitut für sozialwissenschaftliche Forschung (ZI 6) an der Freien Universität Berlin, angeregt von Hartmut Zimmermann, wurde energisch über die »real existierende« DDR geforscht.

Die Ergebnisse vieler dieser Arbeiten lauteten: Die DDR-Gesellschaft ist stabil; die Strukturen der Macht sind zwar nicht demokratisch im westlichen Sinne, aber die Aufgabe der Forschung ist es, die DDR zu beschreiben, so wie sie ist; und die zumindest äußerliche Stabilität beruht nicht zuletzt darauf, dass sich dort ein »Abkommen« zwischen Staat und Bevölkerung entwickelt hat; es »lässt sich leben« in der »Nischengesellschaft« (Gaus 1986 [1689]) der DDR.

Als Konsequenz des Zusammenbruchs der DDR ergaben sich nach 1989/90 alsbald die Fragen: Hat die westdeutsche Forschung die DDR-Entwicklung der siebziger und achtziger Jahre nach bestem Wissen und Gewissen beschrieben oder waren deren Vertreter entweder bewusst oder unbewusst von der SED-Propaganda beeinflusst? Waren sie zu sehr bemüht, die fragilen deutschdeutschen Beziehungen nicht zu gefährden? War der Versuch, die DDR nicht (oder nicht nur) als »totalitären Unrechtsstaat« zu charakterisieren, sondern (auch) immer detailreicher zu beschreiben und zu verstehen, irgendwie politisch unbeholfen, fehlerhaft oder gar eine indirekte Komplizenschaft mit der SED-Diktatur?

Diese Fragestellung scheint mir etwas unscharf. Betrachtet man die DDR-Forschung dieser Jahre als Ganzes, so kann keineswegs von einer überwiegend apologetischen DDR-Darstellung die Rede sein. Neben soziologischen Arbeiten über spezifische gesellschaftliche Entwicklungen gab es auch überaus nüchterne Beschreibungen der DDR-Politik und Geschichte, die sowohl Strukturen der Macht und Repression wie auch Veränderungen in der Gesellschaft nachzeichneten (Staritz 1985 [68]). Ebenso Hermann Webers wichtige Dokumentensammlung (1986 [75]) sowie seine bedeutsame DDR-Geschichte (1988 [77]). Oder die ganz bewusst »gegen das Vergessen« geschriebenen Werke von Karl Wilhelm Fricke über Justiz (1979 [437]), Opposition (1984 [694]) und Stasi (1984 [387]) sowie die materialreichen Darstellungen deutscher Geschichte nach 1945 von Christoph Kleßmann (1982 [32] u. 1988 [33]) machen dies deutlich (siehe auch Steininger 1983 [70]; Wilharm 1985 [85]). Desgleichen die Versuche, die zwei deutschen Staaten und Gesellschaften unter »objektiven« Maßstäben zu vergleichen (Behr 1979 [5]; Jesse 1982 [29]) oder die höchst informativen Beiträge im *DDR Handbuch* (1979 [12]), im *Handbuch DDR-Wirtschaft* (1984 [960]), im *Deutschland Archiv* und in den dazugehörigen Sammelbänden (z.B. Spittmann/Fricke 1982 [849]; Spittmann 1987 [216]).

Insgesamt gesehen waren vielleicht das eigentlich Neue an der westlichen DDR-Forschung der siebziger und achtziger Jahre die größere professionelle Distanz zum Thema und der breitere Ansatz. Trotz Biermann-Ausbürgerung, Brüsewitz-Selbstverbrennung, Hausarrest für Havemann gab es offenbar eine größere Bereitschaft, die ambivalenten Entwicklungen mit Beginn der Honecker-Zeit (die anscheinend liberalere Kirchenpolitik oder die neuen Tendenzen in der DDR-Geschichtsschreibung) zur Kenntnis zu nehmen (z.B. Beyme/Zimmermann 1984 [8]; Fischer/Heydemann 1988/90 [1910]). Verschiedene Paradigmen der Geschichtswissenschaft wurden genutzt, um neben DDR-Politik und -Wirtschaft auch deren Kultur und Gesellschaft zu untersuchen. Obwohl über Begriffe wie Totalitarismus noch hin und wieder diskutiert wurde (Siegfried Thielbeer in: Jesse 1982 [29]), war das Hauptanliegen der meisten westlichen Forscher, die »real existierende« DDR zu analysieren und nicht primär gegen sie zu polemisieren.

Dabei gab es natürlich Kontroversen, viele offene Fragen, Forschungslücken und vor allem die Schwierigkeit, von außen ergründen zu müssen, was unter der Oberfläche dieser geschlossenen Gesellschaft, was in den Köpfen der Menschen vor sich ging. Ein erster und sehr wichtiger Ansatz in diese Richtung war das Oral History Projekt, das von Lutz Niethammer, Alexander von Plato und Dorothee Wierling (1991 [1136]) in den späten achtziger Jahren durchgeführt und erst nach dem Ende der DDR veröffentlicht wurde. Es gab zwar Arbeiten über die inoffizielle Friedensbewegung und die politischen Entwicklungen unter dem Dach der evangelischen Kirchen (Ehring/Dallwitz 1982 [682]; Kroh 1988 [742]), aber das tatsächliche Ausmaß der Krise in der DDR ab Mitte der achtziger Jahre und die Herausbildung oppositioneller Gruppen und Netzwerke wurden nicht erkannt.

Dennoch waren die Ergebnisse der DDR-Forschung in der Bundesrepublik beträchtlich. Wie Hermann Weber in der Einleitung zur aktualisierten und erweiterten Neuausgabe seiner souveränen *Geschichte der DDR* (1999 [79]) betont hat, weiß man jetzt zwar sehr viel mehr über die DDR; aber die Konturen der Macht, die strukturellen Tendenzen und die »Strukturdefekte« hatte man schon vor 1989 ziemlich genau in ihren Grundzügen erkannt und beschrieben. Was man nicht im Voraus hat wissen können, waren die Entwicklungen in der UdSSR unter Gorbatschow, im Ostblock insgesamt und in der Weltpolitik am Ende der achtziger Jahre. Man hat auch nicht vorhersagen können, wie die verschiedenen Gruppen in der ostdeutschen Bevölkerung unter völlig veränderten Umständen auf die rasch sich entwickelnden Ereignisse des Herbstes 1989 reagieren würden. Die Revolution von 1989/90 war nicht vorhersehbar. Aber die Aufgabe der Geschichtswissenschaft ist es, das schon Geschehene im Nachhinein zu erklären, und nicht die Zukunft vorauszusagen.

Am Anfang des 21. Jahrhunderts sind die Debatten über Begriffe, Theorien und bestimmte Entwicklungen in der DDR lebendiger und fruchtbarer als in den ersten Jahren nach der friedlichen Revolution, als der Streit über Personalien und vermeintliche politische Implikationen den wissenschaftlichen Diskurs manchmal überlagerte. Für die DDR-Forschung waren der Fall der Mauer und die Öffnung der Archive ausschlaggebend. Jetzt konnten Themen angegangen werden, die vor 1989 – im besten Fall – nur unterbeleuchtet bleiben konnten: Beziehungen zwischen Moskau und Ost-Berlin, Diskussionen hinter den Kulissen der SED-Macht, der ganze Umfang der Stasitätigkeit, die kleinen Streiks in DDR-Betrieben und die vielen Formen der Resistenz im täglichen Leben, verschiedene Aspekte der Alltagsgeschichte, um nur einige zu nennen. Die nunmehr gesamtdeutsche DDR-Forschung kann aber jetzt aus einem fast unglaublichen Reichtum an Quellen und Methoden schöpfen. Für die ostdeutschen Forscher fielen 1989 auch die ideologischen Mauern, die die SED seit den fünfziger Jahren in der Wissenschaft errichtet hatte. Sie haben gemeinsam mit ihren neuen westdeutschen Kolleginnen und Kollegen dazu beigetragen, dass die DDR-Forschung im vergangenen Jahrzehnt eine große Blüte erlebte, was der vorliegende Band eindrucksvoll beschreibt.

KLAUS-DIETMAR HENKE

DDR-Forschung seit 1990

Es bedurfte nicht erst des Untergangs der DDR, um das wissenschaftliche Interesse an ihr zu wecken und fundierte Forschung über den Weltanschauungsstaat zu ermöglichen. Anders als 1945 existierte nach dem Ende der zweiten Diktatur in Deutschland bereits 1990 ein reicher Bestand gesicherten Wissens über deren Entstehung, deren Herrschafts-, Wirtschafts- und Gesellschaftsstruktur sowie über die letztlich nicht bewältigte Hauptaufgabe des SED-Staates, seine »Macht ohne Mandat« (Richert 1963 [55]) zu behaupten und seine fehlende demokratische Legitimation dauerhaft durch ideologische oder soziale Legitimation zu ersetzen.

Wie immer sie die Entwicklungschancen des sowjetisierten Teildeutschland beurteilten und wie sehr sie in ihrem politisch-moralischen Urteil auch auseinander liegen mochten – ohne die von Autoren wie Karl Wilhelm Fricke, Gert-Joachim Glaeßner, Peter Christian Ludz, Siegfried Mampel, Dietrich Staritz, Hermann Weber, Hartmut Zimmermann und anderen geschaffenen Orientierungen wäre die boomartige Entfaltung der DDR-Forschung seit 1990 nicht möglich gewesen. Die meisten Fragen waren längst gestellt, viele Felder unter widrigen Bedingungen schon beackert; in Hermann Weber personifiziert sich diese intellektuelle Kontinuität.

Dennoch veränderte die friedliche Revolution von 1989/90 die Forschungsbedingungen grundlegend:

– Der Sieg der Demokratie in Ostdeutschland entwertete die machtgeschützte Selbstinterpretation der DDR, deren Ausläufer auch im Westen anzutreffen waren;
– als abgeschlossenes Kapitel der Geschichte wechselte der Staat Ulbrichts und Honeckers in einen ganz neuen Horizont der Betrachtung; das Aufklärungsbedürfnis der Gegner des SED-Staates führte im Verein mit einem in der Bundesrepublik über Jahrzehnte gewachsenen Impetus zur Auseinandersetzung mit diktatorischer Vergangenheit zu einer beispiellosen Offenlegung der Akten;
– nach einem unabdingbaren, alles in allem mit Augenmaß betriebenen Klärungsprozess erhielten eine Reihe ostdeutscher Wissenschaftler sowie Persönlichkeiten aus der regimekritischen Intelligenz Zugang zum neu geordneten Forschungsbetrieb und bereicherten ihn mit ihren spezifischen Kenntnissen und authentischen Erfahrungen;
– durch mehrere neu ins Leben gerufene Einrichtungen erfuhr die DDR-Forschung einen massiven Institutionalisierungsschub;
– schließlich steuerte eine Vielzahl von Gedenkstätten und Initiativen »gesell-

schaftlicher Aufarbeitung« (die ihre Wurzeln oftmals in der Zeit vor 1990 haben) mit zur Erforschung der SED-Diktatur bei (Vademekum 2002 [2062]).

Das enorm gestiegene Interesse an neuer Erkenntnis über das kommunistische Gesellschaftsexperiment in Ostdeutschland schlug sich im ersten Jahrzehnt nach der Wiedervereinigung in einem rapiden Anstieg der Forschungstätigkeit nieder. Führte das *Jahrbuch der historischen Forschung in der Bundesrepublik* für das Berichtsjahr 1989 noch 67 Vorhaben zur SBZ/DDR-Geschichte auf, so waren es zehn Jahre später 224. Die renommierte *Bibliographie zur Zeitgeschichte* wies 1999 beinahe dreimal so viele Titel dazu aus wie noch zehn Jahre zuvor. Nun befassten sich nicht weniger als 45 Prozent sämtlicher Studien zur deutschen Geschichte zwischen Kapitulation und Wiedervereinigung mit SBZ und DDR, 1989 dagegen nur 18 Prozent.

Es wäre ein Wunder gewesen, wenn der Zusammenbruch der DDR nicht auch in den Gesellschaftswissenschaften von erregten Debatten begleitet gewesen wäre. Bemerkenswert war aber, dass der akademische Streit sofort von einer politisierten Polemik überwuchert wurde, die gar nicht auf eine Fachdiskussion, sondern auf Deutungshoheit und Ressourcenkontrolle, manchmal gar auf die Diskreditierung wissenschaftlicher Konkurrenten aus war. Als ob es nicht genügend Gründe zur Korrektur blauäugiger Positionen und fragwürdiger Anbiederungen an den Linkstotalitarismus sowjetischen Typs gegeben hätte, widmeten sich selbst namhafte Historiker und Politologen der Inszenierung vergangener Schlachten zu gegenwärtigen Zwecken. Unversehens fanden ausgewiesene Vertreter und fruchtbare Zweige der »alten« DDR-Forschung sich dem kaum verklausulierten Anwurf nationaler Kleinmütigkeit oder unverantwortlicher Verharmlosung des Mauer-Staates ausgesetzt.

Wohl zum letzten Mal aktivierten einige das seit Kaisers Zeiten bewährte politische Muster, die Trennlinie zwischen den demokratischen und diktatorischen Sozialisten ein wenig zu verwischen. Andere gaben der seit der kommunistischen Diktaturdurchsetzung in Deutschland bestehenden Versuchung nach, die gleichermaßen antidemokratischen Nationalsozialisten und SED-Sozialisten in ihrer moralischen Verwerflichkeit auf dieselbe Stufe zu stellen. Ende der neunziger Jahre waren die mit dekontextualisierten Aktenstücken und überzogenen Schlussfolgerungen angefachten Strohfeuer indes heruntergebrannt. Nicht zuletzt die beiden Enquete-Kommissionen des Deutschen Bundestages *Aufarbeitung von Geschichte und Folgen der SED-Diktatur in Deutschland* (Materialien 1995 [42]) und *Überwindung der Folgen der SED-Diktatur im Prozeß der deutschen Einheit* (Materialien 1999 [43]) haben auf sage und schreibe 27 000 Druckseiten wesentlich dazu beigetragen, die enorme Breite des Themas und die Vielfalt nicht nur des methodischen Zugriffs, sondern auch der legitimen politischen Vorannahmen vor Augen zu führen.

Bald nach der deutschen Vereinigung 1990 begann in mehreren bestehenden und neu gegründeten Forschungseinrichtungen, innerhalb und außerhalb der Universitäten, die »neue« DDR-Forschung. Im Institut für Zeitgeschichte in München (IfZ) entwarf Ludolf Herbst ein Forschungstableau, auf dessen Grundlage 1994 eine in der wissenschaftlichen Debatte eher unauffällige Außenstelle eingerichtet wurde, die ihren Sitz in Berlin hat. In klassischer quellengesättigter Zeitgeschichtsforschung widmete sie sich zunächst vor allem frühen sowjetischen Einflussnahmen auf den ostdeutschen Teilstaat, der Justiz als parteiliches Herrschaftsmittel oder etwa der Arbeitskräftelenkung. Inzwischen liegen gründlich gearbeitete und viel beachtete Ergebnisse dazu vor (u. a. Foitzik 1999 [97]; Weber, P. 2000 [472]; Hoffmann, 2002 [966]).

Ungefähr gleichzeitig nahm das ebenfalls seit Jahrzehnten etablierte Militärgeschichtliche Forschungsamt (MGFA) am neuen Standort Potsdam seine Forschungen zur Militär- und Sicherheitspolitik der SBZ/DDR auf. Mehrere akribisch gearbeitete Studien zu den bewaffneten Organen in Ostdeutschland wurden mittlerweile publiziert (u. a. Im Dienste der Partei 1998 [625]; Froh/ Wenzke 2000 [613]; Diedrich/Wenzke 2001 [606]). Umfassende Arbeiten zur Nationalen Volksarmee innerhalb des Warschauer Pakts sind in Angriff genommen.

Vier Neugründungen verschrieben sich nach 1990 so gut wie ganz der DDR-Forschung auf radikal verbesserter Quellengrundlage. Beim Bundesbeauftragten für die Unterlagen des Staatssicherheitsdienstes der ehemaligen Deutschen Demokratischen Republik in Berlin begann 1992 die Tätigkeit der Abteilung Bildung und Forschung. Sie hat das Privileg des unmittelbaren Zugangs zu der historisch hochwichtigen, etwa 180 Regalkilometer umfassenden Hinterlassenschaft des Mielke-Imperiums und untersucht Struktur, Funktion und Wirkungsweise des MfS. Zahlreiche Publikationen, darunter herausragende Studien zur geheimpolizeilichen Durchdringung des Literaturbetriebes, zum Korps der hauptamtlichen Mitarbeiter, zur politischen Justiz wie zum Verhalten des Sicherheitsdienstes in der Agonie der DDR (Walther 1996 [1236]; Gieseke 2000 [391]; Vollnhals 1998 [470]; Engelmann/Vollnhals 1999 [434]; Süß 1999 [918]) machten rasch deutlich, dass die Geheimpolizei der SED eine wesentliche Existenzvoraussetzung der 40-jährigen Partei-Diktatur gewesen ist.

An der Freien Universität Berlin bildete sich im selben Jahr ein Forschungsverbund SED-Staat, der bewusst mit der dort verankerten Tradition der von Peter C. Ludz begründeten »immanenten DDR-Forschung« brach. Der Verbund verstand es, sein ausgeprägtes Talent zu medialer Inszenierung mit seriöser Forschung zu verbinden und legte unter anderem Analysen zu Machtsicherung, Struktur und Politik der SED vor (u. a. Staadt 1993 [1765] und 1999 [1764]; Erler/Laude/Wilke 1994 [140]; Schroeder 1998 [63]; Kubina 2001 [172]). In zahlreichen Arbeitspapieren und einer eigenen kleinen Zeitschrift kamen Themen zur Sprache, die von der Haltung der SED-Führung zur Unterdrückung der polnischen Opposition 1980/81 bis zu einer geschichtspolitischen Polemik gegen die Gedenkstätte Deutscher Widerstand reichten.

Kein besonders guter Stern steht wegen eines anfangs wahrscheinlich eher naiven politischen Verwertungsinteresses an wissenschaftlicher Forschung bis heute über dem Hannah-Arendt-Institut für Totalitarismusforschung e.V. in Dresden. Ungeachtet seines anspruchsvollen Namens dauerte es einige Jahre, bis sich das 1993 gegründete Institut darauf besann, dass sein Programm wohl etwas weiter gefasst sein müsse als die konventionelle DDR-Forschung. Einige gelungene Studien etwa über das entschlossene Agieren der sowjetischen Militärverwaltung in der Nachkriegszeit, die politische Justiz der Honecker-Jahre oder den Umbruch 1989/90 in Dresden wurden inzwischen vorgelegt (u.a. Creuzberger 1996 [93]; Raschka 2000 [457]; Urich 2001 [927]). Nach heftigen Auseinandersetzungen um den Primat von Wissenschaft oder Politik bleibt abzuwarten, ob das Haus den Erwartungen weiterhin gerecht werden kann.

Die methodisch inzwischen avancierteste und zugleich produktivste Neugründung ist das Zentrum für Zeithistorische Forschung in Potsdam (ZZF). Zum Missvergnügen des bis dahin tonangebenden Konkurrenzinstituts in München ging es aus einer der zahlreichen Überleitungskonstruktionen nach der Evaluierung von DDR-Einrichtungen hervor, die 1992 auf Empfehlung des Wissenschaftsrates geschaffen wurden. Wenn es zeitweilig auch so schien, als solle der harte Kern unlegitimierter Parteiherrschaft im kulturalistischen Diskurs weichdebattiert werden, so fand das »gesamtdeutsch« besetzte Forschungsteam doch bald zu einer eindrucksvollen theoretischen und empirischen Spannbreite – etwa in Studien zum SED-internen Konfliktmanagement (Kaiser, M. 1997 [162]), zum Spannungsverhältnis von Sowjetisierung und Eigenständigkeit (Lemke 1999 [109]), zu Herrschaft als sozialer Praxis (Lindenberger 1999 [1049]) oder zum »Herrschaftsdiskurs« in der Diktatur (Sabrow 2001 [1932]). Fatalerweise ist die künftige finanzielle Sicherung des ZZF noch immer ungewiss.

Ebenso wie vor 1990 war die DDR-Forschung auch danach keineswegs auf spezialisierte Einrichtungen beschränkt. Wichtige Arbeiten zu Dissidenz, Opposition und zur Alltagsgeschichte wurden von institutionell mitunter ungebundenen, ehemals regimekritischen Wissenschaftlern vorgelegt (u.a. Mitter/Wolle 1993 [45]; Poppe/Eckert/Kowalczuk 1995 [772]; Neubert 1997 [764]; Wolle 1998 [87]). Auch die Universitäten nahmen sich des Themas in steigendem Maße an, wobei das geschärfte Interesse ausländischer Gelehrter auffällt. Norman M. Naimark, Stanford University, verfasste beispielsweise das Standardwerk zur sowjetischen Besatzungszone (1997 [47]); Mary Fulbrook (1995 [18]), University College London, versuchte eine Gesamtdarstellung des SED-Staates; Georges-Henri Soutou, Université de Paris-Sorbonne, bettete die DDR- und Deutschlandproblematik in eine Gesamtdarstellung des Kalten Krieges ein (2001 [1551]); Charles S. Maier (1999 [893]), Harvard University, beschrieb wie schon vor ihm Konrad H. Jarausch (1995 [1830]), University of North Carolina, den Umbruch 1989/90; Philip Zelikow, University of Virginia, und Condoleeza Rice, Stanford University, zeichneten den internationalen diplomatischen Prozess nach, der am 3. Oktober 1990 zur deutschen Vereinigung führte (1997 [1563]).

In den alten Ländern ist Berlin insbesondere mit seiner Freien Universität auch nach 1990 ausgewiesener Standort der SBZ/DDR-Forschung geblieben (u.a. Kaelble/Kocka/Zwahr 1994 [1041]; Pirker/Lepsius/Weinert/Hertle 1995 [983] Hertle 1996 [579]; Jessen 1999 [1409]; Malycha 2000 [180]), ebenso Mannheim (u.a. Buchheim 1995 [948]; Steiner 1999 [995]; Graf Kielmansegg 2000 [31]; Weber, H. 2000 [79]), dessen herausragender Arbeitsbereich DDR-Geschichte seinen Untersuchungsgegenstand leider nur um wenige Jahre überdauert hat. In den neuen Ländern schenken praktisch alle Hochschulen der Geschichte des kommunistischen Ostdeutschland ihre Aufmerksamkeit – in Frankfurt a.d. Oder (u.a. Pollack 1994 [1281]; Pollack/Rink 1997 [769]) beispielsweise, genauso wie in Leipzig (u.a. Meuschel 1992 [348]; Zwahr 1993 [933]; Heydemann/Mai/Müller, W. 1999 [870]; Donth 2000 [1018]). Insgesamt finden allerdings die Durchsetzung der SED-Diktatur – auch wegen einer Fülle zum Teil in russischen Archiven neu zugänglich gewordener Materialien (u.a. Badstübner/Loth 1994 [128]; Mironenko/Niethammer/v. Plato/1998 ff. [528]; Kynin/Laufer 2000 [1529]; Hilger/Schmidt/Wagenlehner 2001 [442]) – und der Zusammenbruch 1989/90 noch immer sehr viel größeres Interesse als die Phase scheinbarer Stabilität in den sechziger und siebziger Jahren. Das größte Defizit besteht wohl in der mangelnden Verknüpfung der DDR-Geschichte mit der Osteuropa- und Sowjetunion-Geschichte.

Mittlerweile ist deutlich, dass auf die durch das Verschwinden des Staatssozialismus in Europa, durch die friedliche Revolution in der DDR und durch die deutsche Vereinigung aufschießende Konjunktur eines mitunter vordergründig politisierten Interesses an der kommunistischen Diktatur in Deutschland ein Abschwung folgte. Es ist nicht zu erwarten, die Auseinandersetzung mit dem untergegangenen Teilstaat werde jemals dieselbe Intensität erlangen wie die Auseinandersetzung mit dem Nationalsozialismus, der nicht nur einen Teil, sondern alle Menschen in Deutschland betraf, der eine europäische Mordgeschichte schrieb und im Zweiten Weltkrieg eine Koalition von 50 Staaten gegen sich hatte. Es kann aber kein Zweifel daran bestehen, dass angesichts des einzigartigen Zuganges zum historischen Material, wie er in der Bundesrepublik gegeben ist, die intellektuelle Neugier an der Durchsetzung, an der Behauptung und am Niedergang eines dogmatischen Staatssozialismus, der immerhin ein halbes Jahrhundert lang halb Europa beherrschte, nicht so bald erschöpft sein wird. Nirgendwo lassen sich Prinzipien und Auswirkungen linkstotalitärer Herrschafts- und Gesellschaftsorganisation für vermutlich lange Zeit gründlicher studieren als am Exempel des ostdeutschen Staates.

Deswegen zielen die Fragen der DDR-Forschung seit 1990 zunehmend über ihren engeren Gegenstand hinaus: Wie ist die historische Verantwortung für die Errichtung von kommunistischen Parteidiktaturen gegen den Willen der Bevölkerung zwischen der sowjetischen Hegemonialmacht und ihren zumeist begierigen Kollaborateuren verteilt? In welchen Milieus und wie lange vermochten die historizistischen und sozialen Leitideen dieses Gesellschaftsexperiments ihre Bindekraft zu entfalten? Wie wirkten die Herrschafts- und Gewaltapparate der etablierten Diktaturen zusammen, und wie sah ihr Innenleben aus? In welchem Maße beeinträchtigte der nie aufgegebene Anspruch totaler Kontrolle selber die Stabilität und die Erneuerungsfähigkeit der politisch formierten Gesellschaft? Welche Muster prägten zu welcher Zeit die andauernde Auseinandersetzung zwischen Aufhebung und Behauptung individueller und kollektiver Autonomie, die den Kern aller Totalitarismen ausmacht? Wo zog gesellschaftlicher »Eigen-Sinn« der Diktatur ihre Grenzen? Scheiterte die Planwirtschaft überwiegend an ihrer inneren Verfassung oder an den äußeren Rahmenbedingungen? Welches waren die Determinanten von Erosion, Revolution oder ausgehandelter Konversion? Sehr viel genauer als vor 1990 können dank der einzigartigen Forschungsbedingungen am Beispiel DDR nunmehr die sowjetischen Hegemonialstrukturen, die allgemeinen Funktionsmechanismen staatssozialistischer Systeme und die Existenzbedingungen von Weltanschauungsdiktaturen in der Moderne studiert werden. So dürfte – und muss – DDR-Forschung künftig über ihren traditionellen Gegenstand hinausweisen.

Jan Foitzik

DDR-Forschung und Aufarbeitung der kommunistischen Diktaturen in Ostmitteleuropa und Russland

Im Jahr 2000 forderte Hermann Weber von der historischen DDR-Forschung die »Überwindung der DDR-Zentriertheit durch Analysen zur Rolle der Sowjetunion, des Warschauer Pakts, des RGW usw.« (Weber, H. 2000 [77]). Dies geschah nicht zufällig unter dem Randvermerk Forschungslücken, denn ernüchternd wirkt bereits die geringe Zahl der unter Schlagworten wie »Beziehungen zur UdSSR«, »Sozialistisches Lager«, »sowjetische Deutschlandpolitik« annotierten Titel, von denen zudem nur etwa die Hälfte nach 1990 erschienen ist. Demzufolge können nur 50 Prozent der Veröffentlichungen auf der Grundlage der nach 1989/90 zugänglichen Quellen erarbeitet worden sein. Nachdenklich macht auch eine weitere Stichprobe: Die 7700 nach 1989 erschienene Titel zur DDR-Forschung umfassende Datenbank der SAPMO weist unter den Stichworten »DDR und Polen« 85 und »DDR und Tschechoslowakei« 49 Angaben aus. In aller Regel handelt es sich um Aufsätze oder Konferenzbeiträge. Außerdem bildet die Vorgeschichte der kommunistischen Regime den zeitlichen Schwerpunkt der monographischen Beiträge, fokussiert zudem auf Probleme der nationalen Minderheiten und den Komplex Vertreibungen. Mit sehr wenigen Ausnahmen, wobei stellvertretend der Band von Hermann Weber und Ulrich Mählert (1998 [229]) über stalinistische Parteisäuberungen hervorzuheben ist, konzentriert sich die Aufarbeitung des Kommunismus auf herausragende nationalgeschichtliche Ereignisse der Jahre 1953, 1956, 1961, 1968, 1980/81, deren Schicksal und Signalwirkung ihren ursprünglichen begrenzten Rahmen sprengten. Einen breiteren Raum beansprucht dann wieder der Zeitraum nach 1985 im Kontext des Zusammenbruchs der kommunistischen Diktaturen. Das Hineinschlittern in den Kommunismus und die Befreiung daraus können damit als die wichtigsten Motive der Geschichtsschreibung gelten.

Bei unveränderter chronologischer und thematischer Schwerpunktbildung bestätigen dies indirekt weitere Zahlen. Unter den Stichworten »UdSSR und DDR« wurden 293 nach 1989 erschienene Veröffentlichungen ausgeworfen, »Tschechoslowakei und Polen« 31 oder »Ungarn und Polen« 24 (»UdSSR und Polen« 65, »UdSSR und Tschechoslowakei« 20, »Warschauer Vertrag« 31). Kein anderes Bild vermittelt auch die im Auftrag der Stiftung zur Aufarbeitung der SED-Diktatur durchgeführte Erhebung über die 2000/2001 angebotenen 179 Lehrveranstaltungen deutscher Universitäten zur DDR-Geschichte: Einen Bezug zur Geschichte Ostmitteleuropas thematisieren nur zehn Prozent, wobei die Hälfte auf Transformationsprozesse nach 1989/90 entfällt, so dass nur acht Veranstaltungen übrig bleiben, die der vergleichenden historischen Aufarbeitung des Kommunismus gewidmet sind. Die Angaben über die Forschungspräferenzen decken sich nebenbei mit den im Jahr 2000 von Hermann Weber genannten Werten, die im Wesentlichen schon 1993 am Arbeitsbereich DDR-Geschichte der Universität Mannheim eruiert worden sind, wonach der gesamte Zeitraum der DDR-Geschichte nur 25 Prozent der gemeldeten Vorhaben interessierte und mit jeweils gleich hohen Anteilen die Vor- sowie die Zusammenbruchsgeschichte dominierten. Die Interessenstruktur ist damit auf einem sinkenden Leistungsniveau unverändert geblieben. Dabei steht das marginale Interesse an außenpolitischen Fragen und an Prozessen der innersystemischen Interaktion im Widerspruch zum einen zu der sich abzeichnenden Tendenz, den Kommunismus als Systemgeschichte zu behandeln, und zum anderen zur starken Fokussierung der Forschungen auf die bilateralen Beziehungen zur Sowjetunion, was wiederum nicht mit der Rezeption der sowjetischen Geschichte korrespondiert. Für Manfred Hildermeier (1998 [24]) sind die nationalen kommunistischen Regime kein Thema. Nur punktuell streift sie das russische Standardwerk zur sowjetischen Nachkriegsgeschichte von R. G. Pichoja (1998 [52]). Leonid Luks (2000 [40]) spricht Ostmitteleuropa immerhin als einen Bestandteil des »äußeren« Sowjetimperiums an. Mit 70 Prozent beanspruchen die UdSSR bzw. Russland (Tschechien und Slowakei 13 Prozent, Südosteuropa 9 Prozent, Polen 6 Prozent) das Interesse der deutschen Osteuropa-Forschung, legt man die Zahl der von 1990 bis 1998 in der Zeitschrift *Osteuropa* veröffentlichten Aufsätze zugrunde (Creuzberger 2000 [1901]).

Vergleicht man nun diese ernüchternden Befunde mit Webers Voraussage von 1993, als er meinte, dass die weitere Entwicklung der DDR-Forschung von Forschungsdesideraten, von der Quellenlage und von Forschungsförderungsprogrammen bestimmt sein werde, so darf sein damaliger Optimismus heute mit einem Fragezeichen versehen werden: Weder die seit Jahrzehnten beklagten Desiderate noch die Quellenlage scheinen einen herausragenden Einfluss auf die Forschungsentwicklung zu nehmen. Im Gegenteil bestätigt die Entwicklung nachdrücklich nur eine andere Feststellung von Hermann Weber. Nämlich jene, dass die noch in der Mitte der neunziger Jahre polemisch geführte Diskussion um die Hegemonie bei der Deutung »neuer« archivalischer Quellen nur auf der Grundlage der Leistungen der »alten« DDR- und Kommunismusforschung möglich war: Auch die »Klassiker« des innersystemischen Vergleichs (Fejtö, Brzezinski, Hacker) sind lange vor Öffnung der Archive erschienen. Offenkundig vermochten weder die in den neunziger Jahren intensivierte Forschungsförderung noch die beiden Enquete-Kommissionen des Bundestages hier nachhaltige Impulse zu geben.

Von den objektiven Faktoren, die die Fortentwicklung des Forschungsstandes nachhaltig hemmen, ist zuallererst auf den meistens vernachlässigten politischen Kontext der postkommunistischen Geschichtsaufarbeitung aufmerksam zu machen: auf die »Geschichtspolitik«. Ein Ausdruck übrigens, der sich schon in den dreißiger Jahren in Stalins Sprachschatz nachweisen lässt. Die abrupteste Veränderung war dabei in der russischen Geschichtsschreibung zu beobachten. Zunächst hatte sie mit einem Revisionspathos begonnen. Dessen Resultate waren fast mit denen der deutschen Zeithistoriographie vergleichbar. Letztere befand sich damals aufgrund einer »Personalrotation«, die weit über die institutionelle »Abwicklung« der DDR-Geschichtsschreibung reichte, in einer Ausnahmesituation. Dann kündigten in Russland die Ergebnisse der Duma-Wahl von 1993 eine Wende an: Die Kommunisten waren wieder politisch präsent. Seit 1995 bilden sie die stärkste Fraktion im russischen Parlament. Auswirkungen des neuen gesellschaftspolitischen Klimas konnte man im Archivbereich sofort registrieren. Und bald ließ sich in der akademischen russischen Geschichtsschreibung ein Rückfall beobachten, der durch die Formel des Staatspräsidenten Putin von einem Ausgleich zwischen der Vergangenheit und der Gegenwart auch auf der Ebene der Symbolpolitik bestätigt zu sein scheint. Anders als in Deutschland oder in den postkommunistischen Ländern Europas erfreut sich aber die Außenpolitik eines starken Interesses russischer Historiker. Neben zahlreichen Quelleneditionen zur bilateralen Beziehungsgeschichte erschien auch eine Osteuropa gewidmete zweibändige Quellenedition (Muraško 1997 f. [46]), der bereits ein Ergänzungsband folgte (Volokitina 1999 [121]). Außerhalb Russlands werden sie allerdings genauso wenig rezipiert wie russische Monographien über das kommunistische Nachkriegssystem in Ostmitteleuropa (Nekipelov 2000 [49], Volokitina 2002 [122]).

Konzeptionell stößt in den ostmitteleuropäischen Nationalhistoriographien das in Russland fortgeschriebene Paradigma der Befreiung Europas vom (deutschen) nationalsozialistischen Totalitarismus auf Reserve, da dort durchgängig darauf verwiesen wird, dass der »deutsche« 1945 vom »sowjetischen« Totalitarismus abgelöst wurde (Paczkowski 1995 [51], Lukeš 1999 [39]). Außerdem führt die These von der antifaschistischen Befreiung in ein Dilemma. Sie verlangt nach einer selbstkritischen Diskussion über die verinnerlichte »martyrologische« Einstellung zur »doppelten« totalitären Vergangenheitserfahrung. Damit werden nicht nur gesellschaftliche, sondern vielfach auch innenpolitische Tabus berührt. Die Brisanz der nationalhistorischen Diskurse deutet etwa das polnische Beispiel an: Zwar wurde damit begonnen, die Behandlung der Deutschen nach dem Zweiten Weltkrieg zu thematisieren (Borodziej 2000 [91]), doch zumindest als Vehikel wird die Haltung zur jüdischen Minderheit im Krieg und danach eingesetzt (Gross 2001 [1971]). In nationalen Traditionen verwurzelte Rezeptionshemmungen, die sogar die Tagespolitik überblenden können und dadurch der fachlichen Auseinandersetzung entzogen werden (vgl. die in Deutschland unterbliebene Rezeption von Staněk 1991 [112]), illustrieren plastisch die deutsch-tschechischen Diskussionen über die gegenseitige Aufrechnung von Nachkriegsgeschichten. Aber auch profanere Gründe hemmen die wechselseitige Wahrnehmung. So wurden zwischen russischen und polnischen sowie russischen und tschechischen Zeithistorikern ergebnislos Kontroversen über die Authentizität inkompatibler nationaler Quellen ausgetragen. Nicht zur Kenntnis genommen wurden aber auch vergleichend angelegte polnische und tschechische Untersuchungen zum Widerstand gegen das kommunistische System. Sie führten zu dem überraschenden Ergebnis, dass unter der Arbeiterschaft Polens und der Tschechoslowakei die spontane Streikbereitschaft erst nach Stalins Tod nachließ (Kaminiśki 1998 ff. [729]), so dass der Stalinismus typologisch nicht mehr ohne weiteres als Zustand totaler sozialer Befriedung charakterisiert werden kann. Das kommunistische Informationsmonopol verhinderte, dass Massenwiderstand in der Gesellschaft öffentlich wurde oder gar Akten darüber angelegt werden durften (Kaplan/Paleček 2001 [103]).

Trotz anfänglicher Versuche einer vergleichenden oder parallelen Geschichtsaufarbeitung (Bajeva 1995 [3]) dominieren im postkommunistischen Ostmitteleuropa nationalhistorische Paradigmen. Auf der Arbeitstagung »Zum Stand der historischen Aufarbeitung kommunistischer Diktaturen« wurden Ende 2001 imposante Veröffentlichungslisten vorgestellt (www.ifz-muenchen.de/Neuigkeiten). Von der unterschiedlichen Intensität der Geschichtsdiskurse abgesehen, überwiegen in den nationalen Präferenzen die Gemeinsamkeiten mit der deutschen Forschungssituation, die Hermann Weber auf der Tagung detailliert analysierte. Auch international stehen noch Terror, Repression und Widerstand sowie die vierziger und fünfziger Jahre im Zentrum der Aufmerksamkeit, wobei einige Bereiche und Zeiträume wie etwa die Parteien- und Verwaltungsgeschichte oder die sechziger und siebziger Jahre fast vollständig ausgeblendet werden. Anders als in Deutschland kann aber generell nicht von einem Defizit bei der Aufarbeitung der zeitweiligen politischen Anziehungskraft der kommunistischen Ideologie ausgegangen werden: Hierbei dominieren aber noch landesspezifische politisch-gesellschaftliche Interessen über die wissenschaftlichen. Und das, obwohl viele Wissenschaftler an internationalen Projekten und Forschungsnetzwerken beteiligt sind. Zu nennen sind hier: *Open Society Fund* (http://www.soros.org); *Cold War International History Project* des Woodrow Wilson International Center for Scholars Washington, D. C. (http://cwihp.si.edu); *Normdurchsetzung in osteuropäischen Nachkriegsgesellschaften* des Max-Planck-Instituts für europäische Rechtsgeschichte (http://www.mpier.uni-frankfurt.de); *Parallel History Project on NATO and the Warsaw Pact* (http://www.isn.ethz.ch/php) und das *Projekt zur Gesellschaftsgeschichte des Kalten Krieges* des Hamburger Instituts für Sozialforschung. Von den in Ostmitteleuropa arbeitenden Netzwerken ist vor allem auch auf das Open Society Archives (OSA) und die Central European University in Budapest (http://www.osa.ceu.hu), das Zentrum Karta (http://www.karta.org.pl) sowie das Osteuropa-Zentrum Berlin (http://osteuropa-zentrum.de) hinzuweisen, die regierungsunabhängig arbeiten. Außerdem wirken in einigen ostmitteleuropäischen Ländern und in Deutschland bilaterale Geschichtskommissionen mit Russland, die entweder durch Regierungsbeschlüsse entstanden sind oder aber ihre frühere amtliche Tätigkeit informell weiterführen. In Wrocław (Breslau) wurde kürzlich mit Hilfe des DAAD ein Willy-Brandt-Zentrum für

Deutschland- und Europa-Studien an der Universität Wrocław eröffnet (http://www.wbz.uni.wroc.pl). Alles das befruchtet zwar die Arbeiten einzelner Historiker, es bewirkt aber noch keine grundsätzliche Umorientierung. Im Gegenteil, streng genommen stehen – verdeckt durch den bipolaren Globalismus der früheren Ost-West-Auseinandersetzung – nationalhistorische Paradigmen auch im Zentrum der westlichen Forschung. Zur deutschen Spezifik gehört der Umstand, dass ab einem bestimmten Abstraktionsgrad des Diskurses ein Rekurs auf den nationalsozialistischen Totalitarismus unvermeidlich zu sein scheint.

Im Block-Kontext interessieren militärpolitische Aspekte offenbar besonders. Eine Monographie legte der frühere Stabschef der Vereinten Streitkräfte des Warschauer Pakts, A. Gribkow, (1995 [619]) vor. In Deutschland wurden Sammelbände zum Thema publiziert (Naumann 1996 [643]), der Beitrag des früheren stellvertretenden DDR-Verteidigungsministers F. Streletz (Wünsche 1998 [660]) informiert über den Nationalen Verteidigungsrat und das Vereinte Kommando des Warschauer Vertrages; außerdem untersuchen A. Fursenko und T. Naftali (1997 [1516]) sowie H. Nielsen (1998) [645] Spezialfragen.

Wirtschaftsbeziehungen innerhalb des Ostblocks interessieren zwar nicht weniger (Stone 1996 [1001]; Ahrens 2000 [935]), doch das Quellenproblem bereitet noch erhebliche Schwierigkeiten.

Multinational angelegte Studien zur politischen Geschichte stoßen auf großes, über Fachkreise hinausgehendes Interesse (Subok/Pleschakow 1997 [1552]; Isaacs/Downing 1999 [1524]), die akademische Geschichtsschreibung beginnt sich aber des Themas erst sehr selektiv anzunehmen (Procacci 1994 [1543]; Ihme-Tuchel 1994 [1601]; Kircheisen 1995 [104]; Hahn/Olschowsky 1996 [98]; Heinemann/Wiggershaus 1999 [101]; Kleßmann/Stöver 1999 [826]; Connelly 2000 [1392]; Hegedüs/Wilke 2000 [821]; Foitzik 2001 [819]; Adibekov 2002 [1501]). Beachtung verdient die in Prag von M. Reiman und P. Luňák (2000 [1544]) erstellte Dokumentation, weil hier in tschechischen Archiven erfasste sowjetische Quellen notdürftig »weiße Flecken« zu beseitigen helfen.

Übersehbar ist die Zahl der zu bilateralen Beziehungen veröffentlichten Arbeiten, wobei die deutsch-sowjetische Beziehungsgeschichte auch im Zentrum der internationalen Forschungsanstrengungen steht. Genannt werden können hier nur einige Autoren mit exemplarischen Titeln: Norman Naimark (1997 [47]), Alexei Filitov (1993 [1514]), Bernd Bonwetsch (2000 [565], zus. mit Filitov), Vojtech Mastny (1996 [1534]), David Pike (1992 [1218]), Jochen Laufer (1999 [979]), Gerhard Wettig (1999[1557]), Michael Lemke (2000 [1617]), Elke Scherstjanoi (2000 [1548]), Wilfried Loth (1997 [1532]), Natalja Timofeeva (1996 [925]), Michail Semirjaga (1995 [111]), Hope Harrison (1997) [1520]; Jürgen Zarusky (2002 [1562]).

Dokumentenbände zur polnisch-, tschechisch-, ungarisch-, jugoslawisch- und rumänisch-sowjetischen Beziehungsgeschichte liegen in russischer bzw. in den jeweiligen Landessprachen vor. Mit der editorischen Bewältigung der diplomatischen Zeitgeschichte wurde systematisch in Polen begonnen. In der

Regel sind die Dokumentationen um die Anfangsphase des Nachkriegs-Kommunismus bzw. um herausragende nationalgeschichtliche Ereignisse zentriert. S. Anderson (2000 [1568]) legte eine erste Monographie zu bilateralen Beziehungen zwischen Polen und der DDR vor und kündigte eine Geschichte der Beziehungen zwischen der DDR und der Tschechoslowakei an.

Insgesamt zeichnen sich zwei Trends ab: Der Kommunismus wird als System historisiert, dabei dominiert die Nationalgeschichte als Paradigma und Projektionsfläche. Die Konzentration auf die Etablierungs- und Zusammenbruchsphase als Eckpunkte sowie auf die gravierenden Ereignisse in den Jahren 1953, 1956, 1961, 1968 und 1980/81 als Schwerpunkte erscheint als logisches Resultat dieser Grundkonstellation. In Regionen (Ostmitteleuropa und südlicher Balkan), in denen im Land oder im Exil eine organisierte Regime-Opposition aktiv war und ein intellektueller Austausch mit Westeuropa bzw. Nordamerika stattfand, sind alle »großen Konzepte« von nachrangiger Bedeutung: Der Totalitarismus-Ansatz etwa wird entweder explizit abgelehnt oder aber stillschweigend in den Fundus verbannt, dies gilt inzwischen auch für das Konzept der »civil society«. Die Ablehnung »großer theoretischer Konzepte« hemmt aber nicht die Innovationsfähigkeit, konzeptionelle Anregungen werden adaptiert und integriert, *Das Schwarzbuch des Kommunismus* (Courtois/Werth 1998 [137]) ist beispielsweise wohl in die meisten osteuropäischen Sprachen übersetzt worden. Einerseits reduzieren in den neuen Demokratien forschungsorganisatorische und -politische Voraussetzungen den pluralistischen Profilierungsdruck einzelner Forschungsrichtungen, andererseits genießt dort Geschichte nicht den hohen volkspädagogischen Stellenwert wie in Deutschland.

Die Skepsis der osteuropäischen Forschung gegenüber »monostrukturellen Methoden« und die Bevorzugung der faktographischen Deskription sind sicherlich auch im Zusammenhang mit vorwissenschaftlichen historischen Prägungen sowie mit strukturellen Erblasten im institutionellen und personellen Bereich zu sehen, aber genauso vor dem Hintergrund neuer politisch-kultureller Pluralisierungsprozesse. Aus wissenschaftlicher Sicht erscheinen sie durchaus legitim, denn in rechtlicher Beziehung trat nach dem Zusammenbruch der UdSSR das ein, was zuvor nur auf politischer Grundlage praktiziert worden war: Russland übernahm nicht nur den faktischen Besitz, sondern ist jetzt oft auch der rechtliche Eigentümer von Quellenbeständen geworden, deren Urheber Organisationen des internationalen Kommunismus oder dem Völkerrecht unterworfene Vereinigungen des Ostblocks waren (Komintern, Kominform, RGW, Warschauer Pakt u. a.). Die Geschichtswissenschaft muss sich mit den negativen Folgen abfinden, die diese archivrechtliche Situation nach sich zieht. Herauszufinden, inwiefern der nationale Quellenfundus reale Fakten beschreibt, und im Prozess der historischen Aufarbeitung die nationalen Dissonanzen zu relativieren und zu historisieren, steht vor der vergleichenden Geschichtsschreibung als konkrete Aufgabe.

Matthias Buchholz

Anmerkungen zur Problematik
der »DDR-Archive«

1. Archive zwischen Amnesie und Erinnerung

Noch lange wird der Streit – mal mehr mal weniger konstruktiv geführt – darüber andauern, ob der Zusammenbruch der DDR 1989 gleichsam vorprogrammiert, also absehbar war. Auch wird man noch lange gerade die Zeitzeugen mit stark divergierenden Ansichten darüber in den TV-Talkshows sehen.

In der nicht nur von Informationsexplosion sowie wachsender »kultureller Pluralisierung und Individualisierung« (Lübbe 1996 [1926]) geprägten Gegenwart ist die allgemeine Tendenz zur Selbsthistorisierung aufgrund der immer kürzeren Zeiträume, für die wir mit einiger Konstanz unserer Lebensverhältnisse rechnen können (Lübbe 1993 [1925]), deutlich gewachsen. Noch nie, so scheint es, war das Interesse an der eigenen und der kollektiven Vergangenheit so groß wie jetzt. Noch nie gab es in vergleichsweise geringer Zeit eine so große Bandbreite publizierter Meinungsäußerungen zu einem Themengebiet der jüngeren bzw. jüngsten Vergangenheit. Noch nie – von den zwölf Jahren des NS-Regimes abgesehen – besaß die Aufarbeitung der (jüngsten) Vergangenheit einen solchen Stellenwert.

Das weist den »Aufarbeitern« eine besondere Verantwortung zu (aus archivischer Sicht Busse/Unverhau 2001 [1900]). Wie kann verhindert werden, dass realsozialistisch verordnete Geschichtsfälschung durch neue, mittels modernster Massenmedien blitzschnell an den »Verbraucher« gesandte sensationslüsterne bzw. apologetische Mythen ersetzt wird?

Dem Historiker fällt die Antwort auf diese rhetorisch anmutende Frage zweifellos leicht: »Die Wissenschaft benötigt die Unterlagen der Archive« (Weber, H. 1991 [1945]). Es ist bei allen historischen Forschungen die Kärrnerarbeit der Quellenrecherche und der Quelleninterpretation zu leisten. Vom Wissenschaftler wird Sachlichkeit – sine ira et studio – gefordert, die »den Charakter einer moralischen Norm [hat], und die Erfüllung historiographischer Objektivitätspostulate ist eine praktische Leistung, die auch in einer liberal verfassten Kultur gegen mannigfache Interessiertheiten verteidigt sein will«. (Lübbe 2001 [2043])

Verfolgt man die Medienberichterstattung seit 1989/90, so müsste man meinen, die Unterlagen des MfS bilden die fundamentale Quelle für die Erforschung der DDR-Geschichte. Die einzigartige Situation der mehr oder weniger öffentlichen Abwicklung eines Geheimdienstes mag dazu nicht unwesentlich beigetragen haben. Diese Fokussierung – in tendenzieller Selbstrechtfertigung jüngst auch als Stasi-Syndrom bezeichnet (Wagner 2001 [1939]) – birgt naturgemäß einige Gefahren, die an dieser Stelle nicht thematisiert werden sollen. Offenbar und in der Wissenschaft unbestritten ist jedoch die Abwegigkeit, die Geschichte eines Staates auf der Grundlage eines einzigen Registraturbildners erklären zu wollen. Dabei ist primär nicht einmal die Tatsache entscheidend, dass das MfS eine nicht zu unterschätzende Zahl von Unterlagen vor der Sicherstellung durch Bürgerkomitees und Archivare unkontrolliert vernichten konnte (vgl. u. a. Engelmann 1995 [1908]).

Im November 2002 hat Roland Lucht (BStU) auf der Tagung »Hatte Janus eine Chance?« darauf hingewiesen, dass im Bereich der Postkontrolle ca. 85 Prozent, im Bereich der Telefonüberwachung ca. 78 Prozent und bei der Funkaufklärung gar 96 Prozent des Schriftgutes vom MfS vernichtet wurden. Darüber hinaus fielen ca. 70 000 personenbezogene Akten der Vernichtung anheim. (Unter gleichem Titel ist ein Tagungsband in Vorbereitung. Zur Aktenvernichtung u. a. auch Materialien 1995, Bd. I, Abschlußbericht Arbeitsgruppe Archive [42] u. Wagner 2000 [1938]).

Ohne die gezielten Aktenvernichtungen marginalisieren zu wollen, ist festzustellen, dass der Informationsverlust bereits weit früher einsetzte und allgegenwärtig ist. Er war und ist – abgesehen von den geschilderten kriminellen Datenvernichtungen – normaler Teil unseres Lebens und mithin auch kein spezifisches Merkmal einer Diktatur.

Obwohl eine viel bemühte Sentenz lautet »Quod non est in actis, non est in mundo«, lässt sich schnell feststellen, dass sich in den Akten von Behörden und Verwaltungen aller Art nur ein (Bruch-)Teil sämtlicher relevanten Informationen zur betreffenden Thematik findet. Dies ist nicht allein auf mangelnde Zeit zur Niederschrift, sondern in noch stärkerem Maße auf die Struktur menschlicher Wahrnehmungs- und Speicherfähigkeit zurückzuführen. So schafft nur jede 300. Information den Sprung vom Gegenwarts- über das Kurzzeit- in das Langzeitgedächtnis, in dem Daten bis zu mehreren Jahrzehnten gespeichert werden können. Deshalb kommt Brachmann (1999 [1989]) zu dem Schluss: »Schon hier – also ohne Unterlagen – ist die ›Archivierung‹/Speicherung von Erinnerung ein Reduktionsprozess, der mit der Unterscheidung von Relevanz und Redundanz verbunden ist. Daraus ergibt sich, dass jede ›Provenienz‹ naturgesetzmäßig amnesiebehaftet und unvollständig ist. ›Vollständigkeit‹ der Überlieferung ist deshalb zugleich immer ›Unvollständigkeit‹, was nicht ausschließt, dass Unvollständiges ›vollständig‹ überliefert sein kann.«

Nicht jede vorhandene, denkbare oder gedachte Information wird also potentiell archivfähig festgehalten. Und auch die scheinbaren Fakten sind zwangsläufig subjektiv, worauf bereits Droysen verwies. So stellt denn auch Walther (1996 [1236]) – zwar in Bezug auf die Unterlagen des MfS, aber dennoch allgemeingültig – fest, dass Akten »kein objektives Bild des wirklich gelebten Lebens [geben], sondern lediglich den Reflex selektiv wahrgenommenen und zweckbestimmt verschrifteten Lebens […].«

Haben die Informationen bereits bei Entstehung des Schriftgutes schon eine irreversible Reduktion erfahren, lässt sich zudem nicht ohne weiteres davon ausgehen, dass sie nunmehr in dieser Form in das Archiv gelangen. Vielmehr sind »wilde Kassationen«, d.h. nicht durch das Archiv autorisierte Schriftgut-vernichtungen zu vermuten. In den meisten Fällen geschehen diese allerdings nicht zur Tilgung unliebsamer Spuren, sondern in Unkenntnis der Existenz und der Aufgaben eines Archivs, was nichts an der Irreversibilität des Ergebnisses ändert.

Erst an bzw. nach diesem Punkt setzt die professionelle Überlieferungs-bildung durch den Archivar ein. Hier muss sich das tatsächlich Überlieferte ein weiteres Mal der Entscheidungsfindung zwischen »Erinnern/Gedächtnis« (Archivierung) oder »Vergessen/Abfall« (Kassation) stellen. Die dem Archi-var zur Bewertung vorgelegten Unterlagen sind also im Sinne Droysens und von Brandts »Überreste«. Bei ihnen handelt es sich um Quellenmaterial, wel-ches »von den Geschehnissen unmittelbar – also ohne das Medium eines zum Zweck historischer Kenntnis berichtenden Vermittlers – übrig geblieben ist« (von Brandt 1998 [1899]).

Der Archivar wählt neben der Dokumentation der Aufgabenwahrnehmung der jeweiligen Behörde diejenigen Unterlagen aus, welche eine möglichst hohe Aussagekraft über als relevant eingestufte Ereignisse, Personen etc. besitzen. Damit entspricht das Resultat archivischer Bewertung der von Brandt'schen Definition des Begriffes »Tradition«, die da lautet: »Unter Tradition verste-hen wir diejenigen Quellengruppen, die eigens und absichtlich zum Zweck (historischer) Unterrichtung geschaffen worden sind […].« (von Brandt 1998 [1899])

Aus den genannten Umständen resultiert auch der zwar auf die DDR-Überlieferung bezogene, jedoch Allgemeingültigkeit beanspruchende Befund Hermann Webers (1994 [1944]): »Letztlich sind gesicherte Feststellungen erst aufgrund der Kenntnis unterschiedlicher Dokumente zu treffen, setzen Verifi-zierung oder Falsifizierung bestimmter Aussagen die Analyse mehrerer Quellen voraus.«

2. Schlaglichter zur Vielfalt der »DDR-Archive«

Um die Vielgestaltigkeit von DDR-Überlieferung besorgt, widmete sich Her-mann Weber nach dem Untergang der DDR mehrfach auch publizistisch der Bewahrung ihrer archivwürdigen Hinterlassenschaft (1991 [1945], 1992 [1948], 1994 [1944], 1998 [1951] u. 1999 [1946]).

Inzwischen kann man konstatieren, dass die Sicherung wesentlicher Teile des DDR-Schriftgutes gelungen ist. Das 2002 in der dritten Fassung erschie-nene *Vademekum DDR-Forschung* (2002 [2062]) benennt allein ca. 250 Archive, die dem Nutzer für Recherchen zur DDR-Geschichte zur Verfügung stehen. Neben staatlichen, kommunalen und kirchlichen Archiven werden Univer-sitäts- und Hochschularchive sowie eine Reihe anderer Archive genannt, wie

z. B. Wirtschaftsarchive und unabhängige Archive. Damit ist das breite Spektrum öffentlich zugänglicher Archive nahezu erschöpfend abgesteckt.

In der Auflistung der Archive manifestiert sich auch das Ergebnis der in vielen Bereichen zu konstatierenden Neustrukturierung des (ost-)deutschen Archivwesens. Dem eifrigen Archivbenutzer werden beispielsweise personelle Veränderungen, die zweifellos nicht ausschließlich Altersgründen geschuldet waren, kaum entgangen sein. Gleichwohl sollte man sich vor übereilten Urteilen ad personam (DDR-Archivare) und ad rem (DDR-Archivwesen) – wie z. B. von Menne-Haritz (1991 [1927] u. 1994 [1928]) vorgetragen – hüten. In positiver Hinsicht sei diesbezüglich das ausgewogene Urteil von Gerhard Schmid (1990 [1935]) erwähnt.

Darüber hinaus lassen sich viele strukturelle Änderungen feststellen. Das Zentrale Staatsarchiv und die Staatliche Archivverwaltung existieren nicht mehr. Aufgrund der Gründung der neuen Länder haben sich die Zuständigkeiten der jeweiligen Staatsarchive ebenso verändert, wie auch die Kreisreformen neue Kreisarchive entstehen ließen. Landesarchivgesetze regeln nunmehr das Archivwesen auf föderaler Ebene (vgl. Kahlenberg 2001 [1916]).

Anhand einzelner Beispiele sollen schlaglichtartig einige Probleme benannt werden. Nach 1990 musste das Netz von DDR-Betriebsarchiven herbe Verluste hinnehmen. Eine vermutlich nie annähernd genau zu quantifizierende Schriftgutmenge ging durch »Betriebsliquidationen, Ausgründungen und Teilungen verloren« (Karlsch/Schwärzel 1999 [1917]). Der größte Teil des erhalten gebliebenen Schriftgutes wurde 1991/92 zunächst in Landesdepots der Treuhand gesichert. Heute lagern bei der mit der Verwaltung und Archivierung beauftragten DISOS GmbH Akten der Betriebe, die nicht privatisiert worden sind. Die Bewertungshoheit, also die Entscheidung über Aufbewahrung oder Vernichtung, liegt bei den jeweiligen Bundesländern. Entscheidungen werden anhand von Aktenverzeichnissen getroffen. Für die kommenden Jahre ist – nach Ablauf der Aufbewahrungsfristen – die Translozierung der Archivalien in die jeweiligen Landesarchive geplant.

Die friedliche Revolution von 1989 führte auch zu einer Reihe von Archivneugründungen. Hier wird man sicherlich vorrangig an die/den Bundesbeauftragte(n) für die Unterlagen des Staatssicherheitsdienstes der ehemaligen DDR (BStU), die Stiftung Archiv der Parteien und Massenorganisationen der DDR im Bundesarchiv (SAPMO) und die in der Tradition der DDR-Bürgerrechtsbewegung stehenden unabhängigen Archive denken. Gerade die BStU (u. a. Salamon 2002 [1934]) stand und steht im Dauerinteresse nicht nur der wissenschaftlichen Öffentlichkeit. Der Aktenstreit mit dem Altbundeskanzler Helmut Kohl trug dazu sicherlich nicht unwesentlich bei.

War die Gründung einer separaten Behörde außerhalb der (eigentlichen) Zuständigkeit des Bundesarchivs für die Unterlagen eines Ministeriums noch den besonderen Umständen geschuldet, so muss die Festschreibung eines Forschungsmonopols durch die Errichtung der BStU-Abteilung Bildung und Forschung doch kritisch hinterfragt werden. Der exklusive Aktenzugang (ohne die häufig beklagten Schwärzungen) sowie der Zugang zu noch nicht erschlossenen Materialien machen die Forschungsergebnisse der BStU extern nicht oder nur eingeschränkt überprüfbar. Damit ist ein elementares Wissenschaftskriterium außer Kraft gesetzt.

Bis zur fünften Novellierung des Stasi-Unterlagengesetzes im Jahr 2002 drohte die Gefahr einer bis dato in § 14 StUG vorgesehenen Anonymisierung – und wenn dies nicht möglich sein sollte, die Vernichtung – von Originalakten (!) auf Antrag durch Betroffene oder Dritte. Diese Regelung war mit dem Hinweis auf den rechtswidrigen Hintergrund der Entstehung dieser Akten begründet worden. Es ist nicht zuletzt ein Verdienst sowohl des Bürgerkomitees Leipzig als auch Hermann Webers, dass dieses in der deutschen Archivgeschichte beispiellose Ansinnen aufgrund deren massiver Proteste verhindert werden konnte. Hermann Weber (1999 [1946]) verwies zu Recht darauf, dass »Überwachungsakten staatlicher Behörden z. B. über die Sozialdemokratie oder die Anarchisten im Kaiserreich, vor allem aber die Gestapo-Unterlagen … auf ähnliche Weise zustande gekommen und nicht weniger brisant [sind].«

Einen Erfolg für die DDR-Forschung stellt die Gründung der SAPMO dar. Da der Einigungsvertrag nur Schriftgut in die Kompetenz des Bundesarchivgesetzes stellte, das bei Institutionen des Staates im engeren Sinne entstanden ist, gab es keine direkte, aus dem Bundesarchivgesetz ableitbare Zuständigkeit des Bundesarchivs für das Schriftgut der Parteien und Massenorganisationen der DDR. 1992 gelang es, das Gesetz dahingehend zu ändern, dass nunmehr auch dieses Schriftgut dem Bundesarchivgesetz unterfiel. Überdies wurde die SAPMO als unselbstständige Stiftung mit der Aufgabe errichtet, Unterlagen der betreffenden Registraturbildner »zu übernehmen, auf Dauer zu sichern, nutzbar zu machen und zu ergänzen« (Die Bestände 1996 [1903]). Inzwischen können in der SAPMO v. a. Akten der SED, der NDPD und des FDGB, aber auch des VVN, des VdgB, des Kulturbundes, der FDJ, der DSF, des DTSB, der GST und anderer Organisationen eingesehen werden. Die Überlieferungen der LDPD und der CDU der DDR werden aufgrund gesonderter Vereinbarungen im Archiv des deutschen Liberalismus der Friedrich-Naumann-Stiftung in Gummersbach bzw. im Archiv für Christlich-Demokratische Politik der Konrad-Adenauer-Stiftung in St. Augustin verwahrt.

Aufgrund der besonderen Rolle der Kirchen in der DDR, insbesondere im Kontext oppositionellen Verhaltens, kommt den Kirchenarchiven eine bedeutsame Rolle bei der Aufarbeitung der SED-Diktatur zu. Doch gilt im Bereich kirchlichen Schriftguts eine 30-jährige Sperrfrist bei der Benutzung der Akten, die jedoch für einzelne Forschungsvorhaben aufgehoben werden kann. Die personelle und materielle Ausstattung der Archive ist keineswegs einheitlich. Sie ist weitgehend abhängig von der finanziellen Situation der jeweiligen Landeskirche bzw. der Diözese. Noch heterogener dürfte sich die Situation auf der Ebene der Pfarrarchive präsentieren. Hier ist vieles vom Pfarrer vor Ort abhängig.

Es ist ein unbestritten großes Verdienst der unabhängigen Archive, Dokumente der DDR-Opposition gesichert zu haben. Damit ist es möglich, der offiziösen Sichtweise die Perspektive der DDR-Gegenöffentlichkeit gegenüberzustellen. Diese Archivalien sind »die einzigen authentischen Dokumente unabhängigen Denkens und Handelns, die uns aus der SED-Diktatur überliefert sind«. Sie sind das »unverzichtbare Korrektiv zu den offiziellen Überlieferungen des SED-Staates« (Kloth 1999 [1919]).

3. Exkurs: Archivische Erschließung und die »Schieflage« bei der Nutzung von Akten

Die Debatte um die Änderung des StUG im Jahre 2002 ließ die häufig beklagte »Schieflage« beim Zugang zu den deutschen Archiven ein wenig in Vergessenheit geraten. Während die bis 1989/90 entstandenen DDR-Akten der Forschung grundsätzlich offen stehen, sehen sich die Forscher bei westdeutschen Akten derselben Zeit einer 30-jährigen Sperrfrist gegenüber, die der umfassenden Aufarbeitung der realsozialistischen Diktatur im Wege steht. Hermann Weber (1991 [1945]) stellte hierzu fest: »Ist diese Anordnung durchaus üblich und bei bestehenden Staaten auch verständlich, so ist die 30-Jahre-Sperre bedenklich bei Quellen über einen Staat, den es gar nicht mehr gibt, dessen Geschichte – auch und gerade der letzten Jahrzehnte – aber unbedingt und rasch umfassend aufgearbeitet werden muß.« Das wurde auch von den beiden Enquete-Kommissionen des Bundestages (Materialien 1995 [42]u. 1999 [43]) thematisiert. Doch die Forderung nach verbessertem Zugang zu den westdeutschen Akten verhallte zwar nicht ungehört, blieb jedoch unberücksichtigt.

Ohne dieses Ungleichgewicht uneingeschränkt verteidigen zu wollen, muss jedoch nicht nur in diesem speziellen Zusammenhang auf die Erschließungstätigkeit der Archive verwiesen werden. Es mag kaum ein Trost sein, doch wären die Archive aufgrund personeller Engpässe selbst bei Aufhebung der 30-Jahre-Sperrfrist kaum in der Lage, die betreffenden Unterlagen zeitnah zur Verfügung zu stellen. Und so kann es nicht verwundern, dass »selbst bei SAPMO noch längst nicht alle Akten erschlossen [sind]« (Weber, Hermann 1998 [1951]). Allein das Bundesarchiv sah sich im Gefolge des Untergangs der DDR mit ca. 50 000 laufenden Metern Schriftgutes konfrontiert, während »die gesamten Archivbestände der zentralen Organe und Institutionen des Deutschen Reiches aus den Jahren 1867 bis 1945 einschließlich aller militärischen Unterlagen in der Zuständigkeit des Bundesarchivs [...] nur 43 laufende Regalkilometer [umfassen]!« (Kahlenberg 1994 [1915])

Deshalb wird das vor knapp zehn Jahren von Friedrich P. Kahlenberg getroffene Urteil noch einige Jahre Aktualität beanspruchen dürfen: »Der Zeithistoriker, der sich mit der Geschichte der DDR befaßt, wird sich also noch auf längere Zeit hinaus mit der Auswertung einer nur unbefriedigend erschlossenen archivalischen Überlieferung abfinden müssen.« (Kahlenberg 1994 [1915])

Letztlich ist es natürlich nicht nur eine Frage des zeitlichen Aufwands, wann Unterlagen zur Benutzung freigegeben werden können. Vielmehr ist die nicht in Frage zu stellende gesellschaftliche Aufgabe »Archiv« ein nicht unerheblicher Kostenfaktor. Hartmut Weber (1994 [1940]) konstatierte bei seinen vor mehr als zehn Jahren angestellten Berechnungen: »Wenn also ein erschlossener Bestand dreißig Jahre nach Zugang erstmals benutzt wird, hat der Unterhaltsträger dafür über 4500 DM für den lfdm [laufenden Meter] aufgewendet, und dies ohne jede Erhaltungsmaßnahme.«

Diese Angaben verdeutlichen, dass selbst die – sehr unwahrscheinliche – Aufhebung der 30-Jahre-Sperrfrist für westdeutsche Akten (zum Verhältnis der BRD zur DDR) – wenigstens zunächst – nahezu ohne positive Wirkung für die DDR-Forschung bliebe, wenn nicht auch die personellen und materiellen Voraussetzungen für die Erschließung der Unterlagen geschaffen würden. Denn es ist auch in Zukunft davon auszugehen, dass der Nutzer aus Gründen der Bestandssicherung im Regelfall nur Einsicht in erschlossene Archivbestände erhält.

4. Resümee

Hermann Weber (1999 [1946]) ist beizupflichten, wenn er die archivische Situation bezüglich der DDR-Überlieferung als gut einschätzt. Die unabhängigen Archive sind mittels der Projektfinanzierung häufig durch das jeweilige Sitzland und die Stiftung Aufarbeitung in ihrem Bestand mittelfristig gesichert. Wenngleich auch eine institutionelle Förderung in den betreffenden Sitzländern dringend geboten wäre, so ist doch derzeit immerhin eine teilweise Grundsicherung gegeben.

Eine solidere Basis besitzen die staatlichen Archive, wenn auch die personelle Situation mitunter als prekär zu bezeichnen ist. Die kommunale Archivlandschaft präsentiert sich sehr heterogen. In nicht wenigen – zumeist kleineren – Orten führen die als Archiv bezeichneten Einrichtungen ein Schattendasein. In Zeiten knapper Kassen wird sich daran vermutlich wenig zum Positiven hin ändern. Dies wird selbstverständlich nicht ohne Auswirkungen auf die archivarischen Kernaufgaben Bewertung und Erschließung bleiben.

Gerade die Diskrepanz zwischen der aus dem Schriftgut eines Registraturbildners sprechenden fragmentarischen Wahrheit einerseits und der aus der Mannigfaltigkeit der deutschen Archivlandschaft resultierenden Vielgestaltigkeit der Wahrheit andererseits verdeutlicht die Notwendigkeit der Weiterentwicklung und Anwendung eines spezifischen Instrumentariums, welches u.a. die Rekonstruktion der Entstehungsbedingungen des Schriftgutes einschließt, korrespondierende wie parallele Überlieferungen berücksichtigt und die Funktion des Registraturbildners analysiert (u.a. Kahlenberg 1994 [1915]; Bick/ Müller 1984 [1897]).

Solange wir uns der Grenzen »objektiver« Geschichtsschreibung und des großen Potentials einer mannigfaltigen Archivlandschaft bewusst sind, kann und wird es gelingen, das Napoleon zugeschriebene Bonmot »Unter Geschichte verstehen wir die Lügen, auf die sich die Historiker geeinigt haben« zu relativieren.

Tobias Hollitzer

Die gesellschaftliche Aufarbeitung der SED-Diktatur

Der Begriff »gesellschaftliche Aufarbeitung« umfasst die gesamte Bandbreite der Auseinandersetzung mit der Diktatur in SBZ und DDR innerhalb der Gesellschaft, also das Zusammenspiel aller Formen und Träger der Aufarbeitung.

Der Begriff wird jedoch auch anders verwendet. Er wird als Gegenpol zur wissenschaftlichen ebenso wie zur staatlich verantworteten Auseinandersetzung mit diesem Themenfeld verstanden. Im Zusammenhang mit der Errichtung der Stiftung zur Aufarbeitung der SED-Diktatur ist davon die Rede gewesen, dass staatliche Einrichtungen wie die BStU oder die Enquete-Kommission die gesellschaftliche Aufarbeitung nicht ersetzen können und sie unterstützen sollen. So nennt das Gesetz zur Errichtung der Stiftung zur Aufarbeitung der SED-Diktatur als eine Aufgabe, »die Arbeit von gesellschaftlichen Aufarbeitungsinitiativen und von Verbänden der Opfer der SED-Diktatur zu unterstützen«.

»Gesellschaftliche Aufarbeitung« wird also einerseits als Prozess innerhalb der Gesellschaft – unabhängig von der Form der Trägerschaft – gesehen, andererseits als der Teil der Aufarbeitung, der von gesellschaftlichen Gruppen getragen wird.

Zum gesamtgesellschaftlichen Aufarbeitungsprozess der kommunistischen Diktatur in SBZ und DDR leisten Universitäten, staatliche Archive, die Bundes- und Landeszentralen für politische Bildung, die Bundes- und die Landesbeauftragten für die Stasi-Unterlagen, die politischen Stiftungen und andere staatliche oder anderweits gesetzlich fixierte Einrichtungen wichtige Beiträge. Darüber hinaus wird der Prozess der Aufarbeitung von verschiedenen Initiativen in freier Trägerschaft vorangebracht. Einen sehr guten Überblick über die an diesem Prozess beteiligten staatlichen, kommunalen und frei getragenen Einrichtungen gibt das *Vademekum DDR-Forschung* (2002 [2062]).

Gesellschaftliche Aufarbeitungsinitiativen im engeren Sinne sind Gruppen, die sich aus einer nicht verklärenden oder verharmlosenden Sicht mit der kommunistischen Diktatur auseinander setzen. Über sie gibt es bisher keinerlei übergreifende, analysierende Darstellungen. Es liegen wenige Einzeluntersuchungen vor, so eine über den Rollen- und Funktionswandel solcher Initiativen am Beispiel des Leipziger Bürgerkomitees (Hollitzer 1999 [2036]).

Diese Initiativen sind Zusammenschlüsse von Personen, die sich aus unterschiedlicher Motivation heraus einem konkreten Teilbereich der Aufarbeitung widmen. Oft sind es Menschen, die einen direkten persönlichen oder biographischen Bezug zur SED-Diktatur haben. Im Gegensatz zu den Opferverbänden ist dieser Bezug aber weniger stark durch persönliche Verfolgung geprägt, sondern eher durch eine überdurchschnittlich starke Auseinandersetzung mit der Diktatur schon zu DDR-Zeiten oder in der Zeit der Friedlichen Revolution.

Meist haben sich diese Initiativen die Rechtsform eines eingetragenen Vereins gegeben. Auffällig ist, dass überall dort, wo es konkrete Projekte gab, die gewissermaßen als Kristallisationspunkte dienen konnten, sich die Initiativen über die Zeit der Friedlichen Revolution hinaus erhalten haben. Zu nennen wären hier die unabhängigen Archive, Gedenkstätten, Ausstellungen, Zeitschriften u. ä.

Neben den beschriebenen Initiativen sind die Opfer- und Verfolgtenverbände im Bereich der gesellschaftlichen Aufarbeitung aktiv. Sie verstehen sich vordergründig als Interessenvertretung ihrer Mitglieder, möchten aber auch ihr erlebtes Schicksal weitervermitteln. Zu dieser Gruppe hat Jörg Siegmund (2002 [2056]) jüngst eine umfangreiche Untersuchung vorgelegt. Diese beschränkt sich jedoch vor allem auf die internen Abläufe und Strukturen der Verbände und den Teil der Arbeit, der die Wahrnehmung eigener Interessen betrifft. Sie werden primär als »politische Einflussverbände« analysiert. Ihren Anteil an der historischen und gesellschaftlichen Aufarbeitung kennzeichnet Siegmund als Forschungsdesiderat. Im vorliegenden Beitrag sind sie nicht Gegenstand der Betrachtung.

1. Die bisherige Arbeit der Aufarbeitungsinitiativen

Da es bisher nur wenige Untersuchungen zu den Aufarbeitungsinitiativen gibt, soll im weiteren ein kurzer Sachstand gegeben, vor allem aber die aktuelle Problemlage beschrieben werden – ganz im Sinne des Titels des vorliegenden Bandes »Erträge und Perspektiven«. Die ausgewählten Beispiele sind eher zufällig und basieren wesentlich auf den persönlichen Erfahrungen des Autors. Sie sollen nur grundsätzliche Linien verdeutlichen und stellen somit kein Abbild der bundesweit agierenden Aufarbeitungsszene dar, deren Erfassung und Untersuchung zukünftigen wissenschaftlichen Arbeiten vorbehalten bleiben muss. Dass diese Forschungen dringend notwendig sind, sei an dieser Stelle ausdrücklich festgehalten.

Offenbar übernehmen in Umbruchzeiten – sowohl in administrativen als auch in gesellschaftlichen – engagierte Bürger notwendige Aufgaben, die eigentlich in staatliche Zuständigkeit fallen. So waren es 1989/90 die Bürgerkomitees, die sich für den Erhalt der Stasi-Akten einsetzten und später auch für eine gesetzliche Regelung stritten. Ehemalige DDR-Bürgerrechtler begannen, das Archivgut der Opposition zu sammeln, andere Gruppen bemühten sich um den authentischen Erhalt von Orten der Machtausübung oder sie erarbeiteten Ausstellungen. Aufarbeitungsinitiativen haben sich heute auf fast allen Feldern der gesellschaftlichen Auseinandersetzung mit der kommunistischen Diktatur etabliert.

In großem Umfang übernahmen gesellschaftliche Gruppen in den Jahren 1989 bis 1991 staatliche Aufgaben. Im Dezember 1989 besetzten Bürger die Bezirksverwaltungen und Kreisdienststellen für Staatssicherheit, um die weitere Vernichtung von unersetzbarem Archivgut zu verhindern. Die eigentlich zuständigen Staatsarchive unterstützten diese Arbeit nicht etwa, sondern erarbeiteten im März 1990 Vorschläge und Weisungen, die eine Vernichtung des größten Teils der Stasi-Akten vorsah. Auch die etablierte Geschichtswissenschaft in Ost wie in West schaute tatenlos zu. Nur dem intensiven Bemühen der Bürgerkomitees ist es zu verdanken, dass diese Akten heute noch vorhanden sind und in den Archiven der Bundesbeauftragten für die Stasi-Unterlagen (BStU) auf der Grundlage des Stasi-Unterlagen-Gesetzes (StUG) für die Aufarbeitung genutzt werden können.

SED, FDJ, FDGB, Volkspolizei und die Staatsanwaltschaften konnten dagegen, unbehelligt von den zuständigen Archivaren, Tausende von Akten vernichten – hier hatten sich keine Bürgerinitiativen gebildet.

Auch die genannte gesetzliche Regelung zum Umgang mit den Stasi-Akten kam wesentlich auf Druck und unter Beteiligung der Bürgerkomitees zustande. Da die Aktenverwaltung eine staatliche Aufgabe ist, ging die Zuständigkeit an die Behörde des damaligen Sonderbeauftragten über. Die Bürgerkomitees begleiteten die Arbeit seitdem in »kritischer Solidarität« und haben auch jüngst einen eigenen Vorschlag zur Novellierung des StUG in die Debatte eingebracht (Hollitzer 2002 [2035]). Bis heute ist das Verhältnis zwischen den jeweiligen Bundesbeauftragten und den ehemaligen Wegbereitern des StUG nicht spannungsfrei. Erinnert sei nur an die Kritik von Jürgen Fuchs (1998 [2030]) an der Behördenarbeit in seinem Buch *Magdalena*. Umgekehrt hat auch die BStU die Beteiligung der Bürgerkomitees oder des Matthias-Domaschk-Archives an der Auseinandersetzung um das StUG weniger als konstruktiv denn eher als eine Einmischung in interne Angelegenheiten betrachtet.

Die Aufarbeitungsinitiativen verfolgten die gesellschaftlichen Prozesse bezüglich der Auseinandersetzung mit der Vergangenheit von Anfang an mit großer Aufmerksamkeit. Oft waren es Vertreter solcher Initiativen oder auch Opferverbände, die sich in den immer wieder aufflammenden Schlussstrichdebatten gegen die Verklärung und Verharmlosung der jüngsten deutschen Geschichte einsetzten. Sie widersprachen – häufig als Einzige – insbesondere, wenn die Vertreter des alten Regimes allzu offensichtlich Platz im öffentlichen Raum erhielten, so im Zusammenhang mit den Auftritten des stellvertretenden Stasi-Ministers Markus Wolf oder des PDS-Politikers Gregor Gysi. Im Zusammenhang mit den noch immer im Mitteldeutschen Rundfunk (MDR) wirkenden offiziellen und inoffiziellen Stasi-Mitarbeitern wurde 2001 eine äußerst heftige Diskussion angestoßen, die zeigte, dass das Thema DDR-Geschichte noch lange nicht ad acta gelegt werden kann.

Obwohl Aufarbeitungsinitiativen und Opferverbände oft genug Graben-kämpfe in den eigenen Reihen austragen, hat es in den vergangenen Jahren doch immer wieder Beispiele für gemeinsame Aktionen gegeben. So verabschiede-ten Aufarbeitungsinitiativen und Opferverbände gemeinsame Presseerklärun-gen, als 2001 aufgrund des so genannten »Kohl-Urteils« das Stasi-Unterlagen-Gesetz in Gefahr war oder als ehemalige MfS-Offiziere im selben Jahr in der Jungen Welt gegen die angebliche »Hexenjagd« auf ehemalige IM beim Mit-teldeutschen Rundfunk zu Felde zogen. Auch gemeinsame Aktionen – in der Regel von einer Gruppe angestoßen – fanden statt. Das Bürgerbüro Berlin initi-ierte 2001 beispielsweise eine Unterschriftenaktion gegen die Rentenerhöhung für ehemalige DDR-Funktionäre; das Bürgerkomitee Leipzig stieß Anfang des Jahres 2003 die Protestaktionen gegen die Talkshow »Gysi & Späth« an, in der Gregor Gysi erstmals als Moderator agierte. Beide Aktionen wurden von zahlreichen Gruppen der gesellschaftlichen Aufarbeitung mitgetragen.

1989/90 wurde die SED innerhalb weniger Wochen entmachtet, ihre Dikta-tur demontiert. Dies galt nicht nur für Strukturen, sondern gleichermaßen für Gebäude und Arbeitsmittel: Gefängnisse wurden aufgelöst oder umgestaltet, Stasi-Dienststellen besetzt und Abhöranlagen vernichtet, die Berliner Mauer wurde abgerissen, um nur einige Beispiele zu nennen. In diesen und vielen ande-ren Fällen war es nur dem Engagement einzelner Bürger zu verdanken, dass an der innerdeutschen Grenze beispielsweise Teile der Mauer erhalten blieben. Die eigentlich zuständigen Denkmalschützer oder Politiker waren nicht zur Stelle, als es notwendig gewesen wäre. So waren es Gruppen ehemaliger Häftlinge, die sich für den Erhalt von Haftanstalten als Gedenkorte einsetzten, oft gegen erbit-terten Widerstand der Bürokratie. Als Beispiel sei die international bekannte und als Synonym für politische Verfolgung geltende Sonderhaftanstalt Baut-zen II genannt. Nach 1990 weiter als Haftanstalt genutzt, blieb der originale Ort nur dank des Einsatzes ehemaliger Häftlinge erhalten, die sich im Bautzen-Komitee zusammengeschlossen haben. Ohne dieses Engagement könnte die heute unter dem Dach der Stiftung Sächsische Gedenkstätten (StSG) arbei-tende Gedenkstätte wohl keinerlei authentische Räume präsentieren. Diese Beispiele ließen sich in großer Zahl fortsetzen.

Auch das Leipziger Bürgerkomitee musste seine schon am 1. Juni 1990 eröffnete Ausstellung über Arbeitsweise und Struktur der Staatssicherheit ohne jede staatliche Unterstützung erarbeiten. Die ehemals als Sonderausstellung geplante Exposition wurde am 31. August 1990 in der »Runden Ecke«, der ehe-maligen Bezirksverwaltung für Staatssicherheit, als Dauerausstellung eröffnet. Das Bürgerkomitee etablierte die Einrichtung mit hohem persönlichen und ehrenamtlichen Engagement als Museum und Gedenkstätte. Die Denkmal-pflege stellte den authentisch belassenen Teil des Hauses bezogen auf den Zustand 1989 unter Schutz – allerdings erst auf Antrag des Bürgerkomitees. Die authentischen Räume konnte das Bürgerkomitee nur unter großer Anstrengung entgegen den Sanierungsplänen des Eigentümers, der BStU, erhalten. Darüber

hinaus gelang es dem Bürgerkomitee auch, die ehemalige Ausweichführungs-
stelle, den Stasi-Bunker in Machern bei Leipzig, zu pachten und ihn so vor der
Vernichtung zu bewahren. Er ist wieder weitgehend original eingerichtet und
regelmäßig zu besuchen.

Ein anderer wichtiger Bereich, in dem sich Aufarbeitungsinitiativen etablierten, ist die Sammlung des Schriftgutes der Opposition. Überall im Land entwickelten sich nach 1989 unabhängige Archive der Bürgerbewegung, meist
an Orten oder von Personen organisiert, die schon vorher mit dem Thema
befasst waren. Zu nennen sind hier das Matthias-Domaschk-Archiv in der
Robert-Havemann-Gesellschaft, die Umweltbibliothek Großhennersdorf oder
das Archiv Bürgerbewegung in Leipzig. An diesen Orten existierten schon vor
1989 Umweltbibliotheken oder andere, ähnlich ausgerichtete Orte der gesellschaftlichen Kommunikation. Anfangs trugen die Protagonisten Informationen
und Kopien über das Wirken der DDR-Bürgerbewegung aus staatlichen Archiven zusammen und veröffentlichten diese. Es ging hierbei vor allem auch um
die »Rückeroberung« des Herrschaftswissens. Schon nach kurzer Zeit sammelten diese Archive aber auch das originäre Schriftgut der Opposition, um es
für die wissenschaftliche Forschung bereitzustellen.

Die staatlichen Archive fühlten sich für die Sammlung dieser nichtstaatlichen Dokumentenbestände nicht zuständig. Viele dieser einmaligen Materialien
wären daher heute unwiederbringlich verloren.

Im Zusammenhang mit der Gründung der Stiftung Aufarbeitung und der
dortigen Einrichtung eines eigenen Archivs schlossen sich die unabhängigen
Archive 1998 in einem Verbund zusammen, um so gemeinsam ihre Interessen
gegenüber der Stiftung vertreten zu können, die gleichzeitig Geldgeber war
(und ist) und als Konkurrent betrachtet wurde. Es erwies sich später als vorteil-
haft, dass es für die unabhängigen Archive in diesem Prozess unabdingbar war,
sich auf gemeinsame Arbeitsgrundlagen zu einigen. So wurde die Einhaltung
wissenschaftlicher Standards bei der Erschließung der Bestände ebenso zwingend festgelegt wie gewisse örtliche Abgrenzungen bezüglich des Sammelns
und Einwerbens neuer Archivmaterialien.

Praktisch alle Aufarbeitungsinitiativen leisten heute – wenn auch in sehr unterschiedlichem Maß – politische Bildungsarbeit. Umfangreiche Veranstaltungs-
programme, Schriftenreihen sowie museumspädagogische Tätigkeiten stehen
auf der Agenda dieser Gruppen. Erfreulicherweise gehen sie dazu immer häufiger Kooperationen mit staatlichen Trägern politischer Bildung ein, wie etwa mit
den Landesbeauftragten und der Bundesbeauftragten für die Stasi-Unterlagen
oder den Landes- und der Bundeszentrale für politische Bildung, was Syner-
gieeffekte schafft und Dopplungen zu vermeiden hilft.

Im ländlichen Raum – wohin die Strukturen der staatlichen Einrichtungen nur schwer reichen – sind die Aufarbeitungsinitiativen häufig die einzigen
Träger politischer Bildung und somit unverzichtbar, etwa für die Heranführung

von Jugendlichen an das Thema DDR-Geschichte. Beispielhaft seien hier die Umweltbibliothek in Großhennersdorf oder das Forum '91 in Freiberg genannt. Diese Initiativen bestehen meist nur dank des weitreichenden ehrenamtlichen Engagements ihrer Mitglieder und bedürfen künftig größerer Unterstützung.

Die ersten Publikationen, die aus der Innensicht über die DDR und ihren Herrschaftsapparat veröffentlicht wurden, waren die Arbeitsberichte der Bürgerkomitees zur Stasi-Auflösung, die noch 1990 erschienen. Es folgten weitere Quelleneditionen. Diese Materialsammlungen waren auch eine wichtige Quelle und Basis für die wissenschaftliche Auseinandersetzung mit dem Thema im universitären Bereich. Das Leipziger Archiv Bürgerbewegung beispielsweise publizierte 1992 die umfassende und bis heute einzige Quellensammlung zur Entwicklung der Friedensgebete in Leipzig. Auch die vom Berliner Bürgerkomitee herausgegebene Zeitschrift »Horch und Guck« war ein wichtiges Forum für die gerade beginnende Debatte. Aufarbeitungsinitiativen richteten Tagungen aus, luden zu Vorträgen ein und publizierten eigene Forschungsergebnisse. Zu nennen wäre beispielsweise die Schriftenreihe der Robert-Havemann-Gesellschaft, in der jüngst ein wesentlicher Band zur Zersetzungsstrategie des MfS (Pingel-Schliemann 2002 [408]) erschien.

Die universitäre Wissenschaft einerseits und die historische Forschung der Aufarbeitungsinitiativen andererseits befruchten sich gegenseitig und benötigen einander, wenngleich ein von gegenseitiger Akzeptanz geprägter Umgang oft noch gelernt werden muss.

2. Wie weiter mit der gesellschaftlichen Aufarbeitung?

Nach einer Zeit hoher gesellschaftlicher Wertschätzung, die aber selten mit einer entsprechenden materiellen Unterstützung verbunden war, sehen sich die Aufarbeitungsinitiativen zunehmend der Kritik mangelnder Professionalität ihrer Arbeit ausgesetzt. Dass dies oft auch dem Fehlen materieller Ressourcen geschuldet ist, wird bei dieser – teilweise gerechtfertigten – Kritik gern übersehen. Dennoch sind die Initiativen ein unverzichtbarer Teil der gesamten Aufarbeitungslandschaft, den es unbedingt zu erhalten gilt.

Wie dargestellt, haben Aufarbeitungsinitiativen oft Aufgaben wahrgenommen, die eigentlich in staatliche Zuständigkeit fielen. Durch die jahrelange Auseinandersetzung mit dem Thema und durch das Anrennen gegen bürokratische oder politische Hemmnisse haben sie oft bemerkenswerte Strategien, vor allem aber Durchhaltevermögen entwickelt. Immer wieder waren sie gezwungen, sich flexibel veränderten Rahmenbedingungen anzupassen: ehemalige Gegner unterstützten plötzlich das Anliegen oder beanspruchten es gar als eigene Aufgabe für sich. Auch die Anforderungen an die zu leistende Arbeit und ihre Qualität haben sich verändert.

Viele Aufarbeitungsinitiativen waren diesen Anforderungen auf Dauer nicht gewachsen und haben diesen Prozess nicht überlebt. Ihre Projekte sind eingegangen oder in andere, meist staatliche Trägerschaft überführt worden. Andere aber konnten ihre Strategien, Arbeitsweisen und Ziele den veränderten Rahmenbedingungen anpassen. Dieser Prozess, der zum Teil noch andauert, ist für alle Beteiligten durchaus schmerzhaft, aber nötig.

Leider gibt es auch Fälle, in denen engagierte Einzelkämpfer oder Vereine, die 1990/91 Unverzichtbares leisteten, sich und ihrer weiteren Arbeit inzwischen selbst im Weg stehen oder das einst Geschaffene sogar zerstören. Dies ist zum Glück nur die Ausnahme, schadet aber dem Ansehen der gesamten gesellschaftlichen Aufarbeitung immer wieder massiv, vor allem dann, wenn diese Konflikte öffentlich ausgetragen werden.

Die mangelnde finanzielle Ausstattung ist heute das Hauptproblem vieler Aufarbeitungsinitiativen. Als wesentliches Argument gegen eine kontinuierliche öffentliche Förderung wird häufig die Form der Trägerschaft angeführt. Weit verbreitet ist die Meinung, dass nur staatlich getragene Einrichtungen die Gewähr für eine solide und wissenschaftliche Arbeit bieten würden. Bei genauer Betrachtung muss man jedoch feststellen, dass Dilettantismus gleichermaßen in staatlichen wie in frei getragenen Einrichtungen vorkommt. Entscheidend ist also nicht die Trägerschaft, sondern die Einhaltung allgemein verbindlicher Kriterien für die Arbeit. Es existieren inzwischen genügend Standards für die Arbeit in Museen, Gedenkstätten und Archiven, anhand derer eine Vergleichbarkeit möglich und nach Meinung des Autors auch dringend nötig ist. So würden alle Träger der Aufarbeitung nicht an der Form der Trägerschaft, sondern an den Ergebnissen ihrer Arbeit gemessen werden. Staatliche Einrichtungen stünden dann auf dem gleichen Prüfstand wie die frei getragenen.

Weiterhin wird behauptet, dass bestimmte »national bedeutsame« Einrichtungen nur in staatlicher Trägerschaft bestehen könnten. Diese Aussage widerspricht der Erkenntnis der Enquete-Kommission, die sich die Bundesregierung, bezogen auf die Gedenkstätten, 1999 in ihrem Gedenkstättenkonzept zu Eigen gemacht hat. Dort heißt es: »Sie [d.h. die Bundesregierung] wird dabei die Heterogenität der Trägerschaften von Gedenkstätten achten und unterstützen. Damit trägt sie dazu bei, den dezentralen und pluralen Charakter der Gedenkstättenlandschaft zu festigen, der sich durch ein Neben- und Miteinander von ehrenamtlicher und professioneller Arbeit, lokaler, regionaler und überregionaler Verantwortungsübernahme sowie individuellem und kollektivem Engagement auszeichnet. In diesem Sinne wird die Bundesregierung die Unabhängigkeit der Gedenkstätten von politischen Weisungen akzeptieren.«

Außerdem ist im Grundgesetz das Prinzip der Subsidiarität verankert. Das heißt, dass staatliche Aufgaben, die von nichtstaatlichen – also freien – Trägern gleich gut oder besser wahrgenommen werden können, auch durch diese übernommen werden. Der Staat hat dann allerdings auf dem Weg der Förderung entsprechende Mittel zumindest für die Grundsicherung zur Verfügung zu stellen. In anderen Bereichen, wie beispielsweise der Schulausbildung oder der Jugendhilfe, hat sich dies seit Jahrzehnten bestens bewährt.

Wie dargestellt, müssen sich auch die Aufarbeitungsinitiativen an den üblichen Standards messen lassen. Allerdings müssen ihnen eine ausreichende Zeit und vor allem finanzielle Mittel zur Erreichung eines solchen Standards eingeräumt werden. Jetzt, nach vielen Jahren des oft ehrenamtlichen Engagements, zu sagen: »Der Mohr hat seine Schuldigkeit getan«, ist nicht nur aufarbeitungspolitisch ein Holzweg, sondern auch moralisch nicht integer.

Als Mitte der 90er Jahre die BStU begann, Informations- und Dokumentationszentren (IDZ) aufzubauen, gab es erste Reibungspunkte zwischen der Behörde und den freien Trägern der Aufarbeitung. Zwischen dem Bürgerkomitee und der Leipziger Außenstelle zum Beispiel wurden daraufhin Absprachen getroffen, eine Ausstellung zur Arbeit der BStU und zum StUG einzurichten und so auf Dopplungen zu der im selben Haus bereits existierenden Exposition des Bürgerkomitees, die über Aufgaben, Arbeitsweise und Strukturen der Staatssicherheit informiert, zu verzichten. Bei der Eröffnung der sanierten Außenstelle sagte Joachim Gauck, dass es in Leipzig kein eigenes IDZ geben werde, da ja das Museum in der »Runden Ecke« bereits bestehe. In den folgenden Jahren trafen die BStU und das Bürgerkomitee weitere Abstimmungen. Dennoch ist die Zusammenarbeit, vor allem bezüglich der Außendarstellung, bis heute nicht spannungsfrei. Das Beispiel illustriert, wie wichtig es gerade bei Einrichtungen ist, die in unmittelbarer räumlicher Nähe zueinander arbeiten, Alleinstellungsmerkmale zu betonen und Konzeptionen mit eindeutigen Aufgabenteilungen zu entwickeln.

Es scheint dringend notwendig zu sein, sowohl regional als auch überregional angelegte Konzepte dafür zu erarbeiten, welche Einrichtungen welche Aufgaben wahrnehmen können. Dabei sollte vordergründig untersucht werden, was möglich und nicht, was ideal wäre. Die häufig noch nebeneinander betriebene Arbeit muss einer abgestimmten Zusammenarbeit weichen, in die jeder Partner sich unabhängig von Trägerschaften nach seinen spezifischen Möglichkeiten einbringt. Die zukünftige Ausstellung der ASTAK im Haus 1 der ehemaligen MfS-Zentrale in Berlin muss beispielsweise ebenso auf die Angebote im Mauermuseum wie in der Gedenkstätte Hohenschönhausen oder dem IDZ der BStU abgestimmt sein. Auch die Sammlungstätigkeit der Einrichtungen sollte nicht zu Konkurrenzsituationen führen. Diese Abgrenzung ist schwierig, schärft aber auch das jeweilige Profil. Solange sich aber große Einrichtungen als »Aufarbeitungsimperium« oder als »Speerspitze der Aufarbeitung« verstehen, wird eine Verständigung nur schwer möglich sein.

Eine wichtige Frage wird also sein, wo sich diese großen, staatlich finanzierten Einrichtungen in einem solchen Konzept sehen. Derzeit ist im Gespräch, das Haus 1 in der Berliner Normannenstraße als Stiftung in den Geschäftsbereich der BStU einzugliedern und aus der Verantwortung der bisherigen Trägervereine, vor allem der ASTAK, herauszulösen. Eine Fachkommission hat 2001 dazu festgestellt, dass das Haus 1 ein »Ort von besonderer nationaler Bedeutung« sei. Weiter hieß es: »Die authentischen Zeugnisse des MfS sind gleichsam als nationales Monument zu sehen, das nicht in die Verfügungsgewalt privater Vereine oder Initiativen gehört, sondern öffentlich-rechtlich zu verantworten ist.« Die Gründung einer eigenständigen Stiftung zur Verwaltung des Hauses wäre sicher eine denkbare Lösung. Eine zentrale Aufarbeitungsbehörde ist es jedoch gerade nicht, was unsere Demokratie braucht, sondern bürgerschaftlich getragene, vielfältige Auseinandersetzung mit der Diktatur, die sich an wissenschaftlichen und Fachstandards messen lassen muss.

Das Problem der Abgrenzung von Zuständigkeiten besteht nicht nur zwischen staatlichen und frei getragenen Einrichtungen, sondern immer wieder auch zwischen den einzelnen Initiativen und Verbänden untereinander. Nur schrittweise gelingt es, hier unnötige Konkurrenzsituationen abzubauen. Die unabhängigen Archive haben sich wie beschrieben erst unter dem Druck der Konkurrenzsituation zur Stiftung Aufarbeitung zusammengeschlossen. Eine ähnliche Entwicklung vollzieht sich im sächsischen Raum, seit mehrere frei getragene Einrichtungen gemeinsam um eine Finanzierung durch das Land kämpfen. Anfang 2003 wurde hier ein Stiftungsgesetz verabschiedet, das sowohl die Finanzierung landeseigener Gedenkstätten als auch die von Einrichtungen in freier Trägerschaft vorsieht.

Die Aufarbeitungsszene in Sachsen, egal ob in staatlicher oder in privater Trägerschaft, hat sich in den letzten zwei Jahren deutlich entwickelt und vor allem profiliert. Dies ist oft nicht der eigenen Einsicht geschuldet, sondern dem Druck der Haushälter, die ständig »Doppelzuständigkeiten« zu beseitigen versuchen, um Geld zu sparen. Druck kommt auch von den am Schluss-Strich interessierten politischen Kräften, die dieses formale Argument nutzen.

Am Ende eines solchen Positionierungsprozesses, vor allem wenn er vorausschauend und somit weitgehend selbstbestimmt geführt wird, können profilierte Einrichtungen und Initiativen stehen, die sich über ein originäres und unverwechselbares Kerngeschäft definieren, das mit anderen abgestimmt ist. Anderenfalls wird es ein angesichts der leeren Kassen immer drastischeres »Hauen und Stechen« um Aufgaben und damit um finanzielle Mittel geben. Verlierer wären die Aufklärung der Gesellschaft über die Wirkungsweise der SED-Diktatur und damit die Demokratie.

In den zurückliegenden Jahren wurde eine Reihe von Finanzierungsmöglichkeiten für Einrichtungen der Aufarbeitung im staatlichen Bereich geschaffen. Die bereits angesprochene BStU ist mit ihren Außenstellen in allen ehemaligen DDR-Bezirken gleichmäßig vertreten und so ein fester Kristallisationspunkt der Aufarbeitung in der Region geworden. Für die Gedenkstätten in staatlicher Trägerschaft wurden auf Landesebene meist eigene Stiftungen (Brandenburg und Sachsen) oder aber auch ein Referat im Regierungspräsidium (Sachsen-Anhalt) geschaffen.

Die Aufarbeitungsinitiativen finanzieren sich dagegen seit Jahren überwiegend über Projektförderung. Zuwendungsgeber sind vor allem die Länder über die Landesbeauftragten bzw. teilweise auch über die Regierungspräsidien. Große Hoffnungen waren an die Errichtung der Stiftung zur Aufarbeitung der SED-Diktatur geknüpft, die jedoch von ihrem gesetzlichen Auftrag her ebenfalls nur Projekte fördern darf.

Für den zukünftigen Erhalt der noch bestehenden Aufarbeitungsprojekte in gesellschaftlicher Trägerschaft muss ein Modell gefunden werden, die Trägervereine mit einer institutionellen Grundsicherung zu versehen. Es muss deutlich gesagt werden, dass hier an erster Stelle die jeweiligen Sitzkommunen und das Sitzland eine Verantwortung haben – und zwar nicht nur für so genannte »Leuchttürme«. Bei Einrichtungen von überregionaler Bedeutung – hier ist vor allem an die unabhängigen Archive und die Gedenkstätten zu denken – muss darüber hinaus eine institutionelle Förderung durch den Bund erreicht werden. Dies könnte über die Gedenkstättenkonzeption des Bundes geschehen, in der wesentlich mehr Gedenkstätten in freier Trägerschaft als förderwürdig genannt werden, als faktisch bisher gefördert werden (Konzeption 14. Wahlperiode [2039]). Auch die grundsätzlichen Hemmungen von Politik und Verwaltung vor der Errichtung neuer institutioneller Förderungen müssen, zumindest bezogen auf die neuen Bundesländer, überwunden werden. Nur auf dieser Basis sind die Initiativen der gesellschaftlichen Aufarbeitung in der Lage, die geforderte professionelle Arbeit zu leisten, zusätzliche Drittmittel durch Projekte, Spenden etc. einzuwerben und vor allem den hohen Anteil ehrenamtlichen Engagements in ihren Einrichtungen weiter zu gewährleisten.

Für eine ausgewogene, stabile und langfristige Auseinandersetzung mit der zweiten deutschen Diktatur als eine wichtige Voraussetzung für den Rechtsfrieden und den Erhalt der Demokratie sind sowohl freie als auch staatliche Träger notwendig. Nur so laufen wir nicht Gefahr, ein Geschichtsbild staatlich zu verordnen. Nur so wird auch eine breite Auseinandersetzung bis in die Tiefen der Gesellschaft ermöglicht. Nicht zuletzt ist eine solch ausgewogene Aufarbeitungslandschaft wesentlich weniger anfällig gegen tagespolitische Forderungen, die im Bereich der Zeitgeschichte immer eine Rolle spielen werden.

Wenn es nicht gelingt, tragfähige Finanzierungen und abgestimmte Profile zu entwickeln, so ist die gesellschaftliche Aufarbeitung in ihrer heute noch erhaltenen Vielfalt in Gefahr. Wird sie in Frage gestellt, nimmt der gesamte Aufarbeitungsprozess in unserer Gesellschaft Schaden.

Rainer Eppelmann

Die Enquete-Kommissionen zur Aufarbeitung der SED-Diktatur

Die Enquete-Kommissionen zur Aufarbeitung der Geschichte und der Folgen der SED-Diktatur sind inzwischen selber Geschichte geworden. Die Historisierung treibt dabei manchmal eigentümliche Blüten. So hat mittlerweile ein kurzer Wortwechsel auf einer Kommissionssitzung zwischen Erhard Eppler und mir Eingang in eine ebenso umfangreiche wie harmlose Sammlung kirchlicher Witze im Internet gefunden. Am 3. November 1992 erinnerte sich Erhard Eppler in einer öffentlichen Anhörung: »Die Stasi-Leute in den Kirchen-Versammlungen konnte man sofort erkennen. Sie hatten große Mühe, wenn gesungen wurde.« Darauf antwortete ich laut amtlichem Protokoll: »Die gefährlichsten Stasi-Leute in den Kirchen waren nicht die, die nicht mitgesungen haben, sondern die, die angestimmt haben.« (www.baerenfaenger-fleischer.de/chris/witze.; Materialien 1995 [42]).

Im Internet sind die Enquete-Kommissionen noch im Spätherbst 2002 auf immerhin fast 1000 Seiten präsent. Größere Nachhaltigkeit als solchen Formen der Rezeption dürfte allerdings den wissenschaftlichen Studien zur Arbeit der Enquete-Kommissionen zugebilligt werden. Ich nenne nur die Heidelberger Habilitationsschrift von Ralf Wüstenberg *Die politische Dimension der Versöhnung. Eine systematisch-theologische Studie zum Umgang mit Schuld nach den Systemumbrüchen in Südafrika und Deutschland* (Wüstenberg 2003 [2065]). Jürgen Schraten bereitet an der Universität Gießen eine Dissertation unter dem Titel *Die kollektive Erinnerung von Staatsverbrechen. Vergleichende Rekonstruktion am Beispiel des Umgangs mit DDR-Unrecht* vor. Auf die vielen Zeitschriftenaufsätze, die ihre Aufmerksamkeit auf die Enquete-Kommissionen gerichtet haben, kann hier nicht weiter eingegangen werden. Marlies Jansen hat einen wichtigen Teil der einschlägigen Literatur in ihrem Beitrag zum *Handbuch zur deutschen Einheit. 1949 – 1989 – 1999* (1999 [22]) dokumentiert.

Die erste Enquete-Kommission *Aufarbeitung von Geschichte und Folgen der SED-Diktatur in Deutschland* in der 12. Legislaturperiode des Deutschen Bundestages entsprach wie das Stasi-Unterlagengesetz und die »Gauck-Behörde« einem Anliegen der Bürgerrechtsbewegung in der DDR. Vorläufige Überlegungen zur Einsetzung einer solchen Kommission wurden jedoch bereits in der ersten frei gewählten Volkskammer der DDR angestellt, gebildet wurde sie dann im Deutschen Bundestag auf der Grundlage des Paragraphen 56 seiner Geschäftsordnung, nach dem er Enquete-Kommissionen »zur Vorbereitung von Entscheidungen über umfangreiche und bedeutsame Sachkomplexe« einrichten kann. Im Unterschied zu den sonstigen Ausschüssen des Bundestages sind Enquete-Kommissionen »gemischte Gremien«, in denen externe Sachverständige gleichberechtigt mitwirken.

Die erste Enquete-Kommission veranstaltete insgesamt 81 Plenarsitzungen, von denen 44 als öffentliche Anhörungen in Bonn und Berlin, aber auch in Halle, Rostock, Erfurt, Dresden und Jena durchgeführt wurden. Im Rahmen dieser Anhörungen kamen 327 Sachverständige und Zeitzeugen aus ganz Deutschland und den verschiedensten Lebens- und Wirkungsbereichen zu Wort. Besonders wichtig waren uns jene Veranstaltungen, in denen die Kommission Opfer der SED-Diktatur und Vertreter von Opposition und Widerstand anhörte. Bei der Ausarbeitung ihres Berichts an das Plenum des Bundestages konnte sich die Kommission darüber hinaus auf rund 150 Expertisen, Gutachten und Berichte stützen. Die Protokolle der Anhörungen und die wissenschaftlichen Gutachten ergaben zusammen eine Textsammlung von reichlich 15 000 Seiten, die der Deutsche Bundestag 1995 in einer 18 Bände umfassenden Edition der Öffentlichkeit zugänglich machte (Materialien 1995 [42]).

Das Programm und die Ergebnisse der Arbeit der ersten Enquete-Kommission »Aufarbeitung von Geschichte und Folgen der SED-Diktatur in Deutschland« sind bereits in ihrem Namen enthalten, den die Kommission selbst erarbeitet hatte. Es ging um die historische und politische Aufarbeitung von Geschichte – also nicht um »Vergangenheitsbewältigung« – in einem fortwährenden Prozess, in den immer auch schon die Betrachtung der Folgen dieser Geschichte einbezogen werden sollte. Die Enquete-Kommission sprach von der DDR unmissverständlich als der SED-Diktatur und korrigierte damit auch die Perspektiven einer systemimmanenten Betrachtungsweise, wie sie sich in Teilen der westdeutschen DDR-Forschung eingebürgert hatte. Mit dem erst spät in den Kommissionstitel aufgenommenen Zusatz »in Deutschland« verdeutlichte die Enquete-Kommission allerdings auch ihre einmütige Auffassung, dass die deutsche Teilungsgeschichte und die gesamtdeutschen Bezüge bei einer Aufarbeitung von Geschichte und Folgen der SED-Diktatur nicht ausgeblendet werden dürfen.

Die wichtigsten inhaltlichen Feststellungen der Enquete-Kommission fasste der interfraktionelle Entschließungsantrag prägnant zusammen, den sich das Plenum des Deutschen Bundestages am 17. Juni 1994 mit überwältigender Mehrheit zu Eigen machte:

1. »Der SED-Staat war eine Diktatur. Er war dies nicht durch Fehlentwicklung oder individuellen Machtbrauch – der kam im einzelnen hinzu –, sondern von seinen historischen und ideologischen Grundlagen her. […] Die wirkliche Grundlage der äußerlichen Stabilität des Systems war die von der Sowjetunion gegebene Existenzgarantie; als sie zurückgezogen wurde, stand das Regime der aufbegehrenden Bevölkerung haltlos gegenüber und brach zusammen.«

2. »Die Hauptverantwortung für das Unrecht, das von diesem System begangen wurde, trägt die SED. Sie hat ihre ›führende Rolle‹ in Staat, Justiz,

Wirtschaft, Gesellschaft, Bildung, Kultur und Wissenschaft und damit ihre Vormundschaft gegenüber den Einwohnern ihres Staates mit allen Mitteln durchgesetzt.«

3. »Die politisch-moralische Verurteilung der SED-Diktatur bedeutet keine Verurteilung der ihr unterworfenen Menschen, im Gegenteil. Die Deutschen in der SBZ/DDR haben den schwereren Teil der deutschen Nachkriegsgeschichte zu tragen gehabt. [...] Es ist das bleibende Verdienst der Deutschen in Sachsen, Thüringen, Sachsen-Anhalt, Mecklenburg-Vorpommern, Brandenburg und dem Ostteil Berlins, daß sie das SED-Regime stürzten und den Weg zur Demokratie und damit zur Vereinigung Deutschlands freigemacht haben!«

4. »Die innere Einheit Deutschlands und damit die Beseitigung der materiellen und immateriellen Folgeschäden der SED-Diktatur bleibt die herausragende Aufgabe der bevorstehenden Jahre.«

5. »Einvernehmen sollte über eine grundlegende Konsequenz aus der Erfahrung mit der SED-Diktatur bestehen: Zu den geistigen Grundlagen einer innerlich gefestigten Demokratie gehört ein von der Gesellschaft getragener antitotalitärer Konsens. [...] Das Credo demokratischer Politik nach 1945 ›Nie wieder Krieg von deutschem Boden, nie wieder Diktatur auf deutschem Boden!‹ bleibt bestehen. Dies bedeutet die Absage an jedwede Form totalitärer Ideologien, Programme, Parteien und Bewegungen.«

Die erste Enquete-Kommission konnte mit ihrer Arbeit eine durchaus beachtliche Öffentlichkeit erreichen, vielfältige Diskussionen anregen und zu einer präziseren Bewertung der SED-Diktatur wesentliche Beiträge leisten. Die Materialien dieser Kommission hat Rita Süssmuth, die damalige Präsidentin des Bundestages, deshalb zu Recht als »einzigartiges Zeugnis der Vergewisserung gerade eben erlebter Vergangenheit« bezeichnet: »Heutigen wie Späteren ist damit eine repräsentative Sammlung von artikulierten Gefühlen, Erfahrungen, Meinungen und Bewertungen an die Hand gegeben, deren Wert mit dem zeitlichen Abstand steigen wird.«

Denjenigen, die unmittelbar an der ersten Enquete-Kommission beteiligt waren, aber auch denen, die die Tätigkeit dieser Kommission von außen her begleiteten, war klar, dass damit nicht die ganze Arbeit getan war. In ihrem Bericht an den Bundestag hatte die Kommission selber die Fülle offener Fragen festgehalten, bei denen weiterer Forschungs- und Klärungsbedarf besteht. Insofern kam es nicht überraschend, dass die Arbeit der ersten Enquete-Kommission in der 13. Legislaturperiode des Bundestages durch eine zweite Enquete-Kommission *Überwindung der Folgen der SED-Diktatur im Prozeß der deutschen Einheit* fortgesetzt wurde. Diese zweite Enquete-Kommission hatte den Auftrag, »aufbauend auf den Ergebnissen der Vorgängerkommission, Beiträge zu einer politisch-historischen Analyse und einer politisch-moralischen Bewertung der SED-Diktatur [zu] leisten, den gesamtgesellschaftlichen Aufarbeitungsprozeß [zu] fördern und für die Zukunft Vorschläge für seine Weiterführung zu machen«. Auch diese Kommission sollte »zur Festigung des demokratischen Selbstbewußtseins, des freiheitlichen Rechtsempfindens und des antitotalitären Konsenses in Deutschland beitragen und allen Tendenzen zur Verharmlosung und Rechtfertigung von Diktatur entgegenwirken«. Die Ergebnisse der zweiten Kommission, einschließlich ihres Schlussberichts, liegen inzwischen gleichfalls in einer umfangreichen Edition von 14 Bänden im Druck vor. Die Materialien beider Enquete-Kommissionen wurden inzwischen auch in digitalisierter Form auf einer CD-ROM gemeinsam zugänglich gemacht.

Die zweite Enquete-Kommission stand eindeutig nicht mehr in dem Maße im Mittelpunkt des öffentlichen Interesses wie die erste, obwohl auch sie sehr fleißig gearbeitet hat: 117 Gutachten bzw. Expertisen wurden eingeholt. Bundesbehörden, Sachverständige und Sekretariatsmitarbeiter lieferten 43 Berichte. Bei den 24 Anhörungen kamen 292 Politiker, auswärtige Sachverständige und Zeitzeugen zu Wort. Wenn trotz dieser Aktivitäten und manch anderer die zweite Enquete-Kommission weniger deutlich in der Öffentlichkeit wahrgenommen wurde, dann bewerte ich das auch als ein Zeichen der Normalisierung im vereinigten Deutschland. Vieles von dem, was in der Arbeit der ersten Kommission noch sensationell wirken konnte, war in der zweiten Hälfte der neunziger Jahre dann schon selbstverständlicher Bestandteil des antitotalitären Konsenses im vereinigten Deutschland. Ich erinnere hier nur an die eindeutige Bezeichnung der DDR als SED-Diktatur. Die dunklen Ecken des Mielke-Imperiums und dessen Auswirkungen auf die DDR konnten weithin ausgeleuchtet werden. Die historische Bedeutung von Opposition und Widerstand in der DDR, die gerade von westlichen Beobachtern lange unterschätzt worden ist, genießt heute allgemeine Anerkennung. Die Kommission konnte die Grundlinien der deutschen Teilungsgeschichte in ihrem europäischen Zusammenhang so aufzeigen, dass es heute als selbstverständlich angesehen wird, die Geschichte des SED-Staates in die der ganzen deutschen Nation einzuzeichnen: Aufarbeitung der Geschichte der SED-Diktatur in Deutschland! Insofern bestätigte die zweite Enquete-Kommission den Grundansatz ihrer Vorgängereinrichtung durchgängig.

Inwieweit es der zweiten Kommission gelang, dazu beizutragen, »daß sich Menschen mit ihren unterschiedlichen Biographien im Einigungsprozeß besser wiederfinden«, wird sehr unterschiedlich beurteilt werden können. Wir mussten lernen, dass es einfacher ist, sich in der Bewertung der »harten Politikbereiche« zu verständigen, als in der Beurteilung von individuellen Lebensläufen und -leistungen. Hier wird wohl erst ein noch größerer historischer Abstand zu gewinnen sein, will man zu Urteilen kommen, die als gerecht und akzeptabel betrachtet werden dürfen. Andererseits ist es aber weiterhin nötig, allen Tendenzen einer Verklärung der totalitären Vergangenheit zu widerstehen. Auch deshalb kam die zweite Kommission, deren Hauptauftrag sich ja auf die Gestaltung von Gegenwart und Zukunft im vereinigten Deutschland richten sollte, nicht umhin, in den Bereichen Wirtschafts-, Sozial- und Umweltpolitik, Wissenschaft, Bildung und Kultur sowie das geteilte Deutschland im geteilten Europa auch historische Rückschau zu halten. Die Gegenwart des vereinigten Deutschland kann nur hinreichend verstanden werden, wenn man sie in Zusammenhang mit den historischen Lasten unterschiedlichster Art bringt, die uns die SED-Diktatur hinterlassen hat.

Besonders schwierig war es, das Alltagsleben in der DDR und in den neuen Ländern angemessen zu beschreiben. Die Analysen der Sozialwissenschaftler leisteten dazu wichtige Beiträge. Andererseits beharrten die eingeladenen Zeitzeugen aber auch immer wieder auf der Unverwechselbarkeit ihrer individuellen Biographien, die sich der wissenschaftlich-systematischen Erfassung verweigert. Mein immer wieder ausgesprochener Appell »Wir müssen uns voneinander erzählen« fand nur begrenzte Resonanz, hat sich damit aber noch nicht erledigt. Die intensive Aufmerksamkeit, die bis heute persönliche Erinnerungen aus der Zeit der nationalsozialistischen Diktatur finden, beweist mir, wie wichtig dieses Erzählen ist, um zu begreifen, was das Alltagsleben in einer Diktatur und danach ausmachte. Welche Lasten, Verformungen, Stärken und Einsichten Menschen mitbringen, die eine Diktatur überlebten und dabei anständig blieben. Wie es zu schuldhaften Verstrickungen kam und wie diese aufgearbeitet werden können. Wie auch unter dem Druck der Repressionen persönliches Glück und Gelingen möglich wurden. Wie differenziert das Bild der »alltäglichen Diktatur« gezeichnet werden muss, wenn es der historischen Wahrheit und den individuellen Erinnerungen entsprechen soll. Wie lange in Kindergarten, Schule, Berufsausbildung, Hochschule und Betrieb »anerzogene« Mentalitäten und Grundeinstellungen nachwirken.

Mit besonderer Aufmerksamkeit beschäftigte sich die Enquete-Kommission mit den gesamtdeutschen Formen der Erinnerung an die beiden deutschen Diktaturen und deren Opfer. Hier ging es vor allem darum, »die personelle Würde der von Unrecht und Leid Betroffenen« wiederherzustellen. Die damit verbundenen Probleme wurden insbesondere im Zusammenhang mit den Orten einer »doppelten Vergangenheit« leidenschaftlich diskutiert. Wir hatten uns der Frage zu stellen: Darf man, muss man die Erinnerung an stalinistisches Unrecht derjenigen an die Verbrechen der Nationalsozialisten nachordnen? Lassen sich z.B. in Buchenwald oder Sachsenhausen Formen einer differenzierten Erinnerung entwickeln, an denen die Opfer beider Diktaturen mitarbeiten können und wollen? Die Enquete-Kommission konnte hier dazu beitragen, die unterschiedlichen Opfergruppen und die Gedenkstättenleitungen miteinander ins Gespräch zu bringen und die Arbeiten an der »Gedenkstättenkonzeption« des Bundes zu konkretisieren. Gewiss gelang es ihr nur begrenzt, alle Konflikte auszuräumen. Ich bin aber sicher, dass ohne die Arbeit der Enquete-Kommission der heute erreichte Stand einer Erinnerungskultur an die doppelte Diktaturvergangenheit im vereinigten Deutschland nicht erreicht worden wäre.

Die Arbeit der Enquete-Kommissionen wird durch die Bundesstiftung zur Aufarbeitung der SED-Diktatur fortgeführt. Mit der Gründung dieser Stiftung hat der Deutsche Bundestag sich nach intensiven Vorgesprächen mit großer Einmütigkeit – lediglich bei der PDS gab es eine Gegenstimme – dazu bekannt, welche Bedeutung er auch in Zukunft der Aufarbeitung von Geschichte und Folgen der SED-Diktatur in Deutschland und der Überwindung der Folgen der SED-Diktatur im Prozess der deutschen Einheit zumisst. Aufgabe der Stiftung Aufarbeitung, wie sie inzwischen allgemein genannt wird, ist es, »Beiträge zur umfassenden Aufarbeitung von Entstehung, Geschichte und Folgen der SED-Diktatur zu leisten sowie zur Stärkung der parlamentarischen Demokratie, zur Festigung des antitotalitären Konsenses, zu einer demokratischen politischen Kultur und zur Vollendung der inneren Einheit Deutschlands beizutragen« (Zwischenbericht). Zahlreiche ehemalige Mitglieder der Enquete-Kommissionen beteiligen sich deshalb bis heute an der Tätigkeit der Stiftung. Ihre Aufgabenfelder »Unterstützung von gesellschaftlichen Aufarbeitungsinitiativen und von Verbänden der Opfer der SED-Diktatur«, »Beratung und Hilfe für die Opfer der SED-Diktatur«, Unterstützung der »Auseinandersetzung mit der zweiten deutschen Diktatur und ihren Folgen im Vereinigungsprozeß«, Förderung der »weiteren wissenschaftlichen Aufarbeitung der SED-Diktatur«, Sicherung der »zahlreichen Dokumente und Materialien des Widerstandes und der Opposition gegen die SED-Diktatur« sowie das Wachhalten der »Erinnerung an die Teilung Deutschlands und die Opfer des SED-Regimes« spiegeln nicht nur sehr präzise die Anliegen der beiden Enquete-Kommissionen wider, sondern tragen auch entscheidend dazu bei, diese Aufgaben in der demokratischen Kultur des vereinigten Deutschland dauerhaft zu verankern.

Dirk Hansen

Politische Bildung und DDR-Geschichte

Unser demokratisches Gemeinwesen ist darauf angewiesen, dass Bürger und Bürgerinnen verstehen, warum es »die am wenigsten schlechte« Staats- und Gesellschaftsform ist und wie das demokratische System funktioniert. Nur wer den Gehalt und die Spielregeln kennt und akzeptiert, ist auch bereit, sich mit seinem Staat zu identifizieren und sich in kritischer Solidarität für seine grundlegenden Werte zu engagieren. Demokratie aber versteht sich nicht von selbst. Demokraten fallen nicht vom Himmel. Als Demokrat wird man nicht unbedingt geboren, zum Demokraten wird man erzogen. Auch in einer scheinbar stabilen Demokratie muss jede Generation aufs Neue die Wertgrundlagen und die Spielregeln erlernen. Bei aller Überlegenheit im Vergleich zu anderen politischen Systemen ist sie doch zu kompliziert und weist zu viele Mängel und Schwächen auf, als dass jedermann gewissermaßen »prima vista« von der relativen Stärke der Demokratie überzeugt wäre. In ganz Deutschland, so die damalige Opposition in einer Großen Anfrage an die Bundesregierung im Jahr 1998, sei eine »Entsolidarisierung und Entkoppelung der Bindung an demokratische Werte« festzustellen und die Überwindung der fast 50-jährigen Teilung bleibe »auch in den nächsten Jahren die wichtigste innenpolitische Aufgabe«; in der Antwort wurde betont, wie sehr der von politischer Bildungsarbeit »organisierte innerdeutsche Dialog« es ermöglicht habe, »die unterschiedlichen Erfahrungen mit Demokratie und Diktatur zu thematisieren und die Auseinandersetzung mit dem Unrecht des SED-Regimes voranzutreiben« (Antwort 1998 [2013]).

Politische Bildung will im vereinten Deutschland den demokratischen Gedanken fördern und mit ihm auch die »innere Einheit«. Die Durchsetzung der Demokratie hat für die Menschen in den neuen Bundesländern einen Wandlungsprozess eingeleitet, der in vielfacher Weise die Verhältnisse umkehrte, verunsicherte und auch orientierungslos machte. Den tiefgehenden Prägungen durch das Erleben zweier Diktaturen steht heute eine politische Kultur gegenüber (wenn man sie denn so nennen darf), in der die Menschen erfahren, welches Maß an individueller Freiheit und Verantwortung unsere Grundwerteordnung bietet – und verlangt. Politische Bildung muss offen und ohne Beschönigung über historische Zusammenhänge informieren. Nur dies befähigt zu einem kritischen Umgang mit der eigenen Geschichte. Das heißt zunächst, dass Verständnis geschaffen werden muss für die beiden deutschen Nachkriegsgeschichten und ihre Auswirkungen auf die politische und gesellschaftliche Sozialisation in beiden deutschen Staaten. Die Menschen sollen erkennen, dass die Geschichte der DDR ein Teil der gesamtdeutschen Geschichte und Teil des gemeinsamen historischen Erbes ist. Der Nachholbedarf im westdeutschen

Bewusstsein braucht, was dieses angeht, nicht besonders betont zu werden. Der Diskurs zwischen Deutschen aus Ost und West »auf gleicher Augenhöhe« (Jürgen Fuchs) ist der Weg, die Delegitimierung der Diktatur zum Schutze der Demokratie (Eckert 1999 [2023]) das Ziel. Innerdeutscher Zusammenhang und internationale Rahmenbedingungen müssen »angemessen in den Blick genommen werden« (Eppelmann 1993 [2025]), der Gesamtblick auf die Zeitgeschichte ist ebenso wichtig wie »die komparative Erweiterung der zeitgeschichtlichen Forschung auf die europäische Geschichte insgesamt« (Möller, H. 1995 [2046]) und es »sollte keiner Diskussion mehr bedürfen, daß Nationalsozialismus und Kommunismus durchaus miteinander zu vergleichen sind, und zwar im Sinne ihrer inhumanen Zielsetzungen und der Anwendung ihrer Mittel. … Die lange so verfemte Totalitarismus-Konzeption, nach der extrem linke und rechte Regime miteinander vergleichbar sind, gewinnt nach dem Verschwinden des DDR-Staates eine neue Aktualität« (Bracher 1993 [2016]). Angesichts neuer Herausforderungen an die »innere Einheit« ist die »Deutsche Frage nicht am Ende« (Mickel 2000 [1997]). Die Wertung, dass Wissenschaft auch etwas mit Pädagogik oder gar moralischem Anspruch zu tun hat, ist nicht neu, konnte hingegen einen verschütteten Ansatz wieder aufdecken: »Wer etwas durchschaut, der kann sich befreien – insofern ist Geschichte für die politische Bildung unverzichtbar« (Steinbach 1998 [2057]; Hansen 1995 [2032]). »Ohne Wahrheit keine Freiheit« – »der Mut zur Wahrheit und der Mut zur Freiheit sind Geschwister« (Schröder, R. 1999 [2054]; Hansen 1998 [2033]).

Die Erwartungshaltung gegenüber politischer Bildung war nach dem Paradigmenwechsel in Wissenschaft und Schule in den neuen Ländern nach 1990 teilweise so erheblich, dass man fast erschrecken könnte. Und doch gilt, dass »zu einem nicht geringen Teil die Übernahme demokratischer Werte und somit ein Stück Zukunft für uns alle« vom Erfolg der politischen Bildung abhängt (Schörken 1991 [2053]; Muszynski 1995 [2049]; Moritz 1995 [2047]). Nicht »letzte Werte«, nicht einen Ersatz für ein ML-Geschichtsbild gilt es nun zu vermitteln, sondern die »Chance einer neuen Art von Freiheit« (Schörken 1991 [2053]) zu erkennen.

Die vom Deutschen Bundestag 1992 eingesetzte Enquete-Kommission »Aufarbeitung von Geschichte und Folgen der SED-Diktatur in Deutschland« formulierte den Auftrag: »Ein im öffentlichen Bewusstsein verankerter antitotalitärer Grundkonsens ist wesentlich für die Demokratie in Deutschland. Er schließt eine historisch fundierte Beurteilung der SED-Diktatur ein«. Und sie fuhr fort: »Deshalb ist es erforderlich, für die Aufarbeitung von Geschichte und Folgen der SED-Diktatur und der deutschen Teilung durch die zeitgeschichtliche Deutschlandforschung auch von Seiten der Bundesregierung erneut Anstrengungen zu unternehmen und die Ergebnisse dieser Forschung – auch verbunden mit der politischen Bildungsarbeit – der Öffentlichkeit zugänglich zu machen. Ebenso legt die Enquete-Kommission der Bundeszentrale und den Landeszentralen für politische Bildung nahe, sich nicht nur verstärkt der Aufarbeitung der DDR-Geschichte zuzuwenden, sondern auch die Ressourcen der wissenschaftlichen Forschung zu nutzen und zu unterstützen.« (Materialien 1995 Bd. I [42])

Nun werden auch die Mitglieder der Enquete-Kommission, Politiker wie Sachverständige, nicht behaupten, dass damit erstmals der politischen Bildung im Lande »auf die Sprünge« geholfen worden sei – gab es doch seit langem eine bewährte deutschlandpolitische Bildungsarbeit, nicht zuletzt auch in der Arbeit der politischen Stiftungen (Langguth 1993 [2042]). Aber der politische Stellenwert der zitierten Aufforderung sollte auch nicht unterschätzt werden. Nach der Auflösung des Bundesministeriums für innerdeutsche Beziehungen waren entsprechende Finanzmittel im Haushalt des nunmehr zuständigen Bundesministers des Innern stark gekürzt worden. Mit dem Erreichen der staatlichen Einheit meinte so mancher, solche Gelder seien nunmehr nicht mehr nötig. Die Enquete-Kommission präzisierte in einer Entschließung zur Schlussdebatte im Bundestag am 17. Juni 1994 ihre Auffassung: »Nicht nur Angleichung der Lebensverhältnisse in ganz Deutschland, sondern mehr noch die Entwicklung einer gemeinsamen historisch-politischen Identität und eines gesellschaftlichen Konsenses über gemeinsame Grundwerte einer demokratischen politischen Kultur ist eine längerfristige, ständig zu leistende Aufgabe. … Das System der politischen Verfolgung in der DDR muß … an zentralen Stellen dokumentiert und der Öffentlichkeit vermittelt werden. … Die Erhellung und Verdeutlichung von Ursachen und Folgen, von Strukturen und Geschichte der zweiten Diktatur auf deutschem Boden in diesem Jahrhundert bleibt eine für die innere Vereinigung identitätsstiftende grundlegende Aufgabe der zeitgeschichtlichen Forschung, der Pädagogik und der politischen Bildungsarbeit. … Die Bundeszentrale und die Landeszentralen für politische Bildung, daneben die politischen Stiftungen und die freien Bildungsträger sollten eine besondere Aufgabe darin sehen, ihren Beitrag zur inneren Einheit dadurch zu leisten, daß sie die Ergebnisse dieser Enquete-Kommission nutzen und ihnen Grundlagen und weitere Anregungen für ihre eigene Arbeit entnehmen.« (Der Beitrag 1999 [2020])

Einige Zeit später – ausgelöst, wieder einmal, durch Sparzwänge und Schließungsabsichten – verabschiedeten die Leiter der politischen Bildung »im öffentlichen Auftrag« ihr ›Münchner Manifest‹, in dem es – äußerst knapp! – hieß: »Die kritische Aufarbeitung der deutschen Geschichte ist eine zentrale Aufgabe der politischen Bildung. Politische Bildung muß sich mit den totalitären Erfahrungen intensiv auseinandersetzen, damit durch die Erinnerungsarbeit die Irrtümer der Vergangenheit künftig vermieden werden können. Die Zentralen für politische Bildung arbeiten eng mit den Gedenkstätten zusammen.« (Demokratie 1997 [2019])

Die Bundeszentrale für politische Bildung selber hatte es ab 1. Januar 1992 mit der Auflösung des Gesamtdeutschen Instituts/Bundesanstalt für gesamtdeutsche Aufgaben übernommen, die deutschlandpolitische Informationsarbeit als zentralen Themenschwerpunkt weiterzuführen. Enge Zusammenarbeit mit den Landeszentralen für politische Bildung insbesondere der neuen Länder, regelmäßige Dialogforen mit Verantwortlichen der Inneren Führung der Bundeswehr sowie vielfache Bildungsveranstaltungen mit militärischen Einheiten, zahlreiche Seminare der Bundeszentrale mit Lokaljournalisten, umfangreiche finanzielle Förderung tausender Bildungsveranstaltungen der Freien Träger, Schülerwettbewerbe und spezielle Schulmaterialien (»Thema im Unterricht«) und schließlich die massenhafte Verteilung von gedruckten Informationen an interessierte Bürger und Bürgerinnen als so genannte »Endverbraucher« standen auf der Agenda. Die neu aufgebaute Außenstelle Berlin sollte in besonderer Weise den Prozess des Zusammenwachsens in Ost und West unterstützen. Beratung in politischer Bildung bzw. Gemeinschaftskunde, speziell Lehrerweiter- und -fortbildung, sollte integrationsfördernd und identitätsstiftend wirken. Nur wenige der vormaligen Staatsbürgerkundelehrer wurden im Fach Politik eingesetzt; mehr als die Hälfte aller politischen Bildung wurde in den Schulen fachfremd unterrichtet. »Gestandene« Lehrer und »gelernte DDR-Bürger« hatten »ihren« »vormundschaftlichen Staat« (Rolf Henrich) verloren und waren vielfach verunsichert. Mehrere Tausend Lehrer und Multiplikatoren haben – teils in einwöchigen »crash-Kursen«, teils in mehrsemestrigem Fernstudiengang – bis zum Abschluss dieses Programms im Jahr 1999 entsprechende Seminare besucht und zum Teil Zertifikate erworben (Materialien 1999, Bd. VII [43]).

Inwieweit Kritiker auch heute noch für die Mehrheit der Politiklehrer Recht hätten, kann hier nicht erörtert werden; als Mahnung an Schulaufsichtsbehörden jedoch bleibt folgende Beurteilung nicht unwesentlich: »Noch immer führt ›Schule als Lernort der Demokratie‹ zu Ängsten und Fehlinterpretationen. Die Forderung nach einer kritischen Auseinandersetzung mit der Funktion des DDR-Lehrers wird oft als persönlicher Angriff verstanden, als Aufforderung, die eigene Vergangenheit pauschal zu durchkreuzen und die neue Gesellschaft kritiklos zu ›inhalieren‹« (Klier 1997 [2037]). Die Frage nach der Aufarbeitung stellt sich keineswegs nur im Osten, sie weist auch »nicht in die Vergangenheit, sondern in die Zukunft«; »politische und ethische Ansprüche« an die Aufarbeitung wenden sich an alle Deutschen, kann doch die Verknüpfung individueller Schicksale und historisch-wissenschaftlicher Erkenntnisse »zu einer neuen Qualität staatsbürgerlichen Bewusstseins führen« (Mothes/Schmidt 2000 [2048]; Buchstab 1999 [2017]).

Mitte der neunziger Jahre endlich hatte sich der Schulausschuss der Kultusministerkonferenz zu einer so genannten *Handreichung für die Lehrerschaft zur Darstellung Deutschlands im Unterricht* (Handreichung 1997 [2031]) durchgerungen – die Ministerkonferenz nahm diese jedoch lediglich zur Kenntnis, da sie sich nicht zu einem erforderlichen Einvernehmen verständigen konnte. Immerhin rang sich die Ständige Konferenz der Kultusminister der Länder in einem Beschluss vom 18. September 1998 noch dazu durch, unter den Schwerpunkten ihrer *Überlegungen zur politischen Weiterbildung* (Außerschulische Bildung 1998 [1324]) auch die »deutsche Vereinigung« zu benennen. Die »Kenntnisse und prägenden Erfahrungen aus der Zeit der ehem. DDR und der Teilung Deutschlands« seien aufzuarbeiten und weiterzuentwickeln. Die Vagheit solcher Empfehlungen seitens der Politik unterschied sich in keiner Weise von der »ausgewiesener Experten«: Im *Darmstädter Appell* (1995 [2018]), dem »Aufruf zur Reform der ›Politischen Bildung‹ in der Schule« vom Dezember 1995 wurde der deutsche Vereinigungsprozess neben den europäischen gestellt. »Beide erwecken zugleich Hoffnungen und Unsicherheiten«, hieß es und politische Bildung innerhalb wie außerhalb der Schule müsse damit umgehen. Die Diskussion über die deutsche Geschichte nach 1945 muss offensichtlich weitergeführt werden – was den Historiker nicht überraschen kann, den »Schulmeister« hingegen auf sich allein gestellt bleiben lässt. Dabei dürfte die Geschichte als »Rückgrat politischer Bildung« (Steinbach 1998 [2057]) gerade in Zeiten »der Geschichtslosigkeit, auf die wir uns in den siebziger und achtziger Jahren eingelassen haben«, entgegen allen Modeströmungen wieder wesentlich werden, denn: »Politikwissenschaft ohne historisch-politische Bildung ist der Anfang vom Ende dieser für unsere Demokratie wichtigen Reflexionswissenschaft« (Steinbach 1998 [2057]; vgl. dazu auch Pampel 1995 [2051]).

Als wichtiges Publikationsorgan zu den Themenfeldern Deutsche Geschichte/Innere Einheit muss die von der Bundeszentrale herausgegebene Zeitschrift *Aus Politik und Zeitgeschichte*, eine Beilage zur Wochenzeitung *Das Parlament*, genannt werden. Schon Erscheinungsfrequenz und Auflage heben sie aus allen vergleichbaren Zeitschriften heraus. In den neunziger Jahren sind jährlich fünf bis acht Hefte mit jeweils vier bis fünf einschlägigen Artikeln zur Geschichte beider Staaten in Deutschland bzw. zu Fragen der inneren Einheit nach 1990 erschienen. Kein Historiker, Politologe, Soziologe oder Ökonom, der auf sich hält und mit Deutschlandpolitik im weitesten Sinne befasst ist, der nicht in *APuZ* veröffentlicht hätte. Nicht unerwähnt in solchem Zusammenhang darf bleiben, dass auch das *Deutschland Archiv* ohne die Bundeszentrale bis heute nur schwer überlebt hätte, nachdem verlegerische Schwierigkeiten Mitte der neunziger Jahre ein »Aus« nicht undenkbar werden ließen. Beide Zeitschriften sind unverzichtbare Vermittler zwischen anspruchsvoller Wissenschaft und einem breiten Publikum.

Gerade Hermann Weber hat immer wieder auch in diesen beiden Zeitschriften auf »Tabus«, »weiße Flecken«, »Asymmetrien« oder missbrauchte und dennoch notwendige Wissenschaft verwiesen und sich für einen »Pluralismus der Methoden wie der Wertungen« (Weber, H. 1990 [1943]) ausgesprochen. Unermüdlich wies er dabei nicht nur auf Forschungs- und Förderungsdesiderate hin, sondern betonte die wesentliche Rolle der Wissenschaft für die Aufarbeitung der SED-Diktatur bzw. für Einrichtungen der politischen Bildung.

Höchste Auflagen, insbesondere im schulischen Gebrauch, bei hohem Anspruch auf wissenschaftliche Fundierung, erreichen bekanntlich die vierteljährlich von der Bundeszentrale herausgegebenen *Informationen zur politischen Bildung*. Es überrascht nicht, dass Geschichte und Entwicklung Deutschlands nach 1945 immer wieder zum Thema der »schwarzen Hefte« gemacht werden. In den letzten Jahren wird auch der Versuch unternommen, das Geschehen in beiden deutschen Staaten nicht mehr getrennt, sondern zumindest parallel, wenn nicht gar verschränkt darzustellen. (Nr. 250: *Der Weg zur Einheit*; Nr. 256: *Deutschland in den fünfziger Jahren*; Nr. 258: *Zeiten des Wandels. Deutschland 1961–1974*; Nr. 259: *Deutschland 1945–1949. Besatzungszeit und Staatsgründung*; Nr. 270: *Deutschland in den 70er/80er Jahren*). Doch bedarf es hier noch weiterer Anstrengungen. Im Blick darauf sind auch die neuen *Deutschen ZeitBilder* ab 1997 in der Bundeszentrale entwickelt worden, die zentrale Themen der DDR-Geschichte und der deutsch-deutschen Beziehungen für einen breiten Leserkreis aufbereiten. Bisher erschienen: Bernd Lindner: *Die demokratische Revolution in der DDR 1989/90*; Falco Werkentin: *Recht und Justiz im SED-Staat*; Werner Maibaum: *Geschichte der Deutschlandpolitik*, Siegfried Suckut: *Parteien in der SBZ/DDR 1945–1952*; Jens Gieseke: *Die DDR-Staatssicherheit. Schild und Schwert der Partei*; Peter Maser: *Die Kirchen in der DDR*; Michael Rauhut: *Rock in der DDR*. Seriöse Darstellung und Dokumente, Berichte und Illustrationen schaffen eine leicht verständliche und anschauliche Lektüre.

Als wesentlicher Beitrag zur politischen Bildung im Zusammenhang mit der DDR-Geschichte ist schließlich die am 5. Juni 1998 erfolgte Errichtung der »Stiftung zur Aufarbeitung der SED-Diktatur« als bundesunmittelbare Stiftung zu nennen, hat sie doch auch »die Förderung der politisch-historischen Aufklärung« zum gesetzlichen Auftrag. Beide Enquete-Kommissionen des Deutschen Bundestages, die sich mit der Geschichte der SED-Diktatur befassten, hatten Empfehlungen zur Errichtung einer solchen Stiftung beschlossen. Die Auseinandersetzung mit der zweiten deutschen Diktatur im 20. Jahrhundert sollte dauerhaft angeregt und unterstützt werden. Die Politik, die als parlamentarische Initiative erstmals nach 1945 zur »Vergangenheitsbewältigung« gegriffen hatte, sah nunmehr den Zeitpunkt gekommen, die eigene Arbeit institutionell zu sichern und fortzusetzen – auch um Verdrängungsmechanismen und Legendenbildung vorzubeugen. »Wer sich des Vergangenen nicht erinnert, ist verurteilt, es noch einmal zu erleben« – aktives Erkunden, stilles Nachdenken und kommunikatives Sich-Austauschen könnte solchen Sorgen, eventuell, vorbeugen (von Borries 1994 [2015]). Eine pluralistische Auseinandersetzung mit der Vergangenheit, auf wissenschaftlichen Fundamenten, versteht sich als Beitrag zur lebendigen Demokratie. »Praktisch bedeutet das, dass politische Bildung einen Vermittlungsprozeß mitgestaltet, eine Streitkultur einübt und die Möglichkeiten demokratischen Handelns zu erschließen hilft« (Misselwitz 1999 [2045]). Aufklärung tut immer neu Not und bleibt der liberale Auftrag!

Jörg Siegmund

Die Opferverbände des SBZ/DDR-Unrechts

Die politische Verfolgung Andersdenkender, tatsächlicher oder vermeintlicher Gegner zählt zu den dunkelsten Kapiteln der DDR-Geschichte. Ihr fielen Menschen aller sozialen Schichten, Altersgruppen und religiösen Bekenntnisse zum Opfer, wobei die staatliche Unterdrückung auf sehr verschiedene Weise erfolgte. Der Leidensweg vieler Opfer begann jedoch bereits vor der Gründung der DDR in der SBZ, die ihrerseits in das weitverzweigte stalinistische Unrechtssystem einbezogen war (Foitzik 1999 [97]; Weber 1999 [79]; Mironenko/Niethammer/von Plato 1998 [528]). Daher vermitteln die 180 000, nach anderen Berechnungen sogar rund 280 000 Personen, die zwischen 1949 und 1989 aus politischen Gründen in der DDR inhaftiert waren, einen vagen Eindruck von den Dimensionen dieses Unrechts (Finn 1997 [2027]; Tappert 1995 [2060]). Menschen, die die Erfahrung mit jenen verbindet, haben sich vor 1989 in der alten Bundesrepublik und seitdem in ganz Deutschland in einer großen Zahl von Verbänden zusammengeschlossen.

Der Verweis auf die besondere Mitgliederstruktur als akteursspezifisches Kriterium ist geeignet, diese Organisationen in ihrer Gesamtheit von anderen Vereinigungen abzugrenzen, die nicht unter dem Begriff »Opferverband« subsumiert werden sollen. Hinzu tritt als weiteres Unterscheidungsmerkmal der politische Gestaltungswille der Verbände, zu deren Zielen die Artikulation und Durchsetzung der Interessen ihrer Mitglieder gegenüber anderen Akteuren auf verschiedenen Ebenen des politischen Systems gehören. Damit können Opferverbände von Formen der advokatorischen Interessenvertretung abgegrenzt werden. Sie sind ferner – trotz bestehender Grauzonen und Überschneidungen – von Aufarbeitungsinitiativen zu unterscheiden, die sich auf eine heterogenere Mitgliedsbasis stützen und primär dem historischen Erkenntnisgewinn und dessen Vermittlung verpflichtet sind.

Im Rahmen der Interessenvertretung setzen sich die Opferverbände seit 1990 vor allem für die angemessene Rehabilitierung und Entschädigung der politisch Verfolgten, die juristische Ahndung der Taten sowie die Öffnung und Sicherung der geheimdienstlichen Archive zur Erforschung des politischen Unrechts ein. Daneben haben sie durch ihre Mitwirkung in den Enquete-Kommissionen des Bundestages oder durch eigene Publikationen selbst einen wichtigen Beitrag zur Aufarbeitung des Unrechts geleistet. Gerade die zahlreichen lokalen Opferinitiativen konnten auf diesem Gebiet durch die Klärung des Schicksals vieler Verfolgter und durch die Gedenkstättenarbeit wichtige Akzente setzen. Darüber hinaus erfüllen die Verbände durch die rechtliche Beratung ihrer Mitglieder, deren Betreuung bei Krankheit und im Alter oder die Förderung des kameradschaftlichen Zusammenhalts der Betroffenen die Funktion einer Solidargemeinschaft.

Die Verbandsforschung hat sich in den vergangenen Jahren intensiv sowohl mit der organisierten Interessenvertretung in den neuen Ländern als auch mit der Repräsentation so genannter »schwacher Interessen«, zu denen die Anliegen der politisch Verfolgten zählen, auseinandergesetzt (Willems/Winter 2000 [2064]; Schmid, J./Löbler/Tiemann 1994 [1872]; Eichener/Kleinfeld/Pollack/Schmid, J./Schubert/Voelzkow 1992 [2024]). Dennoch sind die Zusammenschlüsse der Opfer des SBZ/DDR-Unrechts bislang kaum auf wissenschaftliches Interesse gestoßen.

Einen ersten Überblick über diese Verbände bieten einige Verzeichnisse, die knappe Angaben zu deren jeweiligem Tätigkeitsbereich enthalten (Stiftung zur Aufarbeitung 2002 [2059]; Thüringer Staatskanzlei 2000 [2061]; Vademekum 2002 [2062]; Deutscher Bundestag 1998 [2021]). Kritisch ist anzumerken, dass in diesen Veröffentlichungen die Organisationen der vermögensrechtlich Geschädigten weitestgehend ausgeklammert bleiben. Darüber hinaus werden die Verbände auch in einigen umfassenderen Publikationen unter spezifischen Fragestellungen kurz behandelt (Tappert 1995 [2060]; Widmaier 1999 [2063]; Schweizer 1999 [2055]).

Erst mit einer jüngst erschienenen Untersuchung zur Organisations- und Durchsetzungsfähigkeit der Opfer des DDR-Unrechts und ihrer Vereinigungen wurde die wissenschaftliche Analyse dieser Zusammenschlüsse eingeleitet (Siegmund 2002 [2056]). Diese Arbeit versucht, die allgemeinen Erkenntnisse der Verbändeforschung für diesen Organisationsbereich nutzbar zu machen und deren Geltungsanspruch zugleich einer empirischen Überprüfung zu unterziehen. Die folgenden Ausführungen zur institutionellen Entwicklung der Opferverbände stützen sich auf wesentliche Ergebnisse dieser Analyse.

Zum Zeitpunkt des Zusammenbruchs der DDR bestanden bereits verschiedene Verfolgtenverbände in der Bundesrepublik Deutschland, unter denen die »Gemeinschaft ehemaliger politischer Häftlinge – Vereinigung der Opfer des Stalinismus e.V.« (VOS) einen herausragenden Platz einnahm. Sie wurde am 9. Februar 1950 in West-Berlin durch ehemalige Insassen des Speziallagers Sachsenhausen gegründet; damit gilt sie als ältester Verband dieser Art. Die VOS stieß rasch auf großen Zuspruch und konnte sich seit 1959 auf ein bundesweites Netz von Landes- und Bezirksgruppen stützen. Es waren vor allem aktive Mitglieder der VOS, die besondere »Arbeitskreise ehemaliger politischer Häftlinge der SBZ/DDR« in den Unionsparteien und in der SPD ins Leben riefen. Sozialdemokratische Verfolgte, die sich aufgrund der sozialliberalen Ostpolitik immer mehr von der Mutterpartei entfremdeten, gründeten schließlich mit dem »Kurt-Schumacher-Kreis e.V.« eine selbstständige Organisation. Nach dem vollständigen Bruch dieses Vereins mit der SPD entstand innerhalb dieser Partei jedoch erneut ein »Arbeitskreis ehemaliger politischer Häftlinge der SBZ/DDR«.

1957 wurden zwei weitere Verbände mit einer ähnlichen Zielgruppe ins

Leben gerufen: die »Vereinigung politischer Häftlinge des Sowjet-Systems e.V.« mit Sitz in West-Berlin und der »Verband politischer Sowjetgefangener e.V.« (Braunschweig). Letzterer trat 1981 dem »Gemeinschafts-Verband politischer Sowjetgefangener e.V.« (Berlin) bei, erlangte 1990 jedoch nach Auflösung des »Gemeinschafts-Verbandes« seine Selbstständigkeit zurück und ist seither unter dem Namen »Verband politischer Häftlinge des Stalinismus e.V.« tätig.

All diese Verbände vereinigten vorrangig ehemalige politische Häftlinge, also eine besondere Gruppe von Opfern der politischen Verfolgung. Die vermögens-rechtlich Geschädigten schlossen sich hingegen in eigenständigen Organisatio-nen zusammen. Beispielhaft sei auf das »Heimatverdrängte Landvolk e.V.« und die »Interessengemeinschaft der in der Zone enteigneten Betriebe e.V.« verwiesen, die beide schon 1948 entstanden.

Nach dem politischen Kollaps der DDR konnten sich auch diejenigen Opfer des politischen Unrechts, die bis zum Fall der Mauer in diesem Staat ausgeharrt hatten, mit Gleichgesinnten zusammenschließen. In den folgenden Monaten gelang vielen westdeutschen Vereinigungen die Ausdehnung auf die neuen Länder. Vor allem die VOS gewann dort rasch neue Mitglieder; heute gehören ihr insgesamt noch etwa 2500 Unrechtsopfer an, die mehrheitlich zu den SMT-Verurteilten und Insassen der sowjetischen Speziallager zählen. Seit 1990 konnten verstärkt auch Personen für eine Mitgliedschaft gewonnen werden, die wegen politischer Widerstandshandlungen in der DDR inhaftiert waren oder die, ohne selbst politisch verfolgt worden zu sein, die Arbeit des Verbandes unterstützen.

Zugleich erwies sich jedoch das zunehmende Alter der Mitglieder für viele kleine Vereinigungen als Hürde bei der Ausdehnung auf die neuen Länder. Sie konnten nicht genügend Ressourcen mobilisieren, um ihren räumlichen Wir-kungskreis dauerhaft zu erweitern, und mussten ihre Aktivitäten aufgrund des Mitgliederschwunds inzwischen sogar deutlich reduzieren. Der innerhalb der SPD bestehende Arbeitskreis schloss sich daher 1997 mit den sozialdemokra-tischen Opfern des Nationalsozialismus in der »Arbeitsgemeinschaft ehemals verfolgter Sozialdemokraten« (AvS) zusammen. Deren Infrastruktur schafft eine vergleichsweise stabile Kommunikationsbasis und sichert somit den Fort-bestand der Organisation.

Der Prozess der Ausdehnung der westdeutschen Opferverbände in den neuen Ländern verlief jedoch keineswegs problemlos, da zwischen den politisch Verfolgten in Ost und West erhebliche Differenzen zutage traten: (1) Friktio-nen entstanden verbandsintern im Zusammenhang mit der Neubesetzung von Führungsgremien, nachdem sich durch den verstärkten Eintritt von Menschen aus den neuen Ländern die binnenorganisatorischen Proportionen in vielen Ver-einigungen zu deren Gunsten verschoben hatten. (2) Erhebliche Unterschiede können ferner bei der jeweiligen Selbstwahrnehmung der Opfer in beiden Teilen Deutschlands festgestellt werden. Viele Beispiele belegen die Tendenz, die jeweils eigene Opfergruppe als Träger des eigentlichen Widerstandes zu betrachten, während die Verfolgten im anderen Teil Deutschlands der Anpassung an die Herrschaftsverhältnisse in der DDR bzw. des Verrats am Kampf gegen dieses System durch Ausreise beschuldigt wurden. (3) Schließlich offenbarte sich ein Ost-West-Gegensatz hinsichtlich der Zielsetzungen, die der Verbandsarbeit zugrunde liegen sollten. Vor allem die Frage einer Entschädigung für die materiellen Schäden eines Freiheitsentzuges führte zu Spannungen zwischen den verschiedenen Opfergruppen.

Angesichts dieser Differenzen überrascht es nicht, dass sich viele der seit 1990 zunächst spontan gebildeten ostdeutschen Verfolgtenverbände dauerhaft etablieren konnten. Aus diesem Prozess ist vor allem der »Bund der Stalinistisch Verfolgten e.V.« (BSV) hervorgegangen, der am 6. Januar 1990 in Leipzig gegründet wurde und nunmehr nahezu flächendeckend in den neuen Ländern präsent ist. Seine Mitgliederzahl hat sich relativ konstant bei etwa 3000 Personen eingepegelt. Ebenfalls seit 1990 besteht der Verband »Opfer des Stalinismus Thüringen e.V.« (OdS) mit Sitz in Gotha. Dagegen spaltete sich die »Vereinigung politisch Verfolgter und Widerständler der SBZ/SED-Diktatur DDR e.V.« (VpV; Schwerin) im April 1998 von der VOS ab. Im selben Jahr wurde die »Gemeinschaft politisch Verfolgter der SBZ/DDR e.V.« in Eisleben unter anderem durch ehemalige Mitglieder des BSV gebildet.

Alle bislang genannten Vereine, die seit 1990 entstanden, sind nicht auf eine spezifische Opfergruppe beschränkt, sondern stehen grundsätzlich allen ehemals politisch Verfolgten offen. Daneben wurden weitere Verbände gegründet, die sich an eine jeweils eng umgrenzte Zielgruppe wenden. Im Bereich des Vermögensunrechts entstand zum Beispiel im Juli 1993 die »Interessengemeinschaft der Haus- und Grundeigentümer in den neuen Bundesländern e.V.«. Bereits im Mai 1990 wurde in Erfurt der »Bund der in der DDR Zwangsausgesiedelten e.V.« (BdZ) gegründet, und im Dezember 1992 konstituierte sich die »Föderative Vereinigung Zwangsausgesiedelter e.V.« (FVZ). Die Reihe der verbandlichen Neugründungen ließe sich weiter fortsetzen, wobei sie sich mit zunehmendem Spezialisierungsgrad nicht notwendig als konkurrierende Vereinigungen im Verhältnis zu den sonstigen Opferverbänden betrachten.

Das gemeinsame Merkmal aller bislang genannten Zusammenschlüsse ist der bundespolitische Gestaltungsanspruch. Von ihnen müssen daher die zahlreichen lokalen und regionalen Opfergruppen unterschieden werden, die sich ebenfalls seit 1990 gebildet haben. Besonders engagiert sind diejenigen Initiativgruppen und Arbeitsgemeinschaften, die ehemalige politische Häftlinge der sowjetischen Speziallager und Strafvollzugseinrichtungen der DDR vertreten. Beispielhaft sei auf das »Bautzen-Komitee«, den »Opfer-, Förder- und Dokumentations-Verein Bautzen-II e.V.« (OFB) oder die »Initiativgruppe Lager Mühlberg e.V.« verwiesen.

Das facettenreiche Bild der Opferverbände muss um einen letzten Aspekt erweitert werden – den der verbandsübergreifenden Kooperation. So konnten sich neben vielfältigen Varianten der informellen Zusammenarbeit einige Dachverbände etablieren. Auf nationaler Ebene hat sich die im Oktober 1991 gegründete »Union der Opferverbände kommunistischer Gewaltherrschaft e.V.« (UOKG) als alleiniger Spitzenverband außerhalb des reinen Vermögensunrechts durchgesetzt. Der UOKG gehören gegenwärtig 24 Opferverbände und Aufarbeitungsinitiativen an, deren Tätigkeit sie koordiniert. Unterstützung erfahren die Einzelverbände durch die UOKG außerdem beim Erarbeiten von Förderanträgen und bei der Vertretung der gemeinsamen Anliegen gegenüber Politikern, Behörden und den Medien. Ein zusätzlich im Jahr 2000 gewählter »Zentralrat kommunistisch Verfolgter Deutschlands«, der die verstärkte Interessenartikulation der Opfer sicherstellen sollte, wurde hingegen bereits Mitte 2002 wieder aufgelöst. 1995 entstand mit der »Aktionsgemeinschaft Recht und Eigentum e.V.« (ARE) eine Vereinigung, die die Rolle einer Dachorganisation im Bereich des Vermögensunrechts anstrebt. Schließlich gehören UOKG und ARE den entsprechenden internationalen Dachverbänden an, die als »Internationale Assoziation ehemaliger politischer Gefangener und Opfer des Kommunismus« (IAGOK) bzw. »International League of Victims of Abuse of Power/Internationale Liga der Opfer der Gewaltherrschaft« (ILVAP/ILOG) unter maßgeblicher deutscher Beteiligung 1998 bzw. 1999 gegründet wurden.

Typologisch lassen sich somit folgende Verbände unterscheiden: (1) auf lokaler bzw. regionaler Ebene tätige Zusammenschlüsse, die Opfer einer bestimmten Verfolgungsmaßnahme oder Verfolgungsstätte und damit Betroffene der gleichen Schadensart vereinigen, (2) bundespolitisch tätige Verbände von Opfern einer bestimmten Verfolgungsmethode/Schadensart, bundespolitisch tätige Verbände, die allen politisch Verfolgten offen stehen, (4) nationale Dachverbände und (5) internationale Dachverbände.

Die institutionelle Entwicklung der Opferverbände offenbart einige Probleme dieser Zusammenschlüsse. An erster Stelle ist der geringe Organisationsgrad der politisch Verfolgten in den entsprechenden Vereinigungen zu nennen. Während seit 1990 über 160 000 Anträge allein auf strafrechtliche Rehabilitierung gestellt wurden, beläuft sich die Mitgliederzahl sämtlicher hier genannter Verbände auf etwa 10 000 Personen. Der niedrige Organisationsgrad kann auf die geringe Organisationsfähigkeit der Opfer des politischen Unrechts zurückgeführt werden: (1) Die Verbände wenden sich an eine relativ umfangreiche Personengruppe und verfolgen überwiegend Ziele, die auf Kollektivgüter gerichtet sind. Das heißt, dass sich für den Einzelnen ein Engagement in einem Verband nicht unmittelbar rentiert, da sich einerseits dadurch das Einflusspotential nicht wesentlich verbessert und andererseits der Einzelne die von den Verbänden durchgesetzten Verbesserungen für die Opfer unabhängig von einer Mitgliedschaft nutzen kann. (2) Die knappe Ressourcenausstattung der potentiellen Verbandsmitglieder wirkt sich ebenfalls nachteilig auf die Bildung schlagkräftiger und attraktiver Vereinigungen aus. (3) Aufgrund des Einsatzes weniger offensichtlicher Verfolgungsmethoden seit den späten sechziger Jahren können viele potentielle Verbandsmitglieder nur schwer als solche identifiziert und für ein Engagement in den Verbänden mobilisiert werden. (4) Andererseits wird der politischen Verfolgung von den Betroffenen eine sehr große Bedeutung für ihren gesamten Lebensweg zugemessen, so dass ein stärkeres Engagement in den Verbänden zu erwarten wäre. (5) Allerdings sind es gerade die Folgen der Verfolgung, insbesondere die psychische Traumatisierung vieler Opfer und der durch sie ausgelöste Rückzug der Betroffenen in die Privatsphäre, die den geringen Organisationsgrad jenseits aller Kriterien der Verbandstheorie plausibel erklären.

Als problematisch hat sich zweitens die große Vielfalt der Vereinigungen erwiesen. Sie kann auf Unterschiede zwischen einzelnen Opfergruppen zurückgeführt werden, die aus verschiedenen Verfolgungsschicksalen und anderen damit zusammenhängenden Faktoren resultieren. Folgende Variablen bedingen die Vielfalt der Opferverbände: (1) Besonders auffällig waren die – vorstehend dargestellten – Differenzen zwischen den politisch Verfolgten in den neuen und alten Ländern. (2) Betroffene einer spezifischen Schadensart oder einer bestimmten Verfolgungsmaßnahme haben sich zum Teil in besonderen Organisationen zusammengeschlossen. (3) Während in einigen Verbänden vor allem die älteren Opfer der stalinistischen Unrechtsmaßnahmen vertreten sind, wählten jüngere Opfer, deren Verfolgung zu einem späteren Zeitpunkt erfolgte, die organisatorische Selbstständigkeit; größtenteils blieben sie den Verbänden jedoch gänzlich fern. (4) Die Vielfalt der Verbände spiegelt auch unterschiedliche politische Grundüberzeugungen der Verfolgten wider. Dies kann u.a. an den verschiedenen Haltungen der Vereinigungen zur Bürgerrechtsbewegung der DDR abgelesen werden.

Jede dieser Verfolgtengruppen wird durch ein unterschiedliches Selbstbild, durch verschiedene Unrechtserfahrungen und Verarbeitungsbedingungen sowie durch daraus resultierende Bedürfnisse, Anliegen und Erwartungen, kurz: durch verschiedene Interessen charakterisiert. Die Anzahl der Verbände ist somit ein Ausdruck der Vielfältigkeit des politischen Unrechts und der davon betroffenen Menschen.

Gleichwohl kann mit Hilfe dieser Variablen nicht die Existenz aller Vereinigungen funktional erklärt und legitimiert werden. Da sich die Ziele und das Tätigkeitsspektrum vieler Organisationen in den letzten Jahren einander angeglichen haben und sie sich auch bezüglich ihrer potentiellen Mitglieder teilweise nur graduell unterscheiden, ist es stattdessen plausibel anzunehmen, dass mitunter auch schlicht persönliche Motive und vereinzelte Rivalitäten zwischen Verbandsvertretern zur Gründung neuer Opferverbände führten. Die Differenzierung der Verbändelandschaft muss somit zum Teil als dysfunktional charakterisiert werden.

Abschließend ist festzuhalten, dass die skizzierten Probleme der Verfolgtenvereinigungen auf organisatorischer Ebene auch ihre inhaltliche Tätigkeit erschweren. (1) Der niedrige Organisationsgrad und die daraus resultierende Mitgliederschwäche vieler Vereinigungen bewirken eine geringe Ressourcenausstattung dieser Zusammenschlüsse. (2) Durch die Zersplitterung der Verbände muss außerdem ein größerer Anteil der zur Verfügung stehenden Ressourcen für den Unterhalt der jeweiligen verbandsinternen Infrastruktur aufgewendet werden. Die notwendige Koordination vieler Verbände absorbiert weitere Mittel, zugleich wird das Formulieren einheitlicher Standpunkte und Forderungen erschwert. (3) Auch das hohe Lebensalter vieler Verbandsmitglieder setzt den Aktivitäten deutliche Grenzen. (4) Es ist den Verbänden zudem nicht gelungen, einen breiten gesellschaftlichen Rückhalt ihrer Anliegen sicherzustellen. Gleichwohl erhielten sie in den letzten Jahren umfangreiche finanzielle und ideelle Unterstützung durch die Stiftung zur Aufarbeitung der SED-Diktatur, die Projekte der Verbände seit 1999 mit jährlich rund 260 000 Euro fördert (Stiftung zur Aufarbeitung 2002 [2058]). (5) Im Rahmen der Interessenvertretung sind die Opferverbände auch dadurch geschwächt, dass sie kaum über Sanktionsmittel verfügen, mit denen sie ihren Forderungen Nachdruck verleihen könnten. Zusammengefasst stehen den Opfern viele strukturelle Hindernisse, aber auch eine Reihe selbst verursachter Probleme bei der wirksamen Organisation und Durchsetzung ihrer Ziele im Wege.

Die Opferverbände wurden bislang wissenschaftlich vor allem als politische Einflussverbände rezipiert. Daher stieß – neben Fragen der Organisation – primär ihre Durchsetzungsfähigkeit im politischen Entscheidungsprozess auf das Interesse der Forschung. Dagegen steht eine systematische Analyse des Engagements der Opfervereinigungen auf dem Gebiet der historischen und gesellschaftlichen Aufarbeitung oder im Kampf gegen politischen Radikalismus gleich welcher Couleur unvermindert aus. Auch die Beratungs- und Betreuungsfunktion der Verbände gegenüber ihren Mitgliedern sowie die Auswirkungen, die diese Tätigkeit auf den Umgang der Betroffenen mit der individuellen Verfolgungserfahrung entfalten, harren weiterhin einer Untersuchung.

Daneben erscheint eine Analyse der Opferverbände aus vergleichender Perspektive sinnvoll. Dabei können einerseits die Verfolgtenorganisationen der Opfer des Nationalsozialismus einen Bezugspunkt bilden. Andererseits ließen sich aufgrund eines internationalen Vergleichs die spezifischen nationalen Bedingungen der Verbandstätigkeit herausarbeiten. Damit könnten die Besonderheiten erhellt werden, die sich ergeben, wenn nur ein Teil der Gesellschaft direkt von einem Unrechtssystem betroffen war und sich die neue politische Elite nicht – oder nur zu einem sehr geringen Teil – aus Vertretern der politisch Verfolgten rekrutiert. Weiterhin lassen beide Vergleichsmöglichkeiten unter Umständen darauf schließen, ob und wie die Arbeit der Opferverbände, aber auch der Aufarbeitungsprozess insgesamt dadurch beeinflusst werden, dass das SBZ/DDR-Unrecht historisch auf das nationalsozialistische Unrecht folgte.

HERMANN SCHÄFER

Von der Diagnose über die Therapie zur Heilung – die Musealisierung der DDR-Geschichte

»Kommt diese Ausstellung zu früh?«, wurde – rhetorisch, doch besorgt zugleich – gefragt (Kober 1994 [2038]), als das Bundesministerium der Justiz unter dem Titel »Im Namen des Volkes?« kaum zwei Jahre nach dem Beitritt der DDR zur Bundesrepublik Deutschland eine Ausstellung über die Justiz im Staat der SED vorbereitete. Im Fall des Nationalsozialismus hatte dies Jahrzehnte gedauert.

Historische Museen und Ausstellungen können – meist mehr als Publikationen – zur breiten, oft auch emotionalen Auseinandersetzung mit der Vergangenheit beitragen. Der Bedarf an der Auseinandersetzung mit der DDR-Geschichte ist aus unterschiedlichen Gründen sehr hoch; getreu dem Motto eines der Transparente des Herbstes 1989: »Keine Zukunft ohne Vergangenheit«. Hermann Weber* (2002 [1950]) hat immer wieder betont: »Historisierung heißt natürlich nicht, die Schreckenszeit zu verharmlosen oder gar vergessen zu machen. Doch Einbettung in die Geschichte bedeutet: Vorurteile, Schwarz-Weiß-Malerei, Emotionen ebenso zu überwinden wie Rechtfertigungen und Verzerrungen«.

Als in Berlin die Mauer geöffnet wurde, hatte die Musealisierung der DDR bereits begonnen, und zwar während der Demonstrationen der friedlichen Revolutionäre. Der Leipziger Kultursoziologe Bernd Lindner, der damals schon für das *Leipziger Demontagebuch* die Biographien der »Demonteure« zusammentrug (Lindner/Grüneberger 1990 [891]), formulierte im Mai 1990 in Loccum die These von der therapeutischen Funktion, die das Aufbewahren und allererste zaghafte Präsentationsversuche der Demonstrationsplakate und Transparente im Anschluss an die Proteste hatten. Gerhard Gäbler (1991 [1109]) hat eine solche Szene eindrucksvoll im Bild festgehalten: Demonstranten haben im November 1989 ihre Transparente auf den Stufen an der »Runden Ecke« vor der Tür der MfS-Bezirksverwaltung in Leipzig ausgebreitet, ein einsamer Passant schreitet fast ehrfurchtsvoll an ihnen vorüber. Und

---

* Hermann Weber diesen Beitrag zum 75. Geburtstag widmen zu dürfen, ist dem Verfasser eine besondere Ehre: Weil Hermann Weber sich seit seiner frühesten Jugend schon intensiv für Ausstellungen interessierte (siehe dazu die Hinweise an vielen Stellen seiner Erinnerungen in *Damals, als ich Wunderlich hieß. Vom Parteihochschüler zum kritischen Sozialisten.* Berlin 2002), nicht nur für ihre Themen, auch ihre Akzeptanz, Besucherzahlen, Einflüsse etc. Die Arbeit der Stiftung Haus der Geschichte der Bundesrepublik Deutschland begleitet er seit 1986 als Mitglied des Wissenschaftlichen Beirates ebenso kritisch wie engagiert und wohlwollend; für den Aufbau unserer Dauerausstellungen in Bonn (1994) und Leipzig (1999), ebenso bei vielen Wechselausstellungen verdanken wir seiner Unterstützung zahllose wichtige Anregungen.

es war sicher kein Zufall, dass in eben jenen Räumen bereits am 31. August 1990 die erste ständige Ausstellung zur Staatssicherheit eröffnet wurde, die, von ehemaligen Revolutionären begründet, bis heute trotz Widrigkeiten mit Erfolg weitergeführt wird.

Einen kurzen Weg »von der Straße ins Museum« hatten die Plakate und Transparente der Demonstration vom 4. November 1989 auf dem Berliner Alexanderplatz. Kaum war die Demonstration beendet, wurden sie von den Veranstaltern eingesammelt und für Ausstellungszwecke aufbewahrt. Bereits ab April 1990 konnte man sie erstmals im Museum für Deutsche Geschichte in Berlin, ab August auch in Bonn besichtigen (*»4.11.89 Tschüss SED«* 1990 [934]).

Schon vor Jahren hat Hermann Lübbe auf den Zusammenhang von beschleunigtem zivilisatorischen Fortschritt, wachsender Verunsicherung der Menschen und steigenden Musealisierungstendenzen aufmerksam gemacht (Lübbe 1977 [1924] u. 1990 [2044]). Anders ausgedrückt: Je rascher sich unsere Gegenwart verändert, desto größer ist unser Wunsch, die Relikte der gestrigen Gegenwart im Museum aufzubewahren und als Orientierungspunkte unseres Denkens herauszustellen. Noch nie – weder 1918 oder 1933, noch 1945/1949 – gingen in Deutschland die Museen rascher ans Werk, die dinglichen Überreste der vergangenen Geschichtsabschnitte zu sichern und zu sammeln. Rasch wurde die Musealisierung der DDR zum Thema systematischer museologischer Diskussionen (Flügel/Ernst 1992 [2028]). »Nicht aus sicherer museologischer Distanz« (Ernst, W. 1992 [2026]) wurde dort diskutiert, sondern je nach Standpunkt skeptisch, nostalgisch, doch auch optimistisch, ausdrücklich die Chancen der Vereinigung ansprechend. Die Thesen vom Versagen der DDR-Museologie – einer bis dahin vom Westen übrigens vielfach besonders anerkannten, inzwischen nüchterner betrachteten Disziplin – traf auf jene von der »Musealisierung der DDR in Echtzeit« und auf die Hoffnung, »den Prozess der Gegenwartsbewältigung zu beschleunigen« (Flügel 1992 [2029]). Von der »Schuld der Museologen der DDR« war ebenso die Rede wie von Musealien als »stumme(n) Splitter(n) des historischen Prozesses, für jede Interpretation willfähig verfügbar«, auch davon, dass »das Leben eben reicher (war) als alle graue Museumsarbeit, unsere Institution glücklicherweise weniger mächtig, als wir zu glauben vorgaben« (Hofmann, E. 1992 [2034]).

Museen wirken – im besten Sinne des Wortes – historisierend. Sie bieten Rückschau auf die Geschichte der menschlichen Kultur und begründen dadurch Traditionslinien, fördern das Erinnern, das wiederum an der Bildung historischer Identität und Selbstvergewisserung beteiligt ist. So wird das Museum konstitutiv für gegenwärtiges Denken und Handeln. Denn erst durch die Auseinandersetzung mit unserer Geschichte werden wir fähig, Gegenwart zu begreifen und Zukunft verantwortungsvoll zu gestalten (Schäfer, H. 2000 [2052]).

Die Aufbewahrung der Überreste und Zeugnisse der Geschichte – nicht nur der friedlichen Revolution des Herbstes 1989, auch jener von 40 Jahren

SED-Diktatur – dient der Quellen- und Spurensicherung. Der Blick zurück auf die jüngste Vergangenheit ist die eine, das Verstehen der Geschichte und der Gegenwart sowie das gegenseitige Kennenlernen die andere Seite der Medaille »Ausstellung«. Die Musealisierung führt zur Reflexion über die Ereignisse, über den Mut derjenigen, die sich 1989 erfolgreich erhoben und Geschichte selbst mitgeschrieben haben. Die Ausstellung »Keine Gewalt. Leipzig. Eine deutsche Revolution« bot hierbei mehr als einen Blick ins »Familienalbum« der untergehenden DDR. Ein fotografisches Denkmal setzte Stefan Moses' Ausstellung im Deutschen Historischen Museum Berlin (DHM) des Jahres 1991 »Abschied und Anfang. Ostdeutsche Porträts von 1989 bis 1990«, ein anderes Konrad Hoffmeisters zwischen 1990 und 1995 entstandene Fotoserie »Ansichten zu Deutschland«, die vom Haus der Geschichte in Bonn zunächst in dessen U-Bahn-Galerie gezeigt und danach auf »Wanderschaft« geschickt wurde.

Eine Vielzahl von Ausstellungen widmete sich seit Öffnung der Mauer den historischen Ereignissen des Jahres 1989 und diversen Aspekten der gemeinsamen und getrennten Entwicklung der beiden Teile Deutschlands.

Die Ausstellung »Deutschland im Kalten Krieg 1945 bis 1963« des DHM porträtierte zum Beispiel den Propagandakrieg auf beiden Seiten des »Eisernen Vorhangs«. Lebensläufe der Menschen in beiden Teilen Deutschlands präsentierte gewissermaßen idealtypisch die DHM-Ausstellung »Lebensstationen in Deutschland von 1900 bis 1993«. Dabei wurde auch die unterschiedliche Intensität augenfällig, mit welcher in Ost und West der Staat den Lebensablauf seiner Bürger tangierte und durchdrang. Uniformen, Jugendweihe, Orden und staatliche Aufrufe begleiteten den Alltag der DDR-Bürger, machten aber auch erfinderisch, wenn es darum ging, »Nischen« zu finden, in denen man dem übermächtigen Staat scheinbar bzw. geduldet entfliehen konnte.

Kritische Retrospektiven in die DDR zeigten die Identifikationsprobleme der Menschen mit der DDR und ihrem System. 2001/02 präsentierte die Stiftung Haus der Geschichte in Bonn und Leipzig die vom Zeitgeschichtlichen Forum konzipierte Ausstellung »Foto-Anschlag. Vier Generationen ostdeutscher Fotografen« (Foto-Anschlag 2001 [1108]). Die dort präsentierten »stillen« Bilder waren den in der DDR Verantwortlichen ein Ärgernis, weil sie die offizielle Bildwelt des SED-Staates unmittelbar in Frage stellten. Sie trug zur Neubewertung der sozialdokumentarischen DDR-Fotografie ebenso bei wie zur Musealisierung des SED-Staates mit fotografischen Mitteln.

Neben ideellen Sehnsüchten und Wünschen gab und gibt es auch materielle: Viele richteten sich auf wirtschaftlichen Wohlstand und den Übergang von der sozialistischen Planwirtschaft zur ungewohnten sozialen Marktwirtschaft. Die Probleme des wirtschaftlichen Strukturwandels und die Klagen der Betroffenen wurden in der Fotoausstellung »Luxus Arbeit« (1993 [1129]) deutlich.

Während der Vergleich von DDR und Bundesrepublik in der Forschung erst begonnen hat, ist dieser Ansatz bereits mehrfach in Ausstellungen erfolgreich erprobt worden. Er erlaubt nicht nur den systematischen Vergleich der

Entwicklungen in West und Ost, sondern ist geeignet, breitenwirksam das wechselseitige Verstehen der Menschen aus zwei systembedingt unterschiedlichen Lebenshorizonten zu fördern. Die HdG-Ausstellung »Endlich Urlaub!« (1996 [1101]) arbeitete die Entwicklung des Tourismus in Ost- und Westdeutschland heraus, waren die Deutschen doch diesseits wie jenseits des »Eisernen Vorhangs« »Reiseweltmeister«. Ein Jahr später verglich das HdG in »Markt oder Plan« (1997 [980]) die beiden Wirtschaftssysteme vom Kriegsende bis zum Mauerbau und in »Ungleiche Schwestern« (1997 [1073]) die Wechselwirkungen von gesellschaftlichen Leitbildern und realem Leben der Frauen in beiden Teilen Deutschlands. Auch die »Geschichte des Sonntags« (Am siebten Tag 2002 [1084]) gehört in diesen Zusammenhang. Für diese – wie für viele andere – Ausstellungen der Stiftung Haus der Geschichte in Bonn und Leipzig gilt, dass sie in den alten und neuen Ländern gezeigt werden. Damit steigt nicht nur die Nachhaltigkeit der einzelnen Projekte, die Ausstellungen müssen sich auch stets einem Publikum mit höchst unterschiedlicher Sozialisation stellen und sich – wann immer sinnvoll auch evaluiert – vor diesem behaupten.

Anerkennung durch eine hohe Zahl von »Usern« erfuhr das vom HdG entwickelte Konzept virtueller Ausstellungen zum Thema »Geteilt – Vereint«, in dem Jahr für Jahr von der Nachkriegszeit bis in die Gegenwart in West und Ost (erstens) einschlägige Karikaturen und (zweitens) die meistbesuchten Kinofilme gegenübergestellt werden sowie (drittens) eine entsprechende virtuelle Präsentation zum politischen Humor vorbereitet wird (www.hdg.de).

So wichtig diese vergleichenden Ausstellungen sind, so können sie doch nicht dem Nachteil begegnen, den vor allem Richard Schröder beklagt hat: das »deutsch-deutsche Koordinatendebakel«. Während Polen, Ungarn, Tschechen und Russen etc. ihre heutige Situation immer mit der vor dem Fall des »Eisernen Vorhangs« verglichen, würden die Menschen in den neuen Bundesländern ihre Situation an den gleichzeitigen Verhältnissen in Westdeutschland messen. Die deutsche Einheit – so Richard Schröder – sei erst dann vollendet, wenn wir mit den Ost-West-Unterschieden so gelassen umgehen könnten wie mit denen zwischen Nord und Süd. Selten sind Ausstellungs-«treffer« wie die des Neubrandenburger Fotografen Bernd Lasdin, der in seinem Projekt »Zeitenwende« (1998 [1163]) immer dieselben Fotopaare zeigt: in ihrer DDR-Umgebung um 1987 und rund zehn Jahre später in einem sehr veränderten Umfeld.

DDR-Bürgerrechtler besetzten am 15. Januar 1990 die Zentrale der Staatssicherheit in der Berliner Normannenstraße, um die Vernichtung von Akten zu stoppen. Zwölf Jahre später kämpfen die Besetzer von damals erneut um dieses Erbe. Sie zeigen u. a. in Mielkes Büroräumen eine Ausstellung zum Thema Staatssicherheit und Widerstand. Es gibt Überlegungen und Vorschläge (Anatomie der SED-Diktatur 2001 [2012]), am ehemaligen Amtssitz des Ministers für Staatssicherheit eine Nationale Gedenkstätte unter der Federführung der Bundesbeauftragten für die Stasi-Unterlagen zu gründen. Die bereits bestehende Forschungs- und Dokumentationsstätte, aufgebaut von DDR-Oppositionellen, gilt den Gutachtern einer vom Kulturstaatsminister einberufenen Kommission als unzulänglich. Die Bürgerrechtsgruppen kontern in einem Gegengutachten, neunzig Prozent dessen, was diese Kommission vorschlage, sei bereits realisiert (Neubert/Schroeder/Schuller/Thaysen 2001 [2050]). Der Rest sei lediglich eine Frage des Geldes. Es bleibt abzuwarten, wie sich der Streit um »Haus 1« weiter entwickeln wird. Mehr Besucher als bisher bleiben in jedem Fall zu wünschen.

Eine der erfolgreichsten Einrichtungen vor allem in Hinblick auf die Besucherzahlen ist die Gedenkstätte im ehemaligen MfS-Untersuchungsgefängnis Berlin-Hohenschönhausen. Das Gelände steht wie wenige andere Orte in Deutschland für die 44-jährige Geschichte politischer Verfolgung in der SBZ/DDR. Zur Vorbereitung einer Dauerausstellung wurde ein Arbeitsstab gebildet, an dem neben der Gedenkstätte der Beauftragte der Bundesregierung für Angelegenheiten der Kultur und der Medien, das Land Berlin und die Stiftung Haus der Geschichte der Bundesrepublik Deutschland beteiligt sind. Auf die Ausstellungen in weiteren Haftanstalten (Potsdam, Schwerin, Bautzen II, Torgau, Dresden, Magdeburg etc.) kann in diesem Zusammenhang nur hingewiesen werden.

Das Interesse an der DDR-Geschichte hält an – in Forschung und Ausstellungswesen. Einen vorzüglichen, mit dem Musealisierungstrend noch wachsenden Überblick über die Vielzahl von Museen und Gedenkstätten zur DDR-Geschichte geben – von Asbach-Sickenberg bis Wustrow – das *Vademekum DDR-Forschung* (2002 [2062]) der Stiftung zur Aufarbeitung der SED-Diktatur sowie ihr seit 1994 dreimal jährlich erscheinender *Newsletter: Aktuelles aus der DDR-Forschung* (www.stiftung-aufarbeitung.de [1930]). Im Vademekum sind mittlerweile fast 50 Einrichtungen aufgeführt gegenüber 28 im Jahr 1997. Eine stolze Zahl, auch wenn die wenigsten von ihnen über eine finanziell gesicherte Zukunft verfügen. Die 1999 eingeführte Gedenkstättenförderung des Bundes bietet die Entlastung mancher Engpässe, kann aber nur Einrichtungen von (erstens) nationaler Bedeutung mit (zweitens) einem überzeugenden Konzept und (drittens) in 50-prozentiger Ergänzungsfinanzierung gewährt werden.

Die Musealisierung der DDR auf dem Gebiet der Alltagsgeschichte ist rasch vorangeschritten. Ausstellungen wie »Tempolinsen und P2« (Alltagskultur 1996 [1084]), »Fortschritt, Norm und Eigensinn« (1999 [1107]) oder »Das Kollektiv bin ich ...« (Becker/Merkel/Tippach-Schneider 2000 [1089]) stießen auf große Besucherresonanz. Das Dokumentationszentrum Alltagskultur der DDR in Eisenhüttenstadt gilt dazu als einschlägiges Museum, auch wenn es in seiner Existenz ungesichert und unzureichend ausgestattet ist. 1993 gegründet, dokumentiert es die lebensweltlichen Dimensionen der Geschichte der DDR, die Sicherung der Alltagskultur zum Zweck der Bildung und Forschung, der Anschauung und der Kommunikation zwischen Ost- und Westdeutschen (Kuhn, G./Ludwig 1997 [2040]). Mit den etwa 50 000 dort gesammelten Objekten verknüpfen sich Erfahrungen vom alltäglichen Leben in der ostdeutschen Teilgesellschaft, die als materielle Überreste der DDR Teil ihres sozialen Gedächtnisses sind.

Dokumentarisch musealen Charakter haben einige Traditionskabinette, die teils an Ort und Stelle in Betrieben, Kasernen etc. aufbewahrt werden oder auch in Museumssammlungen übergingen, während die Sammlung für industrielle Gestaltung in der Berliner Kulturbrauerei, als größter geschlossener Bestand zum DDR-Design, inzwischen in Gänze dem Deutschen Historischen Museum anvertraut wurde. Ansätze (n)ostalgischer Ausstellungen, auch eines privat initiierten »Hauses der Geschichte« in Wittenberg sind von eher marginaler Bedeutung und werben teils auf hinterfragbare Weise »Treten Sie ein in die ›gute Stube‹ und seien Sie zu Gast in DDR-Wohnräumen …«, ohne jeden wissenschaftlichen Anspruch – u.a. von Friedrich Schorlemmer deshalb auch dezidiert als »Kuschelecke« für DDR-Nostalgiker bezeichnet.

Viele der Gedenkstätten und Museen zur DDR-Geschichte engagieren sich – erfreulicherweise – auch in der Aufarbeitung des Themas durch Zeitzeugen-Büros, in denen ein reicher Fundus von Ton- und Filmdokumenten entsteht, der – über die Verwendung in Ausstellungen hinaus – auch für die Wissenschaft wichtig ist. Während die Erinnerungen von Opfern zunächst im Vordergrund stehen, bleiben jene der Täter weiter ein großes Desiderat. Es erscheint dringlich, dass die vielerorts gesammelten Materialien wenn nicht zusammengeführt, so doch zumindest in ein gemeinsames zentrales Erschließungssystem eingebracht werden.

Da die Berliner Mauer und die deutsch-deutsche Grenze in der Epoche des »Kalten Krieges« schlechthin auch zum Symbol des »Eisernen Vorhangs« wurden, spielt die Erinnerung an diese Grenze, u.a. auch in rund 30 »Grenzmuseen«, eine große Rolle – sowohl im internationalen kollektiven Gedächtnis wie in der Erwartung von Touristen. Leider hat der nach 1989 verständliche Wunsch, die Grenzanlagen schnellstmöglich abzubauen, zu beklagenswerten Defiziten geführt. Umso wichtiger ist z.B. die Arbeit der »Gedenkstätte Berliner Mauer«, zu der bereits das Mahnmal auf dem Mauerstreifen und die »Kapelle der Versöhnung« gehören. Das »Deutsche-deutsche Museum Mödlareuth« an der thüringisch-bayerischen Grenze ist ein Beispiel für die rechtzeitige Musealisierung des Grenzsystems. Das Freigelände wurde schon 1994 mit einem Geschichtslehrpfad eröffnet.

Die erste größere Ausstellung zur friedlichen Revolution und zu Opposition und Widerstand in der DDR – zunächst noch unter dem Arbeitstitel »Fünf Jahre danach« begonnen – wurde im Herbst 1994 eröffnet. Erarbeitet hat sie in kürzester Zeit die »Projektgruppe Herbst '89« der Stiftung Haus der Geschichte der Bundesrepublik Deutschland, die sodann in den Aufbaustab für das Zeitgeschichtliche Forum Leipzig der Stiftung überging. Unter dem Titel »Zum Herbst '89: Demokratische Bewegung in der DDR« (Lindner 1994 [890]) wurde die Ausstellung in Leipzig, dann auch in Berlin und Bremen ein großer Erfolg, weiterhin der Anfang eines ambitionierteren Projektes.

»Zehn Jahre nach dem Herbst 1989 soll nicht nur des Mutes gedacht werden, der die Menschen in der DDR und in den Nachbarstaaten des Warschauer Paktes gegen Diktatur und Alleinherrschaft aufstehen ließ«, sagte Bundeskanzler Gerhard Schröder, als er am 9. Oktober 1999 das Zeitgeschichtliche Forum Leipzig der Stiftung Haus der Geschichte der Bundesrepublik Deutschland eröffnete. Er fügte hinzu, hier »wird auch eindrucksvoll daran erinnert, dass es während der gesamten 40 Jahre SED-Diktatur immer wieder Männer und Frauen gegeben hat, die sich dem allumfassenden Machtanspruch der SED widersetzten«. Das Zeitgeschichtliche Forum Leipzig der Stiftung ist mit seiner fast 2000 qm großen Dauerausstellung die bislang größte Einrichtung zur Auseinandersetzung mit der DDR. Ihr Konzept konzentriert sich vor allem auf Opposition und Widerstand in der Diktatur von SBZ und DDR, folgt dem narrativen und Emotionen weckenden Ansatz der Stiftung und ist bereits drei Jahre nach der Eröffnung mit fast 300 000 Besuchern allein in der Dauerausstellung die erfolgreichste Einrichtung zur »Musealisierung« der DDR-Geschichte überhaupt (Einsichten 2001 [684]).

Der 17. Juni 1953, das Schlüsselerlebnis einer ganzen Generation, durfte bis 1989 in der DDR in einer Ausstellung nicht thematisiert werden, weil der Aufstand als »faschistisch« diffamiert wurde. Hätte man ihn doch vor 1989 im Westen musealisiert! Ein Museum zu diesem Thema wäre mit Sicherheit nicht nur am 17. Juni überlaufen gewesen und das Ereignis weniger aus der Erinnerung geraten. Die Musealisierung des Themas wird einen Höhepunkt im Jahre 2003 haben, wenn sich der Volksaufstand zum 50. Male jährt. Das Zeitgeschichtliche Forum Leipzig der Stiftung Haus der Geschichte der Bundesrepublik Deutschland bereitet die bundesweite Wanderausstellung zum Thema »Widerstand und Opposition« gegen das kommunistische System in Ostdeutschland zwischen 1945 und 1989 vor. Diese Ausstellung wird an prägnanten Einzelbeispielen die vielfältigen Ursachen und Formen widerständigen Verhaltens in der DDR zeigen, erinnert an die grundsätzliche Ablehnung des SED-Regimes, die im Aufstand vom 17. Juni 1953 ihren sichtbaren Höhepunkt hatte, fragt nach Reaktionen auf Mauerbau und Niederschlagung des »Prager Frühlings« und beschreibt den politischen Protest der Bürgerbewegung in den 1970er und 1980er Jahren.

Wer dem Alltag von DDR-Bürgern nachspürt, findet immer wieder zahlreiche Beispiele von Normalität und unspektakulärem Verhalten – in der Freizeit ebenso wie im Beruf. Totalitäre Gesellschaften hatten ihre – freilich geduldeten – »Nischen«, weil sie geheimpolizeilich durchleuchtet waren oder als harmlos erachtet wurden. Noch fehlt eine Ausstellung, die neben den politischen Rahmenbedingungen der Diktatur auch die Täterprofile herausarbeitet – freilich ist dies auch eines der größten Desiderate der Forschung.

Während die wissenschaftliche Beschäftigung mit DDR-Literatur und darstellender Kunst zurückging, entzündete sich 1999 erheblicher öffentlicher Streit um die Weimarer Ausstellung »Aufstieg und Fall der Moderne«. Breit angelegt (Beginn der Moderne, »Drittes Reich«, DDR) zur deutschen Kunst im 20. Jahrhundert sorgte Teil III mit dem Titel »Offiziell und inoffiziell – Die Kunst der DDR« (Aufstieg und Fall 1999 [1169]) für monatelange Aufregung in den deutschen Feuilletons. Die sachliche Auseinandersetzung mit dem

Thema wurde schwieriger. Es wird dauern, bis die Kunst des DDR-Staatssozialismus getrennt von sich innerhalb der Diktatur entwickelnden eigenen künstlerischen Stilen, widerständigen oder oppositionellen Kunstwerken und mancherlei Zwischenformen bewertet werden kann. Diese Diskussion ist erst eröffnet und verspricht spannend zu werden, ohne »Mauer in den Köpfen« und – natürlich – »auf gleicher Augenhöhe«.

Ein Beitrag dazu ist das Projekt »Klopfzeichen«: Im August 2002 eröffnete das Zeitgeschichtliche Forum der Stiftung Haus der Geschichte mit einem großen Straßenfest in der Grimmaischen Straße diese Leipziger Doppelausstellung zu »Kunst und Kultur der 80er Jahre in Deutschland«; danach wurde sie in Essen und Berlin gezeigt. Während der Ausstellungsteil »Wahnzimmer« im Museum der Bildenden Künste sich der Entwicklung von Malerei, Grafik und Plastik jenes Jahrzehnts annahm, war der Ansatz der Ausstellung »Mauersprünge« im Zeitgeschichtlichen Forum umfassender. Hier wurden sowohl die politischen Grundlagen für die kulturellen Beziehungen als auch Biografien und Werke von »Mauerspringern« aus beiden Teilen Deutschlands vorgestellt. Die Bundeszentrale für politische Bildung zeichnete verantwortlich für Begleitprogramm und Katalog (Klopfzeichen 2002 [1205]). Das Projekt stand unter der Schirmherrschaft von Bundespräsident Johannes Rau. Dieser Ausstellung ist es durch ihren Rückgriff auf das produktive Miteinander des innerdeutschen Kulturaustausches in den 1980er Jahren gelungen, in den letzten Jahren eingetretene Verkrustungen zwischen Ost und West kritisch zu hinterfragen und damit zu ihrer Überwindung beizutragen.

Gewiss bleibt in dieser Zwischenbilanz offen, wie der Weg einer »Heilung« weitergeht. Für diesen Prozess ist es nicht nebensächlich, wie sich das öffentliche Interesse an der DDR-Geschichte entwickelt. Vieles spricht dafür, dass es zunehmen wird, da die »Epoche der Mitlebenden« immer auf besonders großes Interesse stößt. Insoweit wird die DDR-Zeit allerdings eine Sonderstellung gegenüber der vorangegangenen, wenn auch vielleicht weniger gegenüber der folgenden Geschichte behalten. Ausstellungen können informieren und unterhalten, zu Diskussionen anregen, Problembewusstsein schärfen, zu Meinungsbildung und Auseinandersetzung mit Geschichte motivieren, Fragestellungen erweitern oder präzisieren und damit ein kritisch aufgeklärtes Politikverständnis fördern. Jedenfalls wecken sie oft größere Emotionen als andere Medien. Ausstellungen werden nach heutigem Verständnis weniger daran gemessen, ob sie Abbild der gesellschaftlichen Realität sind, sondern vielmehr ob sie – wie Joseph Beuys durchaus provozierend meinte – »Orte permanenter Konferenzen« sind und damit Diskussionsangebote, welche die offene Gesellschaft vor selbstgefälliger Erstarrung bewahren, wie dies der Kommunikationswissenschaftler Neil Postman fordert. In diesem Sinne tragen neben den hier skizzierten Musealisierungs- und Ausstellungstrends auch andere Medien zur Auseinandersetzung mit dem Ziel eines besseren Miteinander bei. Wir müssen uns klar machen, »Warum Ost- und Westdeutsche aneinander vorbeireden«

(Klein, O. 2001 [1123]). Damit wir uns besser verstehen und auch wieder gemeinsam ein heilsames Lachen finden.

MARKUS MECKEL

Hilfe beim Verständnis der eigenen Vergangenheit – Hermann Weber zum Fünfundsiebzigsten

Wir lernten uns erst 1992 kennen. Im Jahr zuvor hatte ich die Einrichtung einer Enquete-Kommission zur Aufarbeitung der DDR-Geschichte vorgeschlagen. Und obwohl ich Abgeordneter der Opposition war, kam es wenig später dazu. Am 12. März 1992 beschloss der Deutsche Bundestag die Einsetzung einer solchen Kommission. Willy Brandt hielt aus diesem Anlass seine letzte Rede im Deutschen Bundestag. Die CDU/CSU-Bundestagsfraktion stellte den Vorsitzenden und nominierte dafür Rainer Eppelmann. Wir kannten uns seit Jahren aus Zeiten der DDR-Opposition. Ich sollte Sprecher der SPD-Bundestagsfraktion für die geplante Kommission werden und hatte zunächst die Aufgabe, für die SPD an deren Zusammensetzung mitzuwirken. In Enquete-Kommissionen arbeiten nicht nur Abgeordnete mit, sondern auch von den Fraktionen benannte Sachverständige. Für mich war dabei eines von Beginn an klar: Hermann Weber, der Altmeister der Geschichtsschreibung des deutschen Kommunismus und der DDR, musste dazugehören. Er war gleichsam geborenes Mitglied dieser Kommission.

So lernten wir uns kennen und schätzen – und mit Dankbarkeit kann ich sagen: wir wurden Freunde. Und so freue ich mich, die Festschrift zu Hermann Webers 75. Geburtstag mit einigen ganz persönlichen Gedanken abschließen zu können.

Wissenschaftler und Kollege in der Enquete-Kommission

Die Enquete-Kommission zur »Aufarbeitung von Geschichte und Folgen der SED-Diktatur in Deutschland« war die erste Enquete-Kommission, die sich mit einem historischen Thema befasste. Dies brachte viel Skepsis und Zurückhaltung bei Historikern mit sich. Immer wieder wurde die Besorgnis laut, dass die Kommission in ihrem Bericht eine gewissermaßen offizielle Geschichtsdarstellung geben wolle – oder dass ihre Arbeit zumindest so verstanden und wahrgenommen würde. Es ist nicht zuletzt Hermann Weber und anderen Historikern in der Kommission zu danken, dass diese Skepsis mit der Zeit nachließ. Der Vollzug der Arbeit machte deutlich, dass die Kommission einen differenzierten Diskurs führte und dokumentierte, dass Strittiges nicht eingeebnet wurde und in Minderheitenvoten vielfach differierende Positionen zum Ausdruck kamen.

Die zeitintensive Arbeit in einer solchen Kommission über mehrere Jahre schafft zwischen den Beteiligten – auch über Parteigrenzen hinweg – eine besondere Verbundenheit. In diesem Fall kam verstärkend hinzu, dass die Kommission sich mit der Aufarbeitung von Geschichte, also mit einem Thema befasste, das nicht gerade Mehrheiten bewegt. So waren sich alle in der Kommission einig, dass die Auseinandersetzung mit der kommunistischen Geschichte, mit der DDR, für die Zukunft der Demokratie in Deutschland von zentraler Bedeutung sei und dass es eine gemeinsame und nicht ganz leichte Aufgabe sein würde, diese Überzeugung in allen Fraktionen des Bundestages durchzusetzen. Hermann Weber hatte unter den Mitgliedern der Kommission eine besondere Stellung, da sein – mit dem Thema der Kommission eng verbundenes – Lebenswerk von allen hoch geachtet wurde. Anders als mancher andere brauchte Hermann Weber an seiner über Jahrzehnte kontinuierlichen Analyse der DDR – ihrem Schein wie ihrer Wirklichkeit – kaum etwas zu revidieren, als 1990 die Archive der DDR geöffnet wurden. Seine eigenen Erfahrungen hatten den Blick auf die DDR geschärft. Viel Zeit verbrachte er in den nun neu geöffneten Archiven und konnte sich oft über Fundstücke freuen, die seine früheren Aussagen und Analysen bestätigten, um interessante Details ergänzten und um neue Perspektiven bereicherten.

Interessant und manchmal wirklich spannend war die Zusammenarbeit in der Kommission zwischen denen, die in der DDR gelebt, und denen, welche die DDR über lange Zeit von außen beobachtet, beschrieben und kommentiert hatten. Auch hier konnte Hermann Weber Besonderes einbringen. War er doch einerseits bester Kenner und Beobachter der DDR von außen – und hatte zudem den persönlichen Einblick in jene Zeit, als die Grundlagen dieser Diktatur geschaffen wurden. Wir ehemaligen DDR-Bürger – wir waren in der Kommission stark vertreten, durch alle Parteien – hatten wiederum unsere eigenen, durchaus verschiedenen Erfahrungen und Perspektiven. Das Wissen über die DDR-Geschichte oder zumindest ihre wichtigsten Eckpunkte war recht unterschiedlich, abhängig von persönlichen Kontakten, eigenen Bemühungen und der früheren Möglichkeit, westliche Bücher und Quellen zu lesen. Jeder in der DDR kannte seine Nische – und je nachdem einiges mehr. Ein halbwegs objektiver Überblick über die Geschichte der DDR, über Strukturen und Entscheidungsmechanismen des Systems aber war – und ist bis heute – keineswegs Allgemeingut der »gelernten DDR-Bürger«. Nicht selten waren es Hermann Weber und die anderen Beobachter aus dem Westen, die uns die eigene vergangene Wirklichkeit strukturieren und dadurch klarer vermitteln konnten. Obwohl ich mich wahrhaftig auch schon früher um Durchblick bemüht hatte – manches lernte ich erst während dieser gemeinsamen Arbeit, z.B. all das Furchtbare, das in dem geschlossenen Jugendwerkhof Torgau geschehen ist. Ich wusste nicht einmal von seiner Existenz. So lernten auch wir in der gemeinsamen Arbeit viel über unsere eigene Geschichte, über uns selbst.

Was in der Enquete-Kommission im Kleinen geschah, hätte der Vereinigungsgesellschaft im Großen gut getan: Das gegenseitige Zuhören, das gemeinsame Analysieren und Streiten um die rechte Interpretation dieser getrennten

Nachkriegsgeschichte, die – in beiden Teilen! – heute zu unserer gemeinsamen deutschen Geschichte gehört. Und wenn an einem solchen Diskurs Zeitzeugen und Historiker wie Hermann Weber, Martin Gutzeit, Karl Wilhelm Fricke, Bernd Faulenbach und Manfred Wilke teilnehmen, ist das eine helle Freude. Ich glaube, niemand ist aus diesem gemeinsamen Gespräch herausgegangen, ohne etwas gelernt zu haben.

Das gilt auch für Hermann Weber. Er bekannte mir einmal, dass für ihn diese Art der Begegnung mit Christen und Kirche in der DDR, wie er sie durch die Enquete-Kommission erlebt hat, ganz neu gewesen sei.

Hermann Weber ist Humanist und vertraut auf die Vernunft. Sie klagt er ein, wo immer es geht – und so besteht er auf der Priorität der wissenschaftlichen Auseinandersetzung mit der Vergangenheit. Denn Geschichte als Wissenschaft ist die Grundlage für alles, was zu tun – auch seiner Meinung nach – dann auch gewiss noch nötig ist, in der politischen Bildung, im öffentlichen Gedenken, im Bereich der gesellschaftlichen Aufarbeitung. Auch im Stiftungsrat der Stiftung zur Aufarbeitung der SED-Diktatur, deren Zustandekommen und bisherige Arbeit er intensiv vorangetrieben und mitgestaltet hat, bleibt er der beständige Mahner für die Förderung der Wissenschaft als Grundlage seriöser Aufarbeitung von Vergangenheit. Angesichts der Tatsache, dass die wissenschaftliche Beschäftigung mit der DDR in den letzten Jahren beständig abgenommen hat, ist diese Mahnung auch für die Zukunft besonders dringlich.

Als Historiker, der viel Zeit in Archiven verbracht hat, weiß Hermann Weber um deren Bedeutung für die historische Forschung. So hat er sich in den letzten zehn Jahren auch sehr um den Ausbau der Archive und die Bewahrung der Quellen zur kommunistischen, insbesondere aber zur DDR-Geschichte verdient gemacht. Lange hat er sich z. B. – zuletzt mit Erfolg! – dafür eingesetzt, dass die Originale der Unterlagen der Staatssicherheit nicht geschwärzt und vernichtet werden – wie dies vom Gesetz ursprünglich nach zehn Jahren als Möglichkeit vorgesehen war.

Es war gut und angemessen, dass Hermann Weber in Anerkennung seines Engagements in den Enquete-Kommissionen das Bundesverdienstkreuz erhielt. Das hat ihn gefreut. Für ihn als Wissenschaftler war es dann aber der Höhepunkt der Ehrungen, als er in seinem 75. Lebensjahr von der Universität Rostock für sein Lebenswerk die Ehrendoktorwürde erhielt.

Es ist gut, dass Hermann Weber weiter aktiv ist, nicht nur am Schreibtisch und immer noch in Archiven, so dass wir hoffen können, noch manches gedruckte Ergebnis seiner Arbeit auf den Tisch gelegt zu bekommen. Desgleichen werden im Rat der »Stiftung zur Aufarbeitung der SED-Diktatur« seine Expertise, sein Pragmatismus und seine ausgleichende Persönlichkeit auch künftig noch gebraucht.

Historischer Zeitzeuge und kritischer Zeitgenosse

Wenn ich selber für Opposition und Widerstand in den 80er Jahren, für die friedliche Revolution und die deutsche Vereinigung, für das Ende der DDR durch manches Beteiligtsein Zeitzeuge bin, so ist Hermann Weber dies gerade für die Anfänge jenes zweiten deutschen Staates. Als junger Mann und KPD-Mitglied aus Mannheim delegiert, besuchte er unter dem Pseudonym »Wunderlich« den ersten Zweijahreskurs der SED-Parteihochschule und hatte so Gelegenheit, die Entwicklung der SED zu einer kommunistischen Partei sowjetischen Stils von innen mitzuerleben, denn die wichtigsten Größen der SED lehrten an dieser Schule bzw. hielten Vorträge und standen zum Gespräch bereit. Hier lernte er auch seine Frau Gerda kennen, die nun schon mehr als 50 Jahre sein Leben teilt, seine Gesprächspartnerin und erste Lektorin seiner vielen Bücher und Artikel ist. Mit Wolfgang Leonhard, dem dann bald flüchtigen Lehrer dieser Schule, verbindet ihn bis heute eine enge Freundschaft. In seinem letzten, wunderbaren Buch *Damals, als ich Wunderlich hieß* (2002 [228]) sind diese frühen Anfänge – nicht nur aus der eigenen Erinnerung und der anderer damaliger Weggefährten, sondern auch anhand der nun zugänglichen historischen Quellen – geschildert. Gerda Weber hat daran intensiv mitgewirkt – ist es doch ihrer beider Geschichte! Gerade auch dieses Buch kennzeichnet Hermann Weber in besonderer Weise, denn er versteht es, seine Erinnerungen als Zeitzeuge stets genau historisch zu überprüfen, zu belegen und in anschaulicher Weise verständlich zu machen. Beeindruckend ist dieses Buch auch, weil es den schwierigen Wandel vom überzeugten Kommunisten zum engagierten Demokraten nachzeichnet. Man kann nur hoffen, dass ein nächstes Buch diese Geschichte fortführt, denn die darauf folgende Zeit, die ich nur aus seinen Erzählungen kenne, war ebenfalls höchst spannend. Und sie vermag es, uns seinen – nein, beider! – Charakter ein Stück weit zu offenbaren. Denn gerade in einer Zeit, als er kurz davor war, vom Kommunismus endgültig Abschied zu nehmen, weil er erkannte, wie durch diesen Wahrheit und Freiheit geknechtet und missbraucht wurden, wurde er in Westdeutschland wegen kommunistischer Untergrundtätigkeit verhaftet, ebenso Gerda, seine Frau. In dieser Situation nun aber wäre es ihnen feige und opportunistisch vorgekommen, die KPD zu verlassen. So standen sie diese Zeit durch – um sich erst danach mit der Partei auseinander zu setzen. Das geschah dann so gründlich, dass Hermann Weber – nachdem beide kurz zuvor in einem KPD-Blatt als Häftlinge und Helden gefeiert worden waren – nun zum Verräter und »bewußten Werkzeug der Kriegstreiber« mutierte, so formulierte es die KP-Zeitung *Badisches Volksecho* vom 22. September 1954.

Seit Jahrzehnten gehört Hermann Weber der SPD an und engagiert sich nach wie vor politisch. Mit seinem kritischen Urteil begleitet er das Zeitgeschehen und auch die Politik der eigenen Partei. Das betraf in den letzten Jahren besonders den Umgang mit der Vergangenheit, die Bedeutung des ehrenden Gedenkens für die in kommunistischer Zeit verfolgten Sozialdemokraten und immer auch wieder das Verhältnis zur PDS. Es bleibt zu hoffen, dass seine wache und kritische Stimme uns noch lange begleitet und aufmerksame und mitdenkende Hörer findet – in der Öffentlichkeit wie in der eigenen Partei!

Der Freund und Mensch – der kritische Sozialist

In einer größeren Runde erzählte ich vor ein paar Jahren von Hermann Weber. Plötzlich sagte einer der Anwesenden: »Das ist doch dieser bekannte Historiker. Ich habe ihn einmal erlebt. Ein fürchterlich überheblicher Mensch!« Ich war fassungslos: »Hermann Weber und überheblich, nie! du musst ihn verwechseln!« – Und so war es dann auch.

Hermann Weber, der Wissenschaftler von Rang, der im Laufe der Jahrzehnte viele Größen des Landes kennen gelernt und gesprochen und manche öffentlichen Aufgaben wahrgenommen hat, hat seine proletarische Herkunft nicht nur nicht verleugnet. Er steht dazu, und ein einfacher Lebensstil bestimmt auch heute seinen Alltag. Wenn ich etwa die Möglichkeit, einen guten Rotwein zu trinken, für eines der Geschenke halte, die die Ostdeutschen der Einheit verdanken – so trinkt er sein Bier. Wenige Emeriti, die auf ihr Leben zurückblicken, dürften sich der Zeiten erinnern, in denen sie buchstäblich von der Hand in den Mund lebten. Als Hermann Webers Arbeit dann auch materiell Früchte zu tragen begann, spiegelte sich dies in seiner stetig wachsenden Privatbibliothek wider und weniger in seiner Lebensführung.

Hermann Weber kommt für mich aus einer anderen Welt, so wie ich für ihn. Er ein Arbeiterkind, das in den kommunistischen Glauben, wie ich es nennen würde, im Elternhaus genauso hineingewachsen ist wie ich eine Generation später im evangelischen Pfarrhaus in den christlichen. So war für ihn der Nationalsozialismus auch in seiner Jugend nie eine Versuchung. Und von dem was an Ererbtem in Dogmatismus und Unfreiheit führte – davon hat er sich abgewandt. Was für ihn aber der Kern war, das hat er sich geistig angeeignet und entwickelt, dem ist er treu geblieben als Humanist und kritischer Sozialist.

Als Martin Gutzeit und ich 1989 den Text zum Aufruf zur Gründung einer Sozialdemokratischen Partei in der DDR entwarfen, diskutierten wir darüber, ob wir den Begriff »Sozialismus« verwenden sollten. Einig waren wir uns, dass er durch die Praxis in den so genannten »sozialistischen Staaten« völlig diskreditiert war, dass nicht mehr benennbar und für die Menschen verständlich war, was damit eigentlich gemeint sei. Deshalb trat Martin Gutzeit auch dafür ein, den Begriff nicht zu benutzen. Ich wollte ihn – inhaltlich weitgehend entleert – in den Aufruf aufnehmen, damit Menschen, die sich dieser Tradition verpflichtet fühlen – trotz ihrer politischen Zerstörung durch die erlebte Praxis – sich angesprochen und anerkannt fühlen und sich unserem Aufruf anschließen. Dabei dachte ich an Menschen wie Hermann Weber, für die in ihrem Leben mit dem Begriff Sozialismus viel verbunden ist, trotz allem Schindluder und all dem Furchtbaren, das mit ihm und unter seinem Namen geschehen ist.

Nicht einig sind Hermann Weber und ich uns heute wohl darin, dass ich den Begriff »Sozialismus« für so diskreditiert halte, dass ich nicht glaube, dass er in Europa nach den Erfahrungen des 20. Jahrhunderts zur politischen Ziel-beschreibung noch brauchbar ist. So war er sehr betroffen und sprach mich an, als ich vor einigen Jahren eine Diskussion darüber forderte, ob es sinnvoll sei, diesen Begriff im Grundsatzprogramm der SPD noch zu benutzen, wenn die meisten Menschen damit anderes verbinden als im Programm gemeint ist. Auch zwischen uns ist diese Diskussion nicht abgeschlossen.

Hermann Weber kann zuhören und im Gespräch warten, bis andere ausge-redet haben. Er hat Witz, und eine Runde mit ihm ist immer fröhlich, voller Anekdoten. Es macht einfach Freude, in seiner und Gerdas Nähe zu sein. Seit seinem 65. Geburtstag vor zehn Jahren führte mich mein Weg immer wieder auch nach Mannheim, meist zu Jubiläen, runden Geburtstagen, zur Goldenen Hochzeit. Durch seinen Einfluss wurde ich bei einem dieser Geburtstage Mit-glied der IG Chemie, der er sich als »Haushistoriker« eng verbunden fühlt. Um Hermann und Gerda Webers Lebensgefühl kennen zu lernen, muss man ihre Wohnung gesehen haben – vollgestopft mit Büchern, darunter die wohl größte Sammlung von Ausgaben des *Kommunistischen Manifest*.

An Hermann Weber zu denken erfüllt mich mit Dank. Nicht nur für Kon-kretes, wie das Vorwort zu meinem ersten Buch mit Texten der achtziger Jahre (Meckel/Gutzeit 1994 [752]), in dem Gerda Weber viel Lektorenarbeit geleistet hat, sondern insbesondere auch für so manche Erkenntnis, die meinen Blick schärfte. Ich bin dankbar für die Freundschaft zu einem prächtigen Menschen. Möge er uns noch lange erhalten bleiben!

Bibliographie der in den Beiträgen angeführten Literatur

Die nachfolgende Bibliographie verzeichnet die Literatur, auf die in den Beiträgen verwiesen wird. Ihre Gliederung orientiert sich dabei an den Themenschwerpunkten der Autorinnen und Autoren. Die Entscheidung der Herausgeber für eine systematische Bibliographie birgt die Gefahr, dass die in den einzelnen Rubriken verzeichnete Literatur den Eindruck vermittelt, dass hier ein Anspruch auf Vollständigkeit erhoben werden könnte. Tatsächlich ist die Bibliographie jedoch ein Spiegelbild des individuellen Zugriffs der einzelnen Autorinnen und Autoren auf ihr Themenfeld.

1. Überblicksdarstellungen

1 Ansichten zur Geschichte der DDR.
    Bd. 1–4: Hrsg. v. Dietmar Keller, Hans Modrow u. Herbert Wolf. Bonn u. Berlin 1993 u. Eggersdorf 1994.
    Bd. 5: Hrsg. v. Jochen Cerny, Dietmar Keller u. Manfred Neuhaus. Eggersdorf 1994.
    Bd. 6–11: Hrsg. v. Ludwig Elm, Dietmar Keller u. Reinhard Mocek. Eggersdorf 1996–1998.
2 Badstübner, Rolf (Leiter einer Autorengruppe): Die antifaschistisch-demokratische Umwälzung, der Kampf gegen die Spaltung Deutschlands und die Entstehung der DDR von 1945 bis 1949. Berlin (Ost) 1989.
3 Bajeva, Iskra: Istočna Evropa sled Stalin 1953–1956 [Osteuropa nach Stalin 1953–1956]. Sofia 1995.
4 Baring, Arnulf: Machtwechsel. Die Ära Brandt/Scheel. Stuttgart 1982.
5 Behr, Wolfgang: Bundesrepublik Deutschland, Deutsche Demokratische Republik. Systemvergleich Politik, Wirtschaft, Gesellschaft. Stuttgart 1979 (2., erw. u. aktualis. Aufl., 1985).
6 Bender, Peter: Episode oder Epoche? Zur Geschichte des geteilten Deutschland. München 1996.
7 Bender, Peter: Fall und Aufstieg. Deutschland zwischen Kriegsende, Teilung und Vereinigung. Halle (Saale) 2002.
8 Beyme, Klaus von/Zimmermann, Hartmut (Hrsg.): Policy-making in the German Democratic Republic. Aldershot 1984.
9 Bögeholz, Hartwig: Die Deutschen nach dem Krieg. Befreit, geteilt, vereint: Deutschland 1945 bis 1995. Reinbek 1995.
10 Bracher, Karl Dietrich/Jäger, Wolfgang/Link, Werner: Geschichte der Bundesrepublik Deutschland. Republik im Wandel 1969–1974. Die Ära Brandt. Stuttgart 1986.
11 Brzezinski, Zbigniew: Das gescheiterte Experiment. Der Untergang des kommunistischen Systems. Wien 1989.
12 DDR-Handbuch. Wissenschaftliche Leitung: Peter Christian Ludz unter Mitwirkung von Johannes Kuppe. Herausgegeben vom Bundesministerium für innerdeutsche

Beziehungen, Köln 1975 [zuletzt: Wissenschaftliche Leitung: Hartmut Zimmermann unter Mitarbeit v. Horst Ulrich u. Michael Fehlauer. 3., überarb. u. erw. Auflage in 2 Bänden. Köln 1985.

13 Deutschland-Handbuch. Eine doppelte Bilanz 1949–1989. Hrsg. v. Werner Weidenfeld, Hartmut Zimmermann. München 1989.

14 Doernberg, Stefan: Die Geburt eines neuen Deutschland 1945–1949. Die antifaschistisch-demokratische Umwälzung und die Entstehung der DDR. Berlin 1959.

15 Doernberg, Stefan: Kurze Geschichte der DDR. Berlin (Ost) 1964.

16 Duhnke, Horst: Stalinismus in Deutschland. Die Geschichte der sowjetischen Besatzungszone. Köln/Berlin (West) 1955.

17 Faulenbach, Bernd/Stadelmaier, Martin (Hrsg.): Diktatur und Emanzipation. Zur russischen und deutschen Entwicklung 1917–1991. Essen 1993.

18 Fulbrook, Mary: Anatomy of a Dictatorship. Inside the GDR 1949–1989. Oxford 1995.

19 Glaeßner, Gert-Joachim (Hrsg.): Die DDR in der Ära Honecker. Politik – Kultur – Gesellschaft. Opladen 1988.

20 Glaeßner, Gert-Joachim: Die andere deutsche Republik. Gesellschaft und Politik in der DDR. Opladen 1989.

21 Görtemaker, Manfred: Geschichte der Bundesrepublik Deutschland. Von der Gründung bis zur Gegenwart. München 1999.

22 Handbuch zur deutschen Einheit. Hrsg. v. Werner Weidenfeld, Karl-Rudolf Korte. Frankfurt a.M./New York 1993 (zuerst erschienen als: Handwörterbuch zur deutschen Einheit. Hrsg. v. Werner Weidenfeld, Karl-Rudolf Korte. Frankfurt a.M./ New York 1992; später unter dem Titel: Handbuch zur deutschen Einheit. 1949 – 1989 – 1999. Aktualis. Neuausgabe. Frankfurt a.M./New York 1999).

23 Heitzer, Heinz: DDR. Geschichtlicher Überblick. Berlin 1979 (5., durchges. Aufl., 1989).

24 Hildermeier, Manfred: Geschichte der Sowjetunion 1917–1991. München 1998.

25 Hillgruber, Andreas: Deutsche Geschichte 1945–1986. Stuttgart 1983 (8., überarbeitete Auflage 1995, unter dem Titel: Deutsche Geschichte 1945–1986).

26 Hobsbawm, Eric: Das Zeitalter der Extreme. Weltgeschichte des 20. Jahrhunderts. München/Wien 1995.

27 Ihme-Tuchel, Beate: Die DDR. Darmstadt 2002.

28 Jäger, Wolfgang/Link, Werner: Geschichte der Bundesrepublik Deutschland. Republik im Wandel 1974–1982. Die Ära Schmidt. Stuttgart 1987.

29 Jesse, Eckhard (Hrsg.): Bundesrepublik Deutschland und Deutsche Demokratische Republik. Die beiden deutschen Staaten im Vergleich. 3. Aufl. Berlin 1982 (4., erw. Aufl. 1985)

30 Judt, Matthias (Hrsg.): DDR-Geschichte in Dokumenten. Beschlüsse, Berichte, interne Materialien und Alltagszeugnisse. Berlin 1998.

31 Kielmannsegg, Peter Graf von: Nach der Katastrophe. Eine Geschichte des geteilten Deutschland. Berlin 2000.

32 Kleßmann, Christoph: Die doppelte Staatsgründung. Deutsche Geschichte 1945–1955. Bonn 1982 (5., überarb. u. erw. Aufl., Bonn 1991).

33 Kleßmann, Christoph: Zwei Staaten, eine Nation. Deutsche Geschichte 1955–1970. Bonn 1988 (2., überarb und erw. Aufl., Bonn 1997).

34 Leben in der DDR, Leben nach 1989 – Aufarbeitung und Versöhnung: Zur Arbeit der Enquete-Kommission; Anträge, Debatten, Berichte. Landtag Mecklenburg-

Vorpommern, Sekretariat Enquete-Kommission »Aufarbeitung und Versöhnung«. Schwerin 1.1996–10.1998.

35 Lehmann, Hans Georg: Deutschland-Chronik 1945 bis 1995. Bonn 1995.

36 Lexikon der deutschen Geschichte von 1945 bis 1990. Ereignisse – Institutionen – Personen im geteilten Deutschland. Hrsg. v. Michael Behnen. Stuttgart 2002.

37 Lexikon des DDR-Sozialismus. Das Staats- und Gesellschaftssystem der Deutschen Demokratischen Republik. Hrsg. v. Rainer Eppelmann, Horst Möller, Günter Nooke, Dorothee Willms. Paderborn 1996.

38 Ludz, Peter C.: Die DDR zwischen Ost und West. Politische Analysen 1961 bis 1976. München 1977.

39 Lukeš, Igor: Československo mezi Stalinem a Hitlerem [Die Tschechoslowakei zwischen Stalin und Hitler]. Prag 1999.

40 Luks, Leonid: Geschichte Russlands und der Sowjetunion. München 2000.

41 Mählert, Ulrich, Kleine Geschichte der DDR. München 1998.

42 Materialien der Enquete-Kommission »Aufarbeitung von Geschichte und Folgen der SED-Diktatur in Deutschland« (12. Wahlperiode des Deutschen Bundestages). Hrsg. v. Deutschen Bundestag. Neun Bände in 18 Teilbänden.

   I: Die Enquete-Kommission »Aufarbeitung von Geschichte und Folgen der SED-Diktatur in Deutschland« im Deutschen Bundestag.

   II/1–4: Machtstrukturen und Entscheidungsmechanismen im SED-Staat und die Frage der Verantwortung.

   III/1–3: Rolle und Bedeutung der Ideologie, integrativer Faktoren und disziplinierender Praktiken in Staat und Gesellschaft der DDR.

   IV: Recht, Justiz und Polizei im SED-Staat.

   V/1–3: Deutschlandpolitik, innerdeutsche Beziehungen und internationale Rahmenbedingungen.

   VI/1–2: Rolle und Selbstverständnis der Kirchen in den verschiedenen Phasen der SED-Diktatur.

   VII/1–2: Möglichkeiten und Formen abweichenden und widerständigen Verhaltens und oppositionellen Handelns, die friedliche Revolution im Herbst 1989, die Wiedervereinigung Deutschlands und Fortwirken von Strukturen und Mechanismen der Diktatur.

   VIII: Das Ministerium für Staatssicherheit – Seilschaften, Altkader, Regierungs- und Vereinigungskriminalität.

   IX: Formen und Ziele der Auseinandersetzung mit den beiden Diktaturen in Deutschland – Register.

Baden-Baden/Frankfurt a.M. 1995.
Der vollständige Text dieser Edition ist bei der Nomos-Verlagsgesellschaft Baden-Baden auch als CD-ROM erschienen (zusammen mit Materialen 1999 [43]).

43 Materialien der Enquete-Kommission »Überwindung der Folgen der SED-Diktatur im Prozeß der deutschen Einheit« (13. Wahlperiode des Deutschen Bundestages) Hrsg. v. Deutschen Bundestag. Acht Bände in 14 Teilbänden.

   I: Die Enquete-Kommission »Überwindung der Folgen der SED-Diktatur im Prozeß der deutschen Einheit« im Deutschen Bundestag – Besondere Veranstaltungen.

   II/1–2: Strukturelle Leistungsfähigkeit des Rechtsstaats Bundesrepublik Deutschland bei der Überwindung der Folgen der SED-Diktatur im Prozeß der deutschen Einheit – Opfer der SED-Diktatur / Elitenwechsel im öffentlichen Dienst / justitielle Aufarbeitung.

III/1–3: Wirtschafts-, Sozial- und Umweltpolitik.

IV/1–2: Bildung, Wissenschaft, Kultur.

V: Alltagsleben in der DDR und in den neuen Ländern.

VI: Gesamtdeutsche Formen der Erinnerung an die beiden deutschen Diktaturen und ihre Opfer – Archive.

VI:I Herausforderungen für die künftige Aufarbeitung der SED-Diktatur – Perspektiven der internationalen Zusammenarbeit bei der Aufarbeitung totalitärer Diktaturen.

VIII/1–3: Das geteilte Deutschland im geteilten Europa – Register.

Baden-Baden/Frankfurt a.M. 1999.

Der vollständige Text diese Edition ist bei der Nomos-Verlagsgesellschaft Baden-Baden auch als CD-ROM erschienen (zusammen mit Materialen 1995 [42]).

44 McAdams, Arthur James: Germany Divided. From the Wall to Reunification. Princeton 1993.

45 Mitter, Armin/Wolle, Stefan: Untergang auf Raten. Unbekannte Kapitel der DDR-Geschichte. München 1993.

46 Muraško, G. P. u.a. (Hrsg.): Vostočnaja Evropa v dokumentach rossijskich archivov 1944–1953 [Osteuropa in den Dokumenten russischer Archive 1944–1953], Band 1: Moskau 1997; Band 2: Moskau 1998.

47 Naimark, Norman M.: Die Russen in Deutschland. Die sowjetische Besatzungszone 1945 bis 1949. Berlin 1997.

48 Namen und Daten. Biographien wichtiger Personen der DDR. Bearbeitet von Günther Buch. Berlin/Bonn/Bad Godesberg 1973 (zuletzt: Buch, Günther: Namen und Daten wichtiger Personen der DDR. 4. Aufl. Berlin/Bonn 1987).

49 Nekipelov, A. D. u.a. (Hrsg.): Central'no-Vostočnaja Evropa vo vtoroj polovine XX veka [Ostmitteleuropa in der zweiten Hälfte des XX. Jahrhunderts], Band 1: Stanovlenie »realnogo socializma« (1945–1965) [Die Errichtung des »realen Sozialismus« (1945–1965)], Moskau 2000.

50 Overesch, Manfred: Das besetzte Deutschland. 1945–1947 und 1948–1949. 2 Bde. Augsburg 1992.

51 Paczkowski, Andrzej: Pól wieku dziejów Polski 1939–1989 [Ein halbes Jahrhundert Geschichte Polens 1939–1989]. Warschau 1995.

52 Pichoja, R. G.: Sovetski sojuz. Istoria vlasti 1945–1991 [Die Sowjetunion. Geschichte der Macht 1945–1991]. Moskau 1998.

53 Ploetz. Die Deutsche Demokratische Republik. Daten, Fakten, Analyse. Herausgegeben von Alexander Fischer unter Mitarbeit von Nikolaus Katzer. Freiburg/Würzburg 1988.

54 Richert, Ernst: Das zweite Deutschland. Ein Staat, der nicht sein darf. Gütersloh 1964. Frankfurt a.M./Hamburg 1966.

55 Richert, Ernst: Macht ohne Mandat. Der Staatsapparat in der sowjetischen Besatzungszone Deutschlands, Einleitung: Martin Drath. Köln und Opladen 1958 (2., erweiterte Aufl. 1963).

56 Rosenberg, Arthur: Entstehung und Geschichte der Weimarer Republik. Hrsg. v. Kurt Kersten. Frankfurt a.M. 1955.

57 Sandford, Gregory W.: From Hitler to Ulbricht. The Communist Reconstruction of East Germany, 1945–1946. Princeton 1983.

58 SBZ von 1945 bis 1954. Die Sowjetische Besatzungszone Deutschlands in den Jahren 1945 bis 1954. Eine chronologische Übersicht. Herausgegeben vom Bundesministerium für gesamtdeutsche Fragen. Zusammengestellt und bearbeitet von Dr. Fritz Kopp und Günter Fischbach. Berlin/Bonn 1961.
Ergänzungsband: Die Sowjetische Besatzungszone Deutschlands in den Jahren 1955 bis 1956. Bonn 1958.
II. Ergänzungsband: Die Sowjetische Besatzungszone Deutschlands in den Jahren 1957 bis 1958. Bonn und Berlin 1960.
III. Ergänzungsband: Die Sowjetische Besatzungszone Deutschlands in den Jahren 1959 bis 1960. Bonn und Berlin 1964.
IV. Ergänzungsband: Der andere Teil Deutschlands in den Jahren 1961–1962. Bonn und Berlin 1969.

59 SBZ von A bis Z. Ein Taschen- und Nachschlagebuch über die Sowjetische Besatzungszone Deutschlands. Herausgegeben vom Bundesministerium für gesamtdeutsche Fragen, Red.: Günter Fischbach, Bonn/Berlin (zuletzt: 11., überarb. u. erg. Aufl. 1969 unter dem Titel: A bis Z. Ein Taschen- und Nachschlagebuch über die Sowjetische Besatzungszone Deutschlands).

60 SBZ-Handbuch. Staatliche Verwaltungen, Parteien, gesellschaftliche Organisationen und ihre Führungskräfte in der Sowjetischen Besatzungszone Deutschlands 1945–1949. Hrsg. v. Martin Broszat u. Hermann Weber. München 1990 (2. Aufl. 1993).

61 Schäfer, Hermann (Hrsg.): Deutschland seit 1945. Deutsch-deutsche Bilanz in Daten und Analysen. Freiburg 1999.

62 Schneider, Eberhard: Die DDR. Geschichte, Politik, Wirtschaft, Gesellschaft. Stuttgart 1975.

63 Schroeder, Klaus, unter Mitarbeit von Steffen Alisch: Der SED-Staat. Partei, Staat und Gesellschaft 1949 bis 1990. München 1998.

64 Schwarz, Hans-Peter: Vom Reich zur Bundesrepublik. Deutschland im Widerstreit der außenpolitischen Konzeptionen in den Jahren der Besatzungsherrschaft 1945–1949. Neuwied/Berlin 1966 (2., erw. Aufl. Stuttgart 1980).

65 So funktionierte die DDR. Bd. 1 u. 2: Lexikon der Organisationen und Institutionen, Bd. 3: Lexikon der Funktionäre. Hrsg. v. Andreas Herbst, Winfried Ranke, Jürgen Winkler. Reinbek b. Hamburg 1994.

66 Sontheimer, Kurt/Bleek, Wilhelm: Die DDR. Politik, Gesellschaft, Wirtschaft. Hamburg 1972 (5., erw., neubearb. Aufl. 1979).

67 Staritz, Dietrich: Die Gründung der DDR. Von der sowjetischen Besatzungsherrschaft zum sozialistischen Staat. München 1984 (3., überarb. u. erw. Neuaufl. 1995).

68 Staritz, Dietrich: Geschichte der DDR. Frankfurt a.M. 1996 (Erstausgabe 1985; 2. Aufl. 1986; 3. Aufl. 1990 unter dem Titel: Geschichte der DDR 1949–1985).

69 Staritz, Dietrich: Sozialismus in einem halben Land. Zur Programmatik und Politik der KPD/SED in der Phase der antifaschistisch-demokratischen Umwälzung in der DDR. Berlin 1976.

70 Steininger, Rolf: Deutsche Geschichte 1945–1961. Darstellung und Dokumente in zwei Bänden. Frankfurt a.M. 1983 (später u.d.T.: Deutsche Geschichte. Darstellung und Dokumente in 4 Bänden. Frankfurt a.M. 2002).

71 Systematische Bibliographie von Zeitungen, Zeitschriften und Büchern zur politischen und gesellschaftlichen Entwicklung der SBZ/DDR seit 1945. Bearbeitet von Walter Völkel unter Mitwirkung von Christiana Stuff.

Bd. 1: Geschichte und politisches System der SBZ/DDR, nichtkommunistische Länder aus der Sicht der DDR, deutsche Frage. Opladen 1986.

Bd. 2: Wirtschaft. Opladen 1986.

Bd. 3: Gesellschaft, Bildung, Kirchen. Opladen 1989.

72 Ulbricht, Walter: Die Entwicklung des deutschen volksdemokratischen Staates 1945–1958. Berlin (Ost) 1958.

73 Ulbricht, Walter: Zur Geschichte der neuesten Zeit. Berlin (Ost) 1955.

74 Unser Staat. DDR-Zeittafel 1949–1988. Berlin (Ost) 1989.

75 Weber, Hermann: DDR. Dokumente zur Geschichte der Deutschen Demokratischen Republik 1945–1985. München 1986 (3. Aufl. 1987)

76 Weber, Hermann: DDR. Grundriß der Geschichte 1945–1990. Vollst. überarb. u. ergänz. Neuaufl. Hannover 1991.

77 Weber, Hermann: Die DDR 1945–1986. München 1988 (= Oldenbourg Grundriß der Geschichte; 2. u. 3., überarb. u. erw. Aufl. 1993 bzw. 2000 unter dem Titel: Die DDR 1945–1990).

78 Weber, Hermann: Die SED nach Ulbricht. Hannover 1974.

79 Weber, Hermann: Geschichte der DDR. München 1985 (2. Aufl. 1986; aktual. u. erw. Neuausg. 1999; davon 2. Aufl. 2000).

80 Weber, Hermann: Kleine Geschichte der DDR. Köln 1980 (2. erweiterte Auflage 1988).

81 Weber, Hermann: Von der SBZ zur DDR, 1945–1968. Hannover 1968.

82 Wehler, Hans-Ulrich: Deutsche Gesellschaftsgeschichte.

Bd. 1: Vom Feudalismus des alten Reiches bis zur defensiven Modernisierung der Reformära: 1700–1815. 3. Aufl. München 1996.

Bd. 2: Von der Reformära bis zur industriellen und politischen »Deutschen Doppelrevolution«: 1815–1845/59. 3. Aufl. München 1996.

Bd. 3: Von der »Deutschen Doppelrevolution« bis zum Beginn des Ersten Weltkrieges 1849–1914. München 1995.

83 Wer war wer in der DDR? Ein biographisches Lexikon. Hrsg. v. Helmut Müller-Enbergs, Jan Wielgohs, Dieter Hoffmann. Überarb. und erw. Neuausg. Berlin 2000. (2., durchges. und aktualis. Aufl., 2001).

84 Wer war wer – DDR. Ein biographisches Lexikon. Hrsg. v. Jochen Cerny. Berlin 1992.

85 Wilharm, Irmgart (Hrsg.): Deutsche Geschichte 1962–1983. Dokumente in zwei Bänden. Frankfurt a.M. 1985.

86 Winkler, Heinrich August: Der lange Weg nach Westen.

Bd 1: Deutsche Geschichte vom Ende des Alten Reiches bis zum Untergang der Weimarer Republik. 5., durchges. Aufl. München 2002.

Bd 2: Deutsche Geschichte vom »Dritten Reich« bis zur Wiedervereinigung. 5., durchges. Aufl. München 2002.

87 Wolle, Stefan: Die heile Welt der Diktatur. Alltag und Herrschaft in der DDR 1971–1989. Berlin 1998.

2. Darstellungen zu Einzelproblemen

88 Berichte der Landes- und Provinzialverwaltungen zur antifaschistisch-demokratischen Umwälzung 1945–1948. Quellenedition. Hrsg. v. der Staatlichen Archivverwaltung des Ministeriums des Innern der DDR. Berlin (Ost) 1989.

89 Bonwetsch, Bernd/Bordjugov, Gennadij/Naimark, Norman M. (Hrsg.): Sowjetische Politik in der SBZ 1945–1949. Dokumente zur Tätigkeit der Propagandaverwaltung (Informationsverwaltung) der SMAD unter Sergej Tulpanov. Bonn 1998.

90 Bonwetsch, Bernd/Filitow, Alexej: Die sowjetische Politik und die SED-Diktatur – Handlungs- und Verantwortungsspielräume der KPD/SED 1945–1963. In: Materialien 1999 [43], Bd. VIII/1. S. 831–888.

91 Borodziej, Wlodzimierz (Hrsg.): Die Deutschen östlich von Oder und Neiße 1945–1950. Marburg 2000.

92 Creuzberger, Stefan/Görtemaker, Manfred (Hrsg.): Gleichschaltung unter Stalin? Die Entwicklung der Parteien im östlichen Europa 1944–1949. Paderborn 2002.

93 Creuzberger, Stefan: Die sowjetische Besatzungsmacht und das politische System der SBZ. Weimar/Köln/Wien 1996.

94 Crusius, Reinhard/Wilke, Manfred (Hrsg): Entstalinisierung. Der XX. Parteitag der KPdSU und seine Folgen. Frankfurt a.M. 1977.

95 Die DDR im vierzigsten Jahr. Geschichte – Situation – Perspektiven. Zweiundzwanzigste Tagung zum Stand der DDR-Forschung in der Bundesrepublik Deutschland, 16. bis 19. Mai 1989. Köln 1989.

96 Foitzik, Jan (Bearb.): Inventar der Befehle des Obersten Chefs der Sowjetischen Militäradministration in Deutschland (SMAD) 1945–1949 – Offene Serie. München 1995.

97 Foitzik, Jan: Sowjetische Militäradministration in Deutschland (SMAD) 1945–1949. Struktur und Funktion. Berlin 1999.

98 Hahn, Hans Henning/Olschowsky, Heinrich (Hrsg.): Das Jahr 1956 in Ostmitteleuropa. Berlin 1996.

99 Hartwich, Hans-Hermann/Wewer, Göttrik (Hrsg.): Regieren in der Bundesrepublik III. Systemsteuerung und »Staatskunst«. Theoretische Konzepte und empirische Befunde. Opladen 1991.

100 Heidemeyer, Helge: Flucht und Zuwanderung aus der SBZ/DDR 1945/1949–1961. Die Flüchtlingspolitik der Bundesrepublik Deutschland bis zum Bau der Berliner Mauer. Düsseldorf 1994.

101 Heinemann, Winfried/Wiggershaus, Norbert (Hrsg.): Das internationale Krisenjahr 1956. Polen, Ungarn, Suez. München 1999.

102 Jones, Christopher D.: Soviet Influence in Eastern Europe. Political Autonomy and the Warsaw Pact. New York 1981.

103 Kaplan, Karel/Paleček, Pavel: Komunistický režim a politické procesy v Československu [Das kommunistische Regime und politische Prozesse in der Tschechoslowakei]. Brünn 2001.

104 Kircheisen, Inge (Hrsg.): Tauwetter ohne Frühling. Das Jahr 1956 im Spiegel blockinterner Wandlungen und internationaler Krisen. Berlin 1995.

105 Kleßmann, Christoph: Doppelte Staatsgründung. In: Handbuch zur deutschen Einheit 1949 – 1989 – 1999. Hrsg. v. Werner Weidenfeld, Karl-Rudolf Korte. Aktual. Neuausg. Frankfurt a.M./New York 1999, S. 299–305.

106 Kotsch, Detlef: Das Land Brandenburg zwischen Auflösung und Wiederbegründung. Berlin 2001.

107 Kramer, Mark: The Early Post-Stalin Succession Struggle and Upheavals in East-Central Europe. In: Journal of Cold War Studies – 1.1999,1–3.

108 Krisch, Henry: German Politics under Soviet Occupation. New York/London 1974.

109 Lemke, Michael (Hrsg.): Sowjetisierung und Eigenständigkeit in der SBZ/DDR (1949–1953). Köln/Weimar 1999.

110 Melis, Damian van (Hrsg.): Sozialismus auf dem platten Land. Mecklenburg-Vorpommern 1945–1952. Schwerin 1999.

111 Semirjaga, Michail I.: Kak my upravljali Germaniej. Politika i ziz'n. [Wie wir Deutschland regierten. Politik und Alltag]. Moskau 1995.

112 Staněk, Tomáš: Odsun Němců z Československa 1945–1947 [Vertreibung der Deutschen aus der Tschechoslowakei 1945–1947]. Prag 1991.

113 Timmermann, Heiner (Hrsg.): DDR-Forschung. Bilanz und Perspektiven. Berlin 1995.

114 Timmermann, Heiner (Hrsg.): Deutsche Fragen. Von der Teilung zur Einheit. Berlin 2001.

115 Timmermann, Heiner (Hrsg.): Die DDR in Deutschland. Ein Rückblick auf 50 Jahre. Berlin 2001.

116 Timmermann, Heiner (Hrsg.): Die DDR. Analysen eines aufgegebenen Staates. Berlin 2001.

117 Timmermann, Heiner (Hrsg.): Die DDR. Erinnerung an einen untergegangenen Staat. Berlin 1999.

118 Timmermann, Heiner (Hrsg.): Diktaturen in Europa im 20. Jahrhundert – der Fall DDR. Berlin 1996.

119 Timmermann, Heiner (Hrsg.): Politik und Ideologie als Instrument. Berlin 1999.

120 Volkov, V.K.: Uzlovye problemy novejšej istorii stran Central'noj i Jugo-Vostočnoj Evropy [Weichenstellungsprobleme der neuesten Geschichte der Länder Mittel- und Südosteuropas]. Moskau 2000.

121 Volokitina, T. V. u. a. (Hrsg.): Sovetski faktor v vostočnoi Evrope 1944–1953. Dokumenty [Der sowjetische Faktor in Osteuropa 1944–1953. Dokumente], Band 1: Moskau 1999.

122 Volokitina, T. V. u. a.: Moskva i vostočnaja Evropa. Stanovlenije političeskich režimov sovetskogo tipa 1949–1953. Očerki istorii [Moskau und Osteuropa. Die Errichtung der politischen Regime sowjetischen Typs 1949–1953]. Moskau 2002.

123 Weber, Hermann/Pertinax, Lothar: Schein und Wirklichkeit in der DDR. 65 Fragen an die SED. Stuttgart 1958.

3. SED und kommunistische Bewegung

124 Alt, Helmut: Die Stellung des Zentralkomitees der SED im politischen System der DDR. Köln 1987.

125 Andert, Reinhold/Herzberg, Wolfgang: Der Sturz. Erich Honecker im Kreuzverhör. Berlin/Weimar 1990.

126 Andert, Reinhold: Nach dem Sturz. Gespräche mit Erich Honecker. Leipzig 2001.

127 Axen, Hermann: Ich war ein Diener der Partei. Autobiographische Gespräche mit Harald Neubert. Berlin 1996.

128 Badstübner, Rolf/Loth, Wilfried (Hrsg.): Wilhelm Pieck – Aufzeichnungen zur Deutschlandpolitik 1945–1953. Berlin 1994.

129 Bassistow, Juri Wassiljewitsch: Die DDR – Ein Blick aus Wünsdorf. In: Jahrbuch für Historische Kommunismusforschung. Berlin 1994, S. 214–224.

130 Behrend, Manfred/Helmut Meier (Hrsg.): Der schwere Weg der Erneuerung. Von der SED zur PDS. Eine Dokumentation. Berlin 1991.

131 Benser, Günter/Krusch, Hans-Joachim (Hrsg.): Dokumente zur Geschichte der kommunistischen Bewegung in Deutschland, Reihe 1945/1946, 6 Bde. München/New Providence/London/Paris 1.1993–6.1997.

132 Benser, Günter: Die KPD im Jahr der Befreiung. Vorbereitung und Aufbau der legalen Kommunistischen Massenpartei (Jahreswende 1944/45 bis Herbst 1945). Berlin (Ost) 1985.

133 Bortfeldt, Heinrich: Von der SED zur PDS. Wandlung zur Demokratie? Bonn/Berlin 1992.

134 Bouvier, Beatrix/Schulze, Horst-Peter: »... die SPD aber hat aufgehört zu existieren«. Sozialdemokraten unter sowjetischer Besatzung. Bonn 1991.

135 Bouvier, Beatrix: Ausgeschaltet! Sozialdemokraten in der Sowjetischen Besatzungszone und in der DDR 1945–1953. Bonn 1996.

136 Brandt, Heinz: Ein Traum der nicht entführbar ist. Mein Weg zwischen Ost und West. München 1967.

137 Courtois, Stéphane/Werth, Nicolas et al.: Das Schwarzbuch des Kommunismus. Unterdrückung, Verbrechen und Terror. 2. Aufl. München/Zürich 1998.

138 Cramer, Dettmar: Von Ulbricht zu Honecker. In: DA 4.1971,5, S. 449–450.

139 Die SED. Geschichte – Organisation – Politik. Ein Handbuch. Hrsg. v. Andreas Herbst, Gerd-Rüdiger Stephan, Jürgen Winkler. Berlin 1997.

140 Erler, Peter/Laude, Horst/Wilke, Manfred (Hrsg.): »Nach Hitler kommen wir.« Dokumente zur Programmatik der Moskauer KPD-Führung 1944/45 für Nachkriegsdeutschland. Berlin 1994.

141 Faulenbach, Bernd/Potthoff, Heinrich (Hrsg.): Sozialdemokraten und Kommunisten nach Nationalsozialismus und Krieg. Essen 1998.

142 Flechtheim, Ossip K.: Die KPD in der Weimarer Republik. Einleitung Hermann Weber. Frankfurt a.M. 1969.

143 Förtsch, Eckart: Die SED. Stuttgart 1969.

144 Frank, Mario: Walter Ulbricht. Eine deutsche Biographie. Berlin 2001.

145 Friedrich, Thomas/Hübner, Christa/Mayer, Herbert/Wolf, Kerstin (Hrsg.): Entscheidungen der SED 1948. Aus den Stenographischen Niederschriften der 10. bis 15. Tagung des Parteivorstandes der SED. Berlin 1995.

146 Fülberth, Georg: KPD und DKP 1945–1990. Zwei kommunistische Parteien in der vierten Periode kapitalistischer Entwicklung. Heilbronn 1990.

147 Furet, François: Das Ende der Illusion. Der Kommunismus im 20. Jahrhundert. München/Zürich 1996.

148 Geschichte der deutschen Arbeiterbewegung in 8 Bänden. Hrsg. v. Institut für Marxismus-Leninismus beim ZK der SED. Berlin (Ost) 1966.

149 Geschichte der sozialistischen Einheitspartei Deutschlands. Abriß. Kommission des Politbüros des ZK der SED unter Vorsitz von Erich Honecker (Hrsg.). Berlin (Ost) 1978.

150 Gniffke, Erich: Jahre mit Ulbricht. Köln 1966 (Neuaufl. 1990).

151 Grundriß der Geschichte der deutschen Arbeiterbewegung. Berlin (Ost) 1963.

152 Hager, Kurt: Erinnerungen. Leipzig 1996.

153 Herrmann, Frank-Joachim: Der Sekretär des Generalsekretärs. Honeckers persönlicher Mitarbeiter über seinen Chef. Berlin 1996.

154 Herrnstadt, Rudolf: Das Herrnstadt-Dokument. Das Politbüro der SED und die Geschichte des 17. Juni 1953. Reinbek bei Hamburg 1990.

155 Hertle, Hans-Hermann/Stephan, Gerd-Rüdiger (Hrsg.): Das Ende der SED. Die letzten Tage des Zentralkomitees. Berlin 1997.

156 Honecker, Erich: Moabiter Notizen. Berlin 1993.

157 Hornbogen, Lothar/Nakath, Detlef/Stephan, Gerd-Rüdiger (Hrsg.): Außerordentlicher Parteitag der SED/PDS. Protokoll der Beratungen am 8./9. und 16./17. Dezember 1989 in Berlin. Mit einer CD ausgewählter Original-Mitschnitte. Berlin 1999.

158 Hurwitz, Harold: Demokratie und Antikommunismus in Berlin nach 1945, Bd. 4: Die Anfänge des Widerstands. Teil 1: Führungsanspruch und Isolation der Sozialdemokraten; Teil 2: Zwischen Selbsttäuschung und Zivilcourage: Der Fusionskampf. Köln 1990.

159 Hurwitz, Harold: Die Stalinisierung der SED. Zum Verlust von Freiräumen und sozialdemokratischer Identität in den Vorständen 1946–1949. Opladen 1997.

160 Janka, Walter: Spuren meines Lebens. Reinbek 1991.

161 Kaden, Albrecht: Einheit oder Freiheit. Die Wiedergründung der SPD 1945/46. Hannover 1964 (Neuaufl. 1990).

162 Kaiser, Monika: Machtwechsel von Ulbricht zu Honecker. Funktionsmechanismen der SED-Diktatur in Konfliktsituationen 1962 bis 1972. Berlin 1997.

163 Keiderling, Gerhard: »Gruppe Ulbricht« in Berlin April bis Juni 1945. Von den Vorbereitungen im Sommer 1944 bis zur Wiedergründung der KPD im Juni 1945. Eine Dokumentation. Berlin 1993.

164 Keiderling, Gerhard: Wir sind die Staatspartei. Die KPD-Bezirksorganisation Groß-Berlin. April 1945–April 1946. Berlin 1997.

165 Kießling, Wolfgang: »Leistner ist Mielke«. Schatten einer gefälschten Biographie. Berlin 1998.

166 Kießling, Wolfgang: Partner im »Narrenparadies«. Der Freundeskreis um Noel Field und Paul Merker. Berlin 1994.

167 Klein, Thomas/Otto, Wilfriede/Grieder, Peter: Visionen. Repression und Opposition in der SED 1949–1989, 2 Bde. Frankfurt (Oder) 1996 (2. Aufl. 1997).

168 Klein, Thomas: »Für die Einheit und Reinheit der Partei«. Die innerparteilichen Kontrollorgane der SED in der Ära Ulbricht. Köln 2002.

169 Kluttig, Thekla: Parteischulung und Kaderauslese in der Sozialistischen Einheitspartei Deutschlands 1946–1961. Berlin 1997.

170 Koenen, Gerd: Utopie der Säuberung. Was war der Kommunismus? Berlin 2000.

171 Krüger, Joachim: Die Haltung der SED-Führung zur UdSSR. In: Europa-Dialoge, 1.1993,3 = Ausg.3 u. 1.1993,4 = Ausg.4.

172 Kubina, Michael: Von Utopie, Widerstand und Kaltem Krieg. Das unzeitgemäße Leben des Berliner Rätekommunisten Alfred Weiland (1906–1978). Münster/Hamburg 2001.

173 Küchenmeister, Daniel (Hrsg.): Honecker – Gorbatschow. Vieraugengespräche. Berlin 1993.

174 Kunze, Thomas: Staatschef a. D. Die letzten Jahre des Erich Honecker. Berlin 2001.

175 Leonhard, Wolfgang: Die Revolution entläßt ihre Kinder. Köln/Berlin 1955 (Neuaufl. 1990).

176 Leonhard, Wolfgang: Spurensuche. 40 Jahre nach »Die Revolution entläßt ihre Kinder«. Köln 1992.

177 Lorenzen, Jan N.: Erich Honecker. Eine Biographie. Reinbek bei Hamburg 2001.

178 Ludz, Peter Christian: Parteielite im Wandel: Funktionsaufbau, Sozialstruktur und Ideologie der SED-Führung. Eine empirisch-systematische Untersuchung. 2. Aufl. Köln 1968 (3., durchges. Aufl. 1970).

179 Malycha, Andreas: Auf dem Weg zur SED. Die Sozialdemokratie und die Bildung einer Einheitspartei in den Ländern der SBZ. Eine Quellenedition. Bonn 1995.

180 Malycha, Andreas: Die SED. Geschichte ihrer Stalinisierung 1946–1953. Paderborn 2000.

181 Malycha, Andreas: Partei von Stalins Gnaden? Die Entwicklung der SED zur Partei neuen Typs in den Jahren 1946 bis 1950. Berlin 1996.

182 Mayer, Herbert: Durchsetzt von Parteifeinden, Agenten, Verbrechern ...? Zu den Parteisäuberungen in der KPD (1948–1952) und der Mitwirkung der SED. Berlin 1995 (= Hefte zur DDR-Geschichte; 29).

183 McCauley, Martin: Marxism-Leninism in the German Democratic Republic. The Socialist Unity Party (SED). London 1979.

184 Mestrup, Heinz: Die SED. Ideologischer Anspruch, Herrschaftspraxis und Konflikte im Bezirk Erfurt 1971–1989. Rudolstadt 2000.

185 Mittag, Günter: Um jeden Preis. Im Spannungsfeld zweier Systeme. Berlin/Weimar 1991.

186 Modrow, Hans (Hrsg.): Das Große Haus. Insider berichten aus dem ZK der SED. Berlin 1994.

187 Modrow, Hans (mit Hans Dieter Schütt): Ich wollte ein neues Deutschland. Berlin 1998 (München 1999).

188 Modrow, Hans: Aufbruch und Ende. Hamburg 1991.

189 Moraw, Frank: Die Parole der »Einheit« und die Sozialdemokratie. Zur parteiorganisatorischen und gesellschaftspolitischen Orientierung der SPD in der Periode der Illegalität und in der ersten Phase der Nachkriegszeit 1933–1948. Bonn-Bad Godesberg 1973 (Neuaufl. 1990).

190 Morré, Jörg: Hinter den Kulissen des Nationalkomitees. Das Institut 99 in Moskau und die Deutschlandpolitik der UdSSR 1943–1946. München 2001.

191 Müller, Helmut: Wendejahre 1949–1989. Berlin 1999.

192 Müller, Kurt: Ein historisches Dokument aus dem Jahre 1956. Brief an den DDR-Ministerpräsidenten Otto Grotewohl. In: APuZ 1990,11, S. 16–29.

193 Müller-Enbergs, Helmut: Der Fall Rudolf Herrnstadt. Tauwetterpolitik vor dem 17. Juni. Berlin 1991.

194 Nakath, Detlef/Neugebauer, Gero/Stephan, Gerd-Rüdiger (Hrsg.): »Im Kreml brennt noch Licht«. Die Spitzenkontakte zwischen SED/PDS und KPdSU 1989–1991. Berlin 1998.

195 Nakath, Monika: SED und Perestroika. Reflexion osteuropäischer Reformversuche in den 80er Jahren. Berlin 1993 (= Hefte zur DDR-Geschichte; 9).

196 Neugebauer, Gero: Partei und Staatsapparat in der DDR. Aspekte der Instrumentalisierung des Staatsapparats durch die SED. Opladen 1978.

197 Oldenburg, Fred: Konflikt und Konfliktregelung in der Parteiführung der SED 1945/46–1972. Köln 1972.

198 Podewin, Norbert: Walter Ulbricht. Eine neue Biographie. Berlin 1995.

199 Pötzl, Norbert F.: Erich Honecker. Eine deutsche Biographie. 2. Aufl. Stuttgart/ München 2002.

200 Prokop, Siegfried: Poltergeist im Politbüro. Siegfried Prokop im Gespräch mit Alfred Neumann. Frankfurt (Oder) 1996.

201 Przybylski, Peter: Tatort Politbüro. Die Akte Honecker. Berlin 1991.

202 Rohrwasser, Michael: Der Stalinismus und die Renegaten. Stuttgart 1991.

203 Rudloff, Michael/Schmeitzner, Mike (Hrsg.): »Solche Schädlinge gibt es auch in Leipzig.« Sozialdemokraten und die SED. Frankfurt a.M. 1997.

204 Sattler, Friederike: Wirtschaftsordnung im Übergang. Politik, Organisation und Funktion der KPD/SED im Land Brandenburg bei der Etablierung der zentralen Planwirtschaft in der SBZ/DDR 1945–52, 2 Bde. Münster 2002.

205 Schabowski, Günter: Das Politbüro. Ende eines Mythos. Eine Befragung. Hrsg. von Frank Sieren und Ludwig Koehne. Reinbek bei Hamburg 1990.

206 Schabowski, Günter: Der Absturz. Berlin 1991.

207 Schenk, Fritz: Im Vorzimmer der Diktatur. Zwölf Jahre Pankow. Köln/Berlin 1962.

208 Schirdewan, Karl: Aufstand gegen Ulbricht. Im Kampf um politische Kurskorrektur, gegen stalinistische, dogmatische Politik. Berlin 1994.

209 Scholz, Michael F.: Bauernopfer der deutschen Frage. Der Kommunist Kurt Vieweg im Dschungel der Geheimdienste. Berlin 1997.

210 Scholz, Michael F.: Skandinavische Erfahrungen erwünscht? Nachexil und Remigration. Die ehemaligen KPD-Emigranten in Skandinavien und ihr weiteres Schicksal in der SBZ/DDR. Stuttgart 2000.

211 Schultz, Joachim: Der Funktionär in der Einheitspartei. Kaderpolitik und Bürokratisierung in der SED. Mit einer Einleitung von Otto Stammer. Stuttgart/Düsseldorf 1956.

212 Schürer, Gerhard: Gewagt und verloren. Eine deutsche Biographie. Frankfurt (Oder) 1996.

213 Schwabe, Klaus: Arroganz der Macht – Herrschaftsgeschichte von KPD und SED in Mecklenburg-Vorpommern 1945–1952. Schwerin 1997.

214 Schwarzenbach, Rudolf: Die Kaderpolitik in der Staatsverwaltung. Ein Beitrag zur Entwicklung des Verhältnisses von Partei und Staat in der DDR (1945–1975). Köln 1976.

215 Selbmann, Fritz: Acht Jahre und ein Tag. Bilder aus den Gründerjahren der DDR. Berlin 1999.

216 Spittmann, Ilse (Hrsg.): Die SED in Geschichte und Gegenwart. Köln 1987.

217 Spittmann, Ilse: Warum Ulbricht stürzte. In: DA 4.1971,6, S. 568–569.

218 Stelken, Jochen: Machtwechsel in Ostberlin. Der Sturz Walter Ulbrichts. In: VfZ 45.1997,4, S. 503–533.

219 Stephan, Gerd-Rüdiger (Hrsg.): »Vorwärts immer, rückwärts nimmer!« Interne Dokumente zum Zerfall von SED und DDR 1988/89. Berlin 1994.

220 Stephan, Gerd-Rüdiger: Die letzten Tagungen des Zentralkomitees der SED 1988/89: Abläufe und Hintergründe. In: DA 26.1993,3, S. 296–326.

221 Stern, Carola: Die SED. Ein Handbuch über Aufbau, Organisation und Funktion des Parteiapparates. Köln 1954.

222 Stern, Carola: Doppelleben. Eine Autobiographie. Köln 2001.

223 Stern, Carola: Porträt einer bolschewistischen Partei. Entwicklung, Funktion und Situation der SED. Köln/Berlin 1957.

224 Stern, Carola: Ulbricht. Eine politische Biographie. Köln 1963.

225 Stößel, Frank Thomas: Positionen und Strömungen in der KPD/SED 1945–1954. Teil 1 u. 2. Köln 1985.

226 Sywottek, Arnold: Deutsche Volksdemokratie. Studien zur politischen Konzeption der KPD 1935–1946. Düsseldorf 1971.

227 Thälmann, Ernst: An Stalin. Briefe aus dem Zuchthaus 1939 bis 1941. Hrsg. v. Wolfram Adolphi u. Jörn Schütrumpf. Berlin 1996.

228 Weber, Hermann (in Zusammenarbeit mit Gerda Weber): Damals als ich Wunderlich hieß. Vom Parteihochschüler zum kritischen Sozialisten. Die SED-Parteihochschule »Karl Marx« bis 1949. Berlin 2002.

229 Weber, Hermann/Mählert, Ulrich (Hrsg.): Terror. Stalinistische Parteisäuberungen 1936–1953. Paderborn 1998.

230 Weber, Hermann/Oldenburg, Fred: 25 Jahre SED. Chronik einer Partei. Köln 1971.

231 Weber, Hermann/Staritz, Dietrich (Hrsg.): Kommunisten verfolgen Kommunisten. Stalinistischer Terror und »Säuberungen« in den kommunistischen Parteien Europas seit den dreißiger Jahren. Berlin 1993.

232 Weber, Hermann: »Weiße Flecken« in der Geschichte. Die KPD-Opfer der Stalinschen Säuberungen. Frankfurt a.M. 1989 (2., überarb. u. erw. Aufl. Frankfurt a.M. u. Berlin (Ost) 1990).

233 Weber, Hermann: Die Sozialistische Einheitspartei Deutschlands 1946–1971. Hannover 1971.

234 Weber, Hermann: Die Wandlung des deutschen Kommunismus. Die Stalinisierung der KPD in der Weimarer Republik. 2 Bde. Frankfurt a.M. 1969.

235 Weber, Hermann: Kommunismus in Deutschland 1918–1945. Darmstadt 1983.

236 Weber, Hermann: Von Rosa Luxemburg zu Walter Ulbricht. Hannover 1961.

237 Weitz, Eric D.: Creating German Communism. From Popular Protests to Socialist State. 1890–1990. Princeton 1997.

238 Wilke, Manfred (Hrsg.): Die Anatomie der Parteizentrale. Die KPD/SED auf dem Weg zur Macht. Berlin 1998.

239 Zunder, Rainer: Erschossen in Zicherie. Vom Leben und Sterben des Kommunisten Kurt Lichtenstein. Berlin 1993.

4. Blockparteien und Massenorganisationen

240 Angerhausen, Susanne: Radikaler Organisationswandel. Wie die »Volkssolidarität« die deutsche Vereinigung überlebte. Opladen 2003.

241 Ansorg, Leonore: Kinder im Klassenkampf. Die Geschichte der Pionierorganisation von 1948 bis Ende der fünfziger Jahre. Berlin 1997.

242 Bauer, Theresia: Blockpartei und Agrarrevolution von oben. Die Demokratische Bauernpartei Deutschlands 1948–1963. München 2003.

243 Baus, Ralf Thomas: Die Christlich-Demokratische Union Deutschlands in der Sowjetisch Besetzten Zone 1945 bis 1948. Gründung – Programm – Politik. Düsseldorf 2001.

244 Bode, Bernard: Liberal-Demokraten und »deutsche Frage«. Zum Wandel einer Partei in der Sowjetischen Besatzungszone und in der DDR zwischen 1945 und 1961. Franfurt a.M. 1997.

448   Bibliographie

245 Bollow, Frauke: Jugendarbeit der FDJ und der Kirchen. In: Ministerium für Bildung, Jugend und Sport des Landes Brandenburg (Hrsg.): Geschichte, Struktur und Funktionsweise der DDR-Volksbildung. Bd. 3: Freundschaft! Die Volksbildung der DDR in ausgewählten Kapiteln. Berlin 1996, S. 261–368.
246 Brunner, Detlev (Hrsg.): Der Wandel des FDGB zur kommunistischen Massenorganisation. Das Protokoll der Bitterfelder Konferenz des FDGB am 25./26. November 1948. Essen 1996.
247 Brunner, Detlev: Sozialdemokraten im FDGB. Von der Gewerkschaft zur Massenorganisation. 1945 bis in die frühen 1950er Jahre. Essen 2000.
248 Buchstab, Günter (Hrsg.): Verfolgt und entrechtet. Die Ausschaltung Christlicher Demokraten unter sowjetischer Besatzung und SED-Herrschaft 1945–1961. Eine biographische Dokumentation. Düsseldorf 1997.
249 Conze, Werner: Jakob Kaiser. Politiker zwischen Ost und West 1945–1949. Stuttgart 1969.
250 Die Parteien und Organisationen der DDR. Ein Handbuch. Hrsg. v. Gerd-Rüdiger Stephan, Andreas Herbst, Christine Krauss, Daniel Küchenmeister, Detlef Nakath. Berlin 2002.
251 Ditfurth, Christian von: Blockflöten. Wie die CDU ihre realsozialistische Vergangenheit verdrängt. Köln 1991.
252 Dralle, Lothar: Von der Sowjetunion lernen ... Zur Geschichte der Gesellschaft für Deutsch-Sowjetische Freundschaft. Berlin 1993.
253 Eckert, Rainer: Zur Rolle der Massenorganisationen im Alltag der DDR-Bevölkerung. In: Materialien 1995 [42], Bd. II/2, S. 1243–1300.
254 Fairbairn, Brett: Wiederaufbau und Untergang der Konsumgenossenschaften in der DDR und in der Bundesrepublik Deutschland 1945 bis 1990. In: IWK, 34.1998,2, S. 171–198.
255 Fleischhacker, Alfred (Hrsg.) unter Mitwirkung von Holger Stoecker: Das war unser Leben. Erinnerungen und Dokumente zur Geschichte der Freien Deutschen Jugend in Großbritannien 1939–1946. Berlin 1996.
256 Frölich, Jürgen (Hrsg.): »Bürgerliche« Parteien in der SBZ/DDR. Zur Geschichte von CDU, LDP(D), DBD und NDPD 1945 bis 1953. Köln 1995.
257 Gotschlich, Helga (Hrsg.): »Links und links und Schritt gehalten ...«. Die FDJ: Konzepte – Abläufe – Grenzen. Berlin 1994.
258 Gotschlich, Helga/Herms, Michael/Lange, Katharina/Noack, Gert: »Das neue Leben muß anders werden ...«. Studien zur Gründung der FDJ. Berlin 1996.
259 Gotschlich, Helga/Lange, Katharina/Schulze, Edeltraud (Hrsg.): Aber nicht im Gleichschritt. Zur Entstehung der Freien Deutschen Jugend. Berlin 1997.
260 Gotschlich, Helga: »Und der eignen Kraft vertrauend ...«. Aufbruch in die DDR – 50 Jahre danach. Berlin 1999.
261 Hartmann, Anneli/Eggeling, Wolfram: Die Gesellschaft für Deutsch-Sowjetische Freundschaft. Zum Aufbau einer Institution in der SBZ/DDR zwischen Politzwängen und sowjetischer Steuerung. Analysen. Berlin 1993.
262 Heider, Magdalena/Thöns, Kerstin (Hrsg.): SED und Intellektuelle in der DDR der fünfziger Jahre. Kulturbund-Protokolle. Köln 1990.
263 Heider, Magdalena: Politik – Kultur – Kulturbund. Zur Gründungs- und Frühgeschichte des Kulturbundes zur demokratischen Erneuerung Deutschlands 1945–1954 in der SBZ/DDR. Köln 1993.

264 Heider, Paul: Die Gesellschaft für Sport und Technik. Vom Wehrsport zur »Schule des Soldaten von morgen«. Berlin 2002.

265 Henkel, Rüdiger: Im Dienste der Staatspartei. Über Parteien und Organisationen der DDR. Hrsg. von der Unabhängigen Kommission zur Überprüfung des Vermögens der Parteien und Massenorganisationen der DDR. Baden-Baden 1994.

266 Hermes, Peter: Die Christlich-Demokratische Union und die Bodenreform in der Sowjetischen Besatzungszone Deutschlands im Jahre 1945. Saarbrücken 1963.

267 Herms, Michael/Noack, Gert: Aufstieg und Fall des Robert Bialek. Berlin 1998.

268 Herms, Michael: Heinz Lippmann. Portrait eines Stellvertreters. Berlin 1996.

269 Hübner, Peter: Zur Rolle der »Massenorganisationen« im Alltag des DDR-Bürgers. In: Materialien 1995 [42], Bd. II/3, S. 1723–1769.

270 Jahrbuch für zeitgeschichtliche Jugendforschung 1994/95. Hrsg. von Jan Foitzik, Helga Gotschlich, Sonja Häder, Daniel Küchenmeister, Katharina Lange, Ulrich Mählert und Peter Skyba. Berlin 1995.

271 Kaltenborn, Wilhelm: Zwischen Resistenz und Einvernahme. Die Konsumgenossenschaften in der DDR. Versuch einer Bestandsaufnahme. Berlin 2002.

272 Kaminsky, Annette: Der Verband der Konsumgenossenschaften (VdK). In: Die Parteien und Organisationen der DDR. Ein Handbuch. Hrsg. v. Gerd-Rüdiger Stephan, Andreas Herbst, Christine Krauss, Daniel Küchenmeister, Detlef Nakath. Berlin 2002, S. 719–740.

273 Koch, Thomas: Die Parteien und Massenorganisationen der DDR als Sozialisationsinstanzen. In: Die Parteien und Organisationen der DDR. Ein Handbuch. Hrsg. v. Gerd-Rüdiger Stephan, Andreas Herbst, Christine Krauss, Daniel Küchenmeister, Detlef Nakath. Berlin 2002, S. 116–142.

274 Koelges, Barbara: Der Demokratische Frauenbund. Von der DDR-Massenorganisation zum modernen politischen Frauenverband. Wiesbaden 2001.

275 Krippendorff, Ekkehart: Die Gründung der Liberal-Demokratischen Partei in der Sowjetischen Besatzungszone 1945/48. Entstehung, Struktur, Politik. Düsseldorf 1961.

276 Kuhn, Katja: »Wer mit der Sowjetunion verbunden ist, gehört zu den Siegern der Geschichte …« Die Gesellschaft für Deutsch-Sowjetische Freundschaft im Spannungsfeld von Moskau und Ostberlin. Mannheim, Univ., Diss., 2002.

277 Kurek, Wolfgang: Die VdgB in der bündnis- und agrarpolitischen Konzeption der SED (1945 bis 1952). Entstehung und Konsolidierung des Verbandes als Konsequenz der SED-Politik. Eine Quellenstudie. Berlin, Freie Univ., Diss., 1996.

278 Kurzer, Ulrich: Konsumgenossenschaften in der Sowjetischen Besatzungszone und in der DDR. Hypothesen zu einem bisher wenig beachteten Forschungsfeld. In: DA 32.1999,5, S. 812–823.

279 Lapp, Peter Joachim: Ausverkauf. Das Ende der Blockparteien. Berlin 1998.

280 Lapp, Peter Joachim: Die »befreundeten Parteien« der SED. DDR-Blockparteien heute. Köln 1988.

281 Louis, Jürgen: Die Liberal-Demokratische Partei in Thüringen 1945–1952. Köln/Weimar/Wien 1996.

282 Mählert Ulrich: FDJ 1946–1989. Erfurt 2001.

283 Mählert, Ulrich/Stephan, Gerd-Rüdiger: Blaue Hemden – Rote Fahnen. Die Geschichte der Freien Deutschen Jugend. Opladen 1996.

284 Mählert, Ulrich: Die Freie Deutsche Jugend 1945–1949. Von den »antifaschis-

tischen Jugendausschüssen« zur SED-Massenorganisation: Die Erfassung der Jugend in der Sowjetischen Besatzungszone. Paderborn 1995.

285 Mählert, Ulrich: Die Massenorganisationen im politischen System der DDR. In: Die Parteien und Organisationen der DDR. Ein Handbuch. Hrsg. v. Gerd-Rüdiger Stephan, Andreas Herbst, Christine Krauss, Daniel Küchenmeister, Detlef Nakath. Berlin 2002, S. 103–115.

286 Marcowitz, Reiner: Der schwierige Weg zur Einheit. Die Vereinigung der deutschen Liberalen 1989/90. Dresden 2002.

287 Mocker, Elke: Demokratischer Frauenbund Deutschlands (1947–1989). Historisch-systematische Analyse einer DDR-Massenorganisation. Mikrofiche-Ausg. Berlin: Mikrofilm-Center Klein, 1992.

288 Modrow, Hans (Hrsg.): Unser Zeichen war die Sonne. Gelebtes und Erlebtes. Berlin 1996.

289 Poßner, Wilfried: Immer bereit! Parteiauftrag: kämpfen, spielen, fröhlich sein. Berlin 1995.

290 Reichelt, Hans: Blockflöte, oder was? Zur Geschichte der Demokratischen Bauernpartei Deutschlands (DBD) 1948 bis 1990. Berlin 1997.

291 Reinert, Fritz (Hrsg.): Protokolle des Landesblockausschusses der antifaschistisch-demokratischen Parteien Brandenburgs 1945–1950. Weimar 1994.

292 Reinert, Fritz: Brandenburgs Parteien 1945–1950. Möglichkeiten und Grenzen kooperativer Politik. Potsdam 1995.

293 Reuter, Elke/Hansel, Detlef: Das kurze Leben der VVN von 1947 bis 1953. Die Geschichte der Vereinigung der Verfolgten des Naziregimes in der sowjetischen Besatzungszone und in der DDR. Berlin 1997.

294 Richter, Michael/Rißmann, Martin (Hrsg.): Die Ost-CDU. Beiträge zu ihrer Entstehung und Entwicklung. Weimar 1995.

295 Richter, Michael: Die Ost-CDU 1948–1952. Zwischen Widerstand und Gleichschaltung. Düsseldorf 1990.

296 Riesenberger, Dieter: Das Deutsche Rote Kreuz. Eine Geschichte 1864–1990. Paderborn 2002.

297 Schmidt, Ute: Von der Blockpartei zur Volkspartei? Die Ost-CDU im Umbruch 1989–1994. Opladen 1997.

298 Schuster, Ulrike: Mut zum eigenen Denken? DDR-Studenten und Freie Deutsche Jugend 1961–1965. Berlin 1999.

299 Simsch, Sebastian: Blinde Ohnmacht: der Freie Deutsche Gewerkschaftsbund zwischen Diktatur und Gesellschaft in der DDR 1945 bis 1963. Aachen 2002.

300 Skyba, Peter: Vom Hoffnungsträger zum Sicherheitsrisiko. Jugend in der DDR und Jugendpolitik der SED 1949–1961. Köln/Weimar/Wien 2000.

301 Sommer, Ulf: Die Liberal-Demokratische Partei Deutschlands. Eine Blockpartei unter der Führung der SED. Münster 1996.

302 Springer, Philipp: »Da konnt' ich mich dann so'n bißchen entfalten«. Die Volkssolidarität in der SBZ/DDR 1945–1969. Frankfurt a.M. 1999.

303 Stadtland, Helke: Herrschaft nach Plan und Macht der Gewohnheit. Sozialgeschichte der Gewerkschaften in der SBZ/DDR 1945–1953. Essen 2001.

304 Suckut, Siegfried (Hrsg.): Blockpolitik in der SBZ/DDR 1945–1949. Die Sitzungsprotokolle des zentralen Einheitsfront-Ausschusses. Köln 1986.

305 Suckut, Siegfried: Die Betriebsrätebewegung in der Sowjetisch Besetzten Zone Deutschlands (1982–1948). Zur Entwicklung und Bedeutung von Arbeiterinitia-

tive, betrieblicher Mitbestimmung und Selbstbestimmung bis zur Revision des programmatischen Konzepts der KPD/SED vom »besonderen deutschen Weg zum Sozialismus«. Frankfurt a.M. 1982.

306 Suckut, Siegfried: Die DDR-Blockparteien im Lichte neuer Quellen. In: Weber, Jürgen (Hrsg.): Der SED-Staat. Neues über eine vergangene Diktatur, München 1994, S. 98–197.

307 Suckut, Siegfried: Parteien in der SBZ/DDR 1945–1952. Bonn 2000.

308 Tessmer, Carsten: Gleichgeschaltet? Der Wandel des ostdeutschen Parteiensystems und die deutschlandpolitischen Anstrengungen von CDUD, LDPD, DBD und NDPD. Ein Beitrag zur Untersuchung von Rolle und Funktion der Blockparteien im politischen System der SBZ/DDR. Mannheim 2002.

309 Walter, Michael: Die Freie Deutsche Jugend. Ihre Funktionen im politischen System der DDR. Freiburg i.Br. 1997.

310 Weber, Hermann (Hrsg.): Parteiensystem zwischen Demokratie und Volksdemokratie. Dokumente und Materialien zum Funktionswandel der Parteien und Massenorganisationen in der SBZ/DDR 1945–1950. Köln 1982.

311 Weber, Hermann: Einleitung zu Kapitel IV Gesellschaftliche Organisationen. In: SBZ-Handbuch. Staatliche Verwaltungen, Parteien, gesellschaftliche Organisationen und ihre Führungskräfte in der Sowjetischen Besatzungszone Deutschlands 1945–1949. Hrsg. v. Martin Broszat u. Hermann Weber. München 1990 (2. Aufl. 1993), S. 621–625.

312 Weinert, Rainer/Gilles, Franz-Otto: Der Zusammenbruch des Freien Deutschen Gewerkschaftsbundes (FDGB). Zunehmender Entscheidungsdruck, institutionalisierte Handlungsschwächung und Zerfall der hierarchischen Organisationsstruktur. Opladen. Wiesbaden 1999.

313 Wentker, Hermann: Ein deutsch-deutsches Schicksal. Der CDU-Politiker Helmut Brandt zwischen Anpassung und Widerstand. In: VfZ 49.2001,3, S. 465–506.

314 Wernet-Tietz, Bernhard: Bauernverband und Bauernpartei in der DDR. Die VdgB und die DBD 1945–1952. Ein Beitrag zum Wandlungsprozeß des Parteiensystems der SBZ/DDR. Köln 1984.

315 Wilde, Manfred: Die SBZ-CDU 1945–1947. Zwischen Kriegsende und Kaltem Krieg. München 1998.

316 Zilch, Dorle: Millionen unter der blauen Fahne. Die FDJ – Zahlen – Fakten – Tendenzen. Mitgliederbewegungen und Strukturen in der FDJ-Mitgliedschaft von 1946 bis 1989 unter besonderer Berücksichtigung der Funktionäre. Bd. 1.: Mitgliederbewegung der FDJ von 1946 bis 1989. Rostock 1994.

5. Ideologie, Propaganda, Medien

317 Amos, Heike: Auferstanden aus Ruinen … Die Nationalhymne der DDR 1949–1990. Berlin 1997.

318 Arnold, Karl-Heinz: Zeitung. Ein Journalist berichtet. Berlin 2000.

319 Barck, Simone/Langermann, Martina/Lokatis, Siegfried (Hrsg.): Zwischen »Mosaik« und »Einheit«. Zeitschriften in der DDR. Berlin 1999.

320 Blaum, Verena: Kunst und Politik im SONNTAG 1946–1958. Eine historische Inhaltsanalyse zum deutschen Journalismus der Nachkriegsjahre. Köln 1992.

321 Bos, Ellen: Leserbriefe in Tageszeitungen der DDR. Zur »Massenverbundenheit« der Presse 1949–1989. Opladen 1992.

322 Bürger, Ulrich (Pseudonym für Ulrich Ginolas): Das sagen wir natürlich so nicht! Donnerstags-Argus bei Herrn Geggel. Berlin 1990.

323 Danyel, Jürgen: Politische Rituale als Sowjetimporte. In: Jarausch, Konrad H./ Siegrist, Hannes (Hrsg.): Amerikanisierung und Sowjetisierung in Deutschland 1945–1970. Frankfurt a.M./New York 1997, S. 67–86.

324 Faulenbach, Bernd: Die DDR als antifaschistischer Staat. In: Eckert, Rainer/Faulenbach, Bernd (Hrsg.): Halbherziger Revisionismus. Zum postkommunistischen Geschichtsbild. München 1996, S. 47–68.

325 Gabelmann, Thilo [Egon Grübel]: Thälmann ist niemals gefallen? Eine Legende stirbt. Berlin 1996.

326 Grundriß der deutschen Geschichte. Zentralinstitut für Geschichte der Akademie der Wissenschaften der DDR (Hrsg.). Berlin 1979.

327 Grunenberg, Antonia: Antifaschismus, ein deutscher Mythos. Reinbek b. Hamburg 1993.

328 Hahn, Erich: Zur Rolle der Ideologie. In: Ansichten zur Geschichte der DDR. Bd. 1: Hrsg. v. Dietmar Keller, Hans Modrow u. Herbert Wolf. Bonn/Berlin 1993, S. 211–231.

329 Haury, Thomas: Antisemitismus von links. Kommunistische Ideologie, Nationalismus und Antizionismus in der frühen DDR. Hamburg 2002.

330 Hickethier, Knut/Hoff, Peter: Geschichte des deutschen Fernsehens. Stuttgart/Weimar 1998.

331 Hoffmann, Alfred: »Mit Gott einfach fertig«. Untersuchungen zu Theorie und Praxis des Atheismus im Marxismus-Leninismus der Deutschen Demokratischen Republik. Leipzig 2000.

332 Holzweißig, Gunter: DDR-Presse unter Parteikontrolle. Kommentierte Dokumentation. Bonn 1991 (= Analysen und Berichte des Gesamtdeutschen Instituts; 1991,3,Sept.).

333 Holzweißig, Gunter: Die schärfste Waffe der Partei. Eine Mediengeschichte der DDR. Köln/Weimar/Wien 2002.

334 Holzweißig, Gunter: Klassenfeinde und »Entspannungsfreunde«. West-Medien im Fadenkreuz von SED und MfS. Berlin 1995 (= Schriftenreihe des Berliner Landesbeauftragten für die Unterlagen des Staatssicherheitsdienstes der ehemaligen DDR; Bd. 2)

335 Holzweißig, Gunter: Massenmedien in der DDR. 2., völlig überarb. Aufl. Berlin 1989.

336 Holzweißig, Gunter: Zensur ohne Zensor. Die SED-Informationsdiktatur. Bonn 1997.

337 Kapferer, Norbert: Das Feindbild der marxistisch-leninistischen Philosophie in der DDR 1945–1988. Darmstadt 1990.

338 Kapitza, Arne: Transformation der ostdeutschen Presse. »Berliner Zeitung«, »Junge Welt« und »Sonntag/Freitag« im Prozeß der deutschen Vereinigung. Opladen 1997.

339 Käppner, Joachim: Erstarrte Geschichte. Faschismus und Holocaust im Spiegel der Geschichtswissenschaft und Geschichtspropaganda der DDR. Hamburg 1999.

340 Kielmansegg, Peter Graf: Lange Schatten. Vom Umgang der Deutschen mit der nationalsozialistischen Vergangenheit. Berlin 1989.

341 Kluge, Ulrich/Birkfeld, Steffen/Müller, Silvia: Willfährige Propagandisten. MfS und SED-Bezirkszeitungen: »Berliner Zeitung« – »Sächsische Zeitung« – »Neuer Tag«. Stuttgart 1997.

342 Kolakowski, Leszek: Die Hauptströmungen des Marxismus. Entstehung, Entwicklung, Zerfall. 3 Bände. München 1979.

343 Leo, Annette/Reif-Spirek, Peter (Hrsg.): Helden, Täter und Verräter. Studien zum DDR-Antifaschismus. Berlin 1999.

344 Leo, Annette/Reif-Spirek, Peter (Hrsg.): Vielstimmiges Schweigen. Neue Studien zum DDR-Antifaschismus. Berlin 2001.

345 Leonhard, Wolfgang: Die Etablierung des Marxismus-Leninismus in der SBZ/DDR 1945–1955. In: APuZ 1994,40, S. 3–11.

346 Leonhard, Wolfgang: Sowjetideologie heute II. Die politischen Lehren. Frankfurt a.M. 1962.

347 Ludz, Peter C./Ludz, Ursula: Marxismus-Leninismus. In: DDR-Handbuch. 3., überarb. u. erw. Aufl., Köln 1985.

348 Meuschel, Sigrid: Legitimation und Parteienherrschaft. Zum Paradox von Stabilität und Revolution in der DDR 1945–1989. Frankfurt a.M. 1992.

349 Monteath, Peter (Hrsg.): Ernst Thälmann. Mensch und Mythos. Amsterdam 2000.

350 Mühl-Benninghaus, Wolfgang: Rundfunk in der SBZ/DDR. In: Rundfunkpolitik in Deutschland. Wettbewerb und Öffentlichkeit. Hrsg. v. Dietrich Schwarzkopf. Bd. 2. München 1999, S. 795–873.

351 Münkler, Herfried: Antifaschismus und antifaschistischer Widerstand als politischer Gründungsmythos der DDR. In: APuZ 1998,45, S. 16–29.

352 Niethammer, Lutz (Hrsg.): Der »gesäuberte« Antifaschismus. Die SED und die roten Kapos von Buchenwald. Berlin 1994.

353 Nothnagle, Allen L.: Building the East German Myth. Historical Mythology and Youth Propaganda in the German Democratic Republic 1945–1989. Ann Arbor 1999.

354 Overesch, Manfred: Buchenwald und die DDR oder Die Suche nach Selbstlegitimation. Göttingen 1995.

355 Pannen, Stefan: Die Weiterleiter. Funktion und Selbstverständnis ostdeutscher Journalisten. Köln 1992.

356 Polkehn, Klaus: Das war die »Wochenpost«. Geschichte und Geschichten einer Zeitung. Berlin 1997.

357 Reichert, Steffen: Transformationsprozesse: Der Umbau der LVZ. Münster 2000.

358 Sabrow, Martin (Hrsg.): Verwaltete Vergangenheit. Geschichtskultur und Herrschaftslegitimation in der DDR. Leipzig 1997.

359 Sassning, Ronald: Die Verhaftung Ernst Thälmanns und der »Fall Kattner«. Berlin 1999.

360 Sassning, Ronald: Geschichte im Visier des MfS der DDR. Wie SED-Führung, Staatssicherheit und Historiker mit den Schicksalen von Thälmann, Kattner und Wehner umgingen. Berlin 2000.

361 Sassning, Ronald: Zur NS-Haftzeit Ernst Thälmanns. Legenden und Wirklichkeit. Berlin 1997.

362 Schuster, Ulrike: Wissen ist Macht. FDJ, Studenten und die Zeitung *Forum* in der SBZ/DDR. Eine Dokumentation. Berlin 1997.

363 Schwan, Alexander: Theorie als Dienstmagd der Praxis. Systemwille und Parteilichkeit – von Marx zu Lenin. Stuttgart 1983.

364 Selbmann, Erich: DFF Adlershof. Wege übers Fernsehland. Zur Geschichte des Fernsehens. Berlin 1998.

365 Seubert, Heribert: Zum Legitimitätsverfall des militarisierten Sozialismus in der DDR. Münster/Hamburg 1995.

366 Strunk, Peter: Zensur und Zensoren. Medienkontrolle und Propagandapolitik unter sowjetischer Besatzungsherrschaft in Deutschland. Berlin 1996.

367 Ulrich, Andreas/Wagner, Jörg (Hrsg.): DT64. Das Buch zum Jugendradio 1964–1993. Leipzig 1993.

368 Vorsteher, Dieter (Hrsg.): Parteiauftrag: Ein neues Deutschland. Bilder, Rituale und Symbole der frühen DDR. Berlin 1996.

369 Wetter, Gustav A.: Sowjetideologie heute. I. Dialektischer und historischer Materialismus. Frankfurt a.M. 1962.

370 Wilhelmy, Frank: Der Zerfall der SED-Herrschaft. Zur Erosion des marxistisch-leninistischen Legitimitätsanspruches in der DDR. Münster 1995.

371 Zimmering, Raina: Mythen in der Politik der DDR. Ein Beitrag zur Erforschung politischer Mythen. Opladen 2000.

6. Staatssicherheit

372 Ammer, Thomas/Memmler, Hans-Joachim (Hrsg.): Staatssicherheit in Rostock. Zielgruppen, Methoden, Auflösung. Köln 1991.

373 Anatomie der Staatssicherheit/MfS-Handbuch. Geschichte, Struktur, Methoden. Hrsg. v. Siegfried Suckut, Ehrhart Neubert, Walter Süß, Roger Engelmann, Bernd Eisenfeld, Jens Gieseke. 32 Teillieferungen. Berlin 1995 ff.

374 Auerbach, Thomas: Vorbereitung auf den Tag X. Die geplanten Isolierungslager des MfS. Hrsg. BStU. Berlin 1994 (= Der Bundesbeauftragte für die Unterlagen des Staatssicherheitsdienstes der Ehemaligen Deutschen Demokratischen Republik: Reihe B, Analysen und Berichte; 1995,1).

375 Behnke, Klaus/Wolf, Jürgen: Stasi auf dem Schulhof. Der Mißbrauch von Kindern und Jugendlichen durch das Ministerium für Staatssicherheit. Berlin 1998.

376 Bibliographie zum Staatssicherheitsdienst: www.bstu.de/bibliothek/bibliographie. index.htm.

377 Bols, Manfred: Ende der Schweigepflicht. Aus dem Leben eines Geheimdienstlers. Berlin 2001.

378 Braun, Matthias: Drama um eine Komödie. Das Ensemble von SED und Staatssicherheit, FDJ und Ministerium für Kultur gegen Heiner Müllers »Die Umsiedlerin oder Das Leben auf dem Lande« im Oktober 1961. Berlin 1995 (2., durchges. Aufl. 1996).

379 Buthmann, Reinhard: Kadersicherung im Kombinat VEB Carl Zeiss Jena. Die Staatssicherheit und das Scheitern des Mikroelektronikprogramms. Berlin 1997.

380 Childs, David/Popplewell, Richard: The Stasi. The East German Intelligence and Security Service. London 1996.

381 Engelmann, Roger/Schumann, Silke: Kurs auf die entwickelte Diktatur. Die Neuausrichtung des Staatssicherheitsdienstes 1956/57. Berlin 1995 (= BF informiert; 1995,1).

382 Engelmann, Roger: Diener zweier Herren. In: Suckut, Siegfried/Süß, Walter (Hrsg.): Staatspartei und Staatssicherheit. Zum Verhältnis von SED und MfS. Berlin 1997, S. 51–72.

383 Flocken, Jan von/Scholz, Michael F.: Ernst Wollweber. Saboteur, Minister, Unperson. Berlin 1994.

384 Fricke, Karl Wilhelm/Engelmann, Roger: »Konzentrierte Schläge«. Staatssicherheitsaktionen und politische Prozesse in der DDR 1953–1956. Berlin 1998.

385 Fricke, Karl Wilhelm/Marquardt, Bernhard: DDR Staatssicherheit. Das Phänomen des Verrats. Die Zusammenarbeit zwischen MfS und KGB. Bochum 1995.

386 Fricke, Karl Wilhelm: Der Wahrheit verpflichtet. Texte aus fünf Jahrzehnten zur Geschichte der DDR. Berlin 2000.

387 Fricke, Karl Wilhelm: Die DDR-Staatssicherheit. Entwicklung, Strukturen, Aktionsfelder. Köln 1982 (2. Aufl. 1984; 3. Aufl. 1989).

388 Fricke, Karl Wilhelm: MfS intern. Macht, Strukturen, Auflösung der DDR-Staatssicherheit. Analyse und Dokumentation. Köln 1991.

389 Garton Ash, Timothy: Die Akte »Romeo«. Persönliche Geschichte. München/Wien 1997.

390 Gieseke, Jens/Hubert, Doris: Die DDR-Staatssicherheit. Schild und Schwert der Partei. Bonn 2000.

391 Gieseke, Jens: Die hauptamtlichen Mitarbeiter der Staatssicherheit. Personalstruktur und Lebenswelt 1950–1989/90. Berlin 2000.

392 Gieseke, Jens: Mielke-Konzern. Die Geschichte der Stasi 1945–1990. Stuttgart/München 2001.

393 Gill, David/Schröter, Ulrich (Hrsg.): Das Ministerium für Staatssicherheit. Anatomie des Mielke-Imperiums. Berlin 1991.

394 Grimmer, Reinhard/Irmler, Werner/Opitz, Willi/Schwanitz, Wolfgang: Die Sicherheit. Zur Abwehrarbeit des MfS. Berlin 2002.

395 Haendcke-Hoppe-Arndt, Maria: Die Hauptabteilung XVIII: Volkswirtschaft. Berlin 1997 (= Anatomie der Staatssicherheit/Mfs-Handbuch; Teil III/10).

396 Herbstritt, Georg: Studie über das Verhältnis von Volkspolizei und Ministerium für Staatssicherheit, dargestellt am Beispiel des Kampfes gegen die mecklenburgische Landeskirche. In: Der Landesbeauftragte für Mecklenburg-Vorpommern für die Unterlagen des Staatssicherheitsdienstes der ehemaligen Deutschen Demokratischen Republik (Hrsg.): Die Lageberichte der Deutschen Volkspolizei im Herbst 1989. Eine Chronik der Wende im Bezirk Neubrandenburg. Schwerin 1998, S. 235–281.

397 Kallinich, Joachim/de Pasquale, Sylvia (Hrsg.): Ein offenes Geheimnis. Post- und Telefonkontrolle in der DDR. Heidelberg 2002.

398 Krüger, Dieter/Wagner, Armin (Hrsg.): Konspiration als Beruf. Deutsche Geheimdienstchefs im Kalten Krieg. Berlin 2003.

399 Kukutz, Irena/Havemann, Katja: Geschützte Quelle. Gespräche mit Monika H. alias Karin Lenz. Berlin 1990.

400 Kunze, Reiner: Deckname Lyrik. Eine Dokumentation. Frankfurt a.M. 1990.

401 Miller, Barbara: Narratives of Guilt and Compliance in Unified Germany. Stasi informers and their impact on society. London/New York 1999.

402 Mitter, Armin/Wolle, Stefan (Hrsg.): Ich liebe Euch doch alle! Befehle und Lageberichte des MfS Januar–November 1989. Berlin 1990.

403 Mothes, Jörn (Hrsg.): Beschädigte Seelen: DDR-Jugend und Staatssicherheit. Mit 136 Dokumenten und einer Audio-CD mit Original-Tonunterlagen. Bremen 1996.

404 Müller-Enbergs, Helmut (Hrsg.): Inoffizielle Mitarbeiter des Ministeriums für Staatssicherheit. Richtlinien und Durchführungsbestimmungen. Berlin 1996.

405 Müller-Enbergs, Helmut (Hrsg.): Inoffizielle Mitarbeiter des Ministeriums für Staatssicherheit. Teil 2: Anleitungen für die Arbeit mit Agenten, Kundschaftern und Spionen in der Bundesrepublik Deutschland. Berlin 1998.

406 Müller-Enbergs, Helmut: Wilhelm Zaisser. In: Krüger, Dieter/Wagner, Armin (Hrsg.): Konspiration als Beruf. Deutsche Geheimdienstchefs im Kalten Krieg. Berlin 2003, S. 32–61.

407 Otto, Wilfriede: Erich Mielke – Biographie. Aufstieg und Fall eines Tschekisten. Berlin 2000.

408 Pingel-Schliemann, Sandra: Zersetzen – Strategie einer Diktatur. Berlin 2002.

409 Richter, Holger: Die operative Psychologie des Ministeriums für Staatssicherheit der DDR. Frankfurt a.M. 2000.

410 Richter, Michael: Die Staatssicherheit im letzten Jahr der DDR. Köln/Weimar 1996.

411 Sälter, Gerhard: Interne Repression. Die Verfolgung übergelaufener MfS-Offiziere durch das MfS und die DDR-Justiz (1954–1966). Dresden 2002.

412 Schädlich, Hans Joachim (Hrsg.): Aktenkundig. Reinbek b. Hamburg 1992.

413 Schwarz, Josef: Bis zum bitteren Ende. 35 Jahre im Dienste des Ministeriums für Staatssicherheit. Eine DDR-Biographie. Schkeuditz 1994.

414 Stasi intern. Macht und Banalität. Hrsg. Bürgerkomitee Leipzig. Leipzig 1991.

415 Suckut, Siegfried (Hrsg.): Das Wörterbuch der Staatssicherheit. Definitionen zur »politisch-operativen Arbeit«. Berlin 1996.

416 Suckut, Siegfried/Süß, Walter (Hrsg.): Staatspartei und Staatssicherheit. Zum Verhältnis von SED und MfS. Berlin 1997.

417 Süß, Sonja: Politisch mißbraucht. Psychiatrie und Staatssicherheit. Berlin 1998.

418 Süß, Walter: Zum Verhältnis von SED und Staatssicherheit. In: Die SED. Geschichte – Organisation – Politik. Ein Handbuch. Hrsg. v. Andreas Herbst, Gerd-Rüdiger Stephan, Jürgen Winkler. Berlin 1997, S. 215–240.

419 Wolf, Markus: In eigenem Auftrag. Bekenntnisse und Einsichten. München 1991.

420 Wolf, Markus: Spionagechef im geheimen Krieg. Erinnerungen. München 1997.

7. Rechtsordnung und politische Justiz

421 Amos, Heike: Justizverwaltung in der SBZ/DDR. Personalpolitik bis Anfang der 50er Jahre. Köln 1996.

422 Backhaus, Jan-Erik: Volksrichterkarrieren in der DDR. Frankfurt a.M. 1999.

423 Baumann, Ulrich/Kury, Helmut (Hrsg.): Politisch motivierte Verfolgung: Opfer von SED-Unrecht. Freiburg i. Br. 1998.

424 Beckert, Rudi: Die erste und letzte Instanz. Schau- und Geheimprozesse vor dem Obersten Gericht der DDR. Goldbach 1995.

425 Bender, Gert/Falk, Ulrich (Hrsg.): Recht im Sozialismus. Analysen zur Normdurchsetzung in osteuropäischen Nachkriegsgesellschaften (1944/45–1989). Bd. 1: Enteignung. Bd. 2: Justizpolitik. Bd. 3: Sozialistische Gesetzlichkeit. Frankfurt a.M. 1999.

426 Bernhard, Ulrich: Die Deutsche Akademie für Staats- und Rechtswissenschaft »Walter Ulbricht« 1948–1971. Frankfurt a.M. 1997.

427 Böckenförde, Ernst-Wolfgang: Die Rechtsauffassung im kommunistischen Staat. München 1967.

428 Braun, Jutta: Die Zentrale Kommission für Staatliche Kontrolle 1948–1953 – Wirtschaftsstrafrecht und Enteignungspolitik. Frankfurt a.M. 2003.

429 Brentzel, Marianne: Die Machtfrau. Hilde Benjamin 1902–1989. Berlin 1997.

430 Dreier, Ralf/Eckert, Jörn/Mollnau, Karl A./Rottleuthner, Hubert (Hrsg.): Rechtswissenschaft in der DDR 1949–1971. Dokumente zur politischen Steuerung im Grundlagenbereich. Baden-Baden 1996.

431 Eckert, Jörn (Hrsg.): Die Babelsberger Konferenz vom 2./3. April 1958. Rechtshistorisches Kolloquium 13.–16. Februar 1992 Christian-Albrechts-Universität zu Kiel. Baden-Baden 1993.

432 Eckert, Jörn/Hattenhauer, Hans (Hrsg.): Das Zivilgesetzbuch der DDR vom 19. Juni 1975. Goldbach 1995.

433 Eisert, Wolfgang: Die Waldheimer Prozesse. Der stalinistische Terror 1950. Ein dunkles Kapitel der DDR-Justiz. München 1993.

434 Engelmann, Roger/Vollnhals, Clemens (Hrsg.): Justiz im Dienste der Parteiherrschaft. Rechtspraxis und Staatssicherheit in der DDR. Berlin 1999 (2. Aufl. 2000).

435 Feth, Andrea: Hilde Benjamin – eine Biographie. Berlin 1997.

436 Flinder, Marcus: Die Entstehungsgeschichte des Zivilgesetzbuches der DDR. Frankfurt a.M. 1999.

437 Fricke, Karl Wilhelm: Politik und Justiz in der DDR. Zur Geschichte der politischen Verfolgung 1945–1968. Bericht und Dokumentation. Köln 1979 (2. Aufl. 1990).

438 Fricke, Karl Wilhelm: Zur politischen Strafrechtsprechung des Obersten Gerichts der DDR. Heidelberg 1994.

439 Haase, Norbert/Pampel, Bert (Hrsg.): Die Waldheimer »Prozesse« – fünfzig Jahre danach. Dokumentation der Tagung der Stiftung Sächsische Gedenkstätten am 28. und 29. November 2000 in Waldheim. Baden-Baden 2001.

440 Heil, Thomas: Die Verwaltungsgerichtsbarkeit in Thüringen 1945–1952. Ein Kampf um den Rechtsstaat. Tübingen 1996.

441 Heuer, Uwe-Jens (Hrsg.): Die Rechtsordnung der DDR. Anspruch und Wirklichkeit. Baden-Baden 1995.

442 Hilger, Andreas/Schmidt, Ute/Wagenlehner, Günther (Hrsg.): Sowjetische Militärtribunale. Bd. 1: Die Verurteilung deutscher Kriegsgefangener 1941–1953. Köln 2001.

443 Horstmann, Thomas: Logik der Willkür. Die Zentrale Kommission für Staatliche Kontrolle in der SBZ/DDR von 1948 bis 1956. Köln 2002.

444 Howe, Marcus: Karl Polak. Parteijurist unter Ulbricht. Frankfurt a.M. 2002.

445 Im Namen des Volkes? Über die Justiz im Staat der SED. Katalog, Dokumentenband und wissenschaftlicher Begleitband zur Ausstellung des Bundesministeriums der Justiz. Leipzig 1994; Dokumentation. 1997 (= 4 Bde.).

446 Liwinska, Malgorzata: Die juristische Ausbildung in der DDR im Spannungsfeld von Parteilichkeit und Fachlichkeit. Berlin 1997.

447 Lorenz, Thomas: Die Rechtsanwaltschaft in der DDR. Berlin 1998.

448 Mampel, Siegfried: Die sozialistische Verfassung der Deutschen Demokratischen Republik. Kommentar. Frankfurt a.M. 1982 (3. Aufl. Goldbach 1997).

449 Meyer-Seitz, Christian: Die Verfolgung von NS-Straftaten in der Sowjetischen Besatzungszone. Berlin 1998.

450 Mollnau, Marcus: Die Bodenrechtsentwicklung in der SBZ/DDR anhand der Akten des Zentralen Parteiarchivs der SED. Berlin 2001.

451 Müller, Klaus: Die Lenkung der Strafjustiz durch die SED-Staats- und Parteiführung der DDR am Beispiel der Aktion Rose. Frankfurt a.M. 1995.

452 Müller, Klaus-Dieter: Bürokratischer Terror. Justitielle und außerjustitielle Verfolgungsmaßnahmen der sowjetischen Besatzungsmacht 1945–1956. In: Engelmann, Roger/Vollnhals, Clemens (Hrsg.): Justiz im Dienste der Parteiherrschaft. Rechtspraxis und Staatssicherheit in der DDR. Berlin 1999, S. 59–92.

453 Müller, Klaus-Dieter: Sowjetische Gerichtsbarkeit in Dresden von 1945–1953. In: Streifzüge durch die Dresdner Justiz. Dresden 1999, S. 62–71 (= Dresdner Hefte; 17.1999,4 = Nr. 60).

454 Normdurchsetzung in osteuropäischen Nachkriegsgesellschaften (1944–1989). Einführungen in die Rechtsentwicklung mit Quellendokumentation. Bd. 1: Sowjetische Besatzungszone in Deutschland – Deutsche Demokratische Republik (1945–1960). Hrsg. v. Heinz Mohnhaupt und Hans-Andreas Schönfeldt. Frankfurt a.M. 1997.

455 Pfannkuch, Julia: Volksrichterausbildung in Sachsen 1945–1950. Frankfurt a.M. 1993.

456 Pohl, Dieter: Justiz in Brandenburg 1945–1955. Gleichschaltung und Anpassung in einer Landesjustiz. München 2001.

457 Raschka, Johannes: Justizpolitik im SED-Staat. Anpassung und Wandel des Strafrechts während der Amtszeit Honeckers. Köln/Weimar/Berlin 2000.

458 Raschka, Johannes (Hrsg.): Zwischen Überwachung und Repression. Politische Verfolgung in der DDR 1971 bis 1989. Opladen 2001 (= Am Ende des realen Sozialismus. Beiträge zur Bestandsaufnahme der DDR-Wirklichkeit in den 80er Jahren. Hrsg. v. Eberhard Kuhrt in Verbindung mit Hannsjörg F. Buck, Gunter Holzweißig; Bd. 5).

459 Reuß, Ernst: Berliner Justizgeschichte. Eine rechtstatsächliche Untersuchung zum strafrechtlichen Justizalltag von 1945–1952, dargestellt anhand der Strafgerichtsbarkeit des Amtsgerichts Berlin-Mitte. Berlin 2001.

460 Roggemann, Herwig: Die DDR-Verfassungen. Einführung in das Verfassungsrecht der DDR. Grundlagen und neuere Entwicklung. 4., neu bearb. und erw. Aufl. Berlin 1989.

461 Rottleuthner, Hubert (Hrsg.): Das Havemann-Verfahren. Das Urteil des Landgerichts Frankfurt (Oder) und die Gutachten der Sachverständigen Prof. H. Roggemann und Prof. H. Rottleuthner. Baden-Baden 1999.

462 Rottleuthner, Hubert unter Mitarb. von Andrea Baer u.a.: Steuerung der Justiz in der DDR. Einflußnahme der Politik auf Richter, Staatsanwälte und Rechtsanwälte. Köln 1994.

463 Sauer, Heiner/Plumeyer, Hans-Otto: Der Salzgitter Report. Die Zentrale Erfassungsstelle berichtet über Verbrechen im SED-Staat. Esslingen/München 1991.

464 Schmid, Tobias: Die Bedeutung der Deutschen Zentralverwaltung für Justiz für die Entwicklung der Strafjustiz in der Sowjetischen Besatzungszone in Deutschland 1945–1949. Berlin 2001.

465 Schramm, Nils-Eberhard: Die Vereinigung demokratischer Juristen (1949–1999). Frankfurt a.M. 2000.

466 Schröder, Rainer (Hrsg.): Zivilrechtskultur der DDR. 3 Bde. Berlin 1999–2001.

467 Schuller, Wolfgang: Geschichte und Struktur des politischen Strafrechts der DDR bis 1968. Ebelsbach 1980.

468 Timmermann, Heiner (Hrsg.): Die DDR – Recht und Justiz als politisches Instrument. Berlin 2000.

469 Unrecht als System. Dokumente über planmäßige Rechtsverletzungen in der Sowjetzone Deutschlands, Teil I–IV. Bonn 1.1952–4.1958/61 (1962).

470 Vollnhals, Clemens: Der Fall Havemann. Ein Lehrstück politischer Justiz. Berlin 1998.

471 Wagenlehner, Günther: Die russischen Bemühungen um die Rehabilitierung der 1941–1956 verfolgten deutschen Staatsbürger. Dokumentation und Wegweiser. Bonn 1999.

472 Weber, Petra: Justiz und Diktatur, Justizverwaltung und politische Strafjustiz in Thüringen 1945–1961. München 2000.

473 Weinke, Annette: Die Verfolgung von NS-Tätern im geteilten Deutschland. Vergangenheitsbewältigungen 1949–1969 oder: Eine deutsch-deutsche Beziehungsgeschichte im Kalten Krieg. Paderborn 2002.

474 Wendel, Eberhard: Ulbricht als Richter und Henker – Stalinistische Justiz im Parteiauftrag. Zeugnisse deutscher Geschichte. Berlin 1996.

475 Wentker, Hermann (Hrsg.): Volksrichter in der SBZ/DDR 1945 bis 1952. Eine Dokumentation. München 1997.

476 Wentker, Hermann: Justiz in der SBZ/DDR 1945–1953. Transformation und Rolle ihrer zentralen Institutionen. München 2001.

477 Werkentin, Falco, Recht und Justiz im SED-Staat. Bonn 1998.

478 Werkentin, Falco: Politische Strafjustiz in der Ära Ulbricht. Vom bekennenden Terror zur verdeckten Repression. 1995 Berlin (2. Aufl. 1997).

8. Politische Gefangenschaft: Orte und Erinnerungen

479 Agde, Günter: Sachsenhausen bei Berlin: Speziallager Nr. 7 1945–1950. Kassiber, Dokumente und Studien. Berlin 1994.

480 Armanski, Gerhard: Maschinen des Terrors. Das Lager (KZ und GULAG) in der Moderne. Münster 1993.

481 Bautzen-Komitee (Hrsg.): Das gelbe Elend – Bautzen-Häftlinge berichten 1945–1956. München/Berlin 1997.

482 Beckmann, Andreas/Kusch, Regina: Gott in Bautzen. Gefangenenseelsorge in der DDR. Berlin 1994.

483 Beleites, Johannes: Ehemalige Untersuchungshaftanstalten des Ministeriums für Staatssicherheit der DDR. Berlin 2000.

484 Beleites, Johannes: Schwerin, Demmlerplatz. Die Untersuchungshaftanstalt des Ministeriums für Staatssicherheit in Schwerin. Schwerin 2001.

485 Berner, Kurt: Spezialisten hinter Stacheldraht. Ein ostdeutscher Physiker enthüllt die Wahrheit. Berlin 1990.

486 Blunck, Jürgen: »Vom Leben trennt dich Schloß und Riegel«, das Schicksal der Dichterin Edeltraud Eckert. München 2000.

487 Boll, Friedhelm: Sprechen als Last und Befreiung. Holocaust-Überlebende und politisch Verfolgte zweier Diktaturen. Ein Beitrag zur deutsch-deutschen Erinnerungskultur. Bonn 2001.

488 Dahlmann, Dittmar/Hirschfeld, Gerhard (Hrsg.): Lager, Zwangsarbeit, Vertreibung und Deportation. Dimensionen der Massenverbrechen in der Sowjetunion und in Deutschland 1933 bis 1945. Essen 1999.

489 Dellmuth, Rainer: Ausflüge im »Grotewohl-Express«. Operativ-Vorgang »Lehrling«: eine Jugend wird zerstört. Berlin 1999.

490 Drescher, Anne: Haft am Demmlerplatz. Gespräche mit Betroffenen. Sowjetische Militärtribunale Schwerin 1945 bis 1953. Schwerin 2001.

491 Erler, Peter/Friedrich, Thomas (Hrsg.): Das sowjetische Speziallager Nr. 3 Berlin-Hohenschönhausen (Mai 1945 bis Oktober 1946). Berlin 1995.

492 Erler, Peter/Friedrich, Thomas: Genslerstr. 66. Speziallager 3. Berlin 1995.

493 Erler, Peter: »Lager X«. Das geheime Haftarbeitslager des MfS in Berlin-Hohenschönhausen (1952–1972). Fakten – Dokumente – Personen. Arbeitspapier des Forschungsverbundes SED-Staat Nr. 25/1997. Berlin 1997.

494 Fein, Elke/Leonhard, Nina et al: Von Potsdam nach Workuta. Das NKGB/KGB-Gefängnis Potsdam-Neuer Garten im Spiegel der Erinnerung deutscher und russischer Häftlinge. Potsdam 1999.

495 Finn, Gerhard (Hrsg.): Die Frauen von Hoheneck. Protokoll einer Anhörung. Sonderausgabe der Union der Opferverbände kommunistischer Gewaltherrschaft. Bad Münstereifel [nach 1993].

496 Fleck, Annelise: Workuta überlebt! Eine Frau in Stalins Straflager. Herford 1994.

497 Flocken, Jan von/Klonovsky, Michael: Stalins Lager in Deutschland 1945–1950. Dokumentation – Zeugenberichte. Berlin/Frankfurt a.M. 1991.

498 Foitzik, Jan: Der sowjetische Terrorapparat in Deutschland. Wirkung und Wirklichkeit. In der Sammlung: Foitzik, Jan: Der Sowjetische Terrorapparat in Deutschland. Wirkung und Wirklichkeit / Jan Foitzik. Die Ostbüros der Parteien in den 50er Jahren / Wolfgang Buschfort. Berlin 1998, S. 4–28 (= Schriftenreihe des Berliner Landesbeauftragten für die Unterlagen des Staatssicherheitsdienstes der ehemaligen DDR; Bd. 7).

499 Fraedrich, Käthe: Im Gulag der Frauen. München 1997.

500 Fresenius, Ulrich von: »Wie ein Tier im Käfig«. Erinnerungen des früheren Wernigeröder Bürgermeisters an fünf Jahre in stalinistischen Lagern zwischen Torgau und Buchenwald. o.O. 1996.

501 Fricke, Karl Wilhelm/Klewin, Silke: Bautzen II. Sonderhaftanstalt unter MfS-Kontrolle 1956 bis 1989. Bericht und Dokumentation. Leipzig 2001.

502 Fricke, Karl Wilhelm: Akten-Einsicht. Rekonstruktion einer politischen Verfolgung. Berlin 1995.

503 Furian, Gilbert: Mehl aus Mielkes Mühlen. Schicksale politisch Verurteilter. Berichte – Briefe – Dokumente. Berlin 1991.

504 Gedenkstätte Berlin-Hohenschönhausen: Zeitzeugen – Inhaftiert in Berlin-Hohenschönhausen. Erinnerungen, Protokolle und Fotos zur ehemaligen Lager- und Haftanstalt. Berlin 1999.

505 Haase, Norbert/Müller, Klaus-Dieter (Hrsg.): Wege nach Bautzen II. Biographische und autobiographische Porträts. Dresden 1998.

506 Haase, Norbert/Oleschinski, Brigitte (Hrsg.): Das Torgau-Tabu: Wehrmachtstrafsystem. NKWD-Speziallager. DDR-Strafvollzug. Leipzig 1998.

507 Haase, Norbert/Sack, Birgit (Hrsg.): Münchner Platz, Dresden. Die Strafjustiz der Diktaturen und der historische Ort. Leipzig 2001.

508 Hannah-Arendt-Institut für Totalitarismusforschung (Hrsg): MfS Sonderhaftanstalt Bautzen II. Dresden 1994.

509 Heyme, Torsten/Schumann, Felix:»Ich kam mir vor wie'n Tier« – Knast in der DDR. Berlin 1991.

510 Im Räderwerk zweier Diktaturen. Werner Ihmels 1926–1949. Leipzig 1999.

511 Jank, Alfred: Die längsten Jahre. In sowjetischen Speziallagern Ketschendorf und Neubrandenburg Fünf-Eichen. Weilheim 1998.

512 Kempowski, Walter: Im Block. Ein Haftbericht. München 1992.

513 Kersebom, H./Niethammer, Lutz:»Kompromat« 1949 – eine statistische Annäherung an Internierte, SMT-Verurteilte, antisowjetische Kämpfer und die Sowjetischen Militärtribunale. In: Mironenko, Sergej/Niethammer, Lutz/Plato, Alexander von (Hrsg.): Sowjetische Speziallager in Deutschland 1945 bis 1950. Bd. 1: Plato, Alexander von (Hrsg.): Studien und Berichte. Berlin 1998, S. 510–533.

514 Kessler, Dietrich: Stasi-Knast. Berlin 2001.

515 Kilian, Achim: Einzuweisen zur völligen Isolierung. NKWD-Speziallager Mühlberg/Elbe 1945–48. Leipzig 1992 (2., erw. Aufl. 1993, 3. Aufl. 2000).

516 Kilian, Achim: Mühlberg 1939–1948. Ein Gefangenenlager mitten in Deutschland. Köln/Weimar/Wien 2001.

517 Klier, Freya: Verschleppt ans Ende der Welt. Schicksal deutscher Frauen in sowjetischen Arbeitslagern. Berlin 1998.

518 Klotz, Ernst-E.: So nah der Heimat. Gefangen in Buchenwald 1945–1948. Bonn 1992.

519 Koch, Dietrich: Das Verhör. Zerstörung und Widerstand. 3 Bde. Dresden 2000.

520 Kühle, Barbara/Titz, Wolfgang: Speziallager Nr. 7 Sachsenhausen 1945–1950. Berlin 1990.

521 Kuo, Xing-Hu: Ein Chinese in Bautzen II – 2675 Nächte im Würgegriff der Stasi. Berlin 1990.

522 Latotzky, Alexander: Kindheit hinter Stacheldraht. Mütter mit Kindern in sowjetischen Speziallagern. Leipzig 2002.

523 Liebold, Cornelia/Pampel, Bert: Hunger – Kälte – Isolation. Erlebnisberichte und Forschungsergebnisse zum sowjetischen Speziallager Bautzen 1945–1950. Dresden 1997.

524 Lipinsky, Renate und Jan: Die Straße, die in den Tod führte. Zur Geschichte des Speziallagers Nr. 5 Ketschendorf/Fürstenwalde. Leverkusen 1998.

525 Mampel, Siegfried: Entführungsfall Dr. Walter Linse – Menschenraub und Justizmord als Mittel des Staatsterrors. Berlin 1999.

526 Matz-Donath, Annerose: Die Spur der roten Sphinx. Deutsche Frauen vor sowjetischen Militärtribunalen. Schnellbach 2000.

527 Mihr, Anja: Amnesty international in der DDR. Der Einsatz für Menschenrechte im Visier der Stasi. Berlin 2002.

528 Mironenko, Sergej/Niethammer, Lutz/Plato, Alexander von (Hrsg.): Sowjetische Speziallager in Deutschland 1945 bis 1950.
    Bd. 1: Plato, Alexander von (Hrsg.): Studien und Berichte. Berlin 1998.
    Bd. 2: Possekel, Ralf (Bearb.): Sowjetische Dokumente zur Lagerpolitik. Berlin 1998.

529 Morré, Jörg: Speziallager des NKWD. Sowjetische Internierungslager in Brandenburg 1945–1950. Potsdam 1997.

530 Müller, Hanno: Recht oder Rache? Buchenwald 1945–1950. Betroffene erinnern sich. Frankfurt a.M. 1991.

531 Müller, Klaus: Nazis – Kriegsverbrecher – Spione – Diversanten? Annäherungen an die sowjetische Haft- und Urteilspraxis in der SBZ und DDR mit Hilfe sowjetischer Archivalien. In: DA 33.2000,3, S. 372–391.

532 Müller, Klaus-Dieter/Stephan, Annegret (Hrsg.): Die Vergangenheit lässt uns nicht los. Haftbedingungen politischer Gefangener in der SBZ/DDR und deren gesundheitliche Folgen. Berlin 1998.

533 Müller, Klaus-Dieter: Annäherungen an einen unbekannten Haftort. Der Münchner Platz als Haft- und Gerichtsort der sowjetischen Geheimpolizei 1945–1950. In: Haase/Sack (Hrsg.): Münchner Platz, Dresden. Die Strafjustiz der Diktaturen und der historische Ort. 2001, S. 172–198.

534 Oleschinski, Brigitte/Pampel, Bert: »Feindliche Elemente sind in Gewahrsam zu halten«. Die sowjetischen Speziallager Nr. 8 und Nr. 10 in Torgau 1945–1948. Leipzig 1997.

535 Peter, Erwin: Von Workuta bis Astrachan. Graz/Suttgart 1998.

536 Petz, Siegfried: Zehn Zentimeter Himmel im Quadrat. Ein autobiografischer Roman. Moers 2000.

537 Pieper, Bernd: Roter Terror in Cottbus. Siebzehn Monate in Gefängnissen der DDR. Berlin 1997.

538 Prieß, Benno: Erschossen im Morgengrauen. Verhaftet. Gefoltert. Verurteilt. Erschossen. »Werwolf«-Schicksale mitteldeutscher Jugendlicher. Calw 2002.

539 Prieß, Benno: Unschuldig in den Todeslagern des NKWD 1946–1954. Torgau – Bautzen – Sachsenhausen – Waldheim. Calw 1995 (2. Aufl. 2002).

540 Pritzkow, Walter: Sonderlager Nr. 7 – Sachsenhausen. Tatsachenbericht eines Überlebenden aus GPU-Kellern und Sowjet-KZ vom 25. Juni 1945 bis 6. August 1948. Jever 1994.

541 Räbiger, Rocco: »Allenfalls kommt man für ein halbes Jahr in ein Umschulungslager«. Nachkriegsunrecht an Wittenberger Jugendlichen. Torgau 1998.

542 Raschka, Johannes: »Für kleine Delikte ist kein Platz in der Kriminalstatistik« – Zur Zahl der politischen Häftlinge während der Amtszeit Honeckers. Dresden 1997.

543 Reif-Spirek, Peter/Ritscher, Bodo (Hrsg.): Speziallager in der SBZ. Gedenkstätten mit »doppelter Vergangenheit«. Berlin 1999.

544 Richter, Alexander: Das Lindenhotel oder 6 Jahre Z für ein unveröffentlichtes Buch. Berlin 1992.

545 Rieke, Dieter: Geliebtes Leben. Erlebtes und Ertragenes zwischen den Mahlsteinen jüngster deutscher Geschichte. Berlin 1999.

546 Ritscher, Bodo/Hofmann, Rosemarie/Hammermann, Gabriele u.a. (Hrsg.): Die sowjetischen Speziallager in Deutschland 1945–1950. Eine Bibliographie. Göttingen 1996.

547 Ritscher, Bodo/Lüttgenau, Rikola-Gunnar/Hammermann, Gabriele u.a. (Hrsg.): Das sowjetische Speziallager Nr. 2 1945–1950. Katalog zur ständigen historischen Ausstellung. Göttingen 1999.

548 Ritscher, Bodo: Spezlager Nr. 2 Buchenwald. Zur Geschichte des Lagers Buchenwald 1945 bis 1950. Weimar/Buchenwald 1993.

549 Rosenau, Henning: Tödliche Schüsse im staatlichen Auftrag. Die strafrechtliche

Verantwortung von Grenzsoldaten für den Schußwaffengebrauch an der deutsch-deutschen Grenze. 2. Aufl. Baden-Baden 1998.

550 Schacht, Ulrich: Hohenecker Protokolle. Zürich 1984.

551 Scharf, Hans-Dieter: Von Leipzig nach Workuta und zurück. Dresden 1996.

552 Schollmer, Joseph: Die Toten kehren zurück. Bericht eines Arztes aus Workuta. Köln/Berlin 1954.

553 Scholz, Lothar: Im Namen von Marx-Engels-Lenin-Stalin. Eine Jugend in sowjetischen Straflagern. Berg am Starnberger See 2000.

554 Schüler, Horst: Workuta. Erinnerung ohne Angst. München 1993.

555 Steinert, Marlise: Zelle – Baracke – Erdloch. Aufzeichnungen von 1954 über ihre Verhaftung in Potsdam 1947, die Verurteilung und Lagerhaft in der Sowjetunion sowie ihre Rückkehr am 31.12.1953. Berlin 2000.

556 Storck, Matthias: Karierte Wolken. Lebensbeschreibungen eines Freigekauften. Moers 1996.

557 Thiemann, Ellen: Stell dich mit den Schergen gut. Meine Wiederbegegnung mit dem Zuchthaus Hoheneck. München/Berlin 1990.

558 Veith, Ines: Klipp, Klapp, Holz auf Stein. Frauen in politischer Haft Hoheneck 1950–1989. Berlin 1996.

559 Vereinigung der Opfer des Stalinismus e.V. (Hrsg.): Zwischen Waldheim und Workuta. Erlebnisse politischer Häftlinge 1945–1965. Berlin 1994 (Reprint der Ausg. von 1967).

560 Weigelt, Andreas: »Umschulungslager existieren nicht«. Zur Geschichte des sowjetischen Speziallagers Nr. 6 in Jamlitz 1945–1947. Potsdam 2001.

561 Wiener, Horst: Anklage Werwolf. Gewalt der frühen Jahre oder wie ich Stalins Lager überlebte. Reinbek 1991.

562 Wunschik, Tobias: »Überall wird der Stalinismus beseitigt, nur in unserer Dienststelle nicht!«. Das autokratische Regime des Leiters der Haftanstalt Brandenburg-Görden Fritz Ackermann. In: Timmermann, Heiner (Hrsg.): Die DDR – Analysen eines aufgegebenen Staates. Berlin 2001, S. 321–342.

563 Zilli, Timo: Folterzelle 36 Berlin-Pankow. Erlebnisbericht einer Stasihaft. Berlin 1993.

9. Mauer und innerdeutsche Grenze

564 Bennewitz, Inge/Potratz, Rainer: Zwangsaussiedlungen an der innerdeutschen Grenze. Analysen und Dokumente. 3. Aufl. Berlin 2002.

565 Bonwetsch, Bernd/Filitow, Alexei: Chruschtschow und der Mauerbau. Die Gipfelkonferenz der Warschauer-Pakt-Staaten vom 3.–5. August 1961. In: VfZ 48.2000,1, S. 155–198.

566 Catudal, Honoré M.: Kennedy in der Mauer-Krise. Eine Fallstudie zur Entscheidungsfindung in USA. Berlin 1981.

567 Delius, Friedrich Christian/Lapp, Peter Joachim: Transit Westberlin. Erlebnisse im Zwischenraum. Berlin 1999.

568 Diedrich, Torsten: Die militärische Grenzsicherung an der innerdeutschen Demarkationslinie und der Mauerbau 1961. In: Thoß, Bruno (Hrsg.): Vom Kalten Krieg zur deutschen Einheit. Analysen und Zeitzeugenberichte zur deutschen

Militärgeschichte 1945 bis 1995. Hrsg. im Auftrag des MGFA. München 1995, S. 127–143.

569 Eisenfeld, Bernd/Engelmann, Roger: 13. August 1961: Mauerbau. Fluchtbewegung und Machtsicherung. Bremen 2001.

570 Eisenfeld, Bernd: Die Zentrale Koordinierungsgruppe. Bekämpfung von Flucht und Übersiedlung. Hrsg. BStU. Berlin 1995 (= Anatomie der Staatssicherheit/ MfS-Handbuch; Teil III/17).

571 Gearson, John P. S./Schake, Kori (eds.): The Berlin Wall Crisis. Perspectives on Cold War Alliances. London 2002.

572 Gearson, John P. S.: Harold Macmillan and the Berlin Wall Crisis: The limits of interest and force 1958–1962. Basingstoke 1998.

573 Grafe, Roman: Die Grenze durch Deutschland. Eine Chronik von 1945 bis 1990. Berlin 2002.

574 Harrison, Hope M.: Driving the Soviets up The Wall. A super-ally, a superpower and the building of the Berlin Wall, 1958–1961. In: Cold War History 1.2000,1, S. 53–74.

575 Harrison, Hope M.: New Evidence on the building of the Berlin Wall. Cold War International History Project. Washington 2002.

576 Harrison, Hope M.: Ulbricht and the concrete »Rose«. New archival evidence on the dynamics of Soviet-East German relations and the Berlin Crisis 1958–1961. Washington 1993.

577 Hertle, Hans-Hermann/Jarausch, Konrad H./Kleßmann, Christoph (Hrsg.): Mauerbau und Mauerfall. Ursachen – Verlauf – Auswirkungen. Berlin 2002.

578 Hertle, Hans-Hermann: Chronik des Mauerfalls. Die dramatischen Ereignisse um den 9. November 1989. Berlin 1996.

579 Hertle, Hans-Hermann: Der Fall der Mauer. Die unbeabsichtigte Selbstauflösung des SED-Staates. Opladen 1996.

580 Hertle, Hans-Hermann: Der Fall der Mauer: Sternstunde einer friedlichen Revolution. In: APuZ 1999,43/44, S. 12–19.

581 Karau, Gisela: Grenzerprotokolle. Gespräche mit ehemaligen DDR-Offizieren. Frankfurt a.M. 1992.

582 Koop, Volker: »Den Gegner vernichten.« Die Grenzsicherung der DDR. Bonn 1996.

583 Koop, Volker: Ausgegrenzt. Der Fall der DDR-Grenztruppen. Berlin 1993.

584 Lapp, Peter Joachim/Ritter, Jürgen: Die Grenze. Ein deutsches Bauwerk. Berlin 1997.

585 Lapp, Peter Joachim: Gefechtsdienst im Frieden. Das Grenzregime der DDR 1945–1990. Bonn 1999.

586 Lochen, Hans-Hermann/Meyer-Seitz, Gerhard (Hrsg.): Die geheimen Anweisungen zur Diskriminierung Ausreisewilliger. Dokumente der Stasi und des Ministeriums des Innern. Köln 1992.

587 Mehls, Hartmut (Hrsg.): Im Schatten der Mauer. Dokumente 12. August bis 29. September 1961. Berlin 1990.

588 Müller, Bodo: Faszination Freiheit. Die spektakulärsten Fluchtgeschichten. Berlin 2000.

589 Otto, Wilfriede: 13. August 1961 – eine Zäsur in der europäischen Nachkriegsgeschichte. In: BzG 39.1997,1, S. 40–72 u. 39.1997,2, S. 55–92.

590 Prokop, Siegfried: Unternehmen »Chinese Wall«. Die DDR im Zwielicht der Mauer. Frankfurt a.M. 1992.

591 Richter, Hans Werner: Die Mauer oder Der 13. August. Reinbek b. Hamburg 1961 (4. Aufl. 1963).

592 Rummler, Toralf: Die Gewalttaten an der deutsch-deutschen Grenze vor Gericht. Berlin/Baden-Baden 2000.

593 Schultke, Dietmar: »Keiner kommt durch«. Die Geschichte der innerdeutschen Grenze 1945–1990. Berlin 1999 (2. Aufl. Berlin 2000).

594 Steininger, Rolf: Der Mauerbau. Die Westmächte und Adenauer in der Berlinkrise 1958–1963. München 2001.

595 Timmermann, Heiner: 1961 – Mauerbau und Außenpolitik. Münster/Hamburg/ London 2002.

10. Armee, Polizei und paramilitärische Organisationen

596 Ablaß, Werner E.: Zapfenstreich. Von der NVA zur Bundeswehr. Düsseldorf 1992.

597 Armee für Frieden und Sozialismus. Geschichte der Nationalen Volksarmee der DDR. Berlin (Ost) 1987.

598 Baarß, Klaus-Jürgen: Lehrgang X. In geheimer Mission an der Wolga. Berlin/Bonn/ Hamburg 1995.

599 Backerra, Manfred (Hrsg.): NVA. Ein Rückblick für die Zukunft. Zeitzeugen berichten über ein Stück deutscher Militärgeschichte. Köln 1992.

600 Bald, Detlef (Hrsg.): Die Nationale Volksarmee. Beiträge zu Selbstverständnis und Geschichte des deutschen Militärs von 1945–1990. Baden-Baden 1992.

601 Bald, Detlef/Brühl, Reinhard/Prüfert, Andreas (Hrsg.): Nationale Volksarmee – Armee für den Frieden. Beiträge zu Selbstverständnis und Geschichte des deutschen Militärs 1945–1990. Baden-Baden 1995.

602 Bessel, Richard: Grenzen des Polizeistaates. Polizei und Gesellschaft in der SBZ und frühen DDR, 1945–1953. In: Bessel, Richard/Jessen, Ralph (Hrsg.): Die Grenzen der Diktatur. Staat und Gesellschaft in der DDR. Göttingen 1996, S. 224–252.

603 Bessel, Richard: Polizei zwischen Krieg und Sozialismus. Die Anfänge der Volkspolizei nach dem Zweiten Weltkrieg. In: Jansen, Christian/Niethammer, Lutz/ Weisbrod, Bernd (Hrsg.): Von der Aufgabe der Freiheit. Politische Verantwortung und bürgerliche Gesellschaft im 19. und 20. Jahrhundert. Berlin 1995, S. 517–531.

604 Brey, Hans-Michael: Doppelstaat DDR – Menschenrechtsverletzungen der Deutschen Volkspolizei. Frankfurt a.M. 1999.

605 Buddrus, Michael: Die Organisation »Dienst für Deutschland«. Arbeitsdienst und Militarisierung in der DDR. Weinheim/München 1994.

606 Diedrich, Torsten/Wenzke, Rüdiger: Die getarnte Armee. Geschichte der Kasernierten Volkspolizei der DDR 1952 bis 1956. Hrsg. vom MGFA. Berlin 2001.

607 Ehlert, Hans (Hrsg.): Armee ohne Zukunft. Das Ende der NVA und die deutsche Einheit. Zeitzeugenberichte und Dokumente. Hrsg. im Auftrag des MGFA. Berlin 2002.

608 Ehlert, Hans/Beth, Hans-Joachim (Hrsg./Bearb.): Die Militär- und Sicherheitspolitik in der SBZ/DDR. Eine Bibliographie (1945–1995). Hrsg. im Auftrag des MGFA. München 1996.

609 Elchlepp, Friedrich/Jablonsky, Walter/Minow, Fritz/Röseberg, Manfred: Volksmarine der DDR. Deutsche Seestreitkräfte im Kalten Krieg. Hamburg/Berlin/Bonn 1999.

610 Farwick, Dieter (Hrsg.): Ein Staat – Eine Armee. Von der NVA zur Bundeswehr. Frankfurt a.M./Bonn 1992.

611 Fingerle, Stephan: Waffen in Arbeiterhand? Die Rekrutierung des Offizierskorps der Nationalen Volksarmee und ihrer Vorläufer. Hrsg. vom MGFA. Berlin 2001.

612 Forster, Thomas M.: Die NVA. Kernstück der Landesverteidigung der DDR. 6. Aufl. Köln 1983.

613 Froh, Klaus/Wenzke, Rüdiger: Die Generale und Admirale der NVA. Ein biographisches Handbuch. Hrsg. vom MGFA. 4. Aufl. Berlin 2000.

614 Fürmetz, Gerhard/Reinke, Herbert/Weinhauer, Klaus (Hrsg.): Nachkriegspolizei. Sicherheit und Ordnung in Ost- und Westdeutschland 1945–1969. Hamburg 2001.

615 Giese, Daniel: Die SED und ihre Armee. Die NVA zwischen Politisierung und Professionalismus 1956–1965. München 2002.

616 Gießmann, Hans-Joachim: Das unliebsame Erbe. Die Auflösung der Militärstruktur der DDR. Baden-Baden 1992.

617 Glaser, Günther (Hrsg.): »Reorganisation der Polizei« oder getarnte Bewaffnung der SBZ im Kalten Krieg? Dokumente und Materialien zur sicherheits- und militärpolitischen Weichenstellung in Ostdeutschland 1948/49. Frankfurt a.M. 1995.

618 Glaser, Günther/Knoll, Werner (Hrsg.): Landesverteidigung und/oder Militarisierung der Gesellschaft der DDR? Berlin 1995.

619 Gribkow, Anatoli: Der Warschauer Pakt. Geschichte und Hintergründe des östlichen Militärbündnisses. Berlin 1995.

620 Hagemann, Frank: Parteiherrschaft in der Nationalen Volksarmee. Zur Rolle der SED in den DDR-Streitkräften 1956–1971. Hrsg. vom MGFA. Berlin 2002.

621 Herspring, Dale R.: Requiem für eine Armee. Das Ende der Nationalen Volksarmee der DDR. Hrsg. von der Karl-Theodor-Molinari-Stiftung und vom MGFA. Baden-Baden 2000.

622 Hoffmann, Theodor: Das letzte Kommando. Ein Minister erinnert sich. 2. Aufl. Berlin/Bonn/Herford 1994.

623 Hoffmann, Theodor: Kommando Ostsee. Vom Matrosen zum Admiral. Berlin/Bonn/Hamburg 1995.

624 Holzweißig, Gunter: Militärwesen in der DDR. Berlin 1985.

625 Im Dienste der Partei. Handbuch der bewaffneten Organe der DDR. Hrsg. v. Torsten Diedrich, Hans Ehlert, Rüdiger Wenzke im Auftrag des MGFA. 2. Aufl. Berlin 1998.

626 Jahn, Wolfgang: Der Luftschutz und die Zivilverteidigung der DDR (1955–1990). In: Im Dienste der Partei. Handbuch der bewaffneten Organe der DDR. Hrsg. v. Torsten Diedrich, Hans Ehlert, Rüdiger Wenzke im Auftrag des MGFA. 2. Aufl. Berlin 1998, S. 551–576.

627 Keßler, Heinz: Zur Sache und zur Person. Erinnerungen. 2. Aufl., Berlin 1997.

628 Kirchbach, Hans Peter/Meyers, Manfred/Vogt, Victor (Hrsg.): Abenteuer Einheit. Zum Aufbau der Bundeswehr in den neuen Ländern, Frankfurt a.M./Bonn 1992.

629 Koop, Volker: Abgewickelt? Auf den Spuren der Nationalen Volksarmee. Bonn 1995.

630 Koop, Volker: Armee oder Freizeitclub? Die Kampfgruppen der Arbeiterklasse in der DDR. Bonn 1997.

631 Kopenhagen, Wilfried: Die andere deutsche Luftwaffe. 2. Aufl. Stuttgart 1994.

632 Kopenhagen, Wilfried: Die Landstreitkräfte der NVA. 2. Aufl. Stuttgart 1999.

633 Kopenhagen, Wilfried: Die Mot-Schützen der NVA von 1956 bis 1990. Solingen 1995.

634 Kowalczuk, Ilko-Sascha/Wolle, Stefan: Roter Stern über Deutschland. Sowjetische Truppen in der DDR. Berlin 2001.

635 Kutz, Martin: Militär und Gesellschaft im Deutschland der Nachkriegszeit (1946–1995). In: Frevert, Ute (Hrsg.): Militär und Gesellschaft im 19. und 20. Jahrhundert. Stuttgart 1997. S. 277–313.

636 Lapp, Peter Joachim: General bei Hitler und Ulbricht. Vincenz Müller – Eine deutsche Karriere. Berlin 2003.

637 Lapp, Peter Joachim: Ulbrichts Helfer. Wehrmachtsoffiziere im Dienste der DDR. Bonn 2000.

638 Lindenberger, Thomas: Volkspolizei. Herrschaftspraxis und öffentliche Sicherheit im SED-Staat 1952–1968. Köln/Weimar/Wien 2003.

639 Löffler, Hans-Georg: Soldat im Kalten Krieg. Erinnerungen 1955–1990. Bissendorf 2002.

640 Mittmann, Wolfgang: Die Transportpolizei (1945–1990): In: Im Dienste der Partei. Handbuch der bewaffneten Organe der DDR. Hrsg. von Torsten Diedrich, Hans Ehlert, Rüdiger Wenzke im Auftrag des MGFA. 2. Aufl. Berlin 1998, S. 537–550.

641 Möller, Klaus-Peter: Der wahre E. Ein Wörterbuch der DDR-Soldatensprache. Berlin 2000.

642 Müller, Christian Th.: Tausend Tage bei der »Asche«. Unteroffizier in der NVA. Untersuchungen zu Alltag und Binnenstruktur einer »sozialistischen« Armee. Hrsg. vom MGFA. Berlin 2003.

643 Naumann, Klaus (Hrsg.): NVA. Anspruch und Wirklichkeit nach ausgewählten Dokumenten. Berlin/Bonn/Herford 1993 (2. Aufl. 1996).

644 Nawrocki, Joachim: Bewaffnete Organe in der DDR. Nationale Volksarmee und andere militärische sowie paramilitärische Verbände. Aufbau, Bewaffnung, Aufgaben, Berichte aus dem Alltag. Berlin 1979.

645 Nielsen, Harald: Die DDR und die Kernwaffen. Die nukleare Rolle der Nationalen Volksarmee im Warschauer Pakt. Baden-Baden 1998.

646 Rothe, Werner: Jahre im Frieden. Eine DDR-Biographie. Schkeuditz 1997.

647 Schönbohm, Jörg: Zwei Armeen und ein Vaterland. Das Ende der Nationalen Volksarmee. Berlin 1992.

648 Schössler, Dietmar: Militärsoziologie. Königstein/Ts. 1980.

649 Steike, Jörn: Die Bereitschaftspolizei der DDR 1950–1990. Geschichte, Struktur, Aufgaben, rechtliche Ausgestaltung. München 1992.

650 Storkmann, Klaus P.: Das chinesische Prinzip in der NVA. Vom Umgang der SED mit den Generalen und Offizieren in der frühen NVA. Eine Dokumentation. Berlin 2001.

651 Suwalski, Manfred: Die Entwicklung der Zollverwaltung der DDR (1945–1990). In: Im Dienste der Partei. Handbuch der bewaffneten Organe der DDR. Hrsg. v.

Torsten Diedrich, Hans Ehlert, Rüdiger Wenzke im Auftrag des MGFA. 2. Aufl. Berlin 1998, S. 577–592.

652 Thoß, Bruno (Hrsg.): Volksarmee schaffen – ohne Geschrei! Studien zu den Anfängen einer »verdeckten Aufrüstung« in der SBZ/DDR 1947–1952. Hrsg. im Auftrag des MGFA. München 1994.

653 Thoß, Bruno (Hrsg.): Vom Kalten Krieg zur deutschen Einheit. Analysen und Zeitzeugenberichte zur deutschen Militärgeschichte 1945 bis 1995. Hrsg. im Auftrag des MGFA. München 1995.

654 Tiedtke, Stephan: Die Warschauer Vertragsorganisation. Zum Verhältnis von Militär- und Entspannungspolitik in Osteuropa. München/Wien 1978.

655 Wagner, Armin: Die Kampfgruppen der Arbeiterklasse (1953–1990). In: Im Dienste der Partei. Handbuch der bewaffneten Organe der DDR. Hrsg. v. Torsten Diedrich, Hans Ehlert, Rüdiger Wenzke im Auftrag des MGFA. 2. Aufl. Berlin 1998, S. 281–337.

656 Wagner, Armin: Walter Ulbricht und die geheime Sicherheitspolitik der SED. Der Nationale Verteidigungsrat der DDR und seine Vorgeschichte (1953–1971). Hrsg. vom MGFA. Berlin 2002.

657 Was war die NVA? Studien – Analysen – Berichte. Zur Geschichte der Nationalen Volksarmee. Berlin 2001.

658 Wenzel, Otto: Kriegsbereit. Der Nationale Verteidigungsrat der DDR 1960 bis 1989. Köln 1995.

659 Wenzke, Rüdiger: Die NVA und der Prager Frühling 1968. Die Rolle Ulbrichts und der DDR-Streitkräfte bei der Niederschlagung der tschechoslowakischen Reformbewegung. Berlin 1995.

660 Wünsche, Wolfgang (Hrsg.): Rührt Euch! Zur Geschichte der Nationalen Volksarmee der DDR. Berlin 1998.

661 Wünsche, Wolfgang/Jablonsky, Walter (Hrsg.): Im Gleichschritt? Zur Geschichte der NVA. Berlin 2001.

11. Widerstand, Opposition, nonkonformistisches Verhalten

662 Bahro, Rudolf: Die Alternative. Zur Kritik des real existierenden Sozialismus. Frankfurt a.M. 1977.

663 Bauerkämper, Arnd: Abweichendes Verhalten in der Diktatur. Probleme einer kategorialen Einordnung am Beispiel der Kollektivierung der Landwirtschaft in der DDR. In: Bauerkämper, Arnd/Sabrow, Martin/Stöver, Bernd (Hrsg.): Doppelte Zeitgeschichte. Deutsch-deutsche Beziehungen 1945–1990. Bonn 1998, S. 294–311.

664 Beleites, Michael: Untergrund. Ein Konflikt mit der Stasi in der Uranprovinz. Berlin 1991 (2. erw. Aufl. 1992).

665 Berbig, Roland/Born, Arne/Judersleben, Jörg/Karlson, Holger J./Krusche, Dorit/Martinkat, Christoph/Wruck, Peter (Hrsg.): In Sachen Biermann: Protokolle, Bericht und Briefe zu den Folgen einer Ausbürgerung. Berlin 1994.

666 Beyer, Achim: Die »Werdauer Oberschüler«. Widerstand und Verfolgung von Jugendlichen zu Beginn der fünfziger Jahre. In: Weber, Jürgen/Vollnhals, Clemens (Hrsg.): Der Schein der Normalität. Alltag und Herrschaft in der SED-Diktatur. München 2002, S. 157–200.

667 Biermann, Wolf: Das geht sein' sozialistischen Gang – Live in der Sporthalle Köln, November 1976, 2 CDs. Frankfurt a.M. 1976/1996.

668 Biermann, Wolf: Ermutigung im Steinbruch der Zeit. Live-Mitschnitt des Konzertes am 16. November 2001, 2 CDs. Frankfurt a.M. 2001.

669 Biermann, Wolf: Konzert 1976, VHS Video. Hamburg 2001.

670 Bohley, Bärbel/Neubert, Ehrhart: Wir mischen uns ein. Freiberg 1998.

671 Böthig, Peter/Michael, Klaus (Hrsg.): Macht-Spiele. Literatur und Staatssicherheit im Fokus Prenzlauer Berg. Leipzig 1993.

672 Bruckmeier, Karl/Haufe, Gerda (Hrsg.): Die Bürgerbewegungen in der DDR und in den ostdeutschen Bundesländern. Opladen 1993.

673 Büscher, Wolfgang/Wensierski, Peter/Wolschner, Klaus (Hrsg.): Friedensbewegung in der DDR. Texte 1978–1982. Hattingen 1982.

674 Buthmann, Reinhard: Widerständiges Verhalten und Feldtheorie. In: Neubert, Ehrhart/Eisenfeld, Bernd (Hrsg.): Macht Ohnmacht Gegenmacht. Grundfragen zur politischen Gegnerschaft in der DDR. Bremen 2001, S. 89–120.

675 Choi, Sung-Wan: Von der Dissidenz zur Opposition. Die politisch alternativen Gruppen in der DDR von 1978 bis 1989. Köln 1999.

676 Chotjewitz-Häfner, Renate/Gansel, Carsten/Kalckhoff, Andreas/Münzberg, Olav/Sailer, Till (Hrsg.): Die Biermann-Ausbürgerung und die Schriftsteller. Ein deutsch-deutscher Fall. Protokoll der ersten Tagung der Geschichtskommission des Verbandes deutscher Schriftsteller (VS). Köln 1994.

677 Das Schutzkomitee Freiheit und Sozialismus in Selbstzeugnissen, Dokumenten, Briefen und im Zerrspiegel der MfS-Akten. europäische ideen (Sonderheft) 1995.

678 Dietrich, Christian/Schwabe, Uwe (Hrsg.): Freunde und Feinde. Dokumente zu den Friedensgebeten in Leipzig zwischen 1981 und dem 9. Oktober 1989. Leipzig 1994.

679 Eckert, Rainer/Günther, Mechthild/Wolle, Stefan: »Klassengegner gelungen einzudringen ...« Fallstudie zur Anatomie politischer Verfolgungskampagnen am Beispiel der Sektion Geschichte der Humboldt-Universität zu Berlin in den Jahren 1968 bis 1972. In: Jahrbuch für Historische Kommunismusforschung 1993, S. 197–225.

680 Eckert, Rainer: Opposition und Repression in der DDR vom Mauerbau bis zur Biermann-Ausbürgerung (1961–1976). In: Archiv für Sozialgeschichte 39.1999, S. 355–390.

681 Eckert, Rainer: Widerstand und Opposition in der DDR. Siebzehn Thesen. In: Zeitschrift für Geschichtswissenschaft 44.1996,1, S. 49–67.

682 Ehring, Klaus (Pseudonym v. Knabe, Hubertus)/Dallwitz, Martin (Pseudonym v. Mickan, Ulrich): Schwerter zu Pflugscharen. Friedensbewegung in der DDR. Reinbek bei Hamburg 1982.

683 Eichwede, Wolfgang (Hrsg.): Samisdat – alternative Kultur in Zentral- und Osteuropa. Die 60er bis 80er Jahre. Bremen 2000.

684 Einsichten. Diktatur und Widerstand in der DDR. Hrsg. von der Stiftung Haus der Geschichte der Bundesrepublik Deutschland/Zeitgeschichtliches Forum Leipzig. Leipzig 2001.

685 Eisenfeld, Bernd: Die Ausreisebewegung – eine Erscheinungsform widerständigen Verhaltens. In: Poppe, Ulrike/Eckert, Rainer/Kowalczuk, Ilko-Sascha (Hrsg.): Zwischen Selbstbehauptung und Anpassung: Formen des Widerstands und der Opposition in der DDR. Berlin 1995, S. 192–223.

686 Eisenfeld, Bernd: Formen widerständigen Verhaltens in der Nationalen Volksarmee und bei den Grenztruppen. In: Neubert, Ehrhart/Eisenfeld, Bernd (Hrsg.): Macht Ohnmacht Gegenmacht. Grundfragen zur politischen Gegnerschaft in der DDR. Bremen 2001, S. 231–266.

687 Eisenfeld, Peter: »... rausschmeißen ...«. Zwanzig Jahre politische Gegnerschaft in der DDR. Bremen 2002.

688 Enke, Wolfgang: »Verfolgt, geflüchtet, verschollen«. Jugendwiderstand in Altenburg 1949–1958. In: Zivilcourage und Demokratie. Vergangenheitsbewältigung ist Zukunftsgestaltung. VIII. Bautzen-Forum der Friedrich-Ebert-Stiftung, Dokumentation. Leipzig 1997. S. 67–72.

689 Eppelmann, Rainer: Brüsewitz, Biermann, KSZE und die Folgen. Christen in Berlin in den 70er Jahren. In: Kaiser, Gert/Frie, Ewald (Hrsg.), Wissenschaftszentrum Nordrhein-Westfalen, Arbeitskreis Christen, Staat und Gesellschaft in der DDR: Vorträge, Diskussionen und Bibliographie 1994/95. Köln 1995. S. 6–12.

690 Eppelmann, Rainer: Fremd im eigenen Land. Mein Leben im anderen Deutschland. Köln 1993.

691 Ernst, Ewald: Ein guter Kampf. Fakten, Daten, Erinnerungen 1945–1954. Sankt Augustin 1998.

692 Fehr, Helmut: Unabhängige Öffentlichkeit und soziale Bewegungen: Fallstudien über Bürgerbewegungen in Polen und der DDR. Opladen 1996.

693 Fricke, Karl Wilhelm/Steinbach, Peter/Tuchel, Johannes (Hrsg.): Opposition und Widerstand in der DDR. Politische Lebensbilder. München 2002.

694 Fricke, Karl Wilhelm: Opposition und Widerstand in der DDR. Ein politischer Report. Köln 1984.

695 Fricke, Karl Wilhelm: Opposition und Widerstand. In: Ploetz. Die Deutsche Demokratische Republik. Daten, Fakten, Analyse. Hrsg. v. Alexander Fischer unter Mitarbeit von Nikolaus Katzer. Freiburg/Würzburg 1988, S. 121–124.

696 Fricke, Karl Wilhelm: Politische Verfolgung und sowjetische Militärjustiz in der SBZ/DDR. In: Haase, Norbert/Oleschinski, Brigitte (Hrsg.): Das Torgau-Tabu: Wehrmachtstrafsystem. NKWD-Speziallager. DDR-Strafvollzug. Leipzig 1998, S. 165–175.

697 Fricke, Karl Wilhelm: Selbstbehauptung und Widerstand in der Sowjetischen Besatzungszone Deutschlands, Bonn/Berlin (West) 1964.

698 Friedrich-Ebert-Stiftung, Büro Leipzig (Hrsg.): Jugend und Diktatur. Verfolgung und Widerstand in der SBZ/DDR. XII. Bautzen-Forum der Friedrich-Ebert-Stiftung, Büro Leipzig, 4. und 5. Mai 2001. Dokumentation. Leipzig 2001.

699 Fritzsche, Karin/Löser, Claus (Hrsg.): Gegenbilder. Filmische Subversion in der DDR 1976–1989. Texte Bilder Daten. Berlin 1996.

700 Fuchs, Jürgen: Gedächtnisprotokolle. Mit Liedern von Gerulf Pannach und einem Vorwort von Wolf Biermann. Reinbek b. Hamburg 1977.

701 Fuchs, Jürgen: Vernehmungsprotokolle. November '76 bis September '77. Reinbek b. Hamburg 1978.

702 Galenza, Ronald/Havemeister, Heinz (Hrsg.): Wir wollen immer artig sein ... Punk, New Wave, HipHop, Independent-Szene in der DDR 1980–1990. Berlin 1999.

703 Gehrke, Bernd/Rüddenklau, Wolfgang (Hrsg.): »... das war nicht unsere Alternative.« DDR-Oppositionelle zehn Jahre nach der Wende. Münster 1999.

704 Grabner, Sigrid/Röder, Hendrik/Wernicke, Thomas (Hrsg.): Widerstand in Potsdam 1945–1989. Berlin 1999.

705 Grashoff, Udo (Hrsg.): Erhöhter Vorkommnisanfall. Aktionen nach der Biermann-Ausbürgerung im Bezirk Halle. Eine Dokumentation. Halle 2001.

706 Graul, Elisabeth: Die Farce. Ein Stück Autobiographie, 3. Aufl. Magdeburg 1996.

707 Grundmann, Uta/Michael, Klaus/Seufert, Susanna (Hrsg.): Die Einübung der Außenspur. Die andere Kultur in Leipzig 1971–1990. Leipzig 1996.

708 Hagen, Eva-Maria: Eva und der Wolf. München 1998.

709 Havemann, Robert: Dialektik ohne Dogma? Naturwissenschaft und Weltanschauung. Reinbek b. Hamburg 1964.

710 Havemann, Robert: Fragen, Antworten, Fragen. Aus der Biographie eines deutschen Marxisten. München/Zürich 1970.

711 Henke, Klaus-Dietmar/Steinbach, Peter/Tuchel, Johannes (Hrsg.): Widerstand und Opposition in der DDR. Köln/Weimar/Wien 1999.

712 Henrich, Rolf: Der vormundschaftliche Staat. Vom Versagen des real existierenden Sozialismus. Reinbek b. Hamburg 1989 (2. Aufl., Leipzig 1990).

713 Herrmann, Ulrich (Hrsg.): Protestierende Jugend. Jugendopposition und politischer Protest in der deutschen Nachkriegsgeschichte. Weinheim/München 2002.

714 Heym, Stefan: Der Winter unseres Mißvergnügens. Aus den Aufzeichnungen des OV Diversant. München 1996.

715 Hilse, Werner: Die Flucht- und Ausreiseproblematik als innenpolitischer Konfliktstoff in der DDR und innerhalb der DDR-Opposition. In: Materialien 1995 [42], Bd. VII/1, S. 390–397.

716 Hirsch, Ralf/Kopelew, Lew (Hrsg.): Initiative Frieden & Menschenrechte, Grenzfall. Vollständiger Nachdruck aller in der DDR erschienenen Ausgaben (1986/87). Erstes unabhängiges Periodikum. Berlin 1989.

717 Hirschman, Albert O.: Abwanderung und Widerspruch und das Schicksal der Deutschen Demokratischen Republik: Ein Essay zur konzeptuellen Geschichte. In: Leviathan 20.1992,3, S. 330–358 (auch u.d.T.: Exit, voice and the fate of the German Democratic Republic. In: World Politics 45.1993,2, S. 173–202).

718 Hohmann, Martin: Schwerter zu Pflugscharen. Die Friedensarbeit der evangelischen Kirchen in der DDR 1981/82 – dargestellt an Beispielen aus der Evangelischen Kirche der Kirchenprovinz Sachsen. Berlin 1998.

719 Jäger, Andrea: Schriftsteller aus der DDR. Ausbürgerungen und Übersiedlungen von 1961 bis 1989. Bd. 1: Autorenlexikon. Bd. 2: Studien. Frankfurt a.M. 1995.

720 Jakobs, Karl-Heinz: Das endlose Jahr. Begegnungen mit Mäd. Frankfurt a.M. 1985.

721 Jander, Martin unter Mitarbeit von Thomas Voß: Die besondere Rolle des politischen Selbstverständnisses bei der Herausbildung einer politischen Opposition in der DDR außerhalb der SED und ihrer Massenorganisationen seit den siebziger Jahren. In: Materialien 1995 [42], Bd. VII/1, S. 896–986.

722 Jander, Martin/Schroeder, Klaus: Zwei Bewegungen, keine Revolution. In: Zeitschrift des Forschungsverbundes SED-Staat 4.1997, S. 43–59.

723 Jander, Martin: Der Protest gegen die Biermann-Ausbürgerung – Stimulans der Opposition. In: Henke, Klaus-Dietmar/Steinbach, Peter/Tuchel, Johannes (Hrsg.): Widerstand und Opposition in der DDR. Köln/Weimar/Wien 1999, S. 281–294.

724 Jänicke, Martin: Der Dritte Weg. Die antistalinistische Opposition gegen Ulbricht seit 1953. Köln 1964.

725 Jesse, Eckhard: Artikulationsformen und Zielsetzungen von widerständigem Ver-

halten in der Deutschen Demokratischen Republik. In: Materialien 1995 [42], Bd. VII/1, S. 987–1030.

726 Jordan, Carlo/Kloth, Hans Michael (Hrsg.): Arche Nova. Opposition in der DDR. Das »Grün-ökologische Netzwerk Arche« 1988–90. Berlin 1995.

727 Jordan, Carlo: Kaderschmiede Humboldt-Universität zu Berlin. Aufbegehren, Säuberungen und Militarisierung 1945–1989. Berlin 2001.

728 Kaff, Brigitte (Hrsg.): »Gefährliche politische Gegner«. Widerstand und Verfolgung in der sowjetischen Zone/DDR. Düsseldorf 1995.

729 Kamiński, Lukasz (Hrsg.): Studia i materiały z dziejów opozycji i oporu spolecznego [Studien und Materialien zur Geschichte der Opposition und des Massenwiderstands], 4 Bände. Breslau 1998–2000.

730 Keller, Dietmar/Kirchner, Matthias (Hrsg.): Biermann und kein Ende. Eine Dokumentation zur DDR-Kulturpolitik. Berlin 1991.

731 Kirche von Unten (Hrsg.): Wunder gibt es immer wieder. Fragmente zur Geschichte der Offenen Arbeit Berlin und der Kirche von Unten. Berlin 1997.

732 Kleßmann, Christoph: Opposition und Dissidenz in der Geschichte der DDR. In: APuZ 1991,5, S. 52–62.

733 Klier, Freya: Abreißkalender. Versuch eines Tagebuches. München 1988.

734 Knabe, Hubertus (Hrsg.): Aufbruch in eine andere DDR. Reformer und Oppositionelle zur Zukunft ihres Landes. Reinbek b. Hamburg 1989.

735 Knabe, Hubertus: Neue Soziale Bewegungen im Sozialismus. Zur Genesis alternativer politischer Orientierung in der DDR. In: KZfSS 40.1988,3, S. 591–569.

736 Knabe, Hubertus: Was war die »DDR-Opposition«? Zur Typologie des politischen Widerspruchs in Ostdeutschland. In: DA 29.1996,2, S. 184–198.

737 Koch, Uwe: Das Ministerium für Staatssicherheit, die Wehrdienstverweigerer der DDR und die Bausoldaten der Nationalen Volksarmee. Schwerin 1997.

738 Köhler, Roland: Robert Havemanns Vorlesungen gegen den Dogmatismus in der Philosophie (1963/64). Beiträge zur Hochschulentwicklung. Berlin 1990.

739 Köpke, Horst/Wiese, Friedrich-Franz: Mein Vaterland ist die Freiheit. Das Schicksal des Studenten Arno Esch. 2. Aufl. Rostock 1997.

740 Kowalczuk, Ilko-Sascha (Hrsg.): Freiheit und Öffentlichkeit. Politischer Samisdat in der DDR 1985 bis 1989. Berlin 2002.

741 Kowalczuk, Ilko-Sascha: DDR: Opposition und Widerstand. In: Handbuch zur deutschen Einheit 1949 – 1989 – 1999. Hrsg. v. Werner Weidenfeld, Karl-Rudolf Korte. Aktualis. Neuausg. Frankfurt a.M./New York 1999, S. 163–176.

742 Kroh, Ferdinand (Hrsg.): »Freiheit ist immer Freiheit ...« Die Andersdenkenden in der DDR. Frankfurt a.M. 1988.

743 Krönig, Waldemar/Müller, Klaus-Dieter: Anpassung, Widerstand und Verfolgung. Hochschule und Studenten in der SBZ und DDR 1945–1961. Köln 1994.

744 Krug, Manfred: Abgehauen. Ein Mitschnitt und ein Tagebuch. München 1997.

745 Krüger, Hans-Peter: Demission der Helden. Kritiken von innen 1983–1992. Berlin 1992.

746 Kuhrt, Eberhard in Verbindung mit Hannsjörg F. Buck, Gunter Holzweißig (Hrsg.): Opposition in der DDR von den 70er Jahren bis zum Zusammenbruch der SED-Herrschaft. Opladen 1999 (= Am Ende des realen Sozialismus. Beiträge zur Bestandsaufnahme der DDR-Wirklichkeit in den 80er Jahren. Hrsg. v. Eberhard Kuhrt in Verbindung mit Hannsjörg F. Buck, Gunter Holzweißig; Bd. 3).

747 Land, Rainer/Possekel, Ralf: Fremde Welten. Die gegensätzliche Deutung der DDR durch SED-Reformer und Bürgerbewegung in den 80er Jahren. Berlin 1998.

748 Land, Rainer/Possekel, Ralf: Intellektuelle aus der DDR. Diskurs und Identität. Halle/Saale 1992.

749 Land, Rainer/Possekel, Ralf: Namenlose Stimmen waren uns voraus. Politische Diskurse von Intellektuellen aus der DDR. Bochum 1994.

750 Lexikon Opposition und Widerstand in der SED-Diktatur. Hrsg. v. Hans-Joachim Veen, Peter Eisenfeld, Hans Michael Kloth, Hubertus Knabe, Peter Maser, Ehrhart Neubert, Manfred Wilke. Berlin 2000.

751 Major, Patrick: Abwanderung, Widerspruch und Loyalität: Die DDR und die offene Grenze vor dem Mauerbau. In: Timmermann, Heiner (Hrsg.): Die DDR. Analysen eines aufgegebenen Staates. Berlin 2001, S. 199–209.

752 Meckel, Markus/Gutzeit, Martin: Opposition in der DDR. Zehn Jahre kirchliche Friedensarbeit – kommentierte Quellentexte. Köln 1994.

753 Meckel, Markus: Selbstbewusst in die Einheit. Rückblicke und Reflexionen. Berlin 2001.

754 Michael, Klaus: Feindbild Literatur. Die Biermann-Affäre, Staatssicherheit und die Herausbildung einer literarischen Alternativkultur in der DDR. In: APuZ 1993, 22/23, S. 23–31.

755 Miethe, Ingrid: Frauen in der DDR-Opposition. Lebens- und kollektivgeschichtliche Verläufe in einer Frauenfriedensgruppe. Opladen 1999.

756 Moeller, Peter: »… sie waren noch Schüler.« Repression, Widerstand, Verfolgung an der John-Brinckmann-Schule in Güstrow 1945–1955. 2. Aufl. Dannenberg 2000.

757 Mühlen, Patrik von zur: Aufbruch und Umbruch in der DDR. Bürgerbewegungen, kritische Öffentlichkeit und Niedergang der SED-Herrschaft. Bonn 2000.

758 Mühlen, Patrik von zur: Der »Eisenberger Kreis«. Jugendwiderstand und Verfolgung in der DDR 1953–1958. Bonn 1995.

759 Müller, Klaus-Dieter/Osterloh, Jörg: Die Andere DDR. Eine studentische Widerstandsgruppe und ihr Schicksal im Spiegel persönlicher Erinnerungen und sowjetischer NKWD-Dokumente. Dresden 1995.

760 Müller, Silvia/Florath, Bernd (Hrsg.): Die Entlassung Robert Havemanns und die Akademie der Wissenschaften 1965/66. Eine Dokumentation. Berlin 1996.

761 Müller-Enbergs, Helmut/Stock, Wolfgang/Wiesner, Marco: Das Fanal. Das Opfer des Pfarrers Brüsewitz aus Rippicha und die evangelische Kirche. Münster 1999 (überarbeitete Fassung der Ausgabe von 1993).

762 Neubert, Ehrhart/Eisenfeld, Bernd (Hrsg.): Macht Ohnmacht Gegenmacht. Grundfragen zur politischen Gegnerschaft in der DDR. Bremen 2001.

763 Neubert, Ehrhart: Eine protestantische Revolution. Osnabrück 1990.

764 Neubert, Ehrhart: Geschichte der Opposition in der DDR 1949–1989. Berlin 1997 (2., durchges., erw. und korrig. Aufl. Berlin 2000).

765 Neubert, Ehrhart: Politische Verbrechen in der DDR. In: Courtois, Stéphane/Werth, Nicolas et al.: Das Schwarzbuch des Kommunismus. Unterdrückung, Verbrechen und Terror. 2. Aufl. München/Zürich 1998, S. 829–884.

766 Neubert, Ehrhart: Religion in der DDR-Gesellschaft. Zum Problem der sozialisierenden Gruppen und ihrer Zuordnung zu den Kirchen (1985). In: Pollack, Detlef (Hrsg.): Die Legitimität der Freiheit. Politisch alternative Gruppen in der

DDR unter dem Dach der Kirche. Frankfurt a.M./Bern/New York/Paris 1990, S. 31–40.

767 Pleitgen, Fritz (Hrsg.): Die Ausbürgerung. Anfang vom Ende der DDR. Berlin 2001.

768 Pollack, Detlef (Hrsg.): Die Legitimität der Freiheit. Politisch alternative Gruppen in der DDR unter dem Dach der Kirche. Frankfurt a.M./Bern/New York/Paris 1990.

769 Pollack, Detlef/Rink, Dieter (Hrsg.): Zwischen Verweigerung und Opposition. Politischer Protest in der DDR 1970–1989. Frankfurt a.M./New York 1997.

770 Pollack, Detlef: Politischer Protest. Politisch alternative Gruppen in der DDR. Opladen 2000.

771 Pollack, Detlef: Sozialethisch engagierte Gruppen in der DDR. Eine religionssoziologische Untersuchung (Juni 1989). In: Pollack, Detlef (Hrsg.): Die Legitimität der Freiheit. Politisch alternative Gruppen in der DDR unter dem Dach der Kirche. Frankfurt a.M./Bern/New York/Paris 1990, S. 115–154.

772 Poppe, Ulrike/Eckert, Rainer/Kowalczuk, Ilko-Sascha (Hrsg.): Zwischen Selbstbehauptung und Anpassung. Formen des Widerstandes und der Opposition in der DDR. Berlin 1995.

773 Probst, Lothar: Ostdeutsche Bürgerbewegungen und Perspektiven der Demokratie. Köln 1993.

774 Rathenow, Lutz: Vom DDR-Grenzsoldaten zum Bürgerrechtler. Hrsg. vom Wissenschaftlichen Forum für Internationale Sicherheit und dem MGFA. Bremen 2002.

775 Reiprich, Siegfried: Der verhinderte Dialog. Meine politische Exmatrikulation. Eine Dokumentation. Berlin 1996.

776 Remy, Dietmar: Opposition und Verweigerung in Nordthüringen (1976–1989). Duderstadt 1999.

777 Roos, Peter (Hrsg.): Exil. Die Ausbürgerung Wolf Biermanns aus der DDR. Eine Dokumentation. Köln 1977.

778 Rüddenklau, Wolfgang: Störenfried. DDR-Opposition 1986–1989. Mit Texten aus den »Umweltblättern«. Berlin 1992.

779 Scheer, Udo: Vision und Wirklichkeit. Die Opposition in Jena in den siebziger und achtziger Jahren. 3. Aufl. Berlin 1999.

780 Schmidtbauer, Bernhard: Die oppositionellen Gruppen in der DDR. Stiefkinder der bundesdeutschen DDR-Forschung. In: Timmermann, Heiner (Hrsg.): DDR-Forschung. Bilanz und Perspektiven. Berlin 1995, S. 263–296.

781 Schneider, Rolf: November. Hamburg 1979.

782 Schottländer, Rainer: Das teuerste Flugblatt der Welt. Dokumentation einer Großfahndung des Staatssicherheitsdienstes der Berliner Humboldt-Universität. Berlin 1993.

783 Schubert, Dieter: Puppenspieler Pippow. Berlin 1996.

784 Schultze, Harald (Hrsg.): Das Signal von Zeitz. Reaktionen der Kirche, des Staates und der Medien auf die Selbstverbrennung von Oskar Brüsewitz. Eine Dokumentation. Leipzig 1993.

785 Schulz, Eberhard: Zwischen Identifikation und Opposition. Künstler und Wissenschaftler der DDR und ihre Organisationen von 1949 bis 1962. Köln 1995.

786 Schwan, Heribert: Ausbürgerung – Der Verlauf – Der Anlaß – Die Konsequenz –

Die Reaktion – Verstärkter Kampf. In: Pleitgen, Fritz (Hrsg.): Die Ausbürgerung. Anfang vom Ende der DDR. Berlin 2001, S. 259–281.

787 Silomon, Anke: »Schwerter zu Pflugscharen« und die DDR. Die Friedensarbeit der evangelischen Kirchen in der DDR im Rahmen der Friedensdekaden 1980 bis 1982. Göttingen 1999.

788 Staadt, Jochen: In der Obhut der Partei. In: Pleitgen, Fritz (Hrsg.): Die Ausbürgerung. Anfang vom Ende der DDR. Berlin 2001, S. 345–371.

789 Stiftung zur Aufarbeitung der SED-Diktatur (Hrsg.): Von Deutschland nach Deutschland – 25 Jahre Biermann-Ausbürgerung. Eine Dokumentation. 1 Audio-CD. Berlin 2002.

790 Tautz, Lothar/Radeke, Christian: »Warte nicht auf bess're Zeiten …«. Oskar Brüsewitz, Wolf Biermann und die Protestbewegung in der DDR 1976–1977. Dokumentation. Halle 1999.

791 Über Wolf Biermann. europäische ideen 1977 (Sonderheft).

792 Wagner, Paul Werner: Rebellion gegen die Enge. Protokoll eines gescheiterten Fluchtversuchs. Vernehmung, Gedichte und Briefe. Magdeburg 2001.

793 Walther, Joachim/Biermann, Wolf/Bruyn, Günter de/Fuchs, Jürgen/Hein, Christoph/Kunert, Günter/Loest, Erich/Schädlich, Hans-Joachim/Wolf, Christa (Hrsg.): Protokoll eines Tribunals. Die Ausschlüsse aus dem DDR-Schriftstellerverband 1979. Reinbek 1991.

794 Wielgohs, Jan/Johnson, Carsten: Entstehungsgründe, Handlungsbedingungen, Situationsdeutungen: Analytische Perspektiven auf die DDR-Opposition der 80er Jahre. In: Pollack, Detlef/Rink, Dieter (Hrsg.): Zwischen Verweigerung und Opposition: Politischer Protest in der DDR 1970–1989. Frankfurt a.M./New York 1997, S. 332–363.

795 Wielgohs, Jan/Schulz, Marianne: Die revolutionäre Krise am Ende der achtziger Jahre und die Formierung der Opposition. In: Materialien 1995 [42], Bd. VII/2, S. 1950–1994.

796 Wiemers, Gerald/Blecher, Jens: Studentischer Widerstand an der Universität Leipzig 1945–1955. 2., erg. u. verb. Aufl. Beucha 1998.

797 Wierling, Dorothee: Die Jugend als innerer Feind. Konflikte in der Erziehungsdiktatur der sechziger Jahre. In: Kaelble, Hartmut/Kocka, Jürgen/Zwahr, Hartmut (Hrsg.): Sozialgeschichte der DDR. Stuttgart 1994, S. 404–425.

798 Wiese, Friedrich-Franz/Bernitt, Hartwig: Arno Esch. Eine Dokumentation. Dannenberg/Elbe 1994.

799 Wilke, Manfred: Das Schutzkomitee Freiheit und Sozialismus. In: DA 34.2001,2, S. 277–284.

800 Winnes, Friedrich/Wohlrab, Lutz (Hrsg.): Mail Art Szene DDR 1975–1990. Berlin 1994.

801 Wittkowski, Joachim: Die DDR und Biermann. Über den Umgang mit kritischer Intelligenz. Ein gesamtdeutsches Resümee. In: APuZ 1996,20, S. 37–45.

802 Wollenberger, Vera (das ist Vera Lengsfeld): Virus der Heuchler. Innenansicht aus Stasi-Akten. Berlin 1992.

803 Wunschik, Tobias: Die maoistische KPD/ML und die Zerschlagung ihrer »Sektion DDR« durch das MfS. Berlin 1997.

804 Wunschik, Tobias: Maoistische Opposition gegen das Honecker-Regime. Die »Sektion DDR« der KPD/ML. In: Jahrbuch für historische Kommunismusforschung 1998, S. 187–201.

12. 17. Juni 1953

805 Baring, Arnulf: Der 17. Juni 1953. Neuauflage. Stuttgart 1983.

806 Beier, Gerhard: Wir wollen freie Menschen sein. Der 17. Juni 1953 – Bauleute gingen voran. Köln 1993.

807 Berger, Siegfried: »Ich nehme das Urteil nicht an«. Ein Berliner Streikführer des 17. Juni vor dem sowjetischen Militärtribunal. 2. Aufl. Berlin 2000.

808 Berlin 17. Juni 1953. Eine Ausstellung des Landesarchivs Berlin. Berlin 1993.

809 Bibliographie zum Thema 17. Juni 1953. Arbeiter- und Volksaufstand in der SBZ/ DDR. Stuttgart 1983.

810 Biburger, Tom: Sprengsätze. »Der Lohndrücker« von Heiner Müller und der 17. Juni 1953. Pfaffenweiler 1997.

811 Brant, Stefan (d.i. Klaus Harprecht) unter Mitarbeit von Klaus Bölling: Der Aufstand. Vorgeschichte, Geschichte und Deutung des 17. Juni 1953. 2. Aufl. Stuttgart 1954.

812 Buchheim, Christoph: Wirtschaftliche Hintergründe des Arbeiteraufstandes vom 17. Juni 1953 in der DDR. In: VfZ 38.19903, S. 415–433.

813 Bust-Bartels, Axel: Der Arbeiteraufstand am 17. Juni 1953 – Ursachen, Verlauf und gesellschaftspolitische Zielsetzung. In: APuZ 1980,25, S. 24–54.

814 Diedrich, Torsten: Der 17. Juni 1953 in der DDR. Bewaffnete Gewalt gegen das Volk. Berlin 1991.

815 Diedrich, Torsten: Waffen gegen das Volk. Der 17. Juni 1953 in der DDR. Hrsg. vom MGFA. München 2003.

816 Eisenfeld, Bernd/Kowalczuk, Ilko-Sascha/Neubert, Ehrhart: Die vergessene Revolution. Bremen 2003.

817 Engelmann, Roger/Fricke, Karl Wilhelm: 17. Juni 1953 und das Ministerium für Staatssicherheit. Bremen 2003.

818 Flemming, Thomas: Kein Tag der deutschen Einheit. 17. Juni 1953. Berlin 2003.

819 Foitzik, Jan (Hrsg.): Entstalinisierungskrise in Ostmitteleuropa 1953–1956. Vom 17. Juni bis zum ungarischen Volksaufstand. Paderborn 2001.

820 Hagen, Manfred: DDR – Juni '53. Die erste Volkserhebung im Stalinismus. Stuttgart 1992.

821 Hegedüs, András B./Wilke, Manfred (Hrsg.): Satelliten nach Stalins Tod. Der »Neue Kurs« – 17. Juni 1953 in der DDR – Ungarische Revolution 1956. Berlin 2000.

822 Hildebrandt, Rainer: Der 17. Juni. Zehn Erlebnisgeschichten von Personen in verschiedenen Brennpunkten des Aufstandes. Berlin 1983.

823 Hildebrandt, Rainer: Was lehrt uns der 17. Juni? Eine Denkschrift. Berlin 1954.

824 Kamrodt, Andreas: Der 17. Juni 1953 in Jena. Erfurt 1997.

825 Klein, Angelika: Die Arbeiterrevolte im Bezirk Halle. Teil 1–3. Halle 1993.

826 Kleßmann, Christoph/Stöver, Bernd (Hrsg.): 1953 – Krisenjahr des Kalten Krieges in Europa. Köln/Weimar/Wien 1999.

827 Kowalczuk, Ilko-Sascha/Mitter, Armin/Wolle, Stefan (Hrsg.): Der Tag X – 17. Juni 1953. Die »innere Staatsgründung« der DDR als Ergebnis der Krise 1952/54. 2., durchges. Aufl. Berlin 1996.

828 Kowalczuk, Ilko-Sascha: »Faschistischer Putsch« – »Konterrevolution« – »Arbeitererhebung« – Der 17. Juni 1953 im Urteil von SED und PDS. In: Eckert, Rainer/Faulenbach, Bernd (Hrsg.): Halbherziger Revisionismus. Zum postkommunistischen Geschichtsbild. München, Landsberg am Lech 1996, S. 69–82.

829 Kowalczuk, Ilko-Sascha: 17. Juni 1953 – Volksaufstand in der DDR. Vorgeschichte, Ablauf, Folgen. Bremen 2003.

830 Krämer, Herbert: Ein dreißigjähriger Krieg gegen ein Buch. Zur Publikations- und Rezeptionsgeschichte von Stefan Heyms Roman über den 17. Juni 1953. Tübingen 1999.

831 Krämer, Martin: Der Volksaufstand vom 17. Juni 1953 und sein politisches Echo in der Bundesrepublik Deutschland. Bochum 1996.

832 Leithäuser, Joachim G.: Der Aufstand im Juni. Ein dokumentarischer Bericht. Berlin 1954.

833 Löhn, Hans-Peter: 17. Juni in Halle. Bremen 2003.

834 Magdeburg 17. Juni 1953. Magdeburg 1993.

835 Mählert, Ulrich (Hrsg.): Der 17. Juni 1953. Ein Aufstand für Einheit, Recht und Freiheit. Bonn 2003.

836 Mitter, Armin: »Am 17.6.1953 haben die Arbeiter gestreikt, jetzt aber streiken wir Bauern«. Die Bauern und der Sozialismus. In: Kowalczuk, Ilko-Sascha/ Mitter, Armin/Wolle, Stefan (Hrsg.): Der Tag X – 17. Juni 1953. Die »innere Staatsgründung« der DDR als Ergebnis der Krise 1952/54. 2., durchges. Aufl. Berlin 1996, S. 75–128.

837 Moczarski, Norbert: (Hrsg.): Die Protokolle des Sekretariats der SED-Bezirksleitung Suhl im Sommer 1952 bis zum 17. Juni 1953. Weimar 2002.

838 Moczarski, Norbert: Der 17. Juni 1953 im Bezirk Suhl. Erfurt 1996.

839 Ostermann, Christian (Hrsg.): Uprising in East Germany 1953. The Cold War, the German Question, and the First Major Upheaval Behind the Iron Curtain. Budapest, New York 2001.

840 Pernkopf, Johannes: Der 17. Juni 1953 in der Literatur der beiden deutschen Staaten. Stuttgart 1982.

841 Rexin, Manfred (Hrsg.): Diesseits des Potsdamer Platzes: West-Berlin am 16. und 17. Juni 1953. Berlin 1983.

842 Roth, Heidi: Der 17. Juni 1953 in Görlitz. Bautzen 1998.

843 Roth, Heidi: Der 17. Juni 1953 in Sachsen. Mit einem Vorwort von Karl Wilhelm Fricke. Köln/Weimar/Wien 1999.

844 Russig, Peter: Wilhelm Grothaus – Dresdner Antifaschist und Aufstandsführer des 17. Juni. Dresden 1997.

845 Schmidt, Heidemarie/Wagner, Paul Werner: »… man muss doch mal zu seinem Recht kommen …« Paul Othma – Streikführer am 17. Juni 1953 in Bitterfeld. Magdeburg 2001.

846 Scholz, Arno (Hrsg.): Der 17. Juni. Die Volkserhebung in Ost-Berlin und in der Sowjetzone. Berlin 1953.

847 Scholz, Arno/Nieke, Werner: Panzer am Potsdamer Platz. Berlin 1954.

848 Schwabe, Klaus: Der 17. Juni 1953 in Mecklenburg und Vorpommern. Schwerin 1993.

849 Spittmann, Ilse/Fricke, Karl Wilhelm (Hrsg.): 17. Juni 1953. Arbeiteraufstand in der DDR. Köln 1982 (2., erw. Aufl. 1988).

850 Spurensicherung. Zeitzeugen zum 17. Juni 1953. Hrsg. von der Unabhängigen Autorengemeinschaft »So habe ich das erlebt«. Schkeuditz 1999.

851 Wagner, Paul Werner (Hrsg.): Der 17. Juni 1953. Eine kulturhistorische Studie über den Bitterfelder Aufstand. Halle 2003.

852 Wentker, Hermann: Arbeiteraufstand, Revolution? Die Erhebungen von 1953 und
1989/90 in der DDR. Ein Vergleich. In: DA 2001,34,3, S. 385–397.

13. Friedliche Revolution – Vorgeschichte und Verlauf

853 Ahbe, Thomas/Hoffmann, Michael/Stiehler, Volker: Wir bleiben hier. Erinnerungen an den Herbst '89. Mit einer Chronik von Uwe Schwabe. Leipzig 1999.
854 Bos, Ellen: Die Rolle von Eliten und kollektiven Akteuren in Transitionsprozessen. In: Merkel, Wolfgang (Hrsg.): Systemwechsel 1: Theorien, Ansätze und Konzeptionen. Opladen 1994, S. 81–109.
855 Brand, Karl-Werner: Massendemokratischer Aufbruch im Osten: Eine Herausforderung für die NSB-Forschung. In: Forschungsjournal Neue Soziale Bewegungen 3.1990,2, S. 9–16.
856 Brie, Michael: Staatssozialistische Länder im Vergleich: Alternative Herrschaftsstrategien und divergente Typen. In: Wiesenthal, Helmut (Hrsg.): Einheit als Privileg: Vergleichende Perspektiven auf die Transformation Ostdeutschlands. Frankfurt a.M./New York 1996, S. 39–104.
857 Childs, David: The Fall of the GDR. Germany's Road to unity. London 2001.
858 Deppe, Rainer/Dubiel, Helmut/Rödel, Ulrich (Hrsg.): Demokratischer Umbruch in Osteuropa. Frankfurt a.M. 1991.
859 Der Freiheit verpflichtet. Gedenkbuch der deutschen Sozialdemokratie im 20. Jahrhundert. Marburg 2000.
860 Dornheim, Andreas/Schnitzler, Stephan (Hrsg.): Thüringen 1989/90. Akteure des Umbruchs berichten. Erfurt 1995.
861 Eppelmann, Rainer: Wendewege. Briefe an die Familie. Hrsg. v. Dietmar Herbst. Bonn/Berlin 1992.
862 Ettrich, Frank: Historische Kontingenz und Zusammenbruchsdynamik. In: Berliner Journal für Soziologie 9.1999,3, S. 339–360.
863 Findeis, Hagen/Pollack, Detlef/Schilling, Manuel (Hrsg.): Die Entzauberung der Politischen: Was ist aus den politisch alternativen Gruppen der DDR geworden? Interviews mit führenden Vertretern. Leipzig 1994.
864 Fritze, Lothar: Innenansicht eines Ruins. Gedanken beim Untergang der DDR. München 1993.
865 Furet, François: Das außerordentliche Ereignis, das wir gegenwärtig miterleben, ist, daß wir 1917 beerdigen unter der Fahne von 1789. Gespräch mit François Furet. In: Die Neue Gesellschaft/Frankfurter Hefte 36.1989,7, S. 619–626.
866 Glaeßner, Gert-Joachim: Am Ende des Staatssozialismus. Zu den Ursachen des Umbruchs in der DDR. In: Joas, Hans/Koli, Martin (Hrsg.): Der Zusammenbruch der DDR. Soziologische Analysen. Frankfurt a.M. 1993, S. 70–92.
867 Grabner, Wolf-Jürgen/Heinze, Christiane/Pollack, Detlef: Leipzig im Oktober. Kirchen und alternative Gruppen im Umbruch der DDR. Analysen zur Wende. Berlin 1990.
868 Grünbaum, Robert: Eine Revolution in Deutschland? Der Charakter des Umbruchs in der DDR von 1989/90. In: GWU 50.1999,7/8, S. 438–450.
869 Grünbaum, Robert: Jenseits des Alltags. Die Schriftsteller der DDR und die Revolution von 1989/90. Baden-Baden 2002.

870 Heydemann, Günther/Mai, Gunther/Müller, Werner (Hrsg.): Revolution und Transformation in der DDR 1989/9. Berlin 1999.

871 Heydemann, Günther/Schaarschmidt, Thomas: Innenpolitische Voraussetzungen und Etappen der »Wende« in der DDR. In: Fischer, Alexander/Heydemann, Günther (Hrsg.): Die politische »Wende« 1989/90 in Sachsen: Rückblick und Zwischenbilanz. Weimar 1995, S. 45–70.

872 Hollitzer, Tobias/Bohse, Reinhard (Hrsg.): Heute vor 10 Jahren. Leipzig auf dem Weg zur Friedlichen Revolution. Bonn 2000.

873 Holtmann, Dieter (Hrsg.): Die Revolution in Mittel- und Osteuropa und ihre Folgen. Bochum 1991.

874 Honecker, Erich: Zu dramatischen Ereignissen. Hamburg 1992.

875 Jarausch, Konrad H./Sabrow, Martin (Hrsg.): Weg in den Untergang. Der innere Zerfall der DDR. Göttingen 1999.

876 Jesse, Eckhard (Hrsg.): Eine Revolution und ihre Folgen. 14 Bürgerrechtler ziehen Bilanz: Jens Reich, Konrad Weiß, Marianne Birthler, Vera Lengsfeld, Günter Nooke, Wolfgang Templin, Markus Meckel, Erhart Neubert, Freya Klier, Rainer Eppelmann, Edelbert Richter, Ulrike Poppe, Friedrich Schorlemmer, Joachim Gauck. Berlin 2000.

877 Joas, Hans/Kohli, Martin (Hrsg.): Der Zusammenbruch der DDR. Soziologische Analysen. Frankfurt a.M. 1993.

878 Joppke, Christian: East German Dissidents and the Revolution of 1989. Social Movements in a Leninist Regime. New York 1995.

879 Joppke, Christian: Why Leipzig? ›Exit‹ and ›Voice‹ in the East German Revolution. In: German politics 2.1993,3, S. 393–414.

880 Kädtler, Jürgen/Kottwitz, Gisela: Industrielle Beziehungen in Ostdeutschland: Durch Kooperation zum Gegensatz von Kapital und Arbeit. In: Industrielle Beziehungen 1.1994, S. 13–38.

881 Kasper, Martin: Die Lausitzer Sorben in der Wende 1989/1990. Ein Abriss mit Dokumenten und einer Chronik. Bautzen 2000.

882 Kloth, Hans Michael: Vom »Zettelfalten« zum freien Wählen. Die Demokratisierung der DDR 1989/90 und die »Wahlfrage«. Berlin 2000.

883 Krenz, Egon: Herbst '89. Berlin 1999.

884 Krenz, Egon: Wenn Mauern fallen. Die friedliche Revolution. Vorgeschichte – Ablauf – Auswirkungen. Wien 1990.

885 Kühnhardt, Ludger: Umbruch – Wende – Revolution. Deutungsmuster des deutschen Herbstes. In: APuZ 1997,40/41, S. 12–18.

886 Kuhrt, Eberhard in Verbindung mit Hannsjörg F. Buck u. Gunter Holzweißig (Hrsg.): Die SED-Herrschaft und ihr Zusammenbruch. Opladen 1996 (= Am Ende des realen Sozialismus. Beiträge zur Bestandsaufnahme der DDR-Wirklichkeit in den 80er Jahren. Hrsg. v. Eberhard Kuhrt in Verbindung mit Hannsjörg F. Buck, Gunter Holzweißig; Bd. 1).

887 Langer, Kai: »Ihr sollt wissen, dass der Norden nicht schläft.« Zur Geschichte der »Wende« in den drei Nordbezirken der DDR. Rostock/Bremen 1999.

888 Lemke, Christiane: Die Ursachen des Umbruchs 1989. Politische Sozialisation in der ehemaligen DDR. Opladen 1991.

889 Leonhard, Rudolf Walter: War die DDR zu retten? Warum Wolfgang Harich und Walter Janka scheiterten und einander seitdem hassen. In: Die Zeit Nr. 1991,20, S. 96.

890 Lindner, Bernd (Hrsg.): Zum Herbst '89. Demokratische Bewegung in der DDR. Leipzig 1994.

891 Lindner, Bernd/Grüneberger, Ralph (Hrsg.): Demonteure. Biographien des Leipziger Herbstes. Bielefeld 1990 und 1992.

892 Lindner, Bernd: Die demokratische Revolution in der DDR 1989/90. Bonn 1998.

893 Maier, Charles S.: Das Verschwinden der DDR und der Untergang des Kommunismus. Frankfurt a.M. 1999.

894 Mayer, Karl Ulrich/Solga, Heike: Mobilität und Legitimität: Zum Vergleich der Chancenstrukturen in der alten DDR und der alten BRD oder: Haben Mobilitätschancen zu Stabilität und Zusammenbruch der DDR beigetragen? In: KZfSS 46.1994,2, S. 193–208.

895 McFalls, Laurence: Alltag und Revolution: Vom Wertewandel zum Systemwandel. In: Lindner, Bernd (Hrsg.): Zum Herbst '89: Demokratische Bewegung in der DDR. Leipzig 1994, S. 149–155.

896 Menge, Marlies: »Ohne uns läuft nichts mehr«. Die Revolution in der DDR. Vorwort von Christa Wolf. Stuttgart 1990.

897 Merkel, Wolfgang: Warum brach das SED-Regime zusammen? Der »Fall« (der) DDR im Lichte der Demokratisierungstheorien. In: Liebert, Ulrike/Merkel, Wolfgang (Hrsg.): Die Politik zur deutschen Einheit: Probleme – Strategien – Kontroversen. Opladen 1991, S. 19–49.

898 Meuschel, Sigrid: Revolution in der DDR: Versuch einer sozialwissenschaftlichen Interpretation. In: Zapf, Wolfgang (Hrsg.): Die Modernisierung moderner Gesellschaften: Verhandlungen des 25. Deutschen Soziologentages 1990 in Frankfurt am Main. Frankfurt a.M./New York 1991, S. 558–571.

899 Modrow, Hans: Die Perestroika. Wie ich sie sehe. Persönliche Erinnerungen und Analysen eines Jahrzehntes, das die Welt veränderte. Berlin 1998.

900 Oberschall, Anthony: Opportunities and Framing in the Eastern European Revolts of 1989. In: McAdam, Doug/McCarthy, John/Zald, Mayer N. (Hrsg.): Comparative perspectives on social movements: Political opportunities, mobilizing structures, and cultural framings. Cambridge 1996, S. 93–121.

901 Oberschall, Anthony: Protest Demonstrations and the End of Communist Regimes in 1989. In: Research in Social Movements 17.1994, S. 1–24.

902 Oldenburg, Fred: Die Implosion des SED-Regimes. Ursachen und Entwicklungsprozesse. Köln 1991.

903 Opp, Karl-Dieter/Voß, Peter: Die volkseigene Revolution. Stuttgart 1993.

904 Pollack, Detlef: Bedingungen der Möglichkeit politischen Protestes in der DDR: Der Volksaufstand von 1953 und die Massendemonstrationen 1989 im Vergleich. In: Pollack, Detlef/Rink, Dieter (Hrsg.): Zwischen Verweigerung und Opposition: Politischer Protest in der DDR 1970–1989. Frankfurt a.M./New York 1997, S. 303–331.

905 Pollack, Detlef: Das Ende einer Organisationsgesellschaft: Systemtheoretische Überlegungen zum gesellschaftlichen Umbruch in der DDR. In: Zeitschrift für Soziologie 19.1990,4, S. 292–307.

906 Pollack, Detlef: Mass pressures, elite responses – roots of democratization: The case of the GDR. In: Communist and Post-Communist Studies 35.2002,3, S. 305–324.

907 Probst, Lothar: »Der Norden wacht auf«. Zur Geschichte des politischen Umbruchs in Rostock 1989–1991. Bremen 1993.

908 Prokop, Siegfried (Hrsg.): Die kurze Zeit der Utopie. Die »zweite DDR« im vergessenen Jahr 1989/90. Berlin 1994.

909 Prosch, Bernhard/Abraham, Martin: Die Revolution in der DDR: Eine strukturell-individualistische Erklärungsskizze. In: KZfSS 43.1991, S. 291–301.

910 Rein, Gerhard (Hrsg.): Die Opposition in der DDR: Entwürfe für einen anderen Sozialismus; Texte, Programme, Statuten von Neues Forum, Demokratischer Aufbruch, Demokratie Jetzt, SDP, Böhlener Plattform und Grüne Partei in der DDR. Berlin 1989.

911 Richter, Michael/Sobeslavsky, Erich: Die Gruppe der 20. Gesellschaftlicher Aufbruch und politische Opposition in Dresden 1989/90. Köln 1999.

912 Richter, Michael: Die Revolution in Deutschland 1989/90. Anmerkungen zum Charakter der »Wende«. Dresden 1995.

913 Rochtus, Dirk: Zwischen Realität und Utopie. Das Konzept des »dritten Weges« in der DDR 1989/90. Leipzig 1999.

914 Rupieper, Hermann-Josef (Hrsg.): Friedliche Revolution 1989/90 in Sachsen-Anhalt. Halle 2000.

915 Sabrow, Martin: Der Konkurs der Konsensdiktatur: Überlegungen zum inneren Zerfall der DDR aus kulturgeschichtlicher Perspektive. In: Jarausch, Konrad H./ Sabrow, Martin, (Hrsg.): Weg in den Untergang: Der innere Zerfall der DDR. Göttingen 1999, S. 83–116.

916 Steffani, Winfried: Wende oder Umbruch? In: DA 31.1998,2, S. 282–285.

917 Stolle, Uta: Der Aufstand der Bürger. Wie 1989 die Nachkriegszeit in Deutschland zu Ende ging. Baden-Baden 2001.

918 Süß, Walter: Staatssicherheit am Ende. Warum es den Mächtigen 1989 nicht gelang, eine Revolution zu verhindern. Berlin 1999.

919 Tarrow, Sidney: Aiming at a moving target: Social science and the recent rebellions in Eastern Europe. In: Political Science and Politics 24.1991,1, S. 12–20.

920 Thaysen, Uwe (Hrsg.): Der Zentrale Runde Tisch der DDR. Wortprotokoll und Dokumente. Bd. I: Aufbruch, Bd. II: Umbruch, Bd. III: Neuer Machtkampf, Bd. IV: Identitätsfindung, Bd. V: Dokumente. Wiesbaden 2000.

921 Thaysen, Uwe: Der Runde Tisch oder: Wo blieb das Volk? Der Weg der DDR in die Demokratie. Opladen 1990.

922 Thompson, Mark R.: Die »Wende« in der DDR als demokratische Revolution. In: APuZ 1999,45, S. 14–23.

923 Tietzel, Manfred/Weber, Marion/Bode, Otto F.: Die Logik der sanften Revolution: Eine ökonomische Analyse. Tübingen 1991.

924 Timmer, Karsten: Vom Aufbruch zum Umbruch. Die Bürgerbewegung in der DDR 1989. Göttingen 2000.

925 Timofeeva, Natalja P.: Nemeckaja intelligencija i politika reform [Die deutsche Intelligenz und die Reformpolitik]. Woronesch 1996.

926 Torpey, John: Two Movements, not a Revolution: Exodus and Opposition in the East German Transformation, 1989–1990. In: German Politics and Society 26.1992,1, S. 21–42.

927 Urich, Karin: Die Bürgerbewegung in Dresden 1989/90. Köln 2001.

928 Victor, Christoph: Oktoberfrühling. Die Wende in Weimar 1989. Weimar 1992 (= Weimarer Schriften; 49).

929 Warbeck, Hans Joachim: Die deutsche Revolution 1989/1990. Die Herstellung der staatlichen Einheit. Berlin 1991.

930 Weitz, Eric D.: Der Zusammenbruch der DDR aus langfristiger Perspektive. In: Potsdamer Bulletin für Zeithistorische Studien 12.1998, S. 6–16.

931 Welzel, Christian: Der Umbruch des SED-Regimes im Lichte genereller Transitionsmechanismen. In: Politische Vierteljahresschrift 36.1995,1, S. 67–90.

932 Wettig, Gerhard: Niedergang, Krise und Zusammenbruch der DDR: Ursachen und Vorgänge. In: Kuhrt, Eberhard in Verbindung mit Hannsjörg F. Buck, Gunter Holzweißig (Hrsg.): Die SED-Herrschaft und ihr Zusammenbruch. Opladen 1996, S. 379–455.

933 Zwahr, Hartmut: Ende einer Selbstzerstörung. Leipzig und die Revolution in der DDR. Göttingen 1991 (2. Aufl. 1993).

934 »4.11.89 – TschüSSED«. Magazin zur Ausstellung. Hrsg. von der Stiftung Haus der Geschichte der Bundesrepublik Deutschland/Initiativgruppe 4.11.89. Bonn 1990.

14. Wirtschaft

935 Ahrens, Ralf: Gegenseitige Wirtschaftshilfe? Die DDR im RGW – Strukturen und handelspolitische Strategien 1963–1976. Köln 2000.

936 Ark, Bart van: The Manufacturing Sector in East Germany. A Reassessment of Comparative Productivity Performance, 1950–1988. In: Jahrbuch für Wirtschaftsgeschichte 1995,2, S. 75–100.

937 Baar, Lothar/Petzina, Dietmar (Hrsg.): Deutsch-Deutsche Wirtschaft 1945 bis 1990. Strukturveränderungen, Innovationen und regionaler Wandel. Ein Vergleich. St. Katharinen 1999.

938 Bähr, Johannes/Petzina, Dietmar (Hrsg.): Innovationsverhalten und Entscheidungsstrukturen. Vergleichende Studien zur wirtschaftlichen Entwicklung im geteilten Deutschland 1945–1990. Berlin 1996.

939 Barkleit, Gerhard/Hartlepp, Heinz: Die Spezialisten und die Parteibürokratie. Zur Geschichte der Luftfahrtindustrie in der DDR 1952–1961. Dresden 1995.

940 Barkleit, Gerhard: Mikroelektronik in der DDR. SED, Staatsapparat und Staatssicherheit im Wettstreit der Systeme. Dresden 2000.

941 Bauer, Reinhold: PKW-Bau in der DDR. Zur Innovationsschwäche von Zentralverwaltungswirtschaften. Frankfurt a.M. 1999.

942 Bauerkämper, Arnd (Hrsg.): »Junkerland in Bauernhand«? Durchführung, Auswirkungen und Stellenwert der Bodenreform in der Sowjetischen Besatzungszone. Stuttgart 1996.

943 Bauerkämper, Arnd/Ciesla, Burghard/Roesler, Jörg: Wirklich wollen und nicht richtig können. Das Verhältnis von Innovation und Beharrung in der DDR-Wirtschaft. In: Kocka, Jürgen/Sabrow, Martin (Hrsg.): Die DDR als Geschichte. Fragen – Hypothesen – Perspektiven. Berlin 1994, S. 116–121.

944 Bell, Wolfgang: Enteignungen in der Landwirtschaft der DDR nach 1949 und deren politische Hintergründe. Analyse und Dokumentation. Münster-Hiltrup 1992.

945 Broosch, Karsten: Die Währungsreform 1948 in der sowjetischen Besatzungszone Deutschlands. Eine Untersuchung zur Rolle des Geldes beim Übergang zur sozialistischen Planwirtschaft in der SBZ/DDR. Herdecke 1998.

946 Buchheim, Christoph (Hrsg.): Wirtschaftliche Folgelasten des Krieges in der SBZ/DDR. Baden-Baden 1995.

947 Buchheim, Christoph: Die Wirtschaftsordnung als Barriere des gesamtwirtschaftlichen Wachstums in der DDR. In: Vierteljahrschrift für Sozial- und Wirtschaftsgeschichte 82.1995,2, S. 194–210.

948 Buchheim, Christoph: Wirtschaftliche Folgen der Integration der DDR in den RGW. In: Buchheim, Christoph (Hrsg.): Wirtschaftliche Folgelasten des Krieges in der SBZ/DDR. Baden-Baden 1995, S. 341–361.

949 Ciesla, Burghard/Judt, Matthias: Technology Transfer out of Germany after 1945. Amsterdam 1996.

950 Ciesla, Burghard: Eine sich selbst versorgende Konsumgesellschaft? Industrieller Fischfang, Fischverarbeitung und Fischwarenkonsum in der DDR. In: Herrschaft und Eigen-Sinn. Köln/Weimar/Wien 1999. S. 205–234.

951 Ciesla, Burghard: Von der Luftkriegsrüstung zur zivilen Flugzeugproduktion. Über die Entwicklung der deutschen Luftfahrtforschung und Flugzeugproduktion in der SBZ/DDR und UdSSR 1945 bis 1954. In: Teuteberg, Hans-Jürgen (Hrsg.): Beiträge zur Geschichte der Binnenschiffahrt, der Luft- und Kraftzeugfahrt. Bergisch Gladbach 1994, S. 179–202 (= Schriftenreihe der Deutschen Verkehrswissenschaftlichen Gesellschaft/B; 169).

952 Deutsche Bundesbank: Die Zahlungsbilanz der ehemaligen DDR 1975 bis 1989. Frankfurt a.M. 1999.

953 Dix, Andreas: »Freies Land«. Siedlungsplanung im ländlichen Raum der SBZ und der frühen DDR 1945 bis 1955. Köln 2002.

954 Ebbinghaus, Frank: Ausnutzung und Verdrängung. Steuerungsprobleme der SED-Mittelstandspolitik 1945–1972. Berlin, Humboldt-Univ., Diss., 2001.

955 Engeln, Ralf: Uransklaven oder Sonnensucher? Die Sowjetische AG Wismut in der SBZ/DDR 1946–1953. Essen 2001.

956 Ermer, Matthias: Von der Reichsmark zur Deutschen Mark der Deutschen Notenbank. Zum Binnenwährungsumtausch in der Sowjetischen Besatzungszone Deutschlands (Juni/Juli 1948). Stuttgart 2000.

957 Fritze, Lothar: Panoptikum DDR-Wirtschaft. Machtverhältnisse, Organisationsstrukturen, Funktionsmechanismen. München 1993.

958 Gabler, Diethelm: Entwicklungsabschnitte der Landwirtschaft in der ehemaligen DDR. Berlin 1995.

959 Halder, Winfried: »Modell für Deutschland«. Wirtschaftspolitik in Sachsen 1945–1948. Paderborn u.a. 2001.

960 Handbuch DDR-Wirtschaft. 4. Aufl. Reinbek b. Hamburg 1984.

961 Haupt, Daniela: Einfluß des Ministeriums für Staatssicherheit auf die Wirtschaft der DDR. Lüneburg, Univ., Diss., 2000.

962 Heimann, Christian: Systembedingte Ursachen des Niedergangs der DDR-Wirtschaft. Das Beispiel der Textil- und Bekleidungsindustrie 1945–1989. Frankfurt a.M. 1997.

963 Hertle, Hans-Hermann/Gilles, Franz-Otto: Überwiegend negativ. Das Ministerium für Staatssicherheit in der Volkswirtschaft dargestellt am Beispiel der Struktur und Arbeitsweise der Objektdienststellen in den Chemiekombinaten des Bezirks Halle. Berlin 1994.

964 Hertle, Hans-Hermann/Gilles, Franz-Otto: Zur Rolle des Ministeriums für Staatssicherheit in der DDR-Wirtschaft. In: Hürtgen, Renate/Reichel, Thomas (Hrsg.): Der Schein der Stabilität. DDR-Betriebsalltag in der Ära Honecker. Berlin 2001, S. 173–190.

965 Heyl, Friedrich von: Der innerdeutsche Handel mit Eisen und Stahl 1945–1972. Deutsch-deutsche Beziehungen im Kalten Krieg. Köln u.a. 1997.

966 Hoffmann, Dierk: Aufbau und Krise der Planwirtschaft. Die Arbeitskräftelenkung in der SBZ/DDR 1945 bis 1963. München 2002.

967 Hoffmann, Heinz: Der Kommissionshandel im planwirtschaftlichen System der DDR. Eine besondere Eigentums- und Handelsform. Leipzig 2001.

968 Hoffmann, Heinz: Die Betriebe mit staatlicher Beteiligung im planwirtschaftlichen System der DDR 1956–1972. Stuttgart 1999.

969 Holzwarth, Klaus: Die Anfänge der zentralen Wirtschaftsplanung in der SBZ. In: Buchheim, Christoph (Hrsg.): Wirtschaftliche Folgelasten des Krieges in der SBZ/DDR. Baden-Baden 1995, S. 247–269.

970 Karlsch, Rainer/Bähr, Johannes: Die Sowjetischen Aktiengesellschaften (SAG) in der SBZ/DDR. Bildung, Struktur und Probleme ihrer inneren Entwicklung. In: Lauschke, Karl/Welskopp, Thomas (Hrsg.): Mikropolitik im Unternehmen. Arbeitsbeziehungen und Machtstrukturen in industriellen Großbetrieben des 20. Jahrhunderts. Essen 1994, S. 214–255.

971 Karlsch, Rainer/Laufer, Jochen (Hrsg.): Sowjetische Demontagen in Deutschland 1944–1949. Hintergründe, Ziele und Wirkungen. Berlin 2002.

972 Karlsch, Rainer/Schröter, Harm (Hrsg.), »Strahlende Vergangenheit«. Studien zur Geschichte des Uranbergbaus der Wismut. St. Katharinen 1996.

973 Karlsch, Rainer: Allein bezahlt? Die Reparationsleistungen der SBZ/DDR 1945–1953. Berlin 1993.

974 Kluge, Ulrich/Halder, Winfried/Schlenker, Katja (Hrsg.): Zwischen Bodenreform und Kollektivierung. Vor- und Frühgeschichte der »sozialistischen Landwirtschaft« in der SBZ/DDR vom Kriegsende bis in die fünfziger Jahre. Stuttgart 2001.

975 Kuhrt, Eberhard in Verbindung mit Hannsjörg F. Buck u. Gunter Holzweißig (Hrsg.): Die Endzeit der DDR-Wirtschaft. Analysen zur Wirtschafts-, Sozial- und Umweltpolitik. Opladen 1999 (= Am Ende des realen Sozialismus. Beiträge zur Bestandsaufnahme der DDR-Wirklichkeit in den 80er Jahren. Hrsg. v. Eberhard Kuhrt in Verbindung mit Hannsjörg F. Buck, Gunter Holzweißig; Bd. 4).

976 Kuhrt, Eberhard in Verbindung mit Hannsjörg F. Buck, Gunter Holzweißig (Hrsg.): Die wirtschaftliche und ökologische Situation der DDR in den achtziger Jahren. Opladen 1996 (= Am Ende des realen Sozialismus. Beiträge zur Bestandsaufnahme der DDR-Wirklichkeit in den 80er Jahren. Hrsg. v. Eberhard Kuhrt in Verbindung mit Hannsjörg F. Buck, Gunter Holzweißig; Bd. 2).

977 Landsman, Mark E.: Dictatorship and Demand. East Germany between Productivism and Consumerism, 1948–1961. New York (NY), Columbia Univ., Diss., 2000.

978 Laufer, Jochen: Die UdSSR und die deutsche Währungsfrage 1944–1948. In: VfZ 46.1998,3, S. 455–485.

979 Laufer, Jochen: Von den Demontagen zur Währungsreform – Besatzungspolitik und Sowjetisierung Ostdeutschlands 1945–1948. In: Lemke, Michael (Hrsg.): Sowjetisierung und Eigenständigkeit in der SBZ/DDR (1945–1953). Köln 1999, S. 163–186.

980 Markt oder Plan. Wirtschaftsordnungen in Deutschland 1945–1961. Hrsg. von der Stiftung Haus der Geschichte der Bundesrepublik Deutschland. Frankfurt a.M. 1997.

981 Merkel, Wilma/Wahl, Stefanie: Das geplünderte Deutschland. Die wirtschaftliche Entwicklung im östlichen Teil Deutschlands von 1949 bis 1989. Bonn/Bad Godesberg 1991.

982 Owzar, Armin: Sozialistische Bündnispolitik und gewerblich-industrieller Mittelstand. Thüringen 1945 bis 1953. München 2001.

983 Pirker, Theo/Lepsius, Rainer M./Weinert, Rainer/Hertle, Hans-Hermann: Der Plan als Befehl und Fiktion. Wirtschaftsführung in der DDR. Gespräche und Analysen. Opladen 1995.

984 Reichert, Mike: Kernenergiewirtschaft in der DDR. Entwicklungsbedingungen, konzeptioneller Anspruch und Realisierungsgrad (1955–1990). St. Katharinen 1999.

985 Ritschl, Albrecht: Aufstieg und Niedergang der Wirtschaft der DDR: Ein Zahlenbild 1945–1989. In: Jahrbuch für Wirtschaftsgeschichte 1995,2, S. 11–46.

986 Roesler, Jörg: Der Einfluß der Außenwirtschaftspolitik auf die Beziehungen DDR – Bundesrepublik. Die achtziger Jahre. In: DA 26.1993,5, S. 558–572.

987 Roesler, Jörg: Handelsgeschäfte im Kalten Krieg. Die wirtschaftlichen Motivationen für den deutsch-deutschen Handel zwischen 1949 und 1961. In: Buchheim, Christoph (Hrsg.): Wirtschaftliche Folgelasten des Krieges in der SBZ/DDR. Baden-Baden 1995, S. 193–220.

988 Scherstjanoi, Elke: Die DDR im Frühjahr 1952. Sozialismuslosung und Kollektivierungsbeschluß in sowjetischer Perspektive. In: DA 27.1994,4, S. 354–363.

989 Schöne, Jens: »Wir sind dafür, dass über diese Fragen keine Berichterstattung erfolgt.« Die Kollektivierung der Landwirtschaft in der DDR 1952/53. In: Werkentin, Falco (Hrsg.): Der Aufbau der »Grundlagen des Sozialismus« in der DDR 1952/53. Berlin 2002, S. 71–94.

990 Schöne, Jens: Landwirtschaftliches Genossenschaftswesen und Agrarpolitik in der SBZ/DDR 1945–1950/51. Stuttgart 2000.

991 Schulz, Dieter: »Kapitalistische Länder überflügeln«. Die DDR-Bauern in der SED-Politik des ökonomischen Wettbewerbs mit der Bundesrepublik von 1956 bis 1961. Berlin 1994.

992 Schürer, Gerhard: Planung und Lenkung der Volkswirtschaft. Ein Zeitzeugenbericht aus dem Zentrum der DDR-Wirtschaftslenkung. In: Kuhrt, Eberhard in Verbindung mit Hannsjörg F. Buck u. Gunter Holzweißig (Hrsg.): Die Endzeit der DDR-Wirtschaft. Analysen zur Wirtschafts-, Sozial- und Umweltpolitik. Opladen 1999, S. 61–98 (= Am Ende des realen Sozialismus;. Beiträge zur Bestandsaufnahme der DDR-Wirklichkeit in den 80er Jahren. Hrsg. v. Eberhard Kuhrt in Verbindung mit Hannsjörg F. Buck, Gunter Holzweißig, Bd. 4).

993 Schwarzer, Oskar: Sozialistische Zentralplanwirtschaft in der SBZ/DDR. Ergebnisse eines ordnungspolitischen Experiments (1945–1989). Stuttgart 1999.

994 Spix, Boris: Die Bodenreform in Brandenburg 1945–1947. Konstruktion einer Gesellschaft am Beispiel der Kreise West- und Ostprignitz. Münster 1997.

995 Steiner, André: Die DDR-Wirtschaftsreform der sechziger Jahre. Konflikt zwischen Effizienz- und Machtkalkül. Berlin 1999.

996 Steiner, André: Die Deutsche Wirtschaftskommission – ein ordnungspolitisches Machtinstrument? In: Hoffmann, Dierk/Wentker, Hermann (Hrsg.), Das letzte Jahr der SBZ. Politische Weichenstellungen und Kontinuitäten im Prozeß der Gründung der DDR. München 2000, S. 85–105.

997 Steiner, André: Sowjetische Berater in den zentralen wirtschaftsleitenden Instanzen der DDR in der zweiten Hälfte der fünfziger Jahre. In: Jahrbuch für Historische Kommunismusforschung 1993. Berlin 1993, S. 100–117.

998 Steiner, André: Von Plan zu Plan. Eine Wirtschaftsgeschichte der DDR. Stuttgart 2003.

999 Stokes, Raymond G.: Constructing Socialism. Technology and Change in East Germany, 1945–1990. Baltimore 2000.

1000 Stolper, Wolfgang F.: The Structure of the East German Economy. Cambridge 1960.

1001 Stone, Randall Warren: Satellites and Commissars: Strategy and Conflict in the Politics of Soviet-bloc trade. Princeton 1996.

1002 Unger, Stefan: Eisen und Stahl für den Sozialismus. Modernisierungs- und Innovationsstrategien der Schwarzmetallurgie in der DDR von 1949 bis 1971. Berlin 2000.

1003 Volze, Arnim: Zur Devisenverschuldung der DDR – Entstehung, Bewältigung und Folgen. In: Kuhrt, Eberhard in Verbindung mit Hannsjörg F. Buck u. Gunter Holzweißig (Hrsg.): Die Endzeit der DDR-Wirtschaft. Analysen zur Wirtschafts-, Sozial- und Umweltpolitik. Opladen 1999, S. 151–183 (= Am Ende des realen Sozialismus; Beiträge zur Bestandsaufnahme der DDR-Wirklichkeit in den 80er Jahren. Hrsg. v. Eberhard Kuhrt in Verbindung mit Hannsjörg F. Buck, Gunter Holzweißig, Bd. 4).

1004 Zatlin, Jonathan R.: The Currency of Socialism. Money in the GDR and German Unification 1971–1989. Berkeley (Ca.), Univ. of California, Diss., 2000.

1005 Zschaler, Frank: Das Finanzsystem in der frühen SBZ/DDR. Effizienzprobleme aus institutionenökonomischer Sicht. In: Bähr, Johannes/Petzina, Dietmar (Hrsg.): Innovationsverhalten und Entscheidungsstrukturen. Vergleichende Studien zur wirtschaftlichen Entwicklung im geteilten Deutschland. Berlin 1996, S. 281–301.

1006 Zschaler, Frank: Die vergessene Währungsreform. Vorgeschichte, Durchführung und Ergebnisse der Geldumstellung in der SBZ 1948. In: VfZ 45.1997,2, S. 191–223.

15. Gesellschaft und Soziales

1007 Bauerkämper, Arnd/Danyel, Jürgen/Hübner, Peter/Roß, Sabine (Hrsg.), Gesellschaft ohne Eliten? Führungsgruppen in der DDR. Berlin 1997.

1008 Bauerkämper, Arnd: Ländliche Gesellschaft in der kommunistischen Diktatur. Zwangsmodernisierung und Tradition in Brandenburg 1945–1963. Köln/Weimar/Wien 2002.

1009 Baylis, Thomas A.: The technical intelligentsia and the East German elite. Legitimacy and social change in mature communism. Berkeley 1974.

1010 Bertram, Barbara (u. Autorenkollektiv): Typisch weiblich – typisch männlich. Berlin 1989.

1011 Bertram, Barbara/Friedrich, Walter/Kabat vel Job, Otmar: Adam und Eva heute. Leipzig 1988.

1012 Bessel, Richard/Jessen, Ralph (Hrsg.): Die Grenzen der Diktatur. Staat und Gesellschaft in der DDR. Göttingen 1996.

1013 Boldorf, Marcel: Sozialfürsorge in der SBZ/DDR 1945–1953. Ursachen, Ausmaß und Bewältigung der Nachkriegsarmut. Stuttgart 1998.

1014 Bollinger, Stefan/Vilmar, Fritz (Hrsg.): Die DDR war anders. Eine kritische Würdigung ihrer sozialkulturellen Einrichtungen. Berlin 2002.

1015 Budde, Gunilla-Friederike (Hrsg.): Frauen arbeiten. Weibliche Erwerbstätigkeit in Ost- und Westdeutschland nach 1945. Göttingen 1997.

1016 Bühler, Grit: Mythos Gleichberechtigung in der DDR. Politische Partizipation von Frauen am Beispiel des Demokratischen Frauenbunds Deutschlands. Frankfurt a.M./New York 1997.

1017 Diemer, Susanne: Partriarchalismus in der DDR. Opladen 1994.

1018 Donth, Stefan: Vertriebene und Flüchtlinge in Sachsen. Die Politik der sowjetischen Militäradministration und der SED. Weimar 2000.

1019 Eichwede, Wolfgang: Stalinismus und Modernisierung. In: Faulenbach, Bernd/Stadelmaier, Martin (Hrsg.): Diktatur und Emanzipation. Zur russischen und deutschen Entwicklung 1917–1991. Essen 1993, S. 40–48.

1020 Engler, Wolfgang: Die Ostdeutschen als Avantgarde. Berlin 2002.

1021 Engler, Wolfgang: Die Ostdeutschen. Kunde von einem verlorenen Land. Berlin 1999.

1022 Engler, Wolfgang: Die ungewollte Moderne: Ost-West-Passagen. Frankfurt a.M. 1995.

1023 Erbe, Günter: Arbeiterklasse und Intelligenz in der DDR. Soziale Annäherung von Produktionsarbeiterschaft und wissenschaftlich-technischer Intelligenz im Industriebetrieb? Opladen 1982.

1024 Faulenbach, Bernd/Leo, Annette/Weberskirch, Klaus: Zweierlei Geschichte. Lebensgeschichte und Geschichtsbewusstsein von Arbeitnehmern in West- und Ostdeutschland. Essen 2000.

1025 Förster, Peter: Junge Ostdeutsche auf der Suche nach der Freiheit. Eine Längsschnittstudie zum politischen Mentalitätswandel bei jungen Ostdeutschen vor und nach der Wende. Opladen 2002.

1026 Friedrich, Walter/Förster, Peter/Starke, Kurt (Hrsg.): Das Zentralinstitut für Jugendforschung Leipzig 1966–1990. Geschichte, Methoden, Erkenntnisse. Berlin 1999.

1027 Friedrich, Walter/Griese, Hartmut (Hrsg.): Jugend und Jugendforschung in der DDR. Gesellschaftspolitische Situationen, Sozialisation und Mentalitätsentwicklung in den achtziger Jahren. Opladen 1991.

1028 Glaeßner, Gert-Joachim: Herrschaft durch Kader. Leitung der Gesellschaft und Kaderpolitik in der DDR am Beispiel des Staatsapparates. Wiesbaden 1977.

1029 Gotschlich, Helga/Schulze, Edeltraud (Hrsg.): Deutsche Teilung – deutsche Wiedervereinigung. Jugend und Jugendpolitik im Umbruch der Systeme. Berlin 1996.

1030 Groschopp, Horst: Überlegungen zur Kontinuität der deutschen Arbeiterbewegungskultur in der DDR. In: Kaschuba, Wolfgang/Korff, Gottfried/Warneken, Bernd Jürgen (Hrsg.): Arbeiterkultur seit 1945. Ende oder Veränderung? Tübingen 1991, S. 123–140.

1031 Helwig, Gisela/Nickel, Hildegard Maria (Hrsg.): Frauen in Deutschland 1945–1992. Bonn/Berlin 1993.

1032 Helwig, Gisela: Frau und Familie, Bundesrepublik Deutschland – DDR. 2. Aufl. Köln 1987.

1033 Hennig, Werner/Friedrich, Walter (Hrsg.): Jugend in der DDR. Daten und Ergebnisse der Jugendforschung vor der Wende. Weinheim/München 1991.

1034 Henrich, Rolf: Der vormundschaftliche Staat. Vom Versagen des real existierenden Sozialismus, Reinbek b. Hamburg 1989 (2. Aufl., Leipzig 1990).

1035 Hübner, Peter (Hrsg.): Eliten im Sozialismus. Beiträge zur Sozialgeschichte des SED-Regimes. Köln 1999.

1036 Hübner, Peter/Tenfelde, Klaus (Hrsg.): Arbeiter in der SBZ-DDR. Essen 1999.

1037 Hübner, Peter: Die Zukunft war gestern. Soziale und mentale Trends in der DDR-Industriearbeiterschaft. In: Kaelble, Hartmut/Kocka, Jürgen/Zwahr, Hartmut (Hrsg.): Sozialgeschichte der DDR. Stuttgart 1994, S. 171–187.

1038 Hübner, Peter: Konsens, Konflikt und Kompromiß. Soziale Arbeiterinteressen und Sozialpolitik in der SBZ/DDR 1945–1970. Berlin 1995.

1039 Jaide, Walter/Hille, Barbara (Hrsg.): Jugend im doppelten Deutschland. Opladen 1977.

1040 Jarausch, Konrad H./Siegrist, Hannes (Hrsg.): Amerikanisierung und Sowjetisierung in Deutschland 1945–1970. Frankfurt a.M./New York 1997.

1041 Kaelble, Hartmut/Kocka, Jürgen/Zwahr, Helmut: Sozialgeschichte der DDR. Stuttgart 1994.

1042 Kleßmann, Christoph: Arbeiter im »Arbeiterstaat«. Deutsche Traditionen, sowjetisches Modell und westdeutsches Magnetfeld. In: APuZ 2000,50, S. 20–28.

1043 Kotsch, Detlef (Bearb.): Minderheitenpolitik in der SBZ/DDR nach dem Zweiten Weltkrieg. Die Sorben, sowjetische Besatzungsherrschaft und die staatliche Sorbenpolitik. Potsdam 2000.

1044 Kott, Sandrine (Hrsg.): Pour une histoire sociale du pouvoir en Europe communiste. Introduction thématique. In: Revue d'historie moderne et contemporaine 49.2002,2, S. 5–23.

1045 Kott, Sandrine: Le communisme au quotidien. Les entreprises d'État dans la société est-allemande. Paris 2001.

1046 Kulturinitiative '89 e.V. (Hrsg.): Ostdeutsche Kulturgeschichte. Berlin 1993 (= Mitteilungen aus der kulturwissenschaftlichen Forschung; 33).

1047 Lebensweise und Sozialstruktur. Materialien des 3. Kongresses der Marxistisch-Leninistischen Soziologie in der DDR, 25.–27. März 1980. Berlin 1981.

1048 Leggewie, Claus: Go East! Oder wie amerikanisch ist Ostdeutschland? In: Kursbuch 141.2000, S. 153–179.

1049 Lindenberger, Thomas (Hrsg.): Herrschaft und Eigen-Sinn in der Diktatur. Studien zur Gesellschaftsgeschichte der DDR. Köln/Weimar/Wien 1999.

1050 Lindenberger, Thomas: Die Diktatur der Grenze(n). Die eingemauerte Gesellschaft und ihre Feinde. In: Hertle, Hans-Hermann/Jarausch, Konrad H./Kleßmann, Christoph (Hrsg.): Mauerbau und Mauerfall. Ursachen – Verlauf – Auswirkungen. Berlin 2002, S. 203–213.

1051 Loeser, Franz: Die unglaubwürdige Gesellschaft. Quo vadis, DDR? Köln 1984.

1052 Lötsch, Manfred (u. Autorenkollektiv): Ingenieure in der DDR. Soziologische Studien. Berlin 1988.

1053 Lüdtke, Alf (Hrsg.): Herrschaft als soziale Praxis. Historische und sozial-anthropologische Studien. Göttingen 1991.

1054 Major, Patrick/Osmond, Jonathan (Hrsg.): The Workers' and Peasants' State. Communism and Society in East Germany under Ulbricht 1945–1971. Manchester/New York 2002.

1055 Mayer, Hans: Der Turm von Babel. Erinnerung an eine Deutsche Demokratische Republik. Frankfurt a.M. 1991.

1056 Merkel, Ina: »... und Du, Frau an der Werkbank«. Die DDR in den 1950er Jahren. Berlin 1990.

1057 Merkel, Ina: Leitbilder und Lebensweisen von Frauen in der DDR. In: Kaelble, Hartmut/Kocka, Jürgen/Zwahr, Helmut: Sozialgeschichte der DDR. Stuttgart 1994, S. 359–382.

1058 Meuschel, Sigrid: Machtmonopol und homogenisierte Gesellschaft. Anmerkungen zu Detlef Pollack. In: GG 26.2000,1, S. 171–183.

1059 Meyer, Gerd: Die DDR-Machtelite in der Ära Honecker. Tübingen 1991.

1060 Niemann, Heinz: Hinterm Zaun. Politische Kultur und Meinungsforschung in der DDR – die geheimen Berichte an das Politbüro der SED. Berlin 1995.

1061 Niemann, Heinz: Meinungsforschung in der DDR. Die geheimen Berichte des Instituts für Meinungsforschung an das Politbüro der SED. Köln 1993.

1062 Obertreis, Gesine: Familienpolitik in der DDR 1945–1980. Opladen 1986.

1063 Ohse, Marc-Dietrich: Jugend nach dem Mauerbau. Anpassung, Protest und Eigensinn (DDR 1961–1974). Berlin 2003.

1064 Pech, Edmund: Die Sorbenpolitik der DDR 1949–1970. Anspruch und Wirklichkeit. Bautzen 1999.

1065 Pence, Kathy/Betts, Paul (Hrsg.): Socialist Modern: East German Politics, Society and Culture. Ann Arbor u. a. 2003.

1066 Pollack, Detlef: Die konstitutive Widersprüchlichkeit der DDR. Oder: War die DDR-Gesellschaft homogen? In: GG 24.1998,1, S. 110–131.

1067 Pollack, Detlef: Die offene Gesellschaft und ihre Freunde. In: GG 26.2000,1, S. 184–196.

1068 Poutrus, Patrice G.: Die Erfindung des Goldbroilers. Über den Zusammenhang zwischen Herrschaftssicherung und Konsumentwicklung in der DDR. Köln/Weimar/Wien 2002.

1069 Reich, Jens: Abschied von den Lebenslügen. Die Intelligenz und die Macht. Berlin 1992.

1070 Thaa, Winfried/Häuser, Iris/Schenkel, Michael/Meyer, Gerd: Gesellschaftliche Differenzierung und Legitimitätsverfall des DDR-Sozialismus. Das Ende des anderen Wegs in der Moderne. Tübingen 1992.

1071 Trappe, Heike: Emanzipation oder Zwang? Frauen in der DDR zwischen Beruf, Familie und Sozialpolitik. Berlin 1995.

1072 Uhlmann, Irene (Hrsg.): Kleine Enzyklopädie – Die Frau. Leipzig 1987.

1073 Ungleiche Schwestern? Frauen in Ost- und Westdeutschland. (Katalog zur gleichnamigen Ausstellung) Hrsg. von der Stiftung Haus der Geschichte der Bundesrepublik Deutschland. Bonn 1997.

1074 Wagner, Matthias: Ab morgen bist Du Direktor. Das System der Nomenklaturkader in der DDR. Berlin 1998.

1075 Wierling, Dorothee: Geboren im Jahr Eins. Der Jahrgang 1949 in der DDR. Versuch einer Kollektivbiographie. Berlin 2002.

1076 Wilczek, Annette: Die Rolle von Betrieben in der DDR bei der Versorgung von Beschäftigten: Eine Untersuchung anhand von Heckert und EGS. Mannheim, Univ., Diss., 2002.

1077 Wille, Manfred (Hrsg.): 50 Jahre Flucht und Vertreibung. Gemeinsamkeiten und Unterschiede bei der Aufnahme und Integration der Vertriebenen in die

Gesellschaften der Westzonen/Bundesrepublik und der SBZ/DDR. Magdeburg 1997.

1078 Winkler, Gunnar (Hrsg.): Frauenreport '90. Berlin 1990.

1079 Winkler, Gunnar (Hrsg.): Geschichte der Sozialpolitik der DDR. 1945–1985. Berlin (Ost) 1989.

1080 Winkler, Gunnar (Hrsg.): Lexikon der Sozialpolitik. Berlin (Ost) 1987.

1081 Wörterbuch zur sozialistischen Jugendpolitik. Berlin (Ost) 1975.

1082 Zimmermann, Wolfgang: Die industrielle Arbeitswelt der DDR unter dem Primat der sozialistischen Ideologie, exemplarisch untersucht am Schrifttum über Nacht- und Schichtarbeit. Münster u.a. 2000. Zugl.: Bochum, Univ., Diss., 2000.

16. Alltagskultur und Mentalitätsgeschichte

1083 Ahbe, Thomas/Hofmann, Michael: Es kann nur besser werden. Erinnerungen an die sechziger Jahre in Sachsen. Leipzig 2001.

1084 Alltagskultur der DDR. Begleitbuch zur Ausstellung »Tempolinsen und P2«. Hrsg. vom Dokumentationszentrum Alltagskultur der DDR e.V. Berlin 1996.

1085 Am siebten Tag. Geschichte des Sonntags. Hrsg. von der Stiftung Haus der Geschichte der Bundesrepublik Deutschland. Sankt Augustin 2002.

1086 Andersen, Arne: Der Traum vom guten Leben. Alltags- und Konsumgeschichte vom Wirtschaftswunder bis heute. Frankfurt a.M./New York 1999.

1087 Badstübner, Evemarie: Befremdlich anders. Leben in der DDR. Berlin 2000.

1088 Barth, Holger (Hrsg.): Planen für das Kollektiv. Handlungs- und Gestaltungsspielräume von Architekten und Stadtplanern in der DDR. Institut für Regionalentwicklung und Strukturplanung. Erkner (bei Berlin) 1999.

1089 Becker, Franziska/Merkel, Ina/Tippach-Schneider, Simone (Hrsg.): Das Kollektiv bin ich. Utopie und Alltag in der DDR (Begleitbuch zur gleichnamigen Ausstellung). Köln/Weimar/Wien 2000.

1090 Billhardt, Thomas/Hensel, Kerstin: Alles war so, alles war anders. Bilder aus der DDR. Leipzig 1999.

1091 Böhme, Irene: Die da drüben. Sieben Kapitel DDR. Berlin 1983.

1092 Bussiek, Hendrik: Die real existierende DDR. Neue Notizen aus der unbekannten deutschen Republik. Frankfurt a.M. 1984.

1093 Bussiek, Hendrik: Notizen aus der DDR. Erlebnisse, Erfahrungen, Erkenntnisse in der unbekannten deutschen Republik. Frankfurt a.M. 1979.

1094 Deja-Lölhöffel, Brigitte: Freizeit in der DDR. Berlin (West) 1986.

1095 Dönhoff, Marion Gräfin/Leonhardt, Rudolf Walter/Sommer, Theo: Reise in ein fernes Land: Bericht über Kultur, Wirtschaft und Politik in der DDR. Hamburg 1964 (11. Aufl. Reinbek b. Hamburg 1971).

1096 Drommer, Günther: Fünfzig Jahre DDR. Der Alltag in der DDR, erzählt mit Fotografien aus dem Archiv des ADN. Berlin 1999.

1097 Durth, Werner/Düwel, Jörn/Gutschow, Niels: Stadtplanung und Architektur in der DDR. Frankfurt a.M./New York 1999 (2 Bde.).

1098 Düwel, Jörn: Baukunst voran! Architektur und Städtebau in der SBZ/DDR. Berlin 1995.

1099 Eckart, Gabriele: »So sehe ick die Sache.« Protokolle aus der DDR. Leben im havelländischen Obstanbaugebiet. Köln 1984.

1100 Eisenhüttenstadt. »Erste sozialistische Stadt Deutschlands«. Hrsg. von der Arbeitsgruppe Stadtgeschichte. Berlin 1999.

1101 Endlich Urlaub! Die Deutschen reisen. Hrsg. von der Stiftung Haus der Geschichte der Bundesrepublik Deutschland. Köln 1996.

1102 Engel, Helmut/Ribbe, Wolfgang (Hrsg.): Karl-Marx-Allee. Magistrale in Berlin: Die Wandlung der sozialistischen Prachtstraße zur Hauptstraße des Berliner Ostens. Berlin 1996.

1103 Eppelmann, Rainer: Eröffnung der öffentlichen Anhörung am 28/29. April 1997. In: Materialien 1999 [43], Bd. V, S. 8–15.

1104 Falter, Jürgen/Gabriel, Oscar W./Rattinger, Hans (Hrsg.): Wirklich ein Volk? Die politischen Orientierungen von Ost- und Westdeutschen im Vergleich. Opladen 2000.

1105 Flierl, Bruno: Gebaute DDR. Über Stadtplaner, Architekten und die Macht. Berlin 1998.

1106 Flierl, Bruno: Vergangen und dennoch gegenwärtig: Städtebau und Architektur in der DDR. Berlin 1998.

1107 Fortschritt, Norm und Eigensinn. Erkundungen im Alltag der DDR. (Begleitbuch zur gleichnamigen Ausstellung). Hrsg. vom Dokumentationszentrum Alltagskultur der DDR e.V. Berlin 1999.

1108 Foto-Anschlag. Vier Generationen ostdeutscher Fotografen. Hrsg. von der Stiftung Haus der Geschichte der Bundesrepublik Deutschland/Zeitgeschichtliches Forum Leipzig. Leipzig 2001.

1109 Gäbler, Gerhard: Ostbad, mit Texten von Günter Kunert. Bonn 1991.

1110 Gries, Rainer: Die Rationengesellschaft. Versorgungskampf und Vergleichsmentalität: Leipzig, München und Köln nach dem Kriege. Münster 1991.

1111 Gröschel, Roland/Schmidt, Michael: Trümmerkids und Gruppenstunde. Zwischen Romantik und Politik: Jugend und Jugendverbandsarbeit in Berlin im ersten Nachkriegsjahrzehnt. Hrsg. v. Landesjugendring. Berlin 1990.

1112 Hardtwig, Wolfgang/Winkler, Heinrich August (Hrsg.): Deutsche Entfremdung. Zum Befinden in Ost und West. München 1994.

1113 Härtel, Christian/Kabus, Petra (Hrsg.): Das West-Paket. Geschenksendung, keine Handelsware. Berlin 2000.

1114 Hedler, Ernst/Dietz, Matthias: SED – Schönes Einheitsdesign. Köln 1990.

1115 Helwig, Gisela (Hrsg.): Die letzten Jahre der DDR. Texte zum Alltagsleben. Köln 1990.

1116 Hensel, Jana: Zonenkinder. Berlin 2002.

1117 Höhne, Günther: Penti, Erika und Bebo-Sher. Die Klassiker des DDR-Designs. Berlin 2001.

1118 Hölder, Egon: Im Trabi durch die Zeit – 40 Jahre Leben in der DDR. Wiesbaden 1992.

1119 Humm, Antonia Maria: Auf dem Weg zum sozialistischen Dorf? Zum Wandel der dörflichen Lebenswelt in der DDR und der Bundesrepublik Deutschland 1952–1969. Göttingen 1999.

1120 Joester, Agnes/Schöningh, Insa (Hrsg.): So nah beieinander und doch so fern. Frauenleben in Ost und West. Pfaffenweiler 1992.

1121 Kaminsky, Annette: Kaufrausch. Die Geschichte der ostdeutschen Versandhäuser. Berlin 1998.

1122 Kaminsky, Annette: Wohlstand, Schönheit, Glück. Kleine Konsumgeschichte der DDR. München 2001.

1123 Klein, Olaf G.: Ihr könnt uns einfach nicht verstehen. Frankfurt (Oder) 2001.

1124 Kordon, Klaus: Krokodil im Nacken. Roman. Weinheim/Basel/Berlin 2002.

1125 Krambach, Kurt (u. Autorenkollektiv): Wie lebt man auf dem Dorf? Soziologische Aspekte der Entwicklung des Dorfes in der DDR. Berlin 1985.

1126 Loest, Erich: Durch die Erde ein Riß. Ein Lebenslauf. Leipzig 1990.

1127 Lüdtke, Alf/Becker, Peter (Hrsg.) Akten. Eingaben. Schaufenster. Die DDR und ihre Texte. Erkundungen zu Herrschaft und Alltag. Berlin 1997.

1128 Lüdtke, Alf: »Helden der Arbeit« – Mühen beim Arbeiten. Zur mißmutigen Loyalität von Industriearbeitern in der DDR. In: Kaelble u.a. (Hrsg.), Sozialgeschichte der DDR. Stuttgart 1994, S. 188–213.

1129 Luxus Arbeit. »Meine Mutter war auch nur eine Frau«. Foto-Text-Dokumentation, 1990 bis 1993. Marburg 1993.

1130 Maaz, Hans-Joachim: Der Gefühlsstau: Ein Psychogramm der DDR. Berlin 1990.

1131 Merkel, Ina (Hrsg.): »Wir sind doch nicht die Meckerecke der Nation.« Briefe an das DDR-Fernsehen. Köln/Weimar/Wien. 1998.

1132 Merkel, Ina: Utopie und Bedürfnis. Die Geschichte der Konsumkultur in der DDR. Köln/Weimar/Wien 1999.

1133 Merl, Stephan: Sowjetisierung in der Welt des Konsums. In: Jarausch, Konrad H./ Siegrist, Hannes (Hrsg.): Amerikanisierung und Sowjetisierung in Deutschland 1945–1970. Frankfurt a.M./New York 1997, S. 167–194.

1134 Mühlberg, Dietrich: Von der Arbeitsgesellschaft in die Konsum-, Freizeit- und Erlebnisgesellschaft – Kulturgeschichtliche Überlegungen zum Bedürfniswandel in beiden deutschen Gesellschaften. Überarbeiteter Vortrag auf der Konferenz »Geteilte Vergangenheit – eine Geschichte?«. Potsdam 1998.

1135 Mühlberg, Felix/Schmidt, Annegret (Hrsg.): Zonentalk.de. DDR-Alltagsgeschichten aus dem Internet. Köln/Weimar/Wien 2001.

1136 Niethammer, Lutz/Plato, Alexander von/Wierling, Dorothee: Die volkseigene Erfahrung. Eine Archäologie des Lebens in der Industrieprovinz der DDR. 30 biographische Eröffnungen. Berlin 1991.

1137 Poiger, Uta G.: Jazz, Rock and Rebels. Cold War Politics and American Culture in a Divided Germany. Berkeley u.a. 2000.

1138 Reichel, Thomas/Hürtgen, Renate (Hrsg.): Der Schein der Stabilität. DDR-Betriebsalltag in der Ära Honecker. Berlin 2001.

1139 Richter, Jenny/Förster, Heike/Lakemann, Ulrich: Stalinstadt – Eisenhüttenstadt: Von der Utopie zur Gegenwart. Marburg 1997.

1140 Rosenlöcher, Thomas: Ostgezeter. Beiträge zur Schimpfkultur. Frankfurt a.M. 1997.

1141 Sandmännchen im Trabi-Land. Das Ostalgie-Kultbuch. München 1997.

1142 Schätzke, Andreas: Zwischen Bauhaus und Stalinallee: Architekturdiskussion im östlichen Deutschland 1945–1955. Wiesbaden 1991.

1143 Scherzer, Landolf: Der Erste. Eine Reportage aus der DDR. Rudolstadt 1988.

1144 Schier, Barbara: Alltagsleben im »sozialistischen Dorf«. Merxleben und seine LPG im Spannungsfeld der SED-Agrarpolitik 1945–1990. Münster 2001.

1145 Schlegel, Uta/Kabat vel Job, Otmar: Junge Frauen heute. Wie sie sind – was sie wollen. Leipzig 1981.

1146 Schmider, Ekkehard: Werbedeutsch in Ost und West. Die Sprache der Konsumwerbung in beiden Teilen Deutschlands. Berlin 1990.

1147 Schüle, Annegret: »Die Spinne«. Die Erfahrungsgeschichte weiblicher Industriearbeit im VEB Leipziger Baumwollspinnerei. Leipzig 2001.

1148 Schulze, Edeltraud (Hrsg.) unter Mitarbeit von Gert Noack: DDR-Jugend. Ein statistisches Handbuch. Berlin 1995.

1149 Silbermann, Alphons: Das Wohnerlebnis in Ostdeutschland. Köln 1992.

1150 Simon, Annette: Versuch, mir und anderen die ostdeutsche Moral zu erklären, Gießen 1996.

1151 Sommer, Stefan: Lexikon des Alltags in der DDR. Von »Altstoffsammlung« bis »Zirkel schreibender Arbeiter«. Berlin 2000.

1152 Stitziel, Judd: Fashioning Socialism: Clothing, Politics, and Consumer Culture in East Germany, 1948–1971. Baltimore (Md.), John Hopkins Univ., Diss., 2001.

1153 Thießen, Friedrich: Zwischen Plan und Pleite. Erlebnisberichte aus der Arbeitswelt der DDR. Köln/Weimar/Wien 2001.

1154 Tippach-Schneider, Simone: Das große Lexikon der DDR-Werbung. Berlin 2002.

1155 Tippach-Schneider, Simone: Messemännchen und Minol-Pirol. Werbung in der DDR. Berlin 1999.

1156 Tweder, Fabian: Wegen Warenannahme geschlossen. 50 Jahre DDR. Wandkalender. Frankfurt a.M. 1998.

1157 Vollnhals, Clemens/Weber, Jürgen (Hrsg.): Der Schein der Normalität. Alltag und Herrschaft in der SED-Diktatur. München 2002.

1158 Voß, Peter (u. Autorenkollektiv): Die Freizeit der Jugend. Berlin (Ost) 1981.

1159 Wander, Maxie: »Guten Morgen, du Schöne.« Frauen in der DDR. Protokolle. 4. Aufl. Darmstadt 1980 (22. Aufl. 1987).

1160 Weil, Francesca: Herrschaftsanspruch und soziale Wirklichkeit. Zwei sächsische Betriebe in der DDR während der Honecker-Ära. Köln 2000.

1161 Wicke, Peter/Müller, Lothar (Hrsg.): Rockmusik und Politik. Analysen, Interviews und Dokumente. Berlin 1996.

1162 Wunderwirtschaft. DDR-Konsumkultur in den 60er Jahren. Hrsg. Neue Gesellschaft für bildende Kunst. Köln/Weimar/Wien 1996.

1163 Zeitenwende. Portraits aus Ostdeutschland 1986–1999, Photographien von Bernd Lasdin. Bremen 1998.

17. Kultur

1164 Agde, Günter (Hrsg.): Kahlschlag. Das 11. Plenum des ZK der SED 1965. Studien und Dokumente. Berlin 1991 (2. erw. Aufl. Berlin 2000).

1165 Anz, Thomas (Hrsg.): »Es geht nicht um Christa Wolf«. Der Literaturstreit im vereinten Deutschland. München 1991.

1166 Arnold, Heinz Ludwig (Hrsg.): Die deutsche Literatur seit 1945. München 1995 ff. (bisher 10 Bde.).

1167 Arnold, Heinz Ludwig in Zusammenarbeit mit Wolf, Gerhard (Hrsg.): Die andere Sprache. Neue DDR-Literatur der 80er Jahre. Sonderband Text + Kritik. München 1990.

1168 Arnold, Heinz Ludwig/Meyer-Gosau, Frauke (Hrsg.): Literatur in der DDR. Rückblicke. Sonderband »Text + Kritik«. München 1991.

1169 Aufstieg und Fall der Moderne. Hrsg. v. Rolf Bothe und Thomas Föhl. Weimar 1999.

1170 Barck, Simone/Langermann, Martina/Lokatis, Siegfried: »Jedes Buch ein Abenteuer«. Zensur-System und literarische Öffentlichkeiten in der DDR bis Ende der sechziger Jahre. Berlin 1997.

1171 Barner, Wilfried (Hrsg.): Geschichte der deutschen Literatur von 1945 bis zur Gegenwart. München 1994.

1172 Becker, Dorothea: Zwischen Ideologie und Autonomie. Der DDR-Blick auf die deutsche Filmgeschichte. Münster 1999.

1173 Briegleb, Klaus/Weigel, Sigrid (Hrsg.): Gegenwartsliteratur seit 1968. München 1992.

1174 Bunge, Hans: Die Debatte um Hanns Eislers »Johann Faustus«. Eine Dokumentation. Berlin 1991.

1175 Damus, Martin: Malerei der DDR. Funktionen der bildenden Kunst im Realen Sozialismus. Reinbek b. Hamburg 1991.

1176 Dietrich, Gerd: Politik und Kultur in der Sowjetischen Besatzungszone Deutschlands (SBZ) 1945–1949. Bern 1993.

1177 Dumschat, Sabine/von Jena, Kai/Kreikamp, Hans-Dieter (Bearb.): Sachthematisches Inventar zur Kulturpolitik der Sowjetischen Militäradministration in Deutschland (SMAD) 1945–1949. Hrsg. v. Föderaler Archivdienst Russlands, Bundesarchiv und Staatsarchiv der Russischen Föderation. Koblenz 2002.

1178 Dwars, Jens-Fietje: Abgrund des Widerspruchs. Das Leben des Johannes R. Becher. Berlin 1998.

1179 Emmerich, Wolfgang: Kleine Literaturgeschichte der DDR. Hamburg 1981 (2. Aufl. 1989; erw. Neuausg. Leipzig 1996, Berlin 2000).

1180 Feist, Günter (unter Mitarbeit von Eckhart Gillen): Kunstkombinat DDR. Daten und Zitate zur Kunst und Kunstpolitik der DDR 1945–1990. Berlin 1990.

1181 Feist, Günter/Gillen, Eckhart/Vierneisel, Beatrice (Hrsg.): Kunstdokumentation SBZ/DDR 1945–1990. Aufsätze – Berichte – Materialien. Köln 1996.

1182 Felsmann, Barbara/Gröschner, Annett (Hrsg.): Durchgangszimmer Prenzlauer Berg. Eine Berliner Künstlersozialgeschichte in Selbstauskünften. Berlin 1999.

1183 Flacke, Monika (Hrsg.): Auftragskunst der DDR 1949–1990. München 1995.

1184 Gansel, Carsten: Parlament des Geistes. Literatur zwischen Hoffnung und Repression 1945–1961. Berlin 1996.

1185 Gillen, Eckhart (Hrsg.): Deutschlandbilder. Kunst aus einem geteilten Land. Köln 1997.

1186 Gillen, Eckhart/Haarmann, Rainer (Hrsg.): Kunst in der DDR. Köln 1990.

1187 Glaser, Hermann: Deutsche Kultur 1945–2000. München/Wien 1997, (erg. Neuaufl. Bundeszentrale für politische Bildung. Bonn 2000).

1188 Glaser, Horst A. (Hrsg.): Deutsche Literatur zwischen 1945 und 1995. Eine Sozialgeschichte. Bern 1997.

1189 Goeschen, Ulrike: Vom sozialistischen Realismus zur Kunst im Sozialismus. Die Rezeption der Moderne in Kunst und Kunstwissenschaft der DDR. Berlin 2001.

1190 Groth, Joachim-Rüdiger: Widersprüche. Literatur und Politik in der DDR 1949–1989. Frankfurt a.M. 1994.

1191 Grundmann, Uta/Michael, Klaus/Seufert, Susanna (Hrsg.): Revolution im geschlossenen Raum. Die andere Kultur in Leipzig 1970–1990. Leipzig 2002.

1192 Grunenberg, Antonia: Aufbruch der inneren Mauer. Politik und Kultur in der
DDR 1971–1990. Bremen 1990.

1193 Hartmann, Anne/Eggeling, Wolfram: Sowjetische Präsenz im kulturellen Leben
der SBZ und frühen DDR 1945–1953. Berlin 1998.

1194 Hasche, Christa/Scholling, Traute/Fiebach, Joachim (Hrsg.): Theater in der DDR.
Chronik und Positionen. Berlin 1994.

1195 Hauschild, Jan-Christoph: Heiner Müller oder das Prinzip Zweifel. Eine Biographie. Berlin 2001.

1196 Heimann, Thomas: DEFA, Künstler und SED-Kulturpolitik. Zum Verhältnis von
Kulturpolitik und Filmproduktion in der SBZ/DDR. Berlin 1994.

1197 Hintze, Götz: Rocklexikon der DDR. Berlin 1999.

1198 Hochschule für Film und Fernsehen »Konrad Wolf« (Hrsg.): Der DEFA-Spielfilm
in den 80er Jahren – Chancen für die 90er? Berlin 1992.

1199 Hochschule für Film und Fernsehen »Konrad Wolf«(Hrsg.): Junge Filmemacher
zwischen Innovation und Tradition. Berlin 1990.

1200 Jäger, Manfred: Kultur und Politik in der DDR 1945–1990. Köln 1994.

1201 Jordan, Günter/Schenk, Ralf (Red.): Schwarzweiß und Farbe. DEFA-Dokumen-
tarfilme 1946–92. 2., korr. u. erg. Aufl. Berlin 2000.

1202 Kaiser, Paul/Petzoldt, Claudia: Boheme und Diktatur in der DDR. Gruppen Konflikte Quartiere 1970–1989. Berlin 1997.

1203 Kaiser, Paul/Rehberg, Karl-Siegbert (Hrsg.): Enge und Vielfalt. Auftragskunst und
Kunstförderung in der DDR. Hamburg 1999.

1204 Kersten, Heinz: So viele Träume, DEFA-Film-Kritiken aus drei Jahrzehnten.
Hrsg. v. Christel Drawer. Berlin 1996.

1205 Klopfzeichen. Kunst und Kultur der 80er Jahre in Deutschland. Begleitbuch zur
Doppelausstellung Mauersprünge und Wahnzimmer. Hrsg. im Auftrag der Bundeszentrale für politische Bildung von Lindner, Bernd/Eckert, Rainer. Leipzig
2002.

1206 Klunker, Heinz: Zeitstücke Zeitgenossen: Gegenwartstheater in der DDR. Hannover 1972.

1207 Kunstsammlungen zu Weimar (Hrsg.): Der Weimarer Bilderstreit. Szenen einer
Ausstellung. Eine Dokumentation. Weimar 2000.

1208 Lang, Lothar: Malerei und Graphik in Ostdeutschland. Leipzig 2002.

1209 Langenbuchner, Wolfgang R./Rytlewski, Ralf/Weyergraf, Bernd (Hrsg.): Kultur-
politisches Wörterbuch Bundesrepublik Deutschland/Deutsche Demokratische
Republik im Vergleich. Stuttgart 1983.

1210 Leitner, Olaf: Rockszene DDR. Aspekte einer Massenkultur im Sozialismus.
Reinbek b. Hamburg 1983.

1211 Lennartz, Knut: Vom Aufbruch zur Wende. Theater in der DDR. Velber bei
Hannover 1992 (Sonderdruck der »Deutschen Bühne«).

1212 Lindner, Bernd: Verstellter, offener Blick. Eine Rezeptionsgeschichte bildender
Kunst im Osten Deutschlands. Köln 1998.

1213 Magenau, Jörg: Christa Wolf. Eine Biographie. Berlin 2002.

1214 Mittenzwei, Werner: Die Intellektuellen. Literatur und Politik in Ostdeutschland
1945–2000. Leipzig 2001.

1215 Muschter, Gabriele/Thomas, Rüdiger (Hrsg.): Jenseits der Staatskultur. Traditionen autonomer Kunst in der DDR. München/Wien 1992.

1216 Offner, Hannelore/Schroeder, Klaus (Hrsg.): Eingegrenzt – Ausgegrenzt. Bildende Kunst und Parteiherrschaft in der DDR 1961–1989. Berlin 2000.

1217 Osang, Alexander: Tamara Danz: Legenden. Berlin 1997.

1218 Pike, David: The politics of culture in Soviet-occupied Germany 1945–1949. Stanford/Calif. 1992.

1219 Profitlich, Ulrich (Hrsg.): Dramatik der DDR. Frankfurt a.M. 1987.

1220 Raddatz, Fritz J.: Traditionen und Tendenzen. Materialien zur Literatur der DDR. Frankfurt a.M. 1972.

1221 Rauhut, Michael: Beat in der Grauzone. DDR-Rock 1964 bis 1972. Politik und Alltag. Berlin 1993.

1222 Rauhut, Michael: Rock in der DDR. Bonn 2002.

1223 Rauhut, Michael: Schalmei und Lederjacke. Udo Lindenberg, BAP, Underground: Rock und Politik in den achtziger Jahren. Berlin 1996.

1224 Rüther, Günter: »Greif zur Feder, Kumpel.« Schriftsteller, Literatur und Politik in der DDR. Düsseldorf 1992.

1225 Schäfer, Olaf: Pädagogische Untersuchungen zur Musikkultur der FDJ. Ein erziehungswissenschaftlicher Beitrag zur Totalitarismusforschung. Berlin 1998.

1226 Schenk, Ralf (Red.): Das zweite Leben der Filmstadt Babelsberg. DEFA-Spielfilme 1946–1992. Berlin 1994.

1227 Schittly, Dagmar: Zwischen Regie und Regime. Die Filmpolitik der SED im Spiegel der DEFA-Produktionen. Berlin 2002.

1228 Schmitt, Hans-Jürgen (Hrsg.): Hansers Sozialgeschichte der deutschen Literatur vom 16. Jahrhundert bis zur Gegenwart; Bd. 11: Die Literatur der DDR. München/Wien 1983.

1229 Stiftung Archiv der Akademie der Künste (Hrsg.): Zwischen Diskussion und Disziplin. Dokumente zur Geschichte der Akademie der Künste (Ost) 1945/ 1950 bis 1990. Berlin 1997.

1230 Stuber, Petra: Spielräume und Grenzen. Studien zum DDR-Theater. Berlin 1998.

1231 Thomas, Karin: Die Malerei in der DDR 1949–1979. Köln 1980.

1232 Thomas, Karin: Kunst in Deutschland seit 1945. Köln 2002.

1233 Thomas, Karin: Zweimal deutsche Kunst nach 1945. 40 Jahre Nähe und Ferne. Köln 1985.

1234 Thomas, Rüdiger: Kultur und Gesellschaft. In: Korte, Karl-Rudolf/Weidenfeld, Werner: Deutschland-Trendbuch. Fakten und Orientierungen. Opladen 2001, S. 461–511.

1235 Wagenbach, Klaus/Stephan, Winfried/Krüger, Michael/Schüssler, Susanne (Hrsg.): Vaterland, Muttersprache. Deutsche Schriftsteller und ihr Staat seit 1945. Neuausgabe, Berlin 1994.

1236 Walther, Joachim: Sicherungsbereich Literatur. Schriftsteller und Staatssicherheit in der Deutschen Demokratischen Republik. Berlin 1996.

1237 Wichner, Ernst/Wiesner, Herbert (Hrsg.): »Literaturentwicklungsprozesse«. Die Zensur der Literatur in der DDR. Frankfurt a.M. 1993.

1238 Wichner, Ernst/Wiesner, Herbert (Hrsg.): Zensur in der DDR. Ausstellungsbuch. Literaturhaus Berlin. Berlin 1991.

1239 Wicke, Peter/Müller, Lothar (Hrsg.): Rockmusik und Politik. Analysen, Interviews und Dokumente. Berlin 1996.

18. Kirchen und Christen

1240 Altermatt, Urs: Katholische Subgesellschaft. Thesen zum Konzept der »katholischen Subgesellschaft« am Beispiel des Schweizer Katholizismus. In: Gabriel, Karl/Kaufmann, Franz-Xaver (Hrsg.): Zur Soziologie des Katholizismus. Mainz 1980, S. 145–165.

1241 Besier, Gerhard/Wolf, Stephan (Hrsg.): »Pfarrer, Christen und Katholiken«. Das Ministerium für Staatssicherheit der ehemaligen DDR und die Kirchen, 2., durchgesehene und um weitere Dokumente vermehrte Aufl. Neukirchen-Vluyn 1992.

1242 Besier, Gerhard: Der SED-Staat und die Kirche 1969–1990. Die Vision vom »Dritten Weg«. Berlin/Frankfurt a.M. 1995.

1243 Besier, Gerhard: Der SED-Staat und die Kirche 1983–1991. Höhenflug und Absturz. Berlin/Frankfurt a.M. 1995.

1244 Besier, Gerhard: Der SED-Staat und die Kirche. Der Weg in die Anpassung. München 1993.

1245 Boyens, Armin: Gespräche im Schaufenster. Das Gipfeltreffen zwischen Honecker und den evangelischen Kirchenführern der DDR vom 6. März 1978. In: Kirchliche Zeitgeschichte 7.1994,2, S. 209–235.

1246 Dähn, Horst/Gotschlich, Helga (Hrsg.): »Und führe uns nicht in Versuchung …«. Jugend im Spannungsfeld von Staat und Kirche in der SBZ/DDR 1945 bis 1989. Berlin 1998.

1247 Dähn, Horst: Die Rolle der Kirchen in der DDR. Eine erste Bilanz. München 1993.

1248 Dähn, Horst: Konfrontation oder Kooperation? Das Verhältnis von Staat und Kirche in der SBZ/DDR 1945–1980. Opladen 1982.

1249 Demke, Christoph/Falkenau, Manfred/Zeddies, Helmut (Hrsg.): Zwischen Anpassung und Verweigerung. Dokumente aus der Arbeit des Bundes der Evangelischen Kirchen in der DDR. Hrsg. im Auftrag des Rates der EKD. Leipzig 1994.

1250 Engelbrecht, Sebastian: Kirchenleitung in der DDR. Eine Studie zur politischen Kommunikation in der Evangelisch-Lutherischen Landeskirche Sachsens 1971–1989. Leipzig 2000.

1251 Falcke, Heino: Mit Gott Schritt halten: Reden und Aufsätze eines Theologen in der DDR aus 20 Jahren. Berlin 1986.

1252 Falkenau, Manfred (Hrsg.): Kundgebungen. Worte, Erklärungen und Dokumente des Bundes der Evangelischen Kirchen in der DDR, Bd. 1: 1969–1980. Hannover 1995.

1253 Fischer, Christian: Wir haben Euer Gelöbnis vernommen. Konfirmation und Jugendweihe im Spannungsfeld. Ein Beispiel für den Einfluß gesellschaftlicher Verhältnisse auf praktisch-theologische Argumentationen in der DDR (1949–1978). Leipzig 1998.

1254 Friebel, Thomas: Kirche und politische Verantwortung in der sowjetischen Zone und der DDR 1945–1969. Eine Untersuchung zum Öffentlichkeitsauftrag der evangelischen Kirchen in Deutschland. Gütersloh 1992.

1255 Goeckel, Robert F.: Die evangelische Kirche und die DDR. Konflikte, Gespräche, Vereinbarungen unter Ulbricht und Honecker. Leipzig 1995.

1256 Goerner, Martin Georg: Die Kirche als Problem der SED. Strukturen kommunistischer Herrschaftsausübung gegenüber der evangelischen Kirche 1945 bis 1958. Berlin 1997.

1257 Goertz, Joachim (Hrsg.): Die Solidarische Kirche in der DDR. Erfahrungen, Erinnerungen, Erkenntnisse. Berlin 1999.

1258 Haese, Ute: Katholische Kirche in der DDR. Geschichte einer politischen Abstinenz. Düsseldorf 1998.

1259 Hanke, Christian: Die Deutschlandpolitik der Evangelischen Kirche in Deutschland von 1945 bis 1990. Eine politikwissenschaftliche Untersuchung unter besonderer Berücksichtigung des kirchlichen Demokratie-, Gesellschafts- und Staatsverständnisses. Berlin 1999.

1260 Hartweg, Frédéric (Hrsg.): SED und Kirche. Eine Dokumentation ihrer Beziehungen. Bd. 1: SED 1946–1967. Bearb. von Joachim Heise, Bd. 2: SED 1968–1989. Bearb. von Horst Dohle. Neukirchen-Vluyn 1995.

1261 Heck, Thomas E.: EKD und Entspannung. Die Evangelische Kirche in Deutschland und ihre Bedeutung für die Neuformulierung der Ost- und Deutschlandpolitik bis 1969. Frankfurt a.M. 1996.

1262 Helmberger, Peter: »Wer die Jugend hat, dem gehört die Zukunft.« Konflikte zwischen der SED und den christlichen Kirchen um die Jugendlichen in der DDR. Erscheint 2003.

1263 Helwig, Gisela/Urban, Detlef (Hrsg.): Kirchen und Gesellschaft in beiden deutschen Staaten. Köln 1987.

1264 Henkys, Reinhard (Hrsg.): Die evangelischen Kirchen in der DDR. Beiträge zu einer Bestandsaufnahme. München 1982.

1265 Höllen, Martin: Loyale Distanz? Katholizismus und Kirchenpolitik in SBZ und DDR. Ein historischer Überblick in Dokumenten. Bd. 1 Berlin 1994. Bd. 2 Berlin 1997. Bd. 3,1 Berlin 1998. Bd. 3,2 Berlin 2000.

1266 Koch, Christine: Die Junge Gemeinde der evangelischen Landeskirchen in Sachsen und Thüringen 1945 bis 1953. Dargestellt unter besonderer Berücksichtigung des Konfliktes zwischen Staat und kirchlicher Jugendarbeit. Regensburg 2000.

1267 Köhler, Günter (Hrsg.): Pontifex nicht Partisan. Kirche und Staat in der DDR von 1949 bis 1958. Dokumente aus der Arbeit des Bevollmächtigten des Rates der EKD bei der Regierung der DDR, Propst D. Heinrich Grüber. Stuttgart 1974.

1268 Krusche, Günter: »Alle Menschen sind frei und gleich«. Die Kirche an der Seite der Unterdrückten. Die Rezeption des Programms zur Bekämpfung des Rassismus in den Kirchen der DDR im Prozeß der Auseinandersetzung um die Menschenrechte. Rothenburg ob der Tauber 1998.

1269 Krusche, Werner: »Denkt daran, daß im Herrn eure Mühe nicht vergeblich ist« (1. Kor. 15,59 Einheitsübersetzung). Rückblick auf 21 Jahre Weg- und Arbeitsgemeinschaft im Bund. In: epd-Dokumentation Nr. 1991,14 Frankfurt a.M. 1991, S. 1–38.

1270 Kunter, Katharina: Die Kirchen im KSZE-Prozeß 1968–1978. Stuttgart/Berlin/Köln 2000.

1271 Lange, Gerhard/Pruß, Ursula (Hrsg.): An der Nahtstelle der Systeme. Dokumente und Texte aus dem Bistum Berlin. 1. Halbband: 1945–1961. Leipzig 1995.

1272 Lange, Gerhard/Pruß, Ursula/Schrader, Franz/Seifert, Siegfried (Hrsg:): Katho-

lische Kirche – Sozialistischer Staat DDR. Dokumente und öffentliche Äußerungen 1945–1990. 2., durchges. und erw. Aufl. Leipzig 1993.

1273 Linke, Dietmar: »Streicheln bis der Maulkorb fertig ist«. Die DDR-Kirche zwischen Kanzel und Konspiration. Berlin 1993.

1274 Linke, Dietmar: Niemand kann zwei Herren dienen. Als Pfarrer in der DDR.
Hamburg 1988.

1275 Löffler, Kathrin: Die Zerstörung – Dokumente und Erinnerungen zum Fall der
Universitätskirche Leipzig. Leipzig 1993.

1276 Maser, Peter: Kirchen und Religionsgemeinschaften in der DDR 1949–1989. Ein
Rückblick auf vierzig Jahre in Daten, Fakten und Meinungen. Konstanz 1992.

1277 Mau, Rudolf: Eingebunden in den Realsozialismus? Die Evangelische Kirche als
Problem der SED? Göttingen 1994.

1278 Onnasch, Martin: Das Spitzengespräch vom 6. März 1978 – Glücks- oder Sündenfall? In: Das Spitzengespräch vom 6. März 1978 – Glücks- oder Sündenfall?
20 Jahre nach dem Gespräch zwischen dem Vorstand der Konferenz der Evangelischen Kirchenleitungen und dem Vorsitzenden des Staatsrates der DDR.
[6. Werkstattgespräch vom 11. März 1998] Hrsg. von der Gesellschaft zur
Förderung Vergleichender Staat-Kirche-Forschung e.V. Referat von Martin
Onnasch. Diskussion im Podium mit Heinz-Georg Binder. Diskussion im Plenum mit Johannes Althausen. – 1. Aufl. Berlin 1998, S. 8–21 (= Schriften des
Instituts für vergleichende Staat-Kirche-Forschung; 5).

1279 Pilvousek, Josef (Hrsg.): Kirchliches Leben im totalitären Staat. Seelsorge in der
SBZ/DDR 1945–1976. Quellentexte aus den Ordinariaten. Hildesheim 1994.

1280 Pilvousek, Josef (Hrsg.): Kirchliches Leben im totalitären Staat. Quellentexte aus
den Ordinariaten 1977–1989. Dokumentenband Teil II. Leipzig 1998.

1281 Pollack, Detlef: Kirche in der Organisationsgesellschaft. Zum Wandel der gesellschaftlichen Lage der evangelischen Kirchen in der DDR. Stuttgart/Berlin/
Köln 1994.

1282 Raabe, Thomas: SED-Staat und katholische Kirche. Politische Beziehungen 1949–
1961. Paderborn/München/Wien/Zürich 1995.

1283 Rosner, Clemens (Hrsg.): Die Universitätskirche zu Leipzig. Dokumente einer
Zerstörung. Leipzig 1992.

1284 Roßberg, Klaus/Richter, Peter: Das Kreuz mit dem Kreuz. Ein Leben zwischen
Staatssicherheit und Kirche. Berlin 1996.

1285 Schäfer, Bernd: Staat und katholische Kirche in der DDR. Köln/Weimar/Wien
1998.

1286 Schalück, Andreas: Eine Agentur der Kirchen im Staatsapparat? Otto Nuschke
und die Hauptabteilung »Verbindung zu den Kirchen« 1949–1953. Berlin 1999.

1287 Schmid, Josef: Kirchen, Staat und Politik in Dresden zwischen 1975 und 1989.
Köln/Weimar/Wien 1998.

1288 Seidel, J. Jürgen: Aus den Trümmern 1945. Personeller Wiederaufbau und Entnazifizierung in der evangelischen Kirche der Sowjetischen Besatzungszone
Deutschlands. Einführung und Dokumente. Göttingen 1996.

1289 Seifert, Katharina: Glaube und Politik. Die Ökumenische Versammlung in der
DDR 1988/89. Leipzig 2000.

1290 Silomon, Anke (unter Mitwirkung von Ulrich Bayer): Synode und SED-Staat.
Die Synode des Bundes der Evangelischen Kirchen in der DDR in Görlitz
vom 18. bis 22. September 1987. Göttingen 1997.

1291 Stanke, Volker: Die Gestaltung der Beziehungen zwischen dem Land Sachsen und der Evangelisch-Lutherischen Landeskirche Sachsens von 1945 bis 1949. Dargestellt unter besonderer Berücksichtigung eigentumsrechtlicher Regelungen. Frankfurt a.M./Berlin/Bern/New York/Paris/Wien 1993.

1292 Thumser, Wolfgang: Kirche im Sozialismus. Geschichte, Bedeutung und Funktion einer ekklesiologischen Formel. Tübingen 1996.

1293 Tischner, Wolfgang: Katholische Kirche in der SBZ/DDR 1945–1951. Die Formierung einer Subgesellschaft im entstehenden sozialistischen Staat. Paderborn/München/Wien/Zürich 2001.

1294 Vollnhals, Clemens (Hrsg.): Die Kirchenpolitik von SED und Staatssicherheit. Eine Zwischenbilanz. Berlin 1996.

1295 Wentker, Hermann: »Kirchenkampf« in der DDR. Der Konflikt um die Junge Gemeinde 1950–1953. In: VfZ 42.1994,1, S. 95–127.

1296 Winter, Christian: Gewalt gegen Geschichte. Der Weg zur Sprengung der Universitätskirche Leipzig. Leipzig 1998.

19. Juden und Jüdische Gemeinden

1297 Eschwege, Helmut: Fremd unter meinesgleichen. Erinnerungen eines Dresdner Juden. Berlin 1991.

1298 Groehler, Olaf/Keßler, Mario: Die SED-Politik, der Antifaschismus und die Juden in der SBZ und der frühen DDR. Berlin 1995.

1299 Hartewig, Karin: Zurückgekehrt. Die Geschichte der jüdischen Kommunisten in der DDR. Köln 2000.

1300 Illichmann, Jutta: Die DDR und die Juden. Die deutschlandpolitische Instrumentalisierung von Juden und Judentum durch die Partei- und Staatsführung der SBZ/DDR von 1945 bis 1990. Frankfurt a.M. 1997.

1301 Keßler, Mario (Hrsg.): Arbeiterbewegung und Antisemitismus. Entwicklungslinien im 20. Jahrhundert. Bonn 1994.

1302 Keßler, Mario: Antisemitismus, Zionismus und Sozialismus. Arbeiterbewegung und jüdische Frage im 20. Jahrhundert. Mainz 1993 (2. Aufl. 1994).

1303 Keßler, Mario: Die SED und die Juden – zwischen Repression und Toleranz. Politische Entwicklungen bis 1967. Berlin 1995.

1304 Maser, Peter: Juden und Jüdische Gemeinden in den verschiedenen Phasen der SED-Diktatur. In: Materialien 1995 [42], Bd. III/3, S. 1550–1597.

1305 Maser, Peter: Juden und Jüdische Gemeinden in der DDR bis in das Jahr 1988. In: Tel Aviver Jahrbuch für deutsche Geschichte 20.1991, S. 393–426.

1306 Meining, Stefan: Kommunistische Judenpolitik. Die DDR, die Juden und Israel. Hamburg 2002.

1307 Mertens, Lothar: Davidstern unter Hammer und Zirkel. Die Jüdischen Gemeinden in der SBZ/DDR und ihre Behandlung durch Partei und Staat 1945–1990. Hildesheim 1997.

1308 Offenberg, Ulrike: »Seid vorsichtig gegen die Machthaber«. Die jüdischen Gemeinden in der SBZ und der DDR 1945 bis 1990. Berlin 1998.

1309 Ostmeyer, Irena: Zwischen Schuld und Sühne. Evangelische Kirche und Juden in SBZ und DDR 1945–1990. Berlin 2002.

1310 Ostow, Robin: Juden aus der DDR und die deutsche Wiedervereinigung. Elf Gespräche. Berlin 1996.

1311 Ostow, Robin: Jüdisches Leben in der DDR. Frankfurt a.M. 1988.

1312 Schuppener, Georg (Hrsg.): Jüdische Intellektuelle in der DDR. Politische Strukturen und Biographien. Leipzig 1999 (= Hochschule Ost 8,1/2).

1313 Spannuth, Jan Philipp: Rückerstattung Ost. Der Umgang der DDR mit dem »arisierten« und enteigneten Eigentum der Juden und die Gestaltung der Rückerstattung im wiedervereinigten Deutschland. Freiburg (Breisgau), Univ., Diss., 2000/01 (Die Dissertation ist im Internet unter der Adresse www.freidok.uni-freiburg.de/volltexte/262/pdf/Rueckerstattung_Ost.pdf komplett abrufbar.).

1314 Timm, Angelika: Jewish Claims against East Germany. Moral Obligations and Pragmatic Policy. Budapest 1997.

1315 Völter, Bettina: Judentum und Kommunismus in Familien- und Lebensgeschichten. Eine Mehrgenerationenstudie zu ostdeutschen Familien jüdischer Kommunisten. Berlin, Techn. Univ., Diss., 2001.

1316 Wolffsohn, Michael: »Meine Juden – Eure Juden«. München/Zürich 1997.

1317 Wolffsohn, Michael: Die Deutschland-Akte. Juden und Deutsche in Ost und West. Tatsachen und Legenden. München 1995.

1318 Wroblewsky, Vincent von: Eine unheimliche Liebe. Juden in der DDR. Berlin/Wien 2001.

1319 Wroblewsky, Vincent von: Zwischen Thora und Trabant. Juden in der DDR. Berlin 1993.

1320 Zuckermann, Moshe (Hrsg.): Zwischen Politik und Kultur. Juden in der DDR. Göttingen 2002.

20. Erziehung und Bildung

1321 Anweiler, Oskar/Fuchs, Hans-Jürgen/Donner, Martina/Petermann, Eberhard (Hrsg.): Bildungspolitik in Deutschland 1945–1990. Ein historisch-vergleichender Quellenband. Opladen 1992.

1322 Anweiler, Oskar: Die politische Instrumentalisierung von Bildung und Wissenschaft in der DDR und ihre Folgen. In: Materialien 1999 [43], Bd. IV/1, S. 105–116.

1323 Anweiler, Oskar: Schulpolitik und Schulsystem in der DDR. Opladen 1988.

1324 Außerschulische Bildung. Materialien zur politischen Jugend- und Erwachsenenbildung. Hrsg. v. Arbeitskreis deutscher Bildungsstätten e.V., 1998,3/4, S. 325–328.

1325 Baske, Siegfried (Hrsg.): Bildungspolitik in der DDR 1963–1976. Dokumente. Berlin/Wiesbaden 1979.

1326 Baske, Siegfried/Engelbert, Martha (Hrsg.): Zwei Jahrzehnte Bildungspolitik in der Sowjetzone Deutschlands. Berlin 1966.

1327 Benner, Dietrich/Sladek, Horst: Vergessene Theoriekontroversen in der Pädagogik von SBZ und DDR 1946–1961. Weinheim 1998.

1328 Bernt, Daniela: Ideologie in Bildung und Erziehung im Hilfsschulwesen der DDR. Frankfurt a.M., Univ., Dipl.-Arbeit, 2000.

1329 Birthler, Marianne: Vortrag in der 31. Sitzung der Enquete-Kommission »Aufarbeitung von Geschichte und Folgen der SED-Diktatur in Deutschland«. In: Materialien 1995 [42], Bd. III/1, S. 219–225.

1330 Bundesministerium für innerdeutsche Beziehungen (Hrsg.): Vergleich von Bildung und Erziehung in der Bundesrepublik Deutschland und in der Deutschen Demokratischen Republik. Materialien zur Lage der Nation. Köln 1990.

1331 Cloer, Ernst/Wernstedt, Rolf (Hrsg.): Pädagogik in der DDR. Eröffnung einer notwendigen Bilanzierung. Weinheim 1994.

1332 Cloer, Ernst: Theoretische Pädagogik in der DDR. Eine Bilanzierung von außen. Weinheim 1998.

1333 Döbert, Hans: Das Bildungswesen der DDR in Stichworten. Inhaltliche und administrative Sachverhalte und ihre Rechtsgrundlagen. Neuwied 1996.

1334 Eichler, Wolfgang (Hrsg.): Der Stein des Sisyphos. Studien zur allgemeinen Pädagogik in der DDR. Münster 2000.

1335 Eisenfeld, Bernd/Eisenfeld Peter: Die Militarisierung von Erziehung und Gesellschaft in der DDR. Die politische Instrumentalisierung und Ächtung pazifistischer Einstellungen. In: Materialien 1999 [43], Bd. IV/1, S. 640–742.

1336 Fischer, Andreas: Das Bildungssystem der DDR. Entwicklung, Umbruch und Neugestaltung seit 1989. Darmstadt 1992.

1337 Fischer, Bernd-Reiner: Das Bildungs- und Erziehungssystem der DDR – Funktion, Inhalte, Instrumentalisierung, Freiräume. In: Materialien 1995 [42], Bd. III/2, S. 852–875.

1338 Fischer, Bernd-Reiner: Die Folgen der Indoktrination an den Schulen der DDR. In: Materialien 1999 [43], Bd. IV/1, S. 188–195.

1339 Fuchs, Hans-Jürgen/Petermann, Eberhard (Hrsg.): Bildungspolitik in der DDR 1966–1990. Dokumente. Berlin 1991.

1340 Führ, Christoph/Furck, Carl-Ludwig (Hrsg.): Handbuch der deutschen Bildungsgeschichte. Bd. VI: 1945 bis zur Gegenwart. Zweiter Teilband: Deutsche Demokratische Republik und neue Bundesländer. München 1998.

1341 Füssl, Karl-Heinz: Die Umerziehung der Deutschen. Jugend und Schule unter den Siegermächten des Zweiten Weltkriegs 1945–1955. Paderborn 1994.

1342 Geissler, Erich: Erziehungswissenschaft im Transformationsprozeß. In: Materialien 1999 [43], Bd. IV/1, S. 743–772.

1343 Geißler, Gert/Wiegmann, Ulrich: Pädagogik und Herrschaft in der DDR. Die parteilichen, geheimdienstlichen und vormilitärischen Erziehungsverhältnisse. Frankfurt a.M. 1996.

1344 Geißler, Gert: Geschichte des Schulwesens in der Sowjetischen Besatzungszone und in der Deutschen Demokratischen Republik 1945 bis 1962. Frankfurt a.M. 2000.

1345 Grammes, Tilman (Hrsg.): Staatsbürgerkunde in der DDR. Quellen und Dokumente. Opladen 1997.

1346 Grammes, Tilman: Staatsbürgerkundeunterricht. In: Ministerium für Bildung, Jugend und Sport des Landes Brandenburg (Hrsg.): Geschichte, Struktur und Funktionsweise der DDR-Volksbildung. Bd. 3: Freundschaft! Die Volksbildung der DDR in ausgewählten Kapiteln. Berlin 1996, S. 19–169.

1347 Gruner, Petra/Messmer, Horst: Die Neulehrer – Biographien, Karrieremuster und Bedeutung. In: Ministerium für Bildung, Jugend und Sport des Landes Brandenburg (Hrsg.): Geschichte, Struktur und Funktionsweise der DDR-Volksbildung. Bd. 2: In Linie angetreten. Die Volksbildung der DDR in ausgewählten Kapiteln. Berlin 1996, S. 315–441.

1348 Günther, Karl-Heinz u. a. (Red.): Das Bildungswesen der Deutschen Demokratischen Republik. 3. Aufl. Berlin (Ost) 1989.

1349 Häder, Sonja/Tenorth, Heinz-Elmar (Hrsg.): Bildungsgeschichte einer Diktatur. Bildung und Erziehung in SBZ und DDR im historisch-gesellschaftlichen Kontext. Weinheim 1997.

1350 Häder, Sonja: Schülerkindheit in Ostberlin. Sozialisation unter den Bedingungen der Diktatur (1945–1958). Köln 1998.

1351 Heinemann, Manfred (Hrsg.): Zwischen Restauration und Innovation. Bildungsreformen in Ost und West nach 1945. Köln 1999 (= Bildung und Erziehung. Beiheft; 9).

1352 Hoffmann, Dietrich/Döbert, Hans/Geißler, Gert (Hrsg.): Die »unterdrückte« Bilanz. Zum Verhältnis von Erziehungswissenschaft und Bildungspolitik am Ende der DDR. Weinheim 1999.

1353 Hoffmann, Dietrich/Neumann, Karl (Hrsg.): Erziehung und Erziehungswissenschaft in der BRD und der DDR.
Bd. 1: Die Teilung der Pädagogik (1945–1965). Weinheim 1994.
Bd. 2: Divergenzen und Konvergenzen (1965–1989). Weinheim 1995.
Bd. 3: Die Vereinigung der Pädagogiken (1989–1995). Weinheim 1996.

1354 Höltershinken, Dieter/Hoffmann, Hilmar/Prüfer, Gudrun: Kindergarten. In: Ministerium für Bildung, Jugend und Sport des Landes Brandenburg (Hrsg.): Geschichte, Struktur und Funktionsweise der DDR-Volksbildung. Bd. 3: Freundschaft! Die Volksbildung der DDR in ausgewählten Kapiteln. Berlin 1996, S. 369–484.

1355 John, Bernd: Ideologie und Pädagogik. Zur Geschichte der Vergleichenden Pädagogik in der DDR. Köln u. a. 1998.

1356 Kiel, Siegfried: Vortrag in der 6. Sitzung der Enquete-Kommission »Überwindung der Folgen der SED-Diktatur im Prozeß der deutschen Einheit«. In: Materialien 1999 [43], Bd. IV/1, 36–44.

1357 Kommission für deutsche Erziehungs- und Schulgeschichte der Deutschen Akademie der Wissenschaften zu Berlin (Hrsg.): Dokumente zur Geschichte des Schulwesens der Deutschen Demokratischen Republik. Teil 1: 1945–1955. Berlin (Ost) 1970. Teil 2: 1956–1967/68. Berlin (Ost) 1969. Teil 3: 1968–1972/73. Berlin (Ost) 1974/75. Teil 4: 1973–1980/81. Berlin (Ost) 1986.

1358 Kossakowski, Adolf: Beitrag in der 31. Sitzung der Enquete-Kommission »Aufarbeitung von Geschichte und Folgen der SED-Diktatur in Deutschland«. In: Materialien 1995 [42], Bd. III/1, S. 233–273.

1359 Krüger, Heinz-Hermann/Marotzki, Winfried (Hrsg.): Pädagogik und Erziehungsalltag in der DDR. Zwischen Systemvorgabe und Pluralität. Opladen 1994.

1360 Krüger-Potratz, Marianne/Kaminsky, Annette/Winter, Werner: Völkerfreundschaft und internationale Solidarität. In: Ministerium für Bildung, Jugend und Sport des Landes Brandenburg (Hrsg.): Geschichte, Struktur und Funktionsweise der DDR-Volksbildung. Bd. 3: Freundschaft! Die Volksbildung der DDR in ausgewählten Kapiteln. Berlin 1996, S. 171–259.

1361 Kudella, Sonja/Paetz, Andreas/Tenorth, Heinz-Elmar: Die Politisierung des Schulalltags. In: Ministerium für Bildung, Jugend und Sport des Landes Brandenburg (Hrsg.): Geschichte, Struktur und Funktionsweise der DDR-Volksbildung.

Bd. 2: In Linie angetreten. Die Volksbildung der DDR in ausgewählten Kapiteln. Berlin 1996, S. 21–209.

1362 Laabs, Hans-Joachim u. a. (Hrsg.): Pädagogisches Wörterbuch. Berlin (Ost) 1987.

1363 Leschinski, Achim/Gruner, Petra/Kluchert, Gerhard (Hrsg.): Die Schule als moralische Anstalt. Erziehung in der Schule: Allgemeines und der »Fall DDR«. Weinheim 1999.

1364 Lieberknecht, Christine: Vortrag in der 31. Sitzung der Enquete-Kommission »Aufarbeitung von Geschichte und Folgen der SED-Diktatur in Deutschland«. In: Materialien 1995 [42], Bd. III/1, S. 214–219.

1365 Margedant, Udo: Das Bildungs- und Erziehungssystem der DDR – Funktion, Inhalte, Instrumentalisierung, Freiräume. In: Materialien 1995 [42], Bd. III/3, S. 1489–1529.

1366 Mätzing, Heike Christina: Geschichte im Zeichen des historischen Materialismus. Untersuchungen zu Geschichtswissenschaft und Geschichtsunterricht in der DDR. Hannover 1999.

1367 Merkens, Hans: Die Schule in der DDR und ihre Probleme im Transformationsprozeß in den neuen Bundesländern. In: Materialien 1999 [43], Bd. IV/1, S. 873–916.

1368 Meyer, Hansgünter: Bildung in der DDR. In: Ansichten zur Geschichte der DDR. Bd. 8. Hrsg. v. Ludwig Elm, Dietmar Keller u. Reinhard Mocek. Eggersdorf 1997.

1369 Michalzik, Martin: »An der Seite der Genossen ...« Offizielles Jugendbild und politische Sozialisation im SED-Staat. Zum Scheitern der sozialistischen Erziehung in der DDR. Melle 1994.

1370 Mietzner, Ulrike: Enteignung der Subjekte – Lehrer und Schule in der DDR. Eine Schule in Mecklenburg von 1945 bis zum Mauerbau. Opladen 1998.

1371 Ministerium für Bildung, Jugend und Sport des Landes Brandenburg (Hrsg.): Geschichte, Struktur und Funktionsweise der DDR-Volksbildung.
Bd. 1: Schule streng vertraulich! Die Volksbildung der DDR in Dokumenten. Berlin 1996.
Bd. 2: In Linie angetreten. Die Volksbildung der DDR in ausgewählten Kapiteln. Berlin 1996.
Bd. 3: Freundschaft! Die Volksbildung der DDR in ausgewählten Kapiteln. Berlin 1996.
Bd. 4: Einweisung nach Torgau. Texte und Dokumente zur autoritären Jugendfürsorge in der DDR. Berlin 1997.

1372 Ministerium für Volksbildung (Hrsg.): Die Lehrerbildung in der DDR. Eine Sammlung der wichtigsten Dokumente und gesetzlichen Bestimmungen für die Ausbildung der Lehrer, Erzieher und Kindergärtnerinnen. Berlin (Ost) 1983.

1373 Ministerium für Volksbildung (Hrsg.): Lehrprogramme für die Ausbildung von Diplomlehrern der allgemeinbildenden polytechnischen Oberschulen im Fach Pädagogik an Universitäten und Hochschulen der DDR. Berlin (Ost) 1982.

1374 Ministerium für Volksbildung (Hrsg.): Sozialistisches Bildungsrecht. Volksbildung. Rechtsvorschriften mit Erläuterungen, Anmerkungen und Sachregister. Berlin (Ost) 1973.

1375 Ministerium für Volksbildung (Hrsg.): Sozialistisches Bildungsrecht. Allgemeine Bestimmungen. Berlin (Ost) 1988.

1376 Neuhaus, Friedemann: Geschichte im Umbruch. Geschichtspolitik, Geschichtsunterricht und Geschichtsbewußtsein in der DDR und in den neuen Bundesländern 1983–1993. Frankfurt a.M. 1998.

1377 Neuner, Gerhart: Zwischen Wissenschaft und Politik. Ein Rückblick aus lebensgeschichtlicher Perspektive. Köln 1996.

1378 Sachse, Christian: (Vor)militärische Ausbildung in der DDR. In: Ministerium für Bildung, Jugend und Sport des Landes Brandenburg (Hrsg.): Geschichte, Struktur und Funktionsweise der DDR-Volksbildung. Bd. 2: In Linie angetreten. Die Volksbildung der DDR in ausgewählten Kapiteln. Berlin 1996, S. 211–314.

1379 Sachse, Christian: Aktive Jugend – wohlerzogen und diszipliniert. Wehrerziehung in der DDR als Sozialisations- und Herrschaftsinstrument (1960–1973). Münster 2000.

1380 Schäfer, Hans-Peter: Vortrag in der 12. Sitzung der Enquete-Kommission »Überwindung der Folgen der SED-Diktatur im Prozeß der deutschen Einheit«. In: Materialien 1999 [43], Bd. IV/1, 195–227.

1381 Schneider, Ilona-Katharina: Weltanschauliche Erziehung in der DDR. Normen – Praxis – Opposition. Eine kommentierte Dokumentation. Opladen 1995.

1382 Schulz, Dagmar: Zum Leistungsprinzip in der DDR. Köln 1998.

1383 Steinhöfel, Wolfgang (Hrsg.): Spuren der DDR-Pädagogik. Weinheim 1993.

1384 Tenorth, Heinz-Elmar/Kudella, Sonja/Paetz, Andreas: Politisierung im Schulalltag der DDR. Durchsetzung und Scheitern einer Erziehungsambition. Weinheim 1996.

1385 Waterkamp, Dietmar: Handbuch zum Bildungswesen der DDR. Berlin 1987.

1386 Waterkamp, Dietmar: Vortrag in der 12. Sitzung der Enquete-Kommission »Überwindung der Folgen der SED-Diktatur im Prozeß der deutschen Einheit«. In: Materialien 1999 [43], Bd. IV/1, 195–227.

1387 Werner, Birgit: Sonderpädagogik im Spannungsfeld zwischen Ideologie und Tradition. Zur Geschichte der Sonderpädagogik unter besonderer Berücksichtigung der Hilfsschulpädagogik in der SBZ und der DDR zwischen 1945 und 1952. Hamburg 1999.

21. Wissenschaft

1388 Ammer, Thomas: Universität zwischen Demokratie und Diktatur. Ein Beitrag zur Nachkriegsgeschichte der Universität Rostock. Hrsg. v. Verband ehemaliger Rostocker Studenten. Köln 1969 (Nachdruck 1994).

1389 Bently, Raymond: Research and Technology in the former German Democratic Republic. Boulder (USA) 1992.

1390 Burrichter, Clemens (Hrsg.): Ein kurzer Frühling der Philosophie. DDR-Philosophie in der »Aufbauphase«. Paderborn 1984.

1391 Burrichter, Clemens/Diesener, Gerald (Hrsg.): Auf dem Weg zur »Produktivkraft Wissenschaft«. Leipzig 2002 (= Beiträge zur DDR-Wissenschaftsgeschichte. Reihe B, Arbeitsmaterialien und Texte; Bd. 1).

1392 Connelly, John: Captive university. The Sovietization of East German, Czech, and Polish higher education, 1945–1956. Chapel Hill/London 2000.

1393 Connelly, John: Creating the socialist elite: communist higher education policies in the Czech Lands, East Germany and Poland, 1945–1954. Cambrigde (Mass.) 1994.

1394 Das Wissenschaftssystem in der DDR. Hrsg. v. Institut für Gesellschaft und Wissenschaft. Erlangen 1979.

1395 Franzke, Michael (Hrsg.): Die ideologische Offensive. Ernst Bloch, die SED und die Universität. Leipzig 1992.

1396 Gerhardt, Volker/Rauh, Hans Christoph (Hrsg.): Anfänge der DDR-Philosophie. Ansprüche, Ohnmacht, Scheitern. Berlin 2001.

1397 Gläser, Jochen/Meske, Werner: Anwendungsorientierung von Grundlagenforschung? Erfahrungen der Akademie der Wissenschaften der DDR. Frankfurt a.M. 1996.

1398 Haase, Günter/Eichler, Ernst (Hrsg.), Sächsische Akademie der Wissenschaften: Wege und Fortschritte der Wissenschaft. Beiträge von Mitgliedern der Akademie zum 150. Jahrestag ihrer Gründung. Berlin 1996.

1399 Hahn, Toni/Welskopf, Rudolf (u. Autorenkollektiv): Innovation und Motivation in Forschung, Entwicklung und Überleitung. Berlin (Ost) 1988.

1400 Haritonow, Alexandr: Sowjetische Hochschulpolitik in Sachsen 1945–1949. Weimar/Köln/Wien 1995.

1401 Hartkopf, Werner/Wangermann, Gert: Dokumente zur Geschichte der Berliner Akademie der Wissenschaften von 1700 bis 1990. Berlin 1991.

1402 Heinemann, Manfred (Hrsg.): Kultur- und Hochschulpolitik der Sowjetischen Militäradministration in der SBZ. Köln 1992.

1403 Heinemann, Manfred, unter Mitarb. von Alexandr Haritonow (Hrsg.): Hochschuloffiziere und der Wiederaufbau des Hochschulwesens in Deutschland 1945–1949. Die sowjetische Besatzungszone. Berlin 2000.

1404 Hein-Weingarten, Katharina: Das Institut für Kosmosforschung der Akademie der Wissenschaften der DDR. Ein Beitrag zur Erfassung der Wissenschaftspolitik der DDR am Beispiel der Weltraumforschung von 1957 bis 1991. Berlin 2000.

1405 Herzberg, Guntolf: Abhängigkeit und Verstrickung. Studien zur DDR-Philosophie. Berlin 1996.

1406 Herzberg, Guntolf: Aufbruch und Abwicklung. Neue Studien zur Philosophie in der DDR. Berlin 2000.

1407 Hoffmann, Dieter/Macrakis, Kristie (Hrsg.): Naturwissenschaft und Technik in der DDR. Berlin 1997.

1408 Hornbostel, Stefan (Hrsg.): Sozialistische Eliten. Horizontale und vertikale Differenzierungsmuster in der DDR. Opladen 1999.

1409 Jessen, Ralph: Akademische Elite und kommunistische Diktatur. Die ostdeutsche Hochschullehrerschaft in der Ulbricht-Ära. Göttingen 1999.

1410 Kleines politisches Wörterbuch. 3. Aufl. Berlin (Ost) 1978 (8. Aufl., Neuausg. 1989).

1411 Kocka, Jürgen/Mayntz, Renate (Hrsg.): Wissenschaft und Wiedervereinigung. Disziplinen im Umbruch. Interdisziplinäre Arbeitsgruppe Wissenschaften und Wiedervereinigung. Berlin 1998.

1412 Kosel, Gerhard: Produktivkraft Wissenschaft. Berlin 1957.

1413 Kowalczuk, Ilko-Sascha: Geist im Dienste der Macht. Hochschulpolitik in der SBZ/DDR 1945–1961. Berlin 2003.

1414 Lades, Hans/Burrichter, Clemens (Hrsg.): Produktivkraft Wissenschaft. Sozialistische Sozialwissenschaften in der DDR. Hamburg 1970.

1415 Mende, Hans-Jürgen/Mocek, Reinhard (Hrsg): Gestörte Vernunft? Gedanken zu einer Standortbestimmung der DDR-Philosophie. Berlin 1996.

1416 Meyer, Hansgünther (Hrsg.): Intelligenz, Wissenschaft und Forschung in der DDR. Berlin/New York 1990.

1417 Müller, Marianne/Müller, Egon Erwin: »... stürmt die Festung Wissenschaft!«. Die Sowjetisierung der mitteldeutschen Universitäten seit 1945. Berlin 1953.

1418 Nikitin, Pjotr I.: Zwischen Dogma und gesundem Menschenverstand. Wie ich die Universitäten der deutschen Besatzungszone »sowjetisierte«. Erinnerungen des Sektorleiters Hochschulen und Wissenschaft der Sowjetischen Militäradministration in Deutschland. Berlin 1997.

1419 Nötzold, Peter: Wolfgang Steinitz und die Deutsche Akademie der Wissenschaften zu Berlin. Zur politischen Geschichte der Institution (1945–1968). Berlin, Humboldt-Univ., Diss., 1998.

1420 Parthier, Benno (Hrsg.): Deutsche Akademie der Naturforscher Leopoldina zu Halle (Saale). Geschichte – Struktur – Aufgaben. Halle (Saale) 1993.

1421 Pasternack, Peer: Hochschule & Wissenschaft in SBZ/DDR/Ostdeutschland 1945–1995. Annotierte Bibliographie für den Erscheinungszeitraum 1990–1998. Studien des Instituts für Hochschulforschung Wittenberg an der Martin-Luther-Universität Halle-Wittenberg. Weinheim 1999.

1422 Pehle, Walter H./Sillem, Peter (Hrsg.): Wissenschaft im geteilten Deutschland. Restauration oder Neubeginn nach 1945. Frankfurter Historik-Vorlesungen. Frankfurt a.M. 1992.

1423 Price, Derek J. de Solla: Little Science, Big Science. New York 1963.

1424 Rapoport, Samuel Mitja (Hrsg.): Die Berliner Akademie in den Jahren 1945 bis 1950. Kolloquium der Leibniz-Sozietät. Velten 1997.

1425 Richta, Radovan u. Kollektiv: Zivilisation am Scheideweg. Prag 1968.

1426 Ritter, Gerhard A./Szöllosi-Janze, Margit/Trischler, Helmuth (Hrsg.): Antworten auf die amerikanische Herausforderung. Forschung in der Bundesrepublik und der DDR in den »langen« siebziger Jahren. Frankfurt a.M./New York 1999.

1427 Schäfers, Bernhard (Hrsg.): Soziologie in Deutschland. Entwicklung, Institutionalisierung und Berufsfelder, Theoretische Kontroversen. Opladen 1995.

1428 Scheler, Werner: Von der Deutschen Akademie der Wissenschaften zu Berlin zur Akademie der Wissenschaften der DDR. Abriß zur Genese und Transformation der Akademie. Berlin 2000.

1429 Schelsky, Helmut: Auf der Suche nach Wirklichkeit. Gesammelte Aufsätze. Düsseldorf 1965.

1430 Schneider, Michael C.: Bildung für neue Eliten. Die Gründung der Arbeiter- und Bauernfakultäten in der SBZ/DDR. Hrsg. v. Hannah-Arendt-Institut für Totalitarismusforschung. Dresden 1997 (= Berichte und Studien; 13).

1431 Stange, Thomas: Institut X. Die Anfänge der Kern- und Hochenergiephysik in der DDR. Stuttgart 2001.

1432 Steinwachs, Burkhart (Hrsg.): Geisteswissenschaften in der ehemaligen DDR. 2 Bde. Konstanz 1993.

1433 Tandler, Agnes: Geplante Zukunft. Wissenschaftler und Wissenschaftspolitik in der DDR 1955–1971. Florenz 1997.

1434 Voigt, Dieter/Mertens, Lothar (Hrsg.): DDR-Wissenschaft im Zwiespalt zwischen Forschung und Staatssicherheit. Berlin 1995.

1435 Wagner, Matthias: Der Forschungsrat der DDR. Im Spannungsfeld von Sachkompetenz und Ideologieanspruch. 1954 – April 1962. Berlin, Humboldt-Univ., Diss., 1992.

1436 Weisemann, Karin/Kröner, Peter/Toellner, Richard (Hrsg.): Wissenschaft und Politik – Genetik und Humangenetik in der DDR (1949–1989). Dokumentation zum Arbeitssymposium in Münster, 15.–18.3.1995. Münster 1997.

1437 Wienke, Peter: Die promovierte naturwissenschaftlich-technische Intelligenz in der DDR. Eine empirische Untersuchung ihrer Karrieremuster im Vergleich mit denen von promovierten Naturwissenschaftlern und Ingenieuren aus der Bundesrepublik Deutschland. Bochum 1989. Zugl.: Bochum, Univ., Diss., 1989.

1438 Wörterbuch der marxistisch-leninistischen Soziologie. 2. Aufl. Berlin (Ost) 1977 (3. Aufl. 1983).

22. Sport

1439 Austermühle, Theobald: Der DDR-Sport im Lichte der Totalitarismus-Theorien. In: Sozial- und Zeitgeschichte des Sports 11.1997,1, S. 28–51.

1440 Austermühle, Theobald: Konflikte und Konfliktlösungen im Sport. In: Hinsching, Jochen (Hrsg.): Alltagssport in der DDR. Aachen 1998.

1441 Austermühle, Theobald: Vom Studentensport zum Hochschulsport. Aachen 2000.

1442 Baur, Jürgen: Der DDR-Sport als gesellschaftliches Teilsystem. In: Sportwissenschaft 27.1997,4, S. 369–390.

1443 Becker, Christian: Forschungsstand. In: Buss, Wolfgang/Becker, Christian (Hrsg.): Der Sport in der SBZ und in der frühen DDR. Schorndorf 2001, S. 45–57.

1444 Berendonk, Brigitte: Dopingdokumente. Berlin/Heidelberg/New York 1991.

1445 Berendonk, Brigitte: Von der Forschung zum Betrug. Reinbek b. Hamburg 1992.

1446 Bernett, Hajo: Körperkultur und Sport in der DDR. Dokumentation eines geschlossenen Systems. Schorndorf 1994.

1447 Blasius, Tobias: Olympische Bewegung, Kalter Krieg und Deutschland-Politik. 1949–1972. Frankfurt a.M. 2001.

1448 Buggel, Edelfrid: Der Volkssport (Breitensport) und die Volkssportforschung in der DDR von 1960/61 bis 1965/66. In: Buss, Wolfgang/Becker, Christian (Hrsg.): Der Sport in der SBZ und in der frühen DDR. Schorndorf 2001, S. 465–534.

1449 Buss, Wolfgang/Becker, Christian (Hrsg.): Aktionsfelder des DDR-Sports in der Frühzeit 1945–1965. Köln 2001.

1450 Buss, Wolfgang/Becker, Christian (Hrsg.): Der Sport in der SBZ und in der frühen DDR. Genese – Strukturen – Bedingungen. Schorndorf 2001.

1451 Buss, Wolfgang/Güldenpfennig, Sven: Sport als kulturelle Erscheinung – maßgeblicher Fokus auch der Forschung zur Zeitgeschichte des DDR-Sports. In: Buss, Wolfgang/Becker, Christian (Hrsg): Der Sport in der SBZ und in der frühen DDR. Schorndorf 2001, S. 61–84.

1452 Chronik des DDR-Sports. (Autoren und Bearbeiter: Margot Budzisch, Klaus Huhn, Hans Simon, Lothar Skorning, Günther Wonneberger). Berlin 2000.

1453 Delow, Anke: Leistungssport und Biographie. DDR-Leistungssportler der letzten Generation und ihr schwieriger Weg in die Moderne. Münster 2000.

1454 Drechsler, Heike: Absprung. Autobiographie. Berlin 2001.

1455 Erbach, Günter: »Sportwunder DDR«. Warum und auf welche Weise die SED und die Staatsorgane den Sport förderten. In: Modrow, Hans (Hrsg.): Das große Haus. Insider berichten aus dem ZK der SED. Berlin 1994, S. 232–253.

1456 Erbach, Günter: Demagogische Intentionen eines selbst ernannten »Königs« – oder: »Er war nicht der Sport der DDR«. Einige Bemerkungen zum Buch von Manfred Ewald »Ich war der Sport«. In: Sozial- und Zeitgeschichte des Sports 11.1997,1, S. 68–81.

1457 Ewald, Manfred: Ich war der Sport. Wahrheiten und Legenden aus dem Wunderland der Sieger. Berlin 1994.

1458 Fetzer, Thomas: Die gesellschaftliche Akzeptanz des Leistungssportsystems der ehemaligen DDR. In: Teichler, Hans Joachim (Hrsg.): Konfliktlinien zwischen Herrschaft und Eigensinn im Sport in der DDR. Köln 2003.

1459 Fiebelkorn, Joachim: Leistungssport in einer fremden Welt. Anmerkungen zu Bemerkungen eines Historikers. In: Beiträge zur Sportgeschichte 11.2000, S. 97–100.

1460 Franke, Werner W.: Funktion und Instrumentalisierung des Sports in der DDR: Pharmakologische Manipulation (Doping) und die Rolle der Wissenschaft. In: Materialien 1995 [42], Bd. III/2, S. 904–1143.

1461 Frost, Wolfhard u.a. (Hrsg.): Studienmaterial zur Sportwissenschaft. Quellenauszüge zur Sportgeschichte. Teil II: 1945–1970 (DDR-Sport). Braunschweig/Magdeburg 1991.

1462 Fuchs, Ruth/Ulrich, Klaus: Lorbeerkranz und Trauerflor. Aufstieg und »Untergang« des Sportwunders DDR. Berlin 1990.

1463 Gallinat, Klaus: Der Aufbau und die Entwicklung von Körperkultur und Sport in der SBZ/DDR am Beispiel regionaler Entwicklungen im Land Brandenburg (Mai 1945–Juli 1952). Frankfurt a.M. 1997.

1464 Geiger, Hansjörg: Das Ministerium für Staatssicherheit und der Leistungssport. In: Diekmann, Irene/Teichler, Hans Joachim (Hrsg.): Körper, Kultur und Ideologie. Sport und Zeitgeist im 19. und 20. Jahrhundert. Bodenheim 1997, S. 217–247.

1465 Geiger, Hansjörg: Sport und Staatssicherheit: Überwachung, Verfolgung und Außendarstellung. In: Materialien 1995 [42], Bd. III/1, S. 662–675.

1466 Geschichte des DDR-Sports. Hrsg. v. Günther Wonneberger, Helmuth Westphal, Gerhard Oehmingen, Joachim Fiebelkorn, Hans Simon, Lothar Skorning. Berlin 2002.

1467 Geyer, Martin H.: Der Kampf um nationale Repräsentation – Deutsch-deutsche Sportbeziehungen und die »Hallstein-Doktrin«. In: VfZ 44.1996,1, S. 55–86.

1468 Hartmann, Grit: Goldkinder. Die DDR im Spiegel ihres Spitzensports. Leipzig 1997.

1469 Helfritsch, Wolfgang/Becker, Ulrich: Dokumentationsstudie Pädagogische KJS-Forschung. Köln 1993.

1470 Herbst, Andreas: Deutscher Turn- und Sportbund der DDR (DTSB). In: Die Parteien und Organisationen der DDR. Ein Handbuch. Hrsg. v. Gerd-Rüdiger Stephan, Andreas Herbst, Christine Krauss, Daniel Küchenmeister, Detlef Nakath. Berlin 2002, S. 637–657.

1471 Hinsching, Jochen (Hrsg.): Alltagssport in der DDR. Aachen 1998.

1472 Hinsching, Jochen/Hummel, Albrecht (Hrsg.): Schulsport und Schulsportforschung in Ostdeutschland. Aachen 1997.

1473 Kluge, Volker: »Wir waren die Besten« – der Auftrag des DDR-Sports. In: Diekmann, Irene/Teichler, Hans Joachim: (Hrsg.): Körper, Kultur und Ideologie. Sport und Zeitgeist im 19. und 20. Jahrhundert. Bodenheim 1997, S. 169–216.

1474 Kluge, Volker: Das große Lexikon der DDR-Sportler: die 1000 erfolgreichsten und populärsten Sportlerinnen und Sportler aus der DDR, ihre Erfolge und Biographien. Berlin 2000.

1475 Krebs, Hans-Dieter: Das deutsch-deutsche Sportprotokoll 1974. Entwicklungsgeschichte und politische Bedeutung – eine quellenhistorische Analyse. Bergheim 2001.

1476 Krebs, Hans-Dieter: DDR-Leistungssport in der Endphase. In: DA 33.2000,6, S. 1031–1032.

1477 Krebs, Hans-Dieter: Die politische Instrumentalisierung des Sports in der DDR. In: Materialien 1995 [42], Bd. III/2, S. 1314–1369.

1478 MfS und Leistungssport. Der Bundesbeauftragte für die Unterlagen des Staatssicherheitsdienstes der ehemaligen Deutschen Demokratischen Republik, Abt. Bildung und Forschung. Berlin 1994 (= Der Bundesbeauftragte für die Unterlagen des Staatssicherheitsdienstes der ehemaligen Deutschen Demokratischen Republik, Reihe A, Nr. 1994,1).

1479 Niese, Lars Holger: Sport im Wandel: eine systemvergleichende Untersuchung des Sports in Ost- und Westdeutschland (vor und nach der Wiedervereinigung) unter besonderer Berücksichtigung der Dachverbände. Frankfurt a.M. 1997.

1480 Oertel, Heinz-Florian: Höchste Zeit. Erinnerungen. Berlin 1997.

1481 Peiffer, Lorenz: Schulsport – »Unser Turnunterricht muss wieder einen politisch-pädagogischen, einen patriotischen Inhalt erhalten ...«. Zur Entwicklung des Schulsports in der SBZ/DDR. In: Buss, Wolfgang/Becker, Christian (Hrsg.): Der Sport in der SBZ und in der frühen DDR. Schorndorf 2001, S. 369–396.

1482 Pfister, Gertrud: Frauen und Sport in der DDR. Köln 2002.

1483 Pleil, Ingolf: Mielke, Macht und Meisterschaft. Die »Bearbeitung« der Sportgemeinschaft Dynamo Dresden durch das MfS 1978–1989. Berlin 2001.

1484 Seifert, Manfred: Ruhm und Elend des DDR-Sports. Keine Bilanz – Aufgeschriebenes aus 40 Jahren eines Sportjournalisten. Woltersdorf 1990.

1485 Seppelt, Hans-Joachim/Schück, Holger (Hrsg.): Anklage: Kinderdoping. Das Erbe des DDR-Sports. Berlin 1999.

1486 Seyferth, Gaby: Da muß noch was sein. Mein Leben zwischen Pflicht und Kür. München 1998.

1487 Spitzer, Giselher/Braun, Harald: Der geteilte deutsche Sport. Köln 1997.

1488 Spitzer, Giselher/Teichler, Hans Joachim/Reinartz, Klaus (Hrsg.): Schlüsseldokumente zum DDR-Sport. Aachen 1998.

1489 Spitzer, Giselher: Die Akten des Ministeriums für Staatssicherheit als »Reserve-Archiv« des DDR-Sports? Quellenkritische und methodologische Bemerkungen. In: Spitzer, Giselher/Braun, Harald (Hrsg.): Der geteilte deutsche Sport. Köln 1997, S. 117–154.

1490 Spitzer, Giselher: Doping in der DDR. Ein historischer Überblick zu einer konspirativen Praxis. Köln 1998, 2., erg. Aufl. 2000.

1491 Sport und Gesellschaft e.V. (Hrsg.): 50. Jahrestag der Gründung des Deutschen Sportausschusses. Berlin o. J. [1999].

1492 Teichler, Hans Joachim/Buss, Wolfgang/Peiffer, Lorenz (Hrsg.): Archive und Quellen zur Geschichte des Sports in der SBZ/DDR. Köln 2003.

1493 Teichler, Hans Joachim/Reinartz, Klaus (Hrsg.): Das Leistungssportsystem der DDR in den 80er Jahren und im Prozeß der Wende. Schorndorf 1999.

1494 Teichler, Hans Joachim: Die Sportbeschlüsse des Politbüros der SED. Köln 2002.

1495 Teichler, Hans Joachim: Herrschaft und Eigensinn im DDR-Sport. In: Krüger,

Michael (Hrsg.): Transformationen des deutschen Sports seit 1939. Hamburg 2001, S. 233–249.

1496 Teichler, Hans Joachim: Talentauslese und Talentförderung in der DDR. In: Die Talentproblematik im Sport. Retrieved September 12, 2002, from learning platform of European pilot project »ITES-Information Technologies in European Sport and Sport Science«: http://lernen.swi.uni-saarland.de/gdr.

1497 Wiese, René: Vom Milchtrinker zum Leistungssportler. Die Entwicklung der Kinder- und Jugendsportschulen der DDR in den 50er Jahren. In: Bundesinstitut für Sportwissenschaft (Hrsg.): Wettbewerb zur Förderung von Nachwuchswissenschaftlern 1999. Köln 1999, S. 1–185.

1498 Winkler, Jürgen: Sportpolitik. In: Die SED. Geschichte – Organisation – Politik. Ein Handbuch. Hrsg. v. Andreas Herbst, Gerd-Rüdiger Stephan, Jürgen Winkler. Berlin 1997, S. 466–477.

1499 Wonneberger, Günther: Studie zur Struktur und Leitung der Sportbewegung in der SBZ/DDR (1945–1961). In: Buss, Wolfgang/Becker, Christian (Hrsg.): Der Sport in der SBZ und in der frühen DDR. Schorndorf 2001, S. 167–248.

1500 Wonneberger, Ingeburg: Breitensport – Studie zum Breitensport/Massensport in der Sowjetischen Besatzungszone und der Deutschen Demokratischen Republik (1945–1960). In: Buss, Wolfgang/Becker, Christian (Hrsg.): Der Sport in der SBZ und frühen DDR. Schorndorf 2001, S. 397–464.

23. Kalter Krieg und Deutsche Frage – die internationale Perspektive

1501 Adibekov, Grant M.: Das Kominform und Stalins Neuordnung Europas. Frankfurt a.M. 2002.

1502 Adomeit, Hannes: Imperial Overstretch. Germany in Soviet Policy from Stalin to Gorbachev. An Analysis Based on New Archival Evidence, Memoirs, and Interviews. Baden-Baden 1998.

1503 Bailey, George/Kondraschow, Sergej A./Murphy, David E.: Die unsichtbare Front. Der Krieg der Geheimdienste im geteilten Berlin. Berlin 1997.

1504 Beschloss, Michael: The Crisis Years. Kennedy and Khrushchev, 1960–1963. New York 1991.

1505 Bredow, Wilfried von: Der KSZE-Prozeß. Von der Zähmung zur Auflösung des Ost-West-Konflikts. Darmstadt 1992.

1506 Bremen, Christian: Die Eisenhower-Administration und die zweite Berlin-Krise 1958–1961. Berlin/New York 1998.

1507 Bundy, McGeorge: Danger and Survival. Choices about the Bomb in the First Fifty Years. New York 1988.

1508 Bush, George H. W./Scowcroft, Brent: A World Transformed. New York 1998.

1509 Ciesla, Burghard/Lemke, Michael/Lindenberger, Thomas (Hrsg.): Sterben für Berlin? Die Berliner Krisen 1948–1958. Berlin 2000.

1510 Čubar'jan, A.O. (Hrsg.): Stalin i cholodnja vojna [Stalin und der Kalte Krieg]. Moskau 1997.

1511 Daschitschew, Wjatscheslaw: Moskaus Griff nach der Weltmacht. Die bitteren Früchte hegemonialer Politik. Hamburg 2002.

1512 Delbrück, Jost/Ropers, Norbert/Zellentin, Gerda (Hrsg.): Grünbuch zu den Folgewirkungen der KSZE. Köln 1977.

1513 Deutsche Gesellschaft für Friedens- und Konfliktforschung (Hrsg.): DGFK-Jahrbuch 1979/80. Zur Entspannungspolitik in Europa. Baden-Baden 1980.

1514 Filitov, A.M.: Germanskij vopros: ot raskola k ob-edineniju [Die deutsche Frage: von der Spaltung zur Vereinigung]. Moskau 1993.

1515 Friedrich, Wolfgang-Uwe (Hrsg.): Die USA und die deutsche Frage 1945–1990. Frankfurt a.M./New York 1991.

1516 Fursenko, Alesandr/Naftali, Timothy: »One Hell of a Gamble«. Khrushchev, Castro, and Kennedy, 1958–1964. New York (N.Y.) 1997.

1517 Garton Ash, Timothy: Ein Jahrhundert wird abgewählt. Aus den Zentren Mitteleuropas 1980–1990. München/Wien 1990.

1518 Garton Ash, Timothy: Im Namen Europas. Deutschland und der geteilte Kontinent. München/Wien 1993.

1519 Gori, Francesca/Pons, Silvio (Hrsg.): The Soviet Union and Europe in the Cold War 1943–53. Mailand 1996.

1520 Harrison, Hope M.: Die Berlin-Krise und die Beziehungen zwischen der UdSSR und der DDR. In: Die sowjetische Deutschlandpolitik in der Ära Adenauer. Bonn 1997, S. 105–122.

1521 Haslam, Jonathan: The Soviet Union and the Politics of Nuclear Weapons in Europe, 1969–87. The Problem of the SS-20. Basingstoke/London 1989.

1522 Herf, Jeffrey: War by Other Means. Soviet Power, West German Resistance, and the Battle of the Euromissiles. New York/Toronto 1991.

1523 Institut vseobščej istorii RAN (Hrsg.): Stalinskoe desjatiletie cholodnoj vojny. Fakty i gipotezy [Das Stalinsche Jahrzehnt des Kalten Krieges. Fakten und Hypothesen]. Moskau 1999.

1524 Isaacs, Jeremy/Downing, Taylor: Der Kalte Krieg. Eine illustrierte Geschichte. 1945–1991. München 1999.

1525 Keiderling, Gerhard: Rosinenbomber über Berlin. Währungsreform, Luftbrücke, Teilung. Berlin 1998.

1526 Koop, Volker: Tagebuch der Berliner Blockade. Von Schwarzmarkt und Rollkommandos, Bergbau und Bienenzucht. Bonn 1998

1527 Küsters, Hanns Jürgen: Der Integrationsfriede. Viermächte-Verhandlungen über die Friedensregelung mit Deutschland 1945–1990. München 2000.

1528 Kwizinskij, Julij A.: Vor dem Sturm. Erinnerungen eines Diplomaten. Berlin 1993.

1529 Kynin, G.P./Laufer, J. (Bearb.): SSSR i germanskij vopros. Dokumenty iz Archiva vnešnej politiki Rossijskoj Federacii [Die UdSSR und die deutsche Frage. Dokumente aus dem Archiv für Außenpolitik der Russischen Föderation].
   Bd. 1: 22 ijunija 1941 g.-8 maja 1945 g. [22. Juni 1941–8. Mai 1945] Moskau 1996.
   Bd. 2: 9 maja 1945 g.-3 oktjabrja 1946 g. [9. Mai 1945–3. Oktober 1946]. Moskau 2000.
   Bd. 3: 6 oktjabrja 1945 g. – 30 ijunija 1948 g. [6. Oktober 1945–30. Juni 1948] Moskau 2003.

1530 Lemke, Michael: Die Berlinkrise 1958–1963. Interessen und Handlungsspielräume der SED im Ost-West-Konflikt. Berlin 1995.

1531 Loth, Wilfried: Internationale Rahmenbedingungen der Deutschlandpolitik 1961–1989. In: Materialien 1995 [42], Bd. V/2, S. 1744–1765.

1532 Loth, Wilfried: Stalins ungeliebtes Kind. Warum Moskau die DDR nicht wollte. Berlin 1997.

1533 Löwenthal, Richard: Vom kalten Krieg zur Ostpolitik. Stuttgart 1974.

1534 Mastny, Vojtech: The Cold War and Soviet Insecurity. New York/Oxford 1996.

1535 Missiroli, Antonio: La questione tedesca (1945/1990). Firenze 1991.

1536 Mitterrand, François: Über Deutschland. Frankfurt a.M./Leipzig 1996.

1537 Münger, Christof: Ich bin ein West-Berliner. Der Wandel der amerikanischen Berlinpolitik während der Präsidentschaft John F. Kennedys. Zürich 1999.

1538 Narinskij, M.M. (Hrsg.): Cholodnaja vojna. Novye podchody – novye dokumenty [Der Kalte Krieg. Neue Ansätze – neue Dokumente]. Moskau 1995.

1539 Nolte, Ernst: Deutschland und der kalte Krieg. München, Zürich 1974.

1540 Novik, F.I.: »Ottepeľ« i inercija cholodnoj vojny (Germanskaja politika SSSR v 1953–1955gg.) [»Tauwetter« und Beharrungsvermögen des Kalten Krieges (Die Deutschland-Politik der UdSSR 1953–1955)]. Moskau 2001.

1541 Oldenburg, Fred: Die Deutschlandpolitik Gorbatschows 1985–1991. Köln 1992.

1542 Ploetz, Michael: Wie die Sowjetunion den Kalten Krieg verlor. Von der Nachrüstung zum Mauerfall. Berlin 2000.

1543 Procacci, Giuliano (Hrsg.): The Cominform. Minutes of the Three Conferences 1947/1948/1949. Milano 1994.

1544 Reiman, Michal/Luňák, Petr (Hrsg.): Studená válka 1954–1964. Sovětské dokumenty v českých archívech [Der Kalte Krieg 1954–1964. Sowjetische Dokumente in tschechischen Archiven]. Prag 2000.

1545 Rodovič, Ju.V.: Germanskaja problema v 1945–1955gg. i pozicija SSSR. Koncepcija i istoričeskaja praktika [Das deutsche Problem 1945–1955 und die Position der UdSSR. Konzeption und geschichtliche Praxis]. Tula 1997.

1546 Rose, Clive: The Soviet Propaganda Network. A Directory of Organisations Serving Soviet Foreign Policy. New York 1988.

1547 Rühl, Lothar: Zeitenwende in Europa. Der Wandel der Staatenwelt und der Bündnisse. Stuttgart 1990.

1548 Scherstjanoi, Elke: Die deutschlandpolitischen Absichten der UdSSR 1948. Erkenntnisstand und forschungsleitende Problematisierungen. In: Das letzte Jahr der SBZ. Politische Weichenstellungen und Kontinuitäten im Prozeß der Gründung der DDR. München 2000, S. 39–54.

1549 Schlaga, Rüdiger: Kommunisten in der Friedensbewegung – erfolglos? Die Politik des Weltfriedensrates im Verhältnis zur Außenpolitik der Sowjetunion und zu unabhängigen Friedensbewegungen im Westen (1950–1979). Münster 1991.

1550 Schmidt, Karl-Heinz: Dialog über Deutschland. Studien zur Deutschlandpolitik von KPdSU und SED (1960–1979). Baden-Baden 1998.

1551 Soutou, Georges-Henri: La guerre des Cinquante Ans. Les relations Est-Ouest 1943–1990. Paris 2001.

1552 Subok, Wladislaw/Pleschakow, Konstantin: Der Kreml im Kalten Krieg. Von 1945 bis zur Kubakrise. Hildesheim 1997.

1553 Talbott, Strobe (Hrsg.): Chruschtschow erinnert sich. Die authentischen Memoiren. Hamburg 1992.

1554 Trachtenberg, Marc: History and Strategy. Princeton 1991.

1555 Tschernajew, Anatoli: Die letzten Jahre einer Weltmacht. Der Kreml von innen. Stuttgart 1993.

1556 Wettig, Gerhard (Hrsg.): Die sowjetische Deutschland-Politik in der Ära Adenauer. Bonn 1997.

1557 Wettig, Gerhard: Bereitschaft zu Einheit in Freiheit? Die sowjetische Deutschlandpolitik 1945 bis 1955. München 1999.

1558 Wettig, Gerhard: Die Sowjetunion, die DDR und die Deutschland-Frage 1965–1976. Einvernehmen und Konflikt im sozialistischen Lager. Stuttgart 1976.

1559 Wettig, Gerhard: High Road, Low Road. Diplomacy and Public Action in Soviet Foreign Policy. Washington 1989.

1560 Wettig, Gerhard: Sowjetische Deutschlandpolitik vom Kriegsende bis zum Ende des Kalten Krieges. In: März, Peter (Hrsg.): 40 Jahre Zweistaatlichkeit in Deutschland. Eine Bilanz. München 1999, S. 63–98.

1561 Wilkens, Andreas: Der unstete Nachbar. Frankreich, die deutsche Ostpolitik und die Berliner Vier-Mächte-Verhandlungen 1969–1974. München 1990.

1562 Zarusky, Jürgen (Hrsg.): Die Stalin-Note vom 10. März 1952. Neue Quellen und Analysen. Mit Beiträgen von Wilfried Loth, Hermann Graml und Gerhard Wettig. München 2002.

1563 Zelikow, Philip/Rice, Condoleezza: Sternstunde der Diplomatie. Die deutsche Einheit und das Ende der Spaltung Europas. Berlin 1997.

1564 Zubok, Vladislav M./Pleshakov, Constantine: Inside the Kremlin's War. Cambridge (Mass.) 1996.

1565 Zubok, Vladislav M.: Krushchev's motives. Conference paper. Essen 1994.

24. Außen- und Anerkennungspolitik

1566 Allardt, Helmut: Moskauer Tagebuch. Beobachtungen, Notizen, Erlebnisse. Düsseldorf 1973.

1567 Allardt, Helmut: Politik vor und hinter den Kulissen. Erfahrungen eines Diplomaten zwischen Ost und West. Düsseldorf 1979.

1568 Anderson, Sheldon: A Cold War in the Soviet Bloc. Polish-East German Relations 1945–1962. Boulder 2000.

1569 Arndt, Claus: Die Verträge von Moskau und Warschau. Politische, verfassungsrechtliche und völkerrechtliche Aspekte. Bonn-Bad Godesberg 1982.

1570 Bauerkämper, Arnd (Hrsg.): Britain and the GDR. Relations and Perceptions in a Divided World. Berlin/Wien 2002.

1571 Becker, Bert: Die DDR und Großbritannien 1945/49 bis 1973. Politische, wirtschaftliche und kulturelle Kontakte im Zeichen der Nichtanerkennungspolitik. Bochum 1991.

1572 Bell, Marianne [Howarth]: Britain and East Germany. The Politics of Non-Recognition. M. Phil. thesis (Ms.). Nottingham 1977.

1573 Besier, Gerhard: Internationale Religionspolitik als sozialistische Außenpolitik. Das Beispiel der DDR-Außenpolitik im südlichen Afrika (1970–1990). In: Timmermann, Heiner (Hrsg.): Die DDR – Politik und Ideologie als Instrument. Berlin 1999, S. 719–756.

1574 Blasius, Rainer: »Völkerfreundschaft« am Nil. Ägypten und die DDR im Februar 1965. Stenographische Aufzeichnungen aus dem Ministerium für Auswärtige

Angelegenheiten über den Ulbricht-Besuch bei Nasser. In: VfZ 46.1998,4, S. 747–805.

1575 Bruns, Wilhelm: Die Außenpolitik der DDR. Berlin 1985.

1576 Bulla, Marcel: Zur Außenpolitik der DDR. Bestimmungsfaktoren – Schlüsselbegriffe – Institutionen und Entwicklungstendenzen. Melle 1988.

1577 Domdey, Horst: Die DDR als Droge. In: DA 26.1993,2, S. 161–169.

1578 Döring, Hans-Joachim: Es geht um unsere Existenz. Die Politik der DDR gegenüber der Dritten Welt am Beispiel von Mosambik und Äthiopien. Berlin 1999.

1579 Engel, Ulf/Schleicher, Hans-Georg (u. Mitarb. v. Inga-Dorothee Rost): Die beiden deutschen Staaten in Afrika. Zwischen Konkurrenz und Koexistenz 1949–1990. Hamburg 1998.

1580 Fischer, Herbert: Entwicklung der staatlichen und gesellschaftlichen Beziehungen DDR-Indien. In: Heidrich, Joachim (Hrsg.): DDR-Indien. Partner auf Zeit. Erfahrungen und Einsichten. Münster 1998, S. 24–46.

1581 Fischer, Herbert: Unterwegs zu Gandhi. Berlin 2002.

1582 Funk, Eberhard: Die Deutsche Liga für die Vereinten Nationen. Hamburg 1997.

1583 Gaida, Burton C.: USA – DDR. Politische, kulturelle und wirtschaftliche Beziehungen seit 1974. Bochum 1989.

1584 Gerber, Therese Steffen: Das Kreuz mit Hammer, Zirkel, Ährenkranz. Berlin 2002.

1585 Griese, Olivia: Kulturpolitik als Teil der Außenpolitik: Das Kulturprotokoll vom November 1969 als Beispiel für die auswärtige Kulturpolitik der DDR in Finnland. In: Hösch, Edgar (Hrsg.): Deutschland und Finnland im 20. Jahrhundert. Wiesbaden 1999, S. 295–308.

1586 Große, Jürgen: Amerikapolitik und Amerikabild der DDR. Bonn 1999.

1587 Grunert, Horst: Für Honecker auf glattem Parkett. Erinnerungen eines DDR-Diplomaten. Berlin 1995.

1588 Haftendorn, Helga: Deutsche Außenpolitik zwischen Selbstbeschränkung und Selbstbehauptung, 1945–2000. Stuttgart/München 2001.

1589 Haftendorn, Helga: Sicherheit und Stabilität. Außenbeziehungen der Bundesrepublik zwischen Ölkrise und Natodoppelbeschluss. München 1986.

1590 Hentilä, Seppo: Finnland als Schwerpunkt der Auslandsarbeit der DDR »im nichtsozialistischen Wirtschaftsraum« – Ende der 60er/Anfang der 70er Jahre. In: Kuparinen, Ero (Hrsg.): Am Rand der Ostsee: Aufsätze vom IV. Symposium deutscher und finnischer Historiker in Turku 4.–7. September 1996. Turku 1998, S. 360–378.

1591 Heyden, Ulrich van der/Schleicher, Ilona u. Hans-Georg: Die DDR und Afrika. Bd. 1: Zwischen Klassenkampf und neuem Denken. Münster/Hamburg 1993. Bd. 2: Engagiert für Afrika. Münster/Hamburg 1994.

1592 Hoff, Henning: Großbritannien und die DDR 1955–1973. Diplomatie auf Umwegen. München 2003.

1593 Horstmeier, Carel: »Anerkennung jetzt!« Die Anerkennungspolitik der DDR anhand der Fallstudie Niederlande 1949–1973. Groningen, Univ., Magisterarbeit, 1995.

1594 Horstmeier, Carel: Die DDR und Belgien. In: Pfeil, Ulrich (Hrsg.): Die DDR und der Westen. Transnationale Beziehungen 1949–1989. Berlin 2001, S. 309–327.

1595 Howarth, Marianne (1999a): Großbritannien und die DDR. Beziehungen und Nicht-Beziehungen. In: Timmermann, Heiner (Hrsg.): Die DDR – Erinnerung an einen untergegangenen Staat. Berlin 1999, S. 509–526.

1596 Howarth, Marianne (1999b): KfA Ltd und Berolina Travel Ltd. Die DDR-Präsenz in Großbritannien vor und nach der diplomatischen Anerkennung. In: DA 32.1999,4, S. 591–600.

1597 Howarth, Marianne: Die Westpolitik der DDR zwischen internationaler Aufwertung und ideologischer Offensive (1966–1989). In: Pfeil, Ulrich (Hrsg.): Die DDR und der Westen. Transnationale Beziehungen 1949–1989. Berlin 2001, S. 81–98.

1598 Howarth, Marianne: East Germany at Westminster – the Campaign for Recognition. In: GDR Monitor 5.1981, S. 1–12.

1599 Howarth, Marianne: The Berlin Triangle. Britain and the Two German States in the 1980s. In: Bauerkämper, Arnd (Hrsg.): Britain and the GDR. Relations and Perceptions in a Divided World. Berlin/Wien 2002, S. 173–198.

1600 Husemann, Bettina/Neumann, Annette: Die Afrikapolitik der DDR. Eine Titeldokumentation von Akten des Politbüros und des Sekretariats des Zentralkomitees der SED. Hamburg 1994.

1601 Ihme-Tuchel, Beate: Das »nördliche Dreieck«. Die Beziehungen zwischen der DDR, der Tschechoslowakei und Polen in den Jahren 1954 bis 1962. Köln 1994.

1602 Ihme-Tuchel, Beate: Das Bemühen der SED um die diplomatische Anerkennung durch Jugoslawien 1956/57. In: ZfG 42.1994,8, S. 695–702.

1603 Jacobsen, Hans-Adolf/Tomala, Mieczyslaw (Hrsg.): Bonn – Warschau 1945–1991. Die deutsch-polnischen Beziehungen. Analyse und Dokumentation. Köln 1992.

1604 Jacobsen, Hans-Adolf/Letin, Gerd/Scheuer, Ulrich/Schulz, Eberhard (Hrsg.): Drei Jahrzehnte Außenpolitik der DDR. Bestimmungsfaktoren, Instrumente, Aktionsfelder. München–Wien 1979.

1605 Keworkow, Wjatscheslaw: Der geheime Kanal. Moskau, der KGB und die Bonner Ostpolitik. Berlin 1995.

1606 Kilian, Werner, Die Hallstein-Doktrin. Der diplomatische Krieg zwischen BRD und DDR 1955–1973. Aus den Akten der beiden deutschen Außenministerien. Berlin 2001.

1607 Krijnen, Mirjam: Die DDR und die Niederlande: real existierende Freundschaft? Eine Untersuchung von Strukturen, Strategien und Zielen der auswärtigen Kulturpolitik der DDR in den Niederlanden, anhand der Fallstudien Freundschaftsgesellschaft und Städtepartnerschaften 1974–1990. Unveröffentlichte Doctoraalscriptie Geschiedenis. Nijmegen, Univ., Diss., 1998.

1608 Krüger, Joachim (Hrsg.): Beiträge zur Geschichte der Beziehungen der DDR und der VR China. Erinnerungen und Untersuchungen. Münster 2002.

1609 Krüger, Joachim: Die Anfänge der Beziehungen zwischen der DDR und der DR Vietnam. In: Asien, Afrika, Lateinamerika 19.1991,5, S. 815–826.

1610 Krüger, Joachim: Die Volksrepublik China in der außenpolitischen Strategie der DDR (1949–1990). In: Heng-yü, Kuo/Leutner, Mechthild (Hrsg.): Deutschland und China. Beiträge des Zweiten Internationalen Symposiums zur Geschichte der deutsch-chinesischen Beziehungen, Berlin 1991. München 1994, S. 43–58.

1611 Küchenmeister, Daniel/Nakath, Detlef/Stephan, Gerd-Rüdiger (Hrsg.): Abgegrenzte Weltoffenheit. Zur Außen- und Deutschlandpolitik der DDR. Schkeuditz 1999.

1612 Kuppe, Johannes: Die DDR und die nichtsozialistische Welt. Ein Essay zur Außenpolitik der SED. In: Gisela Helwig (Hrsg.): Rückblicke auf die DDR. Köln 1995, S. 175–182.

1613 Lamm, Hans Siegfried/Kupper, Siegfried: DDR und Dritte Welt. München/Wien 1976.

1614 Lammers, Karl-Christian: Nachbarschaft und Nicht-Anerkennung. Probleme der Beziehungen zwischen Dänemark und der DDR (1949–1973). In: Pfeil, Ulrich (Hrsg.): Die DDR und der Westen. Transnationale Beziehungen 1949–1989. Berlin 2001, S. 273–289.

1615 Larres, Klaus: Britain and the GDR: Political and Economic Relations, 1949–1989. In: Larres, Klaus/Meehan, Elizabeth (Hrsg.): Uneasy Allies. Oxford 2000, S. 63–98.

1616 Lemke, Michael: Die Außenbeziehungen der DDR (1949–1966). Prinzipien, Grundlagen, Zäsuren und Handlungsspielräume. In: Pfeil, Ulrich (Hrsg.): Die DDR und der Westen. Transnationale Beziehungen 1949–1989. Berlin 2001, S. 63–80.

1617 Lemke, Michael: Sowjetische Interessen und ostdeutscher Wille. Divergenzen zwischen den Berlinkonzepten von SED und UdSSR in der Expositionsphase der zweiten Berlinkrise. In: Ciesla, Burghard/Lemke, Michael/Lindenberger, Thomas (Hrsg.): Sterben für Berlin? Die Berliner Krisen 1948–1958. Berlin 2000, S. 203–219.

1618 Lill, Johannes: Völkerfreundschaft im Kalten Krieg? Die politischen, kulturellen und ökonomischen Beziehungen der DDR zu Italien 1949–1973. Frankfurt a.M. 2001.

1619 Linderoth, Andreas: Kampen för erkännande. DDR's utrikespolitik gentemot Sverige 1949–1972. Lund 2002. Zugl.: Lund, Univ., Diss., 2002.

1620 Link, Werner: Die Entstehung des Moskauer Vertrages im Lichte neuer Archivalien. In: VfZ 49.2001,2, S. 295–315.

1621 Lucas, Hans-Dieter (Hrsg.): Genscher, Deutschland und Europa. Baden-Baden 2002.

1622 Malchow, Birgit (Hrsg.): Der Letzte macht das Licht aus. Wie DDR-Diplomaten das Jahr 1990 im Ausland erlebten. Berlin 1999.

1623 Maretzki, Hans: Kim-ismus in Nordkorea. Analyse des letzten DDR-Botschafters in Pjöngjang. Böblingen 1991.

1624 Meissner, Boris: Die deutsche Ostpolitik 1961–1970. Köln 1970.

1625 Meißner, Werner (Hrsg.): Die DDR und China 1949–1990. Politik-Wirtschaft-Kultur. Eine Quellensammlung, bearb. v. Anja Feege. Berlin 1995.

1626 Munro, Colin: The Acceptance of a Second German State. In: Birke, Adolf M./Heydemann, Günther (Hrsg.), unter Mitarbeit von Hermann Wentker: Großbritannien und Ostdeutschland seit 1918. München. 1992, S. 121–130.

1627 Muth, Ingrid: Die DDR-Außenpolitik 1949–1972. Inhalte, Strukturen, Mechanismen. Berlin 2000.

1628 Nakath, Detlef: Grundzüge und Entwicklungsetappen der DDR-Außenpolitik. In: Küchenmeister, Daniel/Nakath, Detlef/Stephan, Gerd-Rüdiger (Hrsg.): Abgegrenzte Weltoffenheit. Zur Außen- und Deutschlandpolitik der DDR. Schkeuditz 1999, S. 15–37.

1629 Neugebauer, Bernhard: DDR, UN-Politik. In: Volger, Helmut (Hrsg.): Lexikon der Vereinten Nationen. München/Wien 2000.

1630 Oldenburg, Fred: Eine endliche Geschichte. Zum Verhältnis DDR–UdSSR. In: Helwig, Gisela (Hrsg.): Rückblicke auf die DDR: Festschrift für Ilse-Spittmann-Rühle. Köln 1995, S. 163–174.

1631 Ostermann, Christian: Die USA und die DDR (1949–1989). In: Pfeil, Ulrich (Hrsg.): Die DDR und der Westen. Transnationale Beziehungen 1949–1989. Berlin 2001, S. 165–183.

1632 Özren, Can: Die Beziehungen beider deutscher Staaten zur Türkei 1945/49–1963. Politische und ökonomische Interessen im Zeichen der deutschen Teilung. Hamburg 1998.

1633 Pekelder, Jacco: Die Niederlande und die DDR. Bildformung und Beziehungen 1949–1989. Münster 2002.

1634 Pfeil Ulrich (2001a): Die DDR und Frankreich (1949–1973). In: Pfeil, Ulrich (Hrsg.): Die DDR und der Westen. Transnationale Beziehungen 1949–1989. Berlin 2001, S. 207–235.

1635 Pfeil, Ulrich (Hrsg.): Die DDR und der Westen. Transnationale Beziehungen 1949–1989. Berlin 2001.

1636 Pfeil, Ulrich (Hrsg.): La RDA et L'Occident (1949–1990). Asnières 2000.

1637 Plate, Bernard von: Die Außenpolitik und internationale Einordnung der DDR. In: Deutschland-Handbuch. Eine doppelte Bilanz 1949–1989. Hrsg. v. Werner Weidenfeld, Hartmut Zimmermann. Bonn 1989, S. 589–604.

1638 Pöthig, Charis: Italien und die DDR. Die politischen, ökonomischen und kulturellen Beziehungen von 1949 bis 1980. Frankfurt a.M. 2000.

1639 Putensen, Dörte: Im Konfliktfeld zwischen Ost und West. Finnland, der Kalte Krieg und die deutsche Frage (1947–1973). Berlin 2000.

1640 Rüdiger, Frank: Die DDR und Nordkorea. Der Wiederaufbau der Stadt Hamhung von 1954–1962. Aachen 1996.

1641 Sarotte, Mary Elise: Dealing with the devil. East Germany, détente, and Ostpolitik. 1969–1973. Chapel Hill, London 2001.

1642 Schäfer, Bernd: Der Vatikan in der DDR-Außenpolitik (1962–1989). In: Pfeil, Ulrich (Hrsg.): Die DDR und der Westen. Transnationale Beziehungen 1949–1989. Berlin 2001, 257–271.

1643 Schleicher, Ilona/Schleicher, Hans-Georg: Die DDR im südlichen Afrika: Solidarität und Kalter Krieg. Hamburg 1997.

1644 Schöllgen, Gregor: Die Außenpolitik der Bundesrepublik Deutschland – von den Anfängen bis zur Gegenwart. 2. Aufl. München 2001.

1645 Siebs, Benno-Eide: Die Außenpolitik der DDR 1976–1989. Strategien und Grenzen. Paderborn 1999.

1646 Spanger, Hans-Joachim/Brock, Lothar: Die beiden deutschen Staaten in der Dritten Welt. Die Entwicklungspolitik der DDR – eine Herausforderung für die Bundesrepublik Deutschland? Opladen 1987.

1647 Staack, Michael: Deutsche Außenpolitik in einem neuen internationalen System. München 2000.

1648 Stegmüller, Renate: Die Westpolitik der Deutschen Demokratischen Republik von 1949–1961. Ideologische Grundlagen, Strategie und Taktik in bezug auf England, Frankreich, Italien und Skandinavien. München, Univ., Diss., 1976.

1649 Timm, Angelika: DDR-Israel: Anatomie eines gestörten Verhältnisses. In: APuZ 1993,4, S. 46–54.

1650 Timm, Angelika: Ein ambivalentes Verhältnis: Juden in der DDR und der Staat Israel. In: Zuckerman, Moshe (Hrsg.): Zwischen Politik und Kultur: Juden in der DDR. Göttingen 2002, S. 17–33.

1651 Timm, Angelika: Hammer, Zirkel, Davidstern. Das gestörte Verhältnis der DDR zu Zionismus und dem Staat Israel. Bonn 1997.

1652 Veen, Hans-Joachim/Weilemann, Peter R. (Hrsg.): Die Westpolitik der DDR. Beziehungen der DDR zu ausgewählten westlichen Industriestaaten in den 70er und 80er Jahren. St. Augustin 1989.

1653 Wentker, Hermann: Die Außenpolitik der DDR. In: Neue Politische Literatur 46.2001,3, S. 389–411.

1654 Winkelmann, Egon: Moskau, das war's. Erinnerungen des DDR-Botschafters in der Sowjetunion 1981–1987. Berlin 1997.

1655 Wüstenhagen, Jana: »Blick durch den Vorhang«: Die SBZ/DDR und die Integration Westeuropas. Baden-Baden 2001.

25. Deutschlandpolitik und deutsch-deutsche Beziehungen

1656 Amos, Heike: Die Westpolitik der SED 1948/49 bis 1961. »Arbeit nach Westdeutschland« durch die Nationale Front, das Ministerium für Auswärtige Angelegenheiten und das Ministerium für Staatssicherheit. Berlin 1999.

1657 Auerbach, Thomas: Einsatzkommandos an der unsichtbaren Front. Terror- und Sabotagevorbereitungen des MfS gegen die Bundesrepublik Deutschland. Berlin 1999 (2. Aufl. 2001).

1658 Bahr, Egon: Zu meiner Zeit. München 1996.

1659 Bärwald, Helmut: Das Ostbüro der SPD 1946–1971. Kampf und Niedergang. Krefeld 1991.

1660 Barzel, Rainer: Die Tür blieb offen. Mein persönlicher Bericht über Ostverträge, Misstrauensvotum, Kanzlersturz. Bonn 1998.

1661 Bauerkämper, Arnd/Sabrow, Martin/Stöver, Bernd (Hrsg.): Doppelte Zeitgeschichte. Deutsch-deutsche Beziehungen 1945–1990. Bonn 1998.

1662 Bender, Peter: Die »Neue Ostpolitik« und ihre Folgen. Vom Mauerbau bis zur Vereinigung. München 1995.

1663 Bericht der Bundesregierung und Materialien zur Lage der Nation 1971/1972/1974. Hrsg. vom Bundesministerium für innerdeutsche Beziehungen, o.O. 1971–1974.

1664 Bibliographie zur Deutschlandpolitik 1941 bis 1974. Bearbeiter: Marie-Luise Goldbach, Werner John, Hannelore Nathan, Karlheinz Niclauß, Karl-Günter Schirrmeister, Albrecht Tyrell. Frankfurt a.M. 1975.

1665 Bibliographie zur Deutschlandpolitik 1975–1982. Bearb. v. Karsten Schröder. Frankfurt a.M. 1983.

1666 Blumenwitz, Dieter/Zieger, Gottfried (Hrsg.): Die deutsche Frage im Spiegel der Parteien. Köln 1989.

1667 Bohnsack, Günter/Brehmer, Herbert: Auftrag Irreführung. Wie die Stasi Politik im Westen machte. Hamburg 1992.

1668 Bohnsack, Günter: Hauptverwaltung Aufklärung. Die Legende stirbt. Berlin 1997.

1669 Booms, Hans (Hrsg.): Die Kabinettsprotokolle der Bundesregierung. Bd. II 1950. Bearb. von Ulrich Enders und Konrad Reiser. Boppard 1994.

1670 Borgmann, Reinhard/Staadt, Jochen: Deckname Markus: Zwei Top-Agentinnen im Herzen der Macht. Berlin 1998.

1671 Brandt, Willy: Begegnungen und Einsichten. Die Jahre 1960–1975. Hamburg 1976.

1672 Brandt, Willy: Erinnerungen. Mit den »Notizen zum Fall G.«. Berlin 1994.

1673 Bredow, Wilfried von: Der KSZE-Prozeß und die beiden deutschen Staaten. In: Materialien 1999. [43] Bd. VIII/1, S. 944–996.

1674 Brocke, Rudolf Horst: Deutschlandpolitische Positionen der Bundestagsparteien – Synopse. Erlangen 1985.

1675 Bruns, Wilhelm: Von der Deutschlandpolitik zur DDR-Politik? Opladen 1988.

1676 Bundesministerium für innerdeutsche Beziehungen (Hrsg.): Innerdeutsche Beziehungen. Die Entwicklung der Beziehungen zwischen der Bundesrepublik Deutschland und der Deutschen Demokratischen Republik 1980–1986. Bonn 1986.

1677 Bundesministerium für innerdeutsche Beziehungen (Hrsg.): Texte zur Deutschlandpolitik, Reihe III. Bonn 1.1982/83(1985)–8.1990(1991).

1678 Bundesministerium für innerdeutsche Beziehungen (Hrsg.): Zehn Jahre Deutschlandpolitik. Die Entwicklung der Beziehungen zwischen der Bundesrepublik Deutschland und der DDR 1969–1979. Bericht und Dokumentation. Bonn 1980.

1679 Buschfort, Wolfgang: Das Ostbüro der SPD. Von der Gründung bis zur Berlin-Krise. München 1991.

1680 Buschfort, Wolfgang: Parteien im Kalten Krieg. Die Ostbüros von SPD, CDU und FDP. Berlin 2000.

1681 Cammann, Alexander: Innovation und Illusion. Das SPD-SED-Papier von 1987 als Form intellektueller Politik. In: Vorgänge 40.2001,4, S. 28–40.

1682 Deuerlein, Ernst/Bracher, Karl Dietrich/Jacobsen, Hans-Adolf (wissenschaftliche Leitung): Dokumente zur Deutschlandpolitik. Frankfurt a.M. 1961 ff.

1683 Ehmke, Horst: Mittendrin. Von der Großen Koalition zur Deutschen Einheit. Berlin 1994.

1684 Engelmann, Roger/Enker, Paul: Annäherung und Abgrenzung. Aspekte deutsch-deutscher Beziehungen 1956–1969. München 1993.

1685 Finn, Gerhard: Nichtstun ist Mord. Die Kampfgruppe gegen Unmenschlichkeit. Bad Münstereifel 2000.

1686 Fischer, Frank: »Im deutschen Interesse«. Die Ostpolitik der SPD von 1969 bis 1989. Husum 2001.

1687 Fröhlich, Manuel: Sprache als Instrument politischer Führung. Helmut Kohls Berichte zur Lage der Nation im geteilten Deutschland. München 1997.

1688 Fröhlich, Stefan: »Auf den Kanzler kommt es an«: Helmut Kohl und die deutsche Außenpolitik. Persönliches Regiment und Regierungshandeln vom Amtsantritt bis zur Wiedervereinigung. Paderborn 2001.

1689 Gaus, Günter: Wo Deutschland liegt. Eine Ortsbestimmung. München 1986.

1690 Glaab, Manuela: Deutschlandpolitik in der öffentlichen Meinung. Einstellungen und Regierungspolitik in der Bundesrepublik Deutschland 1949 bis 1989. Opladen 1999.

1691 Gössner, Rolf: Die vergessenen Justizopfer des Kalten Kriegs. Hamburg 1994.

1692 Gros, Jürgen: Politikgestaltung im Machtdreieck Partei, Fraktion, Regierung. Zum Verhältnis von CDU-Parteiführungsgremien, Unionsfraktion und Bundesregierung 1982–1989 an den Beispielen der Finanz-, Deutschland- und Umweltpolitik. Berlin 1998.

1693 Gröschel, Roland: »Immer in Bewegung«. Einblicke in die Geschichte des Deutschen Bundesjugendringes 1949–1999. Münster 1999.

1694 Grosser, Dieter/Bierling, Stephan/Neuss, Beate (Hrsg.): Bundesrepublik und DDR 1969–1990. Stuttgart 1996.

1695 Großmann, Werner: Bonn im Blick. Die DDR-Aufklärung aus der Sicht ihres letzten Chefs. Berlin 2001.

1696 Guillaume, Günter: Die Aussage. Wie es wirklich war. München 1990.

1697 Hacke, Christian: Die Außenpolitik der Bundesrepublik Deutschland. Weltmacht wider Willen? aktual. u. erw. Neuaufl. Berlin 1997.

1698 Hacker, Jens: Deutsche Irrtümer. Schönfärber und Helfershelfer der SED-Diktatur im Westen. Berlin/Frankfurt a.M. 1992 (aktual. Taschenbuchausg. 1994).

1699 Hacker, Jens: Die Deutschland-Politik der SPD/FDP-Koalition 1969–1982. In: Materialien 1995 [42] Bd. V/2, S. 1489–1542.

1700 Hacker, Jens: Kontinuitäten und Diskontinuitäten in den innerdeutschen Beziehungen der siebziger und achtziger Jahre – Positionen. In: März, Peter (Hrsg.): 40 Jahre Zweistaatlichkeit in Deutschland. Eine Bilanz. München 1999, S. 241–284.

1701 Haendcke-Hoppe, Maria/Lieser-Triebnigg, Erika (Hrsg.): 40 Jahre innerdeutsche Beziehungen. Berlin 1990.

1702 Hagemann, Frank: Der Untersuchungsausschuss Freiheitlicher Juristen 1949–1969. Frankfurt a.M. 1994.

1703 Hahn, Erich: SED und SPD. Ein Dialog. Ideologie-Gespräche zwischen 1984 und 1989. Berlin 2002.

1704 Hannover, Heinrich: Die Republik vor Gericht. 1954–1974. Erinnerungen eines unbequemen Rechtsanwaltes. Berlin 1998.

1705 Herbstritt, Georg/Müller-Enbergs, Helmut (Hrsg.): Das Gesicht dem Westen zu … DDR-Spionage gegen die Bundesrepublik Deutschland. Bremen 2003.

1706 Herms, Michael/Popp, Karla: Westarbeit der FDJ 1946 bis 1989. Eine Dokumentation. Berlin 1997.

1707 Herms, Michael: Hinter den Linien. Westarbeit der FDJ 1945–1956. Berlin 2001.

1708 Hoerning, Erika M.: Zwischen den Fronten. Berliner Grenzgänger und Grenzhändler 1948–1961. Köln/Weimar/Wien 1992.

1709 Hofmann, Jürgen/Nakath, Detlef (Hrsg.): Konflikt – Konfrontation – Kooperation. Deutsch-deutsche Beziehungen in vierzig Jahren Zweistaatlichkeit. Schkeuditz 1998.

1710 Horchem, Hans Josef: Auch Spione werden pensioniert. München 1994.

1711 Hübsch, Reinhard/Frölich, Jürgen: Deutsch-deutscher Liberalismus im Kalten Krieg. Zur Deutschlandpolitik der Liberalen 1945–1970. Potsdam 1997.

1712 Knabe, Hubertus: Der diskrete Charme der DDR. Stasi und Westmedien. Berlin/München 2001.

1713 Knabe, Hubertus: Die unterwanderte Republik. Stasi im Westen. Berlin 1999.

1714 Knabe, Hubertus: Westarbeit des MfS. Das Zusammenspiel von »Aufklärung« und »Abwehr«. Berlin 1999.

1715 Korte, Karl-Rudolf: Deutschlandpolitik in Helmut Kohls Kanzlerschaft. Regierungsstil und Entscheidungen 1982–1989. Stuttgart 1998 (= Geschichte der deutschen Einheit Bd. 1).

1716 Krabbe, Wolfgang R.: »Was für ein Deutschland soll das zukünftige Deutschland sein?« Die Jugend und die Frage der Wiedervereinigung (1945–1972). Münster 1998.

1717 Kubina, Michael: »Was in dem einen Teil verwirklicht werden kann mit Hilfe der Roten Armee, wird im anderen Teil Kampffrage sein.« Zum Aufbau des zentralen Westapparates der KPD/SED 1945–1949. In: Wilke, Manfred (Hrsg.): Die Anatomie der Parteizentrale. Die KPD/SED auf dem Weg zur Macht. Berlin 1998, S. 413–500.

1718 Küchenmeister, Daniel/Nakath, Detlef (Hrsg.): Architekt und Brückenbauer. Gedanken Ostdeutscher zum 80. Geburtstag von Egon Bahr. Bonn 2002.

1719 Küchenmeister, Daniel/Nakath, Detlef/Stephan, Gerd-Rüdiger (Hrsg.): Berlin – Bonn – Moskau. Das Dreiecksverhältnis zwischen neuer Ostpolitik und deutscher Einheit. Potsdam 2001.

1720 Kunze, Gerhard: Grenzerfahrungen. Kontakte und Verhandlungen zwischen dem Land Berlin und der DDR 1949–1989. Berlin 1999.

1721 Kuppe, Johannes: Vergleich der sowjetischen und der DDR-Außenpolitik unter besonderer Berücksichtigung der Frage nach dem Spielraum der DDR-Deutschlandpolitik. München 1977.

1722 Lehmstedt, Mark/Lokatis, Siegfried (Hrsg.): Das Loch in der Mauer. Der innerdeutsche Literaturaustausch. Wiesbaden 1997.

1723 Leisler-Kiep, Walther: Was bleibt ist große Zuversicht. Erfahrungen eines Unabhängigen. Ein politisches Tagebuch. Berlin/Wien 1999.

1724 Lemke, Michael: Die infiltrierte Sammlung. Ziele, Methoden und Instrumente der SED in der Bundesrepublik 1949–1957. In: Mayer, Tilman (Hrsg.): »Macht das Tor auf«. Berlin 1996, S. 176–234.

1725 Lemke, Michael: Einheit oder Sozialismus? Die Deutschlandpolitik der SED 1949–1961. Köln/Weimar/Wien 2001.

1726 Link, Werner: Die Deutschlandpolitik der Bundesregierung Erhard und der Großen Koalition. In: Materialien 1995 [42], Bd. V/2, S. 1676–1743.

1727 Martin, Ernst: Zwischenbilanz. Deutschlandpolitik der 80er Jahre, Stuttgart 1986.

1728 Maruhn, Jürgen/Wilke, Manfred (Hrsg.): Die verführte Friedensbewegung. Der Einfluss des Ostens auf die Nachrüstungsdebatte. München 2001.

1729 Materialien zum Bericht zur Lage der Nation im geteilten Deutschland 1987. Hrsg. vom Bundesministerium für innerdeutsche Beziehungen. o. O. 1987.

1730 Merseburger, Peter: Willy Brandt 1913–1992. Stuttgart 2002.

1731 Merz, Kai-Uwe: Kalter Krieg als antikommunistischer Widerstand. Die Kampfgruppe gegen Unmenschlichkeit 1948–1959. München 1987.

1732 Mönnighoff, Martin: »Hettstedt ruft Münster!« »Westarbeit« der Sozialistischen Einheitspartei Deutschlands im Bezirk Halle und in Nordrhein-Westfalen (1956–1970). Münster 1998.

1733 Müller, Peter F./Müller, Michael: Gegen Freund und Feind. Der BND. Geheime Politik und schmutzige Geschäfte. Reinbek 2002.

1734 Nakath, Detlef (Hrsg.): Deutschlandpolitiker der DDR erinnern sich. Berlin 1995.

1735 Nakath, Detlef/Stephan, Gerd-Rüdiger (Hrsg.): Die Häber-Protokolle. Schlaglichter der SED-Westpolitik 1973–1985. Berlin 1999.

1736 Nakath, Detlef/Stephan, Gerd-Rüdiger: Das Dreiecksverhältnis Bonn – Moskau – Ost-Berlin. Aspekte der sowjetischen Einflußnahme auf die deutsch-deutschen Beziehungen in den siebziger und achtziger Jahren. Berlin 1999 (= Hefte zur DDR-Geschichte; 56).

1737 Nakath, Detlef/Stephan, Gerd-Rüdiger (Hrsg.): Countdown zur deutschen Einheit: Eine dokumentierte Geschichte der deutsch-deutschen Beziehungen 1987–1990. Berlin 1996.

1738 Nakath, Detlef/Stephan, Gerd-Rüdiger: Von Hubertusstock nach Bonn. Eine dokumentierte Geschichte der deutsch-deutschen Beziehungen auf höchster Ebene 1980–1987. Berlin 1995.

1739 Nakath, Detlef: Das Dreieck Bonn – Ost-Berlin – Moskau. Zur sowjetischen Einflussnahme auf die Gestaltung der deutsch-deutschen Beziehungen (1969–1982). In: Pfeil, Ulrich (Hrsg.): Die DDR und der Westen. Transnationale Beziehungen 1949–1989. Berlin 2001, S. 99–115.

1740 Nakath, Detlef: Deutsch-deutsche Grundlagen. Zur Geschichte der politischen und wirtschaftlichen Beziehungen zwischen der DDR und der Bundesrepublik in den Jahren von 1969 bis 1982. Schkeuditz 2002.

1741 Nakath, Detlef: Die Verhandlungen zum deutsch-deutschen Grundlagenvertrag 1972. Zum Zusammenwirken von SED-Politbüro und DDR-Außenministerium bei den Gesprächen mit der BRD. Berlin 1993.

1742 Nawrocki, Joachim: Die Beziehungen zwischen den beiden Staaten in Deutschland. Entwicklungen, Möglichkeiten und Grenzen. 2., erg. Aufl. Berlin 1988.

1743 Neubert, Harald: Wie kam es zum Gemeinsamen Dokument von SED und SPD »Der Streit der Ideologien und die gemeinsame Sicherheit« im Jahre 1987 und welche Bedeutung kommt ihm zu? Berlin 1994 (= Hefte zur DDR-Geschichte; 18).

1744 Niederstadt, Jenny: »Erbitten Anweisung!« Die West-Berliner SEW und ihre Tageszeitung »Die Wahrheit« auf SED-Kurs. Berlin 1999 (= Schriftenreihe des Berliner Landesbeauftragten für die Unterlagen des Staatssicherheitsdienstes der ehemaligen DDR; Bd. 9).

1745 Nitz, Jürgen: Unterhändler zwischen Berlin und Bonn. Zur Geschichte der deutsch-deutschen Geheimdiplomatie in den 80er Jahren. Berlin 2001.

1746 Nollau, Günther: Das Amt. 50 Jahre Zeuge der Geschichte. München 1978.

1747 Oldenburg, Fred: Das Dreieck Moskau – Ost-Berlin – Bonn. 1975–1989. Aus den Akten des SED-Archivs. Köln 1994.

1748 Otto, Wilfriede/Buschfort, Wolfgang: Zwischen Mauerbau und Mauerfall. Spannungsfeld 13. August 1961. Die Schicksale der Ostbüros von SPD, CDU und FDP. Berlin 2001.

1749 Posser, Diether: Anwalt im Kalten Krieg. Ein Stück deutscher Geschichte in politischen Prozessen 1951–1968. 3. Aufl. Baden-Baden 1999.

1750 Potthoff, Heinrich: Bonn und Ost-Berlin 1969–1982. Dialog auf höchster Ebene und vertrauliche Kanäle. Darstellung und Dokumente. Berlin 1997.

1751 Potthoff, Heinrich: Das deutsch-deutsche Verhältnis in den 70er und 80er Jahren. In: März, Peter (Hrsg.): 40 Jahre Zweistaatlichkeit in Deutschland. Eine Bilanz. München 1999, S. 215–239.

1752 Potthoff, Heinrich: Die »Koalition der Vernunft«. Deutschlandpolitik in den achtziger Jahren. München 1995.

1753 Potthoff, Heinrich: Im Schatten der Mauer. Deutschlandpolitik 1961 bis 1990. Berlin 1999.

1754 Pötzl, Norbert F.: Basar der Spione. Die geheimen Missionen des Unterhändlers Wolfgang Vogel. Hamburg 1997.

1755 Reißig, Rolf: Dialog durch die Mauer. Die umstrittene Annäherung von SPD und SED. Mit einem Nachwort von Erhard Eppler. Frankfurt a.M./New York 2002.

1756 Ristock, Harry: Neben dem roten Teppich. Begegnungen, Erfahrungen und Visionen eines Politikers. Berlin 1991.

1757 Roos, Sören: Das Wiedervereinigungsgebot des Grundgesetzes in der deutschen Kritik zwischen 1982 und 1989. Berlin 1996.

1758 Rosskopf, Annette: Friedrich Karl Kaul. Anwalt im geteilten Deutschland (1906–1981). Berlin 2002.

1759 Sarotte, Mary Elise: Dealing with the devil. East Germany, détente, and Ostpolitik. 1969–1973. Chapel Hill/London 2001.

1760 Schalck-Golodkowski, Alexander: Deutsch-deutsche Erinnerungen. Reinbek bei Hamburg 2000.

1761 Schmidt, Wolfgang: Kalter Krieg, Koexistenz und kleine Schritte. Willy Brandt und die Deutschlandpolitik 1948–1963. Wiesbaden 2001.

1762 Seidel, Karl: Berlin-Bonner Balance. 20 Jahre deutsch-deutsche Beziehungen. Erinnerungen und Erkenntnisse eines Beteiligten. Berlin 2002.

1763 Siebenmorgen, Peter: »Staatssicherheit« der DDR. Der Westen im Fadenkreuz der Stasi. Bonn 1993.

1764 Staadt, Jochen: Dem Westen zugewandt. Die Deutschlandpolitik der SED 1971–1989. Berlin 1999.

1765 Staadt, Jochen: Die geheime Westpolitik der SED 1960–1970. Von der gesamtdeutschen Orientierung zur sozialistischen Nation. Berlin 1993.

1766 Tauschler, Daniela: Vor neuen Herausforderungen. Die außen- und deutschlandpolitische Debatte in der CDU/CSU-Fraktion während der Großen Koalition (1966–1969). Düsseldorf 2001.

1767 Uschner, Manfred: Die Ostpolitik der SPD. Sieg und Niederlage einer Strategie. Berlin 1991.

1768 Vogtmeier, Andreas: Egon Bahr und die deutsche Frage. Zur Entwicklung der sozialdemokratischen Ost- und Deutschlandpolitik vom Kriegsende bis zur Vereinigung. Bonn 1996.

1769 Wagner, Helmut: Schöne Grüße aus Pullach. Operationen des BND gegen die DDR. Berlin 2001.

1770 Wagner, Walter (Hrsg.): Hochverrat und Staatsgefährdung. Urteile des Bundesgerichtshofes. Karlsruhe 1957.

1771 Walwei-Wiegelmann, Hedwig (Hrsg.): Die Wunde namens Deutschland. Ein Lesebuch zur deutschen Teilung. Freiburg/Heidelberg 1981.

1772 Weidenfeld, Werner (Hrsg.): Politische Kultur und deutsche Frage. Köln 1989.

1773 Weizsäcker, Richard von: Erinnerungen. Berlin 1997.

1774 Westphal, Heinz: Ungefährdet ist die Demokratie nie. Erlebnisse und Erfahrungen mit deutscher Zeitgeschichte. Düsseldorf 1994.

1775 Whitney, Craig R.: Advocatus Diaboli. Wolfgang Vogel – Anwalt zwischen Ost und West. Berlin 1993.

1776 Wolff, Friedrich: Verlorene Prozesse. Meine Verteidigungen in politischen Verfahren. Baden-Baden 1999.

1777 Zimmer, Matthias: Nationales Interesse und Staatsräson: Zur Deutschlandpolitik der Regierung Kohl 1982–1989. Paderborn u.a. 1992.

26. Deutsche Einheit

1778 Albrecht, Ulrich: Die Abwicklung der DDR. Die »2 + 4-Verhandlungen«. Ein Insider-Bericht. Opladen 1992.

1779 Altenhof, Ralf/Jesse, Eckhard (Hrsg.): Das wiedervereinigte Deutschland. Zwischenbilanz und Perspektiven. Düsseldorf 1995.

1780 Auf dem Weg zur deutschen Einheit I. Deutschlandpolitische Debatten im Deutschen Bundestag vom 28. November 1989 bis zum 8. März 1990. Bonn 1990.

1781 Auf dem Weg zur deutschen Einheit II. Deutschlandpolitische Debatten im Deutschen Bundestag vom 30. März bis zum 10. Mai 1990. Bonn 1990.

1782 Auf dem Weg zur deutschen Einheit III. Deutschlandpolitische Debatten im Deutschen Bundestag vom 23. Mai bis zum 21. Juni 1990 mit Beratungen der Volkskammer der DDR zum Staatsvertrag über die Schaffung einer Währungs-, Wirtschafts- und Sozialunion und zur polnischen Westgrenze. Bonn 1990.

1783 Baker, James: Drei Jahre, die die Welt veränderten. Berlin 1996.

1784 Becker, Josef (Hrsg.): Wiedervereinigung in Mitteleuropa. Außen- und Innensichten zur staatlichen Einheit Deutschlands. München 1992.

1785 Beschloss, Michael R./Talbot, Strobe: Auf höchster Ebene. Das Ende des Kalten Krieges und die Geheimdiplomatie der Supermächte 1989–1991. Düsseldorf 1993.

1786 Bialas, Wolfgang: Vom unfreien Schweben zum freien Fall. Ostdeutsche Intellektuelle im gesellschaftlichen Umbruch. Frankfurt a.M. 1996.

1787 Biermann, Rafael: Zwischen Kreml und Kanzleramt. Wie Moskau mit der deutschen Einheit rang. Paderborn 1997.

1788 Bortfeldt, Heinrich: Washington – Bonn – Berlin. Die USA und die deutsche Einheit. Bonn 1993.

1789 Bracher, Karl Dietrich: Wendezeiten der Geschichte. Historisch-politische Essays 1987–1992. Stuttgart 1992.

1790 Brand, Christoph-Matthias: Souveränität für Deutschland. Grundlagen, Entstehungsgeschichte und Bedeutung des Zwei-plus-Vier-Vertrages vom 12. September 1990. Köln 1993.

1791 Bruck, Elke/Wagner, Peter M. (Hrsg.): Wege zum »2 + 4«-Vertrag. Die äußeren Aspekte der deutschen Einheit. München 1996.

1792 Bruns, Wilhelm: Die äußeren Aspekte der deutschen Einigung. Bonn 1990.

1793 Bruyn, Günter de: Jubelschreie, Trauergesänge. Deutsche Befindlichkeiten. Frankfurt a.M. 1994.

1794 Colschen, Lars C./Hoyer, Daniel von/Weigl, Michael: Profis hinter den Kulissen. Bürokratische Regime im internationalen Prozess zur deutschen Einheit. München 2002.

1795 Czichon, Eberhard/Marohn, Heinz: Das Geschenk. Die DDR im Perestroika-Ausverkauf. Köln 1999.

1796 Deutsche Außenpolitik 1990/91. Auf dem Weg zu einer europäischen Friedensordnung. Eine Dokumentation. Hrsg. v. Auswärtiges Amt. München 1991.

1797 Deutsche Einheit. Sonderedition aus den Akten des Bundeskanzleramtes 1989/90. Bearbeitet von Hanns Jürgen Küsters und Daniel Hoffmann. München 1998.

1798 Deutschland im weltpolitischen Umbruch. Studien zur Deutschlandfrage. Berlin 1993.

1799 Die Verträge zur Einheit Deutschlands. Staatsvertrag, Einigungsvertrag mit Anlagen, Wahlvertrag, Zwei-plus-Vier-Vertrag, Partnerschaftsverträge. Textausgabe mit Sachverzeichnis und einer Einführung von Professor Dr. Ingo Münch. 2. Aufl. München 1992.

1800 Diwald, Hellmut: Deutschland einig Vaterland. Geschichte unserer Gegenwart. Berlin/Frankfurt a.M. 1990.

1801 Eckart, Karl/Hacker, Jens/Mampel, Siegfried (Hrsg.): Wiedervereinigung Deutschlands. Festschrift zum 20jährigen Bestehen der Gesellschaft für Deutschlandforschung. Berlin 1998.

1802 Eisen, Andreas/Wollmann, Hellmut (Hrsg.): Institutionenbildung in Ostdeutschland zwischen externer Steuerung und Eigendynamik. Opladen 1996.

1803 Falin, Valentin: Konflikt im Kreml. Zur Vorgeschichte der deutschen Einheit und Auflösung der Sowjetunion. München 1997.

1804 Falin, Valentin: Politische Erinnerungen. München 1993.

1805 Fieber, Hans-Joachim/Preußler, Michael (Hrsg.): Deutsche Orientierungen. Deutschlandpolitische Dokumente und Materialien seit Oktober 1989. Berlin 1990.

1806 Fischer, Alexander/Haendcke-Hoppe-Arndt, Maria (Hrsg.): Auf dem Weg zur Realisierung der Einheit Deutschlands. Berlin 1992.

1807 Fischer, Angela: Entscheidungsprozess zur deutschen Wiedervereinigung. Der außen- und deutschlandpolitische Entscheidungsprozeß der Koalitionsregierung Kohl/Genscher in den Schicksalsjahren 1989/1990. Frankfurt a.M. 1996.

1808 Fritsch-Bournazel, Renata: Europa und die deutsche Einheit. Bonn 1990.

1809 Garthoff, Raymond L.: The Great Transition. American-Soviet Relations and the End of the Cold War. Washington D.C. 1994.

1810 Geiser, Klaus: Kommunalverfassung der Länder Mecklenburg-Vorpommern, Brandenburg, Sachsen-Anhalt, Sachsen und Thüringen mit Wahlgesetz und Ländereinführungsgesetz. Textsammlung mit Einführung. Regensburg 1990.

1811 Genscher, Hans-Dietrich: Erinnerungen. Berlin 1995.

1812 Genscher, Hans-Dietrich: Unterwegs zur Einheit. Reden und Dokumente aus bewegter Zeit. Berlin 1991.

1813 Glaeßner, Gert-Joachim: Der lange Weg zur Einheit. Studien zum Transformationsprozeß in Ostdeutschland. Berlin 1993.

1814 Glaeßner, Gert-Joachim: Der schwierige Weg zur Demokratie. Vom Ende der DDR zur deutschen Einheit. Opladen 1991 (2., durchges. Aufl. 1992).

1815 Gorbatschow, Michail: Das gemeinsame Haus Europa und die Zukunft der Deutschen. Mit Beiträgen sowjetischer Wissenschaftler und Politiker. Erw. Neuaufl. Düsseldorf 1990.

1816 Gorbatschow, Michail: Gipfelgespräche. Geheime Protokolle aus meiner Amtszeit. Berlin 1993.

1817 Gorbatschow, Michail: Wie es war. Berlin 1999.

1818 Gransow, Volker/Jarausch, Konrad H. (Hrsg.): Die deutsche Vereinigung. Dokumente zu Bürgerbewegung, Annäherung und Beitritt. Köln 1991.

1819 Grosser, Dieter: Das Wagnis der Währungs-, Wirtschafts- und Sozialunion. Politische Zwänge im Konflikt mit ökonomischen Regeln. Stuttgart 1998 (= Geschichte der deutschen Einheit Bd. 2).

1820 Guggenberger, Bernd/Stein, Tine (Hrsg.): Die Verfassungsdiskussion im Jahr der deutschen Einheit. Analysen – Hintergründe – Materialien. München/Wien 1991.

1821 Hancock, M. Donald/Welsh, Helga A. (Hrsg.): German Unification. Process and Outcomes. Boulder 1994.

1822 Haus der Geschichte der Bundesrepublik Deutschland/Zeitgeschichtliches Forum (Hrsg.): Der Weg zur Wiedervereinigung: wissenschaftliches Symposion am 29. November 1999. Berlin 2000.

1823 Heisenberg, Wolfgang (Hrsg.): Die Vereinigung Deutschlands in europäischer Perspektive. Baden-Baden 1992.

1824 Helmut Kohl.»Ich wollte Deutschlands Einheit«. Dargest. von Kai Diekmann u. Ralf Georg Reuth. Berlin 1996.

1825 Huelshoff, Michael G./Markovits, Andrei S./Reich, Simon (Hrsg.): From Bundesrepublik to Deutschland. German Politics after Unification. Ann Arbor 1993.

1826 Hutchings, Robert L.: Als der Kalte Krieg zu Ende war. Ein Bericht aus dem Innern der Macht. Berlin 1999.

1827 Isensee, Josef/Kirchhof, Paul (Hrsg.): Handbuch des Staatsrechts der Bundesrepublik Deutschland VIII. Die Einheit Deutschlands. Entwicklung und Grundlagen. Heidelberg 1995.

1828 Jäger, Wolfgang (in Zusammenarbeit mit Michael Walter): Die Überwindung der Teilung. Der innerdeutsche Prozeß der Vereinigung 1989/90. Stuttgart 1998 (= Geschichte der deutschen Einheit Bd. 3).

1829 James, Harold/Stone, Marla (Hrsg.): When the Wall Came Down. Reactions to German Unification. New York 1992.

1830 Jarausch, Konrad H.: Die unverhoffte Einheit 1989/1990. Frankfurt a.M. 1995.

1831 Jesse, Eckhard/Mitter, Armin (Hrsg.): Die Gestaltung der deutschen Einheit. Geschichte – Politik – Gesellschaft. Bonn 1992.

1832 Jesse, Eckhard: Der innenpolitische Weg zur deutschen Einheit. Zäsuren einer atemberaubenden Entwicklung. In: Jesse, Eckhard/Mitter, Armin (Hrsg.): Die Gestaltung der deutschen Einheit. Geschichte – Politik – Gesellschaft. Bonn 1992, S. 111–141.

1833 John, Antonius: Rudolf Seiters. Einsichten in Amt, Person und Ereignis. Bonn 1991.

1834 Kaase, Max/Eisen, Andreas u.a. (Hrsg.): Politisches System. Opladen 1996.

1835 Kaiser, Karl: Deutschlands Vereinigung. Die internationalen Aspekte. Mit den wichtigsten Dokumenten. Bergisch Gladbach 1991.

1836 Kaufmann, Robert: Bundesstaat und Deutsche Einheit. Die historischen, politischen und rechtlichen Voraussetzungen der Föderalisierung der ehemaligen DDR und die Auswirkungen ihres Beitritts auf den Bundesstaat unter dem Grundgesetz. Heidelberg 1992.

1837 Kiessler, Richard/Elbe, Frank: Ein runder Tisch mit scharfen Ecken. Der diplomatische Weg zur deutschen Einheit. Baden-Baden 1993.

1838 Klein, Eckart (Hrsg.): Die Rolle des Bundesrates und der Länder im Prozeß der deutschen Einheit. Berlin 1998.

1839 Klein, Hans: Es begann im Kaukasus. Der entscheidende Schritt in die Einheit Deutschlands. Berlin/Frankfurt a.M. 1991.

1840 Kocka, Jürgen: Vereinigungskrise. Zur Geschichte der Gegenwart. Göttingen 1995.

1841 Kolboom, Ingo: Vom geteilten zum vereinten Deutschland. Deutschland-Bilder in Frankreich. Bonn 1991.

1842 König, Klaus/Messmann, Volker: Organisations- und Personalprobleme der Verwaltungstransformation in Deutschland. Baden-Baden 1995.

1843 König, Klaus: Zur Transformation einer real-sozialistischen Verwaltung in eine klassisch-europäische Verwaltung. Speyer 1991.

1844 Korte, Karl-Rudolf/Zimmer, Matthias: Der Weg zur deutschen Einheit. Sankt Augustin 1994.

1845 Korte, Karl-Rudolf: Die Chance genutzt? Die Politik zur Einheit Deutschlands. Frankfurt a.M./New York 1994.

1846 Kotschemassow, Wjatscheslaw: Meine letzte Mission. Fakten, Erinnerungen, Überlegungen. Berlin 1994.

1847 Kuhn, Ekkehard: Gorbatschow und die deutsche Einheit. Aussagen der wichtigsten russischen und deutschen Beteiligten. Bonn 1993.

1848 Liebert, Ulrike/Merkel, Wolfgang (Hrsg.): Die Politik zur deutschen Einheit. Probleme, Strategien, Kontroversen. Opladen 1991.

1849 Loth, Wilfried: Die Sowjetunion und das Ende der DDR. In: Jarausch, Konrad H./Sabrow, Martin (Hrsg.): Weg in den Untergang. Der innere Zerfall der DDR, Göttingen 1999, S. 119–152.

1850 Löw, Konrad (Hrsg.): Zehn Jahre deutsche Einheit. Berlin 2001.

1851 Luft, Christa: Zwischen Wende und Ende. Eindrücke, Erlebnisse, Erfahrungen eines Mitglieds der Modrow-Regierung. Berlin 1991.

1852 Maier, Charles S.: Across the Wall. Revolution and Reunification of Germany. Princeton 1995.

1853 Maizière, Lothar de: Anwalt der Einheit. Ein Gespräch mit Christine de Maizière. Berlin 1996.

1854 Meissner, Boris: Auf dem Wege zur Wiedervereinigung Deutschlands und zur Normalisierung der deutsch-russischen Beziehungen. Ausgewählte Beiträge. Berlin 2001.

1855 Merkel, Peter: German Unification in a European Context. University Park, Pa. 1993.

1856 Mommsen, Wolfgang J.: Auf dem Weg zur Einheit. Wirtschaft, Politik, Gewerkschaften im deutsch-deutschen Einigungsprozeß. Köln 1990.

1857 Münch, Ingo von (Hrsg.): Die Verträge zur Einheit Deutschlands. München 1990.

1858 Münch, Ingo von (Hrsg.): Dokumente der Wiedervereinigung Deutschlands. Quellentexte zum Prozeß der Wiedervereinigung von der Ausreisewelle aus der DDR über Ungarn, die ČSSR und Polen im Spätsommer 1989 bis zum Beitritt der DDR zum Geltungsbereich des Grundgesetzes der Bundesrepublik Deutschland im Oktober 1990. Stuttgart 1991.

1859 Murswiek, Dietrich/Schwarz, Jürgen/Seiffert, Wolfgang/Uschakow, Alexander (Hrsg.): Die Vereinigung Deutschlands. Aspekte innen-, außen- und wirtschaftspolitischer Beziehungen und Bindungen. Berlin 1992.

1860 Nassmacher, Hiltrud/Niedermayer, Oskar/Wollmann, Hellmut (Hrsg.): Politische Strukturen im Umbruch. Berlin 1994.

1861 Offe, Claus: Der Tunnel am Ende des Lichts: Erkundungen der politischen Transformation im Neuen Osten. Frankfurt a.M./New York 1994.

1862 Oldenburg, Fred: Moskau und die Wiedervereinigung Deutschlands. Köln 1991 (= Berichte des Bundesinstituts für Ostwissenschaftliche und Internationale Studien; 1991,38).

1863 Plato, Alexander von: Die Vereinigung Deutschlands – ein weltpolitisches Machtspiel. Bush, Kohl, Gorbatschow und die geheimen Moskauer Protokolle. Berlin 2002.

1864 Pond, Elizabeth: After the Wall. American Policy toward Germany. New York 1990.

1865 Pond, Elizabeth: Beyond the Wall. Germany's Road to Unification, Washington 1993.

1866 Reißig, Rolf/Glaeßner, Gert-Joachim (Hrsg.): Das Ende eines Experiments. Umbruch in der DDR und deutsche Einheit. Berlin 1991.

1867 Reuth, Ralf Georg/Bönte, Andreas: Das Komplott. Wie es wirklich zur deutschen Einheit kam. München 1993.

1868 Saña, Heleno: Das Vierte Reich. Deutschlands später Sieg. Hamburg 1990.

1869 Schäuble, Wolfgang: Der Vertrag. Wie ich über die deutsche Einheit verhandelte. Hrsg. und mit einem Vorwort von Dirk Koch und Klaus Wirtgen. Stuttgart 1991.

1870 Schewardnadse, Eduard: Die Zukunft gehört der Freiheit. Reinbek 1991.

1871 Schluchter, Wolfgang/Quint, Peter E. (Hrsg.): Der Vereinigungsschock. Vergleichende Betrachtungen zehn Jahre danach. Weilerswist 2001.

1872 Schmid, Josef/Löbler, Frank/Tiemann, Heinrich (Hrsg.): Organisationsstrukturen und Probleme von Parteien und Verbänden. Bericht aus den neuen Ländern. Marburg 1994.

1873 Schroeder, Klaus: Der Preis der Einheit. Eine Bilanz. München/Wien 2000.

1874 Schwarz, Hans-Peter: Die Zentralmacht Europas. Deutschlands Rückkehr auf die Weltbühne. Berlin 1994.

1875 Seebacher-Brandt, Brigitte: Die Linke und die Einheit. Berlin 1991.

1876 Seibel, Wolfgang/Benz, Arthur/Mäding, Heinrich (Hrsg.): Verwaltungsreform und Verwaltungspolitik im Prozeß der deutschen Einigung. Baden-Baden 1993.

1877 Spittmann, Ilse/Helwig, Gisela (Hrsg.): Die DDR auf dem Weg zur deutschen Einheit. Probleme, Perspektiven, Offene Fragen. XXIII. Tagung zum Stand der DDR-Forschung in der Bundesrepublik Deutschland 5. bis 8. Juni 1990. Köln 1990.

1878 Stent, Angela E.: Russia and Germany reborn: Unification, the Soviet Collapse, and the New Europe. Princeton 1999.

1879 Stern, Klaus (Hrsg.): Deutsche Wiedervereinigung. Die Rechtseinheit. Arbeitskreis Staats- und Verfassungsrecht.
Bd. 1: Eigentum, Neue Verfassung, Finanzverfassung. Köln/Berlin 1991
Bd. 2: Zur Wiederherstellung der inneren Einheit. In Zusammenarbeit mit dem Arbeitskreis Verwaltungsrecht. Teil 1: Vermögensfragen, öffentlicher Dienst, Universitäten. Teil 2: Rundfunkrecht, Stasi-Akten, Wiedergutmachung, öffentliche und private Wirtschaft. Köln/Berlin 1992.

Bd. 3: Zur Entstehung von Landesverfassungen in den neuen Ländern der Bundesrepublik Deutschland. Köln/Berlin 1992.

1880 Stern, Klaus/Schmidt-Bleibtreu, Bruno (Hrsg.): Verträge und Rechtsakte zur Deutschen Einheit.

Bd. 1: Staatsvertrag zur Währungs-, Wirtschafts- und Sozialunion mit Vertragsgesetzen, Begründungen, Erläuterungen und Materialien. München 1990.

Bd. 2: Einigungsvertrag und Wahlvertrag mit Vertragsgesetzen, Begründungen, Erläuterungen und Materialien. München 1990.

Bd. 3: Zwei-plus-Vier-Vertrag, Partnerschaftsverträge, EG-Maßnahmepaket mit Begründungen und Materialien. München 1991.

1881 Szabo, Stephen F.: The Diplomacy of German Unification. New York 1992.

1882 Teltschik, Horst: 329 Tage. Innenansichten der Einigung. Berlin 1991.

1883 Thatcher, Margaret: Downing Street No. 10. Die Erinnerungen. Düsseldorf 1993.

1884 Trautmann, Günter (Hrsg.): Die häßlichen Deutschen? Deutschland im Spiegel der westlichen und östlichen Nachbarn. Darmstadt 1991.

1885 Trömmer, Markus: Der verhaltene Gang in die deutsche Einheit. Das Verhältnis zwischen den Oppositionsgruppen und der (SED-)PDS im letzten Jahr der DDR. Frankfurt a.M. 2002.

1886 Waigel, Theo/Schell, Manfred: Tage, die Deutschland und die Welt veränderten. Vom Mauerfall zum Kaukasus. Die deutsche Währungsunion. München 1994.

1887 Walters, Vernon A.: Die Vereinigung war voraussehbar. Hinter den Kulissen eines entscheidenden Jahres. Die Aufzeichnungen des amerikanischen Botschafters. Berlin 1994.

1888 Wegner, Manfred (Hrsg.): Die neuen Bundesländer in der EG. Baden-Baden 1993.

1889 Weidenfeld, Werner (Hrsg.): Die Deutschen und die Architektur des Europäischen Hauses. Materialien zu den Perspektiven Deutschlands. Köln 1990.

1890 Weidenfeld, Werner (in Zusammenarbeit mit Peter M. Wagner und Elke Bruck): Außenpolitik für die deutsche Einheit. Die Entscheidungsjahre 1989/90. Stuttgart 1998 (= Geschichte der deutschen Einheit Bd. 4).

1891 Weidenfeld, Werner: Außenpolitik für die deutsche Einheit. Die Entscheidungsjahre 1989/90. Stuttgart 1998.

1892 Wettig, Gerhard: The Soviet Union and German Unification. Köln 1990 (= Berichte des Bundesinstituts für Ostwissenschaftliche und Internationale Studien; 1990,38).

1893 Wiesenthal, Helmut: Die Transformation der DDR. Verfahren und Resultate. Gütersloh 1999.

1894 Wiesenthal, Helmut: Einheit als Interessenpolitik. Studien zur sektoralen Transformation Ostdeutschlands. Frankfurt a.M./New York 1995.

1895 Wollmann, Hellmut/Derlien, Hans-Ulrich u.a. (Hrsg.): Transformation der politisch-administrativen Strukturen in Ostdeutschland. Opladen 1997.

1896 Zippel, Wulfdiether (Hrsg.): Deutsch-deutsche Wirtschafts-, Währungs- und Sozialunion im Rahmen der Europäischen Gemeinschaften: Referate und Diskussionsberichte der Tagung des Arbeitskreises Europäische Integration e.V., 13.–15. September 1990 in Dresden. Baden-Baden 1991.

27. Geschichtswissenschaft, DDR-Forschung, Archive

1897 Bick, Wolfgang/Müller, Paul J.: Sozialwissenschaftliche Datenkunde für prozeß-produzierte Daten: Entstehungsbedingungen und Indikatorenqualität In: Bick, Wolfgang/Mann, Reinhard/Müller, Paul J. (Hrsg.): Sozialforschung und Verwaltungsdaten. Stuttgart 1984, S. 123–159.

1898 Brachmann, Botho: Archivwissenschaft. Theorieangebote und Möglichkeiten. In: Beck, Friedrich/Hempel, Wolfgang/Henning, Eckart (Hrsg.): Archivistica docet. Beiträge zur Archivwissenschaft und ihres interdisziplinären Umfelds. Potsdam 1999, S. 21–76.

1899 Brandt, Ahasver von: Werkzeug des Historikers. Eine Einführung in die Historischen Hilfswissenschaften. 15. Aufl. Stuttgart/Berlin/Köln 1998.

1900 Busse, Peter/Unverhau, Dagmar: Die Rolle der Archive in der politischen Auseinandersetzung um die »Aufarbeitung der Vergangenheit«. In: Archive und Geschichtsschreibung. Bern/Stuttgart/Wien 2001, S. 203–231 (= Studien und Quellen. Zeitschrift des Schweizerischen Bundesarchivs; 27).

1901 Creuzberger, Stefan (Hrsg.): Wohin steuert die Osteuropaforschung? Köln 2000.

1902 Deutschland Archiv. 30 Jahre Gesamtregister (1968–1997). Opladen 1998.

1903 Die Bestände der Stiftung Archiv der Parteien und Massenorganisationen der DDR im Bundesarchiv. Kurzübersicht, Stiftung Archiv der Parteien und Massenorganisationen der DDR im Bundesarchiv (Hrsg.). Berlin 1996.

1904 Ebenfeld, Stefan: Geschichte nach Plan? Die Instrumentalisierung der Geschichtswissenschaft in der DDR am Beispiel des Museums für Deutsche Geschichte in Berlin (1950 bis 1955). Marburg 2001.

1905 Eckert, Rainer/Faulenbach, Bernd (Hrsg.): Halbherziger Revisionismus. Zum postkommunistischen Geschichtsbild. München 1996.

1906 Eckert, Rainer/Kowalczuk, Ilko-Sascha/Poppe, Ulrike (Hrsg.): Wer schreibt die DDR-Geschichte? Ein Historikerstreit um Stellen, Strukturen, Finanzen und Deutungskompetenz. Berlin 1995.

1907 Eckert, Rainer/Kowalczuk, Ilko-Sascha/Stark, Isolde (Hrsg.): Hure oder Muse? Klio in der DDR. Dokumente und Materialien des Unabhängigen Historiker-Verbandes. Berlin 1994.

1908 Engelmann, Roger: Zum Wert der MfS-Akten. In: Materialien 1995 [42], Bd. VIII, S. 243–296.

1909 Faulenbach, Bernd: Konkurrenz der Vergangenheiten? Die Aufarbeitung des SED-Systems im Kontext der Debatte über die jüngere deutsche Geschichte. In: Stephan, Annegret (Hrsg.): 1945 bis 2000. Ansichten zur deutschen Geschichte. Opladen 2002, S. 17–32.

1910 Fischer, Alexander/Heydemann, Günther: Geschichtswissenschaft in der DDR. Bd. I: Historische Entwicklung, Theoriediskussion und Geschichtsdidaktik. Berlin 1988. Bd. II: Vor- und Frühgeschichte bis Neueste Geschichte. Berlin 1990.

1911 Gutachten zum Stand der DDR- und vergleichenden Deutschlandforschung. Erstattet vom Arbeitskreis für vergleichende Deutschlandforschung unter Vorsitz von Peter C. Ludz. 4 Bde. o. O. 1/2.1978–3/4.1978.

1912 Iggers, Georg G./Jarausch, Konrad H./Middell, Matthias/Sabrow, Martin (Hrsg.): Die DDR-Geschichtswissenschaft als Forschungsproblem. München 1998.

1913 Jarausch, Konrad H. (Hrsg.): Zwischen Parteilichkeit und Professionalität. Bilanz der Geschichtswissenschaft der DDR. Berlin 1991.

1914 Jarausch, Konrad H./Middell, Matthias (Hrsg.): Nach dem Erdbeben. (Re-)Konstruktion ostdeutscher Geschichte und Geschichtswissenschaft. Leipzig 1994.

1915 Kahlenberg, Friedrich P.: Anmerkungen zur Problematik der Quellen zur DDR-Geschichte. In: Kocka, Jürgen/Sabrow, Martin (Hrsg.): Die DDR als Geschichte. Fragen – Hypothesen – Perspektiven. Berlin 1994, S. 67–73.

1916 Kahlenberg, Friedrich P.: Archive, geschichtliche Erinnerung und Öffentlichkeit. Zur Entwicklung der staatlichen Archive in Deutschland seit der Einigung im Jahre 1990. In: Archive und Geschichtsschreibung. Bern/Stuttgart/Wien 2001, S. 179–201 (= Studien und Quellen. Zeitschrift des Schweizerischen Bundesarchivs; 27).

1917 Karlsch, Rainer/Schwärzel, Renate: Betriebsarchive in der DDR und Akten der Treuhand. In: Materialien 1999 [43], Bd. VI, S. 892–918.

1918 Kessler, Mario: Exilerfahrung in Wissenschaft und Politik. Remigrierte Historiker in der frühen DDR. Köln 2001.

1919 Kloth, Hans Michael: Unabhängige Archive und Materialien der Bürgerbewegungen. Der Stand von Erfassung, Hebung, Sicherung und Erschließung von Oppositionsdokumenten. In: Materialien 1999 [43], Bd. VI, S. 919–996.

1920 Kowalczuk, Ilko-Sascha (Hrsg.): Paradigmen deutscher Geschichtswissenschaft. Berlin 1994.

1921 Kowalczuk, Ilko-Sascha: Legitimation eines neuen Staates. Parteiarbeiter an der historischen Front. Geschichtswissenschaft in der SBZ/DDR 1945 bis 1961. Berlin 1997.

1922 Kuhrt, Eberhard/Löwis, Henning von: Griff nach der deutschen Geschichte. Erbeaneignung und Traditionspflege in der DDR. Paderborn/München 1988.

1923 Lindenberger, Thomas/Wildt, Michael: Radikale Pluralität. Geschichtswerkstätten als praktische Wissenschaftskritik. In: Archiv für Sozialgeschichte 29.1989, S. 393–411.

1924 Lübbe, Hermann: Evolutionäre Beschleunigung und historisches Bewußtsein. In: Lübbe, Hermann: Geschichtsbegriff und Geschichtsinteresse. Analytik und Pragmatik der Historie. Basel/Stuttgart 1977, S. 304–335.

1925 Lübbe, Hermann: Geschichtsphilosophie. Verbliebene Funktionen. Erlangen/Jena 1993.

1926 Lübbe, Hermann: Netzverdichtung oder das Ende der sogenannten Massengesellschaft. In: Lübbe, Hermann und Neumann, Bernd: Informationsgesellschaft – Quo vadis? St. Augustin 1996, S. 17–26.

1927 Menne-Haritz, Angelika: Anforderungen der Bewertungspraxis an die archivische Theorie. In: Archivmitteilungen 41.1991, S. 101–108.

1928 Menne-Haritz, Angelika: Das Provenienzprinzip – ein Bewertungssurrogat? Neue Fragen einer alten Diskussion. In: Der Archivar 47.1994, Sp. 229–252.

1929 Nakath, Detlef/Stephan, Gerd-Rüdiger: Deutsche Verwaltung beruht auf Schriftlichkeit. Möglichkeiten und Grenzen zeitgeschichtlicher Aktenauswertung am Beispiel der deutsch-deutschen Beziehungen. In: Thierse, Wolfgang/Spittmann-Rühle, Ilse/Kuppe, Johannes L. (Hrsg.): Zehn Jahre Deutsche Einheit. Eine Bilanz. Opladen 2000, S. 219–228.

1930 Newsletter: Aktuelles aus der DDR-Forschung. In: DA 1994ff.

1931 Sabrow, Martin/Walther, Peter Th. (Hrsg.): Historische Forschung und sozialistische Diktatur. Beiträge zur Geschichtswissenschaft der DDR. Leipzig 1995.

1932 Sabrow, Martin: Das Diktat des Konsenses. Geschichtswissenschaft in der DDR, 1949–1969. München 2001.

1933 Sabrow, Martin: Der Umbruch von 1989 und die Historiker. Potsdam 1998.

1934 Salamon, Birgit: Die Archive der Bundesbeauftragten für die Stasiunterlagen (BStU) – Die archivfachliche Arbeit an den MfS-Geheimdienstunterlagen – Fragen und Herausforderungen. In: Der Archivar 55.2002, S. 203–207.

1935 Schmid, Gerhard: Prolegomena zur Archivgeschichte der DDR. Eine Wortmeldung zur Einheit im deutschen Archivwesen. In: Der Archivar 43.1990, Sp. 501–516.

1936 Skyba, Peter/Mählert, Ulrich: Propaganda und Geschichtsschreibung. Die Freie Deutsche Jugend als Gegenstand der zeitgeschichtlichen Forschung bis 1989. In: Jahrbuch für zeitgeschichtliche Jugendforschung 1994/95. Hrsg. von: Jan Foitzik, Helga Gotschlich, Sonja Häder, Daniel Küchenmeister, Katharina Lange, Ulrich Mählert und Peter Skyba. Berlin 1995, S. 98–119.

1937 Veränderungen in Gesellschaft und politischem System der DDR. Ursachen – Inhalte – Grenzen. Einundzwanzigste Tagung zum Stand der DDR-Forschung in der Bundesrepublik Deutschland, 24. bis 27. Mai 1988. Köln 1988.

1938 Wagner, Matthias: Aktenvernichtungen in der Wende. In: IWK 36.2000,1, S. 100–116.

1939 Wagner, Matthias: Das Stasi-Syndrom. Über den Umgang mit den Akten des MfS in den 90er Jahren. Berlin 2001.

1940 Weber, Hartmut: Bewertung im Kontext der archivischen Fachaufgaben. In: Wettmann, Andrea (Hrsg.): Bilanz und Perspektiven archivischer Bewertung. Marburg 1994, S. 63–83.

1941 Weber, Hermann/Mählert, Ulrich: Die Erforschung der DDR-Geschichte in Vergangenheit und Gegenwart. In: Thierse, Wolfgang/Spittmann-Rühle, Ilse/Kuppe, Johannes L. (Hrsg.): Zehn Jahre Deutsche Einheit. Eine Bilanz. Opladen 2000, S. 207–218.

1942 Weber, Hermann: »Asymmetrie« bei der Erforschung des Kommunismus und der DDR-Geschichte? Probleme mit Archivalien, dem Forschungsstand und bei den Wertungen. In: APuZ 1997,26, S. 3–17.

1943 Weber, Hermann: »Weiße Flecken« in der DDR-Geschichtsschreibung. In: APuZ 1990,11, S. 3–15.

1944 Weber, Hermann: Die aktuelle Situation in den Archiven für die Erforschung der DDR-Geschichte. In: DA 27.1994,7, S. 690–699.

1945 Weber, Hermann: Die Wissenschaft benötigt die Unterlagen der Archive. Einige Überlegungen zur Archiv-Situation in Berlin. In: DA 24.1991,5, S. 452–457.

1946 Weber, Hermann: Gefahr der Aktenvernichtung. In: DA 32.1999,5, S. 828–830.

1947 Weber, Hermann: Historische DDR-Forschung vor und nach der deutschen Einheit. In: DA 35.2002,6, S. 937–943.

1948 Weber, Hermann: Immer noch Probleme mit Archiven. In: DA 25.1992,6, S. 580–587.

1949 Weber, Hermann: Ulbricht fälscht Geschichte. Ein Kommentar mit Dokumenten zum »Grundriß der Geschichte der deutschen Arbeiterbewegung«. Köln 1964.

1950 Weber, Hermann: Zehn Jahre historische Kommunismusforschung. Leistungen, Defizite, Perspektiven. In: VfZ 50.2002,4, S. 611–633.

1951 Weber, Hermann: Zum Stand der Forschung über die DDR-Geschichte. In: DA 31.1998,2, S. 249–257.

1952 Wolfrum, Edgar: Geschichtspolitik in der Bundesrepublik Deutschland. Der Weg
       zur bundesrepublikanischen Erinnerung 1948–1990. Darmstadt 1999.
1953 Wörterbuch der Geschichte. 2. Aufl. Berlin (Ost) 1984.

28. Forschungsansätze, Deutungen und Kontroversen

1954 Abusch, Alexander: Der Irrweg einer Nation. Ein Beitrag zum Verständnis deut-
       scher Geschichte. Berlin 1946.
1955 Ballestrem, Karl Graf: Aporien der Totalitarismus-Theorie. In: Eckard Jesse
       (Hrsg.): Totalitarismus im 20. Jahrhundert. Eine Bilanz der internationalen For-
       schung. Bonn 1996, S. 237–251.
1956 Bender, Peter: Die vier Deutschlands meines Lebens. In: DA 35.2002,4, S. 639–
       646.
1957 Bender, Peter: Unsere Erbschaft. Was war die DDR – was bleibt von ihr? Neuwied
       1992.
1958 Beyme, Klaus von: Das sowjetische Modell – nachholende Modernisierung oder
       Sackgasse der Evolution? In: Faulenbach, Bernd/Stadelmaier, Martin (Hrsg.):
       Diktatur und Emanzipation. Zur russischen und deutschen Entwicklung 1917–
       1991. Essen 1993, S. 32–39.
1959 Bohrer, Karl-Heinz: Gibt es eine deutsche Nation? In: Siegfried Unseld (Hrsg.):
       Politik ohne Projekt. Nachdenken über Deutschland. Frankfurt a.M. 1993,
       S. 225–235.
1960 Dahrendorf, Ralf: Das Elend der Sozialdemokratie. In: Merkur 41.1987,12,
       S. 1021–1038.
1961 Danyel, Jürgen (Hrsg.): Die geteilte Vergangenheit. Zum Umgang mit National-
       sozialismus und Widerstand in beiden deutschen Staaten. Berlin 1995.
1962 Diedrich, Thorsten/Ehlert, Hans: »Moderne Diktatur« – »Erziehungsdiktatur«
       oder was sonst? Das Herrschaftssystem der DDR und der Versuch seiner
       Definition. In: Potsdamer Bulletin für Zeithistorische Studien 12.1998, S. 17–
       25.
1963 Eckert, Rainer: Die Widerstandsforschung über die NS-Zeit – ein methodisches
       Beispiel für die Erforschung widerständigen Verhaltens in der DDR? In: GWU
       46.1995,10, S. 553–567.
1964 Faulenbach, Bernd: Die SED-Diktatur in der DDR. In: Kühnhardt, Ludger/
       Tschubarjan, Alexander (Hrsg.): Russland und Deutschland auf dem Weg zum
       antitotalitären Konsens. Baden-Baden 1999, S. 127–141.
1965 Faulenbach, Bernd: Ideologie des deutschen Weges. München 1980.
1966 Faulenbach, Bernd: Überwindung des »deutschen Sonderweges«? Zur politischen
       Kultur der Deutschen seit dem Zweiten Weltkrieg. In: APuZ 1998,51, S. 11–23.
1967 Friedrich, Carl Joachim/Brzezinski, Zbigniew: Die allgemeinen Merkmale der
       totalitären Diktatur. In: Jesse, Eckhard: Totalitarismus im 20. Jahrhundert. Eine
       Bilanz der Forschung. Bonn 1996, S. 225–236.
1968 Fukuyama, Francis: Das Ende der Geschichte. Wo stehen wir? München 1992.
1969 Glaeßner, Gert-Joachim: Das Ende des Kommunismus und die Sozialwissenschaf-
       ten. Anmerkungen zum Totalitarismusproblem. In: DA 28.1995,9, S. 920–936.
1970 Greiffenhagen, Martin: Politische Legitimität in Deutschland. Gütersloh 1997.

1971 Gross, Jan Tomasz: Nachbarn. München 2001.

1972 Habermas, Jürgen: Die nachholende Revolution. Frankfurt a.M. 1990 (= Kleine Politische Schriften; 7).

1973 Henke, Klaus-Dietmar: Für eine »Anatomie« des SED-Sozialismus. In: DA 31. 1998,1, S. 83–86.

1974 Henningsen, Manfred: Der deutsche Sonderweg – am Ende? In: Merkur 49. 1995,5, S. 379–389.

1975 Hockerts, Hans Günter: Zeitgeschichte in Deutschland. Begriff, Methoden, Themenfelder. In: APuZ 1993,29/30, S. 3–19.

1976 Jarausch, Konrad H.: Realer Sozialismus als Fürsorgediktatur. Zur begrifflichen Einordnung der DDR. In: APuZ 1998,20, S. 33–46.

1977 Jesse, Eckhard: Die beiden deutschen Staaten 1945/49–1989/90: eine Beziehungsgeschichte? In: Heydemann, Günther/Jesse, Eckhard (Hrsg.): Deutschland – Vergangenheit, Gegenwart, Zukunft. Berlin 2003.

1978 Jesse, Eckhard: War die DDR totalitär? In: APuZ 1994,40, S. 12–33.

1979 Jessen, Ralph: Die Gesellschaft im Staatssozialismus. Probleme einer Sozialgeschichte der DDR. In: GG 21.1995,1, S. 96–110.

1980 Kleßmann, Christoph: Probleme und Perspektiven der gegenwärtigen historischen DDR-Forschung. In: Spitzer, Giselher/Braun, Harald: Der geteilte deutsche Sport. Köln 1997, S. 11–22.

1981 Kleßmann, Christoph: Verflechtung und Abgrenzung – Umrisse einer gemeinsamen deutschen Nachkriegsgeschichte. In: Schönhoven, Klaus/Staritz, Dietrich (Hrsg.): Sozialismus und Kapitalismus im Wandel. Hermann Weber zum 65. Geburtstag. Köln 1993, S. 486–499.

1982 Kleßmann, Christoph: Verflechtung und Abgrenzung. Aspekte der geteilten und zusammengehörigen deutschen Nachkriegsgeschichte. In: APuZ 1993,29/30, S. 30–41.

1983 Kocka, Jürgen: Ein deutscher Sonderweg. Überlegungen zur Sozialgeschichte der DDR. In: APuZ 1994,40, S. 34–45; wieder abgedruckt in: Kocka, Jürgen: Vereinigungskrise. Zur Geschichte der Gegenwart. Göttingen 1995, S. 102–121.

1984 Kocka, Jürgen: Eine durchherrschte Gesellschaft. In: Kaelble, Hartmut/Kocka, Jürgen/Zwahr, Helmut: Sozialgeschichte der DDR. Stuttgart 1994, S. 547–553.

1985 Kocka, Jürgen: Gesellschaftsgeschichte: Profil, Probleme und Perspektiven. In: Josef Ehmer u.a. (Hrsg.): Historische Familienforschung. Ergebnisse und Kontroversen. Michael Mitterauer zum 60. Geburtstag. Frankfurt a.M./New York 1997, S. 57–68.

1986 Kocka, Jürgen: Historische Sozialwissenschaft heute. In: Paul Nolte u.a. (Hrsg.): Perspektiven der Gesellschaftsgeschichte. München 2000, S. 5–24.

1987 Lepsius, M. Rainer: Die Institutionenordnung als Rahmenbedingung der Sozialgeschichte der DDR. In: Kaelble, Hartmut/Kocka, Jürgen/Zwahr, Hartmut (Hrsg.): Sozialgeschichte der DDR. Stuttgart 1994, S. 17–30.

1988 Lindenberger, Thomas: Alltagsgeschichte und ihr Beitrag zur Erforschung der Sozialgeschichte der DDR. In: Bessel, Richard/Jessen, Ralph (Hrsg.): Die Grenzen der Diktatur. Staat und Gesellschaft in der DDR. Göttingen 1996, S. 298–325.

1989 Lindenberger, Thomas: Die Diktatur der Grenzen. Zur Einleitung. In: Lindenberger, Thomas (Hrsg.): Herrschaft und Eigen-Sinn in der Diktatur. Studien zur Gesellschaftsgeschichte der DDR. Köln/Weimar/Wien 1999, S. 13–44.

1990 Lorenz, Chris: Postmoderne Herausforderungen an die Gesellschaftsgeschichte? In: GG 24.1998,1, S. 617–632.

1991 Lüdtke, Alf: Die DDR als Geschichte. Zur Geschichtsschreibung über die DDR. In: APuZ 1998,36, S. 3–16.

1992 Maier, Charles S.: Vom Plan zur Pleite. Der Verfall des Sozialismus in Deutschland. In: Kocka, Jürgen/Sabrow, Martin (Hrsg.): Die DDR als Geschichte. Fragen – Hypothesen – Perspektiven. Berlin 1994, S. 109–115.

1993 Maron, Monika: Neueste Nachrichten vom Nachzügler unserer verspäteten Nation. In: Frankfurter Allgemeine Zeitung v. 17.9.1999.

1994 Mayntz, Renate: Historische Überraschungen und das Erklärungspotential der Sozialwissenschaften. Heidelberg 1995.

1995 Meier, Christian: Die Nation, die keine sein will. München/Wien 1991.

1996 Meuschel, Sigrid: Überlegungen zu einer Herrschafts- und Gesellschaftsgeschichte der DDR. In: GG 19.1993,1, S. 5–14.

1997 Mickel, Wolfgang W.: Streit um die Nation. Die Deutsche Frage in der politischen Bildung. In: APuZ 2000,25, S. 3–10.

1998 Mommsen, Hans: Nationalsozialismus und Stalinismus. Diktaturen im Vergleich. In: Sühl, Klaus (Hrsg.): 1945 bis 1989. Ein unmöglicher Vergleich? Berlin 1994, S. 109–126.

1999 Ritter, Gerhard A.: Die DDR in der deutschen Geschichte. In: VfZ 50.2002,2, S. 171–200.

2000 Ritter, Gerhard A.: Über Deutschland. Die Bundesrepublik in der deutschen Geschichte. München 1998.

2001 Ross, Corey: The East German Dictatorship. Problems and Perspectives in the Interpretation of the GDR. London 2002.

2002 Ruge, Wolfgang: Stalinismus – eine Sackgasse im Labyrinth der Geschichte. Berlin 1991.

2003 Sabrow, Martin: Die DDR in der deutschen Geschichte. In: Pfeil, Ulrich (Hrsg.): Die DDR und der Westen. Berlin 2001, S. 21–38.

2004 Schmiechen-Ackermann, Detlef: Diktaturen im Vergleich. Darmstadt 2002.

2005 Schweigler, Gebhard: Nationalbewußtsein in der BRD und der DDR. Düsseldorf 1973 (2. Aufl. 1974)

2006 Spinelli, Barbara: Der Gebrauch der Erinnerung. Europa und das Erbe des Totalitarismus. München 2002.

2007 Thomas, Michael: Wenn es konkret wird: Hat marxistische Klassenanalyse Chancen in der modernen Unübersichtlichkeit? In: Zapf, Wolfgang (Hrsg.): Die Modernisierung moderner Gesellschaften: Verhandlungen des 25. Deutschen Soziologentages 1990 in Frankfurt am Main. Frankfurt a.M./New York 1991, S. 395–407.

2008 Weber, Hermann: Die Geschichte der DDR. Versuch einer vorläufigen Bilanz. In: ZfG 41.1993,3, S. 195–203.

2009 Wehler, Hans-Ulrich: Diktaturenvergleich, Totalitarismustheorie und DDR-Geschichte. In: Bauerkämper, Arnd/Sabrow, Martin/Stöver, Bernd (Hrsg.): Doppelte Zeitgeschichte. Deutsch-deutsche Beziehungen 1945–1990. Bonn 1998, S. 346–352.

2010 Wehler, Hans-Ulrich: Vorüberlegungen zu einer modernen deutschen Gesellschaftsgeschichte. In: Dirk Stegmann u. a. (Hrsg.): Industrielle Gesellschaft und politisches System. Beiträge zur politischen Sozialgeschichte. Bonn 1978, S. 3–20.

2011 Wolf, Herbert: Hatte die DDR je eine Chance? Hamburg 1991.

29. Gesellschaftliche Auseinandersetzung mit der SED-Diktatur seit 1989

2012 Anatomie der SED-Diktatur. Staatspartei und Staatssicherheit der DDR. Bericht und Empfehlungen der »Fachkommission Haus 1« zur künftigen Nutzung des ehemaligen Sitzes des Ministeriums für Staatssicherheit der DDR im Haus 1 in der Normannenstraße in Berlin-Lichtenberg. Berlin 2001.
2013 Antwort der Bundesregierung auf die Große Anfrage der SPD-Fraktion »Politische Bildung in Deutschland« vom 27. Mai 1998. Deutscher Bundestag, 13. Wahlperiode, Drucksache 13/10810.
2014 Bildungswerk der humanistischen Union (Hrsg.): Über den politischen und unpolitischen Alltag in der DDR. Ost-West-Dialoge zu einem unerledigten Thema. Werkhefte für politische Bildung und Arbeitnehmerweiterbildung. Recklinghausen 2000.
2015 Borries, Bodo von: »Wer sich des Vergangenen nicht erinnert, ist verurteilt, es noch einmal zu erleben.« Zu Möglichkeiten und Grenzen historischen Lernens. Hannover 1994.
2016 Bracher, Karl Dietrich: »Erschreckend ist die Hilflosigkeit der Demokratie«. Interview. In: Die Welt v. 26. Oktober 1993.
2017 Buchstab, Günter (Hrsg.): Geschichte der DDR und deutsche Einheit: Analyse von Lehrplänen und Unterrichtswerken für Geschichte und Sozialkunde. Schwalbach/Ts. 1999.
2018 Darmstädter Appell. In: dialog (Schader-Stiftung Darmstadt), Dez. 1995, S. 5–8.
2019 Demokratie braucht politische Bildung – Zum Auftrag der Bundeszentrale und der Landeszentralen für politische Bildung – »Münchner Manifest« vom 26. Mai 1997. In: APuZ 1997,32, S. 36–39.
2020 Der Beitrag der Bundeszentrale für politische Bildung zur Förderung des Prozesses der deutschen Einheit. In: Materialien 1999 [43], Bd. VII, 159–227.
2021 Deutscher Bundestag (Hrsg.): Aufarbeitungsinitiativen und Opfergruppen – Beratung und Hilfe bei der Bewältigung der Folgen der SED-Diktatur. Bonn 1998.
2022 Dithfurth, Christian von: Ostalgie oder linke Alternative. Köln 1998.
2023 Eckert, Rainer: Aufarbeitung der DDR-Geschichte. Eine Aufgabe der politischen Bildungsarbeit. In: Universitas, 54.1999,1 = Nr. 631, S. 39–51.
2024 Eichener, Volker/Kleinfeld, Ralf/Pollack, Detlef/Schmid, Josef/Schubert, Klaus/Voelzkow, Helmut (Hrsg.): Organisierte Interessen in Ostdeutschland. Marburg 1992.
2025 Eppelmann, Rainer: Über den Umgang mit der SED-Diktatur. In: Mut 307.1993, S. 12–29.
2026 Ernst, Wolfgang: Keine Frage: Musealisierung der DDR. In: Flügel, Katharina/Ernst, Wolfgang (Hrsg.): Musealisierung der DDR? 40 Jahre als kulturhistorische Herausforderung. Bonn/Leipzig 1992.
2027 Finn, Gerhard: Opfer der SED-Diktatur. In: Lexikon des DDR-Sozialismus.

Das Staats- und Gesellschaftssystem der Deutschen Demokratischen Republik. Hrsg. v. Rainer Eppelmann, Horst Möller, Günter Nooke, Dorothee Willms. Paderborn 1996, S. 603–608.

2028 Flügel, Katharina/Ernst, Wolfgang (Hrsg.): Musealisierung der DDR? 40 Jahre als kulturhistorische Herausforderung. Bonn/Leipzig 1992.

2029 Flügel, Katharina: Zum Geleit. In: Flügel, Katharina/Ernst, Wolfgang (Hrsg.): Musealisierung der DDR? 40 Jahre als kulturhistorische Herausforderung. Bonn/Leipzig 1992.

2030 Fuchs, Jürgen: Magdalena. MfS. Memfis Blues. Stasi. Die Firma. VEB Horch und Gauck – Ein Roman. Berlin 1998.

2031 Handreichung des Schulausschusses, von der 273. Kultusministerkonferenz am 28./29.9.1995 in Halle (Saale) zur Kenntnis genommen; in wesentlichen Teilen veröffentlicht in: GWU 48.1997,9–11.

2032 Hansen, Dirk: Befreiung durch Erinnerung. Zur Arbeit der Enquete-Kommission des Deutschen Bundestages »Aufarbeitung von Geschichte und Folgen der SED-Diktatur in Deutschland«. In: Deutsche Studien, 32.1995,2 = H. 125, S. 71–81.

2033 Hansen, Dirk: Zur Arbeit der Enquete-Kommission des Deutschen Bundestages »Überwindung der Folgen der SED-Diktatur im Prozeß der deutschen Einheit«. In: Deutsche Studien, 35.1998,3/4 = H. 139/140, S. 380–402.

2034 Hofmann, Ernst: Was bleibt? Das geschichtsmuseologische Erbe der DDR. In: Flügel, Katharina/Ernst, Wolfgang (Hrsg.): Musealisierung der DDR? 40 Jahre als kulturhistorische Herausforderung. Bonn/Leipzig 1992, S. 19 ff.

2035 Hollitzer, Tobias (Hrsg): Wie weiter mit der Aufarbeitung? 10 Jahre Stasi-Unterlagen-Gesetz. Leipzig 2002, S. 122–142.

2036 Hollitzer, Tobias: Der Rollen- und Funktionswandel von Aufarbeitungsinitiativen seit der friedlichen Revolution 1989/90 am Beispiel des Bürgerkomitees Leipzig. In: Materialien 1999 [43], Bd. VII, S. 228–687.

2037 Klier, Freya: Schule im Osten – Lernort der Demokratie? In: Politische Bildung, 1997,3, S. 22–39.

2038 Kober, Ingo: Ausgestellte Zeitgeschichte. In: Im Namen des Volkes? Über die Justiz im Staat der DDR. Wissenschaftlicher Begleitband zur Ausstellung des Bundesministeriums der Justiz. Leipzig 1994, S. 13–16.

2039 Konzeption der künftigen Gedenkstättenförderung des Bundes. Deutscher Bundestag, 14. Wahlperiode, Drucksache 14/1569.

2040 Kuhn, Gerd/Ludwig, Andreas (Hrsg.): Alltag und soziales Gedächtnis. Die DDR-Objektkultur und ihre Musealisierung, Hamburg 1997.

2041 Kulturamt Prenzlauer Berg und Aktives Museum Faschismus und Widerstand in Berlin e.V. (Hrsg.): Mythos Antifaschismus. Ein Traditionskabinett wird kommentiert (Begleitbuch zur Ausstellung in der Museumswerkstatt im Thälmann-park). Berlin 1992.

2042 Langguth, Gerd: Politische Stiftungen und politische Bildung in Deutschland. In: APuZ 1993,34, S. 38–47.

2043 Lübbe, Hermann: »Ich entschuldige mich.« Das neue politische Bußritual. Berlin 2001.

2044 Lübbe, Hermann: Zeit-Verhältnisse. Über die veränderte Gegenwart von Zukunft und Vergangenheit. In: Zacharias, Wolfgang (Hrsg.): Zeitphänomen Musealisierung. Das Verschwinden der Gegenwart und die Konstruktion der Erinnerung. Essen 1990, S. 46f.

2045 Misselwitz, Hans-Jürgen: Annäherung durch Wandel. Für eine neue Sicht auf die »innere Einheit« und die Rolle der politischen Bildung. In: APuZ 1999,7/8, S. 24–30.

2046 Möller, Horst: Der öffentliche Auftrag der Zeitgeschichte seit der Wende. In: Mitteilungen aus dem Bundesarchiv 3.1995,3, S. 3–9.

2047 Moritz, Petra: Politische Bildung aus ostdeutscher Sicht. In: APuZ 1995,47, S. 13–19.

2048 Mothes, Jörn/Schmidt, Jochen: Die Aufarbeitung der DDR-Vergangenheit. In: Der Bürger im Staat. Hrsg. v. Landeszentrale für politische Bildung Baden-Württemberg 50.2000,4, S. 192–195.

2049 Muszynski, Bernhard: Politische Bildung im vereinigten Deutschland. Über die schwierigen Bedingungen eines notwendigen Dialogs. In: APuZ 1995,47, S. 3–12.

2050 Neubert, Hildigund/Schroeder, Klaus/Schuller, Wolfgang/Thaysen, Uwe: Haus 1 des Ministeriums für Staatssicherheit. Konzeptionen und Gestaltungsvorschläge zur Arbeit in der ehemaligen Zentrale des Ministeriums für Staatssicherheit der DDR unter nationalen und internationalen Aspekten. Berlin 2001.

2051 Pampel, Bert: Was bedeutet »Aufarbeitung der Vergangenheit«? Kann man aus der »Vergangenheitsbewältigung« nach 1945 für die »Aufarbeitung« nach 1989 Lehren ziehen? In: APuZ 1995,1/2, S. 27–38.

2052 Schäfer, Hermann: Zeitgeschichte im Museum – Möglichkeiten und Grenzen. In: Erinnern für die Zukunft. Formen des Gedenkens – Prozess der Aufarbeitung. XI. Bautzen-Forum der Friedrich-Ebert-Stiftung, 14. und 15. September 2000. Dokumentation. Leipzig 2000, S. 27–41.

2053 Schörken, Rolf: Zur Ausgangslage der politischen Bildung in den neuen Bundesländern. In: APuZ 1991,9, S. 37–35.

2054 Schröder, Richard: »Ist die Aufarbeitung der Vergangenheit eine notwendige Bedingung für die erfolgreiche Etablierung von Demokratie und Rechtsstaat?«, Vortrag am 25.1.1998 vor der Enquete-Kommission. In: Materialien 1999 [43], Bd. VII, S. 895–904.

2055 Schweizer, Katja: Täter und Opfer in der DDR. Vergangenheitsbewältigung nach der zweiten deutschen Diktatur. Münster 1999.

2056 Siegmund, Jörg: Opfer ohne Lobby? Ziele, Strukturen und Arbeitsweise der Verbände der Opfer des DDR-Unrechts. Berlin 2002.

2057 Steinbach, Peter: Geschichte: Vom Rückgrat politischer Bildung. In: Politische Bildung 31.1998,4, S. 112–126.

2058 Stiftung zur Aufarbeitung der SED-Diktatur (Hrsg.): Tätigkeitsbericht 1998–2001. Berlin 2002.

2059 Stiftung zur Aufarbeitung der SED-Diktatur (Hrsg.): Übersicht über Vereine, Verbände, Initiativen und Institutionen mit Beratungsangeboten für Opfer politischer Verfolgung in der SBZ/DDR. 3. Aufl. Berlin 2002.

2060 Tappert, Wilhelm: Die Wiedergutmachung von Staatsunrecht der SBZ/DDR durch die Bundesrepublik Deutschland nach der Wiedervereinigung. Berlin 1995.

2061 Thüringer Staatskanzlei/Geschichtswerkstatt Jena e.V. (Hrsg.): Auf einen Blick.

Leitfaden zur regionalen Geschichtsaufarbeitung nach 1945 in Thüringen. Erfurt/Jena 2000.

2062 Vademekum DDR-Forschung. Ein Leitfaden zu Archiven, Forschungsinstituten, Bibliotheken, Einrichtungen der politischen Bildung, Vereinen, Museen und Gedenkstätten. Eine Publikation der Stiftung zur Aufarbeitung der SED-Diktatur. Hrsg. v. Ulrich Mählert. Berlin 2002 (Zwei frühere Aufl. erschienen 1997 und 1999 in Opladen.).

2063 Widmaier, Christian: Häftlingshilfegesetz, DDR-Rehabilitierungsgesetz, SED-Unrechtsbereinigungsgesetze: Rehabilitierung und Wiedergutmachung von SBZ-DDR-Unrecht? Frankfurt a.M. 1999.

2064 Willems, Ulrich/Winter, Thomas von (Hrsg.): Politische Repräsentation schwacher Interessen. Opladen 2000.

2065 Wüstenberg, Ralf: Die politische Dimension der Versöhnung. Eine systematisch-theologische Studie zum Umgang mit Schuld nach den Systemumbrüchen in Südafrika und Deutschland [im Erscheinen].

2066 Zimmer, Hasko (in Zusammenarbeit mit Katja Flesser und Julia Volmer): Der Buchenwaldkonflikt. Zum Streit um Geschichte und Erinnerung im Kontext der deutschen Vereinigung. Münster 1999.

Autorenverzeichnis

THOMAS AMMER
geb. 1937, 1975–1991 wissenschaftlicher Mitarbeiter im Gesamtdeutschen Institut Bonn, 1992–2001 in der Bundeszentrale für politische Bildung Bonn, von 1992 bis 1999 abgeordnet zum Deutschen Bundestag, Sekretariate der Enquete-Kommissionen zur Aufarbeitung der DDR-Vergangenheit.
Publikationen. u.a.: *Universität zwischen Demokratie und Diktatur. Ein Beitrag zur Nachkriegsgeschichte der Universität Rostock.* Köln 1969 u. 1991; (Hrsg. zus. m. Joachim Memmler) *Staatssicherheit in Rostock.* Köln 1991; *Die Machthierarchie der SED.* In: Deutscher Bundestag (Hrsg.): *Materialien der Enquete-Kommission »Aufarbeitung von Geschichte und Folgen der SED-Diktatur in Deutschland«* (12. Wahlperiode des Deutschen Bundestages). Band II/2, Baden-Baden/Frankfurt a.M. 1995; *Deutschlandpolitische Konzeptionen der Opposition der DDR 1949–1961.* In: Deutscher Bundestag. (Hrsg.): *Materialien der Enquete-Kommission »Überwindung der Folgen der SED-Diktatur im Prozeß der deutschen Einheit«* (13. Wahlperiode des Deutschen Bundestages), Band VIII, Baden-Baden/Frankfurt a.M. 1999; Beiträge in: Veen, Hans-Joachim u.a. (Hrsg.): *Lexikon Opposition und Widerstand in der SED-Diktatur.* Berlin 2000.

GÜNTER BRAUN
geb. 1953, Dr. phil., M. A., Zeithistoriker und Politologe, Mitarbeiter am Mannheimer Zentrum für Europäische Sozialforschung, Universität Mannheim.
Publikationen u.a. zur DDR- und Kommunismusgeschichte, zum Widerstand gegen den Nationalsozialismus sowie zur Geschichte der deutschen und europäischen Gewerkschaftsbewegung.

MATTHIAS BUCHHOLZ
geb. 1971, Dr. phil., Leiter des Archivs der Stiftung zur Aufarbeitung der SED-Diktatur, Berlin.
Publikationen u.a.: *Der Wirtschaftsverband Mitteldeutschland 1921–1936.* Halle/S. 1998; *Überlieferungsbildung bei massenhaft gleichförmigen Einzelfallakten im Spannungsverhältnis von Bewertungsdiskussion, Repräsentativität und Nutzungsperspektive. Eine Fallstudie am Beispiel von Sozialhilfeakten der oberbergischen Gemeinde Lindlar.* Köln 2001.

CLEMENS BURRICHTER
geb. 1932, Prof. Dr., Soziologe, 1975–1993 Direktor des Instituts für Gesellschaft und Wissenschaft (IGW) an der Universität Erlangen-Nürnberg; gegenwärtig Senior Fellow am Zentrum für Zeithistorische Forschung Potsdam.
Zahlreiche Publikationen zur Wissenschaftsgeschichte in Deutschland; zuletzt: (zus. mit Gerald Dieser) *Auf dem Weg zur »Produktivkraft Wissenschaft«. Beiträge zur DDR-Wissenschaftsgeschichte.* Leipzig 2002.

HORST DÄHN
geb. 1941, Politikwissenschaftler, Professor für Politikwissenschaft an der Universität Stuttgart, langjährige Mitarbeit am früheren Arbeitsbereich Geschichte und Politik der DDR an der Universität Mannheim (Leitung Prof. Dr. Hermann Weber), seit 1994

außerdem ehrenamtlicher Leiter des Instituts für vergleichende Staat-Kirche-Forschung in Berlin.

RAINER ECKERT

geb. 1950, 1969–1972 Studium der Archivwissenschaft und Geschichte an der Humboldt-Universität Berlin, 1972 Universitätsverweis im Zuge politischer Verfolgung, drei Jahre Arbeit in einem Berliner Baubetrieb, 1975 Diplom-Historiker, 1984 Promotion mit einem Thema zur deutschen Besatzungspolitik in Griechenland im Zweiten Weltkrieg, 1988–1990 Mitarbeiter am Zentralinstitut für Geschichte der AdW der DDR, von Oktober 1990 bis Dezember 1991 stellv. Direktor dieses, nunmehr Institutes für Deutsche Geschichte, 1991 Hochschulassistent am Lehrstuhl für Neueste Geschichte des Institutes für Geschichtswissenschaften der Humboldt-Universität, 1997 Leiter der Projektgruppe Leipzig und ab 1998 des Zeitgeschichtlichen Forums Leipzig der Stiftung »Haus der Geschichte der Bundesrepublik Deutschland«, 2001 Direktor des Zeitgeschichtlichen Forums, 2001 Habilitation und Privatdozent an der Freien Universität Berlin, 2003 Privatdozent am Institut für Kulturwissenschaften der Universität Leipzig. Seit 1989/90 Publikationen zur Situation in der ehemaligen DDR, zur Staatssicherheitsproblematik, zur Gestapo, zur Auseinandersetzung mit den beiden deutschen Diktaturen, zur Geschichte der Humboldt-Universität, zur Geschichtswissenschaft der DDR bzw. Ostdeutschlands nach 1989, zum Geschichtsbild der PDS, zur Emigrationspublizistik und zur Situation deutscher Arbeiter unter dem Nationalsozialismus.

HANS EHLERT

geb. 1947, Dr., Oberst, Leiter des Forschungsbereiches »Militärgeschichte der DDR« am Militärgeschichtlichen Forschungsamt.
Publikationen zur Geschichte der Weimarer Republik, der Bundeswehr und der NVA, u.a.: *Armee ohne Zukunft. Das Ende der NVA und die deutsche Einheit. Zeitzeugenberichte und Dokumente.* Berlin 2002 (Hrsg.).

RAINER EPPELMANN

geb. 1943, MdB, Pfarrer, Gründungsmitglied, später Vorsitzender des Demokratischen Aufbruchs (DA), 1990 Minister in den Kabinetten Modrow und de Maizière, seit Oktober 1990 Mitglied des Deutschen Bundestages, 1992–1998 Vorsitzender der ersten und zweiten Enquete Kommission des Deutschen Bundestages zur Aufarbeitung von Geschichte und Folgen der SED-Diktatur, seit 1998 Vorstandsvorsitzender der Stiftung zur Aufarbeitung der SED-Diktatur.
Publikationen u.a.: *Fremd im eigenen Haus: Mein Leben im anderen Deutschland.* Köln 1993; (Hrsg.) *Lexikon des DDR-Sozialismus: Das Staats- und Gesellschaftssystem der Deutschen Demokratischen Republik.* Paderborn 1997.

BERND FAULENBACH

geb. 1943, Prof. Dr., Historiker am Forschungsinstitut Arbeit, Bildung, Partizipation, Recklinghausen und an der Fakultät für Geschichtswissenschaft der Ruhr-Universität, Bochum. Mitglied einer Reihe von Gremien an der Schnittstelle von Wissenschaft und Politik, so 1992–1998 Mitglied der Bundestagsenquete-Kommissionen zur Aufarbeitung der SED-Diktatur und ihrer Folgen, seit 1999 Stellv. Vorsitzender der Stiftung »Aufarbeitung«, seit 1991 Vorsitzender der Fachkommission Brandenburgische Gedenkstätten u.a.

Zahlreiche Publikationen zur Geschichte der Weimarer Zeit, zur NS-Zeit und zur Geschichte der beiden deutschen Staaten, zur Bildungsgeschichte und zur Regionalgeschichte, zum Geschichtsbewusstsein, zur Geschichtskultur und zur Geschichte der Historiographie sowie zur Didaktik der Geschichte und zur politischen Bildung.

JAN FOITZIK
geb. 1948, Dr. Phil., Politologe/Historiker, 1976–78 Institut für Zeitgeschichte München, 1978–93 Universität Mannheim (Arbeitsbereich Geschichte und Politik der DDR), ab 1994 Institut für Zeitgeschichte München-Berlin.
Publikationen u.a.: *Biographisches Handbuch der deutschsprachigen Emigration nach 1933.* München 1980–1983 (Mitautor); *Zwischen den Fronten.* Bonn 1986; *Inventar der Befehle des Obersten Chefs der Sowjetischen Militäradministration in Deutschland (SMAD) 1945–1949.* (Offene Serie), München 1995; *Sowjetische Militäradministration in Deutschland (SMAD) 1945–1949.* Berlin 1999; *Entstalinisierungskrise in Ostmitteleuropa 1953–1956.* Paderborn 2001.

KARL WILHELM FRICKE
geb. 1929 in Hoym (Anhalt), Dr. phil. h.c., 1948 Abitur in Aschersleben,1949 Flucht aus der SBZ, 1949–1953 Studien an der Hochschule für Arbeit, Politik und Wirtschaft in Wilhelmshaven und an der Deutschen Hochschule für Politik in Berlin, 1952 Journalist in West-Berlin, 1955 Entführung durch das MfS nach Ost-Berlin, 1956 vom Obersten Gericht der DDR wegen »Kriegshetze« zu vier Jahren Zuchthaus verurteilt, Strafhaft bis 1959 in Brandenburg-Görden bzw. Bautzen II, 1959–1969 Journalist in Hamburg, 1970–1994 Leitender Redakteur beim Deutschlandfunk in Köln, seitdem Publizist in Köln, 1992 und 1995 Sachverständigen-Mitglied beider Enquetekommissionen zur SED-Diktatur, 1996 Ehrenpromotion durch die FU Berlin, Fachbereich Politische Wissenschaft. Diverse Buchveröffentlichungen zur DDR.

MARY FULBROOK
geb. 1951, Dr. phil., Professorin der deutschen Geschichte an der Universität London (UCL) seit 1995 (Lecturer, UCL, 1983–91, Reader, UCL, 1991–95); Studium an den Universitäten Cambridge (1970–73) und Harvard (1973–79): MA (Cantab), AM, PhD (Harvard), Research Fellow, Cambridge, 1979–82, Research Associate, King's College London 1982–83.
Wichtigste Publikationen zum Thema: *A Concise History of Germany.* (1990, 1992); *Interpretations of the Two Germanies, 1945–1990.* (1992, 2000); *A History of Germany 1918–2000: The Divided Nation.* (1991, 2002); *Anatomy of a Dictatorship: Inside the GDR, 1949–89.* (1995); *German National Identity after the Holocaust.* (1999); *Historical Theory.* (2002) Hrsg., *German History since 1800.* (1997); Hrsg., *Twentieth-century Germany: Politics, Culture and Society 1918–1990.* (2001); Hrsg., *The Short Oxford History of Europe, 1945–2000.* (2000); Hrsg. mit M. Swales, *Representing the German Nation.* (2000).

JENS GIESEKE
geb. 1964, Dr. phil., M. A., Studium der Geschichte, Politik- und Rechtswissenschaften an den Universitäten Hannover und Potsdam, wissenschaftlicher Mitarbeiter in der Abteilung Bildung und Forschung der Bundesbeauftragten für die Stasi-Unterlagen. Publikationen u.a.: *Die hauptamtlichen Mitarbeiter der Staatssicherheit. Personalstruktur*

und Lebenswelt 1950–1989/90. Berlin 2000; *Mielke-Konzern. Die Geschichte der Stasi 1945–1990.* Stuttgart/München 2001.

MANUELA GLAAB

geb. 1967, Dr. phil., wissenschaftliche Assistentin am Geschwister-Scholl-Institut für Politische Wissenschaft der LMU München sowie Leiterin der Forschungsgruppe Deutschland am Centrum für angewandte Politikforschung (C.A.P.) in München.
Publikationen u.a.: *Neugierig auf Europa? Die junge Generation in den neuen Bundesländern.* Bonn 1992; *Das Zusammengehörigkeitsgefühl der Deutschen – Einstellungen der westdeutschen Bevölkerung 1945/49–1990.* In: *Deutscher Bundestag (Hrsg.), Materialien der Enquete-Kommission »Aufarbeitung von Geschichte und Folgen der SED-Diktatur in Deutschland«.* Band V/3: *Deutschlandpolitik.* Baden-Baden/Frankfurt a.M. 1995, S. 2798–2962 (mit Werner Weidenfeld); *Deutschlandpolitik in der öffentlichen Meinung. Einstellungen und Regierungspolitik in der Bundesrepublik Deutschland 1949 bis 1990.* Opladen 1999; *Mediatisierung als Machtquelle von Regierungschefs.* in: Korte, Karl-Rudolf/Gerhard Hirscher (Hrsg.), *Darstellungspolitik oder Entscheidungspolitik? Über den Wandel von Politikstilen in westlichen Demokratien.* München 2000, S. 106–121; *Legitimation und Partizipation.* In: Korte, Karl-Rudolf/Werner Weidenfeld (Hrsg.), *Deutschland-TrendBuch. Fakten und Orientierungen.* Opladen 2001, S. 571–611 (mit Andreas Kießling).

HANS-GEORG GOLZ

M. A., geb. 1961, Anglist, Zeithistoriker, Journalist, 1992–2002 Redakteur des *Deutschland Archiv* Köln, seit 2003 Redakteur der Beilage *Aus Politik und Zeitgeschichte,* Bundeszentrale für politische Bildung.
Veröffentlichungen u.a.: *Staring at Variations. The Concept of »Self« in Breyten Breytenbach's »Mouroir. Mirrornotes of a Novel«.* Frankfurt a.M. u.a. 1995; *Verlorene Generation Ost? Jugend in Ostdeutschland zehn Jahre nach der Vereinigung.* In: Wolfgang Thierse u.a. (Hrsg.): *Zehn Jahre Deutsche Einheit. Eine Bilanz.* Opladen 2000, S. 161–172; *Von East Germany zur GDR. DDR-Forschung in Großbritannien vor 1990.* In: DA 1/2003.

ROBERT GRÜNBAUM

Dr. phil., geb. 1967, Studium der Politikwissenschaft, Zeitgeschichte und Germanistik an der Universität Mannheim, 1994–1999 wissenschaftlicher Mitarbeiter am Lehrstuhl für Politische Wissenschaft der Universität Bayreuth, seit 2000 wissenschaftlicher Referent bei der Stiftung zur Aufarbeitung der SED-Diktatur in Berlin.
Publikationen u.a.: *Deutsche Einheit.* Opladen 1999; *Jenseits des Alltags. Die Schriftsteller der DDR und die Revolution von 1989/90.* Baden-Baden 2002.

DIRK HANSEN

geb. 1942, Studium der Geschichte und Romanistik in Hamburg, Marburg und Dijon, Oberstudienrat in Hamburg, 1990–1994 MdB, u.a. Obmann der F.D.P.-Fraktion im Kuratorium der Bundeszentrale für politische Bildung und der Enquete-Kommission zur Aufarbeitung der SED-Diktatur, 1996–2000 Vizepräsident der Bundeszentrale für politische Bildung, jetzt für die Bundeszentrale für politische Bildung in der Ost-Akademie Lüneburg tätig.
Publikationen u.a.: *Befreiung durch Erinnerung. Zur Arbeit der Enquete-Kommission »Aufarbeitung von Geschichte und Folgen der SED-Diktatur in Deutschland« des Deutschen Bundestages.* In: *deutsche studien.* H. 124, März/Juli 1995, S. 71–81; *Noch eine Vergan-*

genheit, die nicht vergehen will. In: *liberal.* Vierteljahrshefte für Politik und Kultur, H. 3/ August 1993, S. 15–18; *Zur Arbeit der Enquete-Kommission des Deutschen Bundestages »Überwindung der Folgen der SED-Diktatur im Prozeß der deutschen Einheit«.* In: *deutsche studien.* H. 139/140, 1998, S. 380–402.

GISELA HELWIG
geb. 1940, Dr. phil., bis Ende 2002 verantwortliche Redakteurin des *Deutschland Archiv – Zeitschrift für das vereinigte Deutschland*, Köln.
Publikationen u. a.: *Zwischen Familie und Beruf.* Köln 1974; *Am Rande der Gesellschaft. Alte und Behinderte in beiden deutschen Staaten.* Köln 1980; *Jugend und Familie in der DDR.* Köln 1984; *Frau und Familie – Bundesrepublik Deutschland/DDR.* Köln 1987; Hrsg. mit Hildegard Maria Nickel: *Frauen in Deutschland 1945–1992.* Bonn/Berlin 1993.

KLAUS-DIETMAR HENKE
geb. 1947, Dr. phil., ist – nach leitenden Positionen am Institut für Zeitgeschichte (München), beim Bundesbeauftragten für die Unterlagen der Staatssicherheit der ehemaligen DDR (Berlin) und am Hannah-Arendt-Institut für Totalitarismusforschung (Dresden) – heute Universitätsprofessor für Zeitgeschichte an der Technischen Universität in Dresden.
Publikationen u. a.: zum Umbruch in Deutschland zwischen Stalingrad und Währungsreform, zur alliierten Besatzungspolitik, zu Durchsetzung und Fall der SED-Diktatur sowie zum Totalitarismus.

MICHAEL HERMS
geb. 1955, Dr. phil., Historiker, Mitarbeit am Biographischen Lexikon *Wer war wer in der DDR* sowie an den Handbüchern *Die SED: Geschichte – Organisation – Politik* und *Die Parteien und Organisationen der DDR*.
Publikationen u. a.: *Heinz Lippmann. Porträt eines Stellvertreters.* Berlin 1996; mit K. Popp: *Westarbeit der FDJ 1945–1989. Eine Dokumentation.* Berlin 1997; mit G. Noack: *Aufstieg und Fall des Robert Bialek. Eine politische Biographie.* Berlin 1998; *Hinter den Linien – Westarbeit der FDJ 1945–1956.* Berlin 2001; *Flaggenwechsel auf Helgoland. Der Kampf um einen militärischen Vorposten in der Nordsee.* Berlin 2002.

TOBIAS HOLLITZER
geb. 1966, keine Zulassung zum Abitur aus politischen Gründen, Ausbildung zum Bau- und Möbeltischler, danach Arbeit als Holz- und Möbelrestaurator, Mitarbeit in verschiedenen Dritte-Welt- und Umweltgruppen, maßgebliche Beteiligung an der Auflösung der Staatssicherheit in Leipzig, 1990 im Auftrag des Volkskammerausschusses Archivbeauftragter für Stasi-Unterlagen in Leipzig, Mitarbeiter der Außenstelle Leipzig der BStU, seit 1991 Sachgebietsleiter und Stellvertretender Außenstellenleiter, Gründungsmitglied des Bürgerkomitees Leipzig e.V. und Vorstandsmitglied.
Zahlreiche Veröffentlichungen zur Friedlichen Revolution in Leipzig, u. a.: *Einblick in das Herrschaftswissen einer Diktatur – Chance oder Fluch? Plädoyers gegen die öffentliche Verdrängung.* Opladen, Wiesbaden 1996; (zus. mit Reinhard Bohse) *Heute vor 10 Jahren. Leipzig auf dem Weg zur Friedlichen Revolution.* Bonn 2000.

GUNTER HOLZWEISSIG

geb. 1939, Dr. phil., Studium der Zeitgeschichte, Wissenschaftlicher Mitarbeiter bei den *Dokumenten zur Deutschlandpolitik* und im Forschungsinstitut der Deutschen Gesellschaft für Auswärtige Politik, Referats- und Abteilungsleiter im Gesamtdeutschen Institut in Bonn und Berlin, seit 1992 Bundesarchiv (Dokumentation der DDR-Realität), Lehrauftrag an der Universität Leipzig.

Publikationen u.a.: *Diplomatie im Trainingsanzug. Sport als politisches Instrument der DDR in den innerdeutschen und internationalen Beziehungen.* München/Wien 1981; *Militärwesen in der DDR.* Berlin 1985; *Zensur ohne Zensor. Die SED-Informationsdiktatur.* Bonn 1997; *Die schärfste Waffe der Partei. Eine Mediengeschichte der DDR.* Köln/Weimar/Wien 2002.

BEATE IHME-TUCHEL

Dr. phil., geb. 1959, Hochschulassistentin am Otto-Suhr-Institut für Politikwissenschaft des Fachbereichs Politik- und Sozialwissenschaften der Freien Universität Berlin, Arbeitsbereich Historische Grundlagen der Politikwissenschaft.

Publikationen u.a.: *Das »nördliche Dreieck« – Die Beziehungen zwischen der DDR, der Tschechoslowakei und Polen in den Jahren 1954 bis 1962.* Köln 1994; *Die DDR und die Deutschen in Polen. Handlungsspielräume und Grenzen ostdeutscher Außenpolitik 1948 bis 1961.* Berlin 1997; *Die DDR.* Darmstadt 2002.

ECKHARD JESSE

geb. 1948, Dr. phil., seit 1993 Professor an der Technischen Universität Chemnitz, 1971–1976 Studium der Politik- und der Geschichtswissenschaft, 1982 Promotion über Wahlen und Wahlsysteme, 1989 Habilitation über die streitbare Demokratie an der Universität Trier.

Publikationen zur Demokratie-, Deutschland-, Wahl-, Parteien-, Extremismus- und Totalitarismusforschung, u.a.: *Die Demokratie der Bundesrepublik Deutschland.* 8. Aufl., Baden-Baden 1997; *Totalitarismus im 20. Jahrhundert.* (Hrsg.), 2. Aufl., Baden-Baden 1999; *Eine Revolution und ihre Folgen.* (Hrsg.), 2. Aufl., Berlin 2001; seit 1989 Herausgeber (mit U. Backes) *Jahrbuch Extremismus & Demokratie.*

MONIKA KAISER

Dr. phil. sc., wissenschaftliche Angestellte im Bundesarchiv, Edition *Dokumente zur Deutschlandpolitik.*

Publikationen u.a.: *1972 – Knockout für den Mittelstand. Zum Wirken von SED, CDU, LDPD und NDPD für die Verstaatlichung der Klein- und Mittelbetriebe.* Berlin 1990; *Machtwechsel von Ulbricht zu Honecker. Funktionsmechanismen der SED-Diktatur in Konfliktsituationen 1962 bis 1972.* Berlin 1997; Expertise für die Enquete-Kommission des Deutschen Bundestages; diverse Aufsätze zu den Herrschaftsinstrumenten, Strukturen und Funktionsmechanismen der SED-Diktatur auf der Ebene der Zentrale, der Bezirke, Kreise und Kommunen; Aufsätze über die ostdeutschen Handlungsspielräume und die sowjetischen Einflussnahmen auf das Parteiensystem in der SBZ/DDR sowie auf die ostdeutsche Politik und Verwaltung; Kurzbiographien wichtiger SED-Funktionäre und ostdeutscher Künstler.

ANNETTE KAMINSKY

Dr. phil., Studium der romanischen Sprachwissenschaft in Leipzig, Promotion zu einem Thema der historischen Soziolinguistik, ab 1998 wissenschaftliche Mitarbeiterin, seit 2001 Geschäftsführerin der Stiftung zur Aufarbeitung der SED-Diktatur.

Publikationen u.a.: *Heimkehr 1948. Geschichte und Schicksale deutscher Kriegsgefangener.* München 1998; *Kaufrausch. Die Geschichte der ostdeutschen Versandhäuser.* Berlin 1997; *Wohlstand, Schönheit, Glück. Kleine Konsumgeschichte der DDR.* München 2001.

HUBERTUS KNABE

geb. 1959, Studium der Geschichte und Germanistik in Bremen, Promotion in Berlin, Studienleiter der Westberliner Evangelischen Akademie und seit 1992 wissenschaftlicher Mitarbeiter des Bundesbeauftragten für die Stasi-Unterlagen, jetzt wissenschaftlicher Direktor der Stiftung »Gedenkstätte Berlin-Hohenschönhausen« im ehemaligen zentralen Untersuchungsgefängnis des MfS.
Publikationen u.a.: *Umweltkonflikte im Sozialismus. Möglichkeiten und Grenzen gesellschaftlicher Problemartikulation in sozialistischen Systemen. Eine vergleichende Analyse der Umweltdiskussion in der DDR und Ungarn.* Köln 1993; *Die unterwanderte Republik. Stasi im Westen.* Berlin 1999; *Der diskrete Charme der DDR. Stasi und Westmedien.* Berlin 2001; *17. Juni 1953. Ein deutscher Aufstand.* Berlin 2003.

ILKO-SASCHA KOWALCZUK

geb. 1967, Dr. phil., Historiker, 1995–1998 Mitglied der Enquete-Kommission »Überwindung der Folgen der SED-Diktatur im Prozeß der deutschen Einheit«, seit 2001 wissenschaftlicher Mitarbeiter der Robert-Havemann-Gesellschaft und in der Abteilung Bildung und Forschung bei der BStU.
Publikationen u.a.: *Paradigmen deutscher Geschichtswissenschaft.* Berlin 1994; (Hrsg. mit Armin Mitter u. Stefan Wolle), *Der Tag X – 17. Juni 1953.* Berlin 1995; (Hrsg. mit Ulrike Poppe u. Rainer Eckert), *Zwischen Selbstbehauptung und Anpassung.* Berlin 1995; *Legitimation eines neuen Staates.* Berlin 1997; (mit Stefan Wolle), *Roter Stern über Deutschland.* Berlin 2001; *Geist im Dienste der Macht.* Berlin 2003; *17. Juni 1953 – Volksaufstand in der DDR.* Bremen 2003; (mit Bernd Eisenfeld u. Ehrhart Neubert), *Die verdrängte Revolution.* Bremen 2003.

JOHANNES L. KUPPE

geb. 1935, Dr. rer. pol., Studium der Politischen Wissenschaften und der Soziologie, Mitarbeit an den Materialien zum Bericht zur Lage der Nation 1971, 1972 und 1974, Leiter des Sekretariats zur Herausgabe des DDR Handbuchs (1. Aufl.) 1975 und des Gutachtens zur Lage der DDR- und vergleichenden Deutschlandforschung 1978, Referatsleiter Politik und Zeitgeschichte im Gesamtdeutschen Institut Bonn (Bundesanstalt für gesamtdeutsche Aufgaben), Leitender Redakteur der Wochenzeitung *Das Parlament*, freier Mitarbeiter beim Deutschlandfunk Köln.
Zahlreiche Veröffentlichungen in Presse, Fachzeitschriften, Handbüchern und Lexika.

MICHAEL LEMKE

geb. 1944, Dr. phil., 1971 Promotion, 1981 Habilitation, Projektbereichsleiter am Zentrum für Zeithistorische Forschung Potsdam und Privatdozent an der Humboldt-Universität Berlin.
Publikationen u.a.: *CDU/CSU und die Vertragspolitik der Bundesrepublik Deutschland 1969–1975. Kontinuität und Wandel christdemokratischer Ost- und Deutschlandpolitik.* Saarbrücken 1992; *Die Berlinkrise 1985–1963. Interessen und Handlungsspielräume der SED im Ost-West-Konflikt.* Berlin 1995; *Sowjetisierung und Eigenständigkeit in der SBZ/DDR*

(1945–1953). Köln/Weimar/Wien 1999; *Einheit oder Sozialismus? Die Deutschlandpolitik der SED 1949–1961*. Köln/Weimar/Wien 2001.

THOMAS LINDENBERGER
geb. 1955, PD Dr. Phil., Historiker, 1981–1983 Organisator von Geschichtswerkstatt-Projekten in West-Berlin, 1984–1991 wissenschaftlicher Mitarbeiter am Fachbereich Politische Wissenschaft der FU Berlin, 1993–1995 wiss. Mitarbeiter am Forschungs-schwerpunkt Zeithistorische Studien Potsdam, seit 1996 Projektleiter am Zentrum für Zeithistorische Forschung Potsdam, 2002 Habilitation im Fach Neuere Geschichte an der Universität Potsdam.
Publikationen u.a.: *Straßenpolitik. Zur Sozialgeschichte der öffentlichen Ordnung in Berlin, 1900–1914*. Bonn 1995; (Hrsg.): *Herrschaft und Eigen-Sinn in der Diktatur. Studien zur Gesellschaftsgeschichte der DDR*. Köln u.a. 1999; *Volkspolizei. Herrschaftspraxis und öffentliche Sicherheit im SED-Staat 1952–1968*. Köln u.a. 2003.

ULRICH MÄHLERT
Dr. phil., geb. 1968, 1987–1992 Studium der Politischen Wissenschaft, Anglistik und Germanistik an der Universität Mannheim, 1994 Promotion, bis 1998 Mitarbeiter in einem internationalen Forschungsprojekt zur Geschichte der Parteisäuberungen im Kommunismus am Arbeitsbereich DDR-Geschichte der Universität Mannheim, 1998/99 Vorbereitung und Realisation des Geschichtsforums 1949/89/99 »Getrennte Vergan-genheit – Gemeinsame Geschichte« in Berlin, seit 1999 wissenschaftlicher Referent bei der Stiftung zur Aufarbeitung der SED-Diktatur.
Publikationen zur Geschichte der DDR sowie insbesondere zu FDJ und SED.

ANDREAS MALYCHA
geb. 1956, Dr. phil., 1978–1983 Studium der Geschichte in Leipzig, 1983–1989 wis-senschaftlicher Mitarbeiter am Institut für Marxismus/Leninismus in Berlin, 1990–1992 Leiter einer Forschungsgruppe am nunmehrigen Institut für Geschichte der Arbeiterbe-wegung, 1992–1996 freiberuflicher Historiker, Arbeit an verschiedenen Projekten, u.a. für die Friedrich-Ebert-Stiftung Bonn zur Gründung der SED, 1996–1998 wissenschaft-licher Mitarbeiter der Freien Universität Berlin, 1999–2001 Mitarbeiter am Zentrum für Zeitgeschichtliche Forschung Potsdam mit einem Projektthema zum Verhältnis von Wissenschaft und Politik in der DDR in den Jahren 1945 bis 1961.
Publikationen u.a.: *Auf dem Weg zur SED. Sozialdemokratie und Einheitspartei in den Ländern der sowjetischen Besatzungszone 1945/46. Eine Quellenedition*. Hrsg. v. der Fried-rich-Ebert-Stiftung in Verbindung mit dem Institut für Sozialgeschichte Braunschweig/Bonn, Bonn 1995; *Partei von Stalins Gnaden? Die Entwicklung der SED zur Partei neuen Typs in den Jahren 1946 bis 1950*. Berlin 1996; *Die SED. Geschichte ihrer Stalinisierung 1946–1953*. Paderborn 2000.

PETER MASER
geb. 1943, Prof. Dr., Studium der Evangelischen Theologie in Halle (Saale), Kirchenhisto-riker, Direktor des Ostkirchen-Instituts der Westfälischen Wilhelms-Universität Münster, Mitarbeit in den Enquete-Kommissionen des Deutschen Bundestages zur Aufarbei-tung der SED-Diktatur, stellv. Mitglied des Kuratoriums der SAPMO, Vorsitzender des FB Wissenschaft der Stiftung Aufarbeitung.

Zahlreiche Publikationen zur Kirchen- und Zeitgeschichte, zur kirchlichen Kunst und zur Geschichte des Judentums.

MARKUS MECKEL

geb. 1952, MdB, Pfarrer, Außenminister a.D., 1969 Relegation vom Abitur aus politischen Gründen, 1969–1971 Kirchliches Oberseminar, 1971–1978 Theologiestudium, bis 1989 im Dienst der Kirche, mit Martin Gutzeit Initiator der Gründung der Sozialdemokratischen Partei in der DDR (SDP), April bis August 1990 Außenminister der DDR, Mitglied des Auswärtigen Ausschusses des Deutschen Bundestages, seit 1991 Mitglied und seit 1998 Leiter der deutschen Delegation in der Parlamentarischen Versammlung der NATO, von November 2000 bis November 2002 deren Vizepräsident, 1992–1998 Sprecher der SPD-Fraktion in den beiden Enquete-Kommissionen zu Geschichte und Folgen der SED-Diktatur, Vorsitzender des Stiftungsrates »Stiftung zur Aufarbeitung der SED-Diktatur«, Vorsitzender der Deutsch-Polnischen Gesellschaft Bundesverband e.V.
Publikationen u.a.: *Selbstbewusst in die Deutsche Einheit. Rückblicke und Reflexion.* Berlin 2001; *Die Partei hatte immer recht. Aufarbeitung von Geschichte und Folgen der SED-Diktatur in Deutschland.* Berlin 1994.

WERNER MÜLLER

geb. 1946, Studium und Promotion in Bonn, dann wissenschaftlicher Mitarbeiter und Hochschulassistent sowie Habilitation in Mannheim. Seit 1994 Professor für Zeitgeschichte an der Universität Rostock.
Zahlreiche Veröffentlichungen zur Geschichte des deutschen Kommunismus, der sozialen Bewegungen und der DDR.

HELMUT MÜLLER-ENBERGS

geb. 1960, Diplom-Politologe, 1986–1989 Politikstudium an der Westfälischen Wilhelms-Universität Münster und der Freien Universität Berlin, 1989–1992 wiss. Mitarbeiter an der Freien Universität Berlin, seitdem wiss. Referent bei der Bundesbeauftragten für die Unterlagen des Staatssicherheitsdienstes der ehemaligen Deutschen Demokratischen Republik.
Publikationen u.a.: *Demokratie Jetzt.* Berlin 1990; *Programme zur Volkskammerwahl 1990.* Berlin 1990; *Der Fall Rudolf Herrnstadt. Tauwetterpolitik vor dem 17. Juni.* Berlin 1991; (zus. mit Jan Wielgohs und Marianne Schulz) *Von der Illegalität ins Parlament.* Berlin 1991; (zus. mit Jan Wielgohs und Marianne Schulz) *Bündnis 90.* Berlin 1992; *Was will die Bürgerbewegung?* Augsburg 1992; *IM-Statistik.* Berlin 1993; *Inoffizielle Mitarbeiter des Ministeriums für Staatssicherheit. Teil 1.* Berlin 1996, *Teil 2.* Berlin 1998; (zus. mit Wolfgang Stock und Marco Wiesner) *Das Fanal – Das Opfer des Pfarrers Brüsewitz aus Rippicha.* Münster 1999; (zus. mit Jan Wielgohs und Dieter Hoffmann) *Wer war wer in der DDR.* Berlin 2000; (zus. mit Georg Herbstritt) *Das Gesicht dem Westen zu.* Berlin 2003.

DETLEF NAKATH

geb. 1949, Dr. sc. phil., Historiker, Studium der Geschichte und des Völkerrechts in Berlin, Lehrtätigkeit an der Humboldt-Universität zu Berlin, Mitarbeiter in zwei DFG-Projekten, wissenschaftlicher Mitarbeiter bei »Helle Panke zur Förderung von Politik, Bildung und Kultur e.V.« Berlin.
Zahlreiche Publikationen zur Geschichte der DDR und der deutsch-deutschen Beziehungen, Mitherausgeber der Reihe *Dokumente zur Zeitgeschichte*, Berlin 1993 ff. Zuletzt

erschien 2002 die Monographie *Deutsch-deutsche Grundlagen. Zur Geschichte der politischen und wirtschaftlichen Beziehungen zwischen der DDR und der Bundesrepublik in den Jahren von 1969 bis 1982;* jetzt: Projektkoordinator für das *Handbuch deutsche Zeitgeschichte.*

EHRHART NEUBERT

geb. 1940, Dr. phil., Theologiestudium in Jena, 1964 bis 1984 Gemeinde- und Studentenpfarrer in Weimar, 1984–1992 Referent in der Studienabteilung beim Bund der Evangelischen Kirchen in der DDR, 1989 Mitbegründer des Demokratischen Aufbruchs und Mitglied am Zentralen Runden Tisch, seit 1997 Fachbereichsleiter in der Abteilung Bildung und Forschung der BStU, seit 1998 Mitglied im Vorstand der Stiftung zur Aufarbeitung der SED-Diktatur.
Publikationen u.a.: *Geschichte der Opposition in der DDR 1949–1989.* Berlin 1997 u. Bonn 2000; Mithrsg.: *Lexikon Opposition und Widerstand in der SED-Diktatur.* Berlin/ München 2000; *Ein politischer Zweikampf. Die CDU im Visier der Stasi.* Freiburg/Basel/ Wien 2002. Zahlreiche Aufsätze u.a. zur Aufarbeitung der Vergangenheit und zur Diktaturforschung.

DETLEF POLLACK

geb. 1955, seit 1995 Professor für vergleichende Kultursoziologie an der Europa-Universität Viadrina Frankfurt (Oder), Studium der Theologie, 1984 Promotion an der Theologischen Fakultät Leipzig, 1994 Habilitation an der Soziologischen Fakultät der Universität Bielefeld, 1994 Professor für Kirchen- und Religionssoziologie in Leipzig, 1996/97 Fellow am Wissenschaftskolleg zu Berlin, Arbeitsgebiete: Politische Kulturforschung, Neue soziale Bewegungen, Religionssoziologie, Systemtheorie.
Publikationen u.a.: *Kirche in der Organisationsgesellschaft: Zum Wandel der gesellschaftlichen Lage der evangelischen Kirchen in der DDR.* Stuttgart 1994; mit Dieter Ring (Hrsg.): *Zwischen Verweigerung und Opposition: Politischer Protest in der DDR 1970–1989.* Frankfurt a.M./New York 1997; mit Hagen Findeis (Hrsg.): *Selbstbewahrung und Selbstverlust: Bischöfe und Repräsentanten der evangelischen Kirchen in der DDR über ihr Leben.* Berlin 1999; mit Jörg Jacobs, Olaf Müller, Gert Pickel (eds.): *Polical Culture in Post-Communist Europe: Attitudes in new democracies.* Aldershot 2003.

MICHAEL RICHTER

geb. 1952, Dr. phil., Historiker, Forschungsbereichsleiter friedliche Revolution und deutsche Einheit am Hannah-Arendt-Institut für Totalitarismusforschung in Dresden.
Publikationen u.a.: *Die Ost-CDU. Zwischen Gleichschaltung und Widerstand 1948 bis 1952.* Düsseldorf 1990; *Die Revolution in Deutschland 1989/90.* Dresden 1995; *Die Staatssicherheit im letzten Jahr der DDR.* Köln/Weimar 1996; mit Erich Sobeslavsky: *Die Gruppe der 20. Gesellschaftlicher Aufbruch und politische Opposition in Dresden 1989/90.* Köln/Weimar 1999; *Entscheidung für Sachsen. Grenzkreise und -kommunen bei der Bildung des Freistaates Sachsen 1989–1994.* Dresden 2002.

HERMANN SCHÄFER

geb. 1942, Prof. Dr., Studium u.a. Geschichte/Anglistik in Frankfurt, Bonn, Freiburg; 1977 Dr. phil., 1986 Habilitation für Wirtschafts- und Sozialgeschichte, 1986 Kultur- und Pressereferent des Landkreises Waldshut, 1986/87 Sammlungsleiter am Landesmuseum für Technik und Arbeit Mannheim, seit 1987 Direktor, 1990 Präsident der Stiftung Haus der Geschichte der Bundesrepublik mit Zeitgeschichtlichem Forum Leipzig, apl. Prof. in Freiburg und Bonn; Vizepräsident der Deutschen UNESCO-Kommission.

JENS SCHÖNE

geb. 1970, M. A., Historiker, Studium der Neueren und Neuesten Geschichte sowie Anglistik und Amerikanistik in Berlin, seit 2001 Promotionsstipendiat der Stiftung zur Aufarbeitung der SED-Diktatur.
Publikationen u. a.: *Landwirtschaftliches Genossenschaftswesen und Agrarpolitik in der SBZ/ DDR 1945–1950/51.* Stuttgart 2000; (Mitarb.): *Brennpunkt 13. August 1961. Von der Inneren Krise zum Mauerbau.* Berlin 2001 (mit Armin Mitter).

JÖRG SIEGMUND

geb. 1973, 1995 Abitur, Zivildienst, bis 2001 Studium der Politikwissenschaft, der Neueren und Neuesten Geschichte sowie des Öffentlichen Rechts in Freiburg, Glasgow und München. Der Stipendiat der Studienstiftung des deutschen Volkes promoviert an der Ludwig-Maximilians-Universität München zum Thema »Wiedergutmachung von politischem Unrecht der SBZ/DDR«.
Publikation u. a.: *Opfer ohne Lobby? Ziele, Strukturen und Arbeitsweise der Verbände der Opfer des DDR-Unrechts.* Berlin 2002.

PETER SKYBA

Dr. phil., wissenschaftlicher Mitarbeiter am Institut für Zeitgeschichte München – Berlin mit den Forschungsschwerpunkten Jugendpolitik der DDR, Sozialpolitik der späten DDR und Gesellschaftsgeschichte des 20. Jahrhunderts.
Publikationen u. a.: (Hrsg. zus. mit Christoph Boyer) *Vom Hoffnungsträger zum Sicherheitsrisiko. Jugend in der DDR und Jugendpolitik der SED 1949–1961.* Köln 2000. *Repression und Wohlstandsversprechen. Zur Stabilisierung von Parteiherrschaft in der DDR und der ČSSR.* Dresden 1999; (Hrsg. zus. mit Dierk Hoffmann u. Karl-Heinz Schmidt) *Die DDR vor dem Mauerbau. Dokumente zur Geschichte des anderen deutschen Staates 1949–1961.* München/Zürich 1993.

ANDRÉ STEINER

geb. 1959, Priv.-Doz., Dr. oec., 1981–86 Studium der Wirtschaftsgeschichte und 1987 Promotion Humboldt-Universität zu Berlin, 1993–98 wissenschaftlicher Mitarbeiter Seminar für Wirtschafts- und Sozialgeschichte der Universität Mannheim, 1997 Habilitation, 1998/99 Vertretungsprofessor Ruhr-Universität Bochum, seit 2000 Leiter einer Forschungsgruppe am Zentrum für Zeithistorische Forschung Potsdam und Privatdozent an der Universität Potsdam.
Publikationen u. a.: *Die DDR-Wirtschaftsreform der sechziger Jahre. Konflikt zwischen Effizienz- und Machtkalkül.* Berlin 1999; *Von Plan zu Plan. Eine Wirtschaftsgeschichte der DDR.* Stuttgart 2003.

ROLF STEININGER

geb. 1942, Dr. phil., ordentlicher Professor, Vorstand des Instituts für Zeitgeschichte der Universität Innsbruck, Senior Fellow des Eisenhower Center for American Studies der University of New Orleans und Jean-Monnet-Professor, Gastprofessuren in den USA, Israel und Australien.
Zahlreiche Veröffentlichungen, zuletzt: *Deutsche Geschichte in vier Bänden.* Frankfurt a.M.

2002; *Der Kalte Krieg*. Frankfurt a.M. 2003; *17. Juni 1953. Der Anfang vom langen Ende der DDR*. München 2003. Nähere Einzelheiten unter www.ifz-innsbruck.at bzw. zis.uibk.ac.at/

GERD-RÜDIGER STEPHAN

geb. 1961, Historiker, Berlin, Mitarbeit im Institut für zeitgeschichtliche Jugendforschung Berlin, Stipendiat des Stifterverbandes für die deutsche Wissenschaft, jetzt: Geschäftsführer der Rosa-Luxemburg-Stiftung Brandenburg.
Publikationen u.a.: (Hrsg.) *Die Parteien und Organisationen der DDR. Ein Handbuch*. Berlin 2002; (Mithrsg.) *Die SED. Geschichte – Organisation – Politik. Ein Handbuch*. Berlin 1997; (Mithrsg.) *Das Ende der DDR, Die letzten Tage des Zentralkomitees*. Berlin 1997; (Mitautor) *Blaue Hemden – rote Fahnen. Die Geschichte der Freien Deutschen Jugend*. Opladen 1996; (Hrsg./Mithrsg. von sieben Bänden) *Dokumente zur Zeitgeschichte*. Berlin 1993 ff.. Mitherausgabe von Sammelbänden bzw. Aufsätzen zur DDR-, SED- und FDJ-Geschichte, zur Geschichte der deutsch-deutschen und der DDR-UdSSR-Beziehungen, zur DDR-Wissenschaftspolitik und -Jugendpolitik.

SIEGFRIED SUCKUT

geb. 1945, Dr. rer. pol., Leiter der Abteilung Bildung und Forschung in der Behörde der Bundesbeauftragten für die Unterlagen des Staatssicherheitsdienstes der ehemaligen Deutschen Demokratischen Republik.
Publikationen vor allem zur Betriebsrätebewegung in der SBZ und zur Geschichte und Funktion der Blockparteien sowie des Staatssicherheitsdienstes in der DDR.

HANS JOACHIM TEICHLER

geb. 1946, studierte Sport- und Sozialwissenschaften in Bonn bei Bernett und Bracher, promovierte in Bochum bei Ueberhorst, seit 1994 als Professor für Zeitgeschichte des Sports im Institut für Sportwissenschaft der Universität Potsdam. Arbeitsschwerpunkte: Medien, Arbeitersport, Sportpolitik im Dritten Reich, Sportgeschichte der DDR.
Publikationen u.a.: zus. m.W. Meyer-Ticheloven: *Filme und Rundfunkreportagen als Dokumente der Sportgeschichte 1907–1945*. Schorndorf 1981; zus. m. Gerd Hauk: *Illustrierte Geschichte des Arbeitersports*. Berlin/Bonn/Bad Godesberg 1987; *Internationale Sportpolitik im Dritten Reich*. Schorndorf 1991; zus. m. K. Reinartz: *Das Leistungssportsystem der DDR in den 80er Jahren und im Prozeß der Wende*. Schorndorf 1999; *Die Sportbeschlüsse des Politbüros*. Köln 2002.

RÜDIGER THOMAS

geb.1940, Leiter des Medien- und Kommunikationszentrums Berlin der Bundeszentrale für politische Bildung (bis 2003).
Zahlreiche Veröffentlichungen vor allem zur Kultur- und Gesellschaftsgeschichte der DDR.

ARMIN WAGNER

geb. 1968, Dr., Major, wissenschaftlicher Mitarbeiter im Forschungsbereich »Militärgeschichte der DDR«.
Publikationen zur Geschichte der Weimarer Republik und der DDR, u.a.: *Walter Ulbricht und die geheime Sicherheitspolitik der SED. Der Nationale Verteidigungsrat der DDR und seine Vorgeschichte (1953–1971)*. Berlin 2002.

HERMANN WENTKER

geb. 1959, Dr. phil., seit 1998 Leiter der Außenstelle Berlin-Lichterfelde des Instituts für Zeitgeschichte, seit 2001 Privatdozent an der Universität Leipzig.

Publikationen u. a.: *Zerstörung der Großmacht Rußland? Die britischen Kriegsziele im Krimkrieg*. Göttingen 1993; *Volksrichter in der SBZ/DDR. Eine Dokumentation*. München 1997; *Justiz in der SBZ/DDR 1945–1953. Transformation und Rolle ihrer zentralen Institutionen*. München 2001; Mitherausgabe von Sammelbänden zur deutsch-britischen und zur SBZ/DDR-Geschichte; Aufsätze zur britischen Außenpolitik im 19. Jahrhundert, zur DDR-Außenpolitik, zur Justizgeschichte der DDR, zum Staat-Kirche-Verhältnis und zur Ost-CDU.

GERHARD WETTIG

geb. 1934, Studium der mittleren, neuen und osteuropäischen Geschichte, der Politikwissenschaft und der Slawistik; Dr. phil. (Universität Göttingen 1961), bis 1999 Leiter des Forschungsbereichs Außen- und Sicherheitspolitik am Kölner Bundesinstitut für ostwissenschaftliche und internationale Studien, Mitglied der Gemeinsamen Kommission für die Erforschung der jüngeren Geschichte der deutsch-russischen Beziehungen, derzeit Durchführung des Forschungsprojekts: »Sowjetische Politik in der Berlin-Krise 1958 bis 1963« für das Institut für Zeitgeschichte in München.

Zahlreiche wissenschaftliche Publikationen (Bücher, Sammelbandbeiträge und Zeitschriftenaufsätze) im In- und Ausland über Probleme der sowjetischen Außen- und Sicherheitspolitik (mit den Schwerpunkten Berlin-, Deutschland- und Europapolitik) sowie Fragen der systemüberschreitenden Informationsverbreitung.

MANFRED WILKE

geb. 1941, 1970 Hochschule für Wirtschaft und Politik, Hamburg, 1976 Dr. rer. pol., 1976–1980 wissenschaftlicher Assistent an der TU Berlin, 1980/81 Landesgeschäftsführer der GEW Nordrhein-Westfalen, 1981 Habilitation im Fach Soziologie an der FU Berlin, 1992 Mitbegründer des Forschungsverbundes SED-Staat an der FU Berlin, 1992–1994 sachverständiges Mitglied der Enquete-Kommission des 12. Deutschen Bundestages »Aufarbeitung von Geschichte und Folgen der SED-Diktatur in Deutschland« und der Nachfolgekommission des 13. Deutschen Bundestages »Überwindung der Folgen der SED-Diktatur im Prozeß der Deutschen Einheit«.

Tabula gratulatoria

Dr. Werner Abel, Chemnitz
Dr. Manfred Agethen, Sankt Augustin
Prof. Dr. Aldo Agosti, Torino
Prof. Dr. Hans Albert, Heidelberg
Hans Altendorf, Berlin
Thomas Ammer, Euskirchen/Flamers-
   heim
Parlamentarischer Staatssekretär Gerd
   Andres, MdB, Berlin
Dr. Ulrich Arnswald, Frankfurt am Main
Prof. Dr. Rolf Badstübner, Berlin
Prof. Dr. Siegfried Bahne, Bochum
Doris Barnett, MdB, Berlin
Dr. Bernhard H. Bayerlein, Köln
Michael Beleites, Dresden
Prof. Dr. Günter Benser, Berlin
Prof. Dr. Wolfgang Benz, Berlin
Marianne Birthler, Berlin
Prof. Dr. Wilhelm Bleek, Bochum
Prof. Dr. Peter Bohley, Tübingen
Prof. Dr. Ulrich Borsdorf, Essen
Prof. Dr. Beatrix Bouvier, Bonn
Prof. Dr. Peter Brandt, Berlin/Hagen
Dr. Günter Braun, Mannheim
Dr. Matthias Buchholz, Berlin
Dr. Günter Buchstab, Sankt Augustin
Prof. Dr. Michael Buckmiller, Hannover
Roland Bude, Swisttal
Dr. Klaus Burkhardt, Berlin
Prof. Dr. Clemens Burrichter, Berlin
Prof. Dr. Helmut Dahmer, Wien
Prof. Dr. Horst Dähn, Berlin
Prof. Dr. Herbert Döring, Potsdam
Prof. Dr. Dieter Dowe, Bonn
Dr. Christel Dowidat, Mannheim
Dr. habil. Rainer Eckert, Leipzig
Dr. Hans Ehlert, Potsdam
Jan Emendörfer, Rostock
Dr. Heinrich Eppe, Oer-Erkenschwick
Rainer Eppelmann, MdB, Berlin
Prof. Dr. Bernd Faulenbach, Bochum
Dr. Stephan Fingerle, Ludwigshafen
Prof. Dr. Helmut Fleischer, Darmstadt
Dr. Jan Foitzik, Berlin

Prof. Dr. Norbert Frei, Bochum
Prof. Dr. Helmut Freiwald, Oldenburg
Dr. h.c. Karl Wilhelm Fricke, Köln
Dr. Jürgen Frölich, Gummersbach
Prof. Dr. Mary Fulbrook, London
Ruth und Manfred Geis, Bad Dürkheim
Dr. Jens Gieseke, Berlin
Dr. Manuela Glaab, München
Iris Gleicke, MdB, Berlin
Hans-Georg Golz, Bonn
Prof. Dr. Manfred Görtemaker, Potsdam
Ulrich Graf, Heidelberg
Prof. Dr. Helga Grebing, München
Prof. Dr. Günther Groth, Mannheim
Dr. Margrit Grubmüller, Riemerling
Dr. Robert Grünbaum, Berlin
Prof. Dr. Hermann Haarmann, Berlin
PD Dr. Sonja Häder, Berlin
Dirk Hansen, Lüneburg
Jürgen Haschke, Jena
Prof. Dr. Heiko Haumann, Basel
Dr. Ulrich Hauth, Koblenz/Kirn (Nahe)
Manfred Heckenauer, Berlin
Dr. Thomas Heimann, Berlin
Prof. Dr. Manfred Heinemann, Hannover
Dr. Gisela Helwig, Köln
Hans-Otto Hemmer, Düsseldorf
Prof. Dr. Klaus-Dietmar Henke, Berlin
Dr. Joachim Henkel, Berlin
Andreas Herbst, Berlin
Dr. Michael Herms, Berlin
Prof. Dr. Günther Heydemann, Leipzig
Stephan Hilsberg, MdB, Berlin
Prof. Dr. Wolfgang Hirsch-Weber,
   Gaiberg
Dr. Andrea Hoffend, Mannheim
Dres. Brigitte und Klaus Hohlfeld, Mann-
   heim
Prof. Dr. Roland Höhne, Kassel
Irmtraut Hollitzer, Leipzig
Tobias Hollitzer, Leipzig
Prof. Dr. Jerzy Holzer, Warszawa
Dr. Gunter Holzweißig, Berlin
Prof. Dr. Wolfgang Huber, Berlin

Prof. Dr. Harold Hurwitz, Berlin
Dr. Beate Ihme-Tuchel, Berlin
Prof. Dr. Narihiko Ito, Kamakura-City
Prof. Dr. Egbert Jahn, Mannheim
Prof. Dr. Konrad Jarausch, Potsdam
Prof. Dr. Eckhard Jesse, Bobritzsch
Prof. Dr. Dietrich Jöns, Hirschberg a.d.B.
Prof. Dr. Max Kaase, Berlin
Norbert Kaczmarek, Berlin
Prof. Dr. Friedrich P. Kahlenberg,
  Boppard
Josef Kaiser, Ludwigshafen
Dr. Monika Kaiser, Bonn
Dr. Annette Kaminsky, Berlin
Prof. Dr. Peter Graf Kielmansegg,
  Mannheim
Prof. Dr. Makio Kimura, Kagoshima
Prof. Dr. Christoph Kleßmann, Potsdam
Dr. Hubertus Knabe, Berlin
Prof. Dr. Volkhard Knigge, Weimar-
  Buchenwald
Dr. Manfred Koch, Karlsruhe-Pfinztal
Prof. Dr. Dr. h.c. mult. Jürgen Kocka,
  Berlin
Prof. Dr. Beate Kohler-Koch, Mannheim
Prof. Dr. Eberhard Kolb, Köln
Prof. Dr. Erwin Könnemann, Blanken-
  burg
Hans Koschnick, Berlin
Hartmut Koschyk, MdB, Berlin
Dr. Ilko-Sascha Kowalczuk, Berlin
Dr. Günter Kröber, Leipzig
Eberhard Kuhrt, Berlin
Dr. Johannes L. Kuppe, Bad Honnef
Bürgermeister Dr. Peter Kurz, Mannheim
Prof. Dr. Dieter Langewiesche, Tübingen
Dr. Ursula Langkau-Alex, Amsterdam
Dr. Peter Joachim Lapp, Ölsen
Dr. habil. Michael Lemke, Berlin
Prof. Dr. h.c. Wolfgang Leonhard,
  Manderscheid/Eifel
Dr. Thomas Lindenberger, Potsdam
Christoph Links, Berlin
Prof. Dr. Einhart Lorenz, Oslo
Prof. Dr. Wilfried Loth, Essen
Dr. Ulrich Mählert, Berlin
Dr. Andreas Malycha, Berlin
Lothar Mark, MdB, Berlin

Prof. Dr. Inge Marszolek, Bremen
Jürgen Maruhn, Tutzing
Prof. Dr. Peter Maser, Telgte
Prof. Dr. Martin McCauley, London
Markus Meckel, MdB, Berlin
Dr. Frank Mentrup, Mannheim
Prof. Dr. Gerd Meyer, Tübingen
Prof. Dr. W. Michalka, Rastatt
Prof. Dr. Susanne Miller, Bonn
Prof. Dr. Dr. h.c. Horst Möller, München
Prof. Dr. Günter Morsch, Oranienburg
Prof. Dr. Walter Müller, Mannheim
Prof. Dr. Werner Müller, Dannstadt-
  Schauernheim
Helmut Müller-Enbergs, Berlin
Prof. Norman M. Naimark, Stanford
Prof. Tesuzo Nakano, Sapporo
Dr. Detlef Nakath, Potsdam
Dr. Ehrhart Neubert, Berlin
Prof. Dr. Lutz Niethammer, Jena
Bischof Axel Noack, Magdeburg
Fred Oldenburg, Köln
Dr. Jan Osers, Mannheim
Dr. Wilfriede Otto, Berlin
Prof. Dr. Franz Urban Pappi, Mannheim
Martin-Michael Passauer, Berlin
Prof. Dr. Detlef Pollack, Frankfurt (Oder)
Ursula Popiolek, Berlin
Ulrike Poppe, Berlin
Minister Steffen Reiche, Potsdam
Bundestagspräsidentin a.D. Dr. h.c.
  Annemarie Renger, Bonn
Prof. Dr. Jürgen Reulecke, Essen
Manfred Rexin, Berlin
Dr. Michael Richter, Dresden
Prof. Dr. Rupprecht Rohr, Mutterstadt
Dr. Heidi Roth, Leipzig
Dr. Hermann Rudolph, Berlin
PD Dr. Karsten Rudolph, MdL, Bochum
PD Dr. Martin Sabrow, Potsdam
Prof. Dr. Akira Saito, Saitama-ken
Prof. Dr. Hermann Schäfer, Bonn
Dr. Bernhard Schalhorn, Lüneburg
Dr. Manfred Scharrer, Berlin
Dr. Dieter Schiffmann, MdL, Frankenthal
Prof. Dr. Axel Schildt, Hamburg
Thorsten Schilling, Berlin
Hubertus Schmoldt, Hannover

Jens Schöne, Berlin
Prof. Dr. Klaus Schönhoven, Mannheim
Dr. h.c. Friedrich Schorlemmer,
    Lutherstadt Wittenberg
Prof. Dr. Wolfgang Schuller, Konstanz
Werner Schulz, MdB, Berlin
Dr. Peter Schütt, Hamburg
Staatsminister Rolf Schwanitz, Plauen
Dr. Thomas A. Seidel, Neudietendorf
Jörg Siegmund, München
Dr. Henryk Skrzypczak, Berlin
Dr. Peter Skyba, Berlin
Prof. Dr. Hartmut Soell, Heidelberg
Prof. Dr. Rainer Specht, Schriesheim
Ilse Spittmann-Rühle, Köln
Prof. Dr. Dagmar Stahlberg, Mannheim
PD Dr. Isolde Stark, Halle
Prof. Dr. Peter Steinbach, Karlsruhe
Prof. Dr. Hans-Joseph Steinberg, Köln
PD Dr. André Steiner, Potsdam
Prof. Dr. Rolf Steininger, Innsbruck
Gerd-Rüdiger Stephan, Potsdam
Dr. Siegfried Suckut, Berlin
Prof. Dr. Setsuko Tarumi, Seto-City
Prof. Dr. Hans Joachim Teichler, Potsdam
Prof. Dr. Klaus Tenfelde, Bochum
Ministerpräsident Erwin Teufel, Stuttgart
Rüdiger Thomas, Bergisch Gladbach
Prof. Dr. Dr. Heiner Timmermann,
    Nonnweiler

Dr. Heinz Timmermann, Berlin
Dr. Anita Ulrich, Zürich
Dr. Alexander Vatlin, Moskau
Siegfried Vergin, Mannheim
Werner Vitt, Isernhagen
Prof. Dr. Barbara Vogel, Hamburg
Prof. Dr. h.c. D. von Hoyningen-Huene,
    Mannheim
Dr. Alexander von Plato, Lüdenscheid
Dr. Armin Wagner, Potsdam
Jürgen Walter, Hannover
Prof. Dr. Hartmut Weber, Koblenz/
    Berlin
Dr. Jürgen Weber, Tutzing
Dr. Konstanze Wegner, Mannheim
Gunter Weißgerber, MdB, Berlin
Prof. Gert Weisskirchen, MdB, Wiesloch
PD Dr. Hermann Wentker, Berlin
Michael Werner, Paderborn
Dr. Gerhard Wettig, Kommen
Sonja Wichert, Düsseldorf
Oberbürgermeister Gerhard Widder,
    Mannheim
Prof. Dr. Irmgard Wilharm, Hannover
Prof. Dr. Manfred Wilke, Berlin
Prof. Dr. Heinrich August Winkler, Berlin
Dr. Klaus Wippermann, Bonn
Prof. Dr. Klaus Ziemer, Warschau
Rainer Zunder, Dortmund